新訂朱子全書

附外編

5

[宋]朱熹 撰
朱傑人 嚴佐之 劉永翔 主編

上海古籍出版社

本册書目

儀禮經傳通解（四）……………………………………二六三五

儀禮經傳通解（四）

王貽樑　校點　吕友仁　審讀
苑學正　陳良中　陳　才　李慧玲　修訂

儀禮經傳通解續卷第二十五

祭禮九

宗廟〔一〕

君子將營宮室，宗廟爲先，廄庫爲次，居室爲後。重先祖及國之用。○曲禮下○小宗伯：掌建國之神位，右社稷，左宗廟。庫門内、雉門外之左右。故書位作立，鄭司農云：立，讀爲位，古者立、位同字。古文春秋經「公即位」爲「公即立」。○疏曰：建，立也。言立邦之神位者，從内向外，故據國中神位而言，對下經在四郊等爲外神也。言「右社稷左宗廟」者，按匠人亦云：「左宗廟，右社稷。」彼掌其營作，此掌其成事位次耳。按禮記祭義注云：「周尚左。」又按桓公二年「取郜大鼎納於大廟」，何休云：「質家右宗廟，尚親親；文家右社稷，尚尊尊。」若然，周人右社稷者，地道尊右，故社稷在右，是尚尊尊之義。此據外神在國中者，社稷爲尊，故鄭注郊特牲云：「國中神莫大於社。」祭義注「周尚左」者，據内神而言。若據衣服尊卑，先王衮冕，先公驚冕，亦貴於社稷，故云周尚左。各有所對，故注不同也。

又曰：鄭知「庫門内雉門外」者，後鄭義以雉門爲中門，周人外宗廟，故知「雉門外庫、門内」之左右也。先鄭云「古者立位同字」者，是古者假借字同也。云「古文春秋」者，藝文志云：春秋古經十二卷。是此古文經所藏之書，文帝除挾書之律，此本然後行於世，故稱古文。辨廟祧之昭穆。昭，常遥反，朱如字。○祧，遷主所藏之廟。自始祖之後，父曰昭，子曰穆。○疏曰：按禮記王制云：「天子七廟，三昭三穆，與大祖之廟而七。」諸侯「二昭二穆，與大祖之廟而五。」大夫「一昭一穆，與大祖之廟而三。士一廟」。按祭法「適士二廟」，王制不言之者，取自上而下，降殺以兩，故略而不言二廟者，故此總云「廟祧之昭穆」。諸侯無二祧，謂始封大祖廟爲祧，故聘禮云「不腆先君之祧」，是大祖爲祧也。又曰：按祭法注：祧之言超，超然上去意。以其遠廟爲祧，故云上去意也。周以文武爲二祧，文王第稱穆，武王第稱昭，當文武後，穆之木主入文王祧，昭之木主入武王祧，故云「遷主所藏之廟」曰祧也。云「自始祖之後父曰昭子曰穆」者，周以后稷廟爲始祖，特立廟不毁，即從不窋已後爲數，不窋父爲昭，鞠子爲穆。從此以後，皆父爲昭，子爲穆，至文王十四世，文王第稱穆也。○春官○天子七廟，三昭三穆，與大祖之廟而七。大，音太，下同。○此周制。七者，大祖及文王、武王之祧與親廟四。大祖，后稷。殷則六廟，契及湯與二昭二穆。夏則五廟，無大祖，禹與二昭二穆而已。○祧，他彫反。契，息列反。○疏曰：鄭氏之意，天子立七廟，唯謂周也。鄭必知然者，按禮緯稽命徵云：「唐虞五廟，親廟四，始祖廟一。夏四廟，至子孫五。殷五廟，至子孫六。」鉤命決云：「唐堯五廟，親廟四與始祖五。禹四廟，至子孫五。殷五廟，至子孫六。周六廟，至子孫七。」鄭據此爲説，故謂七廟周制也。周所以七者，以文王、武王受命，其廟不毁，以爲二祧，并始祖后稷及高祖以下親廟四，故爲七也。若王肅則以爲天子七廟者，謂高祖之父及高祖之祖廟爲二祧，并始祖及親廟四爲七，故聖證論肅難鄭云：周之文、武，受命之王，不遷之廟，權禮所施，非常廟之數。殷之三宗，宗其德而存其廟，亦不以爲數。凡七廟者，皆不稱周室。禮器云：有以多爲貴者，天子七廟。孫卿云：有天下者事七世。又云：自上以下，降殺以兩。今使天子諸侯立廟，並親廟四而止，則君臣同制，尊卑不別。禮，名位不同，禮亦異數，況其君臣乎？又祭法云王下祭殤五，及五世來孫，則下及無親之孫，而祭上不及無親之祖，不亦詭哉？穀梁傳云：天子七廟，諸侯五。家語云：子羔問尊卑立廟制，孔子云：禮：天子立七廟，諸侯立五廟，大夫立三廟。又云：遠廟爲祧，有二祧焉。又儒者難鄭云：祭法：遠廟爲祧。鄭注周禮云：遷主所藏曰祧。違經正文。鄭又云：先公之遷主藏於后稷之廟，先王之遷主藏於文武之廟，便有三祧，何得祭法云有二祧？難鄭之義凡有數條，大略如此，不能具載。鄭必以爲天子七廟唯周制者，馬昭難王義云：按喪服小記王者立四廟，又引禮緯：夏無大祖，宗禹而已。則五廟。殷人祖契而宗湯，則六廟。周尊后稷，宗文王、武王，則七廟。自夏及周，少不減五，多不過七。禮器云周旅酬六尸。一人發爵，則周七尸、七廟明矣。今使文武不在七數，既不同祭，又不享嘗，豈禮也哉？故漢侍中盧植説云：二祧，謂文、武。曾子問：當七廟，無虚主，禮器：天子七廟，堂九尺，王制：七廟，盧植云：皆據周言也。穀梁傳：天子七廟。尹更始説天子七廟，據周也。漢書韋玄成四十八人議皆云：周以后稷始封，文武受命。石渠論、白虎通云：周以后稷、文、武特七廟。又張融謹按：周禮守祧職奄八人，女祧每廟二人〔一〕，自大祖以下與文、武及親廟四用七人，姜嫄用一人，適盡。若除文、武，則奄少二人。曾子問孔子説周事而云七廟無虛主。若王肅數高祖之父、高祖之祖廟與文、武而九，主當有九，孔子何云七廟無虛主乎？故云以周禮、孔子之言爲本，穀梁説及小記爲枝葉，韋玄成、石渠論、白虎通爲證驗，七廟斥言，玄説爲長。是融申鄭之意。且天子七廟者，有其人則七，無其人則五。若諸侯廟制，雖有其人，不得過五，則此天子、諸侯七、五之異也。王肅云：君臣同制，尊卑不別。其義非也。又王下祭殤五者，非是別立殤廟，七廟外親盡之祖，禘祫猶當祀之。而王肅云下祭無親之孫，上不及無親之祖，又非通論。且家語云，先儒以爲肅之所作，未足可依。按周禮唯存后稷之廟不毁，按昭七年傳云「余敢忘高圉、亞圉」，注云：周人不毁其廟，報祭之。似高圉、亞圉廟亦不毁者，此是不合鄭説，故馬融説云：周人所報而不立廟。諸侯五廟，一昭一穆，與大祖之廟而五。大祖，始封之君。王者之後不爲始封之君廟。○疏曰：凡始封之君，謂王之子弟封爲諸侯，爲後世之大祖。當此君之身，不得立出王之廟，則全無廟也，故諸侯不敢祖天子。若有大功德，王特命立之則可。若魯有文王之廟，鄭祖厲王是也。魯非但得立文王之廟，又立姜嫄之廟及魯公、武公之廟，并周公及親廟，除文王廟外，猶八廟也。此皆有功德特賜，非禮之正。此始封君之子得立一廟，始封六世之孫，始五廟備也。若異姓始封，如大公之屬，初封則得立五廟，從諸侯禮也。云「王者之後不爲始封之君廟」者，以其始封之君非有功德，唯因先代之後以封之，不得爲後世之大祖，得立此君所出王者之廟。必知然者，以經傳無文，云微子爲宋之始祖故也，而左傳云「宋祖帝乙」是也。若二王之後，郊天之時則得以遠代之祖配天而祭，故禮運云：「杞之郊也，禹也。宋之郊也，契也。」大夫三廟，一昭一穆，與大祖之廟而三。大祖，別子始爵者，大傳曰「別子爲祖」。謂此雖非別子，始爵者亦然。○疏曰：此據諸侯之子始爲卿大夫，謂之別子者也。是嫡夫人之次子或衆妾之子，別異於正君繼父言之，故云別子。引大傳者，證此大祖是別子也。云「雖非別子，始爵者亦然」者，此事凡有數條：一是別子初雖身爲大夫，中間廢退，至其遠世子孫始得爵命者，則以爲大祖，別子不得爲大祖也；二是別子及子孫不得爵命者，後世始得爵命，自得爲大祖；三是全非諸侯子孫，異姓爲大夫者，及它國之臣初來任爲大夫者，亦得爲大祖。故云雖非別子始爵者亦然。此總包上三事。如鄭志答趙商：此王制所論皆殷制，故云「雖非別子」亦得立大祖之廟。若其周制，別子始爵，其後得立別子爲大祖。若非別子之後，雖爲大夫，但立父、祖、曾祖三廟而已。隨時而遷，不得立始爵者爲大祖。故鄭答趙商問：祭法云：大夫立三廟，曰考廟，曰王考廟，曰皇考廟。注「非別子，故知祖考無廟」。商按王制：大夫三廟，一昭一穆，與大祖之廟而三。注云：大祖，別子始爵者。雖非別子，始爵者亦然。二者不知所定？鄭答云：祭法，周禮。王制所云，或以夏、殷雜，不合周制。是鄭以爲殷、周之別也。鄭必知周制別子之後得立別子爲大祖者，以大傳云：「別子爲祖，繫之以姓而弗別，綴之以食而弗殊，雖百世而昏姻不通者，周道然也。」故知別子百世不遷爲大祖也。周既如此，明殷不繫姓，不綴食。大傳又云「其庶姓別於上，而戚單於下，五世而昏姻可以通」，明五世之後不復繼於別子，但始爵者則得爲大祖也。此大夫三廟者，天子、諸侯之大夫皆同，知者，以此及祭法歷陳天子、諸侯即云大夫，更不別云諸侯之大夫，故知與天子大夫同也。卿即大夫總號，故春秋殺卿，經皆總號大夫。其三公即與諸侯同。若附庸之君，亦五廟。故莊三年公羊傳云：「紀季以酅入于齊。」傳曰：「請後五廟以存姑、姊妹。」又附庸得稱朝，是與諸侯同。士一廟，謂諸侯之中士、下士名曰官師者。上士二廟。○疏曰：按祭法云：「適士二廟。」今此云「士一廟」，故知是諸侯之中士、下士。祭法云：「官師一廟。」故云「名曰官師」者。鄭既云諸侯之中士、下士一廟〔三〕，則天子之中士、下士皆二廟也。必知皆二廟者，以其總稱元士，故昏義云「八十一元士」，是不分別上下也。鄭又知諸侯中士與下士同一廟者，以祭法云：「適士二廟。」言適士則不得兼中下也。庶人祭於寢。寢，適寢也。○適，丁歷反。○疏曰：此庶人祭寢，謂是庶人在官，府、史之屬，及尋常庶人。此祭謂薦物，以其無廟，故唯薦而已。薦獻不可褻處，故知適寢也。○王制○匠人營國，方九里，旁三門。營，謂丈尺其大小。天子十二門，通十二子。○疏曰：按典命云：「上公九命」，「國家、宮室、車旗、衣服、禮儀以九爲節。」侯、伯、子、男已下，皆依命數。鄭云「國家謂城方，公之城蓋方九里，侯、伯七里，子、男五里」。并文王有聲詩箋差之，天子當十二里。此云九里者，按下文有夏、殷，則此九里通異代也。鄭異義駁「或云周亦九里城」，則公七里，侯、伯五里，子、男三里，不取典命等注。由鄭兩解，故義有異也。疏備在典命也。又曰：云丈尺，據高下而言；云大小，據遠近而說也。云天子十二門，以通十二子者，按孝經援神契云：「天子即政，置三公、九卿、二十七大夫、八十一元士。慎文命，下各十二子。」如是，甲乙丙丁之屬十日爲母，子丑寅卯等十二辰爲子。故王城面各三門，以通十二子也。國中九經九緯，經涂九軌。國中，城内也。經緯，謂涂也。經緯之涂皆容方九軌，軌謂轍廣。乘車六尺六寸，旁加七寸，凡八尺，是爲轍廣。九軌積七十二尺，則此涂十二步也。旁加七寸者，輻内二寸半，輻廣三寸半，綆三分寸之二，金轄之間，三分寸之一。○緶，方穎反〔四〕。○疏曰：言「九經九緯」者，南北之道爲經，東西之道爲緯。王城面有三門，門有三涂，男子由右，女子由左，車從中央。鄭云「旁加七寸者，輻內二寸半」者，計轂在輻內九寸有餘。今言輻內有二寸半者，不加輿下覆轂者也。左祖右社，面朝後市，王宫所居也。祖，宗廟。面，猶鄉也。王宫當中經之涂也。○鄉，許亮反。○疏曰：言「王宫所居也」者，謂經左右前後者，據王宫所居處中而言之，故云王宫所居也。云「王宫當中經之涂也」者，按祭義注云「周尚左」，桓二年「取郜大鼎」「納於大廟」，何休云：「質家右宗廟，尚親親；文家左宗廟，尚尊尊。」義與此合。按劉向別録云：「路寢在北堂之西，社稷宗廟在路寢之西。」又云：「左明堂、辟廱，右宗廟、社稷。」皆不與禮合，鄭皆不從之矣。市朝一夫。方各百步。○疏曰：按司市市有三朝，總於一市之上爲之。若市總一夫之地，則爲大狹。蓋市朝司次、介次所居之處，與天子三朝皆居一夫之地，各方百步也。夏后氏世室，堂脩二七，廣四脩一，世室者，宗廟也。魯廟有世室，牲有白牡，此用先王之禮〔五〕。脩，南北之深也。夏度以步，令堂脩十四步，其廣益以四分脩之一，則堂廣十七步半。○疏曰：鄭云「此用先王之禮」者，世室用此經夏法，白牡用殷法，皆是用先王之禮也。云「夏度以步」者，下文云「三四步」，明此「二七」是十四步也。云「令堂脩十四步」者，言假令以此堂云二七約之，知用步無正文，故鄭以假令言之也。知「堂廣十七步半」者，以南北爲脩十四步，四分之，取十二步，益三步，爲十五步。餘二步，益半步，爲二步半，添前十五步，是十七步半也。五室，三四步，四三尺，堂上爲五室，象五行也。三四步，室方也。四三尺，以益廣也。木室於東北，火室於東南，金室於西南，水室於西北，其方皆三步，其廣益之以三尺。土室於中央，方四步，其廣益之以四尺。此五室居堂，南北六丈，東西七丈。○疏曰：云「五室象五行」者，以其宗廟，制如明堂，明堂之中有五天帝、五人帝、五人神之坐，皆法五行，故知五室象五行也。東北之室言木，東南之室言火，西南之室言金，西北之室言水，五行先起東方，故東北方之室言木，其實東北之室兼水矣，東南之室兼木矣，西南之室兼火矣，西北之室兼金矣。以其中央大室有四堂，四角之室皆有堂，故知義然也。中央之室大一尺者，以其在中，號爲大室，故多一尺也。云「此五室居堂，南北六丈，東西七丈」者，以其大室居中，四角之室皆於大室外接四角爲之，大室四步，四角室各三步，則南北三室十步，故六丈，東西三室六丈，外加四三尺又一丈，故七丈也。九階，南面三，三面各二。○疏曰：按賈、馬諸家皆以爲九等階。鄭不從者，以周、殷差之，夏人卑宮室，當一尺之堂爲九等階，於義不可，故爲旁九階也。鄭知南面三階者，見明堂位云：「三公，中階之前，北面東上。諸侯之位，阼階之東，西面北上。諸伯之國，西階之西，東面北上。」故知南面三階也。知餘三面各二者，大射禮云：「工人士與梓人升自北階。」又雜記云：「夫人至，入自闈門，升自側階。」奔喪云：「婦人奔喪，升自東階。」以此而言，四面有階可知。四旁兩夾，窗窗助户爲明，每室四户八窗。○疏曰：言「四旁」者，五室，室有四户，四户之旁皆有兩夾。窗則五室二十户、四十窗也。白盛，蜃，灰也。盛之言成也。以蜃灰堊牆，所以飾成宮室。○疏曰：地官掌蜃：「掌供白盛之蜃。」則此蜃灰出自掌蜃也。云「以蜃灰堊牆」者，爾雅云：「地謂之黝，牆謂之堊。」堊即白蜃，堊之，使壁白也。○堊，烏路反，又烏洛反。門堂，三之二。門堂，門側之堂。取數於正堂，令堂如上制，則門堂南北九步二尺，東西十一步四尺。爾雅曰：「門側之堂謂之塾。」○疏曰：鄭云「令堂如上制」者，以上堂不言步，故此注亦云令。假令如上制，南北十四步，東西十七步半，今云三之二，謂三分取二分，以十四步取十二步，三分之，得八步。二步爲丈二尺，三分之，得八尺，以六尺爲一步，添前爲九步，餘二尺，故云「南北九步二尺」也。云「東西十一步四尺」者，十七步半，以十五步得十步，餘二步半爲丈五尺，三分之，得一丈。以六尺爲一步，餘四尺，添前爲十一步四尺也。引爾雅「門側之堂謂之塾」者，證此經門堂爲塾之義也。尚書顧命「左塾」、「右塾」亦此類也。室，三之一。兩室與門，各居一分。○疏曰：此室即在門堂之上作之也。言各居一分者，謂兩室與門各居一分。鄭不言尺數，義可知，故略而不言也。殷人重屋，堂脩七尋，堂崇三尺，四阿，重屋。重，直龍反。○重屋者，王宮正堂，若大寢也。其脩七尋，五丈六尺，放夏、周則其廣九尋，七丈二尺也。五室各二尋。崇，高也。四阿，若今四注屋〔六〕。重屋，復笮也。○放，方往反。復，音福。笮，側白反。○疏曰：云「王宮正堂若大寢也」者，謂對燕寢側室非正，故以此爲正堂大寢也。言「放夏周」者，夏在殷前，可得言放。其周在殷後，亦言放者，此非謂殷人放周而爲之。鄭直據上文夏法、下文周法言放，猶言約夏、周者也。雖言放夏、周，經云「堂脩七尋」，則其廣九尋〔七〕。若周言南北七筵〔八〕，則東西九筵〔九〕，則偏放周法。而言放夏者，七九偏據周，夏后氏南北狹，東西長，亦是放之，故得兼言放夏也。云「四阿若今四注屋」者，燕禮云：「設洗當東霤。」則此四阿，四霤者也。云「重屋，複笮也」者，若明堂位云：「復廟重檐。」鄭注云：「重檐，重承壁材也。」則此復笮亦重承壁材，故謂之重屋。周人明堂，度九尺之筵，東西九筵，南北七筵，堂崇一筵，五室凡室二筵。度，直路反。戚，待洛反〔一〇〕，下同。○明堂者，明政教之堂。周度以筵，亦王者相改。周堂高九尺，殷三尺，則夏一尺矣。相參之數，禹卑宮室，謂此一尺之堂與？此三者，或舉宗廟，或舉王寢，或舉明堂，互言之以明其同制。○與，音餘。○疏曰：此記人據周作説，故其文備於周而略於夏、殷，是以下文皆據周而説也。以夏之世室，其室皆東西廣於南北也。周亦五室，直言「凡室二筵」，不言東西廣，鄭亦不言東西益廣。或五室皆方二筵，與夏異制也。若然，殷人重屋，亦直云堂脩七尋，不言室，如鄭意，以夏周皆有五室十二堂，明殷亦五室十二堂。云「明堂者，明政教之堂」者，以其於中聽朔，故以政教言之。明堂者，明諸侯之尊卑。孝經緯援神契云：「得陽氣明朗謂之明堂。」以明堂義大〔二〕，故所合理廣也。」云「周度以筵，亦王者相改」者，對夏度以步、殷度以尋，是王者相改也。云「周堂高九尺，殷三尺，則夏一尺矣」者，夏無文，以後代文而漸高，則夏當一尺，故云「相參之數」。「禹卑宮室謂此一尺之堂與」，言「與」者，以無正文，故言「與」以疑之也。云「此三者，或舉宗廟，或舉王寢，或舉明堂，互言之以明其同制」者，互言之者，夏舉宗廟，則王寢、明堂亦與宗廟同制也；殷舉王寢，則宗廟、明堂亦與王寢同制也；周舉明堂，則宗廟王寢亦與明堂制同也。云「其同制」者，謂當代三者其制同，非謂三代制同也。若然，周人殯於西階之上，王寢與明堂同，則南北七筵惟有六十三尺，三室居六筵，南北共有一筵，一面惟有四尺半，何得容殯者？按書傳云：「周人路寢，南北七雉，東西九雉，室居二雉。」則三室之外，南北各有半雉，雉長三丈，則各有一丈五尺，足容殯矣。若然，云同制者，直制法同，無妨大矣。據周而言，則夏、殷王寢亦制同，而大可知也。

室中度以几，堂上度以筵，宮中度以尋，野度以步，涂度以軌。周文者，各因物宜爲之數。室中，舉謂四壁之內。○疏曰：云「周文者，各因物宜爲之數」者，對般已上質，夏度以步，般度以尋，無異稱也。「因物宜」者，謂室中坐時馮几，堂上行禮用筵，宮中合院之內無几無筵，故用手之尋也。在野論里數皆以步，故用步。涂有三道，車從中央，故用車之軌。是因物所宜也。云「室中，舉謂四壁之內」者，對宮中是合院之內，依爾雅，宮猶室，室猶宮者，是散文宮、室通也。廟門容大扃七个，扃，古熒反。○大扃，牛鼎之扃，長三尺，每扃爲一个，七个二丈一尺。○疏曰：知「大扃牛鼎之扃，長三尺」者，此約漢禮器制度。闈門容小扃參个。闈，音韋，劉音暉。○廟中之門曰闈。小扃，腳鼎之扃，長二尺，參个六尺。○疏曰：云「廟中之門曰闈門」者，爾雅文，此即雜記云：「夫人至，入自闈門。」是也。云「小扃，腳鼎之扃，長二尺」者，亦漢禮器制度知之。腳鼎亦牛鼎，但上牛鼎扃長三尺，據正鼎而言，此言腳鼎，據陪鼎三，腳、臐、膮而說也。○冬官○室有東西廂曰廟，無東西廂有室曰寢。疏曰：凡太室有東西廂，夾室及前堂有序牆者曰廟。但有太室者曰寢。月令仲春云：「寢廟畢備。」鄭注云：「前曰廟，後曰寢。」以廟是接神之處，尊，故在前。寢，衣冠所藏之處，對廟爲卑，故在後。○廟中路謂之唐。堂途謂之陳〔一二〕。中唐有甓。○疏曰：廟中之路名唐。堂下至門徑名陳。閍謂之門。詩曰：「祝祭於祊。」○爾雅〔一三〕○守祧：掌守先王先公之廟祧。注疏見下守藏條。若將祭祀，其廟則有司脩除之，其祧則守祧黝堊之。黝，於糾反，鄭音幽。○廟，祭此廟也。祧，祭遷主。有司，宗伯也。脩除、黝堊互言之，有司恒主脩除，守祧恒主黝堊。鄭司農云：黝，讀爲幽，黑也。堊，白也。爾雅曰：「地謂之黝，牆謂之堊。」○疏曰：云「廟，祭此廟也」者，凡廟舊皆脩除黝堊，祭更脩除黝堊，示新之，敬也。今將祭而云脩除，知祭此廟也。云「祧，祭遷主」者，以遷主藏於祧故也。按上司尊彝有「追享」，鄭云「追祭遷廟之主」，謂禱祈，則此祭遷主之謂也。云「有司，宗伯也」者，以其宗伯主立國祀，又涖滌濯脩除，亦是潔淨之事，故知有司是宗伯爲之。云脩除、黝堊互言之」者，鄭以二者廟祧並有，而經廟直言脩除，祧直言黝堊，故互而通之，明皆有也，以鄭云：有司恒主脩除，祧亦脩除之；守祧恒主黝堊，廟亦黝堊之。先鄭讀黝爲幽，幽是北方，北方其色黑，欲見地謂之幽，取黑義也。知堊是白者，以其堊與幽黑白相對，故知堊是白，即掌蜃之白盛之蜃，故引爾雅證之。○周禮春官○隸僕：掌五寢之埽除糞洒之事。埽，素報反。除，如字，劉直恕反。洒，所賣反。○五寢，五廟之寢也。周天子七廟，唯祧無寢。詩云：「寢廟繹繹。」相連貌也。前曰廟，後曰寢。汜埽曰埽，埽席前曰拚。洒，灑也。鄭司農云：洒，當爲灑。玄謂：論語曰：「子夏之門人」，「當洒埽應對」。○拚，方問反。灑，所買反。○疏曰：知「周天子七廟，唯祧之無寢」者，此云五寢，下云小寢、大寢，不言祧之有寢，明二祧無寢也。引詩云「寢廟繹繹」者，欲見前廟後寢，故云「相連之貌」也。按爾雅釋宮云：「有東西廂曰廟，無曰寢。」寢、廟大況是同，有廂、無廂爲異耳。必須寢者，祭在廟，薦在寢，故立之。按昭十八年，鄭災，「簡兵大蒐〔一四〕，子太叔之廟在道南，其寢在道北」者，彼廟不在宮中，地隘，故廟寢別處也。云「汜埽曰埽，埽席前曰拚」者，謂埽地遠近之異名。及取論語者，所以證經埽洒之事也。五寢既隸僕埽除，其廟按守祧注皆宗伯埽除。祭祀，脩寢。於廟祭寢，或有事焉。月令：凡新物，先薦寢廟。○疏曰：祭祀則在廟可知，復云脩寢者，寢或有事，不可不脩治之也。引月令「薦寢廟」者〔一五〕，欲見寢有事，彼薦只在寢不在廟，連廟言者，欲見是廟之寢，非生人之寢故也。○周禮夏官○仲春，乃脩闔扇，寢廟畢備。因蟄蟲啓户、耕事少閒而治門户也。用木曰闔，用竹葦曰扇。畢，猶皆也。凡廟，前曰廟，後曰寢。○疏曰：按襄十八年左傳云：晉州綽「以枚數闔」。闔是齊城門而云闔，是闔用木也。此扇與闔相對文，又此文承耕者少舍，謂庶人，庶人華門，故以爲「竹葦曰扇」。云「凡廟前曰廟，後曰寢」者，廟是接神之處，其處尊，故在前。寢，衣冠所藏之處，對廟爲卑，故在後。但廟制有東西廂〔一六〕，有序墻，寢制唯室而已，故釋宫云：「室有東西廂曰廟，無東西廂有室曰寢。」是也。○月令○有焚其先人之室，則三日哭。謂火燒其宗廟，哭者哀精神之有虧傷。○檀弓下

右廟制○傳〔一七〕：天子不卜處大廟。大，音太，後大廟同。○卜可建國之處吉，則宫廟吉可知。○疏曰：建國之時，總卜其吉，不待更卜處大廟所在〔一八〕，以其吉可知。○表記○凡邑有宗廟先君之主曰都，無曰邑。邑曰築，都曰城。周禮：「四縣爲都，四井爲邑。」然宗廟所在，則雖邑曰都，尊之也。言凡邑，則他築非例。○莊公二十八年春秋左氏傳○子太叔之廟在道南，其寢在道北。疏曰：廟當在宅内，以其居狹隘，故廟在道南，寢在道北也。寢，即游吉所居宅也。○昭公十八年春秋左氏傳○太廟，天子明堂。言廟如天子之制也。○疏曰：周公大廟制度高大，如似天子耳。○明堂位○山節藻棁，復廟重檐，刮楹達鄉，反坫出尊，崇坫康圭，疏屏，天子之廟飾也。棁，專悦反。復，音福。重，平聲。檐，以占反。刮，古八反。鄉，許亮反。坫，丁念反。康，音抗，又如字。疏，音疎。○山節，刻欂盧爲山也。藻棁，畫侏儒柱爲藻文也。復廟，重屋也。重檐，重

承壁材也。刮，刮摩也。鄉，牖屬，謂夾户窗也。每室八窗，爲四達。反坫，反爵之坫也。出尊，當尊南也。唯兩君爲好，既獻，反爵於其上。禮，君尊於兩楹之間。崇，高也。康，讀爲亢龍之亢。又爲高坫，亢所受圭奠於上焉。屏，謂之樹，今浮思也，刻之爲雲氣蟲獸，如今闕上爲之矣。○欂，音博，又皮麥反，一旁各反，徐薄歷反，字林平碧反。爲好，呼報反。○疏曰：「山節」，謂欂盧刻爲山形。「藻棁」者，謂侏儒柱畫爲藻文也。「復廟」者，上下重屋也。「重檐」者，皇氏云：鄭云重檐，重承壁材也，謂就外檐下壁復安板檐，以辟風雨之灑壁，故云重檐重承壁材。「刮楹」者，刮，摩也；楹，柱也；以密石摩柱。「達鄉」者，達，通也，鄉謂窗牖也，每室四户八窗，窗户皆相對。以牖户通達，故曰達鄉也。「反坫」者，兩君相見，反爵之坫也。築土爲之，在兩楹間，近南。人君飲酒，既獻，反爵於坫上，故謂之反坫也。「出尊」者，尊在兩楹間，坫在尊南，故云出尊。「崇坫康圭」者，崇，高也；亢，舉也；爲高坫，受賓之圭，舉於其上也。「疏屏」者，疏，刻也；屏，樹也；謂刻於屏樹，爲雲氣蟲獸也。「天子之廟飾也」者，自山節以下，皆天子廟飾也。反坫亦在廟，故合言廟飾也。「刻欂盧也」者，節名欂盧。釋宫云：「楔謂之楶。」李巡云：「楔，今欂盧也。則今之斗拱。」云「畫侏儒柱」者，按釋宫云：「宋廇謂之梁[一九]，其上楹謂之梲。」李巡曰：「梁上短柱也。」云「鄉牖屬」者，詩豳風：「塞向墐户。」是牖屬也。云「出尊，當尊南也」者，以當近南，迴露嚮外爲出，今言「出尊」，故知尊南也。云「禮，君尊於兩楹之間」者，以燕禮燕臣子列尊於東楹之西。今兩君敵體，當尊在兩楹之間，故鄉飲酒賓主敵體，「尊於房户間」是也。皇氏解此用燕禮之文「尊于東楹之西」爲兩楹之間，失之矣。云「康讀爲亢龍之亢」者，按易乾上九：「亢龍有悔。」讀從之。云「屏謂之樹，今浮思也」者，屏謂之樹，釋宮文。漢時謂屏爲浮思，故云「今浮思」。解者以爲天子外屏〔二〇〕，人臣至屏，俯伏思念其事。按匠人注云：「城隅，謂角浮思也。」漢時東闕浮思災，以此諸文參之，則浮思小樓也，故城隅、闕上皆有之。然則，屏上亦爲屋以覆屏墻，故稱屏曰浮思。或解屏則闕也，古詩云：「雙闕百餘尺。」則闕於兩旁，不得當道，與屏別也。闕雖在兩旁，相對近道，大略言之，亦謂之當道。故讖云：「代漢者當塗高，謂魏闕也。」云「刻之爲雲氣蟲獸如今闕上爲之矣」者，言古之疏屏，似今闕上畫雲氣蟲獸，如鄭此言，似屏與闕異也。○明堂位○

清廟茅屋，以茅飾屋，著儉也。清廟，肅然清淨之稱。○著，張慮反。稱，尺證反〔二一〕。○疏曰：冬官考工記有葺屋、瓦屋，則屋之覆蓋或草、或瓦。傳言「清廟茅屋」，其屋必用茅也，但用茅覆屋更無他文。明堂位曰：「山節藻棁，復廟重檐〔二二〕，刮楹達鄉，反坫出尊，崇坫康圭疏屏，天子之廟飾也。」其飾備物盡文，不應以茅爲覆。得有茅者，杜云「以茅飾屋，著儉也」，以茅飾之而已，非謂多用其茅總爲覆，蓋猶童子垂髦及蔽膝之屬，示其存古耳。白虎通曰：王者所以立宗廟何？緣生以事死，敬亡若存，故以宗廟而事之，此孝子之心也。宗者，尊也。廟者，貌也。象先祖之尊貌。然則，象尊之貌，享祭之所，嚴其舍宇，簡其出入，其處肅然清淨，故稱清廟。清廟者，宗廟之大稱。詩頌清廟者，祀文王之歌，故鄭玄以文王解之，言天德清明，文王象焉，故稱清廟。此則廣指諸廟，非獨文王，故以清淨解之。昭其儉也。示儉。○桓公二年春秋左氏傳○莊公二十三年秋，丹桓宮楹。穀梁子曰：

天子諸侯黝堊，黝堊，黑色。○疏曰：徐邈云：黝，黑柱也。堊，白壁也。謂白壁而黑柱。今范同。

以黝堊爲黑色者，以此傳爲丹楹而發，何得白壁在其間？故同爲黑色也。大夫蒼，士黈。黈，黃色。丹楹，非禮也。○莊公二十四年春，刻桓宮桷。穀梁子曰：天子之桷，斲之礱之，加密石焉。以細石磨之。諸侯之桷，斲之礱之。大夫斲之，士斲本。刻桷，非正也。非正，謂刻桷、丹楹也。○莊公二十四年春秋穀梁傳○國君下齊牛，式宗廟。疏曰：按齊右職云「凡有牲事則前馬」，注云：「王見牲則拱而式。」又引曲禮曰：「國君下宗廟，式齊牛。」鄭注周官與此文異者，熊氏云：此文誤，當以周禮注爲正，宜云：下宗廟，式齊牛。○曲禮上○庶子之正於公族者，公若有出疆之政，謂朝、覲、會、同也。○疏曰：上云「在軍」，謂庶子之官從公出行。此云「公若出疆」，庶子不從公行，在國掌其留守。對上在軍，故知此出疆是朝覲會同，非出軍也。其庶子之官，公有朝覲會同不從公行，既掌留守公宮。若征伐出軍，庶子不從公行，亦是所掌留守之事。庶子以公族之無事者守於公宮，正室守大廟，守，如字，又手又反。大，音太。○正室，適子也。大廟，大祖之廟。○適，丁歷反。○疏曰：經云「庶子以公族之無事者守於公宮」者，與下文爲總。「正室守太廟」以下文，各言其別。「無事」，謂不從行及無職事者。「正室，適子也」者，謂公卿大夫之適子也。按公羊傳云「周公稱大廟」，周公是魯之始祖，故知其餘諸侯大廟皆大祖之廟也。諸父守貴宮貴室，謂守路寢。○疏曰：以下云「下宮」，上云「大廟」，此貴宮貴室既非大廟，又非下宮下室，唯當路寢也。指其院宇謂之宮，指其所居之處謂之室。爾雅云：「宮謂之室，室謂之宮。」此貴宮、貴室總據路寢。

皇氏云：「或俗本無貴宫，考定本有貴宫〔二三〕。」諸子諸孫守下宫下室。下宫，親廟也。下室，燕寢。或言宫，或言廟，通異語。○疏曰：上云大廟，此云下宫，除大廟之外，惟有親廟高祖以下，故云「下宫，親廟也」。上云貴室，此又云下室，故知燕寢也。云「或言宫」，則下宫也。「或言廟」，則大廟也。故春秋云「立武宫」，明堂位云：「武公之廟，武世室也。」是通異語也。此云「諸父」及「諸子諸孫」者，未審爲是君之諸父及諸子孫之行，爲當是見任卿大夫者之諸父子孫也。然鄭解正室適子，不云世子，則卿大夫之適子也。既以正室爲卿大夫之適子，則諸父子孫亦謂卿大夫之諸父子孫也。不云諸兄諸弟者，蓋諸兄從諸父，諸弟從子孫也。○文王世子○子貢觀於魯廟之北堂，出而問孔子曰：「鄉者賜觀於太廟之北堂，吾亦未既輟，還復瞻九蓋被皆繼邪？彼有説邪？匠過絶邪？」北堂，神主所在也。輟，止也。九，當爲北；被，當爲彼，傳寫誤耳。蓋，音盍，户扇也。皆繼，謂其材木斷絶，相接繼也。子貢問：北盍皆繼續，彼有説邪？匠過誤而遂絶之也？○家語作「還瞻北蓋，皆斷焉，彼有説邪，匠過之也」，王肅注家語云：「觀北面之蓋，皆斷絶也。」孔子曰：太廟之堂，亦嘗有説。言舊曾説，今則無也。官致良工，因麗節文，致，極也。官致良工，謂初造太廟之時〔二四〕，官極其良工〔二五〕，良工則因隨其木之美麗節文而裁制之〔二六〕，所以斷絶。家語作「官致良工之匠，匠致良材，盡其功巧，蓋貴文也」。○今按：家語作「蓋貴久矣，尚亦説也」，與此注小異。非無良材也，蓋曰貴文也。非無良材大木，不斷絶者，蓋所以貴文飾也。此蓋明夫子之博識也。○荀子宥坐○魯公之廟，文世室也。武公之廟，武世室也。此二廟象周有文王、武王之廟也。世室者，不毁之名也。魯公，伯禽也。武公，伯禽之玄孫也，名敖。○疏曰：此一經明魯有二廟不毁，象周之文、武二祧也。文世室者，魯公伯禽有文德，世世不毁其室，故云文世室。武世室者，伯禽玄孫武公有武德，其廟不毁，故云武世室。又曰：按成六年「立武宫」，公羊、左氏並譏之不宜立也。又武公之廟立在武公卒後，其廟不毁在成公之時，此記所云，美成王，褒崇魯國而已。云「武公之廟，武世室」者，作記之人因成王褒魯，遂盛美魯家之事，因武公其廟不毁，遂連文而美之，非實辭也。故下文君臣未嘗相弑，禮樂刑法政俗未嘗相變也，鄭云亦近誣矣，是不實也。伯禽玄孫者，按世本，伯禽生煬公熙，熙生弗，弗生獻公具，具生武公敖，是伯禽玄孫名敖。○明堂位○文公十三年世室屋壞。公羊子曰：世室，魯公之廟也。魯公，周公子伯禽。○疏曰：解云欲言君寢於例不書，欲言宗廟未有世室之名，故執不知問。周公稱大廟，魯公稱世室，羣公稱宫。少差異其下者，所以上尊周公。○疏曰：周公稱大廟者，即僖八年「禘于大廟」、文二年「大事于大廟」是也。「魯公稱世室」者，即此經是也。「羣公稱宫」者，即武宫、煬宫之屬是也〔二七〕。又曰：廟者，尊卑達名，鬼神所居之稱。今此稱異其名，知上尊周公故也。此魯公之廟也，曷爲謂之世室？世室，猶世室也〔二八〕，世世不毁也。魯公，始封之君，故不毁也。○疏曰：謂之「世室」者，猶言世世室也。周公何以稱大廟于魯？據魯公始封也。封魯公以爲周公也。爲周公故，語在下。穀梁子曰：大室屋壞者，有壞道也，譏不修也。大室，猶世室也。世世有是室，故言世室。○疏曰：傳有壞道也，高者有崩道，下者有壞道。既言有壞道而書之者，譏不修也。言魯若繕修之，豈有敗壞之理，故書以譏不敬也。成五年梁山崩，傳云「高者有崩道」。山有崩道，又不可繕修之物，而亦書之者，刺人君無德而致天災，令山崩河壅，怪異之大，故亦書之。然山高稱崩，屋下言壞，而序稱禮壞樂崩，釋云通言之者，以禮樂無高下之殊，故知通言之。周公曰大廟，爾雅曰：「室有東西廂曰廟。」伯禽曰大室，羣公曰宮。爾雅曰：「宮謂之室，室謂之宮。」然則，其實一也，蓋尊伯禽而異其名。○疏曰：此兩注所引，並爾雅釋宮之言。有東西廂者，謂有夾室也。傳知周公曰大廟、伯禽曰大室、羣公曰宮者，禮記明堂位云季夏六月，以禘禮祀周公於大廟。哀三年桓宮、僖宮災，是周公稱大廟，羣公稱宮。此經別言大室，明是伯禽廟。公羊傳爲世室，言世世不毁，世與大意亦同耳。禮，宗廟之事，君親割，割牲。○疏曰：徐邈云：禮記曰：「君執鸞刀而封牲。」是也。然彼據初殺牲之時，非是割牲之事，徐言非也。○夫人親舂，舂，粢盛也。敬之至也。爲社稷之主，而先君之廟壞，極稱之，志不敬也。極稱，言屋壞不復，依違其文。○公羊、穀梁通入。○成公三年，新宮災，三日哭。公羊子曰：宣公之宮也。以無新宮，知宣公之宮廟。○疏曰：正以春秋上下無新公宮，則知此言新宮者，正是其父宣公之宮。以其至近被災，故謂之新宮災。曷爲謂之新宮？不忍言也。親之精神所依而災，孝子隱痛，不忍正言也。謂之新宮者，因新入宮，易其西北角，示昭穆相繼，代有所改更也。○疏曰：三年喪畢，宣公神主新入廟，故謂之新宮。易其西北角者，即穀梁傳云「壞廟之道，易檐可也」，是易其西北角之檐也。故爾雅釋宮云〔二九〕：「西北隅謂之屋漏。」是也。孫氏曰：「當室之日光所漏入也。」不與何氏別。其言三日哭何？據桓、僖宫災，不言三日哭。○疏曰：注引桓、僖宫，即下哀公三年夏「辛卯，桓宫、僖宫災」是也。廟災三日哭，禮也。善得禮，痛傷鬼神無所依歸，故君臣素縞哭之。○疏曰：即檀弓下曰：「有焚其先人之室，則三日哭。」鄭氏云謂人燒其宗廟，哭者哀精神之有虧傷。故此注云「善得禮，痛傷鬼神無所依歸」是也。云「故君臣素縞哭之」者，謂著素衣縞冠哭之。穀梁子曰：三日哭，哀也。其哀，禮也。宫廟，親之神靈所馮居，而遇災，故以哀哭爲禮。迫近不敢稱謚，恭也。迫近，言親禰也。桓、僖遠祖則稱謚。其辭恭且哀，以成公爲無譏矣〔三〇〕。

措之廟，立之主，曰帝。同之天神。春秋傳曰：「凡君」，「卒哭而祔，祔而作主」。○疏曰：措，置也。王葬後，卒哭竟而祔置於廟，立主，使神依之也。白虎通云：所以有主者，神無依據，孝子以繼心也。主用木，木有始終，又與人相似也。蓋記之以爲題，欲令後可知也。方尺，或曰尺二寸。鄭云「周以栗」，漢書「前方後圓」。五經異義云：「主狀正方，穿中央，達四方。天子長尺二寸，諸侯長一尺。」「曰帝」者，天神曰帝，今號此主同於天神，故題稱帝，云文帝、武帝之類也。崔靈恩云：古者帝王生死同稱。生稱帝者，死亦稱帝，生稱王者，死亦稱王。今云「措之廟立之主曰帝」者，蓋是爲記時，有主入廟稱帝之義，記者録以爲法也。「凡君卒哭而祔，祔而作主」者，此是左傳僖三十三年之言也。天子七月而葬，九月而卒哭。諸侯五月而葬，七月而卒哭。大夫三月而葬，五月而卒哭。士三月而葬，是月而卒哭。卒哭者，是葬竟虞數畢後之祭名也。孝子親始死，哭晝夜無時，葬後虞竟，乃行神事，故卒其無時之哭，猶朝夕各一哭，故謂其祭爲卒哭。卒哭明日而立主，祔於廟，隨其昭穆，從祖父食。卒哭主暫時祖廟畢〔三一〕，更還殯宮，至小祥作栗主入廟，乃埋桑主於祖廟門左埋重處，故鄭云：「虞而作主，至祔，奉以祔祖廟，既事畢，反之殯宮。」然大夫士亦卒哭而祔，而左傳唯據人君有主者言之，故云「凡君」。鄭注祭法云大夫士無主也。此言「凡君」，明不關大夫士也。崔靈恩云：大夫士無主，以幣帛祔，祔竟並還殯宮，至小祥而入廟也。又檀弓云〔三二〕：「重，主道也。」鄭注引公羊傳云：「虞主用桑，練主用栗。」則似虞已有主，而左傳云：「祔而作主。」二傳不同者，按説公羊者，朝葬，日中則作虞主。若鄭君以二傳之文雖異，其意則同，皆是虞祭總了然後作主。以作主去虞實近，故公羊上係之於虞，作主謂之「虞主」。又作主爲祔所須〔三三〕，故知左氏據祔而言，故云「祔而作主」。故異義云：「古春秋左氏説既葬反虞，天子九虞。九虞者，以柔日，九虞十六日也。諸侯七虞十二日也，大夫五虞八日也，士三虞四日也。既虞然後祔死者於先死者。祔而作主，謂桑主也。期年然後作栗主。許慎謹按：左氏説與禮記同。」鄭君不駁，明同許意，故注檀弓云：「重，既虞而埋之，乃後作主。」是總行虞祭竟乃埋重作主耳。下檀弓云：「虞而立尸，有几筵，卒哭而諱，生事畢而鬼事始已。既卒哭，宰夫執木鐸以命於宮中曰：舍故而諱新。」鄭云：「故，謂高祖之父當遷者。」據檀弓文句相連，鄭以爲人君之禮，明虞唯立尸，未作主也。○曲禮下○七廟五廟無虛主。虛主者，唯天子崩、諸侯薨，與去其國，與祫祭於祖，爲無主。「天子崩，國君薨，則祝取羣廟之主而藏諸祖廟。卒哭成事，而後主各反其廟。藏諸主於祖廟，象有凶事者聚也。卒哭成事，先祔之祭名也。○疏曰：云「象有凶事者聚也」者，此實凶事而云象者，以凶事生人自聚，今主亦集聚，似生人之聚，故云象也。云「卒哭成事先祔之祭名也」者，檀弓云：「卒哭曰成事。」謂漸成吉事。

檀弓又曰：「明日祔于祖。」是卒哭之事在祔祭之前。鄭必云「先祔之祭名」者，以卒哭主各反其廟者，爲明日祔時，須以新死者祔祭於祖，故祖主先反廟也。君去其國，大宰取羣廟之主以從。鬼神依人者也。○從，才用反。祫祭於祖，則祝迎四廟之主。祝，接神者也。○疏曰：以其祫祭於祖，是祝之所掌之事，故祝迎四廟之主。若去其國非祭祀之事，故大宰取羣廟之主以從，鬼神依人故也。祫祭於祖，則迎四廟之主，祝主接神，故迎之也。祫，合祭祖、大祖，三年一祫。謂當祫之年，則祝迎高、曾、祖、禰四廟而於大祖廟祭之，天子祫祭則迎六廟之主。今言「迎四廟」者，舉諸侯言也。主出廟入廟必蹕。」蹕，音畢。○蹕，止行也。○疏曰：主謂木主，羣廟之主也。主，天子一尺二寸，諸侯一尺。出廟者，謂出己廟而往大祖廟。入廟，謂從大祖廟而反還入己廟。若在廟院之外，當主出入之時，必須蹕止行人。若王入大祖廟中，則不可須蹕也，似壓於尊者也。若有喪及去國，無蹕禮也。○曾子問○小史：掌邦國之志，奠繫世，辨昭穆。若有事，則詔王之忌諱。鄭司農云：志，謂記也，春秋傳所謂周志、國語所謂鄭書之屬是也。史官主書，故韓宣子聘於魯，觀書大史氏。繫世，謂帝繫、世本之屬是也，小史主定之，瞽矇諷誦之。先王死日爲忌，名爲諱。故書奠爲帝，杜子春云：帝，當爲奠。奠，讀爲定。書帝亦或爲奠。玄謂：王有事，祈祭於其廟。○疏曰：小史「掌邦國之志」者，邦國連言，據諸侯。志者，記也，諸侯國内所有記録之事皆掌之。云「奠繫世」者，謂定帝繫、世本。云「辨昭穆」者，帝繫、世本之中皆有昭穆親疏，故須辨之。云「若有事」者，謂在廟中有祈祭之事。云「則詔王之忌諱」者，謂小史告王以先王之忌諱也。又曰：古者記識物爲志，春秋傳所謂周志者皆是。左氏傳：殽之役，晉襄公縛秦囚，萊駒失戈，狼瞫取戈斬囚，遂爲車右。箕之役，先軫黜之，而立續簡伯。其友曰：「盍死之？」瞫曰：「吾未獲死所。」其友曰：「吾與汝爲難。」瞫曰：「周志有之：勇則害上，不登於明堂。」引之者，證志爲記識之義也。引韓宣子者，按昭公二年左氏傳：晉韓起來聘，觀書於大史氏，見易象與魯春秋〔三四〕。引之者，證史官掌邦國之志。此小史掌志，引大史證之者，大史，史官之長，共其事故也。云「繫世謂帝繫、世本之屬是也」者，天子謂之帝繫，諸侯謂之世本。云「瞽矇諷誦之」者，按瞽矇職云：「掌諷誦詩，世奠繫，鼓琴瑟」是也。云「先王死日爲忌，名爲諱」者，告王當避此二事。○春官○守祧：

掌守先王先公之廟祧，其遺衣服藏焉。祧，他彫反。○廟，謂大祖之廟及三昭三穆。遷主所藏曰祧。先公之遷主藏於后稷之廟，先王之遷主藏於文、武之廟。遺衣服，大斂之餘也。故書祧作濯，鄭司農濯讀爲祧。此王者之宮而有先公，謂大王以前爲諸侯。○疏曰：云「廟謂大祖之廟及三昭三穆」者，王制云：「天子七廟，三昭三穆，與大祖之廟而七。」又祭法云：「王立七廟」：「曰考廟，曰王考廟，曰皇考廟，曰顯考廟，曰祖考廟，皆月祭之。」「有二祧，享嘗乃止。」據周而言，是知廟祧中有三昭三穆與大祖之廟也。云「遷主所藏曰祧」者，以祭法云：「遠廟爲祧，去祧爲壇。」既言去祧爲壇，明遷主先入祧乃至壇耳，故知祧是遷主所藏。云「先公之遷主藏於后稷之廟」者，先公謂諸盩已前不追謚爲王者，先公之主不可下入子孫廟，故知向上入后稷廟。按聘禮云：「不腆先君之祧，既拚以俟。」諸侯無二祧，先祖之主皆藏於太祖廟，故名祧。若然，后稷廟藏先公，不名祧者，以有大祖廟名，又文、武已名祧，故后稷不名祧也。若然，大王、王季之主不可入文、武祧，亦當藏於后稷廟也。云「先王之遷主藏於文武之廟」者，當周公制禮之時，文、武在親廟四之内，未毁，不得爲祧。然文、武雖未爲祧，已立其廟，至後子孫，文武應遷而不遷，乃爲祧也。其立廟之法，后稷廟在中央，當昭者處東，當穆者處西，皆别爲宫院者也。按孔君、王肅之義，二祧乃是高祖之父、高祖之祖與親廟四皆次第而遷，文、武爲祖宗，不毁矣。鄭不然者，以其守祧有奄八人，守七廟并姜嫄廟則足矣。若益二祧，則十廟矣，奄八人何以配之？明其義非也。云「遺衣服，大斂之餘也」者，按士喪禮云：「小斂十九稱，不必盡服」。則小斂亦有餘衣。必知據「大斂之餘」者，小斂之餘至大斂更用之，大斂餘乃留之，故知此遺衣服無小斂餘也。先鄭云「此王者之宫而有先公謂大王以前爲諸侯」者，謂不窋已後、諸盩已前爲諸侯者，后稷雖不謚爲王，以其爲始祖，故祫祭在焉，從先王例也。若將祭祀，則各以其服授尸。尸當服卒者之上服，以象生時。○疏曰：「尸服卒者之上服」，士虞記文。既鄭引之者，欲見天子已下，凡尸皆服死者大斂之遺衣。其不服者，以爲奠衣服者，以鄭云「象生」也。言卒者上服，則先王之尸服衮冕，先公之尸服鷩冕也。若然，士爵弁以助祭，祭宗廟服玄端，而士虞、特牲尸不服爵弁者，爵弁是助祭諸侯廟中乃服之，士尸還在士廟，故尸還服玄端爲上服也。曾子問云：「尸弁冕而出，卿大夫士皆下之。」注云：「弁冕者，君之先祖或有爲大夫士者。」則是先君之先祖爲士，尸服卒者上服，不服玄端而服爵弁者。爵弁本以助祭在君廟，君先祖雖爲士，今爲尸還在君廟中，故服爵弁，不服玄端。既祭，則藏其隋，與其服。隋，徐徒果反，舊許規反，注許恚反，相恚反。○鄭司農云：隋，謂神前所沃灌器名。玄謂：隋，尸所祭肺脊黍稷之屬，藏之以依神。○疏曰：按特牲、少牢及曾子問皆有墮祭之事，今先鄭以隋爲神前沃灌器，故後鄭不從也。「玄謂隋，尸所祭肺脊黍稷之屬」者，按特牲禮：「祝命挼祭」，尸「取菹，擩于醢，祭于豆閒。佐食取黍稷肺祭授尸，尸祭之」。注云：「肺祭，刌肺。」是其隋者。彼不言脊，有脊似誤〔三五〕。所以誤有脊者，特牲禮云：「佐食舉肺脊以授尸，尸受振祭嚌之。」是以於此誤有脊。但彼是尸食而舉者，故有脊，此隋祭不合有也。云「藏之以依神」者，此義與祭地埋之同，故云依神也。○同上。

○天府：掌祖廟之守藏，與其禁令。守，手又反〔三六〕。藏，才浪反。○祖廟，始祖后稷之廟。其寶物世傳守之，若魯寶玉大弓者。○疏曰：所守藏者，即下文「玉鎮」已下是也。禁令，謂禁守不得使人妄入之等也。又曰：按王制云：「天子七廟，三昭三穆，與太祖之廟而七。」太祖即始祖廟也。周立后稷廟爲始祖，以其最尊，故寶物藏焉。云「其寶物世傳守之，若魯寶玉大弓」者，按春秋定八年「盗竊寶玉大弓」，公羊傳云：「寶者何？璋判白、弓繡質。」是世傳守者也。凡國之玉鎮、大寶器，藏焉。若有大祭，則出而陳之，既事藏之。玉鎮、大寶器，玉瑞、玉器之美者，禘祫陳之以華國也。故書鎮作瑱，鄭司農云：瑱，讀爲鎮。○禘，大計反，後同。○疏曰：云「玉鎮、大寶器藏焉」者，若典瑞掌其凡瑞器，故典瑞云：「掌玉瑞玉器之藏，辨其名物，與其用事，設其服飾。」其美者天府掌之。又曰：鄭知「玉鎮大寶器」是「玉瑞玉器之美者」，此云玉鎮，即大宗伯云「以玉作六瑞」，鎮圭之屬，即此寶鎮也。彼又云「以玉作六器」，蒼璧禮天之屬，即此寶器也。知是美者，以別入此天府，故知簡取美者來入也。鄭知禘祫者，經云「大祭祀」，故知也。上春，釁寶鎮及寶器。上春，孟春也。釁，謂殺牲以血血之。鄭司農云：釁，讀爲徽。或曰：釁鼓之釁。○疏曰：云「上春，孟春也」者，謂建寅之月也。殺牲取血釁之，若月令上春「釁龜筴」等也。云「釁讀爲徽」者，周禮先鄭皆讀釁爲徽，徽取飾義。云「或曰釁鼓之釁」者，讀從定四年祝佗云「君以軍行，祓社釁鼓」，釁皆以血血之也。若遷寶，則奉之。奉，猶送也。○疏曰：此「遷寶」謂王者遷都，若平王東遷則寶亦遷，天府奉送之，於彼新廟之天府藏之如故也。○同上。○庶子之正於公族者，正者，政也。庶子，司馬之屬，掌國子之倅，爲政於公族者。○倅，七對反。其在軍，則守於公禰。謂從軍者。公禰，行主也。行以遷主，言禰，在外親也。○疏曰：此一節明庶子從行在軍之事，則守於公禰者，公禰，謂遷主載在齊車隨公行者也。庶子官既從在軍，故守於公齊車之行主也。行主是遷主而呼爲禰者，既在國外，欲依親親之辭。○文王世子

右守藏○傳：凡君薨，卒哭而祔，祔而作主，特祀於主，既葬，反虞則免喪，故曰「卒哭」，哭止也。以新死者之神祔之於祖，尸柩已遠，孝子思慕，故造木主、立几筵焉。特用喪禮，祭祀於寢，不同之於宗廟。言「凡君」者，謂諸侯以上，不通於卿大夫。○上，時掌反。○疏曰：釋例云：「此諸侯之禮，故稱君。君既葬，反虞則免喪，故曰『卒哭，哭止也』。以新死者之神祔之於祖，尸柩既已遠矣，神形又不可得而見矣，孝子之思彌篤，徬徨求索，不知所至，故造木主，立几筵，特用喪禮祭祀於寢，不同之於宗廟。宗廟則復用四時烝嘗之禮也。三年喪畢，致新死者之主以進於廟，廟之遠主當遷入祧，於是乃大祭於大廟，以審定昭穆，謂之禘。此皆自諸侯上達天子之制也。」其意與此注同，文少詳耳。劉炫云：「既言作主非禮，因言作主祭祀吉凶之節。凡諸侯之薨，葬日而虞，從是以後，閒日一虞，七虞之後，明日而爲卒哭之祭，卒哭之明日而作祔祭，以新死之神祔於祖父。於此祔祭而作木主以依神。其主在寢，特用喪禮祭祀於在寢之主。其四時常祭礿、祠、烝、嘗，及三年喪畢爲大祀禘祭，

並行之於廟，正禮當如是耳。今以葬僖公後積十月始作僖公木主，是作主大緩，故爲非禮也。」又曰：檀弓曰：「既封」，「有司以几筵舍奠於墓左，反，日中而虞。葬日虞，弗忍一日離也。」雜記曰：「士三虞，大夫五，諸侯七。」士虞記曰：「始虞，用柔日。」「再虞，皆如初。」「三虞卒哭〔三七〕」，「用剛日。」如士虞之禮，諸侯七虞〔三八〕，其六虞用柔日，最後虞改用剛日。間一日乃卒哭，卒哭亦用剛日，則諸侯卒哭在葬後十四日也。然始免喪與葬，不得相遠，共在一月之内，故杜每云「既葬，卒哭，衰麻除」〔三九〕，是其不甚相遠。然喪事先遠日，則葬在月半之後。葬後行虞，虞後卒哭，所以得同月者，但卜葬雖先遠日，但葬是喪之大事，又有虞祔之祭，當應及早爲之，使得容其虞祔。禮云：「喪事先遠日。」謂練祥禫除之屬。晉平公之喪，大夫欲見新君，王與文伯宴，樽以魯壺，皆是既葬之後，未卒哭之前。雜記曰：「天子七月而葬，九月而卒哭。諸侯五月而葬，七月而卒哭。」釋例云：「禮記，後人所作，不與春秋同。」是七虞、九虞，杜所不用〔四〇〕。或云杜亦同之，解云：「此注言虞〔四一〕，則免喪者，謂七虞皆畢乃免喪，免喪後日而卒哭也〔四二〕。」理亦通耳。檀弓曰：「葬日虞」，「是日也，以虞易奠，卒哭曰成事。是日也，以吉祭易喪祭。」是葬前奠而不祭，至虞乃爲喪祭，卒哭乃爲吉祭也。自初死至於卒哭，晝夜哭無時，謂之卒哭者，卒此無時之哭，自此以後，惟朝夕哭耳。天子諸侯則於此除喪，全不復哭也。檀弓於卒哭之下云「明日祔於祖父」，士虞記亦云：「卒哭明日，以其班祔。」是以新死之神祔之於祖也。於此之時，葬已多日，尸柩既已遠矣。孝子思慕彌篤，徬徨不知所以，故造木主，立几筵，以依神也。作主致之於寢，特用喪祭之禮祭之於寢，不同祭之於宗廟也。大夫以下〔四三〕，不得稱君，此言「凡君」

者，謂諸侯以上耳〔四四〕，不得通於卿大夫也。文二年公羊傳曰：「主者曷用？虞主用桑，練主用栗。」鄭玄注禮用公羊之説，以爲虞已有主〔四五〕。此傳稱「祔而作主」者〔四六〕，虞而作主，禮本無文，不可以公羊而疑左氏也。烝、嘗、禘於廟〔四七〕。冬祭曰烝，秋祭曰嘗。新主既立〔四八〕，特祀於寢，則宗廟四時常祀自如舊也。三年禮畢，又大禘，乃皆同於吉。○疏曰：周禮、禮記諸文皆有之也。新主既特祀於寢〔四九〕，則其餘宗廟四時常祀自如舊不廢也。三年喪畢，新主入廟，廟之遠主當遷入祧，乃爲大祭於大廟，以審昭穆，謂之禘，於是新死者乃得同於吉也。釋例曰：「舊説以爲諸侯喪三年之後乃烝嘗，按傳襄公十五年冬十一月晉侯周卒，十六年春，葬晉悼公。改服修官，烝於曲沃，會於溴梁。其冬，穆叔如晉，且言齊故。晉人答以『寡君之未禘祀』，其後晉人徵朝於鄭，鄭公孫僑云：『溴梁之明年』，『公孫夏從寡君以朝於君，見於嘗酎，與執膰焉。』此皆春秋之明證也〔五〇〕。」是言知諸侯卒哭以後時祭不廢之事也。釋例又曰：「凡三年喪畢然後禘，於是遂以三年爲節，仍計除喪即吉之月，卜日而後行事，無復常月也。是以經書禘及大事，傳唯見莊公之速，他無非時之譏也。」如例所言，除喪即吉，禘遂以三年爲常，則新君即位二年而禘，五年又禘，八年又禘。僖八年「禘於大廟」，宣八年「有事于大廟」，定八年「從祀先公」，皆得三年之常期也。按元年夫人姜氏薨，當以三年喪畢而禘，再經三年，則九年乃可禘耳。而得八年禘者，哀姜喪畢，不爲作禘，八年因禘祭乃致之，故計閔公之喪數之耳。昭十五年「有事於武宫」，計非禘年而爲禘者，釋例曰：「禘於大廟，禮之常也，各於其宫，時之爲也。雖非三年大祭而書『禘』，用禘禮也。昭二十五年傳曰『將禘於襄公』，亦其義也。三年之禘，自國之常，常事不書，故唯書此數事。祭雖得常，亦記仲遂、叔弓之非常也。」如杜此言，昭十五年雖非禘年，用禘禮，故稱禘也。鄭玄解禮，三年一祫，五年一禘。杜解左傳，都不言祫者，以左傳無「祫」語，則祫禘正是一祭。故杜以審諦昭穆謂之爲禘，明其更無祫也。古禮多亡，未知孰是，且使禮、傳各從其家而爲之說耳。劉炫云：以正經無祫文也，唯禮記、毛詩有祫字耳。釋天云：「禘，大祭也。」則祭無大於禘者，若祫大於禘，禘焉得稱大乎？○僖三十三年春秋左氏傳○傳：文公二年春，王二月，丁丑，作僖公主。主者，殷人以柏，周人以栗，三年喪終則遷入於廟。○疏曰：主所用木，經無正文。公羊傳曰：「主者曷用？虞主用桑，練主用栗。」左傳唯言「祔而作主」，主一而已，非虞練再作，公羊之言不可通於此也。論語：「哀公問社於宰我[五一]，宰我對曰：『夏后氏以松，殷人以柏，周人以栗。』」先儒舊解，或有以爲宗廟主者，故杜依用之。按古論語及孔、鄭皆以爲社主。社爲木主者，古論不行於世。且社主，周禮謂之田主，無單稱主者，以張、包、周等並爲廟主，故杜所依用。劉炫就此以規杜過，未爲得也。公羊子曰：作僖公主者何？爲僖公作主也。爲僖公廟作主也。主狀正方，穿中央，達四方，天子長尺二寸，諸侯長一尺。○疏曰：欲言是禮；書而譏之，欲言非禮，禮有作主之事，故執不知問。又曰：「主狀正方穿中央達四方天子長尺二寸諸侯長一尺」者，皆孝經説文也。卿大夫以下，正禮無主，故不言之。云云之説，備在左氏。主者曷用？虞主用桑[五二]，禮，平明而葬，日中而反，虞。以陽求陰，謂之虞者，親喪以下壙，皇皇無所親，求而虞事之，虞猶安神也。用桑者，取其名，與其粗觕，所以副孝子之心。禮，虞祭，天子九，諸侯七，卿大夫五，士三，其奠處猶吉祭。○疏曰：「禮，平明而葬，日中而反，虞」者，出檀弓與士虞記也〔五三〕。言「以陽求陰」者，謂以日中求神是也。而鄭注士虞記云「朝葬而日中虞，君子舉事必用辰正也」者，兩相須也。彼鄭氏又云「再虞、三虞皆質明」，則日中而反虞者，指葬日言之。自諸侯七以下，雜記文。其天子九虞者，何氏差之耳。異義「左氏說」亦有成文。云云之說，具左氏傳疏。練主用栗。謂期年練祭也，埋虞主於兩階之間，易用栗也。夏后氏以松，殷人以柏，周人以栗。松猶容也，想見其容貌而事之，主人正之意也。柏猶迫也〔五四〕，親而不遠，主地正之意也。栗猶戰栗謹敬貌，主天正之意也。禮士虞記曰〔五五〕：桑主不文，吉主皆刻而謚之。蓋爲禘祫時別昭穆也。虞主三代同者，意尚粗觕，未暇別也。○疏曰：注「謂期年練祭也埋虞主於兩階之間，易用栗也」者，出禮記文。「夏后氏以松，殷人以柏，周人以栗」者，出論語也。而鄭氏注云「謂社主，以古文論語『哀公問社於宰我』故也」。今文論語無「社」字，是以何氏以爲廟主耳。禮，作練主當以十三月，即禮記云「十三月而練」是也。用栗者，藏主也。藏於廟室中，常所當奉事也。質家藏於室〔五六〕。作僖公主，何以書？據作餘公主不書。譏不時也。其不時奈何？欲久喪而後不能也。禮，作練主當以十三月，文公亂聖人制，欲服喪三十六月，十九月作練主，又不能卒竟，故以一十五月也。日者，重失禮鬼神。○疏曰：即禮記云「十三月而練」、隱五年注云「失禮鬼神例日」是也。穀梁子曰：立主，喪主於虞，禮：平旦而葬，日中反而祭，謂之曰虞，其主用桑。吉主於練。期而小祥，其主用栗。作僖公主，譏其後也。僖公薨至此已十五月。作主壞廟，有時日於練焉。壞廟，壞廟之道，易檐可也，改塗可也。禮：親過高祖則毀其廟，以次而遷，將納新神，故示有所加。○疏曰：按莊公之喪已二十二月，仍譏其爲吉禘。今方練而作主，猶是凶服，而曰吉主者，三年之喪，至二十五月猶未合全吉，故公子遂有納幣之譏。莊公喪制未二十五月而禘祭，故譏其爲吉。此言吉者，比之虞主，故爲吉也。此雖爲練作之主，終入廟以辨昭穆，故傳以吉言之。然作主在十三月，壞廟在三年喪終，而傳連言之者，此主終入廟，入廟即易檐，以事相繼，故連言之，非謂作主壞廟同時也。或以爲練而作主之時則易檐改塗，故此傳云於練壞廟，於傳文雖順，舊說不然，故不從之，直記異聞耳。麋信引衛次仲云〔五七〕：宗廟主皆用栗，右主八寸，左主七寸，廣厚三寸。若祭訖，則内於西壁埳中，去地一尺六寸。右主謂父也，左主謂母也。何休、徐邈並與范注同，云：天子尺二寸，諸侯一尺，狀正方，穿中央，達四方，是與衛氏異也。其藏之也，白虎通亦云藏之西壁，則納之西壁中，或如衛說；去地高下，則無文以明之。何休又云：謂之虞者，親喪已入壙，皇皇無所見，求而虞事之，虞猶安也。虞主用桑者，桑猶喪也，取其名，與其粗犆，所以副孝子之心。練主用栗者，謂既埋虞主於兩階之間，易用栗木爲主，取其戰栗，故用栗木爲主。又引士虞記曰：桑主不文，吉主皆刻而謚之。蓋爲禘時別昭穆也。徐邈注穀梁，盡與之同，范亦當不異也。○春秋公羊、穀梁傳通脩〔五八〕。○曾子問曰：「喪有二孤，廟有二主，禮與？」怪時有之。孔子曰：「天無二日，土無二王，嘗禘郊社，尊無二上，未知其爲禮也。尊喻卑也，神雖多，猶一一祭之。○疏曰：「尊喻卑也」者，尊謂天無二日，土無二王，嘗禘郊社，尊無二上；卑謂喪有二孤，廟有二主，喻明也。尊者尚不可二，明卑者不二可知也。舉尊以明卑，故云尊喻卑也。云「神雖多，猶一一祭之」者，解「嘗禘郊社，尊無二上」之意。以嘗禘之時，雖衆神並在，猶先尊後卑，一一祭之，不一時總祭，故云「尊無二上」也。昔者齊桓公亟舉兵，作僞主以行，及反，藏諸祖廟。廟有二主，自桓公始也。」僞，猶假也。舉兵以遷廟主行，無則主命。爲假主，非也。○疏曰：昔者齊桓公亟舉兵作僞主以行者，此説二主之由。桓公名小白，作霸主。亟，數也。僞，假也。言作假主以行，而反藏於祖廟，故有二主也。舉兵，爲南伐楚，北伐山戎，西伐白狄，故云數舉兵也。○曾子問○文公二年，八月丁卯，大事于大廟，躋僖公。躋，子兮反。○大事，禘也。躋，升也。僖公，閔公庶兄，繼閔而立，廟坐宜次閔下。今升在閔上，故書而譏之。時未應吉禘，而於大廟行之，其譏已明，徒以逆祀，故特大其事，異其文。○坐，才卧反，又如字。○疏曰：昭十五年「有事于武宮」，傳稱「禘于武宮」，有事是禘，則知大事亦是禘也。「躋，升也」，釋詁文。公羊傳曰：「躋者何？升也。」禘祭之禮，審諦昭穆，諸廟已毁、未毁之主皆於大祖廟中，以昭穆爲次序，父爲昭，子爲穆，大祖東向，昭南向，穆北向，孫從王父，以次而下，祭畢則復其廟。其兄弟相代，則昭穆同班。近據春秋以來，惠公與莊公當同南面西上，隱、桓與閔、僖亦同北面西上，僖是閔之庶兄，繼閔而立，昭穆雖同，位次閔下。今升在閔上，故書而譏之。僖公以其三十三年十一月薨，至此年十一月喪服始畢，今始八月，時未應吉禘，而於大廟行之，與閔公二年吉禘於莊公，其違禮同也。彼書「吉禘」，其譏已明，則此亦從譏可知，不復更譏其速也。徒，猶空也。空以逆祀之故亂國大典，故特大其事，謂之大事，譏逆祀也。釋例曰：「文公二年，僖公之喪未終，未應行吉禘之禮，而於大廟行之，其譏已明，徒以躋僖而退閔，故特大其事，異其文。定八年亦特書『順祀』，皆所以起非常也。『有事于武宮』及『順祀』，傳皆稱『禘』〔五九〕，則知大事、有事於大廟，亦禘也。」左氏曰：逆祀也。僖是閔兄，不得爲父子。嘗爲臣，位應在下，令居閔上，故曰逆祀。○令，力呈反。閔上，時掌反，一本無「上」字。○疏曰：禮，父子異昭穆，兄弟昭穆同。故僖、閔不得爲父子〔六〇〕，同爲穆耳。當閔在僖上，今升僖先閔，故云逆祀，二公位次之逆，非昭穆亂也。魯語云：將躋僖公，宗有司曰：「非昭穆也。」弗忌曰：「我爲宗伯，明者爲昭，其次爲穆，何常之有？」如彼所言，似閔、僖異昭穆者，位次之逆如昭穆之亂，假昭穆以言之，非謂異昭穆也。若兄弟相代，即異昭穆。設令兄弟四人皆立爲君，則祖父之廟即已從毀，知其理必不然，故先儒無作此說。於是夏父弗忌爲宗伯，夏，户雅反。○宗伯，掌宗廟昭穆之禮。○昭，上遥反，昭穆之例放此。○疏曰：周禮大宗伯：「掌建邦之天神、人鬼、地祇之禮。」小宗伯：「掌建國之神位，辨廟祧之昭穆。」諸侯之官所掌，亦當然也。尊僖公，且明見曰：「吾見新鬼大，故鬼小。新鬼，僖公，既爲兄，死時年又長。故鬼，閔公，死時年少。弗忌明言其所見。○長，丁丈反〔六一〕。少，詩照反。○疏曰：且明言所見尊崇僖公，且明言其意之所見，見其順大小、升聖賢也。劉炫以爲直據兄弟大小爲義，不須云死之長幼以規杜氏。今刪定知不然者，以傳云：「新鬼大，故鬼小。」則大小之語總該諸事，非直獨據兄弟，明知亦據年時也。先大後小，順也。躋聖賢，明也。又以僖公爲聖賢。明、順，禮也。」君子以爲失禮：「禮無不順。祀，國之大事也，而逆之，可謂禮乎？子雖齊聖，不先父食久矣。先，悉薦反，下不先同。○齊，肅也。臣繼君，猶子繼父。○疏曰：傳有評論〔六二〕，皆託之君子。此下盡「先姑」以來，皆是一君子之辭耳。引詩二文，於詩之下各言君子者，君子謂作詩之人，此論事君子又引彼作詩君子以爲證耳。僖公薨後始作魯頌，爲傳之時，乃設此辭，非當時君子有此言也。弗忌之意，以先大後小爲順，故言「明順，禮也」。君子之意以臣不先君爲順，故云「禮無不順」。各言其順，順不同也。魯語展禽云：夏父弗忌必有天殃。其葬也，焚，煙達於上。孔晁云：已葬而柩焚，煙達椁外。

故禹不先鯀，湯不先契，鯀，古本反。契，息列反。○鯀，禹父。契，湯十三世祖。○疏曰：鯀，禹父，夏本紀文也。契湯十三世祖，殷本紀文。契生昭明，昭明生相土，相土生昌若，昌若生曹圉，曹圉生冥，冥生振，振生微，微生報丁，報丁生報乙，報乙生報丙，報丙生主壬，主壬生主癸，主癸生天乙，天乙即湯也。下注云「不窋后稷子」，周本紀文。服虔云：周家祖后稷以配天，明不可先也，故言「不先不窋」。禹、湯異代之王，故言「不先鯀、契」也。然則，文、武大聖，后稷賢耳，非是不可先也。下句引詩「皇祖后稷」，不欲重文，故舉不窋以辟之。

文、武不先不窋。窋，知律反。○不窋，后稷子。

宋祖帝乙，鄭祖厲王，猶上祖也。帝乙，微子父。厲王，鄭桓公父。二國不以帝乙、厲王不肖而猶尊尚之。○肖，悉召反。○疏曰：帝乙，微子父，宋世家文。厲王，鄭桓公父，鄭世家文。微子、桓公，宋、鄭始祖也。言「宋祖帝乙，鄭祖厲王」，則二國立其廟而祖祀之。微子不先帝乙，桓公不先厲王，猶上祖也，言不以不肖猶尊尚之也。宋爲王者之後，得祀殷之先王帝乙之廟不毁者，蓋以爲其所出，故特存焉。周制：王子有功德出封者，得廟祀所出之王。魯以周公之故，得立文王之廟。襄十二年傳稱「魯爲諸姬臨於周廟」，周廟，文王廟也。鄭之桓、武世有大功，故得立厲王之廟。昭十八年傳稱鄭人救火，「使祝史徙主祏於周廟」，周廟，厲王廟也。是以魯頌曰：『春秋匪解，享祀不忒，皇皇后帝，皇祖后稷。』解，佳賣反。忒，他得反。○忒，差也。皇皇，美也。后帝，天也。詩頌僖公郊祀上天，配以后稷。○疏曰：魯頌閟宮之篇，美僖公之德也。上「皇皇」爲美，下「皇」爲君，言僖公春秋祭祀非有懈倦，其所享祀不有差忒，所祀之神有皇皇之美者，爲君之上天，配之以君祖后稷也。君子曰禮，謂其后稷親而先帝也。先稱帝也。詩曰：『問我諸姑，遂及伯姊。』詩，邶風也，衛女思歸而不得，故願致問於姑姊。○邶，音佩。君子曰禮，謂其姊親而先姑也。」僖親，文公父。夏父弗忌欲阿時君，先其所親，故傳以此二詩深責其意〔六三〕。仲尼曰：「臧文仲，其不仁者三，不知者三。下展禽，知，音智，下同。○展禽，柳下惠也。文仲知柳下惠之賢而使在下位，己欲立而立人。○疏曰：魯臣多矣，而獨譏文仲者，執國之政，有大知之名，爲不知之事，故特譏之，其餘則不足責矣。論語稱仁者愛人，知者不惑，故以害於物者爲不仁，闇於事者爲不知。卑下展禽而不肯舉薦，廢去六關而不設防禁，妾織蒲席而與民爭利，此三事爲不仁也。無其位而作虚器，不知禮而縱逆祀，不識鳥而祀爰居，此三事爲不知也。又曰：論語云：「臧文仲其竊位者與！知柳下惠之賢而不與立也。」又曰：「仁者，己欲立而立人。」知賢不舉，是無恕心，故爲不仁也。廢六關，塞關、陽關之屬，凡六關，所以禁絶末遊而廢之。○塞，悉再反。○疏曰：昭五年傳稱孟丙、仲王之子殺豎牛於塞關之外，襄十七年傳稱「師自陽關逆臧孫」。二關見於傳，如此之屬，凡有六也。民以田農爲本，商賈爲末，農民力以自食，商民遊以求食。漢書賈誼説上曰：今歐民而歸之農，皆著其本，各食其力，末伎遊食之民轉而緣南畝，則蓄積足矣。杜稱「末遊」者，謂此末伎遊食之民也。周禮司關：「司貨賄之出入，掌其治禁。」是所以禁絶末遊者，令其出入有度。今而廢之，使末遊之人無所禁約，損害農民，是不仁也。○今按：家語作「置六關」，王注云：六關，關名。魯本無此關，文仲置之，以税行者，故爲不仁。傳曰：廢六關，非也。與此不同，未知孰是。妾織蒲，三不仁也。家人販席，言其與民争利。○販，甫萬反。○疏曰：家語説此事作「妾織席」，知「織蒲」是爲席以販賣之也。大學云：食禄之家，不與民争利。故以此爲不仁也。作虚器，謂居蔡，山節藻梲也。有其器而無其位，故曰虚。○梲，章悦反。○疏曰：論語云：「子曰：臧文仲居蔡，山節藻梲，何如其知也？」鄭玄云：「節，栭也，刻之爲山。梲，梁上楹也，畫以藻文。」「蔡」，謂國君之守龜。「山節藻梲」，天子之廟飾，皆非文仲所當有之。有其器而無其位，故曰虚。君子下不僭上，其居奢如此，是不知也〔六四〕。縱逆祀，聽夏父，躋僖公。祀爰居，三不知也。」海鳥曰爰居，止於魯東門外，文仲以爲神，命國人祀之。爰居，爾雅一名雜縣。樊光云：似鳳皇。爰居事見國語。莊子云：「魯侯御而觴之于廟。」○疏曰：魯語云：「海鳥曰爰居，止於魯東門之外三日，臧文仲命國人祭之。展禽曰：『越哉，臧孫之爲政也。夫祀，國之大節也；節，政之所成也。故制祭祀以爲國典。今無故而加典，非政之宜也。今海鳥至，己不知而祀之，以爲國典，難以言仁且知矣。無功而祀之，非仁也；弗知而不問，非知也。今兹海其有災乎？夫廣川之鳥獸，皆知辟其災。』是歲，海多大風，冬暖。」○國語曰：夏父弗忌爲宗，弗忌，魯大夫，夏父展之後也。宗，宗伯，掌國祭祀之禮。烝將躋僖公。躋，升也。賈侍中云：烝，進也。謂夏父弗忌進言於公，將升僖公於閔公上也。唐尚書云：烝，祭也。昭謂：此魯文公三年喪畢，祫祭先君於大廟，升羣廟之主，序昭穆之時也。經曰：「八月丁卯，大事於大廟，躋僖公。」是也。僖，閔之兄，繼閔而立。凡祭，秋曰嘗，冬曰烝。此八月而言烝，用烝禮也。凡四時之祭，烝爲備。傳曰：大事者，祫祭也。毁廟之主陳於太祖，未毁廟之主皆升，合食於太祖。躋僖公，逆祀也。逆祀者，先禰而後祖也。宗有司曰：「非昭穆也〔六五〕。」宗有司，宗官司事臣也。非昭穆，謂非昭穆之次也。父爲昭，子爲穆，僖爲閔臣，臣子一例而升閔上，故曰非昭穆也。曰：「我爲宗伯，明者爲昭，其次爲穆，何常之有！」明，言僖有明德，當爲昭。閔次之，當爲穆也。有司曰：「夫宗廟之有昭穆也，以次世之長幼，而等胄之親疏也。長幼，先後也。等，齊也。胄，裔也。夫祀，昭孝也。昭，明也，明孝道也。各致齊敬於其皇祖，昭孝之至也。皇，大也。故工史書世，工，瞽師官也。史，大史也。世，世次先後也。工誦其德，史書其言。宗祝書昭穆，宗，宗伯。祝，太祝也。宗掌其禮，祝掌其位。猶恐其踰也。今將先明而後祖，以僖爲明而升之，是先禰而後祖。自玄王以及主癸莫若湯，玄王，契也。主癸，湯父也。自稷以及王季莫若文、武，稷，棄也。王季，文王父。商、周之烝也，未嘗躋湯與文、武爲踰也。不使相踰。魯未若商、周而改其常，無乃不可乎？」弗聽，遂躋之。展禽曰：「夏父弗忌必有殃。夫宗有司之言順矣，僖又未有明焉。未有明德。犯順不祥，以逆訓民亦不祥，易神之班亦不祥，不明而躋之亦不祥。犯鬼道二，二，易神之班、躋不明也。犯人道二，犯順、以逆訓民也。能無殃乎？」魯語○公羊子曰：大事者何？大祫也。以言大與有事異。又從僖八年禘數之，知爲大祫。○疏曰：宣八年夏六月「辛巳，有事於大廟」。彼是時祭，不言大，則知此言大者，是大祭明矣。「又從僖八年禘數之，知爲大祫」者，春秋説文云「三年一祫，五年一禘」，爾雅云：「禘，大祭也。」孫氏云：「禘，五年大祭也。」然則，三年一祫，五年一禘，禮如然也。按僖八年「秋七月，禘於大廟」，從此以後，三年一祫數，則十一年祫，十四年祫，十七年祫，二十年祫，二十三年祫，二十六年祫，二十九年祫，三十二年祫，文二年祫也。若作五年一禘數，則僖公八年禘，十三年禘，十八年禘，二十三年禘，二十八年禘，三十三年禘，文五年禘。則文二年非禘年，正當合祫，故知此年大事爲祫矣。是以注云「又從僖八年禘數之，知爲大祫也」。若然，從僖八年禘數之，則十一年祫，十三年禘，隨次而下，至僖二十三年並爲禘祫，何得下傳云「五年而再殷祭」者？蓋爲其初時三年作祫，五年作禘，大判言之，得言五年而再殷祭，其閒三五參差，隨次而下，何妨或有同年時乎？知非祫與禘相因而數爲三年五年者，若從僖八年禘，十一年祫，十六年禘，十九年祫數之，至僖三十二年禘，文公二年祫，亦相當，但於五年而再殷祭之言不合，故不得然解。大祫者何？合祭也。其合祭奈何？毁廟之主，陳于大祖。毁廟，謂親過高祖毁其廟，藏其主於大祖廟中。禮：取其廟室笮以爲死者炊沐。大祖，周公之廟。陳者，就陳列大祖前。大祖東鄉，昭南鄉，穆北鄉，其餘孫從王父。父曰昭，子曰穆，昭取其鄉明，穆取其北面尚敬。○疏曰：正以祫小於禘，而文加大，故執不知問。又曰：「取其廟室笮以爲死者炊沐」者，出禮記文。未毁廟之主，皆升合食于大祖。自外來曰升。五年而再殷祭。殷，盛也。謂三年祫，五年禘，禘所以異於祫者，功臣皆祭也。祫猶合也，禘猶諦也，審諦無所遺失。禮，天子特禘特祫；諸侯禘則不礿，祫則不嘗；大夫有賜於君，然後祫其高祖。○疏曰：「禘所以異於祫者，功臣皆祭也」者，出禮記與春秋説文。「禮天子特禘特祫」者，禮記及春秋説文，即不主禘祫是也。「諸侯禘則不礿，祫則不嘗」者，即禮記王制所云夏禘則不礿，秋祫則不嘗，是也。大夫有賜於君，然後祫其高祖者，正以於禮不得故也。躋者何？升也。何言乎升僖公？據禘於大廟，不道所升。○疏曰：先君昭穆自有常次，今而言躋，故執不知問。又曰：據禘於大廟，不道所升者，即僖八年秋七月禘於大廟，用致夫人是也。譏逆祀也。其逆祀奈何？先禰而後祖也。升，謂西上。禮，昭穆指父子，近取法春秋，惠公與莊公當同南面西上，隱、桓與閔、僖公亦當同北面西上，繼閔者在下。文公緣僖公於閔公爲庶兄，置僖公於閔公上，失先後之義，故譏之。傳曰「後祖」者，僖公以臣繼閔公，猶子繼父，故閔公於文公亦猶祖也。自先君言之，隱、桓及閔、僖，各當爲兄弟，顧有貴賤耳。自繼代言之，有父子君臣之道，此恩義逆順各有所施也。不言吉祫者，就不三年不復譏，略爲下張本。○疏曰：「不言吉祫者」云云，閔二年「夏五月乙酉，吉禘於莊公」，傳云：「其言吉何？言吉者，未可以吉也。曷爲未可以吉？未三年也。」然則，吉禘於莊公在三年之内，今此大事亦在三年之内。是不須更言吉祫以譏之，但略言大事於大廟，爲下躋僖公張本而已。○穀梁傳曰：大事者何？大是事也，著祫嘗。祫，合也。嘗，秋祭。祫祭者，毁廟之主，陳于大祖；未毀廟之主，皆升，合祭于太祖。祫祭者，皆合祭諸廟已毀、未毀者之主於大祖廟中，以昭繆爲次序，父爲昭，子爲繆，昭南向，繆北向，孫從王父坐也。祭畢則復還其廟。躋，升也，先親而後祖也，逆祀也。舊説僖公，閔公庶兄，故文公升僖公之主於閔公之上耳。僖公雖長，已爲臣矣。閔公雖小，已爲君矣。臣不可以先君，猶子不可以先父，故以昭穆父祖爲喻。甯曰：即之於傳，則無以知其然。若引左氏以釋此傳，則義雖有似，而於文不辨。高宗，殷之賢王，猶祭豐於禰，以致雊雉之變，然後率脩常禮。文公顛倒祖考，固不足多怪矣。親謂僖，祖謂莊。逆祀，則是無昭穆也。無昭穆，則是無祖也。無祖，則無天也，故曰文無天。無天者，是無天而行也。祖，人之始也。人之所仰，天也。君子不以親親害尊尊，此春秋之義也。尊卑有序，不可亂也。○疏曰：禘祫之禮，俱在廟，序昭穆，所以爲制異者，公羊傳稱「五年而再殷祭」，何休云：「謂三年祫，五年禘，禘所以異於祫者，禘則功臣皆祭也」，祫則合食於大祖而已。是何休意祫則三年，禘則五年也。范於閔二年注同杜預，以禘爲三年之祭，必不得與何休同也。公羊云「五年而再殷祭」，禘既三年，蓋祫則五年也。若然，祫在五年而云三年之喪未終者，據時三年未終而爲祫祭，故以三年言之，不謂祫祭亦在三年也。或以爲禘祫同三年，但禘在夏，祫在秋，直時異耳，於范注不妨，但與公羊五年再殷祭違也。何休又云：「天子特禘特祫；諸侯禘則不礿，祫則不嘗；大夫有賜於君，然後祫其高祖。」然諸侯禘則不礿，或如何説。云大夫有祫，恐其不然。公羊亦以此大事於大廟爲祫祭，杜解左氏以大事爲禘，與穀梁異。又曰：「大是事也」者，祫是祭之大者，故云大是事也。「著祫嘗」者，謂以大事言之，著明是祫嘗之祭也。嘗連言者，祫必在秋，故連嘗言之。然周之八月，夏之六月，而云「著祫嘗」者，蓋月卻節前已得立秋之節故也。「先親而後祖」，親謂僖公，祖謂閔公也。僖繼閔而立，猶子之繼父，故傳以昭穆祖父爲喻。此於傳文不失，而范氏謂莊公爲祖，其理非也。何者？若范云文公顛倒祖考，則是僖在於莊上，謂之夷狄，猶自不然，況乎有道之邦，豈其若是？明范説非也。則無天也，謂天道先尊而後親，今亂其上下不仰法天也。「此春秋之義也」者，以嫌疑之閒，須取聖證故也〔六六〕。

○僖公八年，秋七月，禘於大廟，用致夫人。禘，三年大祭之名。大廟，周公廟。致者，致新死之主於廟，而列之昭穆。夫人淫而與殺，不薨於寢，於禮不應致，故僖公疑其禮。歷三禘，今果行之，嫌異常，故書之。○殺，音試。○疏曰：釋天云：「禘，大祭也。」言其大於四時之祭，故爲三年大祭之名，言每積三年而一爲此祭也。大廟，廟之大者，故爲周公廟。釋例曰：「三年喪畢，致新死之主以進於廟，廟之遠主當遷入祧，於是乃大祭於太廟，以審定昭穆，謂之禘。」是説致者致新死之主於廟，而列之昭穆也。此致，致哀姜也。哀姜薨已多年，非復新死，而於今始致者，傳發凡例：夫人不薨於寢，則不致。哀姜例不應致，故僖公疑其禮。喪畢之日，不作禘祭之禮以致之，既不爲哀姜作喪畢禘祭，其禘自從閔公數之，二年除閔喪爲禘，至五年復禘，今八年復禘。姜死以來，已歷三禘，今因禘祭果復行之。三年一禘，禘自是常，不爲夫人禘祭。因禘而致夫人，嫌其異於常禮，故史官書之。若其不致夫人，則此禘得常不書，爲「用致夫人」而書之耳。左氏傳曰：禘而致哀姜焉，非禮也。凡夫人，不薨於寢，不殯於廟，不赴於同，不祔於姑，則弗致也。祔，音附。○寢，小寢。同，同盟。將葬又不以殯過廟。據經哀姜薨葬之文，則爲殯廟、赴同、祔姑。今當以不薨於寢，不得致也。○疏曰：夫人薨葬之禮，有赴同、祔姑、反哭三事而已。此説致之禮，加以薨寢、殯廟，而不言反哭者，蓋以致於廟者終始成，其尊死生之禮畢。不薨於寢，死不得其所也。不殯於廟，葬之不以禮也。死葬非禮，則先神恥之。故不具四事，皆不合致。反哭者，直爲書葬以否。假使不書，其葬夫人之禮亦成，自是生者之可譏，非爲死者之有失，雖不反哭，亦得致之，故云此不言反哭也。又曰：喪大記云：「男子不死於婦人之手，婦人不死於男子之手。君夫人卒於路寢。」既言「婦人不死於男子之手」，必不得死於君之路寢。言夫人卒於路寢，謂卒於夫人之大寢，對君路寢爲小，故云小寢也。同者，同盟之國也。檀弓曰：「喪之朝也，順死者之孝心也。其哀離其室也，故至於祖考之廟而後行。殷朝而殯於祖，周朝而遂葬。」士喪禮「朝而遂葬」，與記正同，知周法不殯於廟。而此傳及襄四年皆云「不殯於廟」，以爲失禮，知其將葬之時，不以殯過廟耳。殯過廟者，將葬之時，從殯宫出，告廟乃葬，非是殯尸於廟中也。據經哀姜薨葬之文，知其赴同、祔姑可矣。亦知其殯於廟者，以元年十二月喪，至二年五月始葬，明至則殯於寢也。既殯於寢，自然葬當朝廟，故據葬文，亦知殯廟。唯當以不薨於寢，不得致耳〔六七〕。○今按：穀梁傳以爲僖公禘致妾母成風於大廟，立以爲夫人，公羊傳以爲僖公立齊媵女以爲夫人，因禘祭而廟見，與左氏不同，未知孰是。今第取其不薨寢、殯廟，不赴同、祔姑，則不得致其主之廟，以附於此。○定公八年冬十月，順祀先公而祈焉。經云：從祀先公。注：從，順也。先公，閔公、僖公也。將正二公之位次，所順非一，親盡，故通言先公。將作大事，欲以順祀取媚。○疏曰：傳言順祀是從爲順也。文二年「大事於大廟，躋僖公」，升僖於閔上，閔先爲君退在僖下，是逆也。今升閔在僖上，依其先後，是順也。廟主失次，唯此二公，故知「從祀先公」唯閔、僖耳。「躋僖公」，指僖言之，此不指言「升閔」者，彼所升者，止升僖公之一神，不得不指言僖公也。今從祀之時，閔、僖俱得正位，且以親盡，故通言先公。此言「從祀」、「躋僖公」，不言逆祀者，此從祀因躋僖公之文，故得略言從祀。至於「躋僖公」，文無所繫，不知逆祀何公。且見是親廟，不可言先公，故指僖言之而言躋也。然則，此以親盡故通言先公，下桓宮、僖宮災，彼亦親盡，言桓、僖者，彼據災之所在，須指言其處，與此體例不同。

辛卯禘于僖公。辛卯，十月二日。不於大廟者，順祀之義，當退僖公，懼於僖神，故於僖廟行順祀。

○疏曰：釋例曰：「大祭於大廟以審定昭穆，謂之禘。禘於太廟，禮之常也；各於其宮，時之爲也。雖非三年大祭而書禘〔六八〕，用禘禮也。」然則，禘者，審定昭穆之祭也。今爲順祀而禘於僖公，則是并取先公之主盡入僖廟而以昭穆祭之，是爲用禘禮也。計禘禮當於大廟，今就僖廟爲禘者，順祀之義，退僖升閔，懼於僖公之神，故於僖廟行禘禮，使先公之神徧知之。禮，祭尊可以及卑，後世之主宜上從大廟而食。今從上世之主下入僖廟祀之，當時所爲，非正禮也。昭二十五年禘於襄公，義亦然也。

公羊子曰：從祀先公，從祀者何？順祀也。復文公之逆祀。○疏曰：欲言其祭，經無宮廟之文；欲言非祭，謂之從祀，故執不知問。文公逆祀，去者三人。諫不從而去之。○疏曰：「文公逆祀，去者三人」者，謂文二年「八月丁卯，大事於大廟，躋僖公」，傳云：「躋者何？升也。何言乎升僖公？譏。何譏爾？逆祀也。其逆祀奈何？先禰而後祖也。」是也。定公順祀，叛者五人。諫不以禮而去曰叛。去與叛皆不言者，微也。不書禘者，後祫亦順，非獨禘也〔六九〕。言祀者，無已長久之辭。不言僖公者，閔公亦得其順。○疏曰：「諫不以禮而去曰叛」者，謂諫君全不以禮，不從之而去者，謂之叛也。又曰：「不書禘者，後祫亦順，非獨禘也」者，何氏之意，以爲三年一祫，五年一禘，謂諸侯始封之年，禘祫並作之，但夏禘則不礿，秋祫則不嘗而已。一祫一禘，隨次而下，其閒三五參差，亦有禘祫同年時矣。若其有喪，正可於喪廢其禘祫之年，仍自乘上而數之。即僖八年「禘于大廟」之時，禘祫同年矣。至文二年「大事于大廟」之下傳云：「大事者何？大祫也。」何氏云：「從僖八年禘數之，知爲大祫。」是從僖八年禘祫同年數之。文二年爲祫年，文五年爲禘祫同年，又隨次而數之，至今定八年亦禘祫同年矣。凡爲祭之法，先重而後輕，禘大於祫，固當先之，則知此言從祀先公者是禘明矣，故云「不書禘者，後祫亦順，非獨禘也」。若然，既言是禘，理宜在夏而在冬下者，當之矣。言祀者無已長久之辭者，桓八年傳云：「春曰祠。」何氏云：「祠猶食也，猶繼嗣也。春物始生，孝子思親繼嗣而食之，故曰祠，因以别死生。」然則，此經何以不言從祭先公〔七〇〕，或言大事于先公？而言祀者，見其相嗣不已，長久常然，故云「言祀者無已長久之辭」。「不言僖公者閔公亦得其順」者，閔二年「夏五月乙酉，吉禘于莊公」、僖八年「秋七月，禘于大廟」、文二年「八月丁卯，大事于大廟」之文，皆道其人，今此經文所以不言從事僖公而言先公者，正以閔公亦得其順，是以不得特指之〔七一〕。穀梁子曰：貴復正也。文公逆祀，今還順。○左氏、公羊、穀梁傳通脩。○衛孔悝出奔宋，使貳車反祏於西圃。悝，苦回反。祏，音石。○使副車還取廟主。西圃，孔氏廟所在。祏，藏主石函。○函，音咸。

○疏曰：少牢饋食大夫之祭禮，其祭無主。鄭玄祭法注云：「唯天子諸侯有主禘祫，大夫不禘祫，無主耳。」今孔悝得有主者，當時僭爲之，非禮也。鄭玄駁異義云：大夫無主，孔悝之反祏所出，公之主耳。按：孔氏，姞姓，春秋時國唯南燕爲姞姓耳。孔氏仕於衛朝已歷多世，不知本出何國，安得有所出公之主也？知是僭爲之耳。○哀公十六年春秋左氏傳○桓公二年三月，公會齊侯、陳侯、鄭伯于稷，以成宋亂。成，平也。宋有弑君之亂，故爲會欲以平之。稷，宋地。○疏曰：「成，平」，釋詁文也。宣十五年傳晉侯治兵於稷，治兵欲以禦秦，明其不出晉境，故以稷爲河東之稷山。此欲平宋，故以稷爲宋地。夏四月，取郜大鼎于宋。戊申，納于大廟，非禮也。郜，古報反。○宋以鼎賂公。大廟，周公廟也。始欲平宋之亂，終於受賂，故備書之。戊申，五月十日。○疏曰：禮記明堂位稱魯君「季夏六月，以禘禮祀周公於大廟」，文十三年公羊傳曰「周公稱太廟」，故知「太廟，周公廟也」。始欲平宋亂，故會於稷，終舍宋罪而受其賂，故得失備書之。始書成宋亂，終書取郜鼎，是其備書之也。鄭衆、服虔皆以成宋亂爲成就宋亂，故以此言正之。長曆此年四月庚午朔，其月無戊申，五月己亥朔，十日得戊申，是有日而無月也。臧哀伯諫曰：臧哀伯，魯大夫僖伯之子。「君人者，將昭德塞違，以臨照百官，猶懼或失之，故昭令德以示子孫。疏曰：君人，謂與人爲君也。昭德，謂昭明善德，使德益章聞也。塞違，謂閉塞違邪，使違命止息也。德者，得也，謂內得於心，外得於物。在心爲德，施之爲行，德是行之未發者也。而德在於心，不可聞見，故聖王設法以外物表之。儉與度數、文物、聲明，皆是昭德之事。故傳每事皆言昭，是昭其德也。自「不敢易紀律」以上，言昭德耳，都無塞違之事。自「滅德立違」以下，言違德之事。德之與違，義不並立，德明則違絶，故「昭德」之下言「塞違」；違立則德滅，故「立違」之上言「滅德」。立違，謂建立違命之臣，知塞違謂遏絶違命之人也。國家之敗，謂邦國喪亡。知猶懼或失之，謂恐失國家。此諫辭有首尾，故理互相見。**是以清廟茅屋**，以茅飾屋，著儉也。清廟，肅然清静之稱。○疏曰：冬官考工記有葺屋、瓦屋，則屋之覆蓋或草或瓦，傳言「清廟茅屋」，其屋必用茅也，但用茅覆屋更無他文。明堂位曰：「山節，藻棁，復廟，重檐，刮楹，達鄉，反坫，出尊，崇坫康圭，疏屏，天子之廟飾也。」其飾備物盡文，不應以茅爲覆。得有茅者，杜云「以茅飾屋，著儉也」。以茅飾之而已，非謂多用其茅總爲覆蓋。猶童子垂髦及蔽膝之屬，示其存古耳。白虎通曰：王者所以立宗廟何？緣生以事死，敬亡若存〔七二〕，故以宗廟而事之。此孝子之心也。宗者，尊也。廟者，貌也。象先祖之尊貌。然則，象尊之貌，享祭之所，嚴其舍宇〔七三〕，簡其出入，其處肅然清静，故稱清廟。清廟者，宗廟之大稱。詩頌清廟者，祀文王之歌，故鄭玄以文王解之，言天德清明，文王象焉，故稱清廟。此則廣指諸廟，非獨文王，故以清静解之。**大路越席**，越，户括反。○大路，玉路，祀天車也。越席，結草。○祀天車，本無「天」字者，非。○疏曰：路，訓大也。君之所在，以大爲號，門曰路門，寢曰路寢，車曰路車，故人君之車通以路爲名也。周禮巾車：掌「王之五路」。鄭玄云：「王在焉曰路。」彼解天子之車，故云「王在」耳。其實諸侯之車亦稱爲路。大路，路之最大者。巾車五路，玉路爲大，故杜以玉路爲大路。巾車云：「玉路，錫，樊纓十有再就，建大常，十有二斿，以祀。」故云祀天車也。越席，結蒲爲席，置於玉路之中，以茵藉之，示其儉也。經傳言大路者多矣〔七四〕，注者皆觀文爲説。尚書顧命陳列器物有大輅、綴輅、先輅、次輅，孔安國以爲玉、金、象以飾車，以其徧陳諸路，故以周禮次之。僖二十八年「王賜晉文公以大輅之服」，定四年「祝佗言先王分魯、衛、晉以大路」〔七五〕，注皆以爲金路，以周禮金路同姓以封，玉路不可以賜，故知皆金路也。襄十九年「王賜鄭子蟜以大路」，二十四年「王賜叔孫豹以大路」，二注皆云：「大路，天子所賜車之總名。」以周禮孤乘夏篆，卿乘夏縵。釋例以所賜穆叔、子蟜當是革、木二路，故杜以大路爲賜車之總名。服虔云：大路，木路。杜不然者，以「大路越席」猶如「清廟茅屋」，清廟之華，以茅飾屋示儉；玉路之美，以越席示質。若大路是木，則與越席各爲一物，豈清廟與茅屋又爲別乎？故杜以大路爲玉路，於玉路而施越席，是方可以示儉。故沈氏云：「玉路雖文，亦以越席示儉。」而劉君横生異義，以大路爲木路，妄規杜氏，非也。大羹不致，大羹，肉汁。不致五味。○疏曰：郊特牲云：「大羹不和，貴其質也。」儀禮士虞、特牲皆設大羹湆，鄭玄云：「大羹湆，煮肉汁也。不和，貴其質，設之所以敬尸也。」是祭祀之禮有大羹也。大羹者，大古初食肉者煮之而已，未有五味之齊，祭神設之，所以敬而不忘本也。記言「大羹不和」，故知不致者，不致五味，五味即洪範所云酸、苦、辛、鹹、甘也。粢食不鑿，粢，音咨。食，音嗣，餅也。鑿，子洛反，字林作糳，子沃反，云：糲米一斛，舂爲八斗。○黍稷曰粢，不精鑿。○疏曰：釋草云：「粢，稷。」舍人曰：「粢，一名稷，稷，粟也。」然則，粢是稷之別名，但稷是諸穀之長，粢亦諸穀總名。周禮小宗伯：「辨六粢之名物。」鄭玄云：「六粢，謂六穀黍、稷、稻、粱、麥、苽。」是諸穀皆名粢也。祭祀用穀，黍稷爲多，故云黍稷曰粢，飯謂之食。傳云「粢食不鑿」，謂以黍稷爲飯，不使細也。九章筭術：「粟率五十，糳二十四。」言粟五斗，爲米二斗四升，是則米之精糳。昭其儉也。此四者皆示儉。衮、冕、黻、珽，衮，古本反。黻，音弗，下同。珽，他頂反。○衮，畫衣也。冕，冠也。黻，韋韠〔七六〕，以蔽膝也。珽，玉笏也，若今吏之持簿。○韠，音必。笏，音忽。持簿，步古反，徐廣云：持簿，手版也。○疏曰：畫衣，謂畫龍於衣。祭服玄衣纁裳，詩稱玄衮，是玄衣而畫以衮龍。衮之言卷也，謂龍首卷然。玉藻曰「龍卷以祭」，知謂龍首卷也。尚書益稷云：「帝曰：予欲觀古人之象，日、月、星辰，山、龍、華蟲，作會；宗彝、藻、火、粉米、黼黻、絺繡。」言觀古人之象，謂觀衣服所象。日、月以至黼、黻十二物，皆衣服之所有也。華蟲以上，言作會；宗彝以下，言絺繡。則二者雖在於服，而施之不同。冬官考工記畫繢與繡布采異次，知在衣則畫之，在裳則刺之，故鄭玄禮注及詩箋皆云：「衣繢而裳繡。」以此知衮是畫文，故云衮，畫衣也。衮衣以下章數，鄭玄注司服云：有虞氏十二章，自日月、而下。至周而日、月、星辰畫於旌旗，又登龍於山，登火於宗彝。冕服自九章而下。如鄭此言，九章者：龍一，山二，華蟲三，火四，宗彝五，在衣；藻六，粉米七，黼八，黻九，在裳。鷩冕者，去龍去山，自華蟲而下七章：華蟲一，火二，宗彝三，在衣；餘四章在裳。毳冕者，去華蟲去火，五章，自宗彝而下：宗彝一，藻二，粉米三，在衣；餘二章在裳。希冕者，去宗彝去藻，三章，自粉米而下：粉米一，在衣；餘二章在裳。玄冕者，其衣無畫，裳上刺黻而已。杜昭二十五年數九文不取宗彝，則與鄭異也。冠者，首服之大名。冕者，冠中之別號。故云：冕，冠也。世本云：「黃帝作冕。」宋仲子云〔七七〕：「冕，冠之有旒者。」禮文殘缺，形制難詳。」周禮弁師：「掌王之五冕，皆玄冕朱裏。」止言玄朱而已，不言所用之物。論語曰：「麻冕，禮也。」蓋以木爲幹，而用布衣之，上玄下朱，取天地之色，其長短廣狹，則經傳無文。阮諶三禮圖、漢禮器制度云：冕制皆長尺六寸，廣八寸。天子以下皆同。沈引董巴輿服志云：廣七寸，長尺二寸。應劭漢官儀云：廣七寸，長八寸。沈又云：廣八寸，長尺六寸者，天子之冕。廣七寸，長尺二寸者，諸侯之冕。廣七寸，長八寸者，大夫之冕。但古禮殘缺，未知孰是，故備載焉。司馬彪漢書輿服志云：孝明帝永平二年初，詔有司采周官、禮記、尚書之文制冕〔七八〕，皆前圓後方，朱裏玄上，前垂四寸，後垂三寸。天子白玉珠十二旒，三公、諸侯青玉珠七旒，卿大夫黑玉珠五旒，皆有前無後。此則漢法耳。古禮，鄭玄注弁師云：天子袞冕以五采繅，前後各十二旒，旒有五采玉十有二。鷩冕前後九旒，毳冕前後七旒，希冕前後五旒，玄冕前後三旒，旒皆五采玉十有二。上公袞冕，三采繅，前後九旒，旒有三采玉九。侯伯鷩冕，三采繅，前後七旒，旒有三采玉七。子男毳冕，三采繅，前後五旒，旒有三采玉五。孤卿以下皆二采繅，二采玉，其旒及玉各依命數耳。謂之冕者，冕，俛也，以其後高前下，有俛俯之形，故因名焉。蓋以在上位者失於驕矜，欲令位彌高而志彌下，故制此服，令貴者下賤也。韍、韠制同而名異，鄭玄詩箋云：「芾，大古蔽膝之象也。」冕服謂之芾，其他服謂之韠，以韋爲之。」故云「韍，韋韠」也。詩云：「赤芾在股。」則芾是當股之衣，故云以蔽膝也〔七九〕。鄭玄易緯乾鑿度注云：「古者田漁而食，因衣其皮，先知蔽前，後知蔽後。後王易之以布帛，而獨存其蔽前者，重古道，而不忘本也。」是説韍韠之元由也。易下繫辭曰：「包犧氏之王天下也」，作爲網罟，「以佃以漁」。則佃漁而食，伏犧時也。禮運説上古之時云：「昔者，先王食鳥獸之肉，衣其羽皮。」是「佃漁而食，因衣其皮」也。又曰：「後聖有作，治其麻絲，以爲布帛。」繫辭曰：「黄帝、堯、舜垂衣裳而天下治。」然則，易之布帛自黄帝始也。垂衣裳，服布帛，初必始於黄帝〔八〇〕。其存蔽膝之象，未知始自何代也。禮記明堂位云：「有虞氏服韍。」言舜始作韍也。尊祭服而異其名耳，未必此時始存象也。知冕服謂之韍者，易云：「朱紱方來，利用享祀。」知他服謂之韠者，按士冠禮，士服皮弁玄端，皆服韠，是他服謂之韠。以冕爲主，非冕謂之他。此欲以兩服相形，故謂韍爲韋韠。韍之與韠，祭服、他服之異名耳，其體制則同。玉藻説玄端服之韠云：「韠，君朱，大夫素，士爵韋。」發首言韠，句末言韋，明皆以韋爲之。凡韠，皆象裳色。言君朱，大夫素，則尊卑之韠，直色别而已，無他飾也。其韍，則有文飾焉。明堂位曰：「有虞氏服韍，夏后氏山，殷火，周龍章。」鄭玄云：「韍，冕服之韠也，舜始作之，以尊祭服。禹、湯至周，增以畫文，後王彌飾也。山，取其仁可仰也。火，取其明也。龍，取其變化也。天子備焉，諸侯火而下，卿大夫山，士韎韋而已。」是説韍之飾也。玉藻曰：「韠，下廣二尺，上廣一尺，長三尺，其頸五寸〔八一〕，肩革帶博二寸。」鄭玄云：「頸五寸，亦謂廣也。頸中央，肩兩角，皆上接革帶以繫之。肩與革帶廣同。」是説韠之制也。記傳更無韍制，皆是韠義，明其制與韠同。經傳作韍或作韍〔八二〕，或作芾，音義同也。徐廣車服儀制曰：「古者韍，如今蔽膝。戰國連兵，以韍非兵飾，去之。漢明帝復制韍，天子赤皮蔽膝，蔽膝，古韍也。然則，漢世蔽膝猶用赤皮，魏晉以來用絳紗爲之，是其古今異也。以其用絲，故字或有爲紱者。天子之笏，以玉爲之，故云「珽，玉笏也」。管子云：「天子執玉笏以朝日。」是有玉笏之文也。禮之有笏者，玉藻云：「凡有指畫於君前，用笏，造受命於君前，則書於笏也。」釋名云：「笏，忽也，君有命則書其上備忽忘也。」或曰：笏可以簿疏物也。徐廣車服儀制曰：古者貴賤皆執笏，即今手板也。然則，笏與簿，手板之異名耳。蜀志稱：秦宓見太守，以簿擊頰。則漢魏以來，皆執手板，故云「若今吏之持簿」。玉藻云：「笏，畢用也，因飾焉。」言貴賤盡皆用笏，因飾以示尊卑。其上文云：「笏，天子以球玉，諸侯以象，大夫以魚須文竹，士竹本象可也。」鄭玄云：「球，美玉也。文，猶飾也。大夫士飾竹以爲笏，不敢與君並用純物。」是其尊卑異也。大夫與士笏俱用竹，大夫以魚須飾之，士以象骨爲飾，不敢純用一物，所以下人君也。用物既殊，體制亦異。玉藻云：「天子搢珽，方正於天下也。諸侯荼，前詘後直，讓於天子也。大夫前詘後詘，無所不讓也。」鄭玄以爲：謂之珽，珽之言挺然，無所屈前後，皆方正也。荼謂舒，懦所畏在前也。圜殺其首，屈於天子也。大夫上有天子，下有己君。故首末皆圜，前後皆讓，是其形制異也。其長，則諸侯以下與天子又異。珽，一名大圭，周禮典瑞云「王晉大圭以朝日」是也。冬官考工記：「大圭長三尺，天子服之。」是天子之珽長三尺也〔八三〕。玉藻云：「笏度二尺有六寸。」短於天子。蓋諸侯以下，度分皆然也。

帶、裳、幅、舄，幅，音逼。舄，音昔。○帶，革帶也。衣下曰裳。幅，若今行縢者。舄，複履。○縢，徒登反。複，音福。○疏曰：下有鞶是紳帶，知此帶爲革帶。玉藻：「革帶博二寸。」鄭云：「凡佩繫於革帶。」白虎通云：男子有鞶革者，示有金革之事。然則，示有革事，故用革爲帶，帶爲佩也，昭十二年傳云：「裳下之飾也。」經傳通例，皆上衣下裳，故云衣下曰裳。幅與行縢，今古之異名，故云若今行縢。詩云：「邪幅在下。」毛傳曰：「幅，偪也，所以自偪束也。」鄭箋云：「邪幅，如今行縢也。偪束其脛，自足至膝。」膝訓緘也。然則，行而緘足，故名行縢；邪纏束之，故名邪幅。舄者，履之小别，鄭玄周禮屨人注云：「複下曰舄，禪下曰屨。」然則舄之與屨，下有禪、複爲異〔八四〕。履是總名〔八五〕，故云「舄，複履」，謂其複下也。鄭玄又云：「天子諸侯，吉事皆舄。」赤舄者，冕服之舄〔八六〕。白舄者，皮弁之舄。黑舄者，玄端之舄。其士皆著屨。纁屨者，爵弁之屨。白屨者，皮弁之屨。黑屨者，玄端之屨。其卿大夫服冕者亦赤舄〔八七〕，餘服則屨。其王后褘衣玄舄，褕狄青舄，闕狄赤舄，鞠衣黄屨，展衣白屨，褖衣黑屨。其諸侯夫人及卿大夫之妻，合衣狄者皆舄，其餘皆屨。其舄之飾，用對方之色，赤舄黑飾是也。屨之飾用比方，白屨黑飾是也。衡紞紘綖，紞，多敢反，字林丁坎反〔八八〕。紘，獲耕反。綖，音延，字林弋善反。○衡，維持冠者。紞，冠之垂者。紘〔八九〕，纓從下而上者。綖，冠上覆。○上，時掌反，下上下同。○疏曰：此四物者，皆冠之飾也。周禮追師：「掌王后之首服，追衡、笄。」鄭司農云：「衡，維持冠者。」鄭玄云：「祭服有衡，垂於副之兩旁，當耳，其下以紞縣瑱。」彼婦人首服有衡，則男子首服亦然。冠由此以得支立，故云「維持冠者」。追者，治玉之名。王后之衡，以玉爲之，故追師掌焉。弁師「掌王之五冕」，弁及冕皆用玉笄，則天子之衡亦用玉。其諸侯以下，衡之所用則未聞。「紞」者，縣瑱之繩，垂於冠之兩旁，故云「冠之垂者」。魯語敬姜曰：「王后親織玄紞。」則紞必織線爲之，若今之絛繩。鄭玄詩箋云：充耳，「謂所以縣瑱者，或名爲紞，織之人，君五色，臣則三色。」是也。絛必雜色，而魯語獨言玄者，以玄是天色，故特言之，非謂純玄色也。紘、纓皆以組爲之，所以結冠於人首也。纓用兩組，屬之於兩旁，結之於頷下，垂其餘也。紘用一組，從下屈而上，屬之於兩旁，垂其餘也。紘、纓同類，以之相形，故云「紘纓從下而上者」。弁師「掌王之五冕」，皆玉笄朱紘。祭義稱：諸侯冕而青紘。士冠禮稱：緇布冠青組纓，皮弁笄，爵弁笄緇組纓。鄭玄云：有笄者，屈組爲紘，垂爲飾。無笄者，纓而結其絛。以其有笄者用紘力少，故從下而上屬之。無笄者用纓力多，故從上而下結之。冕弁皆有笄，故用紘。緇布冠無笄，故用纓也。魯語稱：公侯夫人織紘綖。知紘亦織而爲之。士冠禮言組纓、組紘，知天子諸侯之紘亦用組也。綖冠上覆者，冕以木爲幹，以玄布衣其上，謂之綖。論語、尚書皆云麻冕，知其當用布也。弁師「掌王之五冕」，皆玄冕。知其色用玄也。孔安國論語注言：「績麻三十升布以爲冕。」即是綖也。鄭玄玉藻注云：「延，冕上覆也。」此云冠上覆者，冠、冕通名，故此注衡及綖皆以冠言之，其實悉冕，冕飾也。昭其度也。尊卑各有制度。○疏曰：此上十二物者，皆是明其制度，哀伯思及，則言無次第也。鄭玄覲禮注云：上公衮無升龍。「天子有升龍，有降龍。」是衮有度也。冕則公自衮以下，侯伯自鷩以下，是冕有度也。黻則諸侯火以下，卿大夫山，是黻有度也。珽則玉、象不同，長短亦異，是珽有度也。衮冕、鷩冕裳四章，毳冕、希冕裳二章，是裳有度也。鄭玄屨人注云：王吉服，舄有三等。赤舄爲上。冕服之舄，下有白舄、黑舄。王后祭服，舄有三等。玄舄爲上，褘衣之舄，下有青舄、赤舄。是舄有度也。紞則人君五色，臣則三色，是紞有度也。天子朱紘，諸侯青紘，是紘有度也。其帶、幅、衡、綖，則無以言之，傳言昭其度也，明其尊卑各有制度。藻率鞞鞛，率，音律。鞞，補頂反。鞛，布孔反。○藻、率，以韋爲之，所以藉玉也。王五采，公、侯、伯三采，子、男二采。鞞，佩刀削上飾。鞛，下飾。○藉，在夜反。削，音笑。○疏曰：鄭玄典瑞注云：

「藻有五采文，所以薦玉。木爲中榦，用韋衣而畫之。」此言以韋爲之，指木上之韋，其實木爲榦也。禮之言繅，皆有玉共文，大行人謂之繅藉，曲禮單稱藉，故知所以藉玉也。大行人云：「公執桓圭九寸，繅藉九寸」，知大小各如其玉也。大行人注云：「繅藉，以五采韋衣板，若奠玉，則以藉之。」是由有奠之時，須有繅以之藉玉，故大小如玉耳。典瑞職曰：「王執鎮圭，繅藉五采五就以朝日。公執桓圭，侯執信圭，伯執躬圭，繅皆三采三就。子執穀璧，男執蒲璧，繅皆二采再就，以朝覲宗遇會同于王。」是王五采，公、侯、伯三采，子、男二采也。凡言五采者，皆謂玄、黄、朱、白、蒼；三采，朱、白、蒼；二采，朱、緑。就，成也。五就，謂五匝，每一匝爲一就也〔九〇〕。禮之言藻，其文雖多，典瑞、大行人、聘禮、覲禮皆單言繅，或云繅藉，未有言繅率者。故服虔以藻爲畫藻，率爲刷巾。杜以藻、率爲一物者，以拭物之巾無名率者。服言禮有刷巾，事無所出。且哀伯謂之昭數，固應禮之大者，寧當舉拭物之巾與藻藉爲類，故知藻率正是藻之複名。藻得稱爲藻藉，何以不可名爲藻率也？玉藻説帶之制曰：「士練帶，率下辟。」「凡帶有率，無箴功。」鄭玄云：「士以下皆禪〔九一〕，不合而緶積，如今作幓頭爲之也。」然則禪而不合縷緶其邊，謂之爲率。此以韋衣木，蓋亦緶積其邊，故稱率也。鄭司農典瑞注讀繅爲藻率之藻，似以藻率共爲藻也。詩曰：「鞞琫容刀〔九二〕。」故知鞞鞛，佩刀削之飾也。少儀云：「刀授穎，削授拊。」削是刀之類，故與刀連言之。鞞、鞛二名，明飾有上下，先鞞後鞛，故知鞞爲上飾，鞛爲下飾。劉君以毛詩傳下曰鞞，上曰琫，而規杜氏，但鞞鞛或上或下，俱是無正文，不可以規杜過也。鞶、厲、游、纓，鞶，步干反。游，音留。○鞶，紳帶，一名大帶。厲，大帶之垂者。游，旌旗之游。纓，在馬膺前，如索裙。○膺，于陵反。索，悉各反。○疏曰：易「訟卦」上九：「或錫之鞶帶。」知鞶即帶也。以帶束腰，垂其餘以爲飾，謂之紳。上帶爲革帶，故云「鞶，紳帶」，所以別上帶也。玉藻説帶云：「大夫大帶。」是一名大帶也。詩毛傳云：「厲，帶之垂者。」故用毛説以爲「厲，大帶之垂者」也。大帶之垂者，名之爲紳而復名爲厲者，紳是帶之名，厲是垂之貌。詩稱：「垂帶而厲。」是厲爲垂貌也。玉藻稱：「天子素帶，朱裏，終辟。」諸侯素帶不朱裏，大夫玄華，辟垂帶皆博四寸〔九三〕，士帶博二寸，再繚四寸，緇辟下垂。賈、服等説鞶厲皆與杜同，鄭玄獨異。禮記内則注以鞶爲小囊，讀厲如裂繻之裂，言鞶囊必裂繒緣之以爲飾。按禮記稱：「男鞶革，女鞶絲。」鞶是帶之别稱，遂以鞶爲帶名，言其帶革、帶絲耳，鞶非囊之號也。禮記又云：「婦事舅姑，施縏袠。」袠是囊之别名，今人謂裹書之物爲袠，言其施帶施囊耳，其縏亦非囊也。若以縏爲小囊，則袠是何器？若袠亦是囊，則不應帶二囊矣。以此知鞶即是紳帶，爲得其實。游是旐之垂者，旆之别名。九旗雖各有名，而旌旗爲之總號，故云旌旗之游也。按巾車：「王建大常，十有二斿」。又大行人云：上公九斿，侯、伯七斿，子、男五斿。其孤卿建旜，大夫士建物，其斿各如其命數，其鳥旟則七斿，熊旗則六斿，龜旐則四斿，故考工記云：「鳥旟七斿以象鶉火，熊旗六斿以象伐，龜旐四斿以象營室。」是也。鄭司農巾車注云：「禮家説曰：纓當胸，以削革爲之。」鄭玄云：「纓，今馬鞅。」是纓在馬膺前也。服虔云：「纓如索裙，今乘輿大駕有之。」然則，漢、魏以來，大駕之馬膺有索裙，是纓之遺象，故云「如索裙也」。按巾車：「玉路」，「樊纓，十有再就」。鄭玄注云：「樊及纓，皆以五采罽飾之。」「金路，樊纓九就」，「象路，樊纓七就」，「革路，絛纓五就」。鄭玄云：「其樊及纓，以絛絲飾之。」「木路，翦樊鵠纓。」鄭玄云：「以淺黑飾韋爲樊，鵠色飾韋爲纓，不言就數，飾與革路同。」昭其數也。尊卑各有數。○疏曰：藻有五采、三采之異，是藻率有數也。毛詩傳説「容刀」之飾云：「天子玉琫而珧珌，諸侯璗琫而璆珌。」是鞞鞛有數也。玉藻云：「紳長制：士三尺，有司二尺有五寸。」又大夫以上帶廣四寸，士廣二寸。是鞶厲有數也。玉路十二旒，金路九旒，是旒有數也。玉路纓十有二就，金路纓九就，是纓有數也。數之與度，大同小異，度謂限制，數謂多少，言其尊卑有節數也。火、龍、黼、黻，黼，音甫○火，畫火也。龍，畫龍也。白與黑謂之黼，形若斧。黑與青謂之黻，兩己相戾。○戾，力計反。○疏曰：考工記記畫繢之事云：「火以圜。」鄭司農云：「爲圜形似火也。」鄭玄云：「形如半環然。」又曰：「水以龍。」鄭玄云：「龍，水物。」畫水者并畫龍。是衣有畫火、畫龍也。「白與黑謂之黼」，「黑與青謂之黻」，考工記文也。其言形若斧，兩己相戾，相傳爲説。孔安國虞書傳亦云：黼若斧形，黻爲兩己相背。是其舊説然也。周世袞冕九章，傳唯言火、龍、黼、黻四章者，略以明義，故文不具。舉衣之所畫，龍先於火，今火先於龍，知其言不以次也。昭其文也。以文章明貴賤。五色比象，昭其物也。比，並是反。○車服器械之有五色，皆以比象天地四方，以示器物不虚設。○械，户戒反。○疏曰：考工記云：「畫繢之事，雜五色」，東青，南赤，西白，北黑，天玄，地黄。是其比象天地四方也。比象有六而言五者，玄在赤黑之閒，非別色也。昭二十五年傳云九文六采，言采色有六，故注以天地四方六事當之。五行之色爲五色，加天色則爲六，故五色六采，互相見也。昭其物者，以示物不虚設，必有所象。其物皆象五色，故以五色明之。鍚鸞和鈴，昭其聲也。錫，音揚。鈴，音令。○錫，在馬額。鸞，在鑣。和，在衡。鈴，在旂。動皆有鳴聲。○額，顔客反。鑣，彼驕反。旂，勤衣反。○疏曰：鄭玄巾車注云：「錫，馬面當盧，刻金爲之，所謂鏤錫也。」詩箋云：「眉上曰錫，刻金飾之，今當盧也。」然則，錫在眉上，故云在馬額也。詩稱「輶車鸞鑣」，知鸞在鑣也。鑣在馬口兩旁，衡在服馬頸上。鸞和，亦鈴也〔九四〕，以處異，故異名耳。爾雅釋天説：旌旗「有鈴曰旂」。李巡曰：「以鈴置旐端。」是鈴在旂也。錫在馬額，鈴在旂，先儒更無異説。其鸞和所在，則舊説不同。毛詩傳曰：「在軾曰和，在鑣曰鸞。」韓詩内傳曰：「鸞在衡，和在軾前。」鄭玄經解注取韓詩爲説。秦詩箋云：「置鸞於鑣，異於乘車也。」其意言乘車之鸞在衡，田革之鸞在鑣。及商頌烈祖之箋，又云「鸞在鑣」，是疑不能定，故兩從之也。按考工記「輪崇、車廣、衡長參如一」，則衡之所容唯兩服馬耳。詩辭每言八鸞，當謂馬有二鸞。鸞若在衡，衡唯兩馬，安得置八鸞乎？以此知鸞必在鑣，鸞在鑣則和當在衡。經傳不言和數，未知和有幾也。四者皆以金爲之，故動則皆有鳴聲也。

三辰旂旗，昭其明也。三辰，日、月、星也。畫於旂旗，象天之明。○疏曰：春官神仕「掌三辰之法」，鄭玄亦以爲日月星也。謂之辰，辰，時也，日以照晝，月以照夜，星則運行於天，昏明遞匝而正，所以示民早晚，民得取爲時節，故三者皆爲辰也。三辰是天之光明照臨天下，故畫於旌旗，象天之明也。九旗之物，唯日月爲常。不言畫星者，蓋太常之上又畫星也。穆天子傳稱「天子葬盛姬，建日月七星」，蓋畫北斗七星也。按司常：「交龍爲旂，熊虎爲旗。」不畫三辰而云三辰旂旗者，旂旗是九旗之總名，可以統大常，故舉以爲言也。夫德，儉而有度，登降有數，登降，謂上下尊卑。文物以紀之，聲明以發之，以臨照百官〔九五〕。百官於是乎戒懼，而不敢易紀律。今滅德立違，謂立華督違命之臣。而寘其賂器於大廟，以明示百官。百官象之，其又何誅焉？國家之敗，由官邪也。官之失德，寵賂章也。郜鼎在廟，章孰甚焉？武王克商，遷九鼎于雒邑，寘，之豉反。雒，音洛，本亦作洛。○九鼎，殷所受夏九鼎也。武王克商，乃營雒邑而後去之，又遷九鼎焉，時但營雒邑，未有都城。至周公，乃卒營雒邑，謂之王城，即今河南城也。故傳曰：成王定鼎於郟鄏。○受夏，户雅反。郟，古洽反。鄏，音辱。○疏曰：據宣三年傳，知九鼎是殷家所受夏九鼎也。戰國策稱齊救周，求九鼎，顔率謂齊王曰：昔周伐殷而取九鼎，一鼎九萬人挽之，九鼎八十一萬人挽之。挽鼎人數或是虚言，要知其鼎有九，故稱九鼎也。知武王遷九鼎於雒邑，欲以爲都者，鼎者，帝王所重，相傳以爲寶器，戎衣大定之日，自可遷置西周，乃徙九鼎處於洛邑，故知本意欲以爲都。又以尚書洛誥説周公營洛邑，則知武王但有遷意，周公乃卒營之。地理志云：河南縣，故郟鄏地也。武王遷九鼎焉，周公致太平，營以爲都，是爲王城，至平王居之。言即今河南城者，晉時猶以爲河南縣。成王定鼎，宣三年傳文。義士猶或非之，蓋伯夷之屬。○疏曰：史記伯夷列傳曰：伯夷、叔齊，孤竹君之二子也，讓國俱逃歸周。及至，西伯卒，武王東伐紂，伯夷、叔齊叩馬諫曰：父死不葬，爰及干戈，可謂孝乎？以臣伐君，可謂仁乎？左右欲兵之，太公曰：此義人也！扶而去之。武王既平殷，夷齊恥之，不食周粟，隱於首陽山，采薇而食之，作歌曰：登彼西山兮，爰采薇矣。以暴易暴兮，不知其非矣。檢書傳之説，非武王者唯此人，故知是伯夷之屬。而況將昭違亂之賂器於大廟，其若之何？」

公不聽。春秋左氏傳○穀梁子曰：桓内弑其君，外成人之亂，受賂而退，以事其祖，非禮也。其道以周公爲弗受也。郜鼎者，郜之所爲也。曰宋，取之宋也，郜鼎，本郜國所作，宋後得之。以是爲討之鼎也。討宋亂而更受其賂鼎。孔子曰：「名從主人，物從中國，故曰郜大鼎也。」主人，謂作鼎之主人也，故繫之郜。物從中國，謂是大鼎。○疏曰：「名從主人」者，謂本是郜作，繫之於郜。「物從中國」者，謂鼎在宋，從宋號也。言「物從中國」者，廣例耳，通夷狄亦然。其意謂鼎名從作者之主人，不問華戎，皆得繫之，若左傳稱甲父之鼎是也。「物從中國」者，謂中國號之大鼎，縱夷狄亦從中國之號，不得改之。若傳稱吴謂義稻爲伊緩，夷狄謂大原爲大鹵，以地形物類須從中國之號，故不得謂之伊緩、大鹵也。何休云：周家以世孝，天瑞之鼎。諸侯有世孝者，天子亦作鼎以賜之。禮，祭，天子九鼎，諸侯七，卿大夫五，元士三也，故郜國有之〔九六〕。○襄公六年，齊侯滅萊，賂夙沙衛之謀也，事在二年。獻萊宗器于襄宫。襄宫，齊襄公廟。○春秋左氏傳

自天子達於庶人，喪從死者，祭從生者，支子不祭。從死者，謂衣衾棺椁。從生者，謂奠祭之牲器。○疏曰：盧植解云從生者，謂除服之後，吉祭之時，以子孫官禄祭其父祖，故云從生者。若喪中之祭，虞、祔、練、祥仍從死者之爵。故小記云：「士祔於大夫則易牲。」又云：「其妻爲大夫而卒，而后其夫不爲大夫，而祔於其妻，則不易牲。」又雜記云：「上大夫之虞也，少牢，卒哭成事，祔皆大牢。下大夫之虞也犆牲，卒哭成事，祔皆少牢。」是喪中之祭，仍從死者之禮。而鄭云謂奠祭之牲器，云奠則是喪中之祭得從生者之爵，與小記、雜記違者，小記、雜記據死者子孫身無官爵，生者又無可祭享，故喪中之

祭，皆用死者之禮。若其生者有爵，則祭從生者之法。喪祭尚爾，喪後吉祭可知。奠謂葬前，祭謂葬後，包喪終吉祭也。鄭必知祭兼喪祭，與盧植别者，以此云祭從生者，喪從死者相對。又中庸云：「父爲大夫，子爲士，葬以大夫，祭以士。」又云：「父爲士，子爲大夫，葬以士，祭以大夫。」祭又與葬相對，皆祭與喪葬連文，是一時之事，故祭中兼爲喪奠也。或云：在喪中祭尚從死者爵，至吉祭乃用生者禄耳。故知盧解鄭言奠者，自吉祭之奠及非時祭耳。○王制○諸侯不敢祖天子，大夫不敢祖諸侯。疏曰：此經云諸侯不敢祖天子，而文二年左傳云：宋祖帝乙，鄭祖厲王。大夫不敢祖諸侯，而莊二十八年左傳云：凡邑有宗廟先君之主曰都。與此文不同者。此據尋常諸侯、大夫，彼據有大功德者，故異義：禮戴引此郊特牲云：又匡衡説支庶不敢薦其禰，下士諸侯不得專祖於王。古春秋左氏説天子之子以上德爲諸侯者得祖所自出，魯以周公之故立文王廟，左傳宋祖帝乙，鄭祖厲王，猶上祖也。又曰凡邑有宗廟先君之主曰都。以其有先君之主，公子爲大夫所食采地亦自立所出公廟。其立先公廟，準禮，公子得祖先君，公孫不得祖諸侯。許慎謹按：周公以上德封於魯，得郊天，兼用四代之禮樂，知亦得祖天子。諸侯有德祖天子者，知大夫亦得祖諸侯。鄭氏無駁，與許慎同也。其王子母弟無大功德，不得出封，食采畿内，賢於餘者，亦得采地之中立祖王廟，故都宗人、家宗人皆爲都家祭所出祖王之廟也。○詳見祭法。○有天疾者，不得入乎宗廟。今按：公羊傳衛侯之母兄輒有惡疾，不得立，故穀梁云爾。○昭公二十年穀梁傳

右祭主○傳〔九七〕：武王末受命，周公成文武之德，追王大王、王季，上祀先公以天子

之禮。斯禮也，達乎諸侯大夫及士庶人。父爲大夫，子爲士，葬以大夫，祭以士；父爲士，子爲大夫，葬以士，祭以大夫。期之喪達乎大夫，三年之喪達乎天子，父母之喪，無貴賤一也。追王之王，去聲。○朱先生云：此言周公之事。末，猶老也。追王，蓋推文武之意，以及乎王迹之所起也。先公，組紺以上至后稷也。上祀先公以天子之禮，又推大王、王季之意，以及於無窮也。制爲禮法，以及天下，使葬用死者之爵，祭用生者之禄。喪服自期以下，諸侯絶，大夫降，而父母之喪，上下同之，推己以及人也。○中庸○父爲士，子爲天子、諸侯，則祭以天子、諸侯，其尸服以士服。祭以天子諸侯，養以子道也。尸服士服，父本無爵，子不敢以己爵加之，嫌於卑之。○養，以上反。○疏曰：云「尸服士服」者，謂尸服玄端。若君之先祖爲士、大夫，則服助祭之服。故曾子問云：「尸弁冕而出。」是爲君尸有著弁者，有著冕者。若爲先君士尸則著爵弁，若爲先君大夫尸則著玄冕是也。若大夫士之尸，則服家祭之服，故鄭注士虞記「尸服卒者之上服」，「士玄端」是也。父爲天子諸侯，子爲士，祭以士，其尸服以士服。謂父以罪誅，尸服以士服，不成爲君也。天子之子，當封爲王者，後以祀其受命之祖。云爲士，則擇其宗之賢者，若微子者，不必封其子。爲王者後及所立爲諸侯者，祀其先君以禮卒者尸服天子諸侯之服，如遂無所封立，則尸也、祭也皆如士，不敢僭用尊者衣服。○疏曰：知「謂父以罪誅」者，以其尸服士服故也。以其嘗爲天子諸侯，不可以庶人之禮待之，士是爵之最卑，故服其士服。云「若微子者，不必封其子」者，按尚書序云「成王既黜殷命，殺武庚，命微子啓代殷後」。是擇其賢者，不立封紂子是也。云「祀其先君以禮卒者，尸服天子諸侯之服」

者，按左傳云「宋祖帝乙」，帝乙是以禮卒者而宋祀以爲祖，明其服天子之服，推此則諸侯亦然。○喪服小記○支子不祭，祭必告于宗子。不敢自專。謂宗子有故，支子當攝而祭者也，五宗皆然。○疏曰：支子，庶子也。祖禰廟在適子之家，而庶子賤，不敢輒祭之也。若濫祭亦是淫祀。「祭必告於宗子」者，支子雖不得祭，若宗子有疾，不堪當祭，則庶子代攝可也。猶宜告宗子然後祭，故鄭云「不敢自專」。○曲禮下○庶子不祭祖〔九八〕。明其尊宗以爲本也，禰則不祭矣。言不祭祖者，主謂宗子、庶子俱爲適士，得立祖禰廟者也。凡正體在乎上者，謂下正猶爲庶也。○疏曰：此猶尊宗之義也。庶子、適子俱是人子，並宜供養，而適子烝嘗，庶子獨不祭者，正是推本崇適，明有所宗，故云明其宗也。子名對父，此言庶子，則是父庶，父庶即不得祭父，何假言祖，故云「禰則不祭」也。而記不應言不祭祖，祖是對孫，今既云庶子不祭祖，故知是宗子、庶子俱爲適士。適士得立二廟，自禰及祖，是適宗子得立祖廟祭之而已是祖庶，雖俱爲適士，得自立禰廟，而不得立祖廟祭之，故云庶子不祭祖。云「正體在乎上者謂下正猶爲庶也」者，解所以謂禰適爲庶子之義也。正體謂祖之適也，下正謂禰之適也。謂正爲禰適而於祖猶爲庶，故禰適謂之爲庶也，五宗悉然。○庶子不祭禰。謂宗子、庶子俱爲下士，得立禰廟也，雖庶人亦然。○疏曰：解庶所以不祭殤義也。禰適，故得立禰廟，故祭禰。禰庶不得立禰廟，故不得祭其禰。明其有所宗，既無禰廟，故不得祭子殤也。又曰：前文云不祭祖，以有祖廟，故注云：「宗子庶子，俱爲適士。」此文云「不祭禰」，唯有禰廟，故注云：「宗子庶子俱爲下士。」若庶子是下士，宗子是庶人，此下士立廟於宗子之家，庶子共其牲物，宗子主其禮，雖庶人是有祭義。若宗子爲下士，是宗子自祭之，庶子不得祭也。○庶子不祭殤與無後者，殤與無後者從祖祔食。不祭殤者，父之庶也。不祭無後者，祖之庶也。此二者當從祖祔食而已，不祭祖，無所食之也。共其牲物，而宗子主其禮焉。祖庶之殤則自祭之。凡所祭殤者唯適子耳。無後者，謂昆弟、諸父也。宗子之諸父無後者，爲墠祭之。○食，音嗣。共，音恭。墠，音善。○疏曰：此事與曾子問中義同而語異也。曾子問中是明宗子所得祭，就宗子之家，宗子主其禮。今此所言，是庶子不得在當家祭者也。「庶子」者，謂父庶及祖庶也。「殤」者，未成人而死者也。「無後」，謂成人未昏或已娶無子而死者。「不得祭殤」者，謂父庶也。「不祭無後」者，謂祖庶也。「殤與無後者從祖祔食」者，解庶所以不自祭義也。己不得祭父祖，而以此諸親皆各從其祖祔食。祖廟在宗子之家，故己不得自祭之也。又曰：云「不祭殤者，父之庶也」者，謂己是父之庶子，及餘兄弟亦是父之庶子，庶子所生之適子爲殤而死者，不得自祭之。以其己是父庶，不合立父廟，故不得自祭其子殤也。殤尚不祭，成人無後，不祭可知。云「不祭無後者，祖之庶也」者，己是祖庶，不合立祖廟，故兄弟無後者不得祭之。己若是曾祖之庶，亦不得祭諸父無後者，諸父無後當於曾祖之廟而祭。己是曾祖庶，不合立曾祖之廟，故不祭之。此直云「祖之庶」，不云曾祖之庶者，言祖兼曾祖也。此「無後者」身並是庶，若在殤而死，則不合祭也。云「此二者當從祖祔食而已不祭祖無所食之也」者，一是殤，二是無後，此二者當從死者之祖而祔食。祖廟在宗子之家，故己不得祭祖。「無所食」，以私家不合祭祖，無處食之也。云「共其牲物，而宗子主其禮焉」者，謂殤者之親共其牲物，而宗子直掌其禮。庾氏云：此殤與無後者所祭之時，非唯一度，四時隨宗子之家而祭也。但牲牢不得同於宗子祭享之禮，故曾子問注云「凡殤特豚」，其義具曾子問疏。云「祖庶之殤則自祭之」者，己於祖爲庶，故謂己子爲祖庶之殤。己是父適，得立父廟，故自祭子殤在於父廟也。云「無後者，謂昆弟、諸父也」者，昆弟謂己之昆弟。己是祖庶，祭無後昆弟，當就祖廟。己無祖廟，故不祭無後昆弟。云「諸父也」者，己是曾祖之庶，祭諸父當於曾祖之廟，己無曾祖之廟，故不祭無後諸父。云「宗子之諸父無後者，爲墠祭之」者，宗子合祭諸父，諸父當於宗子曾祖之廟。宗子是士，唯有祖禰二廟，無曾祖廟，故諸父無後者爲墠祭之。若宗子爲大夫，得立曾祖廟者，則祭之於曾祖廟，不於墠也。若宗子有大祖者，不立曾祖廟，亦祭之於墠。按祭法云先壇後墠，今祭之墠者，皇氏云：以其無後，賤之，故於墠也。○小記〔九九〕○庶子若富，則具二牲，獻其賢者於宗子。賢，猶善也。○疏曰：「若富，則具二牲獻其賢者於宗子」者，賢猶善也，善者獻宗子，使祭之，不善者私用自祭也。夫婦皆齊而宗敬焉，齊，側皆反。○當助祭於宗子之家。○疏曰：「夫婦皆齊而宗敬焉」者，大宗子將祭之時，小宗夫婦皆齋戒以助祭於大宗，以加敬焉，謂敬事大宗之祭。終事而後敢私祭。祭其祖禰。○疏曰：「終事而后敢私祭」者，謂大宗終竟祭事而後敢以私祭祖禰也〔一〇〇〕。此文雖主事大宗子，其大宗之外事小宗子者亦然。○内則○曾子問曰：「宗子爲士，庶子爲大夫，其祭也如之何？」孔子曰：「以上牲祭於宗子之家，貴禄重宗也。上牲，大夫少牢。○疏曰：此一節論宗子祭用大夫牲之事。上牲，謂大夫少牢也。宗子是士，合用特牲，今庶子身爲大夫，若祭祖禰當用少牢之牲，就宗子之家而祭也，以廟在宗子家故也。又曰：用大夫之牲，是貴禄也，宗廟在宗子之家，是重宗也。此宗子，謂小宗也。若大宗子爲士，得有祖禰二廟也。若庶子是宗子親弟，則與宗子同祖禰，得以上牲於宗子之家而祭祖禰也。但庶子爲大夫得祭曾祖廟，己是庶子，不合自立曾祖之廟。崔氏云：當寄曾祖廟於宗子之家，亦得以上牲，宗子爲祭也。若己是宗子，從父庶子兄弟父之適子，則於其家自立禰廟，其祖及曾祖亦於宗子之家寄立之，亦以上牲，宗子爲祭。若己是宗子，從祖庶兄弟父祖之適，則立祖禰廟於己家，則亦寄立曾祖之廟於宗子之家，己亦供上牲，宗子爲祭。此大夫者謂諸侯大夫，故少牢。知此是諸侯大夫者，以下文云宗子有罪，居於他國，言他國，則是據諸侯也。以文相連接，故知此大夫是諸侯大夫也。祝曰：『孝子某爲介子某薦其常事。』爲，于僞反。○介，副也。不言庶，使若可以祭然。○疏曰：宗子祭時，祝告神辭云孝子某，孝子，謂宗子也，某是宗子之名。介子某，介子，謂庶子爲大夫者。介，副也。某，是庶子名也。薦其歲之常事。告神止稱宗子，其時庶子身在祭位。必知庶子在者，以經云「祭於宗子之家」，是大夫就宗子家而祭。又曰：上云「庶子爲大夫」，此亦當云爲庶子某，今云「介子某」者，庶子卑賤之稱。介是副貳之義，介副則可祭，故云「使若可以祭然」，故稱介子。若宗子有罪，居於他國，庶子爲大夫，其祭也，祝曰：『孝子某使介子某執其常事。』此之謂宗子攝大夫。○疏曰：喪服小記：「士不攝大夫，士攝大夫，唯宗子也。」又曰：此宗子有罪，出在他國，庶子既爲攝主，不敢備禮，故於祭末不爲陽厭之祭也。所以不爲陽厭者，陽是神之厭飫，今攝主謙退，似若神未厭飫然也。「不旅」，謂所將祭旅酬之時，賓奠不舉，不爲旅酬也。旅酬是賓主交歡之始，今攝主不敢當正主，故不旅也。「不嘏不綏祭」者，嘏是主人受福，綏是將欲受福，先爲綏祭。今辟正主，故不敢受嘏，以其不嘏，故不綏祭也。「不配」者，以祭初，尸未入之時，祝告神辭曰「以某妃配某氏」，備告考妣。今攝主不敢備禮，略言皇祖而已。此經所陳，從祭末然後以次至祭初逆陳之。必逆陳之者，皇氏云：以其攝主非正，故逆陳以見義。云「厭厭飫神也」者，以其無尸，設饌欲神之歆饗而厭飫是也。云「厭有陰有陽」，謂一祭之中有此兩厭，下文「有陰厭，有陽厭」是也。陰厭，約少牢、特牲禮文。「祝酌奠」者，謂祝酌，奠於鉶南。且饗者，祝奠訖，且復以辭饗告神也。是室奥陰静之處，故云陰厭。尸謖之後，佐食徹尸之薦俎，設於西北隅，得戶明白之處，故曰陽厭。今攝主不厭，謂不陽厭也。所以然者，厭是厭飫，凡厭是神之歆饗。云「尸謖」至「陽厭也」者，其上大夫當自賓尸，故少牢禮無陽厭也，下大夫不賓尸，有陽厭也。其天子、諸侯明日乃爲繹祭，亦有陽厭也，故詩云：「相在爾室，尚不愧於屋漏。」謂天子之禮。天子既爾，諸侯亦然。此云「攝主不厭」，謂下大夫攝，不陽厭也。禮有陽厭，以其攝主，故闕陽厭。若上大夫，本無陽厭可闕。知此「不厭者，不陽厭」，此皆逆陳，於祭末者先言，故知不陽厭也。云「假讀爲嘏至主人也」者，以古旁之嘏是福慶之辭，少牢云「嘏於主人」，嘏字古旁爲之。祭禮唯主人受嘏，故知不嘏，不嘏主人也。云「不綏祭」，謂欲食之時，先減黍稷牢肉而祭之於豆閒，故曰綏祭。尸與主人俱有綏祭，今攝主則不綏也。所以然者，凡將受福，先爲綏祭，今辟正主，不敢受福，故不綏也。若綏，少牢禮云：祝出迎尸，尸入，即席坐，而祝命尸綏祭，尸取菹及黍稷肺祭於豆閒，是謂之綏祭。綏是減毁之名，尸與主人俱有綏祭也。云「今主人」者，謂今攝主人也。云「綏周禮作墮」者，以綏是綏安之義，墮是減毁之名，故從於周禮墮爲正，守祧云「既祭則藏其隋」是也。云「不配者，祝辭不言以某妃配某氏」者，謂祝辭直言薦歲事於皇祖伯某，不云以某妃配某氏。某氏者，其妃之姓也，若云某妃姜氏、子氏之類也。攝主不厭祭，不旅，不假，不綏祭，不配。厭，於豔反。綏，注作墮，許垂反，又況垂反。○皆辟正主。厭，厭飫神也。厭有陰有陽：迎尸之前，祝酌奠，奠之且饗，是陰厭也。尸謖之後，徹薦俎敦，設於西北隅，是陽厭也。此不厭者，不陽厭也。不旅，不旅酬也。假，讀爲嘏。不嘏，不嘏主人也。不綏祭，謂今主人也。綏，周禮作墮。不配者，祝辭不言以某妃配某氏。○辟，音避。謖，色六反。敦，音對[一〇一]。○疏曰：此一節以曾子前問宗子爲士，庶子爲大夫，孔子答畢，更爲曾子廣陳宗子有罪出居他國，庶子爲大夫在家法。其祭之禮，按少牢饋食：司宫筵於奥設饌畢，祝酌，奠於鉶南，主人西面再拜稽首。祝曰：「孝孫某敢用柔毛剛鬣，嘉薦普淖，用薦歲事於皇祖伯某，以某妃配某氏，尚饗。」此所謂配也，今攝主則不配。少牢又云：祝出迎尸，尸入，即席坐而執祝前之觶，而祝命尸挼[一〇二]，尸取菹換於醢，祭於豆閒，及祭黍、稷、肺等，是謂尸綏祭也。尸飯十一飯訖，主人洗爵酳尸，尸酢主人，主人拜受爵，上佐食取黍稷肺授主人，所謂綏祭也。今攝主不綏祭。少牢又云：主人左執爵，祝與二佐食，取黍以授尸，尸執以命祝。祝受以東，北面，嘏于主人，曰：「皇尸命工祝，承致多福無疆於女孝孫。」所謂嘏也，今攝主則不嘏也。按特牲：主人受嘏之後，獻祝及佐食訖，主婦獻尸及祝、佐食訖，乃賓長獻尸，尸爵止，未飲，主人主婦交相致爵訖，尸乃飲止爵以酢賓。賓飲訖，賓獻祝及佐食，洗酌致於主人主婦訖，主人獻賓，賓酢主人。主人又獻衆賓訖，尊兩壺於阼階東，西方亦如之。主人酌西方之尊以酬賓，主人奠爵於賓之薦北，賓取爵，東面，奠於薦南，所謂「布奠於賓」也。今攝主，主人奠於薦北，賓取奠於薦南而不舉也。主人獻長兄弟，又獻衆兄弟訖，長兄弟加爵於尸，衆賓長又加爵於尸訖，嗣子舉奠，舉奠訖，賓坐取薦南之爵酬長兄弟，長兄弟酬衆賓，衆賓酬衆兄弟，所謂「旅酬」，今攝主不旅酬也。特牲云：「旅酬之後無筭爵」，無筭爵之後，祝告利成。尸起，主人降，佐食徹尸薦豆設於西北隅，所謂陽厭。今攝主不爲此陽厭也。布奠於賓，賓奠而不舉。布奠，謂主人酬賓，奠觶於薦北。賓奠，謂取觶奠於薦南也。此酬之始也。奠之不舉，止旅。○觶，之致反，又音支。○疏曰：謂主人酬賓之時，賓在西廂，東面，主人布此奠爵於賓之北。「賓奠而不舉」者，賓坐取薦北之爵，奠於薦南，而不舉用以酬兄弟。此則不旅酬之事，而更別言者，以上文總云祭祀是主人之事，自此以下更別論賓禮有闕，故重言之。又曰：此皆特牲禮文。云「此酬之始也」者，按特牲禮云：賓奠之後，主人獻衆兄弟、内兄弟訖，乃行旅酬。故云「此酬之始也」。云「奠之不舉，止旅」者，謂止旅酬之事而不爲也。不歸肉，歸，如字，又其位反。○肉，俎也，謂與祭者留之共燕〔一〇三〕。○與，音預。○疏曰：歸，饋也，謂不歸俎肉於賓也。又曰：賓客正祭，諸助祭之賓客各使歸俎。今攝主不敢饋俎肉於賓，故注云「諸與祭者留之共燕」。其辭于賓曰：『宗兄、宗弟、宗子在他國，使某辭。』」辭，猶告也。宿賓之辭，與宗子爲列，則曰宗兄若宗弟；昭穆異者，曰宗子而已。其辭若云：宗兄某在他國，使某執其常事，使某告。○疏曰：非但祭不備禮，其將祭之初，辭告於賓，與常禮亦別。云宗兄、宗弟、宗子在他國，不得親祭，故使某執其常事使某告也，故云「使某辭」。又曰：云「宿賓之辭」，按特牲云：「乃宿尸。」注云：「宿讀爲肅，肅，進也。進者，使知祭日當來。」下云宿賓，故云宿賓之辭。又曰：與宗子若同列者，云宗兄宗弟；其昭穆異者，宗子雖祖父及子孫之行，但謂之宗子。○曾子問○曾子問曰：宗子去在他國，庶子無爵而居者可以祭乎？」孔子曰：「祭哉！」有子孫存，不可以乏先祖之祀。○疏曰：此一節論庶子代宗子祭之事，各依文解之。又曰：論曾子以孔子上文云宗子有罪，居在他國，庶子爲大夫，得在本國攝祭，未知庶子無爵在國居者可祭否，故問之。「孔子曰祭哉」者，孔子既許其祭，以無正文得祭，故云祭哉。「哉」者，疑而量度之辭，故注云「有子孫存，不可以乏先祖之祀」。「請問其祭如之何？」孔子曰：「望墓而爲壇，以時祭。不祭於廟，無爵者賤，遠辟正主。○遠，于萬反。○疏曰：「請問其祭如之何？」孔子曰：望墓而爲壇，以時祭」者，宗子雖有廟在宗子之家，庶子無爵，不得就宗子之廟而祭，唯可望近所祭者之墓而爲壇，以四時致祭也。又曰：所以不祭於宗子廟者，以庶子無爵卑賤，遠辟正主。正主，謂宗子也。據鄭此言，宗子去在他國，謂有爵者。若其無爵，在家本自無廟，何須云「不祭廟，辟正主」也。鄭必知是有爵者，以經云宗子去在他國，庶子無爵，明宗子是有爵。此宗子去他國，謂有罪者。若其無罪，則以廟從，本國不得有廟。故喪服小記注云：「宗子去國，乃以廟從。」謂無罪也。若宗子死，告於墓，而后祭於家。言祭於家，容無廟也。○疏曰：孔子上爲曾子說宗子身在外，此又說宗子身没，謂告於所祭之墓，而后祭於庶子無爵者之家也。又曰：從上以來，雖據宗子有爵而言，其廟在家。今宗子既死，庶子無所可辟，當云告於墓而后祭於宗子之家，今直云「祭於家」，是祭於庶子之家，是容宗子之家無廟故也。宗子所以無廟者，宗子無爵，不合立廟。或云：祭於家者，是祭於宗子之家，容庶子之家無廟也。庶子所以無廟者：一是庶子無爵，不合立廟；二是宗子無罪居他國，以廟從，本家不復有廟故也。宗子死，稱名不言「孝」，孝，宗子之稱，不敢與之同，其辭但言子某薦其常事。〇疏曰：宗子既死，庶子其祭之時，告神但稱其名，不得稱「孝」，辟宗子也。又曰：上文「孝子某使介子某」，孝子是宗子之稱，今直言名，不言介。若宗子在，得言介子某，今宗子既死，身又無爵，復稱名，不得稱介，故但言子某薦其常事。身没而已。」至子可以稱孝。〇疏曰：其不稱孝者，唯已身終没而已，至其子則稱孝也。以庶子合稱孝者，庶子身死，其子則是庶子適子，祭庶子之時，可以稱孝。子游之徒有庶子祭者以此，以，用也，用此禮祭也。〇疏曰：以其禮無正文，故孔子引子游之徒黨有庶子祭者而用此禮而祭。「若義也」。若，順。〇疏曰：若，順也，謂順於古義，故云「若義也。」今之祭者不首其義，故誣於祭也。首，本也。誣，猶妄也。〇疏曰：謂今日世俗庶子祭者，不尋本義之道理爲此祭，故云誣於祭，謂妄爲祭之法，不依典禮。〇曾子問

大宗伯之職：掌建邦之天神、人鬼、地示之禮，以佐王建保邦國。建，立也。立天神、地祇、人鬼之禮者，謂祀之、祭之、享之。禮，吉禮是也。保，安也。所以佐王立安邦國者，主謂凶禮、賓禮、軍禮、嘉禮也。目吉禮於上〔一〇四〕，承以立安邦國者，互以相成，明尊鬼神，重人事。〇疏見祭法。以吉禮事邦國之鬼神示。注疏見祭法。以肆獻祼享先王，以饋食享先王，以祠春享先王，以禴夏

享先王，以嘗秋享先王，以烝冬享先王。宗廟之祭有此六享，肆獻祼、饋食在四時之上，則是祫也，禘也。肆者，進所解牲體，謂薦孰時也。獻，獻醴，謂薦血腥也。祼之言灌，灌以鬱鬯，謂始獻尸求神時也。郊特牲曰：「魂氣歸於天，形魄歸於地。故祭所以求諸陰陽之義也。殷人先求諸陽，周人先求諸陰。」灌是也。祭必先灌，乃後薦腥薦孰。於祫逆言之者，與下共文，明六享俱然。祫言肆獻祼，禘言饋食者，著有黍稷，互相備也。魯禮：三年喪畢而祫於太祖，明年春禘於羣廟。自爾以後，率五年而再殷祭，一祫一禘。○率，音律，又音類〔一〇五〕。○疏曰：此一經陳享宗廟之六禮也。此經若細而言之，即有六禮。總而言之，則亦有三等之差。肆獻祼是祫之大祭，以饋食是禘之次祭，以春享以下是時祭之小祭。若以總用袞冕大牢言之，此亦皆爲大祭也。故酒正注云：「大祭者，王服大裘、袞冕所祭。」是也。此六者皆言享者，對天言祀、地言祭，故宗廟言享。享，獻也，謂獻饌具於鬼神也。又曰：云「宗廟之祭有此六享」者，此則吉禮十二之中處其六也。云「肆獻祼、饋食在四時之上，則是祫也禘也」者，但周法有三年一祫，則文二年「大事於太廟」，公羊傳云：「大事者何？大祫也。大祫者何？合祭也。毁廟之主陳於太祖，未毁廟之主皆升，合食於大祖。」列昭穆，序父子，是祫之義也。若殷則祫於三時，周則秋祫而已。又有五年一禘，禘則各於其廟。爾雅云「禘，大祭」者，禘是總名。祭法：祭天圓丘亦曰禘。大傳云：「王者禘其祖之所自出。」謂夏正郊天亦曰禘。夏、殷四時之祭，夏祭亦曰禘，但於周宗廟之祭則有五年禘。禘雖小於祫，大於四時，亦是大祭之名也。云「肆者，進所解牲體，謂薦孰時也」者，薦孰，當朝踐後爓祭時，故禮運云：「腥其俎，孰其殽。」鄭云：「孰其殽，謂體解而爓之。」是其饋獻獻以盎齊之節，故云薦孰時。但體解之時，必肆解以爲二十一體，故云肆也。云「獻，獻醴，謂薦血腥也」者，此是朝踐節，當二灌後，王出迎牲，祝延尸出户坐於堂上，南面。迎牲入，豚解而腥之，薦於神坐，以玉爵酌醴齊以獻尸，后亦以玉爵酌醴齊以獻尸，故云謂薦腥也。云「裸之言灌」者，經云裸者，是古之裸字，取神祇之義，故從示。鄭轉從灌者，以鬱鬯灌地降神，取澆灌之義，故從水。言灌以鬱鬯謂始獻尸求神時也者，凡宗廟之祭，迎尸入户，坐於主北。先灌，謂王以圭瓚酌鬱鬯以獻尸，尸得之，瀝地祭訖，啐之奠之，不飲，尸爲神象，灌地所以求神，故云始獻尸求神時也。言始獻，對後朝踐、饋獻、酳尸等爲終，故此稱始也。「郊特牲曰魂氣歸於天，形魄歸於地，故祭所以求諸陰陽之義也」者，人之嘘吸出入之氣爲魂，耳目聰明爲魄。人死魂氣歸於天爲陽，形魄歸於地爲陰。祭時作樂爲陽，是求諸陽，灌地爲陰，是求諸陰，故云「求諸陰陽之義」也。云「殷人先求諸陽，周人先求諸陰」者，此二代自相對。殷人先求諸陽，謂未灌先合樂；周人先求諸陰，謂未合樂先灌，故云求諸陰，灌是也。引之者，欲見周人祭先灌之意。云「祭必先灌乃後薦腥薦孰，於祫逆言之者，與下共文，明六享俱然」者，如向所説，具先灌訖、王始迎牲，次腥其俎，腥其俎訖乃爓，爓祭訖始迎尸入室，乃有黍稷，是其順也。今此經先言肆，肆是饋獻節；次言獻，是朝踐節；後言灌，灌是最在先之事，是於祫逆言之也。言「與下共文明六享俱然」者，既從下向上爲文，即是於下五享與上祫祭皆有灌獻肆三事矣，故云六享俱然。云「祫言肆獻灌，禘言饋食者，著有黍稷，互相備也」者，祫言肆獻灌，明禘亦有之。禘言饋食，食是黍稷，則祫亦有黍稷矣。著，明也，明有黍稷互相備矣。云「魯禮三年喪畢而祫於太祖」者，此以周衰禮廢，無文可明。春秋左氏傳云「周禮盡在魯」，即以春秋爲魯禮。今言魯禮者，指春秋而言也。春秋三年喪畢而祫於大祖，謂若文公二年秋八月大事於大廟，躋僖公。以僖三十三年薨，至文公二年秋八月，於禮雖少四月，猶是三年喪畢而爲祫祭也，是魯禮三年喪畢而祫於大祖。大祖，謂周公廟，周公廟中而爲祫祭也。云「明年春禘於羣廟」者，此明年春禘雖無正文，約僖公、宣公則知矣。按僖公八年及宣公八年皆有禘文，則知僖公、宣公三年春有禘可知。何者？以文公二年祫，則知僖公、宣公二年亦有祫。僖公、宣公二年既爲祫，則明年是三年春禘，四年、五年、六年秋祫是三年祫，更加七年、八年，添前爲五年禘，故僖公、宣公八年皆有禘，是明年春禘明矣，故云明年春禘於羣廟也。云「自爾以後，五年而再殷祭」者，公羊傳文。殷，大也。除明年春，從四年已後，四年、五年、六年、七年、八年，八年之中，四年、五年、六年爲三年祫，七年八年添前爲五年禘，是五年再殷祭也。云「一祫一禘」者，是禮讖文，謂五年之中爲一禘一祫也。鄭言此者，欲見肆獻祼及饋食三者爲祫禘，從三年喪畢後爲始之意也。從禋祀以下至此，吉禮十二皆歆神始，何者？按大司樂分樂而序之云「乃奏黄鍾，歌大吕，舞雲門，以祀天神」已下，下復云：圜鍾爲宫。若樂六變，天神皆降。若樂八變，地示皆出。若樂九變，人鬼可得而禮。鄭云：「天神，則主北辰。地祇，則主崐崘。人鬼，則主后稷。先奏是樂，以致其神，禮之以玉而祼焉。」彼先奏是樂以致其神，則天神、地示、人鬼皆以樂爲下神始也。彼鄭云禮之以玉，據天地而祼焉，據宗廟，則此上下天神言煙，地示言血，此宗廟六享言祼，是其天地宗廟皆樂爲下神始，煙、血與祼爲歆神始也。又按禮器與郊特牲皆言「郊血，大享腥，三獻爓，一獻孰」者，皆是薦饌始也。以其郊是祭天而言用血，大享是祫祭先王而言用腥，三獻是社稷而言用爓，一獻是祭羣小祀而言用熟與？此是其先，彼是其後，後爲薦饌可知，故郊言血，大享言腥，三獻言爓，一獻言熟也。○春官○天子諸侯宗廟之祭，春曰礿，夏曰禘，秋曰嘗，冬曰烝。礿，余若反。○此蓋夏殷之祭名，周則改之，春曰祠，夏曰礿，以禘爲殷祭。詩小雅曰：「礿祠烝嘗，於公先王。」此周四時祭宗廟之名。○疏曰：「春曰礿」者，皇氏云：礿，薄也，春物未成，其祭品鮮薄也。孫炎云：礿者，新菜可礿。「夏曰禘」者，皇氏云：禘者，次第也。夏時物雖未成，宜依時次第而祭之。「秋曰嘗」者，白虎通云：嘗者，新穀熟而嘗之。「冬曰烝」者，烝者，衆也。冬之時物成者衆。孫炎云：烝，進也，進品物也。又曰：疑爲「夏殷祭名」者，以其祭名與周不同〔一〇六〕，故以爲夏殷祭名。其夏殷之祭又無文，故稱「蓋」以疑之。此云「春礿」而郊特牲云「春禘」者，鄭彼注云「禘當爲禴」，從此爲正。祭義曰「春禘」，鄭注直云「夏殷禮」，不破禘字者，以郊特牲已破禘爲禴，故於祭義略之，從可知也。云「周則改之春曰祠夏曰礿」者，按宗伯云：以祠春享先王，以禴夏享先王。又知周以禘爲殷祭者，按公羊傳云「五年而再殷祭」，又春秋經僖八年「秋七月禘於大廟」，是禘爲殷祭。殷，猶大也，謂五年一大祭。引詩小雅者，是文王之詩、天保之篇，謂文王受命已改殷之祭名，以夏祭之禘改名曰礿。而詩先言礿後祠者，從便文；嘗在烝下，以韻句也。於公，諸盩至不窋也先王，謂后稷、大王、王季也。○王制○始殺而嘗，建酉之月陰氣始殺，嘉穀始熟，故薦嘗於宗廟。閉蟄而烝。○建亥之月昆蟲閉户，萬物皆成，可薦者衆，故烝祭宗廟，釋例論之備矣。閉，必計反，又必結反，字林方結反。烝，之承反。○疏見祭統時日條。○桓公五年春秋左氏傳○古者先王日祭、月享、時類、歲祀，以事類曰類。日祭於祖考，月薦於曾祖，時類及二祧，歲祀於壇墠。諸侯舍日，有月享也。卿、大夫舍月，有時祭也。士、庶人舍時。歲乃祭也。○國語楚語○大宗伯：享大鬼，帥執事而卜日。注疏見下具脩條〔一〇七〕。○太宰：享先王，前期十日帥執事而卜日。注疏見下齋戒條。

右時日○傳：春祭曰祠，夏祭曰禴，秋祭曰嘗，冬祭曰烝。春薦韭卵，夏薦麥魚，秋薦黍豚，冬薦稻鴈。三歲一祫，五年一禘。祫者，合也。禘者，諦也。祫者，大合祭於祖廟也。禘者，諦其德而差優劣也。說苑脩文○公羊子曰：大祫者何？合祭也。其祫祭奈何？毁廟之主，陳于大祖。毁廟，謂親過高祖，毁其廟，藏其主於大祖廟中。禮，取其廟室笮以爲死者炊沐。大祖，周公之廟。陳者，就陳列大祖前，大祖東鄉，昭南鄉，穆北鄉，其餘孫從王父。父曰昭，子曰穆，昭取其鄉明，穆取其北面尚敬。未毁廟之主皆升，合食于大祖，自外來曰升。五年而再殷祭。殷，盛也，謂三年祫，五年禘。禘所以異於祫者，功臣皆祭也。祫猶合也，禘猶諦也，審諦無所遺失。禮，天子特禘特祫；諸侯禘則不礿，祫則不嘗；大夫有賜於君，然後祫其高祖。○疏見守藏條。○桓公八年正月己卯，烝。春祭曰祠，薦尚韭卵。夏祭曰礿，薦尚麥魚。秋祭曰嘗，薦尚黍豚。冬祭曰烝，薦尚稻鴈。無牲而祭曰薦，薦而加牲曰祭，禮各異也。失禮祭祀，例日。得禮者時，定八年冬從祀先公是也。僖公八年「七月禘于太廟」，月者，謹用致夫人耳，禘無違禮。○疏曰：所言四時祭名者，周禮大宗伯及爾雅並有其事。「薦尚韭卵」之等，禮記、王制之文。何休云：

「祠猶食也，猶繼嗣也。春物始生，孝子思親繼嗣而食之也。」礿者，「麥始熟可礿也」。嘗者，「黍先熟，可得薦，故曰嘗」。「烝，衆也，所薦衆多，芬芳備具，故曰烝」。郭璞等注爾雅與何解四時祭名少異，但范之所引者，並與何氏同，故從何説。又云：「天子四祭四薦，諸侯三祭三薦，大夫士再祭再薦。天子、諸侯、卿、大夫牲用太牢，天子元士、諸侯卿大夫少牢，諸侯之士特豕。天子之牲角握，諸侯角尺，卿大夫索牛。」此記異聞耳，未知范意與之同否。定八年「冬，衛侯、鄭伯盟于曲濮」，下即云「從祀先公」，是時而不月也。得禮例時，引定八年爲證，失禮例日，不引其文者，凡烝合在夏之十月，故何休云「祭必於夏之孟月者，取其見新物之月」是也。今正月爲之，違月隔年，故傳曰：「春興之，志不時也。」下文「夏五月丁丑烝」，傳曰：「志不敬也。」二烝並書日，以見非禮，此文即是非禮例日之證，故不復更引他文。其文二年「丁卯大事於大廟」，亦是失禮書日也。正月烝，傳云「不時」也，五月烝，傳云「不敬也」者，一失禮尚可，故以「不時」言之，再失禮重，故以「不敬」釋之。又注云禘無違禮，按明堂位：「季夏六月，以禘禮祀周公於大廟。」僖公七月而禘，則是不時，而云「無違」者，周之七月，夏之五月，若值月前節却，則以四月相校不多，比之隔年再烝失禮尚可，故曰無違也。文二年八月則是夏之六月而祫嘗者，亦是失禮，故書日表逆祀及失時也。宣八年六月有事於太廟是得時而書日者，譏宣公卿死不廢繹也。穀梁子曰：烝，冬事也。春興之，志不時也。夏五月丁丑烝，烝，冬事也，春夏興之，黷祀也，志不敬也。公羊子曰：春曰祠，薦尚韭卵。祠猶食也，猶繼嗣也。春物始生，孝子思親，繼嗣而食之，故曰祠，因以別死生。夏曰礿，薦尚麥魚。麥始熟可礿，故曰礿。秋曰嘗，薦尚黍肫。嘗者，先辭也，秋穀成者非一，黍先熟可得薦，故曰嘗。冬曰烝。薦尚稻鴈。烝，衆也，氣盛貌。冬萬物畢成，所薦衆多，芬芳備具，故曰烝。無牲而祭謂之薦。天子四祭四薦，諸侯三祭三薦，大夫士再祭再薦。祭於室，求之於幽；祭於堂，求之於明；祭於祊，求之於遠：皆孝子博求之意也。大夫求諸明，士求諸幽，尊卑之差也。殷人先求諸明，周人先求諸幽，質文之義也。禮，天子、諸侯卿大夫，牛羊豕凡三牲曰大牢，天子元士、諸侯之卿大夫羊豕凡二牲曰少牢，諸侯之士特豕，天子之牲角握，諸侯角尺，卿大夫索牛。○疏曰：「無牲而祭謂之薦」者，謂無牛羊豕之牲也。而中霤禮云：「祭五祀於廟，用牲，有尸，皆薦於奥。」何以薦用牲？彼謂正祭之時，先薦於奥，仍自無牲，其正祭五祀乃用牲有尸耳。天子、諸侯、卿大夫、士祭薦之差者，皆時王之禮，中霤禮亦然。天子、諸侯、卿大夫牲牢之差者，皆指宗廟之牲，仍不妨王制賓客之牛角尺之文也。常事不書，此何以書？譏亟也。亟，數也〔一〇八〕，屬十二月已烝，今復烝也。不異烝祭名而言烝者，取冬祭所薦衆多，可以包四時之物。亟則黷，黷則不敬，黷，渫黷也。君子之祭也，敬而不黷。君子生則敬養，死則敬享。故將祭，宮室既脩，墻屋既繕，百物既備，序其禮樂，具其百官，散齊七日，致齊三日，夫婦齊戒，沐浴盛服，君牽牲，夫人奠酒，君親獻尸，夫人薦豆，卿大夫相君，命婦相夫人。洞洞乎，屬屬乎如弗勝，如將失之。濟濟乎致其敬也，愉愉乎盡其忠也，勿勿乎其欲饗之也。文王之祭，事死如事生，孝子之至也。○疏曰：今祭義酒作盎字，鄭注云：「奠盎，設盎齊之罇。」蓋所見異。或何休以義引之，不取正文。疏則怠，怠則忘。怠，解。士不及茲四者，則冬不裘，夏不葛。禮本下爲士制。茲，此也。四者，四時祭也。疏數之節，靡所折中，是故君子合諸天道，感四時物而思親也。祭必於夏之孟月者，取其見新物之月也〔一〇九〕。裘葛者，禦寒暑之美服。士有公事，不得及此四時祭者，則不敢美其衣服，蓋思念親之至也，故孔子曰：「吾不與祭，如不祭。」○疏曰：禮本下爲士制者，即士喪禮、士虞、士相見之屬是也。言此者，欲道庶人無禮篇，故傳家偏舉言之，即曲禮上篇「禮不下庶人」，鄭注云：「爲其遽於事，且不能備物。」義亦通於此〔一一〇〕。○閔公二年，夏五月乙酉，吉禘于莊公。三年喪畢，致新死者之主於廟，廟之遠主當遷入祧。因是大祭，以審昭穆，謂之禘。莊公喪制未闋，時別立廟，廟成而吉祭，又不於大廟，故詳書以示譏。○闋，古穴反。大廟，音泰。○疏曰：僖三十三年傳曰：「凡君薨，卒哭而祔，祔而作主，特祀於主，烝嘗禘於廟。」禘祀爲吉祭，說喪事而言禘，知禘是喪終而吉祭也。襄十五年晉悼公卒，十六年傳稱晉人答穆叔云：「以寡君之未禘祀。」知三年喪畢，乃爲禘也。喪畢而爲禘祭，知致新死之主於廟也。新主入廟，則遠主當遷。知其遷入祧者，祭法云：天子七廟，有二祧。則祧是遠祖廟也。周禮守祧：「掌守先王先公之廟祧，其遺衣服藏焉。」廟之遠主，其廟既遷，主無所處，固當遷入祧也。鄭玄以二祧爲文王、武王之廟，遷主入廟〔一一一〕，當各從其班，穆入文祧，昭入武祧。禮，諸侯五廟，更無別祧，則當謂大祖之廟爲祧也。遠主初始入祧，新死之主又當與先君相接，故禮因是而爲大祭，以審序昭穆，故謂之禘。禘者，諦也，言使昭穆之次審諦而不亂也。莊公以其三十二年八月薨，至此年五月唯二十二月，故喪制未闋也。公羊傳曰：「其言於莊公何？未可以稱宮廟也。曷爲未可以稱宮廟？在三年之中矣。」三年之中未得以禮遷廟，而特云「莊公」，知爲莊公別立廟，廟成而吉祭也。僖八年「禘于大廟」，文二年「大事于大廟」，宣八年「有事于大廟」，彼言「大事」、「有事」，亦禘祭也，則禘禮必於大廟。今未可以吉祭而爲吉祭，又不於大廟，故詳書以示譏也。既云「吉禘」，又云「于莊公」，是其詳也。左氏曰：速也。穀梁子曰：吉禘者，不吉者也。喪事未畢而舉吉祭，故非之也。莊公薨至此方二十二月，喪未畢。○疏曰：言「禘於莊公」，即是莊公立宮。而不稱宮者，莊公廟雖立訖，而公服未除，至此始二十二月，未滿三年，故不得稱宮也。此喪服未終，舉吉以非之。文二年亦喪服未終而「大事于大廟」，不言吉者，其譏已明，故不復云吉。言「大事」者，秋祫而物成，其祀大，故傳云「大是事也，著祫嘗」是也。凡祭祀之禮，書者皆譏。故范略例云：「祭祀例有九，皆書月以示譏。」九者，謂桓有二烝一嘗，總三也；閔吉禘，四也；僖禘大廟，五也；文著祫嘗，六也；宣公有事，七也；昭公禘武宮，八也；定公從祀，九也。知禘是「三年喪畢」之祭者，此莊公薨未二十二月，仍書「吉」以譏之，明三年喪畢方得爲也。知必於大廟者，明堂位曰「季夏六月，以禘禮祀周公於大廟」是也。其禘祀之月，王肅、杜預之徒皆以二十五月除喪即得行禘祭，鄭玄則以二十八月始服吉嘗即祫於大廟，明年春始禘於羣廟，今范云三年喪畢，禘於大廟，必不得與鄭明年春禘於羣廟同。其除喪之月，或與鄭合，故何休注公羊亦以除喪在二十七月之後也。方者，未至之辭，此實二十二月而云方者，莊公以三十二年八月薨，至此年五月始滿二十一月，未盡其月，爲禘祭，故言方。或可譏其大速，以甚言之，故云方也。公羊子曰：言吉者，未可以吉也。都未可以吉祭。經舉重，不書禘於大廟，嫌獨莊公不當禘。於大廟可禘者，故加吉，明大廟皆不當。○疏曰：「都未可」

云云者，言在三年之内，莊公及始祖之廟皆未可以吉祭，故言「都」爾。又曰：春秋之義，常事不書，有善惡者乃始録而美刺之。今既已舉重，特書於莊公，不書於大廟，則嫌莊公一廟獨不當禘，大廟便可禘矣。然莊公卑於始祖，而言「舉重」者，言三年之内作吉祭之時，莊公最不宜吉，故言舉重，不謂莊公尊於始祖也。曷爲未可以吉？據三年也。○疏曰：「據三年也」者，莊三十二年八月公薨，至今年五月已入三年之竟，故言據三年也。未三年也。禮，禘祫從先君數，朝聘從今君數。三年喪畢，遭禘則禘，遭祫則祫。○疏曰：「未三年也」者，謂未滿二十五月也。又曰：「禮，禘祫從先君數」者，謂爲禘祫之祭合從先君死時日月而數之，若滿三年已後，遭禘則禘，遭祫即祫耳。又曰：「朝聘從今君數」者，謂從今君即位以後，數其年歲，制爲朝聘之數。三年矣，曷爲謂之未三年？三年之喪，實以二十五月。時莊公薨至是適二十二月，所以必二十五月者，取期再期，恩倍，漸三年也。孔子曰：「子生三年，然後免於父母之懷。夫三年之喪，天下之通喪。」禮士虞記曰：「期而小祥，曰薦此常事。又期而大祥，曰薦此祥事。中月而禫。是月也，吉祭，猶未配。」是月者，二十七月也。傳言二十五月者，在二十五月外可不譏。○疏曰：二十五月是再期矣，故曰「取期再期」矣。父母之喪，倍於期者之恩，正當其禮數，故曰其「恩倍」矣。言「漸三年也」者，謂二十五月漸得三年之竟，故云漸三年也，議如得漸二君之遺教〔一一二〕。又曰：「禮士虞記曰期而小祥曰薦此常事」者，彼注云：「小祥，祭名。祥，吉也。」「古文期皆作基。」「常者，期而祭，禮。古文常爲祥。」又曰：「又期而大祥，曰薦此祥事」者，亦彼文。注「中月而禫是月也吉祭猶未配」者，亦彼文，彼注云：「中，猶閒也。禫，祭名也，與大祥閒一月。自喪至此，凡二十七月。禫之爲言澹澹然，平安意也。」「是月，是禫月。當四時之祭月則祭，猶未以某妃配某氏，哀未忘也。」其言于莊公何？據禘於大廟不言周公，祫僖公不言僖宮。○疏曰：即僖八年「秋七月，禘於大廟，用致夫人」是也。又曰：祫僖公不言僖宮，定八年「從祀先公」，傳云：「從祀者何？順祀也。文公逆祀，去者三人。定公順祀，叛者五人。」彼注云「諫不以禮而去曰叛」。云「不書禘者，後祫亦順，非獨禘也」。「不言僖公者，閔公亦得其順」，是其祫僖公不言僖公者〔一一三〕，即文二年「八月丁卯，大事於大廟，躋僖公」，傳云「大事者何？大祫也」者是也。未可以稱宮廟也。時閔公以莊公在三年之中，未可入太廟，禘之於新宮，故不稱宮廟，明皆非也。曷爲未可以稱宮廟？據言禘也。○疏曰：據言禘也者，正以禘是吉祭之稱。既得言禘，何故不得稱宮廟？故難之。在三年之中矣。當思慕悲哀，未可以鬼神事之。○疏曰：「未可以鬼神事之」者，正言以宮廟者，鬼神居之之稱故也。吉禘于莊公，何以書？譏始不三年也。與託始同義。○疏曰：按隱二年「九月，紀履緰來逆女」。傳云：「外逆女不書，此何以書？譏。何譏爾？譏始不親迎也。始不親迎，昉於此乎？前此矣。前此則曷爲始乎此？託始焉爾。曷爲託始焉爾？春秋之始也。」然則，此亦宜云始不三年，故云「與託始同義」矣。而傳不言託始，蓋省文，從可知也。○春秋左氏、穀梁、公羊傳通入。

○襄公十五年冬，十有一月，晉侯周卒。十六年春正月，葬晉悼公。踰月而葬，速也。○疏曰：四年七月，夫人姒氏薨，八月葬我小君定姒，纔別月耳。杜云：「踰月而葬，速也。」今晉悼往年十一月卒，此年正月葬，積三月也，杜亦云「踰月而葬」者，踰，越也，所越有多有少，俱是踰越之義，故杜弘通兩解也。平公即位，平公，悼公子彪。○彪，彼虯反。改服脩官，烝于曲沃。既葬，改喪服。脩官，選賢能。曲沃，晉祖廟。烝，冬祭也。諸侯五月而葬。既葬，卒哭作主，然後烝嘗於廟。今晉踰月葬，作主而烝祭。傳言晉將有溴梁之會，故速葬。冬，穆叔如晉聘，且言齊故。言齊再伐魯。晉人曰：「以寡君之未禘祀，禘祀，三年喪畢之吉祭。○疏曰：僖三十三年傳云：「凡君薨，卒哭而祔，祔而作主，特祀於主，烝嘗禘於廟。」如彼傳文，則既祔之後可以爲烝嘗也。閔二年五月，「吉禘于莊公」，以其時未可吉，書吉以譏之。此年正月，晉已「烝于曲沃」，仍云未得禘祀，知此禘祀是三年喪畢之吉祭也。不然，不敢忘。」春秋左氏傳○昭公元年十二月，晉既烝，烝，冬祭也。趙孟適南陽，將會孟子餘。孟子餘，趙衰，趙武之曾祖。其廟在晉之南陽温縣，往會祭之。○衰，初危反。○疏曰：服虔以孟爲趙盾，子餘爲趙衰。若其必然，當先衰後盾，何以先言孟也？杜以孟子餘是趙衰一人，蓋子餘是字，孟是長幼之字也。甲辰朔，烝于温。趙氏烝祭。甲辰，十二月朔。晉既烝，趙孟乃烝其家廟，則晉烝當在甲辰之前。傳言十二月，月誤。○疏曰：杜以十二月晉既烝，趙孟始適南陽，則趙孟初行已是十二月也。此句乃云「甲辰朔，烝于温」，按文言之，則是來年正月朔也。服虔云：「甲辰朔，夏十一月朔也。」若是夏十一月朔，當於明年言之，而此年説之何也？杜以服言不通，故爲此解，云「晉既烝，趙孟乃烝其家廟」，則晉烝當在甲辰之前，當言十一月，傳言十二月，月誤也。劉炫以爲：晉烝及趙孟適南陽並在十二月之前，文繫十二月者，欲見烝後即行，先公後私。十二月之文，爲下甲辰朔起本，舉月遥屬下，明晉烝猶在朔前十二月，非誤也。若必如劉言，傳當云：

晉既烝，趙孟適南陽，將會孟子餘十二月甲辰朔烝於温。足明先公後私之義，何須虛張十二月於上，遥爲甲辰朔起本？傳文上下未有此例，劉炫之言非也。○春秋左氏傳○孟獻子曰：「正月日至，可以有事於上帝。七月日至，可以有事於祖。」七月而禘，獻子爲之也。記魯失禮所由也。孟獻子，魯大夫仲孫蔑也。魯以周公之故，得以正月日至之後郊天，亦以始祖后稷配之。獻子欲尊其祖，以郊天之月對月禘之，非也。魯之宗廟，猶以夏時之孟月爾。明堂位曰：「季夏六月，以禘禮祀周公於大廟。」○疏曰：此一節明魯之郊禘之事。獻子，魯大夫仲孫蔑，謚曰獻子。正月，周正月，建子之月也。日至，冬至日也。有事，謂南郊祭所出之帝也。上帝，靈威仰也。而周以十一月爲正，其月日至，若天子則圜丘，魯以周公之故得郊天，所以於此月得郊所出之帝靈威仰而已。故云「正月日至，可以有事於上帝也」，此言是也。「七月日至可以有事於祖」者，七月，周七月，建午之月也。日至，夏至日也。有事，謂禘祭於祖廟，故云有事於祖。獻子言十一月建子冬至既祭上帝，故建午夏至亦可禘祖，以兩月日至相對，故欲祭祖廟與天相對也。故云「七月日至，可以有事於祖也」，此言非也。所以爲非者，魯之祭祀宗廟，亦猶用夏家之法，凡大祭宜用首時，應禘於孟月。孟月，於夏家是四月，於周爲六月，故明堂位云：「季夏六月，以禘禮祀周公於大廟。」是夏之孟月也。獻子捨此義，欲以此二至相當，以天對祖，乖失禮意。七月而禘，獻子爲之也，記其失禮所由也。○詳見祭統時日條〔一一四〕。

大宰：掌百官之誓戒。誓戒，要之以刑，重失禮也。明堂位所謂：「各揚其職，百官廢職，服大刑。」是其辭之略也。○要，一遥反。○疏曰：謂祭前十日已前誓戒百官，則大宰掌之。「與其具脩」者，使百官供祭祀之具及脩之掃除也。又曰：云「誓戒，要之以刑，重失禮」者，言要之以刑，則服大刑是也。言「重失禮」者，以失禮爲重，故要之以刑。引明堂位彼在祭祀之下陳之，謂祭日，此是未祭前引之者，欲見祭前誓戒還用祭日之辭以敕之，故或前或後，其辭同。云「是其辭之略」者，謂誓戒之時，其辭應多，不應唯有此言，故云辭之略也。又云：「具，所當供」者，祭祀之連事，祭祀之具，百官共供，故云具，謂所當供。又云：「脩掃除糞灑」者，按宫人云「掌六寢之脩」，守祧云「其廟有司脩除之」，是其脩掃除糞灑也。

前期十日，帥執事而卜日，遂戒。前期，前所諏之日也。十日，容散齊七日，致齊三日。執事，宗伯、大卜之屬。既卜又戒百官〔一五〕以始齊。○諏，子須反。齊，側皆反，下同。散，悉但反，下同。○疏曰：「前期」者，謂祭日前夕爲期。云「前期十日」者，即是祭前十一日，太宰帥宗伯、大卜之屬執事之人而卜日。又言「遂戒」者，謂祭前十日遂戒百官始齊。又曰：云「前期，前所諏之日」者，此依少牢所諏之日即祭日也。凡祭祀，謂於祭前之夕爲期，今言前期十日者，明祭前十一日卜，卜之後日遂戒，使散齊，致齊，故云「十日，容散齊七日，致齊三日」。按禮記祭統云：「散齊七日以定之，致齊三日以齊之。」云「執事，宗伯、大卜之屬」者，大宗伯職云：「凡祀大神，享大鬼，祭大示，帥執事而卜日。」謂宗伯涖卜。又按大卜云：「大祭祀，視高命龜。」故知執事中有宗伯、大卜之屬。中含有小宗伯及卜師，故言之屬。○

天官○世婦：掌女宫之宿戒。女宫，刑女給宫中事者。宿戒，當給事，豫告之齊戒也。○疏曰：此世婦是宫卿之官也。言「女宫刑女給宫中之事」者，古者從坐男女没入縣官，男子爲奴隸，女子入宫給使役，故云刑女也。云「宿戒當給事豫告之齊戒也」者，此亦祭前十日戒之使齊，祭前三日又宿之，故宿戒並言。○春官○及時將祭，君子乃齊。散齊七日，致齊三日。疏曰：四時應祭之前末旬時也。方將接神，先宜齊整身心，故齊也。○祭統○致齊於内，散齊於外。齊之日，思其居處，思其笑語，思其志意，思其所樂，思其所嗜。齊三日，乃見其所爲齊者。致齊思此五者也。散齊七日，不御，不樂，不弔耳。見所爲齊者，思之熟也。所嗜，素所欲飲食也。春秋傳曰：「屈到嗜芰。」○屈，居勿反。○疏曰：「思其居處」者，謂祭致齊之日也。「思其居處」以下五事，謂孝子思念親存之五事也。先思其粗，漸思其精，故居處在前，樂嗜居後。齊三日乃見其所爲齊者，謂致齊思念其親，精意純熟，目想之，若見其所爲齊之親也。「春秋傳」者，國語楚語云：「屈到嗜芰，有疾，召其宗老而屬之曰：『祭我必以芰。』」○祭義○先期旬有一日，宮宰宿夫人，夫人亦散齊七日，致齊三日。宮宰，守宮官也。宿，讀爲肅，肅猶戒也，戒輕肅重也。君致齊於外，夫人致齊於内。疏曰：「君致齊於外，夫人致齊於内」者，外，謂君之路寢。内，謂夫人正寢。是致齊並皆於正寢，其實散齊亦然。但此文對會於太廟，故云「君致齊於外，夫人致齊於内」耳。○祭統

右齊戒

大宗伯：享大鬼，宿，眡滌濯，涖玉鬯，省牲鑊，奉玉齍。鑊，户郭反。齍，音咨。○執事，諸有事於祭者。宿，申戒也。滌濯，溉祭器也。玉，禮神之玉也。始涖之，祭又奉之。鑊，亨牲器也。故書涖作立，鄭司農讀爲涖。涖，視也。○疏曰：祭前十日，大宗伯先帥執事有事於祭者，共卜取吉日乃齊。云「宿，眡滌濯」者，謂祭前一宿，視所滌濯祭器，看潔淨以否。云「涖玉鬯」者，天地有禮神之玉，無鬱鬯，

宗廟無禮神之玉，而有鬱鬯。但宗廟雖無禮神玉，仍有圭瓚、璋瓚亦是玉，故曲禮云「玉曰嘉玉」，郊特牲云「用玉氣」是也。云「省牲鑊」者，當省視亨牲之鑊。云「奉玉齍」者，此玉還是上文所涖者，齍謂黍稷，天地當盛以瓦簋。但齍與上鬯，互見爲義，皆始時臨之，祭又奉之。又曰：按大宰云：「祀五帝，前期十日，帥執事而卜日。」注云：「執事，宗伯、大卜之屬。」此注云「執事，諸有事於祭」者，二注不同者，以其大宰不掌祭事，故云執事，大宗伯、大卜之等，卜日而已。此大宗伯主祭祀之事，故總諸有事於祭者也。云「滌濯，溉祭器也」者，此滌濯止是蕩滌，以少牢有概祭器，故據而言之。概即拭也。云「玉，禮神之玉也」者，即蒼璧、黄琮、青圭、赤璋之等及四圭、兩圭之類，皆是禮神置於神坐也。按九嬪職云「贊玉齍」，注云：「玉齍，玉敦，盛黍稷。」與此注玉爲禮神之玉，齍即非玉敦所飾。注不同者，彼九嬪所贊，贊后設之，據宗廟無禮神玉，則玉齍不得别解，故爲玉敦。此據天地爲主，有禮神玉，故與齍别釋也。大宰云：「祀五帝，贊玉幣爵之事。」注云：「三者執以從，王至而授之。」彼所執據五帝，此所奉據昊天與崐崘，故不同。云「始涖之祭又奉之」者，鄭據上云涖，涖，臨視也，直視看而已，下云奉，據手執授王，故云「祭又奉之」。云「鑊亨牲器也」者，按特牲、少牢，鑊即爨，在廟門之外東壁也。○春官○大宰：享先王，則掌百官之誓戒，與其具脩。具，所當共。脩，埽除糞灑。○疏曰：掌百官之誓戒者〔一一六〕，謂祭前十日已前，誓戒百官，則大宰掌之。「與其具脩」者，使百官供祭祀之具及脩之埽除也。又曰：「具所當供」者，祭祀之連事祭祀之具，百官共供，故云具謂所當供。又云：「脩，埽除糞灑」者，按宫人云「掌六寢之脩」，守祧云「其廟有司脩除之」，是其「脩，埽除糞灑」也。及執事，眡滌濯。疏曰：及猶至也。謂至祭前夕，太宰眡滌濯。按春官小宗伯：「大祭祀，眡滌濯。」大宗伯亦云：「宿眡滌濯。」彼二官親眡滌濯，太宰尊亦往涖之。注云：執事，初爲祭事前祭日之夕。知者，按下經及納亨者是祭日，此云「眡滌濯」，儀禮特牲亦云前祭日之夕「視壺濯及豆籩」，士卑得與人君同。少牢大夫禮，當祭日概祭器者，下人君也。注又云「滌濯謂溉祭器及甑甗之屬」，知然者，按少牢雍人概鼎匕俎，廩人概甑甗，司宮概豆籩及勺爵，此不言匕俎豆籩勺爵者，「之屬」中含之。○天官○世婦：及祭祀，比其具。比，毗志反，又匹氏反，芳美反。○比，次也。具，所濯概及粢盛之爨。鄭司農：「比，讀爲庀。庀，具也。」○疏曰：此世婦是宮卿之官也。知比「具所濯概及粢盛之爨」者，濯概、粢盛，皆婦人之事。二十七世婦〔一一七〕，職云「帥女宮而濯概，爲齍盛」，儀禮特牲云「主婦視饎爨」，饎爨亦女宮之事，故知也。先鄭云「庀庀具也」者，先鄭周禮內有「比」，皆爲「庀，具」釋之。帥六宮之人共齍盛。帥世婦、女御。○疏曰：知帥六宮之人是「世婦女御」者，按二十七世婦職云「帥女宮爲齍盛」，女御職云「凡祭祀，贊世婦」，鄭注云「助其帥涖女宮」，是以知齍盛世婦、女御之事也。○春官○寺人：若有祭祀之事，則帥女宮而致於有司。有司，謂宮卿世婦。○疏曰：知有司是「宮卿世婦」者，按春官宮卿世婦云：「掌女宮之宿戒，及祭祀，比其具。」此既言致於有司，明是男子官宮卿所掌女官也，非是下文世婦之帥女宮者也。○天官○世婦：掌祭祀之事，帥女宮而濯概，爲齍盛。概，拭也。爲，猶差擇。○疏曰：此婦人所掌祭祀，謂祭宗廟。賓客，謂饗食諸侯在廟。喪紀，謂大喪朝廟設祖奠與大遣奠時。爲此三事〔一一八〕，則帥女宮而濯概。按少牢饔人概鼎俎，廩人概甑甗，司宮概豆籩，皆使男子官，不使婦人者，彼以大夫家無婦官及無刑女，故並使男子官。此天子禮，有刑女及婦官，故與彼異也。又曰：祭祀黍稷，舂人舂之，饎人炊之，皆不使世婦，故此爲非舂非炊，是差擇可知也。及祭之日，涖陳女宮之具，凡内羞之物。涖，臨也。内羞，房中之羞。○疏曰：按春官世婦宮卿云：「掌女宮之宿戒，及祭祀，比其具。」此官直臨之而已。云「凡内羞之物」者，謂糗餌粉餈。按少牢皆從房中而來，故名爲内羞，是以鄭云「内羞房中之羞」也。○同上。

○女御：凡祭祀，贊世婦。助其帥涖女宮。○疏曰：上世婦職云掌祭祀、賓客、喪紀，帥女宮，及祭之日，涖女宮之具，故知此贊者，助其涖女宮也。○同上。○寺人：佐世婦治禮事。世婦，二十七世婦。○疏曰：上云有司是宮卿世婦，恐此亦是彼世婦，故鄭云二十七世婦。以寺人是奄者，故得佐世婦治禮事。禮事，即世婦所掌祭祀、賓客、喪紀之事是也。○同上。○閽人：大祭祀之事，設門燎，蹕宮門、廟門。燎，力召反，又力弔反。○燎，地燭也。蹕，止行者。廟在中門之外。○疏曰：「燎，地燭也」者，燭在地曰燎，謂若天子百，公五十，侯伯子男皆三十。所作之狀，蓋百根葦，皆以布纏之，以蜜塗其上，若今蠟燭矣。對人手執者爲手燭，故云地燭也。○同上。○宮正：凡邦之事蹕宮中、廟中，則執燭。鄭司農讀「火」絶之，云：禁凡國之事蹕。國有事，王當出，則宮正主禁絶行者，若今時衛士填街蹕也。宮中廟中則執燭，宮正主爲王於宮中廟中執燭。玄謂：事，祭事也。邦之祭社稷七祀於宮中，祭先公、先王於廟中。隸僕掌蹕止行者，宮正則執燭以爲明。春秋傳曰有「大事於太廟」，又曰「有事於武宮」。○疏曰：「凡邦之事」，謂祭祀之事。王當出入來往時，隸僕與王蹕止行人於宮中及廟中也。王出向二處，當侵晨而行，爾時則宮正爲王執燭爲明也。又曰：先鄭讀「火」絶之，則「火」字向上爲句也，其「禁」自與「凡邦之事蹕」共爲一句。宮正既不掌蹕事，若如先鄭所讀，則似宮正爲王蹕，非也。云「宮中廟中則執燭」者，若不以邦之事與此宮中爲一事，則宮中廟中何爲事而遣宮正執燭乎？亦非也。又云：「若今時衛士填街蹕也」者，漢儀大駕行幸，使衛士填塞街巷以止行人，備非常也。「玄謂：事，祭事也」者，謂在宮中、廟中二處皆有祭事也。云「邦之祭社稷、七祀於宮中」者，小宗伯云：「左宗廟」，「右社稷。」在宮中中門之外也。依祭法：「王爲羣姓立七祀，曰司命，曰中霤，曰國行，曰國門，曰泰厲，曰戶，曰竈。」按司門云「凡歲時之門受其餘」，則此七祀等是爲羣姓所立者，不在宮中也。祭法又云「王自爲立七祀」，此則禱祀在宮中者也。云「春秋傳曰有大事於大廟」者，左氏文二年「秋八月丁卯，大事於大廟」是也。云「又曰有事於武宮」者，昭十五年「春二月癸酉，有事於武宮」。鄭引此者，欲見隷僕蹕於宮中，亦得兼廟中，故公羊云「魯公稱世室，羣公稱宮」，則天子之廟亦有宮稱也。○同上。○內豎：若有祭祀之事，則爲內人蹕。內人，從世婦有事於廟者。內豎爲六宮蹕者，以其掌內小事。○疏曰：此豎爲祭祀、賓客、喪紀三事，「爲內人蹕」者，謂在廟時。若然，祭祀在廟，謂禘、祫、四時之祭祀也。賓客在廟，謂饗食時也。喪紀在廟，謂喪朝廟爲祖奠、遣奠時也，皆爲內人蹕止行人也。又曰：鄭知「內人從世婦」者，內人卑，不專行事。按下世婦職云掌祭祀已下三事，與此經三事同，明此內人從世婦而濯溉及爲粢盛也。云「內豎爲六宮蹕」者，以其掌內小事者，以其蹕止行人既是小事，故還使內豎掌小事者蹕也。○同上。○天府：凡吉凶之事，祖廟之中沃盥，執燭。注：吉事，四時祭也。凶事，后王喪，朝於祖廟之奠。○朝，直遥反。○疏曰：他官在祖廟中沃盥夙興時，則天府之官與之執燭爲明。他官在祖廟中沃盥者，謂小祝云「大祭祀，沃尸盥」，小臣：「大祭祀，沃王盥。」此二官所沃盥在祖廟中，則天府爲之執燭。其若士師云：祀五帝，沃尸盥。非祖廟事，則不與執燭也。云「吉事，謂四時祭也」者，略言之，禘祫亦在焉。云「凶事，后王喪朝於祖廟之奠」者，王及后喪，七月而葬。將葬，當朝六廟後乃朝祖廟，祖廟中日側爲祖奠，厥明將去爲大遣奠，皆有沃盥之事，故鄭云焉。○春官

右具脩

司服：掌王之吉凶衣服，辯其名物與其用事。用事，祭祀、視朝、甸、凶弔之事，衣服各有所用。○疏曰：此一經與下文爲總目。王吉服有九，大裘已下是也。凶服，即下文凶事與弔是也。云「辯其名物」者，衣服有名，則物色有異同也。又曰：云「用事祭祀視朝甸凶弔之事」者，是其事各異。云「衣服各有所用」者，謂若祀昊天用大裘之等是也。享先王則袞冕，享先公則鷩冕。注疏見祭物祭服條。○追師：掌王后之首服，爲副、編、次、追衡、笄，爲九嬪及外内命婦之首服，以待祭祀。追，丁回反。編，步典反，又必先反。○鄭司農云：追，冠名。士冠禮記曰：「委貌，周道也。章甫，殷道也。毋追，夏后氏之道也。」追師，掌冠冕之官，故並主王后之首服。副者，婦人之首服。祭統曰：「君卷冕立於阼，夫人副褘立於東房。」衡，維持冠者，春秋傳曰：「衡、紞、紘、綖。」玄謂：副之言覆，所以覆首爲之飾，其遺象若今步繇矣，服之以從王祭祀。編，編列髮爲之，其遺象若今假紒矣，服之以祭也〔一一九〕。次，次第髮長短爲之，所謂髲髢，服之以見王。王后之燕居亦纚笄總而已。追猶治也，詩云：「追琢其瑱。」王后之衡笄皆以玉爲之，唯祭服有衡垂於副之兩旁當耳，其下以紞縣瑱。詩云：「玼兮玼兮，其之

翟也。鬒髮如雲，不屑髢也，玉之瑱也。」是之謂也。笄，卷髮者。外內命婦衣鞠衣、襢衣者服編，衣褖衣者服次，外內命婦非王祭祀、賓客、佐后之禮，自於其家則亦降焉。少牢饋食禮曰「主婦髲鬄衣移袂」、特牲饋食禮曰「主婦纚笄宵衣」是也。昏禮「女次純衣」，攝盛服耳。主人爵弁以迎，移袂褖衣之袂。凡諸侯夫人於其國，衣服與王后同。○冠禮，古亂反。毋追，音牟。卷，古本反。紞，丁敢反。紘，音宏。綖，以然反，羊戰反。繇，以招反。紒，音計。髲，皮寄反。髢，大計反。見，賢徧反。纚，所買反，所綺反。縣，音玄。瑱，它見反。鬄，大計反，沈音剃。卷髮，眷免反，羌權反。衣鞠衣褖，於既反。移，昌氏反，下同。純，側其反，徐如字。○疏曰：云「掌王后之首服」者，對夏官弁師掌男子之首服，首服則副編次也。云「追衡笄」者，追，治玉石之名，謂治玉爲衡笄也。云「爲九嬪及外內命婦之首服」者，此云「及」，則與上內司服同，亦是言及殊貴賤。九嬪下不言世婦，文略，則外命婦中有三公夫人、卿大夫等之妻，內命婦中唯有女御也。云「以待祭祀賓客」者，亦謂助后而服之也。又曰：司農云「追，冠名」者，見士冠禮夏后氏牟追，故引士冠爲證。云「追師掌冠冕之官，故並主王后之首服」者〔一二〇〕，此鄭意以追師掌作冠冕，弁師掌其成法，若縫人掌縫衣，別有司服、內司服之官相似，故有兩官共掌男子首服也。後鄭不從者，此追師若兼掌男子首服，亦當如下屨人職云「掌王及后之服屨」，兼王爲文。今不云王，明非兩官共掌，此直掌后已下首服也。又引祭統者，證副是首飾。又引春秋者，是桓二年臧哀伯辭，彼云「衡紞紘綖」，則據男子之衡。引證此者，司農意男子、婦人皆有衡，後鄭意亦爾，但後鄭於此經無男子耳。「玄謂副之言覆，所以覆首爲之飾」者，副者，是副貳之副，故轉從覆爲蓋之義也。云「其遺象若今步繇矣」，漢之步繇，謂在首之時，行步繇動，此據時目驗以曉古。至今去漢久遠，亦無以知之矣。按詩有「副笄六珈」，謂以六物加於副上，未知用何物，故鄭注詩云：「副既笄而加飾，古之制所有，未聞。」是也。云「服之以從王祭祀」者，鄭意三翟皆首服副，祭祀之中含先王先公羣小祀，故以祭祀總言之也。云「編，編列髮爲之」者，此鄭亦以意解之，見編是編列之字，故云編列髮爲之。云「其遺象若今假紒矣」者，其假紒，亦是鄭之目驗以曉古，至今亦不知其狀也。云「服之以桑也」者，上注鞠衣以告桑，此下注及鄭答志皆云展首服編，此直據鞠衣服之以桑，不云展衣者，文略，其編亦兼於展衣也。云「次，次第髮長短爲之」者，此亦以意解之，見其首服而云次，明次第髮長短而爲之。云「所謂髮髢」者，謂少牢「主婦髮髢」即此次也。言髮髢者，鬄髮也，謂翦鬄，取賤者、刑者之髮而爲髢。鄭必知三翟之首服副，鞠衣展衣首服編，褖衣首服次者，王之祭服有六，首服皆冕，則后之祭服有三，首服皆副可知。昏禮「女次純衣」，純衣則褖衣，褖衣而云次，則褖衣首服次可知。其中唯有編明配鞠衣、展衣也。云「服之以見王」者，上注展衣云「以禮見王」，則展衣首服編以禮見王，此又云次以見王者，則見王有二：一者以禮朝見於王，與見賓客同，則服展衣與編也；一者褖衣首服次接御見王，則此褖衣與次，則此注見王是也。故二者皆云見王耳。云「王后之燕居亦纚笄總而已」者，按士冠禮纚長六尺以韜髮。笄者所以安髮，總者既繫其本，又總其末。燕居，謂不至王所，自在燕寢而居時也。按雞鳴詩云：「東方明矣，朝既昌矣。」毛云：「東方明，則夫人纚笄而朝。」但諸侯夫人於國，衣服與王后同，而得服纚笄而朝者，此經云「副編次」「以待祭祀賓客」，明燕居不得著次，自然著纚笄。而毛云著纚笄朝者，毛更有所見，非鄭義。若然，彼鄭不破之者，以其纚笄燕居無正文，故且從毛也，其實朝王時首服編也。引詩「追琢其璋」者，證追是治玉石之名。云「王后之衡笄皆以玉爲之」者，以弁師王之笄以玉，故知后與王同用玉也。弁師云諸公用玉爲瑱，詩云：「玉之瑱也。」據諸侯夫人，夫人與君同用玉瑱，明衡、笄亦用玉矣。其三夫人與三公夫人同服翟衣，明衡、笄亦用玉矣，其九嬪命婦等當用象也。云「唯祭服有衡」，知者，見經后與九嬪以下別言，明后與九嬪以下差別，則衡、笄唯施於翟衣，取鞠衣以下無衡矣。又見桓二年哀伯云：「衮冕黻珽、帶裳幅舄、衡紞紘綖。」並據男子之冕祭服而言，明婦人之衡亦施於三翟矣，故鄭云唯祭服有衡也。鞠衣已下雖無衡，亦應有紞以懸瑱，是以著詩云：「充耳以素」，「以青」、「以黄」。是臣之紞以懸瑱，則知婦人亦有紞以懸瑱也。云「垂於副之兩旁，當耳，其下以紞懸瑱」者，傳云「衡紞紘綖」與衡連，明言紞爲衡設矣。笄既横施，則衡垂可知。若然，衡訓爲横，既垂之，而又得爲横者，其笄言横，據在頭上横貫爲横，此衡在副旁當耳，據人身竪爲從，此衡則爲横，其衡下乃以紞懸瑱也。引詩者，彼鄘風注云：「玼，鮮明貌。鬒，黑髪。如雲，言美長也。髢，用也。髢，髪也(一二一)。」引之者，證服翟衣首有玉瑱之義，故云「是之謂也」。其紞之采色、瑱之玉石之别者，婦得服翟衣者，紞用五采，瑱用玉，自餘鞠衣以下，紞則三采，瑱用石。知義然者，按著詩云：「充耳以素。」鄭彼注云：「謂從君子而出至於著，君子揖之時也。」「我視君子則以素爲充耳。謂所以懸瑱者，或名爲紞，織之，人君五色，臣則三色而已。此言素者，目所先見而云。」下云「尚之以瓊華」，注云：「美石。」彼下經又云「充耳以青」、「充耳以黄」，據臣三色，故云人君五色矣。詩云「玉之瑱」，據君夫人云用玉，則臣之妻與夫同美石。彼毛注以素爲象瑱，鄭不從者，若素是象瑱，文何以更云瓊華、瓊英之事乎？故鄭以爲紞也。云「笄，卷髮者」，鄭注喪服小記亦云：笄帶「所以自卷持」。云「外內命婦衣鞠衣禮衣者服編衣褖衣者服次」，知者，按昏禮云「女次純衣」，純衣則褖衣，據士服爵弁親迎攝盛，則士之妻服褖衣首服次亦攝盛，褖衣既首服次，三翟首服副，則鞠衣禮衣首服編可知〔一二二〕。云「外內命婦非王祭祀賓客佐后之禮自於其家則亦降焉」〔一二三〕，知者，大夫妻服禮衣首服編，士妻服褖衣首服次，少牢、特牲是大夫士妻，特牲云「主婦纚笄宵衣」，少牢云「主婦髮鬄衣移袂」，但大夫妻移袂爲異，又不服編，故知自於其家則降，是以即引少牢爲證耳。云「移袂，褖衣之袂」者，此鄭復解少牢主婦衣移袂者，是移褖衣之袂。上既云移袂，今又云移褖衣之袂，不同者，但士之妻服綃服褖衣助祭，及嫁時不移其袂。今大夫妻綃衣移而以褖衣袂者，以大夫妻與士妻綃衣名同，不得言移於綃衣之袂，故取褖衣也。云「凡諸侯夫人於其國，衣服與王后同」者，以其諸臣之妻有助后與夫人祭之事，諸侯夫人無助后之事〔一二四〕，故自於本國衣服得與王后同也。所同者，上公夫人得褘衣已下至褖衣，褘衣從君見大祖，褕翟從君祭羣廟，闕翟從君祭羣小祀，鞠衣以告桑，展衣以禮見君及賓客，褖衣以接御。侯伯夫人得褕翟已下〔一二五〕，褕翟從君見大祖及羣廟，闕翟已下與上公夫人同。子男夫人得闕翟已下，闕翟從君見太祖及羣廟與羣小祀，鞠衣已下與侯伯同，並纚笄綃衣以燕居也。二王之後與魯夫人亦同上公之禮，故明堂位云：「季夏六月，以禘禮祀周公於太廟，夫人褘衣。」是也。

○天官○內司服：掌王后之六服：褘衣、揄狄、闕狄、鞠衣、展衣、緣衣，素沙。褘，音暉。揄，音遙。鞠，居六反，又丘六反。展，張彥反，注同。緣，或作褖，吐亂反。○鄭司農云：褘衣，畫衣也。祭統曰：「君卷冕立於阼，夫人副褘立於東房。」揄狄、闕狄，畫羽飾。展衣，白衣也。喪大記曰：「復者朝服，君以卷，夫人以屈狄，世婦以襢衣。」屈者音聲與闕相似，襢與展相似，皆婦人之服。鞠衣，黄衣也。素沙，赤衣也。玄謂：狄，當爲翟，翟，雉名。伊雒而南，素質，五色皆備成章曰翬。江淮而南，青質，五色皆備成章曰摇。王后之服，刻繒爲之形而采畫之，綴於衣以爲文章。褘衣，畫翬者。揄翟，畫摇者。闕翟，刻而不畫。此三者皆祭服，從王祭先王則服褘衣，祭先公則服揄翟，祭羣小祀則服闕翟。今世有圭衣者，蓋三翟之遺俗。鞠衣，黄桑服也，色如鞠塵，象桑葉始生。月令：「三月薦鞠衣於上帝，告桑事。」展衣，以禮見王及賓客之服，字當爲襢，襢之言亶，亶，誠也。詩國風曰：「玼兮玼兮，其之翟也。」下云：「胡然而天也？胡然而帝也？」言其德當神明。又曰「瑳兮瑳兮，其之展也」，下云「展如之人兮，邦之媛也」，言其行配君子。二者之義與禮合矣。雜記曰夫人復税衣揄狄，又喪大記曰士妻以褖衣，言褖者甚衆，字或作税，此緣衣者，實作褖衣也。褖衣，御於王之服，亦以燕居。男子之褖衣黑，則是亦黑也。六服備於此矣。褘、揄、狄、展，聲相近。緣，字之誤也。以下推次其色，則闕狄赤，揄狄青，褘衣玄，婦人尚專一，德無所兼，連衣裳，不異其色。素沙者，今之白縳也。六服皆袍制，以白縳爲裏，使之張顯。今世有沙縠者，名出於此。○卷，古本反。朝，直遥反。屈，音闕。襢，張彦反。翬，音暉。見王，賢徧反。玼，音此，劉倉我反。媛，音援。行，下孟反。税，吐亂反。縳，音絹，又升卷反，升絹反，張，如字，徐音帳。○疏曰：云「掌王后之六服」者，自褘衣至褖衣，是六。「褘衣」者，亦是翟〔一二六〕，而云衣者，以其衣是服之首，故目言衣也。褘當爲翬，即翬雉，其色玄也。「揄狄」者，揄當爲摇，狄當爲翟，則摇雉其色青也。「闕狄」者，其色赤。上二翟則刻繒爲雉形，又畫之，此闕翟亦刻爲雉形，不畫之爲綵色，故名闕狄也。此三狄皆祭服也。「鞠衣」者，色如鞠塵色，告桑之服也。「展衣」者，色白，朝王及見賓客服。緣當爲褖，「褖衣」者，色黑，御於王服也。「素沙」者，此非服名，六服之外別言之者，此素沙與上六服爲裏，使之張顯。但婦人之服不殊裳，上下連，則此素沙亦上下連也。王之吉服有九，韋弁已下，常服有三，與后鞠衣已下三服同，但王之祭服有六，后祭服唯有三翟者，天地山川社稷之等，后夫人不與，故三服而已。必知外神后夫人不與者，按內宰云「祭祀」，「祼獻則贊」，天地無祼，言祼唯宗廟。又內宗、外宗佐后，皆云宗廟，不云外神，故知后於外神不與，是以白虎通云：周官祭天，后、夫人不與者，以其婦人無外事。若然，哀公問云「夫人爲天地社稷主」者，彼見夫婦一體而言也。又曰：「司農云褘衣畫衣也」者，先鄭意褘衣不言狄，則非翟雉，知畫衣者，以王之冕服而衣畫，故知后衣畫也。又引祭統者，彼據二王後，夫人助祭服褘衣，與后同也。「揄狄、闕狄，畫羽飾」者，以其言狄是翟羽故也。云「展衣，白衣也」者，見鞠衣黃以土色，土生金，金色白，展衣文承鞠衣之下，故知展衣白也。引喪大記，證闕狄與展衣爲婦人服故也。彼君以卷，據上公而言，夫人以屈翟，據子男夫人復時，互見爲義。云「世婦以禮衣」者，彼亦據諸侯之世婦用禮衣，復之所用也。云「鞠衣，黃衣也。素沙，赤衣也」者，先鄭意以素沙爲服名，又以素沙爲赤色，義無所據，故後鄭不從之。「玄謂狄當爲翟」者，破經二狄從翟雉之翟也。「伊洛而南」已下至「曰搖」，皆爾雅文。言伊水而南有雉，素白爲質，兼青赤黃黑，五色皆備，成其文章，曰翬雉。云「江淮而南，青質〔一二七〕，五色皆備，有以成文章曰搖雉」，玄引此者，證褘揄爲雉也。又云：「翬衣畫翬」者，以先鄭褘衣不言翟，故增成。揄狄畫搖者，亦就足先鄭之義。云

「闕翟刻而不畫」者，此無正文，直以意量之。言「翟」而加「闕」字，明亦刻繒爲雉形，但闕而不畫五色而已。云「此三者皆祭服」者，對鞠衣已下非祭服也。云「從王祭先王則服褘衣，祭先公則服揄翟，祭羣小祀則服闕翟」，鄭言此者，欲見王后無外事，唯有宗廟分爲二，與王祀先王衮冕、先公鷩冕同差。羣小祀，王玄冕，故后服闕翟也。云「今世有圭衣者，蓋三翟之遺俗」者，漢時有圭衣，刻爲圭形綴於衣，是由周禮有三翟，别刻繒綴於衣，漢俗尚有，故云三翟遺俗也。云「鞠衣，黄桑服也」者，謂季春將蠶，后服之，告先帝養蠶之服。云「色如鞠塵」者〔一二八〕，麴塵不爲麴字者，古通用。云「象桑葉始生」者，以其桑葉始生即養蠶，故服色象之。引月令者，證鞠衣所用之事，故云「告桑事」也。云「展衣，以禮見王及賓客之服」，知義然者，以其鞠衣在上，告桑之服，褖衣在下御於王之服，展衣在中，故以爲見王及賓客之服。但后雖與王體敵，夫尊妻卑，仍相朝事與賓同，諸侯爲賓客於王，后助王灌饗賓客，則后有見賓客之禮，是以亦服展衣也。云「字當爲襢，襢之言亶，亶，誠也」者，按禮記作襢，詩及此文作展，皆是正文。鄭必讀從襢者，二字不同，必有一誤。襢字衣傍爲之，有衣義，且爾雅展、亶雖同訓爲誠，展者言之誠，亶者行之誠，貴行賤言，襢字以亶爲聲，有行誠之義，故從襢也。又引詩者，鄘風刺宣姜淫亂，不稱其服之事。云「其之翟也，胡然而天也，胡然而帝也」，言其德當神明。又曰「其之展也，展如之人兮，邦之媛也」，言其行配君子。云「二者之義與禮合矣」者，言服翟衣尊之如天帝，比之如神明，此翟與彼翟，俱事神之衣服。展則邦之爲媛助，展衣朝事君子之服，是此禮見王及賓客服，故云二者之義與禮合。若然，内則注夫人朝於君次而褖衣也者，彼注謂御朝也。引雜記及喪大記者，欲破緣衣爲褖衣之事。云「字或作税」者，或雜記文。故雜記云「夫人稅衣」，又云「狄稅素沙」，並作稅字，亦誤矣，故云「此緣衣者，實褖衣也」。云「褖衣，御於王之服，亦以燕居」者，按尚書多士傳云：「古者后夫人侍於君前，息燭後，舉燭至於房中，釋朝服，然後入御於君。」注云：「朝服，展衣。」君在堂，大師雞鳴於簷下〔一二九〕，然後后夫人鳴佩玉於房中，告燕服入御。以此而言，云釋展衣朝服，告以燕服，然後入御，明入御之服與燕服同褖衣。以其展衣下唯有褖衣，故知御與燕居同褖衣也。以其御與燕居同是私褻之處，故同服。云「男子之褖衣黑則是亦黑也」者，男子褖衣黑，禮雖無文，按士冠禮陳服於房，爵弁服、皮弁服、玄端服，至於士喪禮陳襲事於房，亦云爵弁服、皮弁服、褖衣。褖衣當玄端之處，變言之者，冠時玄端衣裳別，及死襲時，玄端連衣裳，與婦人褖衣同，故雖男子之玄端，亦名褖衣。又見子羔襲用褖衣纁袡，譏襲婦服，纁袡與玄衣相對之物，則男子褖衣黑矣。男子褖衣既黑，則是此婦人褖衣亦黑可知。鄭言此者，以六服之色無文，欲從下向上推次其色〔一三〇〕，以此爲本，故言之也。云「六服備於此矣」者，經傳云婦人之服多矣，文皆不備，言六服唯此文爲備，故言六服備於此矣。鄭言此者，亦欲推次六服之色故也。云「褘揄狄展聲相近」者，褘與翬、揄與搖、狄與翟、展與襢四者，皆是聲相近，故云誤也。云「緣，字之誤也」者，緣與褖不得爲聲相近，但字相似，故爲字之誤也。云「以下推次其色，則闕翟赤，揄翟青，褘衣玄」者，王后六服，其色無文，故須推次其色。言推次者，以鞠衣象麴塵，其色黃，褖衣與男子褖衣同，其色黑，二者爲本，以五行之色，從下向上以次推之。水色既黑，褖衣象之。水生於金，褖衣上有展衣，則展衣象金色白，故先鄭亦云「展衣，白衣也」。金生於土，土色黃，鞠衣象之。土生於火，火色赤，鞠衣上有闕翟，則闕翟象之赤矣。火生於木，木色青，闕翟上有揄翟，象之青矣。五行之色已盡，六色唯有天色玄，褘衣最在上，象天色玄，是其以下推次其色也。云「婦人尚專一，德無所兼，連衣裳，不異其色」者，按喪服上云「斬衰裳」，下云「女子髽衰三年」，直言衰不言裳，則連衣裳矣。又昏禮云「女次純衣」，亦不言裳，是其婦人連衣裳。裳衣既連，則不異其色。必不異色者，爲婦人尚專一，德無所兼故也。云「素沙者，今之白縳也」者，素沙爲裏無文，故舉漢法而言，謂漢以白縳爲裏，以周時素沙爲裏耳。云「六服皆袍制以白縳爲裏，使之張顯」者，按雜記云「子羔之襲，繭衣裳」，則是袍矣。男子袍既有衣裳，今婦人衣裳連，則非袍而云袍制者，正取衣複不單，與袍制同，不取衣裳，别爲義也。云「今世有沙縠者，名出於此」者，言漢時以縠之衣有沙縠之名，出於周禮素沙也。辨外内命婦之服，鞠衣、展衣、緣衣，素沙。内命婦之服：鞠衣，九嬪也；展衣，世婦也；緣衣，女御也。外命婦者：其夫孤也則服鞠衣，其夫卿大夫也則服展衣，其夫士也則服緣衣。三夫人及公之妻，其闕狄以下乎？侯伯之夫人揄狄，子男之夫人亦闕狄，唯二王後褘衣。○疏曰：上言王后六服，此論外内命婦不得有六服，唯得鞠衣已下三服，尊卑差次，服之而已。亦以素沙爲裏，故云「素沙」也。又曰：鄭以内命婦無過三夫人以下，外命婦無過三公夫人已下。但經云鞠衣已下，則三夫人、三公夫人同，皆得闕狄已下，則此命婦之中無三夫人及三公夫人矣，故内命婦從九嬪爲首也。鄭必知九嬪已下服鞠衣以下者，但九嬪下有世婦、女御三等，鞠衣已下服亦三等，故知鞠衣以下九嬪也，展衣已下世婦也，褖衣女御也。云「外命婦者，其夫孤也則服鞠衣，其夫卿大夫也則服展衣，其夫士也則服褖衣」者，此約司服孤絺冕、卿大夫同玄冕、士皮弁三等而言之。孤已下妻其服無文，故以此三等之服配三等臣之妻也：孤妻亦如九嬪，三服俱得也。卿大夫妻亦如世婦展衣褖衣俱得也，士妻褖衣而已。但司服孤、卿大夫、士文承諸侯之下，皆據諸侯之臣而言。若然，諸侯之臣妻，亦以次受此服。是以玉藻云：「君命闕狄，再命褘衣，一命襢衣，士褖衣。」注云：「此子男之夫人及其卿大夫士之妻命服也。褘當爲鞠。諸侯之臣皆分爲三等，其妻以次受此服。」若然，五等諸侯之臣命雖不同，有孤之國，孤絺冕，卿大夫同玄冕，無孤之國，則卿絺冕，大夫玄冕。其妻皆約夫而服此三等之服。其天子之臣服無文，亦得與諸侯之臣服同，是以此外命婦服亦得與諸侯臣妻服同也〔一三一〕。云「三夫人及公之妻其闕狄以下乎」者，婦人之服有六，從下向上差之，內命婦三夫人當服闕狄，外命婦三公夫人亦當闕狄，若三夫人從上向下差之，則當揄狄，是以玉藻云：「王后褘衣，夫人揄狄。」注：「夫人，三夫人。」若三公夫人，不得過闕狄。知者，射人云「三公執璧」，與子男執璧同，則三公亦毳冕。三公之妻當闕狄。三夫人其服不定，三公夫人又無正文，故總云「乎」以疑之也。云「侯伯之夫人揄狄，子男夫人亦闕狄，唯二王之後褘衣」者，玉藻云「夫人揄狄」，夫人，三夫人，亦侯伯之夫人。鄭必知侯伯夫人揄翟者，以玉藻云：「君命屈狄，再命褘衣，一命襢衣。」夫並是子男之國，闕狄既當子男夫人，以上差之，侯伯夫人自然當揄翟，二王後夫人當褘衣矣。按喪大記云：復，「君以卷。」注云：「上公以衮，則夫人用褘衣。」又按隱五年公羊云：「諸公者何？天子三公稱公。」若然，天子三公有功，加命服衮冕，其妻亦得服褘衣矣。此注直云二王後〔一三二〕，不云三公之内上公夫人者，以其八命則毳冕，夫人服闕翟不定，故不言。若然，喪大記注云公之夫人，容三公夫人兼二王後夫人矣。明堂位云「夫人副褘」是魯之夫人，亦得褘衣。

故後鄭注：「副褘，王后之上服，唯魯及王者之後夫人服之。」以此而言，則此注亦含有九命上公夫人，與魯夫人同也。凡祭祀，共后之衣服，及九嬪、世婦。凡命婦，共其衣服。凡者，凡女御與外命婦也。言「及」言「凡」，殊貴賤也。春秋之義，王人雖微者，猶序乎諸侯之上，所以尊尊也。臣之命者，再命以上受服，則下士之妻不共也。外命婦，唯王祭祀、賓客，以禮佐后得服此上服，自於其家則降焉。○疏曰：上陳尊卑以次受服之事，此文陳所用之時。云「凡祭祀」者，婦人無外事，言凡祭祀，唯據宗廟大小祭祀。云「賓客」者，謂后助王灌饗諸侯來朝者。云「共后之衣服」者，祭祀共三翟賓客共展衣。云「九嬪世婦」者，謂助后祭祀賓客時。云「凡命婦」者，兼外內命婦也。云「喪衰亦如之」者，外命婦喪衰，謂王服齊衰，於后無服。若九嬪已下及女御，於王服斬衰，於后服齊衰也〔一三三〕。又曰：鄭知凡內命婦唯有女御者，據上文外內命婦服唯有鞠衣已下，此經上已云九嬪世婦，則內命婦中唯有女御也，其外命婦中則有孤妻已下。云「言及言凡，殊貴賤也」者，言及者，欲見九嬪賤於后，言凡者，欲見外命婦及女御賤於世婦也。云「春秋之義，王人雖微者，猶序於諸侯之上，所以尊尊也」者，以其內命婦中女御卑於世婦，可以言凡以殊之，於外命婦中有公、孤、卿、大夫之妻，尊於女御，而使外命婦總入女御中。言凡以殊之者，按僖公八年「春王正月，公會王人、齊侯、宋公」以下「盟於洮」，傳曰：「王人者何？微者也。曷爲序乎諸侯之上？先王命也。」是以微者即士。以其天子中士已上於經見名氏，以天子下士名氏不見於經，今直云人，是天子下士序在諸侯上，是尊王命。若九嬪，雖卑於三公夫人，世婦卑於孤卿妻，言凡以殊之在上，亦是尊此王之嬪婦也。云「臣之命者，再命以上受服，則下士之妻不共也」者，此約大宗伯男子之服，彼云：「一命受職，再命受服。」則天子上士三命、中士再命乃受服，天子下士一命則不受，故鄭云下則不共也。云「外命婦唯王祭祀、賓客以禮佐后得服此上服」者，按此上經，士妻緣衣，大夫妻展衣。按特牲：「主婦纚笄綃衣。」少牢：「主婦髮鬄，衣侈袂。」士妻不衣褖衣，大夫妻侈綃衣袂，不衣展衣，如其夫自於家祭降服，是自於其家則降。上經祭祀、賓客共后之服，是外命婦助后祭祀賓客乃服上服也。○同上。○王后禕衣，夫人揄狄。禕，讀如翬。揄，讀如摇。翬、摇，皆翟雉名也，刻繒而畫之著於衣以爲飾，因以爲名也。後世作字異耳。夫人，三夫人，亦侯伯之夫人也。王者之後夫人亦禕衣。○疏曰：此一節論王后以下命婦之服。「王后禕衣」者，禕，讀如翬，謂畫翬於衣，六服之最尊也。「夫人揄狄」者，揄讀如摇，狄，讀如翟。謂畫摇翟之雉於衣，謂三夫人及侯伯夫人也。又曰：按鄭注内司服引爾雅釋鳥：「伊雒而南，素質，五色皆備成章曰翬。江淮而南，青質，五色皆備成章曰摇。」鄭又云：「王后之服，刻繒爲之形而采畫之，綴於衣以爲文章。禕衣，畫翬者。揄翟，畫摇者。闕翟，刻而不畫。從王祭先王，則服禕衣。祭先公，則服揄翟。祭羣小祀，則服闕翟。鞠衣，黄桑服也，色如鞠塵」，服之以告桑。「展衣，以禮見王及賓客。褖衣，御於王之服。」闕翟赤，摇翟青，禕衣玄，鞠衣黄，展衣白，褖衣黑。又鄭志云：「三狄首服副，副，覆也，所以覆首爲之飾，其遺象若今步繇矣。鞠衣首服編，編列髮爲之，其遺象若今假紒矣。展衣、褖衣首服次，次第髮長短爲之，所謂髮髢。若燕居之時，則亦褖衣纚笄總而已。」其六服皆以素沙爲裏，故内司服「陳六服」之下云「素沙」，鄭注云：「六服皆袍制，以白縛爲裏。」云「夫人，三夫人，亦侯伯之夫人也」者，以經云「王后禕衣」，則云「夫人揄狄」其文相次，故以夫人爲三夫人，但三夫人與三公同，對王爲屈，三公執璧與子男同，則三夫人亦當與子男夫人同，故鄭注司服疑而不定，云「三夫人其闕狄以下乎？」爲兩解之也。云「王者之後，夫人亦禕衣」者，以禮記每云「君袞冕」，「夫人副禕」，王者之後自行正朔，與天子同，故祭其先王服上服也。若祭先公，則降焉。魯祭文王、周公，其夫人亦禕衣，故明堂位云：「君袞冕立於阼，夫人副禕立於房中。」是也。

君命屈狄，再命禕衣，一命襢衣，士褖衣。

君，女君也。屈，周禮作闕，謂刻繒爲翟，不畫也。此子男之夫人及其卿大夫士之妻命服也。禕，當爲鞠，字之誤也。禮，天子諸侯命其臣，后夫人亦命其妻以衣服，所謂夫尊於朝，妻榮於室也。子男之卿再命而妻鞠衣，則鞠衣、襢衣、褖衣者，諸侯之臣皆分爲三等，其妻以次受此服也。公之臣，孤爲上，卿大夫次之，士次之。侯伯子男之臣，卿爲上，大夫次之，士次之。褖，或作税。○疏曰：「君命屈狄」者，君謂女君，子男之妻也，被后所命，故云君命。屈狄者，屈，闕也，狄亦翟也，直刻雉形，闕其采畫，故云闕翟也。「再命禕衣」者，再命謂子男之卿。禕，當爲鞠，謂子男卿妻服鞠衣也。「一命襢衣」者，襢，展也，子男大夫一命〔一三四〕，其妻服展衣也。「士褖衣」者，謂子男之士不命，其妻服褖衣。鄭注士喪禮：褖之言緣，黑衣裳，以赤緣之。又曰：以禮，君命其夫，后命其婦，則子男之妻不得受天子之命，故以爲君謂女君。是子男之妻受后之命，或可女君謂后也，命子男妻，故云君命。云「此子男之夫人及其卿大夫士之妻命服也」者，以典命云：「子男之卿再命，其大夫一命，其士不命。」此云「再命禕衣，一命襢衣，士褖衣」，又承「闕狄」下，正與子男同，故知據「子男夫人及卿大夫士之妻」也。禕衣是王后之服，故疑當爲鞠衣。云「子男之卿再命而妻鞠衣，則鞠衣、襢衣、褖衣者，諸侯之臣皆分爲三等，其妻以次受此服也」者，鄭爲此言，欲明諸侯臣之妻唯有三等之服。云「公之臣，孤爲上，卿大夫次之，士次之」者，以司服云〔一三五〕：孤「絺冕而下」，卿大夫「玄冕而下」，士「皮弁而下」。此謂上公臣爲三等。云「侯伯子男之臣卿爲上大夫次之士次之」者，以此經「再命鞠衣，一命襢衣，士褖衣」，士與大夫不同〔一三六〕。又典命：子男之卿再命，大夫一命，士不命，尚分爲三等。侯伯之卿三命，大夫再命，士一命，是亦三等，可知鄭云然也。**唯世婦命於奠繭，其他則皆從男子。**奠，猶獻也。凡世婦已下，蠶事畢，獻繭乃命之以其服。天子之后、夫人、九嬪及諸侯之夫人，夫在其位，則妻得服其服矣。○疏曰：「唯世婦命於奠繭」者，世婦謂天子二十七世婦以下也。奠，獻也。獻繭，謂世婦及命婦入助蠶畢獻繭也。凡夫尊於朝，妻貴於室〔一三七〕，皆得各服其命服。今唯世婦及卿大夫之妻並卑，雖已被命，猶不得即服命服，必又須經入助蠶，蠶畢獻繭，繭多功大，更須君親命之著服，乃得服耳，故云「命於奠繭」。「其他則皆從男子」者，其他謂后夫人、九嬪及五等諸侯之妻也。其夫得命，則其妻得著命服〔一三八〕，不須奠繭之命，故云皆從男子。又曰：凡獻物必先奠於地，故云「奠猶獻也」。云「凡世婦以下，蠶事畢，獻繭乃命之」者，三夫人、九嬪，其位既尊，不須獻繭，自然得命也。世婦以下位卑，因獻繭乃得命。言以下，則女御亦然。經唯云世婦，舉其貴者。○玉藻

右祭服

小史：大祭祀，讀禮法，史以書序昭穆之俎簋。讀禮法者，大史與羣執事。史，此小史也。言讀禮法者，小史叙俎簋以爲節。故書簋或爲几，鄭司農云：几，讀爲軌，書亦或爲簋，古文也。大祭

祀，小史主叙其昭穆，以其主定繫世。祭祀，史主叙其昭穆，次其俎簋，故齊景公疾，欲誅於祝史。玄謂：俎簋，牲與黍稷，以書次之，校比之。○疏曰：此言叙昭穆之俎簋，則非外神耳。則大祭祀唯謂祭宗廟三年一祫之時，有尸主，兼序昭穆俎簋也。又曰：鄭知「讀禮法」是「大史與羣執事」者，大史職云：「大祭祀，戒及宿之日，與羣執事讀禮書而協事。」彼云禮書，即此禮法也。云「言讀禮法者，小史叙俎簋以爲節」者，謂大史讀禮法之時，小史則叙昭穆及俎簋，當依禮法之節校比之〔一三九〕，使不差錯，故俎及簋云爲節也。齊景公事在昭二十年左氏傳，彼傳公有疾，語晏子曰：「據與款謂寡人能事鬼神，故欲誅於祝史。」是其事也。○春官○司几筵：王設莞筵紛純，加繅席畫純，加次席黼純，左右玉几。莞，音官，又音丸。純，章允反，之閏反〔一四〇〕，又音均。○鄭司農云：紛，讀爲豳，又讀爲和粉之粉，謂白繡也。純，讀爲均服之均，純，緣也。繅，讀爲藻率之藻。次席，虎皮爲席。玄謂：粉，如綬有文而狹者。繅席，削蒲蒻展之，編以五采，若今合歡矣。畫，謂雲氣也。次席，桃枝席，有次列成文。○率，音律。○疏曰：凡敷席之法，初在地者一重，即謂之筵，重在上者即謂之席，已下皆然，故鄭注序官云：「敷陳曰筵，藉之曰席。」祀先王設在廟奥及堂，玉几惟於王馮及鬼神所依，皆左右几。其雕几以下，非王所馮。生人則几在左，鬼神几在右，是以下文諸侯祭祀云右雕几，國賓云左雕几。若受酢席未必有几，故下文祀先王酢席不云几，及諸侯酢席亦不云几也。「司農云：紛讀爲豳」，於義不安，故更云「又讀爲和粉之粉，謂白繡也」。「純，讀爲均服之均」者，按僖五年左傳卜偃云「均服振振，取虢之旂」，賈、服、杜君等皆爲均。均，同也。但司農讀爲均，均即準，音與純同，故云「純，緣也」。云「繅，讀爲藻率之藻」者，讀從桓二年臧哀伯云「藻、率、鞞、鞛，鞶、厲、斿、纓」，此並取彼義也。云「次席，虎皮爲席」者，此見下有熊席〔一四一〕，故爲虎皮，後鄭不從也。引尚書者，證王馮玉几之義也。「玄謂紛如綬，有文而狹」者，此見漢世綬是薄帔，有文章而狹，以爲席之緣，故言之也。鄭知「繅席削蒲蒻展之編以五采若今合歡矣」者，漢有合歡席如此，故還舉漢法況之也。云「畫謂雲氣也」者，鄭於經但單言「畫」，皆以畫雲氣解之，蓋五色雲爲之文也。云「次席，桃枝席，有次列成文」者，鄭亦見漢世以桃枝竹爲席，次第行列有成其文章，故言之也。祀先王昨席，亦如之。鄭司農云：昨席，於主階設席，王所坐也。玄謂：昨，讀曰酢，謂祭祀及王受酢之席。尸卒食，王酳之。卒爵，祝受之，又酌授尸，尸酢王於是席。王於戶內，后諸臣致爵，乃設席。○疏曰：「祀先王」，謂宗廟六享皆用上三種席。「酢席」，謂王酳尸，尸酢王，王受酢之席，亦如上三種席，故云亦如之。又曰：「司農云：酢席，於主階設席，王所坐也」者，此約鄉飲酒禮主人在阼階，賓在戶牖閒，主人受酢。王行飲酒禮亦然。此酢文承「祀先王」下，即是祭禮受尸酢，不得爲凡常飲酒禮，故後鄭不從也。後鄭知王有受尸酢法者，謂若鬱人注引特牲、少牢，此注亦取彼義，故云「尸卒食，王酳之。卒爵，祝受之，又酌授尸，尸酢王，於是席王於戶内」也。按特牲、少牢主人受酢之時未設席，夫婦致爵乃設席。今王於受酢即設席者，優至尊，與大夫士禮異。知席王在戶内者，約特牲主人受酢時，在戶内之東，西面也〔一四二〕。云「后、諸臣致爵乃設席」者，此亦約特牲夫婦致爵之時有席。若然，王於酢有席，與彼異，至於后，即與彼同者，禮有損之而益，故后不得與王同，宜同士禮。按特牲無致爵於賓長之法，而此言諸臣致爵者，此王於諸臣亦無致爵禮。此致爵，謂酳尸訖，主人獻賓長於西階之上，謂之致爵也。特牲：主人致爵於主婦，席於東房中，此后亦然。其諸臣，按特牲獻賓長於西階上，無席。獻訖，以薦俎降，降設於西階下，亦無席。此諸臣有席者，亦是王之臣尊宜設席，乃以薦俎降，設於席東也。諸侯祭祀席，蒲筵繢純，加莞席紛純，右雕几。繢，畫文也。不莞席加繅者，繅柔礝，不如莞清堅，又於鬼神宜。○礝，本或作懦，又作擩，同如兖反。○疏曰：此經論諸侯禘祫及四時祭祀之席，皆二種席也。又曰：上文「畫純」者畫雲氣，此云繢，即非畫雲。按繢人職「對方爲繢」，是對方爲次，畫於繒帛之上，與席爲緣也。云「不莞席加繅者，繅柔礝，不如莞清堅，又於鬼神宜」者，按上文天子祭祀席與酢席同，此下文諸侯受酢席，下莞上繅。今祭祀席下蒲上莞，以是故鄭以下文決此。今諸侯祭祀席不亦如下文莞席加繅者，以其繅柔礝不如莞清堅，於鬼神宜，即於生人不宜，故下文生人繅在上爲宜也。又不以繅在莞下者，繅尊不宜在莞下，故用蒲替之也。昨席莞筵紛純，加繅席畫純。昨，讀亦曰酢。○疏曰：諸侯酳尸，尸酢主君，亦於户内之東，西面設此二席。又曰：按禮記禮器云：「天子之席五重」，諸侯三重。今天子唯三重，諸侯二重者，彼云五重者，據天子大祫祭而言，若禘祭當四重，時祭當三重，皆用此三重席耳，故此唯見三重席也。諸侯三重，上公當四重，亦謂大祫祭時。若禘祭，降一重，諸侯二重，禘與時祭同。卿大夫已下，特牲、少牢唯見一重耳。凡吉事變几，凶事仍几。故書仍爲乃。鄭司農云：變几，變更其質，謂有飾也。乃讀爲仍，仍，因也。因其質，謂無飾也。爾雅曰：「儴、仍，因也。」書顧命曰：「翌日乙丑，成王崩。癸酉，牖間南嚮，西序東嚮，東序西嚮，皆仍几。」玄謂：吉事，王祭宗廟，裸於室，饋食於堂，繹於祊。每事易几，神事文，示新之也。凶事，謂凡奠几，朝夕相因，喪禮略。○

疏曰：先鄭云「變更其質謂有飾」，又以仍几爲因其質，謂無飾。後鄭不從者，以司農就几體解之，所引尚書仍几乃是前後相因，不得爲几體，故不從也。且上文云右素几，於凶几無飾已有文，何須此亦云仍几爲無飾乎？皆其言不經，故不從也。引顧命者，按彼經云：「牖間南嚮，華玉仍几。西序東嚮，文貝仍几。東序西嚮，雕玉仍几。西夾南嚮，漆仍几。」孔云：「因生時几，皆有飾。」而先鄭引之者，先鄭意直取「仍，因」之義，不須無飾也。「玄謂吉事祭宗廟裸於室」者，洛誥云「王入大室裸」是也。云「饋食於堂繹於祊」者，按禮器云「設祭於堂，爲祊於外」，是直云「饋食於堂」，謂饋獻節。據有熟，故言饋食，其實未有黍稷。又不言朝踐者，朝踐與饋獻同在堂，故略而不言也。又饋獻後更延尸入室，進黍稷尸食之事，不言者，以其還依裸於室之几，故亦略而不言也。云「凶事，謂凡奠」者，即上文「凡喪事右素几」是也，此文見凡奠几相因不易之意。按檀弓云「虞而立尸，有几筵」者，據大夫士而言。按士喪禮大斂即有席，而云虞始有筵者，以其几筵相將連言〔一四三〕，其實虞時始有几，其筵大斂即有也。天子諸侯禮大，初死几筵並有，故上云「凡喪事，設葦席，右素几」也。凡几之長短，阮諶云：几長五尺，高二尺，廣二尺。馬融以爲長三尺。舊圖以爲几兩端赤，中央黑也。○同上。

○天府：凡國之玉鎮、大寶器，藏焉。若有大祭，則出而陳之，既事藏之。玉鎮、大寶器，玉瑞、玉器之美者，禘祫陳之，以華國也。故書鎮作瑱，鄭司農云：瑱，讀爲鎮。○疏曰：云「玉鎮、大寶器，藏焉」者，若典瑞掌其凡瑞器，故典瑞云：「掌玉瑞玉器之藏，辨其名物與其用事，設其服飾。」其美者，天府掌之。又曰：鄭知「玉鎮、大寶器」是「玉瑞、玉器之美者」，此云玉鎮，即大宗伯云「以玉作六瑞」，鎮圭之屬，即此寶鎮也。彼又云「以玉作六器」，蒼璧禮天之屬，即此寶器也。知是玉瑞、玉器之美者，以別入此天府，故知簡取美者來入也。鄭知禘祫者，經云「大祭祀」，故知也。○同上。○典庸器：祭祀，帥其屬而設筍虡，陳庸器。設筍虡，視瞭當以縣樂器焉。庸器，伐國所獲之器，若崇鼎、貫鼎及以其兵物所鑄銘也。○疏曰：庸，功也。言功器者，伐國所獲之器也，陳之以華國也。云「若崇鼎貫鼎」者，明堂位文。云「及以其兵物所鑄銘也」者，謂左氏傳季氏以所得齊之兵作林鍾而銘魯功，是經中樂器也。彼既譏其非時征伐，又藉晉之功，引之，取一邊，證鑄作銘功之事耳。○同上。○肆師：展器陳，告備。疏曰：云「展器陳，告備」者，謂祭日旦於堂東陳祭器，實之既訖，則又展省視之而告備具，故云展器陳，告備也。○同上。

右陳設○記：鋪筵設同几。鋪，普胡反。○同之言詷也。祭者以其妃配，亦不特几也。○疏曰：「鋪筵設同几」者，設之曰筵，坐之曰席。同之言詷，詷，共也，言人生時形體異，故夫婦別几，死則魂氣同歸於此，故夫婦共几。鋪席設几，使神依之，設此夫婦所共之几，席亦共之。必云「同几」者，筵席既長，几則短小，恐其各設，故特云同几。云「同之言詷也」者，若單作同字，是齊同之同，非詷共之詷，所以物有異類而同時也，則同死同生、同出同入之類不齊，其物異也。若詷共之詷，則言旁作同，故古文、字林皆訓詷爲共，是漢魏之時字義如此，是以讀同爲詷，今則總爲一字。云「祭者以其妃配」者，儀禮少牢文，謂祭夫祝辭云以某妃配。云「亦不特几也」者，謂不但不特設辭，亦不特設其几，謂祝辭與几，皆同於夫，不特設也。故鄭注司几筵云「祭於廟同几，精氣合也」。○祭統○鬼神之祭單席。疏曰：「鬼神之祭單席」者，神道異人，不假多重自温，故單席也。○禮器○廟堂之上，罍尊在阼，犧尊在西。廟堂之下，縣鼓在西，應鼓在東。注疏見下餘獻條。〇禮器〇玄酒在室，醴醆在户，粢醍在堂，澄酒在下。注疏見下餘獻條。〇禮運

君夫人會於大廟，君純冕立於阼，夫人副褘立於東房。君執圭瓚祼尸，大宗執璋瓚亞祼。純，側其反。瓚，才旦反。〇大廟，始祖廟也。圭瓚、璋瓚，祼器也，以圭璋爲柄。酌鬱鬯曰祼。大宗亞祼，容夫人有故攝焉。〇疏曰：「君純冕立於阼」者，純亦緇也。鄭氏之意，凡言純者，其義有二：一，絲旁才，是古之緇字；二是絲旁屯，是純字。但書文相亂，雖是緇字，並皆作純。鄭氏所注於絲理可知，於色不明者，即讀爲緇。論語云「今也純儉」，及此純服，皆讀爲黑色。若衣色見，絲文不明者，讀純以爲絲也。冕皆上玄下纁，及其服並然，故通云緇冕。若非二王之後及周公廟，即悉用玄冕而祭。「夫人副褘立於東房」者，副及褘，后之上服，魯及二王之後夫人得服之。侯伯夫人揄狄，子男夫人闕狄，而並立東房以俟行事。尸既入之後，轉就西房。故禮器云「夫人在房」，雖不云東西房，下云夫人東酌罍尊，則知夫人在房謂西房也。「大宗執璋瓚亞祼」者，大宗，主宗廟禮者。以亞祼之禮，夫人親爲之，此不云「夫人」而云「大宗」者，記者廣言，容夫人有故，故大宗伯代夫人行禮，執璋瓚亞祼之禮。〇祭統〇今按：「君純冕立於阼」，鄭於上文「以共純服」解云：「純服，亦冕服也，互言之爾。純以見繒色，冕以著祭服。」上文已解，故於此略而不論〔一四四〕。〇玉人：

祼圭尺有二寸，有瓚，以祀廟。祼之言灌也，或作祼，或作果，謂始獻酌奠也。瓚，如盤，其柄用圭，有流前注。〇疏曰：鄭注小宰云：「唯人道宗廟有祼，天地大神至尊不祼。」故此唯云以祀廟。典瑞兼云「以祼賓客」，此不言者，有典瑞，故作文略也。又

曰：讀祼爲灌者，取水灌之義。云「祼謂始獻酌奠也」者，小宰注云：祼，亦謂祭之、啐之、奠之。以其尸不飲，故云奠之。按司尊彝注祼謂始獻尸，郊特牲注云「始獻神也」者，以其祼入獻於尸，故云獻尸，又灌主爲降神，故云獻神。三注雖曰不同，其義一也。云「瓚如盤，其柄用圭，有流前注」者，鄭注典瑞引漢禮：瓚盤大五升，口徑八寸，下有盤，口徑一尺。言「有流前注」者，按下三璋之勺鼻寸是也。言前注者，以尸執之向外，祭乃注之，故云有流前注也。○冬官○典瑞：祼圭有瓚，以肆先王。肆，如字，又他歷反。○鄭司農云：於圭頭爲器，可以挹鬯祼祭，謂之瓚，故詩曰：「卹彼玉瓚〔一四五〕，黄流在中。」國語謂之鬯圭。以肆先王，祼先王祭也〔一四六〕。玄謂：肆，解牲體以祭，因以爲名。爵行曰祼。漢禮：瓚盤大五升，口徑八寸，下有盤，口徑一尺。○疏曰：祼圭，即玉人所云祼圭，尺有二寸者也。以肆先王，謂祭先王，則宗伯六享皆是也。又曰：先鄭云「於圭頭爲器」，器即瓚是也。云「可以挹鬯祼祭謂之瓚」者，鬯即鬱鬯也。言祼言祭，則祼據賓客、祭據宗廟也。「詩曰卹彼玉瓚黄流在中」者，彼詩是美王季爲西伯，受殷王圭瓚之賜。言「黄流在中」，即與玉人云「黄金勺鼻」等同也。云「國語謂之鬯圭」者，按國語云「臧文仲以鬯圭與磬如齊告糴」是也。云「以肆先王灌先王祭也」，先鄭不解肆字，故後鄭釋之。「玄謂肆解牲體以祭因以爲名」者，按大司徒云：「祀五帝，奉牛牲，羞其肆。」是祭時肆解牲體，因即以肆爲祭名也。云「爵行曰祼」者，此周禮祼，皆據祭而言。至於生人飲酒亦曰祼，故投壺禮云「奉觴賜灌」，是生人飲酒爵行亦曰灌也。云「漢禮瓚盤大五升，口徑八寸，下有盤，口徑一尺」者，此漢禮器制度文，叔孫通所作。按玉人職云大璋、中璋、邊璋，下云：「黄金勺，青金外，朱中，鼻寸，衡四寸。」鄭注云：「三璋之勺，形如圭瓚。」玉人不見圭瓚之形，而云「形如圭瓚」者，鄭欲因三璋勺，見出圭瓚之形。但三璋勺雖形如圭瓚，圭瓚之形即此漢禮文，其形則大，三璋之勺徑四寸，所容蓋似小也。○春官○司尊彝：掌六尊、六彝之位，詔其酌，辨其用，與其實。位，所陳之處。酌，泲之使可酌，各異也。用，四時祭祀所用亦不同。實，鬱及醴齊之屬。○泲，子里反。齊，才計反。○疏曰：此經與下文爲目，直云「六彝六尊」。按下兼有罍尊，不言者，文略也。又曰：云「位，所陳之處」者，此下經不見陳尊之處，按禮運云：「玄酒在室，醴醆在户，齊醍在堂。」彼是禘祭陳四齊，此下時祭陳二齊，設尊亦依此也。云「酌泲之使可酌各異也」者，此下文鬱齊獻酌，醴齊縮酌之等，是各異也。云「用，四時祭祀所用亦不同」者，即下文「春祠夏禴」已下所用不同是也。云「實鬱及醴齊之屬」者，醴齊之中有三酒也。春祠、夏禴，裸用雞彝鳥彝，皆有舟，其朝踐用兩獻尊，其再獻用兩象尊，皆有罍，諸臣之所昨也。秋嘗、冬烝，裸用斝彝、黄彝，皆有舟，其朝獻用兩著尊，其饋獻用兩壺尊，皆有罍，諸臣之所昨也。凡四時之閒祀，追享、朝享，裸用虎彝蜼彝，皆有舟，其朝踐用兩大尊，其再獻用兩山尊，皆有罍，諸臣之所昨也。兩獻，注作犧，素何反。著，直略反。朝享，直遥反。蜼，音誄〔一四七〕，又以水反。兩大，音太。○裸，謂以圭瓚酌鬱鬯，始獻尸也。后於是以璋瓚酌亞裸。郊特牲曰：「周人尚臭，灌用鬯臭，鬱合鬯，臭陰達於淵泉。灌以圭璋，用玉氣也。既灌然後迎牲，致陰氣也。」朝踐，謂薦血腥，酌醴，始行祭事。后於是薦朝事之豆籩，既又酌獻。其變朝踐爲朝獻者，尊相因也。朝獻，謂尸卒食，王酳之。再獻者，王酳尸之後，后酌亞獻。諸臣爲賓，又次后酌盎齊，備卒食三獻也。於后亞獻，内宗薦加豆籩。其變再獻爲饋獻者，亦尊相因。饋獻，謂薦孰時，后於是薦饋食之豆籩。此凡九酌，王及后各四，諸臣一，祭之正也。以今祭禮特牲、少牢言之，二祼爲奠，而尸飲七矣。王可以獻諸臣，祭統曰：「尸飲五，君洗玉爵獻卿。」是其差也。明堂位曰：「灌用玉瓚大圭，爵用玉琖，加用璧角、璧散。」又鬱人職云「受舉斝之卒爵而飲之」，則王酳尸以玉爵也。王酳尸用玉爵，而再獻者用璧角璧散可知也。雞彝、鳥彝，謂刻而畫之爲雞鳳皇之形。皆有舟，皆有罍，言春夏秋冬及追享、朝享有之同。昨，讀爲酢，字之誤也。諸臣獻者，酌罍以自酢，不敢與王之神靈共尊。鄭司農云：舟，尊下臺，若今時承盤。獻，讀爲犧，犧尊，飾以翡翠。象尊，以象鳳皇，或曰：以象骨飾尊。明堂位曰：「犧象，周尊也。」春秋傳曰：「犧象不出門。」尊以祼神。罍，臣之所飲也。詩曰：「缾之罄矣，維罍之恥。」斝，讀如稼。稼彝，畫禾稼也。黄彝，黄目尊也。明堂位曰：「夏后氏以雞彝，殷以斝，周以黄目。」爾雅曰：「彝、卣、罍，器也。」著尊者，著略尊也，或曰：著尊，著地無足。明堂位曰：「著，殷尊也。」壺者，以壺爲尊。春秋傳曰：「尊以魯壺。」追享朝享，謂禘祫也。在四時之閒，故曰閒祀。蜼，讀爲蛇虺之虺，或讀爲「公用射隼」之隼。大尊，大古之瓦尊。山尊，山罍也。明堂位曰：「泰，有虞氏之尊也。山罍，夏后氏之尊。」故書踐作餞。杜子春云：餞，當爲踐。玄謂：黄目，以黄金爲目。郊特牲曰：「黄目，鬱氣之上尊也。黄者，中也。目者，氣之清明者也。言酌於中而清明於外。」追享，謂追祭遷廟之主，以事有所請禱。朝享，謂朝受政於廟。春秋傳曰：「閏月不告朔，猶朝於廟。」蜼，禺屬，卬鼻而長尾。山罍，亦刻而畫之，爲山雲之形。○盎，烏浪反。卣，音酉，音由。虺，許偉反。射，食亦反。隼，筍尹反。禺，音遇，音隅。卬，魚丈反，又五剛反。○疏曰：此六者皆據宗廟之祭，但春夏同陽，秋冬同陰，其追享朝享又是四時之閒祀，以類附從，故可同尊也。彝與齊尊各用二者，鬱鬯與齊皆配以明水，三酒配以玄酒，故禮記郊特牲云：「祭齊加明水。」三酒加玄酒。依鄭志云：「一雞彝盛明水，鳥彝盛鬱鬯。」是以各二尊罍。尊不言數者，禘祫與時祭、追享、朝享等皆同用三酒，不別數可知也。若然，依酒正云：大祭祀，備五齊。據大祫，通鬱鬯與三酒並配尊，則尊有十八，禘祭四齊，闕二尊，則尊有十六。此經時祭二齊闕六尊，則尊十有二矣。其祫在秋，禘在夏，則用當時尊，重用取足而已。此經彝下皆云「舟」，尊與罍下皆不云所承之物，則無物矣。故禮器云「天子諸侯廢禁」，其此之謂也。又曰：言「祼，謂以圭瓚酌鬱鬯始獻尸也」者，宗廟之祭先作樂下神，則大司樂云：「若樂九變，人鬼可得而禮。」鄭注云：「先奏是樂而祼焉。」是祼有二，此言圭瓚者，據王而言，故鄭即云「后於是以璋瓚酌亞祼」是也。后祼之時，内宰贊之，故内宰職云：「后祼獻則贊，瑶爵亦如之。」若然，非直贊祼而已。至於后之朝踐、饋獻及酳用瑶爵，皆贊之。引郊特牲者，證祼以鬱鬯，又用圭璋也。云「既灌然後迎牲致陰氣也」者，祼是陰氣，故郊特牲又云「周人先求諸陰」，求諸陰，灌是也。此注引郊特牲后亞王祼後，王乃出迎牲。按内宰注云「王既祼」，與此違者，彼注取王事自相亞，故先言王既祼出迎牲，后乃後祼，其實以此注爲正也。王出迎牲之時，祝延尸向户外户牖之閒，南面，后於是薦朝事八豆八籩。王迎牲入廟，卿大夫贊幣而從，牲麗於碑，王親殺，大僕贊王牲事，取血以告殺，取毛以告純，豚解而腥之爲七體，薦於神坐訖，王以玉爵酌醴齊以獻尸，后亦以玉爵酌醴齊以獻尸。此謂經朝踐用兩獻尊也。禮器云：「郊血，大饗腥。」則享祭宗廟無血。此云「薦血腥」者，謂肉，非謂如别薦血也。云「后於是薦朝事之豆籩，既又酌獻」者，先薦後獻祭，禮也。其實薦豆籩在王獻前，今在王獻後乃言后薦豆籩者〔一四八〕，鄭欲説王事訖乃説后事，故後言薦豆籩也。云「變朝踐言朝獻者尊相因也朝獻謂尸卒食王酳之」者，此朝獻於經當秋冬之祭，鄭既未解春夏再獻，先釋秋冬朝獻者，以其朝獻是王酳尸因朝踐之尊醴齊，故鄭先通解之。云「再獻者，王酳尸之後，后酌亞獻，諸臣爲賓，又次后酌盎齊，備卒食三獻也」者，此言再獻，即經春夏之祭云「再獻用兩象尊」。尸食後陰厭，王酳尸，后與賓長爲再獻。此亦在饋獻後，先言再獻者，后與賓酳尸，因饋獻盎齊之尊，故變饋獻云再獻。云「内宗薦加豆籩」者，按醢人及籩人有朝事之豆籩，有饋食之豆籩，有加豆籩之實，故鄭於此取朝事當朝踐節，饋食當饋獻節，食後重加，故加豆加籩當酳尸節。按内宗職云贊后「薦加豆籩」，故知内宗薦之。云「其變再獻爲饋獻者，亦尊相因。饋獻，謂薦熟時」者，此言饋獻當經秋冬祭之節，其春夏言再獻，至此秋冬言饋獻，據文爲先後故云變，再獻言饋獻，其實先饋獻後再獻也。以其饋獻在朝踐後，亦在當尸未入室，再獻是王酳尸後節也〔一四九〕，是以云「饋獻謂薦孰時」也。此即禮運云「熟其殽」，鄭注云「體解而爓之」是也。云「后於是薦饋食之豆籩」者，此即醢人、籩人饋食之豆籩者也。云「此凡九酌，王及后各四，諸臣一」者，九，謂王及后祼各一，朝踐各一，饋獻各一，酳尸各一，是各四也，諸臣酳尸一，並前八爲九。云「祭之正也」者，此九獻是正獻。按特牲、少牢仍有衆賓長、兄弟之長、嗣子舉奠，上利洗散爲加獻，彼並非正，故此云祭之正也。云「以今祭禮特牲、少牢言之」者，天子諸侯祭禮亡，雖檢禮記及周禮而言，其文不具，故取特牲、少牢見在禮而言。以其特牲、少牢惟有酳尸後三獻，天子諸侯酳尸後亦三獻，與彼同，故取以爲説也。云「二祼爲奠，而尸飲七矣，王可以獻諸臣」

者，王獻諸臣無文，此又約祭統而言，故即引「祭統曰尸飲五君洗玉爵獻卿，是其差也」者，彼據侯伯禮，宗廟七獻，二祼爲奠，不飲，朝踐已後，有尸飲五獻卿，即天子與上公同九獻，二祼爲奠，不飲，是尸飲七，可以獻諸臣。若然，子男五獻者，二祼爲奠，不飲，是尸飲三，可以獻卿。故鄭云「是其差」，皆當降殺以兩。大夫士三獻，無二祼，直有酳尸三獻，獻祝是也。云「明堂位曰灌用玉瓚大圭，爵用玉琖，加用璧角、璧散」者，彼賜魯侯祭周公用天子之禮，故以爲證。言「灌用玉瓚」者，謂以玉飾瓚，以大圭爲柄。此大圭，非謂玉人大圭長三尺者，直是以玉爲柄〔一五〇〕，謂之大圭也。「爵用玉琖」者，謂君與夫人朝踐饋獻時所用獻也。「加用璧角、璧散」者，此即内宰所云「瑶爵」一也。以瑶玉爲璧形，以飾角散。爵是通名，故得瑶爵璧角璧散之名也。「又鬱人職曰受舉斝之卒爵而飲之」者，引之欲證王酳尸與前同用玉爵之意也。云「則王酳尸以玉爵也。王酳尸用玉爵而再獻者用璧角璧散可知也」者，再獻，謂后與諸臣，亦以明堂位云「爵用玉琖，加用璧角璧散」差之，推次可知也。云「雞彝鳥彝謂刻而畫之爲雞鳳皇之形」者，按尚書云「鳴鳥之不聞」，彼鳴鳥是鳳皇，則此鳥亦是鳳皇，故云畫「雞鳳皇之形」也。云「皆有舟，皆有罍，言春夏秋冬及追享朝享有之同」者，即文自具，故知有之同也。云「昨讀曰酢」者，主人、主婦、賓長獻尸皆有酢報，不得爲昨日之字，故從酬酢之字也。云「諸臣獻者酌罍以自酢不敢與王之神靈共尊」者，王酳尸用朝踐之尊醴齊，尸酢，王還用醴齊，后酳尸用饋獻之尊盎齊，尸酢后還用盎齊。以王與后尊，得與神靈共尊。今賓長臣卑，酳尸雖得與后同用盎，及尸酢賓長即用罍尊，三酒之中清酒以自酢，是不敢與王之神靈共酒尊故也。「鄭司農云：舟，尊下臺，若今時承槃」者，漢時酒尊下槃，象周時尊下有舟，故舉以爲況也。云「獻，讀爲犧。犧尊，飾以翡翠」者，翡赤翠青，爲飾象尊以鳳皇，此二者於義不安，故更解以象骨飾尊。此義後鄭從之。其云飾以翡翠，後鄭不從之矣。引明堂位「犧象周尊也」者，證飾尊有非周制者。引春秋傳者，是左氏定十年夾谷之會孔子之言。引之者，證犧象是祭祀之尊，不合爲野饗之義也。云「尊以裸神」者，司農解犧象不出門之意，其實獻尸而云裸神者，尸神象尸飲即是裸神。若云奉觴賜灌之類，非謂二灌用鬱鬯也。云「罍，臣之所飲也」者，經云皆有罍，諸臣之所酢，故知諸臣所飲者也。引詩者，證罍是酒尊之義。云「斝，讀如稼。稼彝，畫禾稼也」者，以諸尊皆異物爲飾，今云斝，於義無取，故破從稼也。云「黄彝黄目尊也」者，依明堂位文。引明堂位者，證雞彝是夏法，斝彝是殷法，黄彝是周法。引爾雅者，欲見此經有彝爲上，卣即犧象之屬，爲中，罍爲下，與爾雅同也。云「著尊者著略尊也」者，義不安。云「著地無足」，於義是也。云「春秋傳」者，昭十五年左傳云：「六月乙丑，王大子壽卒。秋八月戊寅，王穆后崩。」「十二月，晉荀躒如周，葬穆后，籍談爲介。」「以文伯宴，尊以魯壺。」是其義也。引之者，證壺是祭祀酒尊。司農云「追享朝享，謂禘祫也。在四時之間故曰閒祀」者，按大宗伯祫禘在四時之上，當如酒正大祭祀，備五齊，何得在四時之下？故後鄭不從也。鄭司農讀蜼爲蛇虺之虺，或讀爲公用射隼之隼者，無所依據，故後鄭皆不從也。又云「大尊大古之瓦尊」者，此即有虞氏之大尊，於義是也，故皆以明堂位爲證也。「玄謂黄目以黄金爲目」者，無正文。鄭以目既爲眼目，黄又與黄金字同，故爲黄金釋之也。引郊特牲者，解黄目之義也。云「追享，謂追祭遷廟之主以事有所請禱」者，此追享知祭遷廟主者，按祭法云：「去廟爲壇，去壇爲墠，壇墠有禱焉祭之，無禱乃止。」是追祭遷廟之主，故知也。云「朝享謂朝受政於廟」者，謂天子告朔於明堂，因即朝享。朝享，即祭法謂之月祭。故祭法云：考廟、王考廟、皇考廟、顯考廟、祖考廟，「皆月祭之，二祧，享嘗乃止。」諸侯告朔於大廟，因即朝享。祭法云：「諸侯考廟、王考廟、皇考廟，皆月祭之，顯考、祖考享嘗乃止。」告朔，天子用牛，諸侯用羊，月祭皆大牢也。春秋傳者，文公六年左氏傳云：「閏月不告朔，猶朝於廟。」若然，天子告朔於明堂，則是天子受政於明堂。而云受政於廟者，謂告朔，自是受十二月政令，故名明堂爲布政之宫。以告朔訖，因即朝廟，亦謂之受政，與明堂受朔别也。春秋者，彼譏廢大行小。引春秋者，見告朔與朝廟别，謂若不郊，猶三望，與郊亦别也。云「蜼禺屬卬鼻而長尾」者，按雞彝鳥彝相配皆爲鳥，則虎彝蜼彝相配皆爲獸，故爾雅在釋獸中。爾雅云：「蜼，禺屬。」彼注云：「蜼，似獼猴而大，黄黑色，尾長數尺，似獺。尾末有歧，鼻露向上，雨即自懸於樹，以尾塞鼻，或以兩指，今江東人亦取養之，爲物捷健。」云「山罍，亦刻而畫之，爲山雲之形」者，罍之字於義無所取，字雖與雷别，以聲同，故以雲雷解之。以其雷有聲無形，但雷起於雲，雲出於山，故本而釋之，以爲刻畫山雲之形也。異義第六罍制：韓詩説：金罍，大器，天子以玉，諸侯大夫皆以金，士以梓。古𢓳説〔一五一〕：罍器，諸臣之所酢，人君以黄金飾尊，大一石，金飾口目〔一五二〕，蓋取象雲雷之象。謹按：韓詩説罍天子以玉，經無明文。罍者，取象雲雷，故從人君下及諸臣同如是。經文雖有詩云「我姑酌彼金罍」〔一五三〕。古𢓳説云「人君以黄金」，則其餘諸臣直有罍〔一五四〕，無黄金飾也。若然，向來所説雞彝、鳥彝等皆有所出。其虎彝、蜼彝當是有虞氏之尊，故鄭注尚書云「宗彝，宗廟之中鬱尊」，虞氏所用，故曰虞夏已上虎蜼而已也。凡六彝六尊之酌，鬱齊獻酌，醴齊縮酌，盎齊涚酌，凡酒脩酌。

獻，素何反，鄭音儀。涚，舒鋭反。○故書縮爲數，齊爲齏，鄭司農云：獻，讀爲儀。儀酌，有威儀多也。涚酌者，捝拭勺而酌也。脩酌者，以水洗勺而酌也。齏，讀皆爲齊和之齊。杜子春云：數當爲縮。齊讀皆爲粢。玄謂：禮運曰：「玄酒在室，醴醆在户，粢醍在堂，澄酒在下。」以五齊次之，則醆酒盎齊也。郊特牲曰：「縮酌用茅，明酌也。醆酒涚於清，汁獻涚於醆酒，猶明清與醆酒於舊澤之酒也。」此言轉相泲成也。獻，讀爲摩莎之莎，齊語聲之誤也。煮鬱和秬鬯，以醆酒摩莎泲之出其香汁也。醴齊尤濁，和以明酌泲之以茅。縮去滓也。盎齊差清，和以清酒，泲之而已。其餘三齊，泛從醴，緹、沈從盎。凡酒，謂三酒也。脩，讀如滌濯之滌。滌酌，以水，和而泲之，今齊人命浩酒曰滌。明「酌」酌取事酒之上也。澤讀曰醳，明酌、清酒、醆酒，泲之皆以舊醳之酒。凡此四者，裸用鬱齊，朝用醴齊，饋用盎齊，諸臣自酢用凡酒。唯大事於太廟備五齊三酒。○齊和，胡卧反。粢，才計反。緹，音體。舊澤，音亦。去滓，起呂反。○疏曰：云凡六彝之酌與鬱齊爲目，六尊之酌與醴齊、盎齊爲目。下有凡酒滌酌，上不言罍者，亦是文不具也。凡言酌者，皆是泲之使可酌也。又曰：司農云「獻讀爲儀」已下，後鄭皆不從者，此經爲泲酒之法，而司農皆不爲泲酒法，其言無所據依，故皆不從也。司農云「齏讀皆爲齊和之齊」，鄭注酒正爲度量解之，則齊和義亦通也。子春爲粢，於義不可，後鄭於酒正已破訖。玄謂引禮運者，欲破彼醆從此盎也。彼云玄酒在室者，據配鬱鬯之尊，故在室，若配鬱鬯，當云明水，而云玄酒者，散文通。云「以五齊次之，則醆酒，盎齊也」者，於此經及酒正言之，盎次醴，禮運醆次醴，以醆當盎處，即一物，明醆酒盎齊也。盎齊云酒，則酒、齊亦通。引郊特牲曰「縮酌用茅明酌」至「醆酒」者，彼記人意以經泲酒法難解，故釋此經沸酒之法也。此云醴齊縮酌，彼記人取此縮酌二字於彼重解之。云此言縮酌者，縮酌當用茅也。又云：「明酌」者，醴齊濁，還用事酒之清明者和醴齊，然後用茅沸之使可酌，故爲明酌也。云「醆酒涗於清」者，醆酒即盎齊，盎齊差清，亦不言縮，則不用茅。涗，謂新亦謂沸之也。彼記人亦取此盎齊涗酌解之，以盎齊欲沸之時，則以清酒和而沸涗，使可酌，故直云涗於清也。云「汁獻涗於醆酒」者，記人亦取此經鬱齊獻酌釋之。云「汁獻」者，獻讀摩莎之莎也。云「涗於醆酒」者，以鬱鬯尊，不用三酒，而用五齊中盎齊差清者和鬱鬯沸之，故云涗於醆酒也。云「猶明清與醆酒於舊醳之酒也」者，此記人復恐不曉古之沸酒之法，故舉當時沸酒之法以曉人也。云「明清」者，明謂事酒，清謂清酒，醆謂盎齊也。三者皆於舊醳之酒中沸之〔一五五〕，但云醳酒即事酒也。今云「舊醳」則醳中之舊冬釀接春而成，故云舊是昔酒也。云「此言轉相沸成」已下，皆鄭重釋記人之言也。云「醴齊尤濁和以明酌沸之」者，醴齊對盎齊已下三者爲尤濁，上仍有泛齊更濁於醴齊也。「盎齊差清和以清酒沸之而已」者，以不用茅，故云沸之而已。云「其餘三齊泛從醴緹沈從盎」者，以沸三者無文，故鄭約同此三齊。以泛齊濁不過與醴齊同，緹沈清無過與盎同，故略爲二等沸五齊也。云「凡酒謂三酒也」者，以上文列彝、卣、罍三等之尊，此見沸鬱與三齊凡酒事相當〔一五六〕，故凡酒謂三酒。非一，故稱凡也。云「脩讀爲滌濯之滌」者，讀從宗伯「視滌濯」之滌，欲解滌爲水之意。必知以水者，曲禮曰「水曰清滌」，且鬱鬯用五齊，五齊用三酒，三酒用水，差次然也。云「明酌，酌取事酒之上也」者，重解縮酌用茅明酌也。云「澤讀曰醳。明酌、清酒、醆酒，沸之皆以舊醳之酒」者，重解當時之法以曉人者也。云「凡此四者，裸用鬱齊，朝用醴齊，饋用盎齊，諸臣自酢用凡酒」者，此以上列尊及泲酒次第爲先後，祭禮有祼，有朝踐饋獻酳尸次第爲先後，推次可知也。云「唯大事於大廟，備五齊三酒」者，此據酒正云祭祀，共五齊三酒。下有大祭、中祭、小祭，此時祭用二齊，禮運四齊據禘祭，明大事祫祭備五齊三酒可知。三酒，時祭亦備之，亦於大事言之者，連言挾句耳。文二年「大事於大廟」，公羊傳：「大事者何？大祫也。」即此大事是祫可知也。○春官○小宗伯：辨六彝之名物，以待果將。六彝，雞彝、鳥彝、斝彝、黄彝、虎彝、蜼彝。果，讀爲祼。○疏曰：上二經皆云使共奉之，此及下經不云使共奉之而云以待，文不同者，上二者官衆，故云「使共奉」，此及下文並是司尊彝一職之事，又是春官當司所主，故直云「以待」也。祼言將者，將，送也，謂以圭瓚酌之送與尸及賓，故云將。六彝之名，出司尊彝也。云「果讀爲祼」者，諸文皆云祼，故讀從之，其實祼更讀爲灌。○同上。○鬯人：掌共秬鬯而飾之。秬鬯，不和鬱者。飾之，謂設巾。○疏曰：云「掌共秬鬯」者，此直共秬黍之酒，無鬱也，故注云「不和鬱者」也。鄭知「飾之，謂設巾」者，此上下雖無設巾之事，按冪人云：「以疏布巾冪八尊，以畫布巾冪六彝，凡王巾皆黼。」凡尊皆有巾冪，明秬鬯之酒尊亦設巾可知，故知所飾者設巾也。廟用脩，凡祼事用概。脩，音卣。概，古愛反。○祼，當爲埋，字之誤也。廟用脩者，謂始禘時，自饋食始。脩、概，漆尊也。脩讀曰卣，卣，中尊，謂獻象之屬。尊者，彝爲上，罍爲下，概尊以朱帶者。○疏曰：鄭破祼爲埋者，若祼則用鬱，當用彝尊，不合在此而用概尊，故破從埋也。埋，謂祭山林，則山川用蜃者，大山川。謂「廟用脩者謂始禘時」者，謂練祭後遷廟時，以其宗廟之祭從自始死已來無祭，今爲遷廟，以新死者木主入廟，特爲此祭，故云「始禘時」也。以三年喪畢，明年春禘爲終禘，故云始也。云「自饋食始」者，天子諸侯之祭自灌始，有朝踐、饋獻，乃有饋食進黍稷。大夫士禮無饋獻已前事，直有饋食始，即特牲、少牢皆云饋食之禮是也。今以喪中爲吉祭，不可與吉時同，故略同大夫士禮。且按大宗伯宗廟六享，皆以裸爲始，當在鬱人用彝，今不用鬱，在鬯人用卣尊，故知略用饋食始也。若然，鄭知義遷廟在練時者，按文二年穀梁傳云：「作主壞廟，有時日，於練焉壞廟。壞廟之道，易檐可也，改塗可也。」爾時木主新入廟，禘祭之。是以左氏説：凡君薨，祔而作主，特祀主於寢。畢三時之祭，期年然後烝嘗禘於廟。許慎云左氏説與禮同，鄭無駁，明用此禮同，義與穀梁傳合。賈、服以爲三年終禘，遭烝嘗則行祭禮，與前解違，非鄭義也。鄭以脩從卣者，詩與尚書及爾雅皆爲卣，脩字於尊義無所取，故從卣也。云「卣中尊謂獻象之屬」者，按下司尊彝職云：「春祠夏礿，裸用雞彝鳥彝，朝踐用兩獻尊，饋獻用兩象尊〔一五七〕，皆有罍，諸臣之所酢。」是尊者彝爲上，罍爲下，獻象之屬在其中，故云中尊獻象之屬。更云「彝爲上罍爲下」者，欲推出卣爲中尊之意也。云「之屬」者，秋冬及追享朝享皆彝爲上，罍爲下，著尊壺尊之等在其中也。云「概尊以朱帶」者，玄纁相對，既是黑漆爲尊，以朱帶落腹，故名概。概者，横概之義，故知落腹也。○同上。

◯鬱人：掌裸器。裸器，謂彝及舟與瓚。○疏曰：知裸器中有彝及舟者，此經下文云和鬱鬯以實彝，又見司尊彝云「春祠夏禴，裸用雞彝鳥彝，皆有舟」。秋冬及追享朝享皆云焉，故知彝有舟也。知有瓚者，按禮記王制云：諸侯「賜圭瓚，然後爲鬯」。尚書序云「平王錫晉文侯秬鬯圭瓚」，皆與秬鬯相將，即下文裸玉是也，故知裸器中有瓚，瓚則兼圭瓚、璋瓚也。凡祭祀之裸事，和鬱鬯，以實彝而陳之。築鬱金煮之，以和鬯酒。鄭司農云：鬱，草名，十葉爲貫，百二十貫爲築，以煮之鐎中，停於祭前，鬱爲草若蘭。○鐎，子遥反，劉似銷反（一五八）。○疏曰：天地大神至尊不裸。至於山川及門社等事，在鬯人亦無裸事。此云祭祀，唯據宗廟耳。云「和鬱鬯」者，謂和鬯人所造秬黍之鬯酒也。爲宗廟用鬱者，則肆師築鬱金草煮之以和鬯酒，更和以盎齊，泲之以實彝，陳於廟中祭之處也。又曰：鄭知「築鬱金草煮之」者，見肆師云「築鬻」，故知之也。司農云「十葉爲貫百二十貫爲築」者，未知出何文。云「以煮之鐎中停於祭前」者，此似直煮鬱停之無鬯酒者，文略，其實和鬯酒也。云「鬱爲草若蘭」者，蘭則蘭芝，以其俱是香草，故比類言之。按王度記云：「天子以鬯，諸侯以薰，大夫以蘭芝，士以蕭，庶人以艾。」此等皆以和酒。諸侯以薰，謂未得圭瓚之賜，得賜則以鬱耳。王度記云「天子以鬯」及禮緯云「鬯草生庭」，皆是鬱金之草，以其和鬯酒，因號爲鬯草也。凡裸玉，濯之陳之，以贊裸事。裸玉，謂圭瓚璋瓚。○疏曰：此裸玉即圭璋是也，故玉人、典瑞皆云：裸圭尺有二寸。禮記郊特牲云：「灌以圭璋，用玉氣也。」又曰：按禮記祭統云：「君用圭瓚裸尸，太宗用璋瓚亞裸。」鄭云：「太宗亞裸，容夫人有故攝焉。」若然，王用圭瓚，后用璋瓚可知，故鄭並言之也。詔裸將之儀與其節。節，謂王奉玉送裸早晏之時。○疏曰：云「裸將之儀」者，即是奉玉送裸之威儀。云「節」者，即早晚時節，故兩言之。又曰：云「奉玉」，謂王與后裸時奉瓚而酌鬱鬯。云「送裸」者，謂送之以授尸，尸得祭之、嚌之、奠之不飲，故上文司農云「停於祭前」也。凡裸事沃盥。疏曰：「凡」言非一。若賓客，則大宗伯裸。若祭祀，王及后裸。皆鬱人沃，以水盥手及洗瓚也。○同上。○肆師：及果，築鬻。果，古亂反。鬻，音煮。○果築鬻者，所築鬻以裸也。鄭司農云：築煮，築香草煮以爲鬯。○疏曰：「及果，築鬻」者，謂於宗廟有祼。按禮記雜記：築鬱，「臼以椈，杵以梧」，而築鬱金，煮以和秬鬯之酒，以沸之而祼矣。又曰：「鄭司農云築煮築香草煮以爲鬯」者，此言築鬻，鬱人云「祼事和鬱鬯」，謂取鬱金煑和秬鬯之酒，沸以祼神。但鬱人自掌鬱，此又掌之者，彼官正職，此肆師察其不如儀者也。○同上。○小宰：凡祭祀，贊祼將之事。將，送也。祼送，送祼，謂贊王酌鬱鬯以獻尸，謂之祼。祼之言灌也，明不爲飲，主以祭祀。唯人道宗廟有祼，天地大神，至尊不灌，莫稱焉。凡鬱鬯，受，祭之、啐之、奠之。○疏曰：云「將，送也。祼送，送祼，謂贊王酌鬱鬯以獻尸」者，上云「贊玉幣爵」據祭天，而下別云「祼將」，是據祭宗廟。且上大宰不言贊祼將，則大宰不贊之，故此注云「贊王酌鬱鬯」也。云「明不爲飲，主以祭祀」者，朝踐已後，尸乃飲，二祼爲奠不飲，故云「不爲飲」，主以祭祀。云「唯人道宗廟有祼。天地大神，至尊不祼」者，據大宰祀五帝及大神示，「亦如之」，皆不言祼。此文又祼將在玉幣爵之下，明宗廟有祼，天地無祼。且大宗伯祀天言禋，祭社言血，享廟言灌，是亦天地無灌也。天地大神不灌者，不用降神，無妨用秬鬯。必若然，天地用八尊，直有五齊三酒，不言秬鬯尊者，以其冪人職天地八尊者，以與宗廟六彝相對爲文。鬯人職秬鬯不入彝尊，則別有尊矣，不言者，略耳。不祼者，覆載之德，其功尤盛，欲報之德，無可稱焉，故無祼，直加敬而已。其牲用特，其器陶匏，皆是質略之事，故鄭云莫稱焉。云「凡鬱鬯受祭之啐之奠之」者，謂王以圭瓚酌鬱鬯獻尸，后亦以璋瓚酌鬱鬯獻尸，尸皆受，灌地降神，名爲祭之，向口啐之，啐之謂入口乃奠之於地也。祭天地既言無灌，按宗伯「涖玉鬯」，又按禮記表記云「親耕，粢盛秬鬯以事上帝」，上帝得有秬鬯者，按春官鬯人職「掌共秬鬯」下所陳社稷山川等外神皆用秬鬯，不用鬱。鬱人職用鬯者，唯有宗廟及祼賓客耳。○天官○小宗伯：**凡祭祀，以時將瓚果。**將，送也，猶奉也。祭祀，以時奉而授王。天子圭瓚，諸侯璋瓚。○疏曰：云「祭祀，以時奉而授王」者，按小宰職云：「凡祭祀，贊玉幣爵之事、祼將之事。」注云：「又從大宰助王也。將，送也。祼送，送祼，謂贊王酌鬱鬯以獻尸。」以人道宗廟有祼。此小宗伯又「奉而授王」者，此據授王，彼小宰據授尸，謂瓚既在王手，小宰乃贊王授尸，故二官俱言也。云「天子用圭瓚」者，玉人云「祼圭尺有二寸」者是也。云「諸侯用璋瓚」者，此謂未得圭瓚之賜者，故王制云「諸侯賜圭瓚」，然後爲鬯。未賜圭瓚，則資鬯於天子，是用璋瓚謂未得圭瓚賜者也。是以祭義云：君用圭瓚灌，大宗用璋瓚亞灌。鄭云：「大宗亞灌，容夫人有故。」是諸侯亦用圭瓚也。若然，天子用圭瓚，則后亦用璋瓚也。其諸侯未得圭瓚者，君與夫人同用璋瓚也。○春官○内宰：**大祭祀，后祼獻則贊，瑤爵亦如之。**謂祭宗廟，王既祼而出迎牲，后乃從後祼也。祭統曰：「君執圭瓚祼尸，大宗執璋瓚亞祼。」此大宗亞祼，謂夫人不與而攝耳。獻，謂王薦腥薦孰，后亦從後獻也。瑤爵，謂尸卒食，王既酳尸，后亞獻之，其爵以瑤爲飾。○疏曰：「大祭祀」，謂祭宗廟也。「后祼」者，謂室中二祼，后亞王祼尸。獻謂朝踐饋獻，后以玉爵亞王而獻尸。「則贊」者，此三事内宰皆佐后，祼時以璋瓚授后，獻時以玉爵授后，故云則贊也。「瑤爵亦如之」者，謂尸卒食，王酳尸，后亞王而酳尸，則内宰以瑤爵授后，后親酌盎齊以酳尸。云「瑤爵亦如之」者，亦贊之也。又曰：以其天地山川社稷等外神，后夫人不與，又天地無祼，此云祼，故知經云「大祭祀」者，據宗廟而言也。但宗廟之祭，四時與禘祫六享皆有此祼獻瑤爵之事，故總言宗廟也。云「王既祼而出迎牲，后乃從後祼也」者，按郊特牲云既灌而出迎牲，彼據君而言，則知王既祼而出迎牲，后乃從祼也。按司尊彝注后亞王灌訖乃出迎牲者，以郊特牲云既灌而出迎牲，以既灌之中不言無后灌，是以鄭云后灌後乃迎牲。此云迎牲後后乃祼，鄭以迎牲是王事，欲取王事自相亞，故退后祼於迎牲後也。又引祭統已下者，彼雖諸侯禮，欲見后有從王亞祼之事與諸侯同也。又云「獻謂王薦腥薦孰，后亦從後獻也」者，按禮記禮運云「腥其俎，孰其殽」，鄭云：「腥其俎，謂豚解而腥之。」「孰其殽，謂體解而爓之。」是其薦腥薦孰也。此二者是堂上朝踐饋獻之節，室中二灌訖，王出迎牲時，祝延尸於户外之西，南面，后薦八豆八籩，王牽牲入，以血毛告訖，以此腥其俎，薦於神前，王以玉爵酌醴齊以獻尸，后亦以玉爵酌醴齊以獻尸也。朝踐訖，乃孰其殽，薦於神前，王以玉爵酌盎齊以獻尸，后亦玉爵酌盎齊以獻尸，名爲饋獻。云「瑶爵，謂尸卒食，王既酳尸，后亞獻之」者，按儀禮鄭注云：諸侯尸十三飯，天子尸十五飯。尸食後，王以玉爵酌朝踐醴齊以酳尸，謂之朝獻。后亦於後以瑶爵酌饋獻時盎齊以酳尸，謂之再獻，故云「后亞獻」也。云「其爵以瑶爲飾」者，鄉來所解，知后以瑶爵亞酳尸者，約明堂位云：「爵用玉醆仍彫，加以璧散璧角。」食後稱加，彼魯用王禮，即知王酳尸亦用玉醆，后酳尸用璧角，賓長酳尸用璧散。彼云璧，此云瑶，不同者，瑶，玉名，瑶玉爲璧形，飾角口則曰璧角。角受四升，爵爲總號，故鄭云其爵以瑶爲飾也。○天官○諸侯賜圭瓚然後爲鬯，未賜圭瓚，則資鬯於天子。圭瓚，鬯爵也。鬯，秬酒也。○疏曰：「賜圭瓚」者，亦謂上公九命者。若未賜圭瓚者，則用璋瓚。故周禮小宗伯注云：「天子圭瓚，諸侯璋瓚。」既不得鬯，則用薰。故王度記云：「天子以鬯，諸侯以薰。」圭瓚之制，按玉人職大璋、中璋之制云〔一五九〕：「黄金勺，青金外，朱中，鼻寸，衡四寸。」鄭注云：「鼻，勺流也，凡流皆爲龍口也。三璋之勺，形如圭瓚。」又典瑞注：「瓚槃大五升，口徑八寸，下有槃，口徑一尺。」又明堂位注云：「以大圭爲柄。」玉人注又云：「有流前注。」此是圭瓚之形也。鬯者，釀秬黍爲酒，和以鬱金之草，謂之鬱鬯。不以鬱和，直謂之鬯。此鬯者，謂鬯也。○王制

右初獻○記：祭之屬，莫重於祼。祭統○王度記曰：「天子鬯，諸侯薰，大夫芑蘭，士蒹，庶人艾。」秬者，黑黍，一稃二米。鬯者，以百草之香鬱金合而釀之成爲鬯。陽達於墻屋，入于淵泉，所以灌地降神也。玉瓚者，器名也，所以灌鬯之器也。以圭飾其柄，灌鬯貴玉器也。白虎通○諸侯之有德者，三命以秬鬯。○不得賜鬯者，資於天子，然後祭。尚書大傳○有虞氏之祭也，尚用氣。血腥爓祭，用氣也。尚，謂先薦之。爓，或爲腤。○腤，直輒反。○疏曰：此一節總論祭祀之事，各依文解之。「有虞氏之祭也尚用氣」者，尚，謂貴尚。其祭祀之時，先薦用氣物也。「血腥爓祭用氣也」者，此解用氣之意。血，謂祭初以血詔神於室。腥，謂朝踐薦腥肉於堂。爓，謂沈肉於湯，次腥，亦薦於堂，祭義云「爓祭祭腥而退」是也。今於堂以血腥爓三者而祭，是用氣也。以其並未孰，故云用氣也。又曰：言「先薦」者，對合亨、饋孰爲先也。此虞氏尚氣，殷人尚聲，周人尚臭，皆謂四時常祭也。若其大祭祫，周人仍先用樂也。故大司樂云：「若樂九變，則人鬼可得而禮矣。」鄭云：「先奏是樂以致其神，而後祼焉。」推此言之，虞氏大祭亦先作樂也，故鄭注大司樂引虞書云：『戛擊鳴球，搏拊琴瑟以詠。祖考來格，簫韶九成，鳳皇來儀。』此宗廟九奏之效。」此虞氏大祭與周同樂九奏。夏殷大祭雖無文，或當與周同。熊氏以爲殷人先求諸陽，謂合樂在灌前。

周人先求諸陰，謂合樂在灌後，與降神之樂别。熊氏又云：凡大祭並有三始。祭天，以樂爲致神始，以煙爲歆神始，以血爲陳饌始。祭地，以樂爲致神始，以腥爲歆神始〔一六〇〕，以血爲陳饌始。祭宗廟，亦以樂爲致神始，以灌爲歆神始，以腥爲陳饌始。義或然也。按禮，宗廟之祭，先薦血，後薦腥。而云「宗廟腥爲陳饌始」，於義未安也。熊氏又云社稷以下之祭皆有三始，於義非也。**殷人尚聲，臭味未成，滌蕩其聲，樂三闋，然後出迎牲。**滌蕩，猶摇動也。○疏曰：「殷人尚聲」者，帝王革異，殷不尚氣而尚聲，謂先奏樂也。不言夏，或從虞也。「臭味未成滌蕩其聲」者，臭味未成，謂未殺牲也。滌蕩猶摇動也，既尚聲，故未殺牲而先摇動樂聲以求神也。「樂三闋然後出迎牲」者，闋，止也〔一六一〕，奏樂三遍止，乃迎牲入殺之。**周人尚臭，灌用鬯臭，鬱合鬯。灌以圭璋，既灌然後迎牲。蕭合黍稷，既奠，然後焫蕭合羶薌。**焫，如悦反。合，如字，徐音閤。羶，音馨。薌，音香。○灌，謂以圭瓚酌鬯，始獻神也，已，乃迎牲於庭殺之，天子諸侯之禮也。奠，謂薦孰時也，特牲饋食所云祝酌「奠於鉶南」是也。蕭，薌蒿也，染以脂，合黍稷燒之。詩云：「取蕭祭脂。」羶，當爲馨，聲之誤也。奠，或爲薦。○鉶，音刑。○疏曰：「周人尚臭」者，周禮變於殷，故先求陰尚臭也。「灌用鬯臭」者，謂鬯氣也。未殺牲，先酌鬯酒灌地以求神，是尚臭也。「鬱合鬯」者，鬱，鬱金草也，鬯，謂鬯酒。煮鬱金草和之，其氣芬芳調鬯也。又以擣鬱汁和合鬯酒，使香氣滋甚，故云鬱合鬯也。鄭注鬱人云：「鬱，鬱金香草，宜以和鬯。」盧云：言取草芬香者與秬黍鬱合釀之，成必爲鬯也。馬氏說：鬱，草名，如鬱金香矣，合爲鬯也。庾氏讀句則云「臭鬱合鬯」。灌以圭璋，用玉氣也者，王肅云：以圭璋爲瓚之柄也，瓚所以斞鬯也。玉氣潔潤，灌用玉瓚，亦求神之宜也。玉氣亦是尚臭也。周言用玉，則殷不用圭瓚。「既灌然後迎牲」者，先求神，後迎牲也。「蕭合黍稷」者，周人後求陽也。取蕭草及牲脂膋，合黍稷燒之也，此謂饋食時也。故既奠然後焫蕭合羶薌者，明上焫蕭之時節也。既奠，謂薦孰時也。堂上事尸竟，延尸户內，更從孰始也。於薦孰時，祝先酌酒，奠於鉶羹之南訖，尸未入。於是又取香蒿染以腸閒脂，合黍稷燒之於宮中，此又求諸陽之義也。馨香，謂黍稷。又曰：知此經所云天子諸侯禮者，以儀禮少牢、特牲是大夫士之禮，無臭鬱灌鬯之事故也。云「奠，謂薦孰時也」，特牲饋食禮所云祝酌奠於鉶南是也」者，尸未入之前，當饋孰之始，饋孰有黍稷，此云蕭合黍稷，既奠，然後焫蕭，故知當饋孰之時也〔一六二〕。云「染以脂，合黍稷燒之」者，此云蕭合黍稷，是蕭與黍稷合。詩云：「取蕭祭脂。」是蕭與脂合也，故知有蕭及脂、黍稷合馨香也。○郊特牲○成王以周公爲有勳勞於天下，命魯公世世祀周公以天子之禮樂。同之於周，尊之也。魯公，謂伯禽。是以魯君季夏六月以禘禮祀周公於太廟，牲用白牡，尊用犧象山罍，鬱尊用黃目，灌用玉瓚大圭，薦用玉豆雕篹，爵用玉琖仍雕，加以璧散璧角，俎用梡嶡。升歌清廟，下管象。朱干玉戚，冕而舞大武；皮弁素積，裼而舞大夏。昧，東夷之樂也；任，南蠻之樂也。納夷蠻之樂於太廟，言廣魯於天下也。瓚，才旦反。篹，息緩反。琖，祖管反。梡，苦管反。嶡，居衛反。任，而林反，又而鴆反。○季夏，建巳之月也。禘，大祭也。周公曰大廟，魯公曰世室，羣公稱宮。白牡，殷牲也。尊，酒器也。犧尊，以沙羽爲畫飾。象尊，以象骨飾之。鬱尊，鬱鬯之器也。黃目，黃彝也〔一六三〕。灌，酌鬱尊以獻也。瓚，形如槃，容五升，以大圭爲柄，是謂圭瓚。篹，籩屬也，以竹爲之。雕，刻飾其直者也。爵，君所進於尸也。仍，因也，因爵之形爲之飾也。加，加爵也。散、角，皆以璧飾其口也。梡，始有四足也。嶡，爲之距。清廟，周頌也。象，謂周頌武也，以管播之。朱干，赤大盾也。戚，斧也。冕，冠名也，諸公之服，自袞冕而下，如王之服也。大武，周舞也。大夏，夏舞也。周禮昧師「掌教昧樂」。詩曰：「以雅以南，以籥不僭。」廣，大也。○沙，素何反。盾，常準反，又音允。卷，本作兖，古本反。僭，七尋反，又則念反。○疏曰：「同之於周」者，謂同此周公於周之天子。云「魯公，謂伯禽」者，尚書費誓云：「魯侯伯禽宅曲阜。」時伯禽歸魯，周公不之魯，故公羊文十三年傳：「封魯公以爲周公也，周公拜乎前，魯公拜乎後，曰：生以養周公，死以爲周公主。然則，周公之魯乎？曰：不之魯也。曷爲不之魯？欲天下之一乎周也。」言若周公之魯，恐天下歸心於魯，故不之魯，使天下一心以事周。又曰：此一節明禘禮祀周公於大廟，文物具備之儀。「牲用白牡」者，白牡，殷牲，尊敬周公，不可用己代之牲，故用白牡。「尊用犧象山罍」者，魯得用天子之尊也。犧，犧尊也。周禮，春夏之祭，朝踐堂上薦血腥時，用以盛醴齊，君及夫人所酌以獻尸也。象，象尊也。周禮春夏之祭，堂上薦朝事竟，尸入室，饋食時用以盛盎齊，君及夫人所酌以獻尸也。山罍，謂夏后氏之尊，天子於追享、朝享之祭再獻所用。今褒崇周公，於禘祭之時，亦雜用山尊，但不知何節所用。「鬱尊用黄目」者，鬱謂鬱鬯酒，黄目，嘗烝所用。今尊崇周公，故於夏禘用之。「灌用玉瓚大圭」者，灌謂酌鬱鬯獻尸求神也，酌之所用玉瓚，以玉飾瓚，故曰「玉瓚」也。以大圭爲瓚柄，故曰「大圭」也。「薦用玉豆」者，薦謂祭時所薦菹醢之屬也。

以玉飾豆，故曰玉豆，下云「殷玉豆」是也。「雕篹」者，篹，籩也，以竹爲之，形似筥，亦薦時用也。雕鏤其柄，故曰雕篹也。「爵用玉琖仍雕」者，爵，君酌酒獻尸杯也。琖，夏后氏之爵名也，以玉飾之，故曰「玉琖」。仍，因也，因用爵形而爲之飾，故曰「仍雕」。「加以壁散、壁角」者，加，謂尸入室饋食竟，主人酌醴齊酳尸，名爲朝獻。朝獻竟而夫人酌盎齊亞獻，名爲再獻，又名爲加，於時薦加豆籩也。此再獻之時，夫人用壁角，内宰所謂「瑶爵」也。其壁散者，夫人再獻訖，諸侯爲賓，用之以獻尸。雖非正加，是夫人加爵之後。總而言之，亦得加稱，故此總云「加以壁散壁角」。先散後角，便文也。「俎用梡嶡」者，梡、嶡，兩代俎也。虞俎名梡，梡形四足如案，禮圖云：「梡長二尺四寸，廣一尺二寸，高一尺。諸臣加雲氣，天子犧飾之。夏俎名嶡，嶡亦如梡而横柱四足，中央如距也。」賀云：直有脚曰梡，加脚中央横木曰嶡。「升歌清廟」者，升，升堂也。清廟，周頌文王詩也，升樂工於廟堂而歌清廟詩也。「下管象」者，下，堂下也，管，匏竹。在堂下，故云「下管」也。象，謂象武詩也。堂下吹管以播象武之詩，故云「下管象」也。「朱干玉戚」者，干，盾也，戚，斧也，赤盾而玉飾斧也。「冕而舞大武」者，冕，衮冕也。大武，武王樂也。王著衮冕，執赤盾玉斧而舞武王伐紂之樂也。「皮弁素積，裼而舞大夏」者，皮弁，三王之服也。裼，見美也。大夏，夏禹之樂也。王又服皮弁裼而舞夏后氏之樂也。六冕是周制，故用冕而舞周樂。皮弁是三王服，故用皮弁舞夏樂也。而周樂是武，武質，故不裼，夏家樂文，文故裼也。若諸侯之祭，各服所祭之冕而舞。故祭統云：「諸侯之祭也，與竟内樂之。冕而總干，率其羣臣，以樂皇尸。」是知用冕服舞也。「昧，東夷之樂也；任，南蠻之樂也」者，周公德廣，非唯用四代之樂，亦爲蠻夷所歸，故賜奏蠻夷之樂於庭也。唯言夷蠻，則戎狄從可知也。又一通云：正樂既不得六代，故蠻夷則唯與二方也。白虎通云：「樂元語曰：東夷之樂曰朝離，萬物微離地而生，樂持矛舞，助時生也。南夷樂曰南，南，任也，任養萬物，樂持羽舞，助時養也。西夷樂曰味，味，眛也，萬物衰老，取晦眛之義也，樂持戟舞，助時殺也。北夷樂曰禁，言萬物禁藏，樂持干舞，助時藏也。又曰：誰制夷狄樂？聖王也。先王推行道德，和調陰陽，覆被夷狄，故制夷狄樂。何不制夷禮？禮者，身當履而行之，夷狄不能行禮也。此東曰昧，西曰株離，與白虎通正相反者，以春秋二方俱有昧、株離之義，故白虎通及此各舉其一。白虎通云「朝離」，則「株離」也。鉤命決亦云：「東夷之樂曰昧，南夷之樂曰南。」與此同。「納夷蠻之樂於大廟」者，皆於大廟奏之。言「廣魯於天下也」者，廣魯欲使如天子示於天下，故云廣魯於天下也。又曰：羣公稱宮，此公羊文十三年傳曰：「周公稱大廟，魯公稱世室，羣公稱宮。此魯公之廟也，曷爲謂之世室？世室，猶世世不毀也。」左氏經以爲大室屋壞，服氏云「大廟之室」，與公羊及鄭違，今所不取。云「犧尊，以沙羽爲畫飾」者，鄭志：「張逸問曰：『明堂注犧尊以沙羽爲畫飾，前問曰犧讀如沙，沙鳳皇也，不解鳳皇何以爲沙？』答曰：『刻畫鳳皇之象於尊，其形婆娑。然或有作獻字者，齊人之聲誤耳。』」又鄭注司尊彝云：「山罍，亦刻而畫之，爲山雲之形。」鄭司農注周禮司尊彝云：「獻讀爲犧，犧尊飾以翡翠，象尊以象鳳皇，或曰以象骨飾尊。」王注禮器云：「爲犧牛及象之形，鑿其背以爲尊，故謂之犧象。」阮諶禮圖云：「犧尊畫以牛形。」云「篹，籩屬也，以竹爲之。雕刻飾其直者也」，知篹爲籩屬者，與豆連文，故知籩屬。以字從竹，故知以竹爲之。直，柄也。篹既用竹，不可刻飾，今云「雕其直」者，是刻其柄也。云「仍因也」者，釋詁文也。云「加，加爵也」者，以其非正獻，故謂之加。云「散角皆以璧飾其口也」者，鄭恐散角以璧爲之，故云「以璧飾其口」。內宰謂之「瑤爵」，此處謂之「璧角」者，瑤是玉名，爵是總號，璧是玉之形制，角是爵之所受，其名異，其實一物也。云「梡，始有四足也」者，以虞氏尚質，未有餘飾，故知始有四足。云「嶡爲之距」者，以夏世漸文，故知以横木距於足中。云「清廟周頌也」者，以文王有清明之德，祭之於廟而作頌也。云「象，謂周頌武也，以管播之」者，按詩維清奏象舞，襄二十九年見舞象箾、南籥，知非文王樂。必以爲大武武王樂者，以經云「升歌清廟，下管象」，以父詩在上，子詩在下，故知爲武王樂也。「以管播之」，謂吹管播散詩之聲也。云「大武周舞也」者，上云「下管象」謂吹大武詩，此云「舞大武」，謂爲大武之舞。云「大夏，夏舞也」者，以大夏是禹樂，故爲夏舞。引周禮昧師者，證經之昧樂。引詩「以雅以南」者，證經之南夷之樂任即南也，則此詩小雅鼓鐘之詩，鄭云：「雅，萬舞也。萬也、南也、籥也，三舞不僭，言進退之旅也。周樂尚武，故謂萬舞爲雅。」○明堂位○子曰：「禘自既灌而往者，吾不欲觀之矣。」禘，大計反。○趙伯循曰：禘，王者之大祭也。王者既立始祖之廟，又推始祖所自出之帝，祀之於始祖之廟，而以始祖配之也。成王以周公有大勳勞，賜魯重祭，故得禘於周公之廟。以文王爲所出之帝，而周公配之，然非禮矣。灌者，方祭之始，用鬱鬯之酒灌地，以降神也。魯之君臣，當此之時，誠意未散，猶有可觀，自此以後，則浸以懈怠，而無足觀矣。蓋魯祭非禮，孔子本不欲觀，至此而失禮之中又失禮焉，故發此歎也。○謝氏曰：夫子嘗曰：我欲觀夏道，是故之杞，而不足證也；我欲觀商道，是故之宋，而不足證也。又曰：我觀周道，幽厲傷之，吾舍魯何適矣。魯之郊禘非禮也，周公其衰矣！考之杞宋已如彼，考之當今又如此，孔子所以深歎也。○或問禘之説，子曰：「不知也。知其説者之於天下也，其如示諸斯乎！」指其掌。先王報本追遠之意，莫深於禘。非仁孝誠敬之至，不足以與此，非或人之所及也。而不王不禘之法，又魯之所當諱者，故以不知答之。示，與視同。指其掌，弟子記夫子言此而自指其掌，言其明且易也。蓋知禘之説，則理無不明，誠無不格，而治天下不難矣。聖人於此，豈真有所不知也哉？○八佾〔一六四〕○襄公二十八年十一月乙亥，齊嘗于大公之廟，慶舍涖事。大，音太。○臨祭事。麻嬰爲尸，爲祭尸。慶奊爲上獻。奊，户結反。○上獻，先獻者。○疏曰：祭祀之禮，主人先獻。下文慶舍死，公懼而歸，則於時公親在矣。又此祭慶舍涖事，公與慶舍不爲上獻，而奊爲上獻者，慶舍使爲之，不可以禮責也。奊，即繩也，爲下殺慶繩張本。○春秋左氏傳

祭之日，君牽牲，穆答君，卿大夫序從。從，才用反，注同。○祭，謂祭宗廟也。穆，子姓也。答，對也。序，以次第從也。序，或爲豫。○疏曰：「穆答君」者，穆謂子姓，答，對也。言祭廟君牽牲之時，子姓對君共牽牲。「卿大夫序從」者，卿大夫佐幣，士奉芻，依次第而從君也。又曰：知穆是子姓者，熊氏云：父昭子穆。姓，生也。是昭穆所生謂子孫，直言穆者，文不備。既入廟門，麗于碑，卿大夫袒，而毛牛尚耳。鸞刀以刲，取膟膋乃退。爓祭、祭腥而退。刲，苦圭反。膟，音律。膋，力彫反。○爓，音燖。○麗，猶繫也。毛牛尚耳，以耳毛爲上也。膟膋，血與腸閒脂也。爓祭祭腥，祭爓肉、腥肉也。湯肉曰爓。爓祭祭腥，或爲合祭腥泄䐑孰也。○䐑，直輒反。○疏曰：「既入廟門，麗於碑」者，

麗，繫也，君牽牲入廟門，繫著中庭碑也。王肅云：以紖貫碑中，君從北待之也。「卿大夫袒，而毛牛尚耳」者，將殺牲，故袒。取牛毛薦之，故云「毛牛」也。以耳毛爲上，故云「尚耳」。耳主聽，欲使神聽之。「鸞刀以封，取膟膋」者，謂用鸞刀封割牲體，又取血及腸閒脂，血以供薦，而膋以供炙肝及爇蕭也。「乃退」者，謂殺牲竟，而取卿大夫所封血毛膟膋，薦之竟而退也。祭有三節，此一節竟，故退。「爓祭祭腥」者，爓謂爓肉而祭，腥謂以腥肉而祭。言薦膟膋之後，以俎載爓肉、腥肉而祭也。「而退」者，謂爓祭祭腥之後，祭事既卒而退，是恭敬至極也。又曰：按説文及字林云：膟，血祭膋是牛腸閒脂也。是膟爲血，膋爲腸閒脂也。云「爓祭祭腥祭爓肉腥肉也」者，既疊出經文爓祭之事、祭腥之語，然後解云謂「祭爓肉」也、「腥肉」也，「祭爓肉」即經之「爓祭」也，云「腥肉」即經之「祭腥」也。其祭腥肉、爓肉並當朝踐之節。此腥肉，則禮運云「腥其俎」也；爓肉，即禮運云「孰其殽」也。此先云「爓」者，記者便文耳，非先後之次。云「湯肉曰爓」者，以鬼神異於生，雖曰孰殽，但湯肉而已。若其小祀，則煮肉令孰。故郊特牲云「一獻孰」，是爓與孰又别也。云「爓祭祭腥，或爲合祭腥泄膶孰也」者，謂「爓祭祭腥」四字，禮記他本爲「合祭腥泄膶孰」六字者，故云「或」。○祭義○及迎牲，君執紖，卿大夫從，士執芻，宗婦執盎從，夫人薦涚水。君執鸞刀羞嚌，夫人薦豆。紖，直忍反，徐以忍反。涚，舒鋭反，徐音歲。嚌，才細反。○紖，所以牽牲也，周禮作緧。芻，謂藁也，殺牲時用薦之。周禮封人：祭祀飾牲，「共其水藁」。涚，盎齊也，盎齊涚酌也。凡尊有明水，因兼云水爾。嚌，嚌肺、祭肺之屬也，君以鸞刀割制之。天子諸侯之祭，禮先有祼尸之事，乃後迎牲。芻，或爲䅳〔一六五〕。○緧，直忍反。共，音恭。盎齊，才細反。○疏曰：「君執紖」者，紖，牛鼻繩，君自執之，入繫於碑。「卿大夫從」者，謂卿大夫從驅之。及殺與幣告也，皆從於君。「士執芻」者，芻謂藁也，以其殺牲用芻藁藉之。「宗婦執盎從」者，謂同宗之婦執盎以從夫人。「夫人薦涚水」者，涚即盎齊，由其濁，用清酒以涚泲之。涚水是明水，宗婦執盎齊從夫人而來，奠盎齊於位，夫人乃就盎齊之尊，酌此涚齊而薦之者，因盎齊有明水，連言水耳。上云「夫人副褘」，此則上公之祭，宜有醴齊、盎齊，但言盎者，略言之。亦容侯伯子男之祭但有盎齊，無醴齊也，故執盎從。「君執鸞刀，羞嚌者」，嚌，肝肺也。嚌有二時：一是朝踐之時，取肝以膋貫之，入室燎於爐炭，出薦之主前；二者謂饋孰之時，君以鸞刀割制所羞嚌肺，横切之，使不絶，亦奠於俎上，尸並嚌之，故云羞嚌。一云：羞，進也，謂君用鸞刀制此嚌肉以進之，故云「鸞刀羞嚌」。「夫人薦豆」者，於君羞嚌之時，夫人薦此饋食之豆。又曰：云「盎齊，涚酌也」者，周禮司尊彝文。按彼注云：「盎齊差清，和以清酒，泲之」，謂之涚酌。鄭引此者，解經「夫人薦涚」是盎齊也。云「凡尊有明水因兼云水爾」者，以經夫人薦涚秖是薦盎不薦明水，今經「薦涚」之下別更言水，此謂明水也。以盎齊加明水，故記者因盎而連言明水爾。知盎齊加明水者，郊特牲云「祭齊加明水」是也。云「嚌，嚌肺、祭肺之屬也」者，按少牢、特牲薦孰之時，俎有祭肺及舉肺，切之，舉肺離而不提心，二肺皆嚌之，故云「嚌肺、祭肺之屬」。云「天子諸侯之祭禮，先有祼尸之事，乃後迎牲」者，以特牲、少牢無此禮，今此經祼後有迎牲之文，是天子諸侯之事，故鄭明之也。○祭統

○夫人薦豆執校，執醴授之執鐙。校，户教反，又户交反，柄也〔一六六〕。鐙，音登，又丁鄧反。○校，豆中央直者也。執醴，授醴之人。授夫人以豆，則執鐙。鐙，豆下跗也。○跗，芳符反。○疏曰：「夫人薦豆執校」

者，校，謂豆之中央直者，夫人薦豆之時，手執此校。「執醴授之執鐙」者，鐙謂豆下跗。夫人薦豆之時，此執醴之人以豆授夫人之時，則執豆之下跗，夫人受之，乃執校也。又曰：謂夫人獻尸以醴齊之時，此人酌醴以授夫人。至夫人薦豆之時，此人又執豆以授夫人。是獻之與薦，皆此人所掌，故云「執醴，授醴之人」。執鐙，謂授夫人以豆而執鐙也。○祭統○建設朝事，燔燎羶薌，見以蕭光，以報氣。薦黍稷，羞肝肺首心，見閒以俠甒，加以鬱鬯，以報魄。燔，音煩。燎，力召反，又力弔反。薌，音香。俠，古洽反。甒，音武。○朝事，謂薦血腥時也。薦黍稷，所謂饋食也。「見」及「見閒」皆當爲「覸」，字之誤也。羶，當爲馨，聲之誤也。燔燎馨香，覸以蕭光，取牲祭脂也。光，猶氣也。有虞氏祭首，夏后氏祭心，殷祭肝，周祭肺。覸以俠甒，謂雜之兩甒醴酒也。相愛用情，謂此以人道祭之也。報氣以氣，報魄以實，各首其類。○疏曰：「建設朝事，燔燎羶薌，見以蕭光以報氣也」者，此明朝踐報氣之義也。朝事，謂早朝祭事。燔燎，謂取膟膋燎於爐炭。羶謂馨香。見以蕭光，謂見覸，覸謂雜也，光謂氣也，謂燔膟膋，兼爇蕭蒿，是雜以蕭氣。此等三祭，是以報氣也。「薦黍稷，羞肝肺首心，見閒以俠甒，加以鬱鬯，以報魄也」者，薦黍稷者，謂饋孰時薦此黍稷。「羞肝肺首心」者，羞，進也，謂薦黍稷之時，進肝之與肺及首之與心。殷祭以肝，周祭以肺，有虞氏以首，夏后氏以心，皆謂祭黍稷之時，兼此物祭也。故郊特牲云「祭黍稷加肺」，謂周法也。「見閒以俠甒」者，見閒，讀爲覸，亦雜也。「俠甒」，謂兩甒醴酒。言祭黍稷之時，雜以兩甒醴酒。「加以鬱鬯」者，謂薦此黍稷，加肝肺之薦，更加之以鬱鬯，然後薦黍稷。「饋孰報魄之時始云加鬱鬯」者，言非但薦孰是報魄，言祭初所以加鬱鬯，亦是報魄也。以魄在地下，鬱鬯灌地，雖是祭初，亦是報魄，不當薦孰之時，故云加也。「以報魄也」者，言薦黍以下皆是報祭形魄之氣。又曰：云「見及見閒皆當爲覸字之誤也」者，經云見以蕭光，但有見字在旁無閒，閒旁無見字，此等據意皆是覸雜之理，故知誤。加以閒邊加見。凡覸者，所見錯雜之義，故「閒」旁「見」也。云「羶，當爲馨」，以與香連文，無取羶義，羶、馨聲相近，故云「聲之誤也」。云「取牲祭脂也」者，按詩生民云：「取蕭祭脂。」是取蕭與祭牲之脂雜燒之〔一六七〕。一祭之中，再度焫蕭，朝踐燔膟膋之時，亦有蕭也。故郊特牲云「取膟膋升首，報陽也」，注云：「膟膋，腸間脂也，與蕭合燒之。」是朝踐焫蕭也。郊特牲又云「既奠，然後焫蕭合羶薌」，是饋孰焫蕭也。云「有虞氏祭首」至「周祭肺」，皆明堂位文。云「兩甒醴酒也」者，以士喪禮、既夕等皆以甒盛醴，故知醴酒也。此用甒者，蓋是天子追享朝踐用大尊，此甒即大尊。或可子男之禮，禮器云「君尊瓦甒」，謂子男也。皇氏以爲異代法也。云「報氣以氣，報魄以實，各首其類」者，燔燎馨香、蕭光之屬，是氣也。黍稷、肝肺之屬，是實物也。首，本也。報氣以氣，是虛，還以馨香虛氣報之。報魄以實，還以黍稷實物報之。各本其事類，故云「各首其類也」。○祭義○祭黍稷加肺，祭齊加明水。齊，才細反。○祭黍稷加肺，謂綏祭也。明水，司烜所取於月之水也。齊，五齊也。五齊加明水，則三酒加玄酒也。○疏曰：「祭黍稷加肺」者，謂尸既坐，綏祭之時，祭黍稷加之以肺，言兼肺而祭，故云加肺也。「祭齊加明水」者，謂於正祭之時，陳列五齊之尊，上又加明水之尊，故云祭齊加明水也。又曰：「祭黍稷加肺謂綏祭」者，按特牲禮云：「祝命綏祭，尸左執觶，右取菹，㨎於醢，祭於豆閒。佐食取黍稷肺祭授尸，尸祭之。」是尸綏祭之時有黍稷肺也，少牢亦然。皇氏以爲尸綏祭之時無黍稷，至主人綏祭之時乃有黍稷，解此祭爲主人綏祭也。違背儀禮正文，其義非也。云「五齊加明水，則三酒加玄酒也」者，崔氏云：五齊尊上加明水之尊，五齊重，明水亦重，故加明水。三酒輕，玄酒亦輕，故云「三酒加玄酒也」。此云玄酒對明水，直謂水也，若總而言之，明水亦名玄酒，故禮運云「玄酒在室」，及司烜注云「明水以爲玄酒」是也。此經祭齊加明水之文，總據祭時而用五齊，非謂綏祭之時也，故鄭云「祭黍稷加肺謂綏祭」，不云祭齊也。按儀禮，綏祭之後亦祭酒。必知此祭齊非綏祭者，以鄭云三酒加玄酒，三酒本非綏祭之用故也。取膟膋燔燎升首。膟膋，腸閒脂也，與蕭合燒之，亦有黍稷也。○疏曰：「取膟膋燔燎升首」者，此謂朝踐時祝取膟膋燎於爐炭，入以告神於室，出以綏於主前，又升首於室。至薦孰之時，祝更取膟膋及蕭與黍稷合燒之，是臭陽達於墻屋也。又曰：凡祭血腥之時，已有膟膋燔燎，故前云「詔祝於室」，鄭注云「取牲膟膋燎於爐炭，洗肝於鬱鬯而燔之」是也。至薦孰之時，又取膟膋而燔之，故上經云「蕭合黍稷」，故既奠然後焫蕭合馨香，故鄭此注云「與蕭合燒之」，謂饋孰時也。云「亦有黍稷也」者，非但有蕭與膟膋，兼有黍稷，故云「亦」也。君再拜稽首，肉袒親割。割，解牲體。舉斝角，詔妥尸。妥，安坐也。尸始入，舉奠斝若奠角，將祭之，祝則詔主人拜妥尸，使之坐。尸即至尊之坐，或時不自安，則以拜安之也。天子奠斝，諸侯奠角。古，謂夏時也。○疏曰：「舉斝、角」者，斝、角，爵名也，天子曰斝，諸侯曰角。若依此，則饋食薦孰之時，尸未入，祝先奠爵於鉶南，尸入，即席而舉之，如特牲禮陰厭後尸入舉奠焉也。但云「舉斝角」，恐非周禮耳。崔云：是周也。詔妥尸者，詔，告也。妥，安也。尸始即席舉奠斝角之時，既始即席至尊之坐，未敢自安，而祝當告主人拜尸，使尸安坐也。○郊特牲○蕭合黍稷，既奠，然後焫蕭合饘鄉。注疏見上初獻條。○廟堂之上，罍尊在阼，犧尊在西。廟堂之下，縣鼓在西，應鼓在東。禮樂之器，尊西也。小鼓謂之應。犧，周禮作獻。○疏曰：「廟堂之上，罍尊在阼，犧尊在西」者，罍尊在阼，謂夫人所酌也。犧尊在西，謂君所酌也。「廟堂之下，縣鼓在西，應鼓在東」者，縣鼓謂大鼓也，在西方而縣之。應鼓謂小鼓也，在東方而縣之。熊氏云：此謂諸侯時祭所用之禮，故罍尊夫人所酌也。若天子之祭，則罍尊在堂下，故禮運云「澄酒在下」，酒，謂三酒，在堂下。司尊彝云「皆有罍，諸臣之所酢」，則君不酌罍也。按大射禮：「建鼓在阼階西，南鼓。應鼙在其東。」「一建鼓在其南，東鼓。朔鼙在其北。一建鼓在西階之東，南面。」大射禮是諸侯之法，此亦諸侯之禮，所以大鼓及應所縣不同者，熊氏云：「大射謂射禮也。」此謂祭禮也，是諸侯之法雖同，諸侯祭、射有異。按大射注云「應鼓，應朔鼙也」，又云「便其先擊小後擊大也」。以此言之，則朔鼙、應鼙皆在大鼓之旁，先擊朔鼙，次擊應鼙，乃擊大鼓，以其相近，故云便也。以其稱朔，朔，始也，故知先擊朔鼙。以其稱應，故知應朔鼙也。又大射稱建鼓，此云縣鼓，大射應鼓既在大鼓之旁，此應鼓在東，乃與縣鼓別縣者，皆謂祭與射別也。又曰：「禮樂之器尊西也」者，鄭據此經而論犧尊貴於罍尊，而犧尊在西，縣鼓大於應鼓，而縣鼓在西，故云「禮樂之器尊西」。云「犧，周禮作獻」者，按周禮司尊彝兩獻尊字作兩獻尊，鄭云：獻，讀爲犧。君在阼，夫人在房。人君尊東也。天子諸侯有左右房。○疏曰：此以經云「君在阼，夫人在房」，故云「人君尊東」。云「天子諸侯有左右房」者，以卿大夫以下唯有東房，故鄉飲酒、鄉射尊於房戶閒，賓主夾之，無西房也。知「天子諸侯有左右房」者，以士喪禮主婦髽於室，在主人西。喪大記君之喪，「婦人髽，帶麻於房中」，亦當在男子之西，故彼注亦云：「則西房也。」又顧命云天子有左右房，此云「夫人在房」，又云「夫人東酌罍尊」，是西房也，故云「天子諸侯有左右房」。君西酌犧象，夫人東酌罍尊。象日出東方而西行也，月出西方而東行也。周禮曰：「春祠夏禴，祼用雞彝、鳥彝，皆有舟。其朝踐用兩獻尊，其再獻用兩象尊。皆有罍，諸臣之所酢。」○疏曰：「君西酌犧象，夫人東酌罍尊」者，按上云「罍尊在阼」，當阼階堂上而設之，則「犧尊在西」，當西階堂上而陳之，故君於阼階西嚮酌犧尊，夫人於西房之前東嚮酌罍尊。又曰：引周禮司尊彝者，證罍尊與此經中夫人東酌罍尊不同，故引以明之，見其不同之意。「春祠夏禴，祼用雞彝鳥彝」之屬，其義具於明堂疏，於此略之。禮交動乎上，樂交應乎下。言交乃和。○疏曰：禮交動乎上者，謂君與夫人酌獻之禮交相動於堂上也。樂交應乎下者，謂縣鼓、應鼓相應在於堂下。○禮器○貴者獻以爵，賤者獻以散。尊者舉觶，卑者舉角。凡觴，一升曰爵，二升曰觚，三升曰觶，四升曰角，五升曰散。○疏曰：「貴者獻以爵賤者獻以散」，按特牲云：主人獻尸用角，角受四升，其器小，佐食洗散以獻尸，散受五升，其器大。是尊者小，卑者大。按天子諸侯及大夫皆獻尸以爵，無賤者獻以散之文，禮文散亡，略不具也。特牲主人獻尸用角者，下大夫也。「尊者舉觶，卑者舉角」，崔氏云：按特牲、少牢禮尸入舉奠觶，是尊者舉觶。特牲主人受尸酢，受角飲者，是卑者舉角。此是士禮耳。天子諸侯祭禮亡，文不具也。○疏詳見祭義下條。○禮器○玄酒在室，醴醆在户，粢醍在堂，澄酒在下，陳其犧牲，備其鼎俎，列其琴瑟、管磬、鐘鼓，脩其祝嘏，以降上神與其先祖。此言今禮饌具所因於古及其事也。粢，讀爲齊，聲之誤也。周禮：五齊：一曰泛齊，二曰醴齊，三曰盎齊，四曰醍齊，五曰沈齊。

字雖異，醆與盎，澄與沈，蓋同物也。奠之不同處，重古略近也。祝，祝爲主人饗神辭也。嘏，祝爲尸致福於主人之辭也。○齊，才細反。爲，于僞反。○疏曰：「玄酒在室」者，玄酒謂水也，以其色黑，謂之玄。而大古無酒，此水當酒所用，故謂之玄酒。以今雖有五齊三酒，貴重古物，故陳設之時，在於室内而近北。「醴醆在户」，醴謂醴齊，醆謂盎齊。以其後世所爲，賤之，陳列雖在室内稍南近户，故云醴醆在户。皇氏云：醴在户内，醆在户外。義或然也。其泛齊所陳，當在玄酒南，醴齊北。雖無文，約之可知也。以熊氏、崔氏並云此據禘祭用四齊，不用泛齊也。「粢醍在堂」者，以卑之故，陳列又南，近户而在堂。「澄酒在下」者，澄謂沈齊也，酒謂三酒：事酒、昔酒、清酒之等，稍卑之，故陳在堂下也。「陳其犧牲」者，謂將祭之夕、省牲之時及祭日之旦，迎牲而入，麗於碑。按特牲禮陳鼎於門外北面。獸在鼎南，東首。牲在獸西，西上，北首。其天子諸侯夕省牲之時，亦陳於廟門外，横行西上。「備其鼎俎」者，以牲煮於鑊，鑊在廟門之外。鼎隨鑊設，各陳於鑊西，取牲體以實其鼎，舉鼎而入，設於阼階下，南北陳之，俎設於鼎西，以次載於俎也，故云備其鼎俎。按少牢「陳鼎於廟門之外東方，北面，北上」，又云「鼎入陳於東方，當序，西面北上，俎皆設於鼎西」是也。「列其琴瑟」者，琴瑟在堂而登歌，故書云「搏拊琴瑟以詠」是也。「管磬鐘鼓」者，堂下之樂，則書云：「下管鼗鼓，笙鏞以閒。」是也。其歌鐘、歌磬亦在堂下。「脩其祝嘏」者，祝謂以主人之辭饗神，嘏謂祝以尸之辭致福而嘏主人也。「以降上神與其先祖」者，上神謂在上精魂之神，即先祖也。指其精氣，謂之上神。指其亡親，謂之先祖。協句而言之，分而爲二耳。皇氏、熊氏等云：上神謂天神也。又曰：「今禮饌具所因於古」者，此玄酒在室及下作其祝號並然後退而合亨，皆是今世祭祀之禮。醴醆犧牲之屬，是饌具也。用古玄酒醴醆，是所以因於古，故言今禮饌具所因於古也。云「及其事」者，從「玄酒」以下，至「其先祖」以上，是事也。云「粢讀爲齊」者，按爾雅云：「粢，稷也。」作酒用黍，不用稷，故知粢當爲齊，聲相近而致誤。引周禮「五齊」者，是酒正文也〔一六八〕。鄭注云：「泛者，成而滓浮泛泛然，如今宜成醪矣。醴，猶體也，成而汁滓相將，如今恬酒矣。盎，猶翁也，成而翁翁然葱白色，如今酇白矣。緹者，成而紅赤，如今下酒矣。沈者，成而滓沈，如今造清矣〔一六九〕。」云「醆與盎，澄與沈，蓋同物」者，以酒正文醴、緹之間有盎，此醴、醍之閒有醆，又周禮緹齊之下有沈齊，此醍齊之下有澄酒〔一七〇〕，故云：「醆與盎，澄與沈，蓋同物也。」按此注澄是沈齊，按酒正注澄酒是三酒，二注不同〔一七一〕。故趙商疑而致問。鄭答之云：「此本不誤，轉寫益『澄』字耳。」如鄭所答，是轉寫酒正之文誤益「澄」字，當云「酒，三酒也」，則是與禮運注同。然按坊記云：「醴酒在室，醍酒在堂，澄酒在下，示民不淫也。」注云：「淫，猶貪也。」又以澄爲清酒。田瓊疑而致問，鄭答之云：禮運云醴、醆、醍、澄各是一物，皆不言酒，故推其意，澄爲沈齊，酒爲三酒。坊記云醴也、醍也、澄也，皆言酒，故因注云：「澄酒，清酒也。」其實沈齊也。如鄭此言，坊記所云「醴酒醆酒」，五齊亦言酒，則澄酒是沈齊也，是五者最清，故云澄酒，非爲三酒之中清酒也，是與禮運不異也。云「奠之不同處，重古略近」者，奠之或在室，或在堂，或在下，是「不同處」。古酒奠於室，近酒奠於堂〔一七二〕，或奠於下，是「重古略近」。云「祝，祝爲主人饗神辭」者，按特牲、少牢禮云：祝稱：「孝孫某，用薦歲事於皇祖伯某，尚饗。」是祝爲主人饗神辭。云「嘏，祝爲尸致福於主人之辭」者，此下云「嘏以慈告」，詩小雅云：「錫爾純嘏，子孫其湛。」是致福於主人之辭也。其用酒之法，崔氏云：周禮大祫於太廟，則備五齊三酒。朝踐，王酌泛齊，后酌醴齊；饋食，王酌盎齊，后酌醍齊；朝獻，王酌泛齊，因朝踐之尊；再獻，后酌醍齊，因饋食之尊；諸侯爲賓，則酌沈齊；尸酢王與后，皆還用所獻之齊；賓長酳尸，酢用清酒，加爵亦用三酒；大禘則用四齊三酒者，醴齊以下悉用之，故禮運云：「玄酒在室，醴醆在户，粢醍在堂，澄酒在下。」用四齊者：朝踐，王酌醴齊，后酌盎齊；饋食，王酌醍齊，后酌沈齊；朝獻，王酌醴齊，再獻，后還酌沈齊，亦尊相因也；諸侯爲賓，亦酌沈齊。用三酒之法，如祫禮也。四時之祭，唯二齊三酒，則自祫禘以下至四時祭，皆通用也。二齊，醴、盎也，故鄭注司尊彝四時祭法但云醴、盎而已。用二齊者：朝踐，王酌醴齊，后亦酌醴齊；饋食，王酌盎齊，后亦酌盎齊；朝獻，王還用醴齊，再獻，后還用盎齊，亦尊相因也。諸侯爲賓，亦酌盎齊，三酒同於祫。三酒所常同不差者，三酒本爲王以下飲，故尊卑自有常。依尊卑之常，不得有降。祫、禘、時祭，本明所用總有多少〔一七三〕，故正祭之齊，有差降也。魯及王者之後，大祫所用，與王禘之禮同〔一七四〕，若禘，與王四時同用三酒亦同於王。侯伯子男，祫禘皆用二齊醴、盎而已，三酒則並用。用二齊之法：朝踐，君夫人酌醴齊；饋食，君夫人酌盎齊；朝獻，君還酌醴齊，再獻，夫人還酌盎齊；諸臣爲賓，酌盎齊，尸酢君、夫人，用昔酒；酢諸臣，用事酒。加爵，皆清酒。時祭之法用一齊，故禮器云：「君親制祭，夫人薦盎。」鄭云：謂朝事時也。又云：「君親割牲，夫人薦酒。」鄭云：謂進孰時也。其行之法：朝踐，君制祭則夫人薦盎，爲獻；進孰時，君親割，夫人薦酒；朝獻時，君酌盎齊以酳尸；再獻時，夫人還酌酒以終祭也；賓獻皆酒，加爵如禘祫之禮。天子諸侯酌奠皆用齊酒；卿大夫之祭，酌奠皆用酒。其祫祭之法，既備五齊三酒，以實八尊。祫祭在秋。按司尊彝：秋嘗，冬烝，朝獻用兩著尊，饋獻用兩壺尊，則泛齊、醴齊各以著尊盛之，盎齊、醍齊、沈齊各以壺尊盛之，凡五尊也。又五齊各有明水之尊，凡十尊也。三酒三尊，各加玄酒，凡六尊也。通罍彝盛明水，黄彝盛鬱鬯，凡有十八尊。故崔氏云：大祫祭凡十八尊。其明水、玄酒陳之，各在五齊、三酒之上。祭日之旦，王服衮冕而入。尸亦衮冕，祝在後侑之，王不出迎尸，故祭統云：君不迎尸，所以别嫌也。尸入室，乃作樂降神。故大司樂云：「凡樂，圜鍾爲宫」，九變而致人鬼。是也。乃灌，故書云「王入大室裸」，當灌之。時衆尸皆同在大廟中，依次而灌。所灌鬱鬯。小宰注云：尸「祭之、啐之、奠之。」是爲一獻也。王乃出迎牲，后從灌，二獻也。迎牲而入，至於庭，故禮器云：「納牲詔於庭。」王親執鸞刀，啓其毛而祝，以血毛告於室，故禮器云：「血毛詔於室。」凡牲，則廟各别牢。故公羊傳云：「周公白牡，魯公騂犅。」按逸禮云：「毁廟之主，昭共一牢，穆共一牢。」於是行朝踐之事，尸出於室，大祖之尸坐於户西，南面，其主在右，昭在東，穆在西，相對坐，主各在其右。」故鄭注祭統云：「天子諸侯之祭，朝事延尸於户外，是以有北面事尸之禮。」祝乃取牲膟膋燎於爐炭，入以詔神於室，又出以墮於主前，郊特牲云「詔祝於室，坐尸於堂」是也。王乃洗肝於鬱鬯而燔之，以制於主前，所謂制祭。次乃升牲首於室中，置於北墉下，后薦朝事之豆籩，乃薦腥於尸主之前，謂之朝踐，即此禮運「薦其血毛，腥其俎」是也。王乃以玉爵酌著尊泛齊以獻尸，三獻也；后又以玉爵酌著尊醴齊以亞獻〔一七五〕，四獻也。乃退而合亨，至薦孰之時陳於堂，故禮器云：設饌於堂。乃後延主入室，大祖東面，昭在南面，穆在北面，徙堂上之饌於室内坐前，祝以斝爵酌奠於饌南，故郊特牲注云：「天子奠斝，諸侯奠角。」即此之謂也。既奠之後，又取膟膋，焫蕭合馨薌。郊特牲注云「奠謂薦孰時」，當此大合樂也。自此以前，謂之接祭。乃迎尸入室，舉此奠斝，主人拜以妥尸。故郊特牲云：「舉斝角，拜妥尸。」是也。后薦饌獻之豆籩，王乃以玉爵酌壺尊盎齊以獻尸，爲五獻也。后又以玉爵酌壺尊醴齊以獻尸，是六獻也。於是尸食十五飯訖，王以玉爵因朝踐之尊泛齊以酳尸，爲七獻也。故鄭云：「變朝踐云朝獻，尊相因也。」朝獻，謂此王酳尸，因朝踐之尊也。后乃薦加豆籩，尸酌酢主人，主人受嘏，王所以獻諸侯。於是后以瑶爵因酌饋食壺尊醍齊以酳尸，爲八獻也。鄭注司尊彝云：「變再獻爲饋獻者，亦尊相因也。」再獻后酳尸，獻謂饋食時后之獻也。於時，王可以瑶爵獻卿也。諸侯爲賓者，以瑶爵酌壺尊醍齊以獻尸，爲九獻。九獻之後，謂之加爵。按特牲有三加，則天子以下加爵之數依尊卑，不秖三加也。故特牲三加爵，別有嗣子舉奠，文王世子諸侯謂之「上嗣」，舉奠亦當然。崔氏以爲后獻皆用爵〔一七六〕，又以九獻之外加爵用璧角、璧散。今按：内宰云：「后祼獻，則贊，瑶爵亦如之。」鄭注云：「瑶爵，謂尸卒食，王既酳尸，后亞獻之。」始用瑶爵，則后未酳尸以前不用也。又鄭注司尊彝云：「王酳尸用玉爵，而再獻者用璧角、璧散可知。」此璧角璧散，則瑶爵也。崔氏乃云：正獻之外，諸臣加爵用璧角璧散。其義非也。其禘祭所用四齊者，禘祭在夏〔一七七〕，醴齊、盎齊盛以犧尊，醍齊、沈齊盛以象尊，王朝踐獻用醴齊，后亞獻用盎齊，王饋獻，用醍齊，后亞獻用沈齊。尸卒食，王酳尸，因朝踐醴齊，后酳尸，因饋食沈齊。諸臣爲賓，獻亦用沈齊。禘祭無降神之樂，熊氏以爲大祭皆有三始，有降神之樂。又未毁廟者，皆就其廟祭之，其餘皆如祫祭之禮。天子時祭用二齊者，春夏用犧尊盛醍齊，用象尊盛沈齊，秋冬用著尊盛醴齊，用壺尊盛盎齊，是一齊用一尊。司尊彝皆云「兩」者，以一尊盛明水，故皆云「兩」。若禘祫之祭，其齊既多，不得唯兩而已，前已備釋也。時祭唯用二齊，其諸侯用齊及酒皆視天子，具如前説。其魯及王者之後皆九獻，其行之法與天子同。侯伯七獻，朝踐及饋獻時君皆不獻，於九獻之中減二，故爲七獻也，禮器云：「君親制祭，夫人薦盎。君親割牲，夫人薦酒。」是也。子男五獻者，亦以薦腥、饋孰二，君皆不獻，酳尸之時，君但一獻而已。九獻之中去其四，故爲五。此皆崔氏之説。今按特牲、少牢，尸食之後，主人主婦及賓備行三獻，主婦因獻而得受酢。今子男尸食之後但得一獻，夫人不得受酢，不如卿大夫，理亦不通。蓋子、男饋孰以前，君與夫人並無獻也。食後行三獻，通二灌爲五也。禮器所云自據侯伯七獻之制也。一曰：尸酢侯伯子男，亦用所獻之齊也。

作其祝號，玄酒以祭，薦其血毛，腥其俎，孰其殽。與其越席，疏布以冪。衣其澣帛，醴醆以獻，薦其燔炙。君與夫人交獻以嘉魂魄，是謂合莫。越，音活。冪，莫歷反。衣，於既反。○此謂薦上古、中古之食也。周禮祝號有六：「一曰神號，二曰鬼號，三曰祇號，四曰牲號，五曰齍號，六曰幣號。」號者，所以尊神顯物也。腥其俎，謂豚解而腥之，及血毛，皆所以法於大古也。孰其殽，謂體解而爓之。此以下皆所法於中古也。越席，翦蒲席也。冪，覆尊也。澣帛，練染以爲祭服。嘉，樂也。莫，虛無也。孝經説曰：「上通無莫。」○齍，音咨。大，音太。爓，似廉反。染，如豔反。樂，音洛。○疏曰：「玄酒以祭，薦其血毛，腥其俎」，此是用上古也。「孰其殽」以下，用中古也。「作其祝號」者，謂造其鬼神及牲玉美號之辭，史祝稱之以告鬼神，故云作其祝號。「玄酒以祭」者，謂朝踐之時，設此玄酒於五齊之上以致祭鬼神。此重古設之，其實不用以祭也。「薦其血毛」者，亦朝踐時延尸在堂，祝以血毛告於室也。「腥其俎」者，亦謂朝踐時既殺牲，以俎盛肉進於尸前也。「孰其殽」者，殽，骨體也。孰謂以湯爓之，以其所爓骨體進於尸前也。「與其越席」至「澣帛」，皆謂祭初之時。越席，謂蒲席。疏布，謂粗布。若依周禮，越席、疏布是祭天之物，此經云「君與夫人」，則宗廟之禮也。此蓋記者雜陳夏殷諸侯之禮，故雖宗廟而用越席、疏布也。「衣其澣帛」者，謂祭服練帛，染而爲之。「醴醆以獻」者，朝踐之時用醴，饋食之時用醆。「薦其燔炙」者，謂燔肉炙肝。按特牲禮：主人獻尸，賓長以肝從。主婦獻尸，賓長以燔從。則此君薦之用炙也，夫人薦用燔是也。皇氏云：燔，謂薦孰之時，焫蕭合馨薌。知不然者，按詩楚茨云：「或燔或炙。」鄭云：「燔，燔肉也。炙，肝炙也。」則知此燔炙亦然，皇説非也。君與夫人交獻，第一，君獻；第二，夫人獻；第三，君獻；第四，夫人獻：是君與夫人交錯而獻也。「以嘉魂魄」者，謂設此在上祭祀之禮，所以嘉善於死者之魂魄。「是謂合莫」，莫謂虚無寂寞，言死者精神虚無寂寞，得生者嘉善而神來歆饗，是生者和合於寂寞。但禮運之作因魯之失禮，孔子乃爲廣陳天子諸侯之事及五帝三王之道，其言雜亂，或先或後，其文不次，舉其大綱，不可以一代定其法制，不可以一概正其先後。若審此理，則無所疑惑。又曰：按周禮大祝辨六號：「一曰神號。」注：「若皇天上帝。」「二曰鬼號。」注：「若皇祖伯某。」「三曰祇號」，「若后土地祇。」「四曰牲號」，「若牛曰一元大武。」「五曰齍號」，「若稷曰明粢」。「六曰幣號」，「若幣曰量幣」是也。云「號者所以尊神顯物」者，其神號、鬼號、祇號是尊神也，牲號、齍號、幣號是顯物也。云「腥其俎，謂豚解而腥之」者，按士喪禮，小斂之奠，載牲體兩髀、兩肩、兩胉並脊，凡七體也。士虞禮：「主人不視豚解。」注云：「豚解，解前後脛脊脅而已。」是豚解七體也。按特牲、少牢以薦孰爲始之時，皆體解，無豚解，以無朝踐薦腥故也。其天子諸侯既有朝踐薦腥，故知腥其俎之爲豚解〔一七八〕。云「孰其殽」，謂體解而爓之者，體解則特牲、少牢「所升於俎以進神者」是也。按特牲九體：肩一，臂二，臑三，肫四，胳五，正脊六，横脊七，長脅八，短脅九。少牢則十一體，加以脡脊、代脅，爲十一體也。是分豚爲體解。此「孰其殽」謂體解訖，以湯爓之，不全孰，次於腥，而薦之堂，故祭義曰「爓祭祭腥而退」是也。此則腥以法上古，爓法中古也。云「湔帛練染以爲祭服」者，此亦異代禮也。周禮則先染絲乃織成而爲衣，故玉藻云「士不衣織」。云「孝經説曰上通無莫」者，孝經緯文。言人之精靈所感，上通元氣寂寞。引之者，證「莫」爲虚無也。正本「元」字作「無」，謂虚無寂寞，義或然也。然後退而合亨，體其犬豕牛羊，實其簠簋籩豆鉶羹，祝以孝告，嘏以慈告，是謂大祥。亨，普伻反。鉶，音刑。○此謂薦今世之食也。體其犬豕牛羊，謂分别骨肉之貴賤，以爲衆俎也。祝以孝告，嘏以慈告，各首其義也。祥，善也。今世之食，於人道爲善也。○别，彼列反。○疏曰：此論祭饋之節，供事鬼神及祭末獻賓，並祭竟燕飲，亨食賓客兄弟也。「然後退而合亨」者，前明薦爓既未孰，今至饋食，乃退取鼎爓肉，更合亨之令孰，擬更薦尸。又尸俎唯載右體，其餘不載者，及左體等，亦於鑊中亨煮之，故云合亨。「體其犬豕牛羊」者，亨之既孰，乃體别骨之貴賤，以爲衆俎，供尸及待賓客兄弟等。體其犬豕牛羊，謂分别骨之貴賤，以爲衆俎。知非尸前正俎者，以此經所陳，多是祭末之事，若是尸前正俎，當云「是謂合莫」，不得云「是謂大祥」。既是人之祥善，故爲祭末享燕之衆俎也。「實其簠簋籩豆鉶羹」者，此舉事尸之時所供設也。若籩豆，亦兼據賓客及兄弟之等，故特牲、少牢，賓及衆賓、兄弟之等皆有籩豆及俎是也。「祝以孝告，嘏以慈告」者，此論祭祀祝嘏之辭。按少牢：祝曰：「孝孫某，敢用柔毛剛鬣，嘉薦普淖，用薦歲事於皇祖伯某，以某妃配某氏，尚享。」是祝以孝告。少牢又云：主人獻尸，祝嘏主人云：「皇尸命工祝，承致多福無疆於女孝孫，來女孝孫，使女受禄於天，宜稼于田，眉壽萬年，勿替引之。」是嘏以慈告。言祝嘏於時以神之恩慈而告主人。是謂大祥者，祥，善也，謂饋食之時，薦今世之食，於人道爲善，故爲大祥。云「各首其義」者，首猶本也，孝子告神，以孝爲首，神告孝子以慈爲首，各本祝嘏之義也。

○禮運○納牲詔於庭，血毛詔於室，羹定詔於堂，三詔皆不同位。定，丁磬反，一如字。○肉謂之羹。道，猶言也。○疏曰：「納牲詔於庭」者，詔，告也，謂牲入在庭，以幣告神，故云「詔於庭」。「血毛詔於室」者，謂殺牲取血及毛，入以告神於室。「羹定詔於堂」者，羹，肉湆也。定，孰肉也。謂煮肉既孰，將欲迎尸，主人入室乃先以俎盛之，告神於堂，是薦孰未食之前也。三詔皆不同位者，蓋言求而未之得也，故於三處告之。「肉謂之羹」者，爾雅釋器文。設祭于堂，設祭之饌於堂，人君禮然。○疏曰：「設祭於堂」者，謂薦腥爓之時，設此所薦饌在于堂。知人君禮然者，特牲、少牢皆設饌在奥，此言設饌於堂，故知人君禮也。爲祊乎外。祊，百彭反。○祊，祭明日之繹祭也。謂之祊者，於廟門之旁，因名焉。其祭之禮，既設祭於室，而事尸於堂，孝子求神非一處也。周禮曰：「夏后氏世室」，「門堂三之二，室三之一。」詩頌絲衣曰：「自堂徂基。」○疏曰：「爲祊乎外」者，祊，謂明日繹祭在廟門之旁，謂之祊，言爲此祊祭在於廟門外之西也。又曰：此云「爲祊乎外」，稱外，故知明日繹祭也。郊特牲云「索祭祝於祊」，不云外，故鄭彼注不云明日繹祭也。云「謂之祊者於廟門外之旁，因名焉」者，以釋宫云「廟門謂之祊」，今日繹祭在廟門外之西旁，因以廟門爲稱，故云「因名」焉。云「其祭之禮，既設祭於室，而事尸於堂」者，以正祭設饌在室，故知繹祭亦設饌在室。按有司徹上大夫賓尸、坐尸侑於堂，酌而獻尸，故知人君繹祭亦事尸於堂也。但卿大夫賓尸禮略，不設祭於室，又不在廟門，異於君也。云「夏后氏世室，門堂三之二，室三之一」者，證廟門之旁有室有堂也。又引詩頌絲衣之篇者，證繹祭在堂事尸也。絲衣之篇論繹祭之時，從堂上往於堂下之基，故云「自堂徂基」。

○禮器○詔祝於室，坐尸於堂，謂朝事時也。朝事，延尸於户西，南面，布主席，東面，取牲膟膋，燎於爐炭，洗肝於鬱鬯而燔之，入以詔神於室。又出以墮於主前，主人親制其肝，所謂制祭也。時尸薦以籩豆，至薦孰，乃更延主於室之奥，尸來升席自北方，坐於主北焉。

○疏曰：「詔祝於室」，謂朝事時也。詔，告也。祝，咒也。天子諸侯朝事之時，坐尸於堂，户西，南面，坐主在西方，東面。尸、主之前，則薦用籩豆也。祝乃取牲膟膋，燎於爐炭，入告神於室，又出墮於主前。當此時，主人乃親洗肝於鬱鬯而燔之，以制於主前。今云「詔祝于室」，是燎於爐炭，入告於室也。「坐尸於堂」者，既灌鬯之後，尸出堂坐户西而南面也。又曰：「謂朝事時」者，以下云「用牲於庭，升首於室」，此云「詔祝於室」，當殺牲之初，故知當朝事時也。云「朝事延尸於户西南面布主席東面，取牲膟膋，燎於爐炭洗肝於鬱鬯而燔之」者，此等並於堂上而燔燎之，故始云「入以詔神」，明以前在堂也。云「入以詔神於室又出以墮於主前」者，墮謂墮祭也，謂分減肝膋以祭主前也。云「主人親制其肝，所謂制祭也」者，制，割也，謂割其肝而不相離。按禮器云：「君親制祭，夫人薦盎。」此云「詔祝於室」，下云「用牲於庭」，故知制祭當此節也。云「時尸薦以籩豆」者，即是朝事籩豆也。云「至薦孰，乃更延主於室之奥」者，約少牢、特牲饋食在奥室也。云「尸來，升席自北方，坐於主北焉」者，以在奥東面，以南爲尊，主尊，故在南。主既居南，故尸來升席自北方也。尸、主各席，故朝事延尸於户外，尸南面，主席於東面是也。鄭之此注，雖參禮記及少牢、特牲而言之，亦約漢時祭宗廟之禮言也〔一七九〕，故其事委曲也。用牲於庭，謂殺之時。升首於室。制祭之後，升牲首於北墉下，尊首尚氣也。○疏曰：知在制祭後者，熊氏云：見下文升首在燔燎下，故知在制祭後也。又知在北墉下者，見下云升首以報陽，明是當户北墉可知。此「升首」非説有虞氏祭以首者，故羊人云：祭祀，「割羊牲，登其首。」則三牲之首皆升也。直祭祝于主，謂薦孰時也，如特牲、少牢饋食之爲也。直，正也。祭以孰爲正，則血、腥之屬，盡敬心耳。○疏曰：「直祭祝於主」者，直，正也。祭以薦孰爲正，言薦孰正祭之時，祝官以祝辭告於主，若儀禮少牢「敢用柔毛剛鬣，用薦歲事於皇祖伯某」是也。又曰：知「薦孰時」者，以上文云「詔祝於室」，次云「用牲於庭，升首於室」，下云「索祭祝於祊」，以文次之，知此當薦孰之節也。索祭祝于祊。索，求神也。廟門曰祊。謂之祊者，以於繹祭名也。○疏曰：「索祭祝於祊」者，索，求也，廣博求神非但在廟，又爲求祭，祝官行祭在於祊也。祊謂廟門。祭於廟門，凡祊有二種：一是正祭之時既設祭於廟，又求神於廟門之内，詩楚茨云：「祝祭於祊。」注云「祊，門内」。平生待賓客之處，與祭同日也；二是明日繹祭之時，設饌於廟門外西室，亦謂之祊，即上文云「祊之於東方」，注云「祊之禮宜於廟門外之西室」是也。今此「索祭於祊」當是正祭日之祊矣。知者，禮器云：「爲祊乎外。」以其稱外，故注云：「祊祭，明日之繹祭。」鄭又注上「祊之於東方」云：「祊之禮，宜於廟門外之西室。」此經直云祊，不云外，又注直云「廟門曰祊」，亦不云外，是據正祭曰祊也，故下云「肵之爲言敬也」。相，饗之也。嘏，大也。血毛，告幽全之物。是皆據正祭之日，明此祊亦正祭日。又曰：「廟門曰祊」，爾雅釋宮文。云「謂之祊者，以於繹祭名也」者，此既正祭日於廟門內求神，應總稱云廟而謂之祊者，以祊是廟門，明日繹祭稱祊，雖今日之正祭，假以明日繹祭祊名，同稱之曰祊也。○郊特牲○大祝：凡肆享，則執明水火而號祝。明水火，司烜所共日月之氣，以給烝享。執之，如以六號祝，明此圭潔也。肆享，祭宗廟也。○疏曰：知「明水火司烜所共日月之氣」者，按司烜氏職云「以夫遂取明火於日，以鑒取明水於月」，彼雖不云氣，此水火皆由日月之氣所照得之，故以氣言之。云「以給烝享執之如以六號祝明此圭潔也」者，經云「執明水火而號祝」，明知六號皆執之明絜也，號祝，執明水火，明主人圭絜之德。云「肆享祭宗廟也」者，按宗伯宗廟之祭六等皆稱享，則此含六種之號〔一八〇〕。隋釁逆牲逆尸，令鐘鼓，右亦如之。隋釁，謂薦血也。凡血祭曰釁。既隋釁，後言逆牲，容逆鼎。右，讀亦當爲侑。○疏曰：鄭云「隋釁，謂薦血也」者，賈氏云：釁，釁宗廟。馬氏云：血以塗鐘鼓。鄭不從，而以爲薦血祭祀者，下文云「既祭令徹」，則此上下皆是祭祀之事，何得於中輒有釁廟塗鼓？直稱釁，何得兼言隋？故爲祭祀薦血解之。鄭云「凡血祭曰釁」者，此經文承上禋祀、肆享、祭示之下，即此血祭之中含上三祀。但天地薦血於座前，宗廟即血以告殺，故言凡血祭曰釁。云「既隋釁後言逆牲容逆鼎」者，凡祭祀之法，先逆牲，後隋釁，今隋釁在前，逆牲在後者，以其鼎在門外，薦血後乃有爓孰之事，逆鼎而入，故云容鼎。知鼎在門外者，按中霤禮竈在廟門外之東，主人迎鼎事。云「右，讀亦爲侑」者，亦上九拜之下享右之字皆爲侑。來瞽，令皋舞。皋，讀爲卒嗥呼之嗥。來嗥者，皆謂呼之入。○呼，火故反。○疏曰：「皐讀爲卒嘷呼之嘷」者，依俗讀。云「來嘷者，皆謂呼之入」者，經云瞽人擬升堂歌，舞謂學子，舞人。瞽人言來，亦呼之乃入，皐舞令呼亦來入，故鄭云來嘷皆謂呼之入也。相尸禮〔一八二〕。相，息亮反。○延其出入，詔其坐作。○疏曰：凡言「相尸」者，諸事皆相，故以「出入」、「坐作」解之。尸出入者，謂祭初延之入，二灌訖，退出，坐於堂上，南面。朝踐饋獻訖，又延之入室。云「詔其坐作」者，郊特牲云：「詔祝於室，坐尸於堂。」饋獻訖，又入室坐。言作者，凡坐皆有作，及與主人答拜，皆有坐作之事，故云詔其坐作也。○大宗伯：涖玉鬯，奉玉齍，詔大號，治其大禮，詔相王之大禮。相，息亮反。○玉，禮神之玉也，始涖之，祭又奉之。大號，六號之大者，以詔大祝，以爲祝辭。治，猶簡習也，豫簡習大禮，至祭，當以詔相王。羣臣禮爲小禮。○疏曰：云「涖玉鬯」者，天地有禮神之玉，無鬱鬯，宗廟無禮神之玉而有鬱鬯。但宗廟雖無禮神玉，仍有圭瓚、璋瓚，亦是玉。故曲禮云「玉曰嘉玉」、郊特牲云「用玉氣」是也。云「奉玉齍」者，此玉還是上文所涖者。齍，謂黍稷，天地當盛以瓦簋。但齍與上鬯互見爲義，皆始時臨之，祭又奉之。「詔大號」者，謂大宗伯告大祝出祝辭也。云「治其大禮」者，謂天地人之鬼神祭禮，王親行之，爲大禮，對下小宗伯治小禮爲小也。「詔相王之大禮」者，謂未至之時詔告之，及其行事則又相之。又曰：云「大號，六號之大」者，謂若大祝云辨六號「一曰神號，二曰示號，三曰鬼號，四曰牲號，五曰齍號，六曰幣號」之等，是六號之大者也。云「以詔大祝以爲祝辭」者，經云「詔大號」，大祝是事神之人，又辨六號，故知所詔是詔大祝爲祝辭。祝辭，則祝版之辭是也。云「羣臣禮爲小禮」者，則小宗伯、小祝行者是也。凡大祭祀，王后不與，則攝而薦豆籩徹。與，音預。○薦徹豆籩，王后之事。○疏曰：天地及社稷外神等，后夫人不與。此言「凡大祭祀，王后不與」，謂后應與而不與。又云：大祭祀明非羣小祀，則大祀者唯宗廟而已。則攝而薦豆籩徹者，鄭云薦徹豆籩，王后之事，是王后有故，宗伯攝爲之。凡祭祀，皆先薦後徹，故退徹文在下也。○春官〔一八二〕○大宰：及納亨，贊王牲事。亨，普庚反，又普孟反。○納亨，納牲將告殺，謂鄉祭之晨，既殺，以授亨人。凡大祭祀，君親牽牲，大夫贊之。○鄉，許亮反。○疏曰：及，猶至也。至納亨者，按禮記明堂位君肉袒迎牲於門，卿大夫贊君，及殺訖，納與亨人，故言納亨。云「贊王牲事」者，即是卿大夫贊幣一人也。又曰：云「納亨，納牲，將告殺」者，謂牽牲入時也。禮器云「納牲詔於庭」，殺訖，毛以告純，血以告殺，腥其俎，肫解而腥之。以此訖，乃納與亨人爓祭。此言納亨者，以牽牲也。云「謂嚮祭之晨」者，按檀弓云周人大事以日出，故知納亨是嚮祭之晨。此祭天無裸，故先迎牲。若宗廟之祭有裸，而後迎牲也。云「既殺以授亨人」者，按亨人職「職外内饔之爨亨」，謂腥其俎。後云「凡大祭祀君親牽牲，大夫贊之」者，此明堂位文。彼魯侯用天子禮，故還以引證天子法。贊玉几玉爵。玉几，所以依神。天子左右玉几。宗廟獻用玉爵。○疏曰：云「天子左右玉几」者，此是司几筵文。彼所云者，謂王受諸侯朝覲會同所設，今此享先王鬼神之几，亦與王平生同，故引爲證。此享先王有玉几、玉爵，天地有爵但不用玉飾，祭宗廟用玉几，天地亦應有質几，不言之者，文不具。云「宗廟獻用玉爵」者，按明堂位獻用玉琖，謂王朝踐饋獻酳尸時，若裸，則用圭瓚也。○天官○大司徒：享先王，奉牛牲，羞其肆。肆，託歷反。○牛，能任載地類也。奉，猶進也。鄭司農云：羞，進也。肆，陳骨體也。玄謂：進所肆解骨體。士喪禮曰：肆解「去蹄」。○疏曰：享先王，不辨祭之大小，彼大宗伯四時及禘祫六者皆稱享。肆，解也，謂於俎上進所解牲體於神坐前。「牛能任載地類也」者，鄭解司徒奉牛之意，故云牛能任載地類也〔一八三〕，故屬地官司徒。○詳見備物犧牲條。○内饔：凡宗廟之祭祀，掌割亨之事。疏曰：内饔不掌外神，故云「宗廟之祭祀」。言凡者，謂四時及禘祫並月祭等皆在其中，掌其割亨之事。○天官○大司馬：大祭祀，羞牲魚，授其祭。牲魚，魚牲也。祭，謂尸、賓所以祭也。鄭司農云：大司馬主進魚牲。○疏曰：「大祭祀」，謂天地宗廟，此大祭據宗廟而言，其中小之祭祀亦爲之矣。饗食，爲諸侯〔一八四〕。又曰：云「祭，謂尸、賓所以祭也」者，大祭祀授尸祭，祭者魚之大臠，即少牢下篇云：主人主婦尸侑各一魚，加膴祭於其上。膴謂魚之反覆者。公食大夫亦云「授賓祭」，故曰「祭謂尸賓所以祭」。若王祭，則膳夫云「授王祭」是也。先鄭云「大司馬主進魚牲」者，必使司馬進之者，司馬夏官，夏陰氣所起，魚，水物，亦陰類，故使司馬進之也。○夏官○九嬪：凡祭祀，贊玉齍，贊后薦，徹豆籩。玉齍，玉敦，受黍稷器。后進之而不徹。故書玉爲王，杜子春讀爲玉。○疏曰：言「凡祭祀」者，后無外事，唯有宗廟禘祫與四時月祭等，故云凡祭祀。「贊玉齍」者，但祭祀之時，男子進俎，婦人設豆籩簠簋。贊，助也，助后薦玉齍也。云「贊后薦，徹豆籩」者，豆籩之薦與徹，皆助后也。又曰：云「玉齍、玉敦，受黍稷器」者，按明堂位云：「有虞氏之兩敦」，「周之八簋。」則周用簋。特牲、少牢大夫士用敦，今周天子用玉敦者，明堂位賜魯得兼用四代之器，用敦，明天子亦兼用可知。云「玉敦」者，謂以玉飾敦，謂若玉府云：「珠槃玉敦。」但彼以珠槃盛牛耳，玉敦盛血，此玉敦盛黍稷爲異耳。云「后進之而不徹」，知者，豆籩云贊薦徹，玉齍直贊，不云薦徹，明直贊進之而已。按禮器云：「管仲鏤簋。」注云：「天子飾以玉。」此直云玉敦，則簋亦飾以玉，而不云者，但玉敦后親執而設之，故特言之，其簋則九嬪執而授后，后設之，若少牢主婦親受韭菹醓醢，其餘婦贊者授主婦，主婦設之，故不言也。○天官○外宗：掌宗廟之祭祀，佐王后薦玉豆，眡豆籩。及以樂徹，亦如之。視，視其實。○疏曰：云「佐王后薦玉豆」者，凡王之豆籩皆玉飾之，餘文豆籩不云玉者，文略，皆有玉可知。若然，直云薦豆不云籩者，以豆云玉，略籩不言，義可知也。云眡豆籩」者，謂在堂東未設之時眡其實也。云「及以樂徹亦如之」者，亦佐后也，猶仍有內宗佐傳也。王后以樂羞齍則贊。齍，音咨。○贊，猶佐也。○疏曰：羞，進也。齍，黍稷也。后進黍稷之時，依樂以進之。言則贊者，亦佐后進之。按九嬪職云：「凡祭祀，贊玉齍，贊后薦徹豆籩。」則薦徹俱言，玉齍、玉敦盛黍稷，言贊不言徹，則后薦而不徹也。其徹諸官爲之，故楚茨詩云：「諸宰君婦，廢徹不遲，黍稷宰徹之。」若然，豆籩與齍，此官已贊，九嬪又贊者，以籩豆及黍稷器多，故諸官共贊。凡王后之獻，亦如之。獻，獻酒於尸。○疏曰：云「獻，獻酒於尸」者，則朝踐饋獻及酳尸，以食後酳尸亦是獻，獻中可以兼之，亦贊可知也。王后不與，則贊宗伯。與，音預，注同〔一八五〕。○后有故不與祭，宗伯攝其事。○疏曰：按宗伯云：「凡大祭祀，王后不與，則攝而薦徹豆籩〔一八六〕。」若然，宗伯非直攝其祼獻而已，於后有事豆籩及簠簋等，盡攝之耳。小祭祀，掌事亦如之。小祭祀，謂在宮中。○疏曰：知「小祭祀謂在宮中」者，以其后無外事，故知謂宮中。宮中小祭祀，則祭法：「王立七祀。」七祀之中，行、中霤、司命、大厲是外神，后不與，惟有門、户、竈而已。按小司徒云：「小祭祀，奉牛牲。」注云：「小祭祀，王玄冕所祭者。」彼兼外神，故以玄冕該之也。○春官○内宗：掌宗廟之祭祀，薦加豆籩。加爵之豆籩。故書爲籩豆，鄭司農云謂婦人所薦，杜子春云當爲豆籩。○疏曰：王后六宫婦人無外事，惟有宗廟祭祀。薦加豆籩，以豆籩是婦人之事，故薦之。又曰：鄭知加豆籩是「加爵之豆籩」者，以其食後稱加。特牲、少牢食後三獻爲正獻，其後皆有加爵。今天子禮，以尸既食後，亞獻尸爲加，此時薦之，故云「加爵之豆籩」，即醢人、籩人加豆加籩之實是也。王后有事則從。從，才用反。○春官○内宰：大祭祀，后祼獻則贊，瑶爵亦如之。祼，古亂反。瑶，音遥。○謂祭宗廟，王既祼而出迎牲，后乃從後祼也。祭統曰：「君執圭瓚祼尸，大宗執璋瓚亞祼。」此大宗亞祼，謂夫人不與而攝耳。獻，謂王薦腥薦孰，后亦從後獻也。瑶爵，謂尸卒食，王既酳尸，后亞獻之，其爵以瑶爲飾。○疏曰：「大祭祀」，謂祭宗廟也。「后祼」者，謂室中二祼，后亞王祼尸。獻，謂朝踐饋獻，后以玉爵亞王而獻尸。「則贊」者，此三事，内宰皆佐后，祼時以璋瓚授后，獻時以玉爵授后，故云「則贊」也。「瑶爵亦如之」者，謂尸卒食，王酳尸，后亞王而酳尸，則内宰以瑶爵授后，后親酌盎齊以酳尸。云「瑶爵亦如之」者，亦贊之也。又曰：以其天地山川社稷等外神，后夫人不與，又天地無祼，此云祼，故知經云「大祭祀」者，據宗廟而言也。但宗廟之祭、四時與禘祫六享，皆有此祼獻瑶爵之事，故總言宗廟也。云「王既祼而出迎牲后乃從後祼也」者，按郊特牲云：既灌而出迎牲。彼據君而言，則知王既灌而出迎牲，后乃從祼也。按司尊彝注后亞王灌訖乃出迎牲者，以郊特牲云既灌而出迎牲，以既灌之中不言無后灌，是以鄭云后灌後乃迎牲。此云迎牲後后乃祼，鄭以迎牲是王事，欲取王事自相亞，故退后祼於迎牲後也。又引「祭統」已下者，彼雖諸侯禮，欲見后有從王亞祼之事，與諸侯同也。又云：「獻，謂王薦腥薦孰，后亦從後獻也」者，按禮記禮運云：「腥其俎，孰其殽。」鄭云：「腥其俎，謂豚解而腥之。孰其殽，謂體解而爛之。」是其薦腥薦孰也。此二者是堂上朝踐饋獻之節，室中二灌訖，王出迎牲時，祝延尸於户外之西，南面，后薦八豆八籩，王牽牲入，以毛血告訖，以此腥其俎薦於神前，王以玉爵酌醴齊以獻尸，后亦以玉爵酌醴齊以獻尸也。朝踐訖，乃孰其殽薦於神前，王以玉爵酌盎齊以獻尸，后亦以玉爵酌盎齊以獻尸〔一八七〕，名爲饋獻。云「瑶爵謂尸卒食，王既酳尸，后亞獻之」者，按儀禮鄭注云：諸侯尸十三飯，天子尸十五飯。尸食後，王以玉爵酌朝踐醴齊以酳尸，謂之朝獻。后亦於後以瑶爵酌饋獻時盎齊以酳尸，謂之再獻，故云「后亞獻」也。云「其爵以瑶爲飾」者，鄉來所解知后以瑶爵亞酳尸者，約明堂位云：「爵用玉醆仍雕，加以璧散、璧角。」食後稱加，彼魯用王禮，即知王酳尸亦用玉醆，后酳尸用璧角，賓長酳尸用璧散。彼云璧，此云瑶，不同者，瑶，玉名，瑶玉爲璧形，飾角口則曰璧角，受四升，爵爲總號，故鄭云其爵以瑶爲飾也。

正后之服位，而詔其禮樂之儀。薦徹之禮當與樂相應。位，謂房中、户内及阼所立處。○疏曰：云「正后之服位」者，服，謂若内司服褘衣已下六服皆正之，使服當其用。位，謂后助祭之位，正之使不失其所。「而詔其禮樂之儀」者，后之行禮之時，皆合於樂節，各當其威儀，皆内宰告后，使依於法度，故云詔其禮樂之儀也。又曰：按九嬪職云「贊后薦徹豆籩」，是后薦徹也。天子之禮，薦時歌清廟，乃徹歌雍，是薦徹皆有樂節。但内宰所詔，唯詔禮耳。經兼云樂者，禮樂相應也。云「位謂房中户内及阼所立處」者，但天子諸侯祭禮亡，今云「位謂房中」者，按儀禮特牲云：主婦「亞獻尸，尸拜受，主婦北面拜送。」主婦北面拜者，避内子。及尸酢主婦，主婦適房中南面，祭酒及主人致爵於主婦，亦於房中南面拜受爵。至於少牢主婦入户，西面獻尸。及酢，主婦無入房之文，即此云「位，謂房中户内」者，據特牲士禮而言也。云「及阼所立處」者，按少牢、有司徹云：主人位於阼階上，獻尸侑訖，主婦乃洗爵於房中，出實爵，尊南，西面獻尸，尸拜於筵上受，主婦西面，於主人席北拜送爵。云主人席北，即當阼階，故云阼所立處。此約有司徹而言也。贊九嬪之禮事。助九嬪贊后之事。九嬪者，贊后薦玉齍，薦徹豆籩。○疏曰：贊，助也。鄭云「助九嬪贊后之事」者，以經云「贊九嬪之禮事」，則助九嬪，經自明矣。知「九嬪贊后」者，即鄭所引九嬪職贊后，爲后薦玉齍，薦徹豆籩等，是九嬪贊后之事，即是内宰助九嬪，九嬪贊后也。○天官○内小臣：若有祭祀，則擯詔后之禮事，相九嬪之禮事，正内人之禮事。相，息亮反。○擯，爲后傳辭，有所求爲。詔、相、正者，異尊卑也。○疏曰：「則擯」者，祭祀后當有事，九嬪以下從后往，小臣則與后爲擯贊也。云「詔后之禮事相九嬪之禮事，正内人之禮事」者，詔、相、正皆是上擯，但據尊卑不同，故以詔相别之。又曰：言「擯爲后傳辭，有所求爲」者，后爲上三事須物，則小臣擯贊而傳辭與諸司求物供所爲也。云「詔、相、正者，異尊卑也」者，后尊云詔，詔告而已。九嬪稍卑，則言相，相，佐助之言也。女御卑，直正之而已。○天官○世婦：詔王后之禮事。薦徹之節。○疏曰：知此「詔王后之禮事」是「薦徹之節」者，見外宗云佐王后薦徹，故知詔告是薦徹籩豆之節。相外内宗之禮事。同姓、異姓之女有爵佐后者。○疏曰：鄭以同姓異姓之女有爵以解外内宗者，序官云内宗，凡内女之有爵者，是同姓之女有爵。又云外宗，凡外女之有爵者，是異姓之女有爵故知之也。知相是佐后者，外宗云「佐后薦徹豆籩」，内宗云：「及以樂徹，則佐傳豆籩。」注云：「佐外宗。」故知外、内宗轉相佐后〔一八八〕，此官相之也。○春官○公族其在宗廟之中，則如外朝之位，宗人授事，以爵以官。宗人，掌禮及宗廟也。以爵，貴賤異位也。以官，官各有所掌也〔一八九〕，若司徒奉牛，司馬奉羊，司空奉豕。○疏曰：此論同姓公族在宗廟之禮，故云「其在宗廟之中」，則如外朝之位也。言立位所在，如外朝之位也〔一九〇〕。「宗人授事，以爵以官」者，宗人，掌禮之官及宗廟授百官之事。「以爵」者，隨爵之尊卑，貴者在前，賤者在後。又，以官之職掌，各供其事。又曰：言宗人掌禮及宗廟者，別言及宗廟，則掌禮謂宗廟之外諸禮皆掌也。云「若司徒奉牛，司馬奉羊，司空奉豕」者，以經云「以官」，謂祭祀之時，官官各司其事，更無正文，故引「司徒奉牛」以下證之。按周禮，司徒奉牛牲，司馬奉羊牲，其司空奉豕無文。此云知「奉豕」者，按周禮雞人屬宗伯，羊人屬司馬，故此云「司馬奉羊」，犬人屬司寇。按五行傳云：牛屬土，雞屬木，羊屬火，犬屬金，豕屬水。司空冬官，其位當水，故鄭注周禮：「司空奉豕與？」按五行傳馬屬火，而周禮司馬羞馬牲者，以其主馬，故特使供之。此注直云奉牛、奉羊、奉豕者，據諸侯三卿以言之，故不云雞犬及馬。其登餕獻受爵，則以上嗣。上嗣，君之適長子。以特牲饋食禮言之，受爵謂上嗣舉奠也，獻謂舉奠洗爵酌入也，餕謂宗人遣舉奠盥，祝命之餕也。大夫之嗣無此禮，辟君也。○疏曰：此亦公族廟中之禮，論貴適子之事。按特牲禮尸食之後，主人主婦賓長等獻尸，三獻禮畢，主人獻賓。及獻衆賓畢，主人酬賓，賓奠不舉，主人獻長兄弟及獻衆兄弟、内兄弟等訖，長兄弟洗觚酌尸，爲加爵，衆賓長又爲加爵畢，嗣子乃舉奠。奠者，初尸未入之前，祝酌奠于鉶南，尸入祭奠不飲，至此乃嗣子舉之。必嗣子舉奠者，鄭注特牲云「將傳重，累之者」，又云「大夫之嗣子不舉奠」，則此舉奠者天子諸侯及士之子。禮特牲云：「嗣舉奠，盥入，北面再拜稽首。」尸執奠，嗣子進受復位，再拜稽首，尸答拜。嗣子卒觶拜尸，尸答拜。則此經所謂受爵也。特牲又云：「嗣舉奠洗酌入，尸拜受」，嗣子答拜，則此經所謂獻也。特牲又云：無筭爵之後，禮畢，尸謖而出，宗人遣嗣子及長兄弟相對而餕，所謂餕也。以特牲言之，則先受爵而後獻，獻而後餕。今此經先云餕者，以餕爲重。舉重者，從後以嚮先逆言之，故云「其登餕獻受爵」也。登，謂登堂。無事之時，嗣子在堂下，餕時登堂，獻時亦登堂，受爵之時亦登堂。此一登之文，包此三事。以經文連於上宗廟之中，宗人授事，以爵以官，謂衆官皆爲其事。其登餕獻不用衆官，唯用上嗣，故云「則以上嗣」。按特牲餕時雖有長兄弟，以上嗣爲主。又曰：言適長子者，是適子之中長也。凡適皆可以嗣，今云上嗣，是嗣中最上。云「受爵，謂上嗣舉奠」者，以特牲無受爵之文，唯有嗣子舉尸之奠爵，受而飲之，故此經謂之受爵也。云「獻，謂舉奠、洗爵、酌、入也」者，亦以特牲無嗣獻之文，故將此爲獻也。舉奠，謂嗣子也。名此嗣子爲舉奠，嗣子既飲尸前爵畢，乃更洗爵、酌，入，以進尸，此謂士禮。若天子諸侯，除此酌入之數外，子孫別有獻尸。故鄭注小雅云：「天子則有子孫獻尸之禮。」云「大夫之嗣無此禮，辟君也」者，按少牢饋食無嗣子舉奠。大夫尊於士而不舉奠，故知辟正君也。〇文王世子

右餘獻〇記：君卷冕立于阼，夫人副禕立于房中。君肉袒迎牲于門，夫人薦豆籩。卿大夫贊君，命婦贊夫人，各揚其職。百官廢職，服大刑。禕，音輝。袒，音誕。〇副，首飾也，今之步摇是也。詩云：「副笄六珈。」周禮追師：「掌王后之首服，爲副。」禕，王后之上服，唯魯及

王者之後夫人服之，諸侯夫人則自揄翟而下。贊，佐也。命婦，於内則世婦也，於外則大夫之妻也。祭祀，世婦以下佐夫人。揚，舉也。大刑，重罪也。○追，丁回反。揄，羊昭反。○疏曰：前經明祀周公所用器物，此經明祀周公之時，君與夫人、卿大夫、命婦行禮之儀。「夫人副褘立於房中」者，尸初入之時，君待之於阼階，夫人立於東房中。魯之太廟，如天子明堂。得立房中者，房則東南之室也，總稱房耳。皇氏云：祭姜嫄之廟，故有房。按此文承上禘祀周公之下，下云天下大服，鄭注知周公之德宜饗此也，則是祀周公於太廟，而云姜嫄廟，非辭也。「迎牲於門」者，謂裸鬯之後、牲入之時，迎於門。「夫人薦豆籩」者，謂朝踐及饋孰並酳尸之時薦豆籩也。「卿大夫贊君」者，贊，助也。卿大夫助君，謂初迎牲幣告及終祭以來之屬也。「命婦贊夫人」者，命婦，於内則世婦以下，於外則卿大夫妻，並助夫人贊豆籩及祭事之屬也。「各揚其職，百官廢職，服大刑」者，當祭之時，命百官各揚舉其職事，如有廢職不供，服之以大刑。又曰：經云副褘，副是首飾，以其覆被頭首，漢之步摇亦覆首，故云「今之步摇」。引詩「副笄六珈」者，詩鄘風刺衛宣姜之詩也，言宣姜首著副珈，而又以笄六玉加於副上。引周禮追師者，證副者是王后首服，言追師掌爲副以供后之首服。云「褘，王后之上服」者，按周禮云褘衣、揄翟、闕翟等皆是后之所服，但褘衣則是王后服之上者。云「唯魯及王者之後夫人服之」者，此經「夫人副褘」，是魯得服之，王者之後得行先代天子禮樂，是王者之後夫人得服之。云「諸侯夫人則自揄翟而下」者，言其餘諸侯夫人不得服褘衣也。云「命婦於内則世婦也，於外則大夫之妻也」者，按喪服傳云：「命婦者，婦人之爲大夫妻。」世婦與大夫位同，故知内則世婦也。不云女御及士妻者，以經云卿大夫贊君，士賤，略而不言，明士妻及女御亦略之。○明堂位○君親牽牲，大夫贊幣而從。從，才用反，下同。○納牲於庭時也，當用幣告神而殺牲。○疏曰：此章所論謂諸侯子男祭廟之禮。「君親牽牲，大夫贊幣而從」者，此謂裸鬯既訖，君出廟門以迎牲，牽牲而入，納於庭之時也。於時須告神以殺牲，大夫則贊佐執幣而從君，君乃用幣以告神。又曰：下云「納牲詔于庭」，此有大夫贊幣，故知納牲於庭時用幣以告神。○詳見祭義。君親制祭，夫人薦盎。親制祭，謂朝事進血膋時。所制者，制肝洗於鬱鬯，以祭於室及主。○疏曰：「君親制祭，夫人薦盎」者，此謂殺牲已畢，進血腥之時，斷制牲肝，洗於鬱鬯，入以祭神於室。於此之時，夫人薦盎齊以獻之。侯伯子男之君朝踐，君不獻，故夫人薦盎。又曰：「親制祭謂朝事進血膋時」者，按郊特牲云：「取膟膋燔燎，升首，報陽也。」又祭義取膟膋之後，又爓祭，祭腥，則膟膋所用在腥爓之前，故知血膋是朝事時也。云「所制者制肝洗於鬱鬯」者，約漢禮而知也。知「祭於室及主」者，郊特牲云「詔祝於室」是也。君親割牲，夫人薦酒。親割，謂進牲孰體時。○疏曰：「君親割牲夫人薦酒」者，謂薦孰時，君親割牲體，於時君亦不獻，故夫人薦酒。又曰：皇氏以爲謂薦孰之時進牲之孰體也。熊氏禮本：「牲，爲腥也，謂薦腥體、孰體。薦腥體，謂朝踐薦腥時。孰體，謂饋食薦孰時。」按經文「君親制祭，夫人薦盎。君親割牲，夫人薦酒」，薦酒、薦盎既不得同時，則割牲何得薦腥兼薦孰？熊氏之説非也。卿大夫從君，命婦從夫人。疏曰：「卿大夫從君，命婦從夫人」者，謂制祭割牲之時，則卿大夫從君也；薦盎酒之時，命婦從夫人也。○禮器○祭有昭穆，有事於太廟，則羣昭羣穆咸在而不失其倫。昭穆咸在，同宗父子皆來。○疏曰：

「昭穆」，謂尸主行列於廟中。所以至無亂者，謂父南面，子北面，親者近，疏者遠，又各有次序。「是故有事於大廟則羣昭羣穆咸在」者，祭太廟之時，則衆廟尸主皆來，及助祭之人、同宗父子皆至，則羣昭穆咸在。若不於太廟，餘廟之祭，唯有當廟尸主及所出之廟子孫來至，不得羣昭羣穆咸在也。「而不失其倫者」，尸主既有昭穆，故主人及衆賓亦爲昭穆列在廟，不失倫類。○祭統○女子觀於祭祀，納酒、漿、籩、豆、菹、醢，禮相助奠。相，息亮反。○當及女時而知。○疏曰：此觀於祭祀是未嫁之前，故云「及女時而知」。經云「納酒、漿、籩、豆、菹、醢」，謂於祭祀之時，觀看須於廟外，納此酒、漿、籩、豆、菹、醢之等，置於神坐。一納之文，包此六事言之也。○內則

及入舞，君執干戚就舞位。君爲東上，冕而總干，率其羣臣以樂皇尸。君爲東上，近主位也。皇，君也，言君尸者尊之。○疏曰：此二經明祭時天子諸侯親在舞位以樂皇尸也。○祭統○大司樂：奏夷則，歌小吕，舞大濩，以享先妣。夷則，陽聲第五，小吕爲之合。小吕，一名中吕。先妣，姜嫄也，姜嫄履大人跡，感神靈而生后稷，是周之先母也。周立廟自后稷爲始祖，姜嫄無所妃，是以特立廟而祭之，謂之閟宮。閟，神之。○中，音仲。嫄，音元。妃，音配。○疏曰：按祭法：「王立七廟」：考廟、王考廟、皇考廟、顯考廟、祖考廟，皆月祭之。「二祧，享嘗乃止。」不見先妣者，以其七廟外非常，故不言。若祭，當與二祧同，亦享嘗乃止。若追享，自然及之矣。云「夷則陽聲第五」者，以其大吕之六四，下生夷則之九五，是陽聲第五也。云「小吕爲之合」者，以其小吕巳之氣也，四月建焉而辰在實沈。夷則，申之氣也，七月建焉而辰在鶉尾，是其合也。云「小吕一名中吕」者，此周禮言小吕，月令言中吕，故云

「一名中吕」也。云「先妣姜嫄也姜嫄履大人跡感神靈而生后稷」者，詩云：「履帝武敏歆。」毛君義與史記同，以爲姜嫄帝嚳妃，「履帝武敏歆」謂履帝嚳車轍馬跡，生后稷，爲帝嚳親子。鄭君義依命歷序帝嚳傳十世乃至堯，后稷爲堯官，則姜嫄爲帝嚳後世妃。而言「履帝武敏歆」者，帝謂天帝也，是以周本紀云：姜嫄出野，見聖人跡，心悦，忻然踐之，始如有身動而孕，居期生子。是鄭解聖人跡與毛異也。云「是周之先母」者，生民詩序云：「生民，尊祖也。后稷生於姜嫄，文武之功起於后稷。」是周之子孫功業由后稷，欲尊其祖，當先尊其母，故云周之先母也。云「周立廟自后稷爲始祖，姜嫄無妃」者，凡祭以其妃配〔一九二〕，周立七廟，自后稷以下，不得更立后稷父廟，故姜嫄無所配也。云「是以特立廟而祭之」者，以其尊敬先母，故特立婦人之廟而祭之。云「謂之閟宫，閟，神之」者，按閟宫詩云：「閟宫有侐，實實枚枚。」毛云：「在周常閉而無事。」與此祭先妣義違，故後鄭不從，是以鄭云「特立廟而祭之」。但婦人稱宫，處在幽静，故名廟爲閟宫，據其神則曰閟神也。若然，分樂序之，尊者用前代，其先妣先祖服衮冕，山川百物用玄冕。今用樂山川在先妣上者，以其山川外神是自然之神，先祖生時曾事之，故樂用前代無嫌。奏無射，歌夾鍾，舞大武，以享先祖。射，音亦。夾，古洽反。○無射，陽聲之下也，夾鍾爲之合。夾鍾，一名圜鍾。先祖，謂先王、先公。○疏曰：云「無射陽聲之下也」者，以其夾鍾之六五，下生無射之上九，是陽聲之下也。云「夾鍾爲之合」者，以其夾鍾，卯之氣也，二月建焉而辰在降婁。無射，戌之氣也，九月建焉，而辰在大火，亦是其合也。云「夾鍾，一名圜鍾」者，下文云「圜鍾爲宫」，是一名圜鍾也。云「先祖，謂先王、先公」者，鄭據司服而言。但司服以先王先公服異，故别言，此則知先王先公樂同〔一九二〕，故合説，以其俱是先祖故也。○春官○鼓人：以路鼓鼓鬼享。路鼓，四面鼓也。鬼享，享宗廟也。○疏曰：按大宗伯，宗廟有六享，則禘祫及四時皆言享。先王則皆是大祭。縱有享先公爲次祀，祭殤爲小祀，皆用此路鼓，以天地神祇大小同鼓故也。○地官○大司樂：黄鍾爲宫，大吕爲角，大簇爲徵，應鍾爲羽。路鼓路鼗，陰竹之管，龍門之琴瑟，九德之歌，九磬之舞，於宗廟之中奏之。若樂九變，則人鬼可得而禮矣。此三者，皆禘大祭也。人鬼則主后稷，先奏是樂以致其神，禮之以玉而祼焉，乃後合樂而祭之。大傳曰「王者必禘其祖之所自出」，祭法曰「周人禘嚳而郊稷」，謂此祭天圜丘，以嚳配之。黄鍾生於虚危之氣，虚危爲宗廟。以此爲宫，用聲類求之，人宫黄鍾。黄鍾下生林鍾，林鍾地宫，又辟之。林鍾上生大簇，大簇下生南吕，南吕與天宫之陽同位，又辟之。南吕上生姑洗，姑洗南吕之合，又辟之。姑洗下生應鍾，應鍾上生蕤賓，蕤賓地宫，林鍾之陽也，又辟之。蕤賓上生大吕。凡五聲，宫之所生，濁者爲角，清者爲徵羽。此樂無商者，祭尚柔，商堅剛也。鄭司農云：路鼓、路鼗，兩面。九德之歌，春秋傳所謂：「水、火、金、木、土、穀謂之六府，正德、利用、厚生謂之三事。」「六府三事謂之九功。」「九功之德，皆可歌也，謂之九歌也。」玄謂：路鼓、路鼗四面。陰竹，生於山北者。龍門，山名。九磬，讀當爲大韶，字之誤。○注疏詳見備物。○春官○戛擊鳴球、搏拊琴瑟，以詠，祖考來格。戛擊柷敔，所以作止樂。搏拊，以韋爲之，實之以糠，所以節樂。球，玉磬。此舜廟堂之樂，民悦其化，神歆其祀，禮備樂和，故以祖考來至明之。○疏曰：臯陶、大禹爲帝設謀，大聖納其昌言，天下以之致治，功成道洽，禮備樂和，史述夔言，繼之於後。夔曰：在舜廟堂之上，戛敔擊柷，鳴球玉之磬，擊搏拊，鼓琴瑟，以歌詠詩章，樂音和協，感致幽冥，祖考之神來至矣。虞之賓客丹朱者在於臣位，與羣君諸侯以德相讓。此堂上之樂，所感深矣。又於堂下吹竹管，擊鼗鼓，合樂用柷，止樂用敔，吹笙擊鍾，以次迭作，鳥獸相率而舞，其容蹌蹌然，堂下之樂，感亦深矣。簫韶之樂，作之九成，以致鳳皇來而有容儀也。又曰：戛擊是作用之名，非樂器也，故以戛擊爲柷敔。柷敔之狀，經典無文，漢初已來學者相傳，皆云：柷如漆桶，中有椎柄，動而擊其旁也。敔狀如伏虎，背上有刻，戛之以爲聲也。樂之初，擊柷以作之，樂之將末，戛敔以止之，故云所以作止樂雙解之。釋樂云：「所以鼓柷謂之止，所以鼓敔謂之籈。」郭璞云：「柷如漆桶，方二尺四寸，深一尺八寸，中有椎，柄連氐，挏之令左右擊。止者，其椎名也。」「敔如伏虎，背上有二十七鉏鋙，刻以木，長一尺櫟之。籈者，其名也。」是言擊柷之椎名爲止，戛敔之木名爲籈，戛即櫟也。漢禮器制度及白虎通馬融、鄭玄、李巡其説皆爲然也，惟郭璞爲詳，據見作樂器而言之。搏拊，形如鼓，以韋爲之，實之以糠，擊之以節樂，漢初相傳爲然也。釋器云：「球，玉也。」鳴球，謂擊球使鳴。樂器惟磬用玉，故球爲玉磬。商頌云：「依我磬聲。」磬亦玉磬也，鄭玄云：「磬懸而以合堂上之樂，玉磬和，尊之也。」然則，鄭以球玉之磬懸於堂下，尊之，故進之使在上耳。此舜廟堂之樂，謂廟内堂上之樂。言祖考來格，知在廟内。下云「下管」，知此在堂上也。馬融見其言祖考，遂言此是舜除瞽瞍之喪，祭宗廟之樂，亦不知舜父之喪在何時也？但此論韶樂必在即政後耳。此説樂音之和而云祖考來格者，聖王先成於人，然後致力於神。言人悦其化，神歆其祀，禮備樂和，所以祖考來格明矣。以祖考來至，明樂之和諧也。詩稱：「神之格思，不可度思。」而云祖考來至者，王肅云：祖考來至者，見其光輝也。蓋如漢書郊祀志稱武帝郊祭天，祠上有美光也。此經文次以柷敔，是樂之始終，故先言戛擊其球與搏拊琴瑟，皆當彈擊，故使鳴冠於球上，使下共蒙之也。鄭玄以「戛擊鳴」三者皆總下樂，櫟擊此四器也，樂器惟敔當櫟耳，四器不櫟，鄭言非也。**虞賓在位，羣后德讓。**丹朱爲王者後，故稱賓。言與諸侯助祭，班爵同〔一九三〕，推先有德。○疏曰：微子之命云：「作賓于王家。」詩頌微子之來，謂之有客，是王者之後爲時王所賓也，故知虞賓謂丹朱。爲王者後，故稱賓也。王者立二代之後，而獨言丹朱者，蓋高辛氏之後，無文而言，故惟指丹朱也。王者之後，尊於羣后，故殊言在位，羣后亦在位也。後言德讓，丹朱亦以德讓也，故言與諸侯助祭，年爵同者，推先有德也。二王之後並爲上公，亦有與丹朱爵同，故丹朱亦讓也。丹朱之性下愚，堯不能化，此言有德者，猶上云瞽亦允若，暫能然也。**下管鼗鼓，合止柷敔，**堂下樂也。上下合止樂，各有柷敔，明球、弦、鍾、籥，各自互見。○疏曰：經言下管，知是堂下樂也。敔當戛之，柷當擊之，上言戛擊，此言柷敔，其事是一，故云上下合止樂各有柷敔也。言堂下堂上，合樂各以柷，止樂各以敔也。上言作用，此言器名，兩相備也。上下皆有柷敔，兩見其文，明球絃鍾籥上下樂器不同，各自更互見也。絃，謂琴瑟。鍾，鏞也。籥，管也。琴瑟在堂，鍾籥在庭，上下之器各别，不得兩見其名，各自更互見之。依大射禮，鍾磬在庭，今鳴球於廟堂之上者，按郊特牲云：「歌者在上」，「貴人聲也。」左傳云：「歌鍾二肆。」則堂上有鍾，明磬亦在堂上，故漢魏已來，登歌皆有鍾磬。燕禮、大射堂上無鍾磬者，諸侯樂不備也。**笙鏞以閒，鳥獸蹌蹌。**鏞，大鍾。閒，迭也。吹笙擊鍾，鳥獸化德，相率而舞蹌蹌然。○疏曰：釋樂云：「大鍾謂之鏞。」李巡曰：「大鍾音聲大。鏞，大也。」孫炎曰：「鏞，深長之聲。」釋詁云：「閒，代也。」孫炎曰：「閒厠之代也。」釋言云：「遞，迭也。」李巡曰：「遞者，更迭閒厠相代之義。」故閒爲迭也。吹笙擊鍾，更迭而作，鳥獸化德，相率而舞蹌蹌然。下云「百獸率舞」，知此「蹌蹌」然亦是舞也。禮云：「凡行容愓愓，大夫濟濟，士蹌蹌。」是爲行動之貌，故爲舞也。簫韶九成，鳳皇來儀。韶，舜樂名。言簫，見細器之備。雄曰鳳，雌曰皇，靈鳥也。儀，有容儀，備樂九奏而致鳳皇，則餘鳥獸不待九而率舞。○疏曰：韶是舜樂，經傳多矣。但餘文不言簫，簫乃樂器，非樂名，簫是樂器之小者。言簫，見細器之備，謂作樂之時，小大之器皆備也。釋鳥云：「鶠，鳳，其雌皇。」是此鳥雄曰鳳，雌曰皇。禮運云：「麟、鳳、龜、龍，謂之四靈。」是鳳皇爲神靈之鳥也。易漸卦上九：「鴻漸于陸，其羽可用爲儀。」是儀爲有容儀也，成謂樂曲成也。鄭云：「成猶終也，每曲一終，必變更奏。」故經言九成，傳言九奏。周禮謂之九變，其實一也。言簫見細器之備，備樂九奏而致鳳皇，則其餘鳥獸不待九而率舞也。尊者體盤靈瑞難致，故九成之下始言「鳳皇來儀」。「鳥獸蹌蹌」乃在上句。傳據此文言鳥獸易來，鳳皇難致，故云「鳥獸不待九」也。樂之作也，依上下遞奏閒合而後曲成，神物之來，上下共致，非堂上堂下，别有所感。以祖考尊神配堂上之樂，鳥獸賤物故配堂下之樂。總上下之樂，言九成致鳳。尊異靈瑞，故别言爾。非堂上之樂獨致神來，堂下之樂偏令獸舞也。鄭玄注周禮具引此文，乃云此其在於宗廟九奏效應也，是言「祖考來格」，「百獸率舞」皆是九奏之事也。大司樂云：「凡六樂者」，「六變而致象物及天神。」鄭玄云：「象物，有象在天，所謂四靈者。」彼謂大蜡之祭，作樂以致其神。此謂鳳皇身至，故九奏也。○書益稷右樂舞○記：聲莫重於升歌，舞莫重於武宿夜。武宿夜，武曲名也。○疏曰：「舞莫重於武宿夜」者，武宿夜是武曲之名，是衆舞之中無能重於武宿夜之舞。皇氏云：師説書傳云：武王伐紂，至於商郊，停止宿夜，士卒皆歡樂歌舞以待旦，因名焉。武宿夜，其樂亡也。熊氏云：此即大武之樂也。○祭統○尚書大傳曰：古者帝王升歌清廟，清廟，樂章名。大琴練弦達越，大瑟朱弦達越〔一九四〕，以韋爲鼓，謂之搏拊。何以也？練弦、朱弦互文也。越，下孔也。凡練弦達越、搏拊者，象其德寬和。君子有大人聲，不以鍾鼓竽瑟之聲亂人聲。清廟升歌者，歌先人之功烈德澤也，故欲其清也。烈，業也。其歌之呼也，呼，出聲也。曰「於穆清廟」。於者，歎之也；穆者，敬之也；清者，欲其在位者徧聞之也。故周公升歌文王之功烈德澤，苟在廟中見文王者，愀然如見文王。故書曰「搏拊琴瑟以詠，祖考來假」，此之謂也。○尚書大傳曰：諸侯有德者，一命以車服弓矢，再命以虎賁三百人，三命以秬鬯。諸侯三命者，皆受天子之樂以祀其宗廟，所以襃有功而章有德之義也。未命者，不得用天子之樂祀其宗廟。○魯隱公五年九月〔一九五〕，考仲子之宫，將萬焉。萬，舞也。○疏曰：按公羊傳曰：「萬者何？干舞也。籥者何？羽舞也。」則萬與羽不同。今傳云「將萬焉」，「問羽數於衆仲」，是萬與羽爲一者。萬、羽之異，自是公羊之説，今杜直云：「萬，舞也。」則萬是舞之大名也。何休云：所以仲子之廟唯有羽舞，無干舞者，「婦人無武事，獨奏文樂」也。劉炫云：公羊傳曰萬者云云，樂者云云，羽者爲文，萬者爲武。武則左執朱干，右秉玉戚；文則左執籥，右秉翟。此傳將萬問羽，即似萬、羽同者，以當此時萬、羽俱作。但將萬而問羽數，非謂羽即萬也，經直書羽者，與傳互見之。公問羽數於衆仲，問執羽人數。對曰：「天子用八，八八六十四人。諸侯用六，六六三十六人。○疏曰：何休説如此。服虔以「用六」爲六八四十八，「大夫四」爲四八三十二，「士二」爲二八十六。杜以舞勢宜方，行列既減，即每行人數亦宜減，故同何説也。或以襄十一年鄭人賂晉侯以「女樂二八」爲二佾之樂，知自上及下，行皆八人，斯不然矣。彼傳見晉侯減樂之半以賜魏絳，因「歌鐘二肆」遂言「女樂二八」，爲下半樂張本耳，非以二八爲二佾。若二八即是二佾，鄭人豈以二佾之樂賂晉侯？晉侯豈以一佾之樂賜魏絳？大夫四，四四十六人。士二。二二四人。士有功，賜用樂。夫舞，所以節八音而行八風，八音，金、石、絲、竹、匏、土、革、木也。八風，八方之風也。以八音之器播八方之風，手之舞之，足之蹈之，節其制而序其情。○疏曰：舞爲樂主，音逐舞節，八音皆奏而舞曲齊之，故舞所以節八音也。八方風氣，寒暑不同，樂能調陰陽，和節氣，八方風氣由舞而行，故舞所以行八風也。又曰：八音爲「金、石、土、革、絲、木、匏、竹」，周禮大師職文也。鄭玄云：「金，鐘鎛也。石，磬也。土，塤也。革，鼓鼗也。絲，琴瑟也。木，柷敔也。匏，笙也。竹，管簫也。」「八風八方之風」者，服虔以爲八卦之風：乾音石，其風不周；坎音革，其風廣莫；艮音匏，其風融；震音竹，其風明庶；巽音木，其風清明；離音絲，其風景；坤音土，其風涼；兑音金，其風閶闔。易緯通卦驗云：「立春調風至，春分明庶風至，立夏清明風至，夏至景風至，立秋涼風至，秋分閶闔風至，立冬不周風至，冬至廣莫風至。」風體一也，逐天氣隨八節，而爲之立名耳。調與融，一風二名。昭十八年傳曰「是謂融風」，是其調、融同也。沈氏云：按樂緯云：「坎主冬至，樂用管。艮主立春，樂用塤。震主春分，樂用鼓。巽主立夏，樂用笙。離主夏至，樂用絃。坤主立秋，樂用磬。兑主秋分，樂用鐘。乾主立冬，樂用柷敔。」此八方之音既有二説，未知孰是，故兩存焉。更説制樂之本，節音行風之意，以八音之器宣播八方之風，使人用手以舞之，用足以蹈之，節其禮制使不荒淫，次序人情，使不蘊結也。蟋蟀詩曰：「無已大康，職思其居。」是節其制也。舜歌南風曰：「南風之時兮，可以阜吾人之財兮。南風之薰兮，可以解吾人之愠兮。」是序其情也。故自八以下。」唯天子得盡物數，故以八爲列。諸侯則不敢用八。公從之。於是初獻六羽，始用六佾也。魯唯文王、周公廟得用八，而他公遂因仍僭而用之。今隱公特立此婦人之廟，詳問衆仲，衆仲因明大典，故傳亦因言始用六佾。其後季氏舞八佾於庭，知唯在仲子廟用六。○疏曰：襄十二年傳曰魯爲諸姬「臨於周廟」，是魯立文王之廟也。文王天子，自然用八。禮記祭統曰：「昔者周公旦有動勞於天下」，成王、康王「賜之以重祭」，「朱干玉戚以舞大武，八佾以舞大夏，此天子之樂也。康周公，故以賜魯。」明堂位曰：「命魯公世世祀周公以天子之禮樂。」是周公之廟用八也。傳曰「始用六佾」，則知以前用八。何休云：「僭，齊也，下傚上之辭。」魯之僭傚必有所因，故本其僭之所由。言由文王、周公廟用八佾，他公之廟遂因仍僭而用之。今隱公詳問衆仲，因明大典。公從其言，於仲子之廟初獻六羽，故傳亦因言始用六佾，謂仲子之廟用六佾，他公則仍用八也。至襄、昭之時，魯猶皆亦用八，故昭二十五年公羊傳稱昭公謂子家駒曰：「吾何僭哉？」答曰：「朱干玉戚以舞大夏，八佾以舞大武，此皆天子之禮也。」是昭公之時僭用八也。此減從正禮，尚書於經，若更僭非禮，無容不書。自此之後，不書僭用八佾，知他廟僭而不改，故杜自明其證。其後「季氏舞八佾於庭」，知唯在仲子廟用六也。○春秋左氏傳○公羊子曰：譏始僭諸公也。六羽之爲僭奈何？天子八佾，諸公六，諸侯四。疏注見祭物失禮條。○尸子曰：舞夏，天子至諸侯皆用八佾。初獻六羽，始厲樂矣。言時諸侯僭侈，皆用八佾，魯於是能自減厲而始用六。穀梁子言其始僭，尸子言其始降。○穀梁傳○三家者以雍徹，子曰：「『相維辟公，天子穆穆』，奚取於三家之堂？」徹，直列反。相，去聲。○集注曰〔一九六〕：三家，魯大夫孟孫、叔孫、季孫之家也。雍，周頌篇名。徹，祭畢而收其俎也。天子宗廟之祭，則歌雍以徹，是時三家僭而用之。相，助也。辟公，諸侯也。穆穆，深遠之意，天子之容也。此雍詩之詞，孔子引之，言三家之堂，非有此事，亦何取於此義而歌之乎？譏其無知妄作，以取僭竊之罪。○程子曰：周公之功固大矣，皆臣子之分所當爲，魯安得獨用天子禮樂哉？成王之賜，伯禽之受，皆非也。其因襲之弊，遂使季氏僭八佾，三家僭雍徹，故仲尼譏之。○論語八佾

祭之日，一獻，君降立于阼階之南，南鄉，所命北面。史由君右執策命之，再拜稽首，受書以歸，而舍奠于其廟。鄉，許亮反。○一獻，酳尸也。舍，當爲釋，聲之誤也。非時而祭曰奠。○疏曰：「而舍奠於其廟」者，謂受策命，卿大夫等既受策書，歸還而釋奠於家廟，告以受君之命。以非時而祭，故稱奠。又曰：經云「一獻」，知非初祼及朝踐饋食之一獻，必爲一酳尸者，以一酳尸之前，皆爲祭

事，承奉鬼神，未暇策命而尸食已畢，祭事方了，始可以行其爵賞及賜勞臣下。此一獻則上尸飲五，君獻卿之時也。若天子命羣臣，則不因常祭之日，特假於廟，故大宗伯云：「王命諸侯則儐。」注云：「王將出命，假祖廟，立依前，南鄉。」是也。○祭統

右因祭策命○傳：王在新邑，成王既受周公誥，遂就居洛邑，以十二月戊辰晦到。○疏曰：自此以下，史終述之。周公歸政，成王既受誥，王即東行赴洛邑。其年十二月晦，戊辰日，王在新邑。後月是夏之仲冬，爲冬節烝祭，其月節是周之歲首，特異常祭，加文王騂牛一，武王騂牛一。王命有司作策書，乃使史官名逸者祝讀此策，惟告文武之神，言周公有功，宜立其後爲國君也。其時，王尊異周公以爲賓，殺牲享祭文王、武王，皆親至其廟。王入廟之太室，行祼鬯之禮，言其尊異周公而禮敬深也。於此祭時，王命周公後，令作策書，使逸讀此策辭以告伯禽，言封之於魯，命爲周公後也。又總述之，在十有二月，惟周公大安、文武受命之事。又曰：周公誥成王，令居洛邑爲治，王既受周公之誥，遂東行就居洛邑，以十二月戊辰晦日到洛，指言戊辰王在新邑。知其晦日始到者，此歲入戊午蔀五十六年，三月云丙午朏，以筭術計之，三月甲辰朔大，四月甲戌朔小，五月癸卯朔大，六月癸酉朔小，七月壬寅朔大，八月壬申朔小，九月辛丑朔大，又有閏九月辛未朔小，十月庚子朔大，十一月庚午朔小，十二月己亥朔大，計十二月三十日戊辰晦到洛也。烝祭歲，文王騂牛一，武王騂牛一。王命作册，逸祝册，惟告周公其後。明月，夏之仲冬，始於新邑烝祭，故曰「烝祭歲」。古者褒德賞功必於祭日，示不專也。特加文武各一牛，告白尊周公，立其後爲魯侯。○疏曰：下云「在十有二月」者，周

之十二月，建亥之月也。戊辰是其晦日，故明日即是夏之仲冬，建子之月也。言明月者，此烝祭非朔日，故言月也。自作新邑已來，未嘗於此祭祀，此歲始於新邑烝祭，故曰烝祭歲也。周禮大司馬「仲冬教大閱」，遂以享烝是也。王者冬祭必用仲月，此是周之歲首，故言歲耳。王既戊辰晦到，又須戒日致齊，不得以朔日即祭之。祭統云：「古者明君，爵有德而禄有功，必賜爵禄於太廟，示不敢專也。」故云古者褒德賞功，必於祭日，示不專也。因封之特設祭烝之禮，宗廟用太牢。此文武皆言牛一，知於太牢之外特加一牛，告白文武之神，言爲尊周公，立其後爲魯侯。魯頌所云：「王曰叔父，建爾元子，俾侯于魯。」是此時也。「王命作策」者，命有司作册書也。讀策告神謂之祝。「逸祝册」者，使史逸讀策書也。鄭玄以「烝祭」上屬。「歲文王騂牛一」者，歲是成王元年正月朔日，特告文武封周公也。按周頌烈文序云：「成王即政，諸侯助祭。」鄭箋云：「新王即政，必以朝享之禮祭於祖考，告嗣位也。」則鄭意以朝享之後，特以二牛告文武，封周公之後，與孔義不同。王賓，殺禋，咸格。王入太室，祼。

王賓，異周公，殺牲，精意以享文武，皆至其廟親告也。太室，清廟。祼鬯告神。○疏曰：「王賓，異周公」者，王尊周公爲賓，異於其臣。王肅云：成王尊周公，不敢臣之以爲賓，故封其子是也。周語云：「精意以享謂之禋。」既殺二牲，精誠其意以享祭文武。咸，皆也。格，至也。皆至其廟，言王重其事，親告之。太室，室之大者，故爲清廟。廟有五室，中央曰太室。王肅云：太室，清廟中央之室。清廟，神之所在，故王入太室，祼獻鬯酒，以告神也。祼者，灌也，王以圭瓚酌鬱鬯之酒以獻尸，尸受祭而灌於地，因奠不飲，謂之祼。郊特牲云：「既灌，然後迎牲。」則殺在祼後。此經先言殺，後言祼者，殺者咸格，表王敬公之意，非行事之次也。其王入太室祼乃是祭時行事耳。周人尚臭，祭禮以祼爲重，故言王祼。其封伯禽，乃是祭之將末，非祼時也。祭統賜臣爵禄之法云：「祭之日，一獻，君降立于阼階之南，南嚮，所命者北面，史由君右執策命之。」鄭云：「一獻，一酳尸也。」禮：酳尸，尸獻，而祭畢。是祭末乃命之。以祼爲重，故特言之。王命周公後，作册逸誥。王爲册書，使史逸誥伯禽封命之書。皆同在烝祭日，周公拜前，魯公拜後。○疏曰：王爲策書，亦命有司爲之也。上云作策，作告神之策。此言作策，誥伯禽之策。祭於神謂之祝，於人謂之誥，故云「使史逸誥伯禽封命之書」。封康叔謂之康誥，此命伯禽，當云伯禽之誥。定四年左傳云「命以伯禽」，即史逸所讀之策也。上言逸祝策，此誥下不言策者，祝是讀書之名，故上云祝策，此誥是誥伯禽使知，雖復讀書以誥之，不得言誥策也。上告周公其後已言告神封周公，嫌此逸誥以他日告之，故云「皆同在烝祭日」。以祭統言一獻命之，知此亦祭日也。文十三年公羊傳曰：「封魯公以爲周公也，周公拜乎前，魯公拜乎後。曰：生以養周公〔一九七〕，死以爲周公主。」○洛誥

尸酢夫人執柄，夫人受尸執足。疏曰：「尸酢夫人執柄」者，爵爲雀形，以尾爲柄，夫人獻尸，尸酢夫人，尸則執雀尾授夫人也。「夫人受尸執足」者，夫人受酢於尸，則執爵足也。○祭統

○膳夫：凡王祭祀，則徹王之胙俎。膳夫親徹胙俎，胙俎最尊也，其餘則其屬徹之。○疏曰：云「凡王祭祀」，謂祭宗廟有胙俎者，謂若特牲、少牢：主人受尸酢，户東，西面，設主人俎於席前，王受尸酢禮，亦當然。又曰：云「膳夫親徹胙俎胙俎最尊也」者，以其胙者酢也，王與尸相答酢，故遣膳夫親徹。云「其餘則其屬

徹之」者，以其經膳夫徹王之胙俎，明非王胙俎則其屬徹之可知。膳夫是上士，則其屬中士已下是也。

○天官○内小臣：徹后之俎。俎，謂后受尸之爵，飲於房中之俎。○疏曰：云「徹后之俎」者，謂后於東房中受尸酢之俎，内小臣徹之。又曰：云「俎，謂后受尸之爵飲于房中之俎」者，天子諸侯祭禮亡，按特牲薦俎乃受尸之酢，次主婦酳尸，尸酢主婦於東房中，受尸之酢亦有薦俎。后之俎小臣所徹，亦約與士禮主婦之俎同也。○同上。

右尸酢

夫婦相授受，不相襲處，酢必易爵。疏曰：「夫婦相授受不相襲處」者，謂夫婦交相致爵之時，襲，因也，其執之物不相因故處，若夫婦交相致爵，不能執故處，以明男女有别。又曰：「酢必易爵」者，謂夫婦交相致爵之時，主人受主婦之酢，易換其爵。故特牲主人受主婦之酢爵，「更爵酢」，鄭注云：「主人更爵自酢，男子不承婦人爵。」即引此文云夫婦相授受，不相襲處，酢必易爵也。皇氏云：夫婦猶男女，不相襲處，則上執校執鐙之屬。違鄭注儀禮之文，其義非也。○祭統

右致爵

尸飲五，君洗玉爵獻卿；尸飲七，以瑶爵獻大夫；尸飲九，以散爵獻士及羣有司：皆以齒。尸飲五，謂酳尸五獻也。大夫士祭，三獻而獻賓。○疏曰：「尸飲五，君洗玉爵獻卿」至「皆以齒」，明尊卑之等者，謂獻卿、大夫、士及有司等，其爵雖同，皆長者在先，故云「皆以齒」。又曰：此據備九獻之禮者，至主人酳尸，故尸飲五也。凡祭二獻，裸用鬱鬯，尸祭奠而不飲。朝踐二獻，饋食二獻，及

食畢主人酳尸，此等皆尸飲之，故云「尸飲五」。於此之時以獻卿，獻卿之後乃主婦酳尸。酳尸畢，賓長獻尸，是「尸飲七」也。乃瑶爵獻大夫，是正九獻禮畢，但初二裸不飲，故云「尸飲七」。自此以後，長賓、長兄弟更爲加爵，尸又飲二，是并前尸飲九，主人乃散爵獻士及羣有司也。此謂上公九獻，故以酳尸之一獻爲尸飲五也。若侯伯七獻，朝踐、饋食時各一獻，食訖酳尸，但尸飲三也。子男五獻，食訖酳尸，尸飲一。云「大夫士祭三獻而獻賓」者，欲明諸侯獻賓時節與大夫士獻賓不同。知「大夫士祭，三獻而獻賓」者，特牲禮文。下大夫不賓尸，與士同，亦三獻而獻賓。知者，有司徹文。其上大夫別行賓尸之禮，與此異也。○祭統○凡賜爵，昭爲一，穆爲一，昭與昭齒，穆與穆齒。凡羣有司皆以齒。昭穆，猶特牲、少牢饋食之禮衆兄弟也。羣有司，猶衆賓，下及執事者。君賜之爵，謂若酬之。○疏曰：「凡賜爵」者，爵，酒爵也，謂祭祀旅酬時，賜助祭者酒爵，故云賜爵。「昭爲一穆爲一」者，言君衆兄弟子孫等、在昭列者則爲一色，在穆列者自爲一色，各自相旅，尊者在前，卑者在後。若同班列，則長者在前，少者在後，是昭與昭齒，穆與穆齒。又曰：按特牲饋食禮，初有主人獻衆賓、兄弟之禮，後乃旅酬衆賓、兄弟。此經直云「賜爵」，知非獻時而特云酬者，以獻時不以昭穆爲次者。此云「昭與昭齒，穆與穆齒」，當旅酬之事，故知賜爵爲酬。○祭統○司士：凡祭祀，及賜爵，呼昭穆而進之。賜爵，神惠及下也，此所賜，王之子姓兄弟。祭統曰：「凡賜爵，昭爲一，穆爲一，昭與昭齒，穆與穆齒，凡羣有司皆以齒。」此之謂長幼有序。○疏曰：云「凡祭祀，掌士之戒令」者，謂羣臣有事於祭祀。云「及賜爵」者，謂祭末旅酬無筭爵之時，皆有酒爵賜及之，皆以昭穆爲序也。又曰：鄭知「賜爵，神惠及下」者，祭統云：祭有十倫之義，

「凡賜爵，昭爲一，穆爲一。」是神惠及下也。云「此所賜王之子姓兄弟」者，以其呼昭穆而進之。云昭穆，明非異姓，是同姓可知。姓，生也，子之所生，則孫及兄弟皆有昭穆。引祭統，是諸侯法，明天子亦然。凡言昭穆在助祭之中者，皆在東階之前南陳。假令祖行爲昭，子行爲穆，孫行還爲昭，曾孫行還爲穆，就昭穆之中，皆年長者在上，年幼者在下，故云齒也。○夏官○凡爲俎者，以骨爲主。殷人貴髀，周人貴肩。凡前貴於後。貴者取貴骨，賤者取賤骨，貴者不重，賤者不虛。重，直龍反。○殷人貴髀，爲其厚也。周人貴肩，爲其顯也。凡前貴於後，謂脊、脅、臂、臑之屬。○臑，乃報反。○疏曰：「凡爲俎者，以骨爲主」者，俎謂助祭者各將物於俎也。「殷人貴髀周人貴肩」者，殷質，貴髀之厚，賤肩之薄。周文，貴肩之顯，賤髀之隱。各隨所貴。「凡前貴於後」者，據周言之，以周人之貴肩故也。「貴者不重，賤者不虛」，示均也者。言貴者不特多而重，賤者不虛而無。分俎多少，隨其貴賤，是示均平也。又曰：此脊、脅、臂、臑，舉其貴者言之，屬中包其賤者。不云肩者，以經云「周人貴肩」，故此略之。前體臂臑爲貴，後體膞胳爲賤。脊、脅之中，亦有貴賤，正脊在前爲貴，脡脊横脊在後爲賤。脅則正脅在前爲貴，短脅爲賤，故總云「之屬」以包之。○祭統

右獻酬賜俎○記：曾子問曰：「祭如之何則不行旅酬之事矣？」孔子曰：「聞之，小祥者，主人練祭而不旅，奠酬於賓，賓弗舉，禮也。奠無尸，虞不致爵，小祥不旅酬，大祥無無筭爵，彌吉。○疏曰：練，小祥祭也。旅，謂旅酬。故奠無尸，虞不致爵，至小祥彌吉，但得致爵於賓，而不得行旅酬之事。大祥乃得行旅酬，而不得行無筭爵之事也。此皆謂喪事簡略，於禮未備故也。又

曰：按士虞禮云：「男，男尸。女，女尸。」檀弓云：「虞而立尸。」是虞時始立尸，故云「奠無尸」。奠所以無尸者，奠是未葬之前，形體尚在，未忍立尸異於生，故未立尸。虞是既葬之後，形體已去，鬼神事之，故立尸以象神也。又按：特牲云：「祝延尸於奥」，「尸即席坐，主人拜妥尸，尸答拜。」「尸左執觶，右取菹，抨于醢，祭于豆閒。佐食取黍稷肺祭授尸，尸祭之，祭酒，啐酒，」祭鉶，乃食九飯。「主人洗角，升，酌，酳尸。」尸卒爵，「祝酌授尸，尸以酢主人。」主人卒爵。筵祝南面，主人酌獻祝，祝受卒爵。主人酌獻佐食，佐食受，卒爵。此是主人之獻也。特牲又云：主婦洗爵獻尸，尸卒爵。尸酢主婦，主婦卒爵。主婦酌獻祝，祝卒爵，酌獻佐食，佐食卒爵。此是主婦之獻也。賓三獻，獻於尸，尸三爵止。注云：「尸止爵者，三獻禮成，欲神惠之均于室中。」云「虞不致爵」者，按士虞禮賓三獻尸，尸卒爵，禮畢，無致爵以下之事，所謂虞不致爵也。按：特牲又云：尸止爵之後，「席于户内，主婦洗爵，酌，致爵于主人。主人拜受爵，主婦拜送爵。」主人卒爵，拜，「主婦答拜，受爵，酌酢，左執爵，拜，主人答拜。」「主人降洗酌，致爵于主婦。席于房中，南面。主婦拜受爵，主人西面，答拜。」主婦卒爵，拜，主人答拜。主人更爵，酢，卒爵，拜，主婦答拜，所謂致爵也。三獻之賓作，尸所止爵。尸飲，卒爵，酢賓。賓飲，卒爵，獻祝及佐食，致爵於主人、主婦畢，主人降阼階，升，酌，西階上獻賓及衆賓訖，主人洗觶，於西階前，北面酬賓訖，主人洗爵於阼階上，獻長兄弟及衆兄弟及内兄弟於房中，獻畢，賓乃坐取主人所酬之觶於阼階前，酬長兄弟，長兄弟受觶於西階前，酬衆賓，衆賓酬衆兄弟，所謂旅酬也。云「小祥不旅酬」者，賓不舉主人所酬之觶，不行旅酬之事，所謂小祥不旅酬，謂奠酬於主人，主人酬於賓，賓不舉也。旅酬之後，賓弟子，兄弟、弟子各酌於其尊，舉觶各於其長，賓取觶酬兄弟之黨，長兄弟取觶酬賓之黨，所謂「無筭爵」也。云「大祥無無筭爵彌吉」者，大祥乃得行旅酬，而不得行此無筭爵之事，故云「大祥無無筭爵」，以其漸漸備禮，故云「彌吉」，仍未純吉也。昔者魯昭公練而舉酬行旅，非禮也。孝公大祥，奠酬弗舉，亦非禮也。孝公，隱公之祖父。○疏曰：「昔者魯昭公練而舉酬行旅，非禮也」者，練祭但得致爵於賓，賓不合舉此爵而行旅酬，今昭公行之，故曰「非禮也」。大祥彌吉，得行旅酬，今孝公不然，亦曰非禮。又曰：按世本：孝公生惠公弗皇，弗皇生隱公，是隱公之祖父也。○曾子問○因其酒肉，聚其宗族，以教民睦也。言祭有酒肉，羣昭羣穆皆至而獻酬之，咸有薦俎。○疏曰：「因其酒肉聚其宗族以教民睦也」者，謂因其祭祀之酒肉，於祭祀之末聚其宗族昭穆相獻酬，教民相親睦也。○坊記

尸謖，君與卿四人餕。君起，大夫六人餕。大夫起，士八人餕。士起，各執其具以出，陳于堂下，百官進，徹之。進，當爲餕，聲之誤也。百官，謂有事於君祭者也。既餕，乃徹之而去，所謂自卑至賤。進、徹，或俱爲餕。○疏曰：諸侯之國有五大夫，此云六者，兼有采地助祭也。「士起，各執其具以出陳於堂下」者，士廟中餕訖而起，所司各執其饌具以出廟户，陳於堂下。「百官進徹之」者，進當爲餕，謂有祭事之百官餕訖，各徹其器而乃去之。○祭統○其登餕受爵，則以上嗣。疏曰：特牲又云：無筭爵之後，禮畢，尸謖而出，宗人遣嗣子及長兄弟相對而餕，所謂餕也。○詳見餘獻條〔一九八〕。文王世子。

右餕

大祝：既祭，令徹。疏曰：祭訖，尸謖之後，大祝命徹祭器，即詩云「諸宰君婦，廢徹不遲」是也。○春官○九嬪：贊后徹豆籩。疏曰：云「贊后薦徹豆籩」者，豆籩之薦與徹，皆助后也。○天官○外宗：佐王后薦玉豆，眡豆籩，及以樂徹亦如之。注疏見上餘獻條。○今按：外宗：「王后以樂羞齍。」疏云：「進黍稷之時，依樂以進之。」此云「以樂徹」，蓋亦依樂以徹之也。○春官○內宗：及以樂徹，則佐傳豆籩。傳，直專反。○佐傳，佐外宗。○疏曰：鄭知「佐外宗」者，見外宗云「佐王后薦玉豆籩」，故云佐外宗也。但豆籩后於神前徹之，傳與外宗，外宗傳與內宗，內宗傳與外者，故知佐傳也。其他玉齍、玉敦盛黍稷，言贊不言徹，則后薦而不徹也，其徹諸官爲之，故楚茨詩云：「諸宰君婦。」是黍稷宰徹之也。○同上。○大宗伯：凡大祭祀，王后不與，則攝而徹。注疏見上餘獻條。

右徹

索祭祝于祊。索，求神也。廟門曰祊。謂之祊者，以於繹祭名也。○疏曰：「索祭祝于祊」者，索，求也，廣博求神，非但在廟，又爲求祭，祝官行祭在於祊也。祊謂廟門，祭於廟門。凡祊有二種：一是正祭之時，既設祭於廟，又求神於廟門之內。詩楚茨云：「祝祭于祊。」注云：「祊，門內。」平生待賓客之處，與祭同日也。二是明日繹祭之時，設饌於廟門外西室，亦謂之祊，即上文云：「祊之于東方。」注云：「祊之禮，宜于廟門外之西室。」是也。今此索祭於祊，當是正祭日之祊矣。知者，禮器云：「爲祊乎外。」以其稱外，故注云：祊祭，明日之繹祭。鄭又注上「祊之于東方」云：「祊之禮，宜於廟門外之西室。」此經直云祊，不云外，又注直云「廟門曰祊」，亦不云外，是據正祭日祊也。故下云「肵之爲言敬也」。相，饗之也。嘏，大也。血毛告幽全之物。是皆據正祭之日，明此祊亦正祭日。又曰：「廟門曰祊」，爾雅釋宫文。謂之祊者以於繹祭名者，此既正祭日於廟門内求神，應總稱云廟，而謂之祊者，以祊是廟門，明日繹祭稱祊，雖今日之正祭，假以明日繹祭祊名，同稱之曰祊也。○郊特牲○祝祭于祊，祀事孔明。祊，門内也。箋云：孔，甚也。明，猶備也，絜也。孝子不知神之所在，故使祝博求之平生門内之旁、待賓客之處，祀禮於是甚明。○詩楚茨○設祭于堂，設祭之饌於堂，人君禮然。○疏曰：「設祭于堂」者，謂薦腥爓之時，設此所薦饌在於堂。又曰：知者，特牲、少牢皆設饌在奥，此言設饌於堂，故知人君禮也。爲祊乎外。祊祭，明日之繹祭也。謂之祊者，於廟門之旁，因名焉。其祭之禮，既設祭於室，而事尸於堂，孝子求神非一處也。周禮曰：「夏后氏世室，門堂三之二，室三之一。」詩頌絲衣曰：「自堂徂基。」○疏曰：「爲祊乎外」者，祊，謂明日繹祭在廟門之旁。謂之祊，言爲此祊祭在於廟門外之西也。又曰：此云「爲祊乎外」，稱外，故知明日繹祭也。郊特牲云「索祭祝於祊」，不云外，故鄭彼注不云明日繹祭也。云「謂之祊者，於廟門之旁，因名焉」者，以釋宫云「廟門謂之祊」，今曰繹祭於廟門外之西旁，因以廟門爲稱，故云「因名焉」。云「其祭之禮，既設祭於室，而事尸於堂」者〔一九九〕，以正祭設饌在室，故知繹祭亦設饌在室。按有司徹上大夫賓尸、坐尸、侑於堂，酌而獻尸，故知人君繹祭亦事尸於堂也。但卿大夫賓尸禮略，不設祭於室，又不在廟門，異於君也。云「夏后氏世室，門堂三之二，室三之一」者，證廟門之旁有室有堂也。又引詩頌絲衣之篇者，證繹祭在堂事尸也。絲衣之篇論繹祭之時，從堂上往於堂下之基，故云「自堂徂基」。○禮器○君牽牲，夫人奠盎；君獻尸，夫人薦豆。卿大夫相君，命婦相夫人。奠盎，設盎齊之奠也。此時君牽牲，將薦毛血。君獻尸而夫人薦豆，謂繹日也。儐尸，主人獻尸，主婦自東房薦韭菹醢。○儐，音賓。○疏曰：「君牽牲夫人奠盎」者，熊氏云：此謂繹祭君當牽牲之時，夫人奠設盎齊之奠。「君獻尸，夫人薦豆」者，繹祭故先獻後薦。又曰：云「奠盎，設盎齊之奠也」者，此謂繹祭，故牽牲之時，夫人預設盎齊之尊。假令正祭牽牲時，夫人設奠盎之尊，至君親制祭，夫人酌盎齊以獻尸，義無妨也。皇氏怪此奠盎在牽牲之時，於事大早，以奠盎爲洗牲。勘諸經傳，無洗牲以酒之文，皇氏文無所據，其義非也。云「謂繹日也」者，以其先云「君獻尸」，後云「夫人薦豆」，故知繹日也。云「儐尸，主人獻尸，主婦自東房薦韭菹醢」者，此是有司徹文。引之者，證儐尸之時，先獻後薦。上大夫儐尸，即天子諸侯之繹也。○祭義

右祊○記：閍謂之門。注疏見廟制條。繹，又祭也，夏曰復胙，商曰肜，周曰繹。注疏見祭統祭名條。○爾雅○詔祝於室〔二〇〇〕，坐尸於堂。謂朝事時也。朝事，延尸於户西，南面，布主席，東面，取牲膟膋，燎於爐炭，洗肝於鬱鬯而燔之。入以詔神於室，又出以墮於主。主人親制其肝，所謂制祭也。時尸薦以籩豆，至薦孰，乃更延主於室之奧。尸來升席，自北方，坐於主北焉。○疏曰：「詔祝于室」，謂朝事時也。詔，告也。祝，咒也。天子諸侯朝事之時，坐尸於堂，户西，南面，坐主在西方，東面。尸主之前則薦用籩豆也。祝乃取牲膟膋燎於爐炭，入告神於室，又出墮於主。當此

時，主人乃親洗肝於鬱鬯而燔之，以制於主前。今云「詔祝於室」，是燎於爐炭，入告於室也。「坐尸於堂」者，既灌鬯之後，尸出堂，坐户西而南面也。又曰：「謂朝事時」者，以下云「用牲於庭，升首於室」，此云「詔祝于室」，當殺牲之初，故知當朝事時也。云「朝事延尸於户西，南面。布主席東面，取牲膟膋，燎於爐炭，洗肝于鬱鬯而燔之」者，此等並於堂上而燔燎之，故始云「入以詔神」，明以前在堂也。云「入以詔神於室又出以墮於主前」者，墮，謂墮祭也，謂分減肝膋以祭主前也。云「主人親制其肝所謂制祭也」者，制，割也，謂割其肝而不相離。按禮器云「君親制祭，夫人薦盎」，此云「詔祝於室」，下云「用牲于庭」，故知制祭當此節也。云「時尸薦以籩豆」者，即是朝事籩豆也。云「至薦孰，乃更延主於室之奥」者，約少牢、特牲饋食在奥室也。云「尸來升席自北方坐於主北焉」者，以在奥東面，以南爲尊，主尊，故在南。主既居南，故尸來升席自北方也。尸主各席，故朝事延尸於户外，尸南面主席於東面是也。鄭之此注雖參禮記及少牢、特牲而言之，亦約漢時祭宗廟之禮言也〔二〇一〕，故其事委曲也。

用牲於庭，謂殺之時。**升首於室。**制祭之後，升牲首於北墉下，尊首尚氣也。○疏曰：知在「制祭」後者，熊氏云：見下文升首在燔燎下，故知在制祭後也。又知在「北墉下」者，見下云「升首以報陽」，明是當户北墉可知。此升首非説有虞氏祭以首者，故羊人云：「祭祀，割羊牲，登其首。」則三牲之首皆升也。**直祭祝于主，**謂薦孰時也，如特牲少牢饋食之爲也。直，正也。祭以孰爲正，則血腥之屬，盡敬心耳。○疏曰：「直祭祝于主」者，直，正也，祭以薦孰爲正。言薦孰正祭之時，祝官以祝辭告於主，若儀禮少牢「敢用柔毛剛鬣，用薦歲事于皇祖伯某」是也。又曰：知「薦孰時」者，以上文云

「詔祝于室」，次云「用牲于庭，升首于室」，下云「索祭祝于祊」，以文次之，知此當薦孰之節也。索祭祝于祊。不知神之所在，於彼乎？於此乎？室與？堂與？○與，並音餘。○疏曰：「不知神之所在於彼乎？於此乎」者，此解正祭在廟之時，或設饌在室，或設饌在堂，不知神之所在之處，爲於彼室乎？爲於此堂乎？故兩處設饌也。或諸遠人乎？祭于祊，尚曰求諸遠者與？與，音餘。○尚，庶幾也。○疏曰：此解索祭爲祊之時。「或諸遠人乎」者，諸是語辭，其神靈或遠離於人不在廟乎？「祭于祊，尚曰求諸遠者與」者，尚是庶幾也，言正祭之時，祭於廟門祊者，庶幾求於遠處者與？言於遠處求神也。祊之爲言倞也。倞，猶索也。倞，或爲諒。○疏曰：此皆訓祭祀所爲之事。○郊特牲○設祭于堂，爲祊乎外，注疏見上。故曰：於彼乎？於此乎？不知神之所在也。○疏曰：「故曰：於彼乎？於此乎」者，以其不知神之所在，或祭之於堂，或祭之於外，不知此神於彼堂乎？於彼室乎？於此祊乎？以古語有此，故記者引以結之。又曰：按郊特牲云：「不知神之所在，於彼乎？於此乎？」此文唯云「於彼乎？於此乎？」故鄭引彼上文爲注，以會此文，明是一也。○禮器○詔祝于室，而出于祊，此交神明之道也。詔祝，告事於尸也。出於祊，謂索祭也。○疏曰：「詔祝於室」者，詔，告也。祝，祝也。謂祝官以言詔告祝，請其尸於室求之。「而出于祊」者，謂明日繹祭而出廟門旁，廣求神於門外之祊。此交神明之道也者，神明難測，不可一處求之，或門旁，不敢定，是與神明交接之道。鬼神通，故云道。又曰：云「詔祝告事於尸也」者，謂灌鬯、饋孰、酳尸之等，祝官以祝辭告事於尸。其事廣也，以總論事神，故廣言之。「知非朝踐之時血毛詔於室」者，以朝踐尸主皆在户外，蹔時之事，非終始事神之道，故知非也。云「出於祊，謂索祭也」者，按郊特牲「索祭祝于祊」，故云謂索祭也。○祭統○宣公八年，六月辛巳，有事于太廟，仲遂卒于垂，壬午猶繹。繹，又祭，陳昨日之禮，所以賓尸。○疏曰：繹，陳也。陳昨日之禮，以賓敬此尸也。○詳見祭統廢祭條〔二〇二〕。○穀梁子曰：繹者，祭之旦日之享賓也。疏曰：旦日，猶明日也。何休云：繹者，「繼昨日事，但不灌地降神耳。天子諸侯曰繹，大夫曰賓尸，士曰宴尸。」則天子以卿爲之，諸侯則以大夫爲之，卿大夫以孫爲之。夏立尸，殷坐尸，周旅酬六尸。唯士宴尸，與先儒少異，則范意或與何同也。按少牢饋食之禮，卿大夫當日賓尸，天子諸侯明日賓尸者，天子諸侯禮大，故異日爲之，卿大夫以下禮小，故當日即行。其三代之名者，按爾雅云「夏曰復胙，殷曰肜，周曰繹」是也。謂之復胙者，復前日之禮也。謂之肜者，肜是不絶之意也。謂之繹者，繹陳昨日禮也。○公羊子曰：繹者何？祭之明日也。禮，繹繼昨日事，但不灌地降神爾。天子諸侯曰繹，大夫曰賓尸，士曰宴尸，去事之殺也。必繹者，尸屬昨日配先祖食，不忍輒忘，故因以復祭，禮則無有誤，敬慎之至。殷曰肜，周曰繹。繹者，據今日道昨日，不敢斥尊言之，文意也。肜者，肜肜不絶，據昨日道今日，斥尊言之，質意也。祭必有尸者，節神也。禮：天子以卿爲尸，諸侯以大夫爲尸，卿大夫以下以孫爲尸。夏立尸，殷坐尸，周旅酬六尸。○疏曰：「禮繹繼昨日事，但不灌地降神爾」者，正以釋天云：「繹，又祭也。」孫氏云：「祭之明日，尋繹復祭。」故言繼昨日事。正以昨日祭已灌地降神，是以今日繹，主爲尸作，何以爲灌乎？故云「但不灌地降神爾」。「天子諸侯曰繹，大夫曰賓尸士曰宴尸」者，春秋説文也。稍得言名繹在正祭之後，故云「去事之殺也」。「則無有誤，敬慎之至」者，畏敬先君之尸而爲之設祭，則無有過誤也。「般曰肜，周曰繹」者，釋天文〔二〇三〕。按郭氏爾雅其下文仍有「夏曰復胙」之文，而何氏不言之者，正以諸家爾雅悉無此言〔二〇四〕，故不引之。復胙，郭氏云：「未見義所出也。」「繹者，據今日道昨日，不敢斥尊言之，文意也」者，祭尊於繹，欲道今日所尋繹乃是昨日之正祭〔二〇五〕，故云據今日，道昨日，不敢斥尊，乃是尊正之義，故曰文意也。「肜者，肜肜不絕，據昨日道今日斥尊言之質意也」者，正由昨日正祭，是以今日作又祭，相因而不絕肜肜然，故曰據昨日，道今日，乃是迫近而不尊，故曰質意也。「禮天子以卿爲尸諸侯以大夫爲尸卿大夫已下以孫爲尸」者，何氏差約古禮也。天子不使公，諸侯不使卿，皆爲其疑也。卿大夫已下以孫爲尸，以其昭穆同也〔二〇六〕。

○詩曰：「明發不寐，有懷二人。」文王之詩也。祭之明日，「明發不寐」，饗而致之，又從而思之。明發不寐，謂夜至旦也。祭之明日，謂繹日也，言繹之夜不寐也。二人，謂父母容尸侑也。○疏曰：「文王之詩也」者，此幽王小雅小宛之篇而云文王詩也者，記者引詩斷章取義，且詩人陳文王之德以刺幽王，亦得爲文王之詩也。「祭之明日，明發不寐」者，謂正祭明日，繹祭之時，祭既訖，得其夜發夕至明而不寐。「饗而致之又從而思之」者，申明發之意，既設繹祭之饗而致於神，其夜又從而思之也。又曰：知「祭之明日，謂繹日也」者，按宣八年「六月辛巳，有事於太廟，仲遂卒於垂，壬午猶繹」，是祭之明日爲繹也。云「二人謂父母，容尸、侑也」者，祭以念親，故二人謂父母。按有司徹上大夫儐尸，別立一人爲侑以助尸，似鄉飲酒禮介之副賓也，繹祭與儐尸同，故知二人容尸與侑也。○祭義

○衛莊公改舊制，變宗廟，易

朝市。高子睪問於孔子曰：「周禮：繹祭於祊，祊在廟門之西，前朝而後市。今衛君更之，如之何？」孔子曰：「繹之於庫門內，祊之於東方，市朝於西方，失之矣。」家語曲禮公西赤問

𩺰人：春獻王鮪，𩺰，音魚。鮪，位軌反。○王鮪，鮪之大者。月令：「季春薦鮪於寢廟」。○疏曰：謂季春三月，春鮪新來。言「王鮪，鮪之大者」，云「獻」者，獻於廟之寢。故鄭注引月令云「薦鮪於寢廟」。取魚之法，歲有五：按月令孟春云「獺祭魚」，此時得取，一也；季春云「薦鮪於寢廟」，即此所引者，二也；又按鼈人云「秋獻龜魚」，三也；王制云「獺祭魚，然後虞人入澤梁」，與孝經緯援神契云「陰用事，木葉落，獺祭魚」同時，是十月取魚，四也。獺則春、冬二時祭魚也；按潛詩云「季冬薦魚」，與月令季冬𩺰人始漁同〔二〇七〕，五也。是一歲三時五取魚，唯夏不取。按魯語云「宣公夏濫於泗淵」，以其非時，里革諫之乃止。○天官○仲春，天子乃鮮羔開冰，先薦寢廟。鮮，當爲獻，聲之誤也。獻羔，謂祭司寒也。祭司寒而出冰，薦於宗廟，乃後賦之。春秋傳曰：「古者日在北陸而藏冰，西陸朝覿而出之。其藏冰也，深山窮谷，固陰沍寒，於是乎取之。其出之也，朝之祿位，賓食喪祭於是乎用之。其藏之也，黑牡、秬黍，以享司寒。其出之也，桃弧棘矢以除其災。其出入也時。食肉之祿，冰皆與焉。大夫命婦喪浴用冰。祭寒而藏之，獻羔而啓之，公始用之。火出而畢賦，自命夫命婦至於老疾，無不受冰。」○沍，户故反。朝，直遥反。秬，音巨。與，音預。○疏曰：「鮮，當爲獻」者，按詩豳風七月云：「四之日其蚤，獻羔祭韭。」故知鮮爲獻也。云「獻羔，謂祭司寒」者，以經云：「獻羔啓冰，先薦寢廟。」恐是獻羔寢廟，故云

「祭司寒」。左傳直云「獻羔而啓之」，知「祭司寒」者，以傳云「祭寒而藏之」。既祭司寒，明啓時亦祭之。云「薦於宗廟，乃後賦之」者，薦於宗廟，謂仲春也；乃後賦之，謂孟夏也。故凌人云「夏頒冰」、左傳云「火出而畢賦」是也。引「春秋傳曰」者，昭四年左傳申豐之辭也。從「古者」以至「無不受冰」，皆左傳文也。按昭四年春大雨雹，季武子問於申豐，申豐對以此辭。云「日在北陸」者，北陸，虚也，謂十二月日在虚之時而藏冰。云「西陸朝覿而出之」者，西陸，昴也，鄭康成以爲四月之時，日在昴，畢之星朝見東方，於時出冰以頒賜百官。若其初出薦廟，時在二月是也。云「固陰沍寒」者，杜預注：「沍，閉也。」謂堅固之陰，閉塞不通陽之處，於是取之。云「朝之禄位賓食喪祭於是乎用之」者，朝之禄位謂大夫已上，故下云命夫命婦無不受冰是也。賓，謂接迎賓客。食，謂尋常飲食。喪，謂死喪。祭，謂祭祀。云「黑牡秬黍」者，以其祭水神色尚黑。云「桃弧棘矢」者，桃去不祥，棘則刺禦惡。云「祭寒而藏之」者，寒，謂司寒之神，則玄冥，水神也。所用黑牡秬黍。黑牡則黑羔。云「獻羔而啓之」者，獻羔則黑牡也。亦用秬黍啓之，謂二月時也，故云「公始用之」。云「火出而畢賦」者，畢，盡也，謂應是得冰之人，無問尊卑，盡賦與之。按左傳云「火出，於夏爲三月，於商爲四月，於周爲五月」，則火出季春建辰之月。以周禮「夏頒冰」乃建巳之月，不同者，但建辰火星在卯，火星始出，至建巳，火星漸高。總而言之，亦得稱火出，早則三月之末，晚則四月之初，不甚相遠。又三月内有得四月節時，故據夏而言之。按月令季冬藏冰，詩豳風：「三之日，納于凌陰。」三之日是建寅之月，不同者，鄭注：豳地晚寒，所以校遲一月也〔二〇八〕。○季春，

天子始乘舟，薦鮪于寢廟。鮪，于軌反。○進時美物。○疏曰：按爾雅釋魚云：「鮥，鮇鮪。」郭景純

云：「似鱣而小，建平人呼駱子。」一本云「王鮪似鱣，口在頷下」，音義云：「大者爲王鮪，小者爲鮇鮪，似鱣，長鼻，體無鱗甲。」○孟夏，天子乃以彘嘗麥，先薦寢廟。麥之新氣尤盛[二〇九]，以彘食之，散其熱也[二一〇]。彘，水畜。○仲夏，天子乃以雛嘗黍，羞以含桃，先薦寢廟。此嘗雛也，而云以嘗黍，不以牲主穀也。必以黍者，黍，火穀，氣之主也。含桃，櫻桃也。○疏曰：黍是火穀，於夏時與雛同薦之。如鄭此言，則黍非新成，直取舊黍，故下孟秋云「農乃登穀」，注云：黍稷「於是始孰」。明仲夏未孰也。蔡氏以爲此時黍新孰，今蟬鳴黍是也，非鄭義也。按月令諸月無薦果之文，此獨羞含桃者，以此果先成，異於餘物，故特記之，其實諸果亦時薦之。○孟秋，農乃登穀，天子嘗新，先薦寢廟。黍稷之屬，於是始孰。○仲秋，以犬嘗麻，先薦寢廟。麻始孰也。○季秋，天子乃以犬嘗稻，先薦寢廟。稻始孰也。○季冬，天子乃嘗魚，先薦寢廟。天子必親往視漁，明漁非常事，重之也。此時魚絜美。○疏曰：按仲秋「以犬嘗麻」，季秋「以犬嘗稻」，皆不云天子親往，今此天子親往，特云「嘗魚」，故云「明漁非常事，重之也」。以四時薦新是其常事，魚則非常祭之物，故云重之也。○月令[二一一]

右薦新○記：未嘗不食新。嘗，謂薦新物於寢廟。○疏曰：「嘗謂薦新物於寢廟」也，未嘗則人子不忍前食新也。○少儀○四之日其蚤，獻羔祭韭[二一二]。

大史：正歲年以序事，頒之于官府及都鄙。中數曰歲，朔數曰年。中朔大小不齊，正之以閏，若今時作曆日矣。定四時，以次序授民時之事。春秋傳曰：「閏以正時，時以作事，事以厚生，生民之本，於是乎在。」○疏曰：云「正歲年」者，謂造曆正歲年以閏，則四時有次序，依曆授民以事，故云「以序事」也。云「頒之于官府及都鄙」者，官府據在朝，都鄙據三等采地。先近及遠，故先言官府，次言都鄙，下乃言邦國。又曰：云「中數曰歲，朔數曰年」者，一年之内有二十四氣：正月立春節，啓蟄中；二月雨水節，春分中；三月清明節，穀雨中；四月立夏節，小滿中；五月芒種節，夏至中；六月小暑節，大暑中；七月立秋節，處暑中；八月白露節，秋分中；九月寒露節，霜降中；十月立冬節，小雪中；十一月大雪節，冬至中；十二月小寒節，大寒中。皆節氣在前，中氣在後。節氣，一名朔氣，朔氣在晦，則後月閏；中氣在朔，則前月閏。節氣有入前月法，中氣無入前月法。中氣匝則爲歲，朔氣匝則爲年。假令十二月中氣在晦，則閏十二月十六日，得後正月立春節，此即朔數曰年。至後年正月一日得啓蟄中，此中氣匝，此即是中數曰歲。云「中朔大小不齊正之以閏」者〔二一三〕，周天三百六十五度四分度之一，日日行一度，月一日行十三度十九分度之七。二十四氣通閏分之一氣得十五日，二十四氣分得三百六十度，仍有五度四分度之一。一度更分爲三十二，五度爲百六十。四分度之一者，又分爲八分，通前爲百六十八分，二十四氣分之，氣得七分。若然，二十四氣，氣有十五日七分。五氣得三十五分，取三十二分爲一日，餘三分推入後氣，即有十六日氣者、十五日七分者，故云「中朔大小不齊」。「正之以閏」者，月有大小，一年三百五十四日而已，自餘仍有十一日，是以三十三月已後，中氣在晦，不置閏，則中氣入後月，故須置閏以補之，故云「正之以閏」，是以云「若今時作曆日矣」。云「定四時以次序」者，堯典以閏月定四時，解經中序，故云定四時以次序。云「授民時之事」者，亦取堯典敬授民時解經中事。「春秋傳曰」者，文公六年冬閏月不告朔，非禮也。閏以正時，時以作事，事以厚生，生民之道於是乎在矣。不告閏朔，棄時正也，何以爲民？彼譏文公不告閏朔。引之者，證閏歲年之事也。頒告朔于邦國。注：天子班朔於諸侯，諸侯藏之祖廟。至朔朝於廟，告而受行之。鄭司農云：頒，讀爲班。班，布也。以十二月朔布告天下諸侯，故春秋傳曰：「不書日，官失之也。」○疏曰：鄭云「天子班朔於諸侯諸侯藏之於祖廟」者，按禮記玉藻「諸侯皮弁聽朔於太祖」，太祖即祖廟也。「至朔朝於廟告而受行之」者，諸侯約天子，故縣之於中門，匝日斂之，藏之於祖廟，月月用羊告而受行之。此經及論語稱告朔，玉藻謂之聽朔，春秋謂之視朔。視者，人君入廟視之。告者，使有司讀祝以言之。聽者，聽治一月政令。所從言之異耳。鄭司農云「以十二月朔布告天下諸侯」者，言朔者，以十二月曆及政令若月令之書，但以受行，號之爲朔。故「春秋傳曰」者，還是桓十七年傳文。春秋之義，天子班曆於諸侯，日食書日，不班曆於諸侯，則不書日。其不書日者，猶天子日官失之不班曆。引之，證經天子有班告朔之事。○春官○天子玄端聽朔于南門之外，閏月則闔門左扉，立于其中。端，當爲冕，字之誤也[二一四]。玄衣而冕，冕服之下。南門，謂國門也。天子廟及路寢，皆如明堂制。明堂在國之陽，每月就其時之堂而聽朔焉。卒事，反宿路寢亦如之。閏月，非常月也。聽其朔於明堂門中，還處路寢門終月。凡聽朔，必以特牲告其帝及神，配以文王、武王。○疏曰：知「端當爲冕」者，凡衣服，皮弁尊，次以諸侯之朝服，次以玄端。按下諸侯皮弁聽朔，朝服視朝，是視朝之服卑於聽朔。今天子皮弁視朝，若玄端聽朔，則是聽朔之服卑於視朝，與諸侯不類。且聽朔大，視朝小，故知端當爲冕，謂玄冕也，是冕服之下。云「南門，謂國門」者，孝經緯云「明堂在國之陽」，又異義淳于登說：明堂在三里之外，七里之內。故知南門亦謂國城南門也。云「天子廟及路寢皆如明堂制」者，按考工記云：「夏后氏世室。」鄭注云：「謂宗廟。」「殷人重屋」，注云：「謂正寢也。」「周人明堂」，鄭云：「三代各舉其一，明其制同也。」又，周書亦云宗廟、路寢、明堂，其制同。又按明堂位：「大廟，天子明堂。」魯之大廟如明堂，則知天子大廟亦如明堂也。然大廟、路寢既如明堂，則路寢之制上有五室，不得有房，而顧命有東房、西房。又鄭注樂記云：「文王之廟爲明堂制。」按覲禮朝諸侯在文王廟，而記云「几俟於東箱」者，鄭答趙商云：「成王崩，時在西都。文王遷豐鎬，作靈臺、辟廱而已，其餘猶諸侯制度焉。故知此喪禮設衣物有夾有房也。周公攝政，制禮作樂，乃立明堂於王城。」如鄭此言，是成王崩時路寢猶如諸侯之制，故有左右房也。覲禮在文王之廟而記云「几俟於東箱」者，是記人之説誤耳。或可文王之廟不如明堂制，但有東房、西房，故魯之大廟如文王廟，明堂位云：「君卷冕立於阼，夫人副褘立於房中。」是也。樂記注稱「文王之廟如明堂制」，有「制」字者誤也。然西都宮室既如諸侯制，按詩斯干云：「西南其户。」箋云：「路寢制如明堂。」是宣王之時既在鎬京，而云「路寢，制如明堂」，則西都宮室如明堂也。故張逸疑而致問，鄭答之云：「周公制於土中，洛誥云『王入大室祼』，是顧命成王崩於鎬京，承先王宮室耳。宣王承亂，又不能如周公之制。」如鄭此言，則成王崩時因先王舊宮室，至康王已後，所營依天子制度。至宣王之時，承亂之後，所營宮室，還依天子制度，路寢如明堂也，不復能如周公之時先王之宮室也。若然，宣王之後路寢制如明堂。按詩王風：「右招我由房。」鄭答張逸云：「路寢，房中所用。男子而路寢，又有左右房者。」劉氏云：謂路寢下之燕寢，故有房也。熊氏云：平王微弱，路寢不復如明堂也。異義：「明堂制，今禮戴說禮盛德記曰：『明堂位自古有之，凡有九室，室有四戶八牖，三十六戶七十二牖，以草蓋屋，上圓下方，所以朝諸侯。其外名曰辟廱〔二一五〕。』明堂月令書說云：『明堂高三丈，東西九仞，南北七筵。上圓下方，四堂十二室，室四戶八牖。宮方三百步，在近郊三十里。』講學大夫淳于登說〔二一六〕：『明堂在國之陽丙巳之地三里之外，七里之內。而祀之就陽位，上圓下方，八窗四闥，布政之宮。周公祀文王於明堂，以配上帝。上帝，五精之帝，大微之庭中有五帝座星。』其古周禮、孝經說：『明堂，文王之廟、夏后氏世室、殷人重屋、周人明堂，東西九筵，筵九尺，南北七筵，堂崇一筵。五室，凡室二筵，蓋之以茅。』謹按：今禮、古禮各以其義說，無明文以知之。玄之聞也：禮戴所云雖出盛德記，及其下，顯與本書異〔二一七〕。九室，三十六戶，七十二牖，似秦相呂不韋作春秋時說者所益，非古制也。『四堂十二室』，字誤，本書云『九堂十二室』。淳于登之言取義於援神契，援神契說：『宗祀文王於明堂，以配上帝。』曰明堂者，上圓下方，八窗四闥，布政之宮，在國之陽。帝者，諦也，象上可承五精之神。五精之神實在大微，於辰爲巳。是以登云然。今說立明堂於丙巳〔二一八〕，由此爲也。水木用事，交於東北；木火用事，交於東南；火土用事，交於中央；金土用事，交於西南；金水用事，交於西北。周人明堂五室，帝一室，合於數。」如鄭此言，是明堂用淳于登之說、禮戴說，而明堂、辟廱是一。古周禮、孝經說以明堂爲文王廟，又僖五年公既視朔，遂登觀臺，服氏云：「人君入太廟視朔告朔。天子曰靈臺，諸侯曰觀臺，在明堂之中。」又文二年服氏云：「明堂，祖廟。」並與鄭說不同者。按王制云：「小學在公宮南之左，大學在郊。」又云：「天子曰辟廱。」辟廱是學也，不得與明堂同爲一物。又天子宗廟在雉門之外，孝經緯云：「明堂在國之陽。」又此云「聽朔於南門之外」，是明堂與祖廟别處，不得爲一也。孟子云：「齊宣王問曰：『人皆謂我毁明堂。』孟子對曰：『夫明堂者，王者之堂也。王欲行王政，則勿毁之矣。』」是王者有明堂，諸侯以下皆有廟，又知明堂非廟也。以此，故鄭皆不用，具於鄭駁異義也。云「每月就其時之堂而聽朔焉」者，月令孟春「居青陽左個」，仲春「居青陽大廟」，季春「居青陽右個」，以下所居各有其處，是每月就其時之堂也。云「卒事，反宿路寢亦如之」者，路寢既與明堂同制，故知反居路寢亦如明堂，每月異所。反居路寢，謂視朔之一日也，其餘日即在燕寢，視朝則恒在路門外也。云「閏月，非常月也」者，按文六年云「閏月不告月，猶朝於廟」。公羊云：「不告月者何？不告朔也。曷爲不告朔？天無是月也，閏月矣。何以謂之天無是月？是月非常月也。」何休云：「不言朔者，閏月無告朔禮也。」穀梁之義與公羊同，左氏則閏月當告朔。按異義：「公羊説：『每月告朔朝廟，至于閏月不以朝者，閏月殘聚餘分之月，無政，故不以朝。經書閏月猶朝廟，譏之。』左氏説：『閏以正時，時以作事，事以厚生，生民之道於是乎在。不告閏朔，棄時政也。』許君謹按：從左氏説，不顯朝廟、告朔之異，謂朝廟而因告朔。」故鄭駁之，引堯典以閏月定四時成歲，閏月當告朔。又云：「説者不本於經，所譏者異其是與非，皆謂朝廟而因告朔，似俱失之。朝廟之經在文六年，『冬閏月不告月，猶朝於廟』，辭與宣三年春『郊牛之口傷，改卜牛，牛死乃不郊，猶三望』同。言猶者，告朔然後當朝廟，郊然後當三望，今廢其大，存其細，是以加『猶』譏之。論語曰：『子貢欲去告朔之餼羊。』周禮有朝享之禮祭，然則告朔與朝廟祭異，亦明矣。」如此言，從左氏説。又以先告朔而後朝廟。鄭以公羊閏月不告朔爲非，以左氏告朔爲是。二傳皆以先朝廟而因告朔，二者皆失，故鄭云：「其是與非，皆謂朝廟而因告朔，俱失之也。」鄭必知告朔與朝廟異者，按天子告朔於明堂，其朝享從祖廟下至考廟。故祭法云：「曰考廟，曰王考廟，皆月祭之。」是也。又諸侯告朔在大廟，而朝享自皇考至考，故祭法云「諸侯自皇考以下，皆月祭之」，是告朔與朝廟不同。又天子告朔以特牛，諸侯告朔以羊，其朝享各依四時常禮，故用大牢。故司尊彝朝享之祭用虎彝、蜼彝、大尊、山尊之等，是其別也。云「聽其朔於明堂門中還處路寢門終月」者，以閏非常月，無恒居之處，故在明堂門中。按大史云：「閏月，詔王居門終月。」是還處路寢門終月，謂終竟一月所聽之事於一月中耳。於尋常，則居燕寢也，故鄭注大史云：「於文，『王』在『門』，謂之閏。」是閏月聽朔於明堂門，反居路寢門。皇氏云：明堂有四門，即路寢亦有四門，閏月各居其時當方之門。義或然也。云「凡聽朔必以特牲告其帝及神，配以文王、武王」者，論語云「告朔之餼羊」，注云：「天子特牛與？以其告朔禮略，故用特牛。」按月令每月云其帝其神，故知告帝及神。以其在明堂之中，故知配以文王、武王之主亦在明堂，以汎配五帝。或以武王配五神於下，其義非也。諸侯皮弁以聽朔於太廟。皮弁，下天子也。○疏曰：以天子用玄冕，諸侯用皮弁，故云「下天子也」。此諸侯聽朔於太廟，熊氏云：周之天子，於洛邑立明堂，唯大享帝就洛邑耳。其每月聽朔，當在文王廟也，以文王廟爲明堂制故也。此聽朔於大廟，穀梁傳云：「諸侯受乎禰廟，與禮乖，非也。」凡每月以朔告神，謂之告朔，即論語云「告朔之餼羊」是也。則於時聽治，此月朔之事，謂之聽朔，此玉藻文是也。聽朔，又謂之「視朔」，文十六年「公四不視朔」是也。告朔又謂之「告月」，文六年「閏月不告月」是也。行此禮，天子於明堂，諸侯於大祖廟，訖，然後祭於諸廟，謂之朝享，司尊彝云「朝享」是也。又謂之「朝廟」，文六年云「猶朝於廟」是也。又謂之「朝正」，襄二十九年「釋不朝正於廟」是也。又謂之「月祭」，祭法云「皆月祭之」是也。○玉藻

右告朔○傳：季康子朝服以縞，曾子問於孔子曰：「禮乎？」孔子曰：「諸侯皮弁以告朔，然後服之以視朝，若此禮者也。」家語○文公六年，閏月不告月，猶朝于廟。諸侯每月必告朔聽政，因朝宗廟。文公以閏非常月，故闕不告朔，怠慢政事，雖朝於廟，則如勿朝，故曰猶。猶者，可止之辭。不告月，月或作朔，誤也。告朔，本或作告月。○疏曰：周禮大史「頒告朔于邦國」，鄭玄云：「天子頒朔於諸侯，諸侯藏之祖廟，至朔，朝於廟，告而受行之。」論語云：「子貢欲去告朔之餼羊。」是用特羊告於廟，謂之告朔。人君即以此日聽視此朔之政，謂之視朔，十六年「公四不視朔」、僖五年傳曰「公既視朔」是也。視朔者，聽治此月之政，亦謂之聽朔，玉藻云「天子聽朔於南門之外」是也。其日又以禮祭於宗廟，謂之朝廟。周禮謂之「朝享」，司尊彝云「追享」、「朝享」是也。其歲首爲之，則謂之朝正，襄二十九年正月「公在楚」，傳曰「釋不朝正於廟」是也。告朔、視朔、聽朔，朝廟、朝享、朝正，二禮各有三名，同日而爲之也。文公以閏非常月，故闕不告朔。告朔之禮大，朝廟之禮小。文公怠慢政事，既不告朔，雖朝於廟，則如勿朝，故書「猶朝于廟」，言「猶」以譏之。必於月朔爲此告朔、聽朔之禮者，釋例曰：「人君者，設官分職，以爲民極，遠細事以全委任之責，縱諸下以盡知力之用，總成敗以效能否，執八柄以明誅賞，故自非機事，皆委心焉。誠信足以相感，事實盡而不擁，故受位居職者，思效忠善，日夜自進，而無所顧忌也。天下之細事無數，一日二日萬端，人君之明，有所不

照，人君之力有所不堪，則不得不借問近習，有時而用之。如此，則六鄉六遂之長，雖躬履此事，躬造此官，當皆移聽於内官，迴心於左右，政之秕亂，恒必由此。聖人知其不可，故簡其節，敬其事，因月朔朝廟〔二一九〕，遷坐正位，會羣吏而聽大政，考其所行而決其煩疑，非徒議將然也，乃所以考已然，又惡其密聽之亂公也，故顯衆以斷之。是以上下交泰，官人以理，萬民以察，天下以治也。文公謂閏非常月，緣以闕禮，傳因所闕而明言典制。雖朝於廟，則如勿朝，故經稱猶朝於廟也。經稱『告月』，傳言『告朔』，明告月必以朔也。每月之朔必朝於廟，因聽政事，事敬而禮成，故告以特羊。然則，朝廟、朝正、告朔、視朔，皆同日之事，所從言之異耳。」是言聽朔朝廟之義也。玉藻說天子之禮云：「聽朔於南門之外」，諸侯「皮弁聽朔於大廟。」鄭玄以爲明堂在國之陽、南門之外，謂明堂也。諸侯告朔以特羊，則天子以特牛與？天子用特牛告其帝及其神，配以文王、武王，諸侯用特羊告大祖而已。杜以明堂與祖廟爲一，但明堂是祭天之處，天子告朔，雖杜之義亦應告人帝朝享，即月祭是也。祭法云：王立七廟，曰：考廟、王考廟、皇考廟、顯考廟、祖考廟，皆月祭之。二祧，享嘗乃止。諸侯立五廟，曰：考廟、王考廟、皇考廟，皆月祭之。顯考廟、祖考廟，享嘗乃止。然則天子告朔於明堂，朝享於五廟，諸侯告朔於太廟，朝享自皇考以下三廟耳。皆先告朔，後朝廟。朝廟小於告朔。文公廢其大而行其小，故云「猶朝于廟」。公羊傳曰：猶者，可止之辭也。天子玄冕以視朔，皮弁以日視朝。諸侯皮弁以聽朔，朝服以日視朝。其閏月則聽朔於明堂，闔門左扉，立於其中，聽政於路寢門終月，故於文「王在門爲閏」。

左氏曰：閏月不告朔，非禮也。

經稱告月，傳稱告朔，明告月必以朔。閏以正時，四時漸差，則致閏以正之。時以作事，順時命事。事以厚生，事不失時則年豐。生民之道於是乎在矣。不告閏朔，棄時政也，何以爲民？爲民，如字，治也，或音于僞反，非也。○穀梁子曰：不告月者，不告朔也。禮：天子以十二月朔政班告於諸侯，諸侯受於禰廟，孝子尊事先君，不敢自專也。言朝者，緣生以事死，親存，朝朝暮夕，不敢泄鬼神，故事畢，感月始而朝之。○疏曰：周禮大史「班告朔于邦國」，鄭玄云：「天子班朔於諸侯，諸侯藏之祖廟，至朔日，朝於廟，告而受行之。」論語云：「子貢欲去告朔之餼羊。」是告朔用特羊告廟。鄭云祖廟，范言禰廟者〔二二〇〕，以無正文，各以意説。或祖或禰，通言之耳。何休亦云：「藏於太祖廟，每月朔朝廟，使大夫南面奉天子命，君北面而受之。」是亦受政之事也。凡告朔之禮，因聽視此月之政，故謂之視朔，謂之聽朔也。其朝廟之禮，孝子緣生以事死，因告朔在廟，故感月始而亦享祭宗廟，故亦謂之朝享，其歲首謂之朝正也。據玉藻及祭法之文，則天子聽朔於明堂，朝享自祖考以下五廟。諸侯則聽朔於太廟，朝享自皇考以下三廟也。公羊傳稱：閏月「曷爲不告朔？天無是月也。閏月矣，何以謂之天無是月〔二二一〕？非常月也。」此傳云：「閏月者，附月之餘日也。」「天子不以告朔，而喪事不數。」公羊、穀梁皆以爲閏月不合告朔。左氏傳云：「不告閏朔，棄時政也，何以爲民？」然則，閏月當告朔，與二傳異也。按哀五年「閏月，葬齊景公」，公羊傳意以爲并閏，此傳云「喪事不數也」者，閏月不告朔，二傳雖同，其於喪事數與不數，其意又異也。范氏別例云：「書不告朔有三，皆所以示譏耳：則此文，一也；『公四不視朔』，二也；襄二十九年『公在楚』，三也。」公既在楚，則是不告朔，故亦以爲一。注又云「不敢泄鬼神」，解生則「朝朝暮夕」，死則每月始朝之意也。不告朔則何？爲不言朔也？閏月者，附月之餘日也，積分而成於月者也。一歲三百六十日餘六日，又有小月六，積五歲得六十日而再閏，積衆月之餘分以成此月。○疏曰：古今爲曆者皆云：周天有三百六十五度四分度之一，日之行天〔一二〕，一日一夜行一度，故謂一度爲一日。一歲十二月，唯有三百六十日，是餘五日四分日之一也。又月一大一小，則一年之間又有六日。并言之，則一歲有十二日，故積五歲得六十日。此皆大率而言，其實一年不得有十二日。范不如曆法細計之，故云五歲得六十日也。天子不以告朔，而喪事不數也。閏是叢殘之數，非月之正，故吉凶大事皆不用也。「猶」之爲言，可以已也。郊然後三望，告朔然後朝廟，俱言猶，義相類也。既廢其大而行其細，故譏之。○疏曰：重發傳者，前爲三望發，此是朝廟嫌異，故重明之。范例「猶」有五等，發傳者三：僖三十一年「猶三望」，獨發傳者，據始也；宣三年不發傳者，從例也；成七年亦不發傳者，亦爲從例可知也；此年發傳者，朝與三望異也；宣八年發傳者，嫌仲遂有罪，得不廢禮，又繹祭與朝廟禮異故也。○公羊子曰：曷爲不告朔？據具月也。天無是月也，閏月矣。何以謂之天無是月？非常月也。所在無常，故無政也。猶者何？通可以已也。朝者因視朔政爾。無政而朝，故加「猶」。不言朔者，閏月無告朔禮也。不言公者，內事可知。○疏曰：欲道下十六年夏五月公四不視朔言公矣，故解之。○文公十六年夏五月，公四不視朔。諸侯每月必告朔聽政，因朝於廟。今公以疾闕，不得視二月、三月、四月、五月朔也。春秋十二公以疾不視朔，非一也，義無所取，故特舉此以表行事，因明公之實有疾，非詐齊。○疏曰：天子頒朔於諸侯，諸侯受而藏之於祖廟，每月之朔，以特羊告廟，受而施行之，遂聽治此月之政，謂之視朔。因以其日又以朝享之禮祭皇考以下，謂之朝廟。此年公疾，自二月至於五月，已經四月不得視朔，故書「公四不視朔」。傳稱「正月，及齊平，公有疾，使季文子會齊侯」，則正月公初疾，不得視二月朔，至五月而四，故知不得視二月、三月、四月、五月朔也〔一一三〕。春秋十二公，二百四十二年，計有三千餘月。公以疾不視朔，當非一也。餘皆不書，而此獨書者，公身有疾，不得視朔，國事不廢，義無所取，因此齊侯疑公，故特舉此以表行事，餘皆從可知也。釋例曰：「魯之羣公以疾不視朔多矣，因有事而見。」一比猶釋不朝正之義，是其事也。又於時齊侯不信公實有疾，書此者，且明公實有疾，非詐齊也。史之所書，當書其始。不於二月書之，而以五月書者，二月公始有疾，未知來月瘳否，不得豫書其數，至六月公瘳，乃積前數之闕，故以五月書四也。昭二十三年「公如晉，至河，有疾乃復」，彼書有疾，此不言有疾者，在道而還，容有他故。昭十二年、十三年公如晉，至河乃復，皆爲晉人辭公而還，非爲疾也，故須言有疾以辯之。公不視朔唯有疾耳，無所分辯，故不書疾也。告朔，謂告於祖廟。視朔，謂聽治月政。視朔由公疾而廢，其告朔或有司告之，不必廢也。論語云：「子貢欲去告朔之餼羊。」必是廢其禮而羊在，蓋從是以後更有不告朔者，故欲去其羊耳。六年閏月不告朔，經書以譏之。在後若不告朔，不復書之者，蓋以閏月不告，其譏已明，故於後不復譏之。閔二年吉禘於莊公，已譏其速。文二年大事於太廟，不復譏之，當亦如彼之類，不重譏也。○左氏曰：疾也。○穀梁子曰：天子告朔于諸侯，諸侯受乎禰廟，禮也。每月天子以朔政班於諸侯，諸侯受而納之禰廟，告廟以羊。今公自二月不視朔，至於五月，是後視朔之禮遂廢，故子貢欲去其羊。○疏曰：三朝記云：周衰，天子不班朔於天下。此云班朔者，彼據周末全不能班之，此時尚或班或不班，故下傳云以公爲厭政以甚矣。范云：天子班朔而公不視，是也。知是二月不視朔至五月者，以經書五月，公四不視朔。若從五月以後數之，則公或視或不視，何得預言四不視朔？知從二月至五月爲四也。又云：是後視朔之禮遂廢，而經直云公四不視朔者，左氏以爲此獨書公四不視朔者，以表公實有疾，非詐齊也，公羊爲此公有疾猶可言，無疾則不可言，穀梁文雖不明，蓋從此一譏之惡，足見其餘不復譏也。公四不視朔，公不臣也，以公爲厭政以甚矣。天子班朔而公不視，是不臣。○公羊子曰：公曷爲四不視朔？據無事也。公有疾也。以不諱舉公知有疾，公有疾乃復舉公是也。○疏曰：「公有疾乃復舉公是也」者，即昭二十三年「冬，公如晉，至河，公有疾乃復」是也。何言乎公有疾不視朔？據有疾無惡也。○疏曰：「據有疾無惡也」者，即昭二十三年傳云「何言乎公有疾乃復？殺恥也」者是也。自是公無疾，不視朔也。有疾無惡，不當書。又不言有疾者欲起，公自是無疾不視朔也。○疏曰：云「公自是無疾不視朔也」者，即鄭氏云「魯自文公四不視朔，視朔之禮以後遂廢」者，正取此文也。然則，曷爲不言公無疾不視朔？有疾，猶可言也；無疾，不可言也。言無疾大惡不可言也，是後公不復視朔，政事委任公子遂〔二二四〕。○襄公二十九年春王正月，公在楚，釋不朝正于廟也。釋，解也。告廟在楚，解公所以不朝正。○疏曰：公本在國，每月之朔，常以朝享之禮親自祭廟，今以在外之故，闕於此禮。國之守臣，於此朔月告廟。云「公在楚」，史官因書於策，傳解其告廟之意。告云「公在楚」者，解釋公所以不得親自朝正也。○春秋左氏傳○子貢欲去告朔之餼羊，去，起呂反。告，古篤反。餼，許氣反。○朱先生云〔二二五〕：告朔之禮，古者天子常以季冬頒來歲十二月之朔於諸侯，諸侯受而藏之祖廟。月朔，則以特羊告廟，請而行之。餼，生牲也。魯自文公始不視朔，而有司猶供此羊，故子貢欲去之。子曰：「賜也，爾愛其羊，我愛其禮。」愛，猶惜也。子貢蓋惜其無實而妄費。然禮雖廢，羊存，猶得以識之而可復焉。若并去其羊，則此禮遂亡矣，孔子所以惜之。○楊氏曰：告朔，諸侯所以禀命於君親，禮之大者。魯不視朔矣，然羊存則告朔之名未泯，而其實因可舉。此夫子所以惜之也。○論語八佾

校勘記

〔一〕宗廟　宋本自本頁起至「祭主」章桓公二年春秋左氏傳「鞶厲游纓」疏文「大夫玄華辟垂」止皆缺，今據呂本補，校以四庫本、賀本。

〔二〕女祧每廟二人　「女」字原缺，據四庫本、賀本補。

〔三〕鄭既云諸侯之中士下士一廟　「鄭」字原缺，據四庫本、賀本補。

〔四〕緶方穎反　此四字原缺，據賀本補。四庫本同缺，下有「轄胡害反」四字。
〔五〕此用先王之禮　「用」，原作「周」，據四庫本、賀本改。
〔六〕若今四注屋　「注」，原作「柱」，據賀本改。
〔七〕則其廣九尋　「其」字原脱，據賀本補。
〔八〕若周言南北七筵　「若」，原作「者」，「七」，原作「十」，據四庫本、賀本改。
〔九〕則東西九筵　「西」，原作「南」，據四庫本、賀本改。
〔一〇〕戚待洛反　「戚待洛」三字原缺，據四庫本、賀本補。
〔一一〕以明堂義大　「以明堂」三字原脱，據賀本補。
〔一二〕堂途謂之陳　「堂」字原脱，據四庫本、賀本補。
〔一三〕爾雅　吕本、四庫本、朝鮮本、傅本同。句上，賀本有「並」字。
〔一四〕簡兵大蒐　「蒐」字原缺，據四庫本、賀本補。
〔一五〕引月令薦寢廟者　「引月」，原作「可自」，據四庫本、賀本改。
〔一六〕但廟制有東西厢　「制」，原作「側」，據賀本改。
〔一七〕傳　吕本、四庫本、朝鮮本、傅本同。「傳」，賀本作「記」。
〔一八〕不待更卜處大廟所在　「待」，原作「特」，據賀本改。
〔一九〕宗廇謂之梁　「宗」字原缺，據賀本補。

〔二〇〕解者以爲天子外屏　「解」字原缺，據賀本補。

〔二一〕稱尺證反　「尺」字原缺，據四庫本、賀本補。

〔二二〕復廟重檐　「廟」，原作「明」，據四庫本、賀本改。

〔二三〕考定本有貴宫　「考」，原作「者」，據賀本改。

〔二四〕謂初造太廟之時　「初」字原缺，據賀本補。

〔二五〕官極其良工　「官」，原作「言」，據賀本改。

〔二六〕良工則因隨其木之美麗節文而裁制之　「隨」字原缺，據賀本補。

〔二七〕即武宫煬宫之屬是也　「煬」，原作「魯」，據賀本改。

〔二八〕猶世室也　「世」，原作「宫」，據賀本改。

〔二九〕故爾雅釋宫云　「故爾雅釋宫」五字原缺，據賀本補。

〔三〇〕以成公爲無譏矣　吕本、四庫本、朝鮮本、傅本同。句下，賀本有小字注文「並公羊穀梁傳通脩」八字。

〔三一〕卒哭主暫時祖廟畢　「祖」，原作「祔」，據賀本改。

〔三二〕又檀弓云　「又檀弓」原缺，據四庫本、賀本補。

〔三三〕又作主爲祔所須　「須」，原作「類」，據賀本改。

〔三四〕見易象與魯春秋　「見」，原作「周」，據四庫本、賀本改。

〔三五〕有脊似誤　「有脊」二字原脱，據賀本補。
〔三六〕守手又反　「手」，原作「藏」，據賀本改。
〔三七〕三虞卒哭　「虞」，原作「乃」，據賀本改。
〔三八〕諸侯七虞　「七」，原作「與」，據四庫本、賀本改。
〔三九〕故杜每云既葬卒哭衰麻除　「除」，原作「於」，據四庫本、賀本改。
〔四〇〕是七虞九虞杜所不用　「所」，原作「亦」，據賀本改。
〔四一〕此注言虞　「言」，原作「七」，據賀本改。
〔四二〕免喪後日而卒哭也　「而」，原作「爲」，據賀本改。
〔四三〕大夫以下　「下」，原作「上」，據賀本改。
〔四四〕謂諸侯以上耳　「以」，原作「之」，據賀本改。
〔四五〕以爲虞已有主　「以」，原作「而」，據賀本改。
〔四六〕此傳稱祔而作主者　「者」，原作「九」，據賀本改。
〔四七〕烝嘗禘於廟　「於」，原作「之」，據賀本改。
〔四八〕新主既立　「立」字原缺，據賀本補。
〔四九〕新主既特祀於寢　「主」，原作「生」，據四庫本、賀本改。
〔五〇〕此皆春秋之明證也　「皆」字原脱，據賀本補。

〔五一〕哀公問社於宰我　吕本、四庫本、朝鮮本、傅本同。「社」，賀本作「主」。

〔五二〕虞主用桑　「桑」，原作「喪」，據四庫本、賀本改。

〔五三〕出檀弓與士虞記也　「檀弓與」，原作「禮大夫」，據四庫本、賀本改。

〔五四〕柏猶迫也　「柏」，原作「松」，據四庫本、賀本改。

〔五五〕禮士虞記曰　「士」，原作「記」，據賀本改。

〔五六〕質家藏於室　「室」，原作「堂」，據賀本改。

〔五七〕糜信引衛次仲云　「仲」，原作「伸」，據四庫本、賀本改。

〔五八〕春秋公羊穀梁傳通脩　句下，賀本、吕本、四庫本、朝鮮本、傅本有「入」字。

〔五九〕傳皆稱禘　「皆」，原作「背」，據四庫本、賀本改。

〔六〇〕兄弟昭穆同故僖閔不得爲父子　「同故」，原作「故同」，據四庫本、賀本改。

〔六一〕長丁丈反　「丈」，原作「央」，據賀本改。

〔六二〕傳有評論　「有」，原作「者」，據賀本改。

〔六三〕故傳以此二詩深責其意　「傳」，原作「僖」，據四庫本、賀本改。

〔六四〕是不知也　句下，原有「國」字，據四庫本、賀本删。

〔六五〕非昭穆也　「也」字原脱，據賀本補。

〔六六〕以嫌疑之閒須取聖證故也　吕本、四庫本、朝鮮本、傅本同。句下，賀本有「〇春秋左氏國語公羊穀梁傳通脩」十三字。

〔六七〕不得致耳　吕本、四庫本、朝鮮本、傅本同。句下，賀本有「○春秋左氏傳」五字。

〔六八〕雖非三年大祭而書禘　「而」，原作「禘」，據四庫本、賀本改。

〔六九〕非獨禘也　「非獨禘」，原作「升□袷」，據四庫本、賀本改。

〔七〇〕此經何以不言從祭先公　「公」，原作「於」，據四庫本、賀本改。

〔七一〕是以不得特指之　「指」，原作「桓」，據四庫本、賀本改。

〔七二〕敬亡若存　「亡」，原作「云」，據四庫本、賀本改。

〔七三〕嚴其舍宇　「舍」，原作「廟」，據四庫本、賀本改。

〔七四〕經傳言大路者多矣　「路」，原作「略」，據四庫本、賀本改。

〔七五〕定四年祝佗言先王分魯衛晉以大路　「佗」，原作「柁」，據四庫本、賀本改。

〔七六〕韋韠　「韠」，原作「韓」，據賀本改。

〔七七〕宋仲子云　「宋」，原作「朱」，據賀本改。

〔七八〕詔有司采周官禮記尚書之文制冕　「詔」，原作「語」，據四庫本、賀本改。

〔七九〕故云以蔽膝也　「故云」，原作「黻不」，據四庫本、賀本改。

〔八〇〕初必始於黃帝　「必始」，原作「始□」，據四庫本、賀本改。

〔八一〕其頸五寸　「其」，原作「上」，據四庫本、賀本改。

〔八二〕經傳作𪏋或作𪏋　「𪏋」，原作「韠」，據賀本改。

〔八三〕是天子之珽長三尺也　「珽」，原作「挺」，據賀本改。

〔八四〕舄之與屨下有禪複爲異　「屨」，原作「履」，據賀本改。

〔八五〕履是總名　「履」，原作「屨」，據賀本改。

〔八六〕冕服之舄　「舄」，原作「爲」，據四庫本、賀本改。

〔八七〕其卿大夫服冕者亦赤舄　「亦赤」，原作「□亦」，據四庫本、賀本改。

〔八八〕字林丁坎反　「丁」，原作「紘」，據四庫本、賀本改。

〔八九〕紘　「紘」，原作「丁」，據四庫本、賀本改。

〔九〇〕每一匝爲一就也　下「一」字原脱，據賀本補。

〔九一〕士以下皆禪　「禪」，原作「祖」，據四庫本、賀本改。

〔九二〕鞞琫容刀　「鞞」字原作「韠」，據賀本改。下同。

〔九三〕大夫玄華辟垂帶皆博四寸　自「帶」字起，宋本始有文字。

〔九四〕亦鈴也　「鈴」，原作「錢」，據四庫本、賀本改。

〔九五〕以臨照百官　「臨照」，原作「照臨」，據賀本改。

〔九六〕故郜國有之　吕本、四庫本、朝鮮本、傅本同。句下，賀本有「○春秋左氏穀梁傳通脩」九字。

〔九七〕傳　吕本、四庫本、朝鮮本、傅本同。「傳」，賀本作「記」。

〔九八〕庶子不祭祖　吕本、四庫本、朝鮮本、傅本同。句下，賀本有「者明其宗也」五字。

〔九九〕小記　吕本、四庫本、朝鮮本、傅本同。句上，賀本有「並」字。

〔一〇〇〕謂大宗終竟祭事而後敢以私祭祖禰也　「謂」，原作「請」，據吕本、四庫本、賀本改。

〔一〇一〕敦音對　「音」，原作「設」，據賀本改。

〔一〇二〕而祝命尸挼　「祝」，原作「杭」，據四庫本、賀本改。

〔一〇三〕謂與祭者留之共燕　吕本、四庫本、朝鮮本、傅本同。「謂」，賀本作「諸」。

〔一〇四〕目吉禮於上　「目」，原作「自」，據四庫本、賀本改。

〔一〇五〕又音類　「又」字原脱，據賀本補。

〔一〇六〕以其祭名與周不同　「其」，原作「某」，據賀本改。

〔一〇七〕注疏見下具脩條　吕本、四庫本、朝鮮本、傅本同。「下具脩條」四字，賀本作「前天神昊天脩」九字。

〔一〇八〕亟數也　「數」，原作「數」，據四庫本、賀本改。

〔一〇九〕取其見新物之月也　「月」，原作「日」，據賀本改。

〔一一〇〕義亦通於此　吕本、四庫本、朝鮮本同。傅本漫漶。句下，賀本有「〇春秋穀梁公羊傳通條」六字。

〔一一一〕遷主入廟　「遷」，原作「新」，據賀本改。

〔一一二〕議如得漸二君之遺教　四庫本、朝鮮本、傅本同。吕本漫漶。「議」，賀本作「義」。

〔一一三〕不言僖公者　「公」，原作「宫」，據賀本改。

〔一一四〕詳見祭統時日條　「祭統」，原作「序事」，據賀本改。

〔一一五〕既卜又戒百官　吕本、四庫本、朝鮮本、傅本同。「又」，賀本作「遂」。

〔一一六〕掌百官之誓戒者　句上，原有「祀五帝則」四字，據賀本删。

〔一一七〕二十七世婦　「世」，原作「也」，據四庫本、賀本改。

〔一一八〕賓客謂饗食諸侯在廟喪紀謂大喪朝廟設祖奠與大遣奠時爲此三事　此二十八字原缺，據賀本補。

〔一一九〕服之以祭也　吕本、四庫本同。「祭」，賀本作「告桑」，朝鮮本、傅本作「桑」。

〔一二〇〕云追師掌冠冕之官故並主王后之首服者　句上，原有「先鄭曰」三字，據賀本删。

〔一二一〕髱髮也　「髮」，原作「髮」，據賀本改。

〔一二二〕則鞠衣禮衣首服編可知　「則」字原脱，據賀本補。

〔一二三〕云外内命婦非王祭祀賓客佐后之禮自於其家則亦降焉　「王」，原作「正」，據賀本改。

〔一二四〕諸侯夫人無助后之事　「助」上，原有「祭」字，據賀本删。

〔一二五〕侯伯夫人得褕翟已下　「伯」，原作「竹」，據四庫本、賀本改；「褕」，原作「揄」，據賀本改。

〔一二六〕亦是翟　吕本、賀本、朝鮮本、傅本同。「翟」，四庫本作「翬」。

〔一二七〕青質　「青」字原漫漶，據賀本補。

〔一二八〕云色如鞠塵者　「鞠塵者」三字原脱，據賀本補。

〔一二九〕大師雞鳴於簷下　吕本、四庫本、朝鮮本、傅本同。「師」下，賀本有「奏」字。

〔一三〇〕欲從下向上推次其色　「下」，原作「北」，據四庫本、賀本改。

〔一三一〕是以此外命婦服亦得與諸侯臣妻服同也　「亦得」二字原漫漶，據賀本補。

〔一三二〕此注直云二王後　「注」字原缺，據賀本補。

〔一三三〕云喪衰亦如之者外命婦喪衰謂王服齊衰於后無服若九嬪已下及女御於王服斬衰於后服齊衰也　此四十字原缺，據賀本補。

〔一三四〕子男大夫一命　「一」，原作「二」，據賀本改。

〔一三五〕以司服云　「司」，原作「同」，據四庫本、賀本改。

〔一三六〕士與大夫不同　「不」，原作「下」，據四庫本、賀本改。

〔一三七〕凡夫尊於朝妻貴於室　「凡」，原作「君」，「貴」，原作「賢」，據四庫本、賀本改。

〔一三八〕則其妻得著命服　「得」，原作「則」，據賀本改。

〔一三九〕當依禮法之節校比之　「法」，原作「出」，據四庫本、賀本改。

〔一四〇〕之閏反　「閏」，原作「閔」，據賀本改。

〔一四一〕此見下有熊席　「下有」二字原脱，據賀本補。

〔一四二〕約特牲主人受酢時在户内之東西面也　「面」，原作「南」，據賀本改。
〔一四三〕以其几筵相將連言　「將」字原漫漶，據賀本補。
〔一四四〕今按君純冕立於阼鄭於上文以共純服解云純服亦冕服也互言之爾純以見繒色冕以著祭服上文已解故於此略而不論　此四十九字原在「〇疏曰」之前，據賀本移此。
〔一四五〕衃彼玉瓚　「衃」，原作「瑟」，據賀本改。下同。
〔一四六〕祼先王祭也　「祼」，原作「灌」，據賀本改。
〔一四七〕雎音誅　「誅」，原作「蛛」，據賀本改。
〔一四八〕今在王獻後乃言后薦豆籩者　「王」，原作「三」，據賀本改。
〔一四九〕是王酳尸後節也　「是」字原脱，據賀本補。
〔一五〇〕直是以玉爲柄　「玉」，原作「圭」，據賀本改。
〔一五一〕古廷説　吕本、四庫本、朝鮮本、傅本同。「廷」，賀本作「毛詩」。下同。
〔一五二〕大一石金飾口目　吕本、朝鮮本、傅本同。「口」，賀本作「龜」四庫本作「亡」。
〔一五三〕經文雖有詩云我姑酌彼金罍　「雖」，原作「惟」，據賀本改。
〔一五四〕則其餘諸臣直有罍　「罍」，賀本、吕本、四庫本、朝鮮本、傅本作「金」。
〔一五五〕三者皆於舊醳之酒中泲之　「泲」，原作「沛」，據四庫本、賀本改。
〔一五六〕此見泲鬱與三齊凡酒事相當　「三」，原作「二」，據賀本改。

〔一五七〕饋獻用兩象尊　「尊」字原脱，據賀本補。

〔一五八〕劉似銷反　「劉」字原脱，據賀本補。

〔一五九〕按玉人職大璋中璋之制云　「制」，原作「下」，據賀本改。

〔一六〇〕以腥爲歆神始　「腥」，原作「埋」，據賀本改。

〔一六一〕闕止也　「也」字原脱，據賀本補。

〔一六二〕故知當饋孰之時也　「孰」，原作「食」，據賀本改。

〔一六三〕象尊以象骨飾之鬱尊鬱鬯之器也黄目黄彝也　「象尊」、「鬱尊」、「黄目」六字原脱，據賀本補。

〔一六四〕八佾　吕本、四庫本、朝鮮本、傅本同。「八佾」，賀本作「並八佾集注」。

〔一六五〕芻或爲犓　「或」字原脱，據賀本補。

〔一六六〕柄也　「柄也」，原作「下卯反」，據賀本改。

〔一六七〕是取蕭與祭牲之脂雜燒之　「脂」，原作「時」，據賀本改。

〔一六八〕是酒正文也　句下，原有「〇疏見前」三字，據四庫本、賀本删。

〔一六九〕如今造青矣　「青」，原作「酒」，據賀本改。

〔一七〇〕此醍齊之下有澄酒　「醍」，原作「緹」，據賀本改。

〔一七一〕二注不同　「二」，原作「三」，據賀本改。

〔一七二〕近酒奠於堂　「酒」，原作「者」，據賀本改。
〔一七三〕祫禘時祭本明所用總有多少　「明」，原作「名」，據賀本改。
〔一七四〕魯及王者之後大祫所用與王禘之禮同　「禘」，原作「祫」，據賀本改。
〔一七五〕后又以玉爵酌著尊醴齊以亞獻　「醴」，原作「體」，據四庫本、賀本改。
〔一七六〕崔氏以爲后獻皆用爵　呂本、四庫本、朝鮮本同。「爵」上，賀本有「瑶」字。
〔一七七〕禘祭在夏　「在」字原漫漶，據賀本補。
〔一七八〕故知腥其俎之爲豚解　「爲」，原作「時」，據賀本改。
〔一七九〕亦約漢時祭宗廟之禮言也　「祭」，原作「制」，據賀本改。
〔一八〇〕則此含六種之號　「號」，原作「享」，據賀本改。
〔一八一〕相尸禮　「禮」，原作「體」，據四庫本、賀本改。
〔一八二〕春官　呂本、四庫本、朝鮮本、傅本同。句上，賀本有「並」字。
〔一八三〕故云牛能任載地類也　此九字原脱，據賀本補。
〔一八四〕饗食爲諸侯　呂本、四庫本、朝鮮本、傅本同。此五字賀本無。
〔一八五〕注同　「注同」原作「□注」，據賀本改補。
〔一八六〕則攝而薦徹豆籩　「徹」字原脱，據四庫本、賀本補。
〔一八七〕后亦以玉爵酌盎齊以獻尸　此十一字原脱，據賀本補。

〔一八八〕故知外内宗轉相佐后　「外」字原脱，據賀本補。

〔一八九〕官各有所掌也　「各」字原脱，據賀本補。

〔一九〇〕則如外朝之位也言立位所在如外朝之位也　「外朝之位也言」六字原脱，據賀本補。

〔一九一〕凡祭以其妃配　「其」，原作「某」，據賀本改。

〔一九二〕此則知先王先公樂同　「知」字原脱，據賀本補。

〔一九三〕班爵同　「班」，原作「年」，據賀本改。

〔一九四〕大瑟朱弦達越　「瑟」，原作「琴」，據賀本改。

〔一九五〕魯隱公五年九月　「九月」二字原脱，據賀本補。又「魯」字，賀本作「左傳」。

〔一九六〕集注曰　此三字原脱，據賀本補。

〔一九七〕生以養周公　「周」上原叠「周」字，據賀本删。

〔一九八〕詳見餘獻條　此五字原在下文「文王世子」之下，據賀本移。

〔一九九〕云其祭之禮既設祭於室而事尸於堂者　「事」，原作「享」，據四庫本、賀本改。

〔二〇〇〕詔祝於室　句上，原有「轉」字，據賀本删。

〔二〇一〕亦約漢時祭宗廟之禮言也　「廟」，原作「朝」，據賀本改。

〔二〇二〕詳見祭統廢祭條　「祭統」，原作「序事」，據賀本改。

〔二〇三〕釋天文　「天云」，原作「文云」，據四庫本、賀本改。

〔二〇四〕正以諸家爾雅悉無此言　「正」，原作「二」，據四庫本、賀本改。

〔二〇五〕欲道今日所尋繹乃是昨日之正祭　「欲」字原脱，據賀本補。

〔二〇六〕以其昭穆同也　吕本、四庫本、朝鮮本、傅本同。句下，賀本有「○春秋穀梁公羊傳通脩」九字。

〔二〇七〕與月令季冬獻人始漁同　下「漁」字，原作「魚」，據賀本改。

〔二〇八〕所以校遲一月也　「遲」字原脱，據賀本補。

〔二〇九〕麥之新氣尤盛　句上，原有「登進也」三字，據賀本删。

〔二一〇〕散其熱也　「熱」，原作「熟」，據四庫本、賀本改。

〔二一一〕月令　吕本、四庫本、朝鮮本、傅本同。句上，賀本有「並」字。

〔二一二〕其蚤獻羔祭韭　吕本、四庫本、朝鮮本、傅本同。句下，賀本有小字注文「詩豳風」三字。

〔二一三〕云中朔大小不齊正之以閏者　「閏」，原作「閔」，據吕本、四庫本、賀本改。「以」字原脱，據賀本補。

〔二一四〕字之誤也　「誤」，原作「誤」，據四庫本、賀本改。

〔二一五〕其外名曰辟廱　吕本、四庫本、朝鮮本、傅本同。「外」下，賀本有「有水」二字。

〔二一六〕講學大夫淳于登説　「學」，原作「堂」，據四庫本、賀本改。

〔二一七〕顯與本書異　「書異」，原作「異章」，據賀本改。

〔二一八〕今説立明堂於丙巳　吕本、四庫本、朝鮮本、傅本同。「説」，賀本作「漢」。

〔二一九〕因月朔朝廟　「廟」字原脱，據賀本補。

〔二二〇〕范言禰廟者　「范」，原作「苑」，據四庫本、賀本改。

〔二二一〕何以謂之天無是月　「無是」，原作「是無」，據四庫本、賀本改。

〔二二二〕日之行天　「之」，原作「而」，據四庫本、賀本改。

〔二二三〕故知不得視二月三月四月五月朔也　「不」上，原叠「不」字，據四庫本、賀本删。

〔二二四〕政事委任公子遂　吕本、四庫本、朝鮮本、傅本同。句下，賀本有「○以上並春秋左氏穀梁公羊傳通脩」十四字。

〔二二五〕朱先生云　此四字原脱，據賀本補。

儀禮經傳通解續卷第二十六

祭禮十

因事之祭

小宗伯：國大貞，則奉玉帛以詔號。號，神號、幣號。鄭司農云：「大貞，謂卜立君，卜大封。」○疏曰：此「國大貞」，則大卜所云凡國大貞、卜大遷之等「視高作龜」者是也。又曰：此言卜事而云「神號」者，按大祝有神號、幣號，又按下天府職云：「季冬陳玉，以貞來歲之美惡。」鄭云：「問事之正曰貞。謂問於龜。」大卜職大貞之屬。陳玉，陳禮神之玉。龜有天地四方，則玉有六器者與？」此既言玉帛，明亦有六幣以禮神也。先鄭云「大貞，謂卜立君、卜大封」，大卜文。不言「大遷」者，引文略也。○春官○

大祝：建邦國，先告后土，用牲幣。后土，社神也。○疏曰：按大宗伯：「王大封，則先告后土。」注云：「后土，土神。」土神則社神也。按孝經緯云：「社者，五土之總神。」郊特牲云「社祭土而主陰氣」，故名社爲土神。句龍生爲后土之官，死則配社，故舉配食人神以言社，其實告社神也。以其建邦國土地之事，故「先告后土」。雖告祭非常，有牲有幣，禮動不虛故也。禁督逆祀命者。督，正也，正王之所命。諸侯之所祀，有逆者則刑罰焉。○疏曰：王者有命，命諸侯祭祀之事，不使上僭下逼，謂之禮。若有違者，即謂之逆命。大祝掌鬼神之官，故禁正逆祀命也。又曰：經直云「禁督逆祀命」，鄭以「諸侯」解之者，承上「建邦國」，故知據諸侯。云「有逆者則刑罰焉」者，大祝主諸侯逆祀，告上與之刑罰，不得自施刑罰。頒祭號于邦國都鄙。祭號，六號。○疏曰：邦國，謂畿外諸侯。都鄙，畿內三等采地。大祝主祭號，故大祝頒之。六號之中兼有天地，諸侯不得祭天地。而鄭云「祭號，六號」，鄭據大祝掌六號，據上成文而言。魯與二王之後得祭所感帝，兼有神號。○同上。○大宗伯：王大封，則先告后土，后土，土神也，黎所食者。○疏曰：大封，謂若典命「公八命、卿六命、大夫四命，其出封皆加一等」。是其大封之事。對封公卿大夫爲采邑者爲小封。云「則先告后土」者，封是土地之事，故先以禮告后土神，然後封之也。注云「后土，土神也，黎所食」者，言后土有二。若五行之官，東方木官句芒、中央土官后土此等，后土，土官也。黎爲祝融兼后土，故云「黎所食者」。若左氏傳云「君戴皇天而履后土」，彼爲后土神，與此后土同也。若句龍生爲后土官，死配社，即以社爲后土，其實社是五土總神，非后土，但以后土配社食，世人因名社爲后土耳。此注本無言「后土，社」，寫者見孝經及諸文注多言「社，后土」，因寫此云「后土，社」。故鄭答趙商云：句龍本后土，後遷爲社。王大封，先告后土，玄云「后土，土神」，不言「后土，社」也。鄭又答田瓊云：后土，古之官名，死爲社而祭之，故曰「后土，社」。句龍爲土官，後轉爲社，世人謂爲后土，無可怪。此中后土不得爲社者，聖人太平制禮，豈得以世人之言著大典，明后土土神不得爲社也。**乃頒祀于邦國都家鄉邑。**頒，讀爲班，班其所當祀及其禮。都家之鄉邑，謂王子弟及公卿大夫所食采地。○疏曰：云「頒讀爲班」者，鄭於周禮所有頒皆讀爲班〔一〕，班謂布也。云「班其所當祀及其禮」者，但名位不同，禮亦異數。既班其祀，明亦班禮與之，故連言禮也。班禮，謂若諸侯不得祭天地，唯祭社稷、宗廟、五祀之等。二王後與魯唯祭天，仍不得祭地，大都亦與外諸侯同其禮者。若獻尸，上公九，侯伯七，子男五，皆太牢之屬是也。其小都與家，則依卿大夫之獻，亦大牢也。云「都家之鄉邑謂王子弟以下」者，鄭恐經鄉邑六鄉、六遂非都家之內鄉邑，故以明之，謂都家之內鄉邑耳。其都家之內，鄉邑未必一如六鄉、六遂家數，但采邑之內亦有二十五家爲里以上以相統領，故一成之內則有革車一乘，士十人，徒二十人，發兵及出税之法，即謂之鄉邑也。「謂王子弟」者，以親疏分於大都、小都，家邑三處食采地。言「及公卿大夫采地」者，謂若載師職公大都、卿小都、大夫家邑也。○春官○內宰：**凡建國，佐后立市，祭之以陰禮。**市朝者，君所以建國也。建國者，必面朝後市，王立朝而后立市，陰陽相成之義。鄭司農云：「佐后立市」者，始立市后立之也。「祭之以陰禮」者，市中之社，先后所立社也。陰禮，婦人之祭禮。○朝，直遥反。○疏曰：王者建國，非定一所，隨世而遷，謂若自契至湯八遷、大王遷岐、文王遷豐、武王遷鎬、成王營洛皆是建國，故云「凡」以該之也。又曰：云「市朝者，君所以建國也」者，謂建國必須有市朝，故鄭即覆釋。云「建國者必面朝後市」，「面朝後市」，乃冬官匠人文。云「王立朝」者，即三朝皆王立之也；而「后立市」者，即此文是也。云「陰陽相成之義」者，朝是陽，王立之，市是陰，后立之，獨陽不生，獨陰不成，故云「陰陽相成之義」也。「祭之以陰禮者」，市中之社先后所立，故以

陰禮爲市中之社，亦先后所立社也。○天官

右立君封國○傳：堯曰：「格，汝舜。詢事考言，乃言底可績，三載，汝陟帝位。」底，之履反。○格，來。詢，謀。乃，汝。底，致。陟，升也。堯呼舜曰：來，汝所謀事。我考汝言，汝言致可以立功，三年矣。三載考績，故命使升帝位，將禪之。○疏曰：「格，來」，釋言文。「詢，謀；陟，升」，釋詁文。「底」聲近「致」，故爲致也。經傳言汝多呼爲乃，知乃、汝義同。凡事之始，必先謀之，後爲之。堯呼舜曰：來，汝舜，呼使前而與之言也。汝所謀事，我考汝言，汝爲之事，皆副汝所謀致，可以立功，於今三年矣。從徵得至此爲三年也，君之馭臣，必三年考績，考既有功，故使升帝位，將禪之也。鯀三考乃退，此一考使升者，鯀待三考，冀其有成，無成功乃黜，爲緩刑之義。舜既有成，更無所待，故一考即升之。且大聖之事，不可以常法論也。若然，禹貢兖州「作十有三載乃同」，是禹治兖州之水乃積十有三年，此始三年已言地平天成者。祭法云：「鯀障洪水而殛死，禹能修鯀之功。」先儒馬融等皆以爲鯀既九年，又加此三年爲十二年，惟兖州未得盡平，至明年乃畢。八州已平，一州未畢，足以爲成功也。舜讓于德，弗嗣。辭讓於德不堪，不能嗣成帝位。正月上日，受終于文祖。正，音政，又音征，後同。○上日，朔日也。終，謂堯終帝位之事。文祖者，堯文德之祖廟。○疏曰：舜既讓而不許，乃以堯禪之，明年正月上日，受堯終帝位之事於堯文祖之廟。雖受堯命，猶不自安。又以璿爲璣，以玉爲衡者，是爲王者正天文之器也。乃復察此璿璣玉衡，以齊整天之日月五星七曜之政，觀其齊與不齊。齊則受之是也，不齊則受之非也。見七政皆齊，知己受爲是，遂行爲帝之事，而以告攝事，類祭於上帝，祭昊天及五帝也。又禋祭於六宗等尊卑之神，望祭於名山大川五岳四瀆，而又徧祭於山川、丘陵、墳衍、古之聖賢之羣神，以告己之受禪也。告祭既畢，乃斂公侯伯子男五等之瑞玉。其圭與璧悉斂取之盡，以正月之中乃日日見四岳及羣牧，既而更班所斂五瑞於五等之羣后而與之，更始見己受堯之禪行天子之事也。又曰：月之始日謂之朔日，每月皆有朔日，此是正月之朔，故云「上日」，言一歲日之上也。下云「元日」亦然。鄭玄以爲帝王易代，莫不改正，堯正建丑，舜正建子，此時未改堯正，故云「正月上日」。即位乃改堯正，故云「月正元日」，故以異文。先儒王肅等以爲惟殷、周改正，易民視聽。自夏已上，皆以建寅爲正。此篇二文不同，史異辭耳，孔意亦然。下云「歲二月」，傳云：既班瑞之明月，以此爲建寅之月也。「受終」者，堯爲天子，於此事終而授與舜，故知終謂堯終帝位之事。終言堯終舜始也。禮有大事，行之於廟，況此是事之大者。知「文祖者，堯文德之祖廟」也，下云「歸格于藝祖」，藝、文義同。知文祖是廟者，咸有一德云：「七世之廟可以觀德。」則天子七廟，其來自遠。堯之文祖蓋是堯始祖之廟，不知爲誰也。帝繫及世本皆云黃帝生玄囂，玄囂生僑極，僑極生帝嚳，帝嚳生堯，即如彼言，黃帝爲堯之高祖，黃帝以上不知復祭何人充此七數？況彼二書未必可信，堯之文祖不可强言。

在璿璣玉衡，以齊七政。璿，音旋。○在，察也。璿，美玉。璣、衡，王者正天文之器可運轉者。七政，日、月、五星各異政，舜察天文齊七政，以審己當天心與否。○疏曰：「在，察」，釋詁文。説文云：「璿，美玉也。」玉是大名，璿是玉之别稱。璣、衡俱以玉飾，但史之立文不可以玉璣、玉衡一指玉體，一指玉名，猶左傳云「瓊弁玉纓」，所以變其文。傳以璿言玉名，故云美玉，其實玉衡亦美玉也。易賁卦彖云：「觀乎天文，以察時變。」日月星宿運行於天，是爲天之文也。璣衡者，璣爲轉運，衡爲横簫，運璣使動於下，以衡望之，是王者正天文之器。漢世以來，謂之渾天儀者是也。馬融云：渾天儀可旋轉，故曰璣衡。其横簫所以視星宿也，以璿爲璣，以玉爲衡，蓋貴天象也。蔡邕云：玉衡長八尺，孔徑一寸，下端望之，以視星辰。蓋懸璣以象天，而衡望之，轉璣窺衡，以知星宿。是其説也。七政，其政有七，於璣衡察之，必在天者。知七政謂日月與五星也。木曰歲星，火曰熒惑星，土曰鎮星，金曰太白星，水曰辰星。易繫辭云：「天垂象，見吉凶，聖人象之。」此日月五星有吉凶之象，因其變動爲占。七者各自異政，故爲七政。得失由政，故稱政也。舜既受終，乃察璣衡，是舜察天文，齊七政，以審己之受禪當天心與否也。馬融云：日月星，皆以璿璣玉衡度知其盈縮進退，失政所在。聖人謙讓，猶不自安，視璿璣玉衡以驗齊日月五星行度[二]，知其政是與否，重審己之事也。上天之體不可得知，測天之事見於經者，唯有此璿璣玉衡一事而已。蔡邕天文志云：言天體者有三家：一曰周髀，二曰宣夜，三曰渾天。宣夜絶無師説。周髀術數具在，考驗天象，多所違失，故史官不用。惟渾天者，近得其情，今史官所用候臺銅儀，則其法也。虞喜云：宣，明也；夜，幽也。幽明之數，其術兼之，故曰宣夜。但絶無師説，不知其狀如何。周髀之術，以爲天似覆盆，蓋以斗極爲中，中高而四邊下。日月旁行遶之，日近而見之爲晝，日遠而不見爲夜。渾天者以爲地在其中，天周其外，日月初登於天，後入於地。晝則日在地上，夜則日入地下。王蕃渾天説曰：天之形狀似鳥卵，天包地外，猶卵之裹黄，圓如彈丸，故曰渾天，言其形體渾渾然也。其術以爲天半覆地上，半在地下，其天居地上見有一百八十二度半强，地下亦然。北極出地上三十六度，南極入地下亦三十六度。而嵩高正當天之中極南五十五度。當嵩高之上又其南十二度，爲夏至之日道，又其南二十四度爲春、秋分之日道，又其南二十四度爲冬至之日道，南下去地三十一度而已，是夏至日北去極六十七度，春秋分去極九十一度，冬至去極一百一十五度。此其大率也。其南北極持其兩端，其天與日月星宿斜而迴轉。此必古有其法，遭秦而滅。揚子法言云：或問渾天，曰：落下閎營之，鮮于妄人度之，耿中丞象之，幾乎幾乎，莫之能違也。是揚雄之意以渾天而問之也。閎與妄人，武帝時人。宣帝時司農中丞耿壽昌始鑄銅爲之象，史官施用焉。後漢張衡作靈憲以説其狀，蔡邕、鄭玄、陸績、吴時王蕃、晉世姜岌、張衡、葛洪皆論渾天之義，並以渾説爲長。江南宋元嘉中皮延宗又作是渾天論〔三〕，太史丞錢樂鑄銅作渾天儀，傳於齊梁。周平江陵，遷其器於長安，今在太史書矣。衡長八尺，璣徑八尺，圓周二丈五尺，强轉而望之，有其法也。

肆類于上帝，堯不聽舜讓，使之攝位。舜察天文，考齊七政而當天心，故行其事。肆，遂也。類，謂攝位事類，遂以攝告天及五帝。〇疏曰：傳以既受終事，又察璣衡，方始祭於羣神，是舜察天文，考齊七政，知己攝位而當於天心，故行其天子之事也。祭法云：「有天下者祭百神。」遍祭羣神是天子事也。肆是縱緩之言，此因前事而行後事，故以肆爲遂也。類謂攝位事類，既知攝當天心，遂以攝位事類告天帝也。此類與下禋望相次，當爲祭名。詩云：「是類是禡。」周禮肆師云：「類造上帝。」王制云：「天子將出，類乎上帝。」所言類者，皆是祭天之事，言以事類而祭也。周禮小宗伯云：「天地之大災，類社稷則爲位。」是類之爲祭所及者廣。而傳云「類謂攝位事類」者，以攝位而告祭，故類爲祭名。周禮司服云：「王祀昊天上帝，則服大裘而冕，祀五帝亦如之。」是昊天外更有五帝，上帝可以兼之，故以告天及五帝也。鄭玄篤信讖緯，以爲「昊天上帝」謂天皇大帝北辰之星也，五帝謂靈威仰等，太微宫中有五帝座星是也。如鄭之言，天神有六也。家語云：季康子問五帝之名，孔子曰：「天有五行：金、木、水、火、土。分時化育，以成萬物，其神謂之五帝。」王肅云「五行之神助天理物者也」，孔意亦當然矣。此經唯有祭天，不言祭地及社稷，必皆祭之，但史略文耳。禋于六宗，禋，音因。○精意以享謂之禋。宗，尊也。所尊祭者其祀有六，謂四時也、寒暑也、日也、月也、星也、水旱也，祭亦以攝告。○疏曰：國語云：「精意以享，禋也。」釋詁云：「禋，祭也。」孫炎曰：「禋，絜敬之祭也。」周禮大宗伯云：「以禋祀祀昊天上帝，以實柴祀日月星辰，以槱燎祀司中、司命、風師、雨師。」鄭云：「禋之言煙，周人尚臭，煙氣之臭聞者也。」鄭以禋祀之文在燎柴之上，故以禋爲此解耳。而洛誥云：「秬鬯二卣，曰明禋。」又曰：「禋于文王、武王。」又曰：「王賓，殺禋，咸格。」經傳之文此類多矣，非燔柴祭之也，知禋是精誠絜敬之名耳。宗之爲尊，常訓也。名曰六宗，明是所尊祭者有六，但不知六者爲何神耳。祭法云：「埋少牢於大昭，祭時。相近於坎壇，祭寒暑。王宫，祭日。夜明，祭月。幽禜，祭星。雩禜，祭水旱也。」據此言六宗，彼祭六神，故傳以彼六神謂此六宗。必謂彼之所祭是此六宗者，彼文上有祭天祭地，下有山谷丘陵，此六宗之文在上帝之下，山川之上，二者次第相類，故知是此六宗。王肅亦引彼文，乃云「禋於六宗，此之謂矣」。鄭玄注彼云：「四時，謂陰陽之神也。」然則陰陽、寒暑、水旱各自有神。此言禋於六宗，則六宗常禮也。禮無此文，不知以何時祀之。鄭以彼皆爲祈禱之祭，則不可用鄭玄注以解此傳也。漢世以來，説六宗者多矣。歐陽及大、小夏侯説尚書皆云：所祭者六，上不謂天，下不謂地，旁不謂四方，在六者之閒，助陰陽變化，實一而名六宗矣。孔光、劉歆以六宗謂乾坤六子：水、火、雷、風、山、澤也。賈逵以爲六宗者：天宗三，日、月、星也；地宗三，河、海、岱也。馬融云：萬物非天不覆，非地不載，非春不生，非夏不長，非秋不收，非冬不藏，此其謂六也。鄭玄以六宗言禋與祭天同名，則六者皆是天之神祇，謂星、辰、司中、司命、風師、雨師。星，謂五緯也。辰，謂日月所會十二次也。司中、司命，文昌第五、第四星也。風師，箕也。雨師，畢也。晉初幽州秀水張髦上表云：臣謂禋於六宗，祀祖考所尊者六，三昭、三穆是也。司馬彪又上表云：歷難諸家及自言己意，天宗者，日月星辰寒暑之屬也。地宗，社稷、五祀之屬也。四方之宗，四時五帝之屬。惟王肅據家語六宗與孔同，各言其志，未知孰是。司馬彪續漢書云：安帝元初六年立六宗祠於洛陽城西北亥地，祀比大社，魏亦因之。晉初荀顗定新祀，以六宗之神諸説不同，廢之。摯虞駁之，謂宜依舊。近代以來，皆不立六宗之祀也。望于山川，遍于羣神。九州名山大川、五岳四瀆之屬，皆一時望祭之。羣神，謂丘陵墳衍、古之聖賢，皆祭之。○疏曰：「望於山川」，大總之語，故知九州之内所有名山大川、五岳四瀆之屬皆一時望祭之也。王制云名山大川不以封，山川大乃有名，是名、大互言之耳。釋山云：「泰山爲東嶽，華山爲西嶽，霍山爲南嶽，恒山爲北嶽，嵩高山爲中嶽。」白虎通云：嶽者何？ 捔也，捔考功德也。應劭風俗通云：「嶽者，捔考功德黜陟也。」然則，四方方有一大山，天子巡守，至其下捔考諸侯功德而黜陟之，故謂之嶽。釋水云：「江、河、淮、濟爲四瀆。」四瀆者，發源注海者也。釋名云：「瀆，獨也。」各獨出其水而入海也。岳是名山，瀆是大川，故先言名山大川，又舉岳瀆以見之。岳瀆之外猶有名山大川，故言之屬以包之。周禮大司樂云：「四鎮五嶽崩」，「令去樂。」鄭云：「四鎮，山之重大者，謂揚州之會稽山、青州之沂山、幽州之無閭山、冀州之霍山。」是五嶽之外名山也。周禮職方氏每州云「其川、其浸」，若雍州云：「其川涇汭，其浸渭洛。」如此之類，是四瀆之外大川也。言「徧于羣神」，則神無不徧，故羣神謂丘陵墳衍、古之聖賢，皆祭之。周禮大司樂云：凡六樂者，一變而致川澤之示，再變而致山林之示，三變而致丘陵之示，四變而致墳衍之示。鄭玄大司徒注云：「積石曰山，竹木曰林。注瀆曰川，水鍾曰澤。土高曰丘，大阜曰陵。水崖曰墳，下平曰衍。」此傳舉丘陵墳衍，則林澤亦包之矣。古之聖賢，謂祭法所云「在祀典」者，黄帝、顓頊、句龍之類，皆祭之也。

大傳曰：萬物非天不生，非地不載，非春不生，非夏不長，非秋不收，非冬不藏，故書曰「湮于六宗，」〔四〕此之謂也。湮，祭也，字當爲禋。馬氏以爲六宗謂日、月、星辰、泰山、河、海也。經曰：「肆類于上帝，禋于六宗，望秩于山川，遍于羣神。」月令：孟冬「天子祈來年于天宗」。如此，則六宗近習天神也。以周禮考之，則爲星、辰、司中、司命、風師、雨師也。○舜典及尚書大傳通脩。○

舜曰：「來，禹，予懋乃德，嘉乃丕績，天之曆數在汝躬，汝終陟元后。」丕，大也。曆數，謂天道。元，大也，大君。天子舜善禹有治水之大功，言天道在汝身，汝終當升爲天子。○疏曰：「丕，大」，釋詁文。曆數，謂天曆運之數，帝王易姓而興，故言曆數，謂天道。鄭玄以曆數在汝身謂有圖籙之名，孔無讖緯之説，義必不然，當以大功既立，衆望歸之，即是天道在身。釋詁元訓爲首，首是體之大也。易曰「大君有命」，是大君謂天子也。禹拜稽首固辭。再辭曰固。帝曰：「毋，惟汝諧。」言毋，所以禁其辭，禹有大功德，故能諧和元后之任。○禁，今鴆反，又音金。○疏曰：毋者，禁止其辭也。惟汝能諧和此元后之任，汝宜受之。又曰：説文云：「毋，止之也。」其字從女，内有一畫，象有姦之者，禁止令勿姦也。古人言毋，猶今人言莫，是言毋者，所以禁其辭，令勿辭。正月朔旦，受命于神宗，受舜終事之命。神宗，文祖之宗廟，言神，尊之。○疏曰：舜即政三十三年，命禹代己，禹辭不獲免，乃以明年正月朔旦受終事之命於舜神靈之宗廟，總率百官順帝之初攝故事，言與舜受禪之初其事悉皆同也。此年舜即政三十四，年九十六也。又舜典説舜之初「受終于文祖」，此言「若帝之初」，知受命即是舜終事之命也。神宗猶彼文祖，故云文祖之宗廟。文祖，言祖有文德。神宗，言神而尊之。名異而實同。神宗，當舜之始祖。按帝繫云：黄帝生昌意，昌意生顓頊，顓頊生窮蟬，窮蟬生敬康，敬康生句芒，句芒生蟜牛，蟜牛生瞽瞍，瞽瞍生舜。即是舜有七廟，黄帝爲始祖，其顓頊與窮蟬爲二祧，敬康、句芒、蟜牛、瞽瞍爲親廟，則文祖爲黄帝、顓頊之等也。率百官若帝之初。順舜初攝帝位故事奉行之。○疏曰：「若」不得爲「如」也，舜典巡守之事言如初者，皆言「如」，不言「若」，知此若爲順也，順舜初攝帝位故事而奉行之。其奉行者，當如舜典在「璿璣」以下、「班瑞羣后」以上也。其巡守非率百官之事，舜尚自爲陟方。禹攝帝位，未得巡守，此是舜史所録以爲虞書，故言順帝之初奉行帝之故事，自美禪之得人也。○大禹謨○惟一月癸巳，王朝步自周，于征伐商。一月，周之正月。步，行也。武王以正月三日行自周，往征伐商，二十八日渡孟津。○疏曰：此歷叙伐紂往反祀廟告天時日説武功成之事也。「一月壬辰，旁死魄」，謂伐紂之年周正月辛卯朔，其二日是壬辰也，「翼日癸巳，王朝步自周于征伐商」，謂正月三日發鎬京始東行也。其月二十八日戊午渡河，泰誓序云：「一月戊午，師渡孟津。」泰誓中篇云：「惟戊午，王次于河朔。」是也。二月辛酉朔，甲子殺紂，牧誓云：「時甲子昧爽」，「乃誓。」是也。其年閏二月庚寅朔，三月庚申朔，四月己丑朔。「厥四月哉生明，王來自商，至于豐」。謂四月三日月始生明，其日當是辛卯也。「丁未祀于周廟」，四月十九日也。越三日，庚戌柴望，二十二日也。正月始往伐，四月告成功，史叙其事，見其功成之次也。漢書律曆志引武成篇云：「惟一月壬辰旁死魄，若翼日癸巳，武王乃朝步自周，于征伐紂。」「越若來二月既死魄，越五日甲子，咸劉商王紂。」「惟四月既旁生魄，越六日庚戌，武王燎于周廟。翼日辛亥，祀於天位。越五日乙卯，乃以庶國祀於周廟。」與此經不同。彼是焚書之後有人僞爲之，漢世謂之逸書，其後又亡其篇，鄭云：武成，逸書，建武之際亡。謂彼僞武成也。又曰：將言武成，遠本其始，此説始伐紂時。一月，周之正月，是建子之月，殷十二月也。又曰：釋宫云：「堂上謂之行，堂下謂之步。」彼相對爲名耳，散則可以通，故步爲行也。周去孟津千里，以正月三日行自周，二十八日渡孟津，凡二十五日，每日四十許里，時之宜也。詩云：「于三十里。」毛傳云：「師行三十里。」蓋言其大法耳。厥四月哉生明，王來自商，至于豐。哉，徐音載。○其四月。哉，始也，始生明月三日，與死魄互言。○疏曰：其四月，此伐商之四月也。「哉，始」，釋詁文。顧命傳以哉生魄爲十六日，則哉生明爲月初矣。以三日月光見，故傳言始生明月三日也。此經無日，未必非三日也〔五〕。生明、死魄俱是月初，上云死魄，此云生明，而魄死明生互言耳。丁未，祀于周廟，邦甸、侯、衛駿奔走，執豆籩。駿，荀俊反。○四月丁未，祭告后稷以下、文考文王以上七世之祖。駿，大也。邦國甸、侯、衛服諸侯皆大奔走於廟執事。○疏曰：以四月之字隔文已多，故言四月丁未。此以成功設祭，明其徧告羣祖。知告后稷以下，后稷則始祖，以下容毁廟也。天子七廟，故云文考文王以上七世之祖，見是周廟皆祭之，故經總云周廟也。「駿，大」，釋詁文。周禮六服，侯、甸、男、采、衛。要此略舉邦國在諸侯服，故云甸、侯、衛，其言不次。詩頌云：「駿奔走在廟。」故云「皆大奔走於廟執事」也。越三日庚戌，柴望，大告武成。燔柴郊天，望祀山川，先祖後郊，自近始。○燔，音煩。○疏曰：召誥云「越三日」者，皆從前至今爲三日，此從丁未數之，則爲四日。蓋史官不同，立文自異。或此「三」當爲「四」，由字積誤與？○武成○成王在豐，欲宅洛邑。武王克商，遷九鼎於洛邑，欲以爲都，故成王居焉。○疏曰：成王於時在豐，欲居洛邑以爲王都，使召公先往相其所居之地，因卜而營之，王與周公從後而往。又曰：桓二年左傳云：昔「武王克商，遷九鼎於洛邑。」服虔注云：「今河南有鼎中觀。」云九鼎者，按宣三年左傳王孫滿云：「昔夏之方有德也」，「貢金九牧，鑄鼎象物」。然則九牧貢金爲鼎，故稱九鼎，其實一鼎。按戰國策顔率說齊王云：「昔武王克商，遷九鼎，鼎用九萬人。」則以爲其鼎有九。但游説之辭事多虚誕，不可信用。然鼎之上備載九州山川異物，亦又可疑，未知孰是，故兩解之。惟二月既望，周公攝政七年二月十五日，日月相望，因紀之。○疏曰：惟周公攝政七年二月十六日，其日爲庚寅，既日月相望矣，於已望後六日乙未，爲二月二十一日，王以此日之朝行自周之鎬京，則至於豐，以遷都之事告文王之廟。

此日王惟命太保召公先周公往洛水之旁相視所居之處，太保即行。其月小，二十九日癸卯晦。於二月之後，順來三月，惟三日丙午朏，而月生明於朏。三日戊申，即三月五日，太保乃以此朝旦至於洛，即卜宅，其已得吉卜，則經營之，規度其城郭、郊廟、朝市之位處。於戊申三日庚戌爲三月七日，太保乃以衆所受於殷之民治都邑之位於洛水之汭，謂洛水北也。於庚戌五日爲三月十一日甲寅，而所治之位皆成矣。又曰：洛誥云：「周公誕保文武受命，惟七年。」洛誥是攝政七年事也。洛誥周公云：「予惟乙卯朝至于洛師。」此篇云「乙卯周公朝至于洛」，正是一事，知此二月是周公攝政七年之二月也。望者，於月之半，月當日衝，日光照月，光圓滿面，嚮相當，猶人之相望，故名望也。治曆者必先正望朔，故史官因紀之。將言望後之事，必以望紀之；將言朏後之事，則以朏紀之。猶今人將言日，必先言朔也。望在月十六日爲多，大率十六日者四分之三〔六〕，十五日者四分之一耳。此年入戊午，蔀五十六歲二月小，乙亥朔。孔云：十五日即爲望，是己丑爲望。言已望者，謂庚寅十六日也。且孔云望與生魄、死魄皆舉大略而言之，不必恰依曆數。又筭術前月大者，後月二日月見，可十五日望也。顧氏亦云十五日望，日月正相望也。越六日乙未，王朝步自周，則至于豐。於已望後六日，二十一日，成王朝行從鎬京則至於豐，以遷都之事告文王廟。告文王，則告武王可知，以祖見考。○鎬，胡老反。見，賢遍反。○疏曰：於已望後六日，是爲二十一日也。步，行也。此云王朝行，下太保與周公言朝至者，君子舉事貴早朝，故皆言朝也。宗周者，爲天下所宗止，謂王都也。武王已都於鎬，故知宗周是鎬京也。文王居豐，武王未遷之時，於豐立文王之廟，遷都而廟不毀，故成王居鎬京，則至於豐，以遷都之事告文王廟也。大事告祖必告於考，此經不言告武王，以告文王，則告武王可知，以告祖見考也。告廟當先祖後考，此必於豐告文王，於鎬京告武王也。惟太保先周公相宅。先，悉薦反，又如字。相，息亮反。○太保，三公官名，召公也。召公於周公前相視洛居，周公後往。越若來三月，惟丙午朏。越三日戊申，太保朝至于洛，卜宅。朏，芳尾反，又普没反，芳憒反〔七〕。○朏，明也，月三日明生之名。於順來三月丙午朏，於朏三日，三月五日。召公早朝至於洛邑，相卜所居。○疏曰：説文云：「朏，月未盛之明。」故爲明也。周書月令云：「三日粤朏。」朏字從月、出，是入月三日明生之名也。於順來者，於二月之後依順而來，次三月也。二月乙未而發豐，歷三月丙午朏，又於朏三日，是三月五日。凡發豐至洛，爲十四日也。召公早朝至於洛邑，相卜所居，當以至洛之日即卜也。厥既得卜，則經營。度，待洛反。朝，直遥反。處，昌慮反。其已得吉卜，則經營規度城郭、郊廟，朝市之位處。○疏曰：經營者，考工記所云：「匠人營國，方九里」，「左祖右社，面朝後市。」是也。下有「丁巳，郊」，故知規度城郭、郊廟、朝市之位處也。匠人不言郊，以不在國内也。匠人王城方九里，如典命文，又以公城方九里，天子城十二里。鄭玄兩説，孔無明解，未知從何文也。郊者，司馬法：「百里爲郊。」鄭注周禮云：「近郊五十里。」禮記：祭天於南郊，祭地於北郊。皆謂近郊也。其廟，按小宗伯云：「建國之神位，右社稷，左宗廟。」鄭注朝士職云：庫門内之左右。其朝者，鄭云：外朝一，在庫門之外，臯門之内。是詢衆庶之朝。内朝二者：其一在路門外，王每日所視，謂之治朝；其一在路門内，路寢之朝，王每日視訖退適路寢，謂之燕朝，或與宗人圖私事。顧氏云：市處王城之北。朝爲陽，故在南。市爲陰，故處北。今按：周禮内宰職：「佐后立市。」然則，后既主陰，故立市也。越三日庚戌，太保乃以庶殷攻位于洛汭。越五日甲寅，位成。汭，如銳反。○於戊申三日庚戌，以衆殷之民治都邑之位於洛水北，今河南城也。於庚戌五日所治之位皆成，言衆殷本其所由來。○疏曰：戊申後三日庚戌，爲三月七日也。水内曰汭。蓋以人南面望水，則北爲内，故洛汭爲洛水之北。鄭云：隈曲中也。漢書地理志：河南郡治在洛陽縣河南城，别爲河南縣治都邑之位於洛北，今於漢河南城是也。又曰：所治之位皆成布置處所定也。治位乃是周人，而言衆殷者本其所由來，言本是殷民，今來爲我周家役也。莊二十九年左傳發例云：「凡土功水，昏正而栽，日至而畢。」此以周之三月，農時役衆者，彼言尋常土功，此則遷都事大，不可拘以常制也。若翼日乙卯，周公朝至于洛，周公順位成之明日而朝至於洛汭。○疏曰：順位成之明日乙卯，三月十二日也。周公以此朝旦至於洛，則通達而徧觀於新邑，所經營其位處皆無所改易。於乙卯三日丁巳，三月十四日也。用牲於郊，告立祭天之位，牛二，天與后稷所配各用一牛〔八〕。於丁巳明日戊午，乃祭社於新邑，用太牢牛一、羊一、豕一。又曰：周公以順位成之明日而朝至，則是三月十二日也。其到洛汭，在召公之後七日，不知初發鎬京以何日也。成王蓋與周公俱來，鄭云：史不書王往者，王於相宅無事也。則達觀于新邑營。周公通達觀新邑所營，言周徧。越三日丁巳，用牲于郊，牛二。於乙卯三日用牲告立郊位於天，以后稷配，故二牛。后稷貶於天，有羊豕，羊豕不見可知。○疏曰：知此用牲是告立郊位於天者，此郊與社於攻位之時已經營之，今非常祭之月而特用牲祭天，知是郊位既定，告天使知，而今後常以此處祭天也。禮：郊用特牲，不應用二牛，以后稷配，故二牛也。郊特牲及公羊傳皆云養牲必養二，帝牛不吉，以爲稷牛，言用彼爲稷牛者以之祭帝，其稷牛隨時取用，不在滌養，是帝、稷各用牛一，故二牛也。先儒皆云天神尊，祭天明用犢，貴誠之義。稷是人神，祭用太牢，貶於天神，法有羊豕。因天用牛，遂云牛二，舉其大者，從天言之，羊豕不見可知也。詩頌我將祀文王於明堂云：「惟羊惟牛。」又月令云：「以太牢祠于高禖。」皆據配者有羊豕也。

越翼日戊午，乃社于新邑，牛一，羊一，豕一。

告立社稷之位，用太牢也。共工氏子曰句龍，能平水土，祀以爲社。周祖后稷能殖百穀，祀以爲稷，共牢。○共，音恭。句，故侯反。○疏曰：經有社無稷，稷是社類，知其同告之。告立社稷之位，其祭用大牢，故牛羊豕各一也。句龍能平水土，祀以爲社。后稷能殖百穀，祀以爲稷。左傳、魯語、祭法皆有此文。漢世儒者説社稷有二：左氏説社稷惟句龍、后稷，人神而已，是孔之所用；孝經説社爲土神，稷爲穀神，句龍、后稷配食者，是鄭之所從。而武成篇云：「告于皇天后土。」孔以后土爲地，言后土社也者，以泰誓云：「類于上帝，宜于冢土。」故以后土爲社也。小劉云：后土與皇天相對，以后土爲地。若然，左傳云句龍爲后土，豈句龍爲地乎？社亦名后土，地名后土，名同而義異也。社稷共牢，經無明説，郊特牲云：「社稷太牢。」二神共言太牢，故傳言社稷共牢也。此經上句言於郊，此不言於郊，此言「社于新邑」，上句不言郊於新邑，上句言用牲，此言牛羊豕，不言用告天，不言告地告社，不言告稷，皆互相足，從省文也。洛誥云：「王在新邑，烝祭」，「王入太室裸。」則洛邑亦立宗廟。此不云告廟，亦從省文也。○召誥

○周公曰：「王肇稱殷禮，祀于新邑，咸秩無文。」

言王當始

舉殷家祭祀以禮典祀於新邑，皆次秩不在禮文者而祀之。○疏曰：於時制禮已訖，而云殷禮者，此殷禮即周公所制禮也，雖有損益，以其從殷而來，故稱殷禮。猶上篇云庶殷本其所由來，孔於上篇已具，故於此不言。必知殷禮即周禮者，以此云祀於新邑，即下文烝祭歲也。既用騂牛，明用周禮。云「始」者，謂於新邑始爲此祭。顧氏云：舉行殷家舊祭祀，用周之常法。言周禮即殷家之舊禮也。鄭玄云：王者未制禮樂，恒用先王之禮樂。是武伐紂以來皆用殷之禮樂，非始成王用之也。周公制禮樂既成，不使成王即用周禮，仍令用殷禮者，欲待明年即政告神受職，然後班行周禮。班訖，始得用周禮，故告神且用殷禮也。孔義或然，故復存之。神數多而禮文少，應祭之神名有不在禮文者，故令皆次秩。不在禮文而應祀者，皆舉而祀之。予齊百工，伻從王于周，予惟曰：『庶有事。』我整齊百官，使從王於周，行其禮典，我惟曰：庶幾有善政事。○疏曰：時成王未有留公之意，公以成王初始即政，自慮百官不齊，故雖即致政，猶欲整齊百官，使從王於周。謂從至新邑，行其典禮，周公以成王賢君，今復成長，故言我惟曰庶幾有善政事，言己私爲此，言冀王爲政善也。今王即命曰：『記功，宗以功作元祀。』今王就行王命於洛邑，曰當記人之功。尊人亦當用功大小爲序，有大功則列大祀，謂功施於民者。○疏曰：記臣功者是人主之事，故言今王就行王命於洛邑，謂正位爲王臨察，臣下知其有功以否，恐王輕忽此事，故曰當記人之功。更言曰者，所以致殷勤也。尊人必當用功大小爲次序，令功大者居上位，功小者處下位也。有大功則列爲大祀，謂有殊功，堪載祀典者。祭法云：聖王之制祭祀也，法施於民則祀之，以死勤事則祀之，以勞定國則祀之，能禦大災則祀之，能捍大患則祀之。是爲大祀謂功施於民者也，或時立其祀，配享廟庭亦是也。○洛誥○周公曰：「予以秬鬯二卣，曰：『明禋，拜手稽首休享。』秬，音巨。卣，由手反，又音由。○周公攝政七年，致太平，以黑黍酒二器，明潔致敬告文武以美享，既告而致政成王，留之，本説之。○疏曰：康誥之作，事在七年，云「四方民大和會」，和會即太平之驗，是周公攝政七年致太平也。釋草云：「秬，黑黍。」釋器云：「卣，中罇也。」以黑黍爲酒，煮鬱金之草築而和之，使芬香調暢，謂之秬鬯。鬯酒二器，明絜致敬告文王、武王以美享，謂以太平之美事享祭也。國語稱：「精意以享謂之禋。」釋詁云：「禋，敬也。」是明禋爲明絜致敬也。太平是王之美事，故太平告廟是以美享祭也。公既告太平而致政成王，成王留之，故本而説之此事者，欲令成王重其事，厚行之。周禮鬱鬯之酒實之於彝，此言在卣者，詩大雅江漢及文侯之命皆言：「秬鬯一卣，告于文人。」則未祭實之於卣，祭時實之於彝。彼一卣，此二卣者，此一告文王，一告武王，彼王賜臣使告其太祖，故惟一卣耳。此經「卣」下言「曰」者，説本盛酒於罇，乃爲此辭，故言「曰」也。予不敢宿，則禋于文王、武王。言我見天下太平，則絜告文武，不經宿。○疏曰：此申述上明禋之事。言我見天下太平，則絜告文武，不敢經宿，示虔恭之意也。此二月營洛邑，民已和會，則三月之時已太平矣。既告而致政，則告在歲末，而云不經宿者，蓋周公營洛邑至冬始成，得還鎬京即告文武，是爲不經宿也。且太平非一日之事，公云不經宿者，示虔恭之意耳，未必旦見太平即此日告也。鄭玄以文祖爲明堂，曰：明禋者，六典成，祭於明堂，告五帝太皞之屬也。既告明堂，則復禋於文武之廟，告成洛邑。○洛誥○戊辰，王在新邑，烝，祭歲，文王騂牛一，武王騂牛一。王命作册逸祝册，惟告周公其後。王賓殺禋咸格，王入太室，祼。王命周公後，作册逸誥。注疏見因祭策命條。○洛誥〔九〕○襄王使大宰文公及内史興賜晉文公命，大宰文公，卿士王子虎也。内史興，周内史叔興父。晉文公，獻公之子、惠公異母兄重耳也。命，命服也。諸侯七命，冕服七章。上卿逆于境，逆，迎也。晉侯郊勞，郊迎用辭勞也。館諸宗廟，館，舍也。舍於宗廟，尊王命也。饋九牢，牛羊豕爲一牢，上公饔餼九牢。設庭燎。設大燭於庭，謂之庭燎。及期，命于武宫，期，將事之日也。武宫，文公之祖武公之廟也。命，受王之命。設桑主，布几筵，主，獻公之主也。練主用栗，虞主用桑。禮：既葬而虞，虞而作主。天子於是爵命世子，世子即位，受命服也。獻公死已久，於此設之者，文公不欲繼於惠、懷，故立獻公之主，自以子繼父之位，行未踰年之禮。筵，席也。大宰涖之，晉侯端委以入。説云：衣玄端，冠委貌，諸侯祭服也。昭謂：此士服也〔一〇〕。諸侯之子未受爵命，服士服也。大宰以王命命冕服，冕，大冠也。服，鷩衣也。内史贊之，三命而後即冕服。贊，道也。三命，三以王命命文公，文公三讓後就。既畢，賓、饗、贈、餞如公命侯伯之禮，而加之以宴好。賓者，主人所以接賓，致餮饔之屬。饗，饗食之禮。贈，致贈賄之禮。餞，謂郊送飲酒之禮。如公命侯伯之禮者，如公受王命，以侯伯待之之禮，而又加之以宴好也。大宰，上卿也，而言公者，兼之。内史興歸，以告王曰：「晉，不可不善也，其君必霸，逆王命敬，謂上卿逆於境，晉侯郊勞。奉禮義成。」謂三讓、賓饗之屬皆如禮。○國語周語○白虎通曰：封諸侯於廟者，示不敢專也。明法度皆祖之制也，舉事必告焉。○古者明君爵有德而禄有功，必賜爵禄于太廟，示不敢專也。故祭之日一獻，君降立于阼階之南，南鄉，所命北面，史由君右，執策命之，再拜稽首，受書以歸，而舍奠于其廟。注疏見祭義及宗廟策命條。○祭統○衛侯出奔，使賂周歂、冶廑曰：「苟能納我，吾使爾爲卿。」恐元咺距己，故賂周、冶。○歂，市專反。冶，音也。廑，音覲，又音謹，人名也，漢書音義云：「古勤字也。」鄭氏音勤。周、冶殺元咺及子適、子儀。適，丁歷反。○子儀，瑕母弟。不書殺，賤也。公入，祀先君，周、冶既服，將命。服卿服，將入廟受命。○疏曰：言祀先君而服將命，知其將入廟也。必入廟者，祭統云：「古者明君爵有德而禄有功，必賜爵禄於太廟，示不敢專也。」命臣必在廟。而王制云「爵人於朝」者，朝上詢於衆人位定，然後入廟受命，今世受官猶然。○今按：僖公二十八年春秋左氏傳云：晉侯伐衛，衛侯請盟，晉人弗許。衛侯欲與楚，國人不欲，故出其君以説晉。衛侯出奔楚，遂適陳，使元咺奉叔武以受盟。或訴元咺於衛侯曰：立叔武矣。其子角從公，公使殺之。咺不廢命，奉夷叔以入守。六月，晉人復衛侯，衛侯先期入，公子歂犬〔一一〕、華仲前驅，叔武將沐，聞君至，喜，捉髮走出，前驅射而殺之。公知其無罪也，枕之股而哭之。歂犬走出，公使殺之。元咺出奔晉。冬，會於温，衛侯與元咺訟，不勝。晉人執衛侯歸之於京師，寘諸深室。元咺歸於衛，立公子瑕。晉侯使醫衍酖衛侯，甯俞貨醫，使薄其酖，不死。公爲之請，納玉於王與晉侯，王許之，秋乃釋衛侯。衛侯將入，恐元咺之復距己，故使周歂、冶廑殺之也。○僖公三十年春秋左氏傳

天子五年一巡守。守，手又反，本或作狩，後同。○天子以海内爲家，時一巡省之。五年者，虞

夏之制也，周則十二歲一巡守。○省，色景反。○疏曰：知五年是虞夏之制者，堯典云「五載一巡守」，此正謂虞也。以虞夏同科，連言夏耳。若夏與殷，依鄭志當六年一巡守也。云「周則十二歲一巡守」者，大行人云：「十有二歲王巡守殷國。」故知周制十二年也。按白虎通云：所以巡守者何？巡者，循也。守者，牧也。爲天子循行守土牧民，道德大平，恐遠近不同化，幽隱不得其所者，故必親自行之，謙敬重民之至也。所以不歲巡守何？爲大煩。過五年，爲其大疏。因天道大備〔一二〕，故云五年一巡守。以此言之，夏殷六歲者，取半一歲之律呂也。周十二歲者，象歲星一周也。歲二月，東巡守至于岱宗，岱宗，東嶽。○疏曰：「歲二月東巡守」者，皆以夏之仲月。以夏時仲月者，律曆當得其中也。二月、八月，又晝夜分。五月、十一月者，陰陽終，故取四仲月也。又曰：嶽者何？嶽之爲言桷也，桷功德也。必先於此岱山者，言萬物皆相代於東方，故歲二月東巡守至於岱宗。宗者，尊也。岱爲五嶽之首，故爲尊也。柴而望祀山川。柴，祭天告至也。○疏曰：柴祭天告至，謂燔柴以祭上天而告至，其祭天之後乃望祀山川。所祭之天，則蒼帝靈威仰。五月南巡守至于南嶽，如東巡守之禮。八月，西巡守至于西嶽，如南巡守之禮。十有一月，北巡守至于北嶽，如西巡守之禮。歸假于祖禰，用特。假，音格。○假，至也。特，特牛也。祖下及禰皆一牛。○疏曰：「假，至也」，釋詁文也。云「祖下及禰皆一牛」者，謂從始祖下及於禰廟，別皆一牛。鄭以經云祖禰用特，恐同用一牛。必知廟每皆一牛者，以尚書堯典云：「歸格于藝祖，用特。」祖既用特，明知各用特也。唐虞及夏五廟則用五特也，殷用六，周用七也。又尚書洛誥云：「文王騂牛一，武王騂牛一。」是各用一牛也。自此以上，皆是巡守之禮。雖未太平得爲之，故詩時邁巡守告祭柴望也。時邁是武王詩，邁，行也，時未太平而巡守也。故大司馬云：「及師，大合軍，以行禁令，以救無辜，伐有罪。」鄭注云：「師，所謂王巡守，若會同。不言大者，未有敵，不尚武。」又注云：「大師，王出征伐也。」以此故知未太平得巡守。皇氏以爲未太平不巡守，非也。其封禪者，必因巡守太平乃始爲之，故中候準讖哲云：「桓公欲封禪，管仲曰：昔聖王功成，道洽符出，乃封泰山，今皆不至，鳳皇不臻，麒麟逃遁，未可以封。」又禮器云：「升中於天，鳳凰降，龜龍假。」又鉤命決云：「刑罰藏，頌聲作，鳳凰至，麒麟應，封泰山，禪梁甫。」管子又云：封禪者，須北里禾鄗上黍，江淮之閒三脊茅以爲藉，乃得封禪。是太平祥瑞總至，乃得封禪也。然武王之時未太平，而時邁巡守之下注云：「天子巡行邦國，至於方嶽之下而封禪也。」似武王得封禪者，鄭因巡守連言封禪耳，不謂當時封禪也。白虎通云：封禪所以必於泰山何？萬物之始，交代之處。必於其上何？因高告高，順其類也。故升封者，增高也。下禪梁甫之基，廣厚也。天以高爲尊，故增泰山之高以報天。地以厚爲德，附梁甫之基以報地。刻石紀號者，著己之功跡。或曰：封以金泥銀繩，或曰：石泥金繩，封之印璽。孝經緯云：「封於泰山，考績燔燎。禪於梁甫，刻石紀號。」又管子云：自古封禪七十二家，夷吾所識十有二焉。無懷氏封泰山，伏犧、神農、少皞、黄帝、顓頊、帝嚳、帝堯、帝舜、禹、湯、周成王皆封泰山，唯禹禪會稽，成王禪社首爲異，自外皆禪云云。白虎通云：三皇禪於繹繹之山，明已成功而去，有德者居之。繹繹者，無窮之意。五帝禪於亭亭之山。亭亭者，制度審諦，道德著明也。三王禪於梁甫之山。梁者，信也。甫者，輔也。信輔天地之道而行之。所禪之山與管子不同者，異人之説，未知孰是。云云、亭亭、繹繹、梁甫，並泰山旁小山名也。○王制○經及疏皆詳見祭法。○天子將出，類乎上帝，宜乎社，造乎禰。造，七報反。○帝，謂五德之帝，所祭於南郊者。類、宜、造，皆祭名，其禮亡。○疏曰：將出，謂初出時也。知此是巡守者，以下別云「天子將出征，類乎上帝」，故知此是巡守也。「類上帝」者，謂祭告天也。「宜乎社」者，此巡行方事誅殺封割，應載社主也。云「宜」者，令誅伐得宜，亦隨其宜而告也。社主於地又爲陰，而誅殺亦陰，故於社也，故書云：「弗用命，戮于社。」是也。「造乎禰」者，造，至也，謂至父祖之廟也。然此出歷至七廟，知者，前歸假既云祖禰，明出亦告祖禰也。今唯云「禰」者，白虎通云：獨見禰何？辭從卑，不敢留尊者之命，至禰不嫌不至祖也。皇氏申之云：行必有主，無則主命載於齊車，書云：「用命賞於祖。」是也。今出辭別，先從卑起，最後至祖，仍取遷主則行也。若前至祖，後至禰，是留尊者之命，爲不敬也，故曲禮曰：「已受命，君言不宿於家。」亦其類也。若還，則先祖後禰，如前所言也。所以然者，先應反行主祖廟故也。然出告天地及廟，還唯告廟，不告天地者，白虎通云：還不復告天者，天道無外内，故不告也。又曰：證天子類帝是祭五德帝也。鄭注月令「祈穀於上帝」爲大微之帝，注此「上帝」爲五德，五德似如大皞五人之帝，二文不同。庾蔚云：謂大微五帝應於五行，五行各有德，故謂五德之帝。木神仁，金神義，火神禮，水神智，土神信，是五德也。云「所祭於南郊」者，按五德之帝應祭四郊，此獨云「祭於南郊」者，謂王者將行，各祭所出之帝於南郊，猶周人祭靈威仰於南郊，是五帝之中一帝，故上總云「帝謂五德之帝」，此據特祭所出之帝，故云「祭於南郊」。云「類、宜、造皆祭名」者，按小宗伯云：「凡天地之大災，類社稷宗廟，則爲位。」鄭注云：「禱祈禮輕，類者，依其正禮而爲之。」是類爲祭名也。按爾雅釋天云：「起大事，動大衆，必先有事乎社而後出，謂之宜。」孫炎注云：「求便宜也。」是宜爲祭名也。按大祝六祈：「一曰類，二曰造。」是造爲祭名也。但天道懸遠，以事類告之，社主殺戮，故求其便宜，廟爲親近，故以奉至言之，各隨義立名也。○王制○天子適四方，先柴。書曰：「歲二月，東巡守至於岱宗，柴。」○疏曰：謂巡守至於岱宗，柴。此虞書舜典文。按鄭注尚書以爲别有舜典之篇，將此爲堯典，與古文異也。此祭上帝謂祭當方帝。皇氏云謂祭感生帝，義非也。○郊特牲○校人：凡將事于四海山川，則飾黄駒。四海，猶四方也。王巡守過大山川，則有殺駒以祈沈禮與？玉人職有宗祝以黄金勺前馬之禮。○沈，直金反，劉直蔭反。○疏曰：謂王行所過山川，設祭禮之，然後去則殺黄駒以祭之。山川地神，土色黄，故用黄駒也。又曰：云「四海猶四方也」者，王巡守唯至方岳，不至四海夷狄，故以四海爲四方。云「有殺駒以祈沈禮與」者，爾雅云：「祭山曰庪縣，祭川曰浮沈。」今鄭云「以祈沈」者，總解過山川二事。言「與」者，爾雅據正祭，此則行過之，約與彼同，故云「與」以疑之也。引玉人職者，按彼有大璋、中璋、邊璋，過大山川用大璋，過中山川用中璋，過小山川用邊璋，下云「黄金勺，青金外，朱中」，此三璋之勺也。云「黄金勺」者，即彼三璋之勺也。云「前馬之禮」者，以黄金勺酌酒禮山川在馬牲前之禮。引之者，證過山川設禮用馬牲之事也。○夏官○玉人：大璋中璋九寸，邊璋七寸，射四寸，厚寸。黄金勺，青金外，朱中，鼻寸，衡四寸，有繅。天子以巡守，宗祝以前馬。射，食亦反。勺，上灼反。衡，音横。○射，琰出者也。勺，故書或作約，杜子春云：當爲勺，謂酒尊中勺也。鄭司農云：鼻，謂勺龍頭鼻也。衡，謂勺柄龍頭也。玄謂：鼻，勺流也，凡流皆爲龍口也。衡，古文横，假借字也。衡，謂勺徑也。三璋之勺，形如圭瓚。天子巡守，有事山川，則用灌焉。於大山川，則用大璋，加文飾也。於中山川用中璋，殺文飾也。於小山川用邊璋，半文飾也。其祈沈以馬，宗祝亦執勺以先之禮，王過大山川，則大祝用事焉。將有事於四海山川，則校人「飾黃駒」。○祈，如字，劉居綺反。大祝，音太。校，户教反。○疏曰：此經説王巡守，出行過山川，禮敬之事。三璋據爲勺柄，黃金勺以下據爲勺頭。又曰：「射琰出者也」者，向上謂之出，謂琰半已上，其半已下爲文飾也。先鄭云「鼻謂勺龍頭鼻」，後鄭增成其義。「衡謂勺柄龍頭」，後鄭不從。玄謂「衡古文爲横」，「謂勺徑」，破先鄭爲勺柄。云「三璋之勺形如圭瓚」者，圭瓚之形前注已引漢禮，但彼口徑八寸，下有盤徑一尺，此徑四寸，徑既倍狹，明所容亦少，但形狀相似耳，故云「形如圭瓚」也。知「用灌」者，以其圭瓚灌宗廟，明此巡守過山川用灌可知。「於大山川」已下至「半文飾」，皆無正文，鄭君以意解之。云「祈沈以馬」者，取校人「飾黃駒」，故知馬也。知「宗祝亦執勺以先之」者，即引大祝職云：王過大山川，則大祝用事焉。是大祝用此經黃金勺之事也。云「將有事于四海山川，則校人『飾黃駒』」者，校人職文。引之者，見禮山川非直灌，亦有牲牢。以山川地神，故用黃駒也。大祝職云：王過大山川，大祝用事。不言中山川、小山川者，舉大而言，或使小祝爲之也。○冬官

右巡守○傳：虞傳曰：維元祀巡守，四嶽八伯，祀，年也。元年，謂月正元日，舜假於文祖之年也。巡，行也，視所守也。天子以天下爲守，堯時得羲和命爲六卿[一三]，主其春夏秋冬者，并掌方嶽之事，是爲四嶽，出則爲伯。後稍死，鴅吺、共工等代之，乃分置八伯。壇四奥，奥，内也，安也。

四方之内，人所安居也。爲壇祭之，謂祭四方之帝、四方之神也。沉四海，祭水曰沉。封十有二山，祭者必封，封亦壇也。十有二山，十有二州之鎮也。兆十有二州，兆，域也，爲營域以祭十二州之分星也。壇、沉、封、兆，皆因所宜爲之名。濬川〔一四〕，樂正定樂名。樂正，樂官之長，周禮曰大司樂。元祀代泰山，貢兩伯之樂焉：元，始也。歲二月東巡守，始祭代氣泰山也。東稱代，書曰：「至於岱宗，柴。」東嶽陽伯之樂，舞侏離，其歌聲比余謡，名曰晳陽；陽伯，猶言春伯，春官秩宗也，伯夷掌之。侏離，舞曲名，言象物生育離根株也。徒歌謂之謡，其聲清濁，比如余謡，然後應律也。晳，當爲析，春厥民析。陽，樂正所定也，是時契爲司徒，掌地官矣，後又舉禹掌天官。儀伯之樂〔一五〕，舞鼚哉，其歌聲比大謡，名曰南陽。儀，當爲義，義仲之後也〔一六〕。鼚，動貌。哉，始也。言象物應雷而動，始出見也。南，任也。中祀大交霍山，貢兩伯之樂焉：中，仲也，古字通。春爲元，夏爲仲。五月南巡守，仲祭大交氣於霍山也。南交稱大交，書曰：「宅南交也〔一七〕。」夏伯之樂，舞謾彧，其歌聲比中謡，名曰初慮；夏伯，夏官司馬也，棄掌之〔一八〕。謾猶曼也。彧，長貌。言象物之滋曼彧然也。初慮，陽上極陰始謀也。謾或爲謗。羲伯之樂，舞將陽，其歌聲比大謡，名曰朱于。羲伯，羲叔之後也。將陽，言象物之秀實動摇也。于，大也。秋祀柳穀華山，貢兩伯之樂焉：八月西巡守，祭柳穀之氣於華山也。柳，聚也，齊人語。秋伯之樂，舞蔡俶，其歌聲比小謡，名曰苓落；秋伯，秋官，士皋陶掌之。蔡猶衰也，俶，始也，言象物之始衰也。和伯之樂，舞玄鶴，其歌聲比中謠，名曰歸來。和伯，和仲之後也〔一九〕。玄鶴，言象陽鳥之南也。歸來，言反其本也。幽都弘山祀，貢兩伯之樂焉：弘山，恒山也。十有一月朔巡守，祭幽都之氣於恒山也。互言之者，明祭山北稱幽都也。冬伯之樂舞齊落〔二〇〕，冬伯，冬官司空也，垂掌之。齊落，終也，言象物之終也。齊或爲聚。歌曰縵縵。并論八音四會。此上下有脱辭，其説未聞。歸假于禰祖，用特。五載一巡守，羣后德讓，貢正聲而九族具成。族，當爲奏。言諸侯貢其正聲，而天子九奏之樂乃具成也。○尚書大傳○天子遊不出封圻，不告祖廟。周禮：方千里曰王圻，詩曰：邦圻千里，維民所止。○尚書大傳○魯隱公八年，鄭伯請釋泰山之祀而祀周公，以泰山之祊易許田。三月，鄭伯使宛來歸祊，不祀泰山也。祊，必彭反。○成王營王城，有遷都之志，故賜周公許田，以爲魯國朝宿之邑，後世因而立周公別廟焉。鄭桓公，周宣王之母弟，封鄭，有助祭泰山湯沐之邑在祊。鄭以天子不能復巡守，故欲以祊易許田，各從本國所近之宜，恐魯以周公別廟爲疑，故云已廢泰山之祀，而欲爲魯祀周公，孫辭以有求也。許田，近許之田。○復，扶又反。欲爲，于僞反，又如字。○疏曰：成王營邑於洛，以爲居土之中，貢賦路均將於洛邑受朝。許田近於王城，故賜周公許田，以爲魯國朝宿之邑。詩魯頌曰：「居常與許，復周公之宇。」是周公得許田也。公羊傳曰：「許田者何？魯朝宿之邑也。」是許田爲魯朝宿之邑。鄭請易許田而求祀周公，故知後世因在許田之中而立周公別廟焉。鄭桓公以周宣王之母弟，故於泰山之下亦受祊田以爲湯沐之邑，祊邑內亦有鄭先君別廟。此時周室既衰，王不巡守，鄭以天子不復巡守，則泰山之祀既廢，祊無所用，故欲以祊易許。許田近鄭，祊田近魯，各從本國所近之宜也。魯以許田奉周公之祀，易其田則廢其祀，恐魯以周公別廟爲疑慮，將不許，云已廢泰山之祀而欲爲魯祀周公，言鄭得許田，周公之祀不絶也。云「廢泰山之祀」者，謂天子不復巡守鄭家，已廢此助祭泰山祭祀之事，無所祭祀，故欲爲魯祀周公。其實廢來已久，今始云已廢者，欲爲魯祀周公，故云已廢耳，方便遜辭以求於魯也。定四年祝佗言康叔之受分物云〔一二〕：取於有閻之土，以共王職。取於相土之東都，以會王之東蒐。有閻之土，猶魯之許田也。相土之東都，猶鄭之祊邑也。鄭近京師，無假朝宿。魯近泰山，不須湯沐。各受其一衛，以道路並遠，故兩皆有之。禮記王制曰：「方伯爲朝天子，皆有湯沐之邑於天子之縣内。」然則，朝宿之邑亦名湯沐，但向京師主爲朝王，從王巡守主爲助祭，祭必沐浴，隨事立名，朝宿、湯沐亦互言之耳。異義：左氏説諸侯有大功德乃有朝宿湯沐之邑，公羊説以爲諸侯皆有朝宿湯沐之邑。許慎以公羊爲非，則杜意亦從許慎也。公羊傳曰：「此魯朝宿之邑也，則曷爲謂之許田？諱取周田也。諱取周田則曷爲謂之許田？繫之許也。曷爲繫之許？近許也。」杜言近許之田，是用公羊爲説〔一三〕。杜依公羊之傳邑實近許，故以許爲名。劉君更無所馮，直云別有許邑，邑自名許，非由近許國始名爲許以規杜氏，非其義也。○春秋左氏傳

○公羊子曰：「邴者何？鄭湯沐之邑也。天子有事于泰山，諸侯皆從泰山之下，諸侯皆有湯沐之邑焉。有事者，巡守祭天，告至之禮也。當沐浴潔齊以致其敬，故謂之湯沐邑也，所以尊待諸侯而共其費也。禮：四井爲邑，邑方二里。東方二州四百二十國，凡爲邑，

廣四十里，袤四十二里，取足舍止共稾穀而已。歸邴，書者甚惡鄭伯無尊事天子之心，專以湯沐邑歸魯背叛，當誅也，録使者重尊湯沐邑也。王者所以必巡守者，天下雖平，自不親見，猶恐遠方獨有不得其所，故三年一使三公絀陟，五年親自巡守。巡猶循也，守猶守也。循行守視之辭，亦不可國至人見爲煩擾，故至四嶽，足以知四方之政而已，尚書曰：「歲二月，東巡守，至于岱宗，柴，望秩于山川，肆覲東后。協時月正日，同律度量衡，修五禮、五玉、三帛、二生、一死贄。如五器，卒乃復。五月，南巡守，至于南嶽，如岱禮。八月，西巡守，至于西嶽，如初。十有一月，朔巡守，至于北嶽，如西禮。」還至嵩，如初禮。「歸，格于禰祖，用特。」是也。許田者，魯朝宿之邑也。諸侯時朝乎天子，天子之郊，諸侯皆有朝宿之邑焉。時朝者，順四時而朝也。緣臣子之心，莫不欲朝朝莫夕。王者與諸侯别治，勢不得自專朝，故即位比年使大夫小聘，三年使上卿大聘，四年又使大夫小聘，五年一朝。王者亦貴得天下之歡心，以事其先王，因助祭以述其職，故分四方諸侯爲五部，部有四輩，輩主一時，孝經曰：「四海之内，各以其職來助祭。」尚書曰：「羣后四朝，敷奏以言，明試以功，車服以庸。」是也。宿者先誡之辭，古者天子邦畿千里，遠郊五百里，諸侯至遠郊，不敢便入，必先告至由，如他國至竟而假塗也，皆所以防未然，謹事上之敬也。王者以諸侯遠來朝，亦加殷勤之禮以接之，爲告至之，須當有所住止，故賜邑於遠郊。其實，天子地，諸侯不得專也。桓公無尊事天子之心，專以朝宿之邑與鄭，背叛當誅，故深諱。使若暫假借之者，不舉假，爲重復舉上會者，方諱言許田，不舉會，無以起從魯假之也。

○穀梁子曰：許田者，魯朝宿之邑也。邴者，鄭伯之所受命而祭泰山之邑也。用見魯之不朝於周，而鄭之不祭泰山也。朝天子所宿之邑，謂之朝宿。泰山非鄭竟内，從天王巡守受命而祭也。擅相换易，則知朝祭並廢。○疏曰：經文無祊而傳言之者，經諱易天子之地，故以璧假爲文。若以地易地，不得云假，故經無祊文。傳本魯、鄭易田之由，不得不言祊也。先儒解左氏者，皆以爲鄭受天子祊田爲湯沐之邑，後世因立桓公、武公之廟，故謂之泰山之祀。按此傳及注意，則以爲祭泰山之邑，謂從王巡守受命而祭泰山也。公羊以爲田多邑少稱田，邑多田少稱邑，左氏無傳，或當史異辭，穀梁以爲言田者則不得其邑，是三傳之説各異也。

天子將出征，類乎上帝，宜乎社，造乎禰，禡於所征之地。禡，馬怕反。造，七報反。○禡，師祭也。爲兵禱，其禮亦亡。○爲，于僞反。○疏曰：按釋天云：「是類是禡，師祭也。」故知禡爲師祭也。謂之禡者，按肆師注云：「貉讀如十百之百。爲師祭造軍法者，禱氣勢之增倍也，其神蓋蚩尤，或曰黄帝。」鄭既云「祭造軍法者」，則是不祭地。熊氏以禡爲祭地，非。師祭皆稱類，爾雅類既爲師祭，所以上文云：「天子將出巡守，類乎上帝。」及舜之攝位，亦類乎上帝，並非師祭，皆稱類者，但爾雅所釋，多爲釋詩，以皇矣云：「是類是禡。」止釋皇矣類、禡爲師祭，不謂餘文類皆爲師祭。但類者，以事類告天，若以攝位事類告天亦謂之爲類，若以巡守事類告天亦謂之爲類。故異義：夏侯、歐陽説，以類祭天者，以事類祭之。古尚書説，非時祭天謂之類。許慎謹按：周禮郊天無言類者，知類非常祭。從古尚書説。鄭氏無駁，與許同也。然今尚書及古尚書二説，其文雖異，其意同也。以事類告祭則是非常，故孔注書亦云「以攝位事類告天」。鄭又以類雖非常祭，亦比類正禮而爲之，故小宗伯注云：「類者，依其正禮而爲之。」是也。**受命于祖，告祖也。**○疏曰：受命於祖，謂出時告祖，是不敢自專，有所禀承，故言受命。祖禰皆告，以祖爲尊，故特言祖。此受命於祖，則前文「造乎禰」也。但前文據告行，故云「造乎禰」。此據以征伐之事，故云「受命于祖」，所以重起其文也。然則，受命於祖在造乎禰之前，但前文類帝宜社，禡於所征之地，總説出行之時，然後卻本初時受命於祖，受成於學之事，所以文倒。**受成於學。**定其謀也。○疏曰：「受成於學」者，謂在學謀論兵事好惡可否，其謀成定，受此成定之謀在於學裏，故云受成於學。**出征執有罪，反釋奠于學，以訊馘告。**訊，本又作誶，音信。馘，古獲反。○釋菜奠幣，禮先師也。訊馘，所生獲、斷耳者，詩曰：「執訊獲醜。」又曰：「在頖獻馘。」馘或爲國。○斷，音短。○疏曰：「出征執有罪」者，謂出師征伐，執此有罪之人，還反而歸，釋菜奠幣在於學，以可言問之訊，截左耳之馘，告先聖先師也。又曰：「釋菜」，按大胥職云：「春入學，舍菜合舞。」文王世子亦云「釋菜」，鄭注云：「釋菜，禮輕也。」則釋菜唯釋蘋藻而已，無牲牢，無幣帛。文王世子又云：「始立學者，既興器用幣。」注云：「禮樂之器成則釁之，又用幣告先聖先師以器成。」此則徒用幣而無菜，亦無牲牢也。文王世子又云：「凡始立學者，必釋奠於先聖先師，及行事必以幣。」是釋奠有牲牢，又有幣帛，無用菜之文。熊氏以此爲釋菜奠幣者，謂釋奠之禮以獻俘馘，故云釋菜奠幣。言釋奠之時，既有牲牢，菜幣兩有。今按：注云「釋菜」解經中「釋」字，「奠幣」解經中「奠」字。又云「禮先師」不云祭先師，則似訊馘告之時但有菜幣而已，未必爲釋奠有牲牢也。於事有疑，未知孰是，故備存焉。然則，釋菜奠幣皆告先聖先師，此直云先師，文不具耳。云「訊馘所生獲斷耳」者，以生獲解訊，以斷耳解馘。按釋言云：「訊，言也。」故詩注云：「執其可言問者。」釋詁云：「馘，獲也。」訊是生者，馘是死而截耳者。云「詩曰執訊獲醜」者，詩小雅出車篇文也。云「又曰在頖獻馘」者，魯頌泮水篇文也。按周禮宗伯師還，獻愷於祖，司馬職云：「愷樂獻于社。」此記不云祖及社者，文不具。周禮不云獻愷於學者，亦文不具。○王制○大祝：大師，宜于社，造于祖，設軍社，類上帝。國將有事于四望，及軍歸獻于社，則前祝。鄭司農説「設軍社」以春秋傳曰所謂「君以師行，祓社釁鼓，祝奉以從」者也。「則前祝」，大祝自前祝也。玄謂：前祝者，王出也歸也，將有事於此神，大祝居前，先以祝辭告之。○祓，芳弗反，劉音廢。從，才用反，一如字，下注同。○疏曰：此經六事皆大祝所掌。言「大師」者，王出六軍親行征伐，故曰大師。云「宜于社」者，軍將出，宜祭於社，即將社主行，不用命戮於社。云「造于祖」者，出必造即七廟俱祭，取遷廟之主行，用命賞於祖，皆載於齊車。云「設軍社」者，此則據社在軍中，故云設軍社。云「類上帝」者，非常而祭曰類，軍將出，類祭上帝，告天將行。云「國將有事于四望」者，謂軍行所過山川，造祭乃過。「及軍歸獻于社」者，謂征伐有功，得囚俘而歸獻捷於社。按王制云：「出征，執有罪，反以釋奠于學。」注云：「釋菜奠幣，禮先師也。」引詩「執訊獲醜」，則亦獻於學。云「則前祝」者，此經六事皆大祝前辭。又曰：司農引春秋傳者，定六年左氏傳。按彼祝佗云「君以軍行」者，師則軍也。故尚書云：「大巡六師。」詩云：「六師及之。」皆以師名軍。引之者，證社在軍，謂之軍社之事。「玄謂前祝者，王出也歸也，將有事於此神」，四望已上爲出時，獻於社爲歸時，皆大祝以辭告之。按尚書武成：「丁未祀于周廟」，「庚戌柴望」。皆是軍歸告宗廟。告天及山川，即此經出時告之，歸亦告之。此經上帝四望不見歸時所告，故鄭總云「王出也歸也，而將有事於此神」以該之。○春官○小宗伯：若大師，則帥有司而立軍社，奉主車。有司，大祝也。王出軍，必先有事於社及遷廟，而以其主行。社主曰軍社，遷主曰祖。春秋傳曰：「軍行祓社釁鼓，祝奉以從。」曾子問曰：「天子巡守，以遷廟主行，載于齊車。」言必有尊也。書曰：「用命，賞于祖；不用命，戮于社。」社之主蓋用石爲之。奉，謂將行。○齊，側皆反。○疏曰：言「大師」者，大起軍師以征伐。云「帥有司而立軍社」者，謂小宗伯帥領有司大祝而立軍社，載於齊車以行。云「奉主車」者，謂遷廟主，亦載於齊車以行也。又曰：鄭知有司是大祝者，見大祝職云「大師，設軍社」故也。鄭知「王出軍必先有事於社及遷廟而以其主行」者，見大誓及王制，將出軍，皆云「類於上帝，宜于社」。又曾子問云「以遷廟主行，載于齊車」，故知也。云「社主曰軍社」者，以其載社主於軍中，故以軍社言之。云「遷主曰祖」者，此經直云奉主車，雖不云祖，鄭意欲取尚書「賞于祖」爲證，故先言遷主曰祖也。引春秋定四年召陵之會，將會，衛子行敬子言於靈公曰：會同難，其使祝佗從。祝佗曰：「君以軍行，祓社釁鼓，祝奉以從。若君行師從，卿行旅從，祝不出境」。祝佗言此者，欲見召陵之會是朝聘吉行，大祝不合行意。時靈公抑遣行，祝佗遂行。引者，欲見此經有司立軍社是大祝之事也。引曾子問者，欲見軍行天子諸侯皆用遷廟木主行之意也。尚書者，是甘誓啓與有扈戰於甘之野誓士衆之辭。引之者，欲見軍行須軍社遷主也。云「社之主蓋用石爲之」者，按許慎云：「今山陽俗祠有石主。」彼雖施於神祠，要有石主，主類其社，既以土爲壇，石是土之類，故鄭云社主蓋以石爲之〔一三〕。無正文，故云「蓋」以疑之也。云「奉謂將行」者，以曾子問云「載于齊車」，又尚書「用命賞於祖」，故知奉謂將行也。若軍將有事，則與祭有司將事于四望。與，音預。○軍將有事，將與之合戰也。鄭司農云：則與祭，謂軍祭表禡軍社之屬，小宗伯與其祭事。玄謂：與祭有司，謂大祝之屬，蓋司馬之官實典焉。○疏曰：其「四望」者，謂五嶽四鎮四瀆。王軍將有事與敵合戰之時，則小宗伯與祭，有司大祝之等祭四望之神以求福。但四望之神去戰處遠者，不必祭之。王之戰處要有近之者祭之，故以四望言之也。又曰：先鄭以「與祭」以上絶讀之，若然，則「與祭」者與祭何神乎？其「有司將事於四望」〔二四〕，則有司自有事於四望矣，不干小宗伯，輒於此言之見何義也？於義不然，故鄭合爲一事解之也。鄭知有司是大祝者，按大祝職云：「大師」，「國將有事於四望。」與此義同，故知有司大祝。知司馬實典之者，以其軍事是司馬所掌，故知司馬實典主其事也。無正文，故云「蓋」以疑之也。凡王之軍旅之禱祠，肄儀爲位。肄，以志反，沈音肄，又似二反。○肄，習也。故書肄爲肄，儀爲義，杜子春讀肄當爲肄，義爲儀，謂若今時肄司徒府也，小宗伯主其位。○疏曰：言王者會同軍旅甸役之事，皆有禱祠之法。云「肄儀爲位」者，數者禱祠皆須豫習威儀乃爲之，故云「肄儀」也。當習威儀之時，則小宗伯爲位也。○春官○量人：營軍之壘舍，量其市朝州涂軍社之所里。量，音亮。朝，直遥反。涂，本又作塗。○軍壁曰壘。鄭司農云：量其市朝州涂，還市朝而爲道也。玄謂：州一州之衆，二千五百人爲師，每師一處。市也、朝也、州也，皆有道以相之。軍社，社主在軍者。里，居也。○疏曰：此爲出軍之時所營量度之事。又曰：云「軍壁曰壘」者，軍行之所擬停之處，皆爲壘壁，恐有非常，故云軍壁曰壘也。先鄭云「量其市朝州塗還市朝而爲道也」者，先鄭意還市朝而爲道，不釋州義，故後鄭不從，以一州則一師，每一師各自一處，各立市、朝、州，即師皆有道以相湊之，若然，未必環遶爲路也。云「軍社，社主在軍者。里，居也」者，在軍不用命戮於社，故將社之石主而行所居皆有步數，故職在量人。○夏官○大司馬：若大師，則掌其戒令。涖大卜，帥執事，涖釁主及軍器〔二五〕。大師，王出征伐也。涖，臨也。臨大卜，卜出兵吉凶也。司馬法曰：「上卜下謀，是謂參之。」主謂遷廟之主在軍者也。軍器，鼓鐸之屬。凡師既受甲，迎主於廟，及社主，祝奉以從。殺牲，以血塗主及軍器，皆神之。○疏曰：云「帥執事，涖釁主及軍器」者，按小子職云：「釁邦器及軍器。」彼官釁之，而大司馬臨之。又曰：鄭知「臨大卜」者，按大卜云：掌「龜之八命：一曰征。」故知也。云「司馬法曰上卜下謀是謂參之」者，卜在廟，又龜有神，故云上卜。謀人在下〔二六〕，故云下謀。君居其中，故云參也。云「主謂遷廟之主及社主在軍也」者，曾子問云：軍行則以遷廟之主行。左傳祝佗云：「軍行，祓社釁鼓，祝奉以從。」尚書云：「用命賞于祖，不用命戮于社。」皆是在軍者也。若師有功，則左執律，右秉鉞以先，愷樂獻于社。功，勝也。律，所以聽軍聲。鉞，所以爲將威也。先，猶道也。兵樂曰愷。獻於社，獻功於社也。司馬法曰：「得意則愷樂，愷歌，示喜也。」鄭司農云：故城濮之戰，春秋傳曰：「振旅，愷以入于晉。」○濮，音卜。○疏曰：云「若師有功，則左執律，右秉鉞以先」者，謂戰陳知有勝功訖乃執律者，示此律聽軍聲剋勝耳，右秉鉞示威也。又曰：云「律所以聽軍聲」者，大師職文。彼初出軍時，大師執聽，至此剋勝，司馬執之。先鄭引城濮之戰者，僖二十八年晉文公敗楚於城濮。兵入曰振旅。整衆而還，歌愷樂而入晉，彼諸侯法與此天子禮同，故引爲證也。趙商問：「夏官師有功則獻於社，春官大司樂『王師大獻，則令奏愷樂』，注云：『大獻，獻捷於祖。』不達異意。」鄭答曰：「司馬主軍事之功，故獻於社。大司樂，宗伯之屬，宗伯主宗廟，故獻於祖。若然，軍有功，二處俱獻，以其出軍之時告於祖，宜於社，故反必告也。」若師不功，則厭而奉主車。厭，於涉反，又於八反。○鄭司農云：厭，謂厭冠，喪服也。軍敗則以喪禮，故秦伯之敗於殽也，春秋傳曰：「秦伯素服郊次，鄉師而哭。」玄謂：厭，伏冠也。奉，猶送也，送主歸於廟與社。○鄉，許亮反。○疏曰：春秋秦伯事，左傳僖三十三年秦師襲鄭之事。按彼僖三十年，秦晉圍鄭，鄭使燭之武説秦伯，秦師退，使杞子、逢孫、楊孫戍鄭。至僖三十三年，秦使孟明視、白乙丙、西乞術襲鄭，將至鄭，逢商人弦高將市於周，詐之，秦師還，至殽，晉師與姜戎敗之，獲三帥，囚之於晉舍。三帥還，秦伯素服郊次，嚮師而哭之，是其事也。「玄謂厭伏冠也」者，按下曲禮云「厭冠不入公門」，彼差次當緦小功之冠。以義言之，五服之冠皆厭，以其喪冠反吉冠於武上，向内縫之，喪冠於武下向上縫之，以伏冠在武，故得厭伏之名。按檀弓注：「厭冠，喪冠，其服亦未聞。」若然，先鄭引「秦伯素服」者，彼據在國向外哭，此則從外向内不同，故云其服未聞。後鄭不破者，已有檀弓注，此從破可知。○夏官○肆師：凡師甸，用牲于社宗，則爲位。甸，音田。○社，軍社也。宗，遷主也。尚書傳曰：「王升舟入水，鼓鍾亞，觀臺亞，將舟亞，宗廟亞。」故書位爲涖，杜子春云：涖當爲位，書亦或爲位。宗，謂宗廟。○疏曰：師，謂出師征伐。甸，謂四時田獵。二者在外，或有祈請，皆當用牲社及宗時，皆肆師爲位祭也。又曰：云「社，軍社也」者，在軍不用命戮於社，又君以軍行祓社釁鼓，故名軍社也。云「宗遷主」者，曾子問云：「師行，必以遷廟主行」，「載于齊車。」故知遷主也。「尚書傳曰王升舟」已下者，謂説武王於文王受命十一年觀兵之時，武王於孟津渡河，升舟入水，在前。鼓鍾亞，亞王舟後。

觀臺亞者，觀臺可以望氣祥，亞鼓鐘後。將舟亞者，以社主主殺戮而軍將同，故名社主爲將，將舟亞在觀臺後〔二七〕。宗廟亞者，宗廟則遷主也，亞在將舟後。引之者，證在軍有社及宗之意也。異義：「公羊説天子有三臺：有靈臺，所以觀天文；有時臺，以觀四時施化；有囿臺，所以觀鳥獸魚鼈。諸侯卑，無靈臺，不得觀天文，有時臺、囿臺。左氏説天子有靈臺，諸侯有觀臺。」若然，文王時已有靈臺。今武王而曰觀臺者，鄭君之意，觀臺則靈臺，對文有異，散文則通。

類造上帝，封于大神，祭兵于山川，亦如之。

造，猶即也。爲兆以類禮，即祭上帝也。類禮，依郊祀而爲之者。封，謂壇也。大神，社及方嶽也。山川，蓋軍之所依止。大傳曰：「牧之野，武王之大事也。既事而退，柴於上帝，祈於社，設奠於牧室。」○疏曰：上經「用牲於社宗」據在軍，下云「師不功」據敗退後。即此經，據剋勝後事告天及社之事。又曰：諸文皆云「造于禰，類于上帝」，造屬於禰，此以類、造同云「于上帝」，則造與類同屬於上帝，故鄭云「造猶即」，與造門之造同也。云「爲兆以類禮，即祭上帝」者，若依國四郊，則自有尋常兆域，今戰訖而祭，故須新爲壇兆，故鄭云爲兆也。鄭知「類禮，依郊祀而爲之者」，此直是告祭非常，非是禱祈之所祭，故知依正禮郊祀而爲之，謂四時迎氣於四郊皆是也。云「大神社及方岳」者，以其命所報告皆是出時告者，以出時類於上帝，宜於社，造於禰。今「大神」文在「上帝」下，而云封祭之，明是社也。知兼有「方岳」者，見小宗伯云：軍將有事于四望。謂將戰時。今戰訖所告，明兼祭方岳，方岳即四望也。云「山川，蓋軍之所依止」者，以其山川衆多，不可並祭。軍旅思險阻軍止必依山川，故知祭軍所依止者也。云大傳者，禮記大傳篇。云「牧之野，武王之大事也」者，牧誓序云：時甲子昧爽，武王「與受戰於牧野。」鄭注云：「紂近郊三十里名牧。」是武王伐紂之事，故云大事。「既事而退」者，武王與紂於牧地戰，紂敗退入紂都，自焚於宣室，武王入紂都，既封建，乃退向牧地。而「柴於上帝」者，以實柴祭帝，即此經類於上帝一也。云「祈于社」者，即此經「封于大神」是也。云「設奠於牧室」者，謂祭行主文王於牧野之室，於此文無所當。連引之者，欲見此經亦當有祭行主，不言者，文不備也。

凡師不功，則助牽主車。助，助大司馬也。故書功爲工，鄭司農工讀爲功，古者工與功同字，謂師無功。肆師助牽之，恐爲敵所得。○疏曰：「師不功」，謂戰敗。云「助牽主車」者，主中有二，爲社之石主、遷廟木主也。又曰：知「助，助大司馬也」者，按大司馬職云：「若師不功，則厭而奉主車。」故知此肆師助大司馬也。若然，按小宗伯云：「立軍社，奉主車。」謂未敗時。若敗，即大司馬奉之。○春官○

小祝：大師，掌釁祈號祝。鄭司農云：釁，謂釁鼓也。春秋傳曰：「君以軍行，祓社釁鼓，祝奉以從。」○疏曰：言「掌釁」者，據大師氏之文而言耳，則唯爲以血釁鼓。「祈號祝」者，將出軍，禱祈之禮皆小祝號以讀祝辭，蓋所以令將軍祈而請之也。此皆小事，故大師用小祝以讀祝耳。又曰：引「春秋傳曰」者，定四年祝佗辭。引之者，證軍師有釁鼓之事。所引之辭者，將以登軍師有必取威於天下，欲使敵人畏之也。所以必有征伐四方之事，故須用血以釁於鼓，故有釁鼓之事。

有寇戎之事，則保郊祀于社。故書祀或作禩，鄭司農云：謂保守郊祭諸祀及社，無令寇侵犯之。杜子春讀禩爲祀，書亦或爲祀。玄謂：保祀互文，郊社皆守而祀之，彌災兵。○禩，音祀。令，力呈反。○疏曰：先鄭云「謂保守郊祭諸祀及社」者〔二八〕，先鄭之義，經之「祀」謂祀神，故云「祭諸祀及社」。後鄭不從者，以其經祀爲諸祀，祀與社文孤不見祭事，故祀於社共爲一事解之。

「玄謂保祀互文」者，郊言保守，亦祀社，言祀亦保守，故云郊社皆守而祀之。云「彌災兵」者，經言有寇戎之事，則亦是災兵，故引小祝「彌災兵」而解之。○春官

右天子出征○傳：天下有道，禮樂征伐自天子出。必以歲之孟秋賞軍帥武人于朝，帥，所類反。朝，直遥反。簡練傑俊，任用有功，命將選士，以誅不義。將，子亮反。於是孟冬以級授軍，司徒搢扑北面而誓之，搢，音薦。○以等級授其鞭扑。誓于社以習其事。先期五日，大史誓于祖廟，大，音泰。擇吉日齊戒，告于郊社稷宗廟。既筮〔二九〕，則獻兆於天子。天子使有司以特牲告社，告以所征之事而受命焉。舍奠于帝學以受成，舍，音釋。○成，謂師律以成定。然後乃類上帝，柴于郊以出。以齊車載遷廟之主及社主行，大司馬職奉之。齊，側皆反，下同。○言以大司馬奉所遷廟社之主。無遷廟主，則以幣帛皮圭告于祖禰，禰，乃禮反。謂之主命，亦載齊車。凡行主皮圭幣帛，皆每舍奠焉，而後就館。舍，音赦。○言廟社行主及皮圭幣帛之主命每所至之地，則先舍奠而後就館，示有尊也。舍當作釋，音與釋同。主車止於中門之外，外門之内，廟主居于道左，社主居于道右。其所經名山大川，皆告祭焉。○及至敵所，將戰，大史卜戰日，卜右御。先期三日，有司明以敵人罪狀，告之史，史定誓命。戰日，將帥陳列車甲卒伍于軍門之前，有司讀誥誓，使周定三令五申既卒，遂禱戰祈克于上帝，然後即敵。將士戰，全已克敵。史擇吉日，復禡于所征之地，禡，馬怕反。○禡，

師祭名也。柴于上帝，祭社奠祖以告克者，不頓兵傷士也。戰不克，則不告也。○凡類禡，皆用甲、丙、戊、庚、壬之剛日。有司簡功行賞，不稽于時。其用命者，則加爵受賜于祖奠之前。其奔北犯令者，則加刑罰戮于社主之前。禡，馬怕反。○書稱：用命則賞於祖，弗用命則戮於社。然後鳴金振旅，有司徧告捷于時所有事之山川。○既至，舍于國外。三日齊，以特牛親格于祖禰，然後入，設奠以反主。舍，音赦。齊，側皆反。禰，乃禮反。○設奠反其主於廟於社。若主命，則卒奠斂玉埋之于廟兩階閒〔三〇〕，言埋玉，則幣帛焚之。反社主如初迎之禮，舍奠于帝學，以訊馘告，大享于羣吏，用備樂享，有功于祖廟舍爵策勳焉，謂之飲至。此天子親征之禮也。舍奠之舍，音釋。馘，古獲反。舍爵之舍，音捨。○天子命將出征，親絜齊盛服，設奠于祖以詔之。將，子亮反。絜，音潔。齊，側皆反。○詔告之。大將先入，軍吏畢從，皆北面再拜稽首而受。稽，音啓。○受所命。天子當階〔三一〕，南面命授之節鉞，大將受。鉞，音越。○謂受所賜節鉞。天子乃東鄉西面而揖之，謂轉南面自東，遂西面而揖。示弗御也。謂既揖已則不御坐。然後告太社，冢宰執蜃宜於社之右，蜃，時軫反。○左傳云：「戎有受脤。」脤，祭社之肉，盛以脤器。南面授大將，大將北面稽首再拜而受，承所頒賜于軍吏。頒，音班。其出不類，其克不禡，禡，馬怕反。戰之所在有大山川則祈焉。禱克于五帝，捷則報之，振旅復命，簡異功勳，親告廟告社而後適朝。朝，直遥反。○祈勝之禮，命勇謀之將以禦敵。先使迎於適所從來之方，爲壇，祈克于上帝，衣服隨其方色，執事人數從其方之數，從其方之數，則北方七人，南方九人〔三二〕，東方十一人，西方十三人。牲則用其方之牲。祝史告于社稷宗廟、邦域之内名山大川。君親素服誓衆于大廟，曰：大，音泰。「某人不道，侵犯大國，二三子尚皆同心比志，比，毗志反。死而守。」將帥稽首再拜受命。將，子亮反。帥，所類反，下同。稽，音啓。既誓，將帥勒士卒陳于廟之右，陳，去聲。君立太廟之庭，祝史立于社，百官各警其事，御于君以待命。乃大鼓于廟門，詔將帥，命卒習射三發，擊刺三行，告廟用兵于敵也。五兵備効，乃鼓而出以即敵。此諸侯應敵之禮也。應，於正反〔三三〕。○司馬法曰：興兵以討不義，乃告于皇天上帝、日月星辰，禱于后土四海神祇、山川冢社，乃造于先王，然後冢宰徵師于諸侯曰：某國爲不道，征之，以某年月日師至于某國。○七書○帥師者受命於廟，受脤於社。脤，市軫反。○脤，宜社之肉，盛以脤器。○盛，音成。○疏曰：釋天云：「起大事，動大衆，必先有事乎社而後出，謂之宜。」知出兵必祭社，祭社名爲宜。周禮大宗伯：「以脤膰之禮，親兄弟之國。」定十四年，天王使石尚來歸脤。知脤是器物，可執之以賜人也。今言受脤於社，明是祭社之肉，盛以脤器賜元帥也。地官掌蜃：「祭祀，共蜃器之蜃。」鄭玄云：蜃，大蛤。蜃之器以蜃飾，因名焉。○閔公二年春秋左氏傳○曾子問曰：「古者師行，必以遷廟主行乎？」孔子曰：「天子巡狩，以遷廟主行，載于齊車，言必有尊也。今也取七廟之主以行，則失之矣。齊，側皆反。○齊車，金路。○疏曰：按齊僕云「掌馭金路」，大馭「掌馭玉路」，凡祭祀皆乘玉路，齊車則降一等乘金路也。遷廟主行者，皇氏云謂載新遷廟之主，義或然也。當七廟五廟無虛主。虛主者，唯天子崩、諸侯薨，與去其國，與祫祭於祖，爲無主耳。吾聞諸老聃曰：『天子崩，國君薨，則祝取羣廟之主而藏諸祖廟，禮也。卒哭成事，而后主各反其廟。老聃，古壽考者之號也，與孔子同時。藏諸主於祖廟，象有凶事者聚也。卒哭成事，先祔之祭名也。○疏曰：按下文助葬於巷黨，老聃曰：「丘，止柩。」又莊子稱孔子與老聃對言，是與孔子同時也。按史記云：老聃，陳國苦縣賴鄉曲仁里人也，爲周柱下史，或爲守藏史。鄭注論語云：「老聃，周之太史。」未知所出。云「象有凶事者聚也」者，此實凶事而云象者，以凶事生人自聚，今主亦集聚，似生人之聚，故云象也。云「卒哭成事先祔之祭名也」者，檀弓云「卒哭曰成事」，謂漸成吉事。檀弓又曰「明日祔于祖」，是卒哭之事在祔祭之前。鄭必云「先祔之祭名」者，以卒哭主各反其廟者，爲明日祔時須以新死者祔祭於祖，故祖主先反廟也。君去其國，大宰取羣廟之主以從，禮也。從，才用反。○鬼神依人者也。祫祭於祖，則祝迎四廟之主。祝，接神者也。○疏曰：以其「祫祭於祖」是祝之所掌之事，故祝迎四廟之主。若去其國，非祭祀之事，故太宰取羣廟之主以從，鬼神依人故也。「祫祭於祖」，則迎四廟之主，祝主接神，故迎之也。祫，合祭祖，太祖三年一祫。謂當祫之年，則祝迎高、曾、祖、禰四廟而於太祖廟祭之。天子祫祭，則迎六廟之主。今言迎四廟者，舉諸侯言也。主出廟入廟必蹕。』蹕，止行者。○疏曰：主謂木主，羣廟之主也。主，天子一尺二寸，諸侯一尺。

「出廟」者，謂出己廟而往太祖廟。「入廟」，謂從太祖廟而反還入己廟。若在廟院之外，當主出入之時，必須蹕止行人。若主入太祖廟中，則不可須蹕也〔三四〕，以壓於尊者也〔三五〕。若有喪及去國，無蹕禮也。老聃云。」曾子問曰：「古者師行，無遷主，則何主？」孔子曰：「主命。」問曰：「何謂也？」孔子曰：「天子、諸侯將出，必以幣帛皮圭告于祖禰，遂奉以出，載于齊車以行。每舍，奠焉而后就舍。以脯醢禮神，乃敢即安也。所告而不以出，即埋之。○疏曰：老聃云從上「天子崩」以下至出入廟「必蹕」以上，皆是老聃所云，結上義也。「孔子曰主命」者，孔子言天子諸侯將出，既無遷主，乃以幣帛及皮圭告於祖禰之廟，遂奉以出行，載於齊車，以象受命，故云「主命」。以曾子不解主命之意，故孔子答以主命之義。云「天子諸侯將出必以幣帛皮圭告于祖禰」之廟，告訖，遂奉此幣帛皮圭以出於廟，載於齊車金路以行。每至停舍之處，先以脯醢奠此幣帛皮圭，而後始就停舍之處行，還反後必陳此幣帛皮圭於祖禰主前以告神，又設奠祭，既卒，斂此幣帛皮圭埋諸兩階之間，乃後而出，蓋貴此主命故也。又曰：經云「每舍奠焉」，以其在路不可恒設牲牢，故知以脯醢也。與殯奠同謂之奠，以其無尸故也。云「所告而不以出即埋之」者，皇氏云：謂有遷主者直以幣帛告神，而不將幣帛以出行，即埋之兩階之間。無遷主者，加之以皮圭，告於祖禰，遂奉以出。熊氏以爲每告一廟以一幣玉，告畢，若將所告遠祖幣玉行者即載之而去，若近祖幣玉不以出者，即埋之。以其反還之時，以此載行幣玉告於遠祖，事畢則埋於遠祖兩階間，其近祖以下直告祭而已，不陳幣玉也。反必告，設奠卒，斂幣玉，藏諸兩階之間，乃出。蓋貴命也。」曾子問○公族其在軍，則守於公禰。謂從軍者。公禰，行主也。行以遷主，言禰在外親也。○疏曰：此一節明庶子從行在軍，及公行庶子留守之事。「則守於公禰」者，公禰謂遷主載在齊車，隨公行者也。庶子官既從在軍，故守於公齊車之行主也。行主是遷主而呼爲禰者，既在國外，欲依親親之辭。○文王世子○湯誥曰：敢用玄牡，敢昭告于上天神后，請罪有夏。明告天問桀百姓有何罪而加虐乎。○疏曰：檀弓云：「殷人尚白，牲用白。」今云玄牡，夏家尚黑，於時未變夏禮，故不用白也。故安國注論語「敢用玄牡」之文云：「殷家尚白，未變夏禮，故用玄牡。」是其義也。鄭玄説天神有六〔三六〕，周家冬至祭皇天大帝於圜丘，牲用蒼；夏至祭靈威仰於南郊，則牲用騂。孔注孝經圜丘與郊共爲一事，則孔之所説無六天之事。論語堯曰之篇所言「敢用玄牡」，即此事是也。孔注論語以爲堯曰之章有二帝三王之事，録者採合以成章。檢大禹謨及此篇與泰誓、武成，則堯曰之章其文略矣。鄭玄解論語云：「用玄牡者，爲舜命禹事。」於時總告五方之帝莫適用，用皇天大帝之牲。其意與孔異。○尚書○武王伐殷曰：「商罪貫盈，天命誅之。予弗順天，厥罪惟鈞。紂之爲惡一以貫之，惡貫已滿，天畢其命。今不誅紂，則爲逆天，與紂同罪。○疏曰：紂之爲惡，如物在繩索之貫，一以貫之，其惡貫已滿矣。物極則反，天欲畢其命，故上天命我誅之。今我不誅紂，則是逆天之命，無恤民之心，是我與紂同罪矣，猶如律，故縱者與同罪也。予小子夙夜祗懼，受命文考，類于上帝，宜于冢土，以爾有衆，底天之罰。底，之履反，下同。○祭社曰宜。冢土，社也。言我畏天之威，告文王廟，以事類告天祭社，用汝衆致天罰於紂。○疏曰：釋天引詩云：「乃立冢土，戎醜攸行。」即云：「起大事，動大衆，必先有事乎社而後出，謂之宜。」孫炎曰：「宜，求見福佑也。」是祭社曰宜。冢訓大也，社是土神，故冢土社也。毛詩傳云：「冢土，大社也。」受命文考是告廟以行，故爲告文王廟也。王制云：「天子將出，類乎上帝，宜乎社，造乎禰。」此受命文考即是造乎禰也。王制以神尊卑爲次，故先言帝社，後言禰。此以廟是己親，若言家内私議然後告天，故先言受命文考，而後言類於上帝。舜典「類于上帝」，傳云：「告天及五帝。」此以事類告天，亦當如彼也。罰紂是天之意，故用汝衆致天罰於紂也。○又曰：「底商之罪，告于皇天后土，所過名山大川，致商之罪，謂伐紂之時。后土，社也。名山，華岳。大川，河。○疏曰：「致商之罪」，謂伐紂之時，欲將伐紂告天乃發，故文在「所過」之上。禮：天子出征，必類帝宜社。此告皇天后土，即泰誓上篇：「類于上帝，宜于冢土。」故云「后土，社也」。昭二十九年左傳稱句龍爲后土，后土爲社是也。僖十五年左傳云：戴皇天而履后土。彼晉大夫要秦伯，故以地神后土而言之，與此異也。自周適商，路過河、華，故知所過名山華岳、大川河也。山川大乃有名，名大互言之耳。周禮大祝云：王「過大山川，則用事焉。」鄭云：「用事，用祭事告行也。」曰：『惟有道曾孫周王發將有大正于商。告天地山川之辭。大正，以兵征之也。○疏曰：自稱有道者，聖人至公，爲民除害。以紂無道，言己有道，所以告神求助，不得飾以謙辭也。稱「曾孫」者，曲禮説諸侯自稱之辭云：「臨祭祀，内事曰孝子某侯某，外事曰曾孫某侯某。」哀二年左傳蒯聵禱祖亦自稱「曾孫」，皆是言己承藉上祖奠享之意。今商王受無道，無道德。暴殄天物，害虐烝民，暴絶天物，言逆天也。逆天害民，所以爲無道。○疏曰：天物語闊，人在其間，以人爲貴，故别言害民。則天物之言，除人外，普謂天下百物，鳥獸草木皆暴絶之。爲天下逋逃主，萃淵藪。逋，亡也。天下罪人逃亡者，而紂爲魁主，窟聚淵府藪澤，言大姦。○疏曰：逋亦逃也，故以爲亡。罪人逃亡，而紂爲魁主。魁，首也。言受用逃亡者，與之爲魁首爲主人。萃訓聚也，言若蟲獸入窟，故云窟聚。水深謂之淵，藏物謂之府。史游急就篇云：「司農少府國之淵。」淵，府類，故言淵府。水鍾謂之澤，無水則名藪，藪澤大同，故言藪澤。萃、淵、藪三者各爲物室。言紂與亡人爲主，亡人歸之，若蟲之窟聚，魚歸淵府，獸集藪澤。言紂爲大姦也。據傳意，「主」字下讀爲便。昭七年左傳引此文，杜預云：「萃，集也，天下逋逃悉以紂爲淵藪，集而歸之。」與孔異也。予小子既獲仁人，敢祗承上帝，以遏亂略。仁人，謂太公、周、召之徒。略，路也。言誅紂敬承天意，以絶亂路。華夏蠻貊，罔不率俾，恭天成命，冕服采章曰華。大國曰夏。及四夷皆相率而使奉天成命。○疏曰：冕服采章，對被髮左衽則爲有光華也。釋詁云：「夏，大也。」故大國曰夏。華夏，謂中國也。言蠻貊，則戎夷可知也〔三七〕。言華夏及四夷皆相率而充己，使奉天成命，欲其共伐紂也。肆予東征，綏厥士女。此謂十一年會孟津還時。惟其士女，篚厥玄黃，昭我周王。言東國士女篚盛其絲帛，奉迎道次，明我周王爲之除害。○爲，于僞反。天休震動，用附我大邑周。天之美應震動民心，故用依附我。惟爾有神，尚克相予以濟兆民，無作神羞。」○相，去聲。○神庶幾助我渡民危害，無爲神羞辱。○同上。○王升舟入水，鐘鼓惡，觀臺惡，將舟惡，宗廟惡〔三八〕。惡，皆讀亞〔三九〕。亞，次也。觀臺，兵行知天時，占候者也。宗廟載主。○尚書大傳○牧之野，武王之大事也。既事而退，柴于上帝，祈于社，設奠于牧室，柴、祈，奠告天地及先祖也。牧室，牧野之室也，古者郊關皆有館焉。先祖者，行主也。○疏曰：「牧之野，武王之大事也」者，言牧野之戰是武王之事大者也。「既事而退」者，既戰罷而退也。「柴于上帝」者，謂燔柴以告天。「祈于社」者，陳祭以告社也。「設奠于牧室」者，設此奠祭於牧野之館室，以告行主也。遂率天下諸侯者，上言告祭既訖，遂率領天下諸侯執豆籩疾奔走而往在廟祭先祖。於此之時，乃追王大王。大王，名亶父者。又追王王季歷及文王昌等爲王。所以然者，不以諸侯之卑號臨天子之尊也。又曰：知「郊關有館」者，遺人云：凡國野，十里有廬，三十里有宿，五十里有市〔四〇〕。道路尚然，明郊關亦有館舍。鄭言此者，證牧野有室。云「先祖者行主也」者，按曾子問云：「古者師行，必以遷廟主行。」故甘誓云：「用命賞于祖。」此武王所載行主者也。按周本紀云〔四一〕：「載文王木主。」以其成文王之業，故不載遷廟主。其社則在野外祭之，故不在牧室。此社是土地之神，故鄭云柴祈告天地也。遂率天下諸侯執豆籩，逡奔走，逡，息俊反。○逡，疾也。疾奔走，言勸事也。周頌曰：「逡奔走在廟。」○疏曰：周頌所云，謂周公攝政六年祭清廟，此經逡奔走謂武王伐紂而還告廟，其事不同，引之者，證奔走不異，故引之。知執豆籩行還告廟者，以此經上云「柴」、「祈」、「設奠」，下云「遂率天下諸侯」，是柴祈禮畢，故武成云：「丁未，祀于周廟」，「駿奔走，執豆籩。」而皇氏云：爲柴祈奠於牧室之時，諸侯執豆籩。非此經文之次，又與武成違，其義非也。追王大王亶父、王季歷、文王昌，不以卑臨尊也。追王，于況反。亶，丁但反。父，音甫。○不用諸侯之號臨天子也。文王稱王早矣，於殷猶爲諸侯，於是著焉。○疏曰：按此武王追王大王亶父、王季歷、文王昌，按合符后云：「文王立后稷配天，追王大王亶甫、王季歷。」與此不同者，文王暫追王耳，號謚未定，至武王時乃定之矣。中庸云周公「追王大王、王季」者，謂以王禮改葬耳。不改葬文王者，先以王禮葬故也。此大王、王季追王者，王迹所由興，故追王也。所以追王者，以子爲天子而不以卑臨尊，若非王迹所由，不必追王也，故小記云：「父爲士，子爲天子，諸侯祭以天子諸侯，其尸服以士服。」是也。周語云「先王不窋」，武成云「先王建邦啓土」，謂后稷皆稱先王者，以王者之先祖，故通稱先王也。契稱玄王，與此同矣。云「文王稱王早矣」者，土無二王，殷紂尚存，即爲早。所以早稱王者，按中候我應云：「我稱非早，一民固下。」注云：「一民心，固臣下，雖於時爲早，於年爲晚矣。」故周本紀云文王受命六年，立靈臺，布王號，於時稱王，年九十六也，故文王世子云「君王其終撫諸」是也。文王既稱王，文王生雖稱王，號稱猶未定，故武王追王乃定之耳。○大傳

○莊公八年春，王正月，甲午，治兵。左氏曰：治兵于廟，禮也。

治兵於廟，習戰令，將以圍郕。○疏曰：周禮：「中春教振旅」，「中秋教治兵。」穀梁傳曰：「出曰治兵，習戰也；入曰振旅，習戰也。」公羊傳曰：「出曰祠兵，入曰振旅，其禮一也，皆習戰也。」釋天云：「出爲治兵，尚威武也；入爲振旅，反尊卑也。」孫炎云：「出則幼賤在前，貴勇力也；入則尊老在前，復常法也。」彼言治兵振旅，皆謂因田獵而選車徒，教戰法，習號令，知此治兵亦是習號令也。此治兵於廟，欲就尊嚴之處使之畏威用命耳。但軍旅之衆非廟内所容，止應告於宗廟，出在門巷習之。昭十八年傳稱：鄭人「簡兵大蒐，將爲蒐除。」杜云：「治兵於廟，城内地迫，故除廣之。」是告於廟習於巷

也。下有圜郟，知治兵爲圜郟也。沈云：周禮：中秋治兵。月令孟春令云：是月也，不可以稱兵。所以「甲午，治兵」者，以爲圜郟，故非時治兵猶如備難而城，雖非時，不譏。沈又云：治兵之禮，必須告廟。告廟雖是内事，治兵乃是外事，故雖告廟仍用甲午。且治兵則征伐之類，又爲圜郟雖在郊内，亦用剛日甲午治兵。公羊以爲祠兵謂殺牲饗士卒。○春秋左氏傳○諸侯從劉康公、成肅公會晉侯伐秦，劉康公，王季子。劉、成二公不書兵，不加秦。成子受脤于社，不敬。脤，宜社之肉也，盛以脤器，故曰脤。宜，出兵祭社之名。○脤，市軫反。盛，音成。劉子曰：「吾聞之：民受天地之中以生，所謂命也。是以有動作禮義威儀之則，以定命也。能者養之以福，養威儀以致福。不能者敗以取禍。是故君子勤禮，小人盡力。勤禮莫如致敬，盡力莫如敦篤，敬在養神，篤在守業。國之大事，在祀與戎。祀有執膰，膰，祭肉。○盡，津忍反，下同。膰，音煩。戎有受脤，神之大節也。交神之大節。今成子惰，棄其命矣，惰則失中和之氣。其不反乎？」爲成肅公卒於瑕張本。○疏曰：天地之中，謂中和之氣也。民者，人也。言人受此天地中和之氣以得生育，所謂命也。命者，教命之意，若有所稟受之辭，故孝經説云：「命者，人之所稟受度。」是也。命雖受之天地，短長有本，順理則壽考，逆理則夭折，是以有動作禮義威儀之法，則以定此命。言有法，則命之長短得定；無法，則夭折無恒也。故人有能者養其威儀禮法以往適於福，或本分之外更得延長也。不能者敗其威儀禮法而身自取禍，或本分之内仍有減割也。爲其求福畏禍之，故君子勤禮以臨下，小人盡力以事上。勤禮莫如臨事致敬，盡力莫如用心敦篤。敬之所施在於養神，朝廷百官事神必敬，篤在守業，草野四民勿使失業也。國之大事，在祀與戎。宗廟之祀，則有執膰。兵戎之祭，則有受脤。此是交神之大節也。今成子受脤而惰，是自棄其命矣，死必在近，此行其不得反乎？爾之往也，養之以福，謂將身向福也；敗以取禍，謂禍及身也。福則人之所欲，作往就之辭也，禍則人之所惡，作自來之語也。敬則所施有處，故言致敬也。厚則唯在己身，無所可致，故重言敦篤也。執膰受脤，俱是於祭末受而執之，互相見也。劉炫云：命者，冥也，言其生育之性得之於冥兆也。又曰：詩詠祭祀之禮云：「爲俎孔碩，或燔或炙。」又曰：「旨酒欣欣，燔炙芬芬。」毛傳云：「傳火曰燔。」祭肉有燔而薦者，因謂祭肉爲膰也。○成公十三年春秋左氏傳○晉侯伐齊，將濟河，獻子以朱絲係玉二瑴，瑴，古學反。○雙玉曰瑴。而禱曰：「齊環怙恃其險，負其衆庶，禱，丁老反，一音丁報反。怙，音户。○環，齊靈公名。負，依也。棄好背盟，陵虐神主。好，呼報反。背，音佩。○神主，民也。謂數伐魯，殘民人。○數，所角反。曾臣彪將率諸侯以討焉，彪，晉平公名。稱臣者，明上有天子，以謙告神。曾臣，猶末臣。○疏曰：王制云：「五嶽視三公，四瀆視諸侯。」則諸侯於河神其辭不得稱臣，故解其意稱臣者，以明上有天子，言己是天子之臣，以謙告神也。曾祖、曾孫者，曾爲重義，諸侯之於天子，無所可重。曾臣，猶末臣，謙卑之意耳。其官臣偃實先後之。先，悉薦反。後，户豆反。○守官之臣。偃，獻子名。○守，手又反，又如字。苟捷有功，無作神羞，羞，耻也。官臣偃無敢復濟，復，扶又反。○偃信巫言，故以死自誓。唯爾有神裁之！」沈玉而濟。沈，音鴆，或如字。濟，子禮反。○襄公十八年春秋左氏傳○晉伐鄭，楚子救鄭，遇於鄢陵。楚子登巢車以望晉軍，巢車，車上爲櫓。○櫓，音魯。○巢，説文作轈，云：兵車高如巢，以望敵也。字林同。○疏曰：説文云：「轈，兵高車加巢，以望敵也。」「櫓，澤中守草樓也。」是巢與櫓俱樓之别名。子重使大宰伯州犁侍于王後。大，音太。○州犁，晉伯宗子，前年奔楚。王曰：「騁而左右，何也？」騁，走也。曰：「召軍吏也。」「皆聚於中軍矣！」曰：「合謀也。」「張幕矣！」曰：「虔卜於先君也。」虔，敬也。○幕，音莫。「徹幕矣！」曰：「將發命也。」「甚囂，且塵上矣！」曰：「將塞井夷竈而爲行也。」上，時掌反。行，户郎反。○夷，平也。皆乘矣，左右執兵而下矣！」曰：「聽誓也。」乘，繩證反，下同。○左，將帥。右，車右。○將，子匠反。帥，所類反。○疏曰：兵車唯元帥在中，御者在左也，其餘將帥皆御者在中，將帥在左也。左右執兵而下，唯御者持車不下耳。「戰乎？」曰：「未可知也。」「乘而左右皆下矣！」曰：「戰禱也。」禱，丁老反，或丁報反。○禱，請於鬼神。○成公十六年春秋左氏傳○楚子圍許，楚子不親圍，以圍者告。許男面縛，銜璧，大夫衰經，士輿櫬。衰，七雷反。經，直結反。櫬，初覲反。○縛手於後，唯見其面，以璧爲贄，手縛故銜之。櫬，棺也。將受死，故衰經。○贄，本又作質，音置，又如字。縛，如字，舊扶卧反。楚子問諸逢伯，逢伯，楚大夫。對曰：「昔武王克殷，微子啓如是。微子啓，紂庶兄，宋之祖也。○疏曰：按宋世家云：微子開者，殷帝乙之首子而帝紂之庶兄。周武王克殷，微子乃持其祭器造於軍門，肉袒面縛，左牽羊，右把茅，膝行而前以告。於是武王乃釋微子，復其位。成王誅武庚，乃命微子代殷之後，國於宋。史記之言，多有錯謬。微子手縛於後，故以口銜璧，又焉得牽羊把茅也，此皆馬遷之妄耳。武王親釋其縛，受其璧而祓之。祓，芳弗反，徐音廢，下同。○祓，除凶之禮。○疏曰：周禮女巫：「掌歲時祓除。」謂之祓除，明是除凶之禮也。襄二十九年稱公臨楚喪，使巫以桃茢先祓殯，此亦當以桃茢祓之。焚其櫬，禮而命之，使復其所。」楚子從之。僖公六年春秋左氏傳○鄭子展、子產伐陳，入之。子展命師無入公宮，與子產親御諸門。御，魚呂反。○欲服之而已，故禁侵掠。○掠，音亮。陳侯使司馬桓子賂以宗器。陳侯免，擁社。免，音問。擁，於勇反。○免，喪服。擁社，抱社主。示服。使其衆男女別而纍，以待於朝。纍，類悲反，又呂軌反。○纍，自囚係以待命。子展執縶而見，縶，陟立反。見，賢遍反。○見陳侯。再拜稽首，承飲而進獻。承飲，奉觴，示不失承敬。子美入，數俘而出。數，所主反。俘，芳夫反。○子美，子產也。但數其所獲人數，不將以歸。祝祓社，司徒致民，司馬致節，司空致地，乃還。祓，除也。節，兵符。陳亂，故正其衆官，脩其所職，以定之，乃還也。○疏曰：周禮女巫：「掌歲時祓除釁浴。」鄭玄云：「歲時祓除，如今三月上巳如水上之類〔四二〕。釁浴，謂以香薰草藥沐浴。」彼言祓除，知此祓社是祓除也。其祓除之事當如鄭之言也。周禮有掌節之官，節爲兵符，若今之銅虎符、竹使符也。陳國既亂，致使官司廢闕，民人分散，符節失亡，故令陳之司徒招致民人，司馬集致符節，司空檢致土地，使各依其舊師乃迴還也。劉炫云：陳國既亂，民節與地非復陳有，子展、子產心不滅陳，各使己之官屬各依其職事致之於陳，使民依職領受，具其衆官，備其所職，以安定之乃還也。諸官皆鄭人在軍有此官者，蓋權使攝爲之，未必是正官。服虔以爲祝與司徒等皆是陳人，各致其所主於子産。按傳陳侯擁社自抱以逆，又何須祝祓之？子美數俘獲尚不取，何當取其民地使陳致之？既致乃還，則是滅矣，何以云入陳也？○襄公二十五年春秋左氏傳○楚子敗晉師于邲，潘黨曰：「君盍築武軍，盍，户臘反。○築軍營以成武功。而收晉尸以爲京觀？」觀，古亂反。○積尸封土其上，謂之京觀。楚子曰：「古者明王伐不敬，取其鯨鯢而封之，以爲大戮，於是乎有京觀，以懲淫慝。鯨，其京反。鯢，五兮反。懲，直升反。慝，他得反。○鯨鯢，大魚名，以喻不義之人吞食小國。今罪無所，晉罪無所犯也。而民皆盡忠以死君命，又何以爲京觀乎？」祀于河，作先君宫，告成事而還。傳言楚莊有禮，所以遂興。○疏曰：禮記曾子問稱：「古者師行，必以遷廟主」，「行載于齊車」，言必有尊也。尚書甘誓云「用命賞于祖」，謂遷廟之祖主也。爲先君宫，爲此遷主作宫於此祀之。告成事，告戰勝也。禮大傳記云：「牧之野，武王之大事也」，「既事」而「奠於牧室」，亦是新作室而奠祭也。曾子問又曰：「無遷主，則何主？」「孔子曰：『天子諸侯將出，必以幣帛皮圭告于祖禰，遂奉以出，載于齊車以行，每舍奠焉而後就舍。』」○宣公十二年春秋左氏傳

大祝：大會同，造于廟，宜于社，過大山川，則用事焉，反行舍奠。舍，音釋，一音赦，下同。○用事，亦用祭事告行也。玉人職有宗祝以黄金勺前馬之禮，是謂過山川與？曾子問曰：「凡告，必用牲幣，反亦如之。」○與，音餘。○疏曰：「大會同」者，王與諸侯時見曰會，殷見曰同，或在畿内，或在畿

外，亦告廟而行。云「造」者，以其非時而祭，造次之意，即上文「造于祖」一也。云「反行舍奠」者，曲禮云：「出必告，反必面。」據生時人子出入之法。今王出行時「造于廟」，將遷廟主行，反行還祭七廟，非時而祭曰奠，故云「反行舍奠」也。又曰：言「用事亦用祭事告行也」者，言亦如上經大師用祭事告行。引玉人職者，按玉人職：「大璋、中璋九寸，邊璋七寸，射四寸，厚寸，黄金勺，青金外」，「天子以巡守，宗祝以前馬。」此云「有宗祝以黄金勺前馬之禮」，非是彼正文，義略言之耳。云「是謂過大山川與」者，彼不云過山川，此言過大山川，此不言用黄金勺，彼言以黄金勺，以義約爲一，故言「與」以疑之。彼注云：大山川用大璋，「中山川用中璋」，「小山川用邊璋。」此直見過大山川，不見中小者，欲見中、小山川共大山川一處，直告大山川，不告中、小，故不見中、小山川，各自别處，則用中璋、邊璋。此所過山川非直用黄金勺酌獻而已，亦有牢，故校人職云：「將有事於四海山川，則飾黄駒。」注云：「四海猶四方，王巡守過大山川，則有殺駒以祈沈之禮與？」是其牲牢也。引「曾子問曰凡告必用牲幣反亦如之」者。按彼注破牲爲制，此用牲幣不破之者，彼文不取牲義，直取出告反亦告而已，故破牲爲制。於此經皆用牲，知者，王制云：「歸假于祖禰，用特。」堯典亦云：「歸格于藝祖，用特。」校人有飾黄駒之文，則知此經出入皆有牲禮，故不破牲爲制。○春官○甸祝：舍奠于祖廟，禰亦如之。舍，讀爲釋。釋奠者，告將時田若將征伐。鄭司農云：禰，父廟。○疏曰：天子將出，告廟而行。言釋奠於祖廟者，非時而祭即曰奠，以其不立尸奠之，言停停饌具而已。七廟俱告，故祖禰並言。又曰：「舍讀爲釋」者，周禮、禮記多爲舍字，鄭讀皆爲釋。云「釋奠者告將時田若將征伐」者，此經上下惟言時田，不言征伐，按大祝：「大師」，「造于祖。」「大會同，造于廟。」皆造祖禰，故兼言征伐。○春官○小宗伯：凡王之會同軍旅甸役之禱祠，肄儀爲位。肄，以志反，又似二反。沇，音四。○肄，習也。故書肄爲肆，儀爲義，杜子春讀肆當爲肄，義爲儀，謂若今時肄司徒府也，小宗伯主其位。○疏曰：言王有會同軍旅甸役之事，皆有禱祠之法。云「肄儀爲位」者，數者禱祠皆須豫習威儀乃爲之，故云肄儀也。當習威儀之時，則小宗伯爲位也。有禍災亦如之。謂有所禱祠。○疏曰：「禍災」，謂國遭水火凶荒則有禱祈之事，故云「亦如之」。○同上。

○諸侯將出，宜乎社，造乎禰。疏曰：諸侯將出者，謂朝王及自相朝盟會征伐之事也。「宜乎社」者，不得告天，故從社始也，亦載社主也。「造乎禰」者，亦告祖及載主也。唯言出告，則歸亦告也。曾子問曰出反必親告于祖禰是也。天子用特牲，諸侯卑則否也，曾子問注云「皆奠幣以告之」是也。○王制

右朝會○傳：起大事，動大衆，必先有事乎社。爾雅○孔子曰：「諸侯適天子，必告于祖，奠于禰。皆奠幣以告之，互文也。○疏曰：「告于祖」，亦告於禰也。言「奠于禰」，亦奠於祖也。冕而出視朝，朝，直遥反，下同。○聽國事也。諸侯朝天子，必裨冕爲將廟受也。裨冕者，公衮，侯伯鷩，子男毳。○爲，于僞反。○疏曰：裨冕，謂裨衣而冕。裨衣者，公衮，侯伯鷩，子男毳。「視朝」，詔聽事也。又曰：「聽國事」，解經「視朝」之事。云「諸侯朝天子必裨冕爲將廟受也」者，諸侯視朝當用玄冠緇衣素裳，今視朝而服裨冕之服者，按覲禮：「侯氏裨冕」，天子受之於廟。故鄭云諸侯朝天子必裨冕，爲將廟受也。言天子於廟受己之禮，今諸侯往朝天子，爲天子將欲於廟中受己之禮，

故諸侯豫敬之，以冕服視朝也。命祝史告于社稷宗廟山川，臨行又徧告宗廟，孝敬之心也。○疏曰：按上文云「諸侯適天子，必告于祖，奠于禰」，此又「命祝史告于宗廟山川」，是臨行告宗廟，則知後再告，故云「臨行又徧告宗廟，孝敬之心也」。言徧告宗廟，則五廟皆告也。前云「告于祖」者，亦祖禰皆告也。乃命國家五官而后行，五官，五大夫典事者。命者，敕之以其職。○疏曰：按大宰云「建其牧，立其監，設其參，傅其五」，是諸侯有三卿五大夫。經云「五官」，故云「五大夫」。以屬官大夫其數衆多，直云「五」者，據典國事者言之。不云命卿者，或從君出行，或雖在國留守總主羣吏如三公然，不專主一事，且尊之。既命五大夫，則卿亦命之可知，故不顯言命卿也。命者，謂戒敕以所掌之事也。道而出。祖道也。聘禮曰：「出祖，釋軷，祭酒脯也。」○軷，步末反。○疏曰：經言「道而出」，明諸侯將行，爲祖祭道神而後出行。引聘禮者，證祖道之義。按聘禮記云：「出祖釋軷，祭酒脯。」彼注云：「祖，始也。行出國門」，「止陳車騎，釋酒脯之奠於軷，爲行始也。」春秋傳曰：「軷涉山川。」然則，軷，山行之名也。道路以險阻爲難，是以委土爲山，或伏牲其上，使者爲軷，祭酒脯祈告也。」「禮畢，然後乘車轢之而遂行。」其有牲，「犬羊可也。」此城外之軷祭也，其五祀行神則在宫内，故鄭注聘禮云：「行謂「行者之先，其古人之名未聞。天子諸侯有常祀在冬也。」喪禮有毀宗躐行，出於大門，則行神之位在廟門外西方。又鄭注月令：「軷，壇厚二寸，廣五尺，輪四尺。」周禮注云：「以菩芻棘柏爲神主。」此鄭釋爲軷祭之義。此軷亦有尸，故詩生民云：「取羝以軷。」注：「燔烈其肉爲尸羞。」是也。其牲，天子軷用犬，故犬人云：「伏瘞亦如之。」注云：伏謂伏犬於軷上。諸侯用羊，詩云：「取羝以軷。」謂諸侯也。卿大夫以酒脯既行祭軷竟，御者以酒祭車軾前及車左右轂末，故周禮大馭云：「及犯軷，王自左馭，馭下祝，登受轡，犯軷遂驅之。」又云：及登酌僕，「僕左執轡，右祭兩軹，祭軓乃飲。」軓即轂末，軓謂車軾前是也。其祭宮內行神之軷及城外祖祭之軷，其制不殊。崔氏云：宮內之軷祭古之行神，城外之軷祭山川與道路之神。義或然也。壇名山，其神曰纍。告者五日而遍，過是非禮也。既告不敢久留。○疏曰：前命祝史告山川，而諸侯猶待告遍乃行也，以五日爲期。若近者，乃可就彼告；若遠者，則當望告，故以五日爲限也。所以爾者，爲先以告廟載遷主，若久留不去，則爲非禮，故云「過是非禮也」，曲禮云：「凡爲君使者已受命，君言不宿於家。」是也。凡告用牲幣，反亦如之。牲，當爲制，字之誤也。制幣，一丈八尺。○疏曰：皇氏、熊氏以此爲諸侯禮，不應用牲，故牲當爲制，其天子則當用牲。故熊氏云：鄭注周禮大祝職引此文，云「告用牲幣」，不破牲字，是天子用牲幣也。必知天子用牲者，校人云王所過山川「則飾黄駒」，是用牲也。必知諸侯不用牲者，約下文云「幣帛皮圭以告」，故知不用牲也。或天子諸侯出入有告有祭，故告用制幣一丈八尺，其卿大夫唯入祭而已，故聘禮既使而反祭用牲也。諸侯相見必告于禰。道近，或可以不親告祖。○疏曰：以直云「告于禰」，是據其道近，故云「可以不親告祖」。知諸侯不直告禰者，下文云「反必親告于祖禰」，明出時亦告祖禰，爲道近唯告禰耳。朝服而出視朝，朝服爲事故也。○疏曰：「朝服爲事故」者，或會或弔之事，諸侯朝服玄冠，緇衣素裳，以上文諸侯朝天子「冕而出視朝」，爲將廟受尊敬天子，習其禮，故著冕服。諸侯相朝，亦雖在廟，受降下天子，不敢冕服，唯著臨朝聽事之服，故云朝服爲事故也。熊氏又云：此朝服謂皮弁服，以天子用以視朝，故謂之朝服，論語云：「吉月必朝服而朝。」注云：「朝服，皮弁服。」是也。必知朝服皮弁服者，聘禮諸侯相聘皮弁服，明相朝亦皮弁服，此義爲勝也。命祝史告于五廟，所過山川，山川所不過，則不告貶於適天子也。亦命國家五官道而出。反必親告于祖禰，乃命祝史告至于前所告者，而后聽朝而入。反必親告祖禰，同出入禮。○疏曰：庾蔚云：鄭當謂出入所告理不容殊，而諸侯相見出不云告祖者，或道近變其常禮耳，故反必親告祖禰，以明出入之告其禮不殊也。○曾子問

○桓公二年冬，公至自唐，告于廟也。凡公行，告于宗廟。反行、飲至、舍爵，策勳焉，禮也。舍，音赦，舊音捨，下同。○爵，飲酒器也。既飲置爵，則書勳勞於策，言速紀有功也。○疏曰：「凡公行」者，或朝或會，或盟或伐，皆是也。孝子之事親也，出必告，反必面，事死如事生，故出必告廟，反必告至。不言告禰廟而言告宗廟者，諸廟皆告，非獨禰也。禮記曾子問曰：「諸侯適天子，必告于祖，奠于禰」，命祝史告于宗廟。「諸侯相見，必告于禰」，「命祝史告于五廟。」「反必親告于祖禰，乃命祝史告至于前所告者。」由此而言，諸侯朝天子則親告祖禰，祝史告餘廟；朝鄰國則親告禰，祝史告餘廟。其路遠者，亦親告祖，故於其反也。言告於祖禰，明出時亦告祖也。出時不言祖者，鄭玄云道近或可以不親告祖，明道遠者亦親告祖矣。雖親與不親而諸廟皆告，故總言告於宗廟也。曾子問曰：「凡告用制幣，反亦如之。」則出入皆以幣告也。但出則告而遂行，反則告訖又飲至，故行言告廟，反言飲至，以見至有飲而行無飲也。「飲至」者，嘉其行至，故因在廟中飲酒爲樂也。襄十三年傳曰：「公至自晉，孟獻子書勞于廟，禮也。」書勞、策勳，其事一也。舍爵乃策

勳，策勳當在廟，知飲至亦在廟也。彼公至自晉朝還告廟也，此公至自唐盟還告廟也。十六年，「公至自伐鄭」，傳曰：「以飲至之禮。」伐還告廟也。三者傳皆言禮，知朝會盟伐告廟禮同，傳所以反覆比例也。朝還告至而獻子書勞，則策勳者，非唯討伐之勳，雖常事有以安國寧民，或亦書功於廟也。公行告至，必以嘉會昭告祖禰，有功則舍爵策勳，無功則告事而已。無不告也，反行必告。而春秋公行一百七十六，書「至」者唯八十二耳。其餘不書者，釋例曰：「凡公之行，不書『至』者九十有四，皆不告廟也。隱公之不告，謙也；餘公之不告，慢於禮也。」慢於禮者，舉大例言耳，其中亦應有心實非慢而不宜告者〔四三〕。若行有恥辱，不足爲榮，則克躬罪己不以告廟，非爲慢於禮也。若事實可恥，而不以爲恥，反行告廟，則史亦書之。宣五年傳曰：「公如齊，高固使齊侯止公，請叔姬焉。夏，公至自齊，書過也。」釋例曰：「執止之辱，厭尊毀列，所以累其先君，忝其社稷，固當克躬罪己，不以嘉禮自終。宣公如齊，既已見止連昏於鄰國之臣而行飲至之禮，故傳曰『書過也』，是不應告而告，故書之以示過也。」釋例又曰：「桓公之喪至自齊，此則死還告廟而書『至』者也。莊公違禮如齊觀社，用飲至之禮，此則失禮之書『至』者也。宣公黑壤之會以賂免諱，不書盟而復書『至』，亦諱不以見止告廟也。襄公至自晉，此則榮還而書『至』者也。昭公至自齊，居於鄆，此則宜告而書『至』者也。諸書『至』皆告廟啓反，或即實而言，或有所諱辟。傳於桓見飲至之禮，於宣見書過之譏，於朝見書勞於廟，舉此三者以包其他行也。」僖公十六年，公會諸侯於淮，未歸而取項，齊人以爲討而止公。十七年秋，「聲姜以公故，會齊侯于卞」，公始得歸而書：公「至自會。」是諱其見止而以會告廟，故傳曰：「猶有諸侯之事焉，且諱之。」是諱止而以會告也，諸侯盟者必在會後皆書：公至自會。不言公至自盟者，以盟是因會而爲之。初必以會徵衆，公行以會告廟，故還以會告至，雖并以盟告，亦不云至自盟，爲行時不以盟告故也。僖二十八年，公會諸侯於温，遂圍許，經書：公至自圍許。襄十年，公會諸侯於柤，「遂滅偪陽」，經書：「公至自會。」二文不同。釋例曰：「諸若此類事勢相接，或以始致，或以終致，蓋時史之異耳，無他義也。」定十二年，「公至自圍成」，行不出竟而亦告廟者，釋例曰：「陪臣執命。大都偶國，仲由建墮三都之計，而成人不從，故公親伐之，雖不越竟動衆興兵，大其事，故出入皆告於廟也。」○春秋左氏傳○

襄公十三年，公至自晉，孟獻子書勞于廟，禮也。書勳勞於策也。桓公二年傳曰：「公至自唐，告於廟也。凡公行，告於宗廟。反行，飲至、舍爵，策勳焉，禮也。」桓十六年傳又曰：「公至自伐鄭，以飲至之禮也。」然則，還告廟及飲至及書勞三事，偏行一禮，則亦書「至」，悉闕乃不書。傳因獻子之事，以發明凡例。釋例詳之。○疏曰：其書勞與策勳一也，周禮「王功曰勳」，「事功曰勞」，對則勳大而勞小，故傳變文以包之〔四四〕。注云「書勳勞於策」，明其不異也。桓二年傳發凡例有告廟也、飲至也、策勳也。桓十六年傳言飲至，此年傳言書勞，二者各舉其一，所以反覆凡例，以此知三事偏行一禮，則亦書「至」，悉闕乃不書「至」耳。所云偏行一禮，謂偏行告至，其飲至、策勳則不可偏行也。何則？告廟因行飲至舍爵而即策勳，策勳、飲至並行之於廟，豈得不告至而在廟聚飲乎？不告至而入廟書勞乎？明其決不然矣。但告至已後，或飲至而不書勞，或書勞而不飲至，二事或有闕其一者，傳因獻子書勞復言禮也，所以發明凡例。釋例曰：「公行或朝或會，或盟或伐，得禮失禮，其事非一，故傳隨而釋之。於盟釋告廟，嫌他例不通，故復總云：凡公行告於宗廟，反行、飲至、舍爵，策勳焉，禮也。此以明公之出竟當無不告，及其反也，則必飲至，有功則策勳。故公至自伐鄭，傳重言以飲至之禮，孟獻子書勞於廟，傳復云禮，所以反覆凡例也。公朝於晉，而獻子書勞，知策勳非唯討伐之功，雖或常行有以定國安民，亦書功於廟也。然則，凡反行飲至，必以嘉會昭告祖禰，有功則舍爵策勳，無勞告事而已。」

○春秋左氏傳○衞獻公出奔，及竟，公使祝宗告亡，且告無罪。告宗廟也。定姜曰：「無神何告？若有，不可誣也。誣，欺也。定姜，公適母。○適，丁歷反。有罪，若何告無？告亡而已，無告無罪。」時姜在國，故不使得告無罪。○襄公十四年春秋左氏傳○劉文公合諸侯于召陵，將會衞靈公，使祝佗從，辭曰：「臣展四體，以率舊職，猶懼不給而煩刑書，若又共二，徼大罪也。且夫祝，社稷之常隸也。社稷不動，祝不出竟，官之制也。君以軍行，祓社釁鼓，祝奉以從，於是乎出竟。若嘉好之事，君行師從，卿行旅從，臣無事焉。」注疏見序事巫祝條。○定公四年春秋左氏傳

大司馬：中春教振旅，中，音仲。○兵者凶事，不可空設，因蒐狩而習之。凡師出曰治兵，入曰振旅，皆習戰也。四時各教民，以其一焉。春習振旅兵入，收衆專於農。○蒐，所留反，下同。遂以蒐田，有司表貉。春田爲蒐。有司，大司徒也，掌大田役，治徒庶之政令。表貉，立表而貉祭也。鄭司農云：貉讀爲禡，禡謂師祭也，書亦或爲禡。○疏曰：云「春田爲蒐」者，蒐，搜也，春時鳥獸孚乳，搜擇取

不孕任者，故以蒐爲名。云「有司大司徒也」者，即大司徒職云「大田役」，「治其徒庶之政令」，故知有司是大司徒也。云「表貉立表而貉祭也」者，此即詩及爾雅云：「類也禡也，師祭。」是也。中冬教大閲，春辨鼓鐸，夏辨號名，秋辨旗物，至冬大閲，簡軍實。凡頒旗物以出軍之旗，則如秋；以尊卑之常，則如冬。司常佐司馬時也，大閲備軍禮，而旌旗不如出軍之時，空辟實。○辟，音避。遂以狩田。冬田爲狩，言守取之無所擇也。○疏曰：云「冬田爲狩言守取之無所擇」者，對春夏言蒐言苗有所擇，又秋名獮，中殺者多，對此圍守之，此又多於獮，故得守名也。既陳，乃設驅逆之車，有司表貉于陳前。驅，驅出禽獸使趨田者也。逆，逆要，不得令走。設此車者，田僕也。○要，於遥反。○疏曰：前經論陳車徒訖，故此云既陳。云「乃設驅逆之車」，設訖即爲表貉之祭於陳前也。○肆師：凡四時之大甸獵，祭表貉，則爲位。貉，師祭也。貉讀爲十百之百。於所立表之處爲師祭，造軍法者禱氣勢之增倍也，其神蓋蚩尤，或曰黄帝。○疏曰：按大司馬：「仲冬教大閲。」教戰訖，入防將田，「既陳，乃設驅逆之車。」有司馬表貉於陳前，此時肆師爲位而祭也。又曰：知「貉師祭也」者，爾雅云「是類是禡」，故知貉爲師祭也。云「貉讀爲十百之百」者，鄭以聲讀之。必名此祭爲貉者，以其取應十得百，爲十倍之義。云「祭造軍法」者，凡言祭者，祭先，明是先世創首造軍法者也。云「禱氣勢之增倍也」者，謂禱祈使師有氣勢，望得所獲增益十倍，還釋貉字之意也。云「其神蓋蚩尤或曰黄帝」者，按史記黄帝與蚩尤戰於涿鹿之野，俱是造兵之首。按王制云：「天子將出，類乎上帝。」注云：「帝謂五德之帝。」是黄帝以德配類〔四五〕，則貉祭祭蚩尤，是以公羊説曰：師「出曰祠兵，入曰振旅。」祠者，祠五兵矛、戟、劍、楯、弓、鼓及祠蚩尤之造兵者。謹按：三朝記曰：「蚩尤，庶人之强者。」何兵之能造？」故鄭云或曰黄帝也。故禮説云：「黄帝以德行。」蚩尤與黄帝戰，亦是造兵之首，故漢高亦祭黄帝、蚩尤於沛庭也。○司几筵：甸役，則設熊席，右漆几。甸，音田。○謂王甸，有司祭，表貉所設席。○疏曰：甸役，謂天子四時田獵。按大司馬：大閱，禮教戰訖，入狩田。既陳，「有司表貉於陳前。」是時設熊席，右漆几也。○春官○甸祝：掌四時之田表貉之祝號。貉，兵祭也。甸以講武治兵，故有兵祭。詩曰：「是類是禡。」爾雅曰：「是類是禡，師祭也。」玄謂：田者，習兵之禮，故亦禡祭，禱氣勢之十百而多獲。○疏曰：言掌四時之田表貉之祝號者，四時田即大司馬所云春蒐、夏苗、秋獮、冬狩。按大司馬大閱禮云：「既陳，乃設驅逆之車，有司表貉於陳前。」當此貉祭之時，田祝爲號。又曰：子春云讀貉爲百爾所思之百，讀從毛詩，後鄭從之，增成其義。云「書亦或爲禡」者，毛詩、爾雅皆爲此字。云「貉兵祭也」者，爾雅云：「禡，師祭。」是也。引「詩云是類是禡」者，大雅皇矣之詩也。「玄謂田者習兵之禮故亦禡祭」者，詩與爾雅禡出征之祭，田是習兵，故亦禡祭。云「禱氣勢之十百而多獲」者，應十得百，望多獲禽牲，此解禡字之意。舍奠于祖廟，禰亦如之。舍讀爲釋，釋奠者告將時田，若將征伐。鄭司農云：禰，父廟。○疏曰：天子將出，告廟而行。言釋奠於祖廟者，非時而祭即曰奠，以其不立尸奠之，言停停饌具而已。七廟俱告，故祖禰并言。又曰：「舍讀爲釋」者，周禮、禮記多爲舍字，鄭讀皆爲釋。云「釋奠者告將時田若將征伐」者，此經上下唯言時田，不言征伐。按大祝：「大師」，「造于祖」，「大會同，造于廟」，皆造祖禰，故兼言征伐。師甸，致禽于虞中，乃屬禽，及郊饁獸，舍奠于祖禰，乃斂禽，禂牲，禂馬，皆掌其祝號。屬，音燭。

禂，音誅，一音禱。○師田，謂起大衆以田也。致禽於虞中，使獲者各以其禽來致於所表之處。屬禽，別其種類。饁，饋也，以所獲獸饋於郊，薦於四方羣兆。入，又以奠於祖禰，薦且告反也。斂禽，謂取三十，入腊人也。杜子春云：禂，禱也，爲馬禱無疾，爲田禱多獲禽牲。詩云：「既伯既禱。」爾雅曰：「既伯既禱，馬祭也。」玄謂：禂讀如伏誅之誅，今侏大字也。爲牲祭求肥充，爲馬祭求肥健。○別，彼列反。爲，于僞反。侏，音誅。○疏曰：云「致禽於虞中使獲者各以其禽來致於所表之處」者，若田獵在山，山虞植旗；田獵在澤，澤虞植旌。各植旌旗爲表。故解「致禽于虞中」者，「使獲者各以其禽來致於所表之處」也。云「屬禽別其種類」者，禽獸既致於旌旗之所，甸祝分別其種類，麋鹿之類各爲一所。云「饁饋也以所獲獸饋於郊薦於四方羣兆」者，按小宗伯：「兆五帝於四郊，四類四望亦如之。兆山川丘陵，各於其方。」是其四郊皆羣神之兆。今田獵在四郊之外，還國必過羣兆，故將此禽獸薦於羣兆，直以禽祭之，無祭事。云「入又以奠於祖禰薦且告反也」者，上經舍奠於祖廟謂出時，今此舍奠在饁獸之下，是告反也。言薦者，又以所獲禽牲薦廟也。云「斂禽謂取三十」者，按穀梁每禽擇取三十。知「入腊人」者，按腊人云：掌「凡田獸之脯腊。」按王制：「一爲乾豆，二爲賓客，三爲充君之庖。」此「入腊人」者，據上殺者乾之以爲豆實供祭祀，其餘入賓客庖厨，直入腊人者，據祭祀重者而言。脯非豆實而言乾豆者，以脯爲醢，故醢人注云：「作醢及臡者，先膊乾其肉，乃後莝之，雜以粱麴及鹽，漬以美酒，塗置甀中百日則成矣。」是也。杜子春云「禂禱也爲馬禱無疾」已下，後鄭皆不從者，以凡言牲者，卜日曰牲，據祭祀之牲，不得據田獵之獸，又禂不得爲禱祈字。「玄謂讀如伏誅之誅」者，此俗讀也。時有人甘心惡伏誅，故云「伏誅之誅」，此從音爲誅。云「今佅大字也」者，今漢時人傍佅，是佅大之字，此取肥大之意，故云「爲牲祭求肥充」解經「禂牲」，云「爲馬祭求肥健」釋經「禂馬」。鄭既解禂爲大，知此皆有祭者，以其言皆掌其祝號，是有祭事。○春官○小宗伯：若大甸，則帥有司而饁獸于郊，遂頒禽。甸，讀曰田。有司，大司馬之屬。饁，饋也，以禽饋四方之神於郊，郊有羣神之兆。頒禽，謂以予羣臣。詩傳曰：「禽雖多，擇取三十焉，其餘以予大夫士，以習射於澤宫而分之。」○疏曰：言「大甸」者，天子四時田獵也。云「則帥有司而饁獸于郊」者，謂田在四郊之外，田訖，以禽獸饋於郊者。將入國過四郊，四郊皆有天地日月山川之位，便以獸薦於神位以歆神，非正祭，直是野饁獸於郊。云「遂頒禽」者，因事曰遂，以在郊饁獸訖，入至澤宫中而射以主皮，行班餘獲射之禮，故云遂頒禽。又曰：「甸」者，以郊外曰甸，獵在甸地，故云甸。今讀曰田者，義將兩兼，非直獵在甸地，亦得取田義。以其似治田，去不秀實，故以田言之。云「有司大司馬之屬」者，以其軍事是司馬之事，故大司馬職云「徒弊，致禽饁獸於郊」，故知大司馬之屬。但小宗伯不可帥大司馬身，故知所帥者司馬之屬官，故以「之屬」言之也。云「四方之神」者，即天地山川之等。云「郊有羣神之兆」者，上文兆五帝於四郊，四類四望亦如之。兆山川丘陵各於其方，是羣神之兆也。引詩傳者，證頒禽之義，書傳亦云焉。凡王之甸役之禱祠，肆儀爲位。見朝會章。○春官○肆師：凡甸，用牲于社宗，則爲位。社，軍社也。宗，遷主也。尚書傳曰：「王升舟入水，鼓鐘亞，觀臺亞，將舟亞，宗廟亞。」故書位爲涖，杜子春云：涖當爲位，書亦或爲位。宗，謂宗廟。○疏曰：師，謂出師征伐。甸，謂四時田獵。二者在外，或有祈請，皆當用牲社及宗時，皆肆師爲位祭也。又曰：云「社軍社也」者，在軍不用命戮於社，又君以軍行祓社釁鼓，故名軍社也。鄭知「宗遷主」者，曾子問云：「師行必以遷廟主行」，「載于齊車。」故知遷主也。「尚書傳曰王升舟」已下者，謂説武王於文王受命十一年觀兵之時，武王於孟津渡河升舟入水在前，鼓鐘亞，亞王舟後。觀臺亞者，觀臺可以望氣祥，亞鼓鐘後。將舟亞者，以社主主殺戮而軍將同，故名社主爲將，將舟亞在觀臺後。宗廟亞者，宗廟則遷主也，亞在將舟後。引之者，證在軍有社及宗之意也。異義：「公羊説天子有三臺：有靈臺，所以觀天文；有時臺，以觀四時施化；有囿臺，所以觀鳥獸魚鼈。諸侯卑，無靈臺，不得觀天文，有時臺、囿臺。左氏説天子有靈臺，諸侯有觀臺。」若然，文王時已有靈臺，今武王而曰觀臺者，鄭君之意觀臺則靈臺，對文有異，散文則通。○同上。

右甸

孔子厄於陳蔡，從者七日不食。子貢以所賫貨竊犯圍而出，告糴於野人，得米一石焉。顔回、仲由炊之，子召顔回曰：「疇昔予夢見先人，豈或啓祐我哉，子炊而進飯，吾將進焉。」對曰：「向有埃墨墮飯中，欲置之，則不潔，欲棄之，則可惜，回即食之，不可祭也。」家語在厄

○驪姬以君命命申生曰：「今夕君夢見齊姜，必速祠而歸福。」齊姜，申生母也。福，胙肉也。申生許諾，乃祭于曲沃，歸福于絳。絳，晉所都也。○國語晉語

右夢祭

大祝：掌六祈以同鬼神示：一曰類，二曰造，三曰禬，四曰禜，五曰攻，六曰説。造，七

報反。禬，古外反，劉音會。禜，音詠。○祈，嗚也，謂爲有災變，號呼告神以求福。天神、人鬼、地祇不和，則六癘作見，故以祈禮同之。故書造作竈，杜子春讀竈爲造次之造，書亦或爲造，造祭於祖也。鄭司農云：類、造、禬、禜、攻、説，皆祭名也。類，祭於上帝，詩曰：「是類是禡。」爾雅曰：「是類是禡，師祭也。」又曰：「乃立冢土，戎醜攸行。」爾雅曰：「起大事，動大衆，必先有事乎社而後出，謂之宜。」故曰「大師宜於社，造於祖，設軍社，類上帝。」司馬法曰：「將用師，乃告於皇天上帝、日月星辰，以禱於後土四海神祇、山川冢社，乃造於先王，然後冢宰徵師於諸侯曰：某國爲不道，征之。以某年某月某日師至某國。」禜，日月星辰山川之祭也。春秋傳曰：「日月星辰之神，則雪霜風雨之不時，於是乎禜之。」「山川之神，則水旱癘疫之災，於是乎禜之。」玄謂：類造，加誠肅，求如志。禬、禜，告之以時有災變也。攻、説，則以辭責之。禜，如日食以朱絲禜社。攻，如其鳴鼓然。董仲舒救日食，祝曰：「昭昭大明，瀸滅無光，奈何以陰侵陽，以卑侵尊。」是之謂説也。禬，未聞焉。造、類、禬、禜，皆有牲。攻、説，用幣而已。○嗚，音叫，劉音禱。爲，于僞反。號，户羔反。呼，火故反。見，賢遍反。禜，烏營反。昭，章摇反。瀸，子廉反。○疏曰：上經六祝，此云六祈，皆是祈禱之事，別見其文者。按：小祝重掌六祝，云：「將事侯禳禱祠之祝號。」鬼神雖和同爲事，禱請此六祈，爲百神不和同，即六癘作見而爲祈禱，故云以同鬼神祇，是以別見其文。又曰：云「謂爲有災變號呼告神以求福」者，鄭知號呼者，見小祝云「掌禱祠之祝號」，故知此六祈亦號呼以告神。云「天神人鬼地示不和則六癘作見故以祈禮同之」者，鄭知鬼神示不和者，見經云「掌六祈以同鬼神示」，明是不和，設六祈以和同之。按五行傳云「六沴作見」，云：「貌之不恭，惟金沴木；視之不明，惟水沴火；言之不從，惟火沴金；聽之不聰，惟土沴水；思之不睿，惟金木水火沴土。」五行而沴有六者，除本五外來沴己則六。彼云沴，此云癘者，沴有六則癘鬼作見，故變沴言癘。杜子春云造謂造祭於祖，知者，禮記云「造于祖」，故後鄭從之。先鄭云「類造禬禜攻説皆祭名」者，以其祈禱皆是祭事。按後鄭「類造禬禜皆有牲攻説用幣而已」，用幣非祭，亦入祭科之中。云「類祭于上帝」，知者，禮記王制及尚書泰誓皆云「類于上帝」，故知類祭上帝也。引「詩云」已下至「師至某國」，以類造爲出軍之祭，後鄭皆不從矣。所以不從者，但出軍之祭自是求福，此經六祈皆爲鬼神不和同，設祈禮以同之，不得將出軍之禮以解之，故後鄭不從。先鄭引大雅皇矣詩，即引爾雅者，所以釋此詩故也。云「又曰乃立冢土戎醜攸行」者，大雅緜詩。云「爾雅曰起大事」以下，亦釋此詩故也。又曰：乃並引以相副〔四六〕，故大事宜於社，造於祖，設軍社，類於上帝，並是此大祝下文。云司馬法曰「將用師」三字，司農語。云「禜日月星辰山川之祭也」者，引春秋爲證。「春秋傳曰」者，昭元年左氏傳云〔四七〕：鄭子産聘晉，晉侯有疾，問於子産，子産對此辭。按彼傳文，「癘疫之災於是乎禜之」，此云不時者，鄭君讀傳有異。「玄謂類造加誠肅求如志」者，欲明天神、人鬼、地祇不得同名類造，故云「加誠肅求如志」。云「禬禜告之以時有災變也」者，春秋所云雪霜風雨、水旱癘疫之不時，於是乎禜之。禬雖未聞，禬是除去之義，故知禬亦災變。云「攻説則以辭責之」者，引論語及董仲舒皆是以辭責之。云「禜如日食以朱絲禜社」者，按莊公二十五年六月「辛未，朔，日有食之，鼓，用牲于社」，公羊傳云：「日食則曷爲鼓用牲於社？求乎陰之道也。以朱絲禜社，或曰脅之，或曰爲闇，恐人犯之，故禜之。」何休云：「朱絲禜之，助陽抑陰也。或曰爲闇者」，

「恐人犯歷之，故禜之。然此説非也。記或傳者，示不欲絶異説爾。先言鼓，後言用牲者，明先以爲尊命責之，後以臣子禮接之，所以爲順也。」鄭引公羊傳者，欲見禜是禜之義。云「攻如其鳴鼓然」者，此是論語先進篇孔子責冉有爲季氏聚斂之臣，故云小子鳴鼓而攻之可。彼是以辭攻責之，此攻責之亦以辭責，故引以爲證。引董仲舒者，是漢禮救日食之辭，以證經説是以辭責之。云「禬未聞焉」者，經傳無文，不知禬用何禮，故云未聞。鄭知「類造禬禜皆有牲」者，按禮記祭法云：「埋少牢於泰昭，祭時也。」下云：「幽禜，祭星。雩禜，祭水旱。」鄭注云：「凡此以下，皆祭用少牢。」禜既用牲，故知類造皆亦有牲，故云「皆有牲」也。云「攻説用幣而已」者，知攻説用幣者，是日食伐鼓之屬，天災有幣無牲，故知「用幣而已」。既云天災有幣無牲，其類禮以亦是天災得有牲者，災始見時無牲，及其災成之後即有牲，故詩云：「靡愛斯牲。」是也。○春官○小祝：掌小祭祀，將事侯、禳、禱祠之祝號，以祈福祥，順豐年，逆時雨，寧風旱，彌烖兵，遠罪疾。遠，于萬反。○侯之言候也，候嘉慶、祈福祥之屬。禳，禳却凶咎，寧風旱之屬。順豐年而順爲之祝辭。逆，迎也。彌，讀曰敉，敉，安也。○疏曰：「掌小祭祀」者，即是「將事侯禳」已下「禱祠」之事是也。「小祭祀」與「將事侯禳」已下作目，「將事侯禳禱祠祝號」又與「祈福祥順豐年」已下爲目。祈福祥、順豐年、逆時雨三者皆是侯。寧風旱、彌災兵、遠罪疾三者即是禳。求福謂之禱，報賽謂之祠，皆有祝號，故總謂之禱祠之祝號。「祈福祥」已下不言一曰、二曰者，大祝已言訖，小祝佐大祝行事，故略而不言，亦欲見事起無常，故不言其次第。又曰：「侯之言候也候嘉慶祈福祥之屬」者，之屬中兼有順豐年、逆時雨。嘉，善也，此三者皆是善慶之事，故設祈禱候迎之。云「禳禳卻凶咎寧風旱之屬」者，之屬中兼有彌災兵、遠罪疾，三者是凶咎之事，故設禱祠禳卻之。云「順豐年而順爲之祝辭」者，按管子云：「倉廩實知禮節，衣食足知榮辱〔四八〕。」意欲如此，是豐年順民意也，故設祈禮以求豐年而順民，故云「爲之祝辭」也。云「彌讀曰敉敉安也」者，按洛誥云：「亦未克敉公功。」注云：「敉，安也。」故知此彌讀曰敉，敉，安也。○同上。

○大宗伯：國有大故，則旅上帝及四望。故，謂凶災。旅，陳也，陳其祭事以祈焉，禮不如祀之備也。上帝，五帝也。鄭司農云：四望，日、月、星、海。玄謂：四望，五嶽、四鎮、四瀆。○疏曰：此旅是祈禱之名，是以知是凶災。凶謂年穀不熟，災謂水火也。云「旅，陳也，陳其祭事以祈焉，禮不如祀之備」者，但祈謂祈請求福，得福乃祠賽之，祠賽則備而與正祭同，故知「禮不如祀之備也」。云「上帝，五帝也」者，按禮器云：「祀帝於郊而風雨寒暑時。」風雨寒暑，非一帝之所能爲，此祈請亦是求風雨寒暑時，非一帝，故知是五帝也。鄭司農云「四望日月星海」，後鄭不從者，禮無祭海之文。又山川稱望，故尚書云「望秩于山川」是也。「玄謂四望五嶽四鎮四瀆」，知者，祭山川既稱望，按大司樂有四鎮五嶽崩，四瀆又與五嶽相配，故知四望中有此三者。言四望者，不可一往就祭，當四向望而爲壇遥祭之，故云四望也。○同上。

○典瑞：四圭有邸，以祀天，旅上帝。鄭司農云：於中央爲璧圭，著其四面，一玉俱成。爾雅曰：「邸，本也。」圭本著於璧，故四圭有邸，圭末四出故也〔四九〕。或說四圭有邸，有四角也，邸讀爲抵欺之抵。大宗伯職曰：「國有大故，則旅上帝及四望。」○疏曰：「司農云於中央爲璧圭著其四面一玉俱成」者，云於中央爲璧，謂用一大玉琢出中央爲璧形，亦肉倍好爲之，四面琢各出一圭。璧之大小、圭之長短，無文。天子以十二爲節，蓋四廂圭各尺二寸，與鎮圭同，其壁爲邸，蓋徑六寸，總三尺，與大圭長三尺又等，故云「一玉俱成」也。云「或説四圭有邸有四角也」者，此説四角，角即桓矣〔五〇〕。以無正文，故兩釋之也。云「邸讀爲抵欺之抵」，音讀之也。引大宗伯者，證旅上帝是國有故而祭也，但旅四望下文與地同用兩圭。今此言之者，連引之耳。「旅上帝」者，上帝，五帝也。國有故而祭，故稱旅也。詳見天神。兩圭有邸，以祀地，旅四望。兩圭者，以象地數二也，僢而同邸。祀地，謂所祀於北郊，神州之神。○疏曰：云「僢而同邸」者，按王制注：「卧則僢。」彼僢謂兩足相向，此兩圭亦兩足同邸，是足相向之義，故以僢言之，則上四圭同邸者，亦是各自兩足相向，但就此兩足相向而言之也。云「地謂所祀於北郊神州之神」者，以其宗伯所云黄琮禮地謂夏至祭崑崙大地，明此兩圭與上四圭郊天相對，是神州之神。按河圖括地象：「崑崙東南萬五千里，神州是也。」但三王之郊一用夏正，未知神州用何月祭之。或解郊用三陽之月，神州既與郊相對，宜用三陰之月，當七月祭之。○同上。○玉人：兩圭五寸有邸，以旅四望。邸，謂之柢，有邸，僢共本也。○疏曰〔五一〕：國有故，旅祭四望，以對四圭有邸祀天及旅上帝也，若天地自用黄琮。云「僢共本也」者，亦一玉俱成，兩圭足相對爲僢也。○冬官○職金：旅于上帝，則共其金版。餅金謂之版〔五二〕。此版所施未聞。○疏曰：旅上帝，謂祭五天帝於四郊及明堂。○秋官○掌次：王大旅上帝，則張氈案，設皇邸。大旅上帝，祭天於圓丘，國有故而祭，亦曰旅，此以旅見祀也。張氈案，以氈爲牀於幄中。鄭司農云：皇羽覆上。邸，後版也。玄謂：後版、屏風與？染羽象鳳凰羽色以爲之。○疏曰：云「王大旅上帝」者，謂冬至祭天於圓丘。「則張氈案」者，案，謂牀也，牀上著氈，即謂之氈案。「設皇邸」者，邸謂以版爲屏風，又以鳳凰羽飾之，此謂王坐所置也。又曰：「大旅上帝，祭天於圓丘」者，見下經別云「祀五帝」，則知此是昊天上帝，即與司服及宗伯昊天上帝一也，即是大司樂冬至祭天於圓丘之事也。云「國有故，而祭亦曰旅」者，按大宗伯：「國有大故，則旅上帝及四望。」是國有故而祭謂之旅。云「此以旅見祀」者，但此下文五帝見正祀，其旅見於大宗伯，大宗伯昊天不云旅，故此見。此文不言正祀，故鄭以因旅見之，欲見有故，昊天亦旅之，故云以旅見祀。云「張氈案，以氈爲牀於幄中」者，據鄭云於幄中，則知不徒設氈案、皇邸而已，明知并有大次、小次之幄，與下祀五帝互見之也。「司農云皇羽覆上」者，見經皇是鳳皇之字，故知以皇羽覆邸上。「玄謂後版屏風與」者，此增成司農義。言後版者，謂爲大方版於坐後，畫爲斧文。言屏風者，據漢法況之。無正文，故言「與」以疑之。云「染羽象鳳皇羽色以爲之」者，按尚書禹貢「羽畎夏翟」，謂羽山之谷貢夏翟之羽，後世無夏翟，故周禮鍾氏染鳥羽象鳳皇色以爲之，覆於版上。明堂位及司几筵皆云黼扆，此不在寢廟無扆，故不得云黼扆，故別名皇邸。○天官○典瑞：大旅，共其玉器而奉之。玉器，謂四圭、祼圭之屬。○疏曰：大旅中兼有上帝四望等，故鄭云「四圭祼圭」。云「奉之」者，送向所行禮之處也。又曰：鄭知「玉器謂四圭祼圭」者，上已釋禮神曰器，經云玉器，故知非瑞是禮神者也。云「之屬」者，兼有兩圭、璧圭、璋邸之等也。春官○司尊彝：大喪存奠彝，存，省也，謂大遣時。奠者，朝夕乃徹也。大旅亦如之。旅者，國有大故之祭也。亦，存其奠彝則陳之，不即徹。○疏曰：知旅是「國有大故之祭」者，見宗伯云：「國有大故，則旅上帝及四望。」故知也。云「亦存其奠彝」者，以其祭云「亦如之」，明亦如大遣奠存省之。云「則陳之不即徹」，則與上注奠者朝夕乃徹義異，但上經據人鬼日出逮日放其去來於陰陽，此天神無此義，但不即徹，不必要至夕也。且按小宰注：天地「至尊，不裸。」此得用彝者，此告請非常，亦如大遣奠之而已，亦非裸耳。○同上。○眂瞭：掌凡樂事，播鼗鼓，擊頌磬笙磬。視瞭播鼗又擊磬。磬在東方曰笙，笙，生也；在西方曰頌，頌或作庸，庸，功也。大射禮曰：「樂人宿縣于阼階東，笙磬西面，其南笙鐘，其南鎛，皆南陳。」又曰：「西階之西，頌磬東面」，「其南鎛，皆南陳。」○疏曰：按序官眂瞭三百人，皆所以扶工，以其扶工之外無事，而兼使作樂，故云掌凡樂事，則播鼗已下至職末皆是也。又曰：云「視瞭播鼗又擊磬」者，按小師：「教鼓鼗。」注云：「教，教瞽矇。」瞽矇云：「掌播鼗。」今視瞭亦掌播鼗，但有目，不須小師教之耳，故鄭云「視瞭播鼗又擊磬」，是眂瞭兼掌鼗也。云「磬在東方謂之笙笙生也在西方曰頌頌或作庸庸功也」者，以東方是生長之方，故云笙，西方是成功之方，故云庸。庸，功也，謂之頌者，頌者美盛德之形容，以其成功告於神明，故云頌。言「或作庸」者，尚書云：「笙庸以閒。」孔以庸爲大鍾，鄭云：「庸即大射頌，一也。」引大射者，證東方之磬爲笙、西方之磬爲頌之事也。掌大師之縣。大師當縣則爲之。○疏曰：按大司樂有宿縣之事，小胥正樂縣之位，大師無縣樂之事，此大師之縣者，大師掌六律六同、五聲八音，以其無目，於音聲審。本職雖不言縣樂器，文寄於此〔五三〕，明縣之可知。此言「當縣則爲之」者，以其有目故也。凡樂事相瞽。相，息亮反。○相謂扶工。○疏曰：能其事曰工，故樂稱工，是以儀禮鄉飲酒、鄉射、燕禮、大射皆言工。相者，以眂瞭有目，瞽人無目，須人扶持故也〔五四〕。大喪廞樂器，大旅亦如之。旅，非常祭，於時乃興，造其樂器。○疏曰：「大喪廞樂器」，謂明器，故檀弓云：「木不成斲」，「瓦不成味」，「竹不成用」，「琴瑟張而不平，竽笙備而不和。」是沽而小耳，是臨時乃造之。大旅非常祭，亦臨時乃造，故云「亦如之」。旅不用尋常祭器者，以其旅是非常，則其器亦如明器沽而小，故文承明器而云亦如之也。○春官○笙師：掌教龡竽笙塤籥、簫篪篴管、舂牘應雅，以教祴樂。教，教視瞭也。鄭司農云：竽，三十六簧。笙，十三簧。篪，七空。舂牘，以竹大五六寸，長七尺，短者一二尺，其端有兩空，髤畫以兩手築地。應，長六尺五寸，其中有椎。雅〔五五〕，狀如漆筩而弇口，大二圍，長五尺六寸，以羊韋鞔之，有兩紐疏畫。杜子春讀篴爲蕩滌之滌，今時所吹五空竹篴。玄謂：籥，如篴三空。祴樂，祴夏之樂。牘、應、雅，教其舂者，謂以築地。笙師教之，則三器在庭可知矣。賓醉而出，奏祴夏，以此三器築地，爲之行節，明不失禮。○疏曰：此樂器瞽矇有，視瞭無，所以知不教瞽矇者，按小師云：「教鼓鼗、柷、敔、塤、簫、管、弦、歌。」注云：「教，教瞽矇也。」以小師在瞽矇之上，又瞽矇所作與小師同，故知小師所教瞽矇，笙師所教文在視瞭之下，不可隔視瞭教瞽矇。其視瞭雖不云其器，明所教教視瞭也。先鄭云「竽三十六簧，笙十三簧」者，按通卦驗：「竽長四尺二寸。」注云：「竽，管類，用竹爲之，形參差象鳥翼。鳥，火禽，火數七，冬至之時吹之。冬水用事，水數六，六七四十二，竽之長蓋取於此也。」笙，十三簧，廣雅云：「笙以匏爲之，十三管，宫管在左方。竽象笙，三十六管，宫管在中央。」禮圖云：「竽長四尺二寸。」此竽三十六簧，與禮圖同。云「篪七空」者，廣雅云：「篪以竹爲之，長尺四寸，八孔，一孔上出寸三分。」禮圖云：「篪九空。」司農云七孔，蓋寫者誤，當云八空也，或司農別有所見。云「舂牘以竹，大五六寸，長七尺，短者一二尺。其端有兩空髤畫，以兩手築地。應長六尺五寸，其中有椎。雅狀如漆筩而弇口，大二圍，長五尺六寸，以羊韋輓之，有兩紐疏畫」者，此皆約漢法知之而言。鄭注巾車：「髤，赤多黑少之色。」疏畫者，長疏而畫之。子春讀篴爲蕩滌之滌，讀從郊特牲「臭味未成，滌蕩其聲」之滌。云「今時所吹五空竹篴」，後鄭從之也。玄謂「祴樂祴夏之樂」者，以其鍾師有祴夏，此祴樂與之同，故知此所教「祴樂」是鍾師所作「祴夏」者也。云「笙師教之則三器在庭可知矣」者，以其笙管在堂下，近堂則三者亦在堂下，遠堂在庭可知。云「賓醉而出奏祴夏」者，此則鄉飲酒及鄉射之等賓出奏陔是也。云「以此三器築地爲之行節明不失禮」者，三器言舂，舂是向下之稱，是其築地與祴樂連文，明與祴樂爲節可知也。經中樂器不解塤與簫管者，上文已釋也。大喪，廞其樂器。廞，興也，興謂作。○疏曰：此所興作，即上竽笙已下皆作之。大旅則陳之。陳於饌處而已，不涖其縣。○疏曰：此經直言陳之，明陳於饌處而已，不涖其縣。其臨縣者大司樂，故大司樂云：「大喪臨廞樂器。」注云：「臨笙師、鎛師之屬。」是也。○同上。○龜人：若有祭事，則奉龜以往，奉，猶送也，送之所當於卜。○疏曰：此云祭事不辨外內，則外內俱當卜，皆奉龜以往所當卜處。旅亦如之。疏曰：旅謂祈禱天地及山川。按爾雅有十龜：一曰神龜，龜之最神明者。二曰靈龜，涪陵郡出大龜，甲可以卜，緣中文似瑇瑁俗呼爲靈龜，即今大觜蠵龜也，一曰靈蠵，能鳴也。三曰攝龜也，腹甲曲折解能自張閉，好食蛇，江東呼爲陵龜也。四曰寶龜，大寶龜也。五曰文龜，甲有文采者也，河圖曰：「靈龜負書，丹甲青文。」六曰筮龜，常在著叢下也。七曰山龜。八曰澤龜。九曰水龜。十曰火龜。山澤水火皆說生出之處所也。火龜，猶火鼠也。○同上。○大卜：凡旅陳龜。陳龜於饌處也。士喪禮曰：「卜人先奠龜於西塾上，南首。」是也。不親貞龜，亦以卜旅祭非常，輕於大遷大師。

○疏曰：云「陳龜於饌處也」者，饌處謂在西塾南首，故引士喪禮爲證也。云「亦以卜旅祭非常，輕於大遷大師」者，按大宗伯：「國有故」，「旅上帝及四望。」則祀天亦是大祭祀而輕於大遷大師，退在下者，鄭以旅爲非常祭故也。○同上。○小宗伯：大災，及執事禱祠于上下神示。執事，大祝及男巫女巫也。求福曰禱，得求曰祠，讄曰：禱爾於上下神祇。鄭司農云：小宗伯與執事共禱祠。○讄，音誄。○疏曰：云「大災」者，謂國遭水火及年穀不熟，則禱祠於上下天地神祇。又曰：鄭知執事之中大祝及男巫女巫者，見大祝職云：「國有大故天災，則彌祀社稷。」司巫云：「國大災，則帥巫而造巫恒。」男巫職中雖無事，其司巫所帥者即帥男巫也。女巫職云：「凡邦之大災，歌哭而請。」是以鄭君歷而言焉以充事也。云「求福曰禱得求曰祠兩言之」者，欲見初禱後得福則祠之也。○同上。○大祝：國有大故天災，彌祀社稷禱祠。大故，兵寇也。天災，疫癘水旱也。彌，猶遍也，徧祀社稷及諸所禱，既則祠之以報焉。○疏曰：鄭知「大故兵寇也」者，下別云天災，故知大故直是兵寇也。知「天災疫癘水旱」者，見宗伯云：「以荒禮哀凶札。」鄭注云：「荒，人物有害。」又云：「弔禮哀禍災。」注云：「禍災謂水火。」此皆是天災流行，故云「天災謂疫癘水旱」。云「彌，猶徧也，徧祀社稷及諸所禱」，按小祝云「弭災兵」，弭爲安，此弭爲徧，不同者，義各有所施。彼是災兵之事，故弭爲安。此禱祀之事，靡神不舉，以彌爲徧。云「既則祠之以報焉」者，以其始爲曰禱，得求曰祠，故以報賽解祠。○同上。○小宗伯：國有禍災之禱祠，肄儀爲位。謂有所禱祠。肄，習也。○疏曰：禍災，謂國遭水火凶荒，則有禱祈之事。又曰：「肄儀爲位」者，數者禱祠皆須豫習威儀乃爲之，故云「肄儀」也。當習威儀之時，則小宗伯爲位也。○同上。

○肆師：若國有大故，則令國人祭。大故，謂水旱凶荒。所令祭者，社及禜酺。○疏曰：知「大故」是「水旱凶荒」者，以其命國人祭，明大故是天下皆有，故知水旱凶荒。凶荒，謂年穀不熟。知所命祭是社及禜酺者，經云命國人祭，按地官州祭社，黨祭禜，族祭酺，於六遂之中亦縣祭社，鄙祭禜，酇祭酺，皆是國人所祭之事也。歲時之祭祀，亦如之。月令仲春命民社，此其一隅。○疏曰：云「歲時之祭祀」者，上經據禱祈非時祭，故此經見其常祭也。云「亦如之」者，亦命國人祭也。又曰：凡言「歲時」者，謂歲之四時，月令唯見一時，故鄭云此其一隅也。若然，月令唯言春者，特舉春祈而言，舉一隅可以三隅反，則餘三時亦祭也。○春官○都宗人：國有大故，則令禱祠。既祭，反命于國。令，令都之有司也。祭，謂報塞也。反命，還白王。○塞，西代反。○疏曰：鄭知所令令有司者，此都宗人是王家之官，王命使禱祠是都內之事，明所令令都內之有司有事於神者也。云「祭謂報塞也」者，凡祈福曰禱，至於得福則曰祭，當與正祭同名祭，則是經言祭據報塞而言也。云「反命還白王」者，本以禱祠爲奉王命，今祭訖反以王命，還白於王，故言還白王也。○同上。○家宗人：國有大故，則令禱祠，反命，祭亦如之。以王命令禱祠，歸白王於獲福，又以王命令祭之，還又反命。○疏曰：云「則令禱祠，反命」者，王以命令禱祠，禱祠訖反命於王，則與上文都宗人「既祭反命于國」爲一也。此更言「祭亦如之」者與上異，則此是禱祠訖，王復更有命祭，祭訖亦反命。然彼此無異，但文有詳略，則彼亦有此王命更祭之法，文不具也。○同上。○小祝：大喪及葬，設道齎之奠，分禱五祀。杜子春云：齎當爲粢，道中祭也，漢儀每街路輒祭。玄謂：齎猶送也，送道之奠，謂遣奠也，分其牲體以祭五祀，告王去此宮中不復反，故與祭祀也。王七祀，祀五者，司命大厲，平生出入不以告。○疏曰：齋，送也。送道之奠，謂將葬於祖廟之庭，設大遣奠遣送死者，故謂之送道之奠，因分此奠以告五祀，告王去此宮中也。又曰：子春云：讀齋爲粢，粢謂黍稷，以爲「道中祭也」者，引漢法爲證。後鄭不從者，按既夕禮祖廟之庭，禮道中無祭法。「玄謂齋猶送也送道之奠謂遣奠也」者，按既夕禮：祖廟之庭，厥明設大遣奠，包牲取下體。是也。云「分其牲體以祭五祀告王去此宮中不復反」者，言分牲體者包牲而取其下體，下體之外分之爲五處祭也〔五六〕。云「王七祀」者，祭法文。云「司命大厲平生出入不以告」者，按月令春祀户，夏祀竈，季夏祀中霤〔五七〕，秋則祀門，冬則祀行，此並是人之以所由從之處，非直四時合祭，所以出入亦宜告之。按祭法王七祀之中有司命、大厲，此經五祀與月令同，月令不祭司命及大厲之等，此不祭則可知。既夕士禮亦云分禱五祀者，鄭注云：博求之。依祭法，士二祀。○同上。◯小子：凡沈辜侯禳，飾其牲。鄭司農云：沈謂祭川。爾雅曰：「祭川曰浮沈。」辜，謂磔牲以祭也。月令曰：「九門磔禳以畢春氣。」侯禳者，候四時惡氣，禳去之也。○疏曰：先鄭云沈謂祭川，是以引爾雅爲證。按爾雅云：「祭山曰庪縣，祭川曰浮沈。」此浮沈之祭當祭天之煙，祭社之血，亦謂歆神節。先鄭引月令季春令者，證辜是辜磔牲體之義。鄭彼注九門者，王之五門外有國門、近郊門、遠郊門、關門爲九。云「侯禳」者，謂候四時惡氣，禳除去之也。○夏官◯羊人：凡沈辜侯禳釁，積，共其羊牲。積，故書爲眦，鄭司農云：眦讀爲漬，謂釁國寶漬軍器也。玄謂：積，積柴，禋祀槱燎實柴。○眦，徐賜反，與漬同。槱，羊又反。○疏曰：先鄭不從故書眦，故讀從水漬。後鄭不從漬軍器者，以此羊人所共共。小子職彼云釁邦器及軍器，以此知不得爲漬軍器也。後鄭云「積積柴禋祀槱燎實柴」，歷言此三者以互而相通，皆須積柴實牲幣，煙氣上聞故也。但祭天用犢，其日月已下有用羊者，故我將詩云：「惟牛惟羊，惟天其祐之。」彼亦據日月以下及配食者也。○同上。○犬人：掌犬牲。凡祭祀共犬牲，用牷物，伏瘞亦如之。鄭司農云：牷，純也。物，色也。伏，謂伏犬，以王車轢之。瘞，謂埋祭也。爾雅曰：「祭地曰瘞埋〔五八〕。」○轢，音歷。○疏曰：先鄭云「牷純也」者，按尚書微子云：「犧牷牲用。」注云：「犧，純毛。牷，體完具。」彼牷與犧相對，是犧爲純毛，牷爲體完具，此無犧，故以全兼純也。云「伏謂伏犬以王車轢之」者，此謂王將祭而出國軷道之祭時，即大馭所云者是也。但軷祭之時，犬羊俱得，故生民詩云：「取羝以軷。」是以聘禮注云：「其用牲犬羊可也。」是其兩用也。云「瘞謂埋祭也」者，謂祭地之時，故引爾雅爲證。若然，經云「用牷物」，既純毛，則牧人云「陽祀用騂牲，陰祀用黝牲」之類也。凡幾珥沈辜，用駹可也。駹，亡江反。○故書駹作龍，鄭司農云：幾讀爲庪，爾雅曰：「祭山曰庪縣，祭川曰浮沈。」大宗伯職曰：「以貍沈祭山川林澤，以疈辜祭四方百物。」龍讀爲駹，謂不純色。玄謂：幾讀爲刉，珥當爲衈。刉衈者，釁禮之事。○庪，九委反，劉居綺反。縣，音玄。○疏曰：先鄭讀幾爲庪，雖引爾雅，後鄭不從，引大宗伯證沈辜，於義是也。云「玄謂幾讀爲刉」，從士師爲正。珥讀爲衈，從雜記爲正。云「釁禮之事」者，據雜記而知之。○秋官○牧人：凡外祭毁事，用尨可也。外祭，謂表貉及王行所過山川用事者。故書毁爲甈，尨作龍，杜子春云：甈當爲毁，龍當爲尨。尨謂雜色不純，毁謂副辜侯禳、毁除殃咎之屬。○貉，莫霸反。○甈，丘例反。副，普逼反。○疏曰：知「外祭」中有「表貉」者，據上文「外神」之中已云天地至四方百物，依時而祭者已盡，此別言外祭，則外祭中唯有表貉之等，按大司馬田獵之時立表而貉祭，司几筵亦云貉用熊席。又知外祭中有「王行所過山川用事者」，按校人云：「凡將事于四海山川，則飾黄駒。」大祝云：「大會同」，「過大山川則用事焉。」亦是非常外祭之事。雖然，此云尨，校人用黄駒者，從地色黄，亦據尨中有黄色者，用之不必純黄。云「毁謂副辜侯禳毁除殃咎之屬」者，此文承子春之下，不言玄謂，當是子春所解也。按宗伯云「疈辜祭四方百物」而引九門磔禳，又按小祝職云「將事侯禳」，皆是禱祈除殃咎非常之祭用尨之類，故引以爲證也。○地官○雞人：凡祭祀面禳釁，共其雞牲。釁，釁廟之屬。釁廟以羊，門夾室皆用雞。鄭司農云：面禳，四面禳也。釁，讀爲徽。○疏曰：鄭云「釁釁廟之屬」者，言之屬，則釁鼓、釁甲兵皆在其中。釁廟以羊已下，雜記文〔五九〕。司農云「面禳四面禳」，則侯禳禳謂禳去惡祥也。云「釁讀爲徽」者，亦謂以徽爲飾治之義也。○春官○男巫：掌望祀望衍，授號，旁招以茅。杜子春云：望衍，謂衍祭也。授號，以所祭之名號授之。旁招以茅，招四方之所望祭者。玄謂：衍讀爲延，聲之誤也。望祀，謂有牲粢盛者。延，進也，謂但用幣致其神。二者詛祝所授類造攻説禬禜之神號，男巫爲之招。○爲，于僞反。○疏曰：云「望祀」者，類造禬禜遥望而祝之。云「望衍」者，衍，延也，是攻説之禮，遥望延其神以言語責之。云「授號」者，此二者皆詛祝授以神號。云「旁招以茅」者，旁謂四方，此男巫於地官祭此神時，則以茅招之於四方也。又曰：子春所云皆無依據，故後鄭不從。玄謂破衍爲延者，衍字於六祈義無所取，故破從延。云「望祀謂有牲粢盛」者，注大祝已云：「類造禬禜皆有牲，攻説用幣而已。」有牲則有黍稷，故此兼云粢盛者也。云「延進也謂但用幣致其神」者，此即攻説用幣而已是也。云「二者詛祝所授類造攻説禬禜之神號男巫爲之招」者，以其授號文承二者之下，故知此六神皆授之號。云「授號知是詛祝」者，按詛祝而知也。**冬堂贈，無方無筭。**故書贈爲矰，杜子春云：矰當爲贈。堂贈，謂逐疫也。無方，四方爲可也。無筭，道里無數，遠益善也。玄謂：冬歲終，以禮送不祥及惡夢皆是也。其行必由堂始，巫與神通，言當東則東，當西則西，可近則近，可遠則遠，無常數。○矰，音曾。○疏曰：子春以「堂贈爲逐疫」，後鄭不從者，逐疫，方相氏及占夢不合在此，故不從。云「無筭道里無數遠益善也」，後鄭不從者，既言無數，遠近由人，不得云遠益善，故不從。玄謂知「堂贈」是「送不祥及惡夢」者，見占夢云：「舍萌于四方，以贈惡夢。」故知。鄭云「當東則東當西則西」，不言南北，舉東西，可知此解「無方」；「可近則近可遠則遠無常數」，此解「無筭」。○春官○**女巫：掌歲時祓除、釁浴。**歲時祓除，如今三月上巳，如水上之類。釁浴，謂以香薰草藥沐浴。○疏曰：「歲時祓除」者，非謂歲之四時，唯謂歲之三月之時，故鄭君云「如今三月上巳」解之。一月有三巳，據上旬之巳而爲祓除之事，見今三月三日水上戒浴是也。云「釁浴，謂以香薰草藥沐浴」者，若直言浴，則唯有湯，今兼言釁，明沐浴之物必和香草，故云「以香薰草藥」。經直云浴，兼言沐者，凡絜静者沐浴相將，故知亦有沐也。○春官○**占夢：季冬，乃舍萌于四方，以贈惡夢。**杜子春讀萌爲明，又云：其字當爲明，明謂毆疫也，謂歲竟逐疫置四方，書亦或爲明。玄謂：舍讀爲釋，舍萌，猶釋采也。古書釋采、釋奠多作舍字。萌，采始生也。贈，送也。欲以新善去故惡。○去，起吕反。○疏曰：子春之説舍萌爲毆疫，下文自有毆疫，於此以舍萌爲之，其義不可，故後鄭不從。玄謂「舍萌猶釋采也」者，按王制有釋采奠幣之事，故從之。云「萌采始生也」者，按樂記：「區萌達。」鄭注云：「屈生曰區。」芒而直出曰萌，故知萌采始生者。云「欲以新善去故惡」者，舊歲將盡，新年方至，故於此時贈去惡夢。○同上。○庶氏：掌除毒蠱，以攻說禬之，嘉草攻之。毒蠱，毒物而病害人者。賊律曰：「敢蠱人及教令者，棄市。」攻說，祈名，祈其神求去之也。嘉草，藥物，其狀未聞。攻之，謂燻之。鄭司農云：禬，除也。玄謂：此禬讀如潰癰之潰。○疏曰：「除毒蠱」，目言之。「攻說禬之」，據去其神也。「嘉草攻之」，據去其身者也。又曰：云「攻說祈名」者，大祝六祈有類、造、禬、禜、攻、說〔六〇〕，故知也。先鄭云「禬除也」，後鄭增成其義，潰癰之潰，俗讀也。凡毆蠱則令之比之。使爲之，又校比之。○疏曰：云毆之，止謂用嘉草燻之時，并使人毆之。既役人衆，故須校比之。○秋官○翦氏：掌除蠹物，以攻禜攻之，以莽草熏之。蠹物，穿食人器物者，蠹魚亦是也。攻、禜，祈名。莽草，藥物，殺蟲者以熏之則死。故書蠹爲橐，杜子春云：橐當爲蠹。○疏曰：「以攻禜攻之」，據祈去其神，故以六祈而言之。「以莽草熏之」，據去其身也。又曰：云「蠹魚亦是」者，除蠹物穿食餘器物〔六一〕，至於蠹魚，惟見書内有白魚及白蠹食書，故云「亦是也」。凡庶蠱之事。庶，除毒蠱者，蠱蠹之類，或熏以莽草則去。○疏曰：翦氏主除蠹物，其蠹毒自是庶氏。今此云「凡庶蠱」者，同類相兼左右而掌之，故鄭云「庶，除毒蠱者，蠱蠹之類」。或熏以莽草則去，此鄭解翦氏兼掌蠱之意。以其翦氏有用莽草熏蟲，是以蠱毒亦使翦氏除之也。○秋官○壺涿氏：掌除水蟲，以炮土之鼓毆之，以焚石投之。水蟲，狐蜮之屬。故書炮作泡，杜子春讀炮爲苞有苦葉之苞。玄謂：燔之炮之，炮，炮土之鼓，瓦鼓也，焚石投之，使驚去。○燔，音煩。○疏曰：云「水蟲狐蜮之屬」者，蜮即短狐一物，南方水中有之，含沙射人則死者也。言「之屬」者，水蟲衆矣，故云之屬以包之也。子春讀從詩「苞有苦葉」之苞者，取其聲同耳，不取義也。「玄謂燔之炮之炮」者，亦讀從詩，此取炮燒之義，故云「炮土之鼓，瓦鼓也」。云「焚石投之使驚去」者，石之燔燒得水作聲，故驚去也。若欲殺其神，則以牡橭午貫象齒而沈之，則其神死，淵爲陵。神，謂水神，龍罔象〔六二〕。故書橭爲梓，午爲五，杜子春云：梓當爲橭，橭讀爲枯，枯，榆木名，書或爲樗。又云：五貫當爲午貫。○橭，音怙，音枯，音姑。樗，敕居反。○疏曰：云「以牡橭午貫象齒而沈之」者，按儀禮大射云：「若丹若墨，度尺而午。」彼物射者所履記安足之處十字爲之，今此亦然。神，謂水神龍罔象也。橭讀爲枯，枯，榆木名。以橭爲幹，穿孔，以象牙從橫貫之爲十字，沈之水中。則其神死淵爲陵，所謂深谷爲陵是也。○同上。○庭氏：掌射國中之夭鳥，若不見其鳥獸，則以救日之弓與救月之矢夜射之。不見鳥獸，謂夜來鳴呼爲怪者。獸，狐狼屬。鄭司農云：救日之弓、救月之矢，謂日月食所作弓矢。玄謂：日月之食，陰陽相勝之變也。於日食則射大陰，月食則射大陽與？○呼，喚故反。大，音太。與，音餘。○疏曰：云「掌射國中之夭鳥」者，城郭之所，人聚之處，不宜有夭鳥，故去之。又曰：云「獸狼狐之屬」，不言鳥者，上文注鴞鷩已解也。「玄謂日月之食陰陽相勝之變也」者，日之食，晦朔之閒；月之食，惟在於望。日食是陰勝陽，月食是陽勝陰，未至爲災，故云陰陽相勝之變也。所以救日月用弓矢射之者，鄭以意推量日食則射大陰者，以陰侵陽、臣侵君之象，故射大陰是其常，不足可疑。月食是陽侵陰、君侵臣之象，陽侵陰非逆，既用弓不得不射，若射當射大陽〔六二〕，以是爲疑，故云「月食則射大陽與」以疑之。若神也，則以大陰之弓與枉矢射之。神，謂非鳥獸之聲，若或叫於宋大廟譆譆出出者。大陰之弓，救月之弓。枉矢，救日之矢與？不言救月之弓與救日之矢者，互言之。救日用枉矢，則救月以恒矢可知也。○疏曰：「若神也」者，謂不見其身，直聞其聲，非鳥獸之神耳，則以大陰救月之弓與救日枉矢射之。又曰：鄭知「神謂非鳥獸之聲」者，見宋大廟有聲非鳥獸之聲，既有聲又非鳥獸之聲，故知是神聲，若神降於莘之類是也。云「若或叫於宋大廟譆譆出出」者，左傳文。云「大陰救月之弓，枉矢救日之矢與」者，大陰之弓爲救月之弓，不言「與」則不疑，不疑者，以其與經云「救日之弓」相對，彼言救日之弓，明此「大陰之弓」是救月之弓可知。若然，上言救月之矢，則此枉矢是救日可知。而言「與」以疑之者，但救日與大陰相對，故不疑上言救月，此不言大陽之矢，直言枉矢，矢名而已，故須疑之。云「不言救月之弓與救日之矢者互言之」者，若此文云救月之弓與救日之矢爲文自足，何假須互？既不須互，則上下二文全不見弓矢之名矣，是以互見其文，欲見有弓矢之名故也。「互」者，上文云救日，明大陰是救月，此文救月是大陰，則上文救日是大陽也。又枉矢見矢名不言救，明有救名。救月之矢見救不見矢名，明亦有名，亦是互也。云「救日用枉矢則救月以恒矢可知也」者，見司弓矢枉矢最在前，明救月矢當在枉矢之下，故知救月用恒矢可知。不言庳矢，以其庳矢弩所用故也。○同上。

右祈禳○傳：昭公十八年夏五月，鄭火。火，心星。子産使子寛、子上巡羣屏攝，至于大宮，二子，鄭大夫。屏攝，祭祀之位。大宮，鄭祖廟。巡行宗廟，不得使火及之。○行，下孟反。○

疏曰：子寬，游吉之子。世族譜子寬與游速渾罕爲一人。駟帶字子上，六年死矣，此別有子上，非駟帶也。世族譜雜人内有子上，無子寬，明子寬與渾罕爲一人也。楚語説事神之禮云：使名姓之後能知犧牲之物、彝器之量、屏攝之位、壇場之所，而心率舊典者爲之宗。知屏攝是祭祀之位也。鄭衆云攝束茅以爲屏蔽，其事或當然。使公孫登徙大龜，登，開卜大夫。使祝史徙主祏於周廟，告于先君。祏，音石。○祏，廟主石函。周廟，厲王廟也。有火災，故合羣主於祖廟，易救護。○函，音咸。易，以豉反。○疏曰：每廟木主皆以石函盛之，當祭則出之，事畢則納於函，藏於廟之北壁之内，所以辟火災也。文二年傳云鄭祖厲王，故知鄭之周廟是厲王廟也。既有火災，皆須防守，故合羣主就於祖王廟，易救護也。衛次仲云：右主八寸，左主七寸，廣厚三寸，穿中央，達四方也。范寧云：天子主長尺二寸，諸侯主長一尺也。白虎通云：納之西壁。明日，使郊人助祝史除於國北，爲祭處於國北者，就太陰禳火。○疏曰：周禮鄉在郊内，遂在郊外，諸侯亦當然。郊人，當謂郊内鄉之人也。祝史，掌祭祀之官也，使此鄉人助祝史。除地在城之北，作壇場爲祭處也。就國北者，南爲陽，北爲陰，就大陰禳火也。禳火于玄冥、回禄，玄冥，水神。回禄，火神。○疏曰：月令冬云「其神玄冥」，知玄冥水神也。周語云：夏之「亡也，回禄信於黔隧。」先儒注左傳及國語者皆云：「回禄，火神。」或當有所見也。二十九年傳脩及熙爲玄冥，則玄冥祭脩、熙，不知回禄祭何人。楚之先吴回爲祝融，或云回禄即吴回也。祭水神，欲令水抑火；祭火神，欲令火自止。禳其餘災，慮更火也。三日哭。七月，鄭子産爲火故，大爲社，爲火，于僞反。○爲，治也。祓禳於四方，振除火災，禮也。祓，芳拂反，徐音廢。○振，棄也。○春秋左氏傳○宋災，二師令四鄉正敬享，二師，左右師也。鄉正，鄉大夫。享，祀也。○疏曰：周禮大司徒云：五家爲比，五比爲閭，四閭爲族，五族爲黨，五黨爲州，五州爲鄉。「鄉大夫，每鄉卿一人。」天子六卿，即以卿爲之長。此傳云二師令四鄉正，則別立鄉正，非卿典之，但其所職掌當天子之鄉大夫耳。周禮鄉大夫：「各掌其鄉之政教。」「正月之吉，受教法于司徒，退而頒之于其鄉。」則鄉正當屬司徒。此傳言二師命之者，上文右師討右，左師討左，則宋國之法二師各掌其方，左右各掌其二鄉，并言其事，故云二師命四鄉正也。費誓云「魯人三郊三遂」，則魯立三鄉。此云命「四鄉正」，則宋立四鄉也。周禮鄉爲一軍，大國三軍。宋是大國，不過三軍，而有四鄉者，當時所立非正法也。於時宋置六卿〔六四〕，況四鄉乎？周禮祭人鬼曰享，故享爲祀也。止令敬享，不知所享何神？周禮大祝「國有天災，彌祀社稷禱祠」，鄭玄云：「天災，疫癘水旱也。彌，猶徧也。徧祀社稷及諸所禱。」又大司徒：「以荒政十有二聚萬民」，其十有一曰「索鬼神」。鄭衆云：「索鬼神，求廢祀而修之，雲漢之詩所謂『靡神不舉，靡愛斯牲』者也。」彼凶荒之年、水旱之災尚索鬼神而祭之，此遇天火爲災，亦當偏祀羣神。其所合祭，皆應祭之也，蓋火起始命之祭耳。祝宗用馬于四墉，祀盤庚于西門之外。祝，大祝。宗，宗人。墉，城也。用馬祭於四城以禳火。盤庚，般王，宋之遠祖。城積陰之氣，故祀之。凡天災有幣無牲，用馬、祀盤庚，皆非禮。○墉，本又作庸，音同。盤字亦作般，步干反。禳，如羊反。○疏曰：周禮大祝：「掌六祝之辭以事鬼神祇，祈福祥。」小宗伯：「掌建國之神位。」特牲、少牢士大夫之祭祀也皆宗人掌其事。然則，諸是祭神言辭大祝掌之，禮儀宗人掌之，故所有祭祀皆祝宗同行。此事别命祝宗使奉此祭〔六五〕，非鄉正所爲也。文承二師命下，亦是二師命之，不復言命者，亦從上省文也。用馬者，以馬爲牲，祭於四面之城以禳火也。禳，卻也，卻火使滅也。盤庚，湯之九世孫，殷之第十九王也。自盤庚至紂又十二王而殷滅，盤庚弟小乙是宋微子之八世祖也。盤庚之爲殷王，無大功德，而祀盤庚者，當時之意不知何故特祀之也。祀盤庚不别言牲，明其祀亦用馬也。城以積土爲之，土積則爲陰積，積陰之氣，或能制火，故祭城以禳火，禮亦無此法也。莊二十五年傳例曰：「凡天災，有幣無牲。」「用馬祀盤庚皆非禮。」言用馬祭城祭盤庚，皆非禮也。此備火災所使羣官，急者在前，緩者在後，故先伯氏司里，次華臣具正徒，次到隧正納郊保，然後二師總庀羣官，先右後左，尊卑之次也。以刑器、車馬、甲兵、典法，國之所重，故特命三官庀具其物，先外官備具救火，然後及内，故次司宫、巷伯，人事既畢，乃祭享鬼神，故次敬享、祀盤庚之事也。晉侯問於士弱，士渥濁之子莊子。○渥，於角反。曰：「吾聞之，宋災於是乎知有天道，何故？」問宋何故自知天道將災。對曰：「古之火正，或食於心，或食於咮，以出内火。是故咮爲鶉火，心爲大火。咮，竹又反，徐丁遘反。出，如字，徐尺遂反。内，如字，徐音納。鶉，音純。○謂火正之官配食於火星。建辰之月，鶉火星昏在南方，則令民放火。建戌之月，大火星伏在日下，夜不得見，則令民内火，禁放火。○疏曰：昭公二十九年傳五行之官有木正、火正、金正、水正、土正。立此五官，各掌其職，封爲上公，祀爲貴神。謂能其事者，後世祀之。火正之官，居職有功，祀火星之時，以此火正之神配食也。五行之官，每歲五時祀之，謂之五祀。月令云其神句芒、祝融、后土、蓐收、玄冥，配五帝而食其神矣。而火正又「配食於火星」者，以其於火有功，祭火星又祭之。后稷得配天又配稷，火正何故不得配帝又配星也？有天下者祭百神，天子祭百神。天子祭天之時，因祭四方之星，諸侯祭其分野之星，其祭火星，皆以火正配食也。火正配火星而食，有此傳文，其金、木、水、土之正不知配何神而食，經典散亡，不可知也。周禮司爟：「掌行火之政令。」「季春出火，民咸從之。季秋内火，民亦如之。」鄭玄云：「火所以用陶冶，民隨國而爲之。」鄭司農云：「以三月本時昏，心星見於辰上，使民出火。九月本黄昏，心星伏在戌上，使民内火，故春秋傳曰：『以出内火。』」周禮所言，皆據夏正，故杜以周禮之意解其心咮爲火之由建辰之月，即月令季春之月日在胃，昏七星中。南方七星有井、鬼、柳、星、張、翼、軫七者，共爲朱鳥之宿。星即七星也，咮謂柳也。春秋緯文耀鉤云：「咮謂鳥陽，七星爲頸。」宋均注云：「陽猶首也。柳謂之咮，咮，鳥首也，七星爲咮鳥頸也。」咮與頸共在於午者，鳥之止宿，口屈在頸，七星與咮體相接連故也。鶉火星昏而在南方，於此之時，令民放火。咮星爲火之候，故於十二次咮爲鶉火也。建戌之月，即月令季秋之月「日在房。」東方七宿角、亢、氐、房、心、尾、箕七者，共爲蒼龍之宿。釋天云：「大辰，房心尾也。大火謂之大辰。」孫炎曰：「龍星明者，以爲時候大火心也，在中最明，故時候主焉。」以是故此傳心爲大火。九月日體在房，房心相近，與日俱出俱没，伏在日下，不得出見，故令民内火，禁放火也。火官合配其人蓋多，不知誰食於心、誰食於咮也。此傳鶉火、大火共爲出，火之候。周禮之注不言咮者，以咮非内火之候，故唯指大火以解出内之文，故其言不及咮也。陶唐氏之火正閼伯居商丘，閼，於葛反。○陶唐，堯有天下號。閼伯，高辛氏之子。傳曰：遷閼伯於商丘，主辰。辰，大火也。今爲宋星，然則商丘在宋地。○疏曰：史記五帝本紀云帝堯爲陶唐氏，是堯有天下，以陶唐爲代號也。氏猶家也，古言高辛氏、陶唐氏，猶言周家、夏家也。閼伯，高辛氏之子。遷閼伯於商丘主辰，皆昭元年傳文也。爾雅以大火爲大辰，是辰爲大火也。昭十七年傳云：「宋，大辰之墟。」是大火爲宋星也。閼伯已居商丘，祀大火，今大火爲宋星，則知宋亦居商丘。以此明之，故云然則商丘在宋地也。釋例云：「宋、商、商丘，三名一地，梁國睢陽縣也。傳曰：『陶唐氏之火正閼伯居商丘祀大火。』又曰：『宋，大辰之虚也。』然則商丘在宋。或以爲漳水之南，故殷虚爲商丘，非也。」是由商丘所在不明，故釋例與此注俱以閼伯明之。祀大火，而火紀時焉。謂出内火時。相土因之，故商主大火。相，息亮反，注同。○相土，契孫，商之祖也。始代閼伯之後居商丘，祀大火。○契，息列反。○疏曰：祀大火者，閼伯祀此大火之星，居商丘而祀火星也，相土因之，復主大火，是商丘之地屬大火也。然則，在地之土，各有上天之分。周禮保章氏：「以星土辨九州之地，所封封域皆有分星。」鄭玄云：「星土，星所主土也。封，猶界也。」「大界則曰九州，州中諸國之封域，於星亦有分焉，其書亡矣。」「今其存可言者，十二次之分也：星紀，吴、越也；玄枵，齊也；娵訾，衛也；降婁，魯也；大梁，趙也；實沈，晉也；鶉首，秦也；鶉火，周也；鶉尾，楚也；壽星，鄭也；大火，宋也；析木，燕也。」是言地屬於天，各有其分之事也。鄭唯云其存可言，不知存者本是誰説。其見於傳記者，則此云商主大火，昭元年傳云「參爲晉星」，二十八年傳云「龍，宋、鄭之星」，則蒼龍之方有宋、鄭之分也。又曰：以害鳥帑，周、楚惡之。則朱鳥之方有周、楚之分也。昭七年四月日食，傳稱：「魯、衛惡之」，「去衛地如魯地。」則春分之日在魯、衛之分也。又十年傳曰：「今茲歲在顓頊之虚，姜氏、任氏實守其地。」則於時歲星在齊、薛之分也。又三十二年傳曰：「越得歲而吴伐之」，凶。則於時歲星在吴、越之分也。晉語云：「實沈之虚，晉人是居。」周語云：「歲在鶉火，我有周之分野。」是有分野之言也。天有十二次，地有九州，以此九州當彼十二次。周禮雖云皆有分星，不知其分誰、分之也何、必所分能當天地。星紀於東北，吴、越實在東南，魯、衛東方諸侯，遥屬戍亥之次，又三家分晉方始有趙，而韓魏無分，趙獨有之，漢書地理志分郡國以配諸次，其地分或多或少，鶉首極多，鶉火甚狹，徒以相傳爲説，其源不可得而聞之。於其分野或有妖祥而爲占者，多得其效，蓋古之聖哲有以度知，非後人所能測也。

又曰：殷本紀：契生昭明，昭明生相土。相土是契孫也。本紀云：帝舜封契於商。鄭玄云：商國在大華之陽。皇甫謐云：今上洛商縣是也。如鄭玄意，契居上洛之商，至相土而遷於宋之商，及湯有天下，遠取契所封商以爲一代大號。服虔云：相土居商丘，故湯以爲天下號。王肅書序注云：契孫相土居商丘，故湯以爲國號。按詩述后稷云：即有邰家室。述契云：天命玄鳥，降而生商。即稷封邰而契封商也。若契之居商即是商丘，則契已居之，不得云相土因閼伯也。若别有商地，則湯之爲商不是因相土矣。且經傳言商未有稱商丘者，釋例云：「宋之先契佐唐虞封於商，武王封微子啓爲宋公，都商丘。」是同鄭玄説也。傳言商主大火，商謂宋也，宋主大火耳，成湯不主火也。宋是商後，謂宋爲商。昭八年傳曰自根牟至於商、衛，是名宋爲商之驗。釋例曰商、宋一地，謂此商也。相土，商之祖者，是湯之祖亦宋之祖也。堯封閼伯於商丘，比及相土，應歷數世，故云代閼伯之後居商丘祀大火也。

商人閱其禍敗之釁，必始於火，是以日知其有天道也。」閱，猶數也。商人數所更歷，恒多火災。宋是殷商之後，故知天道之災必火。○數，所主反。更，音庚。○襄公九年春秋左氏傳○惠王十五年，有神降于莘，惠王十五年，魯莊公二十二年。降，下也。下者，言自上而下，有聲象以接人。莘，虢地。王問於内史過内史，周大夫。過，其名。掌爵禄廢置及策命諸侯孤卿大夫。曰：「是何故？固有之乎？」故，事也。固猶嘗也。對曰：「有之。國之將興，其君齊明衷正、齊，一也。衷，中也。精潔惠和，其德足以昭其馨香，惠，愛也。馨香，芳香之升聞者。其惠足以同其民人。同，猶一也。神饗而民聽，民神無怨，故明神降之，觀其政德而均布福焉。國之將亡，其君貪冒辟邪、冒，抵冒也。淫佚荒怠、粗穢暴虐；其政腥臊，馨香不登；腥臊，臭惡也。登，上也。芳香不上聞於神，神不饗也，傳曰：黍稷非馨，明德惟馨。其刑矯誣，以詐用法曰矯，加誅無辜曰誣。百姓攜貳，攜，離也。貳，二心也。明神弗蠲，蠲，潔也。而民有遠志，欲，叛也。民神怨痛，無所依懷，懷，歸也。故神亦往焉，觀其苛慝而降之禍。苛，煩也。慝，惡也。是以或見神以興，亦或以亡。昔夏之興也，融降于崇山；融，祝融也。崇，崇高山也。夏居陽城，崇高所近。其亡也，回祿信於聆遂。回祿，火神。再宿爲信。聆遂，地名。商之興也，檮杌次於丕山；檮杌，鯀也。過信曰次。丕，大。邳山在河東。其亡也，夷羊在牧。夷羊，神獸。牧，商郊牧野。周之興也，鸑鷟鳴於岐山；三君云：「鸑鷟，鳳之别名也。」詩云：『鳳皇鳴矣，于彼高岡。』其在岐山之脊乎？」其衰也，杜伯射王于鄗。鄗，鄗京也。杜國，伯爵，陶唐氏之後。周春秋曰：「宣王殺杜伯而不辜，後三年，宣王會諸侯田於圃，日中，杜伯起於道左，衣朱衣朱冠，操朱弓朱矢，射宣王，中心折脊而死。」是皆明神之志者也。」志，記也，見記録在史籍者。王曰：「今是何神也？」對曰：「昔昭王娶於房，曰房后，昭王，周成王之孫、康王之子昭王瑕也。房，國名。實有爽德，協于丹朱，爽，二也。協，合也。丹朱，堯子。丹朱馮身以儀之，生穆王焉。馮，依也。儀，匹也。詩云：「實惟我儀。」言房后之行有似丹朱，丹朱馮依其身而匹偶之，生穆王。實臨照周之子孫而禍福之，夫神壹不遠徙遷焉。言神一心依馮於人，不遠徙遷焉。若由是觀之，其丹朱之神乎？」王曰：「其誰受之？」對曰：「在虢土。」言神在虢，虢其受之。王曰：「然則何爲？」何爲在虢？對曰：「臣聞之：道而得神，是謂逢福；逢，迎也。淫而得神，是謂貪禍。以貪取禍。今虢少荒，其亡乎？」王曰：「吾其若之何？」對曰：「使大宰以祝史帥狸姓，奉犧牲粢盛玉帛往獻焉，大宰，上卿，掌祭祀之式、玉幣之事。祝，大祝，掌祈福祥。史，大史，掌次主位。狸姓，丹朱之後。神不歆非類，故帥以往也。純色曰犧。無有祈也。祈，求也。勿有求請，禮之而已。○今按：左氏傳云：「對曰：以其物享之，其至之日，亦其物也。」彼注云：「享，祭也。若以甲乙日至祭先脾，玉用倉，服上青，以此類祭之。」二說不同，未知孰是。王使太宰忌父周公忌父也。帥傅氏及祝、史傅氏，狸姓也，在周爲傅氏。奉犧牲玉鬯往獻焉。玉鬯，鬯酒之圭，長尺二寸，有瓚，所以灌地降神之器〔六六〕。内史過從至虢，從，從大宰而往也。内史不掌祭祀，王以其賢，使聽之。虢公亦使祝、史請事焉。祝、史，虢之祝、史，祝應、史嚚也。内史過歸，告王曰：「虢必亡矣，不禋於神而求福焉，神必禍之。」潔祀曰禋。十九年晉取虢。惠王十九年，魯僖之五年。○國語周語○楚共王無冢適，冢，大也。○共，音恭。適，丁歷反，下無適同。有寵子五人，無適立焉，乃大有事于羣望，羣望，星辰山川。○疏曰：楚語云：「天子徧祀羣神」，「諸侯祀天地三辰及其土之山川。」孔晁云：三辰，日、月、星也。祀天地，謂二王後也。非二王後，祭分野山川而已。又元年傳云「辰爲商星」，「參爲晉星」，是諸侯得祭分野之星，知此羣望是星辰山川也。於十二次，鶉尾爲楚，當祀翼軫之星及其國内山川。哀六年傳曰：「江、漢、睢、漳，楚之望也。」其山蓋荆山、衡山之類。而祈曰：「請神擇於五人者，使主社稷。」乃徧以璧見於羣望曰：「當璧而拜者，神所立也，誰敢違之？」既，乃與巴姬密埋璧於大室之庭。徧，音遍。見，賢遍反。巴，必加反。埋，亡皆反。大，音泰。○巴姬，共王妾。大室，祖廟。○疏曰：知者，襄十二年傳云：楚司馬子庚聘於秦，爲夫人寧，禮也。彼秦女是夫人，明巴姬是妾。○昭公十三年春秋左氏傳○夏之衰也，褒人之神化爲二龍，以同于王庭，褒人，褒君。共處曰同。而言曰：「余，褒之二君也。」二先君也。夏后卜殺之與去之與止之，莫吉。止，留也。卜請其漦而藏之，吉，漦，龍所吐沫，龍之精氣也。乃布幣焉而策告之。布，陳也。幣，玉帛也。陳其玉帛，以簡策之書告龍而請其漦。

龍亡而漦在，櫝而藏之，櫝，櫃也。傳郊之。」傳祭於郊。及殷、周，莫之發也。國語鄭語

小宗伯：凡天地之大災，類社稷宗廟，則爲位。禱祈禮輕。類者，依其正禮而爲之。○疏曰：天災，謂日月食星辰奔殞。地災，謂震裂。則類祭社稷及宗廟，則亦小宗伯爲位祭之。又曰：凡言類者，皆謂依事類而爲之。但求福曰禱〔六七〕，禮輕；得求曰祠，祠禮重。則祠者依正祭之禮，禱禮輕者，雖依正禮，祭饌略少。○春官○鼓人：救日月，則詔王鼓。救日月食，王必親擊鼓者，聲大異。春秋傳曰：「非日月之眚，不鼓。」○眚，生領反。○疏曰：謂日月食時，鼓人詔告於王，擊鼓，聲大異以救之。按大僕職云：「軍旅田役，贊王鼓。」鄭注云：「佐擊其餘面。」又云：「救日月食，亦如之。」大僕亦佐擊其餘面。鄭既云「佐擊其餘面」，則非只兩面之鼓。按：上解祭日月與天神同用雷鼓，則此救日月亦宜用雷鼓八面，故大僕與戎右俱云贊王鼓，得佐擊餘面也。按：莊二十五年左氏傳：「夏六月辛未朔，日有食之，鼓，用牲于社，非常也。唯正月之朔，慝未作，日有食之，於是乎用幣于社，伐鼓于朝。」若然，此救日食用鼓，惟據夏四月陰氣未作，純陽用事日，又大陽之精於正陽之月被食爲災，故有救日食之法，他月似無救理。尚書胤征季秋九月日食救之者，上代之禮，不與周同。諸侯用幣於社，伐鼓於朝，退自攻責。若天子法，則伐鼓於社，昭十七年昭子曰：日食，天子「伐鼓于社。」是也。又曰：「救日月食王必親擊鼓者聲大異」，言聲大異者，但日月食始見其微兆，未有災驗，故云異也。引春秋傳者，亦莊二十五年傳云：「秋大水，鼓，用牲于社于門，亦非常也。凡天災，有幣無牲，非日月之眚不鼓。」譏其爲大水用鼓。引之，證其日月得有用鼓法。春秋不記救月者，但日食是陰侵陽、臣侵君之象，故記之。月食是陽侵陰、

君侵臣之象〔六八〕，非逆事，故略不記之也。○地官○大僕：救日月，贊王鼓。日月食時，春秋傳曰：「非日月之眚，不鼓。」○疏曰：云「亦如之」者，大僕亦贊王鼓，佐擊其餘面。但日食陰侵陽，當與鼓神祀同用雷鼓也。若然，月食當用靈鼓。但春秋記日食不記月者，以日食陰侵陽，象臣侵君，非常，故記之。月食陽侵陰，象君侵臣，故不記。此云救日月食，明亦擊鼓救可知。云春秋者，左氏莊二十五年：「日有食之，鼓，用牲于社。」彼傳鼓與牲並譏之。以彼傳云：「唯正月之朔，慝未作，日有食之，於是乎用幣于社，伐鼓于朝。」若然，唯四月正陽之月乃擊鼓，彼四月不合擊鼓之月，天災有幣無牲，故亦譏之也。彼傳又云：「秋大水，鼓，用牲于門。」亦非常。傳曰：「非日月之眚，不鼓。」若然，此言爲秋大水擊鼓。而故引之者，欲見日月食時皆合擊鼓，與此文同也。○夏官

右天地大災○傳：莊公二十五年六月辛未，朔，日有食之，鼓，用牲于社。鼓，伐鼓也。用牲以祭社，傳例曰：「非常也〔六九〕。」○疏曰：尚書召誥云：「用牲于郊，牛二。」如此之類，言用牲者皆用之以祭，知此用牲以祭社也。鼓之所用，必是伐之，伐理可見，故不言伐鼓。牲不言用，則牲無所施，於文不足，故言用牲。傳稱：正月之朔，慝未作，日有食之，於是乎用幣於社，伐鼓於朝。正月，謂周六月也。此經雖書六月，杜以長曆校之，此是七月。七月用鼓，非常月也。鼓當於朝，而此鼓於社，非其處也。社應用幣，而於社用牲，非所用也。一舉而有三失，故譏也。左氏曰：非常也。非常鼓之月。長曆推之，辛未實七月朔，置閏失所，故致月錯。○疏曰：此及文十五年、昭十七年皆書：六月朔，日有食之。昭十七年傳稱：「祝史請所用幣」，昭子許之，「平子禦之，曰：『止也。唯正

月朔，慝未作，日有食之，於是乎有伐鼓用幣，禮也，其餘則否。』大史曰：『在此月也。』」經書「六月」而史言「在此月」，則知傳言正月之朔慝未作者，謂此周之六月、夏之四月也。文十五年傳直説天子諸侯鼓幣異禮，不言非常，知彼言六月直六月也，此亦六月而云「非常」，下句始言「唯正月之朔」有「用幣」、「伐鼓」之禮，明此經雖書六月，實非六月，故云非常。鼓之月，長曆推此辛未七月之朔，由置閏失所，故致月錯不應置閏，而置閏誤，使七月爲六月也。釋例曰：「莊公二十五年，經書『六月辛未，朔，日有食之』，實是七月朔，非六月，故傳云非常也。唯正月之朔有用幣伐鼓，明此食非用幣伐鼓常月，因變而起，曆誤也。文十五年經文皆同而更復發，傳曰非禮者，明前傳欲以審正陽之月，後傳發例欲以明諸侯之禮，此乃聖賢之微旨而先儒所未喻也。」劉炫云：知非五月朔者，昭二十四年五月日有食之，傳云日過分而未至，此若是五月，亦應云過分而未至也。今言慝未作，則是已作之辭，故知非五月。按二十四年八月丁丑，夫人姜氏入，從彼推之，則六月辛未朔非有差錯。杜云置閏失所者，以二十四年八月以前誤置一閏，非是八月以來始錯也。**唯正月之朔，慝未作，**正，音政。○正月，夏之四月，周之六月，謂正陽之月。今書六月而傳云「唯」者，明此月非正陽月也。慝，陰氣。○慝，他得反。夏，户雅反。○疏曰：昭十七年傳大史論正月之事云當夏四月，是謂孟夏，知正月是夏之四月、周之六月也。詩云：「正月繁霜。」鄭玄云：「夏之四月，建巳，純陽用事。」是謂正月爲正陽之月。慝，惡也。人情愛陽而惡陰，故謂陰爲惡，故云慝陰氣也。未作，謂陰氣未起也。**日有食之，於是乎用幣于社，伐鼓于朝。**日食，曆之常也。然食於正陽之月，則諸侯用幣於社，請救於上。公伐鼓於朝，退而自責，以明陰不宜侵陽，臣不宜掩君，以示大義。○疏曰：古之曆書亡矣，漢興以來，草創其術，三統以爲五月二十三分月之二十而日月交會。近世爲曆者皆以爲一百七十三日有餘而日一食，是日食者曆之常也。古之聖王因事設戒，夫以昭昭大明照臨下土，忽爾殲亡，俾晝作夜，其爲怪異莫斯之甚，故立求神請救之禮、責躬罪己之法。正陽之月，陽氣尤盛，於此尤盛之月而爲弱陰所侵，故尤忌之也。社是上公之神，尊於諸侯，故用幣於社，請救於上公，伐鼓於朝，退而自攻責也。日食者，月揜之也。日者，陽之精；月者，陰之精。日，君道也；月，臣道也。以明陰不宜揜陽，臣不宜揜君，以示夫大義也〔七〇〕。昭公二十九年傳曰：「故有五行之官，是謂五官，實列受氏姓，封爲上公，祀爲貴神。社稷五祀，是尊是奉。」故杜以社爲上公之神。○公羊子曰：日食則曷爲鼓、用牲于社？據日食在天。

○疏曰：「據日食在天」者，謂日食在天上，何由于地而鼓用牲乎？求乎陰之道也。求，責求也。以朱絲營社，或曰脅之，或曰爲闇，恐人犯之，故營之。或曰者，或人辭，其義各異也。或曰脅之，與責求同義。社者，土地之主也。月者，土地之精也。上繫於天而犯日，故鳴鼓而攻之，脅其本也。朱絲營之，助陽抑陰也。或曰爲闇者，社者，土地之主尊也，爲日光盡，天闇冥，恐人犯歷之，故營之。然此説非也。記或傳者，示不欲絶異説爾。先言鼓，後言用牲者，明先以尊命責之，後以臣子禮接之，所以爲順也。不言鼓於社用牲者，與禘於大廟用致夫人同，嫌起用牲爲非禮。書者善内感，懼天災應變得禮也。是後夫人遂不制通於二叔，殺二嗣子也。○疏曰：「或曰」至「説非也」，解云：知其非者，正以日食者陰氣侵陽，社官五土之神，理宜抑之，而反營衛失抑陰之義故也。「不言」至「非禮」，解云：公羊之義，救日食而有牲者，以臣子之道接之故也，與左氏天災有幣無牲異矣。僖八年「秋七月，禘於大廟，用致夫人」，彼注云：「以致文在廟下，不使入廟，知非禮也。」然則，此經若鼓用牲之文在於社之下，不使在社上，則用牲爲非禮。若然，上二十四年傳云「用者，不宜用也」，而此注復以用牲爲得禮者，公羊之義以用爲時事，不必著不宜也。

○穀梁子曰：言日言朔，食正朔也。鼓用牲于社，鼓，禮也；用牲，非禮也。天子救日，置五麾，陳五兵、五鼓；麾，旌旛也。五兵，矛、戟、鉞、楯、弓矢。諸侯置三麾，陳三鼓、三兵；大夫擊門，士擊柝，言充其陽也。凡有聲，皆陽事，以壓陰氣。柝，兩木相擊。充，實也。○疏曰：按莊三十年注云：「救日用牲，既失之矣。」非正陽之月而又伐鼓，亦非禮。今伐鼓於建巳之月，故曰禮也。用牲非常，故云非禮也。五麾者，糜信云：各以方色之旌置之五處也。五兵者，徐邈云：矛在東，戟在南，鉞在西，楯在北，弓矢在中央。糜信與范數五兵與之同，是相傳說也。五鼓者，糜信、徐邈並云：東方青鼓，南方赤鼓，西方白鼓，北方黑鼓，中央黃鼓。按五兵有五種，未審五鼓是一鼓有五色、爲當五種之鼓也？何者？周禮有六鼓：雷鼓、靈鼓、路鼓、鼖鼓、鼛鼓、晉鼓之等。若以爲五種之鼓，則不知六鼓之內竟去何鼓？若以爲一種之鼓，則不知六鼓之內竟取何鼓？又周禮云「雷鼓鼓神祀」，則似救日之鼓用雷鼓，但此用之於社。周禮又云「靈鼓鼓社稷祭」，則又似救日食之鼓用靈鼓。進退有疑，不敢是正，故直述之而已。檢糜、徐兩家之說，則以五鼓者非六鼓之類，別用方色鼓而已。諸侯三者，則云降殺以兩去黑、黃二色，是非六鼓之類也。下云「大夫擊門，士擊柝」，則此陳五鼓亦擊之也。但擊之時陳列於社之塋域，因五兵、五麾是陳，故亦以陳言之，非謂直陳而不擊也。○左氏、公羊、穀梁傳通脩。○文公十五年六月，日有食之。鼓，用牲于社。左氏曰：非禮也。得常鼓之月而於社用牲，爲非禮。○疏曰：此與莊二十五年經文正同。彼傳云「非常」，此傳云「非禮」者，彼失常鼓之月，言鼓之爲非常，此得常鼓之月而用牲，爲非禮。彼云「六月」，實是七月，傳因日月之變以起時曆之誤，故釋例曰：「文十五年與莊二十五年經文皆同而更復發。傳曰『非禮』者，明前傳欲以審正陽之月，後傳發例欲以明諸侯之禮而用牲，爲非禮也。此乃聖賢之微旨而先儒所未喻也。」是解二傳不同之意。日有食之，天子不舉，去盛饌。○去，起呂反。饌，仕眷反。○疏曰：周禮膳夫：「掌王之食飲膳羞，以養王及后世子。」「王日一舉，鼎十有二物，皆有俎。」「天地有災則不舉〔七一〕。」鄭玄云：「殺牲盛饌曰舉。」今云「天子不舉」，是去盛饌，貶膳食也。伐鼓于社；責羣陰。伐，猶擊也。○疏曰：郊特牲云：「社祭土而主陰氣也，君南鄉於北墉下，答陰之義也。」論語云：「鳴鼓而攻之。」伐鼓者是攻責之事，故云「責羣陰」也。日食者，陰侵陽，故責陰以救日。孔安國尚書傳云：「凡日食，天子伐鼓於社，責上公。」然則，社以上公配食，天子伐，鼓責羣陰，亦以責上公也。諸侯用幣於社，請上公，亦以請羣陰也。互相備也。諸侯用幣于社，社尊於諸侯，故請救而不敢責之。○疏曰：昭二十九年傳曰：「封爲上公，祀爲貴神。社稷五祀，是尊是奉。」是社爲上公之神，尊於諸侯。禮用幣者，皆是告請神明之事。以社尊，故用幣，請救而不敢攻責也。陰侵陽而請陰者，請止而勿侵陽也。伐鼓于朝，退自責。以昭事神、訓民、事君。天子不舉，諸侯用幣，所以事神。尊卑異制，所以訓民。○疏曰：天子不舉，自貶食耳。而以爲事神者，畏敬神明，乃自貶損。徹膳不舉，亦是事神之義，故通以不舉爲事神也。亦有等威，古之道也。等，威儀之等差。○差，初佳反，又初宜反。○昭公十七年，六月甲戌朔，日有食之。左氏曰：祝史請所用幣，禮：正陽之月日食，當用幣於社，故請之。○疏曰：日月之氣運行於天〔七二〕，一消一息，周而復始。十一月建子爲陽始，五月建午爲陰始，以易爻卦言之，從建子之後，每月一陽息，一陰消〔七三〕，至四月建巳，六陰消盡〔七四〕，六陽並盛〔七五〕，是爲純乾之卦、正陽之月也。從建午之後，每月一陰息，一陽消，至十月建亥，六陰並盛，是爲純坤之卦、正陰之月也。此年六月日食，是夏之四月，正陽之月也。禮：正陽之月日食，諸侯當用幣於社，故魯之祝史依禮法請所用之幣。昭子曰：「日有食之，天子不舉，不舉盛饌。○饌，仕眷反。伐鼓於社；責羣陰。諸侯用幣於社，請上公。伐鼓於朝，退自責。禮也。」平子禦之，禦，魚呂反。○禦，禁也。曰：「止也。唯正月，朔，慝未作，日有食之，於是乎有伐鼓用幣，禮也，其餘則否。」太史曰：「在此月也。正月，謂建巳正陽之月也。於周爲六月，於夏爲四月。慝，陰氣也。四月純陽用事，陰氣未動而侵陽，災重，故有伐鼓用幣之禮也。平子以爲六月非正月，故太史答言在此月也。○正月，音政。夏，户雅反，下文當夏、注當夏皆同。○疏曰：昭子雖不言正月而云日食之禮，明此月即是正月也。文十五年傳與此昭子之言正同，是正法有此禮也。殺牲盛饌曰舉，故「天子不舉」，謂去盛饌也。郊特牲云：「社，所以神地之道也」，「祭土而主陰氣也。」則社是羣陰所聚。論語云：「鳴鼓而攻之。」伐鼓者是攻責之事，故爲責羣陰亦以責上公也。二十九年傳曰：「封爲上公，祀爲貴神。社稷五祀，是尊是奉。」是社爲上公之神，尊於諸侯，故諸侯用幣于社，請上公亦所以請羣陰，請令勿侵陽也。然伐鼓于社云「責羣陰」，用幣於社云「請上公」，社文是一，二注不同者，以天子之尊，無所不責，故云「責羣陰」也。諸侯南面之君，於諸侯之内唯請上公，故云「請上公」也。又曰：平子聞有此禮而不知正月是周之六月，故止其請幣仍説正禮。慝，惡也，人情愛陽而惡陰，故謂陰爲慝。五月陰始生，故四月陰未作也。平子亦不識慝爲陰義，故語雖得禮而心不肯從平子，蓋以正月爲歲首之月，故云「其餘則否」。大史以平子不識正月，故爲辨之，所言慝未作所以行伐鼓用幣之禮，正當在此月也〔七六〕。因爲説日食之禮，引夏書以證之。日過分而未至，過春分而未夏至。三辰有災，三辰，日、月、星也。日月相侵，又犯是宿，故三辰皆爲災。○宿，音秀。於是乎百官降物，降物，素服。君不舉，辟移時；辟正寢過日食時。樂奏鼓，伐鼓。○疏曰：樂奏鼓與下瞽奏鼓一也。樂謂作樂之人，即瞽矇也。奏，訓進也。孔安國尚書傳云：「瞽，樂官。」樂官進鼓，則伐之，故杜云「伐鼓也」。其日食，王或有至社親伐鼓之時，故周禮大僕云：「凡軍旅田役，贊王鼓，救日月食亦如之。」鄭玄云：「王通鼓，佐擊其餘面。」則日食王有親鼓之時也。祝用幣，用幣於社。史用辭。用辭以自責。故夏書曰：『辰不集于房，逸書也。集，安也。房，舍也。日月不安其舍則食。瞽奏鼓，瞽，樂師。嗇夫馳，庶人走』，嗇，音色。○車馬曰馳，步曰走，爲救日食備也。○疏曰：此尚書胤征文也。彼云：「乃季秋月朔，辰弗集於房。」彼季秋日食，亦以此禮救之。傳言：唯正月朔日食，乃有伐鼓用幣，餘月則否。引夏書而與夏書違者，蓋先代尚質，凡有日食皆用鼓幣，周禮極文，周家禮法見事有差降〔七七〕，唯正陽之月特用鼓幣，餘月則否。又曰：杜以鳥止謂之集，故訓集爲安也。孔安國云：「房，所舍之次。集，合也。」不合則日食可知。與杜少異。又曰：杜以馳是馬疾行，故云「車馬曰馳，步曰走」。孔安國云：「嗇夫，主幣之官，馳取幣，禮天神。」嗇夫於周禮無文，鄭注覲禮云：「嗇夫，蓋司空之屬也。」則官屬司空，庶人在官，若胥徒之屬，使之取幣而禮天神也。衆人走，供救日食之百役也。嗇夫取幣未必馳車，蓋馳走相對，變其文耳。言「禮天神」者，謂天子之禮。傳無天子禮天神之事，文不具。此月朔之謂也。當夏四月，是謂孟夏。」言此六月當夏家之四月。平子弗從，昭子退曰：「夫子將有異志，不君君矣。」安君之災，故曰有異志。○疏曰：日食陰侵陽、臣侵君之象，救日食所以助君抑臣也。平子不肯救日食，乃是不君事其君也。劉炫云：乃是不復以君爲君矣。○春秋左氏傳〔七八〕

○羲和湎酒，廢時亂日，湎，音緬，面善反。○羲氏、和氏，世掌天地四時之官，自唐虞至三代世職不絶。承太康之後，沈湎於酒，過差非度，廢天時，亂甲乙。○差，初責反，又初佳反。胤往征之。胤國之君受王命征之。惟時羲和顛覆厥德，顛覆，言反倒。沈亂于酒，畔官離次，沈，謂醉冥，失次位也。○疏曰：没水謂之沈，大醉冥然無所復知，猶沈水然，故謂醉爲沈。俶擾天紀，遐棄厥司，俶，尺六反。擾，而小反。○俶，始。擾，亂。遐，遠也。紀，謂時日。司，所主也。○疏曰：「俶，始」，「遐，遠」：皆釋詁文。擾謂煩亂，故爲亂也。洪範五紀，五曰曆數，所以紀天時。此言天紀，謂時日，此時日之事，是羲和所司棄其所主。乃季秋月朔，辰弗集于房。辰，日月所會。房，所舍之次。集，合也。不合即日食可知。○疏曰：昭七年左傳曰：晉侯問於士文伯曰〔七九〕：「何謂辰？」對曰：「日月之會。」日月俱右行於天，日行遲，月行疾。日每日行一度，月日行十三度十九分度之七，計二十九日過半月已行天一周，又逐及日而與日聚會，此聚會爲辰。一歲十二會，故爲十二辰，即子、丑、寅、卯之屬是也。房，謂室之房也，故爲「所舍之次」。計九月之朔，日月當會於大火之次。釋言云：「集，會也。」會即是合，故爲合也，日月當聚會共舍。今言日月不合於舍，則是日食可知也。日食者，月掩日也。月體掩日，日被月映，即不成共處，故以不集言日食也。或以爲房謂房星，九月日月會於大火之次房心〔八〇〕，共爲大火。言辰在房星，事有似矣。知不然者，以集是止舍之處，言其不集於舍，故得以表日食。若言不集於房星，似太遲太疾，惟可見曆錯不得以表日食也。且日之所在星宿不見，正可推筭以知之，非能舉目而見之。君子慎疑，寧當以日在之宿爲文，以此知其必非房星也。**瞽奏鼓，嗇夫馳，庶人走，**嗇，音色。○凡日食，天子伐鼓於社，責上公。瞽，樂官，樂官進鼓則伐之。嗇夫，主幣之官，馳取幣禮天神。衆人走，供救日食之百役也。○供，音恭。○疏曰：文十五年左傳云：「日有食之，天子不舉，伐鼓于社。諸侯用幣于社，伐鼓于朝。」杜預以爲「伐鼓于社」，「責羣陰」也。此傳言責上公者〔八一〕，郊特牲云：「社祭土而主陰氣也，君南鄉北墉下，答陰之義也。」是言社主陰也。日食，陰侵陽，故杜預以爲責羣陰也。昭二十九年左傳云：「封爲上公，祀爲貴神。社稷五祀，是尊是奉。」是社祭句龍爲上公之神也。日食，臣侵君之象，故傳以爲「責上公」，亦當羣陰、上公並責之也。周禮瞽矇之官掌作樂，瞽爲樂官，樂官用無目之人，以其無目，於音聲審也。詩云：「奏鼓簡簡。」謂伐鼓爲奏鼓，知樂官進鼓則伐之。周禮大僕：「軍旅田役，贊王鼓，救日月亦如之。」鄭玄云：「王通鼓，佐擊其餘面。」則救日之時，王或親鼓。莊二十五年穀梁傳曰：「天子救日，置五麾，陳五兵五鼓。」陳既多，皆樂人伐之。周禮無嗇夫之官，禮云：「嗇夫承命告於天子。」鄭玄云：「嗇夫，蓋司空之屬也。」嗇夫主幣，禮無其文。此云嗇夫馳，必馳走有所取也〔八一〕。左傳云「諸侯用幣」，則天子亦當有用幣之處，嗇夫必是主幣之官，馳取幣也。社神尊於諸侯，故諸侯用幣於社以請救，天子伐鼓於社必不用幣。知嗇夫「馳取幣禮天神」、「庶人走」蓋是庶人在官者，謂諸侯胥徒也，其走必有事，知爲「供救日食之百役也」。曾子問云：諸侯「從天子救日食，各以方色與其兵。」周禮庭氏云：「救日之弓矢。」是救日必有多役庶人走供之。鄭注庭氏云：以救日爲太陽之弓，救月爲太陰之弓，救日以枉矢，救月以恒矢，其鼓則蓋用祭天之雷鼓也。昭十七年「夏六月甲戌朔，日有食之」。左傳云季平子曰：「惟正月朔，慝未作，日有食之，於是乎有伐鼓用幣，禮也。其餘則否。」太史曰：「在此月也。當夏四月，是謂孟夏。」如彼傳文，惟夏四月有伐鼓用幣之禮，餘月則不然。此以九月日食亦奏鼓用幣者，顧氏云：夏禮異於周禮也。羲和尸厥官罔聞知，主其官而無聞知於日食之變異，所以罪重。昏迷于天象，以干先王之誅。闇錯天象，言昏亂之甚。干，犯也。政典曰：「先時者殺無赦，政典，夏后爲政之典籍，若周官六卿之治典。先時，謂曆象之法、四時節氣、弦望晦朔，先天時則罪死無赦。不及時者殺無赦。」不及，謂曆象後天時。雖治其官，苟有先後之差則無赦，況廢官乎？○疏曰：胤侯，夏之卿士。引政典而不言古典，則當時之書，知夏后爲政之典籍也。周禮大宰：「掌建邦之六典，以佐王治邦國」：一曰治典，二曰教典，三曰禮典，四曰政典，五曰刑典，六曰事典。若周官六卿之治典，謂此也。先時、不及者，謂此曆象之法、四時節氣、弦望晦朔不得先天時，不得後天時，四時時各九十日，有餘分爲八節，節各四十五日有餘也。節氣者，周天三百六十五日四分日之一，四時分之，均分爲十二月，則月各得三十日十六分日之七，以初爲節氣，半爲中氣，故一歲有二十四氣也。計十二月每月二十九日彊半也，以月初爲朔月盡爲晦，當月之中日月相望，故以月半爲望，望去晦朔皆不滿十五日也。又半此望去晦朔之數名之曰弦，弦者，言其月光正半如弓弦也。晦者，月盡無月，言其闇也。朔者，蘇也，言月死而更蘇也。先天時者，所名之日在天時之先，假令天之正時，當以甲子爲朔，今曆乃以癸亥爲朔，是造曆先天時也。若以乙丑爲朔，是造曆後天時也，後即是不及時也。其氣望等皆亦如此。今予以爾有衆奉將天罰。將行也，奉王命行王誅謂殺湎淫之身立其賢子弟。○疏曰：羲和顛倒其奉上之德，而沈没昏亂於酒，違叛其所掌之官，離其所居位次，始亂天之紀綱，遠棄所主之事。乃季秋九月之朔，日月當合於辰，其日之辰日月不合於舍，不得合辰，謂日被月食。日有食之禮，有救日之法，於時瞽人、樂官進鼓而擊之，嗇夫馳騁而取幣以禮天神，庶人奔走供救日食之百役，此爲災異之大，羣官促遽。若此羲和主其官而不聞知日食，是大罪也。此羲和昏闇，迷錯於天象，以犯先王之誅，此罪不可赦也。故先王爲政之典曰：上曆之官爲曆之法，節氣先天時者殺無赦，不及時者殺無赦。失前失後尚猶合殺，況乎不知日食，其罪不可赦也。況彼罪之大，言己所以征也。○

昭公十七年冬，有星孛于大辰，西及漢。夏之八月，辰星見在天漢西。今孛星出辰西，光芒東及天漢。○夏，户雅反，下文同。見，賢遍反。○疏曰：星孛文在冬下，經傳皆無其月，但冬以十月爲初，故以夏之八月解之也。月令：「仲秋之月，日在角，昏牽牛中。」大辰是房心尾也，其星處於東方之時，在角星之北，故以八月之昏角星與日俱没，大辰見於西方也。天漢在箕斗之閒，於是時，天漢西南東北邪列於天，大辰之星見在天漢之西也。今孛星又出於大辰之西，而尾東指，光芒歷辰星，而東及天漢也。鄭裨竈言於子産曰：「宋、衛、陳、鄭將同日火。若我用瓘斝玉瓚，鄭必不火。」裨，婢支反。瓘，古亂反。斝，古雅反。瓚，才旦反。○瓘，珪也。斝，玉爵也。瓚，勺也。欲以禳火。○勺，上若反。禳，本亦作攘，如羊反，下同。○疏曰：瓘是玉名，此傳所云皆是成就之器，故知瓘是珪也。斝是爵名，玉字在斝瓚之閒，知斝亦以玉爲之，故云「斝玉爵」也。周禮典瑞云：「裸圭有瓚。」鄭司農云：「於圭頭爲器，可以挹鬯裸祭，謂之瓚。」國語謂之鬯瓚。鄭玄云：「漢禮瓚盤大五升，口徑八寸，下有盤，口徑一尺。」考工記玉人云：「裸圭尺有二寸，有瓚以祀廟。」鄭玄云：「瓚如盤，有柄用圭，有流前注。」鄭玄詩箋云：「圭瓚之狀，以圭爲柄，黄金爲勺，青金爲外，朱中央。」是瓚爲勺，共祭祀之器也。裨竈欲用此三物以禳火。子産弗與。以爲天災流行，非禳所息故也，爲明年宋、衛、陳、鄭災傳〔八三〕。十八年夏五月，火始昏見。見，賢遍反。○火，心星。丙子，風。梓慎曰：「是謂融風，火之始也。東北曰融風。融風，木也。木，火母，故曰火之始。○疏曰：東北曰融風，易緯作調風，俱是東北風。一風有二名，東北木之始，故融風爲木也。木是火之母，火得風而盛，故融爲火之始。七日，其火作乎。」從丙子至壬午，七日。壬午，水火合之日，故知當火作。戊寅，風甚。壬午，大甚，宋、衛、陳、鄭皆火。梓慎登大庭氏之庫以望之，大庭氏，古國名，在魯城内。魯於其處作庫，高顯，故登以望氣，參近占以審前年之言。○大甚，本或作「火甚」。處，昌慮反。故登以望氣，本或作「以望氛氣」。○疏曰：甚者，益盛之言也。丙子初風，連日不息，至戊寅而風益甚，至壬午而風又大甚。初言融風，是東北風也。蓋自丙子至壬午，風不迴而稍益盛。傳雖主言魯國之風，彼四國亦當然也。又曰：大庭氏，古天子之國名也，先儒舊説皆云炎帝號神農氏，一曰大庭氏。服虔云：在黄帝前。鄭玄詩譜云：大庭在軒轅之前。亦以大庭爲炎帝也。對文則藏馬曰廄，藏車曰庫。曲禮云：「在府言府，在庫言庫。」鄭玄云：「府謂寶藏貨賄之處，庫謂車馬兵甲之處。」又大學云「未有府庫財非其財者」，則庫亦藏財貨，非獨車馬甲兵也。古之大庭嘗都於魯，其虚在魯城内，魯於其處作庫而其地高顯，故梓慎登之以望氣。梓慎往年言「其將火」，今更望氣參驗近占，以審己前年之言信也。梓慎所望，望天氣耳，非能望見火也。而何休難云：「宋、衛、陳、鄭去魯皆數千里，爲登高以見其火，豈實事哉？」劉炫云：按左傳不言望火，何以言見其火？玄卿以爲孔子登泰山見吴門外之白馬，離婁覩千里之毫末，梓慎既非常人，何知不見數百里之煙火？孔子在陳知桓僖災者，豈復望見之乎？若見火知災，則人皆知之矣，何所貴乎梓慎，左氏傳而編記之哉？且四國去魯纔數百里，而何休云數千里，雖意欲其遠，亦虚妄之極。梓慎所望自當有以知之，不知見何氣知其災也。服虔云：四國次有火氣也，梓慎不言夜望，安知望次？陳獨無次，何所望哉？今以爲服解義或然也。曰：「宋、衛、陳、鄭也。」數日皆來告火。數，所主反。○言經所以書。裨竈曰：「不用吾言，鄭又將火。」前年禆竈欲用瓘斝禳火，子産不聽，今復請用之。○禳，如羊反。復，扶又反，下同。鄭人請用之，信竈言。子産不可。子大叔曰：「寶以保民也，若有火，國幾亡。可以救亡，子何愛焉？」子産曰：「天道遠，人道邇，非所及也，何以知之？竈焉知天道？是亦多言矣，豈不或信？」幾，音祈，又音機。焉，於虔反。○多言者或時有中。○中，丁仲反。遂不與。亦不復火。傳言天道難明，雖禆竈猶不足以盡知之。○春秋左氏傳○哀公六年，有雲如衆赤鳥，夾日以飛三日。楚子使問諸周大史，周大史曰：「其當王身乎！夾，古洽反。大，音太。○日爲人君妖氣守之，故以爲當王身。雲在楚上，唯楚見之，故禍不及他國。若禜之，可移於令尹、司馬。」禜，音詠。○禜，禳祭。○禳，如羊反，下同。王曰：「除腹心之疾而寘諸股肱，何益？不穀不有大過，天其夭諸？有罪受罰，又焉移之？」遂弗禜。春秋左氏傳○昭公二十六年，齊有彗星，彗，似歲反，又息遂反。○出齊之分野，不書，魯不見。○分，扶問反。○疏曰：言齊有彗星而齊侯使禳之，明出齊之分野，出於玄枵之次也。彗即孛也。文十四年有星孛入於北斗，十七年有星孛於大辰，彼皆書，此不書者，時魯不見，或陰不見。齊侯使禳之。祭以禳除之。晏子曰：「無益也，祇取誣焉。祇，音支。○誣，欺也。天道不謟，謟，本又作慆，他刀反。○謟，疑也。不貳其命，若之何禳之？且天之有彗也，以除穢也。若無穢德，又何禳焉？若德之穢，禳之何損？詩曰『惟此文王，小心翼翼。昭事上帝，聿懷多福。厥德不回，以受方國。』聿，户橘反。○詩大雅。翼翼，共也。聿，惟也。回，違也。言文王德不違天人，故四方之國歸往之。○疏曰：詩大雅大明之篇也。惟此文王慎小其心，翼翼然共順也，又能明事上天，惟行上天之道，思使自得多福，其德不有回邪，以受四方之國，言四方皆歸之。君無違德，方國將至，何患於彗？詩曰：『我無所監，夏后及商。用亂之故，民卒流亡。』夏，户雅反。○逸詩也。言追監夏商之亡，皆以亂故。若德回亂，民將流亡，祝史之爲，無能補也。」公說，乃止。春秋左氏傳○梁山崩，梁山，晉望也，崩在魯成五年。以傳召伯宗，傳，直戀反，注及下同。○傳，驛也。伯宗，晉大夫孫伯糾之子。遇大車當道而覆，大車，牛車也。立而辟之，曰：「辟傳。」辟，步亦反。曰辟，音避。○辟，使下道避傳車。對曰：「傳爲速也，若俟吾辟之，則加遲矣。加，益也。不如捷而行。」旁出爲捷。伯宗喜，問其居，曰：「絳人也。」絳，晉國都。伯宗曰：「何聞？」曰：「梁山崩而以傳召伯宗。」問曰：「將若何？」對曰：「山有朽壞而自崩，將若何？朽，腐也。不言失政所爲而稱朽壞，言遜也。夫國主山川，主，爲山川主也。孔子曰：夫顓臾爲東蒙主。故川涸山崩，君爲之降服、出次，涸，竭也。川竭則山崩。降服，縞素也。出次，次於郊也。乘縵不舉，策於上帝，縵，車無文也。不舉，不舉樂也。策於上帝，以簡策之文告於上帝，周禮：「四鎮五嶽崩，命去樂。」國三日哭，以禮焉。以禮於神也，周禮：國有大災，三日哭。○今按：成公五年左氏傳載語云：「君爲之不舉，降服乘縵，徹樂出次，祝幣，史辭，以禮焉。」無策於上帝、三日哭之事，與此小異，未知孰是。○

爲，于僞反。縵，武旦反，又莫半反。雖伯宗亦然如是而已，其若之何？」問其名，不告，請以見，弗許。以見於君。伯宗及絳，以告，君從之。以車者之言告君，君從之。○國語晉語

維王后元祀，王，謂禹也。后，君也。元祀，謂禹始居攝爲君也。祀，年也。帝令大禹步于上帝。帝，舜也。步于，猶推於也。上帝，謂天道。令禹推演天道，謂覩得其細微也。維時洪祀六沴〔八四〕，用咎于下〔八五〕，洪，謂大也，始大祀六沴之神。咎，猶極也。用極於下者，謂備極其祀之豐美也。是用知不畏而神之怒。而，乃也。舜任禹，禹能治其事，無其神。舜不畏，乃神之怒可知也。若六沴作見，若是共禦，帝用不差，神則不怒，若，是順也。共，讀曰恭。禦，止也。消，散也。舜見禹知人，遂專一用之，無復疑也。五福乃降，用章于下。降，下也。章，明也。若六沴作見，若不共禦，六伐既侵，六極其下。侵，陵也。既已侵陵行罰，殺萬物也。六極其下，謂下皆被其凶也。禹乃共辟厥德，受命休令，辟，明也。厥，其也。休，美也。禹於是恭明其身之德，孳孳受舜之美令奉行之。爰用五事，建用王極。王極，或皆爲皇極也。長事，長，猶君也。一曰貌。貌之不恭，是爲不肅。肅，敬也。君貌不恭，則是不能敬其事也。厥咎狂，君臣不敬，則倨慢如狂矣。厥罰恒雨，貌曰木，木王春，春氣生，生氣失則踰其節，故恒雨也。厥極惡，生氣失，故於人爲惡也。時則有服妖，服，貌之飾。時則有龜孽，龜，蟲之生於水而游於春者也〔八六〕，屬木。時則有雞禍，雞，畜之有冠翼者也，屬貌。時則有下體生於上之痾，痾，病也〔八七〕，貌氣失之病。時則有青眚青祥，青，木色也。眚生於

此，祥自外來也。維金沴木。沴，殄也〔八八〕。凡貌、言、視、聽、思、心，一事失則逆人心，人心逆則怨，怨則木金水火土氣爲之傷，傷則衝勝來乘殄之，於是神怒，神怒人怨爲禍亂，故五行先見變異以譴告人也。及妖孽禍痾眚祥，皆其氣類暴作非常爲時怪者，各以物象爲之占矣。次二事曰言。言之不從，是謂不乂。乂，治也。君言不從，則是不能治其事者也。厥咎僭，君臣不治，則僭差矣。厥罰恒暘，金主秋〔八九〕，秋氣殺，殺氣失，故恒暘也。厥極憂，殺氣失者〔九〇〕，於人爲憂。時則有詩妖，詩之言志也。時則有介蟲之孽，蟓蝵蜩蟬之類〔九一〕，生於火而藏於秋者，屬金。時則有犬禍，犬，畜之以口吠守者也〔九二〕，屬言。時則有口舌之痾，言氣失之病〔九三〕。時則有白眚白祥，維木沴金。次三事曰視。視，瞭也。視之不明，是謂不悊。悊，視瞭也。君視不明，則是不能瞭其事也〔九四〕。厥咎荼，荼，一作舒〔九五〕。君視不瞭，則舒緩矣〔九六〕。厥罰恒燠，視曰火，火主夏，夏氣長，長氣失，故恒燠也。厥極疾，長氣失，故於人爲疾。時則有草妖，草，視之物可見者莫衆於草〔九七〕。時則有倮蟲之孽，蠶螟虱之類，蟲之生於火而藏於秋者也。倮，一作蠃〔九八〕。時則有羊禍，羊，畜之遠視者也，屬視〔九九〕。時則有目痾，時則有赤眚赤祥，維水沴火。次四事曰聽。聽之不聰，是謂不謀。君聽不聰，則是不能謀其事也。厥咎急，君臣不謀則急矣。易傳曰：「誅罰絶理，不云下也；專事有知，不云謀也。」厥罰恒寒，聽曰水，水主冬，冬氣藏，藏氣失，故恒寒也。厥極貧，藏氣失，故於人爲貧。時則有鼓妖，鼓，聽之應也。時則有魚孽，魚，蟲之生於水而游於水者也。時則有豕禍，豕，畜之居閑衛而聽者也，屬聽。時則有耳痾，聽氣失之病也。時則有黑眚黑祥，維火沴水。次五事曰思心。維思心之不容，是謂不聖。容，當爲睿。睿，通也。心明曰聖。孔子説休徵曰：「聖者，通也，兼四而明，則所謂聖。聖者包貌，有視聽而載之，如以思心者通以待之。君思心不通，則臣不能心明其事也。」厥咎雺，雺，冒也。君臣心不明，則相蒙冒矣。厥罰恒風，思心曰土。土主四時，四時主消息生殺長藏之氣風，亦出雨暘寒燠之微旨，所以殖萬物之性命省也。殖氣失，故恒風。厥極凶短折，殖氣失則於人爲凶短折。未齔曰凶，未冠曰短，未婚曰折。經曰：自時厥後，立王生則逸，不知稼穡之艱難，不聞小人之勞，惟耽樂之從。自時厥後，亦罔有克壽，或十年，或七、八年，或五、六年，或三、四年。時則有脂夜之妖，夜，讀曰液，□□液縣，音相近也。□君齊人□□□□□脂膏所煎之物思心圓也此□□□□珍作□□者也。時則有華孽，華，當爲夸。夸蚓，蟲之生於土而遊於土者。時則有牛禍，地厚德載物。牛，畜之任重者也，屬思心也。時則有心腹之痾，思心氣失之病。時則有黄眚黄祥，維金木水火沴土。志論皆言君不寬容則地動，玄或疑焉。今四行來沴，土地乃動，臣下之相帥爲畔逆之象，君不通於事所致也。以爲不寬容，亦皆爲陰勝陽，臣强君之象。王之不極，是謂不建。王，君也。不名體而言王者，五事象五行，則王極象天也。天變化爲陰爲陽，覆成五行。經曰：「曆象日月星辰，敬授民時。」論語曰：「爲政以德，譬如北辰。」是則天之道於人政也。孔子説春秋曰：「政不由王出，不得爲政。」則王君出政號也。極，中也。建，立也。王政不中和，則臣不能立其事也。厥咎雺，雺與思心之咎同耳，故子駿傳：眊，亂也。君臣不立，則上下亂矣。厥罰恒陰，王極象天，天陽養萬物，陽氣失，故恒陰也。厥極弱，天爲剛德，剛氣失，故於人爲弱。易説亢龍之行曰：「貴而無位，高而無民，賢人在下位而無輔。」此之謂弱也。時則有射妖，射，王極之度也。射人將發矢，必先於此儀之，發則中於彼矣。君將出政，亦先於朝廷度之，出則應於民心。射，其象者也。時則有龍蛇之孽，龍，蟲之生於淵，行於無形，遊於天者也，屬天。蛇，龍之類也，龍無角曰蛇。時則有馬禍，天行健。馬，畜之疾行者也，屬王極。時則有下人伐上之痾，夏侯勝説伐宜爲代，書亦或作代。陰陽之神曰精氣，性情之神曰魂魄。君行不由常，侜張無度，則魂魄傷也，王氣失之病也。天於不中之人恒者其味〔一〇〇〕，厚其毒，增以爲病，將以開賢代之也。春秋傳所謂「奪伯有魄」者是也。不名病者，病不著於身體〔一〇一〕。時則有日月亂行，星辰逆行，亂，謂薄食鬭並是逆，謂盈縮反，明經天守舍之類也。不言沴天，天至尊，無能沴之者。離逢非沴，維鮮之功，謂此也。維五位復建辟厥沴。君失五事，則五行相沴。違其位復立之者，當明其裔憤變異〔一〇二〕，則知此爲貌邪言，輒改過以共禦之。至司之本月，又必齊肅祭祀以撫之，則凶咎除矣。不言六位，天不違其位。曰：二月、三月，維貌是司；四月、五月，維視是司；六月、七月，維言是司；八月、九月，維聽是司；十月、十一月，維思心是司；十二月與正月，維王極是司。司，主也。此所謂夏數也，夏時得天之正。玄或疑焉。此用王事之次，則四月、五月主視，六月、七月主言，非也。若五行王相之次，則八月、九月主聽，十月、十一月主思心，亦非也。子駿傳曰：二月、三月，維貌是司；四月、五月，維視是司；六月、七月，維思心是司；八月、九月，維言是司；十月、十一月，維聽是司；十二月與正月，維王極是司。於四時之氣，以近其正也。凡六沴之作，歲之朝，月之朝，日之朝，則后王受之；歲之中，月之中，日之中，則正卿受之；歲之夕，月之夕，日之夕，則庶民受之。自正月盡四月爲歲之朝，自五月盡八月爲歲之中，自九月盡十二月爲歲之夕。上旬爲月之朝，中旬爲月之中，下旬爲月之夕。平旦至食時爲日之朝，禺中至日昳爲日之中，晡時至黄昏爲日之夕〔一〇三〕。受之，受其凶咎也。其二辰以次相將，其次受之〔一〇四〕。二辰，謂日月也。假令歲之朝也，日月中則上公受之，日月夕則下公受之。歲之中也日月朝則孤卿受之日月夕則大夫受之〔一〇五〕。歲之夕也，日月朝，則上士受之；日月中，則下士受之。其餘差以尊卑多少，則悉矣。星辰莫同，莫，夜也。星辰之變，夜見亦與晝同。初昏爲朝，夜半爲中，將晨爲夕。或曰：將晨爲朝，初昏爲夕也。是離逢非沴，維鮮之功。離，憂也；逢，見也：是謂憂見之象。非沴也，言王行非能沴天者也。鮮，殺也。功，成也。維凶咎之殺已成，故天垂變異以示人也。禦貌於喬忿，止貌之失者在於去驕忿也，驕忿者不恭之刑也。驕忿，謂若傲很明德、忿戾無期之類也〔一〇六〕。以其月從其禮祭之，參乃從。從，順也。三祭之，其神乃順不怒也。禦言於訖，衆以其月從其禮祭之，參乃從。訖，止也。言之失者在於去止衆，止衆者是不從之刑也。止衆，謂若周威厲王弭謗以障民口之類也。禦視於忽似，以其月從其禮祭之，參乃從。止視之失者在於去忽似，忽似者是不明之刑也。忽似，謂若亂於是非、象龔滔天及不辨鹿馬之類也。禦聽於怵攸，以其月從其禮祭之，參乃從。怵，讀爲獸不狘之狘。攸，讀爲風雨所漂飖之飖。止聽之失者，在於去怵攸。怵攸者〔一〇七〕，是不聽之刑也。怵攸，謂若老夫嚾嚾、小子蹻蹻、誨爾純純、聽我眊眊之類。禦思心於有尤，以其月從其禮祭之，參乃從。尤，過也。止思心之失者在於去欲，有所過欲者是不睿之刑也，謂若昭公不知禮而習小儀〔一〇八〕、不脩政而欲誅季氏之類也。禦王極於宗始，以其月從其禮祭之，參乃從。宗，尊也。止王極之失者在於尊用始祖之法度，不言其惡者，人性備於五德，得失在斯王，不極則五事皆失，非一惡也。大者易姓，小者滅身，其能宗始則録延其受命之君，承天制作，猶天之教命也。故掌祖廟之藏者，謂之天府也。六沴之禮，散齊七日，致齊三日〔一〇九〕，新器絜祀用赤黍。三日之朝，於中庭祀四方，從東方始，卒於北方。禮志：致齊三日，周禮：凡祭祀，前期十日〔一一〇〕，宗伯帥執事卜日。是爲齊一旬乃祀也。今此致齊即祀者，欲得容三祀也。蓋八日爲致齊，明九日朝，而初祀者及再祀三祀，共一旬有一日事乃畢也〔一一一〕。新器赤黍，改過之宜也。中庭，明堂之庭也，或曰朝庭之庭也。此祀五精之神，其牲器粢盛有常禮，記其異者也。不祀天，非正月亦以此禮祀此神也。其祀禮曰格祀，篇名也，今亡。曰：某也方祀，曰播國率相行事。篇中大祝贊主人辭也。某也，天子名也。方祀，祀四方也。播讀曰藩，藩國謂諸侯。相，助也。言諸侯率其常事來即助行祭之禮也。其祀也，大祝告神以君悔過之辭也，周禮大祝：「掌六祝之辭以事鬼神祇〔一一二〕，祈福祥，求永貞也。」曰若爾神靈洪祀，六沴是合，神靈，謂木精靈威仰、火精赤熛怒、土精含樞紐、金精白招拒〔一一三〕、水精汁光紀及木帝大皞、火帝炎帝、土帝黄帝、金帝少皞、水帝顓頊、木官句芒、火官祝融、土官后土、金官蓐收、水官玄冥皆是也。生盡其事，死在祀典，配其神而食。合猶爲也，六沴是神靈所爲。無差無傾，無有不正。言神靈正直無邪類，所謂災皆是也。若民有不敬事，則會批之于六沴〔一一四〕，言民廣及天下有過者也。事，六事也。會，合也。批，推也。言天下有過神靈，亦合推內於六沴〔一一五〕，天子以天下爲任者。六事之機以縣示我〔一一六〕。六事，貌、言、視、聽、思心、王極也。機，天文也。天文運轉，以縣見六事之變異示我，我謂天子。我民人無敢不敬事上下王祀。我與民人無敢不敬畏六事、上下君祀之所縣示變異者，言皆悔過也。上君祀靈威仰，下君祀大皞之屬是也。○尚書大傳

右六沴

大司徒：荒政十有二聚萬民。十有一曰索鬼神。荒，凶年也。鄭司農云：救飢之政十有二品。索鬼神，求廢祀而修之，雲漢之詩所謂「靡神不舉，靡愛斯牲」者也。○疏曰：年穀不熟之時，恐民離散，故以救荒之政十有二條以聚萬民，使不離散。「十有一曰索鬼神」者〔一一七〕，謂凶年禱祈搜索鬼神而禱祈之。云「索鬼神求廢祀而修之」者，年有凶災，鬼神不祐。經云「索鬼神」〔一一八〕，謂搜索鬼神祭之，明是求廢祀而修之。「求廢祀而修之」，即雲漢之詩「靡神不舉」是也。連引「靡愛斯牲」者，見索鬼神是祈禱之事，須牲體以薦之。按左氏莊二十五年傳云天災有幣無牲，此詩云「靡愛斯牲」者，若天災之時祈禱無牲，災成之後即有牲體，故云「靡愛斯牲」。○地官○司巫：若國有大旱，則帥巫而舞雩。雩，

旱祭也。天子於上帝，諸侯於上公之神。鄭司農云：魯僖公欲焚巫尪，以其舞雩不得雨。○尪，烏黄反。○疏曰：「若國大旱則帥巫而舞雩」者，謂帥女巫已下，是以女巫職云「旱暵則舞雩」，亦據修雩而言也。又曰：言「雩旱祭也」者，經云國大旱而舞雩，明雩是旱祭，是以春秋緯考異郵云：「雩者，呼嗟求雨之祭。」云「天子於上帝諸侯於上公之神」者，按禮記月令「大雩帝，習盛樂」，據天子雩五帝。按彼下文「命百縣雩祀百辟卿士」，百縣謂畿内鄉遂，明畿外諸侯亦雩祀百辟卿士，即古上公句龍、柱、棄之等。是天子祀上帝，諸侯祀上公，若魯與二王後得祀天者，亦得雩祭天。「鄭司農云魯僖公欲焚巫尪以其舞雩不得雨」者，按僖二十一年夏大旱，公欲焚巫尪，尪不必舞雩，故檀弓云：魯穆公云「吾欲暴尪而奚若」，又云「吾欲暴巫而奚若」，縣子曰：「天則不雨，而暴人之疾子，虐，無乃不可與？」鄭注云：「尪者面鄉天，覬天哀而雨之。」明非舞雩之人。司農兼引尪者，挾句連引之，其實非舞者。若四月正雩，非直有男巫、女巫。按論語曾晳云「春服既成」，「童子六七人」，「冠者五六人」，兼有此等，故舞師云：「教皇舞，帥而舞旱暵之事〔一一九〕。」舞師謂野人能舞者〔一二〇〕，明知兼有童子冠者可知。國有大災，則帥巫而造巫恒。杜子春云：司巫帥巫官之屬，會聚常處以待命也。玄謂：恒，久也。巫久者，先巫之故事。造之，當按視所施爲。○疏曰：子春之意，帥巫者，巫則女巫，恒訓爲常，故云「會聚常處」。後鄭不從。「玄謂恒久也巫久者先巫之故事」，後鄭之意，以恒爲先世之巫久故所行之事。今司巫見國大災，則帥領女巫等往造所行之事，按視舊所施爲而法之。○春官○女巫：旱暵則舞雩。使女巫舞，旱祭，崇陰也。鄭司農云：求雨以女巫，故檀弓曰：歲旱，繆公召縣子而問焉，曰：「吾欲暴巫而奚若？」曰：「天則不雨，而望之愚婦人，無乃已疏乎？」○疏曰：此謂五月已後脩雩，故有旱暵之事。旱而言暵者，暵謂熱氣也。又曰：司農引繆公者，魯繆公春秋後事。縣子者，魯大夫。欲暴巫者，以其舞雩不得雨。引之者，證使女巫舞雩之事。凡邦之大災，歌哭而請。有歌者，有哭者，冀以悲哀感神靈也。○疏曰：大災言歌哭而請，則大災謂旱暵者。又曰：按林碩難曰：凡國有大災歌哭而請，魯人有日食而哭，傳曰非所哭，哭者哀也，歌者是樂也，有哭而歌，是以樂災，災而樂之，將何以請？哀未失所，禮又喪矣。孔子曰：哭則不歌，歌哭而請，道將何爲？玄謂：日食異者也，於民無困哭之爲，非其所災害，不害穀物，故歌必禮也。董仲舒曰：雩，求雨之術，呼嗟之歌，國風周南、小雅鹿鳴、燕禮、鄉飲酒、大射之歌焉然，則雲漢之篇亦大旱之歌。考異郵曰：「集二十四旱志『立服而緩，雲刑理察，挺罪赦過，呼嗟哭泣，以成發氣。』」此數者，非大災歌哭之證也。多災哀也，歌者樂也。今喪家輓歌亦謂樂，非孔子哭則不歌是出何經。論語曰：「子於是日哭則不歌。」謂一日之中既以哀事哭，又以樂而歌，是爲哀樂之心無常，非所以譏此禮。若然，此歌者憂愁之歌，若雲漢之詩是也。○同上。○舞師：教皇舞，帥而舞旱暵之事。旱暵之事，謂雩也。暵，熱氣也。鄭司農云：皇舞，蒙羽舞，書或爲翌，或爲義。玄謂：皇，析五采羽爲之，亦如帗。○翌，音皇。○疏曰：但羽舞用白羽，帗舞用五色繒，用物雖異，皆有柄，其制相類，故云形如帗也。云「四方之祭祀謂四望也」，知者，若以四方連百物，則四方不止四望〔一二〕。今單云四方，四望、五嶽、四瀆亦布在四方，故知四方即四望也。云「旱暵之事謂雩也」者，春秋所云雩者皆釋旱，又祭法云：「雩禜祭水旱。」故知旱暵謂雩祭也。云「暵熱氣也」者，以其旱時多熱氣，又此暵字以日爲形，以漢爲聲省，故知暵熱氣也。「鄭司農云皇舞蒙羽舞」者，先鄭之意蓋見禮記王制「有虞氏皇而祭」，皇是冕爲首服，故以此皇爲鳳皇羽蒙於首，故云蒙羽舞。自古未見蒙羽於首，故後鄭不從之矣。云「書或爲翌或爲義」者，禮本不同，故或爲翌，或爲義，皆不從之矣。「玄謂皇析五采羽爲之亦如帗」者，鍾氏染鳥羽象翟鳥鳳皇之羽，皆五采，此舞者所執，亦以威儀爲飾。言皇是鳳皇之字，明其羽亦五采，其制亦如帗舞。若然，帗舞、羽舞、皇舞形制皆同也。○地官○稻人：旱暵，共其雩斂。稻人共雩斂，稻急水者也。鄭司農云：雩事所發斂。○疏曰：此旱雩據夏五月已後脩雩，云暵者旱之熱氣，若四月龍見而雩未必暵也。然二種雩皆共雩斂也。又曰：鄭意餘官不言共雩斂，於此官特言共者，以稻是水穀，急須水，故旱時特使共雩之發斂也。○同上。

右雩○傳：公子偃擊宋，自雩門竊出。雩門，魯南城門（一二二）。○疏曰：雩門爲魯南城門，蓋時人猶以名之，故知也。○莊公十年春秋左氏傳○湯之時，大旱七年，雒坼川竭，煎沙爛石，於是使人持三足鼎祝山川，教之祝曰：「政不節耶？使人疾耶？苞苴行耶？讒夫昌耶？宫室營耶？女謁盛耶？何不雨之極也？！」蓋言未已而天大雨，故天之應人如影之隨形，響之效聲者也。詩云：「上下奠瘞，靡神不宗。」言疾旱也。東漢鍾離意傳注云：「帝王紀曰：『成湯大旱七年，齊戒，翦髮斷爪，以己爲犧牲，禱於桑林，以六事自責。』」○說苑○齊大旱之時，景公召羣臣問曰：「天不雨久矣，民且有饑色，吾使人卜之，祟在高山廣水，寡人欲少賦斂以祠靈山，可乎？」羣臣莫對，晏子進曰：「不可，祠此無益也。夫靈山固以石爲身，以草木爲髮，天久不雨，髮將焦，身將熱，彼獨不欲雨乎？祠之無益。」景公曰：「不然，吾欲祠河伯，可乎？」晏子曰：「不可，祠此無益也。夫河伯以水爲國，以魚鼈爲民，天久不雨，水泉將下，百川竭，國將亡，民將滅矣，彼獨不用雨乎？祠之何益？」景公曰：「今爲之奈何？」晏子曰：「君誠避宮殿暴露，與靈山、河伯共憂，其幸而雨乎？」於是景公出野暴露三日，天果大雨，民盡得種樹。景公曰：「善哉！晏子之言，可無用乎？其惟有德也。」說苑○齊景公之時，天大旱三年，卜之，曰：「必以人祠乃雨。」景公下堂頓首曰：「凡吾所以求雨者，爲吾民也，今必使吾以人祠乃且雨，寡人將自當之。」言未卒而天大雨。說苑雜事○衛大旱，卜有事於山川，不吉。有事祭也。甯莊子曰：「昔周饑，克殷而年豐。今邢方無道，諸侯無伯，伯，長也。○長，丁丈反。天其或者欲使衛討邢乎？」從之，師興而雨。僖公十九年春秋左氏傳○歲旱，穆公召縣子而問然，縣，音懸。○「然」之言焉也。凡穆，或作繆。曰：「天久不雨，吾欲暴尫而奚若？」雨，于付反，注及下同。暴，步卜反。尫，烏光反。○奚若，何如也。尫者，面鄉天，覬天哀而雨之。○鄉，許亮反。曰：「天則不雨，而暴人之疾子，虐毋乃不可與。」與，音餘。○錮疾，人之所哀，暴之是虐。「然則吾欲暴巫而奚若？」曰：「天則不雨，而望之愚婦人，於以求之，毋乃已疏乎？」已，猶甚也。巫主接神，亦覬天哀而雨之。春秋傳説巫曰：「在女曰巫，在男曰覡。」周禮女巫：「旱暵則舞雩。」○覡，胡狄反。○疏曰：縣子云：天道遠，人道近，天則不雨而望於愚鄙之婦人，欲以暴之以求其雨，已甚也，無乃甚疏遠於求雨道理乎？言甚疏遠於道理矣。又曰：所引春秋傳者，外傳楚語昭王問觀射父絶地天通之事〔一二三〕，觀射父對云：「民之精爽不攜貳者」，「明神降之，在男曰覡，在女曰巫。」然按楚語「精爽不攜貳者始得爲巫」，此經而云愚婦人者，據末世之巫非復是精爽不攜貳之巫也。「徙市則奚若？」曰：「天子崩，巷市七日。諸侯薨，巷市三日。爲之徙市，不亦可乎？」爲，于僞反。○徙市者，庶人之喪禮。今徙市是憂慼於旱，若喪。○疏曰：今徙市是憂慼於旱，若居天子諸侯之喪。必巷市者，以庶人憂慼無復求覓財利，要有急須之物，不得不求，故於邑里之内而爲巷市。○檀弓下○鄭大旱，使屠擊祝款豎柎有事於桑山，柎，音附。○三子，鄭大夫。有事，祭也。斬其木，不雨。子産曰：「有事於山，蓺山林也；蓺，養護，令繁殖。○令，力呈反。而斬其木，其罪大矣。」奪之官邑。昭公十六年春秋左氏傳○莊公二十有五年秋〔一二四〕，大水，鼓，用牲于社于門。左氏曰：非常也。失常禮。凡天災，有幣無牲，天災，日月食、大水也。祈請而已，不用牲也。○疏曰：傳言亦非常，亦上日食也。但日食之鼓非常月，伐鼓於社非常禮，大水用牲亦非常禮，俱是非常，故亦前也。傳既亦前，即發凡例知天災之言兼日食、大水也。天之見異，所以譴告人君，欲令改過脩善，非爲求人飲食。既遇天災，隨時即告，唯當請告而已，是故有幣無牲。若乃亢旱歷時，霖雨不止，然後禱祀羣神，求弭災沴者設禮以祭，祭必有牲。詩雲漢之篇美宣王爲旱禱請，自郊徂宮，無所不祭，云：「靡神不舉，靡愛斯牲。」是其爲旱禱祭皆用牲也。祭法曰：「埋少牢於泰昭，祭時也。相近於坎壇，祭寒暑也。王宮，祭日也。夜明，祭月也。幽禜，祭星也。雩禜，祭水旱也。」鄭玄云：凡此以下，皆祭用少牢。寒暑不時，則或禳之，或祈之。是説祈禱之祭皆用牲。非日月之眚不鼓。眚，所景反。○眚，猶災也。月侵日爲眚。陰陽逆順之事，賢聖所重，故特鼓之。○疏曰：易稱「是謂災眚」，書稱「眚災肆赦」，是眚、災相類，故云「眚猶災也」。月侵日爲眚，陰犯陽爲逆，逆順之事，賢聖所重，故見其逆事而特鼓之，此據日食爲説耳。傳稱日月之眚，日月並言，則月食亦有鼓。周禮太僕職云：「凡軍旅田役，贊王鼓，救日月亦如之。」是日食、月食皆有鼓也。穀梁傳曰：「天子救日，置五麾，陳五兵、五鼓。諸侯置三麾，陳三鼓、三兵。大夫擊門，士擊柝。」左氏雖無傳，義或然也。○穀梁子曰：高下有水災，曰大水。既戒鼓而駭衆，用牲可以已矣。救日以鼓兵，救水以鼓衆。重發之者，此有用牲之失，嫌異常水，故更發之。既戒鼓駭衆者，謂既警戒擊鼓而駭動衆人，則牲可以已矣。知不合用牲者，用者不宜用，故知不合也。又云「救日以鼓兵」者，謂伐鼓以責陰，陳兵以禦侮。「救水以鼓衆」者，謂擊鼓聚衆也，皆所以發陽也。○公羊子曰：于社，禮也。于門，非禮也。於門非禮，故略不復舉鼓用牲。不舉非禮爲重者，如去於社，嫌於門禮也。大水與日食同禮者，水亦土地所爲。雲實出於地而施於上乃雨，歸功於天，猶臣歸美於君。○疏曰：「大水與日食同禮者」云云者，同禮謂同鼓用牲矣。○鄭大水，龍鬭于時門之外洧淵，洧，于軌反。○時門，鄭城門也。洧水出滎陽密縣，東南至潁川長平入潁。國人請爲禜焉。子産弗許，曰：「我鬭，龍不我覿也；覿，見也。○見，賢遍反。龍鬭，我獨何覿焉？禳之，則彼其室也。淵龍之室。吾無求於龍，龍亦無求於我。」乃止也。傳言子産之知。○知，音智。○昭公十九年春秋左氏傳

女祝：掌王后之内祭祀，凡内禱祠之事。内祭祀，六宫之中竈、門、户。禱，疾病求瘳也。祠，報福。○疏曰：依祭法，王立七祀，有户、竈、中霤、門、行、泰厲、司命，后亦與王同。今鄭直云内祭祀竈門户者，以其婦人無外事，無行與中霤之等，其竈與門、户人所出入動作所由，后亦當祀之，故言竈與門、户也。按月令春祀户，夏祀竈，秋祀門，后祀之時，亦當依此也。云「禱疾病求瘳也祠報福」者，以其后無外事，禱祠又是非常之祭，故知唯有求瘳報福之事也。掌以時招梗禬禳之事，以除疾殃。梗，古猛反，鄭音亢。禬，古外反，户外反。○鄭大夫讀梗爲亢。玄謂：梗，禦未至也。除災害曰禬，禬猶刮去也。卻變異曰禳，禳，攘也。四禮唯禳其遺象今存。○去，起吕反。○疏曰：云「掌以時招梗禬禳」者，此四事並非常求福去殃之事。云「以時」者，謂隨其事時，不必要在四時也。云「招」者，招取善祥。「梗」者，禦捍惡之未至。「禬」者，除去見在之災。「禳」者，推卻見在之變異。此四者皆與人爲疾殃，故云「以除疾殃」也。又曰：鄭大夫以梗爲亢惡去之。玄不從，以爲禦未至者，以禬禳二者已是去惡，復以梗爲亢惡去之，文煩而無禦未至之事，故不從鄭大夫爲亢惡也。鄭大夫云招善者，玄從之也。杜子春云讀梗爲更，義無所取，玄亦不從之也。云「四禮唯禳其遺象今存」者，此四禮至漢時招梗及禬不行，唯禳一禮漢猶存其遺象，故云遺象今存也。○天官

○男巫：春招弭以除疾病。招，招福也。杜子春讀弭如彌兵之彌。玄謂：弭，讀爲敉，字之誤也。

敉，安也，安凶禍也。招敉皆有祀衍之禮。○疏曰：「子春讀弭如彌兵之彌」，讀從小祝彌災兵之彌。「玄謂弭讀爲敉字之誤也」，按小祝後鄭注彌讀曰敉，於此云爲敉，從子春之説。云「敉安也安凶禍也」者，以經云除疾病，故知所安者凶禍，知招敉皆有祀衍之禮者。此招敉爲招福安禍，與侯禳意同，侯禳在六祝有祭之法，故知此二者亦有望祀、望衍之禮可知。○春官○疾病，乃行禱五祀。盡孝子之情。五祀，博言之。士二祀，曰門，曰行。○疏曰：云「盡孝子之情」者，死期已至，必不可求生，但盡孝子之情，故乃行禱五祀，望祐助病者使之不死也。云「五祀博言之士二祀曰門曰行」者，祭法文。今禱五祀是廣博言之，望助之者衆，其言五祀與諸侯五祀同，則祭法云諸侯五祀是也。○既夕記

右疾病○傳：武王有疾，周公作金縢。爲請命之書藏之於匱，緘之以金，不欲人開之。○疏曰：武王有疾，周公作策書告神，請代武王死，事畢納書於金縢之匱，遂作金縢。凡序言「作」者，謂作此篇也。按經周公策命之書自納金縢之匱，及爲流言所謗，成王悟而開之，史敘其事，乃作此篇，非周公作也。序以經具，故略言之。又曰：經云金縢之匱，則金縢是匱之名也。詩述韔弓之事云：「竹閉緄縢。」毛傳云：「緄，繩。縢，約也。」此傳言緘之以金，則訓縢爲緘，王、鄭皆云：縢，束也。又鄭喪大記注云：「齊人謂棺束爲緘。」家語稱：「周廟之内有金人叄，緘其口。」則縢是束縛之義。藏之於匱，緘之以金，若今釘鍱之，不欲人開也。鄭云：凡藏秘書，藏之於匱，必以金緘其表。是秘密之書皆藏於匱，非周公始造此匱，獨藏此書也。金縢：遂以所藏爲篇名。○疏曰：發首至「王季、文王」，史敘將告神之事也。史乃策祝至屏壁與珪，告神之辭也。自乃卜至乃瘳，言卜吉告王差之事也。自武

王既喪已下，叙周公被流言東征還反之事也。此篇叙事多而言語少，若使周公不遭流言，則請命之事，遂無人知。爲成王開書，周公得反，史官美大其事，故叙之以爲此篇。既克商二年，王有疾，弗豫。伐紂明年，武王有疾，不悦豫。○疏曰：既克商二年，即伐紂之明年也。王有疾病不悦豫，召公與太公二公同辭而言曰：我其爲王敬卜吉凶，問王疾病當瘳否？周公曰：王今有疾，未可以死近我先王，故當須卜也。周公既爲此言，公乃自以請命之事爲己事，除地爲墠，墠内築壇，爲三壇，同墠，又爲一壇於南方北面。周公立壇上焉，置璧於三王之坐，公自執珪乃告太王、王季、文王，告此三王之神也。又曰：武王以文王受命十三年伐紂，既殺紂，即當稱元年。克紂稱元年，知此二年是伐紂之明年也。王肅亦云：克殷明年。顧命云王有疾「不懌」，懌，悦也，故不豫爲不悦豫也。何休因此爲例云：「天子曰不豫，諸侯曰負兹，大夫曰犬馬，士曰負薪。」二公曰：「我其爲王穆卜。」周公曰：「未可以戚我先王？」穆，敬。戚，近也。召公、太公言王疾當敬卜吉凶，周公言未可以死近我先王，相順之辭。○疏曰：釋訓云：「穆穆，敬也。」戚是親近之義，故爲近也。武王時三公惟周、召與太公耳，知二公是召公、太公也。言王疾恐死，當敬卜吉凶。周公言武王既定天下，當成就周道，未可以死近我先王。死則神與先王相近，故言近先王。若生，則人神道隔，是爲遠也。二公恐王死，欲爲之卜，周公言王未可以死，是相順之辭也。鄭云：戚，憂也。周公既内知武王有九齡之命，又有文王曰：吾與爾三之期，今必瘳，不以此終。故止二公之卜，云未可以憂怖我先王。如鄭此言，周公知王不死，先王豈不知乎而慮先王憂也。公乃自以爲功，周公乃自以請命爲己事。○疏曰：功，訓事也。周公雖許二公之卜，仍恐王疾不瘳，不復與二公謀之，乃自以請命爲己之事，獨請代武王死也。所以周公自請爲己事者，周公位居冢宰，地則近親脱，或卜之不善，不可使外人知悉，亦不可苟讓，故自以爲功也。爲三壇同墠。因太王、王季、文王請命於天，故爲三壇。壇，築土。墠，除地。大除地，於中爲三壇。○疏曰：請命，請之於天而告三王者，以三王精神已在天矣，故因太王、王季、文王以請命於天。三王，每王一壇，故爲三壇。壇是築土，墠是除地，大除其地，於中爲三壇。周公爲壇於南方，亦當在此墠内，但其處小别，故下别言之。周公北面，則三壇南面可知，但不知以何方爲上耳。鄭玄云：時爲壇、墠於豐，壇、墠之處猶存焉。爲壇於南方北面，周公立焉。立壇上對三王。○疏曰：禮：授坐不立，授立不坐，欲其高下均也。神位在壇，故周公立壇上對三王也。植璧秉珪，乃告太王、王季、文王。璧以禮神，植置於三王之坐，周公秉桓珪以爲贄。告謂祝辭。○疏曰：周禮大宗伯云：「以蒼璧禮天。」詩説禱旱云：「圭璧既卒。」是璧以禮神，不知其何色也。鄭云：「植，古置字。」故爲置也。言置璧於三王之坐也。周禮云：「公執桓圭。」知周公秉桓圭，又置以爲贄也。告謂祝辭，下文是其辭也。史乃册，祝曰：「惟爾元孫某，遘厲虐疾。史爲册書祝辭也。元孫，武王。某，名。臣諱君，故曰某。厲，危。虐，暴也。○疏曰：史乃爲策書，執以祝之曰「惟爾元孫某」，某即發也。遇得危暴重疾，今恐其死，若爾三王是有大子之責於天，謂負天大子責，必須一子死者，請以旦代發之身，令旦死而發生。又告神以代之狀，我仁能順父，又且多材力，多伎藝，又能善事鬼神。汝元孫不如旦多材多藝，又不能事鬼神，言取發不如取旦也。然人各有能，發雖不能事鬼神，則有人君之用，乃受命於天帝之庭，能布其德教，以佑助四方之民，用能安定汝三王子孫在於下地，四方之民無不敬而畏之，以此之故，不可使死。嗚呼，發之可惜如此，神明當救助之，無得隕墜天之所下寶命。天下寶命謂使爲天子，若武王死，是隕墜之也。若不墜命，則我先王亦永有依歸，爲宗廟之主，神得歸之，我與三王人神道隔，許我以否，不可知。今我就受三王之命，於彼大龜卜其吉凶，吉則許我，凶則不許我。爾之許我，使卜得吉兆。旦死而發生，我其以璧與珪歸家待汝神命，我死當以珪璧事神。爾不許我，使卜兆不吉，發死而旦生，我乃屏去璧之與珪，言不得事神，當藏珪璧也。又曰：告神之言書之於策，祝是讀書告神之名，故云「史爲策書祝辭」，史讀此策書以祝告神也。武王是大王之曾孫也，尊統於上，繼之於祖，謂元孫是長孫也。某者，武王之名。本告神云元孫發，臣諱君，故曰某也。易「乾卦」云「夕惕若厲」，厲爲危也。虐訓爲暴，言性命危而疾暴重也。泰誓、牧誓皆不諱發而此獨諱之，孔惟言臣諱君，不解諱之意。鄭玄云諱之者，由成王讀之也。意雖不明，當謂成王開匱得書，王自讀之，至此字口改爲某，史官録爲此篇，因遂成王所讀故諱之。上篇泰誓、牧誓王自稱者，令入史制爲此典，故不須諱之。

若爾三王是有丕子之責于天，以旦代某之身。大子之責，謂疾不可救於天，則當以旦代之。死生有命，不可請代。聖人叙臣子之心以垂世教。○疏曰：責，讀如左傳「施舍已責」之責，責謂負人物也。大子之責於天，言負天一大子，謂必須死，疾不可救於天，必須一子死，則當以旦代之。死生有命，不可請代。今請代者，聖人叙臣子之心以垂世教耳〔一二五〕，非謂可代得也。鄭玄弟子趙商問玄曰：若武王未終，疾固當瘳，信命之終，雖請不得，自古已來，何患不爲？玄答曰：君父疾病方困，忠臣孝子不忍嘿爾，視其歔欷，歸其命於天，中心惻然，欲爲之請命。周公達於此禮，著在尚書。若君父之病不爲請命，豈忠孝之志也。然則，命有定分，非可代死，周公爲此者，自申臣子之心，非謂死實可代，自古不廢，亦有其人，但不見爾，未必周公獨爲之。鄭玄云：「丕讀曰不，愛子孫曰子。」元孫遇疾，若汝不救，是將有不愛子孫之過，爲天所責，欲使爲之請命也。與孔讀異。予仁若考能，多材多藝，能事鬼神。我周公仁能順父，又多材多藝，能事鬼神，言可以代武王之意。○疏曰：告神稱予，知周公自稱我也。考是父也，故仁能順父。上云元孫，對祖生稱，此言順父，從親爲始，祖爲王考，曾祖爲皇考，考父可以通之，傳舉親而言父耳。既能順父，又多材多藝，能事鬼神，言已可以代武王之意。上言丕子之責於天，則是天欲取武王，非父祖取之。此言已能順父祖、善事鬼神者，假令天意取之，其神必共父祖同處。言已是父祖所欲，欲令請之於天也。乃元孫不若旦多材多藝，不能事鬼神。乃命于帝庭，敷佑四方，汝元孫受命於天庭爲天子，布其德教以佑助四方，言不可以死。○疏曰：以王者存亡大運在天，有德於民，天之所與，是受命天庭也。以人況天，故言在庭，非王實至天庭受天命也。既受天命，以爲天子，布其德教，以佑助四方之民，當於天心有功於民，言不可以死也。用能定爾子孫于下地。四方之民罔不祗畏。言武王用受命帝庭之，故能定先人子孫於天下，四方之民無不敬畏。嗚呼！無墜天之降寶命，我先王亦永有依歸。歎惜武王，言不救則墜天之寶命，救之則先王長有依歸。今我即命于元龜，就受先王之命於大龜卜知吉凶〔一二六〕。爾之許我，我其以璧與珪歸俟爾命；許，謂疾瘳待命當以事神。爾不許我，我乃屏璧與珪。」不許，謂不愈也。屏，藏也，言不得事神。乃卜三龜，一習吉。習，因也。以三王之龜卜一相因而吉。〇疏曰：祝告已畢，即於壇所乃卜其吉凶，因三王之龜卜一皆相因而吉。觀兆已知其吉，猶尚未見占書，占書在於藏内，啓藏以籥見其占書，亦與兆體乃並是吉。公視兆曰：觀此兆體，王身其無患害也。我小子新受命於三王，謂卜得吉也。我武王當惟長終，是謀周之道。此卜吉之愈者，上天所以須待武王，能念我一人天子之事，成其周道故也。公自壇歸，乃納策於金縢之匱中，王明日乃病瘳。又曰：習則襲也，襲是重衣之名，因前而重之，故以習爲因也。雖三龜並卜，卜有先後，後者因前，故云因也。周禮大卜：「掌三兆之法：一曰玉兆，二曰瓦兆，三曰原兆。」三兆各别，必三代法也。洪範卜筮之法：「三人占，則從二人之言。」是必三代之法〔一二七〕，並用之矣。故知：三龜，三王之龜。龜形無異代之别，但卜法既别，各用一龜，謂之三王之龜耳。每龜一人占之，其後君與大夫等總占三代之龜，定其吉凶。未見占書，已知吉者，卜有大體，是兆之吉凶粗觀可識，故知吉也。啓籥見書，乃並是吉。三兆既同吉，開籥見占兆書，乃亦並是吉。〇疏曰：鄭玄云：籥，開藏之管也。開兆書藏之室以管，乃復見三龜占書亦合於是吉。王肅亦云：籥，開藏占兆書管也。然則，占兆别在於藏大卜三兆之下。云其經兆之體皆百有二十，其頌皆千有二百，占兆之書，則彼頌是也。略觀三兆，既已同吉，開藏以籥，見彼占兆之書乃亦並是吉，言其兆頌符同爲大吉也。公曰：「體，王其罔害。公視兆曰：如此兆體，王其無害，言必愈。〇疏曰：如此兆體，指卜之所得兆也。周禮占人云：「凡卜筮，君占體，大夫占色，史占墨，卜人占坼。」鄭玄云：體，兆象也。色，兆氣也。墨，兆廣也。坼，兆璺也。尊者視兆象而已，卑者以次詳其餘也。周公卜，武王占之曰：體，王其無害。鄭意此言體者，即彼君占體也。但周公令卜，汲汲欲王之愈，必當親視灼龜，躬省兆繇，不惟占體而已。但鄭以君占體，與此文同，故引以爲證耳。予小子新命于三王，惟永終是圖。周公言我小子新受三王之命，武王惟長終，是謀周之道。兹攸俟，能念予一人。」言武王愈，此所以待能念我天子事，成周道。○疏曰：此原三王之意也。言武王得愈者，此謂卜吉武王之愈，言天與三王一一須待武王能念我天子事，成周道。若死，則不復得念天子之事，周道必不成也。禮：天子自稱曰「予一人」，故以一人言天子也。公歸，乃納册于金縢之匱中，王翼日乃瘳。從壇歸。翼，明。瘳，差也。○疏曰：壇所即卜，故從壇歸也。翼，明，釋言文。瘳訓差，亦爲愈，病除之名也。藏此書者，此既告神，即是國家舊事，其書不可捐棄，又不可示諸世人，故藏於金縢之匱耳。○尚書金縢○子疾病，子路請禱。子曰：「有諸？」子路對曰：「有之。誄曰：『禱爾于上下神祇。』」子曰：「丘之禱久矣。」誄，力軌反。○集注曰〔一二八〕：禱，謂禱於鬼神。有諸，問有此理否。誄者，哀死而述其行之詞也〔一二九〕。上下，謂天地。天曰神，地曰祇。禱者，悔過遷善，以祈神之佑也。無其理則不必禱，既曰有之，則聖人未嘗有過，無善可遷。其素行固已合於神明，故曰「丘之禱久矣」。又士喪禮疾病行禱五祀，蓋臣子迫切之至情，有不能自已者，初不請於病者而後禱也。故孔子之於子路，不直拒之，而但告以無所事禱之意。○論語述而○鄭簡公使公孫成子來聘，簡公，僖公之子嘉也。成子，子產之謚，鄭穆公之孫、子國之子。平公有疾，韓宣子贊授客館。贊，導也。客問君疾，對曰：「寡君之疾久矣，上下神祇無不偏諭也，諭，謂祭祀告謝也。而無除。今夢黃能入于寢門〔一三〇〕，夢，公夢也。能，似熊〔一三一〕。不知人殺乎抑厲鬼邪？」人殺，主殺人。厲鬼，惡鬼也。子産曰：「以君之明，子爲大政，其何厲之有？大政，美大之政。僑聞之：僑，子産名。昔者鯀違帝命，殛之於羽山，帝，堯也。殛，放而殺之。化爲黃能，以入于羽淵，羽山之淵，鯀既死而神化也。實爲夏郊，禹有天下而郊祀之。三代舉之。舉，謂不廢其祀。夫鬼神之所及，吉凶所及。非其族類，則紹其同位，紹，繼也。殷周祀之是也。是故天子祀上帝，上帝，天也。公侯祀百辟，以死勤事，功施於民者。自卿以下不過其族。族，親族也。今周室少卑，卑，微也。晉實繼之，謂爲盟主統諸侯也。其或者未舉夏郊邪？」宣子以告祀夏郊，爲周祀也。董伯爲尸。董伯，晉大夫。神不歆非類，則董伯其姒姓乎。尸，主也。○國語晉語○楚昭王有疾，卜曰：「河爲祟。」王弗祭，大夫請祭諸郊。王曰：「三代命祀，祭不越望。祟，息遂反。○諸侯望祀竟内山川星辰。○竟，音境。江、漢、睢、漳，楚之望也。睢，七餘反。○四水在楚界。○疏曰：皆土地名〔一三二〕。江經南郡江夏、弋陽、安豐。漢經襄陽至江夏安陸縣入江。睢經襄陽至南郡枝江縣入江。漳經襄陽、當陽入江。是四水皆在楚界也。禍福之至，不是過也。不穀雖不德，河非所獲罪也。」遂弗祭。哀公六年春秋左氏傳○晉侯有疾，鄭伯使公孫僑如晉聘且問疾，叔向問焉曰：「寡君之疾病，卜人曰『實沈、臺駘爲祟』，史莫之知，敢問此何神也？」子産曰：「昔高辛氏有二子，伯曰閼伯，季曰實沈，駘，他才反。閼，於葛反。○高辛，帝嚳。○嚳，苦毒反。居于曠林，不相能也，曠林，地闕。○能，如字，又奴代反。日尋干戈，以相征討。尋，用也。后帝不臧，后帝，堯也。臧，善也。○疏曰：襄九年傳稱閼伯爲陶唐氏之火正，知后帝是堯也。遷閼伯于商丘，主辰。商丘，宋地。主祀辰星。辰，大火也。商人是因，故辰爲商星。商人，湯先相土封商丘，因閼伯故國，祀辰星。○相，息亮反。○疏曰：殷本紀稱相土契孫，是湯之先也。襄九年傳云：「閼伯居商丘，祀大火」，「相土因之，故商主大火。」辰即大火星也，故商人祀辰星。商謂宋也，宋商後，故稱商人。遷實沈于大夏，主參。夏，户雅反，注及下同。參，所林反，注及下同。○大夏，今晉陽縣。唐人是因，以服事夏、商。唐人，若劉累之等。累遷魯縣，此在大夏。○疏曰：謂之唐人，當是陶唐之後。二十九年傳云：「陶唐氏既衰，其後有劉累。」知此唐人是彼劉累之等類也。言等類者，謂劉累後世子孫。累雖遷魯縣，子孫仍在大夏，故歷夏及商也。劉炫云：彼稱累事孔甲，下云遷於魯縣，此云唐人，是因以服事夏商，則此居於大夏，子孫終商不滅，非累子孫，是其同族等類耳。服虔以唐人即是劉累，故杜顯而異之。云累遷魯縣，此在大夏。其季世曰唐叔虞。唐人之季世，其君曰叔虞。○疏曰：服虔以爲唐叔虞即下句邑姜所生者也，杜以傳說唐人即云季世，明季世是唐人之末世，叔虞即唐人之末君矣。邑姜之子叔虞乃是晉之始祖，豈得以後世始封之君謂之前代之末世也，故云唐人之季世其君曰叔虞。帝命邑姜之子曰虞者，將以唐國與之，取唐君之名以爲名耳。當武王邑姜方震大叔，震，本作娠，之愼反，又音申。大，音太，注及下同。○邑姜，武王后，齊太公之女。懷胎爲震。大叔，成王之弟叔虞。○胎，他來反。○疏曰：言武王邑姜，繫之武王，知是武王后也。十二年傳稱：吕級，王舅。級是齊太公之子丁公也，級爲王舅，知邑姜是太公之女也。説文云：「娠，女妊身動也，從女辰聲。」是懷胎爲震，震取動義。字書以是女事，故今字從女耳。叔虞，成王母弟，晉世家文也。夢帝謂己：『余命而子曰虞，帝，天。取唐君之名。○疏曰：晉世家云：初，武王之與叔虞母會時，夢天謂武王曰：「余命女生子名虞。」謂此夢爲武王之夢也。若是武王之夢，此經直云武王方生大叔〔一三三〕，其文足矣，何以須言邑姜方震也？邑姜方震而夢，明是邑姜夢矣，安得以爲武王夢也？薄姬之夢龍據其心，燕姞之夢蘭爲己子，彼皆夢發於母，此何以夢發於父？是馬遷之妄言耳。服解此云己武王也，是習非而遂迷者也。將與之唐，屬諸參，而蕃育其子孫。』及生，有文在其手，曰「虞」，遂以命之。及成王滅唐而封大叔焉，故參爲晉星。屬，之玉反。○叔虞封唐，是爲晉侯。按史記：叔虞封唐侯，叔虞之子燮父改爲晉侯。○疏曰：晉世家云唐叔子燮是爲晉侯，杜譜亦云燮父改爲晉侯，則叔虞之身不稱晉也。叔虞爲晉之祖，故言爲晉侯也。由是觀之，則實沈，參神也。昔金天氏有裔子曰昧，爲玄冥師，生允格、臺駘。金天氏，帝少皞。裔，遠也。玄冥，水官。昧爲水官之長。○少，詩照反。皞，户老反。長，丁丈反。○疏曰：金天氏，帝少皞，帝系、世本文也。金天，代號。少皞，身號。月令於冬云「其神玄冥」，是玄冥爲水官也。昧爲玄冥師，師訓長也，故云昧爲水官之長。二十九年傳云：少皞氏有四叔，脩及熙爲玄冥，昧爲金天，裔子當是脩、熙之後。釋例曰：「脩及熙皆爲玄冥，未知昧爲誰之子，或是其子孫也。」臺駘能業其官，纂昧之業。○纂，子管反。○宣汾、洮，汾，扶云反。洮，他刀反。○宣，猶通也。汾、洮，二水名。○疏曰：釋例云：「汾水出大原故汾陽縣，至河東汾陰縣入河。」其洮水闕，不知所在，當亦是晉地之水，後世竭涸，無其處耳。障大澤，障，之尚反，又音章。○陂澤障之。○陂，彼皮反。以處大原。大原，晉陽也，臺駘之所居。帝用嘉之，封諸汾川，帝，顓頊。○顓，音專。頊，許玉反。○疏曰：顓頊爲帝，承金天之後。臺駘是金天裔孫，爲臣宜當顓頊，故以帝用嘉之爲顓頊嘉耳。昧於金天已云裔子，臺駘又是昧之所生，則去少皞遠矣。而帝系、世本皆云少皞是黄帝之子，顓頊是黄帝之孫，臣世多而帝世少，史籍散亡，無可檢勘此事未必然也。釋例云：「按鯀則舜之五世從祖父也，而及舜共爲堯臣，堯則舜之三從高祖，而妻其女，此史記之可疑者也。」是皆疑不能決，因舊説耳。沈、姒、蓐、黄實守其祀。沈，音審。姒，音似。○四國，臺駘之後。今晉主汾而滅之矣。滅四國。由是觀之，則臺駘，汾神也。抑此二者，不及君身。山川之神，則水旱癘疫之災，於是乎禜之；有水旱之災，則禜祭山川之神，若臺駘者。○周禮：「四曰禜祭。」爲營攢用幣，以祈福祥。○攢，子官反。○疏曰：水旱癘疫，在地之災，山川帶地，故祭山川之神也。雪霜風雨，天氣所降，日月麗天，故祭日月星辰之神也。此因其所在分繫之耳。其實，水旱癘疫，亦是天氣所致，雪霜風雨，亦是在地之災，且雨之不時而致水旱，水旱與雨不甚爲異，而分言之者，據其雨不下而霖不止〔一三四〕，是雨不時也，故其苗稼生死則爲水與旱也。禜是祈禱之小祭耳，若大旱而雩，則徧祭天地百神，不復別其日月與山川也。又曰：水旱癘疫，俱祭山川，杜略癘疫而不言之耳。杜言山川之神若臺駘者，下云星辰之神若實沈者，言此禜祭祭其先世主山川主星辰者之神耳，非獨祭此山川、星辰之神也。計日月無其主之者，以與星辰俱是天神，連言之耳。周禮大祝：「掌六祈以同鬼神示〔一三五〕：一曰類，二曰造，三曰禬，四曰禜，五曰攻，六曰說。」鄭衆云：「禜，日月星辰山川之祭也。」鄭玄云：「禜，告之以時有災變也〔一三六〕。禜，如日食以朱絲營社也。」玄之此言取公羊爲説。莊二十五年公羊傳曰：日食「以朱絲營社。或曰脅之，或曰爲闇，恐人犯之，故營之。」然社有形質，故可朱絲營遶，日月山川非可營之物，不得以此解禜也。賈逵以爲營攢用幣，杜依用之。日月山川之神其祭非有常處，故臨時營其地，立攢表，用幣告之，以祈福祥也。攢，聚也，聚草木爲祭處耳。癘疫，謂害氣流行，歲多疾病。然則，君身有病，亦是癘氣。而云「不及君身」者，陳思王以爲癘疫之氣止害貧賤，其富貴之人攝生厚者，癘氣所不及，其事或當然也。且子産知晉君之病不在於此，故言二者不及君身，以病非癘疫，故不須祭臺駘等也。日月星辰之神，則雪霜風雨之不時，於是乎禜之。星辰之神，若實沈者〔一三七〕。若君身，則亦出入、飲食、哀樂之事也，山川、星辰之神又何爲焉？樂，音洛。○言實沈、臺駘不爲君疾。○疏曰：家語孔子云：「飲食不時，逸勞過度者，病其殺之。」此云出入即逸勞也，據國君之身則朝以聽政，晝以訪問，是出也；夕以修令，夜以安身，是入也。○昭公元年春秋左氏傳

○襄公十年，宋公享晉侯於楚丘，請以桑林。桑林，殷天子之樂名。○疏曰：若非天子之樂，則宋人不當請，荀罃不須辭。以宋人請而荀罃辭，明其

非常樂也。宋是殷後，得用殷樂，知桑林是殷天子之樂名也。經典言樂，殷爲大濩，而此復云桑林者，蓋殷家本有二樂，如周之大武、象舞也。名爲大濩，則傳記有説湯以寬政治民，除其邪虐，言能覆濩下民，使得其所，故名其樂爲大濩。其曰桑林，先儒無説，唯書傳言湯伐桀之後，大旱七年，史卜曰：當以人爲禱，湯乃翦髮斷爪，自以爲牲而禱於桑林之社，而雨大至，方數千里。或曰禱桑林以得雨，遂以桑林名其樂也。皇甫謐云：殷樂，一名桑林。以桑林爲大濩別名，無文可馮，未能察也。荀罃辭，辭，讓之。荀偃、士匄曰：「諸侯宋、魯，於是觀禮。宋，王者後，魯以周公故，皆用天子禮樂，故可觀。魯有禘樂，賓祭用之。禘，三年大祭，則作四代之樂。別祭羣公，則用諸侯樂。○疏曰：明堂位云：「季夏六月，以禘禮祀周公於大廟」，「朱干玉戚，冕而舞大武，皮弁素積，裼而舞大夏。」彼禘祭唯用大武、大夏，而不言韶濩。以二十九年魯爲季札舞四代之樂，知四代之樂魯皆有之。明堂位云：「凡四代之服器，魯皆用之。」禘是三年大祭，禮無過者，知禘祭於太廟，則作四代之樂也。禮唯周公之廟得用天子之禮，知其別祭羣公則用諸侯之樂。諸侯之樂，謂時王所制之樂，大武是也。然則，禘是禮之大者，羣公不得與同，而於賓得同禘者。禘者，敬鄰國之賓，故得用大祭之樂也。其天子享諸侯亦同祭樂，故大司樂云：大祭祀，王出入奏王夏，尸出入奏肆夏，牲出入奏昭夏。「大饗不入牲，其他如祭祀。」鄭注云：不入牲，不奏昭夏。王出入，賓出入，亦奏王夏，奏肆夏。又禮記祭統云：「大嘗禘，升歌清廟，下管象。」仲尼燕居云：「兩君相見」，亦「升歌清廟」，「下而管象。」是祭與享賓用樂同也。而荀罃云「我辭禮矣」，沈氏云：嘉樂不野合故也。魯之禘祭用四代樂，則天子禘用六代樂也。鄭康成義以爲禘祫各異，祫大禘小，天子祫用六代之樂，禘用四代之樂。魯則有禘樂，謂有周之禘祭之樂，非左氏義也。劉炫云：禘是大禮，賓得與同者，享賓用樂，禮傳無文，但賓禮既輕，必異於禘。魯以享賓，當時之失，用之已久，遂以爲常。荀偃、士匄引過謬之事以諂晉侯，使聽宋耳。魯以禘樂享賓，猶以十一牢爲士鞅，吴以引徵百牢，亦非正也。宋以桑林享君，不亦可乎？」言具天子樂也。舞師題以旌夏。夏，户雅反。○師，樂師也。旌夏，大旌也。題，識也。以大旌表識其行列。○識，申志反，又如字。行，户郎反。○疏曰：舞師，樂人之師，主陳設樂事者。謂舞初入之時，舞師建旌夏以引舞人而入，以題識其舞人之首，故晉侯卒見懼而退入於房也。謂之旌夏，蓋形制大而別爲之名也。晉侯懼而退入于房。旌夏非常，卒見之，人心偶有所畏。○卒，寸忽反。去旌，卒享而還，及著雍，疾。去，起吕反。著，都慮反，除慮反。雍，於用反。○晉侯疾也。著雍，晉地。卜，桑林見。見，賢遍反，注同。○祟見於卜兆。○祟，息遂反。荀偃、士匄欲奔請禱焉，奔走還宋禱謝。荀罃不可，曰：「我辭禮矣，彼則以之。以，用之。猶有鬼神，於彼加之。」言自當加罪於宋。晉侯有閒。閒，疾差也。○差，初賣反。○春秋左氏傳○齊侯疥，遂痁，疥，舊音戒，梁元帝謂當作痎〔一三八〕。痁，失廉反。○痁，瘧疾。○疏曰：後魏之世，嘗使李繪聘梁，梁人袁狎與繪言及春秋，説此事云：疥當爲痎，痎是小瘧，痁是大瘧。疥患積久，以小致大，非疥也。狎之所言，梁主之説也。按説文：「疥，搔也。」「瘧，熱寒休作。」「痁，有熱瘧。」「痎，二日一發瘧。」今人瘧有二日一發，亦有頻日發者，俗人仍呼二日一發。久不差者爲痎瘧，則梁主之言信而有徵也。是齊侯之瘧初二日一發，後遂頻日熱發，故曰疥遂痁。以此久不差，故諸侯之賓問疾者多在齊也。若其不然，疥搔小患，與瘧不類，何云疥遂痁乎？徐仙民音作疥，是先儒舊説皆爲疥。遂痁，初疥後瘧耳，今定本亦作疥。期而不瘳，諸侯之賓問疾者多在。期，音基。瘳，敕留反。○多在齊。○疏曰：期者，期三百有六旬又六日，法天數三百六十五度四分度之一。帝言閏，從全數，故言三百六十又六日，合三百六十五日又四分度之一分，欠三分不成六日，大月卻還天期十度，小月不盡置閏。梁丘據與裔款，裔，以制反。○二子，齊嬖大夫。○嬖，必計反。言於公曰：「吾事鬼神豐，於先君有加矣。今君疾病，爲諸侯憂，是祝史之罪也。諸侯不知，其謂我不敬，君盍誅於祝固、史嚚以辭賓？」盍，户臘反。嚚，魚巾反。○欲殺嚚、固以辭謝來問疾之賓。○疏曰：服虔云：祝固，齊大祝。史嚚，大史也。謂祝史之固陋嚚闇，不能盡禮薦美，至於鬼神怒也。其意以爲請誅祝史之嚚闇固陋者，嚚、固非人名也。按莊三十二年「神降于莘」，「虢公使祝應、宗區、史嚚享焉」。彼是人名，則此亦名也。世族譜齊雜人内有祝固、史嚚，此云欲殺嚚、固，是杜必以爲人名也。公説，告晏子，晏子曰：「日宋之盟，説，音悦。○日，往日也。宋盟在襄二十七年。屈建問范會之德於趙武，趙武曰：『夫子之家事治，言於晉國，竭情無私。其祝史祭祀，陳信不愧，其家事無猜，其祝史不祈。』屈，居勿反。○家無猜疑之事，故祝史無求於鬼神。○猜，七才反。○疏曰：彼傳趙武對曰：夫子之家事治，言於晉國無隱情，其祝史陳信於鬼神，無愧辭。此晏子言之，其辭微多於彼，其意亦不異也。建以語康王，語，魚據反。○楚王。康王曰：『神人無怨，宜夫子之光輔五君以爲諸侯主也。』」五君，文、襄、靈、成、景。○疏曰：文公爲戎右，襄、靈爲大夫，成公爲卿，景公爲大傅。公曰：「據與款謂寡人能事鬼神，故欲誅於祝史，子稱是語，何故？」對曰：「若有德之君，外内不廢，無廢事。上下無怨，動無違事，其祝史薦信，無愧心矣。君有功德，祝史陳説之，無所愧。○疏曰：此猶如孝經「上下無怨」也，言人臣及民上下無相怨耳。服虔云：上下，謂人神無怨。即如服言，下云上下怨疾，復是人與神相怨疾也。是以鬼神用饗，國受其福，祝史與焉。與焉，音預，注同，下祝史與焉亦同。○與受國福。其所以蕃祉老壽者，爲信君使也，其言忠信於鬼神。其適遇淫君，外内頗邪，上下怨疾，動作辟違，從欲厭私，爲，于僞反，又如字。頗，普何反。辟，匹亦反。從，才用反，或如字。○使私情厭足。高臺深池，撞鍾舞女，斬刈民力，輸掠其聚，撞，直江反。刈，本又作艾，魚廢反。掠，音亮。聚，才住反，又如字。○掠，奪取也。○疏曰：輸，墮也，故爲墮毁奪其所聚之物。以成其違，不恤後人，暴虐淫從，肆行非度，無所還忌，還，猶顧也。○疏曰：肆，縱恣也。恣意行非法度之事也。不思謗讟，不憚鬼神，神怒民痛，無悛於心。其祝史薦信，是言罪也，讟，徒木反。悛，七全反。○以實白神，是爲言君之罪。○疏曰：俗本作畏，定本作思。其蓋失數美，是矯誣也。數，所主反。矯，居表反。○蓋，掩也。○疏曰：掩蓋愆失，妄數美善，是矯詐誣妄也。進退無辭，則虚以求媚，作虚辭以求媚於神。是以鬼神不饗其國以禍之，祝史與焉。所以夭昏孤疾者，爲暴君使也，其言僭嫚於鬼神。」公曰：「然則若之何？」對曰：「不可爲也！爲，于僞反。嫚，武諫反。○言非誅祝史所能治。山林之木，衡鹿守之；澤之萑蒲，舟鮫守之；藪之薪蒸，虞候守之；海之鹽蜃，祈望守之。萑，音丸。薪蒸，之承反，粗曰薪，細曰蒸。蜃，市軫反。○衡鹿、舟鮫、虞候、祈望，皆官名也。言公專守山澤之利，不與民共。○疏曰：周禮司徒之屬有林衡之官，「掌巡林麓之禁」，鄭玄云：「衡，平也。平林麓之大小及所生者。竹木生平地曰林，山足曰麓。」此置衡鹿之官守山林之木，是其宜也。舟是行水之器，鮫是大魚之名，澤中有水有魚，故以舟鮫爲官名也。周禮山澤之官皆名爲虞，每大澤大藪中士四人〔一三九〕。鄭玄云：「虞，度也，度知山之大小及所生者。」「澤，水所鍾也。水希曰藪。」則藪是少水之澤。立官使之候望，故以虞候爲名也。海是水之大神，有時祈望祭之，因以祈望爲主海之官也。此皆齊自立名，故與周禮不同。山澤之利當與民共之，言公立此官使之守掌，專山澤之利，不與民共，故鬼神怒而加病焉。縣鄙之人，入從其政；偪介之關，暴征其私；其政，如字，一音征。偪，彼力反。○介，隔也，迫近國都之關。言邊鄙既入服政役，又爲近關所征稅枉暴，奪其私物。○疏曰：聘禮：「及竟」，「謁關人。」鄭玄云：「古者竟上爲關。」又周禮司關注云：「關，界上之門。」然則，禮之正法，國之竟界之上乃有關耳，自竟至國更無關也。齊於竟內更復置關，不與常禮同，以隔外內，故注介爲隔也。迫近國都爲關，以隔邊鄙之人、縣鄙之人入從國之政役，近關人征稅，奪其私物，而使民困也。承嗣大夫，强易其賄。强，其丈反。賄，呼罪反。○承嗣大夫，世位者。布常無藝，藝，法制也，言布政無法制。○疏曰：布其尋常之政，無準藝。徵斂無度；宮室日更，淫樂不違。

違，去也。內寵之妾，肆奪於市；肆，放也。外寵之臣，僭令於鄙。詐爲教令於邊鄙。私欲養求，不給則應。養，長也。所求不給，則應之以罪。○長，丁丈反。○疏曰：言此嬖寵之臣私有所欲，長養其情，求物共之，民不共給，則應之以罪。民人苦病，夫婦皆詛。祝有益也，詛亦有損。聊、攝以東，詛，莊慮反。祝，之又反，下善祝同。○聊、攝，齊西界也。平原聊城縣東北有攝城。○疏曰：周禮「孤卿建旃」，大夫尊，故麾旃以招之也。逸詩：「翹翹車乘，招我以弓。」古者聘士以弓，故弓以招士也。諸侯服皮冠，以田虞掌田獵，故皮冠以招虞人也。姑、尤以西，姑、尤，齊東界也。姑水、尤水皆在城陽郡東南入海。其爲人也多矣。雖其善祝，豈能勝億兆人之詛？萬萬曰億，萬億曰兆。君若欲誅於祝史，脩德而後可。」公說，使有司寬政毀關，去禁薄斂，已責。說，音悅。去，起呂反。斂，力驗反。責，或作債，音同。○除逋責〔一四〇〕。○逋，布胡反。十二月，齊侯田于沛。沛，音貝。○言疾愈行獵。沛，澤名。○昭公二十年春秋左氏傳

方相氏：掌蒙熊皮，黃金四目，玄衣朱裳，執戈揚盾，帥百隸而時難，以索室敺疫。難，乃多反，注同〔一四一〕。○蒙，冒也。冒熊皮者，以驚敺疫癘之鬼，如今魌頭也。時難，四時作方相氏以難卻凶惡也。月令季冬命國難。索，廋也。○疏曰：云「時儺四時」者，按月令唯有三時儺：是以月令季春云「命國儺」，以季春日歷大梁，有大陵積尸之氣與民爲厲，命有國者儺；仲秋云「天子乃儺」，時斗建酉，亦有大陵積尸之氣，此月儺，難陽氣，陽氣至此不止害將及人，唯天子得儺，諸侯亦不得；季冬云「乃

命有司大儺」，言大則及民庶亦儺，唯有此三時儺。鄭云四時者，雖三時亦得云四時，總言之也。若然，此經所儺據十二月大儺而言，是以鄭引季冬爲證也。鄉黨「鄉人儺」，郊特牲云「鄉人禓」〔一四二〕，亦皆據十二月民庶得儺而言也。○夏官○季春命國難，九門磔攘，以畢春氣。磔，竹伯反。○此難，難陰氣也〔一四三〕，陰寒至此不止害將及人。所以及人者，陰氣右行，此月之中日行歷昴，昴有大陵積尸之氣，氣佚則厲鬼隨而出行，命方相氏帥百隸索室毆疫以逐之。又磔牲以攘於四方之神，所以畢止其災也。王居明堂禮曰：「季春出疫于郊，以攘春氣。」○疏曰：以季春恐有儺陽氣之嫌，故云「難難陰氣也」。云「陰氣右行此月之中日行歷昴昴有大陵積尸之氣」者，天氣左轉，故斗建左行，謂之陽氣。日月右行，日月比天爲陰，故云陰氣。右行以此月之初日在於胃，此月之中從胃歷昴。云「有大陵積尸」者，元命苞云：「大陵主尸。」熊氏引石氏星經：「大陵八星在胃北，主死喪。」云「方相氏帥百隸索室毆疫以逐之」者，按方相氏云：「帥百隸而時難，以索室毆疫。」鄭注云：時難，謂四時難。引「月令季冬命國難」，故知於時命方相氏也。引「王居明堂禮曰」以下者，證季春國難之事。○月令○仲秋，天子乃難，以達秋氣。此難難陽氣也。陽暑至此不衰，害亦將及人。所以及人者陽氣左行，此月宿直昴畢，昴畢亦得大陵積尸之氣，氣佚則厲鬼亦隨而出行，於是亦命方相氏帥百隸而難之。王居明堂禮曰：「仲秋，九門磔攘以發陳氣，禦止疾疫。」○疏曰：季冬及季春難皆難陰氣也，恐此亦難陰氣，故云「難陽氣」。言陽氣至此不衰，害亦將及人也。秋涼之後，陽氣應退，至此不退，是涼反熱，故害及於人。云「亦將及人」者，亦謂對季春言，季春之時陰氣右行，日在昴畢之閒，得大陵積尸之氣，故爲災。今此月陽氣左行，至於昴畢，亦得大陵積尸之氣，故云亦將及人。云「陽氣左行此月宿直昴畢」者，以天左旋，星辰與斗建循天而行，此月斗建在酉，酉是昴畢本位，故云「宿直昴畢」也。其八月合昏之時，斗柄建指昴畢本位，其昴畢之星於時在寅。云「氣佚則厲鬼隨而出行」者，大陵既爲積尸，秋時又得陽氣增益，疾病應氣相感，故厲鬼隨而出行。云「亦命方相氏」者，亦季冬，以周禮季冬命方相氏，故云亦也。引王居明堂禮者，證仲秋難義。云「以發陳氣」者，謂秋時涼氣新至，發去陽之陳氣，防禦禁止疾疫之事也。既引明堂禮「仲秋九門磔攘」，則此亦磔攘也，但文不備耳。季冬云大難，明九門磔攘。季冬稱大，則貴賤皆爲也。季春云國難，熊氏云：唯天子、諸侯有國爲難。此云「天子乃難」，唯天子得難，以其難陽氣，陽是君象，則諸侯以下不得難陽氣也。按陰氣、陽氣至，大陵俱致積尸疫氣。按十一月陽氣至於危虛而不難，十二月陰氣至於虛危而爲難者，以十一月陽氣初起，未能與陰相競，故無疫疾可難。六月宿直柳鬼，陰氣至微，陰始動，未能與陽相競，故無疾害可難也。季冬亦陽初起而爲難者，以陰氣在虛危，又是一歲之終，總除疫氣，故爲難也。其磔攘之牲，按小司徒職云：「小祭祀，奉牛牲。」又牧人云：凡毀事「用尨可也。」是則用牛也。羊人云：「凡沈辜侯禳」，「共其羊牲。」犬人云：「凡幾珥沈辜，用駹可也。」雞人云：「面禳」，「共其雞牲。」是則用羊，用犬，用雞也。蓋大難用牛，其餘雜攘大者用羊，用犬，小者用雞，此皆熊氏之説也。○

月令○季冬命有司大難，旁磔，出土牛以送寒氣。此難，難陰氣也。難陰始於此者，陰氣右行，此月之中日歷虛危，虛危有墳墓四司之氣爲厲鬼，將隨强陰出害人也。旁磔，於四方之門磔攘也。出，猶作也。作土牛者，丑爲牛〔一四四〕，牛可牽止也。送猶畢也。○疏曰：此月之時，命有司之官大爲難祭，令難去陰氣。言「大」者，以季春唯國家之難，仲秋唯天子之難，此則下及庶人，故云大難。「旁磔」者，旁謂四方之門，皆披磔其牲以禳除陰氣。「出土牛以送寒氣」者，出猶作也，此時强陰既盛，年歲已終，陰若不去，凶邪恐來歲更爲人害。其時月建丑，又土能剋水〔一四五〕，持水之陰氣，故特作土牛以畢送寒氣也。又曰：「此月之中」者，中猶内也，謂此月之内也。皇氏以爲此月中氣，非也。云「日歷虚危虚危有墳墓四司之氣」者〔一四六〕，熊氏引石氏星經云：「司命二星在虚北，司禄二星在司命北，司危二星在司禄北，司中二星在司危北。」史遷云：「四司，鬼官之長。」又云「墳墓四星在危東南。」是危虚有墳墓、四司之氣也。皇氏以爲北方蓋藏，故爲墳墓。北方歲終以司主四時，故云四司，其義皆非也。皇氏又云：以季春國難下及於民，以此季冬大難爲不及民也。然皇氏解禮違鄭解義也。今鄭注論語「鄉人難」云：「十二月，命方相氏索室中驅疫鬼。」鄭既分明云十二月鄉人難，而皇氏解季冬難云不及鄉人，不知何意？如此云送猶畢者，此時寒實未畢，而言畢者，但意欲全畢耳。○月令

○占夢：遂令始難毆疫。令，令方相氏也。難，謂執兵以有難卻也。方相氏蒙熊皮，黄金四目，玄衣朱裳，執戈揚盾，帥百隸爲之毆疫癘鬼也。故書難或爲儺，杜子春儺讀爲難問之難，其字當作難。月令：季春之月「命國儺，九門磔攘，以畢春氣」；仲秋之月「天子乃儺，以達秋氣」；季冬之月「命有司大儺，旁磔，出土牛以送寒氣」。○疏曰：因事曰遂。上經贈惡夢，遂令方相氏始難毆疫。又曰：云「令令方相氏」〔一四七〕，以方相氏專主難者，故云令方相氏。云「難謂執兵以有難卻也」者，所引「方相氏」以下是也。杜子春云「儺讀爲難問之難」者，以其難去疫癘，故爲此讀。又引月令云「季春之月命國儺」，按彼鄭注：「此月之中，日行歷昴，昴有大陵積

尸之氣，氣佚則癘鬼隨而出行」，故難之。云「命國難」者，唯天子、諸侯有國者令難。云「九門磔攘」者，九門依彼注路門、應、雉、庫、皐，國近郊、遠郊關，張磔牲體，攘去惡氣也。云「以畢春氣」者，畢，盡也，季春行之，故以盡春氣。云「仲秋之月天子乃儺以達秋氣」者，按彼鄭注云：「陽氣左行，此月宿直昴畢，昴畢亦得大陵積尸之氣，氣佚則癘鬼亦隨而出行」，故難之，以通達秋氣。此月難陽氣，故唯天子得難。云「季冬之月命有司大儺旁磔出土牛以送寒氣」者，按彼鄭注：「此月之中，日歷虚危，虚危有墳墓、四司之氣爲癘鬼，將隨强陰出害人也」，故難之。「命有司」者，謂方相氏。言「大難」者，從天子下至庶人皆得難。言「旁磔」者，謂四方於四方之門皆張磔牲體。云「出土牛以送寒氣」者，鄭彼注云：「出猶作也。」作土牛者，丑爲牛，牛可牽可止，送猶畢也，故作土牛以送寒氣。此子春所引，雖引三時之難，唯即季冬大難。知者，此經始難文承季冬之下，是以方相氏亦據季冬大難而言。○春官

右難○傳：鄉人儺，朝服而立於阼階。集註曰〔一四八〕：儺，所以逐疫，周禮方相氏掌之。阼階，東階也。儺雖古禮而近於戲，亦必朝服而臨之者，無所不用其誠敬也。或曰：恐其驚先祖五祀之神，欲其依己而安也。○此一節記夫子居鄉之事。○鄉黨〔一四九〕

詛祝：掌盟、詛、類、造、攻、説、禬、禜之祝號，八者之辭，皆所以告神明也。盟詛主於要誓，大事曰盟，小事曰詛。○疏曰：此八者之内，類、造已下是大祝六祈，大祝不掌祝號，故此詛祝與盟同爲祝號。秋官自有司盟之官，此詛祝兼言之者。司盟直掌盟載之法，不掌祝號與載辭，故使詛祝掌之。云「大事曰盟小事曰詛」者，盟者，盟將來，春秋諸侯會有盟無詛；詛者，詛往過，不因會而爲之，故云「大事

曰盟、小事曰詛」也。作盟詛之載辭，以叙國之信用，以質邦國之劑信。載辭，爲辭而載之於策，坎用牲，加書於其上也。國，謂王之國、邦國、諸侯國也。質，正也，成也。文王脩德而虞芮質厥成。鄭司農云：載辭，以春秋傳曰：「使祝爲載書。」○疏曰：云「作盟詛之載辭」者，爲要誓之辭載之於策，人多無信，故爲辭。對神要之使用信，故云「以叙國之信用」。云「以質邦國之劑信」者，質，正也，成也，亦爲此盟詛之載辭以成正諸侯邦國之劑，謂要券，故對神成正之使不犯。又曰：言「爲辭而載之於策」者，若然，則策載此辭謂之載。云「坎用牲加書於其上也」者，按襄二十六年左氏傳云：宋寺人伊戾坎用牲加書，爲世子痤僞與楚客盟司盟。注具引此文，於此注略也。引春秋者，據載書而言。知者，按司盟「掌盟載之法」，彼注云：「載，盟辭也，盟者書其辭於策。」即是此載辭也。又注云：「殺牲取血，坎其牲，加書於上而埋之，謂之載書。」即引春秋襄二十六年宋寺人之事，明此坎用牲加書於其上據載書而言。以此言之，則書辭於策謂之載辭，加書於牲上謂之載書。司盟掌載書，詛祝掌載辭〔一五〇〕，此注兼言「坎用牲，加書」之事者，事相因，故兼解之。云「國謂王之國邦國諸侯國也」者，周禮體例單言「國」者皆據王國、邦國，連言者皆據諸侯，故爲此解。云「文王脩德而虞芮質厥成」者，大雅文王詩也。彼訓質爲成，成爲平，謂成其平和之事。引之者，證質爲成義。先鄭引「春秋傳曰」者，按哀二十六年左氏傳云宋大尹「使祝爲載書」，司農之意以載辭與載書爲一得通一義，故引之在下。○春官○司盟：掌盟載之法。載，盟辭也。盟者，書其辭於策，殺牲取血，坎其牲，加書於上而埋之，謂之載書。春秋傳曰：宋寺人惠牆伊戾坎，用牲加書，爲世子痤與楚客盟。○痤，才戈反。○疏曰：盟時，坎用牲加書於牲上，以牲載書於上，謂之盟載也。又曰：云「載」者，正謂以牲載此盟書於上，故謂之載也。云「盟者書其辭於策」者，辭即盟辭，若云：「爾無我詐，我無爾虞，有違此盟，無克祚國。」盟辭多矣，以此爲本。云宋寺人之事，按襄二十六年傳曰：「宋寺人惠牆伊戾爲大子痤内師，無寵。」注云：「惠牆，氏。伊戾，名。」「秋，楚客聘於晉，過宋。大子知之，請野享之。公使往，伊戾請從之。至，則坎，用牲，加書徵之，而聘告公曰：大子將爲亂，既與楚客盟矣。」鄭引此者，證坎用牲加書載之事也。凡邦國有疑會同，則掌其盟約之載及其禮儀，北面詔明神，既盟則貳之。有疑不協也。明神，神之明察者，謂日月山川也。觀禮：加方明於壇上。所以依之也。詔之者，讀其載書以告之也。貳之者，寫副當以授六官。○疏曰：時見曰會，殷見曰同，若有疑，則盟之。又曰：云「有疑不協也」者，不協之文出於春秋。云「明神神之明察者謂日月山川也觀禮加方明於壇上所以依之也」者，按覲禮云：「方明者，木也，方四尺，設六色。」又云：「設六玉：上圭，下璧，南方璋，西方琥，北方璜，東方圭。」注云：「六色象其神，六玉以禮之。上宜蒼璧，下宜黄琮，而不以者，則上下之神非天地之至貴者也。設玉者，刻其木而著之。」又云：天子「拜日於東門之外，反祀方明。」注引「司盟職曰：『北面詔明神。』言北面詔明神，則明神有象也。象者其方明乎？」又曰：「禮日於南門外，禮月與四瀆於北門外，禮山川丘陵於西門外。」又云：「祭天，燔柴。祭山川丘陵，升。祭川，沈。祭地，瘞。」注云：「升、沈，必就祭者也。就祭，則是王巡守及諸侯之盟祭也。」引「郊特牲曰：『郊之祭也，迎長日之至也，大報天而主日也。』宗伯職曰：『以實柴祀日月星辰。』則燔柴祭天，謂祭日也。柴爲祭日，則祭地瘞者，祭月也。日月而云天地，靈之也。王制曰：王『巡守，至於岱宗，柴。』是王巡守之盟，其神主日也。

春秋傳曰：「晉文公爲踐土之盟。」而傳云山川之神。是諸侯之盟，其神主山川也。月者，大陰之精，上爲天使，臣道莫貴焉。是王官之伯會諸侯而盟，其神主月與？」以此約之，故知明神是日月山川也。如是王會同四時各祀其神及祀方明，則諸神皆及，故有六色、六玉之位焉，其盟亦然。云「詔之者讀其載書以告之也」者，謂盟時以其載辭告焉。云「貳之者寫副當授六官」者，大司寇職「凡邦之大盟約，涖其盟書，而登之於天府，大史、内史、司會及六官皆受其貳而藏之」者是也。盟萬民之犯命者，詛其不信者亦如之。盟詛者，欲相與共惡之也。犯命，犯君教令也。不信，違約者也。春秋傳曰：「臧紇犯門斬關以出，「乃盟臧氏。」又曰：「鄭伯使卒出豭，行出犬雞，以詛射潁考叔者。」○惡，烏路反。紇，恨發反，胡没反，胡謁反。卒，子忽反。豭，音加。行，户郎反。射，食亦反。○疏曰：凡言盟者，盟將來詛者。「詛往過云亦如之」者，亦如上文。又曰：云「盟詛者欲相與共惡之也」者，對神爲驗，是共惡之也。云「犯命犯君教令也」者，以萬民無餘事，故知犯命謂犯君教令也。云「春秋傳曰」者，按襄二十三年季武子無適子，公彌長，而愛悼子，欲立之。訪於臧紇，紇爲立悼子紇，廢公鉏後，孟莊子疾，豐點謂公鉏：「苟立羯，請讎臧氏。」及孟孫卒，季孫至，入哭而出，曰：「秩焉在？」公鉏曰：「羯在此矣。」孟氏閉門，告於季孫曰：「臧氏將爲亂，不使我葬。」季孫不信。臧孫聞之，戒，除於東門，甲從己而視之。孟氏又告季孫，季孫怒，命攻臧氏。臧紇斬鹿門之關以出奔邾，季孫盟。是其事也。又曰「鄭伯使卒出豭行出犬雞以詛射潁考叔」者，此隱公十一年將伐許〔一五一〕，子都與潁考叔爭車，及許，潁考叔先登，子都自下射之，顛。師還，乃詛射潁考叔者。引之者〔一五二〕，證詛是往過之事。若然，臧紇既出乃盟臧氏者，以臧氏出後盟，後人以臧氏爲盟首，亦是盟將來也。凡民之有約劑者，其貳在司盟。貳之者，檢其自相違約。○疏曰：此謂司約副寫一通來入，司盟檢後相違約勘之。有獄訟者，則使之盟詛。不信，則不敢聽此盟詛，所以省獄訟。○省，所景反。○疏曰：此盟詛謂將來訟者先使之盟詛，盟詛不信，自然不敢獄訟，所以省事也。凡盟詛，各以其地域之衆庶共其牲而致焉。既盟，則爲司盟共祈酒脯。爲，于僞反，注同。○使其邑閭出牲而來盟，已又使出酒脯司盟，爲之祈明神，使不信者必凶。○疏曰：盟處無常，但盟則遣其地之民出牲以盟，並出酒脯以祈明神也。○秋官○封人：大盟則飾其牛牲。大盟，會同之盟。○疏曰：大盟，謂天子親往臨盟。此一經皆用牛牲，故總云飾其牛牲也。又曰：按覲禮及司儀，諸侯時見曰會，殷見曰同，王皆爲壇於國外，行盟誓之法，故鄭依而言焉。○地官○戎右：盟則以玉敦辟盟，遂役之。敦，音對，又都愛反，都迴反。○鄭司農云：敦，器名也。辟，法也。玄謂：將歃血者，先執其器，爲衆陳其載辭，使心皆開辟也。役之者，傳敦血授當歃者。○疏曰：先鄭以辟爲法，此無取於法義，故後鄭爲開辟盟者之心。云「將歃血者，先執其器」者，凡盟先割牛耳，盛於珠盤，以玉敦盛血，戎右執此敦血爲陳其盟約之辭，使心開辟乃歃之。贊牛耳、桃茢。鄭司農云：贊牛耳，春秋傳所謂「執牛耳」者。故書茢爲滅，杜子春云：滅當爲厲。玄謂：尸盟者，割牛耳，取血助爲之，及血在敦中，以桃茢拂之，又助之也。耳者盛以珠盤，尸盟者執之。桃，鬼所畏也。茢，苕帚，所以掃不祥。○茢，音烈，音例。盛，音成。苕，音條。帚，之受反。○疏曰：引春秋者，按哀十七年公會齊侯盟於蒙，孟武伯問於高柴曰：「諸侯盟，誰執牛耳？」季羔曰：「鄫衍之役，吴公子姑曹。」注云：「在七年。」「發陽之役，衛石魋。」注云：「發陽，鄖也，在十二年。」武伯曰：「然則彘也。」以其魯於齊爲小國故也。云「玄謂尸盟者割牛耳」者，尸盟即是小國也。云「桃鬼所畏也茢苕帚所以掃不祥」者，殺牲取血，旁有不祥，故執此二者於血側也。○夏官

右盟詛○傳：涖牲曰盟。涖，臨也。坎用牲，臨而讀其盟書。聘禮今存，遇、會、誓、盟禮亡。誓之辭，尚書見有六篇。○疏曰：「涖牲曰盟」者，亦諸侯事也。涖，臨也，臨牲者，盟所用也。盟者殺牲歃血，誓於神也。若約束而臨牲，則用盟禮，故云涖牲曰盟也。然天下太平之時，則諸侯不得擅相與盟。唯天子巡守至方嶽之下，會畢然後乃與諸侯相盟，同好惡，奬王室，以昭事神、訓民、事君。凡國有疑，則盟詛其不信者，及殷見曰同，並用此禮。後至於五霸之道，卑於三王，有事而會，不協而盟。盟之爲法，先鑿地爲方坎，殺牲於坎上，割牲左耳盛以珠盤，又取血盛以玉敦，用血爲盟書，成乃歃血而讀書。知坎血加書者，按僖二十五年左傳云：「坎，血，加書。」又襄二十六年左傳云：「歃，用牲，加書。」是也。知用耳者，戎右職云：「贊牛耳。」知用左者，以馘者用左耳故也。知珠盤玉敦者，戎右職云：「以玉敦辟盟。」又玉府云：「則共珠盤玉敦。」知口歃血者，隱七年左傳云：陳五父「及鄭伯盟，歃如忘〔一五三〕」。又襄九年云：新與楚盟，「口血未乾」，是也。異義云：「禮：約盟不令。春秋公羊説『古者不盟，結言而退』，故穀梁傳云：『誥誓不及五帝，盟詛不及三王，交質子不及二伯。』且盟非禮，故春秋左氏云：周禮有司盟之官，殺牲歃血，所以盟事神明。又云：『凡國有疑，盟詛其不信者。』是

知於禮得盟。許君謹按：從左氏説，以太平之時有盟詛之禮。」鄭氏不駁，從許慎義也。盟詛不及三王，非鄭所用。然盟牲所用，許慎據韓詩云：「天子諸侯以牛豕，大夫以犬，庶人以雞。」又云：「毛詩説君以豕，臣以犬，民以雞。又左傳云：『鄭伯使卒出豭，行出犬雞，以詛射潁考叔者。』又云：『衛伯姬盟孔悝以豭。』」鄭云：「詩説及鄭伯皆謂詛小於盟。」周禮戎右職云「盟則以玉敦辟盟，遂役之」，鄭注云：「役之者，傳敦血授當歃者。」下云：「贊牛耳桃茢。」又左傳云：「孟武伯問於高柴曰：諸侯盟，誰執牛耳？」然則盟者人君以牛，伯姬盟孔悝以豭，下人君也。皇氏以爲春秋時盟乃割心取血，故定四年鑪金云「王割子期之心與隨人盟」，杜云：「當心前割取血以盟，示其至心。」是也。又曰：鄭注司盟云：「盟者，書其辭於策，殺牲取血，坎其牲，加書於上而埋之，謂之載書。」云「聘禮今存遇會誓盟禮亡誓之辭尚書見有六篇」者：一曰甘誓，夏啓伐有扈氏誓羣衆；二曰湯誓，謂湯伐桀誓羣臣也；三曰泰誓，武王伐紂度孟津，誓敕士衆之辭也；四曰牧誓，武王伐紂於牧野時所作；五曰費誓，徐戎作難，魯侯伯禽誓羣臣興兵征之也；六曰秦誓，秦穆公襲鄭，不從蹇叔之謀，果敗諸崤，後穆公悔過，與羣臣自誓也。〇曲禮下〇隱公八年秋七月庚午（一五四），宋公、齊侯、衛侯盟于瓦屋。宋序齊上，王爵也。瓦屋，周地。穀梁子曰：外盟不日，此其日，何也？據僖十九年夏六月宋公、曹人、邾人盟於曹南，不日。諸侯之參盟於是始，故謹而日之也。世道交喪，盟詛滋彰，非可以經世軌訓，故存日以記惡，蓋春秋之始也。誥誓不及五帝，五帝，謂黄帝、顓頊、帝嚳、帝堯、帝舜也。誥誓，尚書六誓七誥，是其遺文。五帝之世道化淳備，不須誥誓而信自著。〇疏曰：五帝雖有軍旅會同，不須誥誓而信自著也。六誓者，即尚書甘誓、湯誓、牧誓、泰誓、費誓、秦誓也。七誥者，即湯誥、大誥、康誥、酒誥、召誥、洛誥、康王之誥是也。盟詛不及三王，三王，謂夏、殷、周也。夏后有鈞臺之享，商湯有景亳之命，周武有盟津之會，衆所歸信，不盟詛也。○疏曰：經史通以三王爲夏、殷、周也。鈞臺之享止盟津之會，昭四年左傳文。三王衆所歸信，故不設盟詛也。尚書舜命禹征有苗而戒於衆，則亦誓之類。周禮秋官司盟之官掌盟載之約，則是盟事。而云「誥誓不及五帝盟詛不及三王」者，舜是五帝之末，命禹徂征，是禹之事，故云不及五帝。周公制盟載之法者，謂方岳及有疑會同始爲之耳，不如春秋之世屢盟，故云不及三王也。交質子不及二伯。二伯，謂齊桓、晉文。齊桓有召陵之師，晉文有踐土之盟，諸侯率服，不質任也。○疏曰：經典言五伯者，皆謂夏伯昆吾、商伯大彭、豕韋、周伯齊桓、晉文。今此傳以周末言之，故知謂齊桓、晉文也。其召陵之師、踐土之盟，亦昭四年左傳文也。○成王盟諸侯于岐陽，岐山之陽〔一五五〕。楚爲荆蠻，荆州之蠻也。置茅蕝，設望表，與鮮牟守燎。置，立也。蕝，謂束茅而立之，所以縮酒。望表，謂望山川，立木以爲表，表其位也。鮮牟，東夷國。燎，庭燎也。○國語楚語○定公與齊侯會于夾谷，孔子攝相事，曰：「臣聞有文事者必有武備，有武事者必有文備。古者諸侯出疆，必具官以從，請具左右司馬。」定公從之。至會所，爲壇位，土階三等，以遇禮相見，會遇之禮，禮之簡略者也。揖讓而登。獻酢既畢，齊使萊人以兵鼓譟，劫定公。譟，于紺反。○萊人，齊人東夷。雷鼓曰譟。孔子歷階而進，以公退，曰：「士，以兵之。吾兩君爲好，裔夷之俘敢以兵亂之，裔，邊裔。夷，夷狄。俘，軍所獲虜也。言此三者何敢以兵亂兩君之好也。非齊君所以命諸侯也。裔不謀夏，夷不亂華，華、夏，中國之名。俘不干盟，兵不偪好。於神爲不祥，於德爲愆義，於人爲失禮，君必不然。」齊侯心怍麾而避之。將盟，齊人加載書曰：「齊師出境，而不以兵車三百乘從我者，有如此盟。」孔子使茲無還對曰：魯大夫也。「而不返我汶陽之田，吾以供命者，亦如之。」齊侯歸，責其羣臣曰：「魯以君子道輔其君，而子獨以夷狄道教寡人，使得罪。」於是乃歸所侵魯之四邑及汶陽之田。四邑：鄆、讙、龜、陰也。殊特汶陽之田〔一五六〕，本魯界。○鄆，上問反。○家語相魯○哀公會齊侯盟于蒙，武伯問於高柴曰：「諸侯盟，誰執牛耳？」執牛耳，尸盟者。季羔曰：「鄫衍之役，吴公子姑曹；衍，以善反。○季羔，高柴也。鄫衍在七年。發陽之役，衛石魋。」魋，徒回反。○發陽，鄖也。在十二年。石魋，石曼姑之子。○鄖，音云。武伯曰：「然則彘也。」彘，直例反。○彘，武伯名也。鄫衍則大國執，發陽則小國執，據時，執者無常，故武伯自以爲可執。○疏曰：依禮，小國執牛耳。武伯得季羔之言，以鄫衍則大國執，發陽則小國執之，既合古典。武伯自以魯是小國，故云「然則彘也」。杜以傳有小國、大國之執，故云「據時執者無常」。劉炫以爲小國恒執牛耳，何得云執者無常？若如劉意，季羔直舉發陽，何須云鄫衍之役吴公子姑曹，橫規杜過，非也。○哀公十七年春秋左氏傳○晉師將盟衛侯于鄟澤，鄟，音專，又市專反，本亦作剸，同。○

自瓦還，就衛地盟。趙簡子曰：「羣臣誰敢盟衛君者？」前年衛叛晉屬齊，簡子意欲摧辱之。涉佗、成何曰：「我能盟之。」佗，徒何反。○二子，晉大夫。衛人請執牛耳，盟禮：尊者涖牛耳，主次盟者。衛侯與晉大夫盟，自以當涖牛耳，故請。○疏曰：盟用牛耳，卑者執之，尊者涖之。請執牛耳，請使晉大夫執牛耳。周禮戎右云盟則贊牛耳，鄭云：「謂尸盟者割牛耳，取血助爲之」，「尸盟者執之。」襄二十七年傳曰：「諸侯盟，小國固必有尸盟者。」是小國主備辦盟具，宜執牛耳。哀十七年傳曰：公會齊侯盟於蒙，孟武伯問於高柴曰：「諸侯盟，誰執牛耳？」季羔曰：「鄫衍之役，吴公子姑曹；發陽之役，衛石魋。」武伯曰：「然則彘也。」鄫衍吴爲盟主，不知盟禮，當令小國執牛耳，而自使其臣執之。發陽，宋、魯、衛三國衛爲小，蒙則齊、魯二國，魯爲小，皆是以小國執牛耳，而尊者涖之，以主次同盟者。今衛侯與晉大夫盟，自以當爲盟主，宜涖牛耳，故請晉大夫使執之。成何曰：「衛，吾温、原也，焉得視諸侯〔一五七〕？」焉，於虔反。○言衛小，可比晉縣，不得從諸侯禮。將歃，涉佗捘衛侯之手，及捥，歃，所洽反，又所甲反。捘，子對反。捥，烏唤反。○捘，擠也。血至捥。○擠，子計反，一音子禮反，説文云：「排也。」○疏曰：説文云：「推，排也。」「排，擠也。」捘是推排之意，故爲擠也。昭十三年傳言：「擠于溝壑。」謂被推入坑也。衛侯怒，王孫賈趨進，賈，衛大夫。曰：「盟以信禮也，信，猶明也。有如衛君，其敢不唯禮是事而受此盟也？」言晉無禮，不欲受其盟。○定公八年春秋左氏傳○晉文公伐衛，楚師救衛，戰于莘北，楚師敗績，晉師還至于衡雍，作王宮于踐土，獻楚俘于王，王子虎盟諸侯于王庭，雍，於用反。○踐土宮之庭。書踐土，別於京師。○別，彼列反。要言曰：「皆獎王室，無相害也。有渝此盟，明神殛之。俾隊其師，無克祚國。」獎，將丈反。渝，羊朱反。殛，紀力反，本又作極，下是殛同。俾，本亦作卑，必爾反。隊，直類反。祚，才故反。○獎，助也。渝，變也。殛，誅也。俾，使也。隊，隕也。克，能也。○隕，於敏反。○僖公二十八年春秋左氏傳○崔杼弒齊君，立景公而相之，慶封爲左相，盟國人于大宮，相，息亮反，下同。大，音泰，注同。○大宮，太公廟。曰：「所不與崔、慶者」，晏子仰天歎曰：「嬰所不唯忠于君、利社稷者是與，有如上帝。」乃歃。盟書云：所不與崔、慶者，有如上帝。讀書未終，晏子抄答易其辭，因自歃〔一五八〕。「曰所不與崔慶」者，本或此下有「有如此盟」四字者，後人妄加。○襄公二十五年春秋左氏傳○諸侯伐鄭，鄭人懼，乃行成。秋七月，同盟于亳。范宣子曰：「不慎，必失諸侯。慎，敬威儀，謹辭令。諸侯道敝而無成，能無貳乎？」數伐鄭，皆罷於道路。○數，所角反。罷，音皮。乃盟載書曰：「凡我同盟，毋蘊年，蘊積年穀，而不分災。毋壅利，專山川之利。毋保姦，藏罪人。毋留慝，慝，他得反。○速去惡。○去，起呂反。救災患，恤禍亂，同好惡，獎王室。好惡，如字，或讀上呼報反，下烏路反。獎，將丈反。○獎，助也。或間茲命，司慎司盟，名山名川，二司，天神。○間，間廁之間〔一五九〕。茲命，本或作茲盟，誤。○疏曰：盟告諸神而先稱二司，知其是天神也。覲禮：「諸侯覲於天子，爲宮方三百步」，「壇十有二尋，深四尺，加方明於其上。方明者，木也，方四尺」，設六色：青、赤、白、黑、玄、黄，設六玉：圭、璋、琥、璜、璧、琮。「公、侯、伯、子、男皆就其旂而立。」天子祀方明，禮日月四瀆、山川丘陵。彼文雖不言盟，其所陳設盟之禮也。鄭玄云：「方明者，上下四方神明之象也。」「會同而盟，明神監之，則謂之天之司盟。有象者，猶宗廟之有主乎？」天子巡守之盟，其神主日；諸侯之盟，其神主山川。王官之伯會諸侯而盟，其神主月。是言盟之所告，告天神也。鄭云神監之，謂之司盟，司盟非一神也。其司慎亦不知指斥何神，但在山川之上，知其是天神耳。名山，山之有名者，謂五嶽四鎮也。名川，謂四瀆也。羣神羣祀，羣祀，在祀典者。先王先公，先王，諸侯之大祖，宋祖帝乙、鄭祖厲王之比也。先公，始封君。○大，音泰。比，必利反。七姓十二國之祖，七姓：晉、魯、衛、鄭、曹、滕，姬姓；邾、小邾，曹姓；宋，子姓；齊，姜姓〔一六〇〕；莒，己姓；杞，姒姓；薛，任姓。實十三國，言十二，誤也。○己，音紀，或音祀。任，音壬。○疏曰：十三國爲七姓，世本、世家文也。姬即次曹，意及則言，不以大小爲次也。實十三國而言十二，服虔云：晉主盟，不自數。知不然者，按定四年祝佗稱踐土之盟云晉重、魯申。於時晉爲盟主，自在盟内，何因晉今主盟乃不自數，故知字誤也。劉炫難服虔云：按宣子恐失諸侯，謹慎辭令，告神要人，身不自數，己不在盟，彼畔必速，豈有如此理哉？明神殛之，殛，紀力反。○殛，誅也。俾失其民，隊命亡氏，踣其國家。」俾，本又作卑，必爾反。隊，直類反。踣，蒲北反，徐又敷豆反。○踣，斃也。○斃，婢世反。○襄公十一年春秋左氏傳○五霸，桓公爲盛。葵丘之會諸侯，束牲、載書而不歃血。初命曰：「誅不孝，無易樹子，無以妾爲妻。」再命曰：

「尊賢育才，以彰有德。」三命曰：「敬老慈幼，無忘賓旅。」四命曰：「士無世官，官事無攝，取士必得，無專殺大夫。」五命曰：「無曲防，無遏糴，無有封而不告。」曰：「凡我同盟之人，既盟之後，言歸于好。」告子下○諸侯伐鄭，鄭人恐，乃行成，與晉成也。同盟于戲，鄭服也[一六一]。將盟，鄭六卿公子騑、子駟。公子發、子國。公子嘉、子孔。公孫輒、子耳。公孫蠆、子蟜蠆，敕邁反。公孫舍之子展。及其大夫、門子皆從鄭伯。從，才用反。○門子，卿之適子。○適，丁歷反。晉士莊子爲載書，莊子，士弱。載書，盟書。曰：「自今日既盟之後，鄭國而不唯晉命是聽，而或有異志者，有如此盟！」如違盟之罰。公子騑趨進曰：「天禍鄭國，使介居二大國之閒，介，猶閒也。○猶閒，音閒厠之閒，又如字。大國不加德音，而亂以要之，要，一遥反。○謂以兵亂之力强要鄭。○强，其丈反。使其鬼神不獲歆其禋祀，其民人不獲享其土利，夫婦辛苦墊隘，無所底告。歆，許今反。墊，丁念反。隘，於懈反。底，音旨。○墊隘，猶委頓。底，至也。自今日既盟之後，鄭國而不唯有禮與彊可以庇民者是從，而敢有異志者，亦如之。」庇，必利反。○亦如此盟。荀偃曰：「改載書。」子駟亦以所言載於策，故欲改之。公孫舍之曰：「昭大神要言焉。要誓以告神。若可改也，大國亦可叛也。」知武子謂獻子曰：「我實不德，而要人以盟，豈禮也哉？非禮，何以主盟？姑盟而退，脩德息師而來，終必獲鄭，何必今日？我之不德，民將棄我，豈唯鄭？若能休和，遠人將至，何恃于鄭？」乃盟而還。遂兩用載書。楚子伐鄭，與晉成故。子駟將及楚平，子孔、子蟜曰：「與大國盟，口血未乾而背之，可乎？」子駟、子展曰：「吾盟固云『唯彊是從』，今楚師至，晉不我救，則楚彊矣。盟誓之言，豈敢背之？且要盟無質，神弗臨也。質，主也。所臨唯信，信者，言之瑞也，瑞，符也。善之主也，是故臨之。神臨之。明神不蠲要盟，蠲，潔也。背之可也。」乃及楚平。公子罷戎入盟，同盟于中分。罷，音皮，徐音彼。中分，並如字，徐音丁仲反。○中分，鄭城中里名。罷戎，楚大夫。○襄公九年春秋左氏傳○孔子適衛，路出于蒲，會公叔氏以蒲叛衛，而止之。孔子弟子有公良儒者，爲人賢長有勇力，以私車五乘從夫子行，喟然曰：「昔吾從夫子遇難于匡，又伐樹于宋，難，乃旦反。○孔子與弟子行禮於大樹之下，桓魋欲害之，故先伐其樹焉。今遇困於此，命也夫！與其見夫子仍遇於難，寧我鬭死。」挺劍而合衆，將與之戰，蒲人懼，曰：「苟無適衛，吾則出子。」乃盟孔子而出之東門，孔子遂適衛。子貢曰：「盟可負乎？」孔子曰：「要我以盟，非義也。」家語困誓○魯哀公會吴于橐皋，對曰：「盟，所以周信也，周，固。故心以制之，制其義。玉帛以奉之，奉贄神明。○贄，音至。言以結之，結其信。明神以要之。要，一遥反。○要以禍福。寡君以爲苟有盟焉，弗可改也已。若猶可改，日盟何益？今吾子曰『必尋盟』，若可尋也，亦可寒也。」尋，重也。寒，歇也。○重，直龍反。歇，許謁反。○疏曰：少牢有司徹云：「乃尋尸俎。」鄭玄云：「尋，温也。」

引此若可尋也，亦可寒也。則諸言尋盟者，皆以前盟已寒，更温之使熱。温舊即是重義，故以尋爲重傳意。言若可重温使熱，亦可歇之使寒，故言寒歇，不訓寒爲歇也。乃不尋盟。哀公十二年春秋左氏傳○鄭伯將伐許，授兵於大宫。大，音太。○大宫，鄭祖廟。公孫閼與潁考叔爭車，閼，於葛反。○公孫閼，鄭大夫。潁考叔挾輈以走，挾，音協。輈，張留反。○輈，車轅也。○疏曰：廟内授車未有馬駕，故手挾以走。輈，轅也，方言云：「楚衛謂轅爲輈。」服虔云：考叔挾車轅箠馬而走。古者兵車一轅，服馬夾之。若馬已在轅，不可復挾。且箠馬而走，非捷步所及，子都豈復乘車逐之？子都拔棘以逐之。子都，公孫閼。棘，戟也。及大逵，弗及，子都怒。逵，求龜反。○逵，道方九軌也。○疏曰：冬官考工記匠人：營國：「經涂九軌。」軌，車轍，謂王城之内道廣並九車也。爾雅釋宫云：「一達謂之道路，二達謂之岐旁，三達謂之劇旁，四達謂之衢，五達謂之康，六達謂之莊，七達謂之劇驂，八達謂之崇期，九達謂之逵。」説爾雅者，皆以爲四道交出，復有旁通。故劉炫規過以逵爲九道交出也。今以爲道方九軌者，蓋以九出之道世俗所希，不應城内得有此道以記有九軌，故以逵當之。言並容九軌，皆得前達，亦是九達之義，故李巡注爾雅亦取並軌之義。又涂方九軌。天子之制諸侯之國不得皆有，唯鄭城之内獨有其涂，故傳於鄭國每言逵也，故桓十四年：「焚渠門，入及大逵。」莊二十八年：「衆車入自純門，及逵市。」宣十二年：「入自皇門，至于逵路。」劉君以爲國國皆有逵道，以規杜氏，其義非也。秋七月，傅于許。傅，音附。○傅於許城下。潁考叔取鄭伯之旗蝥弧以先登，蝥，亡侯反。○蝥，弧旗名[一六二]。○疏曰：周禮：「諸侯建旂，孤卿建旜。」而左傳鄭有蝥弧，齊有靈姑鉟，皆諸侯之旗也。趙簡子有蜂旗，卿之旗也。其各當時爲之，其義不可知也。子都自下射之，顛。射，食亦反，下及注同。○顛隊而死。○隊，直類反。鄭伯使卒出豭，行出犬雞，以詛射潁考叔者。百人爲卒，二十五人爲行，行亦卒之行列。疾射潁考叔者，故令卒及行閒皆詛之。○疏曰：周禮夏官序制軍之法：百人爲卒，二十五人爲兩。此言二十五人爲行者，以傳先卒後行，豭大於犬，知行之人數少於卒也。軍法，百人之下，唯二十五人爲兩耳。又大司馬之屬官行司馬是中士軍之屬官，兩司馬亦中士，知周禮之兩即此行是也。周禮之行，謂軍之行列，知此行亦卒之行列也。詛者，盟之細，殺牲告神，令加之殃咎。疾射潁考叔者，令卒及行閒祝詛之，欲使神殺之也。一卒之內，已用一豭，又更令一行之閒或用雞，或用犬，重祝詛之犬雞者，或雞或犬，非雞犬並用，何則？盟詛例用一牲，不用二也。豭謂豕之牡者，爾雅釋獸：「豕牝曰豝。」豝者是牝，知豭者是牡。祭祀例不用牝，且宋人謂宋朝爲艾豭，明以雄豬喻也。君子謂：鄭莊公失政刑矣！政以治民，刑以正邪。既無德政，又無威刑，是以及邪。邪，似嗟反。○大臣不睦，又不能用刑於邪人。邪而詛之，將何益矣！隱公十一年春秋左氏傳。

成廟則釁之，以羊門夾室皆用雞。宗廟之器，其名者成，則釁之以豭豚。雜記○詳見釁廟篇。○小子：而掌珥于社稷，祈于五祀。珥，而志反。祈，音機。○故書祀作禩，鄭司農云：禩讀爲祀，書亦或爲祀。珥社稷，以牲頭祭也。玄謂：珥，讀爲衈，祈或爲刉。刉衈者，釁禮之事也。用毛牲曰刉，羽牲曰衈。衈刉，社稷五祀謂始成其宫兆時也。春官肆師職祈或作畿，秋官士師職曰：「凡刉衈，則奉犬牲。」此刉衈正字與？○與，音餘。○疏曰：先鄭云珥「以牲頭祭」，漢時祈禱有牲頭祭。後鄭不從者，按禮記雜記釁廟之禮云：「門夾室用雞」，「其衈皆於屋下。」衈既爲釁禮，此刉與衈連文，則刉亦是釁禮，非祭祀之法，何得爲牲頭祭乎？是以後鄭爲釁法解之。「玄謂珥讀爲衈祈或爲刉」者，以釁法無取於玉珥及祈禱之義，故依士師刉衈爲正也。鄭知刉衈爲釁禮之事，約雜記而知也。云「用毛牲曰刉羽牲曰衈」者，此相對而言。雜記廟用羊，門用雞，皆云衈，散文通也。知「刉衈是社稷五祀始成其宫兆時也」者，凡物須釁者，皆謂始成時，是以雜記云「廟成則釁之」是也。云「春官肆師職祈或作畿」者，鄭欲見字有參差非一之義。云「秋官士師職曰凡刉衈則奉犬牲此刉衈正字與」者，刉從刀，衈從血，於義合，故以此爲正字也。釁邦器及軍器。邦器，謂禮樂之器及祭器之屬。雜記曰：「凡宗廟之器，其名者成，則釁之以豭豚。」○疏曰：鄭以軍器别言，即云邦器者是禮樂之器也。鄭云禮器者即射器之等，樂器即鐘鼓之等，祭器即籩豆俎簋尊彝器，皆是。引雜記宗廟器成「釁之以豭豚」者，證此等所釁亦用豭豚也。○夏官○圉師：春除蓐，釁廐。蓐，馬兹也。馬既出而除之，新釁焉，神之也。○同上。○始立學者，既興器用幣。興，當爲釁，字之誤也。禮樂之器成則釁之，又用幣告先聖先師以器成。○疏曰：此一節明禮樂之器初成，用幣告先聖先師，又釋菜告器成，將用乃退儐之事也。「始立學者」，亦謂天子命諸侯始立教學，又造禮樂之器新成，釁之，既畢乃用幣告先聖先師以器成也，然後釋菜。既以幣告，後又更釋菜，告先聖先師以器成將用也，故前用幣告其器成，後釋菜告其將用也。不舞不授器，凡釋奠禮重，故作樂時須舞，乃授舞者所執干戈之器。今其釋菜之時，雖作樂不爲舞也。既不舞，故不授舞者之器，乃退儐按東序。釋菜虞庠既畢，乃從虞庠而退，乃儐禮其賓於東序之中。其禮既殺，唯行一獻，無介無語，如此於禮可也。又曰：按雜記：「宗廟之器，其名者成，則釁之以豭豚。」是器成當釁之，故知興當爲釁。經言用幣，故知告先聖先師以器成也。○文王世子○天府：上春，釁寶鎮及寶器。上春，孟春也。釁，謂殺牲以血血之。鄭司農云：釁讀爲徽，或曰釁鼓之釁。○疏曰：云「上春孟春也」者，謂建寅之月也，殺牲取血釁之，若月令上春「釁龜筴」等也。云「釁讀爲徽」者，周禮先鄭皆讀釁爲徽，徽取飾義。云「或曰釁鼓之釁」者，讀從定四年祝佗云：「君以軍行，祓社釁鼓。」釁皆以血血之也。○春官○龜人：上春釁龜。釁者，殺牲以血之，神之也。玄謂：上春者，夏正建寅之月。月令孟冬云釁祠龜策相互矣。秦以十月建亥爲歲首，則月令秦世之書，亦或欲以歲首釁龜耳？○疏曰：云「釁者殺牲以血之神之也」者，謂若禮記雜記云廟成則釁之，廟用羊，門夾室用雞之類。皆是神之，故血之也。○同上。○月令：孟冬，命太史釁龜筴，占兆，審卦吉凶。筴，蓍也。占兆，龜之繇文也。周禮龜人「上春釁龜」，謂建寅之月也，秦以其歲首使大史釁龜筴，與周禮異矣。卦吉凶，謂易也。審，省録之。而不釁筮，筮短，賤於兆也。今月令曰「釁祠」，祠衍字。○疏曰：大史之官釁龜筴，謂殺牲以血塗釁其龜及筴。筴謂蓍也，亦以血塗之。「占兆」者，龜之繇文，非但釁此龜筴，又釁此占兆繇文，此占兆之語蒙上釁文也。「審卦吉凶」者，卦吉凶謂易也。易有六十四卦，或吉或凶，故云卦吉凶。卦之吉凶但是筮耳，筮短賤於龜兆，不得塗釁，但省視録之而已，故云「審卦吉凶」。卦既云吉凶，明兆亦有吉凶，但占兆與龜筴連文，故略而不言吉凶也。○大司馬：若大師，帥執事涖釁主及軍器。大師，王出征伐也。涖，臨也。主，謂遷廟之主及社主在軍者也。軍器，鼓鐸之屬。凡師既受甲，迎主於廟，及社主，祝奉以從，殺牲，以血塗主及軍器，皆神之。○疏曰：云「主謂遷廟之主」，左傳祝佗云：「軍行，祓社釁鼓，祝奉以從。」尚書云：「用命賞於祖，不用命戮於社。」皆是在軍者也〔一六三〕。○夏官○君以軍行，祓社釁鼓，師出，先有事祓禱於社，謂之宜社。於是殺牲，以血塗鼓鼙，爲釁鼓。○鼙，步西反。○疏曰：釋天云：「起大事，動大衆，必先有事乎社而後出，謂之宜。」是軍師將出，必有祭社之事也。周禮女巫：掌「祓除釁浴。」則祓亦祭名，故知祓社即宜社是也。説文云：「釁，血祭也。」是殺牲以血塗鼓鼙爲釁鼓，此皆祝官掌之。祝奉以從。從，如字，又才用反。○奉社主也。○疏曰：禮：軍行必以廟主、社主從軍而行。尚書甘誓云：「用命賞于祖，弗用命戮于社。」孔安國云：「天子親征，必載遷廟之祖主及社主。行有功則賞祖主前，示不專也。不用命奔北者，則戮之於社主前。社主陰，陰主殺，親祖嚴社之義也。」是軍行必載社主行，故祝官奉主以從〔一六四〕。○定公四年春秋左氏傳○司約：若有訟者，則珥而辟藏。約，如字，又音要。藏，才浪反。○鄭司農云：謂有爭訟罪罰，刑書謬誤不正者，爲之開藏取本刑書以正之。當開時，先祭之。玄謂：訟，訟約若宋仲幾、薛宰者也。辟藏開府視約書，不信，不如約也。珥讀曰衈，謂殺雞取血釁其户。○爲，于僞反。○疏曰：訟謂爭約劑不決者。云「則珥而辟藏」者，謂以血塗户，乃開闢其户以出本約劑之書勘之。又曰：司約所掌，唯約劑之書，先鄭以爲爭訟、罪罰、刑書及以珥爲祭，後鄭皆不從，而謂訟約若宋仲幾、薛宰者。按定元年正月晉魏舒合諸侯之大夫於狄泉，將城成周，宋仲幾不受功，曰：「滕、薛、郳，吾役也。」薛宰曰：「宋爲無道，絶我小國於周，以我適楚，故我常從宋。晉文公爲踐土之盟，曰：凡我同盟，各復舊職。若從踐土，若從宋，亦惟命。」宋仲幾曰：「踐土固然。」又士彌牟曰：「子姑受功，歸，吾視諸故府。」仲幾曰：「縱子忘之，山川鬼神其忘諸乎？」此是訟約法，故引之爲證。云「殺雞」者，以雜記云：「割雞，當門」，「其衈皆於屋下。」言衈，故知用雞也。○秋官○羊人：凡祈珥，釁積，共其羊牲。共，猶給也。○疏曰：犬人共犬，此云共羊，或羊或犬，俱得爲釁，故兩職各共之也。○夏官○士師：凡刉珥，則奉犬牲。珥，讀爲衈。刉衈，釁禮之事用牲，毛者曰刉，羽者曰衈。○疏曰：鄭爲衈者，珥是玉名，故破從衈，取用血之意。知「刉衈」是「釁禮」者，雜記云：「成廟則釁之」，「門夾室皆用雞」，「其衈皆於屋下。」彼雖不言刉，刉衈相將，故知是謂釁禮。知用牲毛者曰刉羽者曰衈者，雜記雞言衈，即毛曰刉可知。○秋官○犬人：凡幾珥沈辜，用駹。駹，亡江反。○故書駹作龍。鄭司農云：幾，讀爲庪，爾雅曰：「祭山曰庪縣，祭川曰浮沈。」大宗伯職曰：「以貍沈祭山川林澤，以疈辜祭四方百物。」龍讀爲駹，謂不純色也。玄謂：幾讀爲刉，珥當爲衈。刉衈者，釁禮之事。○庪，九委反，居綺反。縣，音玄。○疏曰：幾珥言「凡」，則宗廟、社稷、壇廟新成者皆釁之，故云凡也。云「沈辜」者，沈謂沈牲於水，辜謂疈磔牲體以祭。云「用駹」者，駹謂雜色牲，此則牧人云「毀事用駹」是也。云「可也」者，用純爲正，用駹亦可也。又曰：先鄭讀幾爲庪，雖引爾雅，後鄭不從，引大宗伯證沈辜，於義是也。云「玄謂幾讀爲刉」，從士師爲正。珥，讀爲衈，從雜記爲正。云「釁禮之事」者，據雜記而知也。○秋官○雞人：凡祭祀面禳釁，共其雞牲。釁，釁廟之屬。釁廟以羊，門夾室皆用雞。鄭司農云：面禳，四面禳也。釁，讀爲徽。○疏曰：云「凡祭祀面禳」者，祭祀謂宗廟之屬，面禳謂祈禱之屬。又曰：鄭云「釁釁廟之屬」者，言「之屬」則釁鼓、釁甲兵皆在其中。「釁廟以羊」已下，雜記文。「司農云面禳四面禳」，則侯禳，禳謂禳去惡祥也。云「釁讀爲徽」者，亦謂以徽爲飾治之義也。○春官○小祝：

大師，掌釁祈號祝。鄭司農云：釁，謂釁鼓也，春秋傳曰：「君以軍行，祓社釁鼓，祝奉以從。」○疏曰：言「掌釁」者，據大師氏之文而言耳，則惟爲以血釁鼓。「祈號祝」者，將出軍禱祈之禮，皆小祝號以讀祝辭，蓋所以令將軍祈而請之也。此皆小事，故大師用小祝以讀祝耳。又引「春秋傳曰」者，定四年祝佗辭。引之者，證軍師有釁鼓之事。所引之辭者，將以證軍師有必取威於天下，欲使敵人畏之也。所以必有征伐四方之事，故須用血以釁於鼓，故有釁鼓之事。○同上。

右釁○傳：齊宣王坐于堂上，有牽牛而過堂下者，王見之，曰：「牛何之？」對曰：「將以釁鐘。」王曰：「舍之，吾不忍其觳觫，若無罪而就死地。」對曰：「然則廢釁鐘與？」曰：「何可廢也？以羊易之。」舍，上聲〔一六五〕。觳，音斛。觫，音速。○集注曰〔一六六〕：釁鐘，新鑄鐘成，而殺牲取血以塗其釁郄也。觳觫，恐懼貌。○孟子梁惠王

校勘記

〔一〕鄭於周禮所有頒皆讀爲班　「有」，原作「以」，據四庫本、賀本改。

〔二〕視璿璣玉衡以驗齊日月五星行度　「以」，原作「明」，據四庫本、賀本改。

〔三〕江南宋元嘉中皮延宗又作是渾天論　「中」，原作「年」，據賀本改。

〔四〕故書曰湮于六宗　「湮」，原作「禋」，據賀本改。

〔五〕未必非三日也　「三」，原作「二」，據賀本改。

〔六〕大率十六日者四分之三　「三」，原作「二」，據賀本改。

〔七〕又普没反芳憒反　「没」，原作「汲」；「憒」，原作「憤」，皆據賀本改。

〔八〕天與后稷所配各用一牛　「牛」，原作「羊」，據賀本改。

〔九〕注疏見因祭策命條○洛誥　「因祭策命條」與「洛誥」共七字原缺，據四庫本補。賀本作「以上洛誥」。

〔一〇〕此士服也　「此」，原作「上」，據賀本改。

〔一一〕公子歂犬　「歂」，原作「獻」，據賀本改；「犬」，原作「大」，據四庫本、賀本改。下文「歂犬走出」、「故使周歂冶廑殺之」同。

〔一二〕因天道大備　吕本、四庫本、朝鮮本、傅本同。賀本作「因天道三歲一閏，天道小備；五歲再閏，天道大備」。

〔一三〕堯時得羲和命爲六卿　「時」，原作「始」，據賀本改。

〔一四〕澮川　此二字原脱，據賀本補。

〔一五〕儀伯之樂　「之」字原脱，據賀本補。

〔一六〕儀當爲義義仲之後也　上「義」字原脱，據賀本補。

〔一七〕中仲也古字通春爲元夏爲仲五月南巡守仲祭大交氣於霍山也南交稱大交書曰宅南交也　「中仲也」、「元夏爲仲五月南巡」、「于霍山也南交稱」、「曰宅南」共二十一字原缺，據四庫本補。又，賀本作「中祀猶南祀也。五月南巡守，祭大交之氣於霍山也。大交，言氣盛長而肆布交通也。南嶽後爲衡山」三十八字。

〔一八〕棄掌之　此三字，原作「素堂云」，據四庫本、賀本改。

〔一九〕和仲之後也　「仲」，原作「叔」，據賀本改。

〔二〇〕冬伯之樂舞齊落　「樂」字原脱，據賀本補。

〔二一〕定四年祝佗言康叔之受分物云　「定」字原脱，據四庫本、賀本補。

〔二二〕是用公羊爲説　句下原有「杜依公羊之傳邑實近許之田是用公羊爲説」十八字，據賀本删。

〔二三〕故鄭云社主蓋以石爲之　「爲」字原脱，據賀本補。

〔二四〕其有司將事於四望　「司」字原脱，據賀本補。

〔二五〕涖大卜帥執事涖釁主及軍器　此十二字原脱，據賀本補。

〔二六〕謀人在下　句上，原有「下」字，據四庫本、賀本删。

〔二七〕將舟亞在觀臺後　「亞在」，原作「在亞」，據四庫本、賀本改。

〔二八〕先鄭云謂保守郊祭諸祀及社者　「先」字原脱，據賀本補。

〔二九〕既筵　「筵」字原脱，據賀本補。

〔三〇〕則卒奠斂玉埋之于廟兩階閒　「奠」字原脱，據賀本補。

〔三一〕天子當階　「當」，原作「將」，據賀本改。

〔三二〕則北方七人南方九人　「七人南北」四字原脱，據賀本補。

〔三三〕應於正反　吕本、四庫本、朝鮮本、傅本同。句下，賀本有「〇以上孔叢子」五字。

〔三四〕則不可須蹕也　「可」字原脱，據賀本補。

〔三五〕以壓於尊者也　「以」，原作「似」，據賀本改。

〔三六〕鄭玄説天神有六　「天」，原作「文」，據四庫本、賀本改。

〔三七〕則戎夷可知也　「也」，原作「王」，據賀本改。

〔三八〕鐘鼓惡觀臺惡將舟惡宗廟惡　四「惡」字，原作「亞」，據賀本改。

〔三九〕惡皆讀亞　「讀」，原作「謂」，據賀本改。

〔四〇〕五十里有市　「五」，原作「三」，據賀本改。

〔四一〕按周本紀云　「紀」，原作「記」，據賀本改。

〔四二〕如今三月上巳如水上之類　「三」，原作「二」，據四庫本、賀本改。

〔四三〕其中亦應有心實非慢而不宜告者　「慢」，原作「謾」，據四庫本、賀本改。

〔四四〕故傳變文以包之　「傳」，原作「専」，據賀本改。

〔四五〕是黄帝以德配類　「帝以德」，原作「德帝以」，據四庫本、賀本改。

〔四六〕乃並引以相副　「並」，原作「立」，據賀本改。

〔四七〕昭元年左氏傳云　「云」上，原有「曰」字，據賀本删。

〔四八〕衣食足知榮辱　「食」字原漫漶，據四庫本、賀本補。

〔四九〕圭末四出故也　「圭」字原脱，據賀本補。

〔五〇〕角即桓矣　「桓」，原作「短」，據賀本改。

〔五一〕疏曰　此二字原脱，據賀本補。

〔五二〕鉼金謂之版　「鉼金」，原作「金鉼」，據賀本改。

〔五三〕文寄於此　「寄」字原脱，據賀本補。

〔五四〕須人扶持故也　「持」，原作「侍」，據賀本改。

〔五五〕雅　「雅」，原作「相」，據四庫本、賀本改。

〔五六〕下體之外分之爲五處祭也　「五」字原脱，據賀本補。

〔五七〕夏祀竈季夏祀中霤　「竈季夏祀」四字原脱，據賀本補。

〔五八〕祭地曰瘞埋　「埋」字原脱，據賀本補。

〔五九〕雜記文　「雜」，原作「新」，據四庫本、賀本改。

〔六〇〕大祝六祈有類造禬禜攻説　「六」，原作「云」，據四庫本、賀本改。

〔六一〕除蠹物穿食餘器物　「除」，原作「餘」，據賀本改。

〔六二〕龍罔象　「罔」，原作「岡」，據賀本改。

〔六三〕若射當射大陽　「陽」，原作「陰」，據賀本改。下文「故云月食則射大陽與以疑之」同。

〔六四〕於時宋置六卿　「卿」，原作「鄉」，據賀本改。

〔六五〕此事别命祝宗使奉此祭　「命」，原作「奉」，據四庫本、賀本改。

〔六六〕所以灌地降神之器　「神」，原作「福」，據賀本改。

〔六七〕但求福曰禱　「禱」字原脱，據賀本補。

〔六八〕月食是陽侵陰君侵臣之象　「侵陰君」三字原脱，據賀本補。

〔六九〕非常也　「常」，原作「當」，據賀本改。

〔七〇〕以示夫大義也　吕本、四庫本、朝鮮本、傅本同，賀本「示」下無「夫」字。

〔七一〕天地有災則不舉　「有」，原作「者」，據四庫本、賀本改。

〔七二〕日月之氣運行於天　「日月」二字原漫漶，據賀本補。

〔七三〕從建子之後每月一陽息一陰消　「息」、「消」二字原漫漶，據四庫本、賀本補。

〔七四〕至四月建巳六陰消盡　「四」字原漫漶，據四庫本、賀本補。又「月」下原有「爲」字，據賀本删。

〔七五〕六陽並盛　「盛」字原漫漶，據四庫本、賀本補。

〔七六〕正當在此月也　「在此」，原作「五」，據賀本改。

〔七七〕周家禮法見事有差降　「家」字原脱，據賀本補。

〔七八〕春秋左氏傳　吕本、四庫本、朝鮮本、傅本同。句上，賀本有「並」字。

〔七九〕晉侯問於士文伯曰　「士」，原作「上」，據四庫本、賀本改。

〔八〇〕九月日月會於大火之次房心　「心」，原作「星」，據賀本改。

〔八一〕此傳言責上公者　「責」字原脱，據賀本補。

〔八二〕必馳走有所取也　「取」字原脱，據四庫本、賀本補。

〔八三〕爲明年宋衛陳鄭災傳　「陳」字原脱，據賀本補。

〔八四〕維時洪祀六沴　「洪」，原作「供」，據賀本改。

〔八五〕于下至時則有龜孽　宋本缺頁，據吕本、四庫本、賀本補。

〔八六〕蟲之生於水而游於春者也　「蟲」原作「辟」，據四庫本、賀本改。

〔八七〕痾病也　「病」原作「瘠」，據四庫本、賀本改。

〔八八〕沴殄也　「殄」原脱，據四庫本、賀本補。

〔八九〕金主秋　句上，原有「言曰金」三字，據四庫本、賀本删。

〔九〇〕殺氣失者　「殺」，原作「厥」，據四庫本、賀本改。

〔九一〕蟓螽蜩蟬之類　「蟓」，原作「燥」，據賀本改。

〔九二〕犬畜之以口吠守者也　「吠」，原作「犬」，據四庫本、賀本改。

〔九三〕言氣失之病　「之病」，原作「痾也」，據四庫本、賀本改。

〔九四〕則是不能瞭其事也　「是」，原作「謂」，據賀本改。

〔九五〕荼一作舒　此四字原脱，據四庫本、賀本補。

〔九六〕則舒緩矣　「舒」，原作「荼」，據四庫本、賀本改。

〔九七〕視之物可見者莫衆於草　「之」下，原有「觀也」二字，據四庫本、賀本删。

〔九八〕蟲之生於火而藏於秋者也倮一作羸　「者也倮一作羸」六字原脱，據四庫本、賀本補。

〔九九〕屬視　「屬視」，原作「視屬」，據四庫本、賀本改。

〔一〇〇〕天於不中之人恒耆其味　「天於」二字原脱，據四庫本、賀本補。

〔一〇一〕不名病者病不著於身體　「者」字原脱，據賀本補。「身」，原作「事」，據賀本改。

〔一〇二〕當明其喬憒變異　「憒」字原漫漶，據賀本補。

〔一〇三〕晡時至黄昏爲日之夕　「脯時」，原作「下脯」，據賀本改。

〔一〇四〕其次受之　「之」字原脱，據賀本補。

〔一〇五〕歲之中也日月朝則孤卿受之日月夕則大夫受之　「歲之中也」、「則孤卿受之日月夕則」共十三字原脱，據賀本補。

〔一〇六〕謂若傲很明德忿戾無期之類也　「戾」，原作「類」，據賀本改。

〔一〇七〕怵攸者　「怵攸」二字原脱，據賀本補。

〔一〇八〕謂若昭公不知禮而習小儀　「謂」，原作「欲有所過欲」，據賀本改。

〔一〇九〕致齊三日　「三日」二字原脱，據賀本補。

〔一一〇〕前期十日　「十」，原作「二」，據賀本改。

〔一一一〕而初祀者及再祀三祀共一旬有一日事乃畢也　「及再祀三祀共」六字原脱，據賀本補。

〔一一二〕掌六祝之辭以事鬼神祇　「祝」，原作「祀」，據賀本改。

〔一一三〕金精白招拒　「拒」，原作「矩」，據賀本改。

〔一一四〕則會批之于六沴　「于」字原脱，據賀本補。

〔一一五〕亦合推内於六沴　「於」，原作「推」，據賀本改。

〔一一六〕六事之機以縣示我　呂本、四庫本、朝鮮本、傅本同。「縣」，賀本作「垂」。

〔一一七〕十有一曰索鬼神者　「神」上，原有「二曰除」三字，據賀本删。

〔一一八〕經云索鬼神　「神」字原脱，據賀本補。

〔一一九〕帥而舞旱暵之事　「事」，原作「祀」，據賀本改。

〔一二〇〕舞師謂野人能舞者　「師」上，原有「祝」字，據賀本删。「能」，原作「既」，據賀本改。「謂」，賀本作「誨」。

〔一二一〕則四方不止四望　「望」，原作「方」，據賀本改。

〔一二二〕魯南城門　句下，原有「臯比虎皮」四字，據賀本删。

〔一二三〕外傳楚語昭王問觀射父絶地天通之事　「天通」，原作「通天」，據賀本改。

〔一二四〕莊公二十有五年秋　「有」字原脱，據賀本補。

〔一二五〕聖人叙臣子之心以垂世教耳　「心」，原作「必」，據吕本、四庫本、賀本改。

〔一二六〕就受先王之命於大龜卜知吉凶　「先」，原作「三」，據賀本改。

〔一二七〕是必三代之法　「三」，原作「王」，據四庫本、賀本改。

〔一二八〕集注曰　此三字原脱，據賀本補。

〔一二九〕哀死而述其行之詞也　「詞」，原作「祠」，據四庫本、賀本改。

〔一三〇〕今夢黄能入于寢門　「能」，原作「熊」，據四庫本、賀本改。下注文「能似熊」、下傳文「化爲黄能」同。

〔一三一〕似熊　「熊」，原作「羆」，據四庫本、賀本改。

〔一三二〕皆土地名　「皆」字原脱，據賀本補。

〔一三三〕此經直云武王方生大叔　「經」，原作「縛」，據四庫本、賀本改。

〔一三四〕據其雨不下而霖不止　「雨不下而」四字原脱，據四庫本、賀本補。

〔一三五〕掌六祈以同鬼神示　「神」字原脱，據四庫本、賀本補。

〔一三六〕告之以時有災變也　「以」字原脱，據四庫本、賀本補。

〔一三七〕若實沈者　「者」字原脱，據賀本補。

〔一三八〕疥舊音戒梁元帝謂當作痎　句原作「疥音戒音該又作痎音皆」，據賀本改。

〔一三九〕每大澤大藪中士四人　「每」，原作「毋」，據四庫本、賀本改。

〔一四〇〕除逋責　「除」，原作「吟」，據賀本改。

〔一四一〕注同　「注」，原作「下」，據賀本改。

〔一四二〕郊特牲云鄉人裼　「裼」，原作「楊」，據吕本、四庫本、賀本改。

〔一四三〕○此難難陰氣也　「○」，原作「乃」，據賀本改。

〔一四四〕丑爲牛　「丑」，原作「五」，據四庫本、賀本改。

〔一四五〕又土能剋水　「剋」，原作「刻」，據四庫本改。

〔一四六〕云日歷虚危虚危有墳墓四司之氣者　下「虚」字原脱，據四庫本、賀本補。

〔一四七〕云令令方相氏　「云」，原作「先」，據四庫本、賀本改。下文「故云令方相氏」同。

〔一四八〕集註曰　此三字原脱，據賀本補。

〔一四九〕鄉黨　吕本、四庫本、朝鮮本、傅本同。句上，賀本有「論語」二字。

〔一五〇〕詛祝掌載辭　「祝」，原作「記」，據四庫本、賀本改。

〔一五一〕此隱公十一年將伐許　「一」，原作「二」，據賀本改。

〔一五二〕乃詛射潁考叔者引之者　「乃」下，原有「引春秋傳」四字，據賀本删。「潁」，原作「引」，據吕本、四庫本、賀本改。「引之者」三字原脱，據賀本補。

〔一五三〕歃如忘　「忘」，原作「亡」，據四庫本、賀本改。

〔一五四〕隱公八年秋七月庚午　「秋七月庚午」五字原脱，據賀本補。

〔一五五〕岐山之陽　「山」，原作「陽」，據賀本改。

〔一五六〕殊特汶陽之田　「殊特」二字原缺，據賀本補。

〔一五七〕焉得視諸侯　「視」上，原有「親」字，據四庫本、賀本删。

〔一五八〕因自歃　「自」，原作「有」，據賀本改。

〔一五九〕閒厠之閒　「厠」，原作「列」，據四庫本、賀本改。

〔一六〇〕齊姜姓　「姜」，原作「莊」，據四庫本、賀本改。

〔一六一〕鄭服也　「服也」二字原脱，據賀本補。

〔一六二〕蝥弧旗名　「弧」字原脱，據賀本補。

〔一六三〕皆是在軍者也　「者」，原作「是」，據賀本改。

〔一六四〕故祝官奉主以從　句下原有「若嘉至事焉」五字，據賀本删。

〔一六五〕舍上聲　句上原有「齕音核」三字，據賀本删。

〔一六六〕集注曰　「集注曰」原作「胡齕齊臣」四字，據賀本改。

儀禮經傳通解續卷第二十七

祭禮十一

祭統十二

大宗伯之職：掌建邦之天神、人鬼、地示之禮，以佐王建保邦國。以吉禮事邦國之鬼神示，以禋祀祀昊天上帝，以實柴祀日月星辰，以槱燎祀司中司命、飌師雨師，以血祭祭社稷五祀五嶽，以貍沈祭山林川澤，以疈辜祭四方百物。以肆獻祼享先王，以饋食享先王，以祠春享先王，以禴夏享先王，以嘗秋享先王，以烝冬享先王。注疏詳見祭法。○春官○以禮樂合天地之化、百物之産，以事鬼神，以諧萬民，以致百物。禮濟虛，樂損盈，並行則四者乃得其和。能生非類曰化，生其種曰産。○種，章勇反。○疏曰：上文云中禮和樂，是禮樂教世法，故此經以禮樂並行以教，使之得所。萬物感化則能合天地之化，謂能生非類也，又能生其種，故云「百物之産」。又以禮樂事鬼神，則尚書云「祖考來格」之等是也。云「以諧萬民」者，則尚書云「庶尹允諧」是也。云「以致百物」者，則尚書云「百獸率舞」之等是也。又曰：「禮濟虛，樂損盈」，此樂記所云「禮減而進，以進爲文」者，是禮濟虛。進謂濟益，是禮當濟益其虛，使之實滿。又云：「樂盈而反，以反爲文」者，是樂損盈。反謂自抑止，是樂當自抑止，使盈而不放溢也。云「並行則四者乃得其和」者，言並行，謂禮樂並行以教世，則天地之間不盈不虛，折中得所，則四者乃得其和也。言四者，謂天地之化、百物之産共爲一，以事鬼神爲二，以諧萬民爲三，以致百物爲四也。知化、産共爲一者，以其化與産氣類相似，故爲一也。云「能生非類曰化」者，凡言變化者，變化相將，先變後化，故中庸云「動則變，變則化」，鄭云：「動，動人心也。變，改惡爲善也。變之久則化而爲善也。」又與鳩化爲鷹之等，皆謂身在而心化。若田鼠化爲鴽、雀雉化爲蛤蜃之等，皆據身亦化。故云能生非類曰化也。易曰：「乾道變化。」亦是先變後化，變化相將之義也。云「生其種曰産」者，卵生、胎生及萬物草木但如本者，皆曰産也。

凡祀大神，享大鬼，祭大示，詔大號，治其大禮，詔相王之大禮。相，息亮反。○大號，六號之大者。以詔大祝，以爲祝辭。治，猶簡習也。豫簡習大禮，至祭當以詔相王，羣臣禮爲小禮。故書涖作立，鄭司農讀爲涖，涖，視也。○疏曰：「詔大號」者，謂大宗伯告大祝出祝辭也。云「治其大禮」者，謂天地人之鬼神祭禮，王親行之，爲大禮，對下小宗伯治小禮爲小也。「詔相王之大禮」者，謂未至之時詔告之，及其行事，則又相之。又曰：云「大號，六號之大」者，謂若大祝云「辨六號：一曰神號，二曰示號，三曰鬼號，四曰牲號，五曰齍號，六曰幣號」之等，是六號之大者也。云「以詔大祝以爲祝辭」者，經云「詔大號」，大祝是事神之人，又辨六號，故知所詔是詔大祝爲祝辭。祝辭，則祝版之辭是也。云「羣臣禮爲小禮」者，則小宗伯、小祝行者是也。若王不與祭祀，則攝位。與，音預，下同。○王有故，代行其祭事。○疏曰：攝，訓爲代。有故者，謂王有疾及哀慘是也。量人云：「凡宰祭，與鬱人受嘏歷而皆飲之。」注云：「言宰祭者，冢宰佐王祭，亦容攝祭。」此宗伯又攝者，冢宰貳王治事，宗伯主祭事，容二官俱攝，故兩言之。凡大祭祀，王后不與，則攝而薦豆籩，徹。薦徹豆籩，王后之事。○疏曰：天地及社稷外神等，后夫人不與。此言「凡大祭祀，王后不與」，謂后應與而不與。又云：大祭祀，明非羣小祀，則大祀者唯宗廟而已。「則攝而薦豆籩，徹」者，鄭云薦徹豆籩，王后之事，是王后有故，宗伯攝爲之。凡祭祀，皆先薦後徹，故退徹文在下也。乃頒祀于邦國都家鄉邑。頒，讀爲班，班其所當祀及其禮。都家之鄉邑，謂王子弟及公卿大夫所食采地。○疏曰：云「頒讀爲班」者，鄭於周禮所有頒皆讀爲班，班謂布也。云「班其所當祀及其禮」者，但名位不同，禮亦異數。既班其祀，明亦班禮與之，故連言禮也。班禮，謂若諸侯不得祭天地、唯祭社稷宗廟五祀之等。二王後與魯唯祭天，仍不得祭地，大都亦與外諸侯同其禮者。若獻尸，上公九，侯伯七，子男五，皆大牢之屬是也。其小都與家，則依卿大夫之獻，亦大牢也。云「都家之鄉邑，謂王子弟以下」者，鄭恐經鄉邑、六鄉、六遂非都家之内鄉邑，故以明之，謂都家之内鄉邑耳。其都家之内鄉邑，未必一如六鄉、六遂家數，但采邑之内，亦有二十五家爲里以上，以相統領，故一成之内得有革車一乘、士十人、徒二十人發兵及出稅之法，即謂之鄉邑也。「謂王子弟」者，以親疏分於大都、小都、家邑三處食采地。言及公卿大夫采地者，謂若載師職公大都、卿小都、大夫家邑也。○春官○小宗伯：掌四時祭祀之序事與其禮。序事，卜日省牲，視滌濯饔爨之事、次序之時。○疏曰：云「序事卜日省牲之等」

者，此以經云「掌四時祭祀之序事」，謂次第先後，故取上大宗伯「凡祀大神，享大鬼，祭大示，帥執事而卜日」已下之事。下亦有「省牲」已下，故取以證序事，唯饔爨之言出於特牲，即大宗伯云「牲鑊」一也。若國大貞，則奉玉帛以詔號。號，神號、幣號。鄭司農云：大貞，謂卜立君，卜大封。○疏曰：此國大貞，則大卜所云凡國大貞、卜大遷之等視高作龜者是也。又曰：此言卜事而云神號者，按大祝有神號、幣號。又按下天府職云：「季冬陳玉，以貞來歲之美惡。」鄭云：「問事之正曰貞。」謂問於龜，大卜職「大貞」之屬。陳玉，陳禮神之玉。龜有天地四方，則玉有六器者與？此既言玉帛，明亦有六幣以禮神也。先鄭云「大貞謂卜立君卜大封」，大卜文。不言大遷者，引文略也。凡祭祀詔相祭祀之小禮。凡大禮，佐大宗伯。小禮，羣臣之禮。○疏曰：云「詔相祭祀之小禮」者，謂王有故，不親行事，使臣攝祭，則爲小禮，故鄭云羣臣之禮。云「凡大禮佐大宗伯」者，大宗伯所云者，小宗伯佐之也。此經所云，既未至職末輒言此者，此已下皆小宗伯專行事，不佐大宗伯，故於中言之以結上也。小祭祀，掌事，如大宗伯之禮。疏曰：「小祭祀」，謂王玄冕所祭，則小宗伯專掌其事，其法如大宗伯也。○同上。○小祝：掌小祭祀，疏曰：「掌小祭祀」者，即是「將事侯禳」已下禱祠之事是也。凡事佐大祝。唯大祝所有事。○疏曰：經云「凡事」，諸有事皆佐大祝，故鄭云「唯大祝所有事乃佐之」。據大祝職不言之者，或佐餘官，或小祝專行之也。若然，佐大祝不在職末言之，於此見文者，欲自此已上有佐大祝者〔一〕，自此已下唯大喪贊渳佐大祝，設熬以下小祝專行。凡外内小祭祀掌事焉。疏曰：外内小祭祀者，按小司徒：「小祭祀奉牛牲。」鄭注云：「小祭祀，王玄冕所祭。」按司服「羣小祀用玄冕」，鄭注云：小祭祀，謂林澤四方百物。是外小祭祀也。其内小祀，謂宫中七祀之等，皆小祝專掌其事也。○同上。○女祝：

掌王后之内祭祀，凡内禱祠之事。内祭祀，六宫之中竈、門、户，禱，疾病求瘳也。祠，報福也。○疏曰：依祭法王立七祀，有户、竈、中霤、門、行、泰厲、司命，后亦與王同。今鄭直云内祭祀竈、門、户者，以其婦人無外事，無行與中霤之等，其竈與門户，人所出入動作所由，后亦當祀之，故言竈與門户也。按月令春祀户，夏祀竈，秋祀門，后祀之時亦當依此也。云「禱，疾病求瘳也。祠，報福也」者，以其后無外事，禱祠又是非常之祭，故知唯有求瘳報福之事也。○天官○大宰：以八則治都鄙：一曰祭祀，以馭其神。都之所居曰鄙。則，亦法也。典法則所用異，異其名也。都鄙，公卿大夫之采邑，王子弟所食也，周、召、毛、聃、畢、原之屬。在畿内者，祭祀其先君社稷五祀。○采，音菜。召，上照反。聃，乃甘反。○疏曰：則亦法也，以八則治三等采地之都鄙也。「一曰祭祀，以馭其神」者，采地之中祭祀宗廟社稷五祀，下注云：「凡云馭者，所以敺之納之於善。」則於祭祀之中，宗廟先祖則無可去取，至社稷配食者。若取句龍、后稷，上公有功，是内之善也。又曰：上言「邦國」，則諸經有邦國別言之者，故解爲「大曰邦，小曰國」。此采地云都鄙，諸文無或言都又言鄙別號，故鄭云「都之所居曰鄙」。大司徒云「凡造都鄙」，鄭云：「其界曰都。鄙，所居也。」春秋傳曰：遷鄭焉而鄙留。是鄙所居不遷也。云「則亦法也，典法則所用異，異其名也」者，謂典、法、則三者相訓，其義既同，但邦國言典，官府言法，都鄙言則，是所用處異，故別言之，其實義通也。云「都鄙公卿大夫之采邑」者，載師職云家邑「任稍地」，則大夫之采也；小都「任縣地」，則六卿之采也；大都「任畺地」，則三公之采也。云「王子弟所食邑」者，親王子母弟與公同處而百里，次疏者與六卿同處而五十里，次疏者與大夫同處二十五里。按禮記禮運云：天子有田以處其子孫。鄭注中庸云：「同姓雖恩不同，義必同也。尊重其禄位，所以貴之，不必授以官守。」然則，王子母弟雖食采，未必有官，有官則依公卿大夫食邑，不假别言也。云「周召毛聃畢原之屬」者，僖二十四年左傳召穆公云：「管、蔡、郕、霍、魯、衛、毛、聃、郜、雍、曹、滕、畢、原、酆、郇，文之昭也；邘、晉、應、韓，武之穆也。」今鄭直云「周召毛聃畢原之屬」在畿内者，其餘或在畿外，故不盡言也。引之者，證王子弟有采邑也。云「祭祀其先君、社稷、五祀」者，按孝經大夫章不云社稷，則諸侯卿大夫也。若王子母弟及三公稱諸侯者，五廟五祀、三社三稷，故云「祀先君、社稷、五祀」也。○同上。

○小宰：以官府之六職辨邦治：三曰禮職，以事鬼神。疏曰：云「以官府六職辨邦治」者，六官者各有職，若天官治職，地官教職，其職不同，邦事得有分辨，故云以辨邦治也。云「以事鬼神」者，以其主祭祀當職之事也。以官府之六聯合邦治：一曰祭祀之聯事。鄭司農云：大祭祀，大宰贊玉幣，司徒奉牛牲，宗伯視滌濯，涖玉鬯，省牲鑊，奉玉齍，司馬羞魚牲，奉馬牲，司寇奉明水火。玄謂：奉牲者，其司空奉豕與？○齍，音資。與，音餘。○疏曰：云「以官府之六聯合邦治」者，謂官府之中有六事，皆聯事通職，然後國治得會合，故云「合邦治」也。又曰：司農雖解祭祀，不言司空，司空亡故也。大祭祀，唯大宰尊不奉牲，宗伯不言奉雞，司馬直言奉馬，不兼言奉羊，司寇不言奉犬，皆略可知。云「奉牲者，其司空奉豕與」者，司空雖亡，按五行傳云：「聽之不聰，時則有豕禍，豕屬北方。」又説卦云：「坎爲豕。」是豕屬水，故知司空奉豕無正文，故云「與」以疑之也。○同上。○大司徒：施十有二教：一曰以祀禮教敬，則民不苟。疏曰：凡祭祀者，所以追養繼孝，事死如事生。但人於死者，不見其形，多有致慢，故禮云：「祭，極敬也。」是以「一曰以祀禮教敬」。死者尚敬，則生事其親不苟且也。○地官○司隸：邦有祭祀之事，則役其煩辱之事。煩，猶劇也。○秋官○小司徒：掌建邦之教法，以稽國中及四郊、都鄙之夫家、九比之數〔二〕，與其祭祀之禁令。比，毗志反。○稽，猶考也。夫家，猶言男女也。鄭司農云：九比，謂九夫爲井。玄謂：九比者，家宰職出九賦者之人數也。○疏曰：小司徒副貳大司徒之事，大司徒已掌十二教，故此小司徒又掌建邦之教法。言建者，非但副貳大司徒，亦得專其事。云「以稽國中及四郊、都鄙」者，大司徒掌邦國都鄙，此小司徒亦掌之。稽，考也，故亦考其國中及四郊。但國中與四郊，皆是六鄉之民所居也，並言都鄙者，司徒是掌土地之官，故亦兼主采地之法。云「之夫家九比之數」者，謂國中及四郊都鄙之内夫家男女九賦校比人民之數。云「與其祭祀」者，謂鄉中州祭社、黨祭禜、族祭酺，皆有禁令，不使失禮法。又曰：「夫家猶言男女」者，夫是丈夫，則男也。春秋傳曰，云「男有室」，「女有家」，婦人稱家，故以家爲女。鄭司農云「九比謂九夫爲井」，後鄭不從者，以經掌「國中及四郊」，即是六鄉之内，但鄉與公邑並爲溝洫，無井田之法，故後鄭不從。「玄謂九比者，家宰職出九賦者之人數也」者，按大宰云：「九賦斂財賄：一曰邦中之賦，二曰四郊之賦，三曰邦甸之賦，四曰家稍之賦，五曰邦縣之賦，六曰邦都之賦。」與此文國中、四郊都鄙其事相當，故知此九比出九賦者之人數。○地官○閭胥：各掌其閭之徵令。鄭司農云：二十五家爲閭。○疏曰：五家爲比，五比爲閭，是二十五家也。徵令，謂祭祀役政喪紀之事。凡春秋之祭祀，聚衆庶，既比則讀法，書其敬、敏、任恤者。祭祀，謂州社、黨禜、族酺也。及比，皆會聚衆民，因以讀法，以敕戒之。故書既爲暨，杜子春讀暨爲既。○疏曰：「凡春秋之祭祀聚衆庶」者，謂州長、黨正、族師祭祀，閭胥皆爲之聚衆庶以待驅使也。云「既比則讀法」者，上族師已上官尊讀法，雖稀稠不同，皆有時節，但閭胥官卑，而於民爲近，讀法無有時節，但是聚衆庶比之時節讀法，故云既比則讀法。云「書其敬、敏、任恤」者，以上書其德行道藝，今此閭胥親民更近，故除任恤六行之外，兼記敬、敏者也。又曰：知「祭祀謂州社黨禜族酺」者，以其黨鄉之内所有祭祀無過此三者而已，故知義然也。○同上。○土均：和邦國都鄙之政令，與其禮俗祭祀，以地美惡爲輕重之法而行之，掌其禁令。禮俗，邦國都鄙民之所行先王舊禮也。君子行禮，不求變俗，隨其土地厚薄爲之制豐省之節耳。禮器曰：「禮也者，合於天時，設於地財，順於鬼神，合於人心，理萬物。」○爲，于僞反。省，所景反。○疏曰：土均主調，即是和義，故土均以和畿外邦國，畿内都鄙之政令及五刑、五禁與其弛舍不役之等，並須調和之，使之得所也。云「禮俗祭祀以地美惡爲輕重之法而行之」者，自禮俗祭祀皆以地之美惡輕重者，地美則重行之，地惡則輕行之，以其禮許儉不非無故也。云「掌其禁令」者，恐有僭踰與下逼，故禁令也。又曰：「禮俗邦國都鄙，民之所行先王舊禮也」者，此土均和邦國都鄙俗者續也，續代不易，是知先王舊禮，故引曲禮「君子行禮，不求變俗」以證之。謂若周公封康叔於殷墟，其民還行殷之禮俗者也。云「隨其土地厚薄爲之制，豐省之節耳」者，以「厚薄」解經「美惡」，「豐省」解經「爲輕重之法」也。云「禮器曰：禮也者，合於天時」者，天有四時，四時生者則將爲禮，是合於天時也。云「設於地財」者，土地有財爲禮，是所設依於地之財也。云「順於鬼神」者，鬼神享德不享味，若不合天時，不設地財而爲禮，則鬼神不享，若能合天時，設地財，則鬼神享之，是順於鬼神也。云「合於人心」者，若不合天時，不設地財，則不合人心。若合天時，設地財，則合人心也。云「理萬物」者，若順鬼神合人心，則萬物得其道理，故可以理萬物也。引之，證行禮依地美惡之義。○同上〔三〕。○鄙師：各掌其鄙之祭祀。祭祀，祭禜也。○禜，音詠。○疏曰：五鄙爲縣，五百家爲鄙。又云：知「鄙祭禜」者，鄙與六鄉黨同，黨祭禜，故知此鄙所祭祀謂祭禜也。○同上。○酇長：各掌其酇之政令，以治其祭祀之事。酇，音纘。○疏曰〔四〕：以其一鄙五酇，故云「各掌其酇之政令」也。云「治其祭祀」者，謂若族祭酺之類。若然，縣當祭社，與州同。縣正、鄙師、酇長皆不言所祭神者，六遂與六鄉互見其義也。○同上。

○都宗人：掌都祭祀之禮。都或有山川，及因國無主，九皇六十四民之祀，王子弟則立其祖王之廟。其祭祀，王皆賜禽焉，主其禮者警戒之，糾其戒具。其來致福，則帥而以造祭僕。○疏曰：知都有山川者，見祭法云：山川丘陵能興雲雨。諸侯有其地則祭，無其地則不祭。都祀畿內諸侯，明亦祭境內山川也。云「及因國無主九皇六十四民之祀」者，按王制云：「天子諸侯祭因國之在其地而無主後者。」注云：「謂所因之國，先王先公有功德，宜享世祀，今絶無後，爲之祭主者。」按史記，伏羲已前，九皇六十四民並是上古，無名號之君，絶世無後，今宜主祭之也。云「王子弟則立其祖王之廟」者，左氏傳莊二十八年云：「邑有先君之主曰都。」明天子禮亦然，故知都内王子弟有祖王之廟也。云「其祭祀王皆賜禽焉」者，見祭僕云：「王所不與，則賜之禽，都家亦如之。」玄謂：「王所不與，同姓有先王之廟。」是賜禽法。

「其來致福則帥而造祭僕」，知者，見祭僕云：「凡祭祀致福者，展而受之。」是造祭僕之事。○春官○家宗人：掌家祭祀之禮。大夫采地之所祀與都同。若先王之子孫，亦有祖廟。○疏曰：鄭云「大夫采地之所祀」者，則家止謂大夫，不通公卿也。故載師職云：家邑「任稍地」，小都「任縣地」，大都「任疆地」〔五〕。是大夫采地稱家，在三百里之内，卿爲小都，在四百里，公爲大都，在五百里，則上都宗人所主是也。言「所祀與都同」者，據山川九皇六十四民在其地者。云「若先王之子孫亦有祖廟」者，亦如上都宗人。但天子與諸侯禮異，諸侯之卿、大夫同姓，邑有先君之主則曰都，無曰邑，天子之臣同姓大夫，雖有先君之主，亦曰邑也。此不言凡家祭祀致福於國者，舉都而言，此家從可知。○同上。

右祭禮總要○記：孟春，命樂正入學習舞，爲仲春將釋菜。乃脩祭典。重祭禮歲始省録也。○月令○喪祭從先祖。上文云：志，記也。志所言本謂先王之世舊俗所傳，禮文小異而可以通行者耳，不謂後世失禮之甚者也。○孟子滕文公上○君子行禮，不求變俗。求猶務也。不務變其故俗，重本也。謂去先祖之國，居他國。○疏曰：此一節論臣去本國行禮之事，各隨文解之。「君子行禮」者，謂去先祖之國，居他國者也。求猶務也。「俗」者，本國禮法所行也。明雖居他國，猶宜重本，行故國法不務變之從新也。如杞、宋之臣入於齊、魯，齊、魯之臣入於杞、宋，各宜行己本國禮法也。此云不變俗，謂大夫出在他國，不變己本國之俗。按鄭答趙商以爲「衛武公居殷墟，故用殷禮」，即引此云「君子行禮，不求變俗」。如鄭之意，不變所往之國舊時風俗，與此不同者，熊氏云：若人臣出居他國亦不忘本，故云不變故國風俗。人君務在化民，因其舊俗往之新國，不須改也。然則，

「不求變俗」其文雖一，但人君、人臣兩義不同。熊氏云必知人君不易舊俗者，王制云：「脩其教，不易其俗。」又左傳定四年封魯公因商奄之人，封康叔於殷墟，啓以商政，封唐叔於夏墟，啓以夏政，皆因其舊俗也。按有列於朝，有詔於國，三代之内，喪服爲舊君「齊衰三月」。傳曰：三諫不從，待放未絶者，爵禄尚有列於朝，出入尚有詔於國。如喪服所云，大夫待放之時，名爲有列有詔，不至三世者。熊氏云：彼據爲舊君著服，故以未去之時，名爲有列有詔。此據去國之後，但有列有詔，仍行舊國之禮，斷章取證，故彼此不同。祭祀之禮，居喪之服，哭泣之位，皆如其國之故，疏曰：「祭祀之禮」者，此陳不變之事。若祭祀之禮不變，即夏立尸、殷坐尸、周旅酬六尸及先求陰陽、犧牲騂黑之屬也。「居喪之服」者，殷雖尊貴，猶服傍親，周則以尊降服。「哭泣之位」者，殷不重適，以班高處上，周世貴正嗣，孫居其首。「皆如其國之故」者，謂故俗也。凡上諸事，悉不改革，行之如本國俗也。然上既舉三條，餘冠昏之屬從可知也。謹脩其法而審行之。其法，謂其先祖之制度，若夏、殷。○疏曰：「謹脩其法而審行之」者，并結前事，各令分明謹修本國之法，審慎以行之。其法謂其先祖之制度，若夏殷子孫在周者，悉行其先世之禮，是不變俗也。去國三世，爵禄有列於朝，出入有詔於國，朝，直遥反，下同。○三世，自祖至孫。踰久可以忘故俗，而猶不變者，爵禄有列於朝，謂君不絶其祖祀，復立其族，若臧紇奔邾立臧爲矣。詔，告也，謂與卿大夫吉凶往來相赴告。○紇，恨發反，胡切反，胡謁反。○疏曰：此以下明在他國而得變俗者也。將明得變，故上先明未得者也。「去國三世」，謂三諫不從及他事礙被黜出，入新國已經三世者，則鄭注云：「三世，自祖至孫也。」「爵禄有列於朝」者，謂本國不絶其祖祀，復立族爲後在朝者也。「出入有詔於國」者，出入，有吉凶之事〔六〕，更相往來也。詔，告也。去已三世，而本國之君猶爲立後不絶，則若有吉凶之事，當與本國卿大夫出入往來共相赴告，故云出入有詔於國。又曰：引「若臧紇奔邾立臧爲矣」者，證有列位也〔七〕。臧紇，武仲也，時爲季氏家廢長立少，故與孟氏相惡，遂出奔邾。魯人以臧紇有功，復立其異母兄臧爲以守先祀，是有列也。故魯襄二十三年左傳云：臧紇奔邾，「使告臧賈，且致大蔡焉，曰：『紇不佞，失守宗祧，敢告不弔。紇之罪不及不祀，子以大蔡納請，其可。』賈曰：『是家之禍，非子之過。賈聞命矣。』再拜受龜，使爲以納請，遂自爲也。」乃立臧爲，紇致防而奔齊。是其事也。若兄弟宗族猶存，則反告於宗後。謂無列無詔者。反告，亦謂吉凶也。宗後，宗子也。○疏曰：此是出已三世，而爵禄無列於朝、吉凶不相詔告而不仕新國者。宗族兄弟，謂本國之親。宗後，大宗之後也。己本國不列不告，若宗族猶存，兄弟尚在，己有吉凶，當反還告宗適，不忘本故也。前告國者，亦告兄弟耳。然既未仕新國，亦用本國禮也。音義隱云：「雖無列於朝，有吉凶猶反告於宗後。其都無親在故國，不復往來也。」去國三世，爵禄無列於朝，出入無詔於國，唯興之日，從新國之法。以故國於己無恩。興，謂起爲卿大夫。○疏曰：此猶是無列無詔而反告宗後者，今得仕新國者也。但仕新國有異，故重言「三世」也。「唯興之日從新國之法」者，唯興，謂己始仕也，雖有宗族相告而已仕新國，而本國無列無詔，故所行禮俗悉改從新也。然推此而言，若本國猶有列詔者，雖仕新國，猶行故俗。何以知然？既云無列而從新，明有列理不從也。又若無詔而不仕新者，不得從新。何以知然？既云「唯興」，明不興則不從。無列無詔，唯興之日，三世即從新國之制。孔子去宋既久，父爲大夫，尚冠章甫之冠，送葬皆從殷制者，熊氏云：按鉤命决云：「丘爲制法之主，黑緑不代蒼黄。聖人特爲制法，不與常禮同也。」「興，謂起爲卿大夫」者，意鄭云「起爲卿大夫」者，則若爲士猶卑，不得變本也。○曲禮下

春祭曰祠，祠之言食。**夏祭曰礿，**新菜可汋。**秋祭曰嘗，**嘗新穀。**冬祭曰烝。**進品物也。○疏曰：此别四時及三代諸祭名也。「春祭曰祠，夏祭曰礿，秋祭曰嘗，冬祭曰烝」者，此四時之祭名也。郭云「祠之言食」，礿「新菜可汋」，嘗「嘗新穀」，烝「進品物也」，此皆周禮也。自殷以上，則礿、禘、烝、嘗，王制文是也。至周公，則去夏禘之名，以春礿當之，更名春曰祠。故禘祫志云：「王制記先王之法度，宗廟之祭，春曰礿，夏曰禘，秋曰嘗，冬曰烝。祫爲大祭，於夏、於秋、於冬，周公制禮，乃改夏爲礿禘，又爲大祭。」祭義注云：「周以禘爲殷祭，更名春曰祠。」是祠、礿、嘗、烝之名，周公制禮之所改也。若然，詩小雅云：「禴祠烝嘗，於公先王。」此文王之詩已得有制禮所改之名者，然王者因革與世而遷事，雖制禮大定，要亦所改有漸。易曰：「不如西鄰之禴祭。」鄭注爲夏祭之名，則文王時已改。言周公者，據制禮大定言之耳。

祭天曰燔柴，既祭積薪燒之。○疏曰：祭天曰燔柴者，祭天名燔柴。祭法云：「燔柴於泰壇，祭天也。」郭云：「既祭積薪燒之。」大宗伯云：「以禋祀祀昊天上帝，以實柴祀日月星辰，以槱燎祀司中司命、飌師雨師。」鄭注云：「禋之言煙，周人尚臭，煙氣之臭聞者。槱，積也，詩曰：『芃芃棫樸，薪之槱之。』三祀皆積柴實牲體焉，或有玉帛。燔燎而升煙，所以報陽也。」然則，祭天之禮：積柴以實牲體、玉帛而燔之，使煙氣之臭上達於天，因名祭天曰燔柴也。

祭地曰瘞薶，既祭埋藏之。○疏曰：「祭地

曰瘞貍」者，祭地名瘞貍。祭法云：「瘞貍於泰折，祭地也。」然則，祭神州地祇於北郊，瘞繒埋牲，因名祭地曰瘞貍。李巡曰：「祭地，以玉埋地中，曰瘞貍。」孫炎曰：「瘞者，翳也。既祭，翳藏地中。」祭山曰庪縣，或庪或縣，置之於山，山海經曰：「縣以吉玉。」是也。○疏曰：「祭山曰庪縣」者，庪縣，祭山之名也。庪謂埋藏之，大宗伯云「以貍沈祭山林川澤」，鄭注云：「祭山林曰貍。」是也。縣，謂縣其牲幣於山林中，因名祭山曰庪縣。郭云：「或庪或縣，置之於山。」是也。又云：「山海經曰『縣以吉玉』是也」者，按中山經云：「歷兒，冢也，其祠祀，毛太牢之具，縣以吉玉。」彼注云：「縣，祭山之名。」是也。祭川曰浮沈。投祭水中，或浮或沈。○疏曰：「祭川曰浮沈」者，浮沈，祭川之名也。郭云：「投祭水中，或浮或沈。」大宗伯云「以貍沈祭山林川澤」，鄭注云：祭「川澤曰沈，順其性之含藏。」是也。祭星曰布，布散祭於地。○疏曰：「祭星曰布」者，李巡曰：「祭星者以祭布露地，故曰布。」孫炎曰：「既祭，布散於地，似星布列也。」郭云：「布散祭於地。」祭風曰磔。今俗當大道中磔狗，云以止風，此其象。○疏曰：「祭風曰磔」者，磔謂披磔牲體，象風之散物，因名云。郭云：「今俗當大道中磔狗，云以止風，此其象。」是禷是禡，師祭也。師出征伐，類於上帝，禡於所征之地。○疏曰：「是禷是禡，師祭也」者，「是禷是禡」，詩大雅皇矣篇文。「師祭也」，作者所以解詩也，言用師出征之祭名也。郭云「師出征伐類於上帝禡於所征之地」者，王制云：「天子將出征，類乎上帝」，「禡於所征之地。」是也。言類乎上帝，則類祭祭天也。祭天而謂之類者，尚書夏侯、歐陽說以事類祭之在南方，就南郊祭之。春官肆師注云「類禮，依郊祀而爲之」，是用尚書說爲義也。禡之所祭，其神不明。肆師云：「凡四時之大田獵，祭表貉則爲位。」注云：「貉，師祭也。於立表處爲師祭，祭造軍法者，禱氣勢之增倍也，其神蓋蚩尤，或曰黄帝。」又甸祝「掌四時之田表貉之祝號」。杜子春云：「貉，兵祭也，田以講武治兵，故有兵祭。」鄭曰〔八〕：「習兵之禮，故貉祭禱氣勢之什百而多獲。」由此二注言之，則禡祭，造兵爲軍法者爲表以祭之。禡，周禮作貉，貉又或爲貊字，古今之異也。貉之言百，祭祀此神，求獲百倍。既伯既禱，馬祭也。伯，祭馬祖也。將用馬力，必先祭其先。○疏曰：「既伯既禱，馬祭也」者，既伯既禱，詩小雅吉日篇文。「馬祭也」，作者所以釋詩也。毛傳云：「伯，馬祖也。重物慎微，將用馬力，必先爲之禱其祖。禱，禱獲也。」郭云「伯祭，馬祖也。將用馬力，必先祭其先」，知伯是祭馬祖者，爲馬而祭，故知馬祖謂之伯者。伯，長也，馬祖始是長也。鄭注周禮云：「馬祖，天駟。」上文云：「天駟，房也。」彼注云：「龍爲天馬，故房四星謂之天駟。」「馬，國之大用，王者重之，故夏官校人「春祭馬祖」，「夏祭先牧」，「秋祭馬社」，「冬祭馬步」。注云：「馬祖，天駟。」「先牧，始養馬者。」「馬社，始乘馬者。」「馬步，神爲災害馬者。」既四時各有所爲祭之，馬祖祭之在春，其常也。而將用馬力，則又用彼禮以禱之。禘，大祭也。五年一大祭。○疏曰：「禘大祭也」者，經傳之文。稱禘非一，其義各殊。論語云「禘自既灌」及春秋「禘于大廟」，謂宗廟之祭也。喪服小記云「王者禘其所自出也」，及大傳云「禮不王不禘」，謂祭感生之帝於南郊也。祭法云周人禘嚳而郊稷，謂祭昊天於圜丘也。以此比餘處爲大祭，總得稱禘。宗廟謂之禘者，禘，諦也，言使昭穆之次審諦而不亂也。祭天謂之禘者，亦言使典禮審諦也。郭云五年一大祭者，出禮緯文。知非祭天之禘者，以此下文云：繹，又祭也。爲宗廟之祭，知此亦宗廟之祭也。繹，又祭也。祭之明日，尋繹復祭。○疏曰：「繹，又祭也」者，又，復也，繹，復祭之名也。郭云「祭之明日尋繹復祭」，公羊傳云：「繹者何？祭之明日也。」穀梁傳云：「繹者，祭之旦日之享賓也，天子、諸侯謂之爲繹。」少牢饋食，大夫之禮也，謂之賓尸，與祭同日。若然，是亦與賓尸事不同矣。而詩頌絲衣序云「繹賓尸」者，繹祭之禮，主爲賓事。此尸但天子、諸侯禮大，異日爲之，別爲立名謂之爲繹，言其尋繹昨日。卿大夫禮小，同日爲之，不別立名，直指其事謂之賓尸耳。此序言繹者是此祭之名，賓尸是其祭之事〔九〕，故特詳其文也。然又祭之名，三代各異。周曰繹，春秋經曰：「壬午猶繹。」○疏曰：郭云「壬午猶繹」者，宣八年經文也。商曰肜，書曰：「高宗肜日。」○疏曰：又云書曰「高宗肜日」，商書篇也。孫炎云：「肜者，相尋不絶之意。」夏曰復胙。未見義所出。○疏曰：「夏曰復胙」者，郭云「未見義所出」，以夏之典訓無言復胙名者，是未見義所出也。詩傳及詩箋亦無此一句，説者云：胙是祭肉也，以祭之旦日復陳其祭肉以賓尸也。未知然不。祭名者，以題上事也。○以上爾雅〔一〇〕。

右祭名

小宗伯之職：掌建國之神位，右社稷，左宗廟，注疏見地示社稷條及宗廟廟制條。兆五帝於四郊，四望、四類亦如之。注疏見天神五帝條及地示四望條。兆山川、丘陵、墳衍，各因其方。注疏見地示山川條。辨廟祧之昭穆。注疏見宗廟廟制條。○肆師：掌兆中、廟中之禁令。兆，壇塋域。○疏曰：按小宗伯云「兆五帝於四郊」已下，則四郊已上神兆多矣，皆掌不得使人干犯神位，七廟亦然，故云掌其禁令也。又曰：凡爲壇者，四面皆塋域圍之，若宮墻然，故云「兆壇塋域」也。○春官

○典祀：掌外祀之兆守，皆有域，掌其禁令。「外祀」，謂所祀於四郊者。域，兆表之塋域。○疏曰：云「掌外祭祀之兆守，皆有域，掌其禁令」者，謂遮列不得有人來入域中，故云「禁令」也。又曰：云「所祀於四郊者，域兆表之塋域」者，此即小宗伯所云「兆五帝於四郊，四類、四望亦如之，兆山川丘陵」已下，皆是典祀掌之也。言兆域，據壇外爲溝渠、爲表塋域者也。若以時祭祀，則帥其屬而修除，徵役于司隸而役之。屬，其屬胥徒也。脩除，芟埽之徵召也。役之，作使之。○疏曰：云「以時祭祀」者，謂天地山川祭祀皆有時也。又曰：鄭知「其屬」是「胥徒」者，以其典祀身是下士，其下惟有胥徒，故知也。不言府史者，府史非役者也。徵，召也。以其司隸主衆隸，主供役使，故云「作使之」也。及祭，帥其屬而守其厲禁而蹕之。鄭司農云：遮列禁人不得令入。○疏曰：其屬還是胥徒。厲是遮列，蹕是止行人，故云遮列禁人不得令入也。○春官○凡以神仕者，掌三辰之法，以猶鬼神示之居，辨其名物。猶，圖也。居，謂坐也。天者，羣神之精，日月星辰其著位也。以此圖天神、人鬼、地祇之坐者，謂布祭衆寡與其居句。孝經説郊祀之禮曰：「燔燎埽地，祭牲繭栗。或象天，酒旗坐星，厨、倉具黍稷，布席，極敬心也。」言郊之布席象五帝坐。禮，祭宗廟，序昭穆，亦又有似虛危。則祭天圜丘象北極，祭地方澤象后妃，及社稷之席，皆有明法焉。國語曰：「古者民之精爽不攜貳者，而又能齊肅中正，其知能上下比義，其聖能光遠宣朗，其明能光照之，其聰能聽徹之。如是則神明降之，在男曰覡，在女曰巫，是之使制神之處位次主，而爲之牲器時服。」巫既知神如此，又能居以天法，是以聖人用之。今之巫祝，既闇其義，何明之見？何法之行？正神不降，或於淫厲，苟貪貨食，遂誣人神，令此道滅，痛矣。○居句〔一一〕，紀慮反，下紀具反。知，音智。覡，胡歷反，胡隔反。令，力呈反。○疏曰：序官注云：「神仕者，男巫之俊。」知是巫者，此中「掌三辰之法，以猶鬼神祇之居」。按外傳云：「在男曰覡，在女曰巫。」使制神之處位次主之度，與此文合，故知此神仕是巫。又曰：云「天者，羣神之精，日月星辰其著位也」者，鄭以經直見三辰，不言天者，天體無形，人所不覩，惟覩三辰，故鄭云「天者，羣神之精，日月星辰是其著位者也」。云「以此圖天神、人鬼、地祇之坐者，謂布祭衆寡與其居句」者，鄭意鬼神祇之居止，是布祭於神，神有衆寡多少，或居方爲之，或句曲爲之也。引「孝經説郊祀」者，援神契文。敢問章云：「周公郊祀后稷以配天。」云「郊祀之禮燔燎埽地」已下至「敬心」之言，釋之也。言「郊之布席」已下，是鄭君語。云「郊之布席象五帝坐」者，按天文有五帝坐星：東方蒼帝靈威仰、南方赤帝赤熛怒、中央黄帝含樞紐、西方白帝白招拒、北方黑帝汁光紀，各於其面，是布神坐也。云「禮祭宗廟序昭穆」者，文二年，「大事於大廟」〔一二〕，毀廟之主陳於大祖，未毀廟之主皆升合食，昭南面，穆北面，是人鬼之席坐也。云「亦又有似虛危」者，虛危有墳墓四司，又爲宗廟布席象之，故云「又有似虛危」也。云「則祭天圜丘象北極」者，北極有三星，則中央明者爲大一常居，傍兩星爲臣子位焉。云「祭地方澤象后妃」者，天有后妃四星，天子象天，后妃象地，是其配合也。云「及社稷」者，天有天社之星，祭社之位象焉，故云「及社稷之席」。「之席」之言，結五帝已下也。孝經説云「祭牲繭栗」者，據祭地。「或象天酒旗坐星」，酒旗，星名。云「廚倉具黍稷」者，廚、倉亦星名，言廚倉所以具黍稷以祭祀。云「布席極敬心也」者，總結語也。「國語曰」以下者，欲見巫能制神之處位者，心由精爽之意。云「精爽不攜貳」者，言其專一也。云「上下比義」者，上謂天神，下謂地神，能比方尊卑小大之義，言聖能通知神意。云「神明降之」者，正謂神來降於其身。言「在男曰覡在女曰巫」者，男子陽，有兩稱，名巫，名覡，女子陰，不變，直名巫，無覡稱。言「今之」已下，欲言今世邪巫誑惑世間之事，故鄭痛之。以冬日至，致天神人鬼；以夏日至，致地示物鬽，以襘國之凶荒、民之札喪。鬽，眉祕反。○天人，陽也。地物，陰也。陽氣升而祭鬼神，陰氣升而祭地祇，物鬽所以順其爲人與物也。致人鬼於祖廟，致物鬽於墠壇，蓋用祭天地之明日。百物之神曰鬽，春秋傳曰：「螭鬽魍魎。」杜子春云：襘，除也。玄謂：此襘讀如潰癰之潰。○墠，音善。螭，敕知反。○言以冬日至夏日至〔一三〕，此則大司樂云：「冬日至，於地上之圜丘奏之。若樂六變，天神皆降。」「夏日至，於澤中之方丘奏之」，「地祇皆出。」是也。但其時天之神、地之祇皆降，仍於祭天之明日更祭。此等小神祇，故於此別之也。又曰：鄭云「天人陽也」者，此解冬日至祭天神人鬼之意，以其陽，故十一月一陽生之月，當陽氣升而祭之也。云「地物陰也」者，此解夏日至祭地示之意，以其陰，故五月一陰生之日〔一四〕，當陰氣升而祭之也。云「所以順其爲人與物也」者，各順陰陽而在冬、夏至也。云「致人鬼於祖廟，致物鬽於墠壇」，此鄭惟釋人鬼物鬽，不言致天神之處者，文略，亦當在於墠壇也。云「蓋用祭天地之明日」者，當冬至、夏至之日，正祭天地之神祇，事繁不可兼祭，此等雖無正文，鄭以意量之，故云「蓋用祭天地之明日」也。云「百物之神曰鬽。春秋傳曰螭鬽魍魎」者，按左氏宣公三年，楚子問鼎之大小輕重，王孫滿對曰：「夏之方有德也，遠方圖物貢金九牧，鑄鼎象物」，「故民入川澤山林，不逢不若，螭魅魍魎，莫能逢之。」服氏注云：「螭，山神，獸形。魅，怪物。罔兩，木石之怪。」文十八年注：螭，「山神，獸形。」或曰：

如虎而嗷虎。或曰：魅，人面獸身而四足，好惑人，山林異氣所生，爲人害。如賈、服義與鄭異，鄭君則以魑彪爲一物，故云百物之神曰彪，引春秋魑彪以證之。經無魍魎連引之，以國語「木石之怪夔魍魎」，賈、服所注是也。杜子春云「禬，除也」，後鄭云「此禬讀如潰癰之潰」者，就足子春之義。以其癰潰，則濃血除，故讀從之。云此禬讀從潰，言此以對彼大祝云「類造禬禜」之禬，禬爲會合之義，不爲潰也。○春官○小祝：有寇戎之事，則保郊祀于社。故書祀或作禩。鄭司農云：謂保守郊祭諸祀及社，無令寇侵犯之。杜子春讀禩爲祀，書亦或爲祀。玄謂：保祀互文，郊、社皆守而祀之，彌災兵。○疏見百神軍旅條。○都宗人：若有寇戎之事，則保羣神之壝。壝，唯癸反，又欲鬼反。○守山川、丘陵、墳衍之壇域。○疏曰：此經所云，據寇戎從外而入，故先保在郊之神位而言，是以鄭云「守山川、丘陵、墳衍之壇域」也。按小宗伯云：「兆山川丘陵於四郊。」彼雖不言墳衍，墳衍之位亦在四郊，皆須保之。言壝者，謂於中爲壇，四畔爲壝，舉壝則壇見矣。

右神位○記：過祀則下。居者主於敬。○檀弓下

尸，神象也。郊特牲○男，男尸。女，女尸。必使異姓，不使賤者。異姓，婦也。賤者，謂庶孫之妾也。尸配尊者，必使適也。○士虞禮○禮曰：「君子抱孫不抱子。」此言孫可以爲王父尸，子不可以爲父尸。以孫與祖昭穆同。○疏曰：「抱孫不抱子」者，此以明昭穆之例。凡稱「禮曰」者，皆舊禮語也。爲下事難明，故引舊禮爲證。按此篇之首，作記之人引舊禮而言「曲禮曰」，此直言「禮曰」不言「曲」者，從略可知也。「抱孫不抱子」者，謂祭祀之禮必須尸，尸必以孫。今子孫行並皆幼弱，則

必抱孫爲尸，不得抱子爲尸。所以然者，作記者既引其禮〔一五〕，又自解云「此言孫可以爲王父尸，子不可以爲父尸」故也。曾子問云：「祭成喪者必有尸，尸必以孫，孫幼則使人抱之，無孫則取於同姓可也。」是有抱孫之法也。言「無孫取於同姓可」者，謂無服内之孫，取服外同姓也。天子至士皆有尸，特牲是士禮，少牢是大夫禮，並皆有尸。又祭統云：「君執圭瓚祼尸。」是諸侯有尸也。又守祧職云：「若將祭祀，則各以其服授尸。」是天子有尸也。天子以下，宗廟之祭皆用同姓之嫡，故祭統云：「祭之道，孫爲王父尸。所使爲尸者，於祭者爲子行，父北面而事之。」注云：「子行，猶子列也。祭祖則用孫列，皆取於同姓之適孫也。天子諸侯之祭，朝事延尸於户外，是以有北面事尸之禮也。」雖取孫列，用卿大夫爲之，故既醉注云：「天子以卿。」鄭箋云：「諸侯入爲天子卿大夫，故云公尸。」天子既然，明諸侯亦爾，故大夫士亦用同姓嫡者。曾子問云「無孫取於同姓可也」，又鄭注特牲禮：「大夫士以孫之倫爲尸。」是也。言倫，明非己孫。皇侃用崔靈恩義，以大夫用己孫爲尸，恐非也。天子祭天地、社稷、山川、四方、百物、及七祀之屬，皆有尸也，故鳧鷖並云「公尸」。推此而言，諸侯祭社稷境内山川及大夫有采地祭五祀，皆有尸也。外神之屬，不問同姓異姓，但卜吉則可爲尸。按曾子問祭成人必有尸，則祭殤無尸。若新喪虞祭之時，男女各立尸，故士虞禮云：「男，男尸。女，女尸。」至祔祭之後，正用男之一尸〔一六〕，以其祔祭漸吉故也。凡吉祭只用一尸，故祭統云「設同几」是也。若祭勝國之社稷，則士師爲尸。知者，士師職文。用士師者，略之。故異義：「公羊説祭天無尸，左氏説晉祀夏郊以董伯爲尸，虞夏傳云『舜入唐郊以丹朱爲尸』，是祭天有尸也。許慎引魯郊祀曰：『祝延帝尸。』從左氏之説也。」〇曲禮上〇孫爲王父尸，所使爲尸者，於祭者子行也。子行，猶子列也。祭祖則用孫列，皆取於同姓之適孫也。天子諸侯之祭，朝事延尸於户外，是以有北面事尸之禮。○疏曰：「孫爲王父尸」者，謂王父之孫行與王父作尸。「所使爲尸者，於祭者子行也」者，謂孝子所使令爲尸者，於祭者孝子，身爲子之行秩也。○祭統○爲人子者，祭祀不爲尸。尊者之處，爲其失子道，然則尸卜筮無父者。○疏曰：「祭祀不爲尸」者，尸代尊者之處，故人子不爲也。○曲禮上

右尸○記：曾子問曰：「祭必有尸乎？言無益，無用爲。○疏曰：曾子之意以祭神，神本虛無，無形無象，何須以生人象之，故云「祭必有尸乎」。又曰：祭是祭神，不祭生人，今祭生人無益死者，故云無益。云「無用爲」者，無用爲此尸。一解云：「無用爲」者，無用此之爲，「爲」是助語。若厭祭亦可乎？」厭時無尸。○疏曰：若如厭祭之時，亦應可乎？謂祭初尸未入之前，祭末尸既起之後，並皆無尸，直設饌食以厭飫鬼神，如此之時，其理亦可。孔子曰：「祭成喪者必有尸，尸必以孫，孫幼則使人抱之，無孫，則取於同姓可也。人以有子孫爲成人，子不殤父，義由此也。○疏曰：孔子答祭以成人之喪者，必須有尸。以成人之喪威儀具備，必須有尸，以象神之威儀也。「尸必以孫」，若其孫幼，則使人抱之。若無孫，則取同姓昭穆孫行適者可也。以其成人威儀既備，有爲人父之道，不可無尸。祭殤必厭，蓋弗成也。厭飫而已，不成其爲人。○疏曰：年若幼在殤，人道未備，威儀簡略，不足可象，不須立尸，故祭殤必厭。「蓋弗成也」者，蓋以不成人，故不立尸也。今祭成

人喪，但厭飫而已，是將成人與殤同也。祭成喪而無尸，是殤之也。」與不成人同。孔子曰：「有陰厭，有陽厭。」言祭殤之禮，有於陰厭之者，有於陽厭之者。○疏曰：孔子答問已了，更起別端，辯祭殤之禮，其處有異，故記者又言孔子曰：其祭殤有於陰厭者，謂適殤也；有於陽厭者，謂庶殤也。曾子問曰：「殤不祔祭，何謂陰厭陽厭？」祔，當爲「備」，聲之誤也。言殤乃不成人，祭之不備禮，而云陰厭陽厭乎？此失孔子指也。祭成人，始設奠於奥，迎尸之前，謂之陰厭；尸謖之後，改饌於西北隅，謂之陽厭，殤則不備。○疏曰：曾子既聞孔子云「有陰厭，有陽厭」，不解孔子之旨，謂言祭殤始末；一祭之中有此兩厭，故問云：祭成人之時，有此二厭。殤不祔祭，祔，備也，謂祭殤簡略，何謂備有陰厭有陽厭？又曰：知「祔當爲備」者，按喪服小記云：「殤與無後者，從祖祔食。」今云「殤不祔祭」，與小記文乖，故知祔當爲「備」。備、祔聲相近，故云「聲之誤也」。云「言殤」至「陰厭」，約特牲、少牢禮文，當設饌於西南奥，尸未入之前也。云「尸謖之後，改饌於西北隅，謂之陽厭」者，當祭末。謖，起也，謂尸起之後也。孔子曰：「宗子爲殤而死，庶子弗爲後也。族人以其倫代之，明不序昭穆，立之廟，其祭之，就其祖而已，代之者主其禮。○疏曰：孔子更爲辨云：若宗子爲殤而死，以其未成人，庶子不得代爲之後。又曰：以經云庶子既不爲後，宗子理不可闕，明族人以其倫代之。倫，謂輩也，謂與宗子昭穆同者則代之。凡宗子爲殤而死，庶子既不得爲後，不以父服服之。鄭注喪服云：「若與宗子期親者，其長殤，大功衰九月；中殤，大功衰七月；下殤，小功衰五月。有大功之親者，成人，服之齊衰三月，卒哭，受以大功衰九月。其長殤、中殤大功衰五月，下殤小功衰三月。有小功之親者，成人，服之齊衰三月，卒哭，受以小功衰五月，其殤與絶屬者同。有緦麻之親者，成人及殤皆與絶屬者同。」故喪服記云：宗子孤爲殤而死者，「大功衰，小功衰，皆三月。」據與宗子小功以下及無服者，長中殤則大功，下殤則小功。又云：「親則月筭如邦人」，則鄭注是也。此是族人以其倫代之者，各以本服服之。云「明不序昭穆立之廟」，以宗子殤死，無爲人父之道，故不序昭穆，不得與代之者爲父也。云「代之者主其禮」者，以宗子存時，族人凡殤死者，宗子主其祭祀。今宗子殤死，明代爲宗子者主其禮也。此宗子是大宗族人，但是宗子兄弟行，無限親疏，皆得代之。其吉祭特牲。尊宗子，從成人也，凡殤則特豚。自卒哭成事之後爲吉祭。○疏曰：其卒哭成事之後，祭之以特牲。又曰：士祭，成人特牲，今宗子祭以特牲，故云「尊宗子，從成人」之禮也。云「凡殤則特豚」者，以凡殤降宗子之殤，故用特豚。云「自卒哭成事之後爲吉祭」者，檀弓云：「卒哭曰成事，是日也，以吉祭易喪祭。」熊氏云：「殤與無後者唯祔與除服二祭則止，此言吉祭者，唯據祔與除服也。」庾云：「吉祭，通四時常祭。」若如庾言，殤與無後者之祭，不知何時休止，未有聞焉。經云「吉祭特牲」，則喪祭之時，以其未成人，降用特豚也。祭殤不舉，無肵俎，無玄酒，不告利成，肵，音其，又忌依反。○此其無尸，及所降也，其他如成人。舉肺脊、肵俎、利成，禮之施於尸者。○疏曰：謂祭此殤時不舉肺。以其無尸，故不舉肺脊。「無肵俎」者，肵是尸之所食，歸餘之俎，以其無尸，故無肵俎。「無玄酒」者，若祭成人則有玄酒，重古之義。今祭殤既略，故無玄酒也。「不告利成」者，謂祭畢，今既無所可告，故不告利成。利猶養也，不告供養之禮成也。又曰：以經云「不舉肺，無肵俎，不告利成」，此三事本主於尸，今以無尸，故不爲，故云「此其無尸也」。玄酒之設，本不爲尸所有，祭殤略，無玄酒，是降也，故云「及所降也」。云「舉肺脊、肵俎、利成禮之施於尸」者，按特牲、少牢尸將食，舉肺脊，又云上佐食設肵俎，初載心舌。肵者敬也，主人敬尸之俎。又云「無筭爵」，「祝東面告利成」，舉肺脊、肵俎、利成之禮並施於尸也。是謂陰厭。是宗子而殤祭之於奥之禮。小宗爲殤，其祭禮亦如之。〇疏曰：此宗子殤死，祭於祖廟之奥，陰闇之處，是謂陰厭也。又曰：鄭既云「小宗爲殤」祭禮如大宗者，以前經云「宗子爲殤而死」，不顯大小，故知凡宗子殤祭之禮皆然，是以小宗爲殤，祭禮亦如之。必知此經指大宗者，以何休公羊注云：「小宗無子則絶，大宗無子則不絶，重適之本。」上文「庶子不爲後」，謂大宗子在殤而死，不得爲後，若非殤則得爲後，故知是大宗也。凡宗子成人而死，則得立子孫爲後。若立兄弟爲後，則不可，故成十五年，公羊傳譏仲嬰齊是公孫歸父之弟，當云公孫嬰齊而云仲嬰齊者〔一七〕，爲歸父之後，譏其亂昭穆，故云「仲」是也。凡殤與無後者，祭於宗子之家，當室之白，尊于東房，是謂陽厭。」凡殤，謂庶子之適也。或昆弟之子，或從父昆弟。無後者，如有昆弟及諸父，此則今死者，皆宗子大功之内親共祖禰者。言祭於宗子之家者，爲有異居之道。無廟者爲墠祭之，親者共其牲物，宗子皆主其禮。當室之白，尊於東房，異於宗子之爲殤。當室之白，謂西北隅得户明者也。明者曰陽。凡祖廟在小宗之家，小宗祭之亦然。宗子之適亦爲凡殤，過此以往則不祭也。祭適者，天子下祭五，諸侯下祭三，大夫下祭二，士以下祭子而止。〇適，丁曆反。共其，音恭。〇疏曰：「凡殤」，謂非宗子之殤，故云凡殤。「無後者」，謂庶子之身無子孫爲後。此二者皆宗子大功内親，祭於宗子之家祖廟之内，不敢在成人之處，故於當室之明白顯露之處爲之，設尊於東房，以其明是陽，故爲陽厭也。又曰：謂庶子之適子爲殤而死，此「庶子之適」一句與下文爲總，即是昆弟之子、從父昆弟是也。云「或昆弟之子」者，謂宗子親昆弟所生之子是適，其昆弟是庶子昆弟，所生者是適，故云「庶子之適」。云「或從父昆弟」者，亦謂宗子之從父兄弟。宗子之父身是適，諸父是庶，諸父所生之適子亦是庶子之適，故云「或從父昆弟」。云「無後者如有昆弟及諸父」者，如，而也。而有昆弟，謂宗子之親庶兄弟，與宗子同祖，今既無後，祭之當於宗子祖廟。「及諸父」，謂宗子諸父，身並是庶子，與宗子同曾祖，祭之當於宗子曾祖之廟。凡殤有二：一，昆弟之子，祭之當於宗子父廟；二是從父昆弟，祭之當於宗子祖廟。其無後者亦有二：一是昆弟無後，祭之當於宗子祖廟；二是諸父無後，祭之當於宗子曾祖之廟。凡殤得祭者，以其身是適故也。無後者，成人無後則祭，若在殤而死則不祭，以其身是庶故也。按小記云：「庶子不祭殤與無後者，殤與無後者從祖祔食。」注云：「不祭殤者，父之庶。不祭無後者，祖之庶。」但此經據死者之身，小記注據生者設祭之人。宗子昆弟是庶，不得自祭適子，故云「父之庶」。宗子之諸父自是庶，不得祭所生適子，適子即是宗子從父兄弟，故云父之庶。「不祭無後祖之庶」者，宗子昆弟無後而死，其餘兄弟應祭之，以兄弟並是祖庶，不合立廟，故云祖之庶。宗子諸父無後，其餘諸父親者亦應合祭之，以諸父並是庶子，不合立祖廟，故云祖之庶。義與此不異也。云「此則今死」至「共祖禰者」，從父兄弟是宗子大功親，昆弟諸父是宗子期親，諸父及從兄弟共祖者，昆弟及昆弟之子共禰者〔一八〕。鄭必限以大功内親共祖禰者，以上文云「吉祭特牲」，唯據士禮，適士二廟，有祖有禰，下士祖禰共廟，故鄭限以祖禰同者，唯大功之内親也。云「言祭於宗子之家者，爲有異居之道也」，禮，大功以上同居，命士以上則父子異宫，故云「有異居之道」。云「無廟者爲墠祭之」者，士立二廟，若祭諸父，當宗子曾祖之廟，宗子是士，但有二廟，無曾祖廟，故云無廟者爲墠祭之。推此而言，大夫立三廟，無大祖者，其祭諸父得於曾祖廟也。其立大祖廟者，其祭諸父當於曾祖廟，曾祖無廟亦爲墠祭之。云「親者共其牲物，宗子皆主其禮」，大功雖有同財之義，其經營祭事牲牢之屬，親者主爲之。又牲牢視親者之品命，故云「親者共其牲物」。就宗子之家祭其祖禰，故云「宗子皆主其禮」。云「當室之白尊於東房」，以宗子之殤祭於室奥，今祭凡殤乃於西北隅。又特牲云：「尊於户東。」注云：「室户東。」按上文宗子之殤但「不舉肺，無肵俎，無玄酒，不告利成」，其餘皆與祭成人同，則其尊亦設於室户東，今祭凡殤乃尊於東房，故云「當室之白尊於東房，異於宗子之殤也」。云「宗子之適亦爲凡殤」者，以上經云宗子爲殤而死，據宗子身殤，不論宗子、適子也。此明宗子、適子父雖是適，其子殤死亦爲凡殤，以其更無别文〔一九〕，故知與凡殤同。云「過此以往則不祭也」者，此謂宗子身殤及宗子昆弟之子及從父昆弟并宗子適子等，唯此等殤，死祭之，過此以外皆不祭也。云「祭適者天子下祭五」以下，並祭法文。彼注云：「祭適殤於廟之奥，謂之陰厭。」是天子諸侯祭適殤於其廟奥。彼注又云：「王子公子祭其適殤於其黨之廟，大夫以下庶子祭其適殤於宗子之家，皆當室之白，謂之陽厭。」是王子以下及大夫等祭其適殤皆爲凡殤也。彼注又云：「凡庶殤不祭。」以其身是庶。若其成人無後，則祭之。則上文無後昆弟及諸父是也。○曾子問○記：無禄者稷饋，庶人無常牲，故以稷爲主。稷饋者無尸，無尸者厭也。大戴天圓○男，男尸。女，女尸。必使異姓，不使賤者。異姓，婦也。賤者，謂庶孫之妾也。尸配尊者，必使適也。○疏曰：虞卒哭之祭，男女别尸，故男女别言之也。云「異姓婦也」者，以男無異姓之禮故也。知經云「必使異姓」者，據與婦爲尸者也，不使同姓與婦爲尸者。尸須得孫列者，孫與祖爲尸，孫婦還與夫之祖姑爲尸〔二〇〕，故不得使同姓女爲尸也。云「賤者謂庶孫之妾也，尸配尊者，必使適也」者，男尸先使適孫，無適孫乃使庶孫。女尸先使適孫妻，無適孫妻使適孫妾，又無妾乃使庶孫妻。即不得使庶孫妾，以庶孫之妾是賤之極者。若然，庶孫妻亦容用之。而鄭云「必使適也」者，據經「不使賤」，有適孫妻則先用適而言，其實容用庶孫妻法也。必知無容用庶孫者，以曾子問孔子曰：「祭成喪者必有尸，尸必以孫，孫幼使人抱之，無孫則取於同姓可也。」彼不言適，是容無適而用庶。此經男女别尸，據虞祭而言。至卒哭已後，自禫已前，喪中之祭皆男女别尸。知者，按司几筵云：「每敦一几。」鄭注云：「雖合葬及同時在殯皆異几，體實不同，祭於廟同几，精氣合。」少牢吉祭云「某妃配」，是男女共尸。篇末云：「是月也，吉祭，猶未配。」注云：「是月，是禫月也。」當四時之祭月則祭，猶未以某妃配某氏，哀未忘也。則引少牢吉祭妃配之事爲證明，禫月不當四時祭月，則不云某妃配，配則共尸可知。○尚書大傳曰：維十有三祀，帝乃稱王而入唐郊，丹朱爲尸。詳見天神篇郊祀條。○晉平公祀郊，董伯爲尸。國語晉語。詳見百神篇疾病條。○周公祀泰山，召公爲尸。○齊嘗于大公之廟，麻嬰爲尸。襄公二十八年春秋左氏傳。注疏見宗廟初獻條。○裘之裼也，見美也。見，賢遍反。○君子於事，以見美爲敬。○疏曰：「裘之裼」者，謂裘上加裼衣。

裼衣上雖加他服，猶開露裼衣，見裼衣之美以爲敬也。服之襲也，充美也。充，猶覆也。所敬不主於君則襲。○疏曰：此謂君之不在，臣所加上服揜襲裼衣。充，猶覆也，謂覆蓋裼衣之美，以君不在，敬心殺故也。又曰：凡敬有二體：一則父也，二則君也。父是天性至極，以質爲敬，故子於父母之所不敢袒裼。君非血屬，以文爲敬，故臣於君所則裼。若平敵以下，則亦襲，以其質略故也。所襲雖同，其意異也。聘禮行聘致君命亦襲者，彼是聘享相對，聘質而享文，欲文質相變，故裼襲不同也。是故尸襲，尸尊。○疏曰：尸處尊位，無敬於下，故襲也。執玉龜襲。重寶瑞也。○疏曰：凡執玉得襲，故聘禮執圭璋致聘則襲也。若執璧琮行享，雖玉，裼。此執玉或容非聘享，尋常執玉則亦襲也。龜是享禮庭實之物，執之亦裼。若尋常所執及卜則襲，敬其神靈也。無事則裼，弗敢充也。謂已致龜玉也。○疏曰：謂行禮已致龜玉之後則裼，不敢充覆其美也。亦謂在君之前，故裼也。若不在君所，故無事則襲，前文云者是也。○玉藻○君迎牲而不迎尸。不迎尸者，欲全其尊也。尸，神象也。鬼神之尊在廟中，人君之尊出廟門則伸。○疏曰：「君迎牲」「不迎尸」者，尸體既尊，君宜自卑，若出迎尸，尸道未伸則嫌君，猶欲自尊之義也。○祭統○君之所不臣於其臣者二〔一一〕：當其爲尸，則弗臣也；當其爲師，則弗臣也。尸，主也，爲祭主也。○疏曰：「當其爲尸，則弗臣也」者，若不當其時，則臣之。按鉤命決云：「暫所不臣者五，謂師也、三老也、五更也、祭尸也、大將軍也。」此五者，天子諸侯同之。此唯云尸與師者，此經本意據尊師爲重，與尸相似，故特言之，所以唯舉此二者，餘不言也。又按鉤命決云：「天子常所不臣者三，唯二王之後、妻之父母、夷狄之君。不臣二王之後者，爲觀其法度，故尊其子孫也。不臣妻之父母者，親與其妻共事先祖，欲其歡心。不臣夷狄之君者，此政教所不加，謙不臣也。諸侯無此禮。」○學記○爲君尸者，大夫士見之則下之。君知所以爲尸者，則自下之。尊尸也。下，下車也。國君或時幼少，不能盡識羣臣有以告者，乃下之。○少，式召反。○疏曰：此臣爲君作尸者，已被卜吉，君許用者也。下，謂下車也。古者致齊，各於其家。散齊亦猶出在路，及至祭日之旦，俱來入廟，故羣臣得於路見君之尸，皆下車而敬之。「君知所以爲尸者，則自下之」者，此亦謂散齊之時，君若在路見尸，亦自下車敬之。不直云君見尸而云「君知」者，言知則初有不知，不知謂君年或幼少，不能並識羣臣，故於路或不識，而臣告君，君乃知之，所以下也。所以知是散齊者，若致齊不復出行，若祭日君先入廟，後乃尸至也。尸必式，禮之。○疏曰：「尸必式」者，廟門之外，尸尊未伸，不敢亢禮，不可下車，故式爲敬，以答君也。式，謂俯下頭也。古者車箱長四尺四寸，而三分前一後二，横一木，下去車牀三尺三寸，謂之爲式。又於式上二尺二寸横一木，謂之爲較，較去車牀凡五尺五寸。於時立乘，若平常則馮較，故詩云「倚重較兮」是也。又若應爲敬，則落手隱下式，而頭得俯俛，故後云「式視馬尾」是也。鄭注考工記云：「兵車之式高三尺三寸。較，兩輢上出式者也。兵車自較而下，凡五尺五寸。」然尸在廟中尊伸，尚答主人之拜，今在路，其尊猶屈，君下而已。式者，以其在路，尊未伸，故未敢亢禮。至於廟中，禮伸則亢，故答之。乘必以几。尊者慎也。○疏曰：「乘必以几」者，几案在式之上，尊者有所敬事，以手據之。几上有幂，君以羔皮，以虎緣之。○曲禮上○孔子曰：「尸弁冕而出，爲君尸或弁者，先祖或有爲大夫士者，故服士大夫之服也。○疏曰：按士虞禮云：「尸服卒者之上服。」以君之先祖有爲士者，當著爵弁以助君祭，故子孫祭之尸得服爵弁者。若以助君祭服言之，大夫著冕。此云大夫者，因士連言大夫耳。按儀禮特牲尸服玄端，少牢又云尸服朝服，尸皆服在家自祭之服，不服爵弁及冕者，大夫士卑屈於人君，故尸服父祖自祭之上服，人君禮伸，故尸服助祭之上服也。卿大夫士皆下之。見而下車。○疏曰：「卿大夫士皆下之」者，謂尸或出於道路，其卿大夫乘車，見尸則下車也。尸必式，小俛禮之。○疏曰：尸當馮式，小俛以敬之。必有前驅。」爲辟道。○辟，婢亦反。○疏曰：謂尸出行則有前驅，辟道之人也。○曾子問○酌尸之僕，如君之僕。當其爲尸則尊。○疏曰：「酌尸之僕」者，僕爲尸，御車之人將欲祭軷，酌酒與尸之僕，令爲軷祭，如似酌酒與君之僕，以其爲尸，則尊之似君也。其在車，則左執轡，右受爵，祭左右軌范乃飲。周禮大馭：「祭兩軹，祭軌，乃飲。」軌與軹，於車同謂轊頭也。范與範聲同〔二二〕，謂軾前也。○軹，音旨。轊，音衛。○疏曰：「其在車，則左執轡，右受爵」者〔二三〕，尸僕受酒法也。其在車，謂僕在車中時也。僕既所主尸車，故於車執轡而受爵也。尸位在左，僕立在右，故「左執轡，右受爵」祭酒也。君僕亦然。「祭左右軌范」者，軌謂轂末，范謂式前。僕受爵將飲〔二四〕，則祭之酒於車左右軌及前范也。所以祭者，爲其神助己，不使傾危故也。「乃飲」者，祭遍乃自飲也。按周禮大馭「祭兩軹，祭軓」，此云「祭左右軌范」，兩文不同，則左右軌與兩軹是一，故云「軌與軹，於車同謂轊頭」，謂車轂小頭也。此云范，大馭云軓，兩事是一，聲同字異，故云聲同，謂式前之範與此范俱是式前也。但軾前之軓，車旁著凡，或作範字。雖作範字，聲同而字異，即詩邶風：「濟盈不濡軓。」亦車旁凡，與此同也。若轂末之軓，則車旁著九，此經「左右軓」是也。其車轍亦謂之軓，亦車旁著九，則考工記「經涂九軌」是與此字同而事異也。○少儀○曾子問曰：「卿大夫將爲尸於公，受宿矣，而有齊衰内喪，則如之何？」孔子曰：「出舍於公宫以待事，禮也。」曾子問作「出舍於公館」，注云：「吉凶不可同處。」雜記注云：「尸重，受宿，則不得哭。内喪，同宫也。」○疏曰：按上文不爲尸之時、未視濯之前、受宿之後，父母喪使人告，告者反而後哭。今此齊衰内喪亦謂諸父昆弟姑姊妹也，與前與後祭同。但尸尊，故出舍公之公館〔二五〕，以待君之祭事，不在己之異宫耳。

○雜記

凡以神仕者，掌三辰之法，以猶鬼神示之居，辨其名物。以冬日至致天神、人鬼，以夏日至致地示、物鬽，以禬國之凶荒、民之札喪。詳見本篇神位條。○司巫：掌羣巫之政令。○大祝：掌六祝之辭，以事鬼神示，祈福祥，求永貞：一曰順祝，二曰年祝，三曰吉祝，四曰化祝，五曰瑞祝，六曰筴祝。掌六祈以同鬼神示：一曰類，二曰造，三曰禬，四曰禜，五曰攻，六曰説。作六辭以通上下、親疏、遠近：一曰祠，二曰命，三曰誥，四曰會，五曰禱，六曰誄。辨六號：一曰神號，二曰鬼號，三曰示號，四曰牲號，五曰齍號，六曰幣號。辨九祭：一曰命祭，二曰衍祭，三曰炮祭，四曰周祭，五曰振祭，六曰擩祭，七曰絶祭，八曰繚祭，九曰共祭。辨九拜：一曰稽首，二曰頓首，三曰空首，四曰振動，五曰吉拜，六曰凶拜，七曰奇拜，八曰褎拜，九曰肅拜。以享右祭祀。凡大禋祀、肆享、祭示，則執明水火而號祝。明水火，司烜所共日月之氣，以給烝享，執之，如以六號祝，明此圭絜也。禋祀，祭天神也。肆享，祭宗廟也。故書祇爲䄔，杜子春云：䄔當爲祇。○烜，況晚反。䄔，必庚反。○疏曰：知「明水火，司烜所共日月之氣」者，按司烜氏職云：「以夫遂取明火於日，以鑒取明水於月。」彼雖不云氣，此水火皆由日月之氣所照得之，故以氣言之。云「以給烝享執之，如以六號祝明此圭絜也」者，經云執明水火而號祝，明知六號皆執之明絜也。號祝執明水火，明主人圭絜之德。云「禋祀，祭天神也」者，大宗伯昊天稱禋，日月稱實柴，司中之等稱槱燎，通而言之，三者之禮皆有禋義，則知禋祀，祀天神通星辰已下。云「肆享，祭宗廟也」者，按宗伯宗廟之祭六等，皆稱享，則此含六種之享。杜子春云「䄔，當爲祇」，宗伯血祭以下是也。隋釁，逆牲逆尸，令鐘鼓，右亦如之。隋，許規反，又恚恚反〔二六〕。○隋釁，謂薦血也，凡血祭曰釁。既隋釁後言逆牲，容逆鼎。右讀亦當爲侑。○疏曰：鄭云「隋釁謂薦血也」者，賈氏云：釁，釁宗廟。馬氏云：血以塗鐘鼓。鄭不從，而以爲薦血祭祀者，下文云「既祭令徹」，則此上下皆是祭祀之事，何得於中輒有釁廟塗鼓？直稱釁，何得兼言隋？故爲祭祀薦血解之。鄭云「凡血祭曰釁」者，此經文承上禋祀、肆享、祭祀之下，即此血祭之中含上三祀，但天地薦血於座前，宗廟即血以告殺，故言凡血祭曰釁。云「既隋釁後言逆牲，容逆鼎」者，凡祭祀之法，先逆牲，後隋釁，今隋釁在前，逆牲在後者，以其鼎在門外，薦血後乃有爛熟之事，逆鼎而入，故云容鼎。知「鼎在門外」者，按中霤禮，竈在廟門外之東，主人迎鼎事。云「右讀亦爲侑」者，亦上九拜之，下享右之，字皆爲侑。來瞽，令皐舞。皐，讀爲卒嗥呼之嗥。來嗥者，皆謂呼之入〔二七〕。○呼，火故反。○疏曰：「皐，讀爲卒嗥呼之嗥」者，依俗讀。云「來嗥者皆謂呼之入」者。經云「瞽人擬升堂歌舞」，謂學子、舞人、瞽人言來，亦呼之乃入，皐舞令呼亦來入，故鄭云來嗥皆謂呼之入也。相尸禮，相，息亮反。○延其出入，詔其坐作。○疏曰：凡言「相尸」者，諸事皆相，故以「出入」、「坐作」解之。尸出入者，謂祭初延之入，二灌訖退出，坐於堂上，南面，朝踐饋獻訖，又延之入室。言「詔其坐作」者，郊特牲云：「詔祝於室，坐尸於堂。」饋獻訖，又入室。坐言作者，凡坐皆有作，及與主人答拜，皆有坐作之事，故云詔其坐作也。既祭令徹。疏曰：祭訖尸謖之後，大祝命徹祭器，即詩云：「諸宰君婦，廢徹不遲。」是也。○春官○小祝：掌小祭祀，將事侯禳禱祠之祝號，以祈福祥，順豐年，逆時雨，寧風旱，彌災兵，遠罪疾。遠，于萬反。○侯之言候也，候嘉慶，祈福祥之屬。禳，禳却凶咎，寧風旱之屬。順豐年而順爲之祝辭。逆，迎也。彌讀曰敉，敉，安也。○疏曰：「掌小祭祀」者，即是將事侯禳已下禱祠之事是也。小祭祀與將事侯禱已下作目，將事侯禳禱祠祝號，又與祈福祥順豐年已下爲目。祈福祥、順豐年、逆時雨三者皆是侯，寧風旱、彌災兵、遠罪疾三者即是禳，求福謂之禱，報賽謂之祠，皆有祝號，故總謂之禱祠之祝號。祈福祥已下不言一曰、二曰者，大祝已言訖，小祝佐大祝行事，故略而不言。亦欲見事起無常，故不言其次第。又曰「侯之言候也，候嘉慶，祈福祥之屬」者，「之屬」中兼有順豐年、逆時雨。嘉，善也。此三者皆是善慶之事，故設祈禱候迎之。云「禳，禳却凶咎寧風旱之屬」者，之屬中兼有彌災兵、遠罪疾三者，是凶咎之事，故設禱祠禳却之。云「順豐年而順爲之祝辭」者，按管子云：「倉廩實，知禮節。衣食足，知榮辱。」意皆欲如此，是豐年順民意也，故設祈禮以求豐年而順民，故云「爲之祝辭」也。云「彌讀曰敉。敉，安也」者，按洛誥云：「亦未克敉公功。」注云：「敉，安也。」故知此彌讀曰敉。敉，安也。大祭祀，逆齍盛，送逆尸，沃尸盥，贊隋，贊徹，贊奠。盛，音成。○隋，尸之祭也。奠，奠爵也。祭祀，奠先徹後，反言之者，明所佐大祝非一。○疏曰：云「逆齍盛」者，祭宗廟，饋獻後，尸將入室食，小祝於廟門外迎饎人之齍盛於廟堂東，實之，薦於神座前。「送逆尸」者，爲始祭迎尸而入，祭末送尸而出，祭義云：「樂以迎來，哀以送往。」是也。云「沃尸盥」者，尸尊不就洗。按特牲、少牢尸入廟門，盥於盤，其時小祝沃水。云「贊隋」者，按特牲、少牢尸始入室拜妥尸，尸隋祭以韭菹，擩於醢，以祭於豆閒，小祝其時贊尸以授之。云「贊徹」者，大祝云「既祭命徹」，諸宰君婦徹時，小祝贊之。云「贊奠」者，大祝酌酒奠於鉶南，則郊特牲注「天子奠斝，諸侯奠角」，小祝其時贊之。又曰：主人受尸酢時，亦有隋祭，但此經「贊隋」文承逆尸、沃尸之下，故隋是尸之祭也。云「奠，奠爵也」者，則特牲祝酌，奠于鉶南是也。云「祭祀，奠先徹後」者，奠爵在尸食前，徹在尸謖後，故云奠先徹後。云「反言之」者，經先言徹，後言奠，反言之者，欲見所佐大祝非一，故倒文以見義。凡事佐大祝。唯大祝所有事。○疏曰：經云「凡事」，諸有事皆佐大祝，故鄭云「唯大祝所有事」。乃佐之，據大祝職不言之者，或佐餘官，或小祝專之也。若然，佐大祝不在職末言之，於此見文者，欲見自此已上有佐大祝者，自此已下唯大喪贊渳佐大祝，設熬以下小祝專行〔二八〕。○女祝：掌王后之内祭祀，凡内禱祠之事，掌以時招、梗、禬、禳之事，以除疾殃。注疏見因事條。○天子出户而巫覡有事，出門而宗祝有事。出户，謂出内門也。女曰巫，男曰覡。有事，祓除不祥。出門，謂車駕出門。國語：「爲之宗祝。」韋昭注曰：「宗，大宗伯也，掌祭祀之官。禮記曰：大祝掌祈福祥也。」有事，謂祭行神。○荀子正論○宗祝辨乎宗廟之禮，故後尸。辨，猶别也。後尸，居後贊禮儀。○疏曰：宗謂宗人。祝謂大祝。但辨曉於宗廟詔相之禮，故在尸後也。○樂記

右巫祝○傳：人而無恒，不可以作巫醫。集注曰〔二九〕：恒，常久也。巫，所以交鬼神。醫，所以寄死生，故雖賤役而猶不可以無常〔三〇〕。○子路○楚昭王問於觀射父曰：昭王，楚平王之子、昭王熊軫也。觀射父，楚大夫也。「周書所謂『重、黎實使天地不通』者，何也？周書，謂周穆王之相甫侯所作呂刑也。重、黎，顓頊掌天地之臣也。呂刑曰：「乃命重、黎，絶地天通。」謂少皞之末，民神雜揉，不可方物，顓頊受之，乃命南正重司天以屬神，火正黎司地以屬民，謂絶地與天相通之道也。若無然，民將能登天乎？」若重、黎不絶天地，民豈能上天乎？對曰：「非此之謂也。古者民神不雜，雜，會也。謂司民、司神之官各異。民之精爽不攜貳者，而又能齊肅衷正。爽，明也。攜，離也。貳，二也。齊，一也。肅，敬也。衷，中也。其智能上下比義，義，宜也。其聖能光遠宣朗，聖，通也。朗，明也。其明能光照之，其聰能聽徹之，徹，達也。如是則明神降之，降，下也。在男曰覡，在女曰巫。巫、覡，見鬼者。周禮男亦曰巫。是使制神之處位次主，處，居也。位，祭位也。次主，次其尊卑先後也。而爲之牲器時服，牲，牲之毛色、小大也。器，所當用也。時服，四時服色所宜也。而後使先聖之後之有光烈，烈，明也。而能知山川之號、號，名

位也。高祖之主、高祖，廟之先也。宗廟之事、昭穆之世、父昭子穆，先後之次也。春秋「躋僖公」，謂之「逆祀」。齊敬之勤、齊，莊也。禮節之宜、威儀之則、容貌之崇、崇，飾也。忠信之質、質，誠也。禋絜之服，絜祀曰禋。而敬恭明神者，以爲之祝。祝，大祝也，掌祈福祥。使名姓之後，能知四時之生、名姓，謂舊族，若伯夷、炎帝之後，爲堯秩宗。生，嘉穀韭卵之屬。犧牲之物、玉帛之類、采服之儀、彝器之量、彝，六彝。器，俎豆。量大小也。次主之度、疏數之度。屏攝之位、周氏云：屏者，并攝主人之位。昭謂：屏，屏風也。攝，形如今要扇。皆所以分別尊卑，爲祭祀之位，近漢亦然。壇場之所、除地曰場。上下之神、氏姓之出，所自出也。而心率舊典者爲之宗。宗，宗伯也，掌祭祀之禮。於是乎有天地、神民、類物之官，謂之五官，類物，謂別善惡、利器用之官。各司其序，不相亂也。民是以能有忠信，神是以能有明德。明德，謂降福祥，不爲災孽也。民神異業，業，事也。敬而不瀆，故神降之嘉生，嘉生，善物也。民以物享，禍災不至，求用不匱。及少皞之衰也，九黎亂德，少皞，黃帝之子金天氏也。九黎，黎氏九人也。民神雜揉，不可方物。同位故雜揉。方猶別也。物，名也。夫人作享，家爲巫史，夫人，人人也。享，祀也。巫，主接神。史，次位序。言人人自爲之。無有要質。質，誠也。民匱乎祀，而不知其福。言民困匱於祭祀，而不知其福。烝享無度，民神同位。民瀆齊盟，無有嚴威。齊，同也。嚴，敬也。威，畏也。神狎民則〔三一〕，不蠲其爲。狎，習也〔三二〕。則，法也。蠲，絜也。其爲，所爲也。嘉生不降，無物以享。禍災荐臻，莫盡其氣。荐，重也。臻，至也。氣，壽命之氣。顓頊受之，少皞氏没，顓頊氏作。受，承也。乃命南正重司天以屬神，南，陽位。正，長也。司，主也。屬，會也。所以會羣神，使各有分序，不相干亂也。周禮，則宗伯掌祭祀。命火正黎司地以屬民，唐尚書云：火當爲北。北，陰位也。周禮，則司徒掌土地人民也。使復舊常，無相侵瀆，侵，犯也。是謂絶地天通。絶地民與天神相通之道。其後，三苗復九黎之德，其後，高辛氏之季年也。三苗，九黎之後也。高辛氏衰，三苗爲亂，行其凶德，如九黎之爲也。堯復育重、黎之後，不忘舊者，使復典之。育，長也。堯繼高辛氏，平三苗之亂，紹育重、黎之後，使復典天地之官，羲氏、和氏是也。以至于夏商，故重、黎氏世叙天地，而别其分主者也。叙，次也。分，位也。其在周，程伯休父其後也，當宣王時失其官守而爲司馬氏。程，國也。伯，爵也。休父，名也。失官守，謂失天地之官，而以諸侯爲大司馬，詩曰：「王謂尹氏，命程伯休父。」是也。寵神其祖，以取威于民，曰：『重實上天，黎實下地。』寵，尊也。言休父之後世，尊神其祖，以威耀其民，言重能舉上天，黎能抑下地，今相遠，故不復通也。遭世之亂，而莫之能禦也。亂，謂幽、平以下也。禦，止也。不然，夫天地成而不變，言天地體成，不復改變也。何比之有？」言不相比近也。○國語楚語

○劉文公合諸侯于召陵，文公，王官伯也。將會衛靈公，使祝佗從，佗，徒河反。從，才用反，下師旅從同。○祝佗，大祝子魚。○大，音泰。辭曰：「臣展四體，以率舊職，猶

懼不給而煩刑書。若又共二，共，音恭，注同。○共二職。徼大罪也。且夫祝，社稷之常隸也。徼，古堯反。夫，音扶。○隸，賤臣也〔三三〕。社稷不動，祝不出竟，官之制也。竟，音境，下同。○社稷動，謂國遷。○疏曰：周禮大祝云：「大師，宜於社，造於祖，設軍社。」「及軍歸獻於社，則前祝。」天子之祝如此，則諸侯之祝宜亦然也。然則，彼軍行，唯有社無稷，今社、稷俱動，故知謂國遷也。國遷唯在竟內，得云「祝不出竟」者，詩稱公劉遷豳、大王來岐及春秋杞都陳留而遷緣陵及許遷於析之屬，並是離棄本國，遠適他土，故有出竟之事。劉以社稷動謂軍行而規杜，非也。君以軍行，祓社釁鼓，祓，音弗，徐音廢。○師出，先有事祓禱於社，謂之宜社。於是殺牲，以血塗鼓鞞，爲釁鼓。○鞞，步西反。○疏曰：爾雅釋天云：「起大事，動大衆，必先有事乎社而後出，謂之宜。」是軍師將出，必有祭社之事也。周禮女巫掌「祓除釁浴」，則祓亦祭名，故知祓社即宜社是也。說文云：「釁，血祭也。」是殺牲以血塗鼓鞞爲釁鼓，此皆祝官掌之。祝奉以從，從，如字，又才用反。○奉，社主也。○疏曰：禮，軍行必以廟主、社主從軍而行。尚書甘誓云：「用命，賞於祖；弗用命，戮於社。」孔安國云：「天子親征，必載遷廟之祖主及社主行。有功，則賞祖主前，示不專也。不用命奔北者，則戮之於社主前，社主陰，陰主殺，親祖嚴社之義也。」是軍行必載社主行，故祝官奉主以從。於是乎出竟。若嘉好之事，好，呼報反。○謂朝會。君行師從，二千五百人。卿行旅從，五百人。臣無事焉。」疏曰：此會因而侵楚，衛侯當以軍行，而云「臣無事」者，晉本以會召諸侯，傳言「將會」，是赴會之時，未知將侵伐也。但諸國既集，師衆自多，故因得行侵耳。○定公四年春秋左氏傳○凡執技以事上者，祝、史、射、御、醫、卜及百工。言技，謂此七者。凡執技以事上者，不貳事，不移官，欲專其事，亦爲不德。○疏曰：欲使專一其所有之事，非但欲使專事，亦爲技藝賤薄，不是道德之事，故不許之。出鄉不與士齒。賤也。於其鄉中則齒，親親也。○王制

凡祀，啓蟄而郊，言凡祀，通下三句天地宗廟之事也。啓蟄，夏正建寅之月，祀天南郊。○正，音征。○疏曰：下三句，謂雩、嘗、烝也。雩是祭天，嘗烝祭宗廟。此無祭地，而言祭地者，因天連言地耳。周禮天神曰祀，地祇曰祭，人鬼曰享，對則別爲三名，散則總爲一號。禮，諸侯不得祭天，魯以周公之故得郊祀上帝，故雩亦祀帝。書傳皆不言魯得祭地，蓋不祭地也。魯不祭地，而注言祭天地者，以發凡言例，雖因魯史經文，然「凡」之所論，總包天子及諸國，則「凡公嫁女於天子，諸卿皆行」及「王曰小童」之例是也。此凡祀，亦總包天子及諸國，則有祭地之文，故杜連言之。釋例云：「凡祀，舉郊雩烝嘗，則天神、地示、人鬼之祭皆通，其他羣祀不録可知也。礿祠及地示，經無其事，故不備言，亦約文以相包也。」礿祠之祭，過則亦書，但無過時者，故經不書耳。夏小正曰：「正月啓蟄。」其傳曰：「言始發蟄也。」故漢氏之始以啓蟄爲正月中，雨水爲二月節，及大初以後，更改氣名，以雨水爲正月中，驚蟄爲二月節，以迄於今，踵而不改。今歷正月雨水中、四月小滿中、八月秋分中、十月小雪中，注皆以此爲建寅、建巳、建酉、建亥之月，則啓蟄當雨水，龍見當小滿，始殺當秋分，閉蟄當小雪。晉世之歷，亦以雨水爲正月中，而釋例云「歷法，正月節立春，啓蟄爲中氣」者，因傳有啓蟄之文，故遠取漢初氣名，欲令傳與歷合。其餘三者不可

强同，其名雖則不同，其法理亦不異，故釋例云：「按曆法有啓蟄、驚蟄而無龍見、始殺、閉蟄，比古人所名不同，然其法推不得，有異。傳曰『火伏而後蟄者畢』，此謂十月始蟄也，至十一月則遂閉之。猶二月之驚蟄，既啓之後，遂驚而走出，始蟄之後，又自閉塞也。」是言啓蟄爲正月中，閉蟄爲十月中也。注以閉蟄爲十月，而釋例云「十一月遂閉之」者，以正月半蟄蟲啓户，二月初則驚而走出，十月半蟄蟲始閉，十一月初則遂閉之。傳稱四者皆舉中氣，言其至此中氣，則卜此祭，次月初氣仍是祭，限次月中氣乃爲過時。既以閉蟄爲建亥之月，又言十一月則遂閉之，欲見閉蟄以後、冬至以前皆得烝祭也。故釋例云：「孟獻子曰『啓蟄而郊，郊而後耕』〔三四〕，謂春分也。言得啓蟄當卜郊，不應過春分也。」春分以前皆得郊，則冬至以後皆得烝也。釋例又曰：「僖公、襄公夏四月卜郊，但譏其非所宜卜，而不譏其四月不可郊也。」以建卯之月猶可郊，知建子之月猶可烝也〔三五〕。正由節卻月前，未涉後月中氣故耳。傳本不舉月爲限，而舉候以言者，釋例曰：「凡十二月而節氣有二十四，共通三百六十六日，分爲四時，閒之以閏月，故節未必恒在其月初，而中氣亦不得恒在其月之半〔三六〕，是以傳舉天宿、氣節爲文，而不以月爲正也。」土功作者不必月日，故亦言「龍見而畢務，戒事也。火見而致用，水昏正而栽，日至而畢，此其大準也。是言凡候天時，皆不以月爲其節，有參差故也。若周禮不舉天象，故以月爲正。大司馬職曰：中夏「獻禽以享礿」，中冬「獻禽以享烝。」言四時之祭不得後仲月，非謂孟月不得祭也。釋例云：「周禮祭宗廟以四仲，蓋言其下限也。」下限至於仲月，則上限起於孟月。烝起建亥之月，則嘗起建申之月。此言始殺而嘗，謂建酉之月亦是下限也。若仲是下限，則周之正月得爲烝祭。春秋之例，得常不書，而八年書正月烝者，釋例云：「經書正月烝，得仲月之時也。其夏五月復烝，此爲過烝。若但書夏五月烝，則唯可知其非時，故先發正月之烝，而繼書五月烝，以示非時，並明再烝瀆也。」然仲月雖不過時，而月節有前有卻，若使節前月卻，即爲非禮。此「秋，大雩」是建午之月耳，而傳言「不時」，明涉其中氣故譏之。釋例云：「龍星之體畢見，謂立夏之月，得此月則當卜祀，過涉次節則以過而書，故秋雩書不時，此涉周之立秋節也。」言涉立秋節者，謂涉立秋之月中氣節也。過涉次節，亦謂中節非初節也，若始涉秋節，則不譏之矣。如此傳注，必是建寅之月方始郊天〔三七〕，周之孟春未得郊也。禮記明堂位曰：「魯君孟春乘大輅，載弧韣」，以「祀帝於郊。」季夏六月，以禘禮祀周公於大廟。」季夏周之六月，即孟春是周之正月矣。又雜記云：「孟獻子曰：『正月日至，可以有事於上帝，七月日至，可以有事於祖。』七月而禘，獻子爲之。」如彼記文，則魯郊以周之孟春。而傳言「啓蟄而郊」者，禮記後人所録，其言或中或否，未必所言皆是正禮。襄七年傳孟獻子曰「啓蟄而郊」，禮記、左傳俱稱獻子，而記言「日至」，傳言「啓蟄」，一人兩説，必有謬者。若七月而禘，獻子爲之，時應有七月禘矣。烝、嘗過則書禘，過亦應書，何以獻子之時不書七月禘也？是知獻子本無此言，不得云禮記是而左傳非也。明堂位言正月郊者，蓋春秋之末魯稍僭侈，見天子冬至祭天，便以正月祀帝，記者不察其本，遂謂正月爲常。明堂位後世之書，其末章云：魯君臣「未嘗相弑也，禮樂刑法政俗未嘗相變也。」春秋之世，三君見弑，髽而弔士有誄〔三八〕，俗變多矣，尚云無之，此言既誣，則郊亦難信。以此知記言孟春非正禮也。鄭玄注書多用讖緯，言天神有六，地祇有二，天有天皇大帝，又有五方之帝，地有崑崙之山神，又有神州之神，大司樂「冬至，祭於圜丘」者，祭天皇大帝北辰之星也。月令

「四時迎氣於四郊所祭」者，祭五德之帝、大微宮中五帝坐星也。春秋緯文耀鉤云：「大微宮有五帝坐星：蒼帝其名曰靈威仰，赤帝曰赤熛怒，黄帝曰含樞紐，白帝曰白招拒，黑帝曰汁光紀。」五德之帝謂此也。其夏正郊天，祭其所感之帝焉。周人木德，祭靈威仰也。魯無冬至之祭，唯祭靈威仰耳。唯鄭玄立此爲義，而先儒悉不然，故王肅作聖證論引羣書以證之。言郊則圜丘，圜丘即郊天，體唯一，安得有六天也。晉武帝，王肅之外孫也。泰始之初，定南北郊祭一地一天，用王肅之義。杜君身處晉朝，共遵王説，集解、釋例都不言有二天。然則，杜意天子冬至所祭，魯人啓蟄而郊，猶是一天，但異時祭耳。此注直云祀天南郊，不言靈威仰，明與鄭異也。劉炫云：夏正郊天，后稷配也。冬至祭天圜丘，以帝嚳配也。

龍見而雩，見，賢遍反，注同。○龍見建巳之月。蒼龍，宿之體，昏見東方，萬物始盛，待雨而大，故祭天，遠爲百穀祈膏雨。○宿，音秀。遠爲，于僞反。○疏曰：天官東方之星，盡爲蒼龍之宿。見，謂合昏見也。雩之言遠也，遠爲百穀祈膏雨。遠者，豫爲秋收，言意深遠也。穀之種類多，故詩每言百穀，舉成數也。雨之潤物，若脂膏然，故謂甘雨爲膏雨，襄十九年傳曰「百穀之仰膏雨」是也。傳直言雩而經書大雩者，賈逵云：言大別山川之雩，蓋以諸侯雩山川，魯得雩上帝，故稱大。月令云「大雩帝用盛樂」，是雩帝稱大雩也。此「龍見而雩」定在建巳之月，而月令記於仲夏章者，鄭玄云：「雩之正當以四月，凡周之秋，五月之中而旱，亦修雩祀而求雨，因著正雩，於此月失之矣。」杜君以爲月令秦法，非是周典。潁子嚴以龍見即是五月。釋例曰：「月令之書出自呂不韋，其意欲爲秦制，非古典也。潁氏因之，以爲龍見五月。五月之時，龍星已過於見，此爲强牽天宿以附會呂不韋之月令，非所據。既以不安，且又自違。左氏傳稱『秋大雩，書不時』，此秋即穎氏之五月，而忘其不時之文，而欲以雩祭。」是言月令不得與傳合也。鄭玄禮注云：「雩之言吁也，言吁嗟哭泣以求雨也。」郊雩俱是祈穀，何獨雩爲吁嗟？旱而修雩，言吁嗟可矣。四月常雩，於時未旱，何當已吁嗟也？賈、服以雩爲遠，故杜從之也。始殺而嘗，建酉之月，陰氣始殺，嘉穀始熟，故薦嘗於宗廟。○疏曰：嘗者，薦於宗廟，以嘗新爲名，知必待嘉穀熟乃爲之也。詩稱：「八月其穫。」穫刈嘉穀在於八月，知始殺爲建酉之月，陰氣始殺也。釋例引詩「蒹葭蒼蒼，白露爲霜」以證始殺百草也。「月令孟秋白露降，季秋霜始降，然則七月有白露，八月露結，九月乃成霜，時寒有漸，歲事稍成。八月嘉穀熟，所薦之物備，故以建酉之月薦嘗於宗廟。」按月令，孟秋「農乃登穀，天子嘗新，先薦寢廟」，則似七月穀熟矣。七月當嘗祭，而云建酉之月乃嘗祭者，以上下準之，始殺嘗祭實起於建申之月。今云建酉者，言其下限。然杜獨於嘗祭舉下限者，以秋物初熟，孝子之祭必待新物，故特舉下限而言之。哀十三年，子服景伯謂吴大宰曰：「魯將以十月上辛有事於上帝、先公，季辛而畢。」彼雖恐吴之辭，亦是八月嘗祭之驗也。何則於時會吴在夏，公至在秋，景伯言然之時，秋之初也。若嘗在建申，當言九月，不應遠指十月。知十月是嘗祭之常期，周之十月是建酉之月也，建酉是下限耳。若節前月卻，孟秋物成，亦可以孟秋嘗祭，故釋例云「周禮四仲月，言其下限」。若建申得嘗，何以釋例又云始殺而嘗謂建酉之月？「蒹葭蒼蒼，白露爲霜」，又以始殺唯建酉之月者，以賈、服始殺唯據孟秋，不通建酉之月，故釋例破賈、服而爲此言也，先此則不可。十四年八月乙亥嘗，乃是建未之月，故注云「先其時亦過也」。閉蟄而烝，建亥之月，昆蟲閉户，萬物皆成，可薦者衆，故烝祭宗廟，釋例論之備矣。○閉，必計反，又必結反，字林芳結反。○疏曰：傳稱「火伏而後蟄者畢」，周禮「季秋内火」，則火以季秋入而孟冬伏，昆蟲以孟冬蟄〔三九〕，故知閉蟄是建亥之月也。王制云：「昆蟲未蟄，不以火田。」鄭玄云：「昆，明也。明蟲者，得陽而生，得陰而藏。」陰陽即寒温也。祭統注云：「昆蟲，謂温生寒死之蟲也。」是蟄蟲謂之昆蟲也。月令仲春云：「蟄蟲咸動，啓户始出。」出言啓户，故蟄言閉户。爾雅釋詁云：「烝，衆也。」知萬物皆成可薦者衆，故名此祭爲烝。過則書。卜日有吉否，過次節則書以譏慢也。○疏曰：祭必當卜有吉否，不吉則當改卜次旬，故不可期。以一日卜不過三〔四〇〕，故限以一月，過涉次月之節，則書之以譏其慢。○桓公五年春秋左氏傳○簭人：凡國之大事，先簭而後卜。簭，音筮。○當用卜者，先筮之，即事有漸也。於筮之凶，則止不卜。○疏曰：此大事者，即大卜之八命及大貞、大祭祀之事。大卜所掌者，皆是大事，皆先筮而後卜，故鄭云「當用卜者，先筮之」。即事漸也者，筮輕龜重，賤者先即事，故卜即事漸也。云「於筮之凶則止」者，曲禮云：「卜、筮不相襲。」若筮不吉而又卜，是卜襲筮，故於筮凶，則止不卜。按洪範云：「龜從，筮逆。」又云：「龜、筮共違於人。」彼有先卜後筮，筮不吉又卜，與此經違者，彼是箕子所陳用殷法，殷質，故與此不同。○春官○大史：大祭祀，與執事卜日。執事，大卜之屬。與之者當視墨。○疏曰：知「執事大卜之屬」者，大卜掌卜事，故知執事是大卜。言之屬者，兼有卜師及卜人。知「當視墨」者，按占人云：「君占體，大夫占色，史占墨，卜人占坼。」彼言史者，即此大史，故知當視墨。○同上。○龜人：若有祭事，則奉龜以往，旅亦如之。奉猶送也，送之於所當卜。○疏曰：此云祭事不辨外内，則外内俱當卜，皆奉龜以往所當卜處。旅謂祈禱天地及山川。○同上。○大卜：大祭祀，則眂高命龜。命龜，告龜以所卜之事。不親作龜者，大祭祀輕於大貞也。士喪禮曰：宗人「即席，西面坐，命龜〔四一〕。」○疏曰：云「不親作龜者，大祭祀輕於大貞也」者，大貞之内有立君、大封，大卜作龜不命龜，此大祭祀不作龜，進使命龜，作龜是勞事，故云「大祭祀輕於大貞也」。引「士喪禮宗人即席西面坐命龜」者，證天子命龜處所與士禮同。○同上。○肆師：凡祭祀之卜日，宿爲期。詔相其禮，眂滌濯亦如之。宿，先卜祭之夕〔四二〕。○疏曰：言凡祭祀之卜日，謂天地宗廟之等，將祭前有散齊七日，致齊三日，十日矣。若然，卜日吉則齊。今云「祭祀之卜日宿爲期」，則是卜前之夕，與卜者及諸執事者以明旦爲期也。云「詔相其禮」者，謂肆師詔告相助其卜之威儀及齊戒之禮。云「眂滌濯，亦如之」者，謂祭前之夕，視滌濯祭器，亦詔相其禮，故云「亦如之」。○同上。○夏后氏尚黑，以建寅之月爲正，物生色黑。○正，音征，又如字。○疏曰：夏尚黑，殷尚白，周尚赤，此之謂三統，故書傳略説云：「天有三統，物有三變，故正色有三。天有三生三死，故土有三王，王特一生死。」又春秋緯元命包及樂緯稽耀嘉云：「夏以十三月爲正，息卦受泰。」注云：「物之始，其色尚黑，以寅爲朔。」「殷以十二月爲正，息卦受臨。」注云：「物之牙，其色尚白，以鷄鳴爲朔。」「周以十一月爲正，息卦受復。其色尚赤，以夜半爲朔。」又三正記云：「正朔三而改，文質再而復。」以此推之，自夏以上皆正朔三而改也。鄭注尚書「三帛」：「高陽氏之後用赤繒，高辛氏之後用黑繒，其餘諸侯用白繒。」如鄭此意，卻而推之，舜以十一月爲正，尚赤，堯以十二月爲正，尚白，故曰「其餘諸侯用白繒」。高辛氏以十二月爲正〔四三〕，尚黑，故云「高辛氏之後用黑繒」。高陽氏以十一月爲正，尚赤，故云「高陽氏之後用赤繒」。帝少皞以十二月爲正，尚白；黄帝以十三月爲正，尚黑；神農以十一月爲正，尚赤；女媧以十二月爲正，尚白；伏犧以上未有聞焉。易説卦云「帝出乎震」，則伏犧也。建寅之月，又木之始，其三正當從伏犧以下文質再而復者，文質法天地，文法天，質法地。周文，法地而爲天正，殷質，法天而爲地正者，正朔、文質不相須，正朔以三而改，文質以二而復，各自爲義，不相須也。建子之月爲正者，謂之天統，以天之陽氣始生，爲下物得陽氣微稍動變〔四四〕，故爲天統。建丑之月爲地統者，以其物已吐牙，不爲天氣始動，物又未出，不得爲人所施功，唯在地中含養萌牙，故爲地統。建寅之月爲人統者，以其物出於地，人功當須修理，故謂之人統。統者，本也，謂天地人之本也。然王者必以此三月爲正者，以其此月物生微細，又是歲之始生，王者繼天理物，含養微細，又取其歲初爲正朔之始。既天、地、人之三者所繼不同，故各改正朔不相襲也。所尚既異，符命亦隨所尚而來，故禮緯稽命徵云：「其天命以黑，故夏有玄圭。天命以赤，故周有赤雀銜書。天命以白，故殷有白狼銜鉤。」是天之所命，亦各隨人所尚。符命雖逐所尚，不必皆然。故天命禹觀河，見白面長人，洛予命云「湯觀於洛，沉璧，而黑龜與之書，黄魚雙躍。」泰誓言武王伐紂而白魚入於王舟，是符命不皆逐正色也。鄭康成之義，自古以來皆改正朔，若孔安國，則改正朔殷周二代，故注尚書「湯承堯舜禪代之後，革命創制，改正易服」，是從湯始改正朔也。大事用昏。昏時以黑，此大事謂喪事也。〇疏曰：知「大事」是「喪事」者，以其與「斂」文連，故知大事是喪事也。殷人尚白，以建丑之月爲正，物牙色白。大事用日中。日中時亦白。周人尚赤，以建子之月爲正，物萌色赤。〇疏曰：按上殷「尚白」之下注云「物牙色白」，此「萌色赤」不同者，萌是牙之微細，故建子云萌，建丑云牙。若散而言之，萌即牙也。故書傳略説云：「周以至動，殷以萌，夏以牙。」此皆據一種之草，大汎而言。故建子始動，建寅乃出，至如薺麥以秋而生，月令仲冬「荔挺出」不在此例也。此文質雖異，殷質周文，大汎言之，乃前代質，後代文也，故表記云：「虞夏之質，殷周之文。」是也。大事用日出。日出時亦赤。○今按：鄭注祭義「殷人祭其闇」云：「夏后氏大事以昏，殷人大事以日中，周人大事以日出。」亦謂此郊祭也。彼疏亦云：檀弓大事非止是喪，亦兼諸祭。與此不同，當以祭義爲正。○檀弓

右時日卜筮

○孟獻子曰：「正月日至，可以有事於上帝；七月日至，可以有事於祖。」七月而禘，獻子爲之也。記魯失禮所由也。孟獻子，魯大夫仲孫蔑也。魯以周公之故，得以正月日至之後郊天，亦以始祖后稷配之。獻子欲尊其祖，以郊天之月對月禘之，非也。魯之宗廟，猶以夏時之孟月爾。明堂位曰：「季夏六月，以禘禮祀周公於大廟。」○疏曰：此一節明魯之郊禘之事。獻子，魯大夫仲孫蔑，謚曰獻子。正月，周正月，建子之月也。日至，冬至日也。有事，謂南郊祭所出之帝也。上帝，靈威仰也。而周以十一月爲正，其月日至，注云「若天子則圜丘[四五]，魯以周公之故，得郊天，所以於此月得郊所出之帝靈威仰而已」，故云「正月日至，可以有事於上帝也」。此言是也。「七月日至，可以有事於祖」者，七月，周七月，建午之月也。日至，夏至日也。有事，謂禘祭於祖廟，故云「有事於祖」。獻子言十一月建子冬至既祭上帝，故建午夏至亦可禘祖，以兩月日至相對，故欲祭祖廟，與天相對也，故云「七月日至，可以有事於祖也」。此言非也。所以爲非者，魯之祭祀宗廟，亦猶用夏家之法，凡大祭宜用首時，應禘於孟月。孟月於夏家是四月，於周爲六月，故明堂位云：「季夏六

月，以禘禮祀周公於大廟。」是夏之孟月也。獻子捨此義，欲以此二至相當，以天對祖，乖，失禮意。「七月而禘獻子爲之也」者，獻子有此之失，故記其失所由也。又曰：云「記魯失禮所由」者，七月而禘，是魯之失禮，時暫爲之，非是恒行，故春秋獻子之後無七月禘廟之事。又此不云自獻子始，是不恒行也。云「孟獻子，魯大夫仲孫蔑也」者，以左傳稱孟獻子，經書仲孫蔑也。云「魯以周公之故，得以正月日至之後郊天，亦以始祖后稷配之」者，此是明堂位文，故明堂云：「魯君孟春乘大輅」，「祀帝於郊，配以后稷。」是后稷配之也。「亦」者，天子正月郊祭，以始祖配天。魯以十一月郊祭，亦以后稷配天，故云亦也。云「魯之宗廟猶以夏時之孟月爾」者，以明堂位稱：「季夏六月，以禘禮祀周公於大廟。」周之季夏即夏之孟月，建巳之月。又春秋宣八年「六月辛巳，有事於大廟」，謂禘祭也，是用建巳之月。按春秋宣九年，獻子始見經。按僖八年，於時未有獻子而七月禘者，鄭答趙商云：以僖八年正月，公會王人於洮。六月應禘，以在會未還，故至七月乃禘。君子原情免之禮，不合譏而書之者，爲致夫人，故書七月禘也。獻子既七月而禘，非時失禮，春秋之例：非時祭者，皆書於經以示譏。獻子以後之禘而用七月，不書於經而不譏者，鄭釋廢疾云：「宣八年六月『有事于大廟』，禘而云『有事』者，雖爲卿佐卒張本而書『有事』，其實當時有用七月而禘，因宣公六月而禘得禮，故變文言有事。春秋因事變文，見其得正也。」如鄭此言，則獻子之時，禘皆非正，因宣公六月禘爲得正，故變文云「有事」，以明餘禘之不正也。故餘禘不載於經，唯譏於宣公得正之禘也。鄭又一解云：禮記之言不可合於春秋之例，故鄭答趙商云：禮記之云，何必皆在春秋之例？是禮記不與春秋合也。○雜記下○子言之：「昔三代明王，皆事天地之神明，無非卜筮之用，不敢以其私褻事上帝。言動任卜筮也。神明，謂羣神也。○疏曰：昔三代明王者，謂夏、殷、周。皆事天地之神明者，謂祭祀天地及諸神明也。無非卜筮之用者，言皆須卜筮。唯九月大享帝於明堂不用卜也，故曲禮下篇云：「大饗不問卜。」鄭云：「莫適卜也。」以其總饗五帝，不知主何帝而卜之，故不卜矣。所以必須卜者，不敢以其私褻奉事上帝，故皆卜之也。是故不犯日月，不違卜筮。日月，謂冬、夏至正月及四時也。所不違者，日與牲、尸也。○疏曰：冬至，謂祭圜丘。夏至，謂祭方澤。正月，謂祭感生之帝。及四時迎氣，用四時之吉日也。知冬夏及四時皆卜者，按大宰云：「祀五帝，帥執事而卜日。」鄭注云：「五帝，謂四郊及明堂。」是四郊有卜也。大宰又云：「祀大神」，祭大示，「亦如之。」大神則冬至祭圜丘，大示則夏至祭方澤。按公羊、穀梁「魯郊」傳云：「卜三正。」則知天子郊用夏正亦卜之，故知「冬、夏至正月及四時」皆卜日也。然明堂不問卜，而注大宰「祀五帝卜日」云「四郊及明堂」者，廣解五帝所在，其實祀明堂不卜也。按周禮祀宗廟亦卜日，注不言宗廟者，以經云「事上帝」，故唯解祭天之時。云「不違者，日與牲尸」者，按僖三十一年左傳云：「禮，不卜常祀而卜其牲日。」是有卜牲日也。特牲、少牢云：大夫士筮尸。則天子、諸侯有卜尸也。卜筮不相襲也。襲，因也。大事則卜，小事則筮。○疏曰：既大事卜，小事筮，是二者不相因襲也。此大事，謂征伐出師及巡守也，其實是中事，對小事爲大耳。「小事則筮」者，若周禮簭人有九筮，筮更、筮咸之屬是也。此與曲禮文同而注異者，各隨文勢也。大事有時日，大事，有事於大神，有常時常日也。○疏曰：既有「常時常日」而用卜者，亦不敢專也。故曲禮篇云：「日而行事，則必踐之。」又祭統云：「雖有明知之心，必進斷其志。」是雖有常日，猶用卜也。小事無時日，有筮。有事於小神，無常時常日。有筮，臨有事筮之。○疏曰：此經皆論祭祀之事，故解「小事」云「有小事於小神」。其實周禮小事非唯小祀而已。既云小事用筮，而大卜云「凡小事涖卜」者，彼謂大事中之小事，非此之小事也。外事用剛日，内事用柔日，順陰陽也。陽爲外，陰爲内，事之外内，别乎四郊。○别，彼列反。○疏曰：先師以爲祭天而用辛，雖外用柔日，祭社用甲，雖内用剛日，殊别於四郊之祭，以言用剛柔之日，不可與四郊同。其餘他事，今謂「事之外内别乎四郊」者，謂四郊之外爲外事，若「甲午祠兵」、「吉日庚午，既差我馬」之屬是也。四郊之内爲内事，若「郊之用辛」及宗廟少牢用丁亥之屬是也，故言「别於四郊」。外内别，謂限别以四郊爲限。○鄭注曲禮云〔四六〕：「順其出爲陽也，出郊爲外事。春秋傳曰：『甲午祠兵』。」「順其居内爲陰。」彼疏云：「内事，郊内之事也。乙、丁、己、辛、癸五偶爲柔也。然則，郊天是國外之事，應用剛日，而郊特牲云『郊之用辛』，非剛也。又社稷是郊内，應用柔日，而郊特牲云祀社『日用甲』，非柔也。所以然者，郊社尊，不敢同内外之義故也。此言外剛内柔，自謂郊社之外，他禮則皆隨外内而用之。崔靈恩云：『外事指用兵之事，内事指宗廟之祭者，以郊用辛，社用甲，非順其居外内剛柔故也。祭社用甲，所以召誥用戊者〔四七〕。召誥是告祭，非常禮也。郊之用辛者，唯夏正郊天及雩大享明堂耳。若圓丘自用冬至日，五時迎氣各用其初朔之日，不皆用辛。』」不違龜筮。」子曰：「牲牷、禮樂、齊盛，是以無害乎鬼神，無怨乎百姓。」牷，音全。齊，音粢。○牷，猶純也。○疏曰：「子曰：牲牷禮樂，是以無害乎鬼神，無怨乎百姓」者，以其事上帝神明，不敢自專，皆依卜筮，動合於禮，故夫子總更結之。牲牷之等、禮樂之儔、粢盛之實，皆不違龜筮。是以此等所用無虧害於鬼神，無見怨於百姓，以其無非卜筮之用，動順於禮故也。○表記○

凡卜筮日：旬之外曰遠某日，旬之内曰近某日。旬，十日也。○疏曰：「凡卜筮日」者，凡先聖王之所以立卜筮者，下云「所以使民信時日，敬鬼神，決嫌疑，定猶與」也。卜筮必用蓍龜者，按劉向云：蓍之言耆，龜之言久。龜千歲而靈，蓍百年而神。以其長久，故能辨吉凶也。説文云：「蓍，蒿屬也。生十歲，三百莖，易以爲數，天子九尺，諸侯七尺，大夫五尺，士三尺。」陸璣草木疏云：「似藾蕭，青色，科生。」洪範五行傳曰：「蓍生百年，一本生百莖。」論衡云：「七十年生一莖，七百年生十莖，神靈之物，故生遲也。」史記曰：「滿百莖者，其下必有神龜守之，其上常有雲氣覆之。」淮南子云：「上有藂蓍，下有伏龜。」卜筮實問於神龜，筮能傳神命以告人。故金縢告大王、王季、文王云『爾之許我』，乃卜三龜，一襲吉。是能傳神命也。」又鄭注天府云：「卜筮實問於鬼神，龜筮能出其卦兆之占耳。」按白虎通稱禮三正記：「天子龜一尺二寸，諸侯一尺，大夫八寸，士六寸。龜，陰也，故其數偶。」筮者，按少牢：大夫「立筮。」鄭云：大夫「蓍長五尺。」推此而言，天子九尺，諸侯七尺，士三尺。蓍，陽也，故其數奇〔四八〕。所以謂之「卜筮」者，師説云：卜，覆也，以覆審吉凶。筮，決也，以決定其惑。劉氏以爲：卜，赴也，赴來者之心。筮，問也，問筮者之事。赴問互言之。按易繫辭云：「定天下之吉凶，成天下之亹亹者，莫大乎蓍龜。」又云：「蓍之德圓而神，卦之德方以知。」「神以知來，知以藏往。」又説卦云：「昔者，聖人幽贊於神明而生蓍。」據此諸文，蓍龜知靈相似，無長短也。所以僖四年左氏傳云「筮短龜長，不如從長」者，時晉獻公卜娶驪姬，不吉，更欲筮之，故大史史蘇欲止公之意，託云筮短龜長耳，實無優劣也。若杜預、鄭玄因筮短龜長之言以爲實有長短，故杜預注傳云：「物生而後有象，象而後有滋，滋而後有數。龜象筮數，故象長數短。」是也。象所以長者，以物初生則有象，去初既近，且包羅萬形，故爲長。數短者，數是終末，去初既遠，推尋事數，始能求象，故以爲短也。又鄭康成注占人云：「占人亦占筮。言掌占龜者，筮短龜長，主於長者。」是鄭及杜預皆以爲龜長筮短。凡卜筮，天子、諸侯若大事則卜筮並用，皆先筮後卜，故筮人云：「凡國之大事，先筮而後卜。」即事之漸大事者，則大卜云：「國大貞，卜立君，卜大封」，「大祭祀」，凡出軍旅喪事，及「龜之八命：一曰征，二曰象，三曰與，四曰謀，五曰果〔四九〕，六曰至，七曰雨，八曰瘳。」此等皆爲大事，故鄭注占人云：「將卜八事，皆先以筮筮之。」是也。若次事，則唯卜不筮也，故表記云：「天子無筮。」鄭注云：「謂征伐出師，若巡守，天子至尊，大事皆用卜也。」是天子出行唯卜無筮是也。小事無卜唯筮，筮人掌九筮之名：「一曰筮更」，謂遷都邑也；「二曰筮咸」，咸猶僉也，謂筮衆心歡不也；「三曰筮式」，謂制作法式也；「四曰筮目」，謂事衆筮其要所當也；「五曰筮易」，謂民衆不說筮所改易也；「六曰筮比」，謂與民和比也；「七曰筮祠」，謂筮牲與日也；「八曰筮參」，謂筮御與右也；「九曰筮環」，謂筮可致師不。鄭注占人「不卜而徒筮」者，「則用九筮」是也。天子既爾，諸侯亦然。故春秋僖二十五年晉卜納襄王，得黄帝戰於阪泉之兆，又筮之得「大有」之「睽」，哀九年晉卜伐宋，亦卜而後筮，是大事卜、筮並用也。但春秋亂世，皆先卜後筮，不能如禮。其禮既先筮後卜，尚書先云「龜從」者，以尊卑言之，故先言龜也。鄭注周禮云筮凶「則止不卜」，所以洪範有「筮逆」、「龜從」者。崔靈恩云：凡卜筮，天子皆用三代蓍龜。若三筮並凶，則止而不卜。鄭云：「若一吉一凶，雖筮逆，猶得卜之也。」則洪範所云者是也。其大夫則大事卜，小事筮，大事則葬地及葬日，爲事之大則卜，故雜記云「大夫卜宅與葬日」是也。其小事用筮，則少牢「常祀筮日」是也。士亦大事卜，小事筮，故士喪禮「卜葬日」，以喪葬爲重，須定吉凶，故用卜也。其尋常吉祭比葬爲輕，故筮日也。葬既卜日得吉，餘事皆吉可知，故唯筮葬地，不復用卜也。「旬之外曰遠某日」者，按少牢大夫禮，今月下旬筮來月上旬，是旬之外日也。主人告筮者，云欲用遠某日，故少牢云「日用丁己，筮旬有一日」，吉乃官戒。既云「旬有一日」，是旬外一日，此謂大夫禮。「旬之內曰近某日」者，按特牲士禮云：「不諏日。」注云：「士賤職褻，時至事暇，可以祭，則筮其日，不如少牢大夫先與有司於廟門諏丁己之日。」是士於旬初即筮旬內之日，是旬之內日也。主人告筮者，云用近某日，此據大夫士，故有旬內、旬外之日也。若天子、諸侯，其有雜祭，或用旬內，或用旬外，其辭皆與此同。按少牢、特牲其辭皆云「來日丁亥」，不云遠某日、近某日者，彼文不具也。喪事先遠日，吉事先近日。孝子之心。喪事，葬與練祥也。吉事，祭祀冠娶之屬也。○冠，古亂反。○疏曰：喪事謂葬與二祥，是奪哀之義也。非孝子之所欲，但制不獲已，故卜先從遠日而起，示不宜急，微伸孝心也。故宣八年左傳云：「禮，卜葬先遠日，辟不懷。」杜云：「懷，思也。」辟不思親也。此尊卑俱然。雖士亦應今月下旬先卜來月下旬，不吉，卜中旬，不吉，卜上旬。吉事先近日者，吉事，謂祭祀冠昏之屬，故少牢云：「若不吉，則及遠日，又筮日如初。」是先近日也。曰：「爲日，假爾泰龜有常，假爾泰筮有常。」

假，古雅反。○命龜，筮辭。龜筮於吉凶有常。大事卜，小事筮。○疏曰：命龜，筮辭也。卜擇吉日，故云「曰爲日」。「假爾泰龜有常，假爾泰筮有常」者，假，因也。爾，汝也。爾謂指蓍龜也。泰，大、中之大也。欲襃美此龜筮，故謂爲大龜、大筮也。「有常」者，言汝泰龜、泰筮決判，吉凶分明有常也，故云「假爾泰龜」、「泰筮有常」。凡卜筮，大夫以上命龜有三，命筮有二。其一爲事命龜，涖卜之官以主人卜事命卜史，是一也。二，卜史既得所卜之命，更序述涖卜所陳之辭，名曰述命，二也。卜人即席，西面命龜云「假爾泰龜有常」，三也。命筮二者：一爲事命筮，則主人以所爲之事命筮史，其一也。二則筮史得主人之命遂述之，爲述命，是二也。士則命龜有二，命筮有一。知士命筮有一者，士喪禮云：命筮人「哀子某爲其父筮宅」，「筮人許諾，不述命。」注云：「不述者，士禮略。」是士命筮一也。知士命龜二者，士喪禮：涖卜「命曰：『哀子某』，『卜葬其父』，『無有近悔。』許諾，不述命。」乃云「即席，西面坐，命龜」。既云「不述命」〔五〇〕，是士命龜二也。知大夫命筮二者，以士云命筮不述命，則知大夫以上述命也，故少牢云：「主人曰：『孝孫某，來日丁亥，用薦歲事於皇祖伯某。』」又云：「史遂述命曰：『假爾大筮有常，孝孫某，來日丁亥』云。」是大夫命筮二，但冠即席所命於述命之上也。知大夫命龜三者，以士喪禮涖卜爲事命龜，又有即席西面命龜。云「不述命」，明大夫有述命，故知大夫命龜三也。又曰：此大事者，謂小事之中爲大事，非周禮大貞、大封及八事之等，故得用卜而已。或云「大事卜」者，總兼大貞、大封及八事等，雖卜筮並用，總皆用卜，故云「大事卜」。但大事則先筮後卜，卜筮俱有。若小事筮，徒有筮而無卜也。卜筮不過三，求吉不過三，魯四卜郊，春秋譏之。○疏曰：王肅云：禮以三爲成也。上旬、中旬、下旬三卜筮不吉，則不舉也。鄭意「不過三」者，謂一卜不吉而凶，又卜，以至於三，三若不吉，則止。若筮亦然也。故魯有四卜之譏。崔靈恩云：謂不過三用。若大事龜筮並用者，先用三王筮，次用三王龜，始是一也。三如是，乃爲三也。若初始之時三筮三龜皆凶，則止。或逆多從少，或從多逆少，如此者皆至於三也。單卜單筮，其法唯一用而已，不吉則擇遠日，不至於三也。前以用三王之龜筮者，有逆有從，故至三也。此唯用一，故不至三也。按崔解亦有三王龜筮也。「魯四卜郊春秋譏之」者，卜郊之事或三，或四，或五。襄七年夏四月，「三卜郊，不從，乃免牲」；僖三十一年及襄十一年夏四月，「四卜郊，不從」；成十年夏四月「五卜郊，不從」。三傳之説，參差不同。若左氏之説，魯郊常祀，不須卜可郊與否，但卜牲與日。唯周之三月爲之，不可在四月，雖三卜亦爲非禮，故僖三十一年左傳云：「禮不卜常祀。」是常祀不卜也。襄七年左傳云：「啓蟄而郊，郊而後耕，今既耕而卜郊，宜其不從也。」是用周之三月，不可至四月也。若公羊之義，所云卜者皆爲卜日，故僖三十一年公羊傳云：「三卜，禮也。四卜，非禮也。」又成十七年公羊傳云：「郊用正月上辛。」何休云：魯郊轉卜三正，「三王之郊一用夏正。」又定十五年：禮，「三卜之運也。」何休云：「運，轉也。已卜春三正不吉，復轉卜夏三月、周五月，得二吉，故五月郊。」如休之意，魯郊轉卜三正，假令春正月卜不吉，又卜殷正，殷正不吉，則用夏正郊天。若此三正之内有凶不從，則得卜夏三月，但滿三吉日則得爲郊。此公羊及何休之意也。穀梁之説春秋卜者，皆卜日也。哀元年穀梁傳云：「郊自正月至三月，郊之時也。」或以十二月下辛卜正月上辛，卜如不從，則以正月下辛卜二月上辛，如不從，則以二月下辛卜三月上辛，如不從，則不郊。如是，穀梁三正，正月卜吉則爲，四月、五月則不可，與公羊之説同，與何休意異。休以四月、五月卜滿三吉，則可郊也。若鄭玄意，禮不當卜常祀，與左氏同，故鄭箴膏肓云：「當卜祀日月爾，不當卜可祀與否。」鄭又云：「以魯之郊天，惟用周正建子之月，牲數有災不吉，改卜後月，故或用周之二月、三月，故有啓蟄而郊，四月則不可。」故駮異義引明堂云：「孟春正月，乘大路，祀帝於郊。」又云：「魯用孟春建子之月，則與天子不同明矣。魯數失禮牲，數有災，不吉，則改卜後月。」如鄭之言，則與公羊、穀梁傳卜三正不同也。此云「魯四卜郊，春秋譏之」，用公羊、穀梁傳三卜正，四卜非正也。是四卜爲譏，三卜得正，與左氏意違，左氏三卜亦非故也。卜筮不相襲。卜不吉則又筮，筮不吉則又卜，是瀆龜筴也。晉獻公卜取驪姬，不吉，公曰「筮之」是也。○疏曰：襲，因也。前卜不吉，則止，不得因更筮。若前筮不吉，則止，不得因更卜。是不相襲也。若相因不止，是瀆龜筮，則神不告也。王云：三筮及三卜不相襲，三者初各專其心也。又曰：晉獻公初卜不吉，故公云「更筮之」，是因襲也。表記云：「卜筮不相襲。」鄭云：「襲，因也。大事則卜，小事則筮。」然與此注不同者，明襲有二義，故兩注各舉其一。一則大事、小事各有所施，不得因龜卜小事，因蓍筮大事也。二則筮不吉不可復卜，卜不吉不可復筮也。龜爲卜，筴爲筮。卜筮者，先聖王之所以使民信時日，敬鬼神，畏法令也。所以使民決嫌疑，定猶與也。故曰：疑而筮之，則弗非也。日而行事，則必踐之。與，音預。○弗非，無非。之，者。日，所卜筮之吉日也。踐，讀曰善，聲之誤也。筴，或爲蓍。○疏曰：「龜爲卜」者，龜處筮後，龜覆於筮。「筴爲筮」者，筮在龜前，爲決也。謂蓍爲筴者，筴以謀筴爲義，言用此物以謀於前事也。「卜筮者，先聖王之所以使民信時日」者〔五一〕，解所以須卜筮之義也。先聖王，伏犧以來聖人爲天子者。不直云先王，又加聖字者，夫王未必聖，古來非一，聖不必王，孔子是也。明造制卜筮，必須聖位兼并。時者，四時及一日十二時也。日者，甲乙之屬。聖王制此卜筮，使民擇慎而信時日與吉凶也。「敬鬼神」者，乃擇吉而祭祀，是敬鬼神也。「畏法令」者，法，典則也。令，教訓也。君行法令，若依卜筮而爲之，則民敬而畏之也。「所以使民決嫌疑」者，事既異，故更云所以有嫌疑，而卜筮決斷之也。「定猶與也」者，説文云：「猶，獸名，玃屬。」與亦是獸名，象屬。此二獸皆進退多疑，人多疑惑者似之，故謂之「猶與」。「故曰疑而筮之，則弗非也」者，引舊語以結之。卜筮所以定是非也。若有疑而筮之，則人無非之也。不言卜者，從可知也。「日而行事，則必踐之」者，踐，善也，言卜得吉而行事必善也。王云：卜得可行之日，必履而行之。踐，履也。弗非，無非之者也。○曲禮上

○子路爲季氏宰。宰，治邑吏也。季氏祭，逮闇而祭，日不足，繼之以燭。謂舊時也。○疏曰：季氏祭，逮闇而祭者，逮，及也，言季氏祭於宗廟，逮至日闇而行祭禮。日不足，繼之以燭者，謂祭祀未終，日已昏沒，故云「日不足」。禮事未畢，故繼日明而以燭也。雖有强力之容，肅敬之心，皆倦怠矣。以其久也。有司跛倚以臨祭，其爲不敬大矣。跛，彼義反。○偏任爲跛，依物爲倚。○疏曰：「有司跛倚以臨祭」者，以其事久，有司倦怠，故皆偏跛邪倚於物。臨於祭祀，其爲不敬甚大矣。他日祭，子路與，室事交乎户，堂事交乎階，質明而始行事，晏朝而退。與，音預。朝，直遥反，又張遥反。○室事，祭時。堂事，儐尸。○疏曰：「他日祭，子路與」

者，言往舊以來，所祭之時恒皆如此。他日，謂別日。其後別日而祭，子路與在行禮之中。「室事交乎户」者，室事謂正祭之時，事尸在室，故云室事交乎户。外人將饌至户内，人於户受饌，設於尸前，相交承接在於户也。「堂事交乎階」者，謂正祭之後，儐尸之時事尸於堂，故云堂事交乎階。謂在下之人送饌至階，堂上之人在階受取，是交乎階。「質明而始行事晏朝而退」者，質，正也。晏，晚也。謂正明之時而始行事，朝正嚮晚，禮畢而退，言敬而能速也。孔子聞之曰：「誰謂由也而不知禮乎？」多其知禮。○疏曰：「孔子聞之曰：誰謂由也而不知禮乎」者，子路好勇，時人多不尚其所爲，故孔子以此明之。「誰謂由也而不能知禮乎」，言其知禮也。以其禮從宜，寧可禮略而敬，不可禮煩而怠也。○禮器

天子將祭，必先習射於澤。澤者，所以擇士也。已射於澤，而后射於射宮。射中者得與於祭；不中者不得與於祭。不得與於祭者有讓，削以地；得與於祭者有慶，益以地：進爵絀地是也。中，丁仲反，下同。與，音預，下同。絀，敕律反。○澤宮，名也。士，謂諸侯朝者、諸臣及所貢士也。皆先令習射於澤，已，乃射於射宮，課中否也。諸侯有慶者，先進爵；有讓者，先削地。○朝，直遥反。令，力呈反。○疏曰：下經貢士云容體合禮，其節比樂，此經直云射中與不中，不云容體及射節者，文不具也。云「天子將祭，必先習射於澤。澤，所以擇士也」者，澤是宮名，於此宮中射而擇士〔五二〕，故謂此宮爲澤。澤所在無文，蓋於寬閒之處，近水澤而爲之也。非唯祭而擇士，餘射亦在其中，故書傳論主皮射云：「嚮之取也於囿中，勇力之取也。今之取也於澤宮，揖讓之取也。」是主皮之射亦近於澤也。選士於澤，不射侯也，但試武而已，故司弓矢云：「澤，共射椹質之弓矢。」鄭司農引此射義之文

以釋之，是知於澤中射椹質而已。又鄭注司弓矢云〔五三〕：「樹椹以爲射正，射甲與椹，試弓習武也。」其主皮之射，則張皮亦揖讓也。「有讓，削以地；有慶，益以地」者，謂諸侯也。又曰：「士謂諸侯朝者諸臣及所貢士也」者，以其助祭，故知是此等之人。前經論貢士與祭，故知此經之士含貢士也。云「諸侯有慶者先進爵，有讓者先削地」者，此解經「進爵絀地」之文，以經之上文「有讓削以地」、「有慶益以地」，更總云「進爵絀地」。據有慶者先進爵，有讓者先絀地，進則爵輕於地，故先進爵而後益以地也。退則地輕於爵，故先削地而後絀爵也。○古者天子之制：諸侯歲獻貢士於天子，天子試之於射宮。其容體比於禮，其節比於樂，而中多者得與於祭。其容體不比於禮，其節不比於樂，而中少者不得與於祭。數與於祭而君有慶，數不與於祭而君有讓。數有慶而益地，數有讓而削地。

比，毗志反。○歲獻，獻國事之書及計偕物也。三歲而貢士，舊說云：大國三人，次國二人，小國一人。

○疏曰：上經已云不得與於祭者削地，得與於祭者益地，此又重言者，前經論將祭擇士，賞罰其士之身，此經明諸侯貢士，賞罰所貢之君也。「諸侯歲獻」者，謂諸侯每歲獻國事之書及獻計偕之物於天子也。「貢士於天子」者，諸侯三年一貢士於天子也。「天子試之於射宮」者，言天子試此所貢之士於射宮之中。「而中多者得與於祭」者，此謂大射也。又曰：以經云「歲獻貢士於天子」，恐「歲獻」之文只是貢獻於士，故云「歲獻，獻國事之書」。云「及計偕物也」者，漢時，謂郡國送文書之使謂之爲計吏，其貢獻之物與計吏俱來，故謂之「計偕物也」。偕，俱也。非但獻國事之書，又俱獻貢物，故云「及計偕物」。知「歲獻國事之書」者，小行人云：「令諸侯春入貢，秋獻功。」注云：「貢，六服所貢也。功，考績之功也，秋獻之。若今計文書，斷於九月，其舊法也。云「三歲而貢士」者，以經「貢士」之文繫「歲獻」之下，恐每歲貢士，故云「三歲而貢士」也。又知三歲者，按書傳云：「古者諸侯之於天子也，三年一貢士。一適謂之好德，再適謂之賢賢，三適謂之有功。」有功者，天子賜以衣服弓矢，再賜以秬鬯，三賜以虎賁百人。號曰「命諸侯」。不云益地者，文不具矣。書傳又云「貢士一不適謂之過」，注云：「謂三年時也。」「再不適謂之敖」，注云：「謂六年時也。」「三不適謂之誣」，注云：「謂九年時也。」一紬以爵，再紬以地，三紬而地。畢注云：「凡十五年。」鄭以此故知三歲而貢士也〔五四〕。

右擇士

小宰：以法掌祭祀之戒具。法，謂其禮法也。戒具，戒官有事者所當共。○天官○疏見祭物總要。○宰夫：以式法掌祭祀之戒具與其薦羞。薦，脯醢也。羞，庶羞内羞。○疏曰：言「式法」者，謂祭祀大小皆有舊法，依而戒敕，使共具之。云「與其薦羞」者，謂亦戒具之也。○天官○司士：凡祭祀，掌士之戒令，詔相其法事。疏曰：云「凡祭祀，掌士之戒令」者，謂羣臣有事於祭祀，皆掌其齊戒告令也。云「詔相其法事」者，謂告語並擯相其行禮之事。○夏官○大史：大祭祀，戒及宿之日，與羣執事讀禮書而協事。協，合也，合謂習録所當共之事也。故書協作叶，杜子春云：叶，協也。書亦或爲協，或爲汁。○叶，音協。汁，音執，又音協，劉子集反。○疏曰：戒及宿之日，戒謂散齊七日，宿謂致齊三日。云「與執事讀禮而協事」者，當此二日之時，與羣執事預祭之官讀禮書而協事，恐事有失錯，物有不供故也。○春官○遂師：凡國祭祀，審其誓戒。審，亦聽也。○疏曰：按冢宰職云：「大祭祀，掌百官之誓戒。」大司寇涖誓百官，並戒百族。此官主審其戒，戒遂之民，故不同也。○地官○

條狼氏：凡誓，執鞭以趨於前，且命之，誓大夫曰：「敢不關，鞭五百」，誓師曰：「三百」，誓邦之大史曰「殺」，誓小史曰「墨」。大，音泰，注同。○前，謂所誓衆之行前也。有司讀誓辭，則大言其刑以警所誓也。誓者，謂出軍及將祭祀時也。出軍之誓，誓左右及馭，則書之甘誓備矣。郊特牲説祭祀之誓曰：「卜之日，王立於澤，親聽誓命，受教諫之義也。」師，樂師也。大史、小史，主禮之事者。鄭司農云：誓大夫曰「敢不關」，謂不關於君也。玄謂：大夫自受命以出，則其餘事莫不復請。○疏曰：誓自有大官，若月令田獵，司徒北面以誓之，誓時，此條狼氏則爲之大言，使衆聞知，故云「且命之」。又曰：云「謂出軍及將祭祀時也」者，若且命以上軍旅祭祀同有此事，僕右四乘校軍旅時，師與大史、小史皆據祭祀時。大夫敢不關，亦據祭祀須關君，是以鄭引甘誓證軍旅，引郊特牲證祭祀也。云「甘誓備矣」者，按甘誓云：「左不攻於左，汝不恭命。右不攻於右，汝不恭命。馭非其馬之正，汝不恭命。用命賞於祖，弗用命戮於社，予則孥戮汝。」是其備也。郊特牲者，王將祭之時，故云「卜之日，王立於澤」，謂在澤宫也。澤宫者，擇士可與祭者之宫。親自聽有司誓命，此是受教諫之義也。師知是樂師者，以其下有大史、小史，皆掌禮。禮樂相將，故知之。太師，瞽人之長也。「玄謂大夫自受命以出，其餘事莫不復請」，言此者，欲見受命出征梱外之事，將軍裁之，不須復請。除此以外，皆須請於君乃得行事，所以成先鄭未足之義也。○秋官

右戒具

王即齊宮，百官御事各即其齊三日，王乃淳濯饗醴。及期，鬱人薦鬯，犧人薦醴，王祼鬯，饗醴乃行。注疏見備物粢盛條。○國語周語○膳夫：王齊日三舉。鄭司農云：齊必變食。○齊，音齋。○疏曰：齊，謂散齊、致齊。舉必變食，故加牲體至二大牢。齊者不樂，故不言以樂侑食也。○玉府：王齊則共食玉。玉是陽精之純者，食之以禦水氣。鄭司農云：王齊當食玉屑。○疏曰：謂王祭祀之前散齊七日，致齊三日，是時則共王所食玉屑。又曰：知玉是「陽精之純者」，但玉聲清，清則屬陽。又按楚語云：王孫圉與趙簡子言曰：「玉足以庇蔭嘉穀，使無水旱之災，則寶之。」「珠足以禦火，則寶之。」服氏云：「珠，水精，足以禁火。」如是，則玉是火精可知。云「食之以禦水氣」者，致齊時居於路寢，思其笑語，思其志意之類，恐起動多，故須玉以禦水氣也。「鄭司農云王齊當食玉屑」者，其玉屑研之乃可食，故云「當食玉屑」也。○天官○鬯人：凡王之齊事，共其秬鬯。給淬浴。○淬，七内反。○疏曰：鄭知王齊以鬯爲洗浴，以其鬯酒非如三酒可飲之物，大喪以鬯浴尸，明此亦給王洗浴，使之香美也。○春官○齊必有明衣，布。集注曰（五五）：齊必沐浴，浴竟即著明衣，所以明潔其體也，以布爲之。此下脱前章寢衣一簡。必有寢衣，長一身有半。齊主於敬，不可解衣而寢，又不可著明衣而寢，故別有寢衣，其半蓋以覆足。程子曰：此錯簡，當在齊必有明衣布之下。愚謂：如此，則此條與明衣、變食既得以類相從，而褻裘、狐貉亦得以類相從矣。○覆，去聲。齊必變食，居必遷坐。變食，謂不飲酒、不茹葷。遷坐，易常處也。○此一節記孔子謹齊之事。楊氏曰：齊所以交神，故致潔變常以盡敬。○論語鄉黨○玄冠丹組纓，諸侯之齊冠也。玄冠綦組纓，士之齊冠也。言齊時所服也。四命以上，齊祭異冠。○疏曰：言「齊」者，兼祭祀之時，故曲禮云「立如齊」，謂祭祀時。恐此齊亦兼祭祀，故言「齊時所服」，其祭諸侯則玄冕也。云「四命以上，齊祭異冠」者，以諸侯玄冕祭，玄冠齊，孤則爵弁祭，亦玄冠齊，是齊祭異冠也。必知孤亦玄冠齊者，以諸侯尚玄冠齊，明孤亦玄冠齊也。其三命以下，大夫則朝服以祭，士則玄端以祭，皆玄冠也。此云「玄冠綦組纓，士之齊冠」，是齊、祭同冠也。其天子之士與諸侯上大夫同，故深衣目録云：士祭以朝服。謂天子之士也〔五六〕，祭用朝服，與諸侯大夫同。然則，天子大夫與諸侯孤同，亦爵弁祭，玄冠齊。此是熊氏之説也。皇氏以爲天子大夫與諸侯大夫同，但朝服以祭，便與鄭注四命以上齊、祭異冠於文爲妨，皇氏之説非也。其天子之祭，玄冕祭則玄冠齊，絺冕祭則玄冕齊，以次差之可知也。此亦熊氏説。此云四命「齊祭異冠」者，謂自祭也。若助祭於君，則齊祭同冠，故鄭志答趙商問云：「以雜記云：大夫冕而祭於公，弁而祭於己。士弁而祭於公，冠而祭於己。是爲三命以下，齊祭異冠，何但四命以上也。觀注似若，但施於己祭，不可通之也。」鄭答云：「齊祭謂齊時一冠，祭時亦一冠，四命乃然。大夫冕，士弁而祭，於君齊時服之，祭時服之，何以亦異？」如鄭此言，是助祭齊祭同冠，故云「何以亦異」。若然，士之助祭齊服應服爵弁，而鄭注旅賁氏云：王「齊服服衮冕」，則「士之齊服服玄端。」不服爵弁者。熊氏云：若士助王祭祀服爵弁，若助王受朝覲齊服則服玄端。義或然也〔五七〕。○周弁，殷冔，夏收。齊所服而祭也。○疏曰：言齊及祭時所服也。若三命以下，齊祭同冠。四命以上，齊祭異冠。○郊特牲○齊則綪結佩而爵韠。齊，側皆反，注同。綪，側耕反。○綪，屈也。結又屈之，思神靈不在事也。爵韠，齊服玄端。○疏曰：「齊則綪結佩」，此謂總包。凡應佩玉之人，非唯世子綪結佩。綪，屈也，謂結其綬而又屈上之也。「而爵韠」者，謂士玄端齊，故爵韋爲韠也。而熊氏、皇氏並謂：諸侯以下皆以玄端齊，而以爵韋爲韠同士禮。以其齊，故不用朱韠素韠也。義或然也。○玉藻○司服：齊服有玄端素端。注疏見備物祭服條。○君羔幦虎犆；幦，音覓，徐苦狄反。犆，依注音直，下同。○幦，覆笭也。犆，讀皆如直道而行之直，直謂緣也。此君齊車之飾。○疏曰：笭，即式也。但車式以笭爲之，有竪者，有横者，故考工記注云：轛「式之植者、衡者也。」此云幦覆笭，詩大雅：「鞹鞃淺幭。」毛傳云：「幭覆式。」幭，即幦也。又周禮巾車作𧛱，但古字耳。三者同也。知幦是「覆笭」者，少儀云：「負良綏，申之面，拖諸幦。」是也。云「犆讀皆如直道而行之直」者，按論語云：「三代之所以直道而行。」故讀如之。云「此君齊車之飾」者，以大夫及士皆云齊車，故知此君齊車之飾。此經或有齊字者，誤也。若有齊字，鄭不須此注。皇氏云：君謂天子諸侯也。詩云「淺幭」，以虎皮爲幭。彼據諸侯與玄衮、赤舄連文，則亦齊車之飾。此用羔幦者，當是異代禮，或可。詩傳據以虎皮飾幦，謂之淺幭也。大夫齊車，鹿幦豹犆，朝車；士齊車，鹿幦豹犆。臣之朝車與齊車同飾。○疏曰：據此注言之，則君之朝車與齊車異飾也，但無文以見之。○玉藻○齊者不樂不弔。爲哀樂則失正，散其思也。○曲禮上○君子非致齊也，非疾也，不晝夜居於内。内，正寢之中。○疏曰：平常無事之時，或出或入，雖晝居於外，亦有入内〔五八〕。雖夜居於内，亦有出外時，唯致齊與疾，無問晝夜，恒居於內，故云「非致齊也，非疾也，不晝夜居於內」。內正寢之中者，恐內是燕寢，故云正寢之中。必知「正寢」者，以其經云非致齊，不居於內。致齊在正寢，疾則或容在內寢，若危篤亦在正寢，上文云晝居於內〔五九〕，問其疾可也。不問齊者，齊是爲祭之事，衆所共知，不須問也。此齊在內，祭統云「君致齊於外，夫人致齊於內」，對夫人之寢爲外內耳。○檀弓上

右齊○傳：齊之爲言齊也，齊不齊以致齊者也。是故君子非有大事也，非有恭敬也，則不齊。不齊則於物無防也，嗜欲無止也。及其將齊也，防其邪物，訖其嗜欲，耳不聽樂，心不苟慮，必依於道。手足不苟動，必依於禮。專致其精明之德也，故散齊七日以定之，致齊三日以齊之。注疏見祭義上。○祭統○子之所慎：齊、戰、疾。集注曰〔六〇〕：齊之爲言齊也，將祭而齊其思慮之不齊者，以交於神明也。誠之至與不至，神之饗與不饗，皆決於此。戰則衆之死生、國之存亡繫焉，疾又吾身之所以死生存亡者，皆不可以不謹也。尹氏曰：夫子無所不謹，弟子記其大者耳。○論語述而○季桓子將祭齊三日，而二日鐘鼓之音不絕，冉有問於孔子，子曰：「孝子之祭也，散齊七日，慎思其事，三日致齊而一用之，積一而用之也。猶恐其不敬也，而二日伐鼓，何居焉？」家語曲禮公西赤問○七日戒，三日宿，慎之至也。戒，散齊也。宿，致齊也。將有祭祀之事，必先敬慎如此，不敢切也。○疏曰：祭義曰：「散齊七日，致齊三日。」謂之宿者，鄭注儀禮云：「宿是又戒宿之，言肅肅敬之義也。」云「不敢切也」者，以積漸敬慎，不敢

逼切也〔六一〕。○禮器○孟子曰：雖有惡人，齊戒沐浴，則可以祀上帝。集注曰〔六二〕：惡人，醜貌者也。尹氏曰：此章戒人之喪善，而勉人以自新也。○離婁下○莊子曰：不飲酒，不茹葷，此祭祀之齊也。○荀子曰：端衣玄裳，絻而乘路，志不在於食葷。端衣玄裳，即朝玄端也。絻與冕同。鄭云：「端者，取其正也。」士之衣袂，皆二尺二寸而廣幅，是廣袤等也。其袪尺二寸，大夫已上侈之。侈之者，蓋半而益一焉，則袂三尺三寸，袪尺八寸。路，王者之車，亦車之通名。舍人注爾雅云：「輅，車之大者。」葷，葱薤之屬也。○哀公篇○齊之玄也，以陰幽思也。疏曰：解齊服所以用玄冠、玄衣義也。玄，陰色，鬼神尚幽陰，故齊者玄服以表心思幽陰之理，故云陰幽思也。○郊特牲○昏禮玄冕齊戒，鬼神陰陽也。玄冕，祭服也。陰陽，謂夫婦也。○疏曰：玄冕謂助祭服也，著祭服而齊戒親迎，是敬此夫婦之道，如事鬼神也。○郊特牲○大古冠布，齊則緇之。其緌也，孔子曰：「吾未之聞也。」大古無飾，非時人緌也。雜記曰：大白、緇布之冠不緌。大白，即大古白布冠也，喪冠也。齊則緇之者，鬼神尚幽闇也。唐虞以上曰大古也。○疏曰：大古之時，其冠唯用白布，常所冠也。若其齊戒，則染之爲緇。其緌也，子未之聞也者，以緇布之冠，古禮不合有緌，而後世加緌，故記者云其今世加緌非禮，故引孔子之言云「我未之聞也」，言未聞緇布冠有緌之事。又曰：大古無飾，緇布冠無緌也。云「雜記曰：大白、緇布之冠不緌」者，孔子云「吾未之聞」，是非駁時人加緌也。引雜記文者，證緇布冠無緌。而玉藻云「緇布冠繢緌」，則緇布冠有緌者。皇氏云：此經所論謂大夫士，故緇布冠無緌。諸侯則位尊盡飾，故有緌也。云「大白即大古白布冠」，今「喪冠也」，禮運云後世有絲麻，雖絲麻同出尚質，故用白布也。云「齊則緇之者鬼神尚幽闇也」者，謂祭前齊時著緇布冠，正祭則著祭服，有虞氏皇而祭是也。云「唐虞以上曰大古也」者，以下云三王共皮弁素積，三王之前云大古，故云唐虞以上曰大古，與易之大古別也。〇郊特牲

鄉士：大祭祀，則各掌其鄉之禁令，帥其屬夾道而蹕。夾，古洽反，又古協反。〇屬，中士以下。〇疏曰：大祭祀，若祭天四時迎氣即於四郊，並過六鄉路，以是故各掌其鄉之禁令，當各帥其屬夾道而蹕。知「屬」是「中士以下」者，鄉士身是上士，故云「中士以下」。〇秋官〇野廬氏：凡國之大事，比脩除道路者。比校治道者名，若今次金敘大功。〇疏曰：大事，謂若征伐、巡守、田獵，郊祀天地，王親行所經，並須脩除道路。及脩廬校，比民夫使有功郊，故云「比校治道者名」也。云「若今次金敘大功」者，謂漢時主役之官，官名次金敘，主以丈尺賦功。今俗本多誤爲次敘大功也。掌凡道禁。禁，謂若今絕蒙布巾持兵杖之屬。〇疏曰：古時禁書亡，故舉漢法而言也。〇同上。〇蜡氏：凡國之大祭祀，令州里除不蠲，禁刑者，任人及凶服者，以及郊野。蠲，古玄反，舊音圭。〇蠲，讀如吉圭惟饎之圭，潔也。刑者，黥劓之屬。任人司圜，所收教罷民也。凶服，服衰絰也。此所禁除者，皆爲不欲見人所薉惡也。〇饎，昌志反。罷，音皮。衰，七雷反。爲，于僞反。薉，紆廢反。惡，烏路反。〇疏曰：大祭祀，謂郊祭天地。郊外曰野。大，總言也。云「蠲，讀如吉圭惟饎之圭」者，毛詩云「絜蠲爲饎」，無此言。鄭從三家詩，故不同。云「刑者，黥劓之屬」者，「之屬」中含有宫刖也。云「任人司圜，所收教罷民也」者，經任人文承刑者之下，則罷民亦刑之類，是以司圜云「任之以事」是也。凶服，五服皆是，故曰

凶服服衰絰也。祭者皆齊，齊者，絜静不欲見穢惡也。○同上。○銜枚氏：國之大祭祀，令禁無囂。囂，五羔反。○令，令主祭祀者。○疏曰：國之大祭祀，謂天地宗廟。令主祭祀之官，使禁止無得讙囂，則不敬鬼神故也。○同上。○射鳥氏：祭祀，以弓矢毆烏鳶。毆，起俱反。○烏鳶善鈔盜，便汙人。○夏官

右禁令

雞人：大祭祀，夜嘑旦以嘂百官〔六三〕。嘑，火吴反。嘂，古弔反。○夜，夜漏未盡，雞鳴時也。呼旦以警起百官，使夙興。○疏曰：「漏未盡」者，謂漏未盡三刻已前仍爲夜，則呼旦也。漏刻之義，具挈壺氏。凡國事爲期，則告之時。象雞知時也，告其有司主事者。少牢曰：「宗人朝服北面，曰：『請祭期。』主人曰：『比於子。』宗人曰：『旦明行事。』」告時者，至此旦明而告之。○朝，直遥反。比，毗志反。○疏曰：引「少牢曰」者，謂祭前之夕，宗人主禮官請主人祭期，主人曰比於子者，謂次比其日數時節由子，子則宗人也。宗人即告期曰旦明行事。其實祭期由宗人，宗人請主人者，敬主人，若不敢自由然，故讓之也。按庭燎詩注：「王有雞人之官，凡國事爲期，則告之以時。王不正其官，而問夜早晚。」非也。按齊詩東方未明序云：「東方未明」，「刺無節也。朝廷興居無節，號令不時，挈壺氏不能掌其職焉。」注云：「挈壺氏，掌漏刻者。」彼不云雞人者，按挈壺氏云「凡軍事懸壺」，無告期之事，則天子備官挈壺直掌漏刻之節，雞人告期。彼齊詩是諸侯兼官，故挈壺氏兼告期也。○春官○巾車：大祭祀，鳴鈴以應雞人。雞人主呼旦，鳴鈴以和之。聲且警衆，必使鳴鈴者，車有和鸞，相應

和之象。故書鈴或作軨，杜子春云當爲鈴。○和，胡卧反。軨，音零，又音領。○疏曰：云「雞人主呼旦」，雞人職文。按韓詩云：「升車則馬動，馬動則鸞鳴，鸞鳴則和。」應是車有和鸞相應之象，故鳴鈴以應雞人。○同上。○小宗伯：祭之日，告時于王，告備于王。時薦陳之晚早。備謂饌具。○疏曰：陳謂祭前陳饌於堂東，薦謂薦之於神坐，皆有晚早。饌具即堂東前陳，陳備即告，告王祭時已至，當行事也。○同上。

右嘑旦爲期

小宗伯：大祭祀，省牲，眡滌濯。祭之日，逆齍，省鑊。省，本又作眚，同息井反，下同。眡，音視。滌，亭歷反。濯，直角反。齍，音咨。鑊，户郭反。○逆齍，受饎人之盛以入。省鑊，視亨腥孰。○饎，昌志反。亨，普庚反。○疏曰：此云「省牲，眡滌濯」，省鑊，與大宗伯文同，謂佐大宗伯。其大宰省牲者，察其不如，法其迎齍，即大宗伯涖玉齍者是也。大宗伯涖之，小宗伯迎之，是相佐也。其告時、告備，是其專職耳。又曰：知「齍受饎人之盛以入」者，按少牢饎爨在廟門之外，明天子諸侯饎爨亦在廟門之外。今言迎齍，明於廟門之外迎入向廟堂東，實之於簠簋也。云「省鑊，視亨腥熟」者，按禮運云：「腥其俎，熟其殽。」鄭云：「腥其俎，豚解而腥之。熟其殽，體解而爓之。」此謂祭宗廟朝踐饋獻節，彼下文更有體其犬豕牛羊，謂室中饋熟亦須鑊，鄭不言，略也。告時于王，告備于王。注疏見上爲期條。○春官○宰夫：從大宰而眡滌濯。疏曰：云「從大宰而眡滌濯」者，上大宰職已云祀五帝，眡滌濯，此宰夫又從大宰眡之也。○天官○肆師：眡滌濯，詔相其禮。相，息亮反。○疏曰：謂祭前之夕，視滌濯祭器，詔告相助其禮。祭之日，表粢盛，告潔展器，陳告備。粢，六穀也，在器曰盛。陳，陳列也。故書表爲剽，剽、表皆謂徽識也。○剽，芳遥反，或方遥反。識，式志反，又昌志反。○疏曰：云粢爲稷者，以稷爲五穀之長，其總而言之，六穀皆是粢，故此經總云六穀爲粢，故鄭云粢六穀也。按食醫：和王六食：黍、稷、稻、粱、麥、苽。六食即膳夫云六穀，一物，故鄭云「六穀也」。云「皆謂徽識也」者〔六四〕，以剽、表字雖不同，俱是徽識也。識於六粢之上，皆爲徽識，小旌書其黍稷之名以表之。餘饌不表，獨此表之者，以其餘器所盛各異，覩器則知。其實此六穀者，簠盛稻粱，簋盛黍稷，皆有會蓋覆之，覩器不知其實，故特須表顯之也。○春官

右省視

巾車：王之五路，一曰玉路，錫樊纓，十有再就，建大常，十有二斿，以祀。錫，音陽。樊，步干反。斿，音留。○王在焉曰路。玉路，以玉飾諸末。錫，馬面當盧，刻金爲之，所謂鏤錫也。樊，讀如鞶帶之鞶，謂今馬大帶也。鄭司農云：纓謂當胸。士喪禮下篇曰：馬纓三就。禮家説曰：纓當胸，以削革爲之。三就，三重、三匝也。玄謂：纓，今馬鞅。玉路之樊及纓，皆以五采罽飾之。十二就，就，成也。大常，九旗之畫日月者，正幅爲縿，斿則屬焉。○鞶，步干反。重，直龍反。罽，居例反。縿，所銜反，又所廉反。屬，音燭。○疏曰：云「王之五路」，此言與下爲總目。「一曰」已下，析别言之。云「以祀」者，以下諸路皆非祭祀之事，則一名外内大小祭祀，皆用此一路而已。又曰：言「王在焉曰路」者，謂若路門、路寢、路車、路馬皆稱路，故廣言之。云「王在焉曰路」，路，大也，王之所在，故以大爲名，諸侯亦

然。左氏義以爲行於道路，故以路名之。若然，門寢之等豈亦行於路乎？云「玉路以玉飾諸末」者，凡言玉路、金路、象路者，皆是以玉、金、象爲飾，不可以玉、金爲路，故知玉金等飾之。言「諸末」者，凡車上之材於末頭皆飾之，故云諸末也。云「鍚，馬面當盧，刻金爲之」者，眉上曰鍚，故知當額盧。按韓奕詩：「鉤膺鏤鍚。」金稱鏤，故知刻金爲之，故鄭引詩云所謂鏤鍚也。彼詩毛傳亦云：「金鏤其鍚。」鄭箋云：「眉上曰鍚，刻金飾之。」云「樊，讀如鞶帶之鞶」者，按易「訟卦」上九云：「或錫之鞶帶。」注云：「鞶帶，佩鞶之帶。」但易之鞶謂鞶囊，即内則云「男鞶革」是也。此鞶謂馬大帶，音字同，故讀從之，是以鄭即云馬大帶也。先鄭云：纓謂當胸。引士喪禮下篇：馬纓以削革爲之。賈、馬亦云：鞶纓，馬飾，在膺前，十有二匝，以毛牛尾金塗十二重。後鄭皆不從之者，以鞶爲馬大帶，明纓是夾馬頸，故以今馬鞅解之也。後鄭云「玉路之樊及纓，皆以五采罽飾之」者，按爾雅釋言云：「氂，罽也。」郭氏云：「毛氂所以爲罽。」如是罽染毛爲之。鄭必知罽飾之者，蓋以今時所見擬之。必知用五采者，按典瑞云：「鎮圭繅五采五就。」則知王者就飾用五采，惟有外傳小采以朝月者用三采耳。繅藉五采，即云五就，則一采一匝爲一就。此中樊纓十二就之屬，就數雖多，亦一采一匝爲一就，如玉藻十二就然。大常九旗之畫日月，按司常云「日月爲常」是也。云「正幅爲縿」者，爾雅文。知「斿則屬焉」者，爾雅云「纁帛縿」，「練旒九」，縿、旒用物不同，旒又有數，明知别屬可知也。○春官○典路：掌王及后之五路，辨其名物，與其用說。說，書銳反。○用，謂將有朝祀之事而駕之。鄭司農云：說謂舍車也，春秋傳曰：「雞鳴而駕，日中而說。」用，謂所宜用。○疏曰：上巾車已主王后之五路，今此又掌之者，以其冬官造得車訖，以授巾車，飾以玉金象之等，其王及后所乘者，又入典路別掌之。又曰：此經雖不言所用之處，典路所掌還依巾車朝祀所用，故鄭依巾車而言也。先鄭所引春秋者，在左氏傳宣十二年楚與晉戰於邲之事。云「用謂所宜用」者，還是朝祀之等也。若有大祭祀，則出路，贊駕説。出路，王當乘之。贊駕説，贊僕與趣馬也。○趣，倉口反。○疏曰：按上巾車玉路以祀，此云「若有大祭祀，則出路」，鄭云「王當乘之」，惟出玉路也。按下文「大喪、大賓客亦如之」注云：「亦出路，當陳之。」不言王乘之者，以此惟云「大祭祀則出路」，據王所乘之亦當陳之爲華國。下注云「當陳之」，謂陳之以華國，亦有當乘之法。但大賓客王乘金路也，其大喪亦無乘吉時路，故注爲陳之而説也。知「贊僕與趣馬」者，夏官大馭、戎僕、齊僕之等及趣馬之官主駕説，故知所「贊駕説」者「贊僕與趣馬也」。○同上○校人：凡大祭祀，毛馬而頒之。毛，如字，劉莫報反。○毛馬，齊其色也。頒，授當乘之。○疏曰：凡大祭祀，須馬從王，故知「毛馬而頒之」。爲「齊其色」者，按毛詩傳云：「宗廟齊豪尚純也，戎事齊力尚強也，田獵齊足尚疾也。」爾雅亦云：「雖據宗廟，至於田獵軍旅，既尚疾尚力，亦尚色也。」故下云凡軍事物馬而頒之，是尚力也。詩云：「四騵彭彭，武王所乘。」又云：「四鐵孔阜，秦襄公以田。」是齊色不專據宗廟。○夏官○司常：日月爲常，交龍爲旂，通帛爲旜，雜帛爲物。旜，之然反。○通帛，謂大赤，從周正色，無飾。雜帛者，以帛素飾其側。白，殷之正色。凡旗之帛皆用絳。○疏曰：云「通帛謂大赤」者，巾車及明堂位皆明大赤也。云「從周正色無飾」者，以周建子，物萌色赤，今旌旂通體盡用絳之赤帛，是用周之正色〔六五〕，無他物之飾也。云「雜帛者，以帛素飾其側。白，殷之正色」者，殷以建丑爲正，物牙色白，今用帛素飾其側者，明以先王正道佐職，故兼用白雜之也。云「旗之帛皆用絳」者，以周尚赤故也。爾雅云：「纁帛縿也。」自太常以下，首皆有旄羽焉。按夏采云：「乘車建綏，復於四郊。」注：「綏，以旄牛尾爲之，綴於橦上。」「王祀四郊，乘玉路，建太常，今以之復，去其旒，異於生。」又干旄詩：「孑孑干旄。」「孑孑干旟。」鄭彼注云：「周禮孤卿建旜，大夫建物，首皆注旄焉。」是其旌首皆有旄之明驗也。序官夏采注云：「夏采，夏翟羽色。」禹貢徐州貢翟之羽，有虞氏以爲緌，後世或無，故染鳥羽象而用之，謂之夏采。」冬官「鍾氏染鳥羽」是也。

王建大常，諸侯建旂，孤卿建旜，大夫士建物。自王以下治民者，旗畫成物之象：王畫日月，象天明也；諸侯畫交龍，一象其升朝，一象其下復也；孤卿不畫，言奉王之政教而已；大夫士雜帛，言以先王正道佐職也。○朝，直遥反。○疏曰：云「自王以下治民者，旗畫成物之象」者，謂自王以下至大夫士是也。云「王畫日月象天明也」者，聖人與日月齊其明，故旌旗畫日月象之。按桓二年臧哀伯云：「三辰旂旗，昭其明也。」三辰，日月星，則此大常之畫日月者也。此直言日月不言星者，此舉日月，其實兼有星也。云「諸侯畫交龍一象升朝，一象下復也」者，以衣服不言交龍直云衮龍，則衣服直有升龍無降龍。以其天子之衣無日月星，直有龍，龍有升龍、降龍，則諸侯不得與天子同，故直有升龍也。至於天子旌旂有日月星辰，故諸侯旌旗無日月星，故龍有升降也，象升朝天子，象下復還國也。云「孤卿不畫」者，謂不畫異物，赤帛而已。云「奉王之政教而已」者，以其直有時王政教，故云奉王之政教而已。云「大夫士雜帛」者，謂中央赤旁邊白，白是先王殷之正色而在旁，故云以先王正道佐職也。

凡祭祀，各建其旗。王祭祀之車，則玉路。○疏曰：鄭云「王祭祀之車則玉路」者，偏據王而言，云乘玉路則建大常。經云「各建其旗」，則諸侯已下所得路各有旗。按上文「諸侯建旂」，大行人云「建常九斿」，雖言常，皆是交龍爲旂，散文通，故名旂爲常。孤卿則旜，大夫則物，故言各建其旗也。○春官○節服氏：掌祭祀，衮冕六人，維王之大常。服衮冕者，從王服也。維，維之以縷。王旌十二旒，兩兩以縷綴連，旁三人持之。禮，天子旌曳地。鄭司農云：維，持之。○疏曰：云「服衮冕者，從王服也」者，以其節服氏者，世能節王之衣服，明節服所服與王同，故云從王服也。云「維維之以縷」者，以其言維，維是連綴之名，故知用縷連綴之也。云「王旌十二旒」者，巾車云：「玉路」，「建大常十有二旒。」經云六人維之，明一畔有三人，三人維六旒，故知兩兩以縷連旁三人持之。云「禮，天子旌曳地」者，禮緯文。引之者，若不遣維持之，則旒曳地故也。諸侯則四人，其服亦如之。疏曰：依禮緯含文嘉云：「天子旌九仞，十二旒，曳地；諸侯七仞，九旒，齊軫；大夫五仞，五旒，齊較；士三仞，三旒，齊首。」彼或異代法，故旒不依命數。周之諸侯之旌，皆交龍爲之，上公九旒，侯伯則七旒，子男則五旒。今總云四人，則不得兩兩維之，但一畔有二人，分而維之，見威儀耳。云「其服亦如之」者，節服氏之服亦與諸侯同，諸侯唯二王後與魯得祭天，服衮冕，其餘諸侯唯得祭宗廟，服玄冕，節服氏皆與君同服，故云其服亦如之。○夏官○大馭：掌馭玉路以祀，及犯軷，王自左馭，馭下祝，登受轡，犯軷遂驅之。軷，蒲末反。祝，之又反。○行山曰軷。犯之者，封土爲山象，以菩芻棘柏爲神主，既祭之，以車轢之而去，喻無險難也。春秋傳曰：「跋涉山川。」自，由也。王由左馭，禁制馬，使不行也。故書軷作罰，杜子春云：罰當爲軷，軷讀爲別異之別，謂祖道轢軷磔犬也。詩云：「載謀載惟，取蕭祭脂，取羝以軷。」詩家説曰：「將出祖道，犯軷之祭也。」聘禮曰：『乃舍軷飲酒于其側。』禮家説亦謂道祭。」○跋，蒲末反。菩，音負，一音倍。芻，初俱反。轢，音歷。難，乃旦反。別，彼列反，下同。磔，陟格反。羝，丁兮反。舍，音釋。○疏曰：此據祭天之時，故有犯軷之事。云「及犯軷」者，出國門封土爲山象，祭軷，王在左自馭，馭下祝，登受取王手之轡，犯軷遂驅之而出。又曰：言「行山曰軷」者，謂水行曰涉，山行曰軷。云「封土爲山象」者，鄭注月令：「祀行之禮：爲軷壇厚三寸，廣五尺。」此道祭亦宜然。云「菩芻棘柏爲神主」者，謂於三者之中但用其一以爲神主，則可也。云「既祭之，以車轢之而去，喻無險難也」者，祭天在近郊，雖無險難，審慎故也。「出春秋傳曰」者，按襄二十八年，子大叔云：「跋涉山川，蒙犯霜露，以逞君心。」是其行山曰軷之事也。子春讀軷爲別異之別者，蓋取軷訖行去之意。引聘禮大夫道祭者，無牲牢酒脯而已，又於旁飲酒餞別，故云「飲酒於其側」也。及祭酌僕，僕左執轡，右祭兩軹，祭軓，乃飲。軹，音紙。軓，音犯。○故書軹爲軒，軓爲範，杜子春云：文當如此，「左」不當重，重非是。書亦或如杜子春言。又云：軒當作軹，軹謂兩轊也。其或言軷，亦非是。又云：軓當作䡇，謂車軾前也〔六六〕。或讀軒爲簪笄之笄。○軒，劉音雞。重，直龍反。轊，音衛。軓，當媿美反，又音犯。○疏曰：此云「及祭酌僕」者，即上文將犯軷之時，當祭左右轂末及軾前，乃犯軷而去。酌僕者，使人酌酒與僕，僕即大馭也。大馭則左并轡，右手祭兩軹，并祭軓之軾前三處訖，乃飲。飲者若祭末飲福酒，乃始轢軷而去。又曰：云「謂兩轊」者，轊即轂末。云「軓，當爲䡇。䡇謂車軾前也」者，按少儀：「祭左右軌范乃飲。」注云：「周禮大馭：『祭兩軹，祭軓，乃飲。』軌與軹，於車同謂轊頭也。範與范聲同，謂軾前也。」若然，此云軹，少儀作軌，軌與車轍之軌同名，此云軓，少儀云范，同是軾前也。凡騶路，行以肆夏，趨以采薺。薺，才私反。○凡騶路，謂五路也。肆夏、采薺，樂章也。行謂大寢至路門，趨謂路門至應門。○疏曰：樂師亦有此法，彼下有車亦如之，即上文行趨者據步迎賓客法。此既騶路亦云行趨者，此雖騶路，行趨遲疾，惟步迎賓客爲法，故雖車亦行趨也。又曰：此大騶，惟騶玉路。而云「謂五路」者，大騶雖騶玉路，以經云「凡」所含廣，則餘四路亦准玉路爲法，故云五路也。若然，迎賓客唯乘金路，餘四路雖不用迎賓客，至於乘車皆自内而出，自外而入，經路寢及門，故鄭據大寢爲正也。云「肆夏、采薺，樂章也」者，肆夏在鍾師，與九夏同是樂章可知。其采薺雖逸詩，既與肆夏同歌，明亦樂章也。知「行謂大寢至路門，趨謂路門至應門」者，爾雅云：「堂上謂之行，門外謂之趨。」行雖在堂，亦人之行由堂始，故發堂至門皆謂之爲行，故云行謂大寢至路門，趨謂路門至應門也。鄭注樂師云：及入「應門、路門，亦如之。」此注不言，亦同於彼也。若然，應門外亦應有樂節，但無文，故鄭亦不言也。凡騶路儀，以鸞和爲節。舒疾之法也。鸞在衡，和在軾，皆以金爲鈴。○鈴，音零。○疏曰：鄭知「鸞在衡，和在軾」者，鄭見韓詩傳云：「升車則馬動，馬動則鸞鳴，鸞鳴則和應。」乘車先馬動，次鸞鳴，乃和應。明鸞近馬首，和更近後，故知鸞在衡，和在軾也。且按秦詩云：「輶車鸞鑣。」毛云「鸞在衡」，鄭云「鸞在鑣」。不從毛義者，鄭以田車鸞在鑣，乘車鸞在衡。此云鸞在衡，據乘車而言故也。云「皆以金爲鈴」者，鼓人掌四金鈴，則四金之類，故知用金爲之，乃可得有聲也。

○夏官○旅賁氏：掌執戈盾，夾王車而趨，左八人，右八人，車止則持輪。盾，常準反，又音允。夾，古洽反，劉古協反。○夾王車者，其下士也。下士十有六人，中士爲之帥焉。○疏曰：知夾王車是下士十六人者，見序官云：「旅賁氏，中士二人，下士十有六人。」此經左右十六人，故知旅賁氏之下士也。中士是官首，明爲之帥也。凡祭祀，則服而趨。服而趨，夾王車趨也。王齊服服袞冕，則此士之齊服服玄端。○疏曰：知「服而趨」是「夾王車」者，約上文「夾王車而趨」故知也。云「王齊服袞冕」者，見下文節服氏云「掌祭祀袞冕」。云「此士之齊服服玄端」者，若士助祭服爵弁，故齊服服玄端。○同上。○齊右：掌祭祀前齊車，王乘則持馬，行則陪乘。齊，側皆反。乘，劉繩證反。○齊車，金路，王自整齊之車也。前之者，已駕王未乘之時。陪乘，參乘，謂車右也。齊右與齊僕同車，而有祭祀之事，則兼玉路之右。然則，戎右兼田右與？○齊車、齊僕，並側皆反。○疏曰：云「前之者已駕王未乘之時」者，曲禮曰：僕執策立於馬前，備驚奔。謂未乘時，此亦未乘之時，在馬前備驚奔也。云「陪乘」者，王與僕及車右爲參乘也。云「齊右與齊僕同車，而有祭祀之事，則兼玉路之右」者，齊僕同乘金路，唯可據齊時，今此經云「祭祀」，不言齊，明是兼祭祀乘玉路時爲右可知也。以其王路有五，其右唯有齊右、道右、戎右三者，不見祀右及田右，祭祀時亦名齊。田與戰伐俱用兵，可以相通，故知齊右兼玉路右，戎右兼田右也，無正文，故云「與」以疑之也。凡有牲事則前馬。王見牲則拱而式，居馬前卻行，備驚奔也。曲禮曰：國君下宗廟，式齊牛。○拱，居勇反。卻，音却。○疏曰：云「王見牲則拱而式」者，凡男子立乘，前視五巂，若有敬事則式。式視馬尾，當須端拱，故云拱而式也。「居馬前卻行，備驚奔也」者，以其王既拱而式，是以齊右居馬前卻行，備驚奔故也。引「曲禮曰：國君下宗廟，式齊牛」者，按彼經云：國君式宗廟，下齊牛。此所引不同者，但宗廟尊，宜下將，彼經爲誤，故鄭改之，依正而言也。○夏官

右出路

師氏：凡祭祀，王舉則從。從，才用反，下同。○舉，猶行也。故書舉爲與，杜子春云：當爲與，謂王與祭祀之事。○與，音預。○疏曰：祭祀，則郊廟及山川、社稷總是也。王行之時，師氏則從，以王所在，皆須詔王以美道故也。又曰：既訓舉爲行，又引子春從故書爲與者，亦義得兩通，故亦引之在下也。使其屬帥四夷之隸，各以其兵服守王之門外，且蹕。兵服，旃、布、弓、劍不同也。門外，中門之外。蹕，止行人不得迫王宮也。故書隸或作肆，鄭司農云讀爲隸。○疏曰：云「使其屬」者，屬即序官師氏中大夫之下，有屬官上士二人，并有府史胥徒之等。使此人帥四夷之隸，若秋官蠻隸之等，各使四夷隸以其本國之兵器及其服以守王之門外，以衛王，并使蹕止行人，故云「且蹕」也。又曰：云「兵服旃布及弓劍」者，東方、南方其服布，其兵劍；西方、北方其服旃，其兵弓矢。云「門外中門之外」者，按閽人掌中門之禁，則中門内也。人不得入，明在中門之外。○地官○保氏：凡祭祀，王舉則從，使其屬守王闈。闈，宫中之巷門。○疏曰：「其屬守王闈」者，亦謂在國，其師氏守中門外，此保氏守王闈門。○同上。○大僕：祭祀，正王之服位，詔法儀。詔，告也。○疏曰：服，祭服也。王之吉服不一，隨所祭而衣之。位，立處也。升降行事，皆有位處，大僕親近王所之官，故須正之，并詔告其法度威儀。王出入，則自左馭而前驅。前驅，如今道引也，道而居左。自馭，不參乘，辟王也，亦有車右焉。○乘，繩證反。辟，音避，劉符亦反。○疏曰：云「王出入」者，謂朝覲。凡祭祀、巡狩、征伐，皆是大僕則在車左，不敢使人馭，自馭而前驅也。若使人馭，馭在中央，身無事居左大尊，故自馭也。知亦有「車右」

者，以車右恐車傾覆，備非常，雖無尊者，亦宜有車右勇力者也。○夏官○小臣：大祭祀，沃王盥。疏曰：云「大祭祀，沃王盥」者，大祭祀，天地宗廟皆是。王將獻尸，先盥手洗爵，乃酌獻，故小臣爲王沃水盥手也。小祭祀，掌事如大僕之法。同上。○御僕：大祭祀，相盥而登。相盥者，謂奉盤授巾與？登，謂爲王登牲體於俎，特牲饋食禮：主人降，盥出，舉入，乃匕載。○奉，芳勇反。爲，于僞反。○疏曰：上小臣云沃，此又云盥，明是奉盤授巾，以其少牢、特牲尸盥時有奉盤授巾之事，故云也。以無正文，故云「與」以疑之也。云「登，謂爲王登牲體於俎」者，以其文承祭祀之事，故引特牲匕載，載即登牲體於俎也。○夏官○大祝：辨九𢷎：一曰稽首，二曰頓首，三曰空首，四曰振動，五曰吉𢷎，六曰凶𢷎，七曰奇𢷎，八曰褒𢷎，九曰肅𢷎：以享右祭祀。𢷎，音拜。○稽首，拜頭至地也。頓首，拜頭叩地也。空首，拜頭至手，所謂拜手也。吉拜，拜而後稽顙，謂齊衰不杖以下者。言吉者，此殷之凶拜，周以其拜與頓首相近，故謂之吉拜云。凶拜，稽顙而後拜，謂三年服者。杜子春云：振，讀爲振鐸之振。動，讀爲哀慟之慟。奇，讀爲奇偶之奇，謂先屈一膝，今雅拜是也。或云：奇讀曰倚，倚拜謂持節、持戟拜，身倚之以拜。鄭大夫云：動讀爲董，書亦或爲董。振董，以兩手相擊也。奇拜，謂一拜也。褒，讀爲報。報拜，再拜是也。鄭司農云：褒拜，今時持節拜是也。肅拜，但俯下手，今時撎是也。介者不拜，故曰爲事故敢肅使者。玄謂：振動，戰栗變動之拜。書曰：「王動色變」，一拜，答臣下拜。再拜，拜神與尸。享，獻也，謂朝獻、饋獻也。右讀爲侑，侑勸尸食而拜。○撎，於至反。爲事，于僞反。使，所吏反。朝，直遥反。○疏曰：此九拜之中，四種是正拜，五者逐事生名，還依四種正拜而爲之也。一曰稽首，二曰頓首，三曰空首，此三者相因而爲之。「空首」者，先以兩手拱至地，乃頭至手是爲空首也。以其頭不至地，故名空首。「頓首」者，爲空首之時引頭至地，首頓地即舉，故名頓首。「一曰稽首」，稽是稽留之義〔六七〕，頭至地多時則爲稽首也。此三者正拜也，稽首拜中最重，臣拜君之拜。「二曰頓首」者，平敵自相拜之拜。「三曰空首」拜者，君答臣下拜。知義然者，按哀十七年，公會齊侯盟於蒙，孟武伯相。齊侯稽首，公則拜，齊人怒，武伯曰：「非天子，寡君無所稽首。」公如晉，孟獻子相，公稽首，知武子曰：「天子在，而君辱稽首，寡君懼矣。」孟獻子曰：「以敝邑介在東表，密邇仇讎，寡君將君是望，敢不稽首？」郊特牲曰：「大夫之臣不稽首，非尊家臣，以避君也。」如是相禮，諸侯於天子、臣於君稽首，禮之正。然諸相於大夫之臣及凡自敵者，皆當從頓首之拜也。如是差之，君拜臣下當從空首拜，其有敬事亦稽首。故太誓云：周公曰「都懋哉，予聞古先哲王之格言」以下，太子發拜手稽首。是其君于臣稽首事。洛誥云：周公拜手稽首：「朕復子明辟。」成王拜手稽首：「公不敢不敬天之休」者。此即兩相尊敬，故皆稽首。「九曰肅拜」者，拜中最輕，唯軍中有此肅拜，婦人亦以肅拜爲正。其餘五者，附此四種正拜者：四曰振動附稽首，五曰吉拜附頓首，六曰凶拜亦附稽首，七曰奇拜附空首，八曰褒拜亦附稽首。以享侑祭祀者，享，獻也，謂朝踐獻尸時拜；侑，侑食、侑勸尸食時而拜。此九拜不專爲祭祀，而以祭祀結之者〔六八〕，祭祀事重，故舉以言之。又曰：「稽首拜頭至地，頓首拜頭叩地也」者，二種拜俱頭至地，但稽首至地多時，頓首至地則舉，故以叩地言之，謂若以首叩物然。云「空首拜頭至手，所謂拜手也」者，即尚書拜手稽首。云「吉拜，拜而後稽顙，謂齊衰不杖以下」者，此謂齊衰已下喪拜，而云吉者，對凶拜爲輕。

此拜先作頓首，後作稽顙，顙還是頓首，但觸地無容則謂之稽顙。云「齊衰不杖以下」者，以其杖齊衰入凶拜中，故雜記云：父在爲妻，「不杖，不稽顙。」明知父没爲妻杖而稽顙，是以知此吉拜謂齊衰不杖已下。云「言吉者，此殷之凶拜」者，按檀弓云：「拜而後稽顙，頽乎其順也。稽顙而後拜，頎乎其至也。三年之喪，吾從其至者。」鄭注云：「自期如殷可。」言自期，則是齊衰不杖以下用殷之喪拜，故云此殷之凶拜也。云周以其拜與頓首相近，故謂之吉拜者，言相近者，非謂義相近〔六九〕，是拜體相近，以其先作頓首，後作稽顙，稽顙還依頓首而爲之，是其拜體相近，以其約義，故言「云」以疑之。云「凶拜，稽顙而後拜，謂三年服」者，此雜記云：三年之喪，即以喪拜；非三年喪，以其吉拜。又檀弓云：「稽顙而後拜，頎乎其至。」孔子云：「三年之喪，吾從其至者。」若然上吉拜齊衰不杖已下，則齊衰入此凶拜中。鄭不言之者，以雜記云父在爲妻「不杖不稽顙」，父卒乃稽顙。則是適子爲妻有不得稽顙時，故略而不言。但適子妻父爲主，故適子父在不稽顙，則衆子爲妻父在亦稽顙，不據衆子當稽顙者〔七〇〕，據雜記成文。杜子春云「振，讀爲振鐸之振」者，讀從小宰職「振木鐸于朝」之振。云「動，讀爲哀慟之慟」者，謂從孔子哭顔回「哀慟」之慟。云「奇，讀爲奇耦之奇」者，謂從郊特牲「鼎俎奇籩豆耦」之奇。已上讀字，後鄭皆從之。云「先屈一膝，今雅拜是也。或云奇讀曰倚，倚拜謂持節、持戟拜，身倚之以拜」，此二者後鄭皆不從之。鄭大夫云「動，讀爲董，書亦或爲董振之董」者，此讀從左氏「董之以威」，是董振之董。云「以兩手相擊」，此後鄭皆不從。云「奇拜謂一拜」也，一拜者，謂君拜臣下。按燕禮大射有一拜之時，君答一拜，後鄭從之。云「襃，讀爲報，報拜，謂再拜」是也，後鄭亦從。鄭司農云「襃拜，今之持節拜是也」者，後鄭不從。云「肅拜，但俯下手，今時撎是也」，按儀禮鄉飲酒賓客入門有撎入門之法，推手曰揖〔七一〕，引手曰撎。云「介者不拜，故曰爲事故，敢肅使者」，按成十六年，晉楚戰於鄢陵，楚子使工尹襄問郤至以弓，「郤至見客，免冑承命。」又云：「不敢拜命。」注云：「介者不拜。」又云〔七二〕：「君命之辱，爲事故，敢肅使者。三肅使者而退。」是軍中有肅拜法。按成二年，鞌之戰，獲齊侯，晉郤至投戟逡巡，再拜稽首。軍中得拜者，公羊之義，將軍不介冑，故得有拜法。「玄謂振動戰栗變動之拜，書曰王動色變」，按中候我膺云：「季秋七月甲子，赤雀銜丹書入酆，至昌户，再拜稽首受。」按今文太誓得火烏之瑞，「使上附以周公書，報誥於王，王動色變」，雖不見拜文〔七三〕，與文王受赤雀之命同爲稽首拜也〔七四〕。云「一拜答臣，下拜、再拜拜神與尸」，此二者增鄭大夫之義。知「再拜拜神與尸」者，按特牲禮：祝酌奠於鉶南，主人再拜，祝在左也。再拜於尸，謂獻尸。尸拜受，主人拜送。是也。天子諸侯亦當然。或解一拜答臣下，亦據祭祀時，以其宴禮君答拜臣，或再拜時故也。云「享獻也，謂朝獻饋獻也」者，以祭祀二灌之後，唯有朝踐饋獻稱獻，故知享獻據朝踐饋獻時也。云「右，讀爲侑。侑勸尸食而拜」者，按特牲「尸食，祝侑主人拜」，少牢主人不言拜侑，故知侑尸時有拜。○春官○小宰：凡祭祀，贊玉幣爵之事。又從大宰助王也。○疏曰：按大宰職云：祀五帝，贊玉幣爵。今此又云祭祀贊此三者，謂小宰執以授大宰，大宰執以授王，是相贊助，故云又從大宰助王也。○天官○射人：祭祀，相孤卿大夫之法儀。夏官○司士：凡祭祀，掌士之戒令，詔相其法事。疏曰：云「凡祭祀掌士之戒令」者，謂羣臣有事於祭祀，皆掌其齊戒告令也。云「詔相其法事」者，謂告語并擯相其行禮之事。○夏官○肆師：祭之日，相治小禮，誅其慢怠者。疏曰：云「相治小禮」者，謂羣臣行事，則肆師相治之。云「誅其慢怠」者，謂執事之人有惰慢懈怠者，則誅責之。凡祭祀，禮成則告事畢。春官○大史：大祭祀，祭之日，執書以次位常。謂校呼之教，其所當居之處。○疏曰：言「執書」者，謂執行祭祀之書，若今儀注。「以次位常」者，各居所掌位次常者。此禮一定常行不改，故云常也。辯事者考焉，不信者誅之。謂抵冒其職事。○疏曰：此謂助祭之人，大史掌禮，知行事得失，所行依注，謂之事，則與人考焉。抵冒職事，詐欺不信者，刑誅之。○同上

右臨祭○記：凡祭，於室中、堂上無跣，燕則有之。跣，悉典反。○祭不跣者，主敬也。燕則有跣，爲歡也。天子、諸侯祭，有坐尸於堂之禮。祭所尊在室，燕所尊在堂。將燕，降説屨，乃升堂。○爲，于僞反。説屨，吐活反。○疏曰：「凡祭於室中，堂上無跣」者，凡祭祀，天子至士悉然也。跣，説屨也。下大夫及士陰陽二厭及燕尸，皆於室中，上大夫陰厭及祭在室，若儐尸則於堂，天子、諸侯則有室祭，有堂祭。禮主敬，故凡祭在室中者，非唯室中不説屨，堂上亦不敢説屨，故云「凡祭，於室中、堂上無跣」。「燕則有之」，若有之，謂堂上有跣也。燕禮主歡，故得説屨而升堂坐也。燕禮云：「賓及卿大夫皆説屨，升就席。」注云：「凡燕坐必説屨，屨賤不在堂也。」禮者尚敬，敬多則不親，燕安坐，相親之心。」又曰：「祭不跣者主敬也」者，跣謂説屨，坐而相親。祭禮主敬，不敢私自相親，故云祭不跣者主敬也。云「天子諸侯祭有坐尸於堂之禮」者，朝事延尸於户外，故坐尸於堂。若卿大夫以下，祭禮於室，無坐尸於堂也。云「祭所尊在室」者，以經云「凡祭，於室中、堂上無跣」，故辨之也。此則貴賤通，故卿大夫士正祭、饋食並在室中，而天子諸侯雖朝事延尸於户外，非禮之盛節，初入室灌及饋食

之時，事神大禮，故云祭所尊在室。云「燕所尊在堂」者，於燕禮文無在室，唯在堂行禮，初時立而致敬，故云燕所尊在堂。云「將燕降，説屨，乃升堂」者，燕禮文也。○少儀

保氏：教國子六儀，一曰祭祀之容。少儀云：「祭祀之容，濟濟皇皇。」〔七五〕○祭祀之美，齊齊皇皇。美，音儀。○齊齊皇皇，讀如歸往之往。美，當爲儀，字之誤也。○疏曰：「齊齊皇皇」者，皇，讀爲歸往之往。皇氏云：謂心所繫往。孝子祭祀，威儀嚴正，心有繫屬，故齊齊皇皇然。其言語及威儀皆當如此。又曰：云「美，當爲儀」者，以保氏云：教國子六儀，「一曰祭祀之容。」容即儀也，故知美皆當爲儀。○少儀○祭祀之志，諭然思以和。祭祀之容，遂遂然，粥粥然，敬以婉。祭祀之視，視如有將。祭祀之言，文言有序。賈誼容經○臨祭不惰。爲無神也。○疏曰：「臨祭不惰」者，「祭如在」，故臨祭須敬，不得怠惰，故鄭注云：「爲無神也。」鬼神享德，祭若怠惰，則神不歆，是無神也。既謂其不敬，亦是無神之心也。○曲禮上○祭事不言凶。曲禮下○凡祭，容貌顔色如見所祭者。如覩其人在此。○疏曰：凡祭，謂諸祭也。容貌顔色如見所祭者，容貌恭敬，顔色温和，如似見所祭之人，謂「祭如在」也。○玉藻

右容貌○記：祭如在，祭神如神在。集注曰〔七六〕：程子曰：祭，祭先祖也。祭神，祭外神也。祭先主於孝，祭神主於敬。愚謂：此門人記孔子祭祀之誠意。子曰：「吾不與祭，如不祭。」與，去聲。○又記孔子之言以明之。言己當祭之時，或有故不得與，而使他人攝之，則不得致其如在之誠。故雖已祭，而此心缺然，如未嘗祭也。○范氏曰：君子之祭，七日戒，三日齊，必見所祭者，誠

之至也。是故郊則天神格，廟則人鬼享，皆由己以致之也。有其誠則有其神，無其誠則無其神，可不謹乎？吾不與祭，如不祭。誠爲實，禮爲虛也。○論語八佾○仲尼嘗，奉薦而進，其親也愨，其行也趨趨以數。趨，音促，數，色角反，徐音速。○嘗，秋祭也。親，謂身親執事時也。愨與趨趨，言少威儀也。趨，讀如促，數之言速也。○疏曰：「奉薦而進，其親也愨」者，愨謂質愨，謂仲尼奉薦進尸之時，其身執事，其形貌愨質，少威儀。「其行也趨趨以數」者，其行步促促速疾，少威儀，舉足而數也。

已祭，子贛問曰：「子之言祭，濟濟漆漆然，今子之祭，無濟濟漆漆，何也？」子曰：「濟濟者，容也，遠也；漆漆者，容也，自反也。容以遠，若容以自反也，夫何神明之及交？夫何濟濟漆漆之有乎？上容也，口白反，賓客也，「容以遠」同。下容也，羊凶反，儀容也，「容以自反」同。○漆漆，讀如「朋友切切」。自反，猶言自脩整也。容以遠，言非所以接親親也。容以自反，言非孝子所以事親也。及，與也。此皆非與神明交之道。反饋樂成，薦其薦俎，序其禮樂，備其百官，君子致其濟濟漆漆，夫何慌惚之有乎？樂成，音岳，又五教反。慌，況往反，一音荒。○天子諸侯之祭，或從血腥始，至反饋，是進孰也。薦俎，豆與俎也。慌惚，思念益深之時也。言祭事既備，使百官助己祭然，而見其容而自反，是無慌惚之思念。夫言豈一端而已，夫各有所當也。當，丁浪反。○豈一端，言不可以一概也。禮各有所當行，祭宗廟者，賓客濟濟漆漆，主人愨而趨趨。○疏見祭義。

小祝：大祭祀，逆尸，沃尸盥，贊隋。隋，尸之祭也。○疏曰：「逆尸」者，爲始祭迎尸。祭義云：「樂以迎來。」是也。云「沃尸盥」者，尸尊不就洗。按特牲、少牢，尸入廟門，盥於盤，其時小祝沃水。云「贊隋」者，按特牲、少牢，尸始入室，拜妥尸，尸隋祭以韭菹，擩於醢，以祭於豆閒。小祝其時贊尸以授之。又曰：主人受尸酢時，亦有隋祭，但此經「贊隋」文承「逆尸、沃尸」之下，故隋是尸之祭也。○春官○舉斝角，詔妥尸。妥，安坐也。尸始入，舉奠斝，若奠角，將祭之，祝則詔主人，拜安尸，使之坐，尸即至尊之坐，或時不自安，則以拜安之也。天子奠斝，諸侯奠角。○疏見宗廟及祭義。○其有折俎者，取祭反之不坐，燔亦如之。燔，音煩。○亦爲柄尺之類也。燔，炙也。鄉射曰：賓「奠爵於薦西，興，取肺，坐絶祭」，「左手嚌之〔七七〕，興，加於俎，坐帨手。」○嚌，才細反。帨，始鋭反。○疏曰：「折俎」，謂折骨於俎。俎既有足柄尺之類，故就俎取所祭肺。立而取之，升席坐祭，祭訖，反此所祭之物加之於俎，皆立而爲之，故云「取祭，反之不坐」，唯祭時坐耳。「燔亦如之」者，燔謂燔肉，雖非折骨，其肉在俎，其取及祭，反時皆亦不坐，故云燔亦如之。尸則坐。尸尊也。少牢饋食禮曰：「尸左執爵，右兼取肝肺，擩於俎鹽，振祭嚌之，加於菹豆。」○食，音嗣。擩，而專反，又而悦反，耳誰反。○疏曰：「尸則坐」者，前云不坐者是賓客耳，若爲尸，尸尊，雖折俎、初取、祭反之皆坐也。又曰：引少牢饋食禮者，證尸坐之義。前注引鄉射禮云：「賓奠爵於薦西，興，取肺。」云「興」，則立也。此引少牢禮云：「尸左執爵，右兼取肝肺〔七八〕。」不云興，故知尸則坐。菹豆，盛菹之豆也。○少儀○大祝：辨九祭：一曰命祭，二曰衍祭，三曰炮祭，四曰周祭，五曰振祭，六曰擩祭，七曰絶祭，八曰繚祭，九曰共祭。杜子春云：命祭，祭有所主命也。振祭，振讀爲慎，禮家讀振爲振旅之振。擩祭，擩讀爲虞芮之芮。鄭司農云：衍祭，羨之道中，如今祭殤，無所主命。周祭，四面爲坐也。炮祭，燔柴也。爾雅曰：「祭天曰燔柴。」擩祭，以肝肺菹擩鹽醢中以祭也。繚祭，以手從肺本循之至於末，乃絶以祭也。絶祭，不循其本，直絶肺以祭也。重肺賤肝，故初祭絶肺以祭，謂之絶祭。至祭之末，禮殺之後，但擩肝鹽中，振之擬之，若祭狀弗祭，謂之振祭。特牲饋食禮曰：「取菹擩於醢，祭於豆閒。」鄉射禮曰：「取肺坐絶祭。」鄉飲酒禮曰：「右取肺，卻左手執本，坐，弗繚，右絶末以祭。」少牢曰：取肝擩於鹽，「振祭。」玄謂：九祭皆謂祭食者。命祭者，玉藻曰：君「若賜之食，而君客之，則命之祭，然後祭。」是也。衍字當爲延，炮字當爲包，聲之誤也。延祭者，曲禮曰：「客若降等，執食興辭，主人興辭於客〔七九〕，然後客坐。主人延客祭。」是也。包猶兼也，兼祭者，有司曰：「宰夫贊者取黑白以授尸，尸受，兼祭於豆祭。」是也。周猶徧也，徧祭者，曲禮曰：「殽之序徧祭之。」是也。振祭、擩祭本同，不食者擩則祭之，將食者既擩必振乃祭也。絶祭、繚祭亦本同，禮多者繚之，禮略者絶則祭之。共猶授也，王祭食，宰夫授祭，孝經説曰：「共綏執授。」○疏曰：此九祭，先鄭自周祭已上，皆是祭鬼神之事。振祭已下，皆是生人之祭食之禮。後鄭不從之者，祭天神、地祇、人鬼，大宗伯辨之，大祝不須別列，且生人祭食，不合與祭鬼神同科，故皆以爲生人祭食法。又曰：「杜子春云：命祭，祭有所主命也」者，凡祭祀，天子、諸侯木主，大夫、士有幣帛主其神，曾子問：以幣帛、皮圭以爲主命，當主之處。此子春之意，亦當以幣帛謂之主命。但此經文皆是祭食法，不得爲主命，故後鄭不從之。又讀振爲慎，或爲振旅之振，或讀擩爲虞芮之芮，此讀皆無義意，故後鄭皆不從之。「鄭司農云：衍祭羨之道中，如今祭殤無所主命」者，此據生人祭食法而云，如今祭殤，故後鄭亦不從之。云

「周祭四面爲坐也」，謂若祭百神，四面各自爲坐。炮祭，燔柴，以其炮是燔燒之義，故爲燔柴祭天，此皆生人祭食法，非祭鬼神，故後鄭亦不從之。云「擩祭以肝肺菹擩鹽醢中以祭也」者，按特牲、少牢墮祭之時，皆有以菹擩醢中以祭，主人獻尸時，賓長以肝從尸，以肝擩鹽中以祭，故先鄭云「以肝肺菹擩鹽醢中以祭」。彼無云用肺擩鹽醢中，先鄭連引之耳。按彼肝擩鹽中以振祭嚌之，加於肵俎，此則是振祭。司農云以初時擩於鹽即同擩祭解之，於義不可。云「繚祭，以手從肺本循之至於末，乃絶以祭也」者，此據鄉飲酒而言。云「絶祭不循其本，直絶肺以祭也」者，據鄉射而言。云「重肺賤肝，故初祭絶肺以祭，謂之絶祭。至祭之末禮殺之後，但擩肝鹽中振之擬之，若祭狀，弗祭，謂之振祭」，云「重肺」者，此繚祭、絶祭二者皆據肺而言，周貴肺，故云重肺。云「賤肝」者，司農意上云以肝擩於鹽，據特牲、少牢尸食後，賓長以肝從之意。云「故初祭絶肺以祭，謂之絶祭」者，此絶祭，依特牲、少牢，無此絶祭之事，於義不可。云「至祭之末禮殺之後，但擩肝鹽中振之擬之，若祭狀」者，此還據少牢擩肝祭而云。「若祭狀弗祭」，於義不可。引「特牲饋食禮曰：取菹擩於醢，祭於豆閒」者，此據挼祭而言也。引鄉射禮及鄉飲酒禮，證有絶祭之事。引少牢禮，證有振祭之事。此先鄭所引四文，後鄭皆不從〔八〇〕，故增成其義。但先鄭所引特牲、少牢，皆據一邊而言，按特牲、少牢皆擩祭、振祭兩有。「玄謂九祭皆謂祭食者」，謂生人將食，先以少許祭先造食者，故謂之祭食命祭。引玉藻，彼注云：侍食不祭。其侍食之人，而君賓客之，雖得祭。待君命之祭，然後祭，是命祭也。云「衍字當爲延，炮字當爲包」者，衍與炮，於義無所取，故破從延與包。「延祭者，曲禮曰賓若降等，執食興辭」，鄭彼注云：「辭者，辭主人之臨己食，若欲食於堂下然。」云「有司曰宰夫贊者，取黑白以授尸」者，彼注云：「白謂稻，黑謂黍。」又引「曲禮曰『殽之序，徧祭之』，是也。云凡祭者，皆盛主人之饌，故所設殽羞次第徧祭。按公食大夫唯魚腊湆醬不祭，以其薄故也。其餘皆祭，故謂之周祭。云「振祭、擩祭本同」者，皆擩，但振者先擩後振，擩者不振。言「不食者，擩則祭之」者，特牲、少牢皆有挼祭，挼祭未食之前，以菹擩於醢，祭於豆閒，是不食者，擩則祭之。云「將食者，既擩必振，乃祭也」者，特牲、少牢皆有主人獻尸，賓長以肝從尸，右取肝擩於鹽，振祭嚌之，加於菹豆，是謂振祭，言將食者振祭嚌之，是將食也。云「絶祭、繚祭亦本同」者，同者絶之，但絶者不繚，繚者亦絶，故云本同。云「禮多者繚之」者，此據鄉飲酒鄉大夫行鄉飲酒，賓賢能之禮，故云禮多所繚之法，即司農所引右取肺已下是也。云「禮略者，絶則祭之」者，此據鄉射州長射則士禮，故云禮略者絶則祭之。祭法，即上先鄭所引鄉射禮「取肺坐，絶祭」是也。云「共，猶授也。王祭食，宰夫授祭」者，此則膳夫職云「王祭食則授」是也。王謂之膳夫，而謂之宰夫者，據諸侯，是宰夫。云「孝經説曰共綏執授」者，孝經緯文。漢時禁緯，故云「説」。云「共綏執授」者，謂將綏祭之時，共此綏祭以授尸。引之者，證共爲授之義也。○春官○君與尸行接武，尊者尚徐蹈半迹。○疏曰：「君與尸行接武」者，明貴賤與尸行步廣狹不同也。君，天子、諸侯也。武，迹也。「接武」者，二足相躡，每蹈於半，未得各自成迹，故云接武也。尊者舒遲，故君及尸並步遲狹。大夫繼武，迹相及也。○疏曰：「大夫繼武」者，謂大夫與其尸行時繼武者，謂兩足迹相接繼也。大夫漸卑，故與尸行步稍廣速也。士中武。迹閒容迹。○疏曰：「士中武」者，謂士與其尸行也。中猶閒也，每徙足閒容一足地乃躡之也。士極卑，故及尸行步極廣也。徐趨皆用是。君、大夫、士之徐行也，皆如與尸行之節也。○疏曰：「徐趨皆用是」者，徐趨皆遲行也。皆，皆於君大夫士也。是，此也。言皆用此與尸行步之節。○玉藻

右尸出受祭○傳：古者尸無事則立，有事而后坐也。古，謂夏時也。○疏曰：「古者尸無事則立，有事而后坐也」者，古，夏時也。夏立尸，唯有飲食之事時乃坐。若無事，則倚立也，由世質故耳〔八一〕。○郊特牲○三代之禮一也，民共由之，或素或青，夏造殷因。一也，俱趨誠也。由，用也。素尚白，青尚黑者也。言所尚雖異，禮則相因耳。孔子曰：「殷因於夏禮，所損益可知也。周因於殷禮，所損益可知也。」變白黑言素青者，秦二世時趙高欲作亂，或以青爲黑，以黑爲黃，民言從之，至今語猶存也。○疏曰：「三代之禮一也」者，謂三代所行之禮雖別，一皆趨於至誠，故云一也。「民共由之」者，由，用也。非唯君行禮用誠如一也，民亦共用誠如一也。「或素」者，前明三代雖異，而俱用誠是同，此述其迹異也。或素，尚白也。尚白，殷世之禮也。「或青」者，尚黑，夏世之禮也。然夏先殷後，今先云或素者，記是周時，今欲見周因於殷，殷因於夏禮也。「夏造」者，往來之禮雖同，而先從夏始，故云夏造也。「殷因」者，因於夏禮而用之，故云殷因也。又曰：「一也俱趨誠也」，文承上「經禮三百，曲禮三千，其致一也」，一謂至誠，故知此一亦至誠也。云「青尚黑者也」者，夏以十三月爲正，於時，草之萌牙變白而青也，夏正尚黑，故知青謂黑也。云「秦二世時，趙高欲作亂，或以青爲黑、黑爲黃，民言從之，至今語猶存也」者，按史記，秦二世謂胡亥〔八二〕，於時丞相趙高欲殺二世，未知人從己否，乃指鹿爲馬，民畏趙高，皆稱鹿爲馬，是其事也。其以青爲黑，以黑爲黃，即鹿馬之類也。鄭去胡

亥既近，相傳知之。此作記之人在胡亥之後，故云「或素或青」。若王肅之説，則異於此，故家語云：夏后氏金德而王，色尚黑；周以木德王，色尚黃；「舜以土德王，色尚青。」聖證論王肅以爲：夏同堯，皆尚其紫色。舜土德，王尚白而尚青者，土以生爲功，東方生物之始，故尚青。土既尚青，水則辟之青而用白也，故殷是水德而尚白。王肅此説與檀弓、緯候文乖，不可用也。周坐尸，詔侑武方，其禮亦然，其道一也。言此亦周所因於殷也。武，當爲無，聲之誤也。方猶常也。告尸行節、勸尸飲食無常，若孝子之爲也，孝子就養無方。詔侑，或爲詔囿。○養，羊讓反。○疏曰：「周坐尸」者，此言周所因於殷也。殷人坐尸，周因坐之也。「詔侑武方」者，亦因殷也。詔，告也。侑，勸也。方，常也。子事父母就養無方，故在宗廟之中，禮主於孝。凡預助祭者，皆得告尸威儀，勸尸飲食，無常人也。「其禮亦然」者，其於周禮侑尸及詔侑無方之禮，亦因於殷禮，故云「亦然」也。「其道一也」者，其用至誠之道一也。又曰：告尸行節〔八三〕，解經「詔」也。勸尸飲食，解經「侑」也。按特牲、少牢延尸及詔侑相尸之禮皆是祝官，則是有常，而云無常者，熊氏云：謂就衆祝之中，但是祝官皆得爲之，不常用一祝也。按周禮大祝下大夫二人，上士四人，小祝中士八人，下士十有六人，是皆得相侑尸也。夏立尸而卒祭，夏禮：尸有事乃坐。○疏曰：「夏立尸而卒祭」者，此更本殷、周所損益相因也。夏祭乃有尸，但立猶質，言尸是人，人不可久坐神坐，故尸唯飲食暫坐，若不飲食時則尸倚立，以至祭竟也。殷坐尸，無事猶坐。○疏曰：「殷坐尸」者，此殷因夏之有立尸，而損其不坐之禮，益爲恒坐之法也。是殷轉文也。言尸本象神，神宜安坐，不辨有事與無事，皆坐也。周旅酬六尸。使之相酌也。后稷之尸發爵不受旅。○疏曰：「周旅酬六尸」者，此周又因殷而益之也。旅酬六尸，謂祫祭時，聚羣廟之主於大祖后稷廟中，后稷在室西壁東嚮，爲發爵之主尊，不與子孫爲酬酢，餘自文武二尸就親廟尸凡六，在后稷之東，南北對爲昭穆〔八四〕，更相次序以酬也。殷但坐尸，未有旅酬之禮，而周益之也。然大祫多主，而唯云六尸者，先儒與王肅並云：毀廟無尸，但有主也。曾子曰：「周禮其猶醵與？」醵，其庶反，又其約反。與，音餘。○合錢飲酒爲醵，旅酬相酌似之也。王居明堂之禮：「仲秋乃命國醵。」○疏曰：「曾子曰周禮其猶醵與」者，曾子引世事證周禮旅酬之儀象也。醵，斂錢共飲酒也。凡相敵斂錢飲酒，必非忘懷之酌，得而遽飲，必令平遍，不使偏頗，與周禮次序旅酬相似也。其王肅禮作遽，注曾子以爲使六尸旅酬不三獻，猶遽而略。○禮器

郊血，大饗腥，三獻爓，一獻孰。爓，夕廉反。○血腥爓祭用氣。○疏曰：所進血腥，如禮器中說。崔氏云：周禮之法，郊天以燔柴爲始，宗廟以祼地爲始，社稷以血爲始，小祀以疈辜爲始。此云「大饗腥，三獻爓，一獻孰」者，謂正祭之時，薦於尸坐之前也。又曰：天神尊貴，事宜極敬，極敬不褻近，故用血也。用血是貴氣而不重味，而宗廟敬降於天，故用腥，腥稍近味。社又降於宗廟，故用爓，爓又稍近味。○郊特牲○一獻質，謂祭羣小祀也。○疏曰：「一獻質」者，謂祭羣小祀最卑，但一獻而已，其禮質略。三獻文，謂祭社稷五祀。○疏曰：「三獻文」者，謂祭社稷五祀，其神稍尊，比羣小祀禮儀爲文飾也。五獻察，察，明也，謂祭四望山川也。○疏曰：「五獻察」者，謂祭四望山川，其神既尊，神靈亦爲明察。七獻神。謂祭先公。○疏曰：「七獻神」者，謂祭先公之廟，禮又轉尊，神靈尊重也。又曰：鄭知

然者，按周禮司服職玄冕一章祭羣小祀，故知一獻當祭羣小祀；絺冕三章祭社稷五祀，故知三獻祭社稷五祀也；毳冕五章祀四望山川，故知五獻祭四望山川也；鷩冕七章享先公，故知七獻祭先公也。按此社稷三獻卑於四望山川，而大宗伯職云：以血祭祭社稷五嶽〔八五〕。又大司樂：祭社稷奏大簇，祀四望奏姑洗。又禮緯云：「社稷牛角握，五嶽四瀆角尺。」以此言之，則社稷尊於四望山川，而獻與衣服卑者。熊氏云：獻與衣服從神之尊卑，其餘處尊者，以其有功，與地同類，故進之在上。從國中之神莫貴於社稷之類，直以功見尊，其實卑也，以是地別神，故不爲尊也。○以上禮器〔八六〕。○尸飲五，尸飲五，謂酳尸五獻也。大夫士祭，三獻而獻賓。君洗玉爵獻卿；尸飲七，以瑶爵獻大夫；尸飲九，以散爵獻士及羣有司：皆以齒。疏曰：「尸飲五，君洗玉爵獻卿」至「皆以齒」者，謂獻卿大夫士及有司等。其爵雖同，皆長者在先，故云「皆以齒」。又曰：此據備九獻之禮者，至主人酳尸，故「尸飲五」也。凡祭三獻，裸用鬱鬯，尸祭奠而不飲。朝踐二獻，饋食二獻，及食畢，主人酳尸，此等皆尸飲之，故云尸飲五。於此之時以獻卿，獻卿之後，乃主婦酳尸。酳尸畢，賓長獻尸，是尸飲七也。乃瑶爵獻大夫，是正九獻禮畢。但初二裸不飲，故云「尸飲七」。自此以後，賓長兄弟更爲加爵，尸又飲二，是并前尸飲九，主人乃散爵獻士及羣有司也。此謂上公九獻，故以酳尸之一獻，爲尸飲五也。若侯伯七獻，朝踐饋食時各一獻，食訖酳尸，但尸飲三也。子男五獻，食訖酳尸，尸飲一。云「大夫士祭三獻而獻賓」者，欲明諸侯獻賓時節與大夫士獻賓不同，知大夫士祭三獻而獻賓者，特牲禮文。下大夫不賓尸，與士同，亦三獻而獻賓。知者，有司徹文。其上大夫別行賓尸之禮，與此異也。○祭統

右獻數

大祝：掌六祝之辭，以事鬼、神、示，祈福祥，求永貞：一曰順祝，二曰年祝，三曰吉祝，四曰化祝，五曰瑞祝，六曰筴祝。六祝，之秀反。○永，長也。貞，正也。求多福，歷年得正命也。

鄭司農云：順祝，順豐年也。年祝，求永貞也。吉祝，祈福祥也。化祝，弭災兵也。瑞祝，逆時雨、寧風旱也。筴祝，遠罪疾。○遠，于萬反。○疏曰：云「掌六祝之辭」者，此六辭皆是祈禱之事，皆有辭說以告神，故云六祝之辭。云「以事鬼、神、示」者，此六祝皆所以事人鬼及天神地示。云「祈福祥求永貞」者，禱祈者，皆所以祈福祥、求永貞之事。按「一曰」已下，其事有六，「祈福祥」即「三曰吉祝」是也。「求永貞」，「二曰年祝」是也。今特取此二事爲總目者，欲見餘四者亦有此福祥、永貞之事故也。又曰：云「求多福歷年得正命也」者，經「祈福祥求永貞」，祈亦求也。今鄭云「求多福」即經「祈福祥」也，「歷年得正命」即經「求永貞」也。歷年之上宜有求，鄭不言之者，多福之上一求，鄭則該此二事，故鄭歷年之上略不言求。鄭司農云「順祝順豐年」已下，皆約小祝而說。小祝有「順豐年」，此言「順祝」，故知當小祝「順豐年」也。云「年祝，求永貞也」者，以祈永正是命年之事，故知年祝當求永貞也。云「吉祝，祈福祥也」者，以其小祝有「祈福祥」之事，此上總目亦有祈福祥，福祥是吉慶之事，故知「吉祝」當「祈福祥也」。云「化祝，弭災兵也」者，弭，安也。安去災兵，是化惡從善之事，小祝有「弭災兵」，故知「化祝」當之。云「瑞祝，逆時雨、寧風旱也」者，小祝有「逆時雨，寧風旱」，此「逆時雨」即「寧風旱」，「寧風旱」即「逆時雨」，對則異，理則通，此二者似若天之應瑞，故總謂之「瑞祝」。云「筴祝，遠罪疾」者，自此已上，差次與小祝不同，唯有「筴祝」與小祝「遠罪疾」相當，宜爲一也。此六祝有「求永貞」，小祝不言之者，大祝已見，故小祝略不言也。此六祝「一曰順祝」已下，差次與小祝次第不同者，欲見事起無常，故先後有異。作六辭以通上下、親疏、遠近：一曰祠，二曰命，三曰誥，四曰會，五曰禱，六曰誄。鄭司農云：祠當爲辭，謂辭令也。命，論語所謂爲命，裨諶草創之。誥，謂康誥、盤庚之誥之屬也。盤庚將遷於殷，誥其世臣卿大夫，道其先祖之善功，故曰以通上下、親疏、遠近。會，謂王官之伯命事於會，胥命於蒲，主爲其命也。禱，謂禱於天地社稷宗廟，主爲其辭也，春秋傳曰：鐵之戰，衛太子禱曰：「曾孫蒯聵敢昭告皇祖文王、烈祖康叔、文祖襄公：鄭勝亂從，晉午在難，不能治亂，使鞅討之。蒯聵不敢自佚，備持矛焉。敢告無絶筋，無破骨，無面夷，無作三祖羞，大命不敢請，佩玉不敢愛。」若此之屬。誄，謂積累生時德行以賜之命，主爲其辭也，春秋傳曰：孔子卒，哀公誄之曰：「閔天不淑，不憖遺一老，俾屏余一人以在位，嬛嬛予在疚。嗚呼哀哉，尼父！無自律。」此皆有文雅辭令難爲者也。故大祝官主作六辭。或曰誄，論語所謂：「誄曰：禱爾於上下神祇。」杜子春云：誥當爲告，書亦或爲告。玄謂：一曰祠者，交接之辭，春秋傳曰：古者諸侯相見，「號辭必稱先君以相接」，辭之辭也。會，謂會同盟誓之辭。禱，賀慶言福祚之辭。晉趙文子成室，「晉大夫發焉，張老曰：『美哉輪焉，美哉奂焉。歌於斯，哭於斯，聚國族於斯。』文子曰：『武也得歌於斯，哭於斯，聚國族於斯，是全要領以從先大夫於九京也。』北面再拜稽首，君子謂之善頌、善禱。」是禱之辭〔八七〕。○諶，市林反。蒯，苦怪反。聵，五怪反。難，乃旦反。行，下孟反。閔，音旻，武巾反。憖，魚覲反。嬛，求營反。疚，九又反。父，音甫。京，音原。○疏曰：此六者，唯「一曰」稱「辭」，自餘「二日」已下，皆不稱辭，而六事皆以「辭」目之者，二日已下，雖不稱辭、命、誥之等，亦以言辭爲主，故以辭包之。云「以通上下、親疏、遠近」者，此六辭之中皆兼包父祖子孫，上則疏而遠，下則親而近，故云以通上下、親疏、遠近也。又曰：先鄭破祠爲辭，謂辭令者，以其目云六辭，明知爲言辭之字，不得爲禱祠。言爲辭令者，則玄謂增成之，云交接之辭是也。云「命謂論語所謂爲命裨諶草創之誥謂康誥盤庚之誥之屬也」者，盤庚雖不言誥，亦是誥臣遷徙之事，故同爲誥。又云「盤庚將遷於殷誥其世臣卿大夫道其先祖之善功」者，即盤庚云「乃祖乃父，世選爾勞」是也。此命誥之義，後鄭從之。云「會，謂王官之伯，命事於會。胥命於蒲，主爲其命也」者，後鄭不從之者，按公羊傳云：「胥命者何？相命也。何言乎相命？近正也。此其爲近正奈何？古者不盟，結言而退。」又見昭四年楚椒舉云：「商湯有景亳之命」，周穆王「有塗山之會。」以此觀之，胥命於蒲與會有異，今先鄭以胥命解會，於義不可，故不從。云「禱，謂禱於天地、社稷、宗廟，主爲其辭也」，又引春秋鐵之戰，事在哀二年。按哀二年衛靈公卒，六月乙酉，晉趙鞅納衛太子於戚。秋八月，齊人輸范氏粟，鄭子姚、子般送之，趙鞅禦之，衛太子爲右，衛爲太子禱而爲此辭。言「曾孫」者，凡祭外神，皆稱曾孫。言「昭告於皇祖文王」，皇，君也。衛得立文王廟，故云君祖文王。烈祖康叔者，衛之始封君，有功烈之祖。云「鄭勝亂從」者，勝，鄭伯名，助范氏亂，故云亂從。云「晉午在難」者，午，晉定公名。范氏等作亂，與君爲難，故云在難。云「備持矛焉」者，蒯聵與趙鞅爲車右，車右執持戈矛，故云備持矛焉。云「無作三祖羞」者，三祖謂文王、康叔、襄公，戰不克，則以爲三祖羞辱。先鄭此義，後鄭皆不從之者。此六辭，皆爲生人作辭，無爲死者之事，故不從。云「誄，謂積累生時德行以賜之命，而引春秋傳曰」者，哀公十六年傳辭，此義後鄭從之。引論語者，爲孔子病，子路請禱，孔子問曰：「有諸？」子路對此辭。生人有疾亦誄，列生時德行而爲辭，與哀公誄孔子意同，故引以相續。「玄謂一曰辭」者，司農云「謂辭令」，無所指斥，故後鄭相事而言。引「春秋傳曰」者，按莊四年公羊傳云：「古者諸侯必有會聚之事，相朝聘之道，號辭必稱先君以相接。」是此之辭也。彼無「相見」二字，鄭以義增之。云「會，謂會同盟誓之辭」，會中兼有誓盟者，以其盟時皆云「公會某侯，某侯盟於某」，以此出會中含有盟，其誓必因征伐。按春秋征伐，皆云「公會某侯，某侵某」，既有士卒，當有誓辭，故出會中兼有誓也。云「禱，賀慶言福祚之辭」者，破先鄭禱鬼神之事。云「晉趙文子成室」者，禮記檀弓文。按彼文云：「晉獻文子成室。」鄭注云：獻猶賀也。晉君賀文子成室，此言晉趙文子成室，引文略，趙文子則趙武也。晉大夫發焉，見文子室成，卿大夫皆發幣以往慶賀之。張老者，亦晉大夫。云「美哉輪焉」者，謂輪囷高大。云「美哉奐焉」者，謂奐爛有文章。云「歌於斯」者，斯，此也，謂作樂饗宴之處。云「哭於斯」，謂死於適寢之處。「聚國族於斯」，謂與族人飲食宴之處。張老言此者，譏其奢泰，一室兼此數事，防其更爲。云「文子曰武也」者，武，文子名，謂武得歌於斯，哭於斯，聚國族於斯，是全要領以從先大夫於九京也。古者有要斬、領斬，故要、領並言。按彼注，九京當爲九原，晉卿大夫之墓地在九原。故言以從先大夫於九原。云「北面再拜稽首」者，平敵相於並列則頓首，臣於君作稽首，今文子作稽首者，時晉君在焉，北面向君拜，故作稽首。云「君子謂之善頌善禱」者，君子謂知禮之人，彼注云：「善頌，謂張老之言。善禱，謂文子之言。」云「是禱之辭」者，是經禱之辭也。此六者，皆以辭解之。辨六號：一曰神號，二曰鬼號，三曰示號，四曰牲號，五曰齍號，六曰幣號。號，謂尊其名，更爲美稱焉。神號，若云皇天上帝。鬼號，若云皇祖伯某。祇號，若云后土地祇。幣號，若玉云嘉玉，幣云量幣。鄭司農云：牲號，爲犧牲皆有名號，曲禮曰：「牛曰一元大武，豕曰剛鬣」，「羊曰柔毛，雞曰翰音。」粢號，謂黍稷皆有名號也，曲禮曰：「黍曰香合，粱曰香萁」，「稻曰嘉蔬。」少牢饋食禮曰：「敢用柔毛剛鬣。」士虞禮曰：「敢用絜牲剛鬣，香合。」○大武，如字，一音太。蔬，所魚反，一音蘇。○疏曰：云「號謂尊其名，更爲美稱焉」者，謂若尊天地人之鬼神示，不號爲鬼神示，而稱皇天后土及牲幣等，皆別爲美號焉。云「神號若云皇天上帝」者，月令季夏云：「以養犧牲」，「以供皇天上帝。」皇天謂北辰耀魄寶，上帝謂太微五帝。云「鬼號若云皇祖伯某」者，謂若儀禮少牢、特牲祝辭稱皇祖伯某。云「祇號若云后土地祇」者，左氏傳云：君戴皇天而履后土。地祇謂若大司樂云：「若樂八變」，「地祇皆出。」云「幣號若玉，云嘉玉。幣，云量幣」，此並曲禮文。經無玉號，鄭兼言玉者，祭祀禮神有玉，曲禮亦有玉號。按小行人：合六幣，圭以馬，璋以皮。玉得與幣同號，故鄭兼言玉也。先鄭云「牲號爲犧牲，皆有名號」，引曲禮曰「牛曰一元大武」者，鄭彼注：「元，頭也。武，迹也。」一頭大迹。「豕曰剛鬣」者，豕肥則鬃鬣剛强。「羊曰柔毛」者，羊肥則毛柔。「潤雞曰翰音」者，翰，長也。音，鳴也。謂長鳴雞。「齍號」謂黍稷皆有名號，引曲禮「黍曰香合」者，言此黍香合以爲祭。云「粱曰香萁」者，鄭注云：「萁，辭也。」言此粱香可祭。云「稻曰嘉蔬」者，言稻下萊地所生。嘉，善也。蔬，草也。言此稻善蔬草可祭。云「少牢饋食禮云敢用柔毛剛鬣」者，大夫少牢祭，故號此二牲。云「士虞禮曰敢用絜牲剛鬣」者，士祭用特豕，故號一牲。言「香合」者，據曲禮黍之號也，故彼鄭注云：「黍也，大夫士於黍稷之號，合言普淖而已。」此言香合，蓋記者誤耳。此連引之耳，無所取證。此士虞記文而云禮者，記亦是禮。○春官○君天下曰「天子」。踐阼，臨祭祀：内事曰「孝王某」，外事曰「嗣王某」。皆祝辭也。唯宗廟稱孝，天地社稷，祭之郊内，而曰嗣王，不敢同内外。○疏曰：踐，履也。阼，主人階也，天子祭祀升阼階。又曰：履主階行事，故云「踐阼」也。「臨祭祀」者，謂天子臨郊廟之祭祀也。「内事曰孝王某」者，内事宗廟是事親事，親宜言孝，故升阼階祭廟，則祝辭云「孝王某」，某爲天子名也。「外事曰嗣王某」者，外事郊社也，天地尊遠，不敢同親云孝，故云「嗣王某」，言此王繼嗣前王而立也。又曰：天子以四郊爲外，圜丘方澤、明堂社稷皆在郊内，應稱孝。而猶同外辭曰「嗣王」者，尊天地，雖祭之郊内，猶從外辭。崔靈恩云：天地社稷是外神，而祭之郊内，不敢外之。今按鄭注云「而曰嗣王，不敢同外内」，則是唯於嗣王稱有外内，不關祭祀之處。崔所云天地祭之在内不敢外，恐非鄭義。注謂「不敢同外内」者，若宗廟之祭從内事之例，而祭辭稱孝，若凡常山川并岳瀆之神，祭之在外之例而辭稱嗣，是在内從内辭，在外從外辭。今天地社稷既尊，不敢同外内之例，雖祭之在内而用外辭，天地是尊，不敢同外内之常例也。○曲禮下○諸侯臨祭祀，内事曰「孝子某侯某」，外事曰「曾孫某侯某」。稱國者遠辟天子。○疏曰：「某侯某」者，若言齊侯、衛侯下某是名，若伯、子、男則云曹伯、許男某也。「外事」，謂社稷、山川在封内者也。天子外事言嗣王某，諸侯不得稱嗣侯，但稱曾孫。所以然者，天子尊，謂能繼天德而立也。諸侯無德，不繼嗣爲侯，故不云嗣，但是父祖重孫，故言曾孫也。○曲禮下○祭稱孝子、孝孫，喪稱哀子、哀孫。各以其義稱。○疏曰：祭，吉祭也，謂自卒哭以後之祭也。吉則申孝子心，故祝辭云「孝」也，或子或孫，隨其人也。「喪」，謂自虞以前祭也。哀痛未申，所以稱「哀」。故士虞禮稱哀子，而卒哭乃稱孝子也。○雜記上○祭王父曰「皇祖考」，王母曰「皇祖妣」，父曰「皇考」，母曰「皇妣」，夫曰「皇辟」。更設稱號，尊神異於人也。皇，君也。考，成也。言其德行之成也。妣之言媲也，媲於考也。辟，法也，妻所取法也。○行，下孟反。媲，普計反。○疏曰：「王父」至「皇辟」，此更爲神設尊號，亦廣其義也。王父，祖父也。皇，君也。考，成也。此言祖有君，德已成之也。「王母曰皇祖妣」者，王母，祖母也。妣，媲也。言得媲匹於祖也。「父曰皇考、母曰皇妣」者，義如上祖父母也。「夫曰皇辟」者，辟，法也。夫是妻所取法如君，故言君法也。又曰：「皇，君也」，「考，成也」，「辟，法也」，皆釋詁文也。○曲禮下○凡祭宗廟之禮，牛曰一元大武，豕曰剛鬣，豚曰腯肥，羊曰柔毛，雞曰翰音，犬曰羹獻，雉曰疏趾，兔曰明視，脯曰尹祭，槁魚曰商祭，鮮魚曰脡祭，水曰清滌，酒曰清酌，黍曰薌合，粱曰薌萁，稷曰明粢，稻曰嘉蔬，韭曰豐本，鹽曰鹹鹺，玉曰嘉玉，幣曰量幣。腯，徒忽反。翰，户旦反。鮮，音仙。脡，他頂反。薌，音香。萁，音基。鹺，才何反。量，音亮，又音良。○號牲物者，異於人用也。元，頭也。武，迹也。腯，亦肥也。春秋傳作腯，腯，充貌也。翰，猶長也。羹獻，食人之餘也。尹，正也。商，猶量也。脡，直也。萁，辭也。嘉，善也。稻，菰蔬之屬也。豐，茂也。大鹹曰鹺。今河東云：幣，帛也。○疏曰：此一節論祭廟牲幣告神之法。凡祭者，謂貴賤悉然。「牛曰一元大武」者，元，頭也。武，迹也。牛若肥則脚大，脚大則跡痕大，故云「一元大武」也。「豕曰剛鬣」者，豕肥則毛鬣剛大也。王云：剛鬣，言肥大也。「豚曰腯肥」者，腯即充滿貌也。「羊曰柔毛」者，若羊肥，則毛細而柔弱，故王云：柔毛言肥澤也。「雞曰翰音」者，翰，長也，雞肥則其鳴聲長也。「犬曰羹獻」者，人將所食羹餘以與犬，犬得食之肥，肥可以獻祭於鬼神，故曰「羹獻」也。「雉曰疏趾」者，趾，足也。雉肥則兩足開張，趾相去疏也。音義隱云：「雉之肥則足疏。」故王云：足開疏也。「兔曰明視」者，兔肥則目開而視明也，故王云：目精明皆肥貌也。然自牛至兔凡有八物，唯有牛云一頭，而豕以下不云數者，皆從其所用而言數也，則並宜云若干也。雞雉爲膳及腊則不數也。「脯曰尹祭」者，尹，正也，裁截方正而用之，祭一通云正，謂自作之也，脯自作則知肉之所用也。論語云：「沽酒市脯不食。」言其不正也。「槁魚曰商祭」者，槁，乾也。商，量也。祭用乾魚，量度燥濕得中而用之也。「鮮魚曰脡祭」者，脡，直也，祭有鮮魚。必須鮮者，煮熟則脡直，若餒則敗碎不直。「水曰清滌」者，古祭用水當酒，謂之玄酒也。而云清滌，言其甚清皎潔也，樂記云「尚玄酒」是也。「酒曰清酌」者，酌，斟酌也，言此酒甚清徹可斟酌。當爲三酒，未必爲五齊。「黍曰薌合」者，夫穀秫者曰黍秫，既軟而相合，氣息又香，故曰「薌合」也。「粱曰薌萁」者，粱謂白粱、黄粱也。萁，語助也。「稷曰明粢」者，稷，粟也。明，白也。言此祭祀明白粢也。鄭注甸師云：「粢，稷也。」爾雅云：「粢，稷也。」注：「今江東人呼粟爲粢。」隋秘書監王劭勘晉、宋古本，皆無「稷曰明粢」一句，立八疑十二證，以爲無此一句爲是。今尚書云：「黍稷非馨。」詩云：「我黍與與，我稷翼翼，爲酒爲食，以享以祀。」然則黍稷爲五穀之主，是粢盛之貴。黍既別有異號，稷何因獨無美名。爾雅又以粢爲稷，此又云「稷曰明粢」，正與爾雅相合。又士虞禮云：「明齊溲酒。」鄭注云：「或曰：明齊當爲明視，謂兔腊也。今文曰明粢，粢，稷也。皆非其次也。」如鄭言，云

「皆非其次」，由曲禮有明粢之文，故注儀禮云：「非其次。」王劭既背爾雅之説，又不見鄭玄之言，苟信錯書，妄生同異，改亂經籍，深可哀哉。又曰：「元，頭也」，按釋詁文：「元，首。」首則頭也。「武，迹也」，釋訓文。春秋傳作「腯」者，桓六年左傳云「博碩肥腯」是也。云「羹獻食人之餘也」者，周禮槀人云「掌豢祭祀之犬」是也。「尹，正也」、「嘉，善也」，釋言文。此等諸號若一祭並有，則舉其大者。牲牢酒齊而言，不應諸事皆道，故少牢禮稱「敢用柔毛剛鬣、嘉薦普淖」是也。或唯有犬雞，或魚兔及水酒韭鹽之祭，則各舉其美號，故此經備載其名。必知然者，按士虞禮祝辭云「尹祭」，鄭注云：「尹祭，脯也。大夫士祭無云脯者。今不言牲號而云尹祭，亦記者誤矣。」如鄭此言，明單用脯者稱尹祭，以此推之，餘亦可知也。○曲禮下

右祝號○記：凡祭不諱，廟中不諱。謂祝嘏之辭中有先君之名者也。凡祭，祭羣神。廟中，上不諱下。○疏曰：「凡祭不諱，廟中不諱」者，謂祝嘏之辭中有先君名者也。「羣神」，謂社稷山川百神也。祝嘏辭中有先君之名，不諱之也。「廟中上不諱下」者，若有事於祖，則不諱父也。有事於父，則諱祖。○玉藻○后稷之祀易富也，其辭恭，其欲儉，其禄及子孫。易，以豉反。○富之言備也。以傳世之禄，共儉者之祭易備也。○傳，丈專反。共，音恭。○疏曰：「后稷之祀易富也」者，富，備也。后稷乃帝嚳之子，世有禄位，又祭祀恭儉。以世禄之饒，共儉薄之祭，故易豐備也。「其禄及子孫」者，以后稷祭祀其辭恭敬，其欲節儉，神之降福，故禄及子孫。詩曰：「后稷兆祀，庶無罪悔，以迄于今。」兆四郊之祭處也。迄，至也。言祀后稷於郊以配天，庶幾其無罪悔乎？福禄傳世，

以至於今。○疏曰：「后稷兆祀」者，是大雅生民之篇，美成王尊祖配天，所以尊后稷配天者。以后稷生存之時，於四郊之兆域祭祀於天，而事皆合禮，庶幾無罪過悔恨，故迄至於今文武之時，而王有天下。○表記○隨季梁曰：「夫民，神之主也，言鬼神之情，依民而行。○疏曰：鬼神之情依人而行，故云「夫民，神之主也」。以民和乃神說，故聖王先成其民，而後致力於神。言養民使成就，然後致孝享，由是告神之辭各有成百姓之意，祭之所用，有牲、有食、有酒耳。聖人文飾辭義，爲立嘉名以告神，季梁舉其告辭，解其告意。故奉牲以告神曰「博碩肥腯」者，非謂所祭之牲廣大肥充而已，乃言民之畜産盡肥充，皆所以得博碩肥腯者，由四種之謂，故又申說四種之事。四謂者：第一，謂民力普遍安存，故致第二，畜之碩大滋息，民力普存所以致之者。由民無勞役，養畜以時，故六畜碩大，蕃多滋息。民力普存，又致第三，不有疾病疥癬。所以然者，由民力普存，身無疲苦，故所養六畜飲食以理，埽刷依法，故皮毛身體無疥癬疾病。民力普存又致第四，備腯咸有。所以然者，由民力普存，人皆逸樂，種種養畜，羣牲備有也。奉盛以告神曰「絜粢豐盛」者，非謂所祭之食絜淨豐多而已，乃言民之糧食盡豐多也。言豐絜者，謂其春、夏、秋三時農之要節，爲政不害於民，得使盡力耕耘，自事生産，故百姓和而年歲豐也。奉酒醴以告神曰「嘉栗旨酒」者，非謂所祭之酒栗善味美而已，乃言百姓之情，上下皆善美也。言嘉德者，謂其國内上下羣臣及民皆有善德，而無違上之心。若民心不和，則酒食腥穢。由上下皆善，故酒食馨香，非言酒食馨香無腥膻臭穢，乃謂民德馨香，無讒諛邪惡也。所謂馨香，總上三者，由是三者，將説神心，先和民志。故務其三時，使農無廢業，修其五教，使家道協和，親其九族，使內外無怨，然後致其絜敬之祀於神明矣。於是民俗大和而神降之福，故動則有成，戰無不克。今民各有心，或欲從主，或欲叛君，不得爲無違上之心，而鬼神乏主，百姓飢餒，民力彫竭，不得爲年歲豐也。民既不和，則神心不説，君雖獨豐，其何福之有？神所不福，民所不與，以此敵大，必喪其師。君且修政，撫其民人，而親兄弟之國，以爲外援，如是，則庶幾可以免於禍難也。告牲肥碩，言民畜多，告粢豐絜，言民食多，告酒嘉旨，不言民酒多，而言民德善者。酒之與食，俱以米粟爲之，於盛已言年豐，故於酒變言嘉德，重明民和之意。是以聖王先成民，而後致力於神。故奉牲以告曰『博碩肥腯』，謂民力之普存也，博，廣也。碩，大也。謂其畜之碩大蕃滋也，謂其不疾瘯蠡也，謂其備腯咸有也；畜，許六反，下皆同。蕃，音煩。瘯，七本反，本又作蔟，音同。蠡，力果反，説文作瘰，云：「瘯瘰，皮肥也。」○雖告神以博碩肥腯，其實皆當兼此，謂民力適完，則六畜既大而滋也，皮毛無疥癬，兼備而無有所闕。○疥，音界。癬，息淺反，説文云：「乾瘍。」○疏曰：劉炫云：杜以博碩肥腯據牲體而言。季梁推出此理，嫌其不實，故云其實皆當兼此。民力普存，謂民力適完，則得生養六畜，故六畜既大而滋息也。博碩，言其形狀大。蕃滋，言其生乳多。碩大蕃滋，皆複語也。瘯蠡，畜之小病，故以爲疥癬之疾也。不疾者，猶言不患此病也。奉盛以告曰『絜粢豐盛』，謂其三時不害而民和年豐也；三時，春、夏、秋。奉酒醴以告曰『嘉栗旨酒』，嘉，善也。栗，謹敬也。○疏曰：「嘉，善」，釋詁文也。杜訓栗爲謹敬，言善敬爲酒。按詩「實穎實栗」與田事相連，故栗爲穗貌。此栗與嘉善旨酒相類，故栗爲謹敬之心，即論語云「使民戰栗」，與此相似。劉炫以栗爲穗貌而規杜過，於理恐非。謂其上下皆有嘉德，而無違心也，所謂馨香無讒慝也。慝，他得反。○馨，香之遠聞。○聞，音問，又如字。故務其三時，脩其五教，父義、母慈、兄友、弟恭、子孝。○疏曰：父母於子並爲慈，但父主教訓，母主撫養。撫養在於恩愛，故以慈爲名。教訓愛而加教，故以義爲稱。義者，宜也，教之義，方使得其宜。弟之於兄亦宜爲友，但兄弟相於乃有長幼尊卑，故分出其弟使之爲共，言敬其兄而友愛。親其九族，以致其禋祀，禋，音因。○禋，絜敬也。九族，謂外祖父、外祖母、從母子及妻父、妻母、姑之子、姊妹之子、女子之子并己之同族，皆外親有服而異族者也。○九族，杜釋與孔安國、鄭玄不同。○疏曰：釋詁云：「禋，敬也。」故以禋爲絜敬。隱十一年注云：「絜齊以享謂之禋。」意亦與此同也。漢世儒者說九族有二：異義：「今禮戴、尚書歐陽說：九族，乃異姓有屬者。父族四：五屬之内爲一族，父女昆弟適人者與其子爲一族，己女昆弟適人者與其子爲一族，己之女子子適人者與其子爲一族；母族三：母之父姓爲一族，母之母姓爲一族，母女昆弟適人者與其子爲一族；妻族二：妻之父姓爲一族，妻之母姓爲一族。古尚書說：九族者，從高祖至玄孫凡九，皆同姓。謹按禮緦麻三月以上恩之所及，禮爲妻父母有服，明在九族中，九族不得但施於同姓。」鄭駁云：「玄之聞也：婦人歸宗，女子雖適人，字猶繫姓，明不得與父兄爲異族，其子則然。昏禮請期辭曰：『唯是三族之不虞。』欲及今三族未有不億度之事而迎婦也。如此，所云三族，不當有異姓，異姓其服皆緦。禮雜記下緦麻之服不禁嫁女取婦，是爲異姓不在族中明矣。周禮小宗伯：『掌三族之别名。』喪服小記說族之義曰〔八八〕：『親親以三爲五，以五爲九。』以此言之，知高祖至玄孫昭然察矣。」是鄭從古尚書説，以九族爲高祖至玄孫也。此注所云，猶是禮戴、歐陽等説，以鄭玄駁云女子不得與父兄爲異族，故簡去其母，唯取其子，以服重者爲先耳。其意亦不異也，不從古學與鄭説者。此言「親其九族」，詩刺「不親九族」，必以九族者疏遠，恩情已薄，故刺其不親，而美其能親耳。高祖至父，己之所禀承也；子至玄孫，己之所生育也。人之於此，誰或不親而美其能親也。詩刺棄其九族，豈復上遺父母，下棄子孫哉？若言棄其九族，謂棄其出高祖、出曾祖者，然則，豈亦棄其出曾孫、出玄孫者乎？又鄭玄爲昏必三十而娶，則人年九十始有曾孫，其高祖、玄孫無相及之理，則是族終無九，安得九族而親之？三族、九族，族名雖同，而三、九數異。引三族以難九族，爲不相值矣。若緣三及九，則三、九不異。設使高祖喪，玄孫死，亦應不得爲昏禮，何不言九族之不虞也？以此知九族皆外親有服而異族者也。於是乎民和而神降之福。」桓公六年春秋左氏傳○楚子木問於趙孟曰：「范武子之德何如？」士會賢，聞於諸侯，故問之。○聞，音問，又如字。對曰：「夫子之家事治，言於晉國無隱情，其祝史陳信於鬼神無愧辭。」祝陳馨香，德足副之，故不愧。子木歸以語王曰：「尚矣哉！語，魚據反。○尚，上也〔八九〕。能歆神人，歆，享也。使神享其祭，人懷其德。宜其光輔五君以爲盟主也。」五君，謂文、襄、靈、成、景。○疏曰：晉語：訾祐對范宣子曰：武子佐文、襄，諸侯無貳心，爲卿，以輔成、景，軍無敗政。及爲元帥，居太傅，國無奸民，是以受隨、范。是其光輔五君也。服虔云：文公爲戎右，襄、靈爲大夫，成公爲卿，景公爲太傅。○襄公二十七年春秋左氏傳

鬱人：大祭祀，與量人受舉斝之卒爵而飲之。斝，受福之嘏，聲之誤也。王酳尸，尸嘏王，此

其卒爵也。少牢饋食禮：主人受嘏，詩懷之，卒爵，「執爵以興，出。宰夫以籩受嗇黍，主人嘗之」，乃還獻祝。此鬱人受王之卒爵，亦王出房時也。必與量人者，鬱人贊祼尸，量人制從獻之脯燔，事相成。○燔，音煩。○疏曰：此大祭祀云「受嘏」，謂祭宗廟者也。云「與量人受舉斝之卒爵而飲之」者，謂王酳尸後，尸嘏王之節也。又曰：鄭知斝是受福之嘏，非天子奠斝般爵名者，按郊特牲云：「舉斝角，詔妥尸。」其時無鬱人、量人受爵飲之法，唯有受嘏時受王卒爵飲之禮，故破斝爲受福之嘏也。云「王酳尸，尸嘏王，此其卒爵也」者，此約少牢、特牲禮，故鄭即引少牢以爲證也。云「少牢饋食禮主人受嘏，詩懷之，卒爵」者，天子諸侯祭有二灌、朝踐饋獻、大名、二獻之事，乃有陰厭、迎尸入户、尸食訖王酳尸。大夫士無饋獻已前之事，直有陰厭已後酳尸之事。天子諸侯祭禮亡，故陰厭已後取少牢、特牲續之。今獻鬱人、量人之節，當大夫獻祝及佐食之時。云「主人受嘏，詩懷之」者，謂陰厭後迎尸入，升席坐，尸食訖，主人酳尸，尸酢主人在尸東，西面受尸酢時，尸命祝嘏主人以大福，遂以黍稷肺授主人。詩，承也，主人承之，納於懷中，挂於季指，乃拜而飲，卒爵也。云「執爵以興，出，宰夫以籩受嗇黍」者，嗇黍即所斂聚黍稷肺授之者也。云「主人嘗之，乃還獻祝。此鬱人受王之卒爵，亦王出房時也」者，大夫士有獻祝及佐食，無獻鬱人、量人法，天子有獻鬱人、量人之禮〔九〇〕，無獻祝及佐食之事，但其節同，故引爲證也。云「必與量人者，鬱人贊祼尸」者〔九一〕，即上文贊祼事、詔祼將之儀是也。云「量人制從獻之脯燔」者，按量人云：「凡祭祀饗賓，制其從獻脯燔之數量。」是也。云「事相成」者，前祼後獻，祭事乃成，故云事相成也。○春官○量人：凡宰祭，與鬱人受斝，歷而皆飲之。量，音亮。○言宰祭者，冢宰佐王祭，亦容攝祭。

鄭司農云：斝，讀如嫁娶之嫁，是器名。明堂位曰：「爵，夏后氏以琖，殷以斝，周以爵。」玄謂：斝，讀如嘏尸之嘏。宰，冢宰。○疏曰：云「凡宰祭」者，冢宰攝祭非一，故云「凡」也。又曰：鄭云「冢宰佐王祭，亦容攝祭」者，義得兩含。按大宗伯云：「若王不與祭祀，則攝位〔九二〕。」注云：「王有故，代行其祭祀。」重掌者。此據宗伯亦有故，則冢宰攝之。先鄭云「斝，讀如嫁娶之嫁」，直取音同。引明堂位者，證斝是器名。周獻用玉爵，無用斝，故後鄭云「斝，讀如嘏尸之嘏」，讀從少牢「尸嘏主人」。郊特牲云：「嘏者，長也、大也。」謂使主人受長大之福，疏已具於鬱人職，但此有歷字者，謂鬱人與量人歷皆飲之也。○夏官

右受爵

肆師：嘗之日，涖卜來歲之芟。芟，色銜反。○芟，芟草除田也。古之始耕者，除田種穀。嘗者，嘗新穀。此芟之功也。卜者，問後歲宜芟不。詩云：「載芟載柞，其耕澤澤。」○柞，側百反。○疏曰：秋祭曰嘗，以其物新熟可嘗，而爲祭名也。正當嘗祭日，肆師涖卜來歲之芟者，以其餘事卜，則大宗伯涖卜，或大卜涖卜。此及下三事，皆肆師涖卜也，則陳龜、貞龜、命龜、視高、作龜使卜師、卜人之等爲之。又曰：芟，芟草，對柞是殺木。引詩者，欲見載芟即此經芟也。云「載柞」者，柞是除木，於經雖無所當，欲見有草則芟之，有木則柞之，皆是治田以稼穡，故并言之也。云「其耕澤澤」者，既除草木，則耕之澤澤和柔也。獮之日，涖卜來歲之戒。獮，息淺反。○秋田爲獮，始習兵戒不虞也。卜者，問後歲兵寇之備。○疏曰：謂肆師正當出獮田之日，則卜來歲之戒不虞之事。又曰：「秋田曰獮」，大司馬職文。云「始習兵戒不虞」者，鄭解不於春芟夏苗涖卜來歲之戒，必於秋獮之日爲戒者，以其春教振旅，夏教茇

舍，非正習兵。秋，教治兵之日，故於是戒不虞也。言「不虞」者，虞，度也，以兵寇之事來否不可億度，當豫戒備之，故鄭云卜者，問後歲兵寇之備也。社之日，涖卜來歲之稼。社，祭土爲取財焉。卜者，問後歲稼所宜。○疏曰：類上文嘗獮是秋，則此社亦是秋祭社之日也。言「涖卜來歲之稼」者，祭社有二時，謂春祈秋報。報者，報其成熟之功。今卜者，來歲亦如今年宜稼，以不但春稼秋穡，不言穡而言稼者，秋穡由於春稼，故據稼而言之。又曰：按郊特牲云：「社祭土而主陰氣也。」「取財於地，取法於天。」又孝經緯云：「社者，五土之總神。」故云社祭土而取財焉。○春官

右預卜

膳夫：凡王祭祀，則徹王之胙俎。膳夫親徹胙俎[九三]，胙俎最尊也，其餘則其屬徹之。○疏曰：凡王祭祀，謂祭宗廟。有胙俎者，謂若特牲、少牢主人受尸酢，尸東西面，設主人俎於席前，王受尸酢，禮亦當然。又曰：云「膳夫親徹胙俎，胙俎最尊也」者，以其胙者，酢也。王與尸相答酢，故遣膳夫親徹。云「其餘則其屬徹之」者，以其經膳夫徹王之胙俎，明非王胙俎則其屬徹之可知。膳夫是上士，則其屬中士已下是也。○天官○小祝：大祭祀，贊徹。疏曰：云「贊徹」者，大祝云：「既祭，命徹。」諸宰君婦徹時，小祝贊之。○春官○小子：祭祀，受徹。疏曰：云「受徹」者，謂祭畢，諸宰君婦廢徹之時，則此官受之。○夏官○凡祭於公者，必自徹其俎。臣不敢煩君使也。大夫以下，或使人歸之祭於公，助祭於君也。○君使，色吏反。○疏曰：此謂士助君祭也。若大夫以上，則君使人歸之於俎。而禮本並云：大夫以下，或使人歸之。是鄭因君以明臣。言大夫以下，自祭其廟，則使人歸賓俎，故曾子問

云攝主不歸俎，明正主則歸也。○曲禮上

右徹

右送尸

小祝：大祭祀，送尸。疏曰：送尸者，謂祭末送尸而出。○春官

大宗伯：以脤膰之禮親兄弟之國。脤，上忍反。膰，音煩。○脤膰，社稷宗廟之肉，以賜同姓之國，同福禄也。兄弟，有共先王者。魯定公十四年，「天王使石尚來歸脤」。○疏曰：「兄弟之國」，謂同姓諸侯，若魯、衛、晉、鄭之等。凡受祭肉者，受鬼神之祐助，故以脤膰賜之，是親之同福禄也。鄭總云「脤膰，社稷宗廟之肉」，分而言之，則脤是社稷之肉，膰是宗廟之肉。是以成十三年，「公及諸侯朝王，遂從劉康公、成肅公會晉侯伐秦。成子受脤於社，不敬。」注云：「脤，宜社之肉也，盛以蜃器，故曰脤。」劉子曰：「國之大事，在祀與戎。祀有執膰，戎有受脤。」注云：「膰，祭肉。」又按異義：左氏説：「脤，社祭之肉，盛之以蜃。宗廟之肉名曰膰。」以此言之，則宗廟之肉曰膰，社稷之肉曰脤之驗也。而公羊、穀梁皆云：「生居俎上曰脤，熟居俎上曰膰。」非鄭義耳。對文脤爲社稷肉，膰爲宗廟肉，其實宗廟社稷器皆飾用蜃蛤，故掌蜃云：「祭祀，共蜃器之蜃。」注云：「飾祭器。」是其祭器皆飾以蜃也。云「兄弟有共先王」者，謂若魯與周，同承文王；鄭與周，同承厲王。如此之輩與周同立廟，是共先王也。云「定公十四年，天王使石尚來歸脤」者，石尚，天子之上士，故稱名氏。言來者，自外之辭。歸者，不反之稱。是天子祭社使來歸脤，引之，證同姓有歸脤之事。此文雖主兄弟之國，至於二王後及異姓有大功者，得與兄弟

之國同，故僖九年，夏王使宰孔賜齊侯胙，曰：「天子有事於文、武，使孔賜伯舅胙。」注云：「胙，膰肉。」周禮以脤膰之禮親兄弟之國，不以賜異姓，敬齊侯，比之賓客。又僖公二十四年，「宋成公如楚，還入於鄭，鄭伯將享之，問禮於皇武子，對曰：宋，先代之後也，於周爲客，天子有事膰焉，有喪拜焉。」是二王後及異姓有大功者，亦得脤膰之賜，是以大行人直言「歸脤以交諸侯之福」，不辨同姓異姓，是亦容有非兄弟之國亦得脤膰也。○春官○大行人：歸脤以交諸侯之福。交，或往或來者也。○疏曰：云「交，或往或來者也」者，欲見臣有祭祀之事，亦得歸胙於王，故玉藻云臣致「膳於君，有葷桃茢」是也。按宗伯云：脤膰本施同姓，尊二代之後亦得之。故僖二十四年，「宋成公如楚，還入鄭，鄭伯將享之，問禮於皇武子，對曰：『宋，先代之後也，於周爲客，天子有事膰焉，有喪拜焉。』」僖九年，「王使宰孔賜齊侯胙，曰：『天子有事於文武，使孔賜伯舅胙。』」注云：「周禮『脤膰之禮，親兄弟之國』，不以賜異姓，尊齊侯，客之若先代之後。」是其事也。此言脤，不言膰，文不具。○秋官○都宗人：掌都祭祀之禮，凡都祭祀，致福于國。都或有山川，及因國無主，九皇六十四民之祀，王子弟則立其祖王之廟。其祭祀，王皆賜禽焉。主其禮者警戒之，糾其戒具，其來致福，則帥而以造祭僕。○疏曰：知都有山川者，見祭法云：山川丘陵，能興雲雨。「諸侯在其地則祭，無其地則不祭。」都祀畿内諸侯，明亦祭境内山川也。云「及因國無主九皇六十四民之祀」者，按王制云：「天子諸侯祭，因國之在其地而無主後者。」注云：「謂所因之國，先王先公有功德，宜享世祀，今絶無後爲之祭主者。」按史記伏犧已前九皇六十四民，並是上古無名號之君，絶世無後，今宜主祭之也。云「王子弟則立其祖王之廟」者，左氏傳莊二十八年云：邑有先君之主曰都。明天子禮亦然，故知都内王子弟有祖王之廟也。云「其祭祀王皆賜禽焉」者，見祭僕云：「王所不與，則賜之禽，都家亦如之。」玄謂「王所不與，同姓有先王之廟」，是賜禽法。云「其來致福，則帥而造祭僕」，知者，見祭僕云：「凡祭祀致福者，展而受之。」是造祭僕之事。○詳見祭禮總叙。○春官○家宗人：掌家祭祀之禮，凡祭祀致福。大夫采地之所祀與都同。若先王之子孫，亦有祖廟。○疏曰：鄭云大夫采地之所祀者，則家止謂大夫，不通公卿也，故載師職云：家邑「任稍地」，小都「任縣地」，大都「任疆地。」是大夫采地稱家，在三百里之内；卿爲小都，在四百里；公爲大都，在五百里。則上都宗人所主是也。言「所祀與都同」者，據山川九皇六十四民在其地者。云「若先王之子孫亦有祖廟」者，亦如上都宗人，但天子與諸侯禮異。諸侯之卿大夫同姓邑，有先君之主則曰都，無曰邑。天子之臣同姓大夫，雖有先君之主亦曰邑也。此不言凡家祭祀致福於國者，舉都而言，此家從可知。○同上。○

爲人祭曰致福，爲己祭而致膳於君子曰膳，祔練曰告。此皆致祭祀之餘於君子也。攝主言致福，申其辭也。自祭言膳，謙也。祔練言告，不敢以爲福膳也。○疏曰：此一節明致福及膳於君子及所膳牲體之數，謂爲人攝祭而致飲胙於君子也。其致胙將命之辭則曰致福，謂致彼祭祀之福於君子也。「爲己祭而致膳於君子曰膳」者，若己自祭而致胙於君子，則不敢云福而言致膳。膳，善也，言致善味耳。「祔練曰告」者，若己祔祥而致胙，又不敢云福膳，但云告，言以祭胙告君子，使知己祔祥而已。故顔回之喪，饋孔子祥肉是也。凡膳告於君子，主人展之以授使者于阼階之南，使，色吏反。○展，省具也。南面再拜稽首，送反命，主人又再拜稽首。其禮大牢則以牛左肩臂臑折九箇，少牢則以羊左肩七箇，牰豕則以豕左肩五箇。臂，必豉反。臑，奴報反，又奴到反、人於反。牰，大得反。○折斷分之也，皆用左者右以祭也。羊豕不言臂臑，因牛序之可知。○斷，丁管反，又大喚反。分，方云反，又扶問反。○疏曰：「凡膳告於君子」者，結上也。膳，自祭及告祥也。主人展之以授使者於阼階之南，南面再拜稽首。送者，謂初遣使膳告君子之去時也。展，省視，敬君子。主人自省視飲食多少備具而阼階南稽首，拜送使者反命。「主人又再拜稽首」者，使從君子還反，則主人亦再拜稽首，受命亦當在阼階南，南面也。曲禮云：「使者反，必下堂而受命。」是也。其禮大牢，則以牛左肩臂臑折九箇者，明所膳數也〔九四〕。若得大牢祭者，則用牛膳也。周人牲體尚右，右邊已祭，所以獻左也。周貴肩，故用左肩也。「九箇」者，取肩自上斷折之，至蹄爲九段，以獻之也。臂臑，謂肩腳也。「少牢，則以羊左肩七箇」者，若禮得少牢者，則膳羊左肩也，折爲七箇。不云臂臑，從上可知也。然並用上牲，不並備饌，故大牢者唯牛，少牢者唯羊也。「牰豕，則以豕左肩五箇」者，若祭唯特豕亦用豕，左肩亦用五箇以爲膳也。○少儀○祭僕：凡祭祀致福者，展而受之。臣有祭事，必致祭肉於君，所謂歸胙也。展，謂録視其牲體數。體數者，大牢，則以牛左肩臂臑折九箇；少牢，則以羊左肩七箇；特牲，則以豕左肩五箇。○胙，才素反，後同。○疏曰：云「所謂歸胙」者，按左氏傳：麗姬欲譖申生，謂申生曰：齊姜欲食。使大子祭，祭訖，歸胙於公。姬置藥而饋公。是有歸胙之事也。云「體數者，大牢，則以牛左肩臂臑折九箇」已下，並禮記少儀文。凡祭祀，周人尚右，故右胖皆祭，故以左胖致人祭。言大牢，天子大夫已上，少牢謂天子之士，彼注云：羊豕不言臂臑，因牛序之可知。言「肩臂臑折九箇」者，則一體折爲二段，則牲少體不得全自外皆然，以人多故也。皆用前體者，前體貴，故先用也。○夏官○膳夫：凡祭祀之致福者，受而膳之。致福，謂諸臣祭祀，進其餘肉，歸胙於王。鄭司農云：膳夫受之以給王膳。○疏曰：云「凡祭祀」者，言凡，則諸臣自祭家廟，祭訖致胙肉於王，謂之致福。膳夫受之以爲王膳，故云受而膳之。又曰：云「致福者，謂諸臣祭祀，進其餘肉歸胙於王」者，按禮記少儀云：「膳於君子曰膳。」按玉藻：「膳於君葷桃茢。」彼謂諸侯之臣禮。此王之臣亦應云致膳，而云「致福」者，凡祭祀主人受福，若與王受福然，故云致福。知諸臣有致胙法者，按春秋左氏傳昭十六年，子産云祭有「受脤歸脤」，彼注云：「受脤，謂君祭以肉賜大夫。歸脤，謂大夫祭歸肉於公也。」今彼雖據諸侯禮，王之臣致胙亦然，故云「歸胙於王」也。○天官

右致福○傳：定公十四年秋（九五），天王使石尚來歸脤。脤，祭肉，天子祭畢，以之賜同姓諸侯、親兄弟之國，與之共福。脤者何也？俎實也，祭肉也。生曰脤，熟曰膰。其辭石尚，士也。辭，猶書也。何以知其士也？天子之大夫不名，石尚欲書春秋，欲著名於春秋。諫曰：「久矣，周之不行禮於魯也。請行脤，貴復正也。」疏曰：從祀先公，前有失正之文，於後言貴復正。今復正前無失正之文，而曰貴復正，何解復正之文。雖同義，須有異，天王不行禮於魯，失正矣。今由石尚而歸脤美之，故曰貴復正也。○穀梁傳○僖公九年夏，會于葵丘，王使宰孔賜齊侯胙，胙，祭肉。尊之，比二王後。○疏曰：傳稱太子祭於曲沃，歸胙於公，此天子有事於文武，賜

齊侯以胙，知胙是祭肉也。周禮大宗伯：「以脤膰之禮親兄弟之國。」鄭玄云：「脤膰，社稷宗廟之肉，以賜同姓之國，同福禄也。」脤膰即胙肉也。言親兄弟之國，則異姓不合賜也。僖二十四年傳曰：「宋，先代之後也，於周爲客，天子有事膰焉。」是言二王之後，禮合得之。今賜齊侯，是尊之，比二王後也。曰：「天子有事于文、武，有祭事也。使孔賜伯舅胙。」天子謂異姓諸侯曰伯舅。○疏曰：曲禮曰：「五官之長曰伯。」「天子同姓謂之伯父，異姓謂之伯舅。」鄭玄云：「謂爲三公者，周禮九命作伯。」齊桓是九命之伯，故以伯舅呼之。齊侯將下拜，孔曰：「且有後命，天子使孔曰：『以伯舅耋老，加勞賜一級，無下拜。』」耋，田節反，一他結反。勞，力報反。○七十曰耋。級，等也。○疏曰：釋言云：「耋，老也。」舍人云：「年六十稱也。」郭璞云：「八十爲耋。」釋名云：「八十曰耋。耋，鐵也」，皮黑如鐵。彼說或云六十，或云八十，杜云「七十曰耋」者，耋之年齒既無明文，曲禮云七十曰老，爾雅以耋爲老，故以爲七十。曲禮升階之法云「涉級聚足」，是級爲等也。法當下拜，賜之勿下，是進一等。對曰：「天威不違顔咫尺，咫，之氏反。○言天鑒察不遠，威嚴常在顔面之前。八寸曰咫。○疏曰：顔謂額也，揚雄方言云：顔、額，謂顙也，中夏謂之額，東齊謂之顙，河、潁、淮、泗之閒謂之顔。魯語云：肅慎氏貢楛矢，長尺有咫。賈逵亦云：八寸曰咫。説文云：周制，寸尺咫尋，皆以人之體爲法。中婦人手長八寸，謂之咫，周尺也。小白余敢貪天子之命，無下拜？小白，齊侯名。余，身也。○疏曰：諸自稱余者，當稱名之處耳。齊侯既稱小白而復言余，故解之。「余，身」，釋詁文。舍人曰：「余，卑謙之身也。」孫炎曰：「余，舒遲之身也。」郭璞曰：「今人亦自呼爲身。」恐隕越于下，隕越，顛隊也。據天王在上，故言恐顛隊於下。○隊，直類反，下同。以遺天子羞，敢不下拜？」下拜登受。遺，于季反。○拜堂下，受胙於堂上。○疏曰：覲禮：天子賜侯氏以車服，諸公奉篋服，加命書於其上，升自西階東面，大史氏右，侯氏升，西面立，大史述命，侯氏降兩階之間，北面再拜稽首，升成拜。彼侯氏降階再拜，是此下拜也；升成拜，是此登受。○春秋左氏傳○宋成公如楚，還入於鄭。鄭伯將享之，問禮於皇武子，皇武子，鄭卿。對曰：「宋，先代之後也，於周爲客，天子有事膰焉，有事，祭宗廟也。膰，祭肉。尊之，故賜以祭胙。有喪拜焉，宋弔周喪，王特拜謝之。○疏曰：禮，弔喪之法，皆主人拜其弔者，謝其勤勞，弔者不答拜，以其爲事而來，不自同於賓客，此皆據弔及主人敵禮以上。若其臣下來弔，則主人不拜。宋是先代之後，王以敵禮待之，故拜其來弔，其餘諸侯則否。豐厚可也。」僖公二十四年春秋左氏傳○子產曰：「孔張，君之昆孫，子孔之後也，昆，兄也。子孔，鄭襄公兄，孔張之祖父。執政之嗣也。子孔嘗執鄭國之政。○疏曰：襄十年，盜殺鄭公子騑、公子發、公孫輒，傳曰：子孔當國。至十九年，鄭殺子孔。爲嗣大夫，承命以使，周於諸侯，國人所尊，諸侯所知。立於朝而祀於家，使，所吏反。○卿得自立廟於家。○疏曰：士以上皆得立廟，則孔張雖是大夫，亦得立廟。而云卿得立廟者，以子孔是卿，故以卿言之。服虔云：祀其所自出之君於家，以爲大祖。按禮記郊特牲云：「諸侯不敢祖天子，大夫不敢祖諸侯，而公廟之設於私家，非禮也。」安得祀所出之君爲大祖乎？有禄於國，受禄邑。有賦於軍，軍出，卿賦百乘。〇乘，繩證反。喪祭有職，有所主。受脤歸脤，脤，市軫反。〇受脤，謂君祭以肉賜大夫。歸脤，謂大夫祭歸肉於公。皆社之戎祭也。〇疏曰：周禮掌蜃云：「祭祀，共蜃器之蜃。」鄭玄云：「蜃，大蛤。」飾祭器之屬也。「蜃之器以蜃飾，因名焉。」鄭衆云：「蜃可以白器，令色白。」是蜃爲器名，祭肉盛之脤器，以獻遺人，因名祭肉爲脤。孔張是大夫也，而云受脤歸脤，故知受脤爲君祭以肉賜大夫，歸脤謂大夫祭以肉歸於公也。故周禮祭僕：「凡祭祀致福者，展而受之。」是在下之祭有歸脤之義。又傳有成子受脤於社，前代諸儒皆以脤爲祭社之肉，故云皆社之戎祭也。劉炫故違傳證以破先儒，以爲脤亦祭廟之肉，以規杜氏。文無所出，其義非也。然大夫不得私自出軍自祭私社，而得歸脤於公者，謂大夫奉君命，以戎事攝祭於社，故杜直言祭歸肉於公，亦不謂家祭也。其祭在廟，已有著位。」其祭在廟，謂助君祭。〇疏曰：謂鄭伯，其祭在先君之廟，孔張有助祭著位在廟中，以有事爲業，言其所掌有常也。服虔以爲其祭在廟，謂孔張先祖配廟食。按周禮司勳云：「凡有功者，銘書於王之大常，祭於大烝，司勳詔之。」則配廟食者，皆是有功之臣，子孔作亂而死，公孫泄因妖鬼而立，不得有配食在廟。〇昭公十六年春秋左氏傳

〇孔子爲魯司寇，不用，從而祭，燔肉不至，不税冕而行。不知者，以爲爲肉也；其知者，以爲爲無禮也。税，音脱。爲肉、爲無之爲，去聲。〇集注曰〔九六〕：按史記：孔子爲魯司寇，攝行相事。齊人聞而懼，於是以女樂遺魯君。季桓子與魯君往觀之，怠於政事。子路曰：「夫子可以行矣。」孔子曰：「魯今且郊，如致膰於大夫，則吾猶可以止。」桓子卒受齊女樂，郊，又不致膰俎於大夫，孔子遂行。孟子言以爲爲肉者，固不足道；以

爲爲無禮，則亦未爲深知孔子者。蓋聖人於其父母之國，不欲顯其君臣之失，又不欲爲無故而苟去，故不以女樂去，而以膰肉行。其見幾明決，而用意忠厚，固非衆人所能識也。○告子下○祭於公，不宿肉。祭肉不出三日，出三日，不食之矣。集注曰〔九七〕：助祭於公，所得胙肉，歸即頒賜。不俟經宿者，不留神惠也。家之祭肉，則不過三日，皆以分賜。蓋過三日，則肉必敗，而人不食之，是褻鬼神之餘也。但比君所賜胙，可少緩耳。○朋友之饋，雖車馬，非祭肉，不拜。集注曰〔九八〕：朋友有通財之義，故雖車馬之重不拜。祭肉則拜者，敬其祖考，同於己親也。○此一節記孔子交朋友之義。○論語鄉黨〔九九〕

司巫：凡祭事，守瘞。瘞，謂若祭地祇，有埋牲玉者也。守之者，以祭禮未畢，若有事然，祭禮畢則去之。○春官

右守瘞

大宗伯：若王不與祭祀，則攝位。與，音預，下同。○王有故，代行其祭事。○疏曰：攝，訓爲代。有故者，謂王有疾及哀慘皆是也。量人云：「凡宰祭，與鬱人受嘏，歷而皆飲之〔一〇〇〕。」注云：「言宰祭者，冢宰佐王祭，亦容攝祭。」此宗伯又攝者，冢宰貳王治事。宗伯主祭事，容二官俱攝，故兩言之。凡大祭祀，王后不與，則攝而薦豆籩，徹。薦徹豆籩，王后之事。○疏曰：天地及社稷外神等，后夫人不與。此言凡大祭祀，王后不與，謂后應與而不與。又云大祭祀，明非羣小祀，則大祀者，唯宗廟而已。「則攝而薦豆籩，徹」者，鄭云薦徹豆籩，王后之事，是王后有故，宗伯攝爲之。凡祭祀，皆先

薦後徹，故退徹文在下也。○春官○祭僕：掌受命于王，以視祭祀，而警戒祭祀有司，糾百官之戒具。謂王有故，不親祭也。祭祀有司，有事於祭祀者。糾，謂校録所當共之牲物。○疏曰：知此上下是有故使人祭者，觀此文勢得知，故云「受命於王，以視祭祀」。既祭，帥羣有司反命於王，以王命勞之，明是王合祭有故，使人攝之者也。既祭，帥羣有司而反命，以王命勞之，誅其不敬者。凡祭祀，王之所不與，則賜之禽，都家亦如之。鄭司農云：王之所不與，謂非郊廟尊祭祀，則王不與也。則賜之禽，公卿自祭其先祖，則賜之禽也。玄謂：王所不與，同姓有先王之廟。○疏曰：先鄭云「王之所不與，謂非郊廟尊祭祀，則王不與也」，後鄭不從者，按司服六冕所祭皆王合親爲，何有非郊廟不與者乎？故不從之。先鄭以則賜之禽謂卿大夫自祭其先，亦賜之禽。後鄭不從者，卿大夫自祭其先，是其常事，何有王皆賜之禽也？故以爲「同姓有先王廟」者。若然，經都家謂畿内三等采地，則文云祭祀是畿外同姓諸侯，魯、衛之屬者也。○夏官

右不與祭○傳：君子之祭也，必身親涖之。有故，則使人可也。祭統○孔子曰：「吾不與祭，如不祭。」與，去聲。○集注曰〔一〇二〕：又記孔子之言以明之。言己當祭之時，或有故不得與，而使他人攝之，則不得致其如在之誠。故雖已祭，而此心缺然，如未嘗祭也。○范氏曰：君子之祭，七日戒，三日齊，必見所祭者，誠之至也。是故郊則天神格，廟則人鬼享，皆由己以致之也。有其誠，則有其神；無其誠，則無其神。可不謹乎？吾不與祭，如不祭，誠爲實禮爲虚也。○論語八佾

祭，過時不祭。○曾子問曰：「天子嘗、禘、郊、社、五祀之祭，簠簋既陳，天子崩，后之

喪，如之何？」孔子曰：「廢。」既陳，謂夙興陳饌牲器時也。天子七祀，言五者，關中言之。○疏曰：知「既陳，謂夙興陳饌牲器時也」者，以下文云「當祭而日食」，則此簠簋既陳，不當祭也。既不當祭時，明是祭前陳饌牲器也。前文云：天子崩，后之喪，與日食、大廟火，其禮皆同，則此簠簋既陳，日食、大廟火亦同也，故下云「如牲至，未殺，則廢」是也。牲至已殺，則行接祭，其天子崩，后之喪，牲入雖殺，不可行接祭，以其喪事重故也。云「天子七祀，言五者，關中言之」者，鄭此注以周禮言之。祭法：周天子七祀，諸侯五祀，大夫三祀。五居其中，言是諸侯之法，舉五而言，則上兼七，下通三，欲見天子及大夫其祭皆然，故云「關中言之」。關，通也，謂通取中央而言之。經云「嘗禘」者，謂宗廟之祭也，郊社謂天地之祭。舉天地宗廟，則五祀以上之祭皆在其中。曾子問曰：「當祭而日食，大廟火，其祭也如之何？」孔子曰：「接祭而已矣。如牲至未殺，則廢。」接祭而已，不迎尸也。○疏曰：「接祭而已矣」者，謂牲至之後，則接祭之也。接，捷也。捷，速也。速而祭之。又曰〔一〇二〕：經云「如牲至，未殺，則廢」，此云「接祭」，則牲至已殺之後也。按郊特牲云既灌然後迎牲，則迎尸於奥，在未殺牲之前。此經殺牲後云不迎尸者，凡迎尸之禮，其節有二：一是祭初迎尸於奥而行灌禮，灌畢而後出迎牲，於時延尸於户外，殺牲薦血毛，行朝踐之禮，設腥爓之俎於尸前，是一也；然後退而合亨，更迎尸入坐於奥，行饋孰之禮，是二也〔一〇三〕。此云「不迎尸」者，直於堂上行朝踐，禮畢則止，不更迎尸而入。此謂宗廟之祭、郊社之祭，無文不迎尸，亦謂此時也。熊氏云：郊社五祀祭初，未迎尸之前已殺牲也，以其無灌故也。故太宰云：「祀五帝」，「納亨。」注云：納亨，謂祭之時。又中霤禮皆爲俎，奠於主，乃始迎尸，是郊五祀殺牲在迎尸之前也。則此不迎尸，亦得爲祭初不迎尸也。〇天子崩，未殯，五祀之祭不行。既殯而祭，其祭也，尸入，三飯不侑，酳不酢而已矣。自啓至于反哭，五祀之祭不行。已葬而祭，祝畢獻而已。飯，扶晚反。侑，音又。酳，音胤，後同。〇既葬彌吉，畢獻祝而後止，郊社亦然，唯嘗禘宗廟俟吉也。〇疏曰：天子、諸侯祭禮既亡，今儀禮唯有大夫、士祭禮以言之。按特牲饋食禮：祝延尸於奥，迎尸而入，即延坐，三飯，告飽，祝侑尸，尸又飯，至於九飯畢。若大夫，依少牢饋食，尸食十一飯而畢。鄭注少牢云：士九飯，大夫十一飯也。則其餘有十三飯、十五飯也。按此説，則諸侯十三飯，天子十五飯。又按特牲禮，尸九飯畢，主人酌酒酳尸，尸飲卒爵，酢主人。主人受酢，飲畢酌獻祝，祝飲畢，主人又酌獻佐食，此是士之祭禮也。今約此而説天子五祀之祭也。「天子崩，未殯，五祀之祭不行」者，以初崩哀慼，未遑祭祀，雖當五祀祭時，不得行，既殯而祭者。但五祀外神，不可以己私喪久廢其祭，故既殯，哀情稍殺，而後祭也。「其祭也，尸入，三飯不侑，酳不酢而已矣」者，今喪既殯，不得純如吉禮，理須宜降殺侑勸也。故迎尸入奥之後，尸三飯告飽則止，祝更不勸侑其食，使滿常數也。又熊氏云：三飯不侑，酳不酢而已矣。謂迎尸入奥之後，尸三飯即止，祝不勸侑，至十五飯。於時，冢宰攝主酌酒酳尸，尸受卒爵不酢攝主，故云「三飯不侑，酳不酢而已」者，謂唯行此而已，不爲在後餘事也。「自啓至于反哭，五祀之祭不行」者，謂欲葬之時，從啓殯以後，葬畢反哭以前，靈柩既見，哀摧更甚，故云「五祀之祭不行，已葬而祭，祝畢獻而已」。「已葬而祭」者，謂已葬，反哭殯宫畢而行其祭。但既葬彌吉，尸入三飯之後，祝乃侑尸，尸食十五飯，攝主酳尸，尸飲，卒爵而酢攝主，攝主飲畢，酌而獻祝，祝受飲畢則止，無獻佐食以下之事。所以然者，以葬後未甚吉，唯行此禮而已。而已，是語辭也。皇氏云：已，止也。又曰：經云「祝畢獻」，止謂祝受獻，祭禮遂畢止，不獻佐食以下。云「郊社亦然」者，王制云：「天地社稷，爲越紼而行事。」是與五祀同也。趙商問云：「自啓至反哭，五祀之祭不行，注云『郊社亦然』者，按王制云：『唯祭天地社稷，爲越紼而行事。』既云葬時郊社之祭不行，何得有越紼而行事？」鄭答：「越紼行事，喪無事時。天地郊社有常日，自啓及至反哭，自當辟之。」鄭言無事者，謂未殯以前是有事，既殯以後、未啓以前是無事，得行祭禮，故有越紼行事。鄭云「郊社有常日，自啓至反哭自當辟之」者，郊社既有常日，自啓反哭，當辟此郊社之日，郊社尊，故辟其日，不使相妨。五祀既卑，若與啓反哭日相逢，則五祀辟其日也。鄭言天地社稷去殯處遠，祭時踰越此紼而往赴之。五祀去殯處近，暫往則還，故不爲越紼也。云「唯嘗禘宗廟俟吉也」者，謂爲嘗禘之禮以祭宗廟，俟待於吉，故王制云「喪三年不祭」是也。其在喪祭郊社之時，其喪所朝夕仍奠。知者，雜記云：「國禁哭則止，朝夕之奠即位，自因也。」人臣尚爾，明天子得也。

○曾子問〔一〇四〕○喪三年不祭，唯祭天地社稷，爲越紼而行事。紼，音弗。○不敢以卑廢尊。越，猶躐也。紼，輴車索。○輴，敕倫反。索，悉各反。○疏曰：私喪者是其卑，天地社稷是其尊〔一〇五〕。今雖遭私喪，既殯已後，若有天地社稷之祭，即行之，故云「不敢以卑廢尊」也。越是踐躐之義，故云「越，猶躐也」。但未葬之前，屬紼於輴以備火災。今既祭天地社稷，須越躐此紼而往祭所，故云「越紼」。云「紼輴車索」者，以停住之時，指其繩體則謂之紼。若在塗，人挽而行之則謂之引。故鄭注雜記云：「廟中曰紼，在塗曰引。」天地社稷，故有越紼之禮。六宗及山川之等，卑於天地社稷，待喪終乃祭，故鄭志答田瓊云：「天地郊社至尊，不可廢，故越紼祭之，六宗山川之神則否。」其宮中五祀，在喪内則亦祭之。故曾子問云：君薨，五祀之祭不行，既殯而祭之。自啓至於反哭，五祀之祭不行，既葬而祭之。但祭時須人既少，衆官不皆使盡去，不須越紼，故鄭答田瓊云：「五祀，宫中之神，喪時朝夕出入所祭，不爲越紼也。」天地社稷之祭，豫卜時日。今忽有喪，故既殯越紼行事。若遭喪之後，當天地郊社常祭之日，其啓殯至於反哭，則避此郊社祭日而爲之〔一〇六〕。按禮：卒哭而祔練而禘於廟，此等爲新死者而爲之，則非常祭也。其常祭法，必待三年喪畢也。其春秋之時，未至三年而爲吉祭者，皆非禮也。若杜預之意，以爲既祔以後，宗廟得四時常祭，三年大禘，乃同於吉，故僖公三十三年：「凡君薨，卒哭而祔，祔而作主，特祀於寢，烝嘗禘於廟。」杜注云：「新主既特祀於寢，則宗廟四時常祀。」「三年禮畢，又大禘，乃皆同於吉。」如杜之意，與三年不祭違者。按釋例云：「禮記後儒所作，不正與春秋同。」是杜不盡用禮記也。○王制○曾子問曰：「諸侯之祭社稷，俎豆既陳，聞天子崩、后之喪，君薨、夫人之喪，如之何？」孔子曰：「廢。亦謂夙興陳饌牲器時也。自薨比至于殯，自啓至於反哭，奉帥天子。」比，必利反。○帥，循也，所奉循如天子者，謂五祀之祭也。社稷亦然。○疏曰：「帥，循也」，此釋詁文，以經云奉循天子。按上天子有祭五祀之文，今云「奉循如天子」，諸侯五祀亦如天子，故云「謂五祀之祭」，是諸侯五祀如天子五祀也。今此諸侯祭社稷，其遭喪，節制與五祀同，故云「社稷亦然」。按天子崩、后喪，諸侯當奔赴，得奉循天子之禮者，諸侯或不自親奔而身在國者，或唯據君薨及夫人之喪，其嗣子所祭得奉循天子者也。○曾子問曰：「大夫之祭，鼎俎既陳，籩豆既設，不得成禮，廢者幾？」孔子曰：「九。」

「請問之。」曰：「天子崩，后之喪，君薨，夫人之喪，君之大廟火，日食，三年之喪，齊衰，大功，皆廢。外喪自齊衰以下，行也。齊衰，異門則祭。○疏曰：不直云大功以上皆廢，而歷序三年之喪、齊衰、大功者，以曾子問廢者有幾，孔子對云廢者有九，遂歷序九種之事，一一備言。此大夫祭者，謂祭宗廟，故下文云所祭於死者無服則祭，是據宗廟也。又曰：今遭異門，其齊衰之喪，祭也。其齊衰之祭也，尸入，三飯不侑，酳不酢而已矣。疏曰：若遭異門齊衰之喪，其祭迎尸入室，但三飯則止，祝更不勸侑使至十一，但三飯耳，則主人酌酒酳尸，尸不酢主人，唯此而已。大功，酢而已矣。疏曰：大功服輕，祭禮稍備。尸三飯，祝侑至十一飯而止，主人酌酒酳尸，尸酢主人，主人乃停，故云「大功酢而已矣」。小功、緦，室中之事而已矣。室中之事，謂賓長獻。○長，知丈反。○疏曰：小功與緦麻，其服轉輕，祭禮轉備。其祭尸十一飯訖，主人酳尸，尸卒爵，酢主人，主人獻祝及佐食畢，次主婦獻尸，尸酢主婦，主婦又獻祝及佐食，賓長獻尸。若平常之祭〔一〇七〕，尸得賓長獻爵則止，不舉，待致爵之後，尸乃舉爵。今既喪殺，賓長獻尸，尸飲以酢賓，賓又獻祝及佐食，而祭畢止。凡尸在室之奥，祝在室中北廂，南面。佐食在室中户西，北面。但主人、主婦及賓獻尸及祝佐食等，三人畢則止，故云「室中之事而已矣」。若致爵之時，主婦在房中，南面；主人獻賓堂上，北面。皆不在室中。其室中者，獻尸祝佐食耳。故此注云「室中之事」，謂賓長獻此小功、緦麻兼内外。知者，以前文云内喪大功以上廢，則知内喪小功以下不廢也。按雜記云：臣妾死於宫中，三月而後祭之。此内喪緦麻不廢祭者，此謂鼎俎既陳，臨祭之時，故不廢也。若不當祭時，有臣妾死於宫中，及大夫爲貴妾緦、庶子爲父後者爲其母緦之屬，皆不祭。士之所以異者，緦不祭。然則，士不得成禮者十一。○疏曰：孔子見曾參歷問至大夫，必應及士，故因廣舉士以語之。大夫唯至大功爲九，而士又加緦、小功二等合爲十一，此亦謂祭宗廟，鼎俎既陳，而值喪也。大夫祭值緦、小功，不辨内外，皆不廢祭，而禮則小異耳。士值緦、小功，不辨外内，一切皆廢。祭士輕，故爲輕親伸情也。所祭於死者無服則祭。謂若舅舅之子、從母昆弟。○疏曰：所祭，謂士祭祖禰。而死者己雖爲緦，祖禰於死者無服，鼎俎既陳，則亦祭也。又曰：此等於己雖服緦，而於祖禰則無服，然此皆母親而得云無服者。祭祀以祖禰爲主，母親於己服緦，於祖禰無服，然此皆母親以父爲主也，其從母，父雖無服，己爲小功。熊氏云：亦廢祭也。皇氏云：以從母於父無服，不廢祭也。按經云「緦不祭，所祭於死者無服則祭」，據緦爲文，似不關小功，故鄭以緦解之。皇氏横加小功，其義非也。○曾子問〔一〇八〕○大夫、士將與祭於公，既視濯，而父母死，則猶是與祭也。次於異宮，既祭釋服出公門外，哭而歸，其他如奔喪之禮。如未視濯，則使人告，告者反，而後哭。與，音預，下同。○猶，亦當爲由。次於異宮，不可以吉與凶同處也。使者反，而后哭，不敢專己於君命也。○使，色吏反。○疏曰：此一節明大夫、士與祭於公，而有私喪之禮。「則猶是與祭也」者，既與祭於公，祭日前，既視濯之後，而遭父母之喪，則猶是吉禮而與於祭也。「次於異宮」者，其時止次異宮，不可以吉與凶同處也。「如未視濯，則使人告」者，謂未視濯之前，遭父母之喪，則使人告君。「告者反，而後哭」者，必待告君者反，而後哭父母也。如諸父、昆弟、姑姊妹之喪，則既宿，則與祭，卒事，出公門，釋服而后歸。其他如奔喪之禮。如同宮，則次于異宮。宿則與祭，出門乃解祭服，皆爲差緩也。○差，初賣反，又初佳反。○疏曰：「既宿，則與祭」者，宿謂祭前三日，將致齊之時。既受宿戒，雖有期喪，則與公家之祭。「如同宮，則次於異宮」者，若諸父、昆弟、姑姊妹等先是同宮而死，則既宿之後，出次異宮，不可以吉凶雜處故也。又曰：按前遭父母之喪，既視濯而與祭，此遭期喪，宿則與祭；又前遭父母之喪，既祭，釋祭服，乃出公門。此者期喪出門，乃解祭服。以其期喪差緩於父母，故云「皆爲差緩」。○雜記下

右廢祭○傳：宣公八年，夏六月辛巳，有事于大廟，仲遂卒于垂。大，音泰。○有事，祭也。仲遂卒與祭同日，略書有事，爲繹張本。不言公子，因上行還閒無異事，省文，從可知也。稱字，時君所嘉，無義例也。垂，齊地，非魯竟，故書地。○爲，于僞反。省，所景反。竟，音境。○疏曰：有事祭也者，謂禘祭也。釋例以昭十五年有事於武宮，傳稱「禘於武公」，則知此言「有事」，亦是禘也。祭之日，仲遂卒，不言禘，而略言「有事」者，禘事得常，不主書禘，爲下繹祭張本耳。上言「公子遂如齊」，此言「仲遂卒」，不言公子者，此書有事爲仲遂卒而書之，與上相連，猶是一事，因上行還閒無異事，省公子之文，從可知也。衛氏難杜云：其閒有辛巳，有事於大廟，何得爲閒無異事？秦氏釋云：「有事於大廟」，是爲仲遂卒起文，止是一事，故云「閒無異事」也。既不書公子而稱仲遂者，時君所嘉寵，故稱其字，非義例也。定五年傳：「季平子行東野」，「卒於房。」房是魯地，卒於竟內，故不書其地。垂是齊地，非魯竟，故書地也。壬午，猶繹。萬入，去籥。去，起呂反，注同。籥，羊略反。○繹，又祭，陳昨日之禮，所以賓尸。萬，舞名。籥，管也。猶者，可止之辭。魯人知卿佐之喪不宜作樂，而不知廢繹，故内舞去籥，惡其聲聞。○惡，烏路反。聲聞，音問，又如字。○疏曰：「繹，又祭」，

釋天文。孫炎云：「祭之明日，尋繹復祭也。」公羊傳曰：「繹者何？祭之明日也。」穀梁傳曰：「繹者，祭之旦日之享賓也。」天子諸侯謂之爲繹，少牢饋食，大夫之禮也，謂之賓尸。釋詁云：「繹，陳也。」是陳昨日之禮，以賓敬此尸也。公羊傳曰：「萬者何？干舞也。籥者何？籥舞也。其言萬入去籥何？去其有聲者，廢其無聲者。」「知其不可而爲之也。猶者何？通可以已也。」是萬爲舞名。禮明堂位曰：「朱干玉戚，冕而舞大武。」干，楯也。戚，斧也。此舞者左手執楯，右手執斧，故謂之武舞。言王者以萬人服天下，故以萬爲名。詩言碩人之舞云「左手執籥，右手執翟」，鄭玄云：「籥，如管六孔。」何休云：「吹之以節舞也。」故吹籥而舞，謂之文舞。魯人知卿佐之喪不宜作樂，故去其有聲，而不知廢繹，納舞去籥，惡其聲聞也。尋杜注意，直云萬舞名，又注隱五年亦直云萬舞也。下問羽數，則萬是舞之大名，不取公羊萬是干舞之義，則執羽吹籥是爲萬舞，故杜云「納舞去籥，惡其聲聞」，是無干舞、籥舞之別名也。沈氏云：按曾子問：嘗禘郊社，簠簋既陳，「天子崩，后之喪，廢。」則卿喪不廢正祭，繹是又祭爲輕，故當廢之。左氏曰：有事于大廟，襄仲卒而繹，非禮也。子游見其故以問孔子曰〔一〇九〕：「禮與？」孔子曰：「非禮也。卿卒不繹。」穀梁子曰：仲遂卒于垂，祭於大廟之日，而知仲遂卒。垂，齊地。○疏曰：注言此者，解經仲遂之卒繫祭廟之意也。仲遂有罪，而亦書日者，宣公與遂同罪，猶定公不惡意如而書日也。或當辛巳自爲祭廟，不爲仲遂也。按公子翬當桓世，無罪則不去公子，仲遂非宣惡人而去公子者，翬非桓罪人，故生存不去公子之號。仲遂於宣雖無罪，死者人之終，若不去公子，嫌其全無罪狀，故去之。若然，何以不去日者？既替其尊號，則罪已明，故不假去日也。傳稱公弟叔仲賢也，遂非賢而稱仲者，杜預云：「時君所嘉。」何休云：稱仲者，「起嬰齊所氏。」范雖不注，理未必然，蓋以遂見疏而去公子，經不可單稱遂卒，遂於後以仲爲氏，故稱仲遂卒也。然仲遂以罪見疏，即見是罪惡之臣而譏宣公不廢繹者，宣公與遂同心，繹祭之時，則納舞去籥而爲之，故所以譏也。爲若反命而後卒也。先書復，後言卒，使若遂已反命于君，而後卒於垂。此公子也，其曰仲何也？疏之也。僖十六年傳曰：「大夫不言公子、公孫，疏之也。」何爲疏之也？是不卒者也。遂與宣公共弑子赤。不疏，則無用見其不卒也。若書公子，則與正卒者同，故去公子以見之。則其卒之何也？據公子翬不書卒。以譏乎宣也。其譏乎宣何也？聞大夫之喪，則去樂卒事。去籥萬，卒祭事，言今不然。壬午猶繹。猶者，可以已之辭也。繹者，祭之旦日之享賓也。疏曰：旦日，猶明日也。何休云：「繹者，繼昨日事，但不灌地降神耳。天子諸侯曰繹，大夫曰賓尸，士曰宴尸。」「則天子以卿爲之，諸侯則以大夫爲之，卿大夫以孫爲之。夏立尸，殷坐尸，周旅酬六尸。」唯士宴尸，與先儒少異。」則范意或與何同也。按少牢饋食之禮，卿大夫當日賓尸，天子諸侯明日賓尸者，天子諸侯禮大，故異日爲之，卿大夫以下禮小，故當日即行。其三代之名者，按爾雅云：「夏曰復胙，殷曰肜，周曰繹。」是也。謂之復胙者，復前日之禮也。謂之肜者，肜是不絶之意也。謂之繹者，繹陳昨日禮也。何休又云：「禮，大夫死，爲廢一時之祭，有事於廟而聞之者，去樂卒事而聞之者廢繹。」今魯不以爲譏，范意當亦然也。萬入去籥，萬，舞名。籥，管也。以其爲之變譏之也。內舞去籥，惡其聲聞，此爲卿變於常禮，是知其不可而爲之。公羊子曰：萬，干舞也。干，謂楯也。能爲人扞難而不使害人，故聖王貴之，以爲武樂。萬者，其篇名。武王以萬人服天下，民樂之，故名之云爾。○疏曰：欲言其樂，文無樂名，欲言非樂，祭祀用之，故執不知問，云武王以萬人服天下，民樂之，故名之。「云爾」者，春秋説文。昔武王一會八伯諸侯，人數豈止萬而已，蓋以萬是總名，故據以言耳。籥者何？籥舞也。籥，所吹以節舞也。吹籥而舞，文樂之長。○疏曰：欲言非樂，籥是樂名，欲言是樂，臨祭見去，故執不知問。云「吹籥而舞，文樂之長」者，正以萬是武樂，入而用之，而籥特備矣。其言萬入去籥何？據入者不言萬，去樂不言名。○疏曰：「去樂不言名」者，即昭十五年「二月癸酉，有事於武宮，籥入，叔弓卒，去樂卒事」是也。去其有聲者，不欲令人聞之。廢其無聲者，廢，置也。置者不去也，齊人語。存其心焉爾。存其心焉爾者何？知其不可而爲之也。明其心猶存於樂，知其不可，故去其有聲者而爲之。○疏曰：欲道存心於樂，而有去籥之文；欲道存心於股肱，而繹萬不廢，故執不知問。猶者何？通可以已也。禮，大夫死，爲廢一時之祭。有事於廟而聞之者，去樂卒事。卒事而聞之者，廢繹日者，起明日也。言入者，據未奏去籥時書。凡祭自三年喪已下，各以日月廢時祭，唯郊社越紼而行事可〔一一〇〕。○疏曰：欲言是禮，書而譏之，欲言非禮，乃當正祭之明日，故執不知問。云「禮，大夫死，爲廢一時之祭」者，正以正祭爲吉事也。「有事於廟而聞之」者，即昭十五年「二月癸酉有事於武宮，籥入，叔弓卒，去樂卒事。」傳云：「其言去樂卒事何？禮也。君有事於廟，聞大夫之喪，去樂。」注云「恩痛不忍舉」。

「卒事而聞之」者，即檀弓下篇云：「仲遂卒於垂，壬午猶繹，萬入去籥，仲尼曰：『非禮也。卿卒不繹。』」是也。注「言入者，據未奏去籥時書」者，欲追所以不言萬作而言萬入之意也。「凡祭，自三年喪已下，各以日月廢時祭，唯郊社越紼而行事可」者，即王制曰：「喪三年不祭，唯祭天地社稷，爲越紼而行事。」鄭注云：「不敢以卑廢尊。越，猶蹷也。紼，輴車索。」是也。○春秋左氏傳、家語、穀梁、公羊傳通脩〔一一二〕。○昭公十五年，二月癸酉，有事於武宫，籥入，叔弓卒，去樂卒事。去，起吕反。○略書有事，爲叔弓卒起也。武宫，魯武公廟，成六年復立之。○爲，于僞反。復，扶又反。○疏曰：有事，謂有祭事於武公之宫廟也。祭必有樂，樂有文舞、武舞，文執羽籥，武執干鏚。其入廟也，必先文而後武。當籥始入，叔弓暴卒，故於是去樂不用，而終卒祭事也。叔弓之卒當籥入之時，故舉籥入也。及其去之，則諸樂皆去。故云去樂，鐘鼓管磬悉皆去之，非獨去籥舞也。祭禮，鼎俎既陳，籩豆既設，然後舞樂始入。緣先祖之心，以大臣之卒，必聞樂不樂。又孝子之心，不忍徹已設之饌。故去樂卒事。又曰：閔二年「吉禘於莊公」，僖八年「禘於大廟」，彼皆書禘。此傳言「禘於武公」，則亦是禘。不書爲禘而言「有事」者，此經所書，不論禘祭是非，略書有祭事者，本爲叔弓卒起也，止爲叔弓之卒須道當祭之時，所書不爲禘也。釋例曰：「三年之禘，自國之常，常事不書，故唯書此數事。祭雖得常，亦記仲遂、叔弓之非常也。」是言叔弓之卒非常，故書之也。釋例亦云：「凡三年喪畢，然後禘，於是遂以三年爲節，當仍計除喪，即吉之月卜日而後行事，無復常月也。是以經書禘及大事，傳唯見莊公之速，他無非時之譏也。」即如例言，三年一禘，若計襄公之薨，則禘當在二年、五年、八年、十一年、十四年，此年非禘年也。若計齊歸之薨，則禘當在十三年、十六年，此年亦非禘年也。而云祭雖得常者，釋例曰：「禘於大廟，禮之常也，各於其宮時之爲也。雖非三年大祭而書禘，用禘禮也。昭二十五年傳曰：『將禘於襄公。』亦其義也。」是言「於武宮」者，時之所爲，實非禘年用禘禮，此實非常。但經之所書，唯譏莊公之速，其餘不復譏耳〔一一二〕。既不以爲譏，即是得常，故云「祭雖得常」，叔弓爲非常也。武宮者，魯武公廟，毁已久矣，成六年復立之，遂即不毁〔一一三〕，明堂位云：「魯公之廟，文世室也。武公之廟，武世室也。」鄭玄云：「此二廟象周有文、武之廟也。世室者，不毁之名。」是魯以武公爲不毁之廟，故禘於其宮，不於大廟，亦非常也。左氏曰：禘，叔弓涖事，籥入而卒，去樂卒事，禮也。大臣卒，故爲之去樂。○爲，于僞反。穀梁子曰：君在祭樂之中，聞大夫之喪，則去樂卒事，禮也。祭樂者，君在廟中祭作樂。○疏曰：禮則不疑而曰有變，以聞可乎？似有嫌，嫌則非禮，何以言禮也？祭祀重禮，國之大事，一物不具，則爲失所。以卿佐之卒而闕先君之樂，而不止祭，嫌有失禮。釋之復言可乎，問言禮意。君在祭樂之中，大夫有變，以聞，可乎？變，謂死喪。大夫，國體也。君之卿佐是謂股肱，故曰國體。古之人重死，君命無所不通。死者不可復生，重莫大焉，是以君雖在祭樂之中，大夫死，以聞可也。○疏曰：命，告也。大夫與君一體，情無疑貳。祭祀雖重，以卒告君，君當哀其喪而止祭，不得以輕廢重，故死可以聞也。公羊子曰：其言去樂卒事何？據入者言萬，去籥言名，不言卒事。○疏曰：「據入者」云云也者，即宣八年「夏六月辛巳，有事於大廟，仲遂卒於垂。壬午猶繹，萬入去籥」是也。然則，彼乃入者言萬，此則入者言籥，彼則去籥言名，此則漫言去樂而已，彼又不言卒事，與此異，是故弟子據而難之。禮也。以加録卒事即非禮，但當言去樂而已，若去籥矣。總言樂者，明悉去也。君有事于廟，聞大夫之喪，去樂，恩痛不忍舉。卒事；畢竟祭事。大夫聞君之喪，攝主而往；主，謂己主祭者。臣聞君之喪，義不可以不即行，故使兄弟若宗人攝行主事而往，不廢祭者，古禮也。古有分土，無分民，大夫不世己父，未必爲今君臣也。孝經曰：「資於事父以事君，而敬同。」○疏曰：「主謂己主祭」云云者，謂己於廟内主其祭事者矣。云「古有分土，無分民」，知如此者，正以詩云「誓將去女，適彼樂土」、論語云「四方之民襁負其子而至矣」之言故也。「大夫不世」者，謂凡平大夫也，不得以有功德大夫難之。注「孝經」至「敬同」又曰：何氏之意，以資爲取，言取事父之道以事君，所以得然者，而敬同故也。以此言之，則何氏解孝經與鄭稱同，與康成異矣，云云之説，在孝經疏〔一一四〕。大夫聞大夫之喪，尸事畢而往。賓尸事畢而往也。日者〔一一五〕，爲卒日。○疏曰：「賓尸事畢而往也」者，正以禮大夫祭，謂之賓尸故也。云日「爲卒日」者，正以春秋之義失禮鬼神例日，今非失禮，知日爲卒。○春秋左氏、穀梁、公羊傳通脩〔一一六〕。○衛有大史曰柳莊，寢疾，公曰：「若疾革，雖當祭必告。」革，居力反。○革，急也。公再拜稽首，請於尸曰：「有臣柳莊也者，非寡人之臣，社稷之臣也。聞之死，請往。」急弔賢者。不釋服而往，遂以襚之，與之邑裘氏與縣潘氏，書而納諸棺曰：「世世萬子孫，毋變也。」縣，音玄。潘，普干反。○脱君祭服以襚臣，親賢也。所以此襚之者，以其不用襲也。凡襚以斂，所以厚賢也。裘，縣。潘，邑名。○疏曰：此一節論君急弔臣之事。柳莊爲衛大史，今寢疾，其家自告公，報之曰：若疾急困，雖當我祭，必須告也。其後柳莊果當公祭之時卒。而來告公，公祭事雖了，與尸爲禮未畢，公再拜稽首，請於尸曰：有臣柳莊也者，才能賢異，非唯寡人之臣，乃是社稷之臣。今聞之身死，請往赴之。又不釋祭服，即往哭，遂以所著祭服脱以襚之，又與之采邑曰：裘氏及縣潘氏與二邑，又書録其賞辭而納之棺，云：世世恒受此邑，至萬世子孫，無有改變。按禮，君入廟門，全爲臣請尸得言寡人者，是後人作記者之言也。又曰：按士喪禮「君使人襚」，不云祭服襚臣，今君以祭服襚，故云「親賢也」。得以祭服襚之者，禮，諸侯玄冕祭廟，大夫自玄冕而下，以其俱是玄冕，故得襚也。祭服既尊，得以襚臣者，以其臣卑，不敢用君襚衣而襲之也。所以不用襲者，襲是近尸形體事褻惡，故不敢用君之襚衣也。按士喪禮云君襚衣及親者及庶兄弟之襚，皆不用襲，故士喪禮云：「庶襚繼陳，不用。」注云：「不用，不用襲也。」至小斂，則得用庶襚，故士喪禮：小斂「凡十有九稱，陳衣繼之，不必盡用。」鄭云：陳衣，「庶襚也。」既云「不必盡用」，明有用者。至大斂得用君襚，故士喪禮大斂「君襚、祭服、散衣、庶襚凡三十稱」，又云「君襚不倒」，是大斂得用君襚也。云「凡襚以斂」者，謂庶襚以小斂，君襚以大斂也。鄭言此者，明襚衣不用襲也。○檀弓下

季康子之從祖叔母也。祖父昆弟之妻。○公父文伯之母，康子往焉，闔門與之言，闔，尤遏反。○闔，闢也。門，寢門也。皆不踰閾。閾，門限也。皆，二人也。敬姜不踰閾而出，康子不踰閾而入。傳曰：「婦人送迎不出門，見兄弟不踰閾。」是也。祭悼子，康子與焉，悼子，穆伯之父、敬姜先舅也。與，與祭

也。酢不受，徹俎不宴，禮，祭，主人獻賓，賓酢主人。不受，敬姜不親受也。祭畢徹俎，又不與康子宴飲。宗不具不繹，繹，又祭也。唐尚書云：祭之明日也。昭謂：天子諸侯曰繹，以祭之明日；卿大夫曰賓尸，與祭同日。此言繹者，通言之也。賈侍中云：宗，宗臣，主祭祀之禮。不具，謂宗臣不具在，則敬姜不與繹也。繹不盡飫則退。説云：飫，宴安私飲也。昭謂：立曰飫，坐曰宴。言宗具則與繹，繹畢而飲，不盡飫禮而退，恐有醉飽之失，皆所以遠嫌也。仲尼聞之，以爲别於男女之禮矣。國語魯語

校勘記

〔一〕欲自此已上有佐大祝者　「欲」下，賀本有「見」字。

〔二〕以稽國中及四郊都鄙之夫家九比之數　「夫」，原作「大」，據四庫本、賀本改。

〔三〕同上　此二字原漫漶，據賀本補。

〔四〕疏曰　句上，原有「校猶數也○」四字，據賀本删。

〔五〕大都任疆地　「大」字原脱，據四庫本、賀本補。

〔六〕出入有吉凶之事　「有」，原作「猶」，據賀本改。

〔七〕證有列位也　「位」，原作「法」，據賀本改。

〔八〕鄭曰　此二字原脱，據賀本補。

〔九〕賓尸是其祭之事　「其」，原作「此」，據賀本改。

〔一〇〕以上爾雅　「以上」二字，賀本無。

〔一一〕居句　「句」，原作「可」，據賀本改。

〔一二〕文二年大事於大廟　「二」，原作「三」，據賀本及左傳改。

〔一三〕言以冬日至夏日至　句上，賀本有「疏曰」二字。

〔一四〕故五月一陰生之日　「一」，原作「以」，據四庫本、賀本改。

〔一五〕作記者既引其禮　「記」下，原有「之」字，據賀本删。

〔一六〕正用男之一尸　「男」，原作「鬼」，據四庫本、賀本改。「正」，賀本作「止」。

〔一七〕當云公孫嬰齊而云仲嬰齊者　「公」，原作「弟」，據賀本改。上「齊」字原脱，據賀本補。

〔一八〕昆弟及昆弟之子共禰者　「共」，原作「祖」，據四庫本、賀本改。

〔一九〕以其更無别文　「文」，原作「之」，據賀本改。

〔二〇〕孫婦還與夫之祖姑爲尸　「夫」，原作「父」，據賀本改。

〔二一〕君之所不臣於其臣者二　「所」下，原有「以」字，據賀本删。

〔二二〕范與範聲同　「范」，原作「範」，據賀本改。

〔二三〕其在車則左執轡右受爵者　「則」下原叠「則」字，據賀本删。

〔二四〕僕受爵將飲　「受」，原作「乏」，據四庫本、賀本改。

〔二五〕故出舍公之公館　下「公」字，原作「宫」，據賀本改。

〔二六〕又惠恚反　「惠」，原作「思」，據賀本改。「恚」字原漫漶，據賀本補。

〔二七〕皆謂呼之入　「皆謂」，原作「亦皆」，據四庫本改。

〔二八〕設槷以下小祝專行　吕本、四庫本、朝鮮本、傅本同。句下，賀本有「○春官」二字。

〔二九〕集注曰　此三字原缺，據賀本補。

〔三〇〕故雖賤役而猶不可以無常　「猶」，原作「尤」，據賀本改。

〔三一〕神狎民則　「狎」，原作「伊」，據四庫本、賀本改。

〔三二〕狎習也　「狎」，原作「神」，據四庫本、賀本改。

〔三三〕賤臣也　「臣」，原作「名」，據賀本改。

〔三四〕郊而後耕　「耕」上，原有一字漫漶，據賀本删。

〔三五〕知建子之月猶可烝也　「子」字原漫漶，據賀本補。

〔三六〕而中氣亦不得恒在其月之半　「中」字原漫漶，據賀本補。

〔三七〕如此傳注必是建寅之月方始郊天　「如」字原漫漶，據賀本補。

〔三八〕髽而弔士有誄　「髽」，原作「髮」，據四庫本、賀本改。

〔三九〕昆蟲以孟冬蟄　「昆」，原作「是」，據四庫本、賀本改。

〔四〇〕以一日卜不過三　「卜」字原脱，據四庫本、賀本補。

〔四一〕命龜　「龜」，原作「大」，據四庫本、賀本改。

〔四二〕先卜祭之夕　「夕」，原作「日」，據四庫本、賀本改。

〔四三〕高辛氏以十二月爲正　呂本、朝鮮本、傅本同。「二」，四庫本、賀本作「三」。

〔四四〕爲下物得陽氣微稍動變　呂本、四庫本、朝鮮本、傅本同。「下」，賀本作「百」。

〔四五〕注云若天子則圓丘　「注」，原作「王」，據賀本改。

〔四六〕鄭注曲禮云　呂本、四庫本、朝鮮本、傅本同。句上，賀本增「今按」二字。

〔四七〕所以召誥用戊者　「戊」，原作「戌」，據四庫本、賀本改。

〔四八〕故其數奇　「奇」，原作「音」，據四庫本、賀本改。

〔四九〕五曰果　「果」字原漫漶，據四庫本、賀本補。

〔五〇〕既云不述命　句下原衍「乃云即席西面坐命龜既云不述命」十四字，據賀本删。

〔五一〕卜筮者先聖王之所以使民信時日者　「聖」字原脱，據賀本補。

〔五二〕於此宫中射而擇士　「擇」，原作「澤」，據四庫本、賀本改。

〔五三〕又鄭注司弓矢云　「注」下原有「云」字，據賀本删。

〔五四〕鄭以此故知三歲而貢士也　呂本、四庫本、朝鮮本、傅本同。句下，賀本有「○並射義」三字。

〔五五〕集注曰　此三字原缺，據賀本補。

〔五六〕謂天子之士也　「天子」，原作「大夫」，據賀本改。

〔五七〕義或然也　吕本、四庫本、朝鮮本、傅本同。句下，賀本有「〇玉藻」二字。

〔五八〕亦有入内　吕本、四庫本、朝鮮本、傅本同。「内」，賀本作「時」。

〔五九〕上文云晝居於内　「居」，原作「夜」，據賀本改。

〔六〇〕集注曰　此三字原脱，據賀本補。

〔六一〕不敢逼切也　「逼」，原作「福」，據四庫本、賀本改。

〔六二〕集注曰　此三字原脱，據賀本補。

〔六三〕夜嘑旦以䛐百官　「䛐」，原作「囂」，據賀本改。下同。

〔六四〕云皆謂徽識也者　「謂」字原脱，據賀本補。

〔六五〕是用周之正色　「用」，原作「周」，據賀本改。

〔六六〕謂車軾前也　「軾前」，原作「前軾」，據賀本改。

〔六七〕稽是稽留之義　原作「其稽稽留之字」，據賀本改。

〔六八〕此九拜不專爲祭祀而以祭祀結之者　下「祀」字，原作「禮」，據四庫本改。

〔六九〕非謂義相近　「義」，原作「文」，據賀本改。

〔七〇〕不據衆子當稽顙者　「當」，原作「常」，據四庫本、賀本改。

〔七一〕推手曰揖　「推」，原作「持」，據賀本改。

〔七二〕又云　「又」，原作「入」，據賀本改。

〔七三〕雖不見拜文　「雖」，原作「錐」，據四庫本、賀本改。

〔七四〕與文王受赤雀之命同爲稽首拜也　「首」，原作「前」，據四庫本、賀本改。

〔七五〕濟濟皇皇　吕本、四庫本、朝鮮本、傅本同。句下，賀本有「〇地官」二字。

〔七六〕集注曰　此三字原脱，據賀本補。

〔七七〕左手嚌之　句上，原有「尚」字，據賀本删。「嚌」，原作「齊」，據賀本改。下同。

〔七八〕右兼取肝肺　「肝」字原脱，據四庫本、賀本補。

〔七九〕主人興辭於客　「主人興辭」四字原脱，據四庫本、賀本補。

〔八〇〕後鄭皆不從　「不」字原脱，據賀本補。

〔八一〕由世質故耳　「耳」，原作「二」，據四庫本、賀本改。

〔八二〕秦二世謂胡亥　吕本、賀本、朝鮮本、傅本同。「謂」，四庫本作「名」。

〔八三〕告尸行節至是皆得相侑尸也　原在上文「周坐尸者」之前，據賀本移此。

〔八四〕南北對爲昭穆　「北」字原脱，據賀本補。

〔八五〕以血祭祭社稷五嶽　「祭」字原脱，據賀本補。

〔八六〕以上禮器　吕本、四庫本、朝鮮本、傅本同。賀本無「以上」二字。

〔八七〕是禱之辭　「禱」字原脱，據四庫本、賀本補。

〔八八〕喪服小記説族之義曰　「族」，原作「服」，據賀本改。

〔八九〕尚上也　「也」，原作「反」，據四庫本、賀本改。

〔九〇〕天子有獻鬱人量人之禮　「禮」，原作「法」，據賀本改。

〔九一〕云必與量人者鬱人贊祼尸者　「與」字原脱，據賀本補。

〔九二〕若王不與祭祀則攝位　「與」字原漫漶，據賀本補。

〔九三〕膳夫親徹胙俎　「親」，原作「視」，據賀本改。

〔九四〕明所膳數也　「數」，原作「禮致」，據賀本改。

〔九五〕定公十四年秋　「秋」字原脱，據賀本補。

〔九六〕集注曰　此三字原脱，據賀本補。

〔九七〕集注曰　此三字原脱，據賀本補。

〔九八〕集注曰　此三字原脱，據賀本補。

〔九九〕論語鄉黨　吕本、四庫本、朝鮮本、傅本同。句上，賀本有「並」字。

〔一〇〇〕歷而皆飲之　「之」字原脱，據賀本補。

〔一〇一〕集注曰　此三字原脱，據賀本補。

〔一〇二〕又曰「又」，原作「疏」，據賀本改。

〔一〇三〕是二也　「二」，原作「一」，據賀本改。

〔一〇四〕曾子問　吕本、四庫本、朝鮮本、傅本同。句上，賀本有「並」字。

〔一〇五〕天地社稷是其尊　「社」，原作「十」，據賀本改。

〔一〇六〕則避此郊社祭日而爲之　「郊」，原作「郁」，據四庫本、賀本改。

〔一〇七〕若平常之祭　「常」字原漫漶，據賀本補。

〔一〇八〕曾子問　吕本、四庫本、朝鮮本、傅本同。句上，賀本有「並」字。

〔一〇九〕子游見其故以問孔子曰　「游」，原作「由」，據賀本改。

〔一一〇〕唯郊社越紼而行事可　「可」字原脱，據賀本補。

〔一一一〕春秋左氏傳家語穀梁公羊傳通脩　「穀梁公羊」，原作「公羊穀梁」，據賀本改。

〔一一二〕其餘不復譏耳　「耳」字原漫漶，據賀本補。

〔一一三〕遂即不毁　「遂」字原漫漶，據賀本補。

〔一一四〕云云之説在孝經疏　句下，原有「〇春秋左氏公羊穀梁傳通解」十一字，據賀本删。

〔一一五〕賓尸事畢而往也日者　「也日」二字原脱，據賀本補。

〔一一六〕春秋左氏穀梁公羊傳通脩　「穀梁公羊」，原作「公羊穀梁」，據賀本改。

儀禮經傳通解續卷第二十八

祭禮十二

祭物

肆師之職：掌立國祀之禮，以佐大宗伯。佐，助也。○疏曰：肆師是宗伯之考，每事皆佐宗伯。此經與下爲目其立國祀之禮，則下經所云立大祀已下是也。立大祀，用玉帛牲牷；立次祀，用牲幣；立小祀，用牲。牷，音全。○鄭司農云：大祀，天地。次祀，日月星辰。小祀，司命已下。玄謂：大祀又有宗廟，次祀又有社稷、五祀、五嶽，小祀又有司中、風師、雨師、山川百物。○疏曰：此則佐宗伯之事。按大宗伯有禋祀已下並宗廟六享之事，此肆師陳用玉帛牲牷之等。又曰：司農云「大祀天地」至「司命」已下，先鄭據大宗伯直據天神大次小而言，唯天神中兼言地而已。其於地示不言次小，人鬼之中又不言大次小，故後鄭就足之耳。後鄭云「大祀又有宗廟」者，以其先鄭於大祀中無人鬼，故後鄭特舉之。云「次祀又有社稷、五祀、五嶽」者，此後鄭特舉社稷已下者，以先鄭次祀中不言血祭社稷已下故也。云「小祀又有司中、風師、雨師、山川、百物」者，此後鄭見先鄭天神小祀中唯云司命以下，其言不備，故具之山川百物，就足先鄭地示小祀耳。若然，後鄭直云「大祀又有宗廟」，更不言宗廟次小祀者，但宗廟次祀即先公是也，不言之者，已於酒正云「次祀鷩冕毳冕所祭」，已具於彼故也。又不言宗廟小祀者，宗廟小祀，其神不明。馬君雖云「宗廟小祀，殤與無後」，無明文，故後鄭亦不言也。經言立大祀用玉帛、牲牷者，天神中非直有升煙玉帛牲，亦有禮神也。地示中非直瘞埋中有玉帛牲，亦兼有禮神玉帛牲也。宗廟中無煙瘞埋，直有禮神幣帛與牲，又不見有禮神之玉，或可以灌圭爲禮神之玉，亦通一塗。「立次祀用牲幣」者，天神日月星辰、地示血祭社稷、五祀五嶽是也，宗廟次祀已下與大祀同，亦直有禮神幣帛而已。**以歲時序其祭祀，及其祈珥。**序，第次其先後大小。故書祈爲幾，杜子春讀幾當爲祈，珥當爲餌。玄謂：祈當爲進禨之禨，珥當爲衈。禨衈者，釁禮之事。雜記曰：「成廟則釁之」，「雍人舉羊升屋自中，中屋南面刲羊，血流於前乃降。門夾室皆用雞」，「其衈皆於屋下。割雞，門當門，夾室中室。」然則，是禨謂羊血也。小子職曰：「掌珥於社稷，祈於五祀。」是也。亦謂其宫兆始成時也。春秋僖十九年夏「邾人執鄫子用之」，傳曰：用之者何？「蓋叩其鼻以衈社也。」○刲，苦圭反。○疏曰：言「歲時序其祭祀」者，即上「立大祀」已下至「小祀」，皆依歲之四時次序其大小先後也。「及其刉珥」，謂釁禮之事。用毛牲即曰刉，用羽牲即曰衈。又曰：云「序第次其先後」者，不必先大後小，天地人之鬼神各有大次小，或小而應先，或大而應後，各有當其時以祭之，故云第次其先後也。云「故書祈爲幾，杜子春讀幾當爲祈，珥爲餌」者，皆無義所取，故鄭不從之也。玄謂祈當爲進禨之禨者，按禮記玉藻沐畢云「進禨」，鄭以爲沐而飲酒曰機，彼機爲禨福之義，此直取音讀，不取其義。云「珥當爲衈」者，經言珥是玉珥，非取血之義，故讀從雜記下血傍爲之也。云「雜記曰：成廟則釁之，雍人舉羊，升屋自中」者，謂升上其屋，當屋脊之中央。云「門、夾室皆用雞」者，謂廟門及兩廂夾室三處皆用雞。「其衈皆於屋下」者，謂三處皆不升屋，而在屋下殺雞也。云「割雞，門當門，夾室中室」者，中謂當室中央。云「然則，是禨謂羊血也」者，鄭既引雜記之衈，欲破經珥及子春餌之意也。云「小子職曰：掌珥於社稷，祈於五祀是也」者，引證血傍爲之，以證衈義也。其祈字猶不從，故彼注引秋官士師曰「凡刉衈，則奉犬牲」，毛牲曰刉，羽牲曰衈，此刉衈正字與？若然，刉既正字，而讀從進禨者，且從故書幾音耳，至士師别爲正解也。云「春秋傳曰」者，公羊傳文。引之者，謂證衈是取血以釁之事。○春官○小宗伯：掌五禮之禁令與其用等。用等，牲器尊卑之差。鄭司農云：五禮，吉、凶、賓、軍、嘉。○疏曰：云「用等，牲器尊卑之差」者，謂若天子、大夫已上大牢、士少牢、諸侯之大夫少牢、士特牲之等，其器謂若少牢四敦、特牲二敦、士二豆三俎、大夫四豆五俎、諸侯六豆七俎、天子八豆九俎，其餘尊罍爵勺及饗食之等，各依尊卑之差。先鄭云「五禮，吉、凶、賓、軍、嘉」者，大宗伯職文。辨吉凶之五服、車旗宫室之禁。五服，王及公卿大夫士之服。○疏曰：云「吉凶之五服」者，皆據人數而云五也。又云「車旗宫室之禁」者，謂若典命云「國家宫室、車旗、衣服、禮儀」以九、以七、以五爲節。言禁令者，謂五服及車旗、宫室皆不得上僭下逼，當各依品命爲法。又曰：按尚書云「五服五章才」[一]，鄭注云：「十二也，九也，七也，五也，三也。」又云：「予欲觀古人之象，日月星辰。」注云：「此十二章，天子備有，公自山而下。」孝經云「非先王之法服」，注云「先王制五服」，

「日月星辰服，諸侯服山龍」云云，皆據章數而言。今此注五服以爲「王及公卿、大夫、士之服」，不據章數爲五者，以其喪服，自天子達於士，唯一而已，不得數服爲五，即知吉之五服亦不得數服，故皆據人爲五也。○同上。○圭璧金璋，不粥於市；家語作「珪璋璧琮」。命服命車，不粥於市；宗廟之器，不粥於市；犧牲不粥於市。家語作「犧牲秬鬯」。○粥，音育。○尊物，非民所宜有。粥，賣也。○疏曰：皆是尊貴所合蓄之物，非民所宜有，防民之僭僞也。○王制○大宰：以九式均節財用，一曰祭祀之式。式，謂用財之節度。○疏曰：式，謂依常多少用財法式也。「一曰祭祀之式」者，謂若大祭、次祭用大牢，小祭用特牲之類。以九貢致邦國之用：一曰祀貢，三曰器貢，七曰服貢。鄭司農云：祀貢，犧牲包茅之屬。器貢，宗廟之器。服貢，祭服。玄謂：器貢，銀鐵、石磬、丹漆也。服貢，絺紵也。○疏曰：云「致邦國之用」者，謂此貢諸侯邦國，歲之常貢，則小行人云令「春入貢」是也。大行人云：「侯服歲一見，其貢祀物。」彼謂因朝而貢，與此別也。但諸侯國内得民稅，大國貢半，次國三之一，小國四之一。所貢者，市取當國所出美物，則禹貢所云「厥篚」、「厥貢」之類是也。又曰：「鄭司農云：祀貢，犧牲、包茅之屬」者，按禮記禮器云「三牲魚腊，九州之美物」，故知祀貢有犧牲也。按僖公四年，齊責楚「包茅不入，王祭不共，無以縮酒」，故知祀貢有包茅。云「器貢宗廟之器」者，大行人因朝而貢者得有成器，此歲之常貢不得有成器，故後鄭不從也。云「服貢祭服」者，後鄭亦不從，以大行人因朝而貢有祭服，此歲之常貢，不得有成服。○天官○大行人：侯服歲壹見，其貢祀物；男服三歲壹見，其貢器物；采服四歲壹見，其貢服物。祀物，犧牲之屬。器物，尊彝之屬。服物，玄纁絺纊也。○纊，音曠，又古曠反。○疏曰：玄謂「器物尊彝之屬」者，按大宰云「器貢」[二]：先鄭以爲宗廟之器，後鄭易之，以爲器貢、銀鐵、石磬、丹漆，不從先鄭。此云「器物」，後鄭以爲尊彝之屬，與彼先鄭同者，彼是歲之常貢，不合有成器，故破之。此乃因朝而貢，得貢成器，故爲尊彝解之。知因朝得貢成器者，見昭十五年太子壽卒，秋八月穆后崩，十二月，晉荀躒如周，葬穆后，籍談爲介，以文伯宴，尊以魯壺。王責之分器，籍談歸以告叔向，叔向曰：「王其不終乎！」「王一歲而有三年之喪二焉，於是乎以喪賓宴，又求彝器。」以此知因朝得貢成器。○秋官○季秋，合諸侯制，百縣爲來歲受朔日，與諸侯所稅，於民輕重之法，貢職之數，以遠近土地所宜爲度，以給郊廟之事，無有所私。秦以建亥之月爲歲首，於是歲終使諸侯及郊遂之官受此法焉。合諸侯制者，定其國家宮室、車旗、衣服、禮儀也。諸侯言合制，百縣言受朔日，互文也。貢職，謂所入天子。凡周之法，以正月和之正歲而縣於象魏。○縣，音玄。○疏曰：「合諸侯制」者，秦十月爲歲首，此月歲之終也，當入新歲，故合此諸侯之法制。又命百縣爲來歲受朔日之政令，並授諸侯所稅於民輕重之法、貢職之數。天子有朔日政令，諸侯所稅民輕重之法、貢職之數，皆天子制之，百縣此來受處分，故云受朔。「與諸侯所稅於民輕重之法、貢職之數」，皆天子之制。言「與」者，兼事之辭。「以遠近土地所宜爲度」者，言定稅輕重、入貢多少，皆以去京遠近之差、土地所宜之物爲節度。「無有所私」者，言既給郊廟重事百縣等物，無得有所偏私，不如法制也。又曰：按史記秦文公獲黑龍，自爲水瑞，命河爲德水，以十月爲歲首。云「定其國家宮室、車旗、衣服、禮儀」者，此皆周禮典命文也。彼注云：「國家，國之所居，謂城方也。」云「互文」者，諸侯言合制，則百縣亦合制，百縣言來歲受朔日，則諸侯亦來歲受朔日也，故云互文。諸侯，謂畿外國。「百縣」，謂鄉遂。云「貢職，謂所入天子」者，以經云「税於民輕重之法」，又云「貢職之數」，其文既重，故知税於民者，是積貯本國；貢職之數者，是輸納天子。云「周之法以正月和之」者，按大宰職：正月之吉，始和布治於邦國都鄙。云「正歲而縣於象魏」者，小宰職云：正歲縣治象之法於象魏是也。○月令○大府：凡頒財，以式法授之。財，泉穀也。○疏曰：言「凡頒財」者，大宰云：九賦斂財賄，九式用之。但事相因，故二處别言九賦之物也。此所頒之財，即大宰斂財賄一也。云「以式法授之」者，謂以舊法式多少授與九式也。知財得爲泉者，外府云：「掌邦布之出入」，「賜予之財用。」是也。知財中有穀者，喪大記云：「納財朝一溢米。」米即是穀也。邦都之賦，以待祭祀。邦都，五百里。賦，口率出泉也。今之筭泉，民或謂之賦，此其舊名與？鄉大夫：「以歲時登其夫家之衆寡，辨其可任者。國中自七尺以及六十，野自六尺以及六十有五，皆征之。」遂師之職亦云：「以徵其財征。」皆謂此賦也。又曰：入其所分穀物，以當賦泉之數。待，猶給也，此九賦之財給九式者。○疏曰：「邦都之賦」者，其國中四百里，外五百里中有大都，大都采地，其賦入主，外爲公邑，其中民所出泉入王家也。云「賦口率出泉也」者，按大府云九貢、九賦、九功各别，又見司會云：「以九貢致邦國之財用，以九賦令田野之財用，以九功令民職之財用。」貢賦及功各别賦爲口泉也〔三〕，是以鄭君引漢法民年二十五已上至六十出口賦，錢人百二十以爲筭，故鄭於此注亦云：「今之筭泉民，或謂之賦，此其舊名與？」又引鄉大夫「以歲時登其夫家」已下及遂師職者，欲見征賦爲一，皆是口率出泉，破司農爲地税也。云「以當賦泉之數」者，以經云頒財，財即是穀物，取之以當賦泉之數，若漢法人百二十。云「待猶給也」者，謂大宰斂得九賦之財，大府以九賦之財給九式之用，待來則給之，故云待猶給，非是訓待爲給。云「此九賦之財給九式」者，以其此經九事與大宰九式相當，此九賦又與大宰九賦一也，故云九賦之財給九式也。○天官○小宰：以法掌祭祀之戒具，令百官府共其財用，治其施舍，聽其治訟。法，謂其禮法也。戒具，戒官有事者所當共。施舍，不給役者。○共，音恭。○疏曰：言「以法掌祭祀」已下七者，皆是上六聯百官聯事通職者，以其衆官共，故經云「令百官府共其財用」也。又曰：言禮法，謂七者皆有舊法依行，若九式，曰祭祀之式。云「戒具戒官有事所當共也」者，此七事在大宰八法中「六曰官法」，彼在「八曰官計」上者，以其彼有數，故在上。此官法無數，故退在六計下也。云「施舍不給役」者，上六聯注引鄉大夫國中貴者、老者、疾者服公事者是也〔四〕。○外府：凡祭祀，共其財用之幣，齎賜予之財用。齎，行道之財用也，聘禮曰：「問幾月之齎。」鄭司農云：齎或爲資。今禮家定齎作資。玄謂：齎、資同耳，其字以齊次爲聲，從貝變易，古字亦多或。○疏曰：祭祀財用，皆外府供其泉也。云幣齎之財用，謂王使公卿已下聘問諸侯之行道，所用則曰幣齎。云「賜予之財用」者，謂王於羣臣有所恩好，賜予之也。又曰：「問幾月之齎」者，按聘禮記使者「既受行，出，遂見宰，問幾月之資」，注云：「資，行用也。古者君臣謀密草創，未知所之遠近，問行用，當知多少而已。」是其問幾月之資。「鄭司農云：齎，或爲資，今禮家定齎作資」者，齎、資義一，何得言禮家定作資？故後鄭不從。齎、資兩字直是齊次爲聲，從貝變易耳〔五〕。○冢宰制國用，必於歲之杪。杪，亡小反。○制國用，如今度支經用。杪，末也。○度，大各反。○疏曰：用，謂制國之用。凡制國用多少，必計地小大，又視年之豐耗。若地大年豐，則制用多；若地小年耗，則制用少。故鄭云：「多不過禮，少有所殺。」量入以爲出。量，音亮。○出，謂所當給爲。○疏曰：「出，謂所當給爲」者，給，謂給百官賓客及民人也，爲，謂造國家器物也。祭用數之仂，筭今年一歲經用之數，用其什一。○疏曰：知用「今年一歲經用」者，以下文云「喪用三年之仂」，此直云「數之仂」，故知是一歲之仂也〔六〕。又知仂爲「什一」者，以仂是分散之名，故考工記云：「石有時以泐。」考工記又云：「以其圍之阞捎其藪。」彼注：「阞謂三分之一。」此云「什一」者，以民税一歲之什一，則國祭所用亦什一也。此謂當年經用之内用其什一，非是通計擬三年儲積之蓄也，故鄭云「一歲經用之數」。喪用三年之仂。喪大事，用三歲之什一。喪祭用不足曰暴，有餘曰浩。暴，猶耗也。浩，猶饒也。○疏曰：暴是殘暴物，被殘暴則虛耗，故云「暴，猶耗也」。浩者是多大之義，故堯典云「浩浩滔天」，故云「浩，猶饒也」。祭，豐年不奢，凶年不儉。常用數之仂〔七〕。

○王制○大饗不問卜，祭五帝於明堂，莫適卜也。郊特牲曰：「郊血，大饗腥。」○適，丁歷反。○疏曰：此大饗總祭五帝，其神非一，若卜其牲日，五帝總卜而已，不得每帝問卜。若其一一問卜，神有多種，恐吉凶不同，故鄭云「莫適卜，」總一卜而已。不饒富。富之言備也。備而已，勿多於禮也。○疏曰：「不饒富」者，富之言備也。雖曰大饗諸帝，配以文武，然禮數有常，取備而已，不得以其大饗豐饒其物使之過禮。此經直云大饗，鄭知祭五帝於明堂者，以其上文云「不問卜」，又與月令季秋「大饗帝」同，諸帝皆在，不得每帝問卜。若其祫之大饗，則周禮宗伯享大鬼皆卜，不得云不問卜，知非大祫也。鄭引郊特牲云「郊血，大饗腥」者，取大饗二字以證此大饗之文，其實彼大饗文在郊下，謂祫祭也，然此祭五帝，莫適卜而雩。總祭五帝，得每帝問卜者，以雩祭爲百穀祈雨，非一帝之功，故每帝適卜。至於大饗之時，歲功總畢，配以文、武，祭報其功，不須每帝皆卜，故唯一卜而已。○曲禮下○泉府：凡賒者，祭祀無過旬日。鄭司農云：賒，貰也。以祭祀，故從官貰買物。○疏曰：先鄭之意，以祭祀事大，故賒與民，不取利。○地官

右祭用總要○傳：孟子曰：「禮曰：『諸侯耕助，以共粢盛；夫人蠶繅，以爲衣服。犧牲不成，粢盛不潔，衣服不備，不敢以祭。惟士無田，則亦不祭。』牲殺器皿衣服不備，不敢以祭，則不敢以宴。盛，音成。繅，素刀反。皿，武永反。○集註曰〔八〕：禮曰：「諸侯爲藉百畝，冕而青紘，躬秉耒以耕，而庶人助以終畝。收而藏之御廩，以供宗廟之粢盛。使世婦蠶於公桑蠶室，奉繭以示於君，遂獻於夫人。夫人副褘受之，繅三盆手，遂布於三宮世婦，使繅以爲黼黻文章，而服以祀先王先公。」又曰：「士有田則祭，無田則薦。」黍稷曰粢，在器曰盛。牲殺，牲必特殺也。皿，所以覆器者。○滕文公下○穆王將征犬戎，穆王，周康王之孫、昭王之子穆王滿也。征，正也，上討下之稱。犬戎，西戎之別名，在荒服。祭公謀父諫曰：祭，畿內之國，周公之後，爲王卿士。謀父，字也。傳曰：「凡、蔣、邢、茅、胙、祭，周公之胤也。」「先王之制：邦內甸服，邦內，謂天子畿內千里之地。商頌曰：「邦畿千里，維民所止。」王制曰：「千里之內曰甸。」京邑在其中央，故夏書曰「五百里甸

服」，則古今同矣。甸，王田也。服，服其職業也。自商以前，並畿内爲五服。武王克殷，周公致太平，因禹所弼除畿内，更制天下爲九服。千里之内，謂之王畿，王畿之外曰侯服，侯服之外曰甸服。今謀父諫穆王，稱先王之制，猶以王畿爲甸服者，甸，古名，世俗所習也，故襄王謂晉文公曰：「昔我先王之有天下也，規方千里，以爲甸服。」是也。周禮亦以蠻服爲要服，足以相況矣。邦外侯服，邦外，邦畿之外，方五百里之地謂之侯服。侯服，侯圻也。言諸侯之近處，歲一來見。侯衛賓服，此總言之也。侯，侯圻也。衛，衛圻也。言自侯圻至衛圻，其間凡五圻，圻五百里，五五二千五百里，中國之界也。謂之賓服，常以服貢賓見於王。五圻者，侯圻之外曰甸圻，甸圻之外曰男圻，男圻之外曰采圻，采圻之外曰衛圻。周書康誥曰「侯、甸、男、采、衛」是也。凡此服數，諸家之説皆紛錯不同，唯賈君近之。蠻夷要服，蠻，蠻圻也。夷，夷圻也。周禮：衛圻之外曰蠻圻，去王城三千五百里，九州之界也。夷圻去王城四千里。周禮行人職衛圻之外謂之要服，此言蠻夷要服，則夷圻朝貢或與蠻圻同也。要者，要結好信而服從之。戎翟荒服。戎翟，去王城四千五百里至五千里也。四千五百里爲鎮圻，五千里爲蕃圻，在九州之外荒裔之地，與戎翟同俗，故謂之荒，荒忽無常之言也。甸服者祭，供日祭也。此采地之君，其見無數。侯服者祀，供月祀也。堯舜及周，侯服皆歲見。賓服者享，供時享也。享，獻也。周禮：甸圻二歲而見，男圻三歲而見，采圻四歲而見，衛圻五歲而見。其見也，必以所貢助祭於廟，孝經所謂「四海之内，各以其職來祭」。要服者貢，供歲貢也。要服六歲一見。荒服者王。王，王事天子也。周禮：九州之外謂之蕃國，世一見，各以其所貴寶爲贄，詩曰：「自彼氐羌，莫敢不來王。」日祭、日祭，祭於祖考，謂上食也，近漢亦然。月祀、月祀於會、高。時享、時享於二祧。歲貢、歲貢於壇墠。終王，終，謂世終也。朝嗣王及即位而來見。先王之訓也。有不祭則修意，意，志意也。謂邦甸之内有違闕不供日祭者，先修意以自責。畿内近，知王意也。有不祀則修言，言，號令也。有不享則修文，文，典法也。有不貢則修名，名，謂尊卑職貢之名號，晉語曰：「信於名，則上下不干。」有不王則修德，遠人不服，則修文德以來之。序成而有不至則修刑。序成，謂上五者次序已成，而有不至，則有刑誅。於是乎有刑不祭，伐不祀，征不享，讓不貢，讓，譴責也。告不王。謂以文辭告曉之也，遠者罪輕也。於是乎有刑罰之辟，刑不祭也。有攻伐之兵，伐不祀也。有征討之備，征不享也。有威讓之令，讓不貢也。有文告之辭。告不王也。今自大畢、伯仕之終也，大畢、伯仕，犬戎氏之二君。終，卒也。犬戎氏以其職來王，以其職，謂其嗣子以其寶來見王也〔九〕。天子曰『予必以不享征之，且觀之兵』，享，賓服之禮，以責犬戎。其無乃廢先王之訓而王幾頓乎！」幾，危也。頓，敗也。○國語周語○齊桓公伐楚曰：「爾貢包茅不入，王祭不共，無以縮酒，寡人是徵。」共，音恭。縮，所六反。○包，裹束也。茅，菁茅也。束茅而灌之以酒，爲縮酒。尚書「包匭菁茅」，茅之爲異〔一〇〕未審。○菁，子丁反。匭，音軌。○疏曰：禹貢「荆州包匭菁茅」，孔安國云：其所包裹而致者。匭，匣也。菁以爲菹，茅以縮酒。郊特牲云縮酌用茅，鄭玄云：

沸之以茅，縮去滓也。周禮甸師祭祀，共蕭茅，鄭興云：蕭，字或爲莤，莤讀爲縮，束茅立之祭前〔一一〕，沃酒其上，酒滲下去，若神飲之，故謂之縮。縮，滲也。故齊桓公責楚不貢包茅，王祭不共，無以縮酒。杜用彼鄭興之説也。孔安國以菁與茅别。杜云：茅，菁茅。則以菁、茅爲一。令荆州貢茅，必當異於餘處，但更無傳説，故云茅之爲異未審也。沈氏云：太史公封禪書云：江淮之間一茅三脊。杜云「未審」者，以三脊之茅、比目之魚、比翼之鳥皆是靈物，不可常貢，故杜云未審也。○僖公四年春秋左氏傳

内宰：中春，詔后帥外内命婦始蠶于北郊，以爲祭服。中，音仲。○蠶於北郊，婦人以純陰爲尊，郊必有公桑蠶室焉。○疏曰：云「仲春，詔后帥外内命婦始蠶於北郊」者，内宰以仲春二月詔告也，告后帥領外命婦諸臣之妻、内命婦三夫人已下始蠶於北郊。云「以爲祭服」者，禮記祭義亦云：蠶事既畢，「遂朱緑之、玄黄之」，以爲祭服。此亦當染之以爲祭服也。又曰：云「蠶於北郊，婦人以純陰爲尊」者，按禮記祭統云「天子親耕於南郊」，鄭以諸侯爲少陽，是天子以純陽爲尊，則后蠶於北郊，純陰爲尊也。云「郊必有公桑蠶室焉」者，按月令：三月，后妃親東鄉躬桑。此云二月，與彼不同者。按馬質云「禁原蠶者」，彼注：「天文辰爲馬。」引蠶書曰：「蠶爲龍精，月值大火，則浴其種。是蠶與馬同氣。」故此亦仲春始蠶。蠶者，亦謂浴種，至三月臨生蠶之時，又浴種乃生之，故設文有異也。歲終，則會内人之稍食，稽其功事。内人，主謂九御。○疏曰：「歲終」，亦謂周之季冬。内宰則會計内人女御之稍食，稍食則月俸是也〔一二〕。云「稽其功事」者，稽，計也。又當計女御絲枲二者之功事，以知多少。又曰：知内人主是女御者，按典婦功「授嬪婦及内人女功之事齎」，嬪婦既是九嬪世婦，明内人是九御也。佐后

而受獻功者，比其小大與其粗良而賞罰之。獻功者，九御之屬。鄭司農云：烝而獻功。玄謂：典婦功曰：「及秋獻功。」○疏曰：「佐后而受獻功」者，謂內宰佐助后而受女御等獻絲枲之功布帛等。云「比其小大與其粗良」者，布帛之等，縷小者則細良，縷大者則粗惡。今言粗不云惡，言良不云細者，互見爲義也。云「而賞罰之」者，良則賞之，粗則罰之，以示懲勸也。又曰：鄭知「獻功」是「九御之屬」者，上文云「以婦職之法教九御」，明所受獻功，還是九御之屬可知。「司農云烝而獻功」，謂冬獻功。玄引典婦功職「秋獻功」，不從先鄭者，以其內宰佐后受，明是婦官所造，還是典婦功女御等秋獻功也。○天官○

季春，后妃齊戒，親東鄉躬桑。禁婦女毋觀，省婦使以勸蠶事。鄉，許亮反。觀，古喚反。省，所景反。○后妃親採桑，示帥先天下也。東鄉者，鄉時氣也，是明其不常留養蠶也。留養者，所卜夫人與世婦。婦，謂世婦及諸臣之妻也，內宰職曰：「仲春，詔后帥外內命婦始蠶於北郊。」女，外內子女也，夏小正曰：「妾子始蠶，執養宮事。」毋觀，去容飾也。婦使，縫線組紃之事。○去，起呂反。組，音祖。紃，音旬。○疏曰：若尋常養蠶，或東西南北面無所在，今后唯東面採桑，明知不常留養蠶也，暫示法而已。留養者，所卜夫人與世婦者，按祭義云：「卜三宮之夫人、世婦之吉者」使蠶。是常留養蠶也。祭義又云夫人「副褘而受之」。言副褘則據王后，言三宮夫人則似據諸侯。不同者，祭義所云雜，明天子諸侯之法副褘，據王后、上公夫人亦副褘也。三宮夫人據諸侯，亦得通王之三夫人也。云「婦，謂世婦及諸臣之妻」者，釋經中婦字。知不兼三夫人九嬪者，以經云「禁婦女無觀」，則尊者不應在禁限，故知無夫人與嬪也，及女御亦當在焉。特云世婦者，以祭義云「世婦之吉者」，故特言之。引內宰職「蠶于北郊」者，證躬桑之事。按此經是季春躬桑，内宰云「仲春」者，以仲春既帥命婦躬桑浴種，至季春又更躬桑浴蠶也。故熊氏云：「按馬質注云蠶爲龍精，月值大火，則浴其種。」是二月浴種也。祭義云：「大昕之朝」，「奉種浴于川」。注云：「大昕，季春朔日。」是三月又浴蠶也。皇氏云：二月浴之，三月乃躬。其義非也。云「女外内子女」者，解經中女字。外子女，謂王外姓甥之女者。内子女者，王之同姓子女，則周禮之外宗、内宗皆以嫁有爵者。故内宰云「帥外内命婦」，言命婦則未出嫁者不在焉〔一三〕，鄭注周禮，士妻亦爲命婦，則士妻亦在。云夏小正曰「妾子始蠶，執養宮事」者，引之證明子女養蠶之事。皇氏云：妾謂外内命婦。子謂外内子女。執養宮事，執，操也。養，長也。謂操持養長蠶宮之事。云「無觀去容飾」者，以其祭先蠶，又志在採桑養蠶，無暇爲飾之事，故禁之以示法。

蠶事既登，分繭稱絲效功，以共郊廟之服，無有敢惰。共，音恭。○登，成也。敕往蠶者，蠶畢，將課功以勸戒之。○疏曰：「登，成」，釋詁文。以分繭稱絲，是課效其功，故云「以勸戒之」。

○月令○孟夏，蠶事畢，后妃獻繭，乃收繭税，以桑爲均，貴賤長幼如一，以給郊廟之服。后妃獻繭者，内命婦獻繭於后妃。收繭税者，收於外命婦。外命婦雖就公桑蠶室而蠶，其夫亦當有祭服以助祭，收以近郊之税耳。貴賤長幼如一，國服同。○疏曰：「内命婦獻繭於后妃」者，以其經云「后妃獻繭」，恐后妃獻繭於王，故明之也。知非后妃獻繭於王者，祭義曰：「世婦卒蠶，奉繭以示於君」，遂以獻於夫人。是夫人不獻繭也。云「收繭税者，收於外命婦」者，内命婦既以獻繭，更別云收繭税，故知於外命婦也。雖就公桑蠶室而蠶，其夫亦有祭服以助祭也。皇氏云：外命婦既就公家之桑而養蠶，則繭當悉輸於公，所以唯皆税其繭。餘得自入者，以其夫當有祭服以助王祭，故令繭得自入以供造也。今謂夫助祭之服當公家所爲，故禮再命受服。言外命婦雖就公桑蠶室而蠶，既是官家之桑繭，應全入於己。所以有税者，以其夫亦當有祭服，官家所給，故輸繭税以供造之。但税寡少，故云收以近郊税耳。知收以近郊税者，載師云：「近郊十一。」公桑在國北近郊，故知收以近郊。云「貴賤長幼，如一國服同」者，按泉府云：凡賒者，「以國服爲之息」。國服，謂國家貢賦服事在上，各有等限。謂之國服，言貴賤長幼出繭税俱以十一等限齊同，故云「國服同」。其受桑，則貴賤異也。貴者桑多，賤者桑少，爲皆計繭爲税十一之税。○季夏，命婦官染采，黼黻文章，必以法故，無或差貸。貸，音二，又他得反。○婦官，染人也。采，五色。○疏曰：按周禮，婦官有典婦功、典枲、染人等，此據染采，故爲染人。「采五色」者，鄭注皋陶謨曰：「采施曰色，未用謂之采，已用謂之色。」此對文耳，散則通。黑黄蒼赤，莫不質良，毋敢詐僞，質，正也。良，善也。所用染者，當得真采正善也。以給郊廟祭祀之服。月令〔一四〕○典絲：凡祭祀，共黼畫組就之物。以給衣服、冕旒及依盥巾之屬。白與黑謂之黼。采色一成曰就。○依，於豈反。○疏曰：言「凡祭祀」者，謂祭祀天地宗廟、社稷山川之等，故言「凡」以廣之。云「共黼畫」者，凡祭服，皆畫衣繡裳，但裳繡須絲，衣畫不須絲。而言共絲者，大夫已上裳皆先染絲，則玄衣亦須絲爲之，乃後畫，故兼衣畫而言之也。「組就」者，謂以組爲冕旒之就，故組就連言之。云「之物」者，謂絲之物色共之。又曰：云「以給衣服」者，經云「共」，據王而言；注云「給」，據臣而言。鄭欲見尊卑皆授絲物也。言衣物，釋經黼畫，但周之冕服九章，衣五章，裳四章，龍衮已下直言黼者，據美者而言，謂若詩云「玄衮及黼」、周書云「麻冕黼裳」之類〔一五〕。云「冕旒」

者，釋經組就，謂若弁師云「十二就」之等。云「及依」者，亦釋經「黼」，此據祭祀，謂若掌次：大旅上帝，設皇邸。邸即屏風，爲黼文。云盥巾者，亦釋經「黼」，謂若冪人職云王巾皆黼之類。云「之屬」者，殯有加斧於椁上及綃黼丹朱之類也。云「白與黑謂之黼」者，繢人職文云「采色一成曰就」者，謂若典瑞云「五采五就」、弁師「十二就」之等，皆是采色一成爲就也。○天官○司服：掌王之吉凶衣服，辨其名物，與其用事。用事，祭祀、視朝、甸、凶弔之事，衣服各有所用。○疏曰：此一經與下文爲總目。王吉服有九，大裘已下是也。凶服，即下文凶事與弔是也。「辨其名物」者，衣服有名，則物色有異同也。云「用事，祭祀、視朝、甸、凶弔之事」者，其事各異。云「衣服各有所用」者，謂若祀昊天，用大裘之等是也。王之吉服：祀昊天上帝，則服大裘而冕，祀五帝亦如之；享先王則袞冕；享先公饗射則鷩冕；祀四望山川則毳冕；祭社稷五祀則希冕；祭羣小祀則玄冕。六服同冕者，首飾尊也。先公，謂后稷之後、大王之前，不窋至諸盩。饗射，饗食賓客與諸侯射也。羣小祀，林澤墳衍、四方百物之屬。鄭司農云：大裘，羔裘也。袞，卷龍衣也。鷩，裨衣也。毳，罽衣也。玄謂：書曰：「予欲觀古人之象，日月星辰、山龍華蟲、作繢宗彝、藻火粉米、黼黻希繡。」此古天子冕服十二章，舜欲觀焉。華蟲，五色之蟲，繢人職曰「鳥獸蛇雜四時五色以章之謂」是也。希，讀爲絺，或作黹，字之誤也。王者相變，至周，而以日月星辰畫於旌旗，所謂三辰旂旗，昭其明也。而冕服九章，登龍於山，登火於宗彝，尊其神明也。九章：初一曰龍次，二曰山次，三曰華蟲，次四曰火次，五曰宗彝，皆畫以爲繢；次六曰藻，次七曰粉米，次八曰黼，次九曰黻，皆希以爲繡。則袞之衣五章，裳四章，凡九也。鷩畫以雉，謂華蟲也，其衣三章，裳四章，凡七也；毳畫虎蜼，謂宗彝也，其衣三章，裳二章，凡五也；希刺粉米無畫也，其衣一章，裳二章，凡三也。玄者，衣無文，裳刺黻而已，是以謂玄焉。凡冕服，皆玄衣纁裳。○鷩，直劉反，或音冑。罽，居例反。黹，張里反。刺，七亦反，劉七賜反。○疏曰：王之吉服並下章弁服、皮弁服、冠弁服三者，亦是今尊其祭服，且言六矣。云六服，服雖不同，首同用冕，以首爲一身之尊，故少變同用冕耳。下經五服同名弁，亦是首飾尊。鄭不言者，義可知也。冕名雖同，其旒數則亦有異，但冕名同耳。云「先公，謂后稷之後、大王之前，不窋至諸盩」者〔一六〕，但后稷雖是公，不謚爲王，要是周之始祖感神靈而生，文武之功因之而就，故特尊之，與先王同。是以尚書武成云「先王建邦啓土」，尊之亦謂之先王也。是以鄭云「后稷之後，大王之前」，不數后稷。不窋，后稷子，諸盩，大王父，二者之間並爲先公矣。周本紀云：「后稷卒，子不窋立。」「不窋卒，子鞠立。鞠卒，子公劉立。」「卒，子慶節立。」「卒，子皇僕立。」「卒，子羌弗立。」「卒，子毀榆立。」「卒，子公非立。」「卒，子高圉立。」「卒，子亞圉立。」「卒，子公祖類立。」「卒，子古公亶父立。」古公亶父，則大王亶父也。公祖類即紺，亦曰諸盩也。大祫於大祖后稷廟中，尸服衮冕，王服亦衮冕也。按中庸注云：「先公，組紺以上至后稷。」天保詩注：「先公，謂后稷至諸盩。」天作詩注云：「先公，謂諸盩至不窋。」經皆云先公，注或言后稷，或不言后稷者，中庸云：「周公成文武之德，追王大王王季，上祀先公以天子之禮。」后稷既不追王，故注先公中有后稷也。天保詩云「禴祠烝嘗」是四時常祭，故云先公中有后稷。天作詩是祫之祭，禮在后稷廟中，不嫌不及后稷，故注不言后稷。各有所據，故注不同也。云「饗射饗食賓客與諸侯射也」者，饗食則大行人云「上公三饗三食」之等是也。但饗食在廟，故亦服鷩冕也〔一七〕。與諸侯射者，此大射在西郊虞庠中，亦服鷩冕也。若燕射在寢，則朝服。若賓射在朝，則皮弁服。云「羣小祀，林澤墳衍、四方百物」者，此據地之小祀，以血祭社稷爲中祀，埋沈已下爲小祀也。若天之小祀，則司中司命、風師雨師。鄭不言者，義可知。鄭司農云「大裘，羔裘也」者〔一八〕，司裘文。先鄭注云「大裘，黑羔裘」，然則，凡祭之皆同羔裘，義具於司裘也。云「袞，卷龍衣也」者，鄭注禮記云：卷，俗讀，其通則曰袞。故先鄭袞、卷並言之也。云「鷩裨衣也」者，按禮記曾子問云：「諸侯裨冕。」覲禮：「侯氏裨冕。」鄭注云：「裨之言埤也。」天子大裘爲上，其餘爲裨。若然，則裨衣自袞以下皆是。先鄭獨以鷩爲裨衣，其言不足矣。云「毳，罽衣也」者，按爾雅云：「毛氂謂之罽。」則續毛爲之，若今之毛布。但此毳則宗彝謂虎蜼，而先鄭以爲罽衣，於義不可，故後鄭不從也。「玄謂：書曰至希繡而云此古天子冕服十二章，舜欲觀焉」者，欲明舜時十二章，至周無十二章之意也。然古人必爲日月星辰於衣者，取其明也。山取其人所仰，龍取其能變化，華蟲取其文理。作績者，績，畫也。衣是陽，陽至輕浮，畫亦輕浮，故衣績也。「宗彝」者，據周之彝尊有虎彝、蜼彝因於前代，則虞時有蜼彝、虎彝可知。若然，宗彝是宗廟彝尊，非蟲獸之號，而言宗彝者，以虎蜼畫於宗彝，則因號虎蜼爲宗彝，其實是虎蜼也。但虎蜼同在於彝，故此亦並爲一章也。虎取其嚴猛，蜼取其有智，以其印鼻長尾，大雨則懸於樹，以尾塞其鼻，是其智也。藻，水草，亦取其有文，象衣上華蟲。火，亦取其明。粉米共爲一章，取其潔，亦取養人。黼，謂白黑爲形，則斧文近刃，白近上，黑取斷割焉。黻〔一九〕，黑與青爲形，則兩已相背，取臣民背惡向善，亦取君臣有合離之義、去就之理也。「希繡」者，孔君以爲細葛上爲繡，鄭君讀希爲黹。黹，紩也，謂刺繒爲繡次。但裳主陰，刺亦是沈深之義，故裳刺也。云「華蟲五色之蟲」，孔君注以爲華象草華蟲雉也，義亦通。以其草華有五色，故引繢人「鳥獸蛇雜四時五色以章之」爲證也。華蟲名鷩者，以其頭似鷩，以有兩翼，即曰鳥。以其體有鱗似蛇，則曰蛇。以其有五色成章，則曰雉。故鄭注考工記云：「蟲之毛鱗有文采者也。」云「希，讀爲絺，或作黹字之誤也」者，本有此二文不同，故云誤，當作絺爲正也。云「王者相變，至周，而以日月星辰畫於旌旗」者，若孔君義，虞時亦以日月星畫於旌旗，與周同。鄭意，虞時無有日月星畫於旌旗，若虞時日月星畫於旌旗，則衣無日月星也。云「所謂三辰，旂旗昭其明也」者，所謂桓公二年哀伯辭。彼三辰，則此日月星辰。旂旗者〔二〇〕，謂交龍爲旂，熊虎爲旗，不畫日月星，連引之耳。引之者，證周世日月星畫於旌旗之意也。云「而冕服九章」者，據周法而言，既去日月星三章，明有九章在也。云「登龍於山，登火於宗彝，尊其神明也」者，鄭知「登龍於山」者，周法皆以蟲獸爲章首。若不登龍於山，則當以山爲章首，何得猶名衮龍乎？明知登龍於山，取其神也。又知「登火於宗彝」者，宗彝則毳也，若不登火在於宗彝上，則毳是六章之首，不得以毳爲五章之首，故知登火於宗彝，取其明也。云「九章初一曰龍」至「凡五」也，此無正文，並鄭以意解之。以其衣是陽，從奇數，裳是陰，從耦數。云「希刺粉米無畫也」者，衣是陽應畫，今希冕三章在裳者，自然刺繡。但粉米不可畫之物，今雖在衣，亦刺之不變，故得希名，故鄭特言粉米也。然則，毳冕之粉米，亦刺之也。云「玄者衣無文，裳刺黻而已」者，以其祭服衣本是玄，今玄冕一章仍以玄爲名，明衣上無畫一章者，刺黻於裳而已，是以謂玄焉。云「凡冕服，皆玄衣纁裳」者，六冕皆然，故云「凡」以該之。知「玄衣纁裳」者，見易繫辭黄帝、堯、舜垂衣裳，蓋取諸乾坤。乾爲天，其色玄。坤爲地，其色黄。但土無正位，託於南方火赤色，赤與黄即是纁色，故以纁爲名也。公之服，自袞冕而下，如王之服。侯、伯之服，自鷩冕而下，如公之服。子、男之服，自毳冕而下，如侯、伯之服。孤之服，自希冕而下，如子、男之服。卿、大夫之服，自玄冕而下，如孤之服，其凶服加以大功、小功。士之服，自皮弁而下，如大夫之服，其凶服亦如之，其齊服則玄端、素端。齊，側皆反，注士齊同。○自公之袞冕至卿大夫之玄冕，皆其朝聘天子及助祭之服。諸侯非二王後，其餘皆玄冕而祭於己。雜記曰：「大夫冕而祭於公，弁而祭於己。士弁而祭於公，冠而祭於己。」大夫爵弁，自祭家廟唯孤爾，其餘皆玄冠，與士同。玄冠自祭其廟者，其服朝服玄端。諸侯之自相朝聘，皆皮弁服。此天子日視朝之服。喪服，天子、諸侯齊斬而已，卿大夫加以大功、小功，士亦如之，又加緦焉。士齊有素端者，亦爲札荒有所禱請。變素服言素端者，明異制。鄭司農云：衣有襦裳者爲端〔一一〕。玄謂：端者，取其正也。士之衣袂皆二尺二寸而屬幅，是廣袤等也。其袪尺二寸，大夫已上侈之。侈之者，蓋半而益一焉。半而益一，則其袂三尺三寸，袪尺八寸。○襦，音儒。屬，音燭。廣，古曠反。上，時掌反。○疏曰：陳天子吉凶之服訖，自此已下，陳諸侯及其臣之服，貴賤不同之事也。但上具列天子之服，此文以上，公自袞冕以下，差次如之，上得兼下，下不得僭上也。大夫云凶服加以大功、小功者，天子諸侯自旁期已下，皆絶而不爲服，大夫加以大功、小功，謂本服大功、小功者，其降一等，小功降，仍有服緦者。其本服之緦，則降而無服。云「士之服，自皮弁而下」者，士之助祭服爵弁，不言爵弁者，以其爵弁之服，惟有承天變時及天子哭諸侯乃服之。所服非常，故列天子吉服不言之。

今以次轉相加，不得輒於士上加爵弁，故以皮弁爲首，但皮弁亦是士助君視朔之服也。云「其凶服亦如之」者，亦如大夫有大功、小功，但士無降服，則亦有緦服，故鄭增之也。「其齊服有玄端」者，則士冠上士玄裳，中士黄裳，下士雜裳，特牲士之享祭之服也。「素端」者，即上素服，爲札荒祈請之服也。又曰：云「自公衮冕至卿大夫之玄冕，皆其朝聘天子及助祭之服」者，此上公衮已下，既非自相朝聘之服，又非已之祭服。按曾子問云：諸侯裨冕出視朝，鄭云：「爲將廟受。」謂朝天子時也。春夏受享於廟，秋冬一受之於廟，是受享、受覲皆在廟。是受朝之事及助祭在廟，理當裨冕也。若卿大夫聘，天子受之在廟及助祭，亦用冕服可知，故鄭君臣朝、聘並言也。云「諸侯非二王後，其餘皆玄冕而祭於已」，知之者，按玉藻云「諸侯玄端而祭」，注云端當爲冕，是諸侯玄冕自祭於已也。按玉藻云諸侯祭宗廟之服，惟魯與天子同。此注云：「諸侯非二王後，其餘皆玄冕祭於已。」彼不言二王後，此不言魯者，彼此各舉一邊而言，其實相兼乃具也。魯雖得與天子同，惟在周公、文王廟中得用衮冕，故明堂位云：「季夏六月，以禘禮祀周公于太廟。」云天子之禮是也。若餘廟亦玄冕，或可依公羊傳云：白牡，周公牲；騂㹀，魯公牲。「羣公不毛。」魯公既與羣公别牲而用騂㹀，則其服宜用鷩冕可也。其二王後唯祭受命，王得用衮冕，其餘廟亦得用玄冕也。云「雜記曰：大夫冕而祭於公，弁而祭於已。士弁而祭於公，冠而祭於已。大夫爵弁自祭家廟惟孤爾，其餘皆玄冠，與士同」者，鄭引雜記者，上已説諸侯祭於已訖，更明孤已下自祭，不得申上服之意也。云「其餘皆玄冠，與士同」者，諸侯除孤用爵弁之外，卿大夫祭皆用玄冠〔一二〕，與士同，故少牢是上大夫祭用玄冠朝服，特牲是士禮用玄冠玄端，是其餘皆玄冠，與士同也。其天子、大夫四命，與諸侯之孤同，亦以爵弁自祭。天子之士，宜與諸侯上大夫同用朝服也。云「玄冠自祭其廟」者，其服朝服玄端者，朝服據少牢大夫禮，玄端據特牲士禮而言也。云「諸侯之自相朝聘，皆皮弁服」者，欲見此經上服惟施於入天子廟，不得入諸侯廟之意。必知諸侯自相朝聘用皮弁者，見聘禮。主君及賓皆皮弁，諸侯相朝，其服雖無文，聘禮主君待聘者皮弁，明待諸侯朝亦皮弁可知。且曾子問云：諸侯朝天子，「冕而出視朝。」爲將廟受。及彼下文諸侯相朝云：「朝服而出視朝。」鄭云：「爲事故。」據此上下而言，明自相朝不得與天子同，即用皮弁可知也。云「此天子日視朝之服」者，此解皮弁非諸侯常服之物，惟於朝聘乃服之意也。云「喪服，天子、諸侯齊斬而已」者，欲見大夫言大功、小功，天子、諸侯不言之意也。天子、諸侯絶旁期，此云齊者，據爲后夫人而言。若然，天子於適孫承重，亦期周之道，有適子無適孫。若無適子，自然立適孫；若無適孫，立適曾孫，亦期。及至適玄孫，皆然也。既爲適孫有服，而適子之婦大功，若於適孫已下之婦承重者，皆小功矣。今特言齊者，舉后夫人重者而言。云「卿大夫加以大功、小功」者，是據正服大功、小功，若緦，則降而無服，故不言。云「士亦如之，又加緦焉」者，士不降服，明知更加緦也。云「士齊有素端者，亦爲札荒有所禱請」者，然上文已云素服，士既轉相如已有素服矣。今於經別云玄端、素端爲士設文者，以其大夫已上侈袂同，惟士不得侈袂，以端爲之，故經別見端文也。若然，士之素端言齊者，見禱請也，則上文素服亦是齊服禱請可知也。云「變素服，言素端者，明異制」者，鄭解士別見文素意也。鄭司農云「衣有襦裳者爲端」者，此端據正幅，不據襦裳，故後鄭不從也。玄謂：端者，取其正也者。端，正也，故以正幅解之也。云「士之衣袂，皆二尺二寸而屬幅，是廣袤等也」者，云衣袂二尺二寸，喪服記文。故彼云：「衣二尺有二寸。」注云：「此謂袂中也。言衣者，明與身參齊。」是玄端之身長二尺二寸，今兩邊袂亦各屬一幅，幅長二尺二寸，上下亦廣二尺二寸，故云屬幅廣袤等，袤則長也。言「皆」者，皆玄端、素端二者同也。云「其袪尺二寸」者，據玉藻深衣之袪尺二寸而言也。云「大夫已上侈之。侈之者，蓋半而益一焉。半而益一，則其袂三尺三寸，袪尺八寸」者，此亦無正文。按禮記雜記云凡弁經服，其衰侈袂，少牢主婦衣綃衣，亦云侈袂。侈，大也。鄭以侈爲大，即以意爲半而益一以解之也，孔子大袂單衣亦如此也。凡天子冕服有章者，舊説天子九章，據大章而言。其章別小章，章依命數，則皆十二爲節。上公亦九章，與天子同，無升龍有降龍，其小章章別皆九而已。自餘鷩冕、毳冕以下皆然。必知有小章者，若無小章，絺冕三章，則孤有四命、六命，卿大夫玄冕一章，卿大夫中則有三命、二命、一命，天子之卿六命，大夫四命，明中有小章乃可得依命數。凡大祭祀，共其衣服而奉之。奉，猶送也，送之於王所。○疏曰：云「大祭祀」，則中兼有次、小祭祀。以其皆是王親祭，故舉大而言。皆當奉衣服而送之於王，王服之以祭祀。○春官○屨人：掌王及后之服屨，爲赤舄、黑舄、赤繶、黄繶、青句素屨葛屨。繶，於力反。句，音劬，又姜踰反。○屨自明矣，必連言服者，著服各有屨也。複下曰舄，禪下曰屨。古人言屨以通於複，今世言屨以通於禪，俗易語反與？舄屨有絇、有繶、有純者，飾也。鄭司農云：赤繶、黄繶，以赤黄之絲爲下緣。士喪禮曰：「夏葛屨，冬皮屨，皆繶緇純。」禮家説繶，亦謂以采絲礫其下。玄謂：凡屨舄，各象其裳之色，士冠禮曰：「玄端黑屨，青句繶純。」「素積白屨」，「緇絇繶純。」「爵弁纁屨，黑絇繶純。」是也。王吉服有九，舄有三等。赤舄爲上，冕服之舄也。詩云：「王錫韓侯，玄衮赤舃。」則諸侯與王同。下有白舃、黑舃。王后吉服六，唯祭服有舃。玄舃，爲上禕衣之舃也，下有青舃、赤舃，鞠衣以下皆屨耳。句，當作絇，聲之誤也。絇繶純者同色。今云赤繶、黄繶、青絇雜互言之，明舃屨衆多，反覆以見之。凡舃之飾如繢之次；赤繶者，王黑舃之飾；黄繶者，王后玄舃之飾；青絇者，王白舃之飾。言繶必有絇純，言絇亦有繶純，三者相將。王及后之赤舃皆黑飾，后之青舃白飾。凡屨之飾，如繡次也：黄屨白飾，白屨黑飾，黑屨青飾。絇謂之拘，著舃屨之頭以爲行戒。繶，縫中紃。純，緣也。天子、諸侯吉事皆舃，其餘唯服冕衣翟著舃耳。士爵弁纁屨，黑絇繶純，尊祭服之屨，飾從繢也。素屨者，非純吉有凶，去飾者言葛屨，明有用皮時。〇著，丁庶反，一知略反。與，音餘。絇，音劬。有純，章允反，下同。緣，悦面反。礫，音歷。衣翟，於既反。〇疏曰：云「掌王及后之服屨」者，但首服在上尊，又是陽多變，是以追師與弁師、男子婦人首服各別官掌之。屨舃在下卑，又是陰少變，故男子婦人同官掌之也。云「爲赤舃」以下，謂掌而營造之，故云爲也。「赤舃」者，男子冕服、婦人闕翟之舃也。「黑舃」者，天子、諸侯玄端服之舃。「赤繶」已下，云「繶」云「句」者，欲言繶絇以表見其舃耳。「赤繶」者，是天子諸侯黑舃之飾。「黄繶」者，與婦人爲玄舃之飾也。「青句」者，與王及諸侯爲白舃之飾。凡屨舃，皆有絇繶純，三者相將。各言其一者，欲互見其屨舃，故多舉一邊而言也。「素屨」者，大祥時所服去飾也。「葛屨」者，自赤舃以下，夏則用葛爲之，若冬則用皮爲之。在素屨下者，欲見素屨亦用葛與皮故也〔一三〕。又曰：云「屨自明矣必連言服者著服各有屨也」者，屨舃從裳色，裳既多種，故連言服也。云「複下曰舃禪下曰屨」者，下謂底。複，重底。重底者名曰舃，禪底者名曰屨也。無正文，鄭目驗而知也。云「古人言屨以通於複」者，首直云屨人，不言舄，及經舄、屨兩有，是言屨通及舄。周公即古人也，故云古人言屨以通於複也。云「今世言屨，以通於禪」者，謂漢時爲今世，但漢時名複下者爲屨，並通得下禪之屨，故云「俗易語反與」。云「與」者，無正文，鄭以意解之，故云「與」以疑之也。云「舄屨有絇、有繶、有純者，飾也」者〔二四〕，言繶是牙底相接之縫，綴條於其中。言絇謂屨頭，以條爲鼻。純謂以條爲口緣。經不云純者，文略也。「鄭司農云：赤繶、黄繶，以赤黄之絲爲下緣」者，此即牙底相接之縫也。引士喪禮者，證繶爲下緣。云「皆繶緇純」者，葛屨、皮屨皆有繶也。緇純，純用緇，則繶絇亦用緇色也。「玄謂凡屨舄各象其裳之色」者，屨舄與裳俱在下體，其色同，制舄屨與裳色同也。引士冠禮者，證屨同裳色。云「玄端黑屨」者，凡玄端有上士玄裳、中士黄裳、下士雜裳，今云黑屨者，據玄裳爲正也〔二五〕。云「青絇繶純」者，屨飾從繡次也。云「素積白屨」者，皮弁服素積以爲裳，故白屨也。云「緇絇繶純」者，亦飾從繡次也。云「爵弁纁屨，黑絇繶純」者，鄭云「尊祭服，飾從繢次」。言「是也」者，是屨從裳色之義也。云「王吉服有九」者，則司服六冕與韋弁、皮弁、冠弁是也。云「舄有三等」者，謂赤舄、黑舄、白舄也。云「赤舄爲上冕服之舄」者，此經先言赤舄，是舄中之上，是六冕之舄也。引詩者，是韓侯之詩也。「玄衮」者，冕服皆玄上纁下而畫以衮龍。云「赤舄」者，象纁裳故也。引之者，證諸侯得與王同，有三等之舄，赤舄爲上也。云「下有白舄、黑舄」者，白舄配韋弁、皮弁，黑舄配冠弁服。按司服注：「韋弁，以韎韋爲弁，又以爲衣裳。」則韋弁，其裳以韎之赤色韋爲之。今以白舄配之，其色不與裳同者，鄭志及聘禮注韋弁服皆云：以素爲裳。以無正文，鄭自兩解不定，故得以白舄配之。冠弁服則諸侯視朝之服，是以燕禮記云「燕，朝服」，鄭云「諸侯與其羣臣日視朝之服也」，謂冠玄端，緇帶，素韠，白屨也。白屨即與皮弁素積白屨同，今以黑舄配之，不與裳同色者，朝服與玄端大同小異，皆玄冠緇布衣而裳有異耳。若朝服則素裳白屨，若玄端之裳則玉藻云：「韠：君朱，大夫素，士爵韋。」是韠從裳色，則天子諸侯朱裳，大夫素裳，皆不與裳同色者。但天子諸侯，舄有三等，玄端既不得與祭服同，赤舄若與韋弁、皮弁同白，則黑舄無所施，故從上士玄裳爲正而黑舄也。大夫玄端素裳，亦從玄裳黑屨矣。云「王后吉服六，唯祭服有舄」者，以王舄有三，后舄不得過王，故知后舄亦三等。但冕服有六，其裳同，故以一舄配之。后翟三等連衣裳，而色各異，故三翟以三等之舄配之。云「玄舄爲上褘衣之舄也，下有青舄、赤舄」者，玄舄配褘衣，則青舄配揄翟，赤舄配闕翟可知。云「鞠衣以下皆屨耳」者，六服三翟，既以三舄配之，且下文命夫、命婦唯言屨，不言舄，故知鞠衣以下皆屨也。云「句當爲絇」，知者，以此屨舄無取句之義。按士冠禮皆云絇，故知當爲絇。云「絇繶純同色」者，按士冠禮三冠絇繶純各自同色故也。云「今云赤繶、黃繶、青絇雜，互言之，明舄屨衆多，反覆以見之」者，以其男子有三等屨舄，婦人六等屨舄，若具言其屨舄，於文煩，故雜互見之，明其衆多也。云「凡舄之飾，如繢之次」者，無正文。此約皮弁白屨黑絇繶純，白黑比方爲繡次，爵弁纁屨黑絇繶純，黑與纁南北相對，尊祭服，故對方爲繢次也。以此而言，則知凡舄皆不與屨同，而爲繢次可知。云「赤繶者，王黑舄之飾」者，以其舄飾從繢之次。赤是南方火色，與北方黑對方，更無青屨取赤爲繶〔二六〕，知是王黑舄之飾也。云「黃繶者，王后玄舄之飾」者，以其天玄與地黃相對爲繢次，故知是王后玄舄之飾也。上公夫人得服褘衣者，亦得玄舄也。云「青絇者，王白舄之飾」者，亦以對方飾之，亦得與褖衣黑屨爲飾，但據舄尊者而言，王亦與諸侯白舄爲飾也。云「言繶必有絇純，言絇亦有繶純，三者相對」者，以士冠禮三冠各有絇繶純，故知三者相對，但經互見，故各偏舉其一耳。云「王及后之赤舄，皆黑飾。后之青舄，白飾」者，以舄皆對方以繢次爲飾，故知義然也〔二七〕。云「凡屨之飾，如繡次也」者，亦約士冠禮白屨黑絇繶純之等而知也。云「黄屨白飾，白屨黑飾，黑屨青飾」者，此據婦人之屨，鞠衣已下之屨，故有黄屨黑屨也。以屨從繡次爲飾，故知義然也。云「絇，謂之拘。著於舄屨之頭，以爲行戒」者，鄭注士冠亦云：「絇之言拘也，以爲行戒，狀如刀衣鼻，在屨頭。」言拘取自拘持，爲行戒者，謂使低目不妄顧視也。云「其餘唯服冕衣翟著舄耳」者，服冕，謂后以下婦人也。云「素屨者，非純吉，有凶去飾」者，下經注散屨，與此素屨同是大祥時，則大祥除衰杖後，身服素縞麻衣，而著此素屨，故云非純吉。言去飾者，經素屨不云繶純〔二八〕，故知去飾無絇繶純也。云「言葛屨明有用皮時」者，士冠禮云：「夏葛屨，冬皮屨」。此經云葛屨，據夏而言，若冬明用皮，故鄭云有用皮時也。

辨外内命夫命婦之命屨、功屨、散屨。散，素但反。○命夫之命屨纁屨；命婦之命屨，黄屨以下，功屨，次命屨，於孤卿大夫則白屨、黑屨，九嬪内子亦然。世婦命婦以黑屨爲功屨，女御士妻命屨而已，士及士妻謂再命受服者散屨，亦謂去飾。

○疏曰：上明王及后等尊者舄屨訖，此明臣妻及嬪已下之屨也。言外内命夫，按肆師職云：「禁外内命男、女之衰不中法者。」鄭彼注：「外命男，六卿以出也。内命男，朝廷卿大夫士也。其妻爲外命女。」彼外命男則此外命夫。若然，此外命夫，其妻爲外命婦，鄭雖不注，亦與彼同也。内命婦，自是九嬪以下也。又曰：云「命夫之命屨」者，以其經不云舄，唯云屨，大夫以上衣冠則有命舄，無命屨，故知命屨中唯有屨而已。士之命服爵弁則纁屨，故云命屨纁屨而已。云「命婦之命屨，黄屨以下」者，以其外命婦孤妻已下、内命婦九嬪已下不得服舄，皆自鞠衣以下，故云黄屨以下。言以下者，兼有卿大夫妻及二十七世婦，皆展衣白屨，士妻與女御皆褖衣黑屨，故云以下以廣之。云「功屨，次命屨，於孤卿大夫則白屨、黑屨」者，按司服孤希冕，卿大夫玄冕，皆以赤舄爲命舄，以下仍有韋弁白屨、冠弁黑屨，故云次命屨。命屨，據婦人而言，其實孤卿大夫身，則功屨次命舄也。云「九嬪内子亦然」者，九嬪與孤妻内子既以黄屨爲命屨，功屨之中有襢衣白屨、褖衣黑屨，故云亦然。云「世婦以黑屨爲功屨」者，以其皆以襢衣白屨爲命屨，其功屨唯有褖衣黑屨也。云「女御士妻，命屨而已」者，以二者唯有褖衣黑屨，爲命屨而已。云「士及士妻謂再命受服」者，按大宗伯云：「一命受職，再命受服。」但公侯伯之士一命，子男之士不命，及王之下士皆受職不受服，王之中士再命，上士三命已上乃受服，受服則並得此屨，故云再命，受服者也。云「散屨，亦謂去飾」者，據臣言散，即上之素皆是無飾互换而言，故云謂去飾者也。鄭志趙商問：「司服王后之六服之制自不解，請圖之。」答曰：「大裘、衮衣、鷩衣、毳衣、絺衣、玄衣，此六服皆纁裳赤舄。韋弁衣以韎，皮弁衣以布，此二弁皆素裳白舄。冠弁服黑衣裳而黑舄，冠弁玄端禕衣玄舄。首服副從王，見先王揄翟青舄；首服副從王，見先公闕翟赤舄；首服副從王，見羣小祀鞠衣黄屨。首服編以告桑之服，襢衣白屨。首服編以禮見王之服，褖衣黑屨。首服次以御於王之服。后服六翟三等三舄玄、青赤，鞠衣以下三屨黄、白、黑。婦人質，不殊裳，屨舄皆同裳色也。」凡四時之祭祀，以宜服之。祭祀而有素屨、散屨者，唯大祥時。○疏曰：言「以宜服之」者，謂各以尊卑所宜之服服之。又曰：鄭知此經四時祭祀含有素屨、散屨者，以此經四時祭祀總結上文諸屨，故知有此二屨也。云「唯大祥時」者，此據外內命夫爲王斬衰而言。初死者菅屨，卒哭與齊衰初死同疏屨，既練與大功初死同繩屨，大祥與小功初死同吉屨無絇，吉屨無繶純。是以上經注云非純吉，故云唯大祥時也。但上經據卑云散，散與素一也。○天官○

天子玉藻，十有二旒，前後邃延，龍卷以祭。卷，音衮。○祭先王之服也。雜采曰藻。天子以五采藻爲旒，旒十有二。前後邃延者，言皆出冕前後而垂也，天子齊肩。延，冕上覆也，玄表纁裏。龍衮，畫龍於衣，字或作衮。○疏曰：「天子玉藻」者，藻謂雜采之絲繩以貫於玉，以玉飾藻，故云玉藻也。「十有二旒」者，天子前之與後各有十二旒。「前後邃延」者，言十二旒在前後垂而深邃以延覆冕上，故云前後邃延。「龍卷以祭」者，卷謂卷曲，畫此龍形卷曲於衣以祭宗廟。又曰：知「祭先王之服」者，以司服云「享先王則衮冕」故也。云「天子齊肩」者，以天子之旒十有二就，每一就貫以玉，就閒相去一寸，則旒長尺二寸，故垂而齊肩也。言「天子齊肩」，則諸侯以下各有差降，則九玉者九寸，七玉者七寸，以下皆依旒數垂而長短爲差。旒垂五采玉，依飾射侯之次，從上而下，初以朱，次白，次蒼，次黄，次玄。五采玉既貫徧，周而復始。其三采者，先朱，次白，次蒼。二色者，先朱後緑。皇氏、沈氏並爲此說，今依用焉。後至漢明帝時用曹褒之說，皆用白旒珠，與古異也。云「延冕上覆也」者，用三十升之布染之爲玄，覆於冕上出而前後。冕謂以板爲之，以延覆上，故云延冕上覆也。但延之與板相著爲一，延覆在上，故云延冕也。故弁師注「延冕之覆在上，是以名焉」。與此語異而意同也。皇氏以弁師注「冕延之覆在上」，以弁師經有冕文，故先云「冕延之覆在上」。此經唯有延文，故解云「延冕上覆」〔二九〕。今删定諸本，弁師注皆云

「延冕之覆在上」，皇氏所讀本不同者，如皇氏所讀弁師「冕延之覆在上」是解「冕」不解「延」。今按弁師注意云「延冕之覆在上」是解「延」不解「冕」也，皇氏説非也。云「玄表纁裏」者，纁是朱之小別，故周禮鍾氏云「三入爲纁」，鄭注士冠禮云：「朱則四入與？」是纁、朱同類，故注弁師「朱裏」與此不異。云「字或作衮」者，按司服作衮字，故云「或作衮」也。但禮記之本或作卷字，其正經司服及覲禮皆作衮字，故鄭注王制云：「卷俗讀，其通則曰衮。」是也。其六冕玉飾，上下貴賤之殊並已具王制疏，於此略而不言。玄端而朝日於東門之外，聽朔於南門之外。朝，直遥反。○端，當爲冕，字之誤也。玄衣而冕，冕服之下。朝日，春分之時也。東門、南門，謂國門也。天子廟及路寢皆如明堂制。明堂在國之陽，每月就其時之堂而聽朔焉。卒事，反宿路寢，亦如之。聽其朔於明堂門中，還處路寢門終月。凡聽朔，必以特牲告其帝及神，配以文王、武王。○疏曰：知「端當爲冕」者，凡衣服，皮弁尊，次以諸侯之朝服，次以玄端。按下諸侯皮弁聽朔，朝服視朝，是視朝之服卑於聽朔。今天子皮弁視朝，若玄端聽朔，則是聽朔之服卑於視朝，與諸侯不類。且聽朔大，視朝小，故知端當爲冕，謂玄冕也，是冕服之下。按宗伯實柴祀日月星辰，則日月爲中祀，而用玄冕者，以天神尚質。按魯語云：「大采朝日，少采夕月。」孔晁云：「大采，謂衮冕。少采，謂黼衣。」而用玄冕者，孔氏之説非也。故韋昭云：「大采謂玄冕也。」少采夕月則無以言之。云「朝日，春分之時也」者，以春分日長，故朝之，然則，夕月在秋分也。按書傳略説云：「祀上帝於南郊。」即春迎日於東郊。彼謂孟春，與此春分朝日別。朝事儀云：「冕而執鎮圭，帥諸侯朝日於東郊。」此云朝日於東門者，東郊在東門之外，遥繼門而言之也。諸侯玄端以祭，祭先君也。端，亦當爲冕，字之誤也。諸侯祭宗廟之服，唯魯與天子同。○疏曰：知「祭先君」者，與上天子龍卷以祭其文相類，故知祭先君也。云「端亦當爲冕」者，以玄端賤於皮弁，下文皮弁聽朔於大廟，不應玄端以祭先君，故知亦當爲玄冕。云「唯魯與天子同」者，按明堂位云：「君卷冕立于阼，夫人副褘立于房中。」是也。熊氏云：此謂祭文王、周公之廟，得用天子之禮。其祭魯公以下，則亦玄冕。故公羊云：周公白牡，魯公騂犅，「羣公不毛。」是魯公以下與周公異也。二王之後，祭其先王，亦是用以上之服。二王之後不得立始封之君廟，則祭微子以下亦玄冕。皮弁以聽朔於大廟。皮弁，下天子也。○疏曰：以天子用玄冕，諸侯用皮弁，故云「下天子也」。○詳見宗廟聽朔條。○玉藻○大夫冕而祭於公，弁而祭於己。士弁而祭於公，冠而祭於己。弁，爵弁也。冠，玄冠也。祭於公，助君祭也。大夫爵弁而祭於己，唯孤爾。○疏曰：此一節明大夫士公私祭服〔三〇〕。「大夫冕而祭於公」者，大夫謂孤也。冕，絺冕也。祭於公，謂助君祭也。「弁而祭於己」者，弁，爵弁也。祭於己，自祭廟也。助祭爲尊，故服絺冕。自祭爲卑，故服爵弁。崔云：孤不悉絺冕。若王者之後及魯之孤，則助祭用絺。若方伯之孤，助祭則玄冕，以其君玄冕自祭，不可踰也。「士弁而祭於公，冠而祭於己」者〔三一〕，弁謂爵弁也。士以爵弁爲上，故用助祭也。冠，玄冠爲卑也，自祭不敢同助君之服，故用玄冠也。又曰：知「弁，爵弁也」者，與士弁連文，士弁祭於公爵弁，故知大夫弁者，亦爵弁也。云「大夫爵弁而祭於己，唯孤爾」者，以儀禮少牢上大夫自祭用玄冠，此亦云「弁而祭於己」者，與少牢異，故知是孤。知非卿者，以少牢禮有卿賓尸，下大夫不賓尸，明卿亦玄冠，不爵弁。士弁而親迎，然則士弁而祭於己可也。迎，魚敬反。○緣類，欲許之也。親迎，雖亦己之事，攝盛服爾，非常也。○疏曰：「士弁而親迎，然則士弁而祭於己可也」者，作記之人雖云士冠而祭於己，以己既爵弁親迎，親迎輕於祭，尚用爵弁，則士亦當用爵弁自祭於己廟可也，言於禮可用也。爵弁，是記者緣事類，欲許之著爵弁。又曰：以祭、親迎事類相似，親迎既弁，故自祭欲許其著弁。其理不可，故鄭云「親迎雖亦己之事，攝盛服爾」，非常著之服。所以親迎攝盛服者，以親迎配偶一時之極，故許其攝盛服。祭祀常所供養，故須依其班序。○雜記上○有虞氏皇而祭，深衣而養老。夏后氏收而祭，燕衣而養老。殷人冔而祭，縞衣而養老。周人冕而祭，玄衣而養老。冔，況甫反。縞，古老反，古報反。○皇，冕屬也，畫羽飾焉。凡冕屬，其服皆玄上纁下，有虞氏十二章，周九章，夏、殷未聞。凡養老之服，皆其時與羣臣燕之服，有虞氏質，深衣而已。夏而改之，尚黑而黑衣裳。殷尚白而縞衣裳。周則兼用之，玄衣素裳，其冠則牟追、章甫、委貌也。諸侯以天子之燕服爲朝服，燕禮曰：「燕，朝服。」服是服也，王者之後，亦以燕服爲之。魯季康子朝服以縞，僭宋之禮也〔三二〕。天子皮弁，以日視朝也。○牟，亡侯反。追，丁雷反。○疏曰：以皇與下冕相對，故爲冕屬。按周禮有「設皇邸」，又云「有皇舞」，皆爲鳳凰之字。鳳羽五采，故云畫羽飾之。按上注云：「虞夏之制，天子服有日月星辰。」此云「夏殷未聞」者，以皐陶謨謂之虞夏書，因彼之成文，故云虞夏之制，其實唯謂虞也。云「凡養老之服，皆其時與羣臣燕之服」，鄭知然者，以經云：夏后氏「燕衣而養老」，周人「玄衣而養老」。周人燕用玄衣，故知養老燕羣臣之服也。云「有虞氏質深衣而已」者，深衣謂白布衣，以質用白布而已，其冠未聞。皇氏云以爲養老首還服皇冠，崔氏云以爲與夏同冠，未知然否。按郊特牲云：「大古冠布，齊則緇之。」大古，則虞氏或用白布冠也。云「夏而改之，尚黑，而黑衣裳」者，以殷人尚白用縞衣，夏既尚黑，燕衣，黑衣也。云「殷尚白，而縞衣裳」者，縞，白色生絹〔三三〕，亦名爲素。此縞衣，謂白布深衣也。云「周則兼用之，玄衣素裳」者，以經云「玄衣而養老」，若衣裳俱玄，則與夏不異，又儀禮朝服緇布衣素裳，緇則玄，故爲玄衣素裳。上養老云周人脩而兼用之，故養老之衣亦脩而兼用之。云「其冠則牟追章甫委貌也」者，儀禮朝服首著玄冠，玄冠即委貌，以此推之，則殷之朝服則皆著章甫之冠，夏之朝服著牟追。云「諸侯以天子之燕服爲朝服」者，以燕禮諸侯燕臣子用朝服，明天子之燕亦朝服也。引「燕禮曰：燕，朝服」者，證朝、燕同。云「服是服也」者，言燕時服是玄衣素裳之服。崔氏云：天子燕畿内諸侯以緇衣，燕畿外諸侯以玄冠，諸侯各以爲朝服事。無明文，不可依也。云「王者之後，亦以燕服爲之」者，玉藻云：魯季康子朝服以縞。若當時無朝服以縞，康子不應服之，明是宋人所著，故康子僭效之。宋既朝服以縞，杞當朝服以玄。云「天子皮弁，以日視朝也」者，玉藻文。引之者，證天子與諸侯朝服之别。按詩頍弁注云：「禮：天子諸侯朝服以燕。天子之朝，服以皮弁服。」以皮弁服燕，不用玄衣者，詩所謂燕同姓諸公及異姓甥舅等，故用皮弁，尚質故也。若燕其諸侯則用玄衣，明諸侯則朝服以日視朝，朝服則玄冕素裳也。冠禮記云「周弁，殷冔，夏收」，鄭云：「弁名出於盤。盤，大也，言所以自光大也。冔名出於幠。幠，覆也，所以自覆飾也。收，言所以收斂髮也。其制之異亦未聞。」冠禮記又云：「委貌，周道也。章甫，殷道也。母追，夏后氏之道也。」鄭注云：「委猶安也，言所以安正容貌。章，明也，殷質，言以表明丈夫也。」「母，發聲也。追，猶堆也。夏后氏質，以其形名之。」「其制之異同未聞。」○王制○

有虞氏服韍，夏后氏山，殷火，周龍章。

韍，或作黻，音弗。○韍，冕服之韠也，舜始作之，以尊祭服。禹、湯至周增以畫文，後王彌飾也。山，取其仁可仰也。火，取其明也。龍，取其變化也。天子備焉，諸侯火而下，卿大夫山，士韎韋而已。○韎，莫拜反。○疏曰：易「困卦」九二爻辭：「朱紱方來，利用享祀。」是韍爲祭服也。云「天子備焉，諸侯火而下，卿大夫山，士韎韋而已」者，按士冠禮「士韎韐」，是士無飾。推此，即尊者飾多。此有四等，天子至士亦爲四等，故知卿大夫加山，諸侯加火，天子加龍。○明堂位○鄉師：正歲，稽其鄉器，比共吉凶二服。吉服者，祭服也。凶服者，弔服也。比長主集爲之。此鄉器者，旁使相共，則民無廢事。上下相補，則禮行而教成。○疏曰：正歲稽鄉器者，此一句與下爲總目。正歲，謂建寅之月。稽，考也，鄉師各自考校，當鄉之器服。云「比，共吉凶二服」者，五家爲比，比長一人，主集合五家相共吉、凶二服。又曰：云「吉服者，祭服也」者，當比内無祭事，其於族祭酺、黨祭禜、州祭社之等無過用朝服。又知凶服是弔服者，若衰是常服，主人自共其弔服，是暫服可以相共，故知是弔服。其庶人弔服，無過素冠與深衣而已。云「比長，主集爲之」者，雖五家之内，亦當有官首。若非比長主集，民不自課，故知比長主集爲之。○地官

右祭服

○記：古者天子、諸侯必有公桑蠶室，近川而爲之，築宫仞有三尺，棘牆而外閉之。及大昕之朝，君皮弁素積，卜三宫之夫人、世婦之吉者，使入蠶于蠶室，奉種浴于川，桑于公桑，風戾以食之。昕，許斤反。種，章勇反。戾，力計反。食，音嗣。○大昕，季春朔日之朝也。諸侯夫人三宫，半王后也。風戾之者，及早凉脆采之風戾之，使露氣燥乃以食蠶，蠶性惡濕。○脆，七歲反。惡，烏路反。○疏曰：此一節廣明孝子報親，養蠶爲祭服，祀先王先公之事。「公桑蠶

室」者，謂官家之桑，於處而築養蠶之室。「近川而爲之」者，取其浴蠶種便也。「築宮仞有三尺，棘牆而外閉之」者，築宮，謂築養蠶宮。牆七尺曰仞，言牆之七尺又有三尺，高一丈也。傳云「雉有三尺」，「雉」字者誤也。棘牆者，謂牆上置棘。外閉，謂扇在户外閉也。「大昕之朝」，爲季春朔日之朝。「卜三宮之夫人」者，諸侯之夫人，半王后，故三宮。「世婦之吉者」，亦諸侯世婦卜，取之吉者。前雖則總舉天子諸侯，此特舉諸侯，互言之。「奉種浴于川」者，言蠶將生之時，而又浴之。初於仲春已浴之，至此更浴之。「風戾以食之」者，戾，乾也。凌早采桑，必帶露而溼，蠶性惡溼，故乾而食之。歲既單矣，世婦卒蠶，奉繭以示于君，遂獻繭于夫人。夫人曰：「此所以爲君服與！」遂副褘而受之，因少牢以禮之。單，音丹。繭，古典反。與，音餘。褘，音暉。○歲單，謂三月盡之後也。言歲者，蠶歲之大功，事畢於此也。副褘，王后之服，而云夫人，記者容二王之後與。禮之，禮奉繭之世婦。○疏曰：「歲既單矣」者，單，盡也。三月之末，四月之初。「遂獻繭于夫人」者，蠶是婦人之事，故獻繭於夫人。「夫人曰：此所以爲君服與」者，所舉奉處重。「遂副褘而受之」者，既擬於君之祭服，故夫人首著副，身著褘衣，受此所獻之繭。因少牢以禮之，接獻繭之世婦。古之獻繭者，其率用此與？率，音類，音律，又所律反。與，音餘。○問者之辭。及良日，夫人繅，三盆手，遂布于三宮夫人、世婦之吉者，使繅。遂朱緑之，玄黄之，以爲黼黻文章。服既成，君服以祀先王先公，敬之至也。三盆手者，三淹也。凡繅，每淹大總而手振之以出緒也。○祭義○已上疏見祭義。○王后蠶于北郊，以共純服。夫人蠶于北郊，以共冕服。純，側其反。○純服，亦冕服也，互言之

爾。純以見繒色，冕以著祭服。東郊少陽，諸侯象也。夫人不蠶於西郊，婦人禮少變也。○祭統○疏
見祭義。○一命緼韍幽衡，再命赤韍幽衡，三命赤韍葱衡。緼，音温。○此玄冕爵弁服之韠，
尊祭服，異其名耳。韍之言亦蔽也。緼，赤黄之閒色，所謂韎也。衡，佩玉之衡也。幽，讀爲黝，黑謂
之黝。青謂之葱。周禮：公侯伯之卿三命，「其大夫再命，其士一命」；「子男之卿再命，其大夫一命，
其士不命。」○韎，莫拜反，又音妹。黝，幼糾反。○疏曰：以上經云「君朱，大夫素，士爵韋」，是玄端
服之韠，故云「此玄冕爵弁服之韠」，言異於上也。此據有孤之國，以卿大夫雖三命、再命，皆著玄冕。
若無孤之國，則三命、再命之卿、大夫皆絺冕，不得唯玄冕也。爵弁則士所服。云「尊祭服，異其名耳」
者，他服稱韠，祭服稱韍，是異其名。韍韠皆言爲蔽，取蔽鄣之義也。知祭服稱韍者，按易「困卦」九
二：「朱紱方來，利用亨祀。」是祭祀稱韍也。按詩毛傳：天子純朱，諸侯黄朱。黄朱色淺，則亦名赤
韍也，則大夫赤韍，色又淺耳。有虞氏以前直用皮爲之，後王漸加飾焉，故明堂位云：「有虞氏服韍，
夏后氏山，殷火，周龍章。」彼注云：「天子備焉，諸侯火而下，卿大夫山，士韎韋而已。」云「緼，赤黄之
閒，色所謂韎也」者，按此云「一命緼韍」，一命謂公侯伯之士。士冠禮「爵弁韎韐」，此「緼韍」則當彼
「韎韐」，故云「所謂韎也」。毛詩云：「韎韐，茅蒐染。」齊人謂茅蒐爲韎韐聲也。茅蒐則蒨草也。以蒨
染之，其色淺赤，則緼爲赤黄之閒色。子男大夫但名緼韍，不得爲韎韐也，以其非士故耳。云「黑，謂
之黝。青，謂之葱」者，周禮牧人云：「陰祀用黝牲。」又孫炎注爾雅云：「黝，青黑。葱則青之異色。」
三命，則公之卿玄冕，侯伯之卿絺冕，皆赤韍葱衡。○玉藻○周弁，殷冔，夏收。冔，況甫反，林作

緆，火于反。○齊所服而祭也。○疏曰：言齊及祭時所服也。若三命以下，齊祭同冠；四命以上，齊祭則異。○郊特牲○公父文伯退朝，朝其母，其母方績，文伯曰：「以歜之家而主猶績，言家有寵，不當績也。懼干季孫之怒也。」季孫，康子也，位尊，又爲大宗。其母曰：「王后親織玄紞，説云：紞冠之垂前後者。昭謂：紞，所以縣瑱當耳者。公侯之夫人加之以紘綖，既織紞，又加之以紘綖也。冕曰紘。紘，纓之無緌者也，從下而上，不結。綖，冕上之覆也。卿之内子爲大帶，卿之適妻曰内子。大帶，緇帶也。命婦成祭服，命婦，大夫之妻也。祭服，玄衣纁裳。列士之妻加之以朝服，列士，元士也。既成祭服，又加之以朝服也。朝服，天子之士，皮弁素積。諸侯之士，玄端委貌。自庶士以下皆衣其夫。庶士，下士也。下，士庶人。社而賦事，烝而獻功，社，春分祭社也，事桑之屬也。冬祭曰烝，烝而獻五穀，布帛之功也。男女效績，愆則有辟，古之制也。績，功也。辟，罪也。○國語魯語

孟冬，命工師效功，陳祭器，按度程，毋或作爲淫巧以蕩上心，必功致爲上。霜降而百工休，至此，物皆成也。工師，工官之長也。效功，録見百工所作器物也。主於祭器，祭器尊也。度，謂制大小也。程，謂器所容也。淫巧，謂奢僞怪好也。蕩，謂摇動生其奢淫。○長，丁丈反。物勒工名，以考其誠。勒，刻也。刻工姓名於其器，以察其信，知其不功致。功有不當，必行其罪，以窮其情。當，丁浪反。○功不當者，取材美而器不堅也。○疏曰：於是之時，冬閑無事，百工造作器物，恐爲淫

巧，故命工官之長效實百工所造之物，陳列祭器善惡。「按度程」者，謂考按此器舊來制度大小及容受程限多少。「無或作爲淫巧」者，或，有也。勿得有作過制之巧，以揺動在上生奢侈之心。「必功致爲上」者，言作器不須靡麗華侈，必功力密致爲上。又每物之上刻，勒所造工匠之名於後，以考其誠信與不若。其用材精美而器不堅固，則功有不當，必行其罪罰，以窮其詐僞之情。又曰：百工造作器物，則諸器皆營，今經直主於祭器，祭器尊。云「度，謂制大小。程，謂器所容」者，以經度程文别。度是制度大小，除制度之外，唯有容受多少，故以程爲器所容也。○月令○典瑞：大祭祀，共其玉器而奉之。玉器，謂四圭、裸圭之屬。○疏曰：大祭祀兼有天地宗廟，故鄭云四圭、裸圭。云「奉之」者，送向所行禮之處也。又曰：鄭知玉器謂四圭裸圭者，上已釋禮神曰器，經云玉器，故知非瑞是禮神者也。云「之屬」者，兼有兩圭、璧圭、璋邸之等也。○春官○司巫：祭祀則共匰主，及道布，及蒩館。匰，音丹。○杜子春云：蒩，讀爲鉏。匰，器名。主，謂木主也。道布，新布三尺也。鉏，藉也。館，神所館止也。書或爲蒩館，或爲租飽。或曰：布者以爲席也。租飽，茅裹肉也。玄謂：道布者，爲神所設巾。中霤禮曰：「以功布爲道布，屬于几也。」蒩之言藉也，祭食有當藉者。館所以承蒩，謂若今筐也。主先匰，蒩後館，互言之者，明共主以匰，共蒩以筐。大祝取其主蒩陳之，器則退也。士虞禮曰：「苴，刌茅長五寸」，「實于筐，饌于西坫上。」又曰：「祝盥」，取苴降，洗之，升，入設于几東席上，東縮。」○藉，慈夜反。租飽，上音緅，又音卷；下音苞，又音弭。租，沈音子餘反〔三四〕。爲神，于僞反。○疏曰：子春所解及讀字，唯解匰器名一事，後鄭從之，自餘並義無所取，後鄭不從。「玄謂道布者，爲神所設巾」，即引中霤禮「以功布爲道布，屬於几」是也。云「葅之言藉也，祭食有當藉」者，謂常藉所當之食。云「館所以承葅，謂若今筐也」者，筐所以盛葅也。云「主先匰葅後館，互言之」者，謂主先匰器在上者，欲見以匰器盛主來向祭所，大祝取得主匰器即退。葅後言館器，欲見大祝取得葅館器即退〔三五〕，明亦初以館盛葅來，互言之，是以鄭云：「明共主以匰，共葅以筐，大祝取其主葅陳之，器則退也。」二事雙解之。引「士虞禮曰：苴，刌茅長五寸，實於筐，饌于西坫上」者，刌，切也，切之長五寸。又陳之西坫者，堂西南隅謂之坫。饌陳於此，未用前。又曰「祝盥，升，取苴降，洗之，升，入設於几東席上，東縮」者，士虞禮設席於奥，禮神東面，右几，故設於几東席上。東縮，縮，縱也。據神東面爲正，東西設之，故言東縮。引之者，見苴是藉祭之物。

○同上。○掌蜃：祭祀，共蜃器之蜃。飾祭器之屬也。鬯人職曰：凡四方山川用蜃器。春秋定十四年秋，「天王使石尚來歸蜃」。蜃之器，以蜃飾，因名焉。鄭司農云：蜃可以白器，令色白。○疏曰：經直云蜃器之蜃，鄭總云祭器之蜃，不辨宗廟及社稷之器，則宗廟社稷皆用蜃飾之。知義然者，按此注引左傳云「石尚來歸蜃」，公羊以爲宜社之肉，以蜃器而盛肉，故名肉爲蜃，是祭社之器爲蜃也〔三六〕。大行人云：「歸脤以交諸侯之福。」彼則宗廟社稷之器物謂之爲脤，是其宗廟社稷之器，皆蜃灰飾之事也。

○地官○凌人：祭祀，共冰鑑。凌，去聲。○不以鑑往，嫌使停膳羞。○疏曰：此云「祭祀」者，謂天地社稷及宗廟之等，皆共鑑。又曰：冰若有鑑，則冰不銷釋，食得停久，故鄭云不以鑑往，嫌使停膳羞。

○天官○伊耆氏：掌國之大祭祀，共其杖咸。咸，讀爲函。老臣雖杖於朝，事鬼神尚敬，去之，有司以此函藏之，既事乃授之。○函，音咸。去，起呂反。○疏曰：下文云授杖，此經惟言共杖函，止謂祭祀時，臣雖老，合杖，但爲祭祀尚敬，暫去之。去杖之時，共杖函盛之，祭祀訖，還與老臣拄之。老臣雖杖於朝，事鬼神尚敬，去之，謂七十有德，君不許致仕者也。王制云：「七十杖於國，八十杖於朝。」謂得致仕者。與此異也。○秋官○鄉師：正歲，稽其鄉器，比共吉凶二服，閭共祭器，鄉共吉凶禮樂之器。吉服者，祭服也。凶服者，弔服也。比長主集爲之。祭器者，簠簋鼎俎之屬，閭胥主集爲之。喪器者，夷盤、素俎、楬豆、輁軸之屬，族師主集爲之。此三者，民所以相共也。射器者，弓矢、楅中之屬，黨正主集爲之，爲州長或時射於此黨也。賓器者，尊俎、笙瑟之屬，州長主集爲之，爲鄉大夫或時賓賢能於此州也。吉器，若閭祭器者也；凶器，若族喪器者也；禮、樂之器，若州黨賓射之器者。鄉大夫備集此四者，爲州黨、族閭有故而不共也。此鄉器者旁使相共，則民無廢事；上下相補，則禮行而教成。○楬，苦瞎反。輁，九勇反。楅，音福，又音逼。○疏曰：正歲稽鄉器者，此一句與下爲總目。正歲，謂建寅之月。稽，考也。鄉師各自考校當鄉之器服。云「比共吉、凶二服」者，五家爲比，比長一人，主集合五家相共吉、凶二服。云「閭共祭器」者，二十五家爲閭，閭胥一人，主集合祭器，使相共。云「鄉共吉凶禮樂之器」者，萬二千五百家爲鄉，鄉大夫主集此四器，恐州黨已下有故，不能自共，即旁相共也。又曰：云「吉服者，祭服也」者，當比內無祭事，其於族祭酺、黨祭禜、州祭社之等無過用朝服。又知「凶服」是「弔服」者，若人衰裳是常服，主人自共其弔服是暫服，可以相共，故知是弔服。其庶人弔服，無過素冠與深衣而已。云「比長主集爲之」者，雖五家之內，亦當有官首，若非比長主集，民不自課，故比長主集爲之。云「祭器簠簋」者，按特牲同姓用簠，少牢皆用敦，同姓者乃用簠。今言簠者，況義耳。云「喪器夷盤」者，按喪大記士併瓦盤，大夫乃用夷盤。今庶人實不得用夷盤。引之者，以況喪器，非謂庶人得用夷盤也。云「素俎楬豆」者，按士喪禮：小斂有素俎，大斂有楬豆，兩籩無縢。此不言籩無縢者，文略也。云「輁軸之屬」者，按既夕禮：士朝廟，用輁軸以載柩。此庶人無輁軸。引之者，亦以況義。知非族內有大夫士得用夷盤輁軸者，以其大夫自有禄位，不在共限，故知引以況義。不言棺椁，亦主人自共之也，故閭師云：「不樹者無椁」。此三者，並是罰物所爲。知者，按載師職云：「宅不毛者有里布」，「田不耕者有屋粟」。鄭玄云：罰之「以共吉、凶二服及喪器。」鄭不云祭器，文略，有祭器可知。鄭知必用罰物，不用官物爲之者，以其不爲官事，明不用官物可知。云「射器者，弓矢楅中之屬」者，按鄉射、大射皆云執張弓，挾乘矢，楅在庭中，射訖，命弟子取矢置於楅，以八筭置於中，士則鹿中之等是也。云「之屬」者，之屬中容有侯乏等。云「爲州長，或時射於此黨也」者，一州管五黨，州長春、秋二時射於序學，要在一黨之中，故云或時射於此黨。又云「賓器者，尊俎笙瑟之屬」者，按鄉飲酒，三年貢士之時，行飲酒之禮，即有酒尊俎實，二人鼓瑟在堂，笙入在於堂下，故言尊俎笙瑟。言之屬者，更有籩豆之等。云「爲鄉大夫或時賓賢能於此州也」者，一鄉管五州，鄉大夫行鄉飲酒之時，必在一州之內，此州則共之，故云「或時賓賢能於此州也」。云「吉器，若閭祭器也者。凶器，若族喪器也」者，以其鄉大夫備集此四器，恐閭族已下有故，不得自共，故知還是閭族、黨州所當共者也，故云「吉器，若閭祭器者也。凶器，若族喪器者也」。云「禮樂之器，若州黨賓射之器」，連州、黨並言之者，以其州黨射器、賓器，二者皆有禮器、樂器，故州黨並言之。自射器已下，皆爲國行禮，得官物所爲，不出民物，故酒正云：「凡爲公酒者，亦如之。」注云：「謂鄉射飲酒以公事作酒者，亦以式法及酒材授之，使自釀之。」酒材尚得公物，明此器等亦出官物可知，以其爲官行禮故也。云「上下相補」者，自比共吉凶二服至州共賓器已上，是下之相補。鄉共吉凶禮樂之器者，是上之相補。云「禮行而教成」者，庶民乏於財物，闕於禮儀，教化不成，今以器服共之，即禮行而教成也。○地官

○大夫祭器不假，祭器未成，不造燕器。造，爲也。○疏曰：皇氏云：此謂有地大夫，故祭器不假。若無地大夫，則當假之。故禮運云：大夫「祭器不假，聲樂皆具，非禮也。」謂無地大夫也。○王制

○大夫士去國，祭器不踰竟。竟，音境。○此用君禄所作，取以出竟，恐辱親也。○疏曰：此以下明人臣三諫不從，去國之禮。「祭器不踰竟」者，既明出禮，先從重物爲始也。踰，越也。此祭器是君禄所造，今既放出，故不得自隨越竟也。注云：此用君禄所作，取以出竟，恐辱親也。無德而出，若猶濫用其器，是辱親也。隱義云：「嫌見奪。」故云恐辱親也。大夫寓祭器於大夫，士寓祭器於士。寓，寄也。與得用者，言寄覬己後還。○疏曰：「大夫寓祭器於大夫，士寓祭器於士」者，寓猶寄也。既不將去，故留寄其同僚。必寄之者，冀其復還得用也。魯季友奔陳，國人復之，傳曰「季子來歸」是也。又曰：「寓，寄也。與得用者，言寄覬己後還」者，此解言寄之義也。夫物不被用，則生蟲蠹，故寄於同官，令彼得用，不使毁敗，冀還復用。大夫、士義皆然也。○曲禮下○君子雖貧，不粥祭器；雖寒，不衣祭服；爲宫室，不斬於丘木。粥，音育。衣，於既反。○廣敬鬼神也。粥，賣也。丘，壠也。○曲禮下○君子敬則用祭器。謂朝聘，待賓客崇敬，不敢用燕器也。○朝，直遥反。○疏曰：「君子敬則用祭器」者，猶事稍異於上，故更稱敬。則用祭器者，言慎重其大事，心有恭敬，則用祭器，言慎重其事也。○表記○祭

服敝則焚之，祭器敝則埋之，龜筴敝則埋之，牲死則埋之。此皆不欲人褻之也。焚之，必已不用。埋之，不知鬼神之所爲。○疏曰：若不焚埋之，或用之，爲褻慢鬼神之物。所以焚之、埋之異者，服是身著之物，故焚之。牲器之類，並爲鬼神之用，雖敗，不知鬼神用與不用，故埋之。埋之猶在，焚之則消，故焚、埋異也。○曲禮上

右祭器○記：凡家造，祭器爲先，犧賦爲次，養器爲後。造，才早反。養，羊尚反，一如字。○大夫稱家，謂家始造事。犧賦以稅出牲。○疏曰：此一節總論大夫所造祭器衣服，並明祭器所寄之事，各依文解之。「凡家造」，謂大夫始造家事也。大夫稱家。祭器爲先者，崇敬祖禰，故在先。「犧賦爲次」者，諸侯大夫少牢，此言犧謂牛，即是天子之大夫祭祀賦斂，邑民供出牲牢，故曰犧賦。「養器爲後」者，養器，供養人之飲食器也。自贍爲私，宜後造。然諸侯言宗廟，大夫言祭器，諸侯言廄庫居室，大夫言犧賦養器者，互言也。此據有地大夫，故得造祭器。若無田禄者，但爲祭服耳。其有地大夫，祭器、祭服俱造，則先造祭服，乃造祭器。此言「祭器爲先」者，對犧賦、養器爲先，其實在祭服之後。無田禄者，不設祭器；有田禄者，先爲祭服。祭器可假，祭服宜自有。○疏曰：嚮明得造祭器，此明不得造者，不同也。若大夫及士，有田禄，乃得造器，猶不具。唯天子、大夫四命以上者，得備具。若諸侯、大夫非四命，無田禄，則不得造。故禮運云：大夫聲樂皆具，祭器不假，非禮也。據諸侯、大夫言之也。熊氏以禮運據天子、大夫，得造不得具，非也。「有田禄者，先爲祭服」者，若有田禄，雖得造器，而先爲祭服，後爲祭器耳。所以然者，緣人形參差，衣服有大小，不可假借，故宜先造。

而祭器之品量同，官可以共有。以其制同，既可暫假，故營之在後。○曲禮下○大夫具官，祭器不假，聲樂皆具，非禮也。臣之奢富擬於國君，敗亂之國也。孔子謂管仲「官事不攝，焉得儉」。○焉，於虔反。○疏曰：「大夫具官者」〔三七〕，天子六卿，諸侯三卿，卿大夫若有地者則置官，一人用兼攝羣職，不得官官各須具足如君也，故孔子譏管仲云「官事不攝，焉得儉」是也。「祭器不假」者，凡大夫無地，則不得造祭器，有地，雖造而不得具足，並須假借。若不假者，唯公孤以上得備造，故周禮「四命受器」，鄭云：「此公之孤，始得有祭器者也。」又云：「王之下大夫亦四命。」「聲樂皆具」者〔三八〕，大夫自有判縣之樂，而不得如三桓舞八佾。一曰：大夫祭不得用樂者，故少牢饋食無奏樂之文，唯君賜乃有之。「非禮也」者，若大夫並爲上事，則爲非禮也。

○禮運○泰，有虞氏之尊也。山罍，夏后氏之尊也。著，殷尊也。犧象，周尊也。著，直略反。○泰用瓦。著，著地，無足。○疏曰：此一經明魯用四代尊也〔三九〕。虞尊用瓦，名泰也。然或用三代，或用四代者，隨其禮存者而用之耳，無別義也。「山罍夏后氏之尊也」者，罍爲雲雷也〔四〇〕，畫爲山雲之形也。「著殷尊也」者，無足而底著地，故謂爲著也。然殷尊無足，則其餘泰、罍、犧並有足也。「犧象周尊也」者，畫沙羽及象骨飾尊也。然殷名著，周名犧象，而禮器云「君西酌犧象」，亦是周禮也。又曰：以考工記云「有虞氏尚陶」，檀弓又云「有虞氏瓦棺」，故知泰尊用瓦也。爵，夏后氏以琖，殷以斝，周以爵。斝，音嫁，又古雅反。○斝，畫禾稼也。詩曰：洗爵奠斝。○疏曰：此一經明魯有三代爵，並以爵爲形，故並標名於其上。「夏后氏以琖」者，夏爵名也，以玉飾之，故前云「爵用玉琖仍雕」是也。「殷以斝」者，殷亦爵形而畫爲禾稼，故名斝，斝，稼也。「周以爵」者，皇氏云：周人但用爵形而不畫飾。按周禮大宰「贊玉几玉爵」，然則，周爵或以玉爲之，或飾之以玉。皇氏云周爵無飾，失之矣。灌尊，夏后氏以雞夷，殷以斝，周以黄目。其勺，夏后氏以龍勺，殷以疏勺，周以蒲勺。夷，讀爲彝。周禮：「春祠夏禴，裸用雞彝、鳥彝。」「秋嘗冬烝，裸用斝彝、黄彝。」龍，龍頭也。疏，通刻其頭。蒲，合蒲如鳧頭也。○疏曰：此一節明魯有三代灌尊及所用之勺。「夏后氏以雞夷」者，夷即彝，彝，法也。與餘尊爲法，故稱彝。雞彝者，或刻木爲雞形而畫雞於彝。「殷以斝」者，鄭司農云：畫爲禾稼。「周以黄目」者，以黄金爲目。皇氏云：夏后氏以瓦泰之上畫以雞彝，殷著尊畫爲稼彝。然尊、彝別作，事不相依，而皇氏以當代之尊爲彝，文無所據。假因當代尊爲彝，則夏后氏當因山罍，不得因虞氏瓦泰。皇氏之説，其義並非也。「夏后氏以龍勺」者，勺爲龍頭。「殷以疏勺」者，疏謂刻鏤，通刻勺頭。「周以蒲勺」者，皇氏云：蒲謂合蒲，當刻勺爲鳧頭，其口微開，如蒲草本合，而末微開也。又曰：引周禮「春祠夏禴」以下，司尊彝職之文。云「春祠夏禴，裸用雞彝鳥彝」者，雞彝盛明水，鳥彝盛鬱鬯也。「秋嘗冬烝，裸用斝彝黄彝」者，義亦然。必知一時之祭並用兩彝者，以下云「朝踐用兩犧尊，再獻用兩象尊」，犧、象不可即爲二時，故知兩彝祇當一節。皇氏、沈氏並云：春用雞彝，夏用鳥彝，秋用斝彝，冬用黄彝。春屬雞，夏屬鳥，秋屬收禾稼，冬屬玄黄色，故用其尊。皇氏等此言文無所出，謂言及於數，非實論也。種曰稼，斂曰穡，秋時不得稱稼，月令季秋「草木黄落」。冬即色玄，不得用黄彝也。下「追享」、「朝享」用虎彝、蜼彝，追享謂祈禱也，朝享謂月祭也。若有所法，則四時不同，何以獨用虎蜼？又崔氏義，宗廟祫祭用十八尊，祫在秋，禘祭用十六尊，禘在夏也，是一時皆數兩彝，得爲十八、十六。若每時用唯有一彝，祇十七、十五。是知皇氏等之説，其義非也。有虞氏之兩敦，夏后氏之四璉，殷之六瑚，周之八簋。敦，音對，又都雷反。璉，力展反。○皆黍稷器，制之異同未聞。○疏曰：簋是黍稷之器，敦與瑚璉共簠簋連文，故云黍稷器也。〔四一〕按鄭注周禮舍人云：「方曰簠，圓曰簋。」此云「未聞」者，謂瑚璉之器與簋異同未聞也。鄭注論語云：「夏曰瑚，殷曰璉。」不同者，皇氏云：鄭注論語誤也。此言兩敦、四璉、六瑚、八簋者，言魯之所得唯此耳。俎，有虞氏以梡，夏后氏以嶡，殷以椇，周以房俎。梡，苦管反。嶡，居衛反。椇，俱甫反。○梡，斷木爲四足而已。嶡之言蹷也，謂中足爲横距之象，〔四二〕周禮謂之距。椇之言枳椇也，謂曲橈之也。房，謂足下跗也，上下兩間，有似於堂房，魯頌曰：「籩豆大房。」○斷，丁亂反，丁管反。蹷，俱衛反。横，古曠反，又音光，又華盲反。枳，吉氏反。橈，音擾。跗，方于反。○疏曰：知「梡斷木爲四足」者，以虞氏尚質，未有餘飾，故知但有四足而已。云「謂中足爲横距之象」者，以言嶡謂足以横蹷，故鄭讀嶡爲蹷，謂足横辟不正也。今俎足間有横，似有横蹷之象，故知足中央爲横距之象。言雞有距，以距外物，今兩足有横而相距也。云「周禮謂之距」者，非周禮正文，言周代禮儀謂此俎之横者爲距，故少牢禮「腸三、胃三」，長皆及俎距是也。〔四三〕云「椇之言枳椇也，謂曲橈之也」者，椇枳之樹其枝多曲橈，故陸璣草木疏云「椇曲來巢，殷俎似之」，故云「曲橈之也」。云「房謂足下跗也，上下兩間，有似於堂房」者，按詩注云：「其制足間有横，下有跗。」似乎堂後有房。然如鄭此言，則俎頭各有兩足，足下各别爲跗，「足間横」者，似堂之壁，横下二跗，似堂之東西頭，各有房也。〔四四〕但古制難識，不可委知南北，諸儒亦無委曲解之，今依鄭注略爲此意，未知是否。夏后氏以楬豆，殷玉豆，周獻豆。楬，苦瞎反，苦八反。獻，素何反。○楬，無異物之飾也。獻，疏刻之。齊人謂無髮爲禿楬。○疏曰：獻，音娑，娑是希疏之義，故爲疏刻之。○明堂位○圭璧金璋不粥於市，宗廟之器不粥於市。粥，音育。○尊物非民所宜，有粥賣也。○疏曰：言圭璧金璋，皆是尊貴所合蓄之物，非民所宜，有防民之僭僞也。○王制

大胥：凡祭祀之用樂者，以鼓徵學士，擊鼓以召之，文王世子曰：「大昕鼓，徵，所以警衆。」○疏曰：祭祀言「凡」者，則天地宗廟之祀用樂舞之處，以鼓召學士，選之當舞者往舞焉。舞師云：「小祭祀，不興舞。」注云：「小祭祀，王玄冕所祭。」則亦不徵學士也。序宫中之事。春官○典庸器：掌藏樂器及祭祀，則帥其屬而設筍虡。設筍簴，視瞭當以縣樂器焉。杜子春云：筍讀爲博選之選。横者爲筍，從者爲鐻。○從，子容反。鐻，音巨，或作虡。○疏曰：鄭知此「設筍簴，視瞭當以縣樂器焉」，按視瞭職云「掌大師之縣」，此直云「設筍虡」，明是視瞭縣之可知。「子春云：筍，讀爲博選之選」者，此當俗讀。當時語者有博選之言，故讀從之也。○同上。○大司樂：以六律、六同、五聲、八音、六舞，大合樂以致鬼神示，以和邦國，以諧萬民，以安賓客，以說遠人，以作動物。說，音悦。○六律，合陽聲者也。六同，合陰聲者也。此十二者，以銅爲管，轉而相生。黄鍾爲首，其長九寸，各因而三分之，上生者益一分，下生者去一焉。國語曰：「律所以立均出度也。古之神瞽，考中聲而量

之以制，度律均鍾。」言以中聲定律，以律立鍾之均。大合樂者，謂遍作六代之樂。以冬日至作之，致天神人鬼。以夏日至作之，致地示物鬽動物羽蠃之屬。虞書云：「夔曰：戛擊鳴球，搏拊琴瑟以詠。祖考來格，虞賓在位，羣后德讓。下管鼗鼓，合止柷敔，笙鏞以閒，鳥獸牄牄，簫韶九成，鳳皇來儀。」夔又曰：「於，予擊石拊石，百獸率舞，庶尹允諧。」此其於宗廟九奏效應。○上生，時掌反。去一，起吕反。度，待洛反。拊，方甫反。敔，魚吕反。閒，閒厠之閒。牄，書作蹌，七羊反。○疏曰：鄉來説大司樂教國子以樂，自此以下論用樂之事也。云「以六律六同」者，此舉十二管，以表其鍾樂器之中不用管也。云「大合樂」者，據薦腥之後，合樂之時用之也。此所合樂，即下云「若樂六變」、「若樂八變」、「若樂九變」之等。彼據祭天下神，此據正祭合樂。若然，合樂在下神後，而文退下神樂在後者，以下神用一代樂，此用六代。六代事重，故進之在上。若然，下神不亞合樂，而隔分樂之後者，以分樂序之皆用一代，此三禘下神亦用一代。若不隔分樂，恐其相亂，且使一變、二變之等，與分樂所用樂同，故三神在下也。云「以致鬼神示」者，是據三禘而言。云「以和邦國」已下，亦據三禘之祭，各包此數事，故鄭引虞書以證宗廟。又曰：云「六律合陽聲者也六同合陰聲者也」者〔四五〕，按大師云「掌六律六同，以合陰陽之聲」，是以據而言焉。云「此十二者，以銅爲管」者，按典同先鄭云：「陽律以竹」，「陰律以銅。」後鄭云「皆以銅爲」，與此注義同也。云「轉而相生」已下，據律曆志而言。子午已東爲上生，子午已西爲下生。上生爲陽，陽主息，故三分益一。下生爲陰，陰主減，故三分去一。按律曆志黄鍾爲天統，律長九寸，林鍾爲地統，律長六寸，太簇爲人統，律長八寸。又云：十二管相生，皆八八上生、下生，盡於中吕。陰陽生於黄鍾，始而左旋，八八爲位者。假令黄鍾生林鍾，是歷八辰，自此已下皆然，是八八爲位，蓋象八風也。國語者，按彼景王將鑄無射，問律於伶州鳩，鳩對曰：「律所以立均出度。古之神瞽考中聲而量之以制，度律均鍾，百官軌儀。」鄭引之者，欲取以六律六同，均之以制，鍾之大小，須應律同也。故鄭云：言以中聲定律，以律立鍾之均也。云中聲，謂上生下生，定律之長短度律，以律計自倍半而立鍾之均，均即是應律長短者也。云「大合樂者，謂徧作六代之樂」者，此經六樂，即上六舞，故知徧作六代之樂。言徧作，樂不一時，俱爲待一代訖乃更爲，故云徧作也。云「以冬至日作之」至「物鬽」，皆神仕職文。按彼注：致人鬼於祖廟，致物鬽於墠壇，蓋用祭天地之明日。若然，此經合樂據三禘正祭天，而引彼天地之小神及人鬼，在明日祭之者，但彼明旦所祭小神用樂無文〔四六〕。彼神既多，合樂之時，當與此三禘正祭合樂同，故彼此文同稱致，但據彼正祭，祭天地大神，無宗廟之祭，祭天明日兼祭人鬼，與此爲異也。云「動物，羽贏之屬」者，鄭不釋邦國之等，直釋動物者，以尚書不言動物，故釋訖乃引尚書鳥獸之等證之也。虞書者，按古文在舜典，是舜祭宗廟之禮。按彼鄭注：「戛，櫟也。戛擊鳴球已下數器〔四七〕。」鳴球即玉磬也，搏拊以韋爲之，裝之以糠，所以節樂。云「以詠」者，謂歌詩也。云「祖考來格」者，謂祖考之神來至也。云「虞賓在位」者，謂舜以爲賓，即二王後丹朱也。云「羣后德讓」者，謂諸侯助祭者以德讓。已上皆宗廟堂上之樂所感也。云「下管鼗鼓」已下，謂舜廟堂下之樂，故言下。云「合止柷敔」者，合樂用柷，柷，狀如漆筩，中有椎，搖之所以節樂。敔狀如伏虎，背有刻以物櫟之，所以止樂。云「笙鏞以閒」者，東方之樂謂之笙，笙，生也。東方生長之方，故名樂爲笙也。鏞者，西方之樂謂之鏞庸，功也。西方物熟有成功，亦謂之頌，亦是頌其成也。以間者，堂上、堂下間代而作。云「鳥獸蹌蹌」者，謂飛鳥走獸蹌蹌然而舞也。云「簫韶，九成鳳凰來儀」者，韶，舜樂也〔四八〕。若樂九變，人鬼可得而禮，故致得來儀。儀，匹，謂致得雄曰鳳，雌曰凰，來儀止巢而乘匹。按此下文六變致象物，象物有象在天，謂四靈之屬。四靈則鳳凰是其一，此六變，彼九成者〔四九〕，其實六變致之，而言九者，以宗廟九變爲限，靈鳥又難致之物，故於九成而言耳。云「夔曰：於，予擊石拊石，百獸率舞」者，此於下文別而言之，故云「又曰」。夔語舜云：磬有大小，予擊大石磬，拊小石磬，則感百獸相率而舞。云「庶尹允諧」者，庶，衆也。尹，正也。允，信也。言樂之所感，使衆正之官信得其諧和。云「此其於宗廟九奏之效應」者，此經總言三禘大祭，但天地大祭，效驗無文，所引尚書唯有宗廟，故指宗廟而言也。然尚書云「祖考」，即此經「致鬼」也。「虞賓」，即此經「以安賓客」。「羣后德讓」，即此經「邦國」也。「鳥獸」、「鳳凰」，等即此經「動物」也。「庶尹允諧」，即此經「以諧萬民」、「以説遠人」也。乃分樂而序之，以祭以享以祀。分，謂各用一代之樂。○疏曰：此與下諸文爲總目。上總云六舞，今分此六代之舞。尊者用前代，卑者用後代，使尊卑有序，故云序。若然，經所先云祭地，後云祀天者，欲見不問尊卑，事起無常，故倒文以見義也。乃奏黄鍾，歌大吕，舞雲門，以祀天神。以黄鍾之鍾、大吕之聲爲均者，黄鍾，陽聲之首。大吕爲之合，奏之以祀天神，尊之也。天神，謂五帝及日月星辰也。王者又各以夏正月祀其所受命之帝於南郊，尊之也，孝經説曰「祭天南郊，就陽位」是也。○正，音征。○疏曰：此黄鍾言奏，大吕言歌者，云奏據出聲而言，云歌據合曲而説，其實歌、奏通也。知不言歌，歌據堂上歌詩，合大吕之調，謂之歌者。春秋左氏傳云：晉侯「歌鍾二肆」，取半以賜魏言爲均者，欲作樂，先擊此二者之鍾，以均諸樂。是以鍾師云：「以鍾鼓奏九夏。」鄭云：「先擊鍾，次擊鼓。」論語亦云：「始作，翕如也。」鄭云：「始作謂金奏。」是凡樂，皆先奏鍾，以均諸樂也。必舉此二者，以其配合，是以鄭云「黄鍾，陽聲之首。大吕爲之合」也。言合者，此據十二辰之斗建與日辰相配合，皆以陽律爲之主，陰吕來合之，是以大師云：「掌六律六同，以合陰陽之聲。」注云：「聲之陰陽各有合。黄鍾，子之氣也，十一月建焉，而辰在星紀。大吕，丑之氣也，十二月建焉，而辰在玄枵。太簇，寅之氣也，正月建焉，而辰在娵訾。應鍾，亥之氣也，十月建焉，而辰在析木。」已後皆然，是其斗與辰合也。云「奏之以祀天神，尊之也」者，以黄鍾律之首，雲門又黄帝樂，以尊祭尊，故云尊之也。云「天神，謂五帝及日月星辰也」者，按下云「若樂六變，天神皆降」，是昊天，則知此天神非天帝也，是五帝矣。知及日月星者，按大宗伯昊天在禋祀中，日月星辰在實柴中，鄭注云五帝亦用實柴之禮，則日月星與五帝同科。此下文又不見日月星，別用樂之事，故知此天神中有日月星辰可知。其司中已下在槱燎中，則不得入天神中，故下文約與四望同樂也。云「王者又各以夏正月祀其所受命之帝於南郊，尊之也」者，按易緯乾鑿度云：「三王之郊，一用夏正。」郊特牲云：「兆日於南郊，就陽位。」大傳云：「王者禘其祖之所自出，以其

按下文云：「凡六樂者，文之以五聲，播之以八音。」鄭云：「六者，言其均，皆待五聲、八音乃成也。」則是奏者，奏擊以出聲，故據鍾而言。大吕經云「歌」，歌者發聲出音，故據聲而説，亦互而通也。言爲均者，

晉侯饗穆叔云奏肆夏，歌文王、大明、綿，亦此類也。又曰：云「以黄鍾之鍾，大吕之聲」者，以經云「奏」，

絳，「魏絳於是乎有金石之樂」。彼據磬列肆而言，是不在歌詩亦謂之歌，明不據偏歌毛詩也。襄四年，

祖配之。」若周郊東方靈威仰之等，是王者各以夏正月祀其所受命之帝於南郊，特尊之也。云孝經説者，説即緯也，時禁緯，故云説。引之證與郊特牲義同，皆見郊所感帝用樂，與祭五帝不異，以其所郊天亦是五帝故也。乃奏大簇，歌應鍾，舞咸池，以祭地示。大，音太。○大簇，陽聲第二，應鍾爲之合。咸池，大咸也。地祇所祭於北郊，謂神州之神及社稷。○疏曰：地祇卑於天神，故降用大簇陽聲第二及咸池也。又曰：云「大簇，陽聲第二，應鍾爲之合」者，以黄鍾之初九下生林鍾之初六，林鍾之初六上生大簇之九二，是陽聲之第二也。大簇，寅之氣也，正月建焉，而辰在娵訾。應鍾，亥之氣也，十月建焉，而辰在析木，是應鍾爲之合也。云「咸池，大咸也」者，此云咸池，上文云大咸，以爲一物，故云大咸也。云「地祇所祭於北郊，謂神州之神」者，以其下文「若樂八變」者是崑崙大地，即知此地祇非大地也，是神州之神可知。按河圖括地象云：「崑崙東南萬五千里曰神州。」是知神州之神也。知祭於北郊者，孝經緯文，以其與南郊相對故也。知及社稷者，以六冕差之，社稷雖在小祀，若薦祭言之，大宗伯云「以血祭祭社稷、五祀、五嶽」，用血與郊同，又在五嶽之上，故知用樂亦與神州同，謂若日月星與五帝同也。乃奏姑洗，歌南吕，舞大磬，以祀四望。姑洗，陽聲第三，南吕爲之合。四望，五嶽四鎮四竇。此言祀者，司中司命、風師雨師或亦用此樂與？○竇，本又作瀆，音獨。與，音餘。○疏曰：四望又卑於神州，故降用陽聲第三及用大磬也。又曰：云「姑洗陽聲第三，南吕爲之合」者，以其南吕上生姑洗之九三，是陽聲第三也。姑洗，辰之氣也，三月建焉，而辰在大梁。南吕，酉之氣也，八月建焉，而辰在壽星，是南吕爲之合也。云「四望，五嶽、四鎮、四竇」者，以大宗伯五嶽在社稷下，山川上，此文四望亦在社稷下，山川上，故知四望是五嶽、四鎮、四竇也。云「此言祀者，司中司命、風師雨師，或亦用此樂與」者，以此上下更不見有司中等用樂之法，又按大宗伯天神云祀，地祇云祭，人鬼云享，四望是地祇而不云祭，而變稱祀，明經意本容司中等神，故變文見用樂也。無正文，故云「或」、「與」以疑之也。乃奏蕤賓，歌函鍾，舞大夏，以祭山川。蕤，人誰反。○蕤賓，陽聲第四，函鍾爲之合。函鍾，一名林鍾。○疏曰：云「蕤賓，陽聲第四」者，應鍾之六三上生蕤賓之九四，是陽聲第四也。云「函鍾爲之合」者，蕤賓，午之氣也，五月建焉，而辰在鶉首。函鍾，未之氣也，六月建焉，而辰在鶉火。是函鍾爲之合也。云「函鍾，一名林鍾」者，此周禮言函鍾，月令云林鍾，故云一名林鍾也。乃奏夷則，歌小吕，舞大濩，以享先妣。夷則，陽聲第五，小吕爲之合。小吕，一名中吕。先妣，姜嫄也。姜嫄履大人跡，感神靈而生后稷，是周之先母也。周立廟，自后稷爲始祖〔五〇〕，姜嫄無所妃，是以特立廟而祭之，謂之閟宫。閟，神之。○中，音仲，亦如字。妃，本亦作配。○疏曰：按祭法：「王立七廟」：考廟、王考廟、皇考廟、顯考廟、祖考廟，「皆月祭之。」「二祧，享嘗乃止。」不見先妣者，以其七廟外非常，故不言。若祭，當與二祧同，亦享嘗乃止。若追享，自然及之矣。云「夷則陽聲第五」者，以其大吕之六四下生夷則之九五，是陽聲之第五也。云「小吕爲之合」者，以其小吕巳之氣也，四月建焉，而辰在實沈。夷則，申之氣也，七月建焉，而辰在鶉尾，是其合也。云「小吕，一名中吕」者，此周禮言小吕，月令言中吕，故云一名中吕也。云「先妣姜嫄也。姜嫄履大人跡，感神靈而生后稷」者，詩云：「履帝武敏歆。」毛君義與史記同，以爲姜嫄帝嚳妃。「履帝武敏歆」，謂履帝嚳車轍馬跡生后稷，后稷爲帝嚳親子。鄭君義依命歷序帝嚳傳十世乃至堯，后稷爲堯官，則姜嫄爲帝嚳後世妃。而言「履帝武敏歆」者，帝謂天帝也，是以周本紀云：「姜嫄出野，見聖人跡，心悦忻然」，踐之，始如有身動而孕，居期生子。是鄭解聖人跡與毛異也。云「是周之先母」者，生民詩序云：「生民，尊祖」也。后稷生於姜嫄，文、武之功起於后稷。是周之子孫功業由后稷，欲尊其祖，當先尊其母，故云「周之先母」也。云「周立廟自后稷爲始祖，姜嫄無所妃」者，凡祭以其妃配，周立七廟，自后稷已下，不得更立后稷父廟，故姜嫄無所妃也。云「是以特立廟而祭之」者，以其尊敬先母，故特立婦人之廟而祭之。云「謂之閟宫。閟，神之」者，按閟宫詩云：「閟宫有侐，實實枚枚。」毛云：「在周常閉而無事。」與此祭先妣義違，故後鄭不從，是以鄭云「特立廟而祭之」。但婦人稱宫處在幽静，故名廟爲閟宫。據其神，則曰閟神也。若然，分樂序之，尊者用前代，其先妣、先祖服袞冕，山川、百物用玄冕，今用樂，山川在先妣上者，以其山川外神，是自然之神，先祖生時曾事之，故樂用前代無嫌。乃奏無射，歌夾鍾，舞大武，以享先祖。射，音亦。夾，古洽反。○無射，陽聲之下也，夾鍾爲之合。夾鍾，一名圜鍾。先祖，謂先王、先公。○疏曰：云「無射，陽聲之下也」者，以其夾鍾之六五下生無射之上九〔五一〕，是陽聲之下也。云「夾鍾爲之合」者，以其夾鍾卯之氣也，二月建焉，而辰在降婁。無射，戌之氣也，九月建焉，而辰在大火，亦是其合也。云「夾鍾，一名圜鍾」者，下文云圜鍾爲宫，是一名圜鍾也。云「先祖，謂先王先公」者，鄭據司服而言，但司服以先王先公服異，故别言。此則先王先公樂同，故合説，以其俱是先祖故也。凡六樂者，文之以五聲，播之以八音。六者，言其均，皆待五聲八音乃成也。播之言被也，故書播爲藩，杜子春云：藩讀爲播，讀如后稷播百穀之播。○疏曰：云「六者言其均」也，謂若黄鍾爲宫，自與已下徵、商、羽、角等爲均其絲數，五聲各異也。或解以爲均，謂樂器八音之等。若然，何得先云「言其均」，始云「皆待五聲八音」乎？明言其均者，以爲六者各據爲首，與下四聲爲均，故云「皆待五聲、八音乃成也」。云「播之言被也」者，謂若光被四表，是取被及之義也。「子春云：播爲后稷播百穀之播」者，讀從詩云：「其始播百穀。」是后稷之事也。凡六樂者，一變而致羽物，及川澤之示。再變而致蠃物，及山林之示。三變而致鱗物，及丘陵之示。四變而致毛物，及墳衍之示。五變而致介物，及土示。六變而致象物，及天神。變，猶更也，樂成則更奏也。此謂大蜡，索鬼神而致百物，六奏樂而禮畢。東方之祭則用大簇、姑洗，南方之祭則用蕤賓，西方之祭則用夷則、無射，北方之祭則用黄鍾爲均焉。每奏有所感致，和以來之。凡動物敏疾者、地祇高下之甚者易致。羽物既飛又走，川澤有孔竅者，蛤蟹走則遲，墳衍孔竅則小矣，是其所以舒疾之分。土祇，原隰及平地之神也。象物，有象在天，所謂四靈者。天地之神，四靈之知，非德至和則不至。禮運云：「何謂四靈？麟、鳳、龜、龍，謂之四靈。龍以爲畜，故魚鮪不淰。鳳以爲畜，故鳥不獝。麟以爲畜，故獸不狘。龜以爲畜，故人情不失。」○易，以豉反。○分，扶問反。知，音智。畜，許又反。鮪，于軌反。淰，音審。獝，休律反。狘，休越反。○疏曰：此一變至六變不同者，據難致、易致前後而言。按大司徒「五地之物生」，動、植俱有，此言動物不言植物者，據有情可感者而言也。又曰：云「變，猶更也」者，燕禮云終，尚書云成，此云變，孔注尚書云：「九變而致不同者，凡樂曲成則終。變，更也，終則更奏，各據終始而言。」是以鄭云樂成則更奏也。云「此謂大蜡，索鬼神而致百物」者，按郊特牲云：「蜡也者，索也。歲十二月，合聚百物而索饗之也。」鄭云：「歲十二月，周之正數，謂建亥之月也。」五穀成，於神有功，故報祭之。鄭必知此據蜡祭者，此經總祭百神，與蜡祭「合聚萬物之神」同，故知蜡也。云「六奏樂而禮畢」者，下云「若樂六變，則天神皆降」〔五二〕，此經亦六變致天神，故云六奏樂而禮畢也。云「東方之祭，則用太簇」云云，此鄭知四方各别祭，用樂不同者，以郊特牲云「八蜡以記四方」，又云「四方年不順成，八蜡不通」，「順成之方，其蜡乃通」，是四方各有八蜡，故知四方用樂各别也。云「每奏有所感，致和以來之」者，總釋地祇與動之神物，雖有遲疾〔五三〕，皆由以樂和感之。云「凡動物敏疾者，地祇高下之甚者易致」者，言此欲見先致者，皆由其神易致故也。云「羽物既飛，又走川澤有孔竅」者，此經羽物共川澤一變致之，是其羽物飛、川澤有孔竅故也。自樂再變已下差緩。云「蛤蟹走則遲，墳衍孔竅則小矣」者，以其墳衍在丘陵後，介物在毛物後，由是走遲竅小故也。云「是其舒疾之分」者，謂就此羽物以下、介物以上，先致者疾之分，後致者舒之分，故有前後也。云「土祇，原隰及平地之神也」者，此已下說天地及四靈，非直有樂〔五四〕，兼有德，民和乃致也。鄭知土祇中有原隰者，按大司徒有五地，山林已下有原隰，今此則經上已說川澤、山林、丘陵及墳衍訖，惟不言原隰，故此土祇中有原隰可知也。又土祇中有平地者，按大宰九職云「一曰三農生九穀」，後鄭以三農者，原隰及平地。以其生九穀，故知此土祇中非直有原隰，亦有平地之神也。若然，不言原隰而云土祇者，欲見原隰中有社稷，故鄭君駁異義云：「五變而致土祇，土祇者，五土之總神謂社。」是以變原隰言土祇。郊特牲云「社祭土，而主陰氣」，是社稱土祇，故鄭云土神也。云「象物，有象在天，所謂四靈」者，以其天神同變致之。象者，有形象在天。物者，與羽臝等同稱物。故知有象在天，四靈等也。云「天地之神，四靈之知」者，天則天神，地則土祇，故云天地之神，四靈之知也。云「非德至和，則不至」者，欲見介物已上皆以樂和感之，未必由德，此天地四靈非直須樂，要有德至和，乃致之也。云「禮運」已下者，欲見象物則彼四靈也。云「何謂四靈」者，記人自問自答。按彼注云：「淰之言閃。」言魚鮪不閃，閃畏人也，獝狘，飛走之貌，二者皆據魚鮪不淰，不可於龜更言魚鮪〔五五〕，以龜知人情，故變言人情不失也。按大司徒山林宜毛物，川澤宜鱗物，丘陵宜羽物，墳衍宜介物，原隰宜羸物，此經則以羽物配川澤，羸物配山林，鱗物配丘陵，毛物配墳衍，介物配土祇，與大司徒文不類者，彼以所宜而言，此據難致、易致而説，故文有錯綜不同也。按月令孟冬云：「祈來年於天宗。」鄭注云：「此周禮所謂蜡也。」天宗，日月星。鄭以月令祈於天宗謂之蜡，則此天神亦是日月星辰，非大天神，以蜡祭所祭衆神，祭卑不可援尊，地神惟有土祇，是以知無天地大神也。又尚書云：「簫韶九成，鳳凰來儀。」九成乃致象物者，鄭以儀爲匹，謂止巢而孕乘匹，故九變乃致，此直據致其神，故與大天神同六變也。

凡樂，圜鍾爲宫，黄鍾爲角，大簇爲徵，姑洗爲羽。靁鼓靁鼗，孤竹之管，雲和之琴瑟，雲門之舞。冬日至，於地上之圜丘奏之，若樂六變，則天神皆降，可得而禮矣。凡樂，函鍾爲宫，大簇爲角，姑洗爲徵，南吕爲羽。靈鼓靈鼗，孫竹之管，空桑之琴瑟，咸池之舞。夏日至，於澤中之方丘奏之，若樂八變，則地示皆出，可得而禮矣。凡樂，黄鍾爲宫，大吕爲角，大簇爲徵，應鍾爲羽。路鼓路鼗，陰竹之管，龍門之琴瑟，九德之歌，九磬之舞。於宗廟之中奏之，若樂九變，則人鬼可得而禮矣。

此三者，皆禘，大祭也。天神則主北辰，地祇則主崑崙，人鬼則主后稷。先奏是樂以致其神，禮之以玉而裸焉，乃後合樂而祭之。大傳曰：「王者必禘其祖之所自出。」祭法曰：「周人禘嚳而郊稷。」謂此祭天圜丘，以嚳配之。圜鍾，夾鍾也。夾鍾生於房心之氣，房心爲大辰，天帝之明堂。函鍾，林鍾也。林鍾生於未之氣，未坤之位或曰天社，在東井、輿鬼之外。天社，地神也。黄鍾生於虚危之氣，虚危爲宗廟。以此三者爲宫，用聲類求之。天宫夾鍾陰聲，其相生從陽數。其陽無射，無射上生中吕。中吕與地宫同位，不用也。中吕上生黄鍾，黄鍾下生林鍾，林鍾地宫，又不用。林鍾上生大簇，大簇下生南吕，南吕與無射同位，又不用。南吕上生姑洗，地宫林鍾。林鍾上生大簇，大簇下生南吕，南吕上生姑洗，人宫黄鍾。黄鍾下生林鍾，林鍾地宫，又辟之。林鍾上生大簇，大簇下生南吕，南吕與天宫之陽同位，又辟之。南吕上生姑洗，姑洗、南吕之合，又辟之。姑洗下生應鍾，應鍾上生蕤賓，蕤賓地宫，林鍾之陽也，又辟之。蕤賓上生大吕。凡五聲，宫之所生，濁者爲角，清者爲徵羽。此樂無商者，祭尚柔，商堅剛也。鄭司農云：雷鼓、雷鼗，皆謂六面有革可擊者也。雲和，地名也。靈鼓、靈鼗，四面。路鼓、路鼗，兩面。九德之歌，春秋傳所謂水、火、金、木、土、穀，謂之六府；正德、利用、厚生，謂之三事。六府、三事謂之九功。九功之德皆可歌也，謂之九歌也。玄謂：雷鼓、雷鼗，八面。靈鼓、靈鼗，六面。路鼓、路鼗，四面。孤竹，竹特生者。孫竹，竹枝根之末生者。陰竹，生於山北者。雲和、空桑、龍門，皆山名。九磬，讀當爲大韶，字之誤。○疏曰：此三者皆用一代之樂，類上，皆是下神之樂，列之在下文者，以分樂而序之，據天地之次神，故陳彼天地已下之神，并蜡祭訖，乃列陳此三禘，恐與上雜亂故也。言六變、八變、九變者，謂在天地及廟庭而立四表，舞人從南表向第二表爲一成，一成則一變。從第二至第三爲二成，從第三至北頭第四表爲三成，舞人各轉身南向，於北表之北，還從第一至第二爲四成，從第二至第三爲五成，從第三至南頭第一表爲六成，則天神皆降。若八變者，更從南頭北向第二爲七成，又從第二至第三爲八成，地祇皆出。若九變者，又從第三至北頭第一爲九變，人鬼可得而禮焉。此約周之大武，象武王伐紂，故樂記云：「且夫武始而北出，再成而滅商。三成而南，四成而南國是疆。五成而分陜，周公左，召公右。六成復綴以崇。」其餘大濩已上，雖無滅商之事〔五六〕，但舞人須有限約，亦應立四表，以與舞人爲曲別也。禮天神必於冬至，禮地祇必於夏至之日者，以天是陽，地是陰，冬至一陽生，夏至一陰生，是以還於陽生、陰生之日祭之也。至於郊天必於建寅者，以其郊所感帝以祈穀實，取三陽爻生之日，萬物出地之時。若然，祭神州之神於北郊，與南郊相對，雖無文，亦應取三陰爻生之月，萬物秀實之時也。言圜丘者，按爾雅：土之高者曰丘。取自然之丘，圜者象天圜。既取丘之自然，則未必要在郊，無問東西與南北方皆可。地言澤中方丘者，因高以事天，故於地上因下以事地，故於澤中取方丘者。水鍾曰澤，不可以水中設祭，故亦取自然之方丘〔五七〕，象地方故也。宗廟不言時節者，天地自相對而言，至此宗廟無所對，謂祫祭也。但殷人祫於三時，周禮惟用孟秋之月爲之，則公羊云：「大事者何？大祫也。」「毀廟之主陳于大祖，未毀廟之主，皆升合食于大祖。」是也。天用雲門，地用咸池，宗廟用大韶者，還依上分樂之次序，尊者用前代，卑者用後代爲差也。宗廟用九德之歌者，以人神象神生，以九德爲政之具，故特異天地之神也。天地及宗廟並言皆降、皆出、皆至者，以祭尊可以及卑，故禮記云：「大報天而主日，配以月。」是其神多，故云皆也。天神六變、地祇八變、人鬼九變者，上文四變已上，所致有先後者，動物據飛走遲疾，地神有孔竅大小，其土祇及天神有靈智，故據至德至和乃可以致。今此三者六變已上，則據靈異而言。但靈異大者易感，小者難致，故天神六變、人鬼九變也。又曰：云「此三者皆禘，大祭也」者，按爾雅云：「禘，大祭。」不辨天神、人鬼、地祇，則皆有禘稱也。祭法云禘黄帝之等皆據祭天於圜丘，大傳云「王者禘其祖之所自出」，據夏正郊天，論語「禘自既灌」，據祭宗廟，是以鄭云三者皆禘，大祭也。云「天神則主北辰，地祇則主崑崙，人鬼則主后稷」者，此三者，則大宗伯云「祀之、享之、祭之」，又大宰云：祀大神祇及大享亦一也。三者恒相將，故鄭據此三者之神也。云「先奏是樂以致其神」者，致神則下神也。周之禮，凡祭祀皆先作樂，下神乃薦獻，薦獻訖，乃合樂也。云「禮之以玉而裸焉，乃後合樂而祭之」者，云禮之以玉，據天地而裸焉。據宗廟，以小宰注「天地大神至尊，不裸」，又玉人、典瑞、宗伯等不見有宗廟禮神之玉，是以知禮之以玉據天地，則蒼璧禮天、黄琮禮地是也。而裸焉，據宗廟肆獻裸是也。云「大傳曰：王者必禘其祖之所自出」者，謂王者皆以建寅之月郊所感生帝，還以感生祖配之，若周郊以后稷配之也。引之者，證郊與圜丘俱是祭天之禘，郊之禘以后稷配圜丘，禘以嚳配，故引祭法禘嚳而郊稷爲證。云「圜鍾，夾鍾也」者，即上文夾鍾也。云「夾鍾生於房心之氣至明堂」者，按春秋緯文耀鉤及石氏星經天官之注云：「房心爲天帝之明堂，布政之所出。」又昭十七年「冬，有星孛於大辰」，公羊傳云：「大辰者何？大火也。大火爲大辰，伐爲大辰，北辰亦爲大辰。」夾鍾，房心之氣爲大辰，天之出日之處爲明堂，故以圜鍾爲天之宫。云「函鍾，林鍾也」者，月令謂之林鍾是也。云「林鍾生於未之氣，未坤之位」者，林鍾在未，八卦坤亦在未，故云坤之位。云「或曰天社在東井輿鬼之外」者，按星經天社六星輿鬼之南是其輿鬼外也，天社坤位皆是地神，故以林鍾爲地宫也。云「黄鍾生於虚危之氣」者，以其黄鍾在子，子上有虚危，故云虚危之氣也。云「虚危爲宗廟」者，按星經虚危主宗廟，故爲宗廟之宫也。云「以此三者爲宫，用聲類求之」者，若十二律相生，終於六十，即以黄鍾爲首，終於南事。今此三者爲宫，各於本宫上相生，爲角、徵、羽，粗細須品，或先生後用，或後生先用，故云「聲類求之」也。云「天宫夾鍾陰聲，其相生從陽數」者，其夾鍾與無射配合之物，夾鍾是吕，陰也，無射是律，陽也，天是陽，故宫後歷八相生，還從陽數也。云「無射上生中吕，中吕與地宫同位，不用也」者，地宫是林鍾，林鍾自與蕤賓合，但中吕與林鍾同在南方位，故云「同位」。以天尊地卑，故嫌其同位，而不用之也。「中吕上生黄鍾」，黄鍾爲角也。「黄鍾下生林鍾，林鍾地宫，又不用」，亦嫌不用也。「林鍾上生大簇」，大簇爲徵也。「大簇下生南吕，與無射同位，又不用」。南吕上生姑洗，姑洗爲羽，祭天四聲足矣。「地宫林鍾，林鍾上生大簇」，大簇爲角。「大簇下生南吕」，南吕爲羽，先生後用也。「南吕上生姑洗」，姑洗爲徵，後生先用，四聲足矣。「人宫黄鍾，黄鍾下生林鍾，林鍾爲地宫，又避之」，不取也。「林鍾上生大簇」，大簇爲徵，先生後用也〔五八〕。「大簇下生南吕，南吕與天宫之陽同位，又避之」，南吕上生姑洗，姑洗南吕之合，又避之。「姑洗下生應鍾」，應鍾爲羽。「應鍾上生蕤賓，蕤賓地宫之陽」，以林鍾是地宫，與蕤賓相配合，故又避之。「蕤賓上生大吕」，大吕爲角，以絲多，後生先用也，四聲足矣。凡言不用者，卑之。凡言避之者，尊之。天宫既從陽數，故於本宫之位，人、地皆不避之。至於南吕、姑洗合，地於天雖有尊卑體敵之義，故用姑洗，天宫之陽所合。但人於天，尊卑隔絶，故避姑洗，天宫之陽所合也。鄭必知有避之及不用之義者，以其天人所生有取、有不敢知之。不取者，是嫌不用人鬼；不敢者，是尊而避之也。云「凡五聲，宮之所生。濁者爲角，清者爲徵羽」者，此總三者宮之所生，以其或先生後用，謂若地宮所生姑洗爲徵，後生先用；南呂爲羽，先生後用；人宮所生大呂爲角，後生先用；大簇爲徵，先生後用。以其後生絲多用角，先生絲少用徵，故云凡宮之所生，濁者爲角，清者爲徵羽也。云「此樂無商者，祭尚柔，商堅剛也」者，此經三者皆不言商，以商是西方金，故云「祭尚柔，商堅剛不用」。若然，上文云此六樂者，皆文之以五聲，並據祭祀而立五聲者。凡音之起，由人心生，單出曰聲，雜比曰音。泛論樂法，以五聲言之，其實祭無商聲。「鄭司農云雷鼓雷鼗，皆六面。靈鼓靈鼗，皆四面。路鼓路鼗，皆兩面」者，以此三者皆祭祀之鼓，路鼗不合與晉鼓等同兩面，故後鄭不從也。云「九德之歌，春秋傳」云云，此文七年趙宣子曰：「勸之以九歌。九功之德皆可歌也，謂之九歌。六府三事謂之九功。水、火、金、木、土、穀，謂之六府。正德、利用、厚生，謂之三事。」注云：「正德，人德。利用，地德。厚生，天德。」此本尚書大禹謨之言。賈、服與先鄭並不見古文尚書，故引春秋也。「玄謂雷鼓」已下八面、六面、四面者，雖無正文，以鼖鼓、晉鼓等非祭祀鼓，皆兩面，宗廟尊於晉鼓等，故知加兩面爲四面，祭地尊於宗廟，故知更加兩面爲六面，祭天又尊於祭地，知更加兩面爲八面，是以不從先鄭也。云「孤竹，竹特生」者，謂若嶧陽孤桐。云「孫竹，竹枝根之末生」者〔五九〕，按詩毛傳云：「枝，幹也。」幹即身也。以其言孫，若子孫然，知枝根末生者。云「陰竹生於山北」者，爾雅云：「山南曰陽，山北曰陰。」今言陰竹，故知山北者也。云「雲和空桑龍門，皆山名」者，以其禹鑿龍門見是山，即雲和與空桑，亦山可知，故不從先鄭雲和地名也。云「九磬，讀當爲大韶」者〔六〇〕，上六樂無九韶而有大韶，故破從大韶也。凡樂事，大祭祀，宿縣，遂以聲展之。叩聽其聲，具陳次之，以知完否。○疏曰：凡樂事，言「凡」，語廣則不徒，大祭祀而已。直言「大祭祀」者，舉大祭祀而言，其實中祭祀亦宿縣也。但大祭祀中有天神、地祇、人鬼，中小祭祀亦宿縣，至於饗食燕賓客有樂事，亦兼之矣。言「宿縣」者，皆於前宿豫縣之，遂以聲展之者，謂相扣使作聲而展，省聽之，知其完否善惡也。王出入，則令奏王夏；尸出入，則令奏肆夏；牲出入，則令奏昭夏。三夏皆樂章名。○疏曰：云「王出入」者，據前文大祭祀而言。王出入，謂王將祭祀，初入廟門及祭訖出廟門，皆令奏王夏也。「尸出入」，謂尸初入廟門及祭祀訖出廟門，皆令奏肆夏。「牲出入」者，謂二灌後王出迎牲及爓肉與體其犬豕，是牲出入皆令奏昭夏。先言王，次言尸，後言牲者，亦祭祀之次也。又曰：此三夏即下文九夏，皆是詩。詩與樂爲篇章，故云樂章名也。帥國子而舞。當用舞者，帥以往。○疏曰：凡興舞，皆使國之子弟爲之。但國子人多，不必一時皆用，當遞代而去，故選當用者，帥以往爲舞之處也。○同上。○鍾師：凡祭祀，奏燕樂。以鍾鼓奏之。○疏曰：知「以鍾鼓奏之」者，以其鍾師奏九夏用鍾鼓，故知此燕樂亦用鍾鼓奏之可知也。○同上。○鎛師：掌金奏之鼓。謂主擊晉鼓以奏其鍾鎛也。然則，擊鎛者亦視瞭。○疏曰：鎛師不自擊鎛，使視瞭擊之，但擊金奏之鼓耳。又曰：知金奏之鼓是「主擊晉鼓」者，鼓人職云「以晉鼓鼓金奏」，故知之也。金奏，謂奏金，金即鍾鎛。鍾鎛以金爲之，故言金。云「然則，擊鎛者亦視瞭」者，按視瞭云「樂作，擊編鍾」，不言鎛，鎛與鍾同類，大小異耳。既擊鍾，明亦擊鎛，故云「亦視瞭」也。凡祭祀，鼓其金，奏之樂。疏曰：金奏之樂者，即八音是也，亦以晉鼓鼓之。○同上。○笙師：凡祭祀，共其鍾笙之樂。鍾笙，與鍾聲相應之笙。○疏曰：鄭爲此解者，以其笙師不掌鍾，而兼言鍾，故知義然也。○同上。○磬師：教縵樂之鍾磬。凡祭祀，奏縵樂。杜子春讀縵爲怠慢之慢。玄謂：縵，讀爲縵錦之縵，謂雜聲之和樂者也。學記曰：「不學操縵，不能安弦。」○疏曰：子春讀縵爲慢，後鄭不從之。「玄謂縵，讀爲縵錦之縵」者，時有縵錦之言，依俗讀之也。云「謂雜聲之和樂者也」者〔六一〕，謂雜弄調和，引學記爲證。按彼鄭注云操縵，雜弄，即今之調辭曲。若不學調弦〔六二〕，則不能安意於弦也。○同上。○大師：大祭祀，帥瞽登歌，令奏擊拊。擊拊，瞽乃歌也。故書拊爲付。鄭司農云：登歌，歌者在堂也。付字當爲拊，書亦或爲拊。樂或當擊，或當拊。登歌下管，貴人聲也。玄謂：拊形如鼓，以韋爲之，著之以穅。○疏曰：謂凡大祭之時，大師有此一事。言「帥瞽登歌」者，謂下神合樂，皆升歌清廟，故將作樂時，大師帥取瞽人登堂於西階之東，北面坐，而歌者與瑟以歌詩也。「令奏擊拊」者，拊所以導引歌者，故先擊拊瞽乃歌也。歌者出聲，謂之奏，故云奏也。又曰：鄭云「擊拊，瞽乃歌也」者，見經云「令奏擊拊」，故知擊拊乃歌也。先鄭云「樂或當擊，或當拊」者，先鄭之意，擊拊謂若尚書云「擊石拊石」，皆是作用之名，拊非樂器，後鄭不從者。此擊拊，謂若下文鼓朄及擊應鼙之類。彼朄鼙是樂器，則知此拊亦樂器也。「玄謂拊形如鼓，以韋爲之，著之以穅」者，此破先鄭拊非樂器，知義如此者，約白虎通引尚書大傳云「拊革，裝之以穅」，今書傳無者，在亡逸中。下管，播樂器，令奏鼓朄。朄，音胤。○鼓朄，管乃作也。特言管者，貴人氣也。鄭司農云：下管，吹管者在堂下。朄，小鼓也。先擊小鼓，乃擊大鼓。小鼓爲大鼓先引，故曰朄。朄，讀爲道引之引。玄謂：鼓朄，猶言擊朄，詩云：「應朄縣鼓。」○引之引並音胤。○疏曰：凡樂歌者在上，匏竹在下，故云「下管」。播樂器，樂器即笙簫及管，皆是出聲曰播，謂播揚其聲。「令奏鼓朄」者，奏即播，亦一也。欲令奏樂器之時，亦先擊朄導之也。又曰：鄭云「鼓朄管乃作也」者，亦如上注擊拊，瞽乃歌。云「特言管者，貴人氣也」者，以管簫皆用氣，故云「貴人氣」。若然，先鄭云：「登歌下管，貴人聲。」此後鄭云「特言管者，貴人氣」，不同者，各有所對。若以歌者在上，對匏竹在下，歌用人，人聲爲貴，故在上。若以匏竹在堂下，對鍾鼓在庭，則匏竹用氣貴於用手，故在階閒也。後鄭云「鼓朄，猶言擊朄」者，此上下文拊與鼓皆言擊，則此鼓謂出聲亦擊之類也。詩云「應朄縣鼓」，周頌有瞽篇也。○同上。○小師：大祭祀，登歌擊拊。亦自有拊擊之，佐大師令奏。鄭司農云：拊者擊石。○令，力呈反。○疏曰：鄭知小師亦自擊拊，不共大師同擊拊者，見大師下管鼓朄。此小師下管別自擊應鼙，不同，明擊、拊亦別可知，但小師佐大師耳。引先鄭「拊爲擊石」者，先鄭上注已解拊與擊同，後鄭不從，今引之在下者，以無正文，引之或得爲一義故也。下管擊應鼓。應，鼙也。應與朄及朔皆小鼓也，其所用別未聞。○鼙，薄西反。○疏曰：鄭知應是應鼙及有朔鼙者，按大射建鼓在阼階西南，鼓應鼙在其東，以是知應是應鼙。彼又云：一建鼓在於西階之西，朔鼙在其北。是知有朔鼙也。知「皆小鼓」者，擊鼓者即事之漸，先擊小，後擊大，故大射云：「應鼙在其東」，「朔鼙在其北。」鼙者皆在人右。鄭彼注云：「便其先擊小，後擊大。」既便其事，是鼙皆小鼓也。云「其所用別未聞」者，此上下祭祀之事有應有朄無朔，大射有朔有應無朄。凡言「應」者，應朔鼙。祭祀既有應，明有朔，但無文，不可强定之，故云「用別未聞」也。徹歌。於有司徹而歌雍。○疏曰：鄭知徹祭器歌雍者〔六三〕，見論語八佾云：「三家者以雍徹，孔子云：相維辟公，天子穆穆，奚取於三家之堂？」以三家無辟公助祭，又無天子之容，則諸侯亦不得用，唯天子得用之，是天子之容則徹器，用徹詩，故云歌雍也。凡小祭祀，小樂事，鼓朄。如大師。鄭司農云：朄，小鼓名。○同上。○樂師：凡國之小事用樂者，令奏鍾鼓。疏曰：此小事。鄭云小祭祀之事，謂王玄冕所祭，則天地及宗廟皆有鍾鼓，樂師令之，若大次二者之樂，大司樂令之也。此小祭有鍾鼓，但無舞，故無師云「小祭祀不興舞」是也。凡樂成則告備。成，謂所奏一竟，書曰：「簫韶九成。」燕禮曰：「大師告於樂正曰：正歌備。」○疏曰：云「成謂所奏一竟」者，竟則終也，所奏八音俱作，一曲終則爲一成，則樂師告備。如是者六，則六成，餘八變、九變亦然。故鄭引書「簫韶九成」爲證也。又引燕禮者，欲見彼諸侯燕禮，大師告於樂正，樂正告於賓與君，此天子祭禮，亦大師於樂成之時，則大師告樂師，樂師乃告王。彼據燕禮，此據祭禮，事節相當，故引爲證也。詔來瞽皋舞。鄭司農云：瞽當爲鼓，皋當爲告。呼擊鼓者，又告當舞者，持鼓與舞俱來也。鼓字或作瞽，詔來瞽。或曰：來，敕也，敕爾瞽〔六四〕。率爾衆工，奏爾悲誦，肅肅雍雍，毋怠毋凶。玄謂：詔來瞽，詔視瞭扶瞽者來入也。皋之言號，告國子當舞者舞。○瞭，音了。○疏曰：到讀之，云詔瞽來，謂詔告視瞭扶瞽人來入升堂作樂也。皋舞者，謂號呼國子舞者，使當舞。又曰：先鄭破瞽爲鼓，後鄭從字或爲瞽，於義是，但文不足，後鄭增之耳。云「或曰來敕」已下，但瞽人無目而云「敕爾瞽率爾衆工」，於義不可，且「奏爾悲誦」等似逸詩，不知何從而出，故後鄭不從之。玄謂詔來瞽者，以來爲入，按大祝云「來瞽令皋舞」，注云：「來、嗥者，皆謂呼之入。」彼來爲呼之者，以彼來上無詔字，故以來爲呼之義，與此無異也。及徹，帥學士而歌徹。學士，國子也。鄭司農云：謂將徹之時自有樂，故帥學士而歌徹。玄謂：徹者歌雍，雍在周頌臣工之什。○疏曰：此亦文承祭祀之下，亦謂祭末徹祭器之時，樂師帥學士而歌徹，但學士主舞，瞽人主歌。今云「帥學士而歌徹」者，此絶讀之，然後合義歌徹之時，歌舞俱有，謂帥學士使之舞，歌者自是瞽人歌雍詩也，徹者主宰君婦耳。又曰：鄭云「學士，國子也」者，此學士即下大胥職云：「掌學士之版，以待致諸子。」故知學士是國子，國子即諸子是也。「玄謂徹者歌雍」者，見論語云：「三家者以雍徹，孔子云：相維辟公，天子穆穆，奚取於三家之堂？」若然，要有辟公助祭，并天子之容穆穆，乃可用雍詩，徹祭器，是大夫及諸侯皆不得用雍，故知此云「歌徹」者，歌雍詩也。又云「雍在周頌臣工之什」者，從清廟已下皆周頌，但此雍在臣工之什内。云「之什」者，謂聚十篇爲一卷，故云之什也。令相。相，息亮反，注同。○令視瞭扶工。鄭司農云：告當相瞽師者，言當罷也。瞽師，盲者，皆有相道之者，故師冕見，及階曰階也，及席曰席也。皆坐，曰：某在斯，某在斯。曰相，師之道與？○見，賢遍反。與，音餘。○疏曰：此令相之文在祭祀歌徹之下者，欲見大小祭祀皆有令相之事，故於下總結之。鄭知「令相，令視瞭扶工」者，見儀禮。扶工者皆稱相，以其瞽人無目而稱工，故云令視瞭扶工也。先鄭引論語者，亦見相是扶工也。○同上。

○籥師：祭祀，則鼓羽籥之舞。鼓之者，恒爲之節。○疏曰：祭祀先作樂下神，及合樂之時，則使國子舞，鼓動以羽籥之舞，與樂節相應，使不相奪倫，故鄭云鼓之者，恒爲之節。○同上。

○司干：掌舞器。舞器，羽籥之屬。○疏曰：鄭知司干所掌舞器是羽籥，以其文武之舞，所執有異，則二者之器，皆司干掌之。言「司干」者，周尚武，故以干爲職首。其籥師，教而不掌。若然，干與戈相配，而不言戈者，下文云祭祀「授舞器」，則所授者，授干與羽籥也。按司戈盾亦云：「祭祀，授旅賁殳，故士戈盾，授舞者兵。」云舞者兵，惟謂戈，其干，亦於此官授之。司兵云：「祭祀，授舞者兵。」鄭注云：「授以朱干玉戚。」謂授大武之舞，與此授小舞干戈別也。祭祀，舞者既陳，則授舞器。既舞，則受之。既，已也。受，取藏之。○同上。○司兵：祭祀，授舞者兵。授以朱干玉戚之屬。○疏曰：鄭知此兵是朱干玉戚者，祭統云：「朱干玉戚以舞大武。」則大武用朱干玉戚。又按下司戈盾云：「祭祀，授旅賁殳，故士戈盾。」司兵尊於司戈盾，明所授兵據大武朱干玉戚也。其司干所授者，又是羽籥之等，非干戚可知也。○夏官○司戈盾：掌戈盾之物而頒之。分與受用。○疏曰：分與受用者，下文祭祀是也。祭祀，授旅賁殳，故士戈盾；授舞者兵，亦如之。亦頒之也。故士，王族故士也。與旅賁當事，則衛王也。殳，如杖，長尋有四尺。○疏曰：云「故士，王族故士」者，據司士而言。云「與旅賁當事，則衛王」者，按旅賁氏「掌執戈盾」「而趨」，此執殳者，以其與故士同衛王時以爲儀衛，故不執戈盾。知殳如杖者，廬人所爲，不見有刃，故知如杖。知尋有四尺者，車有六等，云殳長尋有四尺，崇於人四尺也。○夏官○旄人：掌教舞散樂，舞夷樂。散樂，野人爲樂之善者，若今黄門倡矣自有舞。夷樂，四夷之樂，亦皆有聲歌及舞。○疏曰：云「掌教舞散樂，舞夷樂」者，旄人教夷樂而不掌，鞮鞻氏掌四夷之樂而不教，二職互相統耳。但旄人加以教散樂，鞮鞻氏不掌之也。又曰：云「散樂，野人爲樂之善」者，以其不在官之員内，謂之爲散，故以爲野人爲樂善者也。云「若今黄門倡矣」者，漢倡優之人亦非官樂之内，故舉以爲説也。云「夷樂，四夷之樂」者，即孝經緯云：「東夷之樂曰韎，南夷之樂曰任，西夷之樂曰株離，北夷之樂曰禁。」知亦皆有聲歌及舞者，此經有舞，下鞮鞻氏云「掌四夷之樂與其聲歌」是也。凡四方之以舞仕者屬焉。疏曰：云「凡四方之以舞仕者屬焉」者，此即野人能舞者，屬旄人，選舞人當於中取之故也。凡祭祀，舞其燕樂。疏曰：舞其燕樂，謂作燕樂時，使四方舞士舞之以夷樂。○春官○

韎師：掌教韎樂祭祀，則帥其屬而舞之。舞之以東夷之舞。○疏曰：知舞之以東夷之舞者，以其專主夷樂，則東夷之樂曰韎是也。凡舞夷樂，皆門外爲之。○同上。○舞師：掌教兵舞，帥而舞山川之祭祀〔六五〕；教帗舞，帥而舞社稷之祭祀；教羽舞，帥而舞四方之祭祀；教皇舞，帥而舞旱暵之事。○羽，析白羽爲之，形如帗也。四方之祭祀，謂四望也。旱暵之事，謂雩也。暵，熱氣也。鄭司農云：皇舞，蒙羽舞。書或爲翌，或爲義。玄謂：皇，析五采羽爲之，亦如帗。○暵，呼但反。翌，音皇。○疏曰：云「掌教兵舞」，謂教野人，使知之國有祭山川，則舞師還帥領往舞山川之祀。已下皆然。按春官樂師有六舞，并有旄舞施於辟廱，人舞施於宗廟，此無。此二者但卑者之子，不得舞宗廟之酎祭祀之舞，亦不得用卑者之子。彼樂師教國子，故有二者，此教野人，故無旄舞、人舞。又曰：但羽舞用白羽，帗舞用五色繒，用物雖異，皆有柄，其制相類，故云「形如帗」也。云「四方之祭祀，謂四望也」，知者，若以四方連百物，則四方不止四望〔六六〕，今單云四方，四望、五岳、四瀆，亦布在四方，故知四方即四望也。云「旱暵之事，謂雩也」者，春秋所云「雩」者皆釋旱，又祭法云「雩禜祭水旱」，故知旱暵謂雩祭也。云「暵，熱氣也」者，以其旱時多熱氣，又此暵字以日爲形，以漢爲聲省，故知暵熱氣也。「鄭司農云：皇舞，蒙羽舞」者，先鄭之意，蓋見禮記王制「有虞氏皇而祭」，皇是冕，爲首服，故以此皇爲鳳皇羽蒙於首，故云「蒙羽舞」。自古未見蒙羽於首，故後鄭不從之矣。云「書或爲翌，或爲義」者，禮本不同，故或爲翌，或爲義，皆不從之矣。「玄謂皇析五采羽爲之，亦如帗」者，鍾氏染鳥羽象翟鳥鳳皇之羽，皆五采，此舞者所執，亦以威儀爲飾。言皇是鳳皇之字，明其羽亦五采，其制亦如帗舞。若然〔六七〕，帗舞、羽舞、皇舞形制皆同也。凡野舞則皆教之。野舞，謂野人欲學舞者。○疏曰：按序官舞徒四十人，其數有限，今云皆教之者，數雖四十，餘者有能學，皆教之，以待其闕耳。凡小祭祀，則不興舞。小祭祀，王玄冕所祭者。興，猶作也。○疏曰：按上文云「凡祭祀百物之神，鼓兵舞帗舞」，又按司服云：「羣小祀則玄冕。」注云：「羣小祀，林澤墳衍、四方百物之屬。」如是，則小祭祀有兵舞、帗舞，而云「不興舞」者，小祭祀雖同玄冕，若外神林澤之等則有舞，若宮中七祀之等則無舞，此文是也。○地官○鞮鞻氏：掌四夷之樂與其聲歌。四夷之樂，東方曰韎，南方曰任，西方曰株離，北方曰禁，詩云：「以雅以南。」是也。王者必作四夷之樂，一天下也。言與其聲歌，則云樂者主於舞。○任，音壬。○疏曰：四夷樂名，出於孝經緯鉤命決，故彼云：「東夷之樂曰韎，持矛助時生；南夷之樂曰任，持弓助時養；西夷之樂曰株離，持鉞助時殺；北夷之樂曰禁，持楯助時藏。皆於四門之外右辟。」是也。按明堂位亦有東夷之樂曰韎，南夷之樂曰任。又按虞傳云「陽伯之樂舞株離」，則東夷之樂亦名株離者。東夷樂有二名，亦名株離。鄭注云：「株離，舞曲名，言象萬物生株離。若詩云：『彼黍離離。』是物生亦曰離。」云「王者必作四夷之樂，一天下也」者，按白虎通云「王者制夷狄樂，不制夷狄禮」者，所以均中國。不制禮，恐夷人不能隨中國禮也。四夷之樂誰爲舞？使國之人也。云「與其聲歌，則云樂者主於舞」者，凡樂止有聲歌及舞，既下别云聲歌，明上云樂主於舞可知也。按月令仲春云：「命樂正入學習樂。」注云：「歌與八音。」知非舞，以其下季春云「大合樂」，明所合多，故知非直舞而有歌與八音也。祭祀，則歈而歌之。吹之以管籥爲之聲。○疏曰：知「吹之以管籥爲之聲」者，以其歌者在上，管籥在下，既言吹之用氣，明據管籥爲之聲可知，是以笙師教吹籥管之等。○春官

右樂舞

司烜氏：掌以夫遂取明火於日，以鑒取明水於月，以共祭祀之明齍、明燭，共明水。烜，音毀。○夫遂，陽遂也。鑒，鏡屬。取水者，世謂之方諸，取日之火，月之水，欲得陰陽之潔氣也。明燭以照饌陳，明水以爲玄酒。鄭司農云：夫，發聲。明齍，謂以明水滫滌粢盛黍稷。○夫，方符反，又音符。○疏曰：云「夫遂陽遂也」者，以其日者太陽之精，取火於日，故名陽遂。取火於木，爲木遂者也。云「鑒鏡屬」者，詩云：「我心非鑒，不可以茹。」彼鑒是鏡，可以照物，此鑒形制與彼鑒同，所以取水也。云「取水者，世謂之方諸」，言取水謂之方諸，則取火者不名方諸，别名陽遂也。明者，絜也。日月水火爲明水、明火，是取日月陰陽之絜氣也。云「明燭以照饌陳」者，謂祭日之旦，饌陳於堂東，未明須燭照之。云「明水以爲玄酒」者，鬱鬯五齊以明水配，三酒以玄酒配。玄酒，井水也。玄酒與明水别而云「明水以爲玄酒」者，對則異，散文通謂之玄酒，是以禮運云：「玄酒在堂。」亦謂明水爲玄酒也。先鄭云「明水滫滌粢盛黍稷」者，滫謂滫瀡，滌謂蕩滌，俱謂釋米者也〔六八〕。○秋官○酒人：掌爲五齊三酒，祭祀則共

奉之，以役世婦。世婦，謂宮卿之官，掌女宮之宿戒，及祭祀比其具。酒人共酒，因留與其奚爲世婦役，亦官聯○比，必履反，又毗志反，扶利反。○疏曰：言「爲五齊三酒」者，爲猶作也。云「祭祀則共奉之」者，謂酒人共而奉之。云「以役世婦」者，屬春官宮卿官也。酒人以奚送酒至世婦，因爲世婦所役使。又曰：云「世婦謂宮卿之官」者，所謂春官，每宮卿一人，故云世婦謂宮卿之官也。云「掌女宮之宿戒」者，此亦世婦職文。引此者，其職云「及祭祀比其具」，則此酒人等共奉酒以往，爲世婦所役。言「亦官聯」者，即小宰云「祭祀之聯事」是也。凡祭祀，共酒以往。不言奉小祭祀。○疏曰：上云祭祀共奉之謂大祭、次祭，此不言奉，謂小祭祀，王玄冕所祭者，故云「共酒以往」。○天官○酒正：掌酒之政令，以式法授酒材。式法，作酒之法式。作酒既有米麴之數，又有功沽之巧。月令曰：「乃命大酋，秫稻必齊，麴櫱必時，湛饎必絜，水泉必香，陶器必良，火齊必得。」鄭司農云：授酒人以其材。○沽，音古。酋，將由反。秫，音述。齊，才細反，一如字。櫱，魚列反。湛，接廉反。饎，昌志反。○疏曰：酒正辨四飲則漿之，政令亦掌之。今直言「掌酒之政令」，不言漿之政令者，但據酒之尊者而言，其實漿亦掌之。云「以式法授酒材」者，式法，謂造酒法式，謂米麴多少及善惡也。酒材即米麴櫱，授與酒人，使酒人造酒。既言兼掌漿人，則漿之法式及漿材亦授之。不言者，亦舉尊言也。云「作酒既有米麴之數」者，謂此爲法式也。云「又有功沽之巧」者，功沽謂善惡，善惡亦是法式也〔六九〕。引月令者，十一月之令，言乃命大酋監之者。彼注「酒熟曰酋」，於周禮則爲酒人〔七〇〕。按下注：「昔酒，今之酋久白酒。」則酋者久遠之稱，則是久熟者善，故名酒官爲大酋。若然，彼注爲酒人，此酒正引之者，此酒正以法式及酒材授與酒人，使造酒，故引酒人。云「秫稻必齊」者，必使齊熟。「麴蘖必時」者，造之必得時。「湛饎必絜」者，湛，漬。饎，炊也。謂漬米炊釀之時，必須絜淨。「水泉必香」者，謂漬麴漬米之水必須香美。「陶器必良」者，酒甕陶中所燒器者必須成熟不津。云「火齊必得」者，謂釀之時，生熟必宜得所也。凡爲公酒者，亦如之。謂鄉射飲酒以公事，作酒者亦以式法及酒材授之，使自釀之。○疏曰：言「凡爲公酒」者，謂爲公事而作酒。言「凡」非一，謂若鄉飲酒、鄉射之等。言「亦如之」者，亦以式法授酒材。又曰：言「鄉射飲酒」者，謂鄉飲酒、鄉射飲酒。鄉飲酒中有黨正飲酒，賓賢能飲酒。鄉射飲酒中有州長春秋習射於序，又有鄉大夫三年賓賢能，後以五物詢衆庶，用州長射禮，並是鄉射飲酒。若然，州長、黨正飲酒而謂之鄉者，或是鄉大夫所居州黨，或是鄉大夫親來臨禮，並得鄉名，故謂之鄉。此數事者，皆爲國行禮，不可橫斂於民，故得公酒。其百家爲族，不得公酒族祭，步神之時，合錢飲酒。辨五齊之名：一曰泛齊，二曰醴齊，三曰盎齊，四曰緹齊，五曰沈齊。緹，音體。○泛者，成而滓浮泛泛然，如今宜成醪矣。醴猶體也，成而汁滓相將，如今恬酒矣。盎猶翁也，成而翁翁然葱白色，如今酇白矣。緹者成而紅赤，如今下酒矣。沈者，成而滓沈，如今造清矣。自醴以上尤濁，縮酌者，盎以下差清，其象類則然，古之法式未可盡聞。杜子春讀齊皆爲粢。又禮器曰：「緹酒之用，玄酒之尚。」玄謂：齊者每有祭祀，以度量節作之。○醪，魯刀反。翁，嗚動反，於勇反。差，初賣反。○疏曰：言「辨五齊之名」者，酒正不自造酒，使酒人爲之，酒正直辨五齊之名，知其清濁而已。云「一曰泛齊」者，泛，讀如泛泛楊舟之泛。言泛者，謂此齊熟時，滓浮在上泛泛然。「二曰醴齊」者，醴，體也。此齊熟時，上下一體，汁滓相將，故名醴齊。又此醴齊作時，恬於餘齊，與酒味稍殊，亦入於六飲。「三曰盎齊」已下，其類可知。又曰：言「泛者成而滓浮」者，此五齊皆言成者，謂酒孰曰成。云「如今宜成醪矣」者，宜成説以爲地名，故曹植酒賦曰：「宜成醴醪，蒼梧縹清。」若馬融所云「今之宜成，會稽稻米，清似宜成」，以爲酒名，故劉杳要雅亦以宜成爲酒名。二者未知孰是。今鄭云「宜成醪矣」，亦未知鄭意酒名、地名，類下鄼白則爲地名。云「如今恬酒矣」者，但於五齊中爲恬，故以恬酒況之。云「如今鄼白矣」者，漢時蕭何所封南陽地名鄼。云「如今下酒矣」者，下酒謂曹牀下酒，其色紅赤，故以緹名之，按鄭下注五伯緹衣亦赤黑色也〔七一〕。云「如今造清矣」者，漢時造酒，熟則滓沈，故以況沈齊也。云「自醴已上尤濁，縮酌也」者，言自醴已上唯有泛齊，泛齊滓浮，則濁於醴齊汁滓相將者，此二者皆以茅泲之，故司尊彝云「醴齊縮酌」，郊特牲云「縮酌用茅，明酌也」。謂以事酒之上清明者和醴齊，以茅泲之，使可酌。鄭彼注云泛從醴，是二者皆縮酌，故云自醴以上尤濁，縮酌也。云「盎以下差清」者，按司尊彝云「盎齊涚酌」，鄭注：涚，清也。謂以清酒泲之，則不用茅，以其盎已清故也。鄭彼注又云：「泛從醴，緹、沈從盎。」則亦用清酒泲之。云「其象類則然」者，謂五者，皆舉漢法況之，是其象類，則然者也。云「古之法式未可盡聞」者，雖舉漢法，漢承周後，多得古之法，只可略聞，故云「未可盡聞」也。杜子春讀齊皆爲粢，云「禮器曰：緹酒之用玄酒之尚」者，子春意見禮運云「粢醍在堂」，又見禮器云「醴酒之用」，又粢穀爲醍酒，則其餘四齊皆以粢穀爲之，故讀齊皆爲粢。「玄謂齊者，每有祭祀，以度量節作之」，謂祭有大小，齊有多少，謂若祫祭備五齊，禘祭備四齊，時祭備二齊，是以度量節作之，不從子春爲粢者。禮運唯有醍齊稱粢，於此五者皆稱齊，子春破五齊從一粢，於義不可，故鄭於禮運注「粢,當爲齊」,破一粢從五齊,於義可也。此五齊與下三酒及春官鬯人所造鬯酒所以異者,五齊三酒,俱用秫稻麴蘖,又三酒味厚,人所飲者也,五齊味薄,所以祭者也。是以下經鄭注云:「祭祀必用五齊者,至敬,不尚味,而貴多品。」五齊對三酒,酒與齊異,通而言之,五齊亦曰酒,故禮坊記云:「醴酒在室,醍酒在堂。」是也。其鬯酒者,自用黑黍爲之,與此別也。辨三酒之物:一曰事酒,二曰昔酒,三曰清酒。鄭司農云:事酒,有事而飲也。昔酒,無事而飲也。清酒,祭祀之酒。玄謂:事酒,酌有事者之酒,其酒則今之醳酒也。昔酒,今之酋久白酒,所謂舊醳者也。清酒,今中山冬釀,接夏而成。○醳,音亦,音昔。○疏曰:辨者,豫先之名。物者,財也。以三酒所成有時,故豫給財令作之也。言「一曰事酒」者,此三酒並人所飲,故下云共王四飲三酒也。但事酒酌有事人飲之,故以事上名酒也。「二曰昔酒」者,久釀乃熟,故以昔酒爲名,酌無事之人飲之。「三曰清酒」者,此酒更久於昔,故以清爲號,祭祀用之。此昔酒、清酒皆以酒上爲名也。又曰:先鄭云「有事而飲」者,謂於祭祀之時,乃至卑賤執事之人,祭末並得飲之。「昔酒無事而飲」者,亦於祭末羣臣陪位,不得行事者並得飲之。「清酒祭祀之酒」者,亦於祭祀之時,賓長獻尸,尸酢賓,長不敢與王之臣共器尊同酌齊,故酌清以自酢,故云祭祀之酒。故司尊彝云:「皆有罍,諸臣之所酢。」此三酒,皆盛於罍尊在堂下,但此清酒受尸酢,故以祭祀言之。「玄謂事酒,酌有事者之酒」者,先鄭云「有事而飲」,據有事時飲之;後鄭云「酌有事者之酒」,謂有事之人。但是有事之人,雖不當祭時,亦酌酒與之,是就足先鄭義也。云「其酒則今之醳酒」者,事酒冬釀春成,以漢之醳酒況之。云「昔酒,今之酋久白酒」者,言昔爲久,酋亦遠久之義,故以漢之酋久,白酒況之。

但昔酒對事酒爲清，若對清酒則爲白，故云「酋久，白酒也」。故晉語云「味厚實昔毒」，酒久則毒也。云「所謂舊醳」者，按禮記郊特牲云：「猶明清與醆酒，於舊醳之酒也。」彼上注云：「明酌者，事酒之上也。」醆酒盎齊涗於舊醳之酒，三酒除事酒、清酒，則云舊醳，是昔酒可知也。對事酒爲新醳，昔酒爲舊醳，清酒不得醳名。云「清酒，今中山冬釀接夏而成」者，以昔酒爲久，冬釀接春，明此清酒久於昔酒，自然接夏也。中山，郡名，故魏都賦云：「醇酎中山，沈湎千日。」凡祭祀，以法共五齊三酒，以實八尊。大祭三貳，中祭再貳，小祭壹貳，皆有酌數。唯齊酒不貳，皆有器量。酌器所用注尊中者，數量之多少未聞。鄭司農云：三貳，三益副之也。大祭天地，中祭宗廟，小祭五祀。齊酒不貳，爲尊者質，不敢副益也。杜子春云：齊酒不貳，謂五齊以祭，不益也。其三酒人所飲者，益也。弟子職曰：「周旋而貳，唯嗛之視。」玄謂：大祭者，王服大裘衮冕所祭也。中祭者，王服鷩冕毳冕所祭也。小祭者，王服希冕玄冕所祭也。三貳、再貳、壹貳者，謂就三酒之尊而益之也。禮運曰：「玄酒在室，醴醆在户，粢醍在堂，澄酒在下。」澄酒是三酒也。益之者，以飲諸臣，若今常滿尊也。祭祀必用五齊者，至敬，不尚味，而貴多品。〇爲，于僞反。嗛，苦簟反。希，本作絺，張里反。粢，才計反。飲，於鴆反。〇疏曰：言「凡祭祀」者，謂天地及宗廟等總目之言〔七二〕。云「以法共五齊三酒」者，但祭有大小，齊有多少，各有常法，故云以法共五齊三酒。云「以實八尊」者，五齊五尊，三酒三尊，故云以實八尊。此除明水玄酒，若五齊加明水，三酒加玄酒，此八尊爲十六尊。不言之者，舉其正尊而言也。云「大祭三貳」者，大祭，謂王服大裘衮冕所祭者也。三貳者，貳，副也。就三酒人所飲者，三度副益之。云「中祭再貳」者，中祭，謂王服鷩冕毳冕所祭者也。再貳，亦謂就三酒之中再度益之。云「小祭壹貳」者，小祭，謂王服希冕、玄冕所祭者也。云「皆有酌數」者，謂三酒之祭事、昔、清、尊皆有酌器盛酒益尊，故言皆有酌。云「數」者，謂多少之數。言「惟齊酒不貳」者〔七三〕，齊酒所祭祀，非人所飲，故不副益。云「皆有器量」者，器謂酌齊酒注於尊中，量謂皆有多少之量。又曰：酌器，釋經皆有酌器，二者所用注五齊三酒於尊中。云「數量之多少未聞」者，數之與量皆是多少之言，但未聞升數耳。鄭司農云「三貳三益副之也」者，先鄭之意，注酒於尊中爲副，子春、後鄭亦與之同〔七四〕。云「大祭天地等」者，先鄭意天地爲大祭，宗廟爲中祭，五祀爲小祭。其實天地自有大祭、小祭，宗廟亦有次小。云「齊酒不貳，爲尊者質，不敢副益也」者，以其主獻尸所用少，故不副益。杜子春引弟子職者，是管子書，弟子職篇謂弟子事師長飲酒之時，弟子用注周旋而貳者，欲副益酒尊之時。嗛謂不滿，唯酒尊不滿者視之更益。「玄謂大祭者，王服大裘袞冕所祭」已下至「玄冕所祭」，並據司服文。冕服有六，天地宗廟各有三等，故以六冕配之。按司服：王祀昊天上帝則服大裘，而冕祀五帝亦如之，祀先王則袞冕，祭地亦用大裘，是天地宗廟皆有大祭一也。云「中祭者王服鷩冕毳冕所祭也」者，按司服，先公則鷩冕，四望山川則毳冕，是地與宗廟次祭二也。但天之次祀不見衣服者，日月是天之次祀，以其大報天主日配以月，服大裘，故春分朝日，秋分夕月，兼服玄冕，故天之次祀中不見衣服。云「小祭者，王服希冕玄冕所祭也」者，按司服，社稷五祀則希冕，羣小祀則玄冕，鄭彼注「山林川澤之屬」，鄭雖不言風師雨師等，「之屬」中兼之也。唯見天地小祭，不見宗廟小祭者，馬融以爲宗廟小祭謂祭殤，是也。祭殤之時，或可亦用玄冕。若然，按禮器云「一獻質」，謂祭羣小祀當玄冕；「三獻文」，謂祭社稷、五祀當希冕；「五獻察」，謂祭四望、山川當毳冕；「七獻神」，謂祭先公當驚冕。雖不言九獻，下云「大饗其王事與？」大饗謂祫祭先王，爲九獻，當衮冕。禮器下文云：大饗「不足以大旅。」大旅當大裘。據此，一獻至九獻，以此獻數約之，故六服差爲三。按司服四望、山川服毳冕，五獻社稷服希冕，三獻社稷在山川下。按大宗伯「以血祭祭社稷、五祀、五嶽」，而社稷在五嶽上者，五嶽與土地異形。若畿外諸侯，服獻則尊於王朝之臣，社稷號曰上神〔七五〕，似若王朝之臣，服獻則卑於五嶽，而在五嶽上者，似若王人雖微，猶敘諸侯之上。按王制「宗廟之牛角握」，國語「山川之牛角尺」，社稷尊於五嶽者，彼自從國中之神莫貴於社，故與宗廟同用握。引「禮運曰玄酒在室」者，謂鬱鬯在室中，而玄酒即明水也，配鬱鬯，故在室。「醴醆在户」者，醴謂醴齊，醆謂盎齊，並在户也。「粢醍在堂」者，粢當爲齊，齊醍在堂也。「澄酒在下」者，澄謂沈齊，酒謂三酒，二者並在堂下也。云「澄酒是三酒也」者，按鄭志趙商問：「禮運注澄是沈齊，今此注澄酒是三酒何？」鄭答：「今解可去『澄』字。」若然，鄭本於此注時，直云酒是三酒，無澄字，有澄字者誤，當云酒是三酒。云「益之者，以飲諸臣」者，言益之，解經中「貳」。按司尊彝云：「皆有罍，諸臣之所酢。」是飲諸臣也。云「若今常滿尊也」者，言益之，故常滿，故以漢法況之。云「祭祀必用五齊者，至敬不尚味，而貴多品」者，鄭意五齊味薄於三酒而數多，但鬼神享德不享味，故須至極敬而已，是以引郊特牲云「至敬，不尚味而貴多品」也。○同上。

○小宗伯：辨六彝之名物，以待果將。六彝，雞彝、鳥彝、斝彝、黄彝、虎彝、蜼彝。果讀曰祼。○疏曰：上二經皆云使共奉之，此及下經不云使共奉之，而云「以待」，文不同者，上二者官衆，故云使共奉，此及下文並是司尊彝一職之事，又是春官當司所主，故直云以待也。祼言將者，將，送也。謂以圭瓚酌之，送與尸及賓，故云將。六彝之名，出司尊彝也。云「果，讀爲祼」者，諸文皆云祼，故讀從之，其實祼更讀爲灌。辨六尊之名物，以待祭祀。待者，有事則給之。鄭司農云：六尊，獻尊、象尊、壺尊、著尊、大尊、山尊。○獻，素何反。著，直略反。大，音泰。○疏曰：按司尊彝唯爲祭祀陳六彝，六尊亦依祭禮四時所用，唯在外野饗，不用祭祀之尊，故春秋左氏傳云：「犧象不出門也。」若然，按鬱人云「掌祼器」。凡祭祀之祼事則上六彝，亦爲祭祀而辨之，而不言祭祀者，舉下以明上，故略而不言。○春官○司尊彝：掌六尊、六彝之位，詔其酌，辨其用，與其實。位，所陳之處。酌，泲之使可酌，各異也。用，四時祭祀所用亦不同。實，鬱及醴齊之屬。○泲，子里反。○疏曰：此經與下文爲目。直云六彝、六尊，按下兼有罍尊，不言者，文略也。又曰：云「位所陳之處」者，此下經不見陳尊之處，按禮運云：「玄酒在室，醴醆在户，齊醍在堂。」彼是禘祭陳四齊，此下時祭，陳二齊，設尊亦依此也。云「酌，泲之使可酌各異也」者，此下文鬱齊獻酌，醴齊縮酌之等，是各異也。云「用，四時祭祀所用亦不同」者，即下文「春祠夏禴」已下所用不同是也。云「實鬱及醴齊之屬」者，醴齊之中有三酒也。凡六彝、六尊之酌：鬱齊獻酌，醴齊縮酌，盎齊涚酌，凡酒脩酌。獻酌，素何反，鄭音儀。涚，舒鋭反，一音雪。脩，直歷反。○故書縮爲數，齊爲齍。鄭司農云：獻，讀爲儀。儀酌，有威儀多也。涚酌者，涚拭勺而酌也。脩酌者，以水洗勺而酌也。齍，讀皆爲齊和之齊。杜子春云：數當爲縮，齊讀皆爲粢。玄謂：禮運曰：「玄酒在室，醴醆在户，粢醍在堂，澄酒在下。」以五齊次之，則醆酒，盎齊也。郊特牲曰：「縮酌用茅，明酌也。醆酒涚于清，汁獻涚于醆酒，猶明清與醆酒于舊澤之酒也。」此言轉相泲成也。獻，讀爲摩莎之莎。齊語，聲之誤也。煮鬱和秬鬯以醆酒，摩莎泲之，出其香汁也。醴齊尤濁，和以明酌，泲之以茅，縮去滓也。盎齊差清，和以清酒，泲之而已。其餘三齊泛從醴緹，沈從盎。凡酒，謂三酒也。脩，讀如滌濯之滌。滌酌以水，和而泲之。今齊人命浩酒曰滌，明酌，酌取事酒之上也。澤，讀曰醳。明酌清酒、醆酒，泲之皆以舊醳之酒。凡此四者，裸用鬱齊，朝用醴齊，饋用盎齊，諸臣自酢用凡酒。唯大事於大廟，備五齊三酒。○數，音朔。和，胡卧反。○疏曰：云「凡六彝」之酌，與鬱齊爲目；「六尊」之酌，與醴齊、盎齊爲目。下有凡酒滌酌，上不言罍者，亦是文不具也。凡言「酌」者，皆是泲之使可酌也。又曰：「司農云：獻，讀爲儀」已下，後鄭皆不從者，此經爲泲酒之法，而司農皆不爲泲酒法。其言無所據依，故皆不從也。司農云「齊，讀皆爲齊和之齊」，鄭注酒正爲度量解之，則齊和義亦通也。子春爲粢，於義不可，後鄭於酒正已破訖。玄謂引禮運者，欲破彼醆從此盎也。彼云「玄酒在室」者，據配鬱鬯之尊，故在室。若配鬱鬯，當云明水，而云玄酒者，散文通。云「以五齊次之，則醆酒盎齊也」者，於此經及酒正言之，盎次醴，禮運醆次醴，以醆當盎處，即一物，明醆酒，盎齊也。盎齊云酒，則酒、齊亦通。引郊特牲曰「縮酌，用茅明酌」至「醆酒」者，彼記人意，以經泲酒法難解，故釋此經泲酒之法也。此云「醴齊縮酌」，彼記人取此「縮酌」二字，於彼重解之。云此言縮酌者，縮酌當用茅也。又云「明酌」者，醴齊濁，還用事酒之清明者和醴齊，然後用茅泲之使可酌，故云明酌也。云「醆酒涚于清」者，醆酒即盎齊，盎齊差清，亦不言縮，則不用茅涚，謂新亦謂泲之也。彼記人亦取此盎齊涚酌解之〔七六〕，以盎齊欲泲之時，則以清酒和而泲涚，使可酌，故直云涚于清也。云「汁獻涚于醆酒」者，記人亦取此經鬱齊獻酌釋之。云汁獻者，獻，讀摩莎之莎也。云涚於醆酒者，以鬱鬯尊不用三酒而用五齊，中盎齊差清者，和鬱鬯泲之，故云涚於醆酒也。云「猶明清與醆酒于舊醳之酒也」者，此記人復恐不曉古之泲酒之法，故舉當時泲酒之法以曉人也。云明清者，明謂事酒，清謂清酒，醆謂盎齊，三者皆於舊醳之酒中泲之。但云醳酒，即事酒也。今云舊醳，則醳中之舊，冬釀接春而成，故云舊是昔酒也。云「此言轉相泲成」已下，皆鄭重釋記人之言也。云「醴酒尤濁，和以明酌泲之」者，醴齊對盎齊已下三者爲尤濁，上仍有泛齊，更濁於醴齊也。盎齊差清，和以清酒泲之而已者，以不用茅，故云泲之而已。云「其餘三齊泛從醴，緹沈從盎」者，以泲三者無文，故鄭約同此二齊。以泛齊濁，不過與醴齊同，緹沈清，無過與盎同，故略爲二等泲五齊也。云「凡酒，謂三酒也」者，以上文列彝卣罍三等之尊，此見泲鬱與二齊，凡酒事相當，故凡酒謂三酒。非一，故稱凡也。云「脩，讀爲滌濯之滌」者，讀從宗伯視滌濯之滌，欲解滌爲水之意。必知以水者，曲禮曰：「水曰清滌。」且鬱鬯用五齊，五齊用三酒，三酒用水，差次然也。云「明酌，酌取事酒之上也」者，重解縮酌用茅，明酌也。云「澤，讀曰醳。明酌清酒醆酒泲之皆以舊醳之酒」者，重解當時之法以曉人者也。云「凡此四者，裸用鬱齊，朝用醴齊，饋用盎齊，諸臣自酢用凡酒」者，此以上列尊及泲酒次第爲先後。祭禮有裸，有朝踐、饋獻、酳尸次第爲先後，推此可知也。云「唯大事，於大廟備五齊三酒」者，此據酒正云「祭祀共五齊三酒」下有大祭、中祭、小祭，此時祭用二齊，禮運四齊據禘祭，明大事祫祭，備五齊三酒可知。三酒時祭亦備之，亦於大事言之者。連言挾句耳〔七七〕。文二年，「大事于大廟」，公羊傳：「大事者何？大祫也。」即此大事是祫可知也。○同上。○冪人：掌共巾冪。冪，音密。○共巾，可以覆物。○疏曰：「巾」者，則下經「王巾皆黼」是也。冪者，則冪八尊之類是也。又曰：據經，巾冪俱有，鄭唯言共巾可以覆物，不言冪者，但冪唯祇覆物〔七八〕，其巾則兼以拭物，故特解巾「可以覆物」者也。祭祀，以疏布巾冪八尊，以疏布者，天地之神尚質。○疏曰：祭天無灌，唯有五齊三酒，實於八尊。「疏布」者，大功布爲冪，覆此八尊，故云疏布冪八尊。此據正尊而言。若五齊加明水，三酒加玄酒，則十六尊皆以疏布冪之也。又曰：鄭知此經祭祀是天地之神者，以其下經畫布冪六彝，是宗廟之祭用六彝，即知此疏布冪八尊無祼，是天地可知〔七九〕。又見禮器云：「大路素而越席，疏布冪。」彼皆據祭天，則疏布是祭天地可知。舉天地，則四望山川、社稷林澤皆用疏布，皆是尚質之義也。以畫布巾冪六彝。宗廟可以文，畫者，畫其雲氣與？○與，音餘。○疏曰：言「六彝」者，雞彝、鳥彝、斝彝、黄彝、虎彝、蜼彝，此六彝皆盛鬱鬯，以畫布冪之，故云畫布冪六彝。此舉六彝，對上經八尊無鬱鬯，以言宗廟有鬱鬯。其實天地亦有秬鬯之彝，用疏布，宗廟亦有八尊，亦用畫布，互舉以明義也。又曰：言「宗廟可以文」者，以其用畫布，對上疏布爲質，故言宗廟可以文。云「畫者，畫其雲氣與」者，三禮通例所言畫者，解畫皆以爲畫雲氣，謂畫爲五色之雲，俱無正文，故言「與」以疑之。○天官○鬯人：掌共秬鬯而飾之。秬鬯，不和鬱者。飾之，謂設巾。○疏曰：云「掌共秬鬯」者，此直共秬黍之酒，無鬱也，故注云「不和鬱者」也。鄭知「飾之謂設巾」者，此上下雖無設巾之事，按冪人云：「以疏布巾冪八尊，以畫布巾冪六彝，凡王巾皆黼。」凡尊皆有巾冪，明秬鬯之酒尊亦設巾可知，故知所飾者設巾也。凡祭祀，社壝用大罍，壝，唯癸反。○壝，謂委土爲墠壇，所以祭也。大罍，瓦罍。○墠，音善，又音裸。○疏曰：「壝，謂委土爲墠壇，所以祭」者，謂四邊委土爲壝，於中除地爲墠，墠内作壇，謂若三壇同墠之類也。此經云「社壝」，謂若封人及大司徒皆云「社壝」，皆直據外壝而言也〔八〇〕。知「大壘」是「瓦壘」者，旊人爲瓦簋，據外神明，此壘亦用瓦，取質略之意也。禜門用瓢齎。禜，音詠。○禜，謂營酇所祭。門，國門也。春秋傳曰：「日月星辰之神，則雪霜風雨之不時，於是乎禜之。」「山川之神，則水旱癘疫之不時，於是乎禜之。」魯莊二十五年秋，大水，鼓，用牲於門。故書瓢作剽，鄭司農云讀剽爲瓢，杜子春讀齎爲粢，瓢謂瓠，蠡也。粢，盛也。玄謂：齎謂爲齊，取甘瓠割去柢，以齊爲尊。○疏曰：鄭知「禜謂營酇」者，欲見祭神之法，非一取營酇而祭之義故也。鄭知門是國門者，禮記祭法云「天子祭七祀」，有國門故也。春秋傳者，昭元年子産辭。彼先云山川，後云日月，此先云日月者，鄭君所讀春秋先日月，與賈、服傳不同故也。彼無不時，此有之者，鄭以義增之，非傳文。引之者，證禜是營酇而祭之義。引莊二十五年傳者，證有門之義，但彼譏伐鼓用牲，其大水祭門是也。「玄謂齎讀爲齊」者，以其割齊爲尊，亦取質略之意，故不從子春也。廟用脩。凡山川四方用蜃，凡祼事用概，凡疈事用散。脩，音卣，羊久反，又音由。疈，孚逼反。散，素旱反。○祼，當爲埋，字之誤也。故書蜃或爲謨，杜子春云：謨，當爲蜃，書亦或爲蜃。蜃，水中蜃也。鄭司農云：脩、謨、概、散〔八一〕，皆器名。玄謂：廟用脩者，謂始禘時，自饋食始。脩、蜃、概、散，皆漆尊也。脩讀曰卣，卣中尊，謂獻象之屬。尊者，彝爲上，罍爲下。蜃，畫爲蜃形。蚌曰合漿尊之象。概尊以朱帶者。無飾曰散。○獻，素何反。蚌，步項反。合，音含。○疏曰：鄭破祼爲埋者，若祼則用鬱，當用彝尊，不合在此。而用概尊，故破從埋也。埋，謂祭山林。則山川用蜃者，大山川。「司農云：脩、謨、概、散，皆器名」

者，先鄭從古云謨，後鄭亦不從之矣。「玄謂廟用脩者，謂始禘時」者，謂練祭後遷廟時，以其宗廟之祭從自始死以來無祭，今爲遷廟，以新死者木主入廟，特爲此祭，故云「始禘時」也。以三年喪畢，明年春禘爲終禘，故云始也。云「自饋食始」者，天子、諸侯之祭自灌始，有朝踐饋獻，乃有饋食進黍稷。大夫、士禮無饋獻已前事，直有饋食始，即特牲、少牢皆云饋食之禮是也。今以喪中爲吉祭，不可與吉時同，故略同大夫、士禮。且按大宗伯，宗廟六享皆以祼爲始，當在鬱人用彝。今不用鬱，在鬯人用卣尊，故知略用饋食始也。若然，鄭知義遷廟在練時者，按文二年穀梁傳云：「作主壞廟，有時日。於練焉壞廟，壞廟之道，易檐可也，改塗可也。」爾時木主新入廟禘祭之，是以左氏說凡君薨，祔而作主。特祀主於寢，畢三時之祭，期年然後烝嘗禘於廟。許慎云：左氏說與禮同。鄭無駁，明用此禮同義，與穀梁傳合。賈、服以爲三年終禘，遭烝嘗，則行祭禮，與前解違，非鄭義也。鄭知「脩、蜃、概、散，皆漆尊也」者，以稱散，凡物無飾曰散，直有漆，明概蜃之等漆外别有飾，故知皆尊也。鄭以脩從卣者，詩與尚書及爾雅皆爲卣，脩字於尊義無所取，故從卣也。云「卣中尊，謂獻象之屬」者，按下司尊彝職云：「春祠夏礿，祼用雞彝鳥彝」，「朝踐用兩獻尊」，「饋獻用兩象尊」，「皆有罍，諸臣之所酢。」是尊者彝爲上，罍爲下，獻象之屬在其中，故云中尊獻象之屬。更云「彝爲上罍爲下」者，欲推出卣爲中尊之意也。云「之屬」者，秋冬及追享、朝享皆彝爲上，罍爲下，著尊壺尊之等在其中也。云「蜃畫爲蜃形」者，亦謂漆畫之。云「蚌曰合漿尊之象」者，蚌一名含漿，含漿則是容酒之類，故畫爲蜃而尊名也。云「概尊以朱帶」者，玄纁相對，既是黑漆爲尊，以朱帶落腹，故名概。概者，横概之義，故知落腹也。云「無飾曰散」者，以對概蜃獻象之等，有異物之飾，此無故曰散。云「齵事」者，即大宗伯云「齵辜祭四方百物」者也。○春官○小祝：大祭祀，贊奠。奠，奠爵也。○疏曰：云「贊奠」者，大祝酌酒，奠於鉶南，則郊特牲注「天子奠斝，諸侯奠角」，小祝其時贊之。○同上。

右酒齊尊彝○記：夏后氏尚明水，殷尚醴，周尚酒。此皆其時之用耳，言尚非也。○疏曰：夏后氏尚質，故用水。殷人稍文，故用醴。周人轉文，故用酒。故云「此皆其時之用耳」。云「言尚非」者，按儀禮設尊尚玄酒，是周家亦尚明水也。按禮運云「澄酒在下」，是三酒在堂下，則周世不尚酒，故知經言尚者非也。○明堂位○祭齊加明水，報陰也。齊，才細反，下同。○明水，司烜所取於月之水也。齊，五齊也。五齊加明水，則三酒加玄酒也。○疏曰：「祭齊加明水」者，謂於正祭之時，陳列五齊之尊，上又加明水之尊，故云祭齊加明水也。「報陰也」者，解加肺加明水之意〔八二〕。肺是五藏在内，水又屬北方，皆是陰類，又親形魄歸地是陰，以陰物祭之，故云報陰也。又曰：云「五齊加明水，則三酒加玄酒也」者，崔氏云：五齊尊上加明水之尊，五齊重，明水亦重，故加明水。三酒輕，玄酒亦輕，故云「三酒加玄酒也。」此云玄酒，對明水直謂水也。若總而言之，明水亦名玄酒，故禮運云「玄酒在室」及司烜注云「明水以爲玄酒」是也。此經祭齊加明水之文，謂總舉祭時而用五齊，非謂綏祭之時也。故鄭云「祭黍稷加肺，謂綏祭」，不云祭齊也。按儀禮，綏祭之後亦祭酒，必知此祭齊非綏祭者，以鄭云「三酒加玄酒」，三酒本非綏祭之用故也。明水涚齊，貴新也。涚，始鋭反。○涚猶清也。五齊濁，泲之使清，謂之涚齊。及取明水，皆貴新也。周禮㡛氏：以涚水漚絲。涚齊，或爲汎齊。○㡛，莫剛反。漚，烏豆反。○疏曰：「明水涚齊，貴新也」者，明水，謂以陰鑑取月中之水也。涚猶清也。謂涚五齊使清，故云涚齊。所以設明水及涚齊者，貴其新潔之義也。凡涚，新之也。新之者，敬也。○疏曰：「凡涚，新之也」者，釋涚齊之意。言所以涚此齊者，以敬於鬼神，故新潔之也。其謂之明水也，由主人之絜著此水也。著，猶成也。言主人齊絜此水，乃成可得也。○齊，側皆反。○疏曰：其謂之明水也，由主人之絜著此水也者，此釋明水之意，所以謂之清明之水者。著，成也。由主人清絜成就此水，乃成可得而用也。○縮酌用茅，明酌也。縮，所六反。○謂涚醴齊以明酌也。周禮曰：「醴齊縮酌。」五齊醴尤濁，和之以明酌涚之，以茅縮去滓也。明酌者，事酒之上也，名曰明者。事酒，今之醳酒，皆新成也。春秋傳曰：「爾貢包茅不入，王祭不共，無以縮酒。」酌猶斟也。酒已涚，則斟之以實尊彝。昏禮曰：「酌玄酒，三注于尊。」凡行酒亦爲酌也。○齊，才細反。去，起呂反。共，音恭。○疏曰：此一節記人總釋周禮司尊彝涚二齊及鬱鬯之事。又曰：「縮酌用茅，明酌也」者，縮，涚也。酌是斟酌。謂醴齊既濁，涚而後可斟酌，故云縮酌也。用茅者，謂涚醴齊之時而用茅也。明酌也者，謂事酒之上酒色清明〔八三〕，謂之明酌。言欲涚醴齊時，先用明酌和此醴齊，然後用茅涚之。不云泛齊者，與醴齊同。又曰：「謂涚醴齊以明酌」者，言涚醴齊之時，以明酌和之。引周禮「醴齊縮酌」者，證此經縮酌是醴齊也。云「五齊醴尤濁」者，以醴比盎齊、醍齊、沈齊以次漸清〔八四〕，故云尤濁。其實泛齊亦濁也。云「明酌者，事酒之上也」者，周禮三酒：「一曰事酒，二曰昔酒，三曰清酒。」三酒之中，事酒尤濁。五齊之内，醴齊尤濁。醆酒清於醴齊，清酒又清於事酒，故知以事酒涚醴齊也。明謂清明，故知是事酒之上清明者也。云「事酒，今之醳酒，皆新成也」者〔八五〕，言古之事酒，正是漢之醳酒。事酒與醳酒皆是新作而成，故鄭注周禮云：「事酒，酌有事者之酒。」謂爲事而新作者。醳是和醳醞釀之名，即今卒造之酒也。引春秋傳者，僖四年左傳文，證此用茅是縮酒也。云「酒已泲，則斟之以實尊彝」者，以别器泲之，泲訖，取之以實尊彝也。言彝者，通鬱鬯而言也。引昏禮曰「酌玄酒，三注于尊」者，證實尊稱酌之意。云「凡行酒，亦爲酌也」者，言非但實尊爲酌，凡以爵行酒亦爲酌。故儀禮鄉飲酒、燕禮實爵與人皆稱爲酌也。醆酒涗于清，謂泲醆酒以清酒也。醆酒，盎齊。盎齊差清，和之以清酒，泲之而已。泲盎齊必和以清酒者，皆久味相得。○差，初賣反、又初佳反〔八六〕。○疏曰：「醆酒涗于清」者，醆酒，盎齊也。涗，泲也。謂泲之以清酒。盎齊差清，先和以清酒，而後泲之。泲謂泲漉之，以其差清，不用茅。其醍齊、沈齊泲之，與醆酒同。鄭注司尊彝云：「泛從醴，緹沈從盎。」此記不言五齊，獨舉醴、盎二齊者，以司尊彝涗時祭二齊三酒與鬱，故此記者釋之。天子時祭所用尤多，故特言之。又曰：「醆酒盎齊」者，周禮云「盎齊涗酌」，此云「醆酒涗于清」，涗文是同。又周禮醴齊之後有盎齊，禮運醴後有醆，故知醆謂盎齊也。云「皆久味相得」者，盎齊既清，作之必久，清酒又冬釀接夏而成，故云皆久味相得也。汁獻涗于醆酒。謂泲秬鬯以醆酒也。獻，讀當爲莎，齊語聲之誤也。秬鬯者，中有煮鬱和以盎齊，摩莎泲之出其香汁，因謂之汁莎。不以三酒泲秬鬯者，秬鬯尊也。○疏曰：「汁獻涗于醆酒」者，獻謂摩莎，涗謂泲也。秬鬯之中既有煮鬱，又和以盎齊，摩莎泲之出其香汁，是汁莎泲之以醆酒也。又曰：既以事酒泲醴齊，清酒泲盎齊，則泲秬鬯應亦用三酒。今泲秬鬯乃用盎齊，故云「不以三酒泲秬鬯者。秬鬯尊」。以其尊，故用五齊泲之；五齊卑，故用三酒泲之，事相宜也。

猶明清與醆酒于舊澤之酒也。猶，若也。澤，讀爲醳。舊醳之酒，謂昔酒也。泲醴齊以明酌，泲醆酒以清酒，泲汁獻以醆酒，天子、諸侯之禮也。天子、諸侯禮廢，時人或聞此而不審知，云若今明酌清酒與醆酒以舊醳之酒泲之矣，就其所知以曉之也。泲清酒以舊醳之酒者，爲其味厚腊毒也。○爲，于僞反。腊，音昔。○疏曰：「猶明清與醆酒于舊澤之酒也」者，猶，若也。明謂明酌，清謂清酒。醆酒，謂盎齊。作記之時，呼明酌及清酒與醆酒等，皆泲於舊醳之酒，謂以舊醳昔酒和此明酌清酒等三者而泲之。作記之時，其事如此，古禮廢亡，恐人不知泲醴齊以明酌，泲醆酒以清酒，泲汁莎以醆酒之意，故記者云泲此醴齊之等，猶若今時明清醆酒泲於舊醳之酒也。就其今日所知，以曉古者難知之事。又曰：天子諸侯禮廢者，謂祭禮廢，則今日見存。此經所云泲酒皆天子、諸侯之事，以其禮廢，其事難知，故舉今事以譬曉之。云「泲清酒以舊醳之酒者，爲其味厚腊毒也」者，舊醳之酒謂昔酒，作雖久成，比清酒爲薄，故用薄酒泲此清酒，爲其清酒是冬釀夏成，其味厚久腊毒害，故以薄酒泲之。故國語云：「高位寔疾顛，厚味實腊毒。」鄭之此注解記時清酒泲於舊醳之酒。○郊特牲（八七）

天子以犧牛，諸侯以肥牛，大夫以索牛，士以羊豕。犧，純毛也。肥，養於滌也。索，求得而用之。○疏曰：此天子以犧牛，諸侯以肥牛，大夫以索牛，皆上得兼下，下不得僭上。故左傳云：「聖王先成民而後致力於神，故奉牲以告曰：博碩肥腯。」是天子亦得以肥也。又公羊云：「帝牲必在滌三月，稷牛惟具稷有災，故臨時得別求之。」是天子、諸侯得有索牛。大夫以索牛、士以羊豕者，天子大夫士也。

若諸侯大夫，即用少牢，士則用特牲。其喪祭，大夫亦得用牛，士亦用羊豕，故雜記云：「上大夫之虞也少牢，卒哭成事祔皆大牢；下大夫之虞也犆牲，卒哭成事祔皆少牢。」是也。據此，諸侯不得用犧牛。祭義云：「天子諸侯必有養獸之官。」下云：「犧牷祭牲必於是取之。」諸侯有犧牲大牢者，諸侯對卿大夫亦得云犧，若對天子，則稱肥耳。其大夫牲體完全，亦有犧牲之稱。故上云大夫犧賦爲次，但不毛色純耳。又曰：按楚語觀射父云：大者牛羊必在滌三月，小者犬豕不過十日。然者，即此大夫索牛、士羊豕既不在滌三月，當十日以上，但不知其日數耳。○曲禮下○天子社稷皆太牢，諸侯社稷皆少牢。大夫士宗廟之祭，有田則祭，無田則薦。少，詩照反。○有田者既祭又薦新，祭以首時，薦以仲月。士薦牲用特豚〔八八〕，大夫以上用羔，所謂羔豚而祭，百官皆足。詩曰：「四之日其早，獻羔祭韭。」○疏曰：此一節論天子、諸侯祭用牲牢及庶人所薦之物，各隨文解之。知「有田既祭又薦新」者，以月令天子祭廟，又有薦新。故月令：四月「以彘嘗麥，先薦寢廟。」又士喪禮有薦新如朔奠，謂有地之士大斂、小斂以特牲而云薦新，故知既祭又薦新也。云「祭以首時，薦以仲月」者，晏子春秋云：「天子以下至士，皆祭以首時。」故禮記明堂位云：「季夏六月，以禘禮祀周公於大廟。」周六月是夏四月也。又雜記云：「七月而禘，獻子爲之也。」譏其用七月，明當用六月是也。魯以孟月爲祭。魯，王禮也，則天子亦然。大夫士無文，從可知也。其周禮四仲祭者，因田獵而獻禽，非正祭也。服虔注桓公五年傳云：「魯祭天以孟月，祭宗廟以仲月。」非鄭義也。此薦以仲月，謂大夫士也。既以首時祭，故薦用仲月。若天子諸侯禮尊，物熟則薦之，不限孟仲季，故月令孟夏薦麥，孟秋薦黍，季秋薦稻是也。大夫既薦以仲月，而服虔注昭元年傳：「祭，人君用孟月，人臣用仲月。」不同者，非鄭義也。南師解云：「祭以首時者，謂大夫士也。若得祭天者，祭天以孟月，祭宗廟以仲月，其禘祭、祫祭、時祭亦用孟月。其餘諸侯不得祭天者，大祭及時祭皆用孟月。」既無明據，未知孰是。義得兩通，故並存焉。按春秋桓八年「正月己卯烝」，「夏五月丁丑烝」，書者，左氏見其瀆；桓十四年八月「乙亥嘗」，書以「御廩災」，左氏、公羊以爲不應嘗；僖八年「七月禘」，鄭以爲公會王人於洮，故歸七月乃禘；昭十五年二月禘於武宮者，鄭禘祫志以十一年齊歸薨，十五年喪終之禘不擇月；定公八年冬十月順祀先公，以陽虎作亂，求福先公，特爲此祭，故不用常月。此等皆不用孟月者，以春秋亂世，不能如禮，故參差不一，難以禮論也。云「士薦牲用特豚」者，按儀禮特牲是有地之士用特牲，今無地之士薦宜貶降〔八九〕，不用成牲，故用特豚。云「大夫以上用羔」者，以諸侯大夫有地祭者用少牢，其無地薦者則用羔也。言以上，則包天子，皆用羔也。雖用羔，天子、諸侯亦用餘牲，不皆用羔，故月令以彘嘗麥，以犬嘗麻。云「所謂羔豚而祭百官皆足」者，所謂是禮器文。士薦而云百官者，舉大夫以上而言。士之屬吏，以衆言之，亦曰百官。故任厥問云：天官司裘注云：「士不大射，士無臣，祭無所擇。」此云百官皆足，則有臣矣。氾閣答曰〔九〇〕：此上下兼説之耳。士雖無臣，猶有屬官佐祭。特牲饋食云公有司私臣皆殽脀，百官皆足。抑謂此也。引「詩曰」者，是豳風七月之篇也。云「四之日」，謂周之四月，夏之二月，其朔旦之時獻羔，祭用韭，薦於廟。引之者，證薦用羔之義。庶人春薦韭，夏薦麥，秋薦黍，冬薦稻。韭以卵，麥以魚，黍以豚，稻以鴈。庶人無常牲，取與新物相宜而已。○疏曰：言「相宜」者，謂四時之間有此牲穀。兩物俱有，故云相宜，非謂氣味相宜。其相宜者，若牛宜稌，羊宜黍之屬是也。祭天地之牛角繭栗，宗廟之牛角握，賓客之牛角尺。握，謂長不出膚。○長，丁丈反。○疏曰：公羊傳曰：「膚寸而合。」鄭注投壺禮云：「四指曰扶。」扶則膚也。諸侯無故不殺牛，大夫無故不殺羊，士無故不殺犬豕，庶人無故不食珍。故謂祭饗。○疏曰：按膳夫：王日一舉，鼎十有二物〔九一〕。謂大牢也。是周公制禮，天子日食大牢，則諸侯日食少牢，大夫日食特牲，士日食特豚。至後世衰亂，玉藻云：天子食日少牢，「朔月大牢。」諸侯食日特牲〔九二〕，「朔月少牢。」則知大夫食日特豚，朔月特牲，士日食無文，朔月特豚。故内則曰：見子「具視朔食。」注云：「天子大牢，諸侯少牢，大夫特豕，士特豚。」是常食有限，不得踰越。故知謂祭也，謂諸侯祭以大牢，得殺牛；諸侯之大夫祭以少牢，得殺羊；天子、大夫祭亦得殺牛。其諸侯及大夫饗食賓得用牛也，故大行人、掌客諸侯待賓皆用牛也，公食大夫禮大夫食賓禮亦用牛也，故云「謂祭饗」也。庶羞不踰牲，祭以羊，則不以牛肉爲羞。○疏曰：按有司徹是少牢之祭，云「宰夫羞房中之羞」，注：「酏食糝食。」内則云：「糝，取牛羊豕之肉。」得用牛者，祭既用少牢，則糝亦不用牛肉，以羊肉爲羞。燕衣不踰祭服，寢不踰廟。王制○

夏后氏尚黑，以建寅之月爲正，物生色黑〔九三〕。○正，音征，又如字，下同。○疏曰：此一節論三代正朔所尚色不同，各依文解之。又曰：夏尚黑，殷尚白，周尚赤，此之謂三統，故書傳略説云：「天有三統，物有三變，故正色有三。天有三生三死，故土有三王，王特一生死。」又春秋緯元命苞及樂緯稽耀嘉云：「夏以十三月爲正，息卦受泰。」注云：「物之始，其色尚黑，以寅爲朔。」「殷以十二月爲正，息卦受臨。」注云：「物之牙，其色尚白，以雞鳴爲朔〔九四〕。」「周以十一月爲正，息卦受復。其色尚赤，以夜半爲朔。」又三正記云：「正朔三而改，文質再而復。」以此推之，自夏以上皆正朔三而改也。鄭注尚書：「三帛，高陽氏之後用赤繒，高辛氏之後用黑繒，其餘諸侯用白繒。」如鄭此意，卻而推之，舜以十一月爲正，尚赤；堯以十二月爲正，尚白，故曰其餘諸侯用白繒。高辛氏以十二月爲正〔九五〕，尚黑，故云高辛氏之後用黑繒。高陽氏以十一月爲正，尚赤，故云高陽氏之後用赤繒。有少皞以十二月爲正，尚黑；神農以十一月爲正，尚赤；女媧以十二月爲正，尚白；伏犧以上未有聞焉。易說卦云「帝出乎震」，則伏犧也。建寅之月，又木之始，其三正當從。伏犧以下文質再而復者，文質法天地，文法天，質法地，周文法地而爲天正，殷質法天而爲地正者。正朔文質不相須，正朔以三而改，文質以二而復，各自爲義，不相須也。建子之月爲正者，謂之天統，以天之陽氣始生，爲下物得陽氣微稍動變〔九六〕，故爲天統。建丑之月爲地統者，以其物已吐牙〔九七〕，不爲天氣始動，物又未出，不得爲人所施功，唯在地中含養萌牙，故爲地統。建寅之月爲人統者，以其物出於地，人功當須修理，故謂之人統。統者，本也，謂天地人之本也。然王者必以此三月爲正者，以其此月物生微細，又是歲之始生，王者繼天理物，含養微細，又取其歲初爲正朔之始。既天地人之三者所繼不同，故各改正朔，不相襲也。所尚既異，符命亦隨所尚而來，故禮緯稽命徵云：「其天命以黑，故夏有玄圭；天命以赤，故周有赤雀銜書；天命以白，故殷有白狼銜鉤。」是天之所命，亦各隨人所尚符命。雖逐所尚，不必皆然。故天命禹觀河，見白面長人。洛予命云：「湯觀於洛，沈璧而黑龜與之書，黄魚雙躍。」泰誓言武王伐紂而白魚入於王舟，是符命不皆逐正色也。鄭康成之義，自古以來皆改正朔，若孔安國，則改正朔殷周二代，故注尚書湯承堯舜禪代之後，革命創制，改正易服，是從湯始改正朔也。牲用玄。玄，黑類也。○疏曰：按周禮考工記：「七入爲緇。」鄭云：「玄則六入者與？」是玄黑類也。殷人尚白。以建丑之月爲正，物牙色白。周人尚赤，以建子之月爲正，物萌色赤。○疏曰：按上殷尚白之下注云：「物牙色白。」此「萌色赤」不同者，萌是牙之微細，故建子云萌，建丑云牙。若散而言之，萌即牙也。故書傳略説云：「周以至動，殷以萌，夏以牙。」此皆據一種之草大泛而言，故建子始動，建寅乃出，至如薺麥以秋而生，月令仲冬「荔挺出」不在此例也。此文質雖異，殷質、周文，大泛言之，乃前代質，後代文也，故表記云：「虞夏之質，殷周之文。」是也。牲用騂。騂，息營反，徐呼營反〔九八〕。○騂，赤類。○檀弓上○季夏，命四監大合百縣之秩芻，以養犧牲。令民無不咸出其力，四監，主山林川澤之官。百縣，鄉遂之屬，地有山林川澤者也。秩，常也。百縣給國養犧牲之芻，多少有常，民皆當出力爲艾之。今月令四爲田。○爲，于僞反，下爲民同。○疏曰：按周禮有山虞、澤虞、林衡、川衡之官。秩芻出於山林，又季冬云「乃命四監收秩薪柴」，薪柴亦出於山林川澤。云「百縣鄉遂之屬地，有山林川澤」者，知百縣非諸侯而云鄉遂之屬，以其取芻養牲，不可大遠，故知是畿内鄉遂。仲夏云「乃命百縣，雩祀百辟卿士」者，兼外内諸侯也。此云「鄉遂之屬」者，不兼公卿大夫之采邑。「秩，常」，釋詁文〔九九〕。云「今月令四爲田」者，令田監大合秩芻，義亦通也。以共皇天上帝、名山大川、四方之神，以祠宗廟社稷之靈，以爲民祈福。共，音恭，下同。○牲以供祠神靈，爲民求福，明使民艾芻，是不虚取也。皇天，北辰耀魄寶，冬至所祭於圓丘也。上帝，大微五帝。○疏曰：「爲民求福」者，雖是尋常事神，因事神之時，爲民祈福。云「是不虚取」者，若不爲民祈福，浪使民艾芻，是在上虚取民力。今還祈福與民，民皆蒙福，是不虚取民力役使之也。云「上帝大微五帝」者，按周禮司服云「昊天上帝」，鄭以爲昊天上帝祇是一神北極耀魄寶也。知此皇天上帝不祇是耀魄寶之上帝，爲大微者，以周禮司服云：「祀昊天上帝」，「大裘而冕，祀五帝亦如之。」既别云五帝，故知昊天上帝亦唯一神。此月令皇天上帝之下，更無别五帝之文，故分爲二。○季冬，乃命太史次諸侯之列，賦之犧牲，以共皇天上帝社稷之饗。此所與諸侯共者也。列國有大小也，賦之犧牲大者出多，小者出少。饗，獻也。○疏曰：此至之享，皆命大史也。列，次也。來歲方祭祀須犧牲，犧牲出諸侯之國，國有大小，故命大史書列之以共賦也。諸侯同王，南面專王之土，故命之出牲，以與王共事天地也。既漫言諸侯，則異姓、同姓俱然也。「賦之犧牲」者，賦税出也次之隨國大小而出之也。「以共皇天」者，賦牲所共也。皇天，天皇大帝也。上帝者，靈威仰五帝也。「社稷」者，王之社稷也。諸侯乃自有社稷，而始封亦割王社土與之，故賦牲共王社稷也。饗，獻也，出牲以共獻於上帝諸神也。乃命同姓之邦，共寢廟之芻豢。此所以與同姓共也。芻豢，猶犧牲。○疏曰：「芻豢」，猶犧牲也。皇天社稷與天下共之，故通賦天下國家也。寢廟先王，與同姓國共之，故别又命同姓國共之也。言芻乃是牛羊，而又云豢，則是犬豕也。天地不用犬豕，社稷大牢乃有豕而不用犬，故没其芻豢，而徒云天地犧牲也。宗廟備六牲，故云芻豢也。命宰歷卿大夫至于庶民土田之數，而賦犧牲，以共山林名川之祀。此所與卿大夫庶民共者也。歷猶次也，卿大夫采地亦有大小，其非采地，以其邑之民多少賦之。○疏曰：宰，小宰也。歷亦次也。卿大夫，謂畿内有采地者。歲終又小宰列次畿内之地大小，并至於庶民受田，准土田多少之數賦之犧牲〔一〇〇〕，以共山林名川之祀。不云士者，上舉卿大夫，下舉庶民，則士在其中，省文耳。注云此所與卿大夫、庶人共之，則各賦稅之。卿大夫出其采地賦稅，無采地出其邑之賦稅，庶人無邑，出其賦稅以與邑宰，邑宰以共上，是庶人亦出賦也，故下云「凡在天下九州之民，無不咸獻其力」是也。凡在天下九州之民者，無不咸獻其力，以共皇天上帝、社稷寢廟、山林名川之祀。民非神之福不生，雖有其邦國采地，此賦要由民出。〇疏曰：「雖有其邦國采地，此賦要由民出」者，有邦國謂諸侯，有采地謂卿大夫，賦稅所來皆由民出。必由民者，以經中云「天下九州之民」，不云諸侯卿大夫，獨云民，故鄭云此也。〇月令〇仲秋，乃命宰祝循行犧牲，視全具，案芻豢，瞻肥瘠；察物色，必比類；量小大，視長短，皆中度。五者備當，上帝其饗。行，下孟反。芻，初俱反。豢，音患。瘠，在亦反。中，丁仲反。〇於鳥獸肥充之時，宜省羣牲也。宰祝，大宰、大祝，主祭祀之官也。養牛羊曰芻，犬豕曰豢。五者，謂所視也、所按也、所瞻也、所察也、所量也。此皆得其正，則上帝饗之。上帝饗之，而無神不饗也。〇疏曰：此月鳥獸肥充，因宜省視，故命之「循行犧牲」以下之事也。「視全具」者，亦宰祝所視也，下皆然。王肅云：純色曰犧，體完曰全。「按芻豢」者，食草曰芻，食穀曰豢，皆按行之也。瞻肥瘠者，瞻亦視也。肥，充也。瘠，瘦也。察物色者，物色騂、黝之別也。周禮陽祀用騂，陰祀用黝，望祀各以其方之色牲〔一〇一〕。「必比類」者，已行故事曰比，品物相隨曰類。五方本異其色，是比也。大皥配東亦用青，是其類也。「量小大」者，大謂牛羊豕成牲者，小謂羔豚之屬也。「視長短」者，謂天地之牛角繭栗、宗廟之牛角握之屬也。「五者備當上帝其饗」者，上帝，天也。若事事當法，則天神饗之也。又曰：按周禮大宰職：「祀五帝，則掌百官之誓戒。」「及執事，視滌濯。及納亨，贊王牲事。」故鄭知此視牲由大宰。云「養牛羊曰芻，犬豕曰豢」者。按充人云：「祀五帝，繫于牢，芻之三月。」是牛羊曰芻。按樂記云「豢豕爲酒」，周禮槀人云「掌豢祭祀之犬」〔一〇二〕，是犬豕曰豢。○仲春，祀不用犧牲，用圭璧，更皮幣。爲季春將選而合騰之也。更猶易也。當祀者，古以玉帛而已。○疏曰：以季春將騰合牝牡，不用殺其犧牲。其應祀之時，圭璧更易。此犧牲非但用圭璧更易，又用皮幣以更之，故在圭璧皮幣之中上下言也。蔡氏云：此祀不用犧牲者，祈不用犧牲，謂祈禱小祀也，不用犧牲。若大祀，則依常法，故上云以大牢祠高禖是也。○月令〔一〇三〕○梓人：宗廟之事，脂者膏者以爲牲。脂，牛羊屬。膏，豕屬。致美味也。○疏曰：鄭注内則云：「凝者曰脂，釋者曰膏。」○考工記〔一〇四〕○遂人：凡國祭祀，共野牲。共野牲，入於牧人以待事也。○疏曰：云「共野牲，入於牧人以待事也」者，謂牛羊豕在六遂者，故曰野牲。牧人云「掌牧六牲，以待祭祀」，故知此野牲亦入牧以待事也。○地官○遂師：凡國祭祀，共其野牲。○同上。○牧人：掌牧六牲而阜蕃其物，以共祭祀之牲牷。六牲，謂牛、馬、羊、豕、犬、雞。鄭司農云：牷，純也。玄謂：牷，體完具〔一〇五〕。○疏曰：云「掌牧六牲而阜蕃其物」者，阜，盛也。蕃，息也。物，謂毛物。言使肥盛蕃息。各有毛物，謂五官各有牛人、羊人、犬人、豕人之等。擇取純毛物者，以供牧人，牧人又供與充人芻之三月以祭祀，故云「以共祭祀之牲牷」也。又曰：按爾雅所釋六畜，有馬、牛、羊、豕、犬、雞，故鄭依而釋之。按膳夫供六牲，鄭注云：「始養之曰畜，將用之曰牲。」則此云牲，亦據將用爲言也。司農云「牷純也」，後鄭不從者，尚書云犧牷，對犧不得爲純色，其純下文毛之者是也，故玄易之云「牷，體完具」也。凡陽祀，用騂牲毛之；陰祀，用黝牲毛之；望祀，各以其方之色牲毛之。騂牲，赤色。毛之，取純毛也。陰祀，祭地北郊及社稷也。望祀，四望、五岳、四鎮、四瀆也〔一〇六〕。鄭司農云：陽祀，春夏也。黝，讀爲幽。幽，黑也。玄謂：陽祀，祭天於南郊及宗廟。○疏曰：言「凡」，與下陽祀、陰祀、望祀等爲目，故云「凡」以廣之也。又曰：「騂牲」知是赤色者，見明堂位「周人騂剛」，檀弓云「周人牲用騂」，周尚赤，而云用騂，故知騂是赤也。云「毛之取純毛也」者，對下文云「尨是雜色」，則此經云「毛之」者，皆是取純毛也。云「陰祀，祭地北郊及社稷也。并陽祀，祭天於南郊及宗廟」者，但天神與宗廟爲陽，地與社稷爲陰。按大宗伯云：「蒼璧禮天」，「黄琮禮地。」謂圓丘方澤。下云「牲幣各放其器之色」，則昊天與崑崙牲用蒼、用黄，四時迎五方天帝，又各依其方色。牲則非此騂牲、黝牲，惟有郊天及宗廟社稷一等不見牲色，在此陽祀、陰祀之中可知。按郊特牲云：「郊之祭也」，「大報天而主日，兆于南郊，就陽位也」，「牲用騂。」是南郊用騂也。檀弓云：殷尚白，周尚赤。是祭宗廟用赤也。據此而言，則祭天於南郊及宗廟用騂也。郊特牲云「社祭土，而主陰氣也」，是社稱陰。孝經緯鉤命決云：「祭地于北郊，就陰位。」彼對郊天就陽位，則是神州之神在北郊而稱陰，以是知陰祀中，有祭地於北郊及社稷也。不從先鄭「陽祀春夏」者，周祭宗廟四時同用騂，夏至祭地方澤，牲用黄，春夏迎氣，牲各隨方之色，明不得同用騂，故不從也。又知「望祀」是四望者，以其言望與四望義同，故知是四望五嶽等也。云「黝，讀爲幽。幽，黑也」者，以其幽是北方，故從黝爲黑也。後鄭先解陰祀，後釋陽祀者，陽祀待先鄭釋訖，隨後破之故也〔一〇七〕。凡時祀之牲，必用牷物。時祀，四時所常祀，謂山川以下至四方百物。○疏曰：時言「凡」者，山川已下非一，故亦言「凡」以廣之也。必用牷物者，對上方色是隨其方色，下「用尨」，尨是雜色，則此牷物者，非方非雜。雖不隨方之色，要於一身之上，其物色須純，其體須完，不得雜也。假令東方或純黃、純黑，南方或純白、純青，皆得也。又曰：知時祀是「山川以下至四方百物」者，按司服，山川羣小祀、林澤四方百物在四望下〔一〇八〕，此上文云天地四望，此時祀又在四望下，又四方山川之等，亦依四時而祀，故知時祀是山川至百物。鄭唯據地之時祀，若天之時祀，日月已下，亦在此時祀中也。凡外祭毁事，用尨可也。尨，亡江反。○外祭，謂表貉及王行所過山川用事者。故書毁爲甈，尨作庬，杜子春云：甈，當爲毁。庬，當爲尨。尨謂雜色不純，毁謂副辜侯禳、毁除殃咎之屬。○貉，莫霸反。甈，丘例反。副，普逼反。○疏曰：外祭毁事，其神非一，故云「凡」以廣之也。又曰：知外祭中有表貉者，據上文外神之中，已云天地至四方百物。依時而祭者已盡此，別言外祭，則外祭中唯有表貉之事。按大司馬：田獵之時立表而貉祭，司几筵亦云：「貉用熊席。」又知外祭中有王行所過山川用事者，按校人云：「凡將事於四海山川，則飾黃駒。」大祝云：「大會同」，「過大山川，則用事焉。」亦是非常外祭之事。若然，此云尨，校人用黃駒者，從地色黃，亦據尨中有黃色者，用之不必純黃。云「毁謂副辜侯禳、毁除殃咎之屬」者，此文承子春之下，不言玄謂，當是子春所解也。按宗伯云「副辜，祭四方百物」而引九門磔禳。又按小祝職云「將事侯禳」，皆是禱祈除殃咎，非常之祭用尨之類，故引以爲證也。

凡祭祀，共其犧牲，以授充人繫之。犧牲，毛羽完具也。授充人者，當殊養之。周景王時，賓起見雄雞自斷其尾，曰：雞憚其爲犧。○疏曰：牧人養牲，臨祭前三月，授與充人繫養之，故云「凡祭祀，共其犧牲，以授充人繫之」。又曰：云「犧牲毛羽完具也」者，云犧牲不云牷，則惟據純毛者。而鄭云「完具」者，祭祀之牲若直牷，未必純犧，若犧則兼牷可知，故鄭以完具釋犧。云「授充人」者，當殊養之者。牧人之牲未用祭者，總在一處不殊，今將以祭者，則殊别繫養之。云「周景王時」者，此春秋左氏傳昭二十二年「王子朝、賓起有寵於景王，王與賓孟説之，欲立之」，又云「賓孟適郊，見雄雞自斷其尾，問之，侍者曰：自憚其犧也。遽歸告王，且曰：雞其憚爲人用乎？人異於是。」注：「犧者，以喻人之有純德，實宜爲君。」彼直云「自憚其犧」，不云雞，鄭以義增之耳。引之者，證犧是純色之意。凡牲不繫者，共奉之。謂非時而祭祀者。○疏曰：云「不繫」者，謂若上文，凡外祭毀事用尨可也，是非時而祭祀者也。○地官○羊人：若牧人無牲，則受布于司馬，使其賈買牲而共之。布，泉。○夏官○牛人：凡祭祀，共其享牛求牛，以授職人而芻之。職，音特，或餘式反、之式反，注樴同。○鄭司農云：享牛，前祭一日之牛也。求牛，禱於鬼神祈求福之牛也。玄謂：享，獻也。獻神之牛，謂所以祭者也。求，終也。終事之牛，謂所以繹者也。宗廟有繹者，孝子求神非一處。職，讀爲樴。樴謂之杙，可以繫牛。樴人者，謂牧人充人與？芻牲之芻，牛人擇於公牛之中，而以授養之。○杙，餘式反，餘則反。○疏曰：云「凡祭祀」者，祭祀非一，故亦言「凡」以廣之。云「享牛」者，謂正祭之牛。云「求牛」者，謂繹祭之牛。云「以授職人而芻之」者，謂授充人繫養者也。又曰：先鄭云「享牛前祭一日之牛也」者，若以此爲祭前一日夕牲時而言〔一〇九〕，仍是正祭牛，則不應以正祭而云前祭一日。若不據祭祀，以爲齊時所食，齊則十日，不應惟止一日而已。其言無據，故後鄭不從也〔一一〇〕。云「求牛，禱於鬼神祈求福之牛也」者，按上文「凡牲不繫者，共奉之」，謂非時而祭則不繫之。此經授職人繫之，明非禱祈、非時祭者，故後鄭亦不從也。「玄謂享，獻也。獻神之牛，謂所以祭者也」者，以其宗伯祭宗廟，六者皆云享，則享是正祭可知，破先鄭爲前祭一日之牛也。云「求，終也。終事之牛，謂所以繹者也」者〔一一〕，今日正祭於廟，明日繹祭在門外之西室，故鄭云「孝子求神非一處」，以解求牛爲繹祭之牛也。故郊特牲云：「祭于祊，尚曰求諸遠者與？」是名繹祭爲求也。云「職，讀爲樴」者，凡官皆有職，直云職人，無所指斥，但職、樴聲相近，誤爲職，故讀從樴。充人置樴入地之時，樴樴然作聲，故以聲名其官也。云「樴，謂之杙」者，爾雅釋宮文，郭注云：「橛也。」云「樴人者，謂牧人充人與」者，與，疑辭。疑之者，凡牲堪祭祀者則牛人、選人、牧人，臨祭之時，牧人乃授充人，充人乃繫養之。今若即以樴人爲充人，則隔牧人，故連牧人而言之。明先至牧人，乃至充人，經據後而言之耳。云「牛人，擇於公牛之中，而以授養之」者，鄭直言養之者，則養者之中還兼有牧人、充人也〔一二〕。

凡祭祀，共其牛牲之互與其盆簝以待事。簝，音老，劉魯討反。○鄭司農云：互，謂楅衡之屬。盆、簝皆器名，盆所以盛血，簝受肉籠也。玄謂：互，若今屠家縣肉格。○盛，音成。縣，音玄。○疏曰：先鄭上文楅衡共爲一物，後鄭已不從，今以互與楅衡共一，彌不可。玄謂「互若今屠家縣肉格」，其義可知，但祭祀殺訖，即有薦爓薦孰，何得更以肉縣於互乎？然當是始殺解體，未薦之時，且縣於互，待解訖乃薦之，故得有互以懸肉也。故詩云：「或剝或亨，或肆或將。」注云：「肆，陳也。」謂陳於互者也。

○地官○肆師：大祭祀，展犧牲繫于牢，頒于職人。職，之弋反，戚音弋，注樴同。○展，省閱也。職，讀爲樴。樴可以繫牲者。此樴人，謂充人及監門人。○監，古銜反，後同。○疏曰：肆師以將有天地宗廟，大祭祀，牧人以牲與充人之時，肆師省閱其牲，看完否及色，堪爲祭牲，乃繫於牢，頒付於職人也。又曰：鄭讀職爲樴者，但三百六十官皆有職司。若言職，則無所指斥。若爲樴爲聲，謂置臬之時樴樴然作聲，故讀從樴，可以繫牲者也。云「此樴人，謂充人及監門人」者，按充人云：「祀五帝，繫于牢，芻之三月。」「凡散祭祀之牲，繫于國門使養之。」故知樴人是此二官也。言此樴人對彼樴人，不要是充人監門人也。牛人所云樴人者，彼鄭注充人并牧人在其中矣，此有監門人者，指兼祭諸神司中之等。○春官○充人：掌繫祭祀之牲牷，祀五帝，則繫于牢，芻之三月。牢，閑也。必有閑者，防禽獸觸齧。養牛羊曰芻。三月一時，節氣成。○疏曰：云「充人，掌繫祭祀之牲牷」者，但祭祀之牲皆體牷具，故以牷言之也。云「祀五帝」者，上云「掌繫祭祀之牲牷」，則總養天地宗廟之牲。下別言「祀五帝」，則略舉五帝而已。其實昊天及地祇與四望社稷之等外神，皆繫之也。又曰：云「牢閑也」者，校人養馬謂之閑，此養牛羊謂之爲牢。言閑，見其閑衛。言牢，見其牢固。所從言之異，其實一物也。云「必有閑者，防禽獸觸齧」者，按春秋有郊牛之口傷，鼷鼠食其角，自外恐更有禽獸觸齧，故鄭總云焉。云「養牛羊曰芻」者，此經云「繫于牢芻之」，惟據牛羊，若犬豕則曰豢，又不繫之矣。云「三月一時節氣成」者，釋必以三月之意。按宣三年公羊云：「帝牲在于滌三月。」何休云：「滌，宮名，養帝牲三牢之處也。」「三牢者各主一月，取三月一時足以充天牲。」是其三月之義也。享先王，亦如之。疏曰：上經天地外神已別於上，故今以先王亦如之，亦繫於牢芻之三月也。凡散祭祀之牲，繫于國門，使養之。散祭祀，謂司中、司命、山川之屬。國門，謂城門司門之官。鄭司農云：使養之，使守門者養之。○疏曰：云「散祭祀之牲」，直言「繫于國門使養之」，不言三月，則或一旬之内而已，不必三月也。按楚昭王問於觀射父曰：「芻豢牲則不必三月，其諸侯祭祀養牲幾何？」對曰：「遠不過三月，近不過浹日。」孔注云：「遠，牛羊豕。近，犬雞之屬。」則諸侯祭祀養牲，亦得三月及旬，則天子亦有浹日之義。若然，此散祭祀亦可浹日而已。又曰：鄭知「散祭祀謂司中、司命、山川之屬」者，見上文陽祀、陰祀、望祀皆云「毛之」，社稷四望已入毛之科内，下別云凡時祀用牷物，其中無社稷四望，唯有天神司中司命以上、地神山川以下，此散祭祀則上時祀之神也，故知散祭祀是司中以下。言「之屬」者，其中兼有林澤百物之等也。云「國門謂城門司門之官」者，司門總主王城十二門，皆別有下士及府史、胥徒，今養牲者是十二門，而云司門之官者，總官首而言之，其實非司門自養，則先鄭云使守門者養之是也。展牲，則告牷，鄭司農云：展，具也。具牲，若今時選牲也。充人主以牲牷，告展牲者也。玄謂：展牲，若今夕牲也。特牲饋食之禮曰「宗人視牲告充」，「舉獸尾告備」，近之。○疏曰：先鄭以爲選牲時，後鄭不從者，若是選牲時，應在牧人，牧人選訖始付充人。今既在繫養之下，乃言「展牲，則告牷」，明非初選牲，故不從。「玄謂展牲，若今夕牲也」者，此舉漢法以況之。又引特牲禮者，以其天子禮亡〔一一三〕，故舉以言焉。按彼宗人視牲告充，亦謂祭前之夕夕牲時。云「舉獸尾」者，士用兔腊，言獸尾止謂兔也。言「近之」者，彼謂士禮，引證天子法，故云近之。碩牲則贊。贊，助也。君牽牲入將致之，助持之也。春秋傳曰：「故奉牲以告曰：博碩肥腯。」○疏曰：上經夕牲時，此經據正祭時。言「碩牲」者，謂君牽牲入廟，卿大夫贊幣而從，皆云「博碩肥腯」。此充人既是養牲之官，當助持牛紖而牽之。又曰：鄭知有君牽牲者，見祭義云：「君牽牲，穆答君，卿大夫序從。」天子亦當然。又引春秋傳者，此春秋左氏傳：楚武王侵隨，隨少師請追楚師，季梁止之，曰：「天方授楚，楚之羸，其誘我也。」「臣聞小之能敵大也，小道大淫。」又云：「今民餒而君逞欲，祝史矯舉以祭，臣不知其可也。」公曰：「吾牲牷肥腯，粢盛豐備，何則不信？」對曰：「夫民，神之主也，是以聖王先成民而後致力於神，故奉牲以告曰『博碩肥腯』，謂民力之普存也。」是其事也。○地官○司門：祭祀之牛牲繫焉，監門養之。監門，門徒。○疏曰：牧人六牲，至祭前三月，則使充人繫而養之。若天地宗廟，則繫於牢芻之三月。若其散祭祀之牲，則不在牢，遣此監門門徒養之，不必三月也。凡歲時之門，受其餘。鄭司農云：受祭門之餘。○疏曰：凡歲時之門者，歲之四時，祭門非一，故云「凡」以總之。若月令秋祭門者，是祭廟門，此門亦謂國門十二者。除四時祭外，仍有爲水祈禱，故左氏莊公二十五年秋，大水，有用牲於門之事。○同上。○稾人：掌豢祭祀之犬。養犬豕曰豢。不於餼人，言者共至尊〔一一四〕。雖其潘瀾戔餘，不可褻也。○潘，芳袁反，或作蕃。瀾，魯旦反。戔，音淺，本作殘。○疏曰：養犬曰豢，此經是也。知養豕亦曰豢者，見禮記樂記云：「豢豕作酒，非以爲禍。」是養豕曰豢也。云「不於餼人言者，共至尊。雖其潘瀾戔餘，不可褻也」者，以其餼人所炊米爲祭祀及共王與后，並是至尊，故雖是米之潘瀾戔餘，亦不得褻之與犬，故於此言之也。○同上。○犬人：掌犬牲。凡祭祀，共犬牲，用牷物，伏瘞亦如之。瘞，於例反，又烏計反。○鄭司農云：牷，純也。物，色也。伏，謂伏犬，以王車轢之。瘞，謂埋祭也，爾雅曰：「祭地曰瘞埋。」○轢，音歷。○疏曰：先鄭云「牷純也」者，按尚書微子云：「犧牷牲用。」注云：「犧，純毛。牷，體完具。」彼牷與犧相對，是犧爲純毛，牷爲體完具。此無犧，故以牷兼純也〔一一五〕。云「伏謂伏犬，以王車轢之」者，此謂王將祭而出國軷道之，祭時即大馭所云者是也。但軷祭之時，犬羊俱得，故生民詩云：「取羝以軷。」是以聘禮注云「其用牲，犬羊可也」。是其兩用也。云「瘞，謂埋祭也」者，謂祭地之時，故引爾雅爲證。若然，經云「用牷物」，既純毛，則牧人云「陽祀用騂牲」、「陰祀用黝牲」之類也。凡幾珥沈辜，用駹可也。駹，亡江反。○故書駹作龍。鄭司農云：幾讀爲庪，爾雅曰：「祭山曰庪縣，祭川曰浮沈。」大宗伯職曰：「以埋沈祭山川林澤，以罷辜祭四方百物。」龍，讀爲駹，謂不純色也。玄謂：幾，讀爲刉。珥，讀爲衈〔一一六〕。刉衈者，釁禮之事。○庪，九委反，又居綺反。縣，音玄。罷，孚逼反。○疏曰：幾珥言「凡」，則宗廟社稷壇廟新成者皆釁之，故云「凡」也。云「沈辜」者，沈謂沈牲於水，辜謂疈磔牲體以祭。云「用駹」者，駹謂雜色牲，此則牧人云「毀事用駹」是也〔一一七〕。云「可也」者，用純爲正，用駹亦可也。又曰：先鄭讀幾爲庪，雖引爾雅，後鄭不從，引大宗伯證沈辜，於義是也。云「玄謂幾讀爲刉」，從士師爲正；「珥，讀爲衈」，從雜記爲正。云「釁禮之事」者，據雜記而知也。○秋官○雞人：掌共雞牲，辨其物。物，謂毛色也。辨之者，陽祀用騂，陰祀用黝。○黝，於糾反。○疏曰：「陽祀用騂，陰祀用黝」者，牧人文。彼注云：「陽祀，祭天於南郊及宗廟。」「陰祀，祭地於北郊及社稷也。」鄭舉此二者，其望祀各以其方色牲，及四時迎氣，皆隨其方色，亦辨其毛物可知也。凡祭祀，面禳，釁，共其雞牲。釁，釁廟之屬。釁廟以羊，門夾室皆用雞。鄭司農云：面禳，四面禳也。釁，讀爲徽。○疏曰：云「凡祭祀，面禳」者，祭祀謂宗廟之屬，面禳謂祈禱之屬。又曰：鄭云「釁，釁廟之屬」者，言「之屬」則釁鼓、釁甲兵皆在其中。「釁廟以羊」已下，雜記

文。司農云「面禳，四面禳」，則侯禳，禳謂禳去惡祥也。云「釁，讀爲徽」者，亦謂以徽爲飾治之義也。○

春官○小宗伯：毛六牲，辨其名物而頒之于五官，使共奉之。毛，擇毛也。鄭司農云：司徒主牛，宗伯主雞，司馬主馬及羊，司寇主犬，司空主豕。○疏曰：言「辨其名物」者，若六牲皆有名，若馬、牛、羊、豕、犬、雞。物，色也。皆有毛色，若宗廟用騂之等〔一一八〕。云「頒之于五官」者，六卿應言六官，而云五者，以其天官貳王治事尊，而不使奉牲，故五官也。云「使共奉之」者，謂充人養之，至祭日之旦，在廟門之前頒與五官，使共奉之，助王牽入廟，即祭義所云卿大夫贊幣而從之。彼雖諸侯法，可況天子也。又曰：先鄭云「司徒奉牛」已下，皆按職知之。若大司徒有牛人，即云奉牛牲；宗伯職有雞人，即云供雞牲；司馬職有羊人、校人掌馬，即云共羊牲奉馬牲；司寇職有犬人，即云奉犬牲。是以先鄭依而用焉。唯司空職亡〔一一九〕，先鄭知「主豕」者，五行傳「聽之不聰，則有豕禍」，是豕屬北方，司空冬官〔一二〇〕，故奉豕牲也。大祭祀，省牲眡滌濯。祭之日，逆齍省鑊，告時于王，告備于王。逆齍，受饎人之盛以入。省鑊，視亨腥孰，時薦陳之晚早。備謂饌具。○饎，昌志反。亨，普庚反。○疏曰：此云省牲、視滌濯、省鑊，與大宗伯文同，謂佐大宗伯。其大宰省牲者，察其不如法。其逆齍，即大宗伯涖玉齍者是也。大宗伯涖之，小宗伯迎之，是相佐也。其告時、告備是其專職耳。又曰：知「齍受饎人之盛以入」者，按少牢饎爨在廟門之外，明天子諸侯饎爨亦在廟門外。今言迎齍，明於廟門之外迎入，向廟堂東實之於簠簋也。云「省鑊視亨腥孰」者，按禮運云：「腥其俎，熟其殽。」鄭云：「腥其俎，豚解而腥之。」「熟其殽，體解而爛之。」此謂祭宗廟朝踐饋獻節，彼下文更有體其犬豕牛羊，謂室中饋熟亦須鑊，鄭不言，略也。云

「時薦陳之晚早」者，陳謂祭前陳饌於堂東，薦謂薦之於神坐，皆有晚早。云「備，謂饌具」者，此饌具即堂東所陳。陳備即告，告王祭時已至，當行事也。○同上。○封人：凡祭祀，飾其牛牲，設其楅衡，置其絼，共其水稾。絼，持忍反。○飾，謂刷治絜清之也。鄭司農云：楅衡，所以楅持牛也。絼，著牛鼻繩，所以牽牛者。今時謂之雉，與古者名同，皆謂夕牲時也。杜子春云：楅衡所以持牛，令不得抵觸人。玄謂：楅設於角，衡設於鼻，如椵狀也。水稿，給殺時洗薦牲也。絼，字當以豸爲聲。○椵，音加，沈音瑕。豸，直氏反。○疏曰：言「凡祭祀」，謂王之天地宗廟，先大次小之祭祀非一，故云「凡」以廣之。云「飾其牛牲」者，祭祀尚絜淨，故飾治使淨也。「設其楅衡」者，恐抵觸人，故須設楅於角，牽時須易制，故設衡於鼻。置絼，當牽行，故亦置之於鼻也。須洗薦牲體，故共其水稿也。又曰：「司農云：楅衡，所以楅持牛也」者，司農意以衡爲持，故云「所以楅持牛」，以楅、衡共一物解之，與子春同，後鄭不從之矣。云「絼，著牛鼻繩，所以牽牛者。今時謂之雉，與古者名同」者，若然，自漢以前皆謂之絼。按禮記少儀云：「牛則執紖。」紖則絼之别名，今亦謂之爲紖也。云「皆謂夕牲時也」者，但夕牲在祭前之夕，正祭在厥明，二時皆有此事，明據在前夕牲時而言也。杜子春云「楅衡所以持牛，令不得抵觸人」者，子春意楅衡唯設於角，與司農義同，後鄭亦不從也。「玄謂楅設於角」者，楅者，相楅迫之義，故知設於角。云「衡設於鼻」者，衡者，横也。謂横木於鼻，今之馳猶然，故知設於鼻，破先鄭、子春之義。云「如椵狀」者，漢時有置於犬之上謂之椵，故舉以之爲況衡者也。云「水稿給殺時洗薦牲也」者，其牛將殺不須飼之，又充人已飼三月，不得將殺始以水稿飲飼。水所以洗牲，稿所以薦牲，故雙言洗薦牲也。云「絼字當以豸爲聲」者，爾雅：「有足曰蟲，無足曰豸。」但牛絼以麻爲之，從絲爲形，以豸爲聲，故云：絼字，當以豸爲聲。

歌舞牲，及毛炮之豚。謂君牽牲入時，隨歌舞之，言其肥香以歆神也。毛炮豚者〔一二一〕，爓去其毛而炮之，以備八珍。鄭司農云：封人主歌舞，其牲云「博碩肥腯」。○腯，徒忍反。○疏曰：言「歌舞牲」者，謂君牽牲入時，封人隨後歌舞云「博碩肥腯」也。云「及毛炮之豚」者，謂造炮豚之時，則爓去其毛以炮之也。又曰：按禮記祭義云「君牽牲，穆答君，卿大夫序從」。是君牽牲入時也。云「隨歌舞之言其肥香以歆神也」者，解封人隨牲後歌舞之時節及使神歆享之意。云「毛炮豚者爓去毛而炮之」者，經直云毛炮，恐人以并毛炮之，按禮記內則有炮豚、炮牂，皆編萑以苴之，塗之以墐，塗孰乃擘去之。彼雖炮，亦不言去毛炮之，鄭知去毛者，牂豚之毛，於牲無用，空以汙損牲體，故知凡炮者皆去毛也。云「以備八珍」者，彼內則八珍之中有炮豚，此炮豚與彼同，故知此炮豚以備足八珍也。「鄭司農云：封人主歌舞，其牲云博碩肥腯」者，此左氏桓公傳隨季梁之辭〔一二二〕，彼云「奉牲以告，曰博碩肥腯」，引之者，證封人歌舞牲時有此辭也。○地官○羊人：掌羞牲。凡祭祀，飾羔。羔，小羊也。詩曰：「四之日，其早獻羔祭韭。」○疏曰：凡正祭，皆用成牲，今言祭祀飾羔，則非正祭用羔，是以鄭引詩爲證。云「四之日」者，謂用建子爲正，至建卯四月〔一二三〕夏之二月之日，公始用冰。欲開冰之時，先獻羔祭韭而啓冰室，乃出冰也。○夏官○司弓矢：凡祭祀，共射牲之弓矢。射牲，示親殺也。殺牲非尊者所親，唯射爲可。○國語曰：「禘郊之事，天子必自射其牲。」○疏曰：言「凡」語廣，則天地宗廟皆有射牲之事。又曰：言「殺牲非尊者所親，唯射爲可」者，按禮記：「君親制祭。」詩云：「執其鸞刀，以啓其毛。」則射外兼爲，而言

「唯射」者，彼亦示行之非正制之耳。引國語者，欲見有射牲之事，彼據祭天而言。○同上。◯射人：**祭祀，則贊射牲。**烝嘗之禮，有射豕者。國語曰：「禘郊之事，天子必自射其牲。」今立秋有貙劉云。○貙，力朱反[一二四]，一如字。○疏曰：鄭知「烝嘗之禮有射豕」者，據逸烝嘗禮而知。云「國語曰禘郊之事，天子必自射其牲」者，據祭天之時。牲則犢也。若然，宗廟之祭，秋冬則射之，春夏否也。祭天則四時常射，天尊故也。是以司弓矢共王射牲之弓矢，此射人贊射牲也。諸侯已下則不射，楚語云「劉羊擊豕」而已。云「今立秋，有貙劉云」者，漢時苑中有貙劉，即爾雅「貙似貍」，「劉，殺也」，云立秋貙殺物。引之者，證烝嘗在秋，有射牲順時氣之法。○同上。◯大僕：**贊王牲事。**牲事，殺割匕載之屬。○疏曰：云「牲事殺割」者，言殺，據祭祀之時，王親自射牲，故司弓矢云共王射「牲之弓矢」，注云：「射牲，示親殺。」殺牲非尊者所親，唯射爲可。殺時大僕及射人、大宰等皆贊之。國語云：「禘郊之事，天子必親自射牲。」彼據祭天。司弓矢云「凡祭祀」，言「凡」語廣，則祭社稷宗廟亦射牲也。知有割牲者，郊特牲云：君「肉袒親割」，敬也。注云：「割解牲體。」禮器云：「君親割牲，夫人薦酒。」注云：「親割，謂進牲熟體時。」祭統亦云：「君執鸞刀羞嚌。」彼據諸侯，明天子亦然。云「匕載」者，按易「震卦」彖云：「震驚百里，不喪匕鬯。」注云：「雷發聲百里者，諸侯之象。」人君於祭祀之禮，匕牲薦鬯而已，其餘不親。彼諸侯親匕，明天子亦然，是以大僕得有贊牲之事。少牢不親匕，下人君故也。特牲親匕者，士卑不嫌也。○同上。◯小臣：**小祭祀，掌事如大僕之法。**○同上。◯司士：**帥其屬而割牲，羞俎豆。**割牲，制體也。羞，進也。○疏曰：此割牲兼羞俎豆，不言祭祀享食之事，則凡有割牲及進俎豆者皆爲之。

又曰：言「割牲，制體也」者，若據祭祀，則禮運云「腥其俎，孰其殺」、「體其犬豕牛羊」之類。鄭彼注云「腥其俎」，謂豚解而腥之，爲七體是也；「孰其殺」，謂體解而爓之，爲二十一體是也；「體其犬豕牛羊」，鄭云謂分別骨肉之貴賤以爲衆俎也。更破使多熟而薦之。若據饗，則左氏傳云「王饗有體薦，燕有折俎」是也。○同上。○外饔：掌外祭祀之割亨，共其脯脩刑膴，陳其鼎俎，實之牲體魚腊。脩，鍛脯也。鄭司農云：刑膴，謂夾脊肉，或曰膺肉也〔一二五〕。玄謂：刑，鉶羹也。膴，牒肉大臠，所以祭者。○疏曰：「掌外祭祀之割亨」者，謂天地四望、山川社稷、五祀外神皆掌其割亨。云「陳其鼎俎，實之牲體、魚腊」者，謂若鼎十有二者也。云「脩鍛脯也」者，謂加薑桂鍛治之。若不加薑桂，不鍛治者，直謂之脯。「鄭司農云：刑膴，謂夾脊肉」者，刑膴爲二物，有明文，先鄭以爲刑膴夾脊肉，故後鄭不從。云「或曰膺肉也」者，無所出，後鄭亦不從。「玄謂刑鉶羹也」者，按特牲有鉶羹，謂鉶器盛豕膮，設於薦南，故名鉶羹。云「膴，牒肉大臠，所以祭」者，膴，魚肉總有也。公食大夫禮云庶羞皆有大，謂大臠，據肉而言。按有司徹云：主人亦一魚，「加膴祭於其上。」此據魚而言也。膴又詁爲大，故云「膴，牒肉大臠，所以祭者」也。○天官○鄉師：大祭祀，羞牛牲。疏曰：按大司徒職云「奉牛牲」，此又云「羞牛牲」者，鄉師佐大司徒，故此云羞牛牲也。○地官○大司徒：祀五帝，奉牛牲，羞其肆，肆，託歷反，司農音四，注同〔一二六〕。○牛能任載地類也。奉，猶進也。鄭司農云：羞，進也。肆，陳骨體也。玄謂：進所肆，解骨體。士喪禮曰：肆解去蹄。○云「祀五帝」者〔一二七〕，謂五時迎氣於四郊及總享五帝於明堂，即大司徒奉牛牲。又云「羞其肆」者，羞，進也。肆，解也。謂於俎上進所解牲體於神坐前。又曰：鄭解司徒奉牛之意，故云「牛能任載地類也」，故屬地官司徒。「鄭司農云：羞，進也。肆，陳骨體也」者，骨體，肩臂脊脅之屬。司農以肆爲四，音讀之，故云肆陳也。謂陳牲體於俎上，即體解折節爲二十一體是也，故云「陳骨體也」。「玄謂進所肆解骨體」者，後鄭之意，以肆爲擿音讀之，肆解骨體者爲七體解之，故引「士喪禮曰肆解去蹄」。按士喪禮曰：「特豚，四鬄，去蹄。」彼注云：「四解之殊肩髀。」彼言殊肩髀，與此骨體一也。但彼云「四鬄」，此云「肆解」，其字不同者。鄭直以義讀之，非彼正文，此云肆當彼鬄也。後鄭必不從先鄭爲肆陳骨體爲二十一體者，按禮運云：「腥其俎，孰其殽。」彼注云：「腥其俎，謂豚解而腥之也。」「孰其殽，謂體解而爓之。」祭祀之法，先豚解後體解，經云「奉牛牲」，謂初牽入時，即言羞其肆，明先豚解。又按國語禘郊之事則有全烝，明知不得先有體解。若然，則禘郊之事先全烝，始後豚解也。若宗廟之祭，則無全烝，先豚解，次體解，禮運所云者是也。享先王，亦如之。疏曰：享先王不辨祭之大小，彼大宗伯四時及禘祫六者皆稱享。云「亦如之」者，亦如上「祀五帝，奉牛牲，羞其肆」，又不言祭地者，祭地之禮與天同。○同上。○小司徒：凡小祭祀，奉牛牲，羞其肆。小祭祀，王玄冕所祭。○疏曰：大司徒云：「祀五帝，奉牛牲，羞其肆。」今於小祭祀，則小司徒「奉牛牲，羞其肆」。又曰：按司服職云「羣小祀則玄冕」，彼注云：小祭祀，林澤百物。其於天神亦有小祀，則風師雨師之等。小祭祀既用牛，則王之祭祀無不用牛者。按酒正注以六冕差之，絺冕所祭，亦入小祀中。今鄭不言之者，以其社稷五祀，於祭饌之事入次祀中，故宗伯云「血祭社稷、五祀、五嶽」，故於此奉牛牲，不言絺冕矣。○同上。

○羊人：祭祀，割羊牲，登其首。登，升也。升首，報陽也，升首於室。○疏曰：知「升首於室」者，見郊特牲云：「用牲於庭，升首於室。」注云：「制祭之後，升牲首於北墉下。」云「報陽」者，首爲陽，對足爲陰，祭祀之時三牲之首俱升。此特言羊者，以其羊人所升，不升餘牲，故言羊也。○夏官○小子：掌祭祀，羞羊肆羊殽肉豆。鄭司農云：羞，進也。羊肆，體薦，全烝也。羊殽，體解，節折也。肉豆者，切肉也。玄謂：肆，讀爲鬄。羊鬄者，所謂豚解也。○疏曰：先鄭云「羊肆，體薦全烝也」者，既不爲豚解，則先鄭讀爲肆陳之肆，又爲賜音也。先鄭爲體薦全烝，後鄭不從者，以此經祭用羊，是用大牢爲宗廟之祭，非祭天。按外傳云：「禘郊之事，則有全烝。王公立飫，則有房俎。」是以知宗廟之祭不得全烝也。是故禮運云：「腥其俎，孰其殽。」注云：「腥其俎，豚解而腥之。」「孰其殽，體解而爓之。」又云「退而合亨，體其犬豕牛羊」，是祭宗廟不得有全烝也。是以後鄭讀肆從鬄，「羊鬄者，所謂豚解也」。所謂士虞禮記云：「主人不視，豚解。」豚解之法，則士喪禮：「特豚，四鬄去蹄。」謂四段解之〔一二八〕，殊肩髀如解豚，故名豚解。若然，大夫士祭自饋熟始正祭，即體解爲二十一體。喪事略，則有豚解。其天子諸侯之祭有腥，有爓，有孰，故初朝踐有豚解而腥之，饋獻則有體解而爓之，酳尸乃有熟，與大夫士不同也。○同上。○大司寇：大祭祀，奉犬牲。奉猶進也。○疏曰：犬屬西方金，犬既當方之畜，故司寇奉進犬牲也。○秋官○小司寇：小祭祀，奉犬牲。奉猶進也。○疏曰：大祭祀，自大司寇奉犬牲。若小祭祀，王玄冕所祭，則小司寇奉進犬牲也。○同上。○諸子：大祭祀，正六牲之體。正謂朼載之。○疏曰：按特牲、少牢移鼎入陳，即有一人鼎中匕出牲體，一人在鼎西北面載之於俎。既言正六牲之體，明是此二事也。○夏官○大司馬：大祭祀，羞牲魚，授其祭。牲魚，魚牲也。祭，謂尸賓所以祭也。鄭司農云：大司馬主進魚牲。○疏曰：大祭祀，謂天地宗廟。此大祭據宗廟而言，其中、小之祭祀亦爲之矣。又曰：云「祭，謂尸賓所以祭也」者，大祭祀授尸祭，饗食授賓祭。祭者魚之大臠，即少牢下篇云：主人主婦尸侑各一魚，「加膴祭於其上。」膴，謂魚之反覆者。公食大夫亦云「授賓祭」，故云祭謂尸賓所以祭。若王祭，則膳夫云「授王祭」是也。先鄭云「大司馬主進魚牲」者，必使司馬進之者，司馬夏官，夏陰氣所起，魚水物亦陰類，故使司馬進之也。○夏官○小司馬：小祭祀，掌其事，如大司馬之法。疏曰：亦如大司馬羞魚牲、授其祭之等也。○同上。

右犧牲○傳〔一二九〕：聖人爲天地主，爲山川主，爲鬼神主，爲宗廟主。鬼神，百神也。因外說，故在宗廟之上也。序五牲之先後貴賤，五牲，牛、羊、豕、犬、雞。先後，謂四時所尚也。諸侯之祭牲〔一三〇〕，牛曰大牢；天子之大夫亦太牢。太牢，天子之牲角握，諸侯角尺，大夫索牛也。大夫之祭，牲羊曰少牢；天子之士亦少牢也。士之祭，牲特豕，曰饋食。不言特牲，其文已著，又與大夫互相足也。無祿者稷饋，庶人無常牲，故以稷爲主。稷饋者無尸，無尸者厭也。宗廟曰芻豢，牛羊曰芻，犬豕曰豢。山川曰犧牷，色純曰犧，體完曰牷。宗廟言豢，山川言牲，互文也。山川，謂岳瀆。以方色，角尺。其餘用庋索之。割列禳瘞，割，割牲也。列，編辜。禳，面禳也。瘞，埋也。是有五牲。大戴禮○郊特牲，而社稷大牢。牲孕，祭帝弗用。孕，任子也，易曰：「婦孕不育。」○疏曰：「而社稷大牢」者，社，五土總神。稷，是原隰之神。功及於人，人賴其功，故以大牢報祭其牲則黝色。牧人云「陰祀用黝牲」，注云：「陰祀，祭地北郊及社稷也。」則神州亦用黝牲也。其崑崙地祇用黄犢，故大宗伯「黄琮禮地」、「牲幣各放其器之色」是也。其社稷與神州，其樂用大簇與應鍾，故大司樂云：「乃奏大簇，歌應鍾」，「以祭地祇。」注云：「謂神州之神及社稷。」其玉，神州則用兩圭有邸。其社稷無文。崔氏云：玉當與神州同用兩圭有邸，以四望亦用兩圭故也。其服，社稷則絺冕，神州與崑崙服無明文。崔氏云：用大裘爲崑崙之神，玉則用黄琮。鄭注宗伯：「琮，八方，象地。」其樂則用函鍾爲宫，故大司樂云：凡樂，函鍾爲宫，大簇爲角，姑洗爲徵，南吕爲羽。夏日至，於澤中之方丘奏之，若樂八變，則地示皆出，可得而禮矣。是也。其夏至祭方澤之禮，齊酒獻數與圜丘同，其神州獻數與夏正郊天同。而社稷之祭尊，用大瓦甖三獻。文具崔氏義宗，於此煩而不録也。又曰「婦孕不育」者，此易「漸卦」九三爻辭，云：「夫征不復，婦孕不育。」按「漸卦」艮下巽上，九三上與九五互體爲離，離爲大腹孕之象也〔一三二〕。又互體爲坎，坎爲丈夫，坎爲水，水流而去，是夫征不復也。夫既不復，則婦人之道顛覆，故孕而不育。引之者，證經「孕」是懷任之意也。○郊特牲○古者天子諸侯必有

養獸之官，及歲時，齋戒沐浴而躬朝之，犧牷祭牲必於是取之，敬之至也。君召牛，納而視之，擇其毛而卜之，吉，然後養之。君皮弁素積，朔月、月半，君巡牲，所以致力，孝之至也。朝，直遥反。○歲時齋戒沐浴而躬朝之，謂將祭祀卜牲。君朔月、月半巡視之，君召牛納而視之，更本擇牲意。○疏曰：此一經明孝子報親，竭力養牲之事。「及歲時齋戒，沐浴而躬朝之」者，云歲時，謂每歲依時，謂朔月月半也。躬，親也。既卜牲吉，在牢養之而身朝之。言朝者，敬辭也。「犧牷

祭牲必於是取之」者，犧，純色，謂天子牲也。牷，完也，謂諸侯牲也。犧牷所祭之牲，必是養獸之官受擇取之。「養獸」者，若周禮牧人也。「君召牛納而視之」者，此更本擇牲之時，君於牧處更命取牛，采納之，於內而視之。「君皮弁素積，朔月、月半，君巡牲」者，即前歲時朝之也。巡，行也。皮弁，諸侯視朝之服。朔月、月半，君服此衣而巡牲。所以致力孝之至也者，是孝道之至極。耕藉云敬之至，養牲云孝之至，互文也。○祭義○「上牲損，則用下牲。下牲損，則祭不備物。」以其舛之爲不樂也。說苑貴德○子期祀平王，子期，楚平王之子結也。平王，恭王子、昭王父也。祭以牛俎於王，致牛俎於昭王。王問於觀射父曰：「祀牲何及？」王感俎肉而問牲用所及。對曰：「祀加於舉。加，增也。舉，人君朔望之盛饌。天子舉以大牢，祀以會；大牢，牛羊豕也。會，會三大牢。諸侯舉以特牛，祀以大牢；特，一也。卿舉以少牢，祀以特牛；少牢，羊豕。大夫舉以特牲，祀以少牢；特牲，豕也。士食魚炙，祀以特牲；庶人食菜，祀以魚。上下有序，民則不慢〔一三三〕。」王曰：「其小大何如？」對曰：「郊禘不過繭栗，角如繭栗。郊禘，祭天也。烝嘗不過把握。」握，長不出把者。王曰：「何其小也？」對曰：「夫神以精明臨民者也，故求備物，不求豐大。備物，體具而精潔者。是以先王之祀也，以一純、二精、一純，心純一而潔。二精，玉、帛也。三牲、四時、五色、六律、七事、八種、七事，天、地、民、四時之務也。八種，八音也。九祭、十日、十二辰以致之，九祭，九州助祭也。十日，甲至癸也。十二辰，子至亥也。擇其吉日令辰以致神。百姓、千品、萬官、億醜、兆民經入畡數以奉之。百姓，百官受氏姓也。千品，姓有徹品，十爲千品。五物之官，陪屬萬爲萬官。官有十醜，爲億醜。天子之田九畡，以食兆民。王取經入，以食萬官也。明德以昭之，昭，昭孝敬也。龢聲以聽之，中和之聲，使神聽之。以告徧至，則無不受休。至，神至也。休，慶也。毛以示物，物，色也。血以告殺，明不因故也。接誠拔取以獻具〔一三四〕，爲齊敬也。接誠於神也。拔毛取血，獻其備物也。齊，潔也。詩曰「執其鸞刀，以啓其毛，取其血膋」也。敬不可久，民力不堪，故齊肅以承之。」肅，疾也。承，奉也。王曰：「芻豢幾何？」草食曰芻，穀食曰豢。對曰：「遠不過三月，近不過浹日。」遠，謂三牲。近，謂雞鶩之屬。浹日，十日也。○國語楚語○子謂仲弓曰：「犂牛之子騂且角，雖欲勿用，山川其舍諸？」犂，利之反。騂，息營反。舍，上聲。○集注曰〔一三五〕：犂，雜文。騂，赤色。周人尚赤，牲用騂。角，角周正，中犧牲也。用，用以祭也。山川，山川之神也。言人雖不用，神必不舍也。仲弓父賤而行惡，故夫子以此譬之。言父之惡，不能廢其子之善，如仲弓之賢，自當見用於世也。然此論仲弓云爾，非與仲弓言也。○范氏曰：以瞽叟爲父而有舜，以鯀爲父而有禹。古之聖賢，不係於世類，尚矣。子能改父之過，變惡以爲美，則可謂孝矣。○雍也○公羊子曰：魯祭周公，何以爲牲？據廟異也。周公用白牡，白牡，殷牲也。周公死，有王禮，謙，不敢與文、武同也。不以夏黑牡者，嫌改周之文，當以夏辟嫌也。○疏曰：「不以夏黑牡者，嫌改周之文，當以夏辟嫌也」者，知黑牡爲夏牲者，出明堂位文。睚朔三而改，天正十一月者，當以十三月爲正，故言當以夏矣。魯公用騂犅，騂犅，赤脊，周牲也。魯公以諸侯不嫌，故從周制，以脊爲差。○疏曰：「騂犅赤脊，周牲也」者，正以山脊曰岡，故知騂犅爲赤脊矣。羣公不毛。不毛，不純色，所以降於尊祖。○疏曰：不毛者，不純色。所以降於尊祖者，正以牲用純色，祭祀之禮而言不毛，故以降於尊祖解之。○文公十有三年傳◯天子禘郊之事，必自射其牲，牲，牛也。王后必自舂其粢。器實曰粢。諸侯宗廟之事，必自射其牛，刲羊擊豕，刲，刺也。擊，殺也。夫人必自舂其盛。在器曰盛。上言粢，下言盛，互其文也。天子親舂禘郊之盛，帥后舂之。王后親繅其服。服，祭服也。祭義云：「夫人繅，三盆。」則王后其一盆與？周語曰：「王耕一墢，班三之。」○國語楚語◯禘郊之事，則有全烝。全烝，全其牲體而升之也。凡禘郊，皆血腥也。○國語周語◯犧牲不粥於市。尊物非民所宜。粥，賣也。○疏曰：言犧牲，皆是尊貴所合蓄之物，非民所宜有，防民之僭僞也。○王制◯宋公使邾文公用鄫子于次睢之社，欲以屬東夷。睢，音雖。屬，朱欲反。○睢水受汴，東經陳留、梁、譙、沛、彭城縣入泗，此水次有妖神，東夷皆社祠之，蓋殺人而用祭。○譙，在消反。沛，音貝。泗，音四。祠，音辭，或音祀。○疏曰：釋例曰：「汴水自滎陽受河。睢水受汴，東經陳留、梁國、譙郡、沛國，至彭城縣入泗。」凡水，首從水出謂之受，流歸他水謂之入。漢書之例爲然。言汴從河出，睢從汴出也。次，謂水旁也。下云「用諸淫昏之鬼」，則此祀不在祀典，故云「此水次有妖神」，妖神而謂之社。傳言「以屬東夷」，則此是東夷之神，故言「東夷皆社祠之」。劉炫云：按昭十年季平子伐莒，獻俘，始用人於亳社。彼亳社舊不用人，杜何以知此社殺人而用祭乎？今知不然者，彼傳云「始用人於亳社」，故知舊來不用。此云「使邾文公用鄫子於次睢之社」，既不言始，明知舊俗用之。劉取彼而規杜過，非也。司馬子魚曰：「古者六畜不相爲用，畜，許又反，注同。爲，于僞反，下爲人同，又如字，注放此。○司馬子魚，公子目夷也。六畜不相爲用，謂若祭馬先，不用馬。○疏曰：爾雅釋畜馬、牛、羊、豕、犬、雞謂之六畜，周禮謂之六牲。養之曰畜，用之曰牲，其實一物也。此云「六畜不相爲用」，昭十一年傳曰「五牲不相爲用」，彼注不云馬，而以其餘當之，明其俱爲祭祀所用，彼此同也。周禮校人：「春祭馬祖。」鄭玄云：「馬祖，天駟也。」孝經説曰：「房爲龍馬。」六畜之言先祖者，唯此一文而已。以外牛、羊之等，其祖不知爲何神也。謂若祭馬先不用馬，略舉一隅，據有文者言之耳。沈氏云：春秋説：「天苑主牛。」又有天雞、天狗、天豕，以馬祖類之，此等各有其祖。小事不用大牲，而況敢用人乎？祭祀以爲人也。民，神之主也。用人，其誰饗之？」疏曰：小事不用大牲者，雜記言釁廟用羊〔一三六〕，門夾室皆用雞，隱十一年傳稱鄭伯之詛，「使卒出豭，行出犬雞」，如此之類，皆是不用大牲也。○僖公十九年春秋左氏傳〔一三七〕○魯公索氏索，先落反。將祭而亡其牲，孔子聞之曰：「公索氏不及二年將亡。」後一年而亡。門人問曰：「昔公索氏亡其祭牲，而夫子曰『不及二年必亡』，今過期而亡，夫子何以知其然？」孔子曰：「祭之爲言索也。索也者，盡也，乃孝子所以自盡於其親也。將祭而亡其牲，則其餘所亡者多矣。若此而不亡者，未之有也。」家語好生、説苑權謀通脩。

天子諸侯無事則歲三田，一爲乾豆，二爲賓客，三爲充君之庖。乾，音干。○三田者，夏不田，蓋夏時也。周禮春曰蒐，夏曰苗，秋曰獮，冬曰狩。乾豆，謂腊之以爲祭祀豆實也。庖，今之厨也。○蒐，所求反。獮，息淺反。腊，音昔。○疏曰：此一節論天子以下田獵之事，合隨文解之。「天子諸侯無事」者，謂無征伐出行喪凶之事，則一歲三時田獵。獵在田中，又爲田除害，故稱田也。「一爲乾豆」者，謂乾之以爲豆實。豆實非脯而云乾者，謂作醢及臡，先乾其肉，故云乾豆，是上殺者也。「二爲賓客」，中殺者也。「三爲充君之庖」，下殺者也。故穀梁桓四年范寧云：「上殺中心，死速，乾之，以爲豆實。次殺射髀骼，死差遲，故爲賓客。下殺中腸污泡，死最遲，故充庖厨。」又車攻毛傳云：「自左膘而射之，達於右腢，爲上殺。射右耳本，次之。射左髀，達於右䯚，爲下殺。」是亦有三等之殺。先宗廟，次賓客，尊神敬賓之義。又曰：「夏不田，蓋夏時也」者，以夏是生養之時，夏禹以仁讓得天下，又觸其夏名，故夏不田。鄭之此注取春秋緯運斗樞之文，故以爲夏不田。若何休，稍異於此。按穀梁傳桓四年「公狩於郎」，傳曰：「春曰田，夏曰苗，秋曰蒐，冬曰狩。」何休云：「運斗樞曰：『夏不田。』穀梁有夏田，於義爲短。」鄭玄釋之云：「四時皆田，夏、殷之禮。詩云：『之子于苗，選徒囂囂。』夏田明矣。孔子雖有聖德，不敢顯然改先王之法，以教授於世。若其所欲，改其陰書於緯藏之，以傳後王。穀梁四時田者，近孔子故也。公羊正當六國之亡，讖緯見讀，而傳爲三時田。作傳有先後，雖異，不足以斷穀梁也。」如鄭此言，三時之田不敢顯露，陰書於緯，四時之田顯然在春秋之經。穀梁爲傳之時，去孔子既近，不見所藏之緯，唯覩春秋見經，故以爲四時田也。公羊當六國之時，去孔子既遠，緯書見行於世，公羊既見緯文，故以爲三時田。又鄭釋廢疾云：「歲三田，謂以三事爲田。」即上「一曰乾豆」之等，是深塞何休之言，當以此注爲正。云「周禮春曰蒐」以下，周禮大司馬職文。彼注云：「夏田爲苗，擇取不孕任者，若治苗去不秀實者。」「秋田爲獮，獮，殺也」，「中殺者多也。」「冬田爲狩，言守取之無所擇也。」鄭不釋蒐者，蒐，擇也，亦謂擇取不孕者，以義可知，故不解也。然春秋四時田獵皆曰蒐者，以春蒐之禮行之故也。無事而不田，曰不敬。田不以禮，曰暴天物。不敬者，簡祭祀，略賓客。○疏曰：「田不以禮，曰暴天物」者，若田獵不以其禮，殺傷過多，是暴害天之所生之物。以禮田者，則下文天子不合圍以下至不覆巢皆是也。○王制○大司馬：中春教振旅，如戰之陳。中，音仲，下放此。陳，直覲反，下放此。○兵者，守國之備，孔子曰：「以不教民戰，是謂棄之。」兵者凶事，不可空設，因蒐狩而習之。凡師出曰治兵，入曰振旅，皆習戰也。四時各教民以其一焉，春習振旅兵入，收衆專於農也。○蒐，所留反〔一三八〕。○疏曰：云「兵者，守國之備」者，鄭欲解田獵者所以習兵，故云兵是守國之備。引孔子語，欲見須田獵以教戰。云「兵者，凶事」者，隱公傳文。云「不可空設，因蒐狩而習之」者，蒐狩是田獵之名，欲行蒐狩，先芟草萊，教戰訖，乃入防田獵，故云因蒐狩而習之。是以書傳文：「戰鬥不可空習，故於蒐狩以閑之。」閑之者，習之，是其習兵因蒐狩也。云「凡師出，曰治兵；入曰振旅。皆習戰」者，按莊公八年正月，師次於郎，甲午祠兵，公羊傳曰：「祠兵者何？出曰祠兵。」注云：「禮，兵不徒使，故將出兵，必祠於近郊。陳兵習戰，殺牲饗士卒。」又曰：「入曰振旅，其禮一也，皆習戰也。」左氏說「治兵於廟，禮也」，注云：「三年而治兵，與秋同名。兵革將出，故曰治兵。」穀梁傳亦云：「出曰治兵，習戰也。入曰振旅，習戰也。」鄭玄於異義駮，不從公羊云祠兵，故云：「祠兵者，公羊字之誤，因而作説之。」亦不從左氏説治兵爲授兵於廟，云「於周司馬職曰：仲夏教茇舍，仲秋教治兵。其下皆云如戰之陳：仲冬教大閱，修戰法，虞人萊所田之野，乃爲之。如是治兵之屬皆習戰，非授兵於廟，又無祠五兵之禮」〔一三九〕。是以爾雅釋天云：「出爲治兵，尚威武也。入爲振旅，反尊卑也。」言反尊卑者，出則壯者在前，老弱在後。入則壯者在後，老弱在前。是以鄭此云「振旅，兵入，收衆專於農」也。云「四時各教民以其一焉」者，春教振旅，夏教茇舍，秋教治兵，至冬大閱，是各教民以一也。遂以蒐田，火弊，獻禽以祭社。春田曰蒐。火弊，火止也。春田主用火，因焚萊，除陳草，皆殺而火止。獻猶致也，屬也。田止，虞人植旌，衆皆獻其所獲禽焉。詩云：「言私其豵，獻豜于公。」春田主祭社者，土方施生也。○豵，子工反。施，式豉反。○疏曰：按下大閱禮「遂以狩田」。云「火弊」者，謂田止也。云「獻禽以祭社」者，此因田獵而祭，非月令仲春祭社也。云「春田爲蒐」者，蒐，搜也。春時鳥獸孚乳，搜擇取不孕任者，故以蒐爲名。中夏教茇舍，如振旅之陳。茇，讀如萊沛之沛。茇舍，草止之也，軍有草止之法。○沛，步未反。○疏曰：「如振旅之陳」者，四時各教其一，故春教振旅，夏教茇舍。但設經，不可文文具設，故云如振旅之陳，皆轉相如也。又曰：「茇，讀如萊沛之沛」者，按王制云「居民山川沮澤」，注云：「沮，謂萊沛。」時俗有水草謂之萊沛，故讀從之也。云「茇舍，草止之也」者，以草釋茇，以止釋舍，故即云「軍有草止之法」。遂以苗田，如蒐之法，車弊，獻禽以享礿。夏田爲苗，擇取不孕任者，若治苗去不秀實者。云車弊，驅獸之車止也。夏田主用車，示所取物希，皆殺而車止。王制曰：「天子殺則下大綏，諸侯殺則下小綏，大夫殺則止佐車。佐車止，則百姓田獵。」礿，宗廟之夏祭也。冬夏田主於祭宗廟者，陰陽始起，象神之在內。○去，起呂反。綏，而誰反。○疏曰：在教戰之處，辨號名既訖，遂入防，行苗田之法。云「如蒐之法」者，如上蒐時有司表貉誓民，令鼓，遂圍禁之等。云「車弊及以享礿二」者，則與春異。以其春時火弊祭社，此時車弊享礿也。又曰：以其春夏爲陽，主其生長，故春田爲蒐，搜取不孕任者。夏田爲苗，若治苗去不秀實者。其義但春時主孚乳，故以不孕任解之也。云「車弊驅獸之車止也」者，「夏田主用車示所取物希」者，春秋左氏傳云：「彼徒我車，懼其侵軼我也。」是車行遲，取獸少，故知用車示取物希也。引王制曰「天子殺則下大綏」已下，據殺訖而言。毛詩傳云「天子發抗大綏，諸侯發抗小綏」者，據始殺而言也。云「大夫殺則止佐車」，王制注「佐車，驅逆之車」，按田僕云「掌佐車之，設驅逆之車」，佐車似與驅逆之車別者，但王制佐車與田僕驅逆之車爲一，其田僕佐車，自是田車之貳曰佐。佐文雖同，其義則異也。若然，驅逆之車言佐者，能逐禽，故以佐言之。云「礿宗廟之夏祭也」者，大宗伯文。云「冬夏田主於祭宗廟，陰陽始起，象神之在內」者。仲冬一陽生，仲夏一陰生，是陰陽在內，故神象之而行祭也。此祭因田獵獻禽爲祭，若正祭自在孟月。

中秋教治兵，如振旅之陳。疏曰：言「教治兵」者，凡兵出曰治兵，入曰振旅，春以入兵爲名，尚農事。秋以出兵爲名，秋嚴尚威故也。云「如振旅之陳」者，如春振旅時坐作進退、疾徐疏數之法也。

遂以獮田，如蒐田之法，羅弊，致禽以祀祊。獮，殺也。羅弊，罔止也。秋田主用罔，中殺者多也，皆殺而罔止。祊，當爲方，聲之誤也。秋田主祭四方〔一四〇〕。報成萬物，詩曰：「以社以方。」○

疏曰：上文教戰班旗物訖，遂入防〔一四一〕，行獮田之禮，其法如蒐田之法。云「羅弊致禽以祀祊」者，秋田主用羅，羅止田畢，入國過郊之神位，乃致禽以祀四方之神。又曰：云「祊，當爲方聲之誤也」者，以祊乃是廟門之外内，惟因祭宗廟，又明日繹祭，乃爲祊祭。今既因秋田而祭，當是祭四方之神，故云誤也。云「秋田主祭四方，報成萬物」者，以秋物成四方神之功，故報祭之。云「詩曰以社以方」者，詩小雅〔一四二〕引之證方是四方之神也。中冬教大閱，春辨鼓鐸，夏辨號名，秋辨旗物，至冬大閱，簡軍實。凡頒旗物，以出軍之旗則如秋，以尊卑之常則如冬。司常佐司馬時也，大閱備軍禮，而旌旗不如出軍之時，空辟實。○辟，音避。○疏曰：以冬時農隙，故大簡閱軍實之凡要也。又曰：云「春辨鼓鐸」已下，欲見春夏秋各教其一，至冬大閱之時，總教之，故云「至冬大閱軍實」。云「凡頒旗物，以出軍之旗則如秋，以尊卑之常則如冬。司常佐司馬時也」者，以其王與諸侯所建秋冬同，又秋云「軍吏建旗，師都載旜，鄉遂載物，郊野載旐，百官載旟」，不言旞旌二者，以其是出軍之法，故不言道車、游車所載。大閱之時，見尊卑之常，故司常云：「孤卿建旜，大夫士建物，師都建旗，州里建旟，縣鄙建旐，道車載旞，游車載旌。」此爲異也。鄭云「大閱備軍禮，而旌旗不如出軍之時，空辟實」者，大閱雖備禮，是教戰，非實出軍法，是其空也。秋教治兵，治兵是出軍法，故寄出軍之旗於彼，是冬之空辟實出軍法者也。趙商問：「巾車職：『建大麾以田。』注：『田，四時田獵。』商按：大司馬職四時皆建大常何？」鄭答曰：「麾，夏之正色。田雖習戰，春夏尚生，其時宜入兵。夏本不以兵得天下，故建其正色以春夏田。至秋冬出兵之時，乃建太常。」趙商又問：「巾車職曰：『建大白以即戎。』注云：『謂兵車。』司馬職『仲秋辨其物以治兵，王建大常』，注：

『凡頒旗物以出軍之旗，則如秋。』不知大白以即戎爲何時？」答曰：「白者，殷之正色。王即戎者，或命將，或勞師，不自親將，故建先王之正色，異於親自將也。」遂以狩田，冬田爲狩，言守取之無所擇也。○疏曰：此一節總論教戰訖，入防田獵之事，故云「遂以狩田」也。云「冬田爲狩，言守取之無所擇」者，對春夏言蒐、言苗有所擇。又秋名獮中殺者多，對此圍守之，此又多於獮，故得守名也。及所弊，鼓皆駴，車徒皆譟。駴，本亦作駭，胡楷反，一音亥。○鄭司農云：及所弊，至所弊之處。玄謂：至所弊之處，田所當於止也。天子諸侯蒐狩有常，至其常處，吏士鼓譟，象攻敵剋勝而喜也。疾雷擊鼓曰駴。譟，讙也。書曰：「前師乃鼓鼥譟。」亦謂喜也。○鼥，音符，又芳甫反。○疏曰：云「及所弊」者，冬徒弊止之處，謂百姓獵止。又曰：引「書曰」者，書傳文，彼説武王伐紂時事。徒乃弊，致禽饁獸於郊，入獻禽以享烝。饁，于輒反。○徒乃弊，徒，止也。冬田主用衆，物多衆得取也。致禽饁獸於郊，聚所獲禽因以祭四方神於郊，月令季秋天子既田，命主祠祭禽四方是也，入又以禽祭宗廟。○疏曰：云「致禽饁獸於郊」者，亦謂因田過郊之神位而饋之。又曰：「月令季秋天子既田」云云者，證彼祭禽於四郊與此饁獸於郊爲一物。其實彼一解以爲是仲秋祭禽，以祠祊爲一也。○夏官○服不氏：凡祭祀，共猛獸。謂中膳羞者，獸人冬獻狼，春秋傳曰：「熊蹯不孰。」○蹯，音煩。○疏曰：上云養猛獸，則猛獸皆養之。此言祭祀所共，據堪食者，故鄭云謂「中膳羞」。中膳羞唯有熊狼，故引獸人與春秋爲證。按，内則亦云狼臅膏可食也。春秋傳者，宣公二年晉靈公之時宰夫胹熊蹯不孰，殺之，趙盾諫之是也。○同上○囿人：祭祀，共其生獸死獸之物。地官○獸人：掌罟田獸。罟，音古。○罟，罔也，以罔搏所當田之獸。○搏，音博，音付。○疏曰：云「掌罟田獸」者，罟，罔也，謂以罔搏取當田之獸。凡祭祀，共其死獸生獸。凡獸入于腊人。共其完者。○疏曰：凡此所共者，於庖人云：「凡其死生鮮薨之物，以共王之膳。」又曰：知其完全者，下經云「凡獸入於腊人」，是其不完者，故知此是完者。○天官○掌畜：祭祀共卵鳥。其卵可薦之鳥。○疏曰：還謂上經鵝鴨之屬，其雞亦在焉。○夏官○𩽾人：凡祭祀，共其魚之鮮薨。𩽾，音魚。○疏曰：云「凡祭祀，共其魚之鮮薨」者，此所共者，共内外饔。以其膳夫共王之膳羞，即不掌祭祀之事。○天官○鼈人：祭祀，共蠯蠃蚳，以授醢人。蠯，薄佳反。蠃，郎戈反。蚳，直其反，長梨反。○蠃，螔蝓。鄭司農云：蠯，蛤也。杜子春云：蠯，蜯也。蚳，蛾子。國語曰：「蟲舍蚳蝝。」○螔，音夷。蝓，音由，又音揄。蜯，薄項反，蒲杏反。蛾，宜綺反。舍，音捨。蝝，悅全反，允絹反。○疏曰：按醢人有蠯醢、蠃醢、蚳醢，故以此三者授醢人。又曰：「蠃螔蝓」者，一物兩名。司農云「蠯蛤也」者，杜子春云「蠯蜯也」者，蜯即蛤也，亦一物。云「蚳蛾子」者，謂蟻之子，取白者以爲醢。「國語曰：蟲舍蚳蝝」者，此亦是國語諫宣公之言，謂夏蟲内捨去蚳蝝。蚳，此經蚳也。蝝，謂蝗也，與蚳別，連引之也。○同上。○川衡：祭祀共川奠。川奠，籩豆之實，魚鱐蜃蛤之屬。○鱐，所留反。蜃，上忍反。○疏曰：鄭此注皆據醢人及籩人而言。按籩人職云朝事之籩有麷、蕡、白、黑、形鹽、膴、鮑魚、鱐，醢人云饋食之豆有蜃醢、蠯醢，蜃、蠯是蛤，則魚鱐及蜃皆川中所生之物，故引以證川奠也[一四三]。言「之屬」者，兼有蠃醢，亦是川奠，故云之屬。○地官○澤虞：凡祭祀，共澤物之奠。澤物之奠，亦籩豆之實芹、茆、蔆、芡之屬。○芡，音儉。○疏曰：按籩人職加籩之實有蔆芡，朝事之豆有茆菹，加豆之實有芹菹，是皆澤中所出，故引證澤物之奠也。言「之屬」者，兼有深蒲、昌本之等，故云之屬。○同上。○庖人：共祭祀之好羞。好，呼報反。○謂四時所爲膳食，若荆州之鮺魚、青州之蟹胥，雖非常物，進之孝也。○鮺，側雅反。○疏曰：尋常所共者並在內外饔。今言好羞，則是非常之物，謂美魚之屬也。又曰：云「四時所爲膳食」者，謂四時之閒非常美食。云「若荆州之鮺魚青州之蟹胥」者，鄭見當時有之，又見禮記禮器云：「大饗其王事與？三牲、魚、腊，四海九州之美味。」苟可薦者，莫不咸在。且禹貢徐州貢蠙珠暨魚，荆州無魚文，是文不備，是知好羞皆是魚也。○天官○場人：凡祭祀，共其果蓏，享亦如之。享，納牲。○疏曰：「享納牲」，謂祭祀宗廟二灌後，君迎牲納之於庭時，后夫人薦朝事之豆籩，豆籩中有果蓏之物，故云「享亦如之」。若然，上言祭祀，餘祭祀也。○地官○甸師：共野果蓏之薦。蓏，力果反。○甸在遠郊之外，郊外曰野。果，桃李之屬。蓏，瓜瓞之屬。○瓞，大結反。○疏曰：鄭言「甸在遠郊之外」者，按載師公邑之田任甸地，在二百里中。司馬法：百里爲遠郊。今言甸在遠郊外，則是二百里中。云「郊外曰野」者，釋經「野」野在郊外。云「果桃李之屬蓏瓜瓞之屬」者，按食貨志臣瓚以爲在樹曰果，在地曰蓏，不辨有核無核。張晏以有核曰果，無核曰蓏，今鄭云「果，桃李之屬」即是有核者也，「蓏，瓜瓞之屬」即是無核者也，此從張晏之義。○天官○籩人：掌四籩之實。籩，竹器，如豆者，其容實皆四升。○疏曰：言四籩，謂下經朝事、饋食、加籩、羞籩是也。云「之實」者，謂掌此四種籩中所實之物、麷蕡白黑之等是也。又曰：鄭知「籩」是「竹器」者，以其字竹下爲之，亦依漢禮器制度而知也。云「如豆」者，皆面徑尺柄尺，亦依漢禮知之也。云「其容實皆四升」者，據其籩之所受則曰容，據其所實麷蕡等則曰實，故云容實皆四升，亦約與豆四升同也。朝事之籩，其實麷、蕡、白、黑、形鹽、膴、鮑魚、鱐。麷，芳弓反，又芳勇反。蕡，符文反，蒲悶反。膴，火吴反。○，蕡，枲實也。鄭司農云：朝事，謂清朝未食，先進寒具口實之籩。熬麥曰麷。麻曰蕡。稻曰白。黍曰黑。築鹽以爲虎形，謂之形鹽，故春秋傳曰：鹽虎形。玄謂：以司尊彝之職參之，朝事謂祭宗廟、薦血腥之事。形鹽，鹽之似虎者。膴，牒生魚爲大臠。鮑者，於楅室中糗乾之，出於江淮也。鱐者，析乾之，出東海。王者備物，近者腥之，遠者乾之，因其宜也。今河間以北，煮穜麥賣之名曰逢。燕人膾魚方寸，切其腴以啗所貴。○枲，思里反。牒，章涉反，直輒反。楅，皮逼反。○疏曰：此言朝事，謂祭宗廟二灌之後，祝延尸於户外，后薦此八籩。八籩者：則麷爲熬麥，一也；蕡爲麻子，二也；白爲熬稻米，三也；黑爲熬黍米，四也；形鹽，鹽似虎形，五也；膴以魚肉爲大臠，六也；鮑，以魚於楅室糗乾之，七也；鱐爲乾魚，八也。又曰：云「蕡，枲實也」者，按喪服云「苴絰」，子夏傳云：苴，「麻之有蕡。」蕡是麻之子實也。又按「疏衰裳齊，牡麻絰」，子夏傳云：「牡麻者，枲麻也。」則枲麻謂雄麻也。若然，枲麻無實，而解蕡爲枲實者，舉其類耳。謂若圓曰簞，方曰笥不同，鄭注論語云：「簞、笥舉類，義同也。」「鄭司農云：朝事，謂清朝未食，先進寒具口實之籩」者，此先鄭不推上下文勢祭祀爲義，直以爲生人所食解之，故後鄭不從也。云「熬麥曰麷」，字從麥，知麷爲熬麥也。云「麻曰蕡」者，已釋訖。云「稻曰白」者，以其稻米見白。云「黍曰黑」者，爾雅有：秬，黑黍。故知黑是黍。二者亦皆熬之乃可也。已上後鄭從之。云「築鹽以爲虎形」，又引「春秋傳曰」者，左氏僖三十年冬，王使周公閲來聘，饗有昌歜、白、黑、形鹽。服氏云：「昌歜，昌本之菹。」辭曰：「國君，文足昭也，武可畏也，則有備物之饗以象其德。薦五味，羞嘉穀，鹽虎形。」服云：「刻形。」非是築刻爲之，故後鄭不從也。「玄謂以司尊彝之職參之朝事，謂祭宗廟薦血腥之事」者，按司尊彝職除二灌有朝踐、饋獻，爲食前二節，彼又有朝獻、再獻，食後酳尸爲一節。又參少牢主人酬尸，宰夫羞房中之羞，復爲一，總四節，亦據祭宗廟，故鄭云然也。祭宗廟無血，鄭云薦血腥者，鄭注論語亦云「禘祭之禮，自血腥始」，皆謂毛以告純，血以告殺。是爲告殺時有血，與朝踐薦腥同節，故連言血耳，非謂祭血也。云「形鹽，鹽之似虎形」者，以爲自然似虎形，此破先鄭築鹽爲虎形也。云「膴，牒生魚爲大臠」者，牒已釋訖。云「鮑者，於煏室中糗乾之出於江淮也」者，鄭以目驗知之。言煏室者，謂煏土爲室。云「鱐者，析乾之出東海」者，上云「夏行腒鱐」，鱐已釋訖，言出東海者，亦目驗知之。云「王者備物，近者腥之」，膴是也；「遠者乾之」，鮑及鱐是也；「因其宜」者，近宜濕，遠宜乾也。若然，經鮑鱐二者魚在於中，明二物皆魚。云「今河閒以北煮穜麥賣之，名曰逢」，引漢法證體亦是熬煮之麥。云「燕人膾魚方寸切其腴以啗所貴」者，亦引時事證膴，膴亦是腹腴，以擬祭與啗貴者同也。饋食之籩，其實棗、㮚、桃、乾䕩、榛實。㮚，古栗字。䕩，音老，又力到反。榛，側巾反，士鄰反。○饋食，薦孰也。今吉禮存者，特牲、少牢，諸侯之大夫士祭禮也。不裸不薦血腥而自薦孰始，是以皆云饋食之禮。乾䕩，乾梅也。有桃諸、梅諸，是其乾者。榛，似栗而小。○裸，古亂反。○疏曰：此謂朝踐薦腥後，堂上更體其犬豕牛羊亨孰之時，后先謂之饋食之籩也。其八籩者，其實：棗，一也；栗，二也；桃，三也；乾䕩謂乾梅〔一四四〕，四也；榛實，五也。其於八籩仍少三，按乾䕩既爲乾梅，經中桃是濕桃。既有濕桃乾梅，明別有乾桃，則注引内則桃諸，鄭云是其乾者。既有濕桃，明有濕梅可知，以乾桃、濕梅二者添五者，爲七籩。按桃梅既並有乾濕，則棗中亦宜有乾濕，復取一添前，爲八也。必知此五者之中有八者，按儀禮特牲、少牢士二籩二豆，大夫四籩四豆，諸侯宜六，天子宜八。醢人饋食之豆有八，此饋食之籩言六，不類。又上文朝事之籩言八，下加籩亦八，豈此饋食在其中六乎？數事不可，故以義參之爲八。若不如此，任賢者裁之也。又曰：云「饋食薦孰也」者，謂於堂上饋孰之時，后薦之。云「今吉禮存者」，吉禮謂祭祀，以其天子諸侯祭祀之禮亡，故云存者。云「特牲、少牢諸侯之大夫士祭禮也」者，以天子大夫大牢祭，今用特牲少牢，故知諸侯大夫士祭禮也。云「不裸不薦血腥」者，若天子諸侯則有室中二裸，堂上朝踐薦血腥之禮，大夫則無此二者也。云「而自薦孰始，是以皆云饋食之禮」者，天子諸侯大夫士雖同名饋食，仍有少別，何者？天子諸侯尸食前仍有饋獻一，是饋孰陰厭。陰厭後尸入室食乃獻，大夫士則饋孰與黍稷爲陰厭，陰厭前無饋獻，以此爲異耳。云「乾䕩，乾梅也」者，以經乾䕩上有桃，故知乾䕩乾梅也。云「有桃諸梅諸」者，内則文，而鄭引之者，證乾䕩中有乾桃乾梅，故云「是其乾」者。云「榛似栗而小」者，今居山者見食之，似栗而小，亦目驗知之。

加籩之實，菱、芡、㮚、脯。菱、芡、㮚、脯〔一四五〕。加籩，謂尸既食，后亞獻尸所加之籩。重言之者，以四物爲八籩。菱，芰也。芡，雞頭也。栗，與饋食同。鄭司農云：菱芡脯脩。○疏曰：此加籩當尸食後，王酳尸，后亞王酳尸，於時薦之。四物重言之，則八籩。又曰：知籩是尸既食后亞獻尸所加之籩者，按春官内宗云「掌宗廟之祭祀，薦加豆籩」，以其内宗所薦，明主於后。又見特牲主婦獻尸云「宗婦執兩籩於户外，主婦受，設於敦南」，主人獻尸之時，不見有設籩之事，故知唯主於后也。少牢主婦不設籩者，以其當日賓尸故也。其下大夫不賓尸者，亦與士同也。云「蔆，芰也」者，屈到嗜芰，即蔆角者也。云「芡，雞頭也」者，俗有二名，今人或謂之鴈頭也。先鄭云「蔆芡脯脩」者，先鄭意怪饋食重言，故爲脩替栗，得爲一義，故引之在下也。羞籩之實，糗餌、粉餈。餈，昨資反。○羞籩，謂若少牢主人酬尸，宰夫羞房中之羞於尸，侑主人主婦，皆右之者。故書餈作茨。鄭司農云：糗，熬大豆與米也。粉，豆屑也。茨，字或作餈，謂乾餌餅之也。玄謂：此二物皆粉，稻米黍米所爲也。合蒸曰餌，餅之曰餈。糗者，擣粉熬大豆爲餌餈之黏，著以粉之耳。餌言糗，餈言粉，互相足。○爲餌，于僞反。黏，女廉反。著，直略反。○疏曰：此當王酬尸，内饔進之於尸侑等者也。云「糗餌粉餈」者，此爲二籩。糗與粉爲一物，恐餌餈黏著籩，故分於二籩之下。又曰：言「羞籩謂若少牢主人酬尸，宰夫羞房中之羞於尸侑主人主婦，皆右之」者，天子祭祀之禮亡，故取少牢大夫禮解之。按有司徹上大夫當日賓尸，正祭不設内羞，故於賓尸設之。此天子之禮，賓尸在明日，則祭祀日當設之。按少牢下大夫不賓尸者，賓長致爵受酢，云：宰夫羞房中之羞，司士羞庶羞於尸祝主人主婦，内羞在右，庶羞在左。天子之禮，賓長受酢後，亦當設此内羞、庶羞於尸，祝及王與后，然鄭不引不賓尸而引賓尸者，以其設内羞之禮同，故秖引其一。但正祭設於祝，賓尸設於侑又賓尸，主人酬尸後正祭，賓長受酢後爲異耳。云「故書餈作茨」者，此宜從食，不得從草，故先鄭破之，從經爲正。「鄭司農云：糗，熬大豆與米也。粉，豆屑也」，並於義是，但於義不足，故後鄭增成之。云「茨字，或作餈」者，謂故書亦有作次下食者。云「謂乾餌餅之也」者，餅之曰餈，未正乾之言，故後鄭不從。「玄謂此二物皆粉，稻米黍米所爲」者，據當時目驗而知。云「合蒸曰餌，餅之曰餈」者，謂粉稻米黍米合以爲餌，餌既不餅，明餅之曰餈。今之餈餻皆解之名出於此。云「糗者，擣粉熬大豆」者，此與司農義同。司農不言擣，故後鄭增成之。云「餌言糗，餈言粉，互相足」者，此本一物。餌言糗，謂熬之亦粉之；餈言粉，擣之亦糗之。凡言互者，據兩物相互。今一物之上自相互，直是理不足明，故言互相足。內則注「擣，熬穀」，穀則大豆也，穀總名也。凡祭祀，共其籩薦羞之實。薦、羞，皆進也。未食未飲曰薦，既食既飲曰羞。○疏曰：祭祀言「凡」者，謂四時禘祫等〔一四六〕。皆共其籩，籩則薦羞之實是也。又曰：云「未食未飲曰薦」者，先薦後獻祭祀也。據朝踐饋獻時，未獻前所薦籩豆，朝事饋食之籩是也。云「既食既飲曰羞」者，謂尸食後酳尸訖所進羞，既加籩之實是也。○同上。○醢人：掌四豆之實，朝事之豆，其實韭菹、醓醢、昌本、麋臡、菁菹、鹿臡、茆菹、麇臡〔一四七〕。韭，音久。菹，莊魚反。醓，吐感反，本又作監，或一音昌審反。臡，乃兮反，又入齊反。菁，作寧反，又音精。茆，音卯，北人音柳。麇，京倫反。○醓，肉汁也。昌本，昌蒲根，切之四寸爲菹。三臡亦醢也。作醢及臡者，必先膊乾其肉，乃後莝之，雜以粱麴及鹽，漬以美酒，塗置甀中，百日則成矣。鄭司農云：麋臡，麋骭髓醢，或曰麋臡醬也。有骨爲臡，無骨爲醢。菁菹，韭菹。鄭大夫讀茆爲茅，茅菹，茅初生或曰茆，水草。杜子春讀茆爲卯。玄謂：菁，蔓菁也。茆，鳧葵也。凡菹醢皆以氣味相成，其狀未聞。○膊，普博反。莝，倉卧反。骭，户諫反，徐户幹反。蔓，音萬，又莫干反〔一四八〕，徐音蠻。○疏曰：言「四豆之實」者，豆與籩並設，節數與四籩同，時亦謂朝事饋食加豆、羞豆之實是也。言「朝事之豆」者，亦謂朝踐節。云「其實韭菹醓醢」者，於豆内齏菹之類，菜肉通全物，若牒爲菹，細切爲齏，又不言菹者，皆是齏，則昌本之類是也。言「昌本」，本，根也。昌蒲根爲齏。言「麋臡」者，以麋肉爲醢，以其并骨爲之，則曰臡。菁菹、鹿臡、茆菹、麋臡，爲八豆，並后設之。又曰：言「醓肉汁」者，醓者以肉爲之，醓汁即是肉汁。云「昌本，昌蒲根」者，本訓根。云「切之四寸爲菹」者，但菹四寸無正文，蓋以一握爲限，一握則四寸也，即是全物若牒。云「作醢及臡」已下者，鄭以當時之法解之。按王制云「一爲乾豆」，鄭注云：「謂腊之以爲祭祀豆實也。」脯非豆實，亦謂作醢，始得在豆，與此先膞乾其肉義合。「鄭司農云：麋臡麋骭髓醢」，此義後鄭不從。云「或曰麋臡，醬也。有骨爲臡，無骨爲醢」，後鄭從之。又「菁菹，韭菹」者，以菁爲韭菁，於義不可，後鄭不從。若爲菲字，菲則蔓菁，於義爲是，後鄭不應破之。明本作韭，不作菲也。「鄭大夫讀茆爲茅。茅菹，茅初生」者，茅草非人可食之物，不堪爲菹。「或曰茆水草」，後鄭從之。「杜子春讀茆爲卯」，於義亦是。「玄謂菁蔓菁」者，破司農爲韭菁。云「茆鳧葵也」者，增成子春等義。云「凡菹醢，皆以氣味相成，其狀未聞」者，經云「韭菹醓醢」已下兩兩相配者，皆是氣味相成之，狀不可知，故云「其狀未聞」。

饋食之豆，其實葵菹、蠃醢、脾析、蠯醢、蜃、蚳醢、豚拍、魚醢。蠃，力禾反。脾，婢支反，徐蒲佳反。析，星歷反。蠯，蒲佳反，徐薄雞反。蜃，市軫反。拍，音博〔一四九〕。○蠃，螔蝓。蜃，大蛤。蚳，蛾子。鄭司農云：脾析，牛百葉也。蠯，蛤也。鄭大夫、杜子春皆以拍爲膊，謂脅也。或曰：豚拍，肩也。今河閒名豚脅，聲如鍛鎛。○螔，音移，又音夷。蝓，音揄，又音由。蛤，音閤。蛾，魚綺反。膊，音博，下鎛同。○疏曰：言「饋食之豆」者，亦與饋食之籩同時而薦。「其實葵菹蠃醢」者，此八豆之内，脾析、蜃、豚拍三者不言菹，皆齏也。又曰：言「蠃螔蝓蜃大蛤蚳蛾子」，皆爾雅文。「鄭司農云：脾析，牛百葉也」者[一五〇]，無正文可破，故後鄭從之。云「蠯蛤也」者，謂小蛤，亦於鼈人釋訖。「鄭大夫杜子春皆以拍爲膊謂脅也」者，此釋經「豚拍」謂豚脅也。云「或曰豚拍肩也」者，謂豚肩也。云「今河間名豚脅，聲如鍛鎛」者，此子春等二人雖復爲豚肩解之，仍從前豚脅爲義，故云「聲如鍛鎛」。加豆之實，芹菹、兔醢、深蒲、醓醢、箈菹、鴈醢、筍菹、魚醢。芹，音勤，徐又音謹，説文作菦，云：「菜類，蒿也[一五一]。」箈，音迨，爾雅作䈚，同。司農云：水中魚衣也，當徒來反。沈云：北人音禿改反，又丈之反。未知所出。筍，息尹反。○芹，楚葵也。鄭司農云：深蒲，蒲蒻入水深，故曰深蒲。或曰：深蒲，桑耳。醓醢，肉醬也。箈，水中魚衣。故書鴈或爲鶉，杜子春云：當爲鴈。玄謂：深蒲，蒲始生水中子。箈，箭萌。筍，竹萌。○蒻，音若。○疏曰：此加豆之實，亦與加籩之實同時設之。「深蒲醓醢」者，深蒲，謂蒲入水深以爲齏。醓醢，與朝事之豆同。「箈菹」者，謂以箈箭萌爲菹也。云「筍菹」者，謂竹萌爲菹也。又曰：「芹楚葵」，出爾雅。「鄭司農云：深蒲，蒲蒻入水深，故曰深蒲」者，史游急就章云：「蒲蒻，藺席。」蒲蒻只堪爲席，不堪爲菹，故後鄭不從。云「或曰深蒲，桑耳」者，既名爲蒲，何得更爲桑耳？故後鄭亦不從。云「箈水中魚衣」者，此箈字既竹下爲之，非是水物，不得爲魚衣，故後鄭不從。「玄謂深蒲，蒲始生水中子」者，此後鄭以時事而知，破先鄭也。云「箈箭萌」者，一名篠者也。「筍竹萌」者，一名簜者也。萌皆謂新生者也，見今皆爲菹。羞豆之實，酏食、糝食。酏食，音嗣，下同。糝，素感反。○鄭司農云：酏食，以酒酏爲餅。糝食，菜餗蒸。玄謂：酏，餰也。内則曰：「取稻米舉糔溲之，小切狼臅膏，以與稻米爲餈。」又曰：「糝，取牛羊豕之肉三如一，小切之，與稻米。稻米二，肉一，合以爲餌煎之。」○餗，音速。餈，之然反。糔，思柳反，劉相早反，徐相幼反。溲，所柳反。臅，昌蜀反，一音栗。○疏曰：此羞豆之實，亦與羞籩之實同時設之。言「酏食」者，謂餈與糝食爲二豆。又曰：「司農云：酏食以酒酏爲餅」者，酏，粥也。以酒酏爲餅，若今起膠餅。文無所出，故後鄭不從。云「糝食菜餗蒸」者，若今煮菜謂之蒸菜也。亦文無所出，後鄭亦不從。玄謂「酏，餈也」者，按雜問志云：內則餈次糝，周禮酏次糝，又酏在六飲中，不合在豆，且內則有餈無酏，周禮有酏無餈，明酏餈是一也，故破酏從餈也。又引內則曰「取稻米舉糔溲之」者，按彼上注，舉猶皆也，糔溲博異語，謂取稻米皆溲之。云「小切狼臅膏」者，鄭彼注狼臅膏，臆中膏也。云「以與稻米爲餈」者，彼鄭云若今膏餈。云「又曰糝取牛羊豕之肉三如一」者，三肉等分。云「小切之」者，謂細切之。云「與稻米。稻米二，肉一」者，謂米二分、肉一分合以爲餌，煎之也。餈、糝二者皆有肉，內則文，故不從先鄭。然則，上有糗餌，彼餌無肉則入籩，此餌米肉俱有，名之爲糝，即入豆。按易「鼎卦」九四：「鼎折足，覆公餗，其形渥，凶。」鄭注云：「糝謂之餗。震爲竹，竹萌曰筍，筍者餗之爲菜也。是八珍之食。臣下曠官，失君之美道，當刑之於屋中。」按上膳夫注，八珍取肝膋，不取糝。鄭注易，糝又入八珍中者，以其糝若有菜，則入八珍，不須肝膋。若糝無菜，則入羞豆，此文所引是也。八珍則數肝膋，故注不同。凡祭祀，共薦羞之豆實。同上。○醢人：掌共五齊七菹。凡醢物，以共祭祀之齊菹，凡醢醬之物。齊，子兮反。○齊菹，醬屬。醢人者，皆須醢成味。○疏曰：五齊七菹、醢物乃是醢人所掌豆實，今在此者，鄭云齊菹醬皆須醢成味，故與醢人共掌。云「以共祭祀之齊菹，凡醯醬之物」者，醯人連言醬者，并豆醬亦掌。○同上。○鹽人：祭祀，共其苦鹽散鹽。苦，音盬，又工户反。散，悉但反，下同。○杜子春讀苦爲盬，謂出鹽直用，不湅治者。鄭司農云：散鹽，湅治者。玄謂：散鹽，鬻水爲鹽。○盬，音古。湅，音練。鬻，音煮。○疏曰：苦當爲盬，盬謂出於鹽池，今之顆鹽是也。散鹽，煮水爲之，出於東海。又曰：杜子春讀苦爲盬者，鹽鹹非苦〔一五二〕，故破苦爲盬。見今海傍出鹽之處，謂之盬。云「直用，不湅治」者，對下經「鬻鹽」是湅治者也〔一五三〕。「鄭司農云：散鹽湅治者」，下經自有鬻鹽，是湅治，故後鄭不從。○同上。○宰夫：以式法掌祭祀之戒具與其薦羞。薦，脯醢也。羞，庶羞内羞。○疏曰：言「式法」者，謂祭祀大小皆有舊法式，依而戒敕，使共具之。云「與其薦羞」者，謂亦戒具之也。又曰：按儀禮鄉飲酒、鄉射、燕禮諸單言薦者皆是脯醢，故知此薦亦脯醢。云「羞，庶羞、内羞」者，庶羞謂天子八豆、諸侯六豆之等，内羞謂祭祀食後所加。言「内」者，少牢所謂「房中之羞」糗餌粉餈是也。○同上。○腊人：凡祭祀，共豆脯、薦脯、膴胖，凡腊物。豆，音羞。胖，普半反，杜音板。○脯非豆實，豆當爲羞，聲之誤也。鄭司農云：膴，膺肉。鄭大夫云：胖讀爲判。杜子春讀胖爲版，又云：膴胖，皆謂夾脊肉。又云：禮家以胖爲半體。玄謂：公食大夫禮曰「庶羞皆有大」者，此據肉之所擬祭者也。又引有司曰「主人亦一魚，加膴祭于其上」者，此據主人擬祭者，膴與大亦一也。内則曰「麋鹿、田豕、麕皆有胖」，足相參正也。大者，胾之大臠。膴者，魚之反覆。膴又詁曰大，二者同矣，則是膴亦牒肉大臠，胖宜爲脯而腥。胖之言片也，析肉意也。禮固有腥腍爓，雖其有爲孰之，皆先制乃亨。○夾戚，古洽反，又古協反。食，音嗣。麕，京倫反。覆，芳服反。腍，而甚反。爓，徐廉反。亨，普庚反。○疏曰：知「脯非豆實」者，按籩人職有栗脯，則脯是籩實，故云脯非豆實也。知「豆當爲羞」者，按籩人職云「凡祭祀，共其籩薦羞之實」。鄭云：「未飲未食曰薦，已飲已食曰羞。」羞薦相對。下既言薦脯，明上當言羞脯也。「鄭司農云：膴脟肉，鄭大夫胖讀爲判，杜子春讀胖爲版。又云：膴胖皆謂夾脊肉。又云：禮家以胖爲半體」者，文無所出，皆非也。「玄謂公食大夫禮曰庶羞皆有大者，此據肉之所擬祭者也。又引有司曰主人亦一魚加膴，祭於其上」者，此據主人擬祭者也。膴與大亦一也。「內則曰：麋鹿、田豕、麕皆有胖，足相參正」者，注引有司并公食大夫二處，證膴是大臠。引內則，明胖與膴不同，故云「足相參正」。云「大者截之大臠」者，重解公食大夫。云「膴者魚之反覆」者，反覆謂魚生時在腹下，今加之於上。云「膴又詁曰大」者，據爾雅釋詁文。云「二者同矣」者，大共膴同是一，則膴是牒肉大臠，同將祭先也。云「胖宜爲脯而腥」，謂肉薄不煑者。云「胖之言片析肉意」者，此解胖是薄義。云「禮固有腥膍爓，雖其有爲孰之」者，祭祀之禮，豚解而腥之，又有體解而爓之，又有薦孰之禮。禮經固有此三者〔一五四〕，皆當先制爲胖。言此者，證胖與膴不同，破諸家之意。○同上。○量人：凡祭祀，制其從獻脯燔之數量。鄭司農云：從獻者，肉殽從酒也。玄謂：燔從於獻，酒之肉炙也。數，多少也。量，長短也。○炙，章夜反。○疏曰：云「凡」者，以其天地宗廟饗食事廣，祭禮獻以燔從，故總之言也。又曰：先鄭云「從獻者，肉殽從酒也」，後鄭不從者，以肉殽從酒，禮所不言。按特牲、少牢云主人獻尸以肝，從主婦獻尸以燔從，故後鄭據此以爲從獻以燔〔一五五〕。詩云：「載燔載烈。」毛傳云：「傅火曰燔，貫之加於火曰烈。」燔雖不貫，亦是炙肉，故鄭云炙肉。「數多少也，量長短也」者，按儀禮脯十脡，各長尺二寸，是多少長短。燔之數量未聞。○夏官○外饔：外祭祀，共其脯脩、刑膴，陳其鼎俎，實之牲體魚腊。注疏見上犧牲條。○亨人：祭祀，共大羹鉶羹。大羹，肉湆。鄭司農云：大羹，不致五味。鉶羹，加鹽菜矣。○湆，去及反。○疏曰：云「祭祀共大羹」者，大羹肉湆，盛於登，謂大古之羹。不調以鹽菜及五味，謂鑊中煮肉汁，一名湆，故鄭云大羹肉湆。云「鉶羹」者，謂是陪鼎膷臐膮牛用藿，羊用苦〔一五六〕，豕用薇，調以五味，盛之於鉶器，即謂之鉶羹。若盛之於豆，即謂之庶羞，即公食大夫十六豆膷臐膮等也〔一五七〕。○天官○司士：凡祭祀，帥其屬羞俎豆。注疏見上犧牲條。○大司馬：大祭祀，羞牲魚，授其祭。注疏見上犧牲條。○小司馬：小祭祀，掌其事如大司馬之法。注疏見上犧牲條。○小子：祭祀贊羞。疏曰：贊羞，謂若上文大司馬職云「祭祀，羞魚牲」之等，此官即贊之。○夏官

右庶羞○記：庶羞不踰牲。祭以羊，則不以牛肉爲羞〔一五八〕。○疏曰：按有司徹是少牢之祭，云：「宰夫羞房中之羞。」注：「酏食，糝食。」內則云「糝取牛羊豕之肉」，得用牛者，祭既用少牢，則糝亦不用牛肉，以羊肉爲羞。○王制○水草之菹，陸産之醢，小物備矣。三牲之俎，八簋之實，美物備矣。昆蟲之異，草木之實，陰陽之物備矣。水草之菹，芹茆之屬。陸産之醢，蚳蝝之屬。天子之祭八簋。昆蟲，謂温生寒死之蟲也。內則可食之物有蜩、范。草木之實，蔆芡榛栗之屬。○蜩，音條。○疏曰：云「水草之菹，芹茆之屬」者，按醢人云：「加豆之實，芹菹、兔醢」，「朝事之豆，茆菹、麇臡」，是芹茆也。又有「朝事之豆，昌本、麋臡」，「加豆之實」有「深蒲醓醢、箈菹鴈醢、筍菹魚

醢」。其昌本、深蒲、箈筍是水草，故云「之屬」。云「陸産之醢，蚳蝝之屬」者，按醢人「饋食之豆蜃蚳」，蝝即蚳之類，醢人「加豆之實」有兔醢，又有醓醢，皆是陸産，故云「之屬」。云「天子之祭八簋」者，明堂位云「周之八簋」，又特牲士「兩敦」，少牢「四敦」，則諸侯六，故天子八。云「内則可食之物有蜩范」者，蜩，蟬也，范，蜂也，昆蟲之屬。云「草木之實，蔆芡榛栗之屬」者，按籩人「加籩之實」有蔆芡，「饋食之籩」有棗栗榛實，是草木，故云「之屬」。凡天之所生，地之所長，苟可薦者，莫不咸在。咸，皆也。○疏曰：此一經總結上文，既内自盡外，又求助祭之事，苟可薦者悉在，祭用則上陰陽之物備矣是也。○祭統○餕餘不祭，父不祭子，夫不祭妻。食人之餘曰餕。餕而不祭，唯此類也。食尊者之餘則祭盛之。○疏曰：餕者，食餘之名。祭謂祭先也。因前有賜餘，故明食人之餘不祭者也。凡食人之餘及日晚食朝饌之餘，皆云餕。故玉藻云：「日中而餕。」鄭云：「餕，食朝之餘也。」今此明凡食餘悉祭。若不祭者，唯此下二條也。「父不祭子，夫不祭妻」者，若父得子餘，夫得妻餘，不須祭者，言其卑故也，非此二條悉祭也。父得有子餘者，熊氏云：謂年老致仕，傳家事於子孫，子孫有賓客之事，故父得餕其子餘。夫餕其妻餘者，謂宗婦與族人婦燕飲有餘，夫得食之。○曲禮上○穀梁子曰：四時之田，皆爲宗廟之事也。春曰田，取獸於田。夏曰苗，因爲苗除害，故曰苗。秋曰蒐，蒐，擇之，舍小取大。冬曰狩。狩，圍狩也。冬物畢成，獲則取之，無所擇。○疏曰：四時田獵，若用時王之正，則周之冬是夏之秋。而云「畢成」者，冬是一時總名，周之十二月，夏之十月，萬物已收，故得以畢成言之。四時之田用三焉，唯其所先得，一爲乾豆，上殺中心，死速，乾之以爲豆實，可以祭祀。○疏曰：何休云：「自左膘射之，達於右腢中心，死疾」，「故乾而豆之以薦宗廟。豆，祭器名，狀如鐙，天子二十有六，諸公十有六，諸侯十有二，卿上大夫八，下大夫六，士三也。」大夫已上，禮器之文。士三者，相傳爲說。二爲賓客，次殺射髀骼，死差遲。○疏曰：何休云：「自左膘射之，達於右髀，遠心，死難」，故爲次殺。毛傳云：「次殺者，射右耳本次之。」今注云「射髀骼」，則與彼異也。髀骼者，按儀禮「髀，骨膝以上者」是也。三爲充君之庖。下殺中腸污泡，死最遲。先宗廟，次賓客，後庖厨，尊神敬客之義。○疏曰：何休云：「自左膘射之，達於右髃。」毛傳云：「左髀達於右髃，爲下殺。」此云中腸，同彼二説並無妨也。○桓公四年傳○鳥獸之肉不登於俎，俎，莊呂反。則公不射。隱公五年春秋左氏傳○宣公夏濫於泗淵〔一五九〕，濫，漬也。漬罟於泗水之淵以取魚也。泗在魯城北，又曰在南門。里革斷其罟而棄之，罟，網也。曰：「古者大寒降，土蟄發，降，下也。寒氣初下，謂季冬建丑之月，大寒之後也。土蟄發，謂孟春建寅之月，蟄始震也。月令：孟春「蟄蟲始震，魚上冰，獺祭魚。」水虞於是乎講罛罶，取名魚，登川禽，而嘗之寢廟，行諸國，人助宣氣也。罛，音孤。罶，音柳。○水虞，漁師也，掌川澤之禁令。講，習也。罛，漁網也。罶，笱也。名魚，大魚也。川禽，鼈蜃之屬。諸，之也。是時陽氣起，魚陟負冰，故令國人取之，所以助宣氣也。月令：季冬「始漁」，「乃嘗魚，先薦寢廟。」唐云「孟春」，誤矣。鳥獸孕，水蟲成，孕，懷子也，此謂春時。獸虞於是乎禁罝羅，矠魚鼈以爲夏槁，罝，音嗟。矠，音策。○獸虞，掌鳥獸之禁令。罝，兔罟。

羅，鳥罟也。禁，禁不得施也。矠，擭也。槁，乾也。夏不得取，故於此時擭刺魚鼈以爲夏儲。○擭，七角反。助生阜也。阜，長也。鳥獸方孕，故取魚鼈助生物也。鳥獸成，水蟲孕，水虞於是乎禁罝罜麗〔一六〇〕，設穽鄂，罜，音獨。麗，音鹿。○罝，當爲罜。罝麗，小網也。穽，陷也。鄂，柞格，所以誤獸也。謂立夏鳥獸已成，水蟲懷孕之時，禁魚鼈之網，設取獸之物也。以實廟庖，畜功用也。畜，休又反。○以獸實宗廟庖厨也。而長魚鼈，畜四時功，足國財用也。且夫山不槎櫱，槎，斲也。以株生曰櫱。澤不伐夭，草木未成曰夭。魚禁鯤鮞，鯤，魚子也。鮞，未成魚也。獸長麑麌，麌，一老反。○鹿子曰麑，麋子曰麌。鳥翼鷇卵，鷇，音寇，一音確。○翼，成也。生哺曰鷇，未乳曰卵。蟲舍蚳蝝，蚳，螘子也，可以爲醢。蝝，蝠蜪也，可食。舍，不取也。蕃庶物也，古之訓也。蕃，息也。今魚方別孕，不教魚長，又行網罟，貪無藝也。」別，別於雄而懷子也。藝，極也。○國語魯語○屈到嗜芰，屈到，楚卿屈蕩子子夕也。芰，蔆也。有疾，召其宗老而屬之，家臣曰老。宗老，爲宗人者。曰：「祭我必以芰。」及祥，祥，祭也。宗老將薦芰，屈建命去之。建，屈到之子子木也。宗老曰：「夫子屬之。」夫子，屈到也。子木曰：「不然。夫子承楚國之政，承，奉也。其法刑在民心而藏在王府，上之可以比先王，下之可以訓後世，雖微楚國，諸侯莫不譽。微，無也。雖使無楚國之稱，諸侯猶皆譽之以爲善也。其祭典有之曰：國君有牛享，諸侯以大牢也。大夫有羊饋，羊饋，少牢也。士有豚犬之奠，士以特牲。庶人有魚炙之薦，炙，之夜反。○

庶人祀以魚。籩豆脯醢則上下共之。共之，以多少爲差也。不羞珍異，不陳庶侈。羞，進也。庶，衆也。侈，猶多也。夫子不以其私欲干國之典。」遂不用。干，犯也。○國語楚語○豐卷將祭，請田焉，子産弗許，卷，眷勉反，徐居阮反。○田，獵也。曰：「唯君用鮮，鮮，野獸。衆給而已。」衆臣祭以芻豢爲足。○芻，初俱反。豢，音患。牛羊曰芻，犬豕曰豢。○襄公三十年春秋左氏傳

舍人：以歲時縣種稑之種，以共王后之春獻種。縣，音玄。種，直龍反。稑，音六。種，章勇反，下同。○縣之者，欲其風氣燥達也。鄭司農云：春，王當耕於藉〔一六一〕，則后獻其種也。后獻其種，見内宰職。○疏曰：内宰注云：「先種後熟謂之種，後種先熟謂之稑。」彼内宰上春后獻種，示不敢壞，且助王耕事，此云「歲時縣」者，從納禾治得子即縣之，以至春獻之，是以先鄭云：春，王當耕於藉，則后獻其種也。○地官○内宰：上春，詔王后帥六宮之人，而生種稑之種而獻之于王。六宮之人，夫人以下分居后之六宮者。古者使后宮藏種，以其有傳類蕃孳之祥。必生而獻之，示能育之，使不傷敗，且以佐王耕事，共禘郊也。鄭司農云：先種後熟謂之種，後種先熟謂之稑。王當以耕種於藉田。玄謂：詩云：「黍稷種稑。」是也。夫人以下，分居后之六宮者，每宮九嬪一人，世婦三人，女御九人，其餘九嬪三人，世婦九人，女御二十七人從后，唯其所燕息焉。從后者，五日而沐浴，其次又上十五日而遍云。夫人如三公，從容論婦禮。○疏曰：「上春」者，亦謂正歲，以其春事將興，故云上春也。内宰以上春建寅之月，又詔告王后帥領六宮之人〔一六二〕，而生種稑之種而獻之於王者，一則助王耕事，二則示於宮内無傷敗之義也。又曰：云「古者使后宮藏種，以其有傳類蕃孳之祥」者，王妃百二十人，使之多爲種

類。藏種者，亦是種類蕃孳之祥，故使藏種也〔一六三〕。云「必生而獻之，示能育之，使不傷敗」者，生此種乃獻之，非直道此種不傷敗，示於宮内懷孕者亦不傷也。云「且以佐王耕事」者，王親耕，后親蠶，皆爲祭事。今后雖不耕，藏種獻之者，亦是佐王耕事。云「共禘郊也」者，禘謂祭廟，郊謂祀天，舉尊言之，其實山川社稷等皆用之也。「鄭司農云：先種後熟謂之穜，後種先熟謂之稑」者，今世見有此先種後熟、後種先熟，目驗可知也。「玄謂詩云『黍稷穜稑』是也」，此增成先鄭義，亦以其先鄭直云先種後種，不見穀名，後鄭意黍稷皆有穜稑。云「夫人以下，分居后之六宮」者，此已下亦是增成鄭義。所分居者，唯據九嬪以下。三夫人不分居，而云三夫人以下，則除三夫人，亦得爲三夫人以下也。云「每宮」者，后六宮，故云每，此言與下爲目也。九嬪一人者，九嬪九人，六宮各一人，則三人在也。「世婦三人」者，世婦二十七人，六宮每宮三人，則九人在也。「女御九人」者，女御八十一人，六宮宮各九人，餘二十七人在也。「其餘」，謂不分者，故云其餘九嬪三人，世婦九人，女御二十七人也。云「從后唯其所燕息焉」者，后不專居一宮，須往即停，故云「唯其燕息焉」。云「從后者五日而沐浴」者，凡侍尊者須潔淨，故須沐髮浴身體也。「其次又上十五日而遍云」者，鄉所分居六宮，九嬪以下皆三分之一分從后，兩分居宮〔一六四〕，假令月一日一分從后，至月五日，從后者五日滿，則右邊三宮之中舊居宮者來替此從后者，從后者又來入右邊三宮從后者，至十日又滿，則左邊三宮者來替此從后者，從后者來居左邊三宮，又至十五日，則三番總遍，故云十五日而遍。「云」者，無正文，鄭以意配之，故言「云」以疑之。云「夫人如三公從容論婦禮」者，王后六宮，夫人有三分居不遍，因即尊之。三公坐與王論道，三夫人尊卑與三公同，三公侍王，三夫人亦侍后，故取並焉者，以證三夫人不分居宫之義也。

○天官○孟春，擇元辰，天子親載耒耜，措之于參保介之御間，帥三公九卿諸侯大夫躬耕帝藉。天子三推，三公五推，卿諸侯九推。元辰，蓋郊後吉辰也。耒，耜之上曲也。保介，車右也。置耒於車右與御者之間，明已勸農，非農者也。人君之車，必使勇士衣甲居右而參乘，備非常也。保，猶衣也。介，甲也。帝藉，爲天神借民力所治之田也。○疏曰：甲、乙、丙、丁等謂之日，郊之用辛。上云元日，子、丑、寅、卯之等，謂之爲辰。耕用亥日，故云元辰。「天子親載耒耜」者，謂天子所乘車上親載耕田之耒耜。「措之於參保介御之間」者，措，置也。保介，車右也。御者，御車之人。車右及御人皆是主參乘，於時天子在左，御者在中，車右在右。言置此耒器於參乘保介及御者之間，然後帥三公九卿而往南郊躬耕藉田也。又曰：知用亥者，以陰陽式法，正月亥爲天倉，以其耕事，故用天倉也。盧植、蔡邕並云：郊天是陽，故用日；耕藉是陰，故用辰。元者，善也。郊雖用日，亦有辰，但日爲主耕之用，辰亦有日，但辰爲主。皇氏云：正月建寅，日月會辰在亥，故耕用亥也。未知然否。云「置耒耜於車右與御者之間，明已勸農，非農者也」，王既親載耒器，置耒應須近王。今置耒乃於參御二人之間，不近王者，明王之已身但是勸農，故載耒耜，非實農人，故不近耒器也。所以車右衣甲者，以人君尊重，故使勇士衣甲居右，備非常也。云「保猶衣」者，保即褓保，保謂小被，所以衣覆小兒，故云保猶衣也。云「帝藉，爲天神借民力所治之田」者，耕藉所以爲帝藉者，舉尊言之，故祭義云：「天子爲藉千畝」，以共齊盛。又國語云：「宣王即位，不藉千畝，虢文公諫曰：『夫民之大事在農，上帝之粢盛於是乎出。』」是藉田共上帝，故云爲天神借民力所治之田也。按此立春後始郊，郊之後始耕，按國語：「先時九日」，太史告以耕事。注：「先，先立春日也。」謂先立春之前以耕，與此不同者。國語告耕在立春之前，其實耕時在立春之後，故國語下云：「先時五日」，「王即齊宮。」注：「先耕時也。」是耕前五日，王即齊宮而齋，是知親耕在立春之後也。此言「天子三推，公五推，卿諸侯九推」，按國語「王耕一墢，班三之」，賈逵注：「班，次也，謂公卿大夫也，三之下各三其上也。王一墢，公三墢，卿九墢，大夫二十七墢。」天子三推，公五推，卿諸侯九推，此是貴賤耕墢相三之數也。不云士者，士賤不與耕也，故國語云：「庶人終於千畝。」又周禮甸師是下士，云「帥其屬，而耕耨王藉」，鄭注云：「庶人，謂徒三百人。」反，執爵于太寢。三公九卿諸侯大夫皆御，命曰勞酒。既耕而宴飲，以勞羣臣也。太寢，路寢。御，侍也。○疏曰：按國語：耕後，「宰夫陳饗」，「膳夫贊王，王歆太牢」。是耕後設饗。而此云「既耕而燕飲」者，饗禮在廟，燕禮在寢，此云「執爵於太寢」，故知燕也。國語云饗者，蓋用饗之饌具，而行燕禮以勞羣臣。按上迎春而反賞公卿大夫於路寢門外正朝，此耕藉而反勞羣臣在於路寢。不同者，爵賞公事與衆共之，故在正朝；燕勞私禮主於歡心，故在路寢。○月令○甸師：掌帥其屬而耕耨王藉，以時入之，以共齍盛。耨，乃豆反。○其屬，府史胥徒也。耨，芸芓也。王以孟春躬耕帝藉，天子三推，三公五推，卿諸侯九推，庶人終於千畝。庶人，謂徒三百人。藉之言借也，王一耕之，而使庶人芸芓終之。齍盛，祭祀所用穀也。粢，稷也。穀者稷爲長，是以名云。在器曰盛。○芓，音子，徐音茲。推，他回反。○疏曰：言「掌帥其屬」者，謂除府史有胥三十人，徒三百人，而耕種耘耨於王之藉田。言「以時入之」者，謂麥則夏熟，禾黍秋熟，則十月穫之，送入地官神倉，故云以時入之。云「以共齍盛」

者，六穀曰粢，在器曰盛，以共祭祀，故云以共粢盛。又曰：云「其屬，府史胥徒也」者，敘官知之。云「耨芸芓也」者，詩云：「或芸或芓。」芸，葪。芓，擁本是也。云「王以孟春」至「諸侯九推」，並是月令文。言「躬耕帝藉」者，天子親耕，三推是也。言帝藉者，藉田之穀，衆神皆用，獨言帝藉者，舉尊言之。云「天子三推」者，三推而一墢。云「三公五推」者，五推而三墢。「卿諸侯九推」者，九推而五墢，故周語云：「王耕一墢，班三之。」云「庶人終於千畝」，亦周語文。天子藉田千畝在南郊，自天子三推已下，示有恭敬鬼神之法，又示帥先天下，故暫時耕。終之者，庶人也。鄭解周語庶人者，謂此序官徒三百人也。云「粢稷也」者，爾雅文。云「穀者稷爲長是以名云」者，此釋經及爾雅特以粢爲號。知「稷爲五穀長」者，按月令中央土云「食稷與牛」，五行土爲尊，故知稷爲五穀長。及爾雅以稷爲粢，通而言之，六穀皆是粢，故小宗伯云「辨六粢之名物」是也。

○天官○季秋，乃命冢宰，農事備收，備，猶盡也。舉五穀之要，定其租稅之簿。藏帝藉之收於神倉，祇敬必飭。重粢盛之委也。帝藉，所耕千畝也。藏祭祀之穀爲神倉。祇，亦敬也。○疏曰：「帝藉」者，供上帝之藉田也。「神倉」者，貯祀鬼神之倉也。言天子於此月，命冢宰藏此帝藉所收禾穀於此神倉之中，當須敬而復敬，必須飭正。又曰：委謂委積之物，重此粢盛委積之物，故內於神倉。公羊傳桓十四年：「御廩災。御廩者何？粢盛委之所藏。」皇氏云：委謂輸也。其義非。云「帝藉所耕千畝」者，鄭康成云：藉之言借也，借民力所治之田也。祭義云：「天子爲藉千畝，冕而朱紘，躬秉耒。」祭統云：「天子親耕於南郊。」是藉田在南郊也。云「藏祭祀之穀爲神倉」者，以其供神之物，故曰神倉。「祇亦敬」者，經有敬字，祇又訓爲敬，故云祇亦敬。言敬者，恒以敬敬爲心，不有怠慢也。○月令○小宗伯：辨六齍之名物與其用，使六宮之人共奉之。齍讀爲粢。六粢，謂六穀：黍、稷、稻、粱、麥、苽。○疏曰：六穀云名物，謂六穀各有名，其色異，故云名物也。云「與其用」者，六穀所用，若六牲、六彝所用不同，故須辨之。云「使六宮之人共奉之」者，黍稷簠簋是婦人所奉之事，故使六宮之人奉之。六宮之人，謂若世婦職云女官之宿戒者也。又曰：讀齍爲粢者，爾雅釋草：「粢，稷也。」粢字從米，以次爲聲。其齍字從皿，以齊爲聲。從皿不如從米，故讀粢也。云六粢「黍、稷、稻、粱、麥、苽」者，約食醫和王六食云黍、稷、稻、粱、麥、苽而言。○春官○廩人：大祭祀，則共其接盛。接，讀爲壹扱再祭之扱。扱以授舂人舂之。大祭祀之穀，藉田之收藏於神倉者也，不以給小用。○扱，初洽反，劉初輒反，又差及反，創涉反。○疏曰：此即廩人兼掌御廩所藏藉田之收，以共祭祀之用者也。鄭必讀接爲壹扱再祭之扱者，此粗米與舂人舂之，當須扱與舂人，無取於接義，故讀如特牲、少牢云「藏於神倉者也」者，據月令而言。知「不給小用」者，祭義云：天子藉田千畝，諸侯藉田百畝，以事天地社稷先公，敬之至也。是不給小用也。○地官○舂人：祭祀，共其齍盛之米。齍盛，謂黍稷稻粱之屬，可盛以爲簠簋實。○疏曰：器實曰齍，則黍稷稻粱是也；在器曰盛，則簠簋是也。故鄭總言齍盛，謂黍稷稻粱之屬。屬中兼有麥苽，可盛以爲簠簋之實也。○同上。○小宗伯：大祭祀，祭之日，逆齍。逆齍，受饎人之盛以入。○饎，昌志反。○疏曰：其「逆齍」即大宗伯「涖玉齍」者是也。大宗伯涖之，小宗伯迎之，是相佐也。又曰：知「齍，受饎人之盛以入」者，按少牢饎爨在廟門之外也，明天子諸侯饎爨亦在廟門外，今言迎齍，明於廟門之外迎入，向廟堂東，實之於簠簋也。○春官○小祝：大祭祀，逆齍盛。疏曰：云「逆齍盛」者，祭宗廟饋獻後，尸將入室食，小祝於廟門外迎饎人之齍盛，於廟堂東實之，薦於神座前。○同上。○舍人：凡祭祀，共簠簋，實之，陳之。方曰簠，圓曰簋，盛黍稷稻粱器。○疏曰：祭祀言凡，則天地宗廟大次小祭皆有，黍稷於簠簋，實之陳之，故云「凡」以廣之也。又曰：云「方曰簠，圓曰簋」者，據外而言。按孝經云「陳其簠簋」注云：内圓外方，受斗二升者。直據簠而言，若簋則内方外圓。知皆受斗二升者，瓬人云：「爲簋，實一觳。」豆實三而成觳。豆四升，三豆則斗二升可知。但外神用瓦簋，宗廟當用木，故易「損卦」云「二簋可用享」。「損卦」以離巽爲之，離爲日，日圓，巽爲木，木器圓，簋象，是用木明矣。云「盛黍稷稻粱器」者，按公食大夫簠盛稻粱，簋盛黍稷，故鄭總云「黍稷稻粱器」也。○地官○肆師：祭之日，表齍盛告絜。粢，六穀也。在器曰盛。故書表爲剽，剽、表皆謂徽識也。○剽，芳遥反。識，式志反，又昌志反。○疏曰：云「祭之日，表齍盛告絜」者，當祭之日，具其黍稷等盛於簠簋，陳於廟堂東，又以徽識表其旌，書其黍稷之名以表之，又告絜淨。又曰：爾雅云：「粢，稷也。」彼特訓粢爲稷者，以稷爲五穀之長，其總而言之，六穀皆是粢，故此經總六穀爲粢，故鄭云：粢，六穀也。按食醫和王六食[一六五]：黍、稷、稻、粱、麥、苽。六食即膳夫云六穀一物，故鄭云六穀也。云「皆謂徽識也」者，以剽、表字雖不同，具是徽識也。於六粢之上皆爲徽識，小旌書其黍稷之名以表之。餘饌不表，獨此表之者，以其餘器所盛各異，覩器則知。其實此六穀者簠盛稻粱，簋盛黍稷，皆有會蓋覆之。覩器不知其實，故特須表顯之也。○春官○大宗伯：奉玉齍。玉，禮神之玉也。始涖之祭，又奉之。○疏曰：齍謂黍稷天地，當盛以瓦簋。

右粢盛○傳：昔者天子爲藉千畝，冕而朱紘，躬秉耒；諸侯爲藉百畝，冕而青紘，躬秉耒：以事天地山川、社稷先古，以爲醴酪齊盛，於是乎取之。齊，音咨，下同。○藉，藉田。先古，先祖。○疏曰：以君子報親，不敢不盡心以事之，故古天子諸侯有藉田以親耕，以事天地山川社稷先古者。上雖總論天子諸侯，此言天地者，特據天子自外則通。先古，謂先祖也。以爲醴酪齊盛於是乎取之者，爲祭祀諸神醴酪粢盛之屬，於是乎藉田而取之。○祭義○天子親耕於南郊，以共齊盛。諸侯耕於東郊，亦以共齊盛。齊，或作粢。東郊，少陽，諸侯象。○少，詩照反。○疏曰：鄭云王藉田在遠郊，故甸師氏掌之。「諸侯耕於東郊，亦以共齊盛」者，天子太陽，故南也；諸侯少陽，故東也。然藉田並在東南，故王言南，諸侯言東。○祭統○宣王即位，不藉千畝，藉，借也，借民力以爲之。天子藉田千畝，諸侯百畝。自厲王之流，藉田禮廢，宣王即位，不復遵古。虢文公諫曰：「不可。賈侍中云：文公，文王母弟虢仲之後，爲王卿士。昭謂：虢叔之後，西虢也。宣王都鎬，在畿內。夫民之大事在農，穀，民之命，故農爲大事。上帝之粢盛於是乎出，出於農也。器實曰粢，在器曰盛。民之蕃庶於是乎生，蕃，息也。庶，衆也。事之共給於是乎在，共，具也。給，足也。和協輯睦於是乎興，協，合也。輯，聚也。睦，親也。財用蕃殖於是乎始，殖，長也。敦庬純固於是乎成，敦，厚也。庬，大也。是故稷爲大官。民之大事在農，故稷之職爲大官。古者大史順時覛土，覛，音脉。○覛，視也。陽癉憤盈，土氣震發，癉，丁佐反。○癉，厚也。憤，積也。盈，滿也。震，動也。發，起也。農祥晨正，農祥，房星也。晨正，謂立春之日，晨中於午也。農事之候，故曰農祥。日月底于天廟，底，至也。天廟，營室也。孟春之月，日月皆在營室。土乃脉發。脉，理也。農書曰：「春土冒橛，陳根可拔，耕者急發。」○橛，居月反。先時九日，先，先立春日也。大史告稷曰：『自今至于初吉，初吉，二月朔日也，詩云：「二月初吉。」陽氣俱烝，土膏其動。烝，升也。膏，潤也。其動，潤澤欲行。弗震弗渝，脈其滿眚，穀乃不殖。』震，動也。渝，變也。眚，災也。言陽氣俱升，土膏欲動，當即發動變寫其氣。不然，則脉滿氣結，更爲災病，穀乃不殖。稷以告以太史之言告王。王曰：『史帥陽官以命我司事。史，太史。陽官，春官。司事，主農事官也。曰：「距今九日，土其俱動。距，去也。王其祗祓，監農不易。」』祓，音弗[一六六]。○祗，敬也。祓，齋戒祓除也。不易，不易物土之宜。王乃使司徒咸戒公卿、百吏、庶民，百吏，百官也。庶民，甸師氏所掌之民。主耕耨王之藉田者。司空除壇于藉，司空，掌地也。命農大夫咸戒農用。農大夫，田畯也。農用，田器也。先時五日，先耕時也。瞽告有協風至，瞽，樂大師[一六七]，知風聲者。協，和也，風氣和，時候至也。立春曰融風。王即齋宮，所齋之宮。百官御事，各即其齋三日，御，治也。王乃淳濯饗醴。淳之，純反。○淳，沃也。濯，溉也。饗，飲也。謂王沐浴飲醴酒。及期，期，耕日也。鬱人薦鬯，鬱，鬱金香草，宜以和鬯酒也。周禮鬱人：「掌祼器，凡祭祀賓客」，「和鬱鬯以實彝而陳之。」共王之齊鬯。犧人薦醴，犧人司尊也，掌共酒醴者。王祼鬯，饗醴乃行，祼，灌也。灌鬯、飲醴，皆所以自香絜。百吏庶民畢從。及藉，后稷監之，監，察也。膳夫、農正陳藉禮，膳夫，上士也，掌王之飲食膳羞之饋食。農正，田大夫，主敷陳藉禮而祭其神，爲農祈也。○爲，于僞反。大史贊王，贊，道也。王敬從之。王耕一墢，墢，音鉢，又音戊。○一墢，一耜之墢也。王無耦，以一耜耕。班三之，班，次也。三之，下各三其上也。王一墢，公三，卿九，大夫二十七。庶人終于千畝。終，盡耕也。其后稷省功，大史監之；司徒省民，大師監之。畢，宰夫陳饗膳，宰監之。宰夫，下大夫也。膳宰，膳夫也。膳夫贊王，王歆大牢，歆，饗也。班嘗之，公、卿、大夫也。庶人終食。終，畢也。是日也，瞽帥音官以省風土。音官，樂官也。風土，以音律省土風，風氣和則土氣養。廩于藉東南，鍾而藏之，廩，御廩，一名神倉。東南，生長之處。鍾，聚也。謂爲廩以藏王所藉田，以奉齍盛。○齍，音咨。盛，音成。而時布之于農。布，賦也。稷則徧戒百姓，紀農協功，紀，猶綜理也。協，同也。曰：『陰陽分布，震雷出滯。』陰陽分，日夜同也。滯，蟄蟲也。明堂月令曰：「日夜分，雷乃發聲，始電，蟄蟲咸動，啓户始出。」土不備墾，辟在司寇。墾，發也。辟，罪也。在司寇，司寇行其罪。乃命其旅曰：『徇，旅，衆也。徇，行也。農師一之，一之，先往也。農師，上士。農正再之，農正，后稷之佐，田畯也，故次農師。后稷三之，后稷，農官之君，故次農正。司空四之，司空，主道路溝洫，故次后稷。司徒五之，司徒省民，故次司空。大保六之，大師七之，大保、大師，天子三公，佐王論道，氾監衆官，不特掌事，故次司徒。大史八之，大史，掌逆官府之治，故次大師。宗伯九之，宗伯，卿官，掌相王之大禮。若王不與祭，則攝位，故次大史。王則大徇。大徇，帥公卿大夫親行農也。耨穫亦如之。』如之，如耕時也。民用莫不震動，恪恭于農，用，謂田器也。脩其疆畔，日服其鎛，不解于時，鎛，音博。○疆，境也。畔，界也。鎛，鋤屬。財用不乏，民用和同。是時也，王事唯農是務，無有求利於其官以干農功，求利，謂變易役，使干亂農功。三時務農而一時講武，三時，春、夏、秋。一時，冬也。講，習也。故征則有威，守則有財。若是，乃能媚於神媚，説也。而和於民矣。則享祀時至，而布施優裕也。優，饒也。裕，緩也。今天子欲脩先王之緒而棄其大功，匱神之祀而困民之財，匱神之祀，不耕藉也。困民之財，取於民也。將何以求福用民？」王弗聽。三十九年，戰于千畝，王師敗績于姜氏之戎。國語周語○父母既没，必求仁者之粟以祀之，此之謂禮終。喻貧困，猶不取惡人物以事亡親。○祭義○公羊子曰：魯祭周公，何以爲盛？據牲異也。周公盛，盛者，新穀。魯公燾，○燾者，冒也，故上一新也○〔一六八〕。疏曰〔一六九〕：正以燾詁爲覆故也，若似周書「燾以黄土」之類也。然則，言周公盛者，謂新穀滿其器；言魯公燾者，謂下故上新，裁可半平。羣公廩。廩者，連新於陳上，財令半相連爾。此謂方祫祭之時，序昭穆之差。○疏曰：廩者，謂全是故穀，但在上少有新穀，財得相連而已，故謂之廩。廩者希少之名，是以鄭注云：廩，讀如羣公廩之廩者是也。此謂方祫祭之時，序昭穆之差者，正以若其時祭粢食精鑿，羣公之饌一何至此？故知正是祫祭之時。序昭穆之差，所以降於尊祖故也。○文公十三年傳○孔子侍坐於哀公，賜之桃與黍焉。哀公曰：「請用。」孔子先食黍，而後食桃，左右皆掩口而笑。公曰：「黍者所以雪桃，非爲食之也。」孔子對曰：「丘知之矣。然夫黍者五穀之長，郊禮宗廟以爲上。盛果屬有六，而桃爲下，祭祀不用，不登郊廟。丘聞之：君子以賤雪貴，不聞以貴雪賤。今以五穀之長雪果之下者，是從上雪下，臣以爲妨於教，害於義，故不敢。」家語子路初見○米廪，有虞氏之庠。庠序，亦學也。庠之言詳也，於以考禮詳事也，魯謂之米廪，虞帝上孝，今藏粢盛之委焉。○疏曰：米廪，是有虞氏之庠也者，魯以虞氏之庠爲廪，以藏粢盛。○明堂位○桓公十四年秋，八月壬申，御廪災。御廪，公所親耕以奉粢盛之倉也。天火曰災，例在宣十六年。○疏曰：傳稱：「御廪災。乙亥，嘗。書，不害也。」明嘗之所用是御廪之所藏也。禮記祭義云：「天子爲藉千畝」，諸侯百畝，「躬秉耒，以事天地山川社稷先古」，「敬之至也。」穀梁傳曰：「天子親耕，以共粢盛。王后親蠶，以共祭服。國非無良農工女也，以爲人之所盡事其祖禰，不若以己所自親者也。」月令：季秋「乃命冢宰」，「藏帝藉之收於神倉。」鄭玄云：「重粢盛之委也。帝藉，所耕千畝也。藏祭祀之穀，故爲神倉。」以此諸文，知御廪藏公所親耕以奉粢盛之倉也，廪即倉之别名。周禮廪人爲倉人之長，其職曰：「大祭祀，則共其接盛。」鄭玄云：接，讀爲扱。「扱以授舂人。大祭祀之穀，藉田之收藏於神倉者，不以給小用。」是公所親耕之粟，擬共祭祀，藏於倉廪，故謂之御廪。災其屋而不損其穀，故書曰

「不害也」。乙亥嘗。先其時，亦過也。既戒日致齊，御廩雖災，苟不害嘉穀，則祭不應廢，故書以示法。○先，悉薦反，又如字。齊，側皆反。○疏曰：八月建未，未是始殺，故云「先其時亦過也」。周禮大宰：「祀五帝」，「前期十日，帥執事而卜日，遂戒。」享先王亦如之。鄭玄云：十日者，「容散齊七日，致齊三日。」壬申在乙亥之前三日，是致齊之初日也。既已戒日致齊，御廩雖災，苟其不害嘉穀。有穀可以共祭祀，則祭不應廢，故書以示法也。若害穀，則當廢，不可苟用他穀故也。先時亦過，過則當書，但書過已有成例，故傳指言不害。故沈氏云：杜以先時亦過，過則當書，傳何以專言不害，此丘明之意。若非先時有災，不害亦書。若非御廩有災，先時亦書，進退明例也。服虔云：魯以壬申被災，至乙亥而嘗，不以災害爲恐。故衛難杜云：若救之則息，不害嘉穀，則傳當有救火之文。若如宋災，傳舉救火。今直言不害，明知不以災爲害。杜必爲不害嘉穀者，秦氏答云：傳所以不載救火者，傳以指釋經文，略舉其要，所以不載救火。至於宋、鄭之災，彼由簡牘備載，詳略不等，不可相難也。左氏曰：書不害也。災其屋，救之則息，不及穀，故曰「書不害」。穀梁子曰：御廩之災不志，以其微。○疏曰：云：災是大事，嘗亦不小而云微者，周之八月，夏之六月，其六月之末，容得立秋之節。祭未足可書，比之災則爲微，當合舉重。而今並書之者，是未易災之餘可志而已。見其不敬，故兼志之。如此解，則傳云「御廩之災不志」者，謂不當兼志之也。今以爲微者，直謂御廩災也。故徐邈云「不足志」是也。徐又云：而嘗可也，言可以嘗。「可」上屬，與范注違，不得取之。此其志，何也？以爲唯未易災之餘而嘗可也，志不敬也。鄭嗣曰：唯以未易災之餘而嘗，然後可志也。用火焚之餘以祭宗廟，非人子所以盡其心力，不敬之大也。天子親耕，以共粢盛，天子親耕，其禮三推。黍稷曰粢，在器曰盛。○疏曰：月令：天子於孟春之月「乃擇元辰，天子親載耒耜，措之參保介之御間，帥三公九卿諸侯大夫躬耕帝藉。天子三推，公五推，卿諸侯九推。」是其文也。王后親蠶，以共祭服，王后親蠶，齊戒躬桑。夫人三繅，遂班三宮朱緑玄黄以爲黼黻文章。服既成，君服以祀之。○疏曰：王后親蠶，齊戒躬桑，月令文。「夫人三繅遂班三宮」云云，祭義文。故彼云：「古者天子諸侯必有公桑蠶室，近川而爲之，築宮仞有三尺，棘墻而外閉之。及大昕之朝，君皮弁素積，卜三宮之夫人世婦之吉者，使入蠶于蠶室，奉種浴于川，桑于公桑，風戾以食之。」鄭玄云：「大昕，季春朔日之朝也。諸侯夫人三宮，半王后也。」又云：「及良日，夫人繅，三盆手，遂布於三宮夫人世婦之吉者，使繅。遂朱緑之，玄黄之，以爲黼黻文章。服既成，君服以祀先王先公，敬之至也。」鄭玄云：「三盆手者，三淹也。凡繅，每淹大總，而手振之以出緒也。」是也。國非無良農工女也，以爲人之所盡事其祖禰，不若以己所自親者也。凱曰：夫治人之道，莫急於禮。禮有五經，莫重於祭。祭者，非物自外至者也，由中出者。身致其誠信，然後可以交於神明，祭之道也。○疏曰：「禮有」云云者，祭統文。鄭玄云：五經者，吉、凶、賓、軍、嘉也。「莫重於祭，謂以吉禮爲首也。大宗伯職曰：以吉禮事邦國之鬼神祇。」何用見其未易災之餘而嘗也？曰甸粟而内之三宮，三宮米而藏之御廩，甸，甸師掌田之官也。三宮，三夫人也。宗廟之禮，君親割，夫人親舂。○疏曰：傳言甸粟，知是掌田之官也。禮，王后六宮，諸侯夫人三宮也，故知「三宮」是三夫人宮也。禮「宗廟之禮，君親割，夫人親舂」者，文十三年傳文。傳「兼甸之事焉」者，納粟者甸師，而夫人親舂，是兼之也。夫嘗必有兼甸之事焉。夫人親舂，是兼甸之事。壬申御廩災，乙亥嘗，以爲未易災之餘而嘗也。鄭嗣曰：壬申、乙亥相去四日，言用日至少而功多，明未足及易而嘗。公羊子曰：御廩，粢盛委之所藏也。黍稷曰粢，在器曰盛。委，積也。御者，謂御用於宗廟。廩者，釋治穀名。禮，天子親耕東田千畝，諸侯百畝。后夫人親西郊采桑，以共粢盛、祭服，躬行孝道以先天下。○疏曰：「禮，天子親耕東田千畝」云云，皆出祭義之文。「御廩災，何以書」者，嫌覆問上粢盛委之所藏，故不但言何以書。御廩災，不如勿嘗而已矣。當廢一時祭，自責以奉天災也。知不以不時者，書本不當嘗也。○疏曰：周之八月，非夏之孟秋，而反爲嘗，故以不時言之〔一七〇〕。

季冬，乃命四監收秩薪柴，共郊廟及百祀之薪燎。共，音恭。燎，力召反。○四監，主山林川澤之官也。大者可析謂之薪，小者合束謂之柴。薪施炊爨，柴以給燎。春秋傳曰：「其父析薪。」今月令無「及百祀之薪燎」。○疏曰：以薪柴出於山林川澤，故四監爲山林川澤之官也。薪施吹爨柴以給燎者，以薪柴並文，故知各有所用。上云薪柴，下云薪燎，故知柴以給燎。引「春秋傳曰其父析薪」者，此昭七年左傳辭也。其父析薪，其子弗克負荷。引之者，證薪是粗大可析之物。云「今月令無及百祀之薪燎」者，謂無此句之文也。○月令○遂人：凡國祭祀，令野職。野職，薪炭之屬。○疏曰：云「野職，薪炭之屬」者，此官令之委人斂之，故下委人云：「掌斂野之賦。」又云：「斂薪芻，凡疏材木材，凡蓄聚之物。」言「之屬」者，兼此諸物也。○地官○委人：以式法共祭祀之薪蒸木材。委，於愧反。○式法，故事之多少也。薪蒸，給炊及燎，粗者曰薪，細者曰蒸。木材，給張事。○疏曰：云「式法，故事之多少也」者，總此一經皆當依舊法式用之〔一七一〕，故以式法目之也。云「薪蒸給炊及燎」者，以其祭祀所用薪蒸，無過炊米與燔燎也。知「粗者曰薪，細者曰蒸」者，左氏傳云：「其父析薪。」薪既云析，明其大者曰薪。其蒸不言析，明其細也。云「木材給張事」者，以其祭祀而云木材等，更無用木材之處。按掌次云：張大次小次及幕。並須木材，明據此所用，故云「給張事」。○同上○司烜氏：掌以夫遂取明火於日，共祭祀之明燭。烜，音毁。夫，方符反，司農音符。○云夫遂，陽遂也。取日之火，欲得陽之絜氣也，明燭以照饌陳〔一七二〕。鄭司農云：夫，發聲。○疏曰：云「夫遂陽遂也」者，以其日者，太陽之精，取火於日，故名陽遂。取火於木，故名爲木遂者也。云「明燭以照饌陳」者，謂祭日之旦，饌陳於堂東，未明，須燭照之。凡邦之大事，共墳燭庭燎。故書墳爲蕡。鄭司農云：蕡燭，麻燭也。玄謂：墳，大也，樹於門外曰大燭，於門内曰庭燎，皆所以照衆爲明。○疏曰：「大事」者，謂若大喪紀、大賓客，則皆設大燭在門外，庭燎在大寢之庭。又曰：先鄭從故書蕡爲麻燭，玄以其古者未有麻燭，故不從。是以禮記少儀云「主人執燭抱燋」，鄭云「未爇曰燋」，是知未有麻燭也。後鄭云「樹於門外曰大燭」者，非人所執也。燕禮云「甸人執大燭於庭」，不言樹者，彼諸侯燕禮，不樹於地，使人執。彼注云〔一七三〕：「庭大燭，爲位廣也。」此言大燭，亦爲位廣，又樹之於地也。云「於門内曰庭燎」者，於門内在庭中，故謂之庭燎。庭燎與大燭亦一也，皆所以照衆爲明，是以詩庭燎云：「夜如何？其夜未央。庭燎之光，君子至止，鸞聲鏘鏘。」謂宣王時諸侯來朝之事〔一七四〕。按郊特牲云：「庭燎之百，由齊桓公始也。」鄭云「庭燎之差，公蓋五十，侯伯子男皆三十」，大戴禮文。其百者，天子禮。庭燎所作，依慕容所爲，以葦爲中心，以布纏之，飴蜜灌之，若今蠟燭。百者，或以百根一處設之，或百處設之。若人所執者，用荆燋爲之，執燭抱燋，曲禮云「燭不見跋」是也。

○秋官○甸師：祭祀，共蕭茅。鄭大夫云：蕭，字或爲莤，莤讀爲縮。束茅立之祭前，沃酒其上，酒滲下去，若神飲之，故謂之縮。縮，浚也。故齊桓公責楚不貢包茅，王祭不共，無以縮酒。杜子春讀爲蕭。蕭，香蒿也。玄謂：詩所云：「取蕭祭脂。」郊特牲云：「蕭合黍稷，臭陽達於墻屋，故既薦，然後焫蕭合馨香。」合馨香者，是蕭之謂也。茅以共祭之苴，亦以縮酒，苴以藉祭。縮酒，泲酒也，醴齊縮酌。○滲，所鴆反。苴，音租，又子餘反。泲，子禮反。齊，才細反。○疏曰：此「祭祀共蕭茅」者，蕭謂香蒿，據祭祀宗廟時有之。若共茅，外内之神俱用，故云祭祀共蕭茅也。又曰：鄭大夫云「蕭字或爲莤。莤，讀爲縮」，鄭大夫必讀爲縮者，欲以蕭茅共爲一事解之。云「束茅立之祭前」者，此鄭大夫之意，取士虞禮束茅立几東，所以藉祭。此義蕭、茅共爲一，則不可。若束茅立之祭前，義得通。又引齊桓公責楚，謂左氏僖公四年傳辭。彼齊桓使管仲責楚云：「爾貢包茅不入，王祭不共，無以縮酒，寡人是徵。」楚伏其罪云：「敢不共給。」是也。杜子春讀爲蕭，於義爲是，故後鄭從之。云「玄謂詩所云取蕭祭脂」，見用蕭之時有脂。又引郊特牲者，欲見非直有脂，亦有黍稷。云「臭陽達於墻屋」者，謂饋獻之後，陰厭之節，取蕭與脂及黍稷焫燒之，取香氣上聞，故云「既薦，然後焫蕭合馨香」。云「茅以共祭之苴」者，則士虞禮束茅長五寸，立於几東，謂之苴者是也。云「亦以縮酒」者，左氏管仲辭是也。云「苴以藉祭」者，亦指士虞禮也。云「縮酒泲酒也」者，鄭君解義語。云「醴齊縮酌」者，司尊彝職文，此官共茅。司巫云：祭祀，共蒩館。茅以爲蒩。兩官共共者，謂此甸師共茅與司巫，司巫爲苴以共之，此據祭宗廟也。鄉師又云「大祭祀」，「共茅蒩」者，謂據祭天時，亦謂甸師氏送茅與鄉師爲苴以共之。若然，甸師氏直共茅而已，不共苴耳。○天官○鄉師：大祭祀，共茅蒩。蒩，子都反，一子餘反，杜側魚反，鄭將呂反。○杜子春云：蒩，當爲菹。以茅爲菹，若葵菹也。鄭大夫讀蒩爲藉，謂祭前藉也。易曰「藉用白茅，無咎」，玄謂：蒩，士虞禮所謂「苴川茅，長五寸，束之」者是也。祝設於几東席上，命佐食，取黍稷祭於苴三，取膚祭，祭如初。此所以承祭，既祭，蓋束而去之，守祧職云「既祭，藏其隋」是與？○菹，側魚反。苴，子都反〔一七五〕。隋，呼恚反，又相恚反。與，音餘。○疏曰：按大司徒職云「奉牛牲」，此又云「羞牛牲」者，鄉師佐大司徒，故此云羞牛牲也。云「共茅蒩」者，按甸師職云「共蕭茅」，彼直共茅與此鄉師，鄉師得茅束而切之，長五寸，立之祭前以藉祭，故云茅蒩也。又曰：「杜子春云：蒩，當爲菹。以茅爲菹，若葵菹」者，但茅草不堪食，故後鄭不從。「鄭大夫讀蒩爲藉，謂祭前藉」，此後鄭從之。又引「易曰藉用白茅無咎」者，大過初六爻辭。引之者，證蒩爲藉之義。「玄謂：蒩，士虞禮所謂苴刌茅長五寸束之」者，是也。引之者，欲見其蒩爲祭之藉，此增成鄭大夫之義。又云「祝設於几東至所以承祭」，解所以藉祭之意。云「既祭，蓋束而去之」，并引守祧職者，欲見此是祭神之餘，不可虛棄，必當藏之。所藏者，即守祧職「既祭，藏其隋」是也。言隋者，謂祭黍稷三及膚祭如初，皆隋減以祭之，故名爲隋。以其無正文，故言「蓋」、「與」以疑也。○地官○掌蜃：掌斂，共白盛之蜃。盛，猶成也，謂飾墻使白之蜃也。今東萊用蛤，謂之叉灰云。○疏曰：言白盛「謂飾墻使白之蜃也」〔一七六〕，按爾雅云：「地謂之黝，墻謂之堊。」黝，黑也。堊，白也。若然，此經所云「白盛」，主於宗廟堊墻也。云「今東萊用蛤，謂之叉灰云」者，蜃蛤在泥水之中，東萊人叉取以爲灰，故以蛤灰爲叉灰云也。○同上。○幕人：凡祭祀，共其帷幕幄帟綬。共之者，掌次當以張。○疏曰：此一經皆供與掌次使張之。此云祭祀，即掌次云「大旅」及「朝日祀五帝」是也。此數事，皆共帷幕幄帟綬與掌次，是以鄭云「共之者，掌次當以張」也。○天官○掌次：凡祭祀，張其旅幕，張尸次。旅，衆也。公卿以下，即位所祭祀之門外以待事，爲之張大幕，尸則有幄。鄭司農云：尸次，祭祀之尸所居更衣帳。○爲，于僞反。○疏曰：祭祀言「凡」者，天地宗廟外內祭祀皆有羣臣助祭，其臣既多，不可人人獨設，故張旅幕。旅，衆也。謂衆人共幕。諸祭皆有尸，尸尊，故別張尸次。又曰：鄭云「公卿以下即位所祭祀之門外以待事」者，若宗廟，自有廟門之外。若外神於郊，則亦有壝宮之門，門外並有立位。言「爲之張大幕」者，以其客旅，故知大幕也。司農云「更衣帳」者，未祭則常服，至祭所乃更去常服，服祭服也，故言更衣。○同上。

右薪茅○傳：芻狗之未陳也，盛以篋衍，巾以文繡，尸祝齋戒以將之。芻狗，結芻爲狗。及其已陳也，行者踐其首脊，蘇者取而爨之而已。莊子天運

一穀不升謂之嗛，升，成也。嗛，不足貌。二穀不升謂之饑，三穀不升謂之饉，四穀不升謂之康，康，虛。五穀不升謂之大侵。侵，傷。大侵之禮，禱而不祀。周書曰：「大荒有禱無祀。」○疏曰：周書者，先儒以爲删尚書之餘，今據其書與尚書不類，未知是與非也。○襄公二十四年穀梁傳

○凶年則乘駑馬，祀以下牲。自貶損，亦取易供也。駑馬，六種最下者。下牲，少牢若特豕、特豚也。○易，以豉反。種，章勇反。○疏曰：「自貶損」者，言乘駑馬，降牲牢，是貶損也。云「駑馬，六種最下」者，按校人云：「種馬一物，戎馬一物，齊馬一物，道馬一物，田馬一物，駑馬一物。」是六種馬中最下也。云「下牲少牢，若特豕、特豚也」者，天子諸侯及天子大夫常祭用大牢，若凶年降用少牢；諸侯之卿大夫常祭用少牢，降用特豕；士常祭用特豕，降用特豚。如此之屬，皆下牲也。○雜記下○歲凶，年穀不登，登，成也。○疏曰：此下明凶荒，人君憂民，自貶退禮也。「歲凶」者，謂水旱災害也。年穀不登，歲既凶荒，而年中穀稼不登。登，成也。然年、歲雖通，其亦有異。鄭注大史職：「中數曰歲，朔數曰年。」○釋者云：年是據有氣之初，歲是舉年中之稱，故云朔數曰年，中數曰歲也。祭事不縣。縣，音玄。○縣，樂器鍾磬之屬也。○疏曰：此祭事謂祈禱之祭，與穀梁「禱而不祀」之祭同。不縣者，樂有縣鍾磬，因曰縣也，凶年雖祭而不作樂也。○曲禮下○閭師：凡庶人不畜者祭無牲，不耕者祭無盛。掌罰其家事也。盛，黍稷也。○疏曰：云「庶人不畜者祭無牲」者，按孟子云：庶人，「五母雞，二母彘，無失其時。」是以不畜者常罰之，故死後祭無牲也。庶人用牲之法，若王制云：「韭以卵，麥以魚，黍以豚，稻以鴈。」注云「庶人無常牲，取以新物相宜而已」是也。云「不耕者祭無盛」者，黍稷曰盛，耕者所以殖黍稷。今惰農自安，不殖黍稷，故死後祭之無盛也。○地官

右殺禮○傳：孔子在齊，齊大旱，春饑，景公問於孔子曰：「如之何？」孔子曰：「凶年則乘駑馬，力役不興，馳道不修，馳道，君行之道〔一七七〕。祈以幣玉，君所祈請用幣及玉，不用

牲也。祭祀不縣，不作樂也。祀以下牲，當用大牢者，用少牢。此賢君自貶以救民之禮也。」

家語曲禮子貢問

○鄭公孫黑肱有疾，歸邑于公，黑肱，子張。召室老宗人立段，段，子石，黑肱子。而使黜官薄祭。黜官，無多受職。祭以特羊，殷以少牢，足以共祀。四時祀，以一羊。三年盛祭，以羊豕。殷，盛也。○疏曰：少牢饋食禮者，諸侯之大夫時祭之禮也，是時祭用少牢。今公孫黑肱使黜官薄祭，故時祭用特羊。殷祭乃少牢，諸侯之大夫止用少牢。而禮器云：「君子大牢而祭謂之禮，匹士大牢而祭謂之攘。」鄭玄云：「君子，謂大夫以上。」是大夫之祭有用大牢時也。又雜記云：「上大夫之虞也少牢，卒哭成事，祔，皆大牢。」據此二文，大夫得用大牢者。禮器之文，據天子大夫故也。雜記據喪祭，故進用一等，士喪禮士遣奠用少牢是也。大夫無禘祫，而云殷三年祭者，禮記言大夫有善於君，祫及五世，是大夫有功，或得禘祫也。劉炫云：禮器云：「君子大牢而祭謂之禮，匹士大牢而祭謂之攘。」鄭玄云：「君子，謂大夫以上。」是大夫祭有用大牢時也。雜記云：大夫之虞也皆少牢，卒哭與祔皆大牢。喪祭有大牢，明吉祭亦有也。此言特羊，必是時祭殷以少牢，明是三年一爲大祭，猶天子諸侯禘也。禮，大夫時祭少牢，大祭大牢，今黑肱全減之也。○襄公二十二年春秋左氏傳

諸侯之宮縣，而祭以白牡，擊玉磬，朱干設錫，冕而舞大武，乘大路，諸侯之僭禮也。縣，音玄。錫，音陽。○言此皆天子之禮也。宮縣，四面縣也。干，盾也。錫，傅其背如龜也。武，萬舞也。白牡，大路，殷天子禮也。○盾，純尹反〔一七八〕。○疏曰：按小胥天子「宮縣」。按文十三年公羊傳云：「周公用白牡。」又明堂位云：「祀周公於大廟，牲用白牡。」「擊玉磬」，則臯陶謨云「鳴球」是也。祭

統云：「朱干玉戚」，冕而「舞大武。」明堂位云：「魯君孟春乘大路。」其祭統、明堂位所云皆天子禮樂，特賜周公，故云「皆天子之禮」。魯唯文王、周公廟而得用之。若用於他廟，則爲僭也。若他國諸侯，非二王之後祀受命之君而用之，皆爲僭也。云「錫傅其背如龜也」者，詩云「鏤錫」，謂以金飾之，則此錫亦以金飾也。謂用金琢傅其盾背，盾背外高，龜背亦外高，故云「如龜也」，蓋見漢禮然也。白牡是殷之正色，大路與白牡同文，故知白牡、大路是「殷天子之禮」也。○郊特牲○大夫具官，祭器不假，聲樂皆具，非禮也，是謂亂國。臣之奢富擬於國君，敗亂之國也。孔子謂：管仲「官事不攝，焉得儉。」○焉，於虔反。○疏曰：「大夫具官」者，天子六卿，諸侯三卿，卿大夫若有地者，則置官一人用兼攝羣職，不得官官各須具足如君也。故孔子譏管仲云「官事不攝，焉得儉」是也。「祭器不假」者，凡大夫無地，則不得造祭器。有地雖造，而不得具足，並須假借。若不假者，唯公孤以上得備造，故周禮「四命受器」，鄭云：「此公之孤始得有祭器者也。」又云：「王之下大夫亦四命。」「聲樂皆具」，大夫自有判縣之樂，而不得如三桓舞八佾。一曰大夫祭，不得用樂者，故少牢饋食無奏樂之文〔一七九〕，唯君賜乃有之。「非禮也」者，若大夫並爲上事，則爲非禮也。「是謂亂國」者，大夫爲此上諸事，與君相敵，乃是敗亂之國也。○禮運○祝嘏辭說，藏於宗祝巫史，非禮也，是謂幽國。藏於宗祝巫史，言君不知有也。幽，闇也。國闇者，君與大夫俱不明也。○疏曰：祝，謂主人之辭告神。嘏，謂尸之辭，致福告於主人，皆從古法。依舊禮，辭說當須以法用之於國。今乃棄去不用，藏於宗祝巫史之家，乃更改易古禮，自爲辭說，非禮也。而國之君臣祇聞今日祝嘏之辭，不知古禮舊說，當是君臣幽闇，故云「是謂幽國」。醆斝及尸君，非禮也，是謂僭君。僭君之禮也。醆斝，先王之爵也，唯魯與王者之後得用之耳。其餘諸侯，用時王之器而已。○疏曰：醆是夏爵，斝是殷爵，若是夏殷之後，祭祀之時得以醆斝及於尸君，其餘諸侯於禮不合。今者諸侯等祭祀之時，乃以醆斝及於尸君，非禮也。此諸侯乃是僭禮之君。又曰：按明堂位云：「夏曰醆，殷曰斝。」是先王之爵也。天子有六代之樂，王者之後得用郊天，故知唯天子之後得用之，其餘諸侯用時王之器而已。此醆斝，謂祭祀尸未入之時，祝酌奠於鉶南者也，故郊特牲云「舉斝角」是也。若尋常獻尸，則用玉爵耳。○禮運

右失禮

○傳〔一八〇〕：禮，非祭，男女不交爵。交爵，謂相獻酢。○疏曰：此一節坊男女。非因祭祀，不得相集會也。「非祭，男女不交爵」者，言唯祭之時乃得交爵，故特牲饋食禮云：主婦獻尸，尸酢主婦。是交爵也。以此坊民，陽侯猶殺繆侯而竊其夫人，殺，音試，一如字。繆，音穆。○同姓也，以貪夫人之色，至殺君而立，其國未聞。○疏曰：言「同姓」者，則上文云君不與同姓同車是也。云「其國未聞」者，唯有陽侯、繆侯是兩君之謚，未聞何國君，故云未聞。又按：王饗諸侯及諸侯自相饗，同姓則后夫人親獻，異姓則使人攝獻，則繆侯所饗蓋同姓也。且王於同姓雖爲侯伯，車服與上公同。上公既再祼，后與王俱祼，則上公相於與王同也。其同姓上公，則后與夫人親祼獻拜送也。若異姓上公，使人攝祼，故宗伯職云：「大賓客，則攝而載祼。」謂異姓也。內宰職云：「凡賓客之祼獻瑤爵皆贊。」注云：「謂王同姓及二王之後來朝覲」，王以鬱鬯禮之，后以瑤爵亞獻，謂同姓也。自陽侯殺繆侯後，其后夫人獻禮遂廢，並使人攝也。故大饗廢夫人之禮。大饗，饗諸侯來朝者也。

夫人之禮使人攝。○朝，直遥反。○疏曰：「故大饗廢夫人之禮」者，以大饗之時，夫人與君同饗於賓，是繆侯及夫人共出饗賓。陽侯是繆侯同姓之國，見繆侯夫人之美，乃殺繆侯而取其夫人，反篡其國而自立。故大饗廢夫人之禮，不使夫人得預其禮也。以此言之，則陽侯以前大饗，夫人出饗鄰國之君，得有男女交爵。此云「非祭，男女不交爵」者，謂侯伯子男及卿大夫士，祭乃交爵。若王於上公及上公相饗時，后與夫人亦男女交爵，與裸同也，故大行人云：「上公之禮」，「王禮再裸而酢。」是也。○坊記○孔子曰：「昔臧文仲安知禮？夏父弗綦逆祀而不止，燔柴於竈以祀焉。夫竈者，老婦之所祭，謂祭竈報其功，老婦主祭也。盛於瓮，尊於瓶，非所祭也。」家語曲禮子貢問○孔子曰：「管仲鏤簋而朱紘，旅樹而反坫，山節而藻棁，賢大夫也，而難爲上也。鏤，音陋。紘，音宏。棁，章悦反。○言其僭天子諸侯。鏤簋，刻爲蟲獸也。冠有笄者爲紘，紘在纓處兩端，上屬下不結。旅樹，門屏也。反坫，反爵之坫也。山節，薄櫨刻之爲山。棁，侏儒柱，畫之爲藻文。○笄，音雞。屬，音燭。薄，音博，又皮麥反，步博反，又薄歷反。櫨，音盧。侏，音朱。○疏曰：此一節明奢儉失禮之事。「賢大夫也，而難爲上也」者，當時謂管仲是大夫之賢者。「鏤簋」者，天子諸侯之制，而管仲鏤之。「朱紘」者，亦天子之紘，而管仲朱之。故祭義云：天子「冕而朱紘」，諸侯「冕而青紘。」管仲，大夫，當緇組紘而與士同，今僭天子朱紘。「旅樹而反坫」者，是諸侯之禮。論語云：「邦君樹塞門」，「邦君爲兩君之好，有反坫。」今管仲爲之「山節而藻棁」者，天子之廟飾，而管仲亦爲之，是皆僭也。故云賢大夫，是賢者尚爲此僭上之事，是難可爲上者也。言他人在管仲之上者，皆被僭也，故云難爲上。禮器云「君子以爲濫」，濫謂盜竊，亦僭上之事也。又曰：言其僭天子、諸侯者，朱紘、山節、藻棁、鏤簋是僭天子，旅樹、反坫是僭諸侯。云「鏤簋，刻爲蟲獸也」者，按梓人云「小蟲之屬，以爲琱琢」，是刻蟲獸也。禮器注云：簋，「天子飾以玉。」此不云者，文不具也。其旅樹、山節之屬已具於禮器及郊特牲疏，故於此不復釋也。晏平仲祀其先人，豚肩不揜豆，賢大夫也，而難爲下也。言其偪士庶人也。豚俎實豆徑尺，言并豚兩肩不能覆豆，喻小也。○疏曰：「豚肩不揜豆」者，依禮，豚在於俎，今云不揜豆者，以豆形既小，尚不揜豆，明豚小之甚，不謂豚在豆也。「而難爲下也」者，平仲賢大夫，猶尚偪下，是在平仲之下者，恒被平仲而偪也，是難可爲下。君子上不僭上，下不偪下〔一八一〕。雜記下○魯隱公五年，考仲子之宮，將萬焉。萬，舞也。○疏曰：按公羊傳云：「萬者何？干舞也。籥者何？羽舞也。」則萬與羽不同。今傳云：「將萬焉」，「問羽數於衆仲」，是萬與羽爲一者。萬、羽之異，自是公羊之説。今杜直云萬舞也，則萬是舞之大名也。何休云：所以仲子之廟，唯有羽舞無干舞者，「婦人無武事，獨奏文樂」也。劉炫云：公羊傳曰「萬者」云云、「籥者」云云，羽者爲文，萬者爲武。武則左執朱干，右秉玉戚；文則左執籥，右秉翟。此傳將萬問羽，即似萬、羽同者，以當此時萬、羽俱作，但將萬而問羽數，非謂羽即萬也。經直書羽者，與傳互見之。公問羽數於衆仲，問執羽人數。對曰：「天子用八，八八六十四人。諸侯用六，六六三十六人。○疏曰：何休説如此。服虔以用六爲六八四十八，大夫四爲四八三十二，士二爲二八十六。杜以舞勢宜方行列既減，即每行人數亦宜減，故同何説也。或以襄十一年鄭人賂晉侯，減樂之半以賜魏絳，因歌鍾二肆，遂言女樂二八爲下半樂張本耳，非以二八爲二佾。若二八即是二佾，鄭人豈以二佾之樂賂晉侯？晉侯豈以一佾之樂賜魏絳〔一八二〕？大夫四，四四十六人。士二。二二四人。士有功賜用樂。夫舞，所以節八音而行八風，八音，金、石、絲、竹、匏、土、革、木也。八風，八方之風也。以八音之器播八方之風，手之舞之，足之蹈之，節其制而序其情。八方之風，謂東方谷風、東南清明風、南方凱風、西南凉風、西方閶闔風、西北不周風、北方廣莫風、東北方融風。○疏曰：八音爲「金、石、土、革、絲、木、匏、竹」，周禮大師職文也。鄭玄云：「金，鐘鎛也。石，磬也。土，塤也。革，鼓鼗也。絲，琴瑟也。木，柷敔也。匏，笙也。竹，管簫也。」「八風，八方之風」者，服虔以爲八卦之風：乾音石，其風不周；坎音革，其風廣莫；艮音匏，其風融；震音竹，其風明庶；巽音木，其風清明；離音絲，其風景；坤音土，其風凉；兑音金，其風閶闔。易緯通卦驗云：立春調風至，春分明庶風至，立夏清明風至，夏至景風至，立秋凉風至，秋分閶闔風至，立冬不周風至，冬至廣莫風至。風體一也，逐天氣隨八節而爲之立名耳。調與融，一風二名。昭十八年傳曰「是謂融風」，是其調、融同也。沈氏云：按樂緯云：坎主冬至，樂用管；艮主立春，樂用塤；震主春分，樂用鼓；巽主立夏，樂用笙；離主夏至，樂用絃；坤主立秋，樂用磬；兑主秋分，樂用鐘；乾主立冬，樂用柷敔。此八方之音既有二説，未知孰是，故兩存焉。更説制樂之本、節音行風之意，以八音之器宣播八方之風，使人用手以舞之，用足以蹈之。節其禮制，使不荒淫，次序人情，使不藴結也。蟋蟀詩曰：「無已大康，職思其居。」是節其制也。舜歌南風曰：「南風之時兮，可以阜吾人之財兮。南風之薰兮，可以解吾人之愠兮。」是序其情也。故自八以下。」

唯天子得盡物數，故以八爲列，諸侯則不敢用八。公從之。於是初獻六羽，始用六佾也。佾，音逸。○魯唯文王、周公廟得用八，而他公遂因仍僭而用之。今隱公特立此婦人之廟，詳問衆仲〔一八二〕，衆仲因明大典，故傳亦因言始用六佾。其後季氏舞八佾於庭，知唯在仲子廟用六。○疏曰：襄十二年傳曰：魯爲諸姬臨於周廟。是魯立文王之廟也。文王天子，自然用八。禮記祭統曰：「昔者周公旦有勳勞於天下」，「成王、康王」「賜之以重祭」，「朱干玉戚以舞大武，八佾以舞大夏。此天子之樂也，康周公故以賜魯。」明堂位曰：「命魯公世世祀周公以天子之禮樂。」是周公之廟用八也。傳曰：「始用六佾。」則知以前用八。何休云：「僭，齊也，下效上之辭。」魯之僭效必有所因，故本其僭之所由，言由文王、周公廟用八佾，他公之廟遂因仍僭而用之。今隱公詳問衆仲，衆仲因明大典，公從其言，於仲子之廟初獻六羽，故傳亦因言始用六佾。謂仲子之廟用六佾，他公則仍用八也。至襄、昭之時，魯猶皆亦用八，故昭二十五年公羊傳稱昭公謂子家駒曰：「吾何僭哉？」答曰：「朱干玉戚以舞大夏，八佾以舞大武，此皆天子之禮也。」是昭公之時僭用八也。此減從正禮，尚書於經，若更僭非禮，無容不書。自此之後，不書僭用八佾，知他廟僭而不改，故杜自明其證：「其後季氏舞八佾於庭，知唯在仲子廟用六」也。公羊子曰：譏始僭諸公也。僭，齊也，下效上之辭。六羽之爲僭奈何？天子八佾，佾者，列也，八人爲列也。八八六十四人，法八風。諸公六，六人爲列，六六三十六人，法六律。諸侯四。四人爲列，四四十六人，法四時。諸公者何？諸侯者何？天子三公稱公，王者之後稱公，其餘大國稱侯，大國，謂百里也。○疏曰：正以諸公有二等，故執不知問。漫言諸侯，明是五等總名，文次公下，復疑偏指七命，故執不知問。所以不待答訖而連句問之者，正以上文并解「諸公六，諸侯四」故也。又曰：公侯方百里，王制文也。侯與公等者，據有功者言之矣。小國稱伯、子、男者，正以上已有侯，故不復言之。其實凡平之侯正與伯等〔一八四〕。小國稱伯、子、男。小國，謂伯七十里，子男五十里。○疏曰：「小國謂伯七十里，子男五十里」者，王制文。彼注云：「此地殷所因夏爵三等之制也。春秋變周之文，從殷之質，合伯、子、男」，「立五等之爵，增以子男，而猶因殷之地，以九州之界尚狹也。周公攝政致太平，斥大九州之界，制禮成武王之意：公地方五百里，侯四百里，伯三百里，子二百里，男一百里。諸侯亦以功黜陟之。其不合者，皆益之地爲百里焉。是以周世有爵尊而國小，爵卑而國大者，唯天子畿内不增。」天子三公者何？天子之相也。相，助也。○疏曰：正以春秋上下無三公之文，故執不知問。天子之相則何以三？據經，但有祭公、周公。○疏曰：即桓八年「祭公來」云云、僖九年「公會宰周公」是也。經但有二公，而傳言三公，故難之。自陝而東者，周公主之；自陝而西者，召公主之；一相處乎内。陝者，蓋今弘農陝縣是也。禮，司馬主兵，司徒主教，司空主土。春秋撥亂世，以絀陟爲本，故舉絀陟以所主者言之。○疏曰：上傳云「諸公者何？天子之相。則何以三」云云，不道二王之後者何、二王之後何以二也者，正以天子三公主絀陟，故偏取言之，是以注者解其意。始僭諸公昉於此乎？前此矣！前此，則曷爲始乎此？僭諸公，猶可言也；僭天子，不可言也。傳云爾者，解不託始也。前僭八佾於惠公廟，大惡，不可言也。還從僭六羽譏，本所當託者，非但六也，故不得復傳上也。加初者，以爲常也。獻者，下奉上之辭。不言六佾者，言佾，則干舞在其中，明婦人無武事，獨奏文樂。羽者，鴻羽也，所以象文德之風化疾也。夫樂本起於和順，和順積於中，然後榮華發於外。是故八音者，德之華也；歌者，德之言也；舞者，德之容也。故聽其音可以知其德，察其詩可以達其意〔一八五〕，論其數可以正其容；薦之宗廟足以享鬼神，用之朝廷足以序羣臣，立之學宫足以協萬民。凡人之從上教也，皆始於音，音正則行正。故聞宫聲，則使人温雅而廣大；聞商聲，則使人方正而好義；聞角聲，則使人惻隱而好仁；聞徵聲，則使人整齊而好禮；聞羽聲，則使人樂養而好施。所以感蕩血脉，通流精神，存寧正性。故樂從中出，禮從外作也。禮樂接於身，望其容而民不敢慢，觀其色而民不敢争。故禮樂者，君子之深教也，不可須臾離也。君子須臾離禮，則暴慢襲之；須臾離樂，則奸邪入之。是以古者天子諸侯，雅樂鐘磬未曾離於庭，卿大夫御琴瑟未曾離於前，所以養仁義而除淫辟也。魯詩傳曰：天子食日舉樂，諸侯不釋縣，大夫士日琴瑟。王者治定制作之時，取先王之禮樂宜於今者用之。堯曰大章，舜曰簫韶，夏曰大夏，殷曰大護，周曰大武，各取其時民所樂者名之。堯時民樂其道章明也，舜時民樂其修紹堯道也，夏時民樂大其三聖相承也，殷時民樂大其護己也，周時民樂其伐討也。蓋異號而同意，異歌而同歸。失禮鬼神例日，此不日者，嫌獨考宫以非禮書，故從末言初可知〔一八六〕。○疏曰：其託始者，即上二年傳云：「無駭者何？展無駭也。何以不氏？貶。曷爲貶？疾始滅也。始滅，昉於此乎？前此矣。前此，則曷爲始乎？此託始爲爾。曷爲託始焉爾？春秋之始也。」今傳亦宜云前此則曷爲始乎？此託始焉。曷爲託始焉爾？春秋之始也。而言僭諸公猶可言，僭天子不可言，解不得託始意也。云「僭八佾於惠公廟」者，謂自此以前，不必要指春秋前也。而言惠公廟者，欲道於周公廟時不爲僭故也。由非六之故，是以不得復發傳云上古已有六矣。知鴻羽者，時王之禮，且以舉則冲天，所以象文德之風化疾故也。詩云「右手秉翟」者，其兼用之乎？注「夫樂，本起於和順。和順積於中，然後榮華發於外」者，樂記文也。云「温雅而廣大」者，土之性也；「方正而好義」者，金之性也；「惻隱而好仁」者，木之性也；「整齊而好禮」者，火之性也；「樂養而好施」者，水之性也。「樂從中出，禮從外作也」者，樂記文。樂由中出，和在心是也；禮自外作，敬在貌是也。此注皆出樂記，取先王之禮樂宜於今者用之者，謂同其文質也。王者治定制禮，功成作樂，功成治定同時爾。功主於王業，治主於教民，故明堂位曰：周公「治天下六年，朝諸侯於明堂，制禮作樂。」「失禮鬼神例日」者，成六年「二月辛巳，立武宮」之屬是也，言考宮與獻羽實同日。若置日於考宮之上，則嫌獻羽不蒙之獨自考宮，以非禮書而已，故從下事言初。初是非禮辭，則獻羽非禮亦可知。然考宮得變禮，而不置於獻羽上者，嫌别日故也。知初是非禮者，正以「初税畝」同文矣。尸子曰：舞夏，自天子至諸侯，皆用八佾。初獻六羽，始厲樂矣。言時諸侯僭侈，皆用八佾，魯於是能自減厲而始用六穀。梁子言其始僭，尸子言其始降。○春秋左氏、公羊、穀梁傳通脩。○昭公二十五年，將禘於襄公，萬者二人，其衆萬於季氏。禘，祭也。萬，舞也。於禮，公當三十六人。○疏曰：季氏私祭家廟，與禘同日。言將禘，是豫部分也。樂人少季氏，先使自足，故於公萬者唯有二人。其衆萬於季氏，輕公重己，故大夫遂怨。又曰：釋例曰：「三年喪畢，致新死之主以進於廟，於是乃大祭於大廟，以審定昭穆，謂之禘。」禘於大廟，禮之常也，各於其宮時之爲也。雖非三年大祭而書禘，用禘禮也。釋天云：「禘，大祭也。」執干戚而舞，謂之萬舞也。隱五年傳説舞佾之差云「諸侯用六」，是於禮法當三十六人也。此以正禮言耳，亦不知當時魯君用六佾以否？公羊傳曰：昭公告子家駒曰：季氏僭公室，「吾欲弒之，何如？」子家駒曰：諸侯僭天子，大夫僭諸侯，久矣！公曰：吾何僭？子家駒曰：「設兩觀，乘大路，朱干玉戚以舞大夏，八佾以舞大武，此皆天子禮也。」如彼傳，當時或僭八佾，佾不必用六也。臧孫曰：「此之謂不能庸先君之廟。」不能用禮也，蓋襄公別立廟。○疏曰：杜以襄若以次遞毀，則廟與先公同處，禘於襄公亦應兼祭餘廟。今特云「禘於襄公」，似與先公異處，故云「蓋襄公別立廟」。

○春秋左氏傳○孔子謂季氏：「八佾舞於庭，是可忍也，孰不可忍也？」季氏，魯大夫季孫氏也。佾，舞列也，天子八、諸侯六、大夫四、士二。每佾人數，如其佾數。或曰：每佾八人。未詳孰是。季氏以大夫而僭用天子之禮樂，孔子言其此事尚忍爲之，則何事不可忍爲？或曰：忍，容忍也。蓋深疾之之辭。○范氏曰：樂舞之數，自上而下，降殺以兩而已，故兩之間，不可以毫髮僭差也。孔子爲政，先正禮樂，則季氏之罪不容誅矣。謝氏曰：君子於其所不當爲，不敢須臾處，不忍故也。而季氏忍此矣，則雖弒父與君，亦何所憚而不爲乎？○八佾○三家者以雍徹，子曰：「『相維辟公，天子穆穆』，奚取於三家之堂？」徹，直列反。相，去聲。○三家，魯大夫孟孫、叔孫、季孫之家也。雍，周頌篇名。徹，祭畢而收其俎也。天子宗廟之祭，則歌雍以徹，是時三家僭而用之。相，助也。辟公，諸侯也。穆穆，深遠之意，天子之容也。此雍詩之詞，孔子引之，言三家之堂非有此事，亦何取於此義而歌之乎？譏其無知妄作，以取僭竊之罪。○程子曰：周公之功固大矣，皆臣子之分所當爲，魯安得獨用天子禮樂哉？成王之賜，伯禽之受，皆非也。其因襲之弊，遂使季氏僭八佾，三家僭雍徹，故仲尼譏之。○論語八佾〔一八七〕○莊公二十三年秋，丹桓宫楹。楹，音盈。○桓公廟也。楹，柱也。二十有四年，刻桓宫桷。桷，音角。○刻，鏤也。桷，椽也。將逆夫人，故爲盛飾。○椽，直專反。○疏曰：釋器云：「金謂之鏤，木謂之刻。」刻木鏤金，其事相類，故以刻爲鏤也。桷謂之榱，榱即椽也。穀梁傳曰：「刻桷，非正也。夫人，所以崇宗廟也。取非禮與非正而加之於宗廟以飾夫人，非正也。刻桓宫桷，丹桓宫楹，斥言桓宫以惡莊也。」是言丹楹、刻桷，皆爲將逆夫人，故爲盛飾。皆非禮也。并非丹楹，故言皆。御孫諫曰：「臣聞之：儉，德之共也；侈，惡之大也。御孫，魯大夫。先君有共德，而君納諸大惡，無乃不可乎？」以不丹楹、刻桷爲共。穀梁子曰：禮，天子諸侯黝堊，黝堊，黑色。○疏曰：徐邈云：黝黑，柱也。堊白，壁也。謂白壁而黑柱。今范同以黝堊爲黑色者，以此傳爲丹楹而發，何得有壁事而在其閒？故同爲黑色也。大夫倉，士黈。黈，黄色。丹楹，非禮也。天子之桷斲之礱之，加密石焉；以細石磨之。諸侯之桷，斲之礱之；大夫斲之，士斲本。刻桷，非正也〔一八八〕。夫人，所以崇宗廟也。取非禮與非正而加之於宗廟以飾夫人，非正也。非禮，謂娶讎女。非正，謂刻桷丹楹也。本非宗廟之宜，故曰「加」。言將親迎欲爲夫人飾，又非正也。○疏曰：娶讎女、刻桷兩事俱非，故曰「又」也。或以爲又者并謂崇飾夫人，理亦通也。所以不直言非禮，云又非正者，見莊有二種之惡，故非禮、非正兩舉之也。刻桓宮桷，丹桓宮楹，斥言桓宮以惡莊也。不言新宮而謂之桓宮，以桓見殺於齊。而飾其宗廟以榮讎國之女，惡莊不子。○疏曰：新宫，桓公之宫〔一八九〕。以是禰宫，不忍斥之，故謂之新宫。今惡莊公不子，故斥言桓宮以見非正也。○春秋左氏、穀梁傳通脩〔一九〇〕。○初，平王之東遷也，周幽王爲犬戎所滅，平王嗣位，故東遷洛邑。辛有適伊川，見被髮而祭於野者，辛有，周大夫。伊川，周地伊水也。曰：「不及百年，此其戎乎！其禮先亡矣。」被髮而祭，有象夷狄。○疏曰：其中國之禮先亡矣。秋，秦、晉遷陸渾之戎于伊川。渾，户門反，一胡困反。○允姓之戎居陸渾，在秦、晉西北，二國誘而徙之伊川〔一九一〕，遂從戎號，至今爲陸渾縣也。計此去辛有過百年，而云不及百年，傳舉其事驗，不必其年信。○疏曰：昭九年傳曰：「先王居檮杌於四裔，故允姓之姦居於瓜州。伯父惠公歸自秦而誘以來。」是此戎爲允姓也。彼注云：「瓜州，今敦煌。」則陸渾是敦煌之地名也。徙之伊川，復以陸渾爲名，故至今爲陸渾縣。十一年傳稱伊洛之戎同伐京師，則伊洛先有戎矣。而以今始遷戎爲辛有言驗者，蓋今之遷戎，始居被髮祭野之處故耳。○僖公二十二年春秋左氏傳○昭公將弑季氏，傳言弑者，從昭公之辭。○疏曰：君討臣下，正應言殺，今傳云弑，故須解之。而言從昭公之辭者，即下文云「吾欲弑之，何如」是也。「季氏爲無道」者，謂無臣之道。告子家駒曰：「季氏爲無道，僭於公室久矣，諸侯稱公室。吾欲弑之，何如？」昭公素畏季氏，意者以爲如人君，故言弒。○疏曰：隱四年傳云「與弒公」，何氏云：弒者，殺君之辭。然則，臣下犯於君父，皆謂之弒。今昭公欲討臣下而言弒，違於常義，故須解之。子家駒曰：「諸侯僭於天子，大夫僭於諸侯，久矣！」昭公曰：「吾何僭矣哉？」失禮成俗，不自知也。○疏曰：「失禮成俗，不自知也」者，正以魯人始僭在春秋前，至昭已久，故不自矣。子家駒曰：「設兩觀，禮，天子諸侯臺門，天子外闕兩觀，諸侯內闕一觀。○疏曰：「禮天子諸侯臺門」者，在禮器文。云「天子外闕兩觀，諸侯內闕一觀」者，禮說文也。乘大路，禮，天子大路，諸侯路車，大夫大車，士飾車。○疏曰：「禮，天子大路」者，顧命之文也。云「諸侯路車」，詩云「路車乘馬」是也。云「大夫大車」者，即詩云「大車檻檻」是也。云「士飾車」者，即書傳云「乘飾車兩馬，庶人單馬木車」是也。朱干玉戚以舞大夏，[一九二]大夏，夏樂也。周所以舞夏樂者，王者始起，未制作之時，取先王之樂與己同者假以風化天下。天下大同，乃自作樂。取夏樂者，與周俱文也。王者舞六樂於宗廟之中，舞先王之樂明有法也，舞己之樂明有制也，舞四夷之樂，大德廣及之也。東夷之樂曰株離，南夷之樂曰任，西夷之樂曰禁，北夷之樂曰昧。○疏曰：云「東夷之樂曰株離，南夷之樂曰任，西夷之樂曰禁，北夷之樂曰昧」者，陽氣始起於懷任之物，各離其株也。南者任也，盛夏之時，物皆懷任矣。草物畢成，禁如收斂。盛陽消盡，蔽其光景，昧然是也。八佾以舞大武，此皆天子之禮也。且夫牛馬維婁，繫馬曰維，繫牛曰婁。○疏曰：云「此皆天子之禮也」者，以周公之功得用四代之樂，而以大夏之徒謂之爲僭者，刺其羣公之廟，若祭周公則備。「牛馬維婁」者，皆謂繫之於廄，不得放逸於郊也。又曰：「繫馬曰維」者，即詩云「皎皎白駒，縶之維之」是。云「繫牛曰婁」

者，正以上言牛馬，下言維妻，維既屬馬，妻屬於牛亦可知矣。而文不次者，意到則言耳。舊説云：妻者，侣也，謂聚之於厩。委己者也，委食己者。而柔焉。柔，順也。○疏曰：云牛馬之類，猶順於委己之人，而季氏作賞有年歲矣，民從服之，固是其宜也。季氏得民衆久矣，季氏專賞罰，得民衆之心久矣。民順從之，猶牛馬之於委食己者〔一九三〕。君無多辱焉。」恐民必不從君命，而爲季氏用，反逐君，故云爾。○疏曰：「子家駒上説正法」者，即上文「朱干玉戚」之屬是也。云「下引時事」者，謂「牛馬維婁」是也。昭公不從其言，終弑之而敗焉。子家駒上説正法，下引時事以諫者，欲使昭公先自正，乃正季氏。○疏曰：「終弑之」者，謂陳兵欲往攻殺之也。○昭公二十五年公羊傳果反爲季氏所逐。

校勘記

〔一〕五服五章才　吕本、朝鮮本、傅本、賀本同。「才」，四庫本作「哉」。

〔二〕按大宰云器貢　句下原有「尊彝之屬者」五字，據賀本删。

〔三〕貢賦及功各别賦爲口泉也　「及」，原作「入」，據四庫本、賀本改。

〔四〕上六聯注引鄉大夫國中貴者老者疾者服公事者是也　句下，四庫本有「○天官」二字。

〔五〕從貝變易耳　句下，賀本有「○並同上」三字。

〔六〕故知是一歲之扐也　句下原有「又知扐爲什一者以扐是分散之名故知是一歲之扐也」二十二

字，據四庫本、賀本删。

〔七〕常用數之抍　「抍」，原作「仂」，據賀本改。

〔八〕集註曰　此三字原脱，據賀本補。

〔九〕謂其嗣子以其寶來見王也　「見」字原脱，據賀本補。

〔一〇〕茅之爲異　「茅」字原脱，據賀本補。

〔一一〕束茅立之祭前　「束」字原脱，據賀本補。

〔一二〕稍食則月俸是也　「俸」，原作「請」，據賀本改。

〔一三〕言命婦則未出嫁者不在焉　「命婦」，原作「内命」，據賀本改。

〔一四〕月令　吕本、四庫本、朝鮮本、傅本同。「月令」，賀本作「並同上」。

〔一五〕謂若詩云玄衮及黼周書云麻冕黼裳之類　「周」，原作「商」，據四庫本、賀本改。

〔一六〕云先公謂后稷之後大王之前不窋至諸盩者　「先」，原作「諸」，據四庫本、賀本改。

〔一七〕故亦服鷩冕也　「亦」，原作「云」，據賀本改。

〔一八〕鄭司農云大裘羔裘也者　「云」下，原又有「云」字，據賀本删。

〔一九〕黻（及下文「刺黻於裳而已」）　二「黻」字，原作「黼」，據四庫本、賀本改。

〔二〇〕旂旗者　「旂」，原作「旌」，據賀本改。

〔二一〕衣有襪裳者爲端　「端」上，原有「玄」字，據賀本删。

〔二二〕卿大夫祭皆用玄冠　「祭」，原作「等」，據賀本改。

〔二三〕欲見素屨亦用葛與皮故也　「亦」字原脱，據賀本補。

〔二四〕云舃屨有絇有繶有純者飾也者　「云」字原脱，據賀本補。

〔二五〕據玄裳爲正也　「玄」字原脱，據賀本補。

〔二六〕更無青屨取赤爲繶　「更」字原脱，據賀本補。

〔二七〕故知義然也　「知」字原脱，據賀本補。

〔二八〕經素屨不云繶純　吕本、四庫本、朝鮮本、傅本同。「繶」上，賀本有「絇」字。

〔二九〕故解云延冕上覆　「云」，原作「文」，據賀本改。

〔三〇〕此一節明大夫士公私祭服　「公」字原脱，據賀本補。

〔三一〕士弁而祭於公冠而祭於己者　自此至「故用玄冠也」，原在下經文「士弁而親迎然士弁而祭於己可也」之「疏曰」下，據賀本改移。

〔三二〕僭宋之禮也　「宋」，原作「采」，據四庫本、賀本改。

〔三三〕白色生絹　「絹」，原作「綃」，據賀本改。

〔三四〕沈音子餘反　「沈音」原漫漶，據四庫本補。

〔三五〕欲見大祝取得菹館器即退　「即」字原脱，據賀本補。

〔三六〕是祭社之器爲蜃也　「祭社」，原作「社祭」，據賀本乙正。

〔三七〕大夫具官者　句下原有「天子具官者」五字，據四庫本、賀本删。
〔三八〕聲樂皆具者　「者」上，原有「也」字，據賀本删。
〔三九〕此一經明魯用四代尊也　「用」字原脱，據賀本補。
〔四〇〕疊爲雲雷也　「爲」，原作「猶」，據賀本改。
〔四一〕故云黍稷器也　吕本、四庫本、朝鮮本、賀本同。「云」下，賀本有「皆」字。
〔四二〕謂中足爲横距之象　「距」，原作「鉅」，據賀本改。
〔四三〕長皆及俎距是也　「距」，原作「拒」，據四庫本、賀本改。
〔四四〕横下二跗似堂之東西頭各有房也　「二跗」，原作「一柎」，據賀本改。
〔四五〕云六律合陽聲者也六同合陰聲者也者　第二「者」字原脱，據賀本補。
〔四六〕但彼明旦所祭小神用樂無文　「旦」，賀本作「日」。
〔四七〕戛擊鳴球已下數器　「戛」，原作「櫟」，據賀本改。
〔四八〕舜樂也　「樂」，原作「舞」，據賀本改。
〔四九〕彼九成者　「彼」字原漫漶，據賀本補。
〔五〇〕自后稷爲始祖　「自」，原作「祀」，據賀本改。
〔五一〕以其夾鍾之六五下生無射之上九　「下」字原脱，據賀本補。
〔五二〕下云若樂六變則天神皆降　「則」，原作「而」，據賀本改。

〔五三〕總釋地祇與動之神物雖有遲疾　「物」，原作「來」，據賀本改。

〔五四〕此已下説天地及四靈非直有樂　「有」，原作「以」，據賀本改。

〔五五〕不可於鼂更言魚鮪　「於」，原作「以」，據賀本改。

〔五六〕其餘大濩已上雖無滅商之事　「濩」，原作「護」，據四庫本、賀本改。

〔五七〕故亦取自然之方丘　「方丘」，原作「丘方」，據賀本乙正。

〔五八〕先生後用也　「後」下，原有「爲」字，據賀本删。

〔五九〕云孫竹竹枝根之末生者　「末」，原作「未」，據賀本改。下文「知枝根末生者」同。

〔六〇〕云九磬讀當爲大韶者　「爲」，原作「有」，據賀本改。

〔六一〕云謂雜聲之和樂者也者　下「者」字原脱，據賀本補。

〔六二〕若不學調弦　「弦」字原脱，據賀本補。

〔六三〕鄭知徹祭器歌雍者　「雍」，原作「詩」，據賀本改。

〔六四〕敕爾瞽　「瞽」，原作「鼓」，據賀本改。

〔六五〕帥而舞山川之祭祀　「舞」字原脱，據四庫本、賀本補。

〔六六〕則四方不止四望　「望」，原作「方」，據四庫本、賀本改。

〔六七〕若然　「若」，原作「者」，據四庫本、賀本改。

〔六八〕俱謂釋米者也　「釋」，原作「澤」，據賀本改。

〔六九〕善惡亦是法式也　「也」上，原有「者」字，據賀本删。

〔七〇〕於周禮則爲酒人　「禮」，原作「酒」，「酒」原作「周」，據四庫本、賀本改。

〔七一〕按鄭下注五伯緹衣亦赤黑色也　吕本、四庫本、朝鮮本、傳本同。「五」，賀本作「伍」。

〔七二〕謂天地及宗廟等總目之言　「目」字原漫漶，據四庫本、賀本補。句下原有「等」字，據四庫本、賀本删。

〔七三〕言惟齊酒不貳者　「言惟」二字原漫漶，據四庫本補。

〔七四〕子春後鄭亦與之同　「同」字原漫漶，據賀本補。

〔七五〕社稷號曰上神　「上」，原作「土」，據賀本改。

〔七六〕彼記人亦取此盎齊涚酌解之　「亦」字原作「所」，據四庫本、賀本改。下文「記人亦取此經鬱齊獻酌釋之」同。

〔七七〕連言挾句耳　「挾」，原作「夾」，據賀本改。

〔七八〕但幂唯祇覆物　「祇」，原作「抵」，據賀本改。

〔七九〕即知此疏布幂八尊無祼是天地可知　「祼」，原作「灌」，據賀本改。

〔八〇〕皆直據外壝而言也　「據」，原作「見」，據賀本改。

〔八一〕脩謨概散　「謨」原作「模」，據四庫本、賀本改。

〔八二〕解加肺加明水之意　「肺」，原作「胇」，據賀本改。

〔八三〕謂事酒之上酒色清明　「明」，原作「和」，據四庫本、賀本改。

〔八四〕以醴比盎齊醍齊沈齊以次漸清　「醍」，原作「醴」，據賀本改。

〔八五〕云事酒今之醳酒皆新成也者　「今」字原漫漶，據賀本補。

〔八六〕又初佳反　「又」字原脱，據賀本補。

〔八七〕郊特牲　吕本、四庫本、朝鮮本、傅本同。句上賀本有「並」字。

〔八八〕士薦牲用特豚　「用」、「豚」二字原漫漶，「特」，原作「爲」，據四庫本、賀本補改。

〔八九〕今無地之士薦宜貶降　「宜」，原作「其」，據四庫本、賀本改。

〔九〇〕氾閣答曰　「氾」字原漫漶，據賀本補。

〔九一〕鼎十有二物　「鼎」字原漫漶，據賀本補。

〔九二〕諸侯食日特牲　「食日」，原作「日食」，據賀本改。

〔九三〕物生色黑　「色黑」，原作「黑色」，據賀本改。

〔九四〕以鷄鳴爲朔　「鳴」，原作「唯」，據四庫本、賀本改。

〔九五〕高辛氏以十二月爲正　「二」，賀本作「三」。

〔九六〕爲下物得陽氣微稍動變　吕本、四庫本、朝鮮本、傅本同。「下」，賀本作「百」。

〔九七〕以其物已吐牙　「吐」字原漫漶，據四庫本、賀本補。

〔九八〕徐呼營反　「徐」字原脱，據賀本補。

〔九九〕釋詁文　「詁」，原作「古」，據賀本改。
〔一〇〇〕准土田多少之數賦之犧牲　「准」，原作「唯」，據賀本改。
〔一〇一〕望祀各以其方之色牲　「牲」，原作「也」，據賀本改。
〔一〇二〕周禮稾人云掌豢祭祀之犬　「稾」，原作「犒」，據賀本改。
〔一〇三〕月令　呂本、四庫本、朝鮮本、傅本同。句上，賀本有「以上並」三字。
〔一〇四〕考工記　「考工記」，原作「春官」，據賀本改。
〔一〇五〕牷體完具　「牷」，原作「牲」，據四庫本、賀本改。
〔一〇六〕四望五岳四鎮四瀆也　「四望」二字原脱，據賀本補。
〔一〇七〕陽祀待先鄭釋訖隨後破之故也　「破」字原漫漶，據賀本補。
〔一〇八〕山川群小祀林澤四方百物在四望下　「林」字原漫漶，據賀本補。
〔一〇九〕若以此爲祭前一日夕牲時而言　「以此」，原作「此以」，據賀本乙正。
〔一一〇〕故後鄭不從也　「後」，原作「授」，據四庫本、賀本改。
〔一一一〕云求終也終事之牛謂所以繹者也者　上「者」字原脱，據賀本補。
〔一一二〕則養者之中還兼有牧人充人也　下「人」字，原作「之」，據四庫本、賀本改。
〔一一三〕以其天子禮亡　「亡」，原作「云」，據四庫本、賀本改。
〔一一四〕言者共至尊　「者」，原作「其」，據賀本改。

〔一一五〕故以牷兼純也　「牷」，原作「全」，據賀本改。
〔一一六〕珥讀爲衈　「讀」，原作「當」，據賀本改。
〔一一七〕此則牧人云毁事用駹是也　「駹」，原作「駹」，據四庫本、賀本改。
〔一一八〕若宗廟用騂之等　「若」，原作「共」，據賀本改。
〔一一九〕唯司空職亡　「亡」，原作「云」，據四庫本、賀本改。
〔一二〇〕司空冬官　「冬」，原作「各」，據四庫本、賀本改。
〔一二一〕毛炮豚者　「者」，原作「也」，據賀本改。
〔一二二〕此左氏桓公傳隨季梁之辭　「梁」，原作「良」，據賀本改。
〔一二三〕至建卯四月　「至」，原作「主」，據賀本改。
〔一二四〕貙力朱反　「貙」，原作「劉」，據四庫本、賀本改。
〔一二五〕或曰膞肉也　句下原有「骨鱐謂骨有肉者」七字，據賀本删。
〔一二六〕注同　「注」，原作「下」，據賀本改。
〔一二七〕云祀五帝者　吕本、朝鮮本、傅本同。四庫本、賀本於句上有「疏曰」二字。
〔一二八〕謂四段解之　「謂」，原作「則」，據賀本改。
〔一二九〕傳　吕本、四庫本、朝鮮本、傅本同。「傳」，賀本作「記」。
〔一三〇〕諸侯之祭牲　「牲」字原脱，據賀本補。

〔一三一〕離爲大腹孕之象也　「大」，原作「火」，據賀本改。
〔一三二〕四方之貢　「貢」，原作「奠」，據四庫本、賀本改。
〔一三三〕民則不慢　「民則」，原作「則民」，據賀本乙正。
〔一三四〕接誠拔取以獻具　「具」，原作「其」，據賀本改。
〔一三五〕集注曰　此三字原脱，據賀本增。
〔一三六〕雜記言釁廟用羊　「用」字原漫漶，據賀本補。
〔一三七〕僖公十九年春秋左氏傳　「僖」，原作「隱」，據四庫本、賀本改。
〔一三八〕收衆專於農也○蒐所留反　「也○蒐所留反」五字原缺，據賀本補。
〔一三九〕又無祠五兵之禮　「又」，原作「入」，據賀本改。
〔一四〇〕秋田主祭四方　「秋」，原作「而」，據賀本改。
〔一四一〕遂入防　「入」，原作「又」，據賀本改。
〔一四二〕詩小雅　「小」，原作「大」，據賀本改。
〔一四三〕故引以證川奠也　「以」，原作「爲」，據賀本改。
〔一四四〕乾蕭謂乾梅　「謂」，原作「與」，據四庫本、賀本改。
〔一四五〕菱芡桌脯　此四字原脱，據賀本補。
〔一四六〕謂四時禘祫等　「等」，原作「祭」，據賀本改。

〔一四七〕麇麷　「麇」，原作「麋」，據賀本改。以下徑改，不再出校。
〔一四八〕又莫干反　「莫干」，原作「酋于」，據四庫本、賀本改。
〔一四九〕拍音博　「博」，原作「傅」，據賀本改。
〔一五〇〕鄭司農云脾析牛百葉也者　「葉」，原作「乗」，據四庫本、賀本改。
〔一五一〕菜類蒿也　「菜」，原作「釆」，據賀本改。
〔一五二〕鹽鹹非苦　「鹽」，原作「鹽」，據賀本改。
〔一五三〕對下經鬻鹽是湅治者也　「鹽」，原作「鹽」，據賀本改。
〔一五四〕禮經固有此三者　「經」，原作「堅」，據賀本改。
〔一五五〕故後鄭據此以爲從獻以燔　「後」字原脱，據賀本補。
〔一五六〕羊用苦　「用苦」，原作「若」，據四庫本、賀本改。
〔一五七〕即公食大夫十六豆膷臐膮等也　「等」，原作「是」，據賀本改。
〔一五八〕祭以羊則不以牛肉爲羞　「以羊則」，原作「則以羊」，據賀本改。
〔一五九〕宣公夏濫於泗淵　句上，原有一「傳」字，據賀本删。
〔一六〇〕水虞於是乎禁罝罜麗　吕本、朝鮮本、傅本同。「罜」字四庫本、賀本無。
〔一六一〕春王當耕于藉　「王」，原作「主」，據四庫本、賀本改。
〔一六二〕又詔告王后帥領六宫之人　「詔」，原作「誥」，據四庫本、賀本改。

〔一六三〕故使藏種也　「藏種」，原作「種藏」，據四庫本、賀本改。

〔一六四〕兩分居宮　「宮」，原作「官」，據四庫本、賀本改。

〔一六五〕按食醫和王六食　「按」，原作「粢」，據四庫本、賀本改。

〔一六六〕祓音弗　此三字原在下文「不易物土之宜」下，據賀本移此。

〔一六七〕瞽樂大師　「大」，原作「天」，據四庫本、賀本改。

〔一六八〕故上一新也〇　「一」，原作「以」，「〇」原作「者」，據賀本改。

〔一六九〕疏曰　句下，原有「云熹者冒也故上以新也者」十一字，據賀本删。

〔一七〇〕故以不時言之　吕本、四庫本、朝鮮本、傅本同。句下，賀本有「〇春秋左氏穀梁公羊傳通脩」十一字。

〔一七一〕總此一經皆當依舊法式用之　「依」上，原有「皆」字，據四庫本、賀本删。

〔一七二〕明燭以照饌陳　「陳」字原脱，據賀本補。

〔一七三〕彼注云　「彼」，原作「此」，據賀本改。

〔一七四〕謂宣王時諸侯來朝之事　「時」，原作「侍」，據賀本改。

〔一七五〕苴子都反　此四字原漫漶，據四庫本補，賀本作「去羌吕反」。

〔一七六〕言白盛謂飾墻使白之蜃也　「盛」，原作「成」，據賀本改。

〔一七七〕君行之道　「道」，原作「四」，據賀本改。

〔一七八〕盾純尹反　「盾」，原作「昏」，據賀本改。

〔一七九〕故少牢饋食無奏樂之文　「樂」，原作「舞」，據賀本改。

〔一八〇〕傳　呂本、四庫本、朝鮮本、傳本同。「傳」，賀本作「記」。

〔一八一〕下不偪下　「偪」，原作「僭」，據四庫本、賀本改。

〔一八二〕晉侯豈以一佾之樂賜魏絳　「晉侯」二字原脱，據賀本補。

〔一八三〕詳問衆仲　「詳」字原脱，據賀本補。

〔一八四〕其實凡平之侯正與伯等　「伯」上，原有「侯」字，據賀本删。

〔一八五〕察其詩可以達其意　「詩」，原作「時」，據四庫本、賀本改。

〔一八六〕故從末言初可知　「初」字原脱，據賀本補。

〔一八七〕論語八佾　句上，賀本有「並」字；句下，賀本有「集註」二字。

〔一八八〕非正也　「正」字原漫漶，據賀本補。

〔一八九〕桓公之宫　「桓」，原作「宣」，據賀本改。

〔一九〇〕春秋左氏穀梁傳通脩　「脩」，原作「入」，據賀本改。

〔一九一〕二國誘而徙之伊川　「二國」二字原脱，據賀本補。

〔一九二〕朱干玉戚以舞大夏　「朱干玉戚」四字原脱，據賀本補。

〔一九三〕猶牛馬之於委食己者　「牛馬」，原作「馬牛」，據賀本改。下文「謂牛馬維婁是也」同。

儀禮經傳通解續卷第二十九

祭禮十三

祭義

凡祭有四時：春祭曰礿，夏祭曰禘，秋祭曰嘗，冬祭曰烝。謂夏、殷時禮也。礿、禘，陽義也。嘗、烝，陰義也。禘者，陽之盛也。嘗者，陰之盛也。故曰：莫重於禘、嘗。夏者尊卑著，而秋萬物成。○疏曰：此一節明祭祀之重禘嘗之義。人君若能明於其義，可以爲民父母。今各隨文解之。「禘者，陽之盛也」者，以禘祭在夏，夏爲炎暑，故爲陽盛。「嘗者，陰之盛也」者，以嘗祭在秋之時，陰功成就，故爲陰盛。冬雖嚴寒，以物於秋成，故不得以冬烝對夏禘。古者於禘也，發爵賜服，順陽義也；於嘗也，出田邑，發秋政，順陰義也。言爵命屬陽，國地屬陰。○疏曰：爵命是生養之事，故屬陽。國地是土地之事，故屬陰。故記曰：「嘗之日，發公室，示賞也。草艾則墨，未發秋政，則民弗敢草也。」發公室，出賞物也。草艾，謂艾取草也。秋草木成，可芟艾給，爨亨時，則始行小刑也。〇疏曰：以記録之，前先有此記之文，故作記者載此前記之文，所以言「記曰」也。此記云：嘗祭之日，發出公室貨財，以示賞也。「草艾則墨」者，謂初秋草堪艾給，炊爨之時，則行小刑之墨。「未發秋政，則民不敢艾草也」，言夏節雖盡，人君未發行秋政，則民不敢艾草也。又曰：按左傳云：「賞以春夏，刑以秋冬。」此嘗之日，發公室示賞者，文各有所對，以賞對刑，則賞屬春夏，刑屬秋冬。其實四時之閒皆有賞，故車服屬夏，田邑屬秋，出田邑之時亦有物也，故覲禮秋時賜侯氏車服及篋服也。故曰：禘嘗之義大矣，治國之本也，不可不知也。明其義者君也，能其事者臣也。不明其義，君人不全；不能其事，爲臣不全。全，猶具也。夫義者，所以濟志也，諸德之發也。是故其德盛者，其志厚；其志厚者，其義章；其義章者，其祭也敬。祭敬，則竟内之子孫莫敢不敬矣。竟，音境。〇濟，成也。發，謂機發也。竟内之子孫，萬人爲子孫。〇疏曰：「夫義者，所以濟志也」者，濟，成也，言禘嘗之義。若人君明之，所以成就其志。「諸德之發也」者，發，謂機發也。諸，衆也。言義者，是人君衆德之發，謂諸衆人之德發在於義。「是故其德盛者其志厚」者，謂人君道德顯盛，則念親志意深厚。若能念親深厚，則事親祭祀，其義章明顯著。若能事親章明顯著，則其祭也恭敬。以此化下，則竟内民之子孫無敢不恭敬其親矣，以化於上故也。是故君子之祭也，必身親涖之；有故，則使人可也。雖使人也，君不失其義者，君明其義故也。涖，臨也。君不失其義者，言君雖不自親祭，祭禮無闕，於君德不損也。〇疏曰：「雖使人也，君不失其義」者，君明其義故也。言祭祀之時，身既有故，使人攝之。雖使人攝，由君能恭敬，不喪失於爲君之義。所以然者，由君自明曉於禘嘗之義故也。其德薄者，其志輕，疑於其義而求祭，使之必敬也，弗可得已。祭而不敬，何以爲民父母矣？疏曰：「其德薄者，其志輕」者，言人君道淺義薄，則其念親志意不能厚重。「疑於其義」至「民父母矣」者，謂志意既輕，疑惑於祭祀之義，皆不能盡心致敬。身既危疑而欲求祭，使之必敬，不可得已。已是語辭。

○祭統○饗禘有樂而食嘗無樂，陰陽之義也。凡飲，養陽氣也；凡食，養陰氣也。故春禘而秋嘗。春饗孤子，秋食耆老，其義一也。而食嘗無樂，飲養陽氣也，故有樂；食養陰氣也，故無聲。凡聲，陽也。食，音嗣。○言義同而或用樂，或不用樂也。此禘當爲禴，字之誤也。王制曰：春禴夏禘。○疏曰：此一節論饗禘食嘗有樂、無樂之異。「饗禘有樂」者，饗謂春饗孤子，禘謂春祭宗廟也。以其在陽時，故有樂。「而食嘗無樂」者，食謂秋食耆老，嘗謂秋祭宗廟，以其在陰時，故無樂。無樂爲陰，有樂爲陽，故云「陰陽之義也」。「凡飲，養陽氣也；凡食，養陰氣也」者，此覆釋上文饗有樂而食無樂之義。以飲是清虛，養陽氣〔一〕，故有樂。而食是體質，養陰氣，故無樂。「故春禘而秋嘗，春饗孤子，秋食耆老」者，此明饗禘在春爲陽，食嘗在秋爲陰也。「其義一也」者，禘之與嘗，俱是追慕饗之，與食同是賞功，其事無殊，故云一也。「而食嘗無樂」者，文承「秋食耆老」之下。以秋是陰時，故云食嘗無樂，重結之也。舉食嘗無樂，亦應重結饗禘有樂。不言者，從可知也。「飲，養陽氣也，故有樂」者，更覆釋上文飲養陽氣，饗有樂也。「食，養陰氣也，故無聲」者，覆釋上文食養陰氣，故無樂也。「凡聲陽也」者，釋所以饗有樂，食無樂。凡聲是陽也，陽時爲饗，故有樂。陰時爲食，故無樂也。又曰：依禮，三代無春禘之文，周則春曰祠。王制夏殷之禮云「春曰禴」，今云「春曰禘」，故知禘當爲禴。此經所論，謂夏殷禮也。

熊氏云：此夏殷禮，秋嘗無樂。而下文云殷人先求諸陽，則秋嘗亦有樂者。謂殷人春夏祭時有樂，秋冬則無也。舉春見夏，舉秋見冬也。若周，則四時祭皆有樂，故祭統云：「內祭則大嘗禘」，「升歌清廟，下管象。」是秋嘗有樂也。按王制夏后氏養老以饗禮，則夏家養老用春時有樂，無秋食之禮。殷人養老以食禮，而秋時不作樂，無春饗之禮。周人修而兼用之，則周人養老春夏用饗禮，秋冬用食禮，四時皆用樂。故文王世子云：「凡大合樂，必遂養老。」注云：春合舞，秋合聲。下云養老之禮：「遂發咏焉」，「登歌清廟。」是秋時養老亦用樂也。皇氏云：春是生養之時，故饗孤子，取長養之義。秋是成熟之時，故食耆老，取老成之義。熊氏云：春饗孤子，亦饗耆老。秋食耆老，亦食孤子。而皇氏云：此既破禘爲禴，故於祭統春禘秋嘗不復更破，從此可知也。鼎俎奇而籩豆偶，陰陽之義也。籩豆之實，水土之品也。奇，居宜反。○水土之品，言非人常所食。不敢用褻味而貴多品，所以交於旦明之義也。旦，當爲神，篆字之誤也。○疏曰：此一節論鼎俎籩豆所法陰陽之事。「鼎俎奇」者，以其盛牲體，牲體動物，動物屬陽，故其數奇。「籩豆偶」者，其實兼有植物。植物屬陰，故其數偶。故云「陰陽之義」也。「籩豆之實，水土之品也」者，謂籩豆所充實之物，皆是水土所生，品類非人所常食也。「不敢用褻味而貴多品」者，覆釋籩豆所以用水土品族之意。言不敢用褻美食味而貴重衆多品族也，何意如此？所以交接神明之義也。神道與人既異，故不敢用人之食味。神以多大爲功，故貴多品。「鼎俎奇」者，按聘禮：牛一、羊二、豕三、魚四、腊五、腸胃六、膚七、鮮魚八、鮮腊九也。是鼎九其數奇也。又有陪鼎膷一也，臐二也，膮三也，亦其數奇也。正鼎九，鼎別一俎，俎亦九也。又少牢陳五鼎，羊一、豕二〔二〕、膚三、魚四、腊五，其腸胃從羊五鼎五俎，又肵俎一，非是正俎也。特牲三鼎：牲鼎一，魚鼎二，腊鼎三，亦有三俎，肵俎一非正俎，不在數，是皆鼎俎奇也。有司徹陳六俎者，尸及侑主人、主婦各一俎。其餘二俎者，司馬以一俎羞羊肉湆，其一俎司士羞豕肉湆，此二者益肉之俎也。此云鼎俎奇者，謂一處並陳。又「籩豆偶」者，按掌客云：上公豆四十，侯伯三十二，子男二十四。又禮器云：「天子之豆二十有六，諸公十有六，諸侯十有二，上大夫八，下大夫六。」按禮，籩與豆同是籩豆偶也。鄉飲酒義：六十者三豆，七十者四豆，八十者五豆。而奇數者，彼是年齒相次，非正豆也。士喪禮注小斂一豆一籩者，降於大斂，又不同於吉故也。籩人「饋食之籩，棗、㮚、桃、乾藤、榛實」，凡有五物，似五籩者。熊氏云：乾藤之中有桃諸、梅諸，則爲六物，實六籩也。○郊特牲○祭不欲數，數則煩，煩則不敬。祭不欲疏，疏則怠，怠則忘。是故君子合諸天道，春禘秋嘗。數，色角反，下同。○忘與不敬，違禮莫大焉。合於天道，因四時之變化，孝子感時念親，則以此祭之也。春禘者，夏殷禮也，周以禘爲殷祭，更名春祭曰祠。○疏曰：此一節明孝子感時念親，所以四時設祭之意。「合諸天道」者，諸，於也。禘者，陽之盛也。嘗者，陰之盛也。陰陽氣盛，孝子感而思念其親，故君子制禮合於天道。「春禘秋嘗」者，舉春秋冬夏可知。按王制云「春礿夏禘」，周禮大宗伯「春祠夏禴」，今云「春禘」，故云「夏殷禮」。按王制春曰礿，此云「春禘爲夏殷禮」者，郊特牲注以「禘當爲礿」〔三〕，則此春禘亦當爲礿，於郊特牲已注而破之，故此不言也。霜露既降，君子履之，必有悽愴之心，非其寒之謂也。春雨露既濡，君子履之，必有怵惕之心，如將見之。愴，初亮反。怵，敕律反。惕，佗曆反〔四〕。○非其寒之謂，謂悽愴及怵惕，皆爲感時念親也。霜露既降，禮説在秋，此無秋字，蓋脱爾。○爲，于僞反。○疏曰：非其寒之謂也者。言孝子於秋，霜露既降，有悽愴之心者，非是寒之謂。有此悽愴者，爲感時念親也。「如將見之」者，言孝子於春雨露之時，必有怵惕之心焉。意想念親，如似得見親也。春秋二時，於文相互。上云悽愴，下云非其寒之謂，此怵惕之心，下宜云非其暖之謂。今「怵惕之心」下云「如將見之」，則「悽愴之心」下亦宜云「如將見之」，是其互也。但作記以秋是物去寒爲甚，故不云如將見之，但言寒也。春是物來，暖輕於寒，故云如將見之，故不言暖之謂也。先秋後春，以凉悽愴之甚，故先言之。樂以迎來，哀以送往，故禘有樂而嘗無樂。迎來而樂，樂親之將來也。送去而哀，哀其享否不可知也。小言之，則爲一祭之間，孝子不知鬼神之期。推而廣之，放其去來於陰陽。○放，方往反。○疏曰：云「小言之，則爲一祭之間，孝子不知鬼神之期」者，解經「樂以迎來」、「哀以送往」之二句。謂一祭之間也，一祭比於一年，其事爲小，故云「小言之，爲一祭之閒」。既不知鬼神來去期節，故祭初似若來，故樂；祭末似去，故哀。據孝子之心，雖春有樂及鐘鼓送尸，孝子之心，祭末猶哀也。云「推而廣之，放其去來於陰陽」者，解經云「故禘有樂」、「而嘗無樂」二句也。言推此一祭而廣論一年，放神之去來，似於陰陽二氣。但陽主生長，春夏陽來，似神之來，故春夏祭之有樂。秋冬陰，象神之去，故秋冬之祭無樂。然周禮四時之祭皆有樂，殷則烝嘗之祭亦有樂，故那詩云「庸鼓有斁，萬舞有奕」，下云「顧予烝嘗」，則殷秋冬亦有樂者。熊氏云殷秋冬但有管弦之樂，又云烝嘗全無樂〔五〕，其義已具郊特牲。致齊於内，散齊於外。齊之日，思其居處，思其笑語，思其志意，思其所樂，思其所嗜。齊三日，乃見其所爲齊者。齊，側皆反，後不出者同。散，悉但反。所樂，音岳，又五教反〔六〕。○致齊，思此五者也。散齊七日，不御不樂，不弔耳。見所爲齊者，思之熟也。所嗜，素所欲食也。春秋傳曰：「屈到嗜芰。」○屈，居勿反。○疏曰：此一節明祭前齊日之事〔七〕。「思其居處」者，謂祭致齊之日也。思其居處以下五事，謂孝子思念親存之五事也。先思其粗，漸思其精，故居處在前，樂嗜居後。「齊三日，乃見其所爲齊」者，謂致齊思念其親，精意純熟目想之，若見其所爲齊之親也。又曰：楚語云：「屈到嗜芰，有疾，召其宗老而屬之曰：『祭我必以芰。』」祭之日，入室僾然必有見乎其位。周還出户，肅然必有聞乎其容聲。出户而聽，愾然必有聞乎其歎息之聲。僾，音愛。還，音旋。愾，開代反。○周還出户，謂薦設時也。無尸者闔户若食間，則有出户而聽之。○疏曰：此一經明祭之日，孝子想念其親。「入室僾然必有見乎其位」者，謂祭之日，朝初入廟室時也。初入室陰厭時，孝子當想象僾僾髣髴見也。詩云：「愛而不見。」見，如見親之在神位也，故論語云：「祭如在。」「周還出户，肅然必有聞乎其容聲」者，謂薦饌時也。孝子薦俎酌獻，行步周旋，或出户。當此之時，必怵息聽，肅然如聞親舉動容止之聲。「出户而聽愾然」者，謂祭此人爲無尸之時，設薦已畢，孝子出户而静聽，愾愾然必有聞乎其歎息之聲也。又曰：「出户謂薦設時也」者，若特牲、少牢主婦設豆及佐食設俎之屬是也。云「無尸者闔户若食間，則有出户而聽之」者，按士虞禮云：「無尸，則禮及薦饌皆如初」。「主人哭，出復位。祝闔牖户」，「如食間。」注云：「如尸一食九飯之頃〔八〕。」彼謂虞祭，無孫行爲尸者，則吉祭亦當然也。此鄭云闔户若食間，見如正祭九飯之間也。而皇氏謂尸謖之後，陽厭之時，又云無尸謂之陰厭，尸未入前，其義並非也。是故先王之孝也，色不忘乎目，聲不絶乎耳，心志嗜欲不忘乎心。致愛則存，致慤則著，著存不忘乎心，夫安得不敬乎？存著則謂其思念也。○疏曰：此一經覆説孝子祭時念親之事。「致愛則存」者，謂孝子致極愛親之心，則若親之存，以嗜欲不忘於親故也。「致慤則著」者，謂孝子致其端慤敬親之心，則若親之顯著，以色不忘於目，聲不忘於耳故也。「著存不忘乎心」者，言如親之存在，恒想見之，不忘於心。既思念如此，何得不敬乎！君子生則敬養，死則敬享，思終身弗辱也。養，羊尚反。○享，猶祭也、饗也。君子有終身之喪，忌日之謂也。忌日不用，非不祥也。言夫日志有所至，而不敢盡其私也。夫，音扶。○忌日，親亡之日。忌日者不用，舉他事如有時日之禁也。祥，善也。志有所至，至於親以此日亡，其哀心如喪時。○疏曰：此一節明孝子終身念親不忘之事。「忌日不用，非不祥也」者，謂忌日不用，舉作他事者。非謂此日不善，别有禁忌，不舉事也。「言夫日志有所至，而不敢盡其私也」者，所以不舉者，言夫忌日。謂孝子志意有所至，極思念親，不敢盡其私情而營他事，故不舉也。唯聖人爲能饗帝，孝子爲能饗親。謂祭之能使之饗也。帝，天也。○疏曰：此一節明孝子祭祀，欲親歆饗之意。「唯聖人爲能饗帝」者，以饗帝爲難，故聖人能之。饗親不易，故孝子能之。欲饗親與饗帝同，故以饗帝比饗親，言饗親難也。此本爲饗親而發，故下文專論饗親之事。饗者，鄉也，鄉之然後能饗焉。鄉，許亮反。○言中心鄉之，乃能使其祭見饗也。上饗或爲相。○相，息亮反。○疏曰：「饗者，鄉也」者，言神之所以饗者，由孝子之所歸鄉也，鄉之故，然後能使神靈歆饗焉。是故孝子臨尸而不怍。君牽牲，夫人奠盎；君獻尸，夫人薦豆。卿大夫相君，命婦相夫人。齊齊乎其敬也，愉愉乎其忠也，勿勿諸其欲其饗之也！色不和曰怍。

奠盎，設盎齊之奠也。此時君牽牲將薦毛血，君獻尸而夫人薦豆，謂繹日也。儐尸，主人獻尸，主婦自東房薦韭菹醢。勿勿，猶勉勉也，懃愛之貌。○盎齊，才細反。儐，音賓。○疏曰：「是故孝子臨尸而不怍」者，怍謂顔色不和悦。以祭祀須饗尸，故孝子臨對尸前不得顔色不和。「君牽牲，夫人奠盎」者，熊氏云：此謂繹祭君當牽牲之時，夫人奠設盎齊之尊〔九〕。「君獻尸，夫人薦豆」者，繹祭，故先獻後薦。「齊齊乎其敬也」者，卿大夫相君，命婦相夫人，皆齊齊乎其恭敬。齊齊，謂整齊之貌，故玉藻云：「廟中齊齊。」「愉愉乎其忠也」者，愉愉，和悦之貌。忠謂忠心。言孝子顔色愉愉然和悦，盡忠心。「勿勿諸其欲其饗之也」者，勿勿猶勉勉也。言孝子之心與貌勉勉然，欲得親之歆饗也。其，皆語助。又曰：按曲禮云：「容毋怍。」怍謂顔色變，即不和之意。云「奠盎，設盎齊之奠也」者，此謂繹祭，故牽牲之時，夫人預設盎齊之尊。假令正祭牽牲時，夫人設奠盎之尊。至君親制祭，夫人酌盎齊以獻尸，義無妨也。皇氏怪此奠盎在牽牲之時，於事大早，以奠盎爲洗牲。勘諸經傳，無洗牲以酒之文，皇氏文無所據，其義非也。云「謂繹日也」者，以其先云君獻尸，後云「夫人薦豆」，故知繹日也。云「儐尸，主人獻尸，主婦自東房薦韭菹醢」者，此是有司徹文。引之者，證儐尸之時，先獻後薦。上大夫儐尸，即天子諸侯之繹也。

文王之祭也，事死者如事生，思死者如不欲生。忌日必哀，稱諱如見親。祀之忠也，如見親之所愛，如欲色然，其文王與！與，音餘。○思死者如不欲生，言思親之深也。如欲色者，以時人於色厚，假以喻之。○疏曰：此一節明文王祭思親，忠敬之甚。思死如不欲生者，言文王思念死者，意欲隨之而死，如似不復欲生。「稱諱如見親」者，言文王在廟中上不諱下，於祖廟稱親之諱，如見親也。「祀之忠」者，言文王祭祀之，盡忠誠也。「如見親之所愛，如欲色然」者，解祀之忠敬之事。言齊時思念親之平生嗜欲，如似真見親所愛在於目前，又思念親之所愛之甚，如似凡人貪欲女色然也。「其文王與」者，唯文王能如此，「與」是不執定之辭。王肅解「欲色然」，如欲見父母之顏色，鄭云：何得比父母於女色？馬昭申云：孔子曰：「吾未見好德如好色者。」如此，亦比色於德。張融亦云：如好色，取其甚也，於文無妨。

詩云：「明發不寐，有懷二人，」文王之詩也。祭之明日，明發不寐，饗而致之，又從而思之。祭之日，樂與哀半，饗之必樂，已至必哀。樂，音洛。○明發不寐，謂夜而至旦也。祭之明日，謂繹日也，言繹之夜不寐也。二人，謂父母，容尸侑也。○疏曰：「文王之詩也」者，此幽王小雅小宛之篇，而云文王詩也者，記者引詩斷章取義，且詩人陳文王之德以刺幽王，亦得爲文王之詩也。「祭之明日，明發不寐」者，謂正祭明日，繹祭之時。祭既訖，得其夜發，夕至明而不寐。「饗而致之，又從而思之」者，申明發之意。既設繹祭之饗而致於神，其夜又從而思之也。「饗之必樂，已至必哀」者，孝子想神之歆饗，故必樂。又想及饗已至之後，必分離，故必哀也。又曰：知「祭之明日爲繹日也」者，按宣八年六月「辛巳，有事于大廟，仲遂卒于垂，壬午猶繹」，是祭之明日爲繹也。云「二人，謂父母，容尸侑也」者，祭以念親，故二人謂父母。按有司徹上大夫儐尸，別立一人爲侑以助尸，似鄉飲酒禮介之副賓也。繹祭與儐尸同，故知「二人，容尸與侑」也。

仲尼嘗奉薦而進，其親也慤，其行也趨趨以數。嘗，秋祭也。親，爲身親執事時也。慤與趨趨，言少威儀也。趨讀如促。數之言速也。○疏曰：此一節記仲尼嘗祭之儀，奉薦而進。「其親也慤」者，慤謂質慤，謂仲尼奉薦進尸之時，其身執事，其形貌慤質少威儀。「其行也趨趨以數」者，其行步促促速疾少威儀，舉足而數也。已祭，子贛問曰：「子之言『祭，濟濟漆漆然。』今子之祭無濟濟漆漆，何也？」子曰：「濟濟者，容也，遠也。漆漆者，容也，自反也。容以遠，若容以自反也，夫何神明之及交？夫何濟濟漆漆之有乎？贛，音貢。濟，子禮反。○漆漆，讀如朋友切切。自反，猶言自脩整也。容以遠，言非所以接親親也。容以自反，言非孝子所以事親也。及，與也。此皆非與神明交之道。○疏曰：「今子之祭無濟濟漆漆，何也」者，子贛先聞夫子説祭事威儀須濟濟漆漆然也，今子之爲祭，無濟濟漆漆者，何也？「子曰：濟濟者，容也，遠也」，夫子爲子贛説濟濟之義，言濟濟者，是容貌自疏遠。「漆漆者，容也，自反也」，謂容貌自反覆而脩整也。「容以遠，若容以自反也」者，覆結上文。言孝子若容貌以疏遠，若容貌以自脩整，此乃賓客之事。「夫何神明之及交」者，及，與也。言孝子若作賓客之容，何得神明之與交？言不得與神明交也。「夫何濟濟漆漆之有乎」者，更覆結之。云夫孝子何得濟濟漆漆之有乎，言不得有也。其「容也遠也」，王肅以容爲客，皇氏用王肅以客有其容之義，其義亦通，但於文勢不便，至注更具詳。又曰：漆漆，讀如朋友切切者，以漆漆非形貌之狀，漆音近切。「朋友切切偲偲」，語子路文也。云「自反，猶言自脩整也」者，凡脩整也者，凡脩整之人，必自反覆顧省，故云「自反，猶言自脩整」。云「容以遠，言非所以接親親也」者，凡接親親，不事容貌，又相附近。今既事容貌，又相疏遠，故云「非所以接親親」。言親親，對孝子之辭。或容爲客字，則是義遠，何須云「容以遠」。又「容以自反」與「容以遠」相對，一字爲容，一字爲客，未之有也。又王肅爲客字破鄭義，明鄭義容字也〔一〇〕。反饋樂成，薦其薦俎，序其禮樂，備其百官，君子致其濟濟漆漆，夫何慌惚之有乎？樂，音岳，又五教反。慌，況往反，一音荒。惚，音忽。○天子諸侯之祭，或從血腥始，至反饋，是進熟也。薦俎，豆與俎也。慌惚，思念益深之時也。言祭事既備，使百官助已祭。然而見其容而自反，是無慌惚之思念。○疏曰：「反饋樂成」者，此天子諸侯之祭，血腥而始，及至進是設饌進孰，合樂成畢。定本「反饋」作「及」字，至注更釋。「薦俎」者，謂薦孰之時，薦其饋食之豆並牲體之俎。「序其禮樂，備其百官」者，進饋之前與神明而交，貴其誠敬。進饋之後，人事之盛，故序其禮樂，備其百官。「君子致其濟濟漆漆」者，言於此之時，君子助祭之人致其濟濟漆漆，賓客之事。「夫何慌惚之有乎」者，此一句覆結前文子贛問云：若孝子自濟濟漆漆，何得慌惚思念之有乎？言無念親之意也。又曰：「天子諸侯之祭，或從血腥始」者，謂以卿大夫從饋孰始，故云天子諸侯或從血腥始。言「或」者，不盡然，故三獻爓，一獻孰，是不從血腥始。云「至反饋，是進孰也」者，既以血腥爲始，至於反饋之時，是進孰也。但「至」與「反」字，於文爲煩，定本又爲「及」字，故皇氏云：初祭，尸入於室，後出在堂門，尸更反入而設饋〔一二〕，故云「反饋」，義當然也。夫言豈一端而已，夫各有所當也。」夫，音扶。當，丁浪反。○豈一端，言不可以一概也，禮各有所當。行祭宗廟者，賓客濟濟漆漆，主人愨而趨趨。○疏曰：「夫言豈一端而已」者，夫子答子貢，云一端，猶一概也。凡言語，豈一概而已？言不可以一概，所屬各異。「夫各有所當也」者，謂其言語各有所當。若愨而趨，當孝子也。濟濟漆漆，當賓客也。孝子將祭，慮事不可以不豫；比時具物，不可以不備，虛中以治之。比，必利反。○比時，猶先時也。虛中，言不兼念餘事。○先，悉薦反。○疏曰：自此以下至成人之道，廣明孝子祭祀之義，今各隨文解之。

「將祭，慮事不可以不豫」者，言孝子慮事不可於祭前不豫思慮之。「比時具物，不可以不備」者，比時，謂先時。言在祭之先以備具於物，至於祭時，不可以不備具也。「虛中以治之」者，言不可兼念餘事。心中實虛，唯思此祭而已，故云虛中以治之也。宮室既脩，墻屋既設，百物既備，夫婦齊戒沐浴，盛服奉承而進之。洞洞乎，屬屬乎，如弗勝，如將失之，其孝敬之心至也與。屬，音燭。勝，音升。與，音餘。○脩、設，謂掃除及黝堊。○黝，於糾反。堊，烏路反。○疏曰：洞洞、屬屬，是嚴敬之貌。言孝子之心奉承而進祭之時，其心洞洞乎、屬屬乎，恭敬心盛〔一二〕，如舉物之弗勝。心所奉持，如似將失於物，此是孝子心敬之至極也。按廣雅：「洞洞、屬屬，敬也。」薦其薦俎，序其禮樂，備其百官，奉承而進之。百官助主人進之。於是諭其志意，以其慌惚以與神明交，庶或饗之，庶或饗之，孝子之志也。諭其志意，謂使祝祝饗及侑尸也。或猶有也，言想見其彷彿來。○祝祝，上之六反，下之又反，又並之六反。○疏曰：孝子既薦其俎，於是使其祝官啓告鬼神，曉諭鬼神以志意。「以其慌惚以與神明交，庶或饗之」者，言孝子以其思念情深，慌惚似神明交接，庶望神明或來歆饗，故云庶幾神明饗之者，是孝子之志意也。言想見其親，彷彿而來也。孝子之祭也，盡其慤而慤焉，盡其信而信焉，盡其敬而敬焉，盡其禮而不過失焉。進退必敬，如親聽命，則或使之也。言當盡己而已，如居父母前，將受命而使之。○疏曰：「盡其慤而慤焉」者，盡慤，謂心盡其慤也，而慤焉謂外亦慤焉。其信與敬皆處內，內有其心，外著於貌。「盡其禮而不過失焉」者，以其禮包衆事，非一可極，故不得云而盡其禮焉。云不過失焉，則是禮也。「進退必敬，如親聽命，則或使之也」者，言孝子祭時，進之與退必恒恭敬，

如似親聽父母之命，而父母或使之也。孝子之祭可知也：其立之也，敬以詘；其進之也，敬以愉；其薦之也，敬以欲。退而立，如將受命；已徹而退，敬齊之色不絕於面。詘，求勿反，|徐丘勿反。敬齊，如字，|王、徐側皆反。○詘，充詘，形容喜貌也。進之，謂進血腥也。愉，顔色和貌也。薦之，謂進孰也。欲，婉順貌。齊，謂齊莊。○疏曰：此一節明孝子之祭，觀其貌而知其心，故「孝子之祭可知也」者以下諸事是也。「其立之也，敬以詘」者，詘謂充詘，形容歡喜之貌。言孝子尸前而立，形貌恭敬而顔色歡喜。「其進之也敬以愉」者，進謂進血腥〔一三〕，愉謂顔色温和。言孝子薦血腥之時，容貌恭敬而顔色温和。「其薦之也敬以欲」者，言孝子薦孰之時，容貌恭敬顔色婉順，如欲得物然。「退而立，如將受命」者，言孝子或有退之時，如似前進將受命。「已徹而退，敬齊之色不絕於面」者，謂祭畢已徹饌食，孝子退者，恭敬齊莊之色不離絕於面。孝子之祭也：立而不詘，固也；進而不愉，疏也；薦而不欲，不愛也；退立而不如受命，敖也；已徹而退，無敬齊之色，而忘本也。如是而祭，失之矣。敖，五報反。○固，猶質陋也。而忘本，「而」，衍字。○疏曰：「立而不詘，固也」者，言其固陋不知禮。「進而不愉，疏也」者，言與親疏遠，不相親。「附薦而不欲，不愛也」者，言不愛親。「退立而不如受命，敖也」者，言敖其親，不恭敬。「已徹而退，無敬齊之色，而忘本也」者，「而」，衍字。忘本，謂不思其親。孝子之有深愛者，必有和氣；有和氣者，必有愉色；有愉色者，必有婉容。和氣，謂立而詘。孝子如執玉，如奉盈，洞洞屬屬然如弗勝，如將失之。嚴威儼恪，非所以事親也，成人之道也。奉，芳勇反。勝，音升。○成人，既冠者。然則，孝子不失其孺子之心也。○疏曰：「如執玉，

如奉盈」，言孝子對神容貌敬慎，如執持玉之大寶，如奉盈滿之物。「嚴威儼恪，非所以事親也」者，嚴，謂嚴肅。威，謂威重。儼，謂儼正。恪，謂恭敬。言四者，容貌非事親之體，事親當和順卑柔也。「成人之道也」者，言嚴威儼恪衹是既冠成人之道也。○祭義○孝子將祭祀，必有齊莊之心以慮事，以具服物，以脩宮室，以治百事。齊，側皆反。○謂齊之前後也。○疏曰：此一節明孝子將祭祀之時，顔色容貌務在齊莊卑詘，思念其親存也。「以慮事」者，言孝子先齊莊其心，以謀慮祭事。「以具服物」者，以備具衣服及祭物。「以治百事」者，謂齊前後凡治百衆之事。及祭之日，顔色必温，行必恐，如懼不及愛然。如懼不及，見其所愛者。○疏曰：「行必恐，如懼不及愛然」者，言孝子色必温和，行必戰恐，其形貌如似畏懼不及見親之所愛然。止由如是，言心貌必温。其奠之也，容貌必温，身必詘，如語焉而未之然。語，魚預反。○奠之，謂酌尊酒奠之及酳之屬也。如語焉而未之然，如有所以語親而未見答。○疏曰：「容貌必温，身必詘」者，言孝子設奠及酳之時，容貌温和，身形必卑詘〔一四〕。「如語焉而未之然」者，如以語諮白於親，而未之見報答者。宿者皆出，其立卑靜以正，如將弗見然。宿者皆出，謂賓助祭者事畢出去也。如將弗見然，祭事畢，而不知親所在，思念之深如不見出也。○疏曰：「宿者皆出」者，謂助祭所宿之賓，今祭事已畢，並皆出去。孝子其立卑柔静默，然後以正定心意以思念其親，如似將不復見，顔色出然。及祭之後，陶陶遂遂如將復入然。陶，音遥。○思念既深，如覩親將復入也。陶陶遂遂，相隨行之貌。○疏曰：「及祭之後，陶陶遂遂如將復入然」者，孝子思念親深，及至祭後，想像親來形貌，陶陶遂遂如似親將復反更入然。是故慤善不違身，耳目不違心，思慮不違親。結諸心，形諸色，而術省之，孝子之志也。思，息嗣反。○術，當爲述，聲之誤也。○疏曰：「是故慤善不違身」者，以孝子思念親深爲是之，故精慤純善之，故行不違離於身，恒慤善也。「耳目不違心」者，言忠心。思慮不違於親，無時歇也。「結諸心」者，言思念深結積於心。「形諸色」者，思念其親，形見於色。「而術省之」者，術，述也。省，視也。言思念其親，但遍循述而省視之，反復不忘也，此孝子思念親之志也。○祭義○聖主將祭，必潔齋精思，若親之在。方興未登，㥯㥯憧憧，專一想親之容貌仿佛，此孝子之誠也。四方之助祭，空而來者滿而反，虛而至者實而還，皆取法則焉。説苑○祭之爲言察也，察者至也，至者人事至也，人事至然後祭。禮志曰：「齊之日，思其居處，思其笑語，思其志意，思其所樂，思其所嗜。齊三日，乃見其所爲齊者。祭之日，入室，僾然必有見乎其位。周還出户，肅然必有聞乎其容聲。出户而聽，愾然必有聞乎其嘆息之聲。」是之謂至。祭者，薦者也，薦之爲言在也。在也者，在其道也。禮志曰：「君子生則敬養，死則敬饗，思終身不忘。」是之謂在其道。○尚書大傳○祭者，志意思慕之情也。愅詭、悒僾而不能無時至焉。愅，音革。悒，音邑。僾，音愛。○愅變也；詭，異也：皆謂變異感動之貌。悒僾，氣不舒，憤鬱之貌。爾雅云：「僾，悒也。」郭云：「嗚悒，短氣也。」言人感動或憤鬱不能無時而至，言有時而至也。故人之歡欣和合之時，則夫忠臣孝子，亦愅詭而有所至矣。歡欣之時，忠臣孝子則感動而思君親之不得同樂也。

彼其所至者，甚大動也，言所至之情甚大感動也。案屈然已，則其於志意之情者惆然不嗛，其於禮節者闕然不具。屈，竭也。屈，然，空然也。惆然，悵然也。嗛，足也。言若無祭祀之禮，空然而已，則忠臣孝子之情悵然不足，禮節又闕然不具也。故先王案爲之立文，尊尊親親之義至矣。文，謂祭祀節文。故曰：祭者，志意思慕之情也，忠信愛敬之至矣，禮節文貌之盛矣。苟非聖人，莫之能知也。聖人明知之，士君子安行之，官人以爲守，百姓以成俗。其在君子，以爲人道也；其在百姓，以爲鬼事也。以爲人道，則安而行之；以爲鬼事，則畏而奉之。故鐘鼓管磬、琴瑟竽笙、韶夏濩武、汋桓箾簡象，是君子之所以爲悼詭其所喜樂之文也。箾，音朔，賈逵曰：舞曲名。武、汋、桓，皆周頌篇名。箾，未詳。象，周武王伐紂之樂。○因説祭，遂廣言喜樂哀痛敦惡之意，本皆因於感動而爲之文飾也。喜樂不可無文飾，故制爲鐘鼓、韶夏之屬。齊衰苴杖、居廬食粥、席薪枕塊，是君子之所以爲悼詭其所哀痛之文也。感動其所哀痛，而不可無文飾，故制爲齊衰苴杖之屬，言本皆因於感動也。師旅有制，刑法有等，莫不稱罪，是君子之所以爲悼詭其所敦惡之文也。師旅，所以討有罪。制，謂人數也。有等，輕重異也。敦，厚也。厚惡，深惡也。或曰：敦，讀爲頓。頓，困躓也。本因感動敦惡，故制師旅刑罰以爲文飾。卜筮視日，齊戒脩塗，几筵饋薦，告祝如或饗之。視日之吉凶。史記周文爲項燕視日修塗，謂修自宫至廟之道塗也。几筵，謂祝筵几於室中東面也。饋，獻牲體。薦，進黍稷也。告祝，謂尸命祝以嘏於主人曰：「皇尸命工祝，承致多福無疆于汝孝孫。來汝孝孫，使汝受禄于天，宜稼于田，眉壽萬年，勿替引之。」如或歆饗其祀然也。物取而皆祭之，如或嘗之。物取，每物皆取也。謂祝命授祭，尸取菹擩於醢，祭於豆閒，佐食取黍稷肺授尸，尸啐嚌之，又取肝擩於鹽，坐振祭嚌之是也。如或嘗之，謂尸啐嚌之，如神之親嘗然也。毋利舉爵，主人有尊，如或觴之。謂主人設尊酌以獻尸，尸飲之，當云「無舉利爵」，即上文云「利爵之不醮也」。如神飲其觴然。賓出，主人拜送，反易服，即位而哭，如或去之。此雜説喪祭也。易服，易祭服，反喪服也。賓出，祭事畢，即位而哭，如神哀之去然也。哀夫敬夫！事死如事生，事亡如事存，狀乎無形影，然而成文。狀，類也。言祭祀不見鬼神，有類乎無形影者，然而足以成人道之節文也。○荀子禮論○凡治人之道，莫急於禮。禮有五經，莫重於祭。禮有五經，謂吉禮、凶禮、賓禮、軍禮、嘉禮也。莫重於祭，謂以吉禮爲首也。大宗伯職曰：「以吉禮事邦國之鬼神祇。」○祇，祈之反。○疏曰：此一節總明祭祀於禮中最重，唯賢者能盡祭義。凡祭爲禮之本，禮爲人之本。將明禮本，故先説治人。言治人之道，於禮最急。禮有五經者。經者，常也。言吉、凶、賓、軍、嘉禮所常行，故云禮有五經。五經之中，於祭更急。上説人之以禮爲急，此説禮爲急者。按大宗伯吉禮之别十有二，凶禮之别五，賓禮之别八，軍禮之别五，嘉禮之别六。五禮之别，總三十有六。夫祭者，非物自外至者也，自中出生於心也。心怵而奉之以禮，是故唯賢者能盡祭之義。怵，敕律反。○怵，感念親之貌也。怵，或爲述。○疏曰：「夫祭者，非物自外至者也，自中出生於心也」者，自猶從也，言孝子祭親，非假他物從外至於身，使己爲之，但從孝子身中出生於孝子之心也。「心怵而奉之以禮」者，言孝子感時，心中怵惕，而奉親以祭祀之禮。「是故唯賢者能盡祭之義」者，言非賢者不能怵惕怵惕之義，唯必賢人故能盡恭敬祭。

賢者之祭也，必受其福，非世所謂福也。福者，備也；備者，百順之名也。無所不順者之謂備，言内盡於己，而外順於道也。忠臣以事其君，孝子以事其親，其本一也。世所謂福者，謂受鬼神之祐助也。賢者之所謂福者，謂受大順之顯名也。其本一者，言忠孝俱由順出也。○疏曰：此一節明祭祀受福是百順之理。「非世所謂福也」者，言世人謂福，謂壽考吉祥祐助於身。若賢者受福身外，萬事皆順於道理，故云非世所謂福也。「福者，備也。備者，百順之名也。無所不順者之謂備」，此是賢者之福，謂内盡其心，外極其禮，内外俱順，於祭具也。「言内盡於己，而外順於道也」者，釋百順之義也。謂心既内盡，貌又外順，此之行善無違於道理也。「其本一也」者，言忠臣事君，孝子事親，其本皆從順而來，故云其本一也。

上則順於鬼神，外則順於君長，内則以孝於親，如此之謂備。唯賢者能備，能備然後能祭。是故賢者之祭也，致其誠信，與其忠敬，奉之以物，道之以禮，安之以樂，參之以時，明薦之而已矣。不求其爲，此孝子之心也。長，丁丈反，下所長同。道，音導。其爲，于僞反，注爲謂同，一音如字。○明，猶潔也。爲，謂福祐爲己之報。○疏曰：「上則順於鬼神」者，廣大順也體尊，故云上也。「外則順於君長」者，謂朝廷也出事公卿，故云外也。「不求其爲」者，言孝子但内盡孝敬以奉祭祀，不求其鬼神福祥爲己之報。按少牢嘏辭云：「皇尸命工祝，承致多福無疆于女孝孫，使女受禄于天，宜稼于田。」則是祭祀有求。此云不求者，謂孝子之心無所求也。但神自致福，故有受禄於天之言。若水旱災荒禱祭百神，則有求也，故大祝有六祈之義，大司徒有荒政索鬼神之禮。祭者，所以追養繼孝也。孝者畜也。順於道，不逆於倫，是之謂畜。養，羊尚反，下同。畜，許六反，下同。○畜，謂順於德教。○疏曰：「追養繼孝也」者，養者是生時養親，孝者生時事親，親今既没，設禮祭之，追生時之養，繼生時之孝。「孝者畜也」者，畜謂畜養，謂孝子順於德教，不逆於倫理，可以畜養其親，故釋孝爲畜。此據援神契：「庶人之孝曰畜。」五孝不同，庶人但取畜養而已，不能百事皆順。」援神契又云：「天子之孝曰就，諸侯曰度，大夫曰譽，士曰究，庶人曰畜。」分之則五，總之曰畜，皆是畜養，但功有小大耳。是故孝子之事親也，有三道焉：生則養，没則喪，喪畢則祭。養則觀其順也，喪則觀其哀也，祭則觀其敬而時也。盡此三道者，孝子之行也。行，下孟反。○没，終也。○疏曰：此一節明孝子事親有三種之道。既内自盡，又外求助，昏禮是也。故國君取夫人之辭曰：「請君之玉女，與寡人共有敝邑，事宗廟社稷。」此求助之本也。取，七住反。○言玉女者，美言之也，君子於玉比德焉。夫祭也者，必夫婦親之，所以備外内之官也，官備則具備。具，謂所共衆物。○共，音恭，下文以共皆同。○疏曰：此一節以上文孝子事親，先能自盡，又外求伉儷，供粢盛之事。水草之菹，陸産之醢，小物備矣。三牲之俎，八簋之實，美物備矣。昆蟲之異，草木之實，陰陽之物備矣。水草之菹，芹茆之屬。陸産之醢，蚳蝝之屬。天子之祭八簋。昆蟲，謂温生寒死之蟲也。内則可食之物有蜩范。草木之實，菱芡榛栗之屬。○疏曰：「水草之菹，芹茆之屬」者，按醢人云：「加豆之實，芹菹兔醢。」「朝事之豆」，「茆菹麇臡。」是芹茆也。又有：「朝事之豆」，「昌本麇臡。」「加豆之實」有「深蒲醓醢、箈菹雁醢、筍菹魚醢」。其昌本、深蒲、箈、筍是水草，故云「之屬」。云「陸産之醢，蚳蝝之屬」者，按醢人「饋食之豆」，「蠯蚳。」蝝，即蚳之類。醢人「加豆之實」有兔醢，又有醓醢，皆是陸産，故云「之屬」。云「天子之祭八簋」者，明堂位云「周之八簋」，又特牲士「兩敦」，少牢「四敦」，則諸侯六，故天子八。云「内則可食之物有蜩范」者，蜩，蟬也〔一五〕；范，蜂也：昆蟲之屬。云「草木之實，菱芡榛栗之屬」者，按籩人加籩之實有菱芡，饋食之籩有棗栗榛實，是草木，故云「之屬」。凡天之所生，地之所長，苟可薦者，莫不咸在，示盡物也。外則盡物，内則盡志，此祭之心也。咸，皆也。○疏曰：「苟可薦者」，悉在祭用，故云「示盡物也」，則上陰陽之物備矣。「外則盡物，内則盡志，此祭之心也」者，此是孝子祭親之心。是故天子親耕於南郊，以共齊盛；王后蠶於北郊，以共純服；諸侯耕於東郊，亦以共齊盛；夫人蠶於北郊，以共冕服。天子諸侯，非莫耕也；王后夫人，非莫蠶也。身致其誠信，誠信之謂盡，盡之謂敬，敬盡然後可以事神明，此祭之道也。齊盛，亦作齍，與粢同音咨，下同。純，側其反，注及下「純冕」同。○純服，亦冕服也，互言之爾。純以見繒色，冕以著祭服。東郊，少陽，諸侯象也。夫人不蠶於西郊，婦人禮少變也。齊，或作粢。○見，賢遍反。少，詩召反。○疏曰：「是故天子親耕於南郊，以共齊盛；王后蠶於北郊，以共純服」者，此覆結上文也。必夫婦親之及盡物盡志之事，祭須盡物志，故人君夫人各竭力從事於耕蠶也。鄭云：王藉田在遠郊，故甸師氏掌之。内宰云：「中春，詔后帥内外命婦始蠶于北郊。」注云：「婦人以純陰爲尊」故也。純服者，亦冕服也。純以見繒色，冕以著祭服。「諸侯耕於東郊，亦以共齊盛」者，天子太陽，故南也。諸侯少陽，故東也。然藉田並在東南，故王言南，諸侯言東。「夫人蠶於北郊，以共冕服」者，后太陰，故北。夫人少陰，故合西郊，然亦北者，婦人質少變，故與后同也。「天子諸侯，非莫耕也；王后夫人，非莫蠶也」者，莫，無也。王侯豈貧無穀帛而夫婦自耕蠶乎？其有以也。「身致其誠信，誠信之謂盡」，是所有以其欲致誠信〔一六〕，故身自親之。「盡之謂敬，敬盡然後可以事神明」者，祭盡敬則乃是盡也，此祭之道，結上文也。又曰：「純服，亦冕服也」者，天子云純，諸侯言冕，冕，祭服，故知純亦是祭服。天子言衣色，諸侯亦有衣色，是其互也。鄭氏之意，凡言純者，其義有二：一是絲旁才，是古之緇字；二是絲旁屯，是純字。但書文相亂，雖是緇字，並皆作純。鄭氏所注，於絲理可知，於色不明者，即讀爲緇，即論語云「今也純儉」及此「純服」，皆讀爲黑色。若衣色見絲文不明者讀「純」，以爲絲也。及時將祭，君子乃齊。齊之爲言齊也，齊不齊以致齊者也。是故君子非有大事也，非有恭敬也，則不齊。不齊，則於物無防也，嗜欲無止也。及其將齊也，防其邪物，訖其嗜欲，耳不聽樂，故記曰「齊者不樂」，言不敢散其志也。心不苟慮，必依於道；手足不苟動，必依於禮。乃齊，側皆反，本又作齋〔一七〕，下不出者同言齊也。齊不齊，並如字，下齊之同。○訖，猶止也。○疏曰：此一節明將祭齋戒之義，并明君與夫人皆致齊會於大廟，夫婦交親行祭之義。「及時將祭，君子乃齊」者，謂四時應祭之前，末旬時也，方將接神，先宜齊整身心，故齊也。「齊不齊以致齊者也」，言齊者齊也，所以正此不齊之事。謂未齊之時，心慮散蕩，心所嗜欲有不齊正。及其齊也，正此不齊之事，以致極齋戒之道。是故君子之齊也，專致其精明之德也，故散齊七日以定之，致齊三日以齊之。定之之謂齊，齊者精明之至也，然後可以交於神明也。定者，定其志意。是故先期旬有一日，宫宰宿夫人，夫人亦散齊七日，致齊三日。先，悉薦反，又如字。○宫宰，守宫官也。宿，讀爲肅。肅，猶戒也，戒輕肅重也。君致齊於外，夫人致齊於内，然後會於大廟。君純冕立於阼，夫人副禕立於東房。君執圭瓚祼尸，大宗執璋瓚亞祼。及迎牲，君執紖，卿大夫從，士執芻，宗婦執盎從，夫人薦涗水，君執鸞刀羞嚌，夫人薦豆，此之謂夫婦親之。大廟，音泰，下同。禕，音輝。瓚，才旦反。祼，古亂反。紖，直忍反，又以忍反。從，才用反，下同。涗，舒鋭反，徐音歲。羞齊，本亦作嚌，才細反。○大廟，始祖廟也。圭瓚、璋瓚，祼器也。以圭璋爲柄，酌鬱鬯曰祼。大宗亞祼，容夫人有故，攝焉。紖，所以牽牲也。周禮作緣[一八]。芻，謂藁也。殺牲時用薦之。周禮封人：「祭祀」，飾牲，「共其水藁」。涗，盎齊也。盎齊，涗酌也。凡尊有明水，因兼云水爾。嚌，嚌肺、祭肺之屬也。君以鸞刀割制之。天子諸侯之祭，禮先有祼尸之事，乃後迎牲。芻，或爲稠。○疏曰：「君致齊於外，夫人致齊於内」者，外謂君之路寢，内謂夫人正寢。是致齊並皆於正寢，其實散齊亦然。但此文對會於大廟，故云「君致齊於外，夫人致齊於内」耳。「然後會於大廟」者，祭日，君與夫人俱至大廟之中。廟即始祖廟也。「君純冕立於阼」者，純亦緇也，上文已解，故鄭於此略而不論。冕皆上玄下纁，其服並然，故通云緇冕。若非二王之後及周公廟，即悉用玄冕而祭。「夫人副禕立於東房」者，副及禕，后之上服，魯及二王之後夫人得服之。侯伯夫人揄狄，子男夫人闕狄。而並立東房以俟行事，尸既入之後，轉就西房，故禮器云「夫人在房」。雖不云東西房，下云「夫人東酌罍尊」，則知夫人在房謂西房也。「大宗執璋瓚亞祼」者，大宗，主宗廟禮者，以亞祼之禮，夫人親爲之。此不云夫人而云大宗者，記者廣言，容夫人有故，故大宗伯代夫人行禮。執璋瓚亞祼之禮，圭瓚、璋瓚並是祼器也。以圭璋爲柄，酌鬱鬯曰祼也。「君執紖」者，紖，牛鼻繩，君自執之，入繫於碑。「卿大夫從」者，謂卿大夫從驅之，及殺與幣告也皆從於君。「士執芻」者，芻謂藁也，以其殺牲用芻藁藉之。「宗婦執盎從」者，謂同宗之婦執盎以從夫人。「夫人薦涚水」者，涚即盎齊，由其濁[一九]，用清酒以涚泲之。涚水是明水，宗婦執盎齊，從夫人而來。奠盎齊於位，夫人乃就盎齊之尊酌此涚齊而薦之者，因盎齊有明水，連言水耳。上云「夫人副禕」，此則上公之祭，宜有醴齊、盎齊。但言盎者，略言之，亦容侯伯子男之祭。但有盎齊，無醴齊也，故執盎從。「君執鸞刀羞嚌」者，嚌，肝肺也。嚌有二時：一是朝踐之時，取肝以膋貫之入室，燎於爐炭，出薦之主前；二者謂饋孰之時，君以鸞刀割制所羞嚌肺，橫切之，使不絕，亦奠於俎上，尸並嚌之，故云羞嚌。一云：羞，進也。謂君用鸞刀制此嚌肉以進之，故云「鸞刀羞嚌」。「夫人薦豆」者，於君羞嚌之時，夫人薦此饋食之豆。「此之謂夫婦親之」者，君親執紖及鸞刀羞嚌，是夫親之也。夫人薦涚水及羞豆，是婦親之也。故云「夫婦親之」。又曰：「大宗亞祼，容夫人有故，攝焉」者，解大宗所以亞祼之義。按此下云夫人薦涚水及薦豆，則是夫人親行，而云「夫人有故」者，記者亂陳言大宗亞祼，容夫人有故之時。下云夫人薦盎薦豆，顯夫人親行其事，各有所明，不可一揆。云「盎齊，涚酌也」者，周禮司尊彝文。按彼注云：「盎齊差清，和以清酒泲之。」謂之涚酌。鄭引此者，解經夫人薦涚是盎齊也。云「凡尊有明水，因兼云水爾」者，以經「夫人薦涚」秖是薦盎，不薦明水，今經薦涚之下別更言水，此謂明水也。以盎齊加明水，故記者因盎而連言明水爾。知盎齊加明水者，郊特牲云「祭齊加明水」是也。云「嚌，嚌肺、祭肺之屬也」者，按少牢、特牲薦孰之時，俎有祭肺及舉肺切之，舉肺離而不提心，二肺皆嚌之，故云嚌肺、祭肺之屬。云「天子諸侯之祭禮，先有祼尸之事，乃後迎牲」者，以特牲、少牢無此禮，今此經祼後有迎牲之文，是天子諸侯之事，故鄭明之也。○及入舞，君執干戚就舞位。君爲東上，冕而總干，率其羣臣以樂皇尸。是故天子之祭也，與天下樂之；諸侯之祭也，與竟内樂之。冕而總干，率其羣臣以樂皇尸，此與竟内樂之之義也。樂，音洛，下同。竟，音境。○君爲東上，近主位也。皇，君也。言君尸者尊之。○疏曰：此一經明祭時天子諸侯親在舞位，以樂皇尸也。夫祭有三重焉：獻之屬莫重於祼，聲莫重於升歌，舞莫重於武宿夜，此周道也。武宿夜，武曲名也。周道，猶周之禮。○疏曰：此一經並明祭祀之禮有三種可重之事。「舞莫重於武宿夜」者，武宿夜是武曲之名，是衆舞之中無能重於武宿夜之舞〔二〇〕。皇氏云：師説書傳云：「武王伐紂，至於商郊，停止宿夜，士卒皆歡樂歌舞以待旦，因名焉。」武宿夜，其樂亡也。熊氏云：此即大武之樂也。凡三道者，所以假於外，而以增君子之志也，故與志進退。志輕則亦輕，志重則亦重。輕其志而求外之重也，雖聖人弗能得也。是故君子之祭也，必身自盡也，所以明重也。道之以禮，以奉三重而薦諸皇尸，此聖人之道也。疏曰：「凡三道者，所以假於外，而以增君子之志也」者，言三種所重之道，皆假借外物而以增益君子内志：祼則假於鬱鬯，歌則假於聲音，舞則假於干戚：皆是假於外物。「故與志進退」者，此外物增成君子内志，故與志同進同退。若内志輕略，則此等亦輕略；内志殷重，此等亦殷重矣。○夫祭有餕。餕者，祭之末也，不可不知也。是故古之人有言曰：「善終者如始，餕其是已。」是故古之君子曰：「尸亦餕鬼神之餘也，惠術也，可以觀政矣。」餕，音俊。○術，猶法也。爲政尚施惠盡美，能知能惠，詩云：「維此惠君，民人所瞻。」○施惠，始豉反，下文注並同。能知，音智。○疏曰：此一節明祭末餕餘之禮，自求多物，恩澤廣被之事。「是故古之人有言曰：善終者如始，餕其是已」者，引古人之言證餕爲美也。夫靡不有初，鮮克有終，而祭之有餕，即是克有終而禮尤盛，故云「善終者如始，餕其是已」。已，語辭也。「是故古之君子曰：尸亦餕鬼神之餘也」者，又引古言證餕義也。言亦者，亦人餕尸之餘。乃是人食尸餘，而云「尸亦餕鬼神餘」者，若王侯初薦毛血燔燎，是薦於鬼神。至薦孰時，尸乃食之，是尸餕鬼神之餘。若大夫士陰厭，亦是先薦鬼神而後尸乃食，亦尸餕鬼神餘，故並云「尸亦餕鬼神之餘也」。「惠術也，可以觀政矣」者，術，猶法也。尸餕鬼神之餘，是施恩惠之術法。言爲政之道，貴在施惠，可以觀省人君之政教。能施恩惠者，即其政善。不能施恩惠者，則其政惡。故云「可以觀政矣」。是故尸謖，君與卿四人餕。君起，大夫六人餕，臣餕君之餘也。大夫起，士八人餕，賤餕貴之餘也。士起，各執其具以出，陳于堂下，百官進，徹之，下餕上之餘也。謖，所六反。○進，當爲餕，聲之誤也。百官，謂有事於君祭者也。既餕，乃徹之而去，所謂自卑至賤。進徹，或俱爲餕。○疏曰：「臣餕君之餘也」者，以君於廟中事尸如君，則君爲臣禮，君食尸餘，是臣食君餘，與大夫食君餘相似，故云臣餕君之餘也。諸侯之國有五大夫，此云六者，兼有采地助祭也，以下漸遍及下，示溥恩惠也〔一二〕。「士起各執其具，以出陳于堂下」者，士廟中餕訖而起，所司各執其饌具以出廟户，陳於堂下。「百官進徹之」者，進當爲餕，謂有祭事之百官餕訖，各徹其器而乃去之。凡餕之道，每變以衆，所以別貴賤之等，而興施惠之象也。是故以四簋黍，見其脩於廟中也。廟中者，竟内之象也。別，彼列反。見，賢遍反。○鬼神之惠遍廟中，如國君之惠遍竟内也。○疏曰：「凡餕之道，每變以衆，所以別貴賤之等」者，初君四人，次大夫六人，次士八人，是變以衆。加之以兩，是別貴賤之等。「而興施惠之象也」者，興，起也。其餕之禮，初餕貴而少，後餕賤而多，皆先上而後下，施惠之道亦當然，皆先貴後賤，故云「施惠之象」。「是故以四簋黍見其修於廟中也」者，謂餕之時，君與三卿以四簋之黍脩整普遍也。所以用四簋多黍稷而餕者，欲見其恩惠脩整遍於廟中。諸侯之祭有六簋，今云以四簋者，以二簋留爲陽厭之祭，故以四簋而餕。簋有黍稷，特云「黍」者，見其美，舉黍稷可知也。「廟中者，竟内之象也」者，以四簋而遍廟中，如君之恩惠遍於竟内也。祭者，澤之大者也。是故上有大澤，則惠必及下，顧上先下後耳，非上積重而下有凍餒之民也。是故上有大澤，則民夫人待于下流，知惠之必將至也，由餕見之矣，故曰可以觀政矣。重，直龍反。夫，音扶。○鬼神有祭，不獨饗之，使人餕之，恩澤之大者也。國君有蓄積，不獨食之，亦以施惠於竟内也。○疏曰：「顧上先下後耳」者，言上有大澤，惠必及下，無不周遍。但瞻顧之時，尊上者在先，卑下者處後耳。一云顧，故也。謂君上先餕，臣下後餕，示恩則從上起也。「非上有積重而下有凍餒之民也」者，言非是在上有財物積重，而不以施惠，而使在下有凍餒之民。言有積重必施散在下，不使凍餒。

「由餕見之矣」者，言民所以知上有財物，恩惠及於下者，祇由祭祀之餕，見其恩逮於下之理。「故曰可以觀政矣」者，餕若以禮，則能施惠，其政善。餕若不以禮，則不能施惠，其政惡也。故云「可以觀政矣」。○祭統〔二一二〕。

○祭之爲言察也。察者，至也；至者，人事至也。人事至，然后祭。祭者，薦者也。薦之爲言在也，在也者，在其道也。尚書大傳

○子曰：「禹，吾無閒然矣。菲飲食而致孝乎鬼神，惡衣服而致美乎黻冕，卑宮室而盡力乎溝洫。禹，吾無閒然矣。」閒，去聲。菲，音匪。黻，音弗。洫，呼域反。○閒，罅隙也，謂指其罅隙而非議之也〔二一三〕。菲，薄也。致孝鬼神，謂享祀豐潔。衣服，常服。黻，蔽膝也，以韋爲之。冕，冠也。皆祭服也。溝洫，田閒水道，以正疆界、備旱潦者也。或豐或儉，各適其宜，所以無罅隙之可議也，故再言以深美之。○楊氏曰：薄於自奉，而所勤者民之事，所致飾者宗廟朝廷之禮，所謂有天下而不與也，夫何閒然之有？○泰伯〔二一四〕

○夫鼎有銘，銘者，自名也。自名以稱揚其先祖之美，而明著之後世者也。爲先祖者，莫不有美焉，莫不有惡焉。銘之義，稱美而不稱惡，此孝子孝孫之心也，唯賢者能之。銘，謂書之刻之以識事者也。自名，謂稱揚其先祖之德，著己名於下。○疏曰：「銘者，自名也」者，言爲先祖之銘者，自著己之功名於下。「自名以稱揚其先祖之美，而明著之後世者也」，謂自著己名之時，先稱揚其先祖之美於上，而使昭明顯著於後世。銘者，論譔其先祖之有德善、功烈、勳勞、慶賞、聲名，列於天下，而酌之祭器，自成其名焉，以祀其先祖者也。顯揚先祖，所以崇孝也。身比焉，順也。明示後世，教也。

譔，音撰。比，毗志反，下及注同。○烈，業也。王功曰勳，事功曰勞。酌之祭器，言斟酌其美，傳著於鍾鼎也。身比焉，謂自著名於下也。順也，自著名以稱揚先祖之德，孝順之行也。教也，所以教後世。○傳，音附，徐音賦，一音直專反。○疏曰：「銘者，論譔其先祖之有德善」者，論謂論説，譔則譔録，言子孫爲銘，論説撰録其先祖道德善事。「功烈、勳勞、慶賞、聲名，列於天下」者[二五]，此先祖美善之事也。烈，業也，謂有功業、勳勞，有慶賞、聲名，著於天下者也。「而酌之祭器」者，酌，斟酌也。祭器，鍾鼎也。若有聲名遍普天下者，則斟酌列書著於君之鍾鼎也。「自成其名焉」者，先書先祖之德於器上，又自成己名於先祖銘下也。「以祀其先祖者也」者，祀祖謂預君祫祭也。禮，功臣既得銘鼎，則得預君大祫，令先祖被銘預祫，是尊其先祖也。「顯揚先祖，所以崇孝也」者，釋所以必銘義也。爲崇於孝道，故稱揚先祖也。「身比焉順也」者，比，次也。先稱祖德，而己身親自著名次於下[二六]，是崇孝順之行也。「明示後世教也」者，爲人子孫，能得稱揚先祖明示後世，使後世數慕，即是教也。又曰：「烈，業也。王功曰勳，事功曰勞」，周禮司勳文。云「傳著於鍾鼎也」者，傳，附也。言鐫勒先祖功名，附著於鍾鼎。或解傳爲傳述於鍾鼎，義亦通也。云「自著名以稱揚先祖之德」者，解經身比焉。云「孝順之行也」者，以解經順也。云「教也，所以教後世」者[二七]，言稱先祖明示後世，所以教後世使如先祖之善也，故云教也。

夫銘者，壹稱而上下皆得焉耳矣。是故君子之觀於銘也，既美其所稱，又美其所爲。美其所爲，美此人爲此銘。○疏曰：夫銘者壹稱，謂造銘唯壹，稱先祖之善。「而上下皆得焉耳矣」者，上謂光揚先祖，下謂成己順行，又垂教來世也。「既美其所稱，又美其所爲」者，釋上下皆得也。所稱，謂先祖也。所爲，謂己身行業也。君子，有德之士。觀銘，必見此二事之美。爲之者，明足以見之，仁足以與之，知足以利之，可謂賢矣。賢而勿伐，可謂恭矣。見，賢遍反，注同。知，音智，注同。○明足以見之，見其先祖之美也。仁足以與之，與其先祖之銘也，非有仁恩，君不使與之也。知足以利之，利己名得比於先祖。○疏曰：「爲之者」，謂爲銘之人也。「明足以見之」者，謂己有顯明之德，足以見先祖之美。「仁足以與之」者，謂己有仁恩，故君上足以著先祖之名與之。「知足以利之」者，謂己有知謀，足以利益於己，得上比先祖也。「可謂賢矣」者，言爲銘之人備此三事，所以爲賢。「賢而勿伐，可謂恭矣」者，既備三事爲賢，又不自伐，是爲恭也，故云「可謂恭矣」。故衛孔悝之鼎銘曰：「六月丁亥，公假于太廟，悝，口回反。假，加百反，注同。○孔悝，衛大夫也。公，衛莊公蒯聵也。得孔悝之立己，依禮褒之〔二八〕，以靜國人自固。假，至也。至於大廟，謂以夏之孟夏禘祭。○蒯，苦怪反。聵，五怪反。○疏曰：云「得孔悝之立己」者，按哀二年，晉趙鞅納蒯聵於戚，至哀十五年傳云：衛孔圉娶蒯聵之姊，生悝。孔氏之豎渾良夫通於伯姬，伯姬使良夫往蒯聵，蒯聵與良夫入衛，舍孔氏之外圃〔二九〕，遂入，適伯姬氏。伯姬與太子五人迫孔悝於廁〔三〇〕，强盟之，遂劫以登臺。於是得國，是得孔悝之立己也。「假，至也」，釋詁文。云「至於大廟，謂以夏之孟夏禘祭」者，以經云六月，是周之六月，周之六月是夏之孟月，禘祭之時，以諸侯命臣在於祭日。按左傳哀十五年冬，蒯聵得國，十六年六月，衛侯飲孔悝酒而逐之，此謂六月命之者〔三一〕，蓋命後即逐之，故俱在六月。公曰：『叔舅，乃祖莊叔，左右成公，成公乃命莊叔隨難于漢陽，即宮于宗周，奔走無射。左，音佐，又如字。右，音又，又如字。難，乃旦反。射，音亦。○公曰叔舅者，公爲策書，尊呼孔悝而命之也。乃，猶女也〔三二〕。莊叔，悝七世之祖、衛大夫孔達也。隨難者，謂成公爲晉文公所伐，出奔楚，命莊叔從焉。漢，楚之川也。即宫於宗周，後反得國，坐殺弟叔武，晉人執而歸之於京師，寘之深室也。射，厭也。言莊叔常奔走，至勞苦而不厭倦也。周既去鎬京，猶名王城爲宗周也。○女，音汝。從，才用反。○疏曰：「叔舅」者，孔悝。是異姓大夫年幼，故稱叔舅。「乃祖莊叔」者，乃，女也。祖莊叔者，謂孔悝之七世祖孔達也。「左右成公」者，左右，助也，輔助衛成公。「成公乃命莊叔隨難于漢陽」者，難，謂成公被晉所伐，出奔於楚。謂成公命孔達隨出逃難而往漢陽，即是楚地在漢水之北。「即宫于宗周」者，即，就也。宫，謂宫室。成公後得反國，又坐殺弟叔武，被晉執之歸於京師〔三三〕，寘於深室之中，是即宫也。「奔走無射」者，言孔達隨難漢陽及即宫於宗周，常奔走勞苦無厭倦。又曰：按世本：莊叔達生得閭叔穀，穀生成叔烝鉏，鉏生頃叔羅，羅生昭叔起，起生文叔圉，圉生悝。莊叔是悝七世祖也。云「成公爲晉文公所伐，出奔楚」者，按僖二十八年左傳稱：衛與楚，晉文公敗楚於城濮，衛侯懼，出居於襄牛，遂奔楚。云「坐殺弟叔武，晉人執之而歸於京師，寘之深室也」者，亦僖二十八年左傳文：晉人歸衛侯，入其室，弟叔武將沐，聞君至，喜，捉髮走出，前驅歂犬射而殺之〔三四〕，其大夫元咺出奔晉，訟衛侯，衛侯不勝，執衛侯，歸之於京師，寘諸深室。是其事也。按左傳於時無孔達之事，而云之者，傳文不具。或者蒯聵欲褒美孔悝，故假其先祖之功而言之也。

啓右獻公，獻公乃命成叔纂乃祖服。

獻公，衛侯衎，成公曾孫也，亦失國得反。言莊叔之功流於後世，啓右獻公，使得反國也。成叔，莊叔之孫成子烝鉏也。右，助也。纂，繼也。服，事也。獻公反國，命成子繼女祖莊叔之事，欲其忠如孔達也。○疏曰：「啓右獻公，獻公乃命成叔纂乃祖服者」，啓，開也。右，助也。言莊叔餘功流於後世，能右助獻公。獻公雖復出奔，乃得反國，其時孔達之孫成叔輔佐獻公，故獻公乃命成叔纂繼女祖孔達舊所服行之事。又曰：按衛世家：衛成公生穆公，穆公生定公，定公生獻公，是衎爲成公曾孫。云「亦失國得反」者，按襄十四年左傳稱：衛孫文子、寧惠子逐衛侯，衛侯出奔齊，是亦失國也。稱亦者，亦成公也。其時亦非成叔之功，假言之也。云「纂，繼也，服事也」，釋詁文。下注：「率，循也。」亦釋詁文。

乃考文叔，興舊耆欲，作率慶士，躬恤衛國。其勤公家，夙夜不解，民咸曰：休哉！』耆，市志反。解，古賣反。○文叔者，成叔之曾孫文子圉，即悝父也。作，起也。率，循也。慶，善也。士之言事也。言文叔能興行先祖之舊德，起而循其善事。○疏曰：「乃考文叔」者，孔圉是孔悝之父，故云乃考。「興舊嗜欲」者，言父圉能興行先祖舊德，嗜欲所爲作率慶士。「躬恤衛國，其勤公家，夙夜不懈，民咸曰：休哉」者，作，起也。率，循也。慶，善也。士，事也。言孔悝能起發依循善事，躬憂恤衛國〔三五〕，勤勞公家，早夜不解怠，民皆曰功德休美哉。此是孔悝先祖功業鼎銘之辭也。

公曰：『叔舅，予女銘，若纂乃考服。』若，乃，猶女也。公命悝：予女先祖以銘以尊顯之，女繼女父之事。欲其忠如文子也。成公、獻公、莊公皆失國得反，言孔氏世有功焉，寵之也。○疏曰：「公曰：叔舅，予女銘，若纂乃考服」，此一節明蒯聵與孔悝銘之言也。及敕戒之，使繼先祖，故云「纂乃考服」。

悝拜稽首曰：『對揚以辟之，辟，必亦反，又婢尺反。○對，遂也。辟，明也。言遂揚君命，以明我先祖之德也。○疏曰：此一節明孔悝拜受君恩，言己光揚先祖之德行，君之大命著於彝鼎。「對揚以辟之」者，對，遂也。揚，稱揚也。

辟，明也。言己遂稱揚君命，以光明我先祖之美。勤大命施于烝彝鼎。』」施，猶著也。言我將行君之命，又刻著於烝祭之彝鼎。彝，尊也。周禮：「大約劑，書於宗彝。」○疏曰：「勤大命施于烝彝鼎」者，勤，行也。施，著也。烝，謂烝祭。言己勤行君之大命，著於烝祭之彝尊及鼎也。此衛孔悝之鼎銘也。言銘之類衆多也，略取此一以言之〔三六〕。○疏曰：記者録其銘，故以結之。但「休哉」以上是稱其先祖，「公曰叔舅」以下至「彝鼎」是自著其名於下，是以身比焉，比先祖也。古之君子，論譔其先祖之美，而明著之後世者也，以比其身，以重其國家如此。如莊公命孔悝之爲也。莊公、孔悝雖無令德，以終其事，於禮是行之非。子孫之守宗廟社稷者，其先祖無美而稱之，是誣也；有善而弗知，不明也；知而弗傳，不仁也。此三者，君子之所恥也。昔者周公旦有勳勞於天下，周公既没，成王、康王追念周公之所以勳勞者，而欲尊魯，故賜之以重祭。外祭則郊社是也，内祭則大嘗禘是也。言此者，王室所銘若周公之功。○疏曰：此一節因上説鼎銘明先祖之善，故此明周公之勳，子孫纂之，特重於餘國，亦光揚之事。「外祭則郊社」者，諸侯常祭，唯社稷以下。魯之祭社與郊連文，則用天子之禮也。「内祭則大嘗禘」者，袷祭在秋也，大嘗禘祭在夏也，是大嘗禘得用天子之禮，所以爲大嘗禘也，餘諸侯則不得大嘗禘。夫大嘗禘，升歌清廟，下而管象，朱干、玉戚以舞大武，八佾以舞大夏，此天子之樂也。康周公，故以賜魯也。清廟，頌文王之詩也。管象，吹管而舞武象之樂也。朱干，赤盾；戚，斧也：此武象之舞所執也。佾，猶列也。大夏，禹樂文舞也，執羽籥。文武之舞皆八列，互言之耳。康，猶褒大也。易晉卦曰：「康侯用錫馬。」○疏曰：「升歌清廟」者，升堂歌清廟，清廟，頌文王之詩也。「下而管象」者，堂下吹管而舞武、象之樂也。「朱干、玉戚以舞大武」者，朱干，赤盾也；戚，斧也，以玉飾其柄：此武、象之舞所執。「八佾以舞大夏」者，大夏，禹樂文舞也，執羽籥，此天子之樂也。「康周公故以賜魯也」者，「升歌清廟」以下並是天子之樂，故以此結之也。又曰：言「文武之舞皆八列，互言之耳」者，以經云「八佾以舞大夏」，舞大武不顯佾數，則舞大武亦八佾也。大武云「朱干、玉戚」，其大夏則不用朱干、玉戚，當用羽籥，而云互文者，以大夏言舞數，則大武亦當有舞數，大武言所執舞器，則大夏亦有舞器，故云「互」也。易晉卦「康侯用錫馬」者，證康是褒崇之義。按易「晉卦」坤下離上，日出於地爲晉。晉，進也，言明進也。子孫纂之，至于今不廢，所以明周公之德，而又以重其國也。不廢，不廢其此禮樂也。重，猶尊也。○疏曰：「子孫」至「國也」者，言魯是周公子孫，繼周公之後，至今不廢。此禮樂謂作記之時也，所以明周公之有德而又以尊重其魯國也。○祭統○宰我曰〔三七〕：「吾聞鬼神之名，不知其所謂。」子曰：「氣也者，神之盛也；魄也者，鬼之盛也。合鬼與神，教之至也。氣，謂噓吸出入者也。耳目之聰明爲魄。合鬼神而祭之，聖人之教致之也。○疏曰：自此以下至「以祀先王先公，敬之至也」，此一節明宰我問鬼神之事，夫子答以鬼神魂魄、祭祀之禮，又廣明天子諸侯耕藉及公桑之事，今各隨文解之。「不知其所謂」者，宰我善問孔子：吾唯識鬼神之名，不知此鬼神所謂何物爲鬼神。「子曰氣也者，神之盛也」者，此夫子答宰我以神名。言神是人生存之氣，氣者是人之盛極也。「魄也者，鬼之盛也」者，是夫子答鬼之事。言人形魄者鬼之盛極也。「合鬼與神，教之至也」者，言人死神上於天，鬼降於地，聖王合此鬼之與神以祭之，至教之致也。是聖王設教致合如此，故云「教之至也」。又曰：「氣，謂嘘吸出入也」者，謂氣在口嘘吹出入，此氣之體，無性識也。但性識依此氣而生，有氣則有識，無氣則無識。則識從氣生性，則神出入也，故人之精靈而謂之神。云「耳目之聰明爲魄」者〔三八〕，魄，體也。若無耳目形體，不得爲聰明，故云耳目聰明爲魄。云「合鬼神而祭之，聖人之教致之也」者，人之死，其神與形體分散各别，聖人以生存之時神形和合。今雖身死，聚合鬼神，似若生人而祭之，是聖人設教興致之，令其如此也。衆生必死，死必歸土，此之謂鬼。骨肉斃于下，陰爲野土。陰，讀爲依蔭之蔭。言人之骨肉蔭於地中爲土壤。○疏曰：此一經明鬼神之事〔三九〕。「衆生必死」者，言物之羣衆而生，必皆有死。「死必歸土」者，言萬物死者皆歸於土。此一經因而言物，實是本説人也。「此之謂鬼」者，鬼，歸也，此歸土之形，故謂之鬼也。「骨肉斃于下陰爲野土」者，此覆説歸土之義也。言死，骨肉斃敗於地下，依陰於地爲野澤土壤，謂在田野，故稱爲「野土」。俗本「陰」作「蔭」字也。其氣發揚于上，爲昭明，焄蒿悽愴，此百物之精也，神之著也。焄，許云反。○焄，謂香臭也。蒿，謂氣烝出貌也。上言衆生，此言百物，明其與人同也，不如人貴爾。蒿，或爲藨。○藨，表驕反，又皮表反。○疏曰：此一經申明神也。此科釋人氣爲神，言人生時形體與氣合共爲生〔四〇〕。其死，則形與氣分，其氣之精魂發揚升於上。「爲昭明」者，言此升上爲神靈光明也。「焄蒿悽愴，此百物之精也」者，焄謂香臭也。言百物之氣或香或臭。蒿謂烝出貌，言此香臭烝而上出，其氣蒿然也。「悽愴」者，謂此等之氣人聞之，情有悽有愴。「百物之精也」者，人氣揚於上爲昭明，百物之精氣爲焄蒿悽愴。人與百物共同，但情識爲多，故特謂之「神」。此經論人，亦因人神言百物也。「神之著也」者，人氣發揚於上爲昭明，是人神之顯著。

因物之精，制爲之極，明命鬼神，以爲黔首則，百衆以畏，萬民以服。

黔，其廉反，又其嚴反。○明命，猶尊名也。尊極於鬼神，不可復加也。黔首，謂民也。則，法也。爲民作法，使民亦事其祖禰鬼神，民所畏服。○爲，于僞反。○疏曰：此一經明聖人設教，合鬼與神而祭之，欲使人事其祖禰，畏敬鬼神。「因物之精，制爲之極」者，言聖人因人與物死之精靈，遂造制爲之尊極之稱。「明命鬼神以爲黔首則」者，明，猶尊也。命，猶名也。黔者，謂萬民也。則，法也。故尊名人及萬物之精，謂之鬼神，以爲萬民之法則也。「百衆以畏，萬民以服」者，百衆，謂百官衆庶。萬民，謂天下衆民。既敬之以鬼神，下皆畏敬之，故云「百衆以畏，萬民以服」。又曰：鬼神本是人與物之魂魄，若直名魂魄，其名不尊，故尊而名之爲鬼神，別加畏敬之也。云「尊極於鬼神，不可復加也」者，解經制爲之極。所以名鬼神爲極者，言物中尊極莫過鬼神，言以外他名不可復加，故聖王造制爲之極名鬼神也。云「黔首，謂民也」者，黔謂黑也。凡人以黑巾覆頭，故謂之黔首。按史記云秦命民曰黔首，此記作在周末秦初，故稱黔首。此孔子言，非當秦世以爲黔首，録記之人在後變改之耳。漢家僕隸謂蒼頭，以蒼巾爲飾，異於民也。此經鬼神本爲民神，故下文「築爲宮室，設爲宗祧」，其實此鬼神亦兼山川五祀百物之屬。故禮運云「列於鬼神」，注云：「謂祖廟山川五祀之屬。」樂記云：「幽則有鬼神。」注云：「助天地成物者。」是百物之魄謂之鬼，對則精靈爲魂，形體爲魄。故昭七年左傳云：「人生始化曰魄，既生魄，陽曰魂。」是形爲魄，氣爲魂，若散而言之，魄亦性識，識與魄無異。故昭二十五年左傳云：「心之精爽，是謂魂魄。魂魄去之，何以能久？」又襄二十九年左傳云：天「奪伯有魄。」又對而言之，天曰神，地曰祇，人曰鬼。散而言之，通曰鬼神。聖人以是爲未足也，築爲宮室，設爲宗祧，以別親疏遠邇。教民反古復始，不忘其所由生也。衆之服自此，故聽且速也。自，由也。言人由此服於聖人之教也。聽，謂順教令也。速，疾也。○疏曰：此一經明聖人爲鬼神立宗廟之事。「聖人以是爲未足也」者，謂以是尊名鬼神爲未足，謂未稱其意也。「築爲宮室，設爲宗祧，以別親疏遠邇，教民反古復始」，古謂先祖，追而祭之，是反古也。始謂初始，父母始生於己，今追祭祀，是復始也。「不忘其所由生也」者，追遠報祭，是不忘其所由生也。「衆之所服自此」者，自，由也。言衆人服從於上，由此反古復始而教之也。「故聽且速也」者，聽謂順其教令，以此之故，在下順其教令而且速疾也。二端既立，報以二禮：建設朝事，燔燎羶薌，見以蕭光，以報氣也，此教衆反始也；薦黍稷，羞肝肺首心，見間以俠甒，加以鬱鬯，以報魄也。教民相愛，上下用情，禮之至也。燔，音煩。燎，力召反，又力弔反。薌，音香。見以、見閒，皆合爲覸，音閒廁之閒。俠，古洽反。甒，音武。○二端既立，謂氣也、魄也，更有尊名云鬼神也。二禮，謂朝事與薦黍稷也。朝事，謂薦血腥時也。薦黍稷，所謂饋食也。見及、見閒，皆當爲覸字之誤也。羶，當爲馨，聲之誤也。燔燎馨香，覸以蕭光，取牲祭脂也。光猶氣也。有虞氏祭首，夏后氏祭心，殷祭肝，周祭肺。覸以俠甒，謂雜之兩甒醴酒也。相愛用情，謂此以人道祭之也。報氣以氣，報魄以實，各首其類。○疏曰：此一節論氣魄既殊，明設祭之時，二禮亦異。「二端既立」者，謂氣也、魄也既見，乃興立尊名云鬼神也。「報以二禮」者，謂報此氣魄以二種祭禮：報氣謂朝踐之節也，報魄謂饋孰之節也。「建設朝事，燔燎羶薌，見以蕭光，以報氣」者，此明朝踐報氣之義也。朝事，謂旦朝祭事〔四一〕。燔燎，謂取膟膋燎於爐炭。羶，謂馨香。見以蕭光，謂見覸，覸謂雜也。光謂氣也。謂燔膟膋兼爇蕭蒿，是雜以蕭氣。此等三祭是以報氣也。「此教衆反始也」者，言此上之祭氣是古者尚質之義，是故教衆之以反於初始，此上反古復始總包之也。「薦黍稷，羞肝肺首心，見閒以俠甒，加以鬱鬯，以報魄也」者，「薦黍稷者」，謂饋孰時薦此黍稷。「羞肝肺首心」者，羞，進也。謂薦黍稷之時，進肝之與肺及首之與心。殷祭以肝，周祭以肺，有虞氏以首，夏后氏以心，皆謂祭黍稷之時兼此物祭也。故郊特牲云「祭黍稷加肺」，謂周法也。「見閒以俠甒」者，見閒讀爲覸，亦雜也。俠甒，謂兩甒醴酒。言祭黍稷之時，雜以兩甒醴酒。「加以鬱鬯」者，謂薦此黍稷，加肝肺之薦〔四二〕，更加之以鬱鬯，然後薦黍稷饋孰。報魄之時，始云加鬱鬯者，言非但薦孰是報魄，言祭初所加鬱鬯亦是報魄也〔四三〕。以魄在地下，鬱鬯灌地，雖是祭初，亦是報魄，不當薦孰之時，故云加也。「以報魄也」者，言薦黍以下皆是報祭形魄之義。「教民相愛，上下用情」者，言此饋孰之時，皆以飲食實味遍於燕飲，是教民相愛，上以恩賜逮下，下愛上恩賜，故上下用情。「禮之至也」者，至，謂至極也。謂報氣、報魄二禮備足，是祀奉先王禮之至極也〔四四〕。又曰：云「更有尊名云鬼神也」者，解經「二端既立」，氣也、魄也是二端，更有尊名名鬼神，是既立謂尊名立也。云「二禮，謂朝事與薦黍稷也」者，以經云朝事「以報氣」，薦黍稷「以報魄」也。云「見及、見閒，皆當爲覸字之誤也」者，經云「見以蕭光」，但有見字，在旁無閒，閒旁無見字，此等據意皆是覸雜之理，故知誤加，以閒邊加見。凡覸者，所見錯雜之義，故閒旁見也。云「羶，當爲馨」，以與香連文，無取羶義。羶、馨聲相近，故云聲之誤也。云「取牲祭脂也」者，按詩生民云：「取蕭祭脂。」是取蕭與祭牲之脂雜燒之〔四五〕，一祭之中再度焫蕭，朝踐燔膟膋之時亦有蕭也，故郊特牲云：「取膟膋」，「升首，報陽也。」注云：「膟膋，腸閒脂也，與蕭合燒之。」是朝踐焫蕭也。郊特牲又云：「既奠，然後焫蕭合羶薌。」是饋孰焫蕭也。云「有虞氏祭首」至「周祭肺」，皆明堂位文。云「兩甒醴酒也」者，以士喪禮、既夕等皆以甒盛醴，故知醴酒也。此用甒者，蓋是天子追享朝踐用大尊，此甒即大尊。或可子男之禮，禮器云「君尊瓦甒」，謂子男也。皇氏以爲異代法也。云「報氣以氣，報魄以實，各首其類」者〔四六〕，燔燎馨香、蕭光之屬是氣也；黍稷、肝肺之屬是實物也。首，本也。報氣以氣是虛，還以馨香虛氣報之；報魄以實，還以黍稷實物報之。各本其事類，故云「各首其類」也。君子反古復始，不忘其所由生也，是以致其敬，發其情，竭力從事以報其親，不敢弗盡也。從事，謂修薦可以祭者也。○疏曰：此一節申明反古復始，竭力報親之事。「是以致其敬，發其情」者，以君子反古復始，不忘其所由生，是以致恭敬，發情性。竭力從事以報其親，謂竭盡氣力，隨從其事，以上報其親，不敢不極盡也。是故昔者天子爲藉千畝，冕而朱紘，躬秉耒；諸侯爲藉百畝，冕而青紘，躬秉耒。以事天地山川、社稷先古，以爲醴酪齊盛於是乎取之，敬之至也。藉，在亦反。紘，音宏。齊，音咨。○藉，藉田也。先古，先祖。○疏曰：以君子報親〔四七〕，不敢不盡心以事之，故古天子諸侯有藉田以親耕。「以事天地山川社稷先古」者，上雖總論天子諸侯，此言天地者，特據天子自外則通。先古，謂先祖也。「以爲醴酪齊盛於是乎取之」者，爲祭祀諸神須醴酪粢盛之屬，於是乎藉田而取之，敬之至也。古者天子諸侯必有養獸之官，及歲時，齊戒沐浴而躬朝之，犧牷祭牲必於是取之，敬之至也。君召牛，納而視之，擇其毛而卜之，吉，然後養之。君皮弁素積，朔月、月半君巡牲，所以致力，孝之至也。齊，側皆反。朝，直遥反。牷，音全。○歲時齊戒沐浴而躬朝之，謂將祭祀卜牲，君朔月、月半巡視之。君召牛納而視之，更本擇牲意。○疏曰：此一經明孝子報親，竭力養牲之事。「及歲時齊戒沐浴而躬朝之」者，云歲時，謂每歲依時，謂朔月、月半也。躬，親也。既卜牲吉，在牢養之，而身朝之。言朝者，敬辭也。「犧牷祭牲必於是取之」者，犧，純色，謂天子牲也。牷，完也，謂諸侯牲也。犧牷，所祭之牲，必於是養獸之官受擇取之。養獸者，若周禮牧人也。「君召牛，納而視之」者，此更本擇牲之時，君於牧處，更命取牛采納之於内而視之。「君皮弁素積，朔月、月半君巡牲」者，即前言歲時朝之也。巡，行也。皮弁，諸侯視朔之服。朔月月半，君服此衣而巡牲。「所以致力，孝之至也」者，是孝道之至極。耕藉云敬之至，養牲云孝之至，互文也。

古者天子諸侯必有公桑蠶室，近川而爲之，築宫仞有三尺，棘牆而外閉之。及大昕之朝，君皮弁素積，卜三宫之夫人、世婦之吉者，使入蠶于蠶室，奉種浴于川，桑于公桑，風戾以食之。昕，許斤反。奉，芳勇反。種，章勇反。戾，力計反。食，音嗣。○大昕，季春朔日之朝也。諸侯夫人三宫，半王后也。風戾之者，及早涼脆采之風戾之，使露氣燥，乃以食蠶，蠶性惡溼。○脆，七歲反。惡，烏路反。○疏曰：「公桑蠶室」者，謂官家之桑，於處而築養蠶之室。「近川而爲之」者，取其浴蠶種便也。「築宫仞有三尺，棘牆而外閉之」者，築宫，謂築養蠶宫。牆七尺曰仞。言牆之七尺，又有三尺，高一丈也。傳云「雉有三尺」，雉字者誤也。棘牆者，謂牆上置棘。外閉，謂扇在户外閉也。「大昕之朝」，爲季春朔日之朝。

「卜三宮之夫人」者，諸侯之夫人半王后，故三宮。「世婦之吉」者，亦諸侯世婦卜取之吉者。前雖則總舉天子諸侯，此特舉諸侯，互言之。「奉種浴于川」者，言蠶將生之時而又浴之，初於仲春已浴之，至此更浴之。「風戾以食之」者，戾，乾也。淩早采桑，必帶露而溼，蠶性惡溼，故乾而食之。歲既單矣，世婦卒蠶，奉繭以示于君，遂獻繭于夫人。夫人曰：『此所以爲君服與！』遂副褘而受之，因少牢以禮之。單，音丹。與，音餘。褘，音暉。○歲單，謂三月月盡之後也。言歲者，蠶歲之大功事畢於此也。副褘，王后之服，而云夫人，記者容二王之後與禮之禮奉繭之世婦。○疏曰：「歲既單矣」者，單，盡也。三月之末，四月之初。「遂獻繭于夫人」者，蠶是婦人之事，故獻繭於夫人。「夫人曰：此所以爲君服與」者，所舉奉處重。「遂副褘而受之」者，既擬於君之祭服，故夫人首著副，身著褘衣，受此所獻之繭。「因少牢以禮之」者，接獻繭之世婦。古之獻繭者，其率用此與？率，音類，又音律，又所律反。○問者之辭。○疏曰：率，法也。夫人曰：獻繭之法，自古如此邪？重事之義，故問之也。及良日，夫人繅，三盆手，遂布于三宮夫人、世婦之吉者，使繅。遂朱緑之，玄黄之，以爲黼黻文章。服既成，君服以祀先王先公，敬之至也。」繅，悉刀反。○三盆手者，三淹也，凡繅每淹〔四八〕，大總而手振之以出緒也。○疏曰：「及良日，夫人繅」者，良日，謂吉日，宜繅之日。明繅更擇吉利之日，日至而後，乃夫人自繅。「三盆手」者，猶三淹也。手者，每淹，以手振出其緒，故云三盆手。「遂布于三宮夫人、世婦之吉」者，使繅者以夫人親繅，三盆以手振出其緒訖，遂布與三宮夫人、世婦之吉者。既據諸侯言之，則夫人唯一人，世婦之吉者，此雜互天子而言之。以天子有三夫人，就其中取吉者〔四九〕。若諸侯，唯世婦之吉者養蠶。繅非一人而已，唯云「世婦之吉」者，擇其吉者以爲主領，非唯一人而已。「以祀先王先公，敬之至也」者，前文解耕藉男子之事，故云「以事天地山川社稷」，兼云先祖。養蠶是婦人之事，婦人不與外祭，故云「以祀先王先公」。其實養蠶爲衣，亦事天地山川社稷。又曰：按内司服注云「唯二王後褘衣」，與此注同。按明堂位魯公夫人亦用褘衣，此不言者，魯爲特賜，非常法，此據常者，故不言。○

祭之日，君牽牲，穆答君，卿大夫序從。從，才用反。○祭，謂祭宗廟也。穆，子姓也。答，對也。序，以次第從也。序，或爲豫。○疏曰：前經郊祭之致敬，此一節祭廟牽牲致敬。「穆答君」者，穆謂子姓。答，對也。言祭廟君牽牲之時，子姓對君，共牽牲。「卿大夫序從」者，卿大夫佐幣，士奉芻，依次第而從君也。又曰：知穆是子姓者，熊氏云：父昭子穆。姓，生也。是昭穆所生謂子孫。直言穆者，文不備。既入廟門，麗于碑，卿大夫袒，而毛牛尚耳。鸞刀以刲，取膟膋，乃退，爓祭祭腥而退，敬之至也。刲，苦圭反。膟，音律。膋，力彫反。爓，音燖。○麗猶繫也。毛牛尚耳，以耳毛爲上也。膟膋，血與腸閒脂也。爓祭祭腥，祭爓肉腥肉也。湯肉曰爓。爓祭祭腥，或爲合祭腥泄膠孰也。○膠，直輒反。○疏曰：「既入廟門，麗于碑」者，麗，繫也。君牽牲入廟門，繫著中庭碑也。王肅云：以紖貫碑中，君從此待之也[五〇]。「卿大夫袒，而毛牛尚耳」者，將殺牲，故袒。取牛毛薦之，故云「毛牛」也。以耳毛爲上，故云「尚耳」。耳主聽，欲使神聽之。「鸞刀以刲，取膟膋」者，謂用鸞刀刲割牲體，又取血及腸閒脂血以供薦，而膋以供炙肝及爇蕭也。「乃退」者，謂殺牲竟，而取卿大夫所刲血毛膟膋薦之，竟而退也。祭有三節，此一節竟，故退。「爓祭祭腥」者，爓謂爓肉而祭，腥謂以腥肉而祭。言薦膟膋之後，以俎載爓肉腥肉而祭也。又曰：按説文及字林云：「脺，血祭。」膋是牛腸間脂也。是脺爲血，膋爲腸間脂也。云「爓祭祭腥，祭爓肉腥肉也」者，既疊出經文爓祭之事，祭腥之語，然後解云謂祭爓肉也、腥肉也。「祭爓肉」，即經之「爓祭」也。云「腥肉」，即經之「祭腥」也。其祭腥肉爓肉，並當朝踐之節。此腥肉則禮運云「腥其俎」也，爓肉即禮運云「孰其殽」也。此先云「爓」者，記者便文耳，非先後之次。云「湯肉曰爓」者，以鬼神異於生，雖曰孰殽，但湯肉而已。若其小祀，則煮肉令孰，故郊特牲云「一獻孰」，是爓與孰又別也。云「爓祭祭腥」或云「合祭腥泄腤孰也」者，謂「爓祭祭腥」四字，禮記他本爲「合祭腥泄腤孰」六字者〔五二〕，故云或。○以上祭義。○夫禮之初，始諸飲食。其燔黍捭豚，汙尊而抔飲，蕢桴而土鼓，猶若可以致其敬於鬼神。燔，音煩。捭，卜麥反，注作擗，又作擘。汙，烏華反，一音烏。抔，步侯反。蕢，音凷，苦對反，又苦怪反。桴，音浮。○言其物雖質略，有齊敬之心，則可以薦羞於鬼神，鬼神享德不享味也。中古未有釜甑，釋米捭肉加於燒石之上而食之耳，今北狄猶然。汙尊，鑿地爲尊也。抔飲，手掬之也。蕢，讀爲凷，聲之誤也。凷，堛也，謂摶土爲桴也。土鼓，築土爲鼓也。○齊，側皆反。燒，如字，又舒照反。堛，普逼反。○疏曰：此一節論上代物雖質略，以其齊敬，可以致祭神明。「夫禮之初，始諸飲食」者，從此以下至「禮之大成」，皆是二書所見之事。夫者，發語之端。禮謂吉禮，此吉禮元初始諸飲食。諸，於也。始於飲食者，欲行吉禮，先以飲食爲本。但中古之時，飲食質略，雖有火化，其時未有釜甑也。「其燔黍捭豚」者，燔黍者，以水洮釋黍米，加於燒石之上以燔之，故云燔黍。或捭析豚肉加於燒石之上而孰之，故云捭豚。「汙尊而抔飲」者，謂鑿地汙下而盛酒，故云汙尊。以手掬之而飲，故云抔飲。「蕢桴」者，又摶土凷爲桴。皇氏云：桴謂擊鼓之物，故云蕢桴。土鼓，築土爲鼓，故云土鼓。猶若可以致其敬於鬼神者，言上來之物非但可以事生。若，如也。言猶如此，亦可以致其恭敬於鬼神，以鬼神享德不享味也。又曰：伏犧爲上古，神農爲中古，五帝爲下古。若易歷三古，則伏犧爲上古，文王爲中古，孔子爲下古，故易緯云：「蒼牙通靈，昌之成運，孔演命明道經。」蒼牙則伏犧也，昌則文王也，孔則孔子也，故易繫辭云：「易之興也，其於中古乎？」謂文王也。若三王對五帝，則五帝亦爲上古，故士冠禮云「大古冠布」，下云「三王共皮弁」，則大古五帝時，大古亦上古也。不同者，以其文各有所對，故上古、中古不同也。此云「中古」者，謂神農也。知者，以明堂位云：「土鼓」，「葦籥，伊耆氏之樂。」又郊特牲云：「伊耆氏始爲蜡。」蜡是報田之祭，伊耆氏始爲蜡，則於時始爲田也。今此云「蕢桴」、「土鼓」，故知此謂神農也。「蕢讀爲凷」者，以經中蕢字乃是草名，不可爲桴。桴與土鼓相連，凷是土之流類，故讀爲凷。「凷，塯也」，廣雅文。云「土鼓，築土爲鼓」者，以與汙尊、抔飲相連，貴尚質素，故知築土爲鼓。周代極文而不爾也，故杜注周禮籥章云：「以瓦爲匡。」不須築土。或以爲桴則摶拊也，謂摶土爲摶拊，以手擊之而爲樂。其築土爲鼓，先儒未詳，蓋築地以當鼓節。不云「築地鼓」者，以經稱土鼓，故言築土，順經文也。經云「禮之初，始諸飲食」，謂祭祀之禮故始諸飲食，其人情之禮起則遠矣，故昭二十六年左傳云：「禮之可以爲國也久矣，與天地並。」是也。及其死也，升屋而號，告曰「皋某復」，號，户毛反。○招之於天。然後飯腥而苴孰。飯，扶晚反。苴，子餘反，又爭初反。○飯以稻米。上古未有火化。苴孰，取遺奠，有火利也。苴，或爲俎。○遺，棄戰反。○疏曰：上言古代質素，此言後世漸文，謂五帝以下至於三王。及其身之死也，升上屋而號呼。「告曰皋某復」者，謂北面告天曰「皋」。皋，引聲之言。某，謂死者名。令其反復魄。復魄不復，然後浴尸而行含禮。於含之時，飯用生稻之米，故云飯腥，用上古未有火化之法。「苴孰」者，至欲葬設遣奠之時，而用苞裹孰肉以遣送尸，法中古脩火化之利也。熊氏云：升屋而號，爲五帝時，或爲三王時。皇氏云：「中古也。」中古未有宮室，皇説非也。故天望而地藏也，體魄則降，知氣在上。知，音智。○地藏爲葬。○疏曰：天望，謂始死望天而招魂地。藏謂葬，地以藏尸也。「體魄則降，知氣在上」者，覆釋所以天望地藏之意。所以地藏者，由「體魄則降」故也。所以天望，招之於天，由知氣在上故也。故死者北首，首，手又反。○首，陰也。生者南鄉，鄉，許亮反。○鄉陽也。○疏曰：「故死者北首，生者南鄉」者，體魄降於地爲陰，故死者北首，歸陰之義。死者既歸陰，則生者南鄉，歸陽也。皆從其初。謂今行之然也。○疏曰：「皆從其初」者，謂今世飯腥苴孰及死者北首、生者南鄉之等，非是今時始爲此事，皆取法於上古、中古而來，故云皆從其初。前文云「燔黍捭豚」謂中古之時，次云「及其死也」，似還論中古之死。但中古神農未有宮室，上棟下宇，乃在五帝以來，此「及其死也」而云「升屋」，則非神農時也。故熊氏云「及其死也」以爲五帝時，或爲三王時。皇氏以爲「及其死也」還論中古時，「飯腥」、「苴孰」謂五帝時，故云「然後」。其義非也。昔者先王未有宮室，冬則居營窟，夏則居橧巢。窟，苦忽反。橧，則登反。○寒則累土，暑則聚薪，柴居其上。○疏曰：「昔者」至「羽皮」，此一節更論上古之事。昔者先王既云「未有宮室」，則總是五帝之前。云「未有火化」之事，則唯爲伏犧之前，以上文中古神農有火故也。「冬則居營窟」者，營累其土而爲窟，地高則穴於地，地下則窟於地上，謂於地上累土而爲窟。「夏則居橧巢」者，謂橧聚其薪以爲巢。未有火化，食腥也。食草木之實、鳥獸之肉，飲其血，茹其毛。未有麻絲，衣其羽皮。茹，音汝。衣，於既反。○此上古之時也。○疏曰：「飲其血，茹其毛」者，雖食鳥獸之肉，若不能飽者，則茹食其毛以助飽也。若漢時蘇武以雪雜羊毛茹食之，是其類也。後聖有作，作，起。○疏曰：此一節論中古神農及五帝並三王之事〔五二〕，各隨文解之。後聖有作者，謂上古之後，聖人作起。然後修火之利，孰治萬物。○疏曰：「然後修火之利」者，謂神農也。火利言修者，火利先有用之簡少，至神農更修益使多，故云修。知者，以世本云「燧人出火」。按鄭六藝論云：「燧人在伏犧之前，凡六紀九十一代。」廣雅云：一紀二十六萬七千年。六紀計一百六十萬二千年也。孰謂亨煮，治謂陶鑄也。范金，鑄作器用。○疏曰：「范金」者，謂爲形范以鑄金器。合土，合，如字，徐音閤。○瓦瓴，甓及甒大。○甓，步歷反。甒，音武。大，音泰。○疏曰：合土者，謂和合其土燒之以作器物。檀弓云：「有虞氏之瓦棺。」釋器云：「瓴甋謂之甓。」郭注云：「塵，塼也。」禮器云：「君尊瓦甒。」又明堂位云：「泰，有虞氏之尊。」此等皆燒土爲之。以爲臺榭宮室牖户。榭，器之所藏也。○疏曰：以爲臺榭宮室牖户者，謂五帝時也。知「器之所藏」者，按宣十六年「成周宣榭火」，公羊云「樂器藏焉爾」，穀梁云「樂器之所藏」，是也。以炮，裹燒之也。以燔，燔，音煩。○加於火上。以亨，亨，普伻反。○煮之鑊也。以炙，貫之火上。以爲醴酪。醴，音禮。酪，音洛。○烝釀之也。酪，酢截。○酢，七故反。截，才再反，徐祖冀反。治其麻絲，以爲布帛。以養生送死，以事鬼神上帝，皆從其朔。朔，亦初也。亦，謂今行之然。○疏曰：以炮以燔以爲醴酪及治其麻絲以爲布帛之屬，亦五帝時也。「皆從其朔」者，謂今世所爲范金合土、燒炙醴酪之屬。非始造之，皆倣法中古以來，故云皆從其朔。故玄酒在室，醴醆在户，粢醍在堂，澄酒在下，陳其犧牲，備其鼎俎，列其琴瑟，管磬鍾鼓，脩其祝嘏。以降上神與其先祖；以正君臣，以篤父子，以睦兄弟，以齊上下，夫婦有所：是謂承天之祜。醆，側簡反。粢，才細反。醍，音體。嘏，古雅反。○此言今禮饌具所因於古及其事義也。粢，讀爲齊，聲之誤也。周禮五齊：「一曰泛齊，二曰醴齊，三曰盎齊，四曰醍齊，五曰沈齊。」字雖異，醆與盎，澄與沈，蓋同物也。奠之不同處，重古略近也。祝，祝爲主人饗神辭也。嘏，祝爲尸致福於主人之辭也。祜，福也，福之言備也。○粢，音咨。泛，芳斂反，徐音汎。爲，于僞反。○疏曰：此一節明祭祀因於古昔所供之物並酒之所陳之處。「玄酒在室」者，玄酒謂水也，以其色黑，謂之玄。而太古無酒，此水當酒所用，故謂之玄酒。以今雖有五齊三酒，貴重古物，故陳設之時，在於室内而近北。「醴醆在户」，醴謂醴齊，醆謂盎齊，以其後世所爲賤之，陳列雖在室内，稍南近户。皇氏云：醴在户内，醆在户外。義或然也。其泛齊所陳，當在玄酒南、醴齊北，雖無文，約之可知也。以熊氏、崔氏並云〔五三〕：此據禘祭用四齊，不用泛齊也。「粢醍在堂」者，以卑之，故陳列又南近户而在堂。「澄酒在下」者，澄謂沈齊也，酒謂三酒：事酒、昔酒、清酒之等，稍卑之，故陳在堂下也。「陳其犧牲」者，謂將祭之夕，省牲之時及祭日之旦，迎牲而入麗於碑。按特牲禮：陳鼎于門外北面，獸在鼎南東首，犧牲在獸西，西上北首。其天子諸侯夕省牲之時，亦陳於廟門外，橫行西上。「備其鼎俎」者，以牲煮於鑊，鑊在廟門之外，鼎隨鑊設，各陳於鑊西。取牲體以實其鼎，舉鼎而入〔五四〕，設於阼階下，南北陳之，俎設於鼎西，以次載於俎也，故云備其鼎俎。按少牢：「陳鼎于廟門之外，東方，北面，北上。」又云：鼎入陳于東方，「當序」，「西面北上」，「俎皆設于鼎西。」是也。「列其琴瑟」者，琴瑟在堂而登歌，故書云「搏拊琴瑟以詠」是也。「管磬鍾鼓」者，堂下之樂，則書云「下管鼗鼓，笙鏞以閒」是也，其歌鍾歌磬亦在堂下。「修其祝嘏」者，祝謂以主人之辭饗神，嘏謂祝以尸之辭致福而嘏主人也。「以降上神與其先祖」者，上神，謂在上精魂之神，即先祖也。指其精氣謂之上神，指其亡親謂之先祖。協句而言之，分而爲二耳。皇氏、熊氏等云：上神，謂天神也。「以正君臣」者，祭統云：「君在廟門外則疑於君，入廟門則全於臣。」是以正君臣也。以篤父子者，祭統云：尸南面，「父北面而事之。」是以篤父子也。「以睦兄弟」者，祭統云：「昭與昭齒，穆與穆齒。」特牲云：「主人洗爵獻長兄弟」、「衆兄弟。」是以睦兄弟也。「以齊上下」者，祭統云：「尸飲五，君洗玉爵獻卿；尸飲七，以瑶爵獻大夫。」是也。「夫婦有所」者，禮器云「君在阼，夫人在房」及特牲夫婦交相致爵是也。「是謂承天之祜」者〔五五〕，言行上事得所，則承受天之祜福也。又曰：「今禮饌具所因於古」者，此玄酒在室及下作其祝號並然後退而合亨，皆是今世祭祀之禮。醴、醆，犧牲之屬，是饌具也。用古玄酒醴醆，是所以因於古，故言今禮饌具所因於古也〔五六〕。云「及其事義」者，從玄酒以下至其先祖以上是事也，「以正君臣」以下至「承天之祜」是義也。云「粢，讀爲齊」者，按爾雅云：「粢，稷也。」作酒用黍不用稷，故知粢當爲齊，聲相近而致誤。引周禮「五齊」者，是酒正文也。鄭注云：「泛者，成而滓浮泛泛然，如今宜成醪矣。」醴者，「成而汁滓相將，如今恬酒矣。盎，猶翁也，成而翁翁然，葱白色，如今酇白矣。緹者，成而紅赤，如今下酒矣。沈者，成而滓沈，如今造青矣〔五七〕。」云「醆與盎、澄與沈蓋同物」者，以酒正文醴、緹之閒有盎，此醴醍之閒有醆，又周禮緹齊之下有沈齊，此醍齊之下有澄齊，故云醆與盎，澄與沈，蓋同物也。按此注澄是沈齊，按酒正注澄酒是三酒，二注不同，故趙商疑而致問。鄭答之云：此本不誤，轉寫益澄字耳。如鄭所答，是轉寫酒正之文誤益澄字，當云：酒，三酒也。則是與禮運注同。然按坊記云：「醴酒在室，醍酒在堂，澄酒在下，示民不淫也。」注云：「淫，猶貪也。」又以澄爲清酒，田瓊疑而致問，鄭答之云：禮運云醴、醆、醍、澄各是一物。皆不言酒，故推其意，澄爲沈齊，酒爲三酒，坊記云醴也、醍也、澄也，皆言酒，故因注云：「澄酒，清酒也。」其實沈齊也。如鄭此言，坊記所云醴酒、醆酒，五齊亦言酒，則澄酒是沈齊也。是五者最清，故云澄酒，非爲三酒之中清酒，是與禮運不異也。云「奠之不同處，重古略近」者，奠之或在室，或在堂，或在下，是「不同處」。古酒奠於室，近酒奠於堂，或奠於下，是「重古略近」。云「祝祝爲主人饗神辭」者〔五八〕，按特牲、少牢禮云：祝稱：孝孫某，用薦歲事于皇祖伯某，尚饗。是祝爲主人饗神辭。云「嘏祝爲尸致福于主人之辭」者，此下云「嘏以慈告」，詩小雅云：「錫爾純嘏，子孫其湛。」是致福於主人之辭也。云「祜，福也」者，釋詁文〔五九〕。「福之言備」，郊特牲文。言嘉慶備具，福之道也。其用酒之法，崔氏云：周禮：大祫於大廟，則備五齊三酒；朝踐王酌泛齊，后酌醴齊；饋食王酌盎齊，后酌醍齊；朝獻王酌泛齊，因朝踐之尊再獻，后酌醍齊；因饋食之尊，諸侯爲賓則酌沈齊。尸酢王與后，皆還用所獻之齊；賓長酳尸，酢用清酒；加爵亦用三酒；大禘則用四齊三酒者，醴齊以下悉用之，故禮運云：「玄酒在室，醴醆在户，粢醍在堂，澄酒在下。」用四齊者。朝踐王酌醴齊，后酌盎齊；饋食，王酌醍齊，后酌沈齊；朝獻，王酌醴齊，再獻后還酌沈齊。亦尊相因也。諸侯爲賓，亦酌沈齊，用三酒之法，如祫禮也。四時之祭，唯二齊三酒，則自祫禘以下至四時祭皆通用也。二齊，醴、盎也。故鄭注司尊彝四時祭法但云醴、盎而已。用二齊者，朝踐，王酌醴齊，后亦酌醴齊；饋食，王酌盎齊，后亦酌盎齊；朝獻，王還用醴齊，再獻，后還用盎齊。亦尊相因也。諸侯爲賓，亦酌盎齊三酒，同於祫三酒。所常同不差者，三酒本爲王以下飲，故尊卑自有常，依尊卑之常，不得有降。祫禘時，祭本明所用總有多少〔六〇〕，故正祭之齊有差降也。魯及王者之後大祫，所用與王禘之禮同〔六一〕，若禘與王四時同用三酒，亦同於王侯伯子男，祫禘皆用二齊醴盎而已，三酒則並用用二齊之法〔六二〕。朝踐，君夫人酌醴齊；饋食，君夫人酌盎齊；朝獻，君還酌醴齊，再獻，夫人還酌盎齊；諸臣爲賓酌盎齊；尸酢君夫人用昔酒，酢諸臣用事酒加爵，皆清酒，時祭之法用一齊。故禮器云：「君親制祭，夫人薦盎。」鄭云：「謂朝事時也。」又云：「君親割牲，夫人薦酒。」鄭云：「謂進孰時也。」其行之法：朝踐，君制祭，則夫人薦盎爲獻；進孰時，君親割，夫人薦酒；朝獻時，君酌盎齊以酳尸，再獻時，夫人還酌酒以終祭也。賓獻皆酒加爵，如禘祫之禮；天子諸侯酌奠皆用齊酒，卿大夫之祭酌奠皆用酒〔六三〕。其祫祭之法既備，五齊三酒以實八尊，祫祭在秋。按司尊彝「秋嘗冬烝」，朝獻用兩著尊，饋獻用兩壺尊。則泛齊、醴齊各以著尊盛之，盎齊、醍齊、沈齊各以壺尊盛之〔六四〕，凡五尊也。又五齊各有明水之尊，凡十尊也。三酒三尊，各加玄酒，凡六尊也。通罍彝盛明水，黄彝盛鬱鬯，凡有十八尊，故崔氏云：大祫祭凡十八尊。其明水玄酒陳之，各在五齊三酒之上。祭日之旦，王服衮冕而入，尸亦衮冕，祝在後侑之，王不出迎尸，故祭統云：「君不迎尸」，所以「別嫌也。」尸入室，乃作樂降神，故大司樂云「凡樂，圜鍾爲宮，九變而致人鬼」是也。乃灌〔六五〕，故書云：「王入大室裸〔六六〕。」當灌之時，衆尸皆同在大廟中，依次而灌，所灌鬱鬯。小宰注云尸「祭之，啐之，奠之」，是爲一獻也。王乃出迎牲，后從灌，二獻也。迎牲而入至於庭，故禮器云：「納牲詔於庭。」王親執鸞刀，啓其毛，而祝以血毛告於室，故禮器云：「血毛詔於室。」凡牲則廟各別牢，故公羊傳云：周公「白牡」〔六七〕，魯公「騂犅。」按逸禮云：「毀廟之主，昭共一牢，穆共一牢，於是行朝踐之事。尸出於室，太祖之尸坐於户西南面，其主在右。昭在東，穆在西，相對坐。主各在其右。」故鄭注祭統云：「天子諸侯之祭，朝事延尸於户外。是以有北面事尸之禮。」祝乃取牲膟膋燎於爐炭，入以詔神於室，又出以墮於主前，郊特牲云「詔祝於室，坐尸於堂」是也。王乃洗肝於鬱鬯而燔之，以制於主前，所謂制祭。次乃升牲首於室中，置於北墉下，后薦朝事之豆籩，乃薦腥於尸主之前，謂之朝踐，即此禮運云「薦其血毛，腥其俎」是也。王乃以玉爵酌著尊泛齊以獻尸，三獻也。后又以玉爵酌著尊醴齊以亞獻，四獻也。乃退而合亨，至薦孰之時，陳於堂，故禮器云：「設饌於堂。」乃後延主入室，大祖東面，昭在南面，穆在北面，徙堂上之饌於室内坐前，祝以斝爵酌，奠於饌南，故郊特牲注云「天子奠斝，諸侯奠角」，即此之謂也。既奠之後，又取腸閒脂，焫蕭合馨薌，郊特牲注云「奠謂薦孰時」，當此大合樂也。自此以前，謂之接祭。乃迎尸入室，舉此奠斝，主人拜以妥尸，故郊特牲云「舉斝角，拜妥尸」是也。后薦饌獻之豆籩，王乃以玉爵酌壺尊盎齊以獻尸，爲五獻也。后又以玉爵酌壺尊醍齊以獻尸，是六獻也。於是尸食十五飯訖，王以玉爵因朝踐之尊泛齊以酳尸，爲七獻也，故鄭云：「變朝踐云朝獻，尊相因也。」朝獻，謂此王酳尸，因朝踐之尊也。后乃薦加豆籩，尸酌，酢主人，主人受嘏，王所以獻諸侯。於是后以瑤爵因酌饋食壺尊醍齊以酳尸，爲八獻也。鄭注司尊彝云：「變再獻爲饋獻者，亦尊相因也。」再獻，后酳尸獻，謂饋食時后之獻也。於時，王可以瑤爵獻卿也，諸侯爲賓者，以瑤爵酌壺尊醍齊以獻尸，爲九獻。九獻之後，謂之加爵。按特牲有三加，則天子以下加爵之數依尊卑，不秖三加也。故特牲三加爵，別有嗣子舉奠。文王世子諸侯謂之「上嗣」，舉奠亦當然。崔氏以爲后獻皆用爵，又以九獻之外加爵用璧角璧散。今按內宰云：「后裸獻則贊，瑤爵亦如之。」鄭注云：「瑤爵，謂尸卒食，王既酳尸，后亞獻之。」始用瑤爵。則后未酳尸以前不用也。又鄭注司尊彝云：「王酳尸用玉爵，而再獻者用璧角、璧散可知。」此璧角、璧散則瑤爵也。崔氏乃云：「正獻之外，諸臣加爵用璧角、璧散。」其義非也。其禘祭所用四齊者，禘祭在夏，醴齊盎齊盛以犧尊，醍齊沈齊盛以象尊。王朝踐，獻用醴齊，后亞獻，用盎齊；王饋獻，用醍齊，后亞獻，用沈齊。尸卒食，王酳尸，因朝踐醴齊；后酳尸，因饋食沈齊。諸臣爲賓，獻亦用沈齊，禘祭無降神之樂〔六八〕。熊氏以爲大祭皆有三始，有降神之樂，又未毀廟者皆就其廟祭之，其餘皆如祫祭之禮。天子時祭用二齊者〔六九〕，春夏用犧尊盛醍齊，用象尊盛沈齊，秋冬用著尊盛醴齊，用壺尊盛盎齊，是一齊用一尊。司尊彝皆云「兩」者，以一尊盛明水〔七〇〕，故皆云兩。若禘祫之祭，其齊既多，不得唯兩而已，前已備釋也。時祭唯用二齊，其諸侯用齊及酒，皆視天子，具如前說。其魯及王者之後皆九獻，其行之法與天子同。侯伯七獻，朝踐及饋獻時君皆不獻，於九獻之中減二，故爲七獻也，禮器云：「君親制祭，夫人薦盎。君親割牲，夫人薦酒。」是也。子男五獻者，亦以薦腥、饋孰二君皆不獻，酳尸之時君但一獻而已，九獻之中去其四，故爲五。此皆崔氏之説。今按特牲、少牢尸食之後，主人、主婦及賓備行三獻，主婦因獻而得受酢。今子男尸食之後，但得一獻，夫人不得受酢，不如卿大夫，理亦不通。蓋子男饋孰以前，君與夫人並無獻也。食後行三獻，通二灌爲五也。禮器所云，自據侯伯七獻之制也〔七一〕。一曰：尸酢侯伯子男，亦用所獻之齊也。作其祝號，玄酒以祭，薦其血毛，腥其俎，孰其殽。與其越席，疏布以冪。衣其澣帛，醴醆以獻，薦其燔炙。君與夫人交獻以嘉魂魄，是謂合莫。祝，之六反，徐之又反。殽，本或作肴，户交反。越，音活。冪，莫歷反。衣，於既反。○此謂薦上古、中古之食也。周禮祝號有六：「一曰神號，二曰鬼號，三曰祇號，四曰牲號，五曰齍號，六曰幣號。」號者，所以尊神顯物也。腥其俎，謂豚解而腥之，及血毛，皆所以法於大古也。孰其殽，謂體解而爓之。此以下皆所以法於中古也。越席，翦蒲席也。冪，覆尊也。澣帛，練染以爲祭服。嘉，樂也。莫，虚無也。孝經説曰：「上通無莫。」○齍，音咨。大，音太。染，如豔反，又如琰反。樂，音洛。○疏曰：此一節明祭祀用上古、中古之法也。玄酒以祭，薦其血毛，腥其俎，此是用上古也。「孰其殽」以下，用中古也。「作其祝號」者，謂造其鬼神及牲玉美號之辭，史祝稱之以告鬼神，故云作其祝號。「玄酒以祭」者，謂朝踐之時，設此玄酒於五齊之上，以致祭鬼神。此重古設之，其實不用以祭也。「薦其血毛」者，亦朝踐時，延尸在堂〔七二〕，祝以血毛告於室也。「腥其俎」者，亦謂朝踐時，既殺牲，以俎盛肉進於尸前也。「孰其殽」者，殽，骨體也。孰謂以湯爓之，以其所爓骨體進於尸前也。「與其越席」至「澣帛」，皆謂祭初之時。越席，謂蒲席。疏布，謂粗布。若依周禮，越席疏布是祭天之物，此經云「君與夫人」，則宗廟之禮也。此蓋記者雜陳夏殷諸侯之禮，故雖宗廟，而用越席疏布也。「衣其澣帛」者，謂祭服練帛，染而爲之。「醴醆以獻」者，朝踐之時用醴，饋食之時用醆。「薦其燔炙」者，謂燔肉炙肝。按特牲禮主人獻尸，賓長以肝從；主婦獻尸，賓長以燔從。則此君薦之用炙也，夫人薦用燔是也。皇氏云：「燔，謂薦孰之時，焫蕭合馨薌。」知不然者，按詩楚茨云：「或燔或炙。」鄭云：「燔，燔肉也。炙，肝炙也。」則知此燔炙亦然，皇說非也。君與夫人交獻：第一君獻，第二夫人獻，第三君獻，第四夫人獻，是君與夫人交錯而獻也。「以嘉魂魄」者，謂設此在上祭祀之禮，所以嘉善於死者之魂魄。「是謂合莫」，莫謂虛無寂寞，言死者精神虛無寂寞，得生者嘉善而神來歆饗，是生者和合於寂寞。但禮運之作，因魯之失禮，孔子乃爲廣陳天子諸侯之事及五帝三王之道，其言雜亂，或先或後，其文不次，舉其大綱，不可以一代定其法制，不可以一概正其先後。若審此理，則無所疑惑。又曰：按周禮大祝辨六號：「一曰神號」，注「若皇天上帝」；「二曰鬼號」，注「若皇祖伯某」；「三曰祇號」，「若后土地祇」；「四曰牲號」，「若牛曰一元大武」；「五曰齍號」，「若稷曰明粢」；「六曰幣號」，「若幣曰量幣」是也。云「號者，所以尊神顯物」者，其神號、鬼號、祇號是尊神也，牲號、齍號、幣號是顯物也。云「腥其俎，謂豚解而腥之」者，按士喪禮：小斂之奠，載牲體兩髀、兩肩、兩胉並脊，凡七體也。士虞禮：「主人不視豚解。」注云：「豚解，解前後脛脊脇而已。」是豚解七體也。按特牲、少牢以薦孰爲始之時皆體解，無豚解，以無朝踐薦腥故也。其天子諸侯既有朝踐薦腥，故知腥其俎之爲豚解〔七三〕。云「孰其殽，謂體解而爓之」者，體解則特牲、少牢所升於俎，以進神者是也。按特牲九體：肩一、臂二、臑三、肫四、胳五、正脊六、横脊七、長脅八、短脅九。少牢則十一體，加以脡脊，代脅，爲十一體也。是分豚爲體解，此「孰其殺」，謂體解訖以湯爓之，不全孰，次於腥而薦之堂，故祭義曰「爓祭，祭腥而退」是也。此則腥以法上古，爓法中古也。云「瀞帛練染以爲祭服」者，此亦異代禮也。周禮則先染絲乃織成而爲衣，故玉藻云：「士不衣織。」云「孝經説曰上通無莫」者，孝經緯文。言人之精靈所感上通元氣寂寞。引之者，證「莫」爲虛無也。正本元字作「無」，謂虛無寂寞，義或然也。然

後退而合亨，體其犬豕牛羊，實其簠簋籩豆鉶羹，祝以孝告，嘏以慈告，是謂大祥。鉶，音刑。

○此謂薦今世之食也。體其犬豕牛羊，謂分别骨肉之貴賤，以爲衆俎也。祝以孝告，嘏以慈告，各首其義也。祥，善也。今世之食於人道爲善也。○别，彼列反。○疏曰：此論祭饋之節、供事鬼神及祭末獻賓、並祭竟燕飲饗食賓客兄弟也。「然後退而合亨」者，前明薦爓既未孰，今至饋食，乃退取曏爓肉更合亨之令孰，擬更薦尸。又尸俎唯載右體，其餘不載者及左體等，亦於鑊中亨煑之〔七四〕，故云合亨。「體其犬豕牛羊」者，亨之既孰，乃體别骨之貴賤以爲衆俎供尸及待賓客兄弟等。體其犬豕牛羊，謂分别骨之貴賤以爲衆俎。知非尸前正俎者，以此經所陳，多是祭末之事，若是尸前正俎，當云「是謂合莫」，不得云「是謂大祥」。既是人之祥善，故爲祭末饗燕之衆俎也。實其簠簋籩豆鉶羹者〔七五〕，此舉事尸之時所供設也。若籩豆，亦兼據賓客及兄弟之等，故特牲、少牢賓及衆賓兄弟之等，皆有籩豆及俎是也。「祝以孝告，嘏以慈告」者，此論祭祀祝嘏之辭。按少牢祝曰：「孝孫某，敢用柔毛剛鬣，嘉薦普淖，用薦歲事于皇祖伯某，以某妃配某氏，尚饗。」是祝以孝告。少牢又云：主人獻尸，祝嘏主人云：「皇尸命工祝，承致多福無疆于女孝孫，來女孝孫，使女受禄于天，宜稼于田，眉壽萬年，勿替引之。」是嘏以慈告。言祝嘏於時

以神之恩慈而告主人。是謂大祥者，祥，善也。謂饋食之時，薦今世之食於人道爲善，故爲大祥。又曰：首，猶本也。孝子告神，以孝爲首；神告孝子，以慈爲首。各本祝嘏之義也。又曰：自夫禮之初至皆從其初，論中古祭祀之事及死喪之禮，今時所法於前取以行者。自昔者先王至皆從其朔，論昔者未有宫室火化，後聖有作，始制宫室炮燔醴酪之事。今世取而行之，故云皆從其朔。但今世一祭之中凡有兩節，上節是薦上古、中古，下節是薦今世之食。自玄酒在室至承天之祜，總論今世祭祀饌具所因於古及其事義，總論兩節祭祀獲福之義。自作其祝號至是謂合莫，别論祭之上節，薦上古、中古之食並所用之物。自然後退而合亨至是謂大祥，論祭之下節，薦今世之食。此禮之大成一句，總結上所陳之言也。此禮之大成也。解子游以禮所成也。○禮運

○有虞氏之祭也，尚用氣。血腥爓祭，用氣也。尚，謂先薦之。爓，或爲膶。○膶，直輒反。○疏曰：此一節總論祭祀之事，各依文解之。「有虞氏之祭也，尚用氣」者，尚，謂貴尚。其祭祀之時，先薦用氣物也。「血腥爓祭，用氣也」者，此解用氣之意。血，謂祭初以血詔神於室。腥，謂朝踐薦腥肉於堂。爓，謂沈肉於湯，次腥，亦薦於堂，祭義云「爓祭，祭腥而退」是也。今於堂以血、腥、爓三者而祭，是用氣也。以其並未熟，故云「用氣也」。又曰：言先薦者，對合亨饋孰爲先也。此虞氏尚氣，殷人尚聲，周人尚臭，皆謂四時常祭也。若其大祭祫，周人仍先用樂也。故大司樂云：「若樂九變，則人鬼可得而禮矣。」鄭云：「先奏是樂以致其神，而後裸焉。」推此言之，虞氏大祭亦先作樂也，故鄭注大司樂引虞書云：「戛擊鳴球，搏拊琴瑟以詠，祖考來格，簫韶九成，鳳皇來儀。」此宗廟九奏之效。此虞氏大祭，與周同樂九奏。夏殷大祭雖無文，或當與周同。熊氏以爲殷人先求諸

陽，謂合樂在灌前。周人先求諸陰，謂合樂在灌後，與降神之樂別。熊氏又云：凡大祭並有三始，祭天以樂爲致神始，以煙爲歆神始，以血爲陳饌始。祭地以樂爲致神始，以腥爲歆神始〔七六〕，以血爲陳饌始。祭宗廟亦以樂爲致神始，以灌爲歆神始，以腥爲陳饌始。義或然也。按禮，宗廟之祭，先薦血，後薦腥，而云宗廟腥而爲陳饌始，於義未安也〔七七〕。熊氏又云〔七八〕：社稷以下之祭皆有三始。於義非也。

殷人尚聲，臭味未成，滌蕩其聲。樂三闋，然後出迎牲。聲音之號，所以詔告於天地之閒也。滌，音狄，又同弔反。三，如字，徐息暫反。○滌蕩，猶搖動也。○疏曰：「殷人尚聲」者，帝王革異，殷不尚氣而尚聲，謂先奏樂也。不言夏，或從虞也。「臭味未成，滌蕩其聲」者，臭味未成，謂未殺牲也。滌蕩，猶搖動也。既尚聲，故未殺牲而先搖動樂聲以求神也。「樂三闋，然後出迎牲」者，闋，止也。奏樂三徧止，乃迎牲入殺之。聲音之號，所以詔告於天地之閒也者，解以先奏樂之義。言天地之閒虛豁亦陽也，言鬼神在天地之閒聲是陽，故用樂之音聲號呼告於天地之閒，庶神明聞之而來，是先求陽之義也。

周人尚臭，灌用鬯臭，鬱合鬯，臭陰達於淵泉。灌以圭璋，用玉氣也。既灌然後迎牲，致陰氣也。蕭合黍稷，臭陽達於牆屋，故既奠然後焫蕭合羶薌。焫，如悅反。合，如字，徐音閤。羶，音馨，許經反。薌，音香〔七九〕。○灌，謂以圭瓚酌鬯始獻神也，已乃迎牲於庭殺之〔八〇〕，天子諸侯之禮也。奠，謂薦孰時也。特牲饋食所云「祝酌奠」「于鉶南」是也。蕭，薌蒿也，染以脂，合黍稷燒之，詩云：「取蕭祭脂。」羶，當爲馨，聲之誤也。奠，或爲薦。○瓚，在旦反。鉶，音刑。○疏曰：「周人尚臭」者，周禮變於殷，故先求陰尚臭也。「灌用鬯臭」者，臭，謂鬯氣也。未殺牲，先酌鬯酒灌地以求神，是尚臭也。

「鬱合鬯」者，鬱，鬱金草也。鬯，謂鬯酒。煮鬱金草和之，其氣芬芳調鬯也。又以擣鬱汁和合鬯酒，使香氣滋甚，故云鬱合鬯也。鄭注鬱人云：「鬱，鬱金香草，宜以和鬯。」盧云：言取草芬芳香者與秬黍鬱合釀之，成必爲鬯也。馬氏説：鬱，草名，如鬱金香矣，合爲鬯也。庾氏讀句則云「臭鬱合鬯」。「臭陰達於淵泉」者，用鬱鬯灌地，是用臭氣求陰達於淵泉也〔八一〕。「灌以圭璋，用玉氣也」者，王肅云：以圭璋爲瓚之柄也，瓚所以斞鬯也。玉氣潔潤，灌用玉瓚，亦求神之宜也〔八二〕。玉氣亦是尚臭也。周言用玉，則殷不用圭瓚。既灌然後迎牲者，先求神，後迎牲也。「致陰氣也」者，解所以先灌是先求陰也。先致氣於陰，故云致陰氣也。「蕭合黍稷」者，周人後求陽也。取蕭草及牲脂膋合黍稷燒之也〔八三〕，此謂饋食時也。「臭陽達於牆屋」者，謂以蕭合黍稷之臭氣求陽，達於牆屋也。「故既奠，然後焫蕭合羶薌」者，明上焫蕭之時節也。既奠，謂薦孰時也。堂上事尸竟，延尸户内，更從孰始也。於薦孰時，祝先酌酒奠於鉶羹之南，訖，尸未入，於是又取香蒿染以腸閒脂，合黍稷燒之於宫中，此又求諸陽之義也。馨香謂黍稷。又曰：知此一經所云天子諸侯禮者，以儀禮少牢、特牲是大夫士之禮，無臭鬱灌鬯之事故也。云「奠謂薦孰時也，特牲饋食禮所云祝酌奠于鉶南是也」者，尸未入之前，當饋孰之始，饋孰薦黍稷。此云蕭合黍稷，既奠然後焫蕭，故知當饋孰之時也。云「染以脂，合黍稷燒之」者，此云蕭合黍稷，是蕭與黍稷合。詩云：「取蕭祭脂。」是蕭與脂合也。故知有蕭及脂、黍稷合馨香也。

凡祭慎諸此。魂氣歸于天，形魄歸于地，故祭求諸陰陽之義也。殷人先求諸陽，周人先求諸陰。此其所以先後異也。

詔祝於室，坐尸於堂；謂朝事時也。朝事：延尸於户西，南面，布主席東面，取牲膟膋燎於爐炭，洗肝於鬱鬯而燔之，入以詔神於室，又出以墮於主，主人親制其肝，所謂制祭也。時尸薦以籩豆，至薦孰，乃更延主於室之奥。尸來升席自北方，坐於主北焉。○膟，音律。膋，力彫反。燎，力妙反，又力弔反。墮，許垂反。○疏曰：「詔祝於室」，謂朝事時也。詔，告也。祝，呪也。天子諸侯朝事之時，坐尸於堂户西南面，坐主在西方東面。尸主之前，則薦用籩豆也。祝乃取牲膟膋燎於爐炭，入告神於室，又出墮於主。當此時，主人乃親洗肝於鬱鬯而燔之〔八四〕，以制於主前。今云詔祝於室，是燎於爐炭，入告於室也。「坐尸於堂」者，既灌鬯之後，尸出堂，坐户西而南面也。又曰：「謂朝事時」者，以下云「用牲於庭，升首於室」，此云「詔祝於室」，當殺牲之初，故知當朝事時也。云「朝事延尸於户西，南面，布主席東面，取牲膟膋燎於爐炭，洗肝於鬱鬯而燔之」者，此等並於堂上而燔燎之，故始云入以詔神，明以前在堂也。云「入以詔神於室，又出以墮於主前」者，墮謂墮祭也〔八五〕。謂分減肝膋以祭主前也。云「主人親制其肝，所謂制祭也」者，制，割也。謂割其肝而不相離。按禮器云：「君親制祭，夫人薦盎。」此云「詔祝於室」，下云「用牲於庭」，故知制祭當此節也。云「時尸薦以籩豆」者，即是朝事籩豆也。云「至薦孰乃更延主於室之奥」者，約少牢、特牲饋食在奥室也。云「尸來升席自北方，坐於主北焉」者，以在奥東面以南爲尊，主尊故在南。主既居南，故尸來升席自北方也。尸主各席，故朝事延尸於户外，尸南面，主席於東面是也。鄭之此注雖參禮記及少牢、特牲而言之，亦約漢時祭宗廟之禮言也，故其事委曲也。用牲於庭，謂殺之時。升首於室。制祭之後，升牲首於北墉下，尊首尚氣。○墉，音容。○疏曰：知在「制祭」後者，熊氏云：見下文升首在燔燎下，故知在制祭後也。又知在「北墉下」者，見下云升首以報陽，明是當户北墉可知。

此升首非説有虞氏祭以首者，故羊人云：「祭祀，割羊牲，登其首。」則三牲之首皆升也。直祭祝于主，謂薦孰時也。如特牲、少牢饋食之爲也。直，正也。祭以孰爲正，則血腥之屬盡敬心耳。〇疏曰：「直祭祝于主」者，直，正也，祭以薦孰爲正。言薦孰正祭之時，祝官以祝辭告於主，若儀禮少牢「敢用柔毛剛鬣，用薦歲事于皇祖伯某」是也。又曰：知薦孰時者，以上文云「詔祝於室」，次云「用牲於庭，升首於室」，下云「索祭祝于祊」，以文次之，知此當薦孰之節也。索祭祝于祊。索，求神也。廟門曰祊，謂之祊者，以於繹祭名也。〇疏曰：「索祭祝于祊」者，索，求也。廣博求神，非但在廟，又爲求祭，祝官行祭在於祊也。祊謂廟門，祭于廟門。凡祊有二種：一是正祭之時，既設祭於廟，又求神於廟門之内。詩楚茨云：「祝祭于祊。」注云：祊，門内平生待賓客之處。與祭同日也。二是明日繹祭之時，設饌於廟門外西室，亦謂之祊，即上文云：「祊之于東方。」注云：「祊之禮，宜于廟門外之西室。」是也。今此索祭於祊當是正祭日之祊矣，知者，禮器云：「爲祊乎外。」以其稱外，故云「祊祭，明日之繹祭。」鄭又注上「祊之于東方」云：「祊之禮，宜于廟門外之西室。」此經直云祊，不云外，又注直云「廟門曰祊」，亦不云外，是據正祭日祊也，故下云「肵之爲言敬也」，「相，饗之也」，「嘏，大也」，「血毛，告幽全之物」，是皆據正祭之日，明此祊亦正祭日。又曰：「廟門曰祊」，爾雅釋宮文。云「謂之祊者，以於繹祭名也」者，此既正祭日於廟門内求神，應總稱云廟。而謂之祊者，以祊是廟門，明日繹祭稱祊，雖今日之正祭，假以明日繹祭祊名，同稱之曰祊也。不知神之所在，於彼乎，於此乎？室與？堂與？〇與，音餘。〇疏曰：「不知神之所在於彼乎，於此乎」者，此解正祭在廟之時，或設饌在室，或設饌在堂，不知神之所在之處爲於彼室乎？爲於此堂乎？故兩處設饌也。或諸遠人乎？祭于祊，尚曰求諸遠者與？遠人，徐于萬反。○尚，庶幾也。○疏曰：此解索祭爲祊之時。「或諸遠人乎」者，諸是語辭，其神靈或遠離於人，不在廟乎。「祭于祊，尚曰求諸遠者與」者，尚是庶幾也，言正祭之時，祭於廟門祊者，庶幾求於遠處者與？言於遠處求神也。祊之爲言倞也，倞，音亮。○倞，猶索也。倞，或爲諒。肵之爲言敬也。肵，音祈〔八六〕。○爲尸有肵俎，此訓也。○爲，于僞反。○疏曰：按特牲、少牢，設饌之後，尸祭饌訖，祝取牢心舌載於肵俎，設於饌北，尸每食牲體反置於肵俎〔八七〕，是主人敬尸之俎也。富也者，福也；人君嘏辭有富，此訓之也。或曰：福也者，備也。○疏曰：少牢云：「皇尸命工祝，承致多福無疆于女孝孫，使女受禄于天，宜稼于田，眉壽萬年，勿替引之。」此是大夫嘏辭也。人君則福慶之辭更多，故詩楚茨云：「永錫爾極，時萬時億。卜爾百福，如幾如式。」是也。首也者，直也。訓所以升首祭也。直，或爲犆也。○犆〔八八〕，徒得反。○疏曰：經云首者「直也」，直，正也。言首爲一體之正。相，饗之也。相，息亮反。○相，謂詔侑也。詔侑尸者，欲使饗此饌也。特牲饋食禮曰：主人拜妥尸，尸答拜，執奠祝饗。○疏曰：「相饗之也」，相謂詔侑，所以立祝詔侑尸者，欲尸歆饗此饌。又曰〔八九〕：引特牲者，證饗尸時節，延尸初入，主人拜妥尸，尸答拜訖，執此鉶南之奠祝，則設辭以饗之，欲尸饗此奠也，尸遂祭與啐之。嘏，長也，大也。主人受祭，福曰嘏，此訓也。○疏曰：「嘏，長也，大也」者，尸嘏主人，欲使長久廣大也。尸，陳也。尸或詁爲主，此尸神象，當從主訓之，言陳非也。○疏曰：此經尸爲陳，諸本尸爲主。尸是神象，當從主，主是人所主事，陳是器物陳列，今訓之爲陳，故云非也。毛血，告幽全之物也。

幽，謂血也。告幽全之物者，貴純之道也。純，謂中外皆善。○疏曰：此謂祝初薦血毛於室時也。血是告幽之物，毛是告全之物。告幽者，牲體肉裏美善。告全者，牲體外色完具。所以備此告幽全之物者，貴其牲之純善之道也。故鄭云「純謂中外皆善」，言中善則血好，外善則毛好也。血祭，盛氣也。祭肺肝心，貴氣主也。氣主，氣之所舍也。周祭肺，殷祭肝，夏祭心。○疏曰：此是堂上制祭後又薦血腥時也。祭肺肝心，貴氣主也。此三者並爲氣之宅，故祭時先用之，是貴於氣之主故也。血是氣之所舍，故云「盛氣也」。三者非即氣，故云「氣之主也」。祭黍稷加肺，祭齊加明水，報陰也。祭黍稷加肺，謂綏祭也。明水，司烜所取於月之水也。齊，五齊也。五齊加明水〔九〇〕，則三酒加玄酒也。○疏曰：「祭黍稷加肺」者，謂尸既坐綏祭之時，祭黍稷加之以肺。言兼肺而祭，故云「加肺」也。「祭齊加明水」者，謂於正祭之時，陳列五齊之尊，上又加明水之尊，故云祭齊加明水也。「報陰也」者，解加肺、加明水之意。肺是五臟在內，水又屬北方，皆是陰類，又親形魄歸地是陰，以陰物祭之，故云「報陰也」。又曰：「祭黍稷加肺謂綏祭」者，按特牲禮云：「祝命綏祭，尸左執觶，右取菹，擩于醢，祭于豆間。佐食取黍稷肺祭，授尸，尸祭之。」是尸綏祭之時，有黍稷肺也。少牢亦然。皇氏以爲尸綏祭之時無黍稷，至主人綏祭之時乃有黍稷。解此祭爲主人綏祭也，違背儀禮正文，其義非也。云「五齊加明水，則三酒加玄酒也」者，崔氏云：五齊尊上加明水之尊，五齊重，明水亦重，故加明水。三酒輕，玄酒亦輕，故云「三酒加玄酒也」。此云玄酒對明水，直謂水也。若總而言之，明水亦名玄酒，故禮運云「玄酒在室」及司烜注云「明水以爲玄酒」是也。此經「祭齊加明水」之文，謂總據祭時而用五齊，非謂綏祭之時也。故鄭云「祭黍稷加肺，謂綏祭」，不云祭齊也。按儀禮綏祭之後亦祭酒，必知此祭齊非綏祭者，以鄭云「三酒加玄酒」，三酒本非綏祭之用故也。取膟膋燔燎升首，報陽也。膟膋，腸閒脂也，與蕭合燒之，亦有黍稷也。○疏曰：凡祭血腥之時，已有膟膋燔燎，故前文「詔祝於室」，鄭注云：「取牲膟膋，燎于爐炭，洗肝于鬱鬯而燔之。」是也。至薦孰之時，又取膟膋而燔之，故上經云「蕭合黍稷」，「故既奠，然後焫蕭合馨香」，故鄭此注云「與蕭合燒之」，謂饋孰時也。云「亦有黍稷也」者，非但有蕭與膟膋，兼有黍稷，故云「亦」也。明水涚齊，貴新也。涚，始銳反。○涚，猶清也。五齊濁，泲之使清，謂之涚齊，及取明水，皆貴新也。周禮㡛氏以涚水漚絲。涚齊，或爲汎齊。○泲，子禮反。㡛，莫剛反。漚，烏豆反。○疏曰：「明水涚齊，貴新也」者，明水謂以陰鑑取月中之水也，涚猶清也。謂泲五齊使清，故云涚齊。所以設明水及涚齊者，貴其新潔之義也。凡涚，新之也。新之者，敬也。○疏曰：「凡涚，新之也」者，釋涚齊之意。言所以涚此齊者，以敬於鬼神，故新潔之也〔九一〕。其謂之明水也，由主人之潔著此水也。著，猶成也。言主人齊潔此水，乃成可得也。○齊，側皆反，下齊之同。○疏曰：「其謂之明水也，由主人之潔著此水也」者，此釋明水之意。所以謂之清明之水者，著，成也。由人之清潔成就此水，乃成可得而用也。君再拜稽首，肉袒親割，敬之至也。敬之至也，服也。拜，服也。稽首，服之甚也。肉袒，服之盡也。割解牲體。○疏曰：「敬之至也，服也」者，言君所以再拜稽首、肉袒者，是恭敬之至，乃是服順於親也。此總結上「再拜稽首，肉袒」之文，下又各釋拜稽首肉袒之事。「拜，服也」者，釋再拜之文。拜者，是服順於親也。「稽首，服之甚也」者，釋稽首之文。拜既是服，而稽首頭至於地，是服之甚極也。

「肉袒，服之盡也」者，釋肉袒之文。言心雖内服，外貌不盡，今肉袒去飾，是服之竭盡也。祭稱孝孫孝子，以其義稱也。謂事祖禰。稱曾孫某，謂國家也。謂諸侯事五廟也，於曾祖以上稱曾孫而已。○疏曰：熊氏云：祭稱孝孫，對祖爲言；稱孝子，對禰爲言。以其義稱也者，義，宜也。事祖禰宜行孝道，是以義而稱孝也。「稱曾孫某，謂國家也」者，國謂諸侯，家謂卿大夫，既有國家之尊，不但祭祖禰而已，更祭曾祖以上。但自曾祖以上，唯稱曾孫而已，言己是曾重之孫。又曰：熊氏云：經既稱國家，則兼諸侯及大夫。今注直云諸侯者，注文略也。大夫三廟，亦事曾祖而得稱曾孫也。其諸侯大夫事祖禰之時，亦稱孝子孝孫。事曾祖以上，雖是内事，則同於外稱，故下曲禮云諸侯「内事曰孝子某侯某，外事曰曾孫某侯某」是也。此記不云某侯者，略也。上士二廟，祖禰各一廟。中、下士一廟，祖禰共廟。前經注云「謂祖禰」，據上士也。祭祀之相，主人自致其敬，盡其嘉而無讓也。相，息亮反。○相，謂詔侑尸也。嘉，善也。○疏曰：「祭祀」至「讓也」者，解爲相之法也。相，謂詔侑也。嘉，善也。庾氏云：賓主之禮，相告以揖讓之節。祭祀之禮，則是主人自致其敬，盡其善。故詔侑尸者，不告尸以讓，是其無所與讓也。腥肆爓腍祭，豈知神之所饗也？主人自盡其敬而已矣。肆，敕歷反。腍，而審反。○治肉曰肆。腍，孰也。爓，或爲𦢊。○𦢊，直輒反。○疏曰：「腥肆爓腍祭」者，肆，剔也。腍，孰也。言祭，或進腥體，或薦解剔，或進湯沈，或薦煮熟，故云腥肆爓腍祭也。「豈知神之所饗也？主人自盡其敬而已矣」者，四種之薦，豈知神適所饗邪？正是主人自盡敬心，而求祭之心不一耳。舉斝角，詔妥尸。古者尸無事則立，有事而后坐也。尸，神象也。祝，將命也。妥，安坐也。尸始入，舉奠斝若奠角，將祭之，祝則詔主人拜妥尸〔九二〕，使之坐尸即至尊之坐。或時不自安，則以拜安之也。天子奠斝，諸侯奠角，古謂夏時也。○疏曰：「舉斝角」者，斝、角，爵名也。天子曰斝，諸侯曰角。若依此，則饋食薦孰之時，尸未入，祝先奠爵於鉶南，尸入即席而舉之，如特牲禮陰厭後尸入舉奠爵也。但云「舉斝角」，恐非周禮耳。崔云：是周也。「詔妥尸」者，詔，告也。妥，安也。尸始即席，舉奠斝角之時，既始即席至尊之坐，未敢自安，而祝當告主人拜尸，使尸安坐也。「古者尸無事則立，有事而后坐也」者，古，夏時也。夏立尸，唯有飲食之事時乃坐，若無事則倚立也，由世質故耳。「尸，神象也」者，尸是神象，故無事則立，有事而后坐也。「祝將命也」者〔九三〕，祝以傳達主人及神之辭令也。縮酌用茅，明酌也。縮，所六反。○謂泲醴齊以明酌也。周禮曰：「醴齊縮酌。」五齊醴尤濁，和之以明酌，泲之以茅，縮去滓也。明酌者，事酒之上也。名曰明者，事酒，今之醳酒，皆新成也。春秋傳曰：「爾貢包茅不入，王祭不共。無以縮酒。」酌猶斟也，酒已泲則斟之，以實尊彝。昏禮曰：「酌玄酒，三注于尊。」凡行酒亦爲酌也。○齊，才細反，下同。去，起呂反。醳，音亦。共，音恭。○疏曰：「縮酌用茅，明酌也」者，縮，泲也。酌是斟酌。謂醴齊既濁，泲而後可斟酌，故云縮酌也。用茅者，謂泲醴齊之時而用茅也。「明酌也」者，謂事酒之上，酒色清明，謂之明酌。言欲泲醴齊時，先用明酌和此醴齊，然後用茅泲之。不云泛齊者，與醴齊同。又曰：「謂泲醴齊以明酌」者，言泲醴齊之時，以明酌和之。引周禮「醴齊縮酌」者，證此經縮酌是醴齊也。云「五齊醴尤濁」者，以醴比盎齊、醍齊、沈齊以次漸清，故云尤濁，其實泛齊亦濁也。云「明酌者，事酒之上也」者，周禮三酒：「一曰事酒，二曰昔酒，三曰清酒。」三酒之中〔九四〕，事酒尤濁。五齊之内〔九五〕，醴齊尤濁。醆酒清於醴齊，清酒又清於事酒，故知以事酒泲醴齊也。明謂清明，故知是事酒之上清明者也。云「事酒，今之醳酒，皆新成也」者〔九六〕，言古之事酒正是漢之醳酒。事酒與醳酒皆是新作而成，故鄭注周禮云「事酒，酌有事者之酒」，謂爲事而新作者。醳是和醳醖釀之名，即今卒造之酒也。引春秋傳者，僖四年左傳文，證此用茅是縮酒也。云「酒已泲，則斟之以實尊彝」者，以别器泲之，泲訖，取之以實尊彝也。言彝者，通鬱鬯而言也。引「昏禮曰：酌玄酒，三注于尊」者，證實尊稱酌之意。云「凡行酒亦爲酌也」者，言非但實尊爲酌，凡以爵行酒亦爲酌，故儀禮鄉飲酒、燕禮實爵與人皆稱爲酌也。

醆酒涗于清，醆，側產反。○謂泲醆酒以清酒也〔九七〕。醆酒，盎齊。盎齊差清，和之以清酒，泲之而已。泲盎齊必和以清酒者，皆久味相得。○差，初賣反，又初佳反。○疏曰：「醆酒涗于清」者，醆酒，盎齊也。涗，泲也，謂泲之以清酒。盎齊差清，先和以清酒，而後泲之。泲謂泲漉也，以其差清，不用茅。其醍齊、沈齊泲之與醆酒同，鄭注司尊彝云：「泛從醴，緹沈從盎〔九八〕。」此記不言五齊，獨舉醴、盎二齊者，以司尊彝涗時祭二齊三酒與鬱，故此記者釋之。天子時祭所用尤多，故特言之。又曰：「醆酒盎齊」者，周禮云盎齊涗酌，此云「醆酒涗于清」，涗文是同。又周禮醴齊之後有盎齊，禮運醴後有醆，故知醆謂盎齊也。云「皆久味相得」者，盎齊既清，作之必久，清酒又冬釀接夏而成，故云皆久味相得也。汁獻涗于醆酒，獻，素何反，下同。○謂泲秬鬯以醆酒也。獻，讀當爲莎，齊語聲之誤也。秬鬯者，中有煮鬱，和以盎齊，摩莎泲之出其香汁，因謂之汁莎。不以三酒泲秬鬯者，秬鬯尊也。○「汁獻涗于醆酒」者〔九九〕，獻謂摩莎，涗謂泲也。秬鬯之中既有煮鬱，又和以盎齊，摩莎泲之，出其香汁，是汁莎泲之以醆酒。又曰：既以事酒涚醴齊，清酒涚盎齊，則涚秬鬯應亦用三酒。今涚秬鬯乃用盎齊，故云「不以三酒涚秬鬯者，秬鬯尊」。以其尊，故用五齊涚之；五齊卑，故用三酒涚之。事相宜也。猶明清與醆酒于舊澤之酒也，猶，若也。澤，讀爲醳。舊醳之酒，謂昔酒也。涚醴齊以明酌，涚醆酒以清酒。涚汁獻以醆酒，天子諸侯之禮也。天子諸侯禮廢，時人或聞此而不審知，云若今明酌清酒與醆酒，以舊醳之酒涚之矣。就其所知以曉之也。涚清酒以舊醳之酒者，爲其味厚腊毒也。○爲，于僞反。○疏曰：「猶明清與醆酒于舊澤之酒也」者，猶，若也。明謂明酌，清謂清酒。醆酒，謂盎齊。作記之時〔一〇〇〕，呼明酌及清酒與醆酒等，皆涚於舊醳之酒，謂以舊醳昔酒和此明酌清酒等三者而涚之。作記之時，其事如此，古禮廢亡，恐人不知涚醴齊以明酌，涚醆酒以清酒，涚汁獻以醆酒之意，故記者云：涚此醴齊之等，猶若今時明、清、醆酒涚於舊醳之酒也。就其今日所知，以曉古者難知之事。又曰：「天子諸侯禮廢」者，謂祭禮廢，則今日見存。此經所云涚酒皆天子諸侯之事，以其禮廢，其事難知，故舉今事以譬曉之。云「涚清酒以舊醳之酒者，爲其味厚腊毒也」者，舊醳之酒謂昔酒。作雖久成，比清酒爲薄，故用薄酒涚此清酒。爲其清酒是冬釀夏成，其味厚，久腊毒害，故以薄酒涚之，故國語云：「高位實疾顛，厚味實腊毒。」鄭之此注，解記時清酒涚於舊醳之酒。祭有祈焉，祈猶求也。謂祈福祥，求永貞也。有報焉，謂若穫禾報社。有由辟焉。由，用也。辟，讀爲弭，謂弭災兵，遠罪疾也。○遠，于萬反。○疏曰：有祈者〔一〇一〕，謂求福祥也。「有報焉」者，謂獲福而報之。「有由辟焉」者，由，用也。辟，弭也。謂用此祭之以弭止災兵罪戾之事。又曰：祭既有祈有報，除祈報之外，唯有攘除凶惡，故解爲「弭災兵，遠罪疾」，取周禮小祝之文也。齊之玄也，以陰幽思也。故君子三日齊，必見其所祭者。齊三日者，思其居處，思其笑語，思其志意，思其所樂，則見之也。○疏曰：解齊服所以用玄冠、玄衣義也。玄，陰色，鬼神尚幽陰，故齊者玄服，以表心思幽陰之理，故云「陰幽思也」。「故君子三日齊必見其所祭者」，解思陰義也。三日，謂致齊時也。所祭者，謂親也。爲親而祭，故云「所祭者」也。鬼神居陰，故三日齊〔一〇二〕，思其親之居處笑語，故祭時如見其所祭之親也。○郊特牲○大廟之内敬矣！君親牽牲，大夫贊幣而從；從，才用反，下同。○納牲於庭時也，當用幣告神而殺牲。○疏曰：此一節論祭宗廟之事。「太廟之内敬矣」者，舉大祫之祭，故云大廟，其實諸廟亦皆敬矣。此章所論，謂侯伯子男祭廟之禮。「君親牽牲，大夫贊幣而從」者，此謂祼鬯既訖，君出廟門以迎牲。牽牲而入，納於庭之時，須告神以殺牲，大夫則贊佐執幣而從君，君乃用幣以告神。又曰：下云「納牲詔於庭」，此有「大夫贊幣」，故知納牲於庭時用幣以告神。君親制祭，夫人薦盎；親制祭，謂朝事進血膋時。所制者，制肝洗於鬱鬯，以祭於室及主。○膋，了雕反。○疏曰：「君親制祭，夫人薦盎」者，此謂殺牲已畢，進血腥之時，斷制牲肝洗於鬱鬯，入以祭神於室。於此之時，夫人薦盎齊以獻之侯伯子男之君，朝踐君不獻，故夫人薦盎。又曰：「親制祭，謂朝事進血膋時」者，按郊特牲云：「取膟膋，燔燎升首，報陽也。」又祭義取膟膋之後又爓祭祭腥，則膟膋所用在腥爓之前，故知血膋是朝事時也。云「所制者，制肝洗於鬱鬯」者，約漢禮而知也。知祭於室及主者，郊特牲云「詔祝於室」是也。君親割牲，夫人薦酒。親割，謂進牲孰體時。○疏曰：「君親割牲，夫人薦酒」者，謂薦孰時，君親割牲體，於時君亦不獻，故夫人薦酒。又曰：皇氏以爲謂薦孰之時，進牲之孰體也。熊氏禮本「牲」爲「腥」也，謂薦腥體孰體。薦腥體，謂朝踐薦腥時。孰體，謂饋食薦孰時。按經文「君親制祭，夫人薦盎」，「君親割牲，夫人薦酒」，薦酒、薦盎既不得同時，則割牲何得薦腥兼薦孰？熊氏之説非也。卿大夫從君，命婦從夫人，洞洞乎其敬也，屬屬乎其忠也，勿勿乎其欲其饗之也。屬，之玉反。○勿勿，猶勉勉也。○疏曰：「卿大夫從君命，婦從夫人」者，謂制祭割牲之時，則卿大夫從君也；薦盎酒之時，命婦從夫人也。「洞洞乎其敬也」者，洞洞，質慤之貌，言君與夫人卿大夫之等皆容貌洞洞然，其爲恭敬也。「屬屬乎其忠也」者，屬屬，專一之貌，其心則屬屬然專一盡其忠誠也。「勿勿乎其欲饗之也」者，勿勿猶勉勉也，言中心勉勉乎欲望神之歆饗。納牲詔於庭，血毛詔於室，羹定詔於堂。三詔皆不同位，蓋道求而未之得也〔一〇三〕。定，丁磬反，一如字。○肉謂之羹。道猶言也〔一〇四〕。○疏曰：「納牲詔於庭」者，詔，告也，謂牲入在庭，以幣告神，故云詔於庭。「血毛詔於室」者，謂殺牲取血及毛，入以告神於室。「羹定詔於堂」者，羹，肉湆也。定，孰肉也。謂煮肉既孰，將欲迎尸，主入室，乃先以俎盛之告神於堂，是薦孰未食之前也。「三詔皆不同位，蓋道求而未之得也」者，道，言也。所以三詔皆不同位者，蓋言求而未之得也，故於三處告之。又曰：「肉謂之羹」〔一〇五〕，爾雅釋器文。設祭于堂，設祭之饌於堂，人君禮然。○疏曰：「設祭于堂」者，謂薦腥爓之時，設此所薦饌在於堂。爲祊乎外，祊，百彭反。○祊祭，明日之繹祭也。謂之祊者，於廟門之旁，因名焉。其祭之禮，既設祭於室而事尸於堂，孝子求神非一處也。周禮曰：「夏后氏世室」，「門堂三之二，室三之一。」詩頌絲衣曰：「自堂徂基。」○疏曰：「爲祊乎外」者，祊謂明日繹祭在廟門之旁，謂之祊，言爲此祊祭在於廟門外之西也。又曰：此云「爲祊乎外」，稱外，故知明日繹祭也。郊特牲云「索祭祝于祊」，不云外，故鄭彼注不云明日繹祭也。云「謂之祊者，於廟門外之旁，因名焉」者，以釋宫云：「廟門謂之祊。」今日繹祭在廟門外之西旁，因以廟門爲稱，故云「因名」焉。云「其祭之禮，既設祭於室而事尸於堂」者，以正祭設饌在室，故知繹祭亦設饌在室。按有司徹：上大夫賓尸，坐尸侑於堂，酌而獻尸。故知人君繹祭亦事尸於堂也。但卿大夫賓尸禮略，不設祭於室〔一〇六〕，又不在廟門，異於君也。云「夏后氏世室門堂三之二，室三之一」者，證廟門之旁有室有堂也。又引詩頌絲衣之篇者，證繹祭在堂事尸也。絲衣之篇，論繹祭之時，從堂上往於堂下之基，故云「自堂徂基」。

故曰：於彼乎？於此乎？ 不知神之所在也。○疏曰：「故曰於彼乎？於此乎」者，以其不知神之所在，或祭之於堂，或祭之於外，不知此神於彼堂乎？於彼室乎？於此祊乎？以古語有此，故記者引以結之。又曰：按郊特牲云：「不知神之所在，於彼乎？於此乎？」故鄭引彼上文爲注以會此文，明是一也。

一獻質， 謂祭羣小祀也。○疏曰：此一節明祭諸神獻數之差，取義各别。「一獻質」者，謂祭羣小祀最卑，但一獻而已，其禮質略。

三獻文， 謂祭社稷五祀。○疏曰：「三獻文」者，謂祭社稷五祀，其神稍尊，比羣小祀禮儀爲文飾也。

五獻察， 察，明也，謂祭四望山川也。○疏曰：「五獻察」者，謂祭四望山川，其神既尊，神靈明察。

七獻神。 謂祭先公。○疏曰：「七獻神」者，謂祭先公之廟，禮又轉尊，神靈尊重也。又曰：鄭知然者，按周禮司服職，玄冕一章「祭羣小祀」，故知一獻當祭羣小祀；絺冕三章「祭社稷五祀」，故知三獻祭社稷五祀也；毳冕五章「祀四望山川」，故知五獻祭四望山川也；鷩冕七章「享先公」，故知七獻祭先公也。按此社稷三獻卑於四望山川，而大宗伯職云：以血祭社稷五嶽。又大司樂祭社稷奏大簇，祀四望奏姑洗。又禮緯云：「社稷牛角握，五嶽四瀆角尺。」以此言之，則社稷尊於四望山川，而獻與衣服卑者，熊氏云：獻與衣服從神之尊卑，其餘處尊者，以其有功與地同類，故進之在上。從國中之神，莫貴於社稷之類，直以功見尊，其實卑也，以是地別神，故不爲尊也。大饗其王事與！與，音餘。○盛其饌與貢，謂祫祭先王。○疏曰：此一節明天子大饗之事，諸侯各貢其方物奉助祭之禮。「大饗其王事與」者，饗謂饗祭先王，饗中之大謂祫也，其王家之事與？「與」是語辭也。諸侯雖有祫祭，不可致有九州之物，唯王者乃然，故云「其王事與」也。又曰：「盛其饌」者，即三牲、魚腊、籩豆是也。貢者，則內金示和、龜爲前列之屬是也。「謂祫祭先王」者，以有三牲魚腊則非祭天，以內金布庭實又非饗賓，饗賓時無此庭實故也。知非朝而貢物謂之大饗者，以朝而貢物不名大饗。孝經云：「四海之內，各以其職來助祭。」故知此大饗是祫祭也，以饗中最大，故稱大饗。三牲魚腊，四海九州之美味也；籩豆之薦，四時之和氣也。腊，音昔。○此饌諸侯所獻。○疏曰：「三牲魚腊，四海九州之美味也」者，言此等是諸侯所貢，故云九州之美味也。「籩豆之薦，四時之和氣也」者，此亦諸侯所貢，實於籩豆，是四時和氣所生，故云「四時和氣也」。內金，示和也；內，音納。○此所貢也，內之庭實，先設之金，從革性和。荆、揚二州，貢金三品。○疏曰：「內金示和也」者，謂諸侯所貢納金以爲庭實，示其柔和也，以金能從革故也。又曰：知爲「庭實」者，左傳云：「庭實旅百，奉之以玉帛。」故知金爲庭實。令先設金者，發首先云內金，故知先設金。云「荆揚二州貢金三品」者，禹貢文，鄭又注金、銀、銅三品者，三色也。束帛加璧，尊德也；貢享所執致命者，君子於玉比德焉。○疏曰：束帛加璧，尊德也，以君子之德與玉相似，故尊之也。又曰：知「束帛加璧」行享之時「所執致命」者，覲禮文也。云「君子於玉比德焉」者，謂諸侯執玉來貢，欲自勖勵，以玉比德，又示敬王，以玉比王。龜爲前列，先知也；龜知事情者，陳於庭在前。荆州納錫大龜。○疏曰：「龜爲前列先知也」者，此謂布庭實之時，龜在衆物之前而爲列，先其有〔一〇七〕知也。龜能豫知吉凶，故云「知事情」。云「陳於庭在前」者，據與所陳衆物最在前，仍在馬之後，故覲禮「匹馬卓上，九馬隨之」，鄭注云：「初享以馬若皮，然後乃陳龜金竹箭之等。」是也。金次之，見情也。見，賢遍反。○金炤物，金有兩義，先入後設。○炤，音照。○疏曰：「金次之，見情也」者，陳列此金，次在龜後。所以次在龜後者，以金能照物，露見其情。又曰：「金炤物」者，解經見情。「金有兩義」者，一示和，二是見情，故云兩義。云「先入後設」者，此經先云内金示和，是先入陳，在龜後是後設〔一〇八〕。丹漆絲纊竹箭，與衆共財也。纊，音曠，又古曠反。○萬民皆有此物〔一〇九〕，荆州貢丹，兖州貢漆絲，豫州貢纊，揚州貢篠簜。○簜，大黨反。○疏曰：「丹漆絲纊竹箭，與衆共財也」者〔一一〇〕，龜金之後，布陳丹之與漆也、絲也、纊也、竹也、箭也，與天下衆人共有此財，故諸侯之朝而來貢之，陳列在下。又曰：「荆州貢丹，兖州貢漆絲，豫州貢纊，揚州貢篠簜」，禹貢文也。其餘無常貨，各以其國之所有，則致遠物也。其餘，謂九州之外夷服、鎮服、蕃服之國。周禮九州之外謂之蕃國，世一見，各以其所貴寶爲摯。周穆王征犬戎，得白狼、白鹿，近之。○蕃，本又作藩，方煩反。○疏曰：「其餘無常貨，各以其國之所有，則致遠物也」者，知以上所陳謂九州之内諸侯，此言其餘者謂九州之外其於四海之國。無常貢之貨，各以其國之當時所有而貢之，則招致遠物也。又曰：「其餘謂九州之外夷服、鎮服、蕃服之國」者，按周禮大行人陳六服之貢乃云：九州之外謂之蕃國，各以其所貴寶爲摯。其六服之外，於九州言之，唯有夷、鎮、蕃三服，是九州之外也。云「周穆王征犬戎，得白狼、白鹿近之」者，按周語：穆王征犬戎，祭公謀父諫，不從，遂往征之，得四白狼、四白鹿。言近之者，彼因征而得，非因貢而來，故云近之。近者，謂近其貢寶也。其出也，肆夏而送之，蓋重禮也。肆，古來反，注又作祴。○出，謂諸侯之賓也，禮畢而出，作樂以節之。肆夏，當爲陔夏。○疏曰：「其出也，肆夏而送之，蓋重禮也」者，肆夏當爲陔夏，其諸侯之賓禮畢而出去，則奏陔夏之樂而送之，蓋貴重於禮。雖禮畢而出，猶以陔夏而戒之，使不失禮。又曰：「肆夏，當爲陔夏」者，按大司樂云「王出入」「奏王夏」，「尸出入」「奏肆夏」，「牲出入」「奏昭夏」，「大饗不入牲，其他皆如祭祀。」今破爲陔夏者，以大司樂之文。大饗諸侯，則諸侯出入奏肆夏。此經是助祭之後，無筭爵，禮畢客醉而出，宜奏陔夏，故燕禮、大射賓出奏陔夏，明不失禮也。○禮器○王制曰：「賜圭瓚然後爲鬯。未賜者，資鬯於天子〔一一一〕。」圭瓚秬鬯，宗廟之盛禮。故孝道備而賜之秬鬯，所以極著孝道。孝道純備，故內和外榮，玉以象德，金以配情，芬香條鬯，以通神靈。玉飾其本，君子之性，金飾其中，君子之道，君子有黃中通理之道美素德〔一一二〕。金者，精和之至也；玉者，德美之至也〔一一三〕；鬯者，芬香之至也。君子有玉瓚秬鬯者，以配道德也。其至矣，合天下之極美以通其志也，其唯玉瓚秬鬯乎！白虎通○天道至教，聖人至德。目下事也。○疏曰：此一節明天道用教以示人，聖人則放之以爲德。故君立於阼以象日，夫人在西房以象月。「天道至教」者，謂天垂日月以示人，以至極而爲之教。「聖人至德」者，聖人法天之至極而爲德。廟堂之上，罍尊在阼，犧尊在西；廟堂之下，縣鼓在西，應鼓在東。犧，素河反，六經釋文如字，舊説音娑，不可用，下犧象同。縣，音玄。○禮樂之器尊西也。小鼓謂之應。犧，周禮作「獻」。○疏曰：「廟堂之上，罍尊在阼，犧尊在西」者，罍尊在阼，謂夫人所酌也。犧尊在西，謂君所酌也。「廟堂之下，縣鼓在西，應鼓在東」者，縣鼓謂大鼓也，在西方而縣之。應鼓謂小鼓也，在東方而縣之。熊氏云：此謂諸侯時祭所用之禮〔一一四〕，故罍尊夫人所酌也。若天子之祭，則罍尊在堂下，故禮運云「澄酒在下」，酒謂三酒，在堂下。司尊彝云：「皆有罍，諸臣之所酢。」則君不酌罍也。按大射禮：「建鼓在阼階西，南鼓，應鼙在其東」；「一建鼓在其南，東鼓〔一一五〕，朔鼙在其北」；「一建鼓在西階之東，南面。」大射禮是諸侯之法，此亦諸侯之禮。所以大鼓及應所縣不同者，熊氏云：大射謂射禮也，此謂祭禮也。是諸侯之法雖同，諸侯祭射有異。按大射注云「應鼙，應朔鼙也」，又云「便其先擊小，後擊大也」。以此言之，則朔鼙、應鼙皆在大鼓之旁，先擊朔鼙，次擊應鼙，乃擊大鼓，以其相近，故云便也。以其稱朔，朔，始也，故知先擊朔鼙。以其稱應，故知應朔鼙也。又大射稱建鼓，此云縣鼓，大射應鼓既在大鼓之旁，此應鼓在東，乃與縣鼓别縣者，皆謂祭與射别也。又曰：「禮樂之器尊西也」者，鄭據此經而論。犧尊貴於罍尊，而犧尊在西，縣鼓大於應鼓，而縣鼓在西，故云禮樂之器尊西。云「犧，周禮作獻」者，按周禮司尊彝兩犧尊字作「兩獻尊」，鄭云：「獻，讀爲犧。」君在阼，夫人在房；人君尊東也。天子諸侯有左右房。○疏曰：此以經云君在阼，夫人在房，故云「人君尊東」。云「天子諸侯有左右房」者，以卿大夫以下唯有東房，故鄉飲酒、鄉射尊於房户閒，賓主夾之，無西房也。知天子諸侯有左右房者，以士喪禮主婦髽於室在主人西，喪大記君之喪婦人髽帶麻於房中，亦當在男子之西，故彼注亦云「則西房」也。又顧命云天子有左右房，此云「夫人在房」，又云「夫人東酌罍尊」，是西房也，故云「天子諸侯有左右房」〔一一六〕。

大明生於東，月生於西：此陰陽之分，夫婦之位也。分，扶問反。○大明，日也。君西酌犧象，夫人東酌罍尊；象日出東方而西行也，月出西方而東行也。周禮曰：「春祠夏禴，祼用雞彝鳥彝，皆有舟。其朝踐用兩獻尊，其再獻用兩象尊，皆有罍，諸臣之所酢。」○疏曰：「君西酌犧象，夫人東酌罍尊」者〔一一七〕，按上云罍尊在阼，當阼階堂上而設之，則犧尊在西，當西階堂上而陳之，故君於阼階西嚮酌犧尊，夫人於西房之前東嚮酌罍尊。又曰：引周禮司尊彝者，證罍尊與此經中夫人東酌罍尊不同，故引以明之，見其不同之意。「春祠夏禴，祼用雞彝鳥彝」之屬，其義具於明堂疏，於此略之。

禮交動乎上，樂交應乎下：和之至也。言交乃和。○疏曰：「樂交應乎下」者，謂縣鼓、應鼓相應在於堂下。「和之至也」者，謂堂之上下禮樂交相應會，和諧之至極也。○禮器○子曰：「武王、周公，其達孝矣乎！夫孝者，善繼人之志，善述人之事者也。春秋脩其祖廟，陳其宗器，設其裳衣，薦其時食。脩，謂埽糞也。宗器，祭器也。裳衣，先祖之遺衣服也。設之，當以授尸也。時食，四時祭也。○疏曰：「夫孝者，善繼人之志」者，人謂先人，若文王有志伐紂，武王能繼而承之。尚書武成曰：「予小子其承厥志。」是善繼人之志也。「善述人之事也」者，言文王有文德爲王基，而周公制禮以贊述之。故洛誥云：「考朕昭子刑，乃單文祖德。」是善述人之事也。此乃武王、周公達孝之事。宗廟之禮，所以序昭穆也；序爵，所以辨貴賤也；序事，所以辨賢也；旅酬下爲上，所以逮賤也；燕毛，所以序齒也。昭，常遥反，朱如字，爲去聲。○序，猶次也。爵，謂公卿大夫士也。事，謂薦羞也。以辨賢者，以其事別所能也，若司徒奉牛，宗伯共雞牲矣。文王世子曰：「宗廟之中，以爵爲位，崇德也。」宗人授事以官，尊賢也。旅酬下爲上者，謂若特牲饋食之禮賓弟子兄弟之子，各舉觶於其長也。逮賤者，宗廟之中，以有事爲榮也。燕，謂既祭而燕也，燕以髮色爲坐。祭時尊尊也，至燕親親也。齒亦年也。○別，彼列反。共，音恭。觶，音至。長，丁丈反。○疏曰：「宗廟之禮，所以序昭穆也」者，若昭與昭齒，穆與穆齒是也。「序爵，所以辨貴賤也」者〔一一八〕，序謂次序，爵謂公卿大夫士也。謂祭祀之時，公卿大夫各以其爵位齒列而助祭祀，是辨貴賤也。故文王世子云：「宗廟之中以爵爲位，崇德也；宗人授事以官，尊賢也。」是也。「序事，所以辨賢也」者，事謂薦羞也。序謂次序所供祭祀之事，若司徒奉牛，司馬奉羊，宗伯供雞，是分別賢能堪任其官也。「旅酬下爲上，所以逮賤也」者，旅，衆也。逮，及也。謂祭末飲酒之時，使一人舉觶之後，至旅酬之時，使卑者二人各舉觶於其長者，卑下者行飲，是下者爲上，賤人在先，是恩意先及於賤者，故云「所以逮賤也」。按特牲饋食之禮：主人洗爵獻長兄弟，獻衆兄弟之後，衆賓弟子於西階，兄弟弟子於東階，各舉觶於其長也。弟子等皆是下賤而得舉觶，是有事於宗廟之中，是其榮也，又制受爵是逮賤也。「燕毛，所以序齒也」者，言祭末燕時以毛髮爲次序〔一一九〕，是所以序年齒也，故注云：「燕謂既祭而燕也。燕以髮色爲坐，祭時尊尊也，至燕親親也。」踐其位，行其禮，奏其樂，敬其所尊，愛其所親，事死如事生，事亡如事存，孝之至也。踐，猶升也。其者，其先祖也。踐，或爲纘。○疏曰：「踐其位，行其禮」者，踐，升也。謂孝子升其先祖之位，行祭祀之禮也。郊社之禮，所以事上帝也；宗廟之禮，所以祀乎其先也。社祭地神，不言後土者，省文。明乎郊社之禮、禘嘗之義，治國其如示諸掌乎！」示，讀如「寘諸河干」之寘。寘，置也。物而在掌中，易爲知力者也。序爵辨賢，尊尊親親，治國之要。○疏曰：「治國其如示諸掌乎」，注云「示，讀如寘諸河干之寘。寘，置也」者，若能明此序爵、辨賢、尊親，則治理其國其事爲易，猶如置物於掌中也。○中庸○書曰：「乃女其悉自學功。」悉，盡也；學，效也。傳曰：當其效功也。於卜洛邑，營成周，改正朔，立宗廟，序祭祀，易犧牲，制禮樂，一統天下，合和四海而致諸侯，皆莫不依紳端冕以奉祭祀者，紳，大帶也。其下莫不自悉以奉其上者，莫不自悉以奉其祭祀者，此之謂也。盡其天下諸侯之志，而效天下諸侯之功也。廟者，貌也，以其貌言之也〔一二〇〕。宮室中度，衣服中制，犧牲中辟，辟，法也。殺者中死，割者中理，搙弁者爲文，搙弁，或爲振，非，當言拚帚〔一二一〕。釁竈者有容，椓杙者有數，杙者，繫牲者也。大廟之中，繽乎其猶模繡也。言文章之可觀也。模，所椓文章之範。天下諸侯之悉來，進受命於周公而退，見文、武之尸者，千七百七十三諸侯。八州，州二百一十國，畿內九十三國。此周所因於殷九州諸侯之數。皆莫不磬折玉音，金聲玉色。玉音、金聲，言弘毅之調也〔一二二〕。然後周公與升歌而弦文、武。與諸侯升歌文王、武王之德，又以琴瑟播之。諸侯在廟中者，伋然淵其志，和其情，伋，讀曰播。播然，變動貌。愀然若復見文、武之身，然後曰：「嗟，子乎！此蓋吾先君文、武之風也夫！」子，成王也。及執俎抗鼎、執刀執匕者，負廧而歌，憤於其情，發於中而樂節文。卑賤者尚然，而況尊貴者乎？故周人追祖文王而宗武王也，是故周書自泰誓就召誥而盛於洛誥□成〔一二三〕。故其書曰：「揚文武之德烈，奉對天命，和恒萬邦，四方民是以見之也。」孔子曰：「吾於洛誥也見周公之德，光明于上下，勤施四方，旁作穆穆，至于海表。莫敢不來服，莫敢不來享，以勤文王之鮮光，以揚武王之大訓，而天下大治。」故曰：聖之與聖也，猶規之相周，矩之相襲也。□，言太祖〔一二四〕。○高宗祭成湯，有飛雉升鼎耳而雊，耳不聽之異。雊，鳴。○疏曰：高宗祭其太祖成湯，於肜祭之日，有飛雉來升祭之鼎耳而雊鳴，其臣祖己以爲王有失德而致此祥，遂以道義訓王，勸王改修德政。史叙其事，作高宗肜日、高宗之訓二篇。又曰〔一二五〕：經言「肜日，有雊雉」，不知祭何廟，鳴何處，故序言「祭成湯」、「升鼎耳」以足之。禘祫與四時之祭，祭之明日皆爲肜祭，不知此肜是何祭之肜也。洪範「五事」有貌、言、視、聽、思，若貌不恭，言不從，視不明，聽不聰，思不睿，各有妖異興焉。雉乃野鳥，不應入室，今乃入宗廟之内升鼎耳而鳴。孔以雉鳴在鼎耳，故以爲耳不聽之異也。洪範五行傳云：「視之不明，時則有羽蟲之孽；聽之不聰，時則有介蟲之孽；言之不從，時則有毛蟲之孽；貌之不恭，時則有鱗蟲之孽；思之不睿，時則有倮蟲之孽。」先儒多以此爲羽蟲之孽，非爲「耳不聽」也。漢書五行志劉歆以爲：「鼎三足，三公象也，而以耳行。野鳥居鼎耳，是小人將居公位，敗宗廟之祀也。」鄭云：「鼎，三公象也，又用耳行。雉升鼎耳而鳴，象視不明天意，若云當任三公之謀以爲政。」劉、鄭雖小異，其爲羽蟲之孽則同，與孔意異。詩云：「雉之朝雊，尚求其雌。」説文云：「雊，雄雉鳴也。雷始動，雉乃鳴而雊其頸。」**祖己訓諸王，**賢臣也，以訓道諫王。**作高宗肜日、高宗之訓。**所以訓也，亡。○疏曰：名高宗之訓，所以訓高宗也。此二篇俱是祖己之言，並是訓王之事。經云「乃訓于王」，此篇亦是訓也。但所訓事異，分爲二篇，標此爲發言之端，故以「肜日」爲名。下篇總諫王之事，故名之訓，終始互相明也。肆命、徂后，孔歷其名於伊訓之下，别爲之傳。此高宗之訓因序爲傳，不重出名者，此以訓王事同，因解文便作傳，不爲例也。**高宗肜日：**祭之明日又祭，殷曰肜，周曰繹。○疏曰：釋天云：「繹，又祭也。周曰繹，商曰肜。」孫炎曰：「祭之明日，尋繹復祭也。」肜者，相尋不絶之意。春秋宣八年六月「辛巳，有事於大廟，壬午猶繹。」穀梁傳曰：「繹者，祭之旦日之享賓也。」是肜者「祭之明日又祭」也。爾雅因繹祭而本之上世，故先周後商，此以上代先後，故與爾雅倒也。釋天又云「夏曰復胙」，郭璞云：「未見所出。」或無此一句。孔傳不言夏曰復胙，於義非所須，或本無此事也。儀禮有司徹上大夫曰「儐尸」，與正祭同日。鄭康成注詩鳧鷖云：「祭天地社稷山川五祀，皆有繹祭。」**高宗肜日，越有雊雉。**於肜日有雉異。○疏曰：高宗既祭成湯，肜祭之日於是有雊鳴之雉在於鼎耳，此乃怪異之事。**祖己曰：「惟先格王，正厥事。」**言至道之王遭變異，正其事而異自消。○疏曰：賢臣祖己見其事而私自言曰：惟先世至道之王遭遇變異，則正其事而異自消也。既作此言，乃進言訓王。史録其事，以爲訓王之端也〔一二六〕。又曰〔一二七〕：「格」，訓至也。「至道之王」，謂用心至極，行合於道。遭遇變異，改脩德教，正其事而異自消。大戊拱木，武丁雊雉，皆感變而懼，殷道復興，是異自消之驗也。

至道之王當無災異，而云遭變消災者，天或有譴告使之至道，未必爲道不至而致此異，且此勸戒之辭，不可執文以害義也。此經直云「祖己曰」，不知與誰語，鄭云謂其黨，王肅云「言于王」。下句始言「乃訓于王」，此句未是告王之辭。私言告人，鄭説是也。乃訓于王，曰：「惟天監下民，典厥義。祖己既言遂以道訓諫王，言天視下民，以義爲常。○疏曰：祖己既私言其事，乃以道訓諫於王曰：惟天視此下民，常用其義。言以義視下，觀其爲義以否。其下年與民有長者，有不長者，言與爲義者長，不義者短。短命者非是天欲夭民，民自不脩義，使中道絶其性命。但人有爲行不順德義，有過不服聽罪過而不改，乃致天罰，非天欲夭之也。天既信行賞罰之命，正其馭民之德，欲使有義者長，不義者短，王安得不行義事求長命也！降年有永有不永，非天夭民，民中絶命。言天之下年與民，有義者長，無義者不長。非天欲夭民，民自不脩義，以致絶命。○疏曰：經惟言「有永有不永」，安知由義者？以上句云「惟天監下民，典厥義」，天既以義爲常，知命之長短莫不由義，故云「天之下年與民，有義者長，無義者不長」也。民有五常之性，謂仁、義、禮、智、信也。此獨以義爲言者，五常指體則别，理亦相通。義者宜也，得其事宜。五常之名，皆以適宜爲用，故稱義可以摠之也。民有貴賤貧富、愚智好醜，不同多矣，獨以夭壽爲言者〔一二八〕，鄭玄云：「年命者，惷愚之人尤愒焉，故引以諫王也。」愒，貪也。洪範「五福」以壽爲首，「六極」以短折爲先，是年壽者最是人之所貪，故祖己引此以諫王也。民有不若德，不聽罪。天既孚命正厥德，不順德，言無義。不服罪，不改脩。天已信命正其德，謂有永有不永。○疏曰：傳亦顧上經，故不順德，言無義也。聽謂聽從，故以「不聽」爲「不服罪」。言既爲罪過而不肯改脩也。「天已信命正其德」，言天自信命賞有義，罰無義，此事必信也。天自正其德福善禍淫，其德必不差也。謂民有永有不永，天隨其善惡而報之，勸王改過脩德以求永也。乃曰：其如台？祖己恐王未受其言，故乃復曰：天道其如我所言。○疏曰：祖己恐其言不入王意，又歎而戒之：嗚呼！王者主民，當謹敬民事，民事無非天所繼嗣以爲常道者也。天以其事爲常，王當繼天行之。祀禮亦有常，無得豐厚於近廟。若特豐於近廟，是失於常道。高宗豐於近廟，欲王服罪改脩也。嗚呼！王司敬民，罔非天胤，典祀無豐于昵。」胤，嗣。昵，近也。歎以感王入其言。王者主民，當敬民事，民事無非天所嗣常也。祭祀有常，不當特豐於近廟，欲王因異服罪改脩之。○疏曰：胤、嗣，繼也。俱訓爲繼，是胤得爲嗣，嗣亦繼之義也。釋詁云：「即，尼也。」孫炎曰：「即猶今也。尼者近也。」郭璞引尸子曰「悅尼而來遠」，是尼爲近也。尼與昵音義同。烝民不能自治，立君以主之，是王者主民也。既與民爲主，當敬慎民事。民事無大小，無非天所嗣常也。言天意欲令繼嗣行之，所以爲常道也。祭祀有常，謂犧牲粢盛尊彝俎豆之數，禮有常法。不當特豐於近廟，謂犧牲禮物多也。祖己知高宗豐於近廟，欲王因此雊雉之異，服罪改脩，以從禮耳，其異不必由豐近而致之也。王肅亦云：高宗豐於禰，故有雊雉升遠祖成湯廟鼎之異。○書高宗肜日○傅説曰：「黷于祭祀，時謂弗欽。禮煩則亂，事神則難。」祭不欲數，數則黷，黷則不敬。事神禮煩，則亂而難行。高宗之祀特豐數近廟，故説因以戒之。○疏曰：「祭不欲數，數則黷黷則不敬」，禮記祭義文也。此一經皆言祭祀之事，禮煩亦謂祭祀之煩，故傳總云「事神禮煩，則亂而難行」。孔以高宗肜日祖己訓諸王「祀無豐于昵」〔一二九〕，謂傅説此言爲彼事而發，故云「高宗之祀特豐數於近廟，故説因而戒之」。○書説命中○曾子曰：「生，事之以禮；死，葬之以禮，祭之以禮，可謂孝矣！」集注曰：此所引曾子之言〔一三〇〕，本孔子告樊遲者，豈曾子嘗誦之以告其門人歟？三年之喪者，子生三年，然後免於父母之懷，故父母之喪必以三年也。○孟子滕文公上○子路曰：吾聞諸夫子：喪禮，與其哀不足而禮有餘也，不若禮不足而哀有餘也。喪主哀。○疏曰：一節論喪主哀、祭主敬之事。「吾聞諸夫子」者，諸，之也。據所聞事於孔子也。「喪禮，與其哀不足而禮有餘也」，此所聞事。「喪禮」，居喪之禮也。「與」，及也。「禮有餘」，明器衣衾之屬也。言居喪及其哀少而禮物多也。「不若禮不足而哀有餘也」者，若物多而哀少，則不如物少而哀多也。祭禮，與其敬不足而禮有餘也，不若禮不足而敬有餘也。祭主敬。○疏曰：「祭禮，與其敬不足而禮有餘也」者，祭禮，謂祭祀之禮也。而禮有餘，謂俎豆牲牢之屬多也。言敬少而牢多也。「不若禮不足而敬有餘也」者，若牲器多而敬少，則不如牲器少而敬多也。○曲禮上○祭祀之有尸也，宗廟之有主也，示民有事也。脩宗廟，敬祀事，教民追孝也。有事，有所尊事也。○疏曰：「示民有事也」者，言所以祭祀有尸、宗廟有主者，下示於民有所尊事故也。「脩宗廟，敬祀事，教民追孝也」者，言人君脩立宗廟，恭敬祀事者，下教於民追孝於親也。以此坊民，民猶忘其親。○尸飲三，衆賓飲一，示民有上下也。上下，猶尊卑也。主人主婦上賓獻尸，乃後主人降洗爵獻賓。○疏曰：「尸飲三，衆賓飲一，示民有上下也」者，言尊上者得酒多，卑下者得酒少，是示民有上下也。又曰〔一三一〕：知「主人主婦上賓獻尸，乃後主人降洗爵獻賓」者，儀禮特牲文也。○七日戒，三日齊，承一人焉以爲尸，過之者趨走，以教敬也。齊，側皆反。○戒，謂散齊也。承，猶事也。○散，悉但反。○疏曰：「七日戒」者，謂散齊也。「三日齊」者，謂致齊也。「承一人焉以爲尸」者，謂承奉一人焉，尊之爲尸也。醴酒在室，醍酒在堂，澄酒在下，示民不淫也。醍，音體。○淫，猶貪也。澄酒，清酒也。三酒尚質不尚味。○疏曰：「示民不淫也」者，淫，猶貪也。然醴齊、醍齊、澄酒味薄者在上，味厚者在下，貴薄賤厚，示民不貪淫於味也。又曰：澄酒，清酒也，謂澄齊也。以其清於醴齊、醍齊，故云清酒也。以此三齊皆云酒，故知澄酒惟澄齊也。禮運云：「玄酒在室，醴醆在户，粢醍在堂，澄酒在下。」彼陳酒事，故鄭分釋澄爲沈齊，酒爲三酒也。以此云「示民不淫」，故知非三酒，以三酒味厚美故也。禮運云「醴醆在户」，此云在室，不同者，在户之内則是在室也。但禮運有「玄酒在室」之文，故云「醴醆在户」爾。○因其酒肉，聚其宗族，以教民睦也。言祭有酒肉，羣昭羣穆皆至而獻酬之，咸有薦俎。○疏曰：「因其酒肉，聚其宗族，以教民睦也」者，謂因其祭祀之酒肉，於祭祀之末，聚其宗族，昭穆相獻酬，教民相親睦也。○坊記〔一三一〕

校勘記

〔一〕以飲是清虛養陽氣　「是」，原作「饗」，據賀本改。

〔二〕豕二　「二」，原作「一」，據四庫本、賀本改。

〔三〕郊特牲注以禘當爲礿　「注以」，原作「以注」，據四庫本、賀本改。

〔四〕惕佗曆反　「佗」字原漫漶，據賀本補。

〔五〕又云烝嘗全無樂　「全」，原作「今」，據四庫本、賀本改。

〔六〕又五教反　「五」，原作「王」，據賀本改。

〔七〕此一節明祭前齊日之事　「日之事」，原作「事之日」，據賀本改。

〔八〕如尸一食九飯之頃　「頃」，原作「須」，據四庫本、賀本改。

〔九〕夫人奠設盎齊之尊　「尊」，原作「奠」，據賀本改。

〔一〇〕明鄭義容字也　「容」，原作「客」，據四庫本、賀本改。

〔一一〕尸更反入而設饋　「尸」，原作「户」，據賀本改。

〔一二〕恭敬心盛　「盛」，原作「甚」，據賀本改。

〔一三〕進謂進血腥　下「進」字原脱，據賀本補。

〔一四〕容貌温和身形必卑詘　「和」、「形」二字原漫漶，據賀本補。

〔一五〕蜩蟬也　「也」，原作「聲」，據四庫本、賀本改。

〔一六〕是所有以其欲致誠信　「有」字原脱，據賀本補。

〔一七〕本又作齋　「齋」，原作「齊」，據賀本改。

〔一八〕周禮作緆　「緆」，原作「緣」，據四庫本、賀本改。

〔一九〕由其濁　「其」，原作「自」，據賀本改。

〔二〇〕是衆舞之中無能重於武宿夜之舞　上「舞」字，原作「武」，據四庫本、賀本改。

〔二一〕以下漸遍及下示溥恩惠也　「溥」，原作「傅」，據賀本改。

〔二二〕祭統　吕本、四庫本、朝鮮本、傅本同。句上，賀本有「並」字。

〔二三〕謂指其罅隙而非議之也　「非」字原脱，據賀本補。

〔二四〕泰伯　吕本、四庫本、朝鮮本、傅本同。句下，賀本有「集注」二字。

〔二五〕功烈勳勞慶賞聲名列於天下者　「烈」，原作「業」，據賀本改。

〔二六〕先稱祖德而已身親自著名次於下　「親」字原漫漶，據賀本補。

〔二七〕云教也所以教後世者　「也」，原作「者」，據賀本改。

〔二八〕依禮褒之　「褒」，原作「喪」，據四庫本、賀本改。

〔二九〕舍孔氏之外圃　「圃」，原作「園」，據四庫本、賀本改。

〔三〇〕伯姬與太子五人迫孔悝於廁　「廁」，原作「廟」，據四庫本、賀本改。

〔三一〕此謂六月命之者　「謂」，原作「得」，據賀本改。

〔三二〕乃猶女也　「女」，原作「文」，據四庫本、賀本改。

〔三三〕被晉執之歸於京師　「執」，原作「討」，據賀本改。

〔三四〕前驅歂犬射而殺之　「犬」，原作「大」，據四庫本、賀本改。

〔三五〕躬憂恤衛國　「憂」，原作「優」，據賀本改。

〔三六〕略取此一以言之　呂本、四庫本、朝鮮本、傅本同。「此」，賀本作「其」。

〔三七〕宰我曰　此上原空二行三十字，據賀本不空。

〔三八〕云耳目之聰明爲魄者　「目」字原脱，據賀本補。

〔三九〕此一經明鬼神之事　「一」字原脱，據賀本補。

〔四〇〕言人生時形體與氣合共爲生　「共」，原作「其」，據四庫本、賀本改。

〔四一〕謂旦朝祭事　「旦」，原作「早」，據賀本改。

〔四二〕加肝肺之薦　「肺」字原脱，據四庫本、賀本補。

〔四三〕言祭初所加鬱鬯亦是報魄也　呂本、四庫本、朝鮮本、傅本同。「所」下，賀本有「以」字。

〔四四〕是祀奉先王禮之至極也　「祀」，原作「禮」，據賀本改。「先」，原作「上」，據四庫本、賀本改。

〔四五〕是取蕭與祭牲之脂雜燒之　「脂」，原作「時」，據賀本改。

〔四六〕云報氣以氣報魄以實各首其類者　「各」，原作「冬」，據四庫本、賀本改。

〔四七〕以君子報親　「親」字原漫漶，據賀本補。

〔四八〕凡繅每淹　「每」字原脱，據賀本補。

〔四九〕就其中取吉者　「者」字原脱，據賀本補。

〔五〇〕君從此待之也　「此」，原作「北」，據四庫本、賀本改。

〔五一〕謂燗祭祭腥四字禮記他本爲合祭腥泄膠孰六字者　第二「祭」字原脱，據四庫本、賀本補。
〔五二〕此一節論中古神農及五帝並三王之事　句上，原有「後聖至其朔」五字，據賀本删。
〔五三〕以熊氏崔氏並云　「崔氏」二字原脱，據賀本補。
〔五四〕舉鼎而入　「舉鼎」二字原脱，據賀本補。
〔五五〕是謂承天之祜者　「祜」，原作「枯」，據吕本、四庫本、賀本改。
〔五六〕故言今禮饌具所因於古也　「今」，原作「金」，據四庫本、賀本改。
〔五七〕如今造青矣　「青」，原作「酒」，據賀本改。
〔五八〕云祝祝爲主人饗神辭者　下「祝」字原脱，據賀本補。
〔五九〕釋詁文　「文」，原作「云」，據四庫本、賀本改。
〔六〇〕祭本明所用總有多少　「明」，原作「名」，據賀本改。
〔六一〕魯及王者之後大祫所用與王禘之禮同　「王」字原漫漶，據賀本補。
〔六二〕三酒則並用用二齊之法　「二」，原作「三」，據賀本改。
〔六三〕卿大夫之祭酌奠皆用酒　「皆」字原脱，據賀本補。
〔六四〕沈齊各以壺尊盛之　「沈齊」二字原脱，據賀本補。
〔六五〕乃灌　「灌」，原作「雚」，據四庫本、賀本改。
〔六六〕故書云王入大室祼　「云」、「大」二字原脱，據賀本補。

〔六七〕周公白牡　「牡」，原作「牲」，據賀本改。

〔六八〕禘祭無降神之樂　「禘祭無」三字原漫漶，據賀本補。

〔六九〕天子時祭用二齊者　「用二齊」三字原漫漶，據賀本補。

〔七〇〕以一尊盛明水　「以一尊盛」四字原漫漶，據賀本補。

〔七一〕自據侯伯七獻之制也　「侯」上原有一字漫漶，據賀本删。

〔七二〕延尸在堂　「尸」字原漫漶，據四庫本、賀本補。

〔七三〕故知腥其俎之爲豚解　「爲」，原作「時」，據賀本改。

〔七四〕其餘不載者及左體等亦於鑊中亨煮之　「體」下，原叠「體」字，據四庫本、賀本删。

〔七五〕實其簠簋籩豆鉶羹者　「籩豆」，原作「豆籩」，據四庫本、賀本改。

〔七六〕以腥爲歆神始　「腥」，原作「煙」，據賀本改。

〔七七〕於義未安也　「義未安」三字原漫漶，據賀本補。

〔七八〕熊氏又云　「又」字原脱，據賀本補。

〔七九〕薌音香　句下，原有「也」字，據賀本删。

〔八〇〕已乃迎牲於庭殺之　「迎」，原作「逆」，據四庫本、賀本改。

〔八一〕是用臭氣求陰達於淵泉也　「達」，原作「幸」，據四庫本、賀本改。

〔八二〕亦求神之宜也　「宜」，原作「内」，據賀本改。

〔八三〕取蕭草及牲脂膋合黍稷燒之也　「合」，原作「今」，據賀本改。
〔八四〕主人乃親洗肝於鬱鬯而燔之　「人」字原脱，據賀本補。
〔八五〕墮謂墮祭也　「墮謂」二字原脱，據賀本補。
〔八六〕肵音祈　「祈」，原作「圻」，據賀本改。
〔八七〕尸每食牲體反置於肵俎　「尸」，原作「凡」，據賀本改。
〔八八〕犆　「犆」，原作「揰」，據賀本改。
〔八九〕相饗之也至欲尸歆饗此饌又曰　「此饌」以上二十二字原在上句疏文之末，據賀本移此。「又曰」二字原脱，據賀本補。
〔九〇〕五齊加明水　「齊」，原作「祭」，據四庫本、賀本改。
〔九一〕故新潔之也　「新」，原作「所」，據賀本改。
〔九二〕祝則詔主人拜妥尸　「妥」，原作「安」，據賀本改。
〔九三〕祝將命也者　「者」字原脱，據賀本補。
〔九四〕三酒之中　「三」，原作「清」，據賀本改。
〔九五〕五齊之内　「内」字原漫漶，據賀本補。
〔九六〕云事酒今之醳酒皆新成也者　「今」、「醳」二字原漫漶，據賀本補。
〔九七〕謂泲醆酒以清酒也　「也」字原脱，據賀本補。

〔九八〕泛從醴緹沈從盎　「緹」，原作「醍」，據賀本改。

〔九九〕汁獻涚于醆酒者　吕本、四庫本、朝鮮本、傅本同。句上，賀本有「疏曰」二字。

〔一〇〇〕作記之時　「作」字原漫漶，據賀本補。

〔一〇一〕有祈者　「祈」，原作「求」，據賀本改。

〔一〇二〕故三日齊　「日」，原作「目」，據四庫本、賀本改。

〔一〇三〕蓋道求而未之得也　「之」字原脱，據四庫本、賀本補。

〔一〇四〕道猶言也　「言」下，原有「出」字，據四庫本、賀本删。

〔一〇五〕肉謂之羹　此四字原脱，據賀本補。

〔一〇六〕不設祭於室　「室」，原作「堂」，據賀本改。

〔一〇七〕之時龜在衆物之前而爲列先其有　此十四字原脱，據賀本補。

〔一〇八〕在龜後是後設　「是後」二字原脱，據四庫本、賀本補。

〔一〇九〕萬民皆有此物　「有」，原作「存」，據四庫本、賀本改。

〔一一〇〕丹漆絲纊竹箭與衆共財也者　「財」，原作「物」，據四庫本、賀本改。

〔一一一〕未賜者資鬯於天子　「者資鬯」三字，原作「鬯者資」，據賀本改。

〔一一二〕君子有黄中通理之道美素德　「美」、「素」之下，原各有一「之」字，據賀本删。

〔一一三〕德美之至也　「德美」，原作「美德」，據賀本改。

〔一一四〕此謂諸侯時祭所用之禮　「謂」，原作「諸」，據四庫本、賀本改。

〔一一五〕一建鼓在其南東鼓　「南東」，原作「東南」，據四庫本、賀本改。

〔一一六〕故云天子諸侯有左右房　「故」，原作「又」，據賀本改。

〔一一七〕君西酌犧象夫人東酌罍尊者　下「酌」字原脱，據賀本補。

〔一一八〕序爵所以辨貴賤也者　「爵」，原作「齒」，據四庫本、賀本改。

〔一一九〕言祭末燕時以毛髮爲次序　「末」字原漫漶，據賀本補。

〔一二〇〕以其貌言之也　「以其」，原作「其以」，據賀本改。

〔一二一〕當言拚帚　「拚帚」，原作「帚掃」，據賀本改。

〔一二二〕言弘毅之調也　「毅」，原作「殺」，據賀本改。

〔一二三〕□成　「□」原漫漶，據賀本作空圍。

〔一二四〕□言太祖　「□」原漫漶，據賀本作空圍。句下，賀本有「〇尚書大傳」四字。

〔一二五〕又曰　「又」，原作「疏」，據四庫本、賀本改。

〔一二六〕賢臣祖己見其事至以爲訓王之端也　以上五十二字原在「高宗肜日越有雊雉」句疏文之末，據賀本移此。

〔一二七〕又曰　「又」，原作「疏」，據賀本改。

〔一二八〕獨以夭壽爲言者　呂本、四庫本、朝鮮本、傅本同。「夭」，賀本作「天」。

〔一二九〕孔以高宗肜日祖己訓諸王祀無豐于昵　「昵」，原作「尼」，據四庫本、賀本改。

〔一三〇〕集注曰此所引曾子之言　「集注曰此所引」六字原脱，據賀本補。

〔一三一〕又曰　「曰」字原脱，據賀本補。

〔一三二〕坊記　吕本、四庫本、朝鮮本、傅本同。句上，賀本有「並」字。

附録

序跋

宋嘉定癸未刊儀禮經傳通解續序

[宋] 張虙

南康舊刊朱文公儀禮經傳與集傳集注，而喪、祭二禮俄空焉，蓋以屬門人勉齋黄榦，俾之類次而未成也。虙來南康，聞勉齋已下世，深恨文公之志不終。士友閒有言勉齋固嘗脱稿，今在南劍陳史君處，欲全此書，索之南劍可也。南劍知之，果以其書來，且並遣刻者數輩至，於是鋟木，更一年而後畢。是雖喪、祭二門，而卷帙多前書三之一，以是刊造之日長。點勘之功，鄉貢進士楊用爲多。又助以王鎮圭、童居欽、黄嵩三君，披閲精彊，錯亂脱字往往無之。虙生不爲晚，而不能一識文公。文公不可得而見，得見勉齋者斯可矣，又復失之。分符星渚，乃文公遺愛之地，高山仰止，惓惓興懷，兹又得全其所欲述之書，以畢其平日傳授之志，豈非幸歟？第閑習禮度，不如式瞻儀刑；諷味遺言，不如親承音旨。誠有如古人之論，撫卷爲之三嘆也。嘉定癸未孟秋上澣四明張虙識。

宋嘉定癸未刊儀禮經傳通解續序

［宋］陳宓

朱文公先生所編禮書已刻於南康，獨喪、祭二門屬勉齋黄先生補而足之。宓假守延平，將刻之郡庠，適南康張侯虙以書來索。蓋延平本無此書，刻此二門則無始；南康已有此書，刻此二門則有終。於是歸其書於南康，俾得爲全帙云。嘉定癸未七月初吉朝奉大夫權知南劍州軍州兼管内勸農事借紫陳宓謹書。

宋嘉定癸未刊儀禮經傳通解續目録後序

［宋］楊復

勉齋先生祭禮，自天神而下，纂集多年，前祭法一篇，晚年始就。暨將修定，始出特牲、少牢、有司徹禮，指授學者，俾分章句、附傳注，而未遂，後乃因先生指授之意而成之。附傳記一節，惟特牲禮本經自有記，中間已逐條附入他書，可互相發明。當附入者，未經先生折衷，不敢妄意增損。先生嘗言祭禮有七分，蓋有欲筆削而未及者，此類是也。南康舊刻朱文公先生儀禮經傳通解，尚缺喪、祭二門，待勉齋黄先生成其書。嘉定癸未，南劍陳侯以此書歸於南康而刊之。南康張侯以書來，謂：「祭禮有門類而未分卷數，先後無辨，則如之何？」同志皆曰：「張侯之言是也。」遂相與商確，仿喪禮題曰「儀禮經傳通解續卷幾」，以別其次第，且述其成書本末如此，以復張侯。後之君子，必有因觀此書以能成先生之志者矣。楊復謹書。

宋嘉定癸未刊儀禮經傳通解續喪禮後序

［宋］楊　復

昔文公朱先生既修家、鄉、邦國、王朝禮，以喪、祭二禮屬勉齋黄先生編之。迨文公屬纊之前，所與手書，尤拳拳以修正禮書爲言。先生服膺遺訓，不敢少忘，然其書久未脱稿。嘉定己卯，先生歸自建鄴，奉祠家居。先取向來喪禮稿本，精專修改，至庚辰之夏而書成，凡十有五卷。復嘗伏而讀之，大哉書乎，秦漢以下未嘗有也，復何足以窺其閫奥！然竊聞其略曰：禮時爲大要，當以儀禮爲本。今儀禮惟有喪服、士喪、士虞僅存，而王、侯、大夫之禮皆闕。近世以來，儒生誦習，知有禮記而不知有儀禮；士大夫好古者，知有唐開元以後之禮，而不知有儀禮，昔之僅存者皆廢矣。今因其篇目之僅存者，爲之分章句、附傳記，使條理明白而易考，後之言禮者有所依據，不至於棄經而任傳，遺本而宗末。故總包尊卑上下之服，則有喪服；明士禮之節文次序，則有士喪禮上、士喪禮下、士虞禮。凡上下通用之禮，於此士喪禮、士虞禮應載者亦附於此。王、侯、大夫之禮闕於綱常者爲尤重，儀禮既闕其書，後世以來，處此大變者，咸幽冥而莫知其原，取具臨時，沿襲鄙陋，不經特甚，可爲慨嘆。今因小戴喪大記一篇，合周禮、禮記諸書以補其闕，而王、侯、大夫之禮莫不粲然可考，故有喪大記上、喪大記下。本經士喪、士虞、補經喪大記皆至虞禮而止，而王、侯、大夫、士卒哭祔練祥禫之禮又無所稽決，故有卒哭祔練祥禫記。本經喪服之外，凡服之散見於傳記注疏者莫得而推尋，故有補服。哀殺有漸，則變除有節，其文錯出於經傳者不可不表而出之，故有喪服變除。喪服當辨其名物，衰與其不當物也寧無衰，故有喪服制度。聖人制服之意，文理密察，不可以不明，故有喪服義。喪禮之外，三年通行之禮，其目不一，故有喪通禮。變禮非常，情文尤密，故有喪變禮。賓弔主人之禮不可以無所考，故有弔禮。禮之數可陳也，其義難知也，故有喪禮義。於是喪禮之本末經緯莫不悉備。既而又念喪禮條目散闊，欲撰儀禮喪服圖式一卷以提其要，而附古今沿革於其後。草具甫就，而先生没矣。嗚呼，此千古之遺憾也！先生所修祭禮，本經則特牲、少牢、有司徹，大戴禮則釁廟，已上四卷未分章句，入注疏。所補者，則自天神、地祇、百神、宗廟以至因事而祭者，如建國、遷都、巡守、師田、行役、祈禳及祭服、祭器，事序始終，其綱目尤爲詳備。先生嘗爲復言：「祭禮用力甚久，規模已定，每取其書翻閲，而推明之間一二條，方欲加意修定而未遂也。」嗚呼，禮莫重於喪、祭，文公以二書屬之先生，其責任至不輕也。先生於二書也，推明文、武、周公之典，辨正諸儒異同之論，掊擊後世蠹壞人心之邪説，以示天下後世，其正人心、扶世教之功至遠也。而喪服圖式、祭禮遺稿尚有未及訂定之遺恨，後之君子有能繼先生之志者出而成之，是先生之所望也。抑復又聞之先生曰：「始余創二禮粗就，奉而質之先師，先師喜謂余曰：『君所立喪、祭禮規模甚善，他日取吾所編家、鄉、邦國、王朝禮，其悉用此規模更定之。』」嗚呼，是又文公拳拳之意。先生欲任斯責而卒不果也，豈不痛哉！同門之士以復預聞次輯之略，不可以無言也，復因敬識其始末如此以告來者。喪禮一十五卷，前已繕寫。喪服圖式今别爲一卷，附於正卷帙之外，以俟君子，亦先生平日之志云。嘉定辛巳七月日門人三山楊復謹序。

宋嘉定癸未刊儀禮經傳通解續祭禮後序

[宋]楊　復

勉齋黄先生編纂祭禮，用先師朱文公禮書之通例，先正經而後補篇。正經則以特牲饋食、少牢饋食、有司徹爲先，所以尊聖經也，而大戴遷廟、釁廟二篇附焉。補篇則以祭法爲先，所以明大分也。而天神、地祇、宗廟、百神以及於時巡、遷國、立君、討罪、會同、行役、類禡、雩禜、祈禳、釁衈之禮次之，而樂舞、器服、祭用無不備焉。夫禮莫重於祭，自天子宗廟而下，其儀文制度各有精義而不可易。宗廟之祭，自天子諸侯下及於士庶人，其文理密察，各有常經而不可紊。今見於儀禮者，惟特牲、少牢、有司徹三篇僅存。夫特牲，士禮也；少牢、有司徹，大夫禮也。大夫以上，並逸其文。若夫事天事也，國家之大典大法皆湮没不傳，而先王制作精微之意不可得而復考，亦可嘆矣。幸而有司之所職掌、聖賢之所問答、諸儒之所記録，猶散見於周官傳記之書，尚可裒集以見其梗概，此補篇之所爲作也。初，先生集喪禮、祭禮粗有成編，嘉定己卯奉祠閒居，始得訂定喪禮，俾復預檢閲之役，次第將修祭禮，故朝夕議論多及之。嘗有言曰：「祭禮已有七分，惟天神一門，爲鄭氏讖緯之説所汩，其言最爲不經。今存其説於書者，非取之也，存之乎書，使天下後世知其謬，乃所以廢之也。又有不可不正者，夫禘，王者之大祭也。王者既立始祖之廟，又推始祖所自出之帝，祀之於始祖之廟，而以始祖配之，其見於禮記大傳、小記，亦已明矣。而鄭氏乃云禘爲祀天於圜丘。郊與圜丘本是一事，以所在言之則謂之郊；於郊築泰壇象圜丘之形以祀天，則謂之圜丘，非郊之外别有圜丘也。而鄭氏又云圜丘比郊爲大祭。自鄭氏之説既立，而聖經之意益微，諸儒起而爭之，其説多矣。惟趙伯循之言爲尤精當，其説曰：「鄭氏以禘爲配祭昊天上帝於圜丘，蓋見祭法所説禘、郊、祖、宗，禘文在郊上，謂爲郊之最大者，故爲此説。祭法所論禘、郊、祖、宗者，謂六廟之外永世不絶者有四種耳，非關配祭也。禘之所及最遠，故先言之，何關圜丘哉？是以先師論語問禘章特著趙伯循春秋纂例之説，非專以釋一章之旨，此正禮書筆削大義之所存也。」黄先生此論特發其端耳，即其所已言，推其所未言者，又可知也。不幸志未遂而先生没，豈天尼其事而嗇其傳邪，抑斯文未喪，猶有所待而後明邪？正經特牲、少牢、有司徹，先生嘗教學者分章句，附傳記而未備。祭法一篇，乃先生晚年手自編定，亦未備。先生既没，學者不敢妄意損益，謹録其稿而藏之，因記其語於篇末，以俟後之君子云。嘉定癸未季夏門人三山楊復謹書。

宋紹定辛卯刊儀禮經傳通解續修定本序

［宋］楊　復

先師朱文公集家、鄉、邦國、王朝及喪、祭禮，皆以儀禮爲經而諸書爲傳，名曰儀禮經傳通解。慶元丙辰，先生六十有七矣，而家、鄉、邦國之禮始成，王朝禮大綱舉而未脱稿，惟喪、祭二禮屬勉齋黄先生編次。篇帙浩繁，倍於家、鄉、邦國、王朝諸書，久而未就。文公晚年與勉齋書，責望尤拳拳也。及嘉定己卯，喪禮始克成編。以次將修祭禮，即以其書稿本授復曰：「子其讀之。」蓋欲復通知此書本末，有助纂輯也。復受書而退，啓緘伏讀。書皆古今天下大典禮，其關繫甚重，其條目甚詳，其經傳異同、注疏牴牾，上下數千百載間，是非淆亂，紛錯甚衆。自此朝披夕閲，不敢釋卷。時在勉齋左右，隨事咨問鈔識，以待先生筆削。不幸先生即世，遂成千古之遺憾。日邁月征，今十餘年。南康學宫舊有家、鄉、邦國、王朝禮及張侯虙續刊喪禮，又取祭禮稿本並刊而存之，以待後之學者。故四方朋友皆有祭禮稿本，未有取其書而修定之者，顧復何人，敢任其責？伏自惟念齒髮浸衰，曩日幸有所聞，不可不及時傳述。竊不自揆，遂據稿本，參以所聞，稍加更定，以續成其書。儀禮正經，惟特牲饋食、少牢饋食二篇僅存，後之言禮者必稽焉，故以冠於祭禮之首篇。此後皆蒐輯周禮、禮記諸書，分爲經傳以補其闕。夫祀天神，祭地示，享先王，禮之大經也，故綜之以通禮。禮莫重於祀天，故首之以天神。天子事天明，事地察，故次之以地示。大宗伯吉禮十有二，而享先王在祀天神、祭地示之後，故次之以宗廟。有天下者祭自百神，故次之以百神。有正祭之禮，有因祭之禮，天子將出，類乎上帝，宜乎社，造乎禰，若是之類，皆因事而祭之，故次之以因祭。天子親耕以共粢盛，王后親蠶以爲祭服，牲殺器皿禮樂不備，不敢以祭，故次之以祭物。禮有專一事而言者，如天神地示以下是也；有統論凡祭祀之禮者，如祭名祝號之類是也，故次之以祭統。而禮之行也又有變禮，有殺禮，有失禮，故並見於是篇之終焉。恭惟文公平日篤志禮書，於祭禮雖未屬筆，而討論考覈爲尤詳。如郊祀，如明堂，如北郊，如古今廟制，如四時禘祫之類，皆歷世聚訟大公案。諸儒未能究見本末，遷就依違，莫之釐正，悉經先師折衷而論始定，故引而歸之於各條之下。凡散見於它集，前後不同時，記載非一書者，今並著見於祭禮之本篇，俾後之議禮者有所據依而取正焉。此則先師扶植綱常、垂世立教之本心也。載念先師經世宏綱，莫重此書，更二世而未就。小子狂簡，述而成之，所懼識見有蔽，義理難精。然天下公理無彼我，習禮君子儻裁而正之以歸於至當，是則先師所望於後人之意也。紹定辛卯七月望日三山楊復謹序。

録自皕宋藏書志卷七儀禮經傳通解續祭禮

宋寶祐癸丑刊儀禮經傳通解序

［宋］王　佖

禮也者，天理之節文，人事之儀則也。國有乎禮，則天地以之正，人神以之叙；人有乎禮，則綱常以之定，倫理以之明，而後品章名義等降隆殺有所措。不然，國而無禮，則國不能以自存；人而無禮，則人不能以自立。有若詩人所賦「生不如死」之言，則禮之爲用大矣，詎可一日缺歟？然四德之實根於人心者固無存亡，而寓於典章者則有興廢。蓋自夫子之時，已興「禮壞樂崩」之嘆，猶幸傳録之或存。至秦火既燬，典籍遺逸，自漢以來，放失尤甚。儀禮五十八篇，而僅存十七，制度文義特出於大戴氏、小戴氏之口。雖有周禮一書，祇存其綱領，莫究於儀法品數，且已缺其冬官。自是以後，日深日遠。並與禮文亦不復講，上下相承，徒存綿蕝土苴之粗，孰識本制末度之詳、大經小目之密？雖有三千、三百之名，莫明本然之妙矣。逮至國朝，始立三禮之科。應者雖少，然尚有能推究古昔。考求義訓，雖不可盡復於既往，猶可以存古於將來。而荆國王氏並以其科而廢之，於是泯泯棼棼，反以儀則爲可厭、簡便爲得體，且謂古禮不可行於今矣。豈不重可嘆歟？此紫陽朱子所以慨然有意纂輯，以曉天下之耳目。嘗於經筵奏疏，願置局集生員而討論之，以存禮學於不墜，而待制作於將來。會以碁閒不果遂，而朱子退居燕閒，姑自稡録，分吉、凶、軍、賓、嘉五禮，而條目粲然。僅成三禮，而猶有未脱稿者，不幸天萎哲人，遽成夢奠。猶卷卷囑於門人，意尚未忍忘如此。嘉定間，嗣子侍郎公在方刻之南康郡學。後來勉齋黄公續成喪、祭二禮，亦並刻焉，而書監竟取之以去。曾幾何年，字畫漫漶，幾不可讀。識者病之，蓋懼此書之無傳也。佖乘軺東江，因敏本司發下之券尚存，遂即籌度，命工重刻。爰首諮於堂長饒伯輿甫，膍契所懷，議以允協，且輟餐供餘鏹以助。遂囑其事於教官丁君抑，而任其讎校於洞學之善事士，邦侯傃軒趙公希悦亦佐其費，復斡旋本司所有以添給之。志意既同，始克有成。廼就置其板於書院，庶幾藏之名山，或免湮墜。其經之營之，亦甚艱矣。然朱子所成三禮止二十餘秩，而勉齋所續則又倍之，厥後信齋楊君始删其祭禮之繁複，稍爲明淨。今喪禮則用勉齋所纂，祭禮則用信齋所修，且使六藝之廢缺者庶乎可備，朱子平日之盛心庶乎可伸矣！又聞朱子嘗考其因革者，定六篇以示講行之方，旋以議禮爲嫌，遂竟焚去，而獨有天子之禮一篇尚存於集者，可以概見。異時或欲有所取法，則執此以往，端有待於後之君子云爾。寶祐癸丑冬日南至後學金華王佖端拜敬書。

録自天一閣明鈔本卷首

宋寶祐癸丑刊儀禮經傳通解序

［宋］丁　抑

天高地下，而禮行乎其中。是禮也根於一心，散諸三綱五常，流行乎百千萬世。人而無禮，何以戴履於天地間？蓋自伯夷之典不存，周公之經制寖滅，三千、三百之儀，名雖僅存而實則亡矣。火德中天，文明開運。紫陽朱夫子以斯文自任，憫五禮之寖隳，退自經筵，極力編纂。天理之節文，人事之儀則，臚分彪列，昭如日星，蓋欲覺天下而開人心也。奈何三禮之稿甫就，而兩楹之夢已形。勉齋黄公、信齋楊君緝詳刑江左，成喪、祭二書，而五禮之書始秩然而大備。朱子垂教之盛心，至是可無遺憾矣。雖然，不壽諸梓，無以廣其傳，朱子之心猶未白於天下後世也。敬巖王先生詳刑江左，簿書獄訟之暇，首以是書爲急，豈非以刑者輔治之法，禮者出治之本。刑能使人遠罪而已，禮有以使民日遷善而不自知。三復朱子之言，此敬巖所以拳拳而不容已。一日貽書囑抑曰：「儀禮一書，文公平生精力，盡在於此。雖喪、祭二禮成於門弟子之手，然皆定於師友平日之講論。昔板康廬，今歸祕府，吾欲掇餐供之餘，補遺書之闕，子其爲我程督之。」抑雖晚學，奚敢不力？於是擇鄉國之通儒讎校其舛訛，命庠術之端士董正其工役。始於癸丑之仲春，成於甲寅之季夏。綱目詳備，篇帙整明，使一代鉅典復爲藏山之祕寶。自非羽翼斯文，惠顧後學，心考亭不止者，念不到此。昔昌黎韓公讀儀禮，謂文王、周公法制盡萃此書，恨不得進退揖遜於其間。愚何幸，獲觀文公之遺教而無昌黎之遺恨云。是年閏月旦日門人迪功郎南康軍軍學教授丁抑端拜敬書。

同上

宋寶祐癸丑刊儀禮經傳通解序

〔宋〕謝　章

貳卿久軒蔡先生曩持節江左，嘗以俸餘二萬楮遺白鹿，買田以助公養。歷年久未遂，敬巖王公乃移刊三禮書。嗚呼！禮之於人，猶桑麻菽粟之爲養，日用飲食，胡可須臾廢？久軒買田之初心，所以養其身也；敬巖刊書之盛心，所以養其心也。章侍書堂，適際書成，庸誌顛末，庶覽者知流之源、知葉之根云。是歲重九日後學昆山謝章拜手謹書。

同上

明正德辛巳刊儀禮經傳通解序

〔明〕劉　瑞

晦庵先生子朱子嘗請於朝修三禮，言不果用，晚乃著儀禮經傳通解。始家禮，次鄉禮，次學禮，次邦國禮，而王朝禮終焉，凡四十有七卷，視初論少異，蓋自成一家言矣。書未就，先生告終，喪、祭二禮則成於黄勉齋氏，視其規模次第，授於先生者也，爲卷凡二十有七。嗟乎！自古天下國家化成禮樂，然未有盛於周者也。三禮殘闕之餘，猶想見一二。漢晉而下千餘歲，代有作者，然非其人，莫之能與也。至周、程、張四君子暨先生出，而帝王之道復明，禮樂可興矣，然非其時也。抑獨先生有是書，又不克成焉，豈非天哉，豈非天哉！書刻於南京國子監，卷帙浩繁，點畫漫漶，士大夫非惟不之讀，識其名者或寡矣。瑞竊嘆曰：斯禮也，制作之宜、古今之變略備矣。後聖有作，將取而折中焉。今與其棄也，無寧先識大義，而後講貫其精奥乎？乃命教授陳埊、教諭粘燦、王士和督諸生手録經傳。讎校既定，出贖金付杭郡曹推官山刻焉。逾年畢工，山之勞著矣。以書來，願有序也，敬題其端，俾天下後世志於禮者有考也。正德辛巳春三月望日後學西蜀劉瑞序。

清乾隆癸酉刊儀禮經傳通解序

［清］陳世倌

余昔繫官京師，及門于生振翀以道統淵源一編寄余，乃古絳梁君啓後尊人所譔述也。退食餘暇，從容尋繹，竊嘆古今正學相傳，如山有岱，如水歸海，千古道脈萃於是矣。年來息影衡廬，精力銷耗，久絶文字因緣，而梁君不遠數千里，特攜所刻朱子儀禮經傳通解定本就正於余。余惟聖人之道蟠乎天而際乎地者，非空虚遼廓，無可指名也。萬物芸生於天地間，非道無以長養而成遂之。而長養成遂者，亦非虚渺無憑也。聖人因人性而制禮，極之三百、三千，而無一節之不備。天下之人率而由之，乃得各全其生，各保其命，而不至相爭相害於其閒。故記曰：有禮則生，無禮則死。道之發育萬物者，皆禮爲之彌綸布濩。而人在道中，猶魚在水中，道不可須臾離，禮不可斯須去也。昔者周公作周禮，以建王道之規模，而其儀法度數備於儀禮一書，與周官相爲經緯，正倫理，定太平，先聖之神明寓焉。自遭秦火，經漢晉諸儒補輯，卒無全書。迨宋朱子成經傳通解二十三卷，家、鄉、邦國、王朝之禮已備，而喪、祭二門屬之勉齋黄氏。甫屬草而黄氏殁，其閒注疏與經義相謬戾及掛漏者不勝僂指。梁君本其尊人遺稿，復加討論編次，朱墨岬嗄中，蒐羅宏富，抉擇精嚴，竭數十年之力，凡三脱稿而後成。洵可謂先聖之功臣、紫陽之嫡派矣。余因是重有感焉。丙辰之秋，亡友方望溪先生以所著周官餘論、周官辨、儀禮或問屬余訂正。戊辰冬，復惓惓致書云：「修明絶業，後死攸賴，公亦宜早爲料理。」殆以余爲差足語此者。無何，而老成凋謝，遺墨猶新。今讀是書中，望溪先生之遺説多採録焉。顧余浮沉南北，素髮披領，迄無一就。梁君乃克承先志，使先聖損益三代之制燦然復明於天下後世。而禮以載道，道以統禮，宜乎道統淵源，梁氏世敬承之。是梁君可無負於望溪，余獨長負良友於地下，能無對梁君而汗下乎？因答梁君之請而並志余愧云。時乾隆十五年歲次庚午仲夏之朔年家眷弟海寧陳世倌書於澄懷觀道齋。

清乾隆癸酉刊儀禮經傳通解序

［清］雷　鋐

禮經散亡，周官、儀禮，其幸存者也，二經皆出周公之手。周官浩衍宏博，兼體萬物，然所舉乃一代之官職，其統紀易明，而義藴可窺尋也。若儀禮十七篇，則復齋楊氏有云：「其義密，其辭嚴，驟而讀之，如登泰華、臨滄溟，望其峻深，既前且卻。」夫周公之爲此，豈徒以困苦天下後世之學者哉？蓋天之生人，畀以五常之性，授以官骸之能，位以人倫之秩序，固超然異於羣生矣。而非聖人有作，猶未知所以自别於禽獸，於是冠昏喪祭、射鄉朝聘之禮起焉。乃至一動作、一揖讓，咸肅然與以範圍，如師保之臨、帝天之鑒，則所以起教於微渺，而維人道之防者，何其至也！去聖逾遠，煨燼之餘，不見先王之大全。其幸存者，漢唐諸儒又徒辨析於名物度數之末，而精意所在，莫之或究，此經所以雖存而若亡也。朱子起而慨然以爲前賢常患儀禮難讀，乃經不分章，紀不隨經之故，爰合戴記而作儀禮經傳通解，條分縷析，俾覽者依文考義，皆犁然有當於心，而不失乎古作者之意，非千載之厚幸歟？晉陽梁君統一，篤學好古士也。讀書遇有疑義，輒沉潛細繹，求其至當乃止。平生尤嗜禮家言，而肆力於是經久之，疊出互證，多得前儒所未發。嘗取諸家注疏詳加擇别，間以己意補其缺略，規模一以朱子之書爲宗。草創未就而殁，其子裕厚痛先志之未終，而業之不可不卒也，乃招致白下翁丈止園共事討論。既脱稿，即郵致京師，就正於先師望溪先生。時先生方勤於公，雖心善其書，未遑點定，因指授意旨，屬余參校以歸之。歲庚午，裕厚攜其稿適金陵，將授諸梓，以余嘗與聞顛末，先期爲書，以請序於余。余惟十七篇之在今日，雖經大儒發明，而學士弗以傳習，淺者疑爲非所當務。梁君窮年矻矻，屏棄俗尚，以從事於世人所不爲，非生長古聖賢之鄉而漸被流風餘韻，何以臻此？裕厚能繼厥志，又虚心商榷，以歸粹精，有足多者。是書之出，不獨羽翼儒先，而梁氏之世濟其美，其亦可風也夫！乾隆庚午仲春閩中雷鋐撰。

清乾隆癸酉刊儀禮經傳通解序

[清]梁開宗

愚少侍先君子側，見案頭置朱子儀禮經傳，探索不輟，嘗喟然曰：「此朱子晚年所著之書，一生學力具焉。惜未及成，命勉齋黄先生續之，草具甫就，而先生殁。故此書雖規模宏整、義法精嚴，而按論之外，其注疏與經義未合者尚多。吾集諸家之成説，體會子朱子之意，録吾所心得者若干條，欲以輔前賢而迪後學也。吾老矣，他日汝能成吾志否？」愚謹識不敢忘。迨讀禮時，又得李子潛先生考補原本閲之，先生蓋深心此書，素與先君子討論者。愚合而細參之，覺注疏與經義固多歧出，又有采取遺漏當補入者，有疏重複當删者，有考訂的確當移易者。思删正而重刊之，以繼先君子之志。懼學未逮姑止，然終不能忘諸懷也。及入都謁江左方靈皐先生，談及此，先生曰：「予蓄此心久矣，奈未暇。儀禮惟敖氏解爲最長，近朱高安先生亦有訂本。予嘗著禮記析疑、喪服或問，未經問世，子攜之以備參考。」歸同李武安先生潛心研究，探討有年，惟求合子朱子之意旨，以續先君子未了之志。竊欲就正，未遑也。過金陵，訪翁止園先生，與之詳細辯論，反覆校正，凡三脱稿，而此書乃成。噫！此書卷帙浩繁，動輒經歲。而義理至精微，即殫厥心，安能一一盡合？尚望有道君子披閲而教正焉，俾無獲罪於前賢而有以加惠後學，愚亦庶幾告成事於先君子矣。乾隆三年上澣古絳梁開宗謹識。

儀禮，周公治天下之書也，惜所存止十七篇。考亭朱子輯經傳通解，凡邦國、朝廟、典則，靡不詳備嚴整，學者當視爲布帛菽粟，不可斯須離焉。緣設科專用禮記，故目此書爲不近時務，鮮有讀者。而又卷帙浩繁，學者每苦難涉獵。熾生也晚，未及見先大父殫精研究，第侍家大人側，見其惟日孜孜，與諸友講論參訂，寒暑罔輟，勉成先大父遺意。嚮爲三禮館徵收。熾等繕録之餘，彌覺切於安上全下，非可目爲不近時務者，負大聖大賢苦衷。今刊已告竣，家大人命列共事此書者前後百餘人，歷數十年，其功蓋亦匪細云。乾隆十八年夏五月梁思熾謹識。

清光緒壬辰刊儀禮經傳通解序

[清] 賀瑞麟

六經，萬世之書也，惟孔子爲能删定，惟朱子爲能注解。四書有章句集注，詩有集傳，易有本義，書與春秋雖未著爲成書，然傳授討論固已得其大旨。至於三禮，則嘗欲具奏乞修而未果，六十七歲乃爲儀禮經傳通解一書，舊名集傳集注，晚始新定今名。分成衆手，未及删改。喪、祭二禮，又屬之門人勉齋黄氏。朱子蓋惓惓於是書者亦可謂至矣。其季子在嘗爲之跋，而當時刊行一仍其舊，不敢一字增易，蓋慎之也。自制舉之業興，惟禮記著爲功令，往往因陋就簡，不究其源流本末之故，則是書且束之高閣，知者鮮矣。夫朱子紹道統之傳，發明聖賢義藴，功莫大於諸經。一二未備識者，猶以爲千古遺憾，幸而禮書有此，即補葺稍有缺遺，而規模次第、綱領條目，秩然燦然，三百三千，觀會通以行典禮者，咸於是乎在，則誠萬世不可少之書。學者不欲明天理之節文、求人事之儀則，修己治人，以復古爲心則已，苟不安世俗之淺近，而欲窺古聖人制作之精意，立大本，行達道，繼絶學，開太平，舍是書何以哉？朱子而後，禮學久廢，國朝三禮獨越前古名儒。如江慎修之禮書綱目、秦蕙田之五禮通考，煌煌大著，要皆以是書爲藍本。然則朱子原書豈不尤可寶貴？茲刻但爲便於講習，略有增添，或缺文譌字，亦皆考據諸本補正，然必著明，不敢疑誤後人、僭改前書。當時諸生分校，令各詳記卷後，觀者其亦諒其用心也哉！光緒壬辰十一月既望三原賀瑞麟謹識。

著録

直齋書録解題卷二禮類

［宋］陳振孫

古禮經傳通解二十三卷、集傳集注十四卷

朱熹撰。以古十七篇爲主，而取大、小戴禮及他書傳所載繫於禮者附入之。二十三卷已成書，缺書數一篇。其十四卷草定未删改，曰集傳集注者，蓋此書初名也。其子在刻之南康，一切仍其舊云。

古禮經傳續通解二十九卷

外府丞長樂黄榦直卿撰。榦，朱侍講之高弟，以其子妻之。自號勉齋，因婦翁廕入仕爲吏，亦以材稱。始晦庵著禮書，喪、祭二禮未及論次，以屬榦續成之，然亦有未備者。

宋史卷二〇二藝文志一經部禮類

朱熹儀禮經傳通解二十三卷

黄榦續儀禮經傳通解二十九卷

又儀禮集傳集注十四卷

讀書敏求記卷一經

［清］錢曾

儀禮經傳通解二十三卷、儀禮集傳集注十四卷

朱子謂：六經之道同歸，而禮樂之用爲急。遭秦滅學，禮樂先壞，其頗存者，三禮而已。周官一書，固爲禮樂之綱領。至儀法度數，則儀禮乃其本經，而禮記郊特牲、冠義等篇乃其義疏耳。前此猶有三禮、通禮、學究諸科，士得以誦習而知其説。王安石變亂舊制，廢儀禮而獨存禮記之科，遺本宗末，其失已甚。因以儀禮爲經，而取禮記及諸經史雜書所載有及於禮者，皆附本經之下，具列注疏、諸儒之説，撰家禮五、鄉禮三、學禮十一、邦國禮四，共二十三卷，曰儀禮經傳通解，王朝禮十四卷，曰儀禮集傳集注，

刊於南康道院。此書卷帙煩重，脱誤宏多，獨此本逐一補録完，罕有錯簡脱字，今之藏書家恐未必細心緝訂如此也。

儀禮經傳通解續二十九卷

朱子晚年著經傳通解，屬稿甫定而殁，未成喪、祭二門，嘗以規摹次第屬之門人黄榦勉齋，俾爲類次。嘉定癸未，四明張虙來南康，知勉齋此稿在劍南陳使君處，以書索來，凡二十九卷，校刊之，并前書傳於世。焦氏經籍志混稱朱子通釋二十三卷，續編二十九卷，不分勉齋續稿之詳。今黄俞邰、周雪客徵刻書目因之，是殆未取原書覆閲也。

經義考卷一百三十二（節録）

［清］朱彝尊

朱子熹儀禮經傳通解

朱子曰：「儀禮是經，禮記是解儀禮。且如儀禮有冠禮，禮記便有冠義；儀禮有昏禮，禮記便有昏義。以至燕、射之禮，莫不皆然。蓋儀禮，禮之根本，而禮記乃其枝葉。禮記本秦漢上下諸儒解釋儀禮之書，又有他説附益於其閒。今定作一書，先以儀禮篇目置於前，而附禮記於其後，如射禮則附以射義之類。若其餘曲禮、少儀，又自作一項，以類相從。前賢嘗謂儀禮難讀，以經不分章，記不隨經，而注疏各爲一書，故讀者不能遽曉。今訂此本，盡去諸弊，恨不得令韓文公見之。」

中興藝文志：「熹書爲家禮三卷、鄉禮三卷、學禮十一卷、邦國禮四卷、王朝禮十四卷，其曰儀禮經傳通解者凡二十三卷，熹晚歲所親定，惟書數一篇闕而未補。」

李方子曰：「先生以儀禮爲經，而取禮記及諸經史書所載有及於禮者皆以附於本經之下，具列注疏諸儒之説，補其闕遺，而析其疑晦，雖書不克就，而宏綱大要固已舉矣。」

祝穆曰：「文公所編儀禮，上篇：士冠禮（冠義附）、士昏禮（昏義附）、士相見禮、鄉飲酒禮（鄉飲酒義附）、鄉射禮（射義附）、燕禮（燕義附）、大射禮、聘禮（聘義附）、公食大夫禮、覲禮；下篇：喪服（喪服小記、大傳、服問、閒傳附）、士喪禮、既夕禮、士虞禮（喪大記、奔喪、問喪、曾子問、檀弓附）、特牲饋食禮、少牢饋食禮。次以禮記，曲禮、内則、玉藻、少儀、投壺、深衣爲一類，王制、月令、祭法三篇爲一類，文王世子、禮運、禮器、郊特牲、明堂位、大傳、樂記七篇爲一類，經解、哀公問、仲尼燕居、孔子閒居、坊記、儒行六篇爲一類，學記、中庸、表記、緇衣、大學五篇爲一類。以問吕伯恭後更詳定。」

王應麟曰：「文公以儀禮爲經，取禮記及諸經史書所載附本經之下，具列注疏諸儒之説，爲經傳通解二十三卷。喪、祭二禮，屬之門人黄榦類次。」

馬廷鸞曰：「愚按：記不隨經，注疏各爲一書，讀者不能遽曉，此猶古易之彖、象、文言、繫辭各自爲書。鄭康成所以欲省學者兩讀而爲今易也。文公於禮書之離者合之，於易書之合者離之，是亦學者所當知也。」

熊禾刊通解疏序曰：「竊見儀禮爲六經之一，乃周公所作，孔子所定。元有三百、三千之目，至漢，僅存一十七篇。大、小戴記，不過如春秋之左氏、公、穀，乃其傳耳。自王安石廢罷儀禮，但以小戴設科，與五經並行，自是學者更不知有禮經矣。文公晚年始爲經傳通解一書，自家、鄉以至邦國、王朝，凡禮之大綱細目，靡不具載，歷門人勉齋黄氏、信齋楊氏，三世始克成書。舊有刊本，兵燼之後，板帙散亡。兼初本所纂注疏語頗傷繁，後信齋楊氏爲之圖解，又復過略。而文公初志欲將通典及諸史志會要等書與夫開元、開寶、政和禮斟酌損益，以爲百王不易之大法，而志則未遂。今得考亭諸名儒參校訂定墨本，擬就書坊板行，以便流布，仍於所補儀禮各卷篇目之下，參以歷代沿革之制及關洛以來諸儒折衷之說，酌古準今，損文就質，輯爲儀禮外傳以附其後，庶可繼先儒未畢之志，其於風教，亦非小補。」

吴師道曰：「以三禮論，則周官爲綱，儀禮乃本經，而禮記諸篇則其疏義。三者固有本末之相須而不可闕，是以子朱子慨然定爲儀禮經傳通解集注之書。未完者，門人又足成之，可謂禮書之大全，千古之盛典也。」

曾棨曰：「朱子挈儀禮正經以提其綱，輯周禮、禮記諸經有及於禮者以補其闕，釐爲家、鄉、邦國、王朝之目，自天子至於庶人之禮，謂之儀禮經傳通解，然亦未及精詳。」

王鏊曰：「今經惟禮最繁亂，惜不一經朱子緒正。朱子嘗欲以儀禮爲經，禮記爲傳，經傳相從，誠千古之特見也。若士冠禮則附以冠義，士昏禮附以昏義，士相見禮附以士相見義，鄉飲酒禮附以鄉飲酒義，鄉射禮附以鄉射義，燕禮附以燕義，大射禮附以大射義，聘禮附以聘義，公食大夫禮附以公食大夫義，覲禮附以朝事，如草廬所附亦得矣。然其餘有不可附者，亦無如之何，姑循其舊而釋之，庶不失古之義。朱子晚年注儀禮經傳，始家禮，次鄉禮，次學禮，次邦國禮，次王朝禮，秩然有序，可舉而行。然其間雜引大戴禮、春秋内外傳、新序、列女傳、賈誼新書、孔叢子之流，雜合以成之，乃自爲一書，非以釋經也。至勉齋續喪、祭二禮，草廬纂言，割裂經文，某亦未敢從也。」

按：朱子儀禮經傳通解：一曰家禮：士冠禮第一，冠義第二，士昏禮第三，昏義第四，内則第五，内治第六，五宗第七，親屬第八。内治者，言人君内治之法。五宗者，言宗子之法以治族人。親屬者，即爾雅之釋親篇、白虎通義所謂「親屬記」也。古無此三篇名，蓋創爲之。二曰鄉禮：士相見禮第九，士相見義第十，投壺第十一，鄉飲酒禮第十二，鄉飲酒義第十三，鄉射禮第十四，鄉射義第十五。三曰學禮：學制第十六，學義第十七，弟子職第十八，少儀第十九，曲禮第二十，臣禮第二十一，鐘律第二十二，鐘律義第二十三，詩樂第二十四，禮樂記第二十五，書數第二十六，學記第二十七，大學第二十八，中庸第二十九，保傅傳第三十，踐阼第三十一，五學第三十二。内學制、學義、臣禮、鐘律、鐘律義、詩樂、禮樂記、書數、保傅傳皆創名之，弟子職則取諸管子也。四曰邦國禮：燕禮第三十三，燕義第三十四，大射禮第三十五，大射義第三十六，聘禮第三十七，聘義第三十八，公食大夫禮第三十九，公食大夫義第四十，諸侯相朝禮第四十一，諸侯相朝義第四十二，皆沿古篇名，惟末二篇創爲之。其王朝禮則別爲集傳：覲禮一，朝事義二，曆數三，卜筮四，夏小正五，月令六，樂制七，樂記八，王制自甲至癸凡十篇。

趙希弁曰：「儀禮經傳通解續卷祭禮十四卷。右朱文公編集，而喪、祭二禮未就，屬之勉齋先生。

勉齋既成喪禮，而祭禮未就，又屬之楊信齋。信齋據二先生稿本，參以舊聞，定爲十四卷，爲門八十一。鄭逢辰爲江西倉，進其本於朝。信齋，福州人，名復，字茂才。書既，奏贈文林郎。」

四庫全書總目卷二十二經部禮類四

[清]紀　昀

儀禮經傳通解三十七卷、續二十九卷浙江巡撫採進本

儀禮經傳通解，宋朱子撰，初名儀禮集傳集注。朱子乞修三禮劄子所云「以儀禮爲經，而取禮記及諸經史雜書所載有及於禮者，皆以附於本經之下，具列注疏、諸儒之説，略有端緒」，即是書也。其劄子竟不果上，晚年修葺，乃更定今名。朱子没後，嘉定丁丑始刊版於南康，凡家禮五卷、鄉禮三卷、學禮十一卷、邦國禮四卷，共二十三卷，爲四十二篇。中闕書數一篇，大射至諸侯相朝八篇尚未脱稿。其卷二十四至卷三十七，凡十八篇，則仍前草創之本，故用舊名集傳集注，是爲王朝禮。中闕卜筮一篇，目録内踐阼第三十一以後序説並闕，蓋未成之本也。所載儀禮諸篇，咸非舊次，亦頗有所釐析。如士冠禮三屨本在辭後，仍移入前；陳器服章戒宿加冠等辭本總記在後，乃分入前各章之下；末取雜記「女子十五許嫁，笄」之文，續經立「女子笄」一目。如斯者，不一而足。雖不免割裂古經，然自王安石廢罷儀禮，獨存禮記，朱子糾其棄經任傳、遺本宗末，因撰是書，以存先聖之遺制，分章表目，開卷瞭然，亦考禮者所不廢也。其喪、祭二門，則成於朱子門人黄榦，蓋朱子以創稿屬之。楊復原序述榦之言有曰「始余創二禮粗

就，奉而質之先師，喜謂余曰：『君所立喪、祭禮，規模甚善，他日取吾所編家、鄉、邦國、王朝禮，其悉用此更定』」云云，則榦之所編尚不失朱子之意。然榦僅修喪禮十五卷，成於嘉定己卯，其祭禮則尚未訂定而榦又殁。越四年壬午，張虙刊之南康，亦未完本也。其後楊復重修祭禮，鄭逢辰進之於朝。復序榦之書云：「喪禮十五卷，前已繕寫，喪服圖式今别爲一卷，附於正帙之外。」前稱喪服圖式、祭禮遺稿尚有未及訂定之遺憾。則别卷之意固在此。又自序其書云：「南康學宫舊有家、鄉、邦國、王朝禮，及張侯虙續刊喪禮，又取祭禮稿本並刊而存之。竊不自揆，遂據稿本，參以所聞，稍加更定，以續成其書，凡十四卷。」今自卷十六至卷二十九，皆復所重修，合前經傳通解及集傳集注，總六十有六卷。雖編纂不出一手，而端緒相因，規模不異。古禮之梗概節目，亦略備於是矣。

愛日精廬藏書志卷四（節録）經部禮類

［清］張金吾

儀禮經傳通解續二十九卷　影寫元刊本

宋黄榦撰，卷十六至末則楊復所重修也。此本從元元統補刊本影寫，中多闕文，甚有三、四頁全缺者，蓋元本模糊，寫者未敢臆填，猶有謹慎不苟之意。吕氏刊本，凡空白處皆以意聯屬，如卷一「著之冠者」（「絞帶者繩帶也」條疏）下，計缺二百五十一字，吕氏本據賈疏填補，溢至三百七十七字。此類不可枚舉，其以意聯屬，顯然可知。每思得元刊初印本校補闕文，俾是書復還舊觀，願與同志共訪之。目録後有「元統三年六月日刊補完成」一行，後列銜名五行。

鄭堂讀書記補遺卷五經部禮類

［清］周中孚

儀禮經傳通解三十七卷、續二十九卷（重刊宋本）

宋朱子撰，其門人黄榦續，榦門人楊復重修（榦字直卿，閩縣人，歷官知安慶府，主管亳州明道宫致仕，卒謚文肅。復仕履見前），四庫全書著録。按書首載有朱子乞修三禮劄子，稱「熙寧以來，王安石變亂舊制，廢罷儀禮而獨存禮記之科，棄經任傳，遺本宗末，其失已甚。故嘗與一二學者考訂其説，欲以儀禮爲經，而取禮記及諸經史雜書所載有及於禮者，皆以附於本經之下，具列注疏諸儒之説」云云，蓋其撰是書之由也。是書以儀禮十七篇爲主，廣至五十六篇。書未及成而朱子没，前之劄子亦未果上。其書本名古禮經傳通解，見書録解題。蓋以儀禮本名古禮經也。又其初創之稿名儀禮集傳集注，晚年修定，乃更今名。今其前二十三卷已修定者，則名經傳通解，凡四十二篇。而末八篇亦未脱稿，又闕書數一篇。其後十四卷則皆未及修定，故猶仍集傳集注之名，中亦闕卜筮一篇。卷首列所撰目録，每篇之下各有序題，而其末十一篇序題亦闕，當嘉定丁丑其季子在刊版南康已一切仍之矣。朱子以喪、祭二門屬之勉齋成續編，然續編前十五卷則爲勉齋修定之本，第十六卷以下喪服圖説及祭禮則亦屬稿未定。而勉齋没，信齋因重修卒業者，蓋是書經三賢之手而成。其十六卷之末有信齋序，卷首又載嘉定癸未四明張虙重刊是書序。然張本所載續編猶勉齋未定之本，非信齋重修之本也。

鄭堂讀書記卷六經部三之四禮類四三禮總義之屬

[清] 周中孚

重刊朱子儀禮經傳通解六十九卷　聚錦堂刊本

國朝梁萬方撰（萬方，字統一，號廣庵，絳州人），四庫全書存目。廣庵以楊信齋復序云：「黄勉齋先創喪、祭二禮稿，朱子喜而謂曰：『君所立喪、祭禮規模甚善，他日取吾所編家、鄉、邦國、王朝禮，悉用此規模更定之。』而黄先生究未及爲也。」（以上楊序）因遵朱子遺意，就通解原書，悉用黄氏規模細爲更定，俾前後畫一。並合勉齋所續喪、祭禮，取諸家注疏詳加擇別，閒以己意，補其闕略，以成是編。其子啓後開宗以其遺稿復詳討論，反覆校正，凡三脱稿，始成定本。分家禮五卷、鄉禮三卷、學禮十二卷、邦國禮五卷、王朝禮十五卷、喪禮十六卷、祭禮十三卷，凡七部，共九十篇。篇數無改其舊，惟依舊目補入學禮書數一篇、王朝禮卜筮一篇。但所補二篇頗傷於泛濫，不稱儀禮經傳通解之目，即其於注内所加附注、附按及附前人説三者，亦太失之蕪雜。考廣庵與江慎修同時，而著書各不相謀，其實此書遜江氏禮書綱目遠甚。其不知祭禮爲信齋所編，又其小焉者矣。前有乾隆庚午陳滄州世倌、雷翠庭鋐二序及自撰凡例、總目、參閲姓氏，又載原本所有朱子乞修三禮劄子并朱子子在跋、信齋三序、張虙、陳宓二序及原本目録，末有啓後後序及啓後子思熾跋。

皕宋樓藏書志卷七經部禮類二（節録）

［清］陸心源

儀禮經傳通解續祭禮十四卷　宋刊本　天籟閣舊藏

逢辰聞安上治民莫善於禮，禮有五經，莫重於祭禮者。天理之節文，人事之儀則，而祭又禮之，所以報本反始也。百王之禮，至周而備三百、三千之儀，皆文王、周公精神心術之所寓。孔子曰：「周監於二代，郁郁乎文哉！」謂莫盛於周也。不幸厄於秦火。漢興，高堂生所傳僅十七篇，祭禮則惟特牲、少牢、有司徹而已。然皆大夫、士之禮，大夫以上無傳焉。厥後羣儒區區修補，百孔千瘡，非獨竟無全書，况又雜以讖緯之學。寥寥千載閒，承訛襲舛，大經大法幾於壞爛而不收，良可嘆也！奎躔瑞〔下闕〕宋文運有開，列聖相承，於禮尤謹。初基則有開寶之通禮，其後則有慶曆之太常禮，而儀禮之疏亦汲汲是正，真斯文之大幸也。奈何王氏新學廢黜禮經，使後之學無所尋究，至有老死而莫知其説者。於是太師徽國朱文公起而條理之，挈儀禮正經以提其綱，緝周禮、禮記諸經有及於禮者以補其闕，釐爲家、鄉、邦國、王朝之目，自天子至於庶人之禮，總爲成書，所謂儀禮經傳通解是也。〔上闕〕師事之，朝夕侍側，誨誘不倦，且謂逢辰曰：「欲學者共成此書者，朱文公之心也。」以祭禮稿本付復者，黄先生之心也。自南康張侯慮並刻於郡齋，故今四方朋友所藏皆祭禮稿本，未有取而修定者。竊自惟念齒髮浸衰，曩日幸有所聞，不可不及時傳述。於是研精覃思，蒐經摭傳，凡日湖所藏之書，繙閲殆遍，蓋積十餘年而始成書。正經則以特牲、少牢、有司徹爲先，所以尊聖經也。補篇則自通禮而下，凡天神、地示、宗廟、百神以至因事而祭，如建國、省方、師田、行役等與夫樂舞器服無不備焉。而必首之以天神者，所以明大分也。其閒大綱目、大議論，如南郊、如明堂、如北郊、如古今廟制、如四時禘祫之類，皆歷世聚訟而未能決。嘗經文公折衷而論定者，則以類相從，而各歸其條貫，使畔散不屬者悉入於倫理，庬雜不經者咸歸於至當，由是儀禮經傳通解始爲全書，而文肅公之志遂矣！噫，此非特二公之志，亦文王、周公、孔子之志也！夫自秦人絶滅典籍之後，禮學更千載無傳。朱文公奮然以興墜起廢爲任，禮書更再傳而未就，而祭禮卒結裹於信齋之手，是豈偶然之故哉！近世真文忠公德秀移書信齋，謂此書乃千載不刊之典，其間援諸老先生之説破諸儒之繆，極爲有功，當藏之奉常以爲議禮之據，非他著進比也。且欲繳進而未果。端平初，禮寺聞之，嘗行下福州就其家抄録而藏之矣。第其私家無力可以自進。日遷月改，今十餘年，逢辰重惟此書關繫甚大，且嘗親睹先師用心之勤，不忍其束棄高閣而不大彰闡於世。又念先師編述之始，嘗取儀禮十七篇，悉爲圖列之每章之下。凡先王制度名物之要，以圖考書，燦然如指掌。有志於禮者，尤不可以不知。蓋有祭禮，則通解之書始全；有儀禮圖，則通解之書始爲大備。先師平生精力盡萃於此，謹以祭禮〔下闕〕

鄭逢辰上表

〔上闕〕既嘗肄業於朱熹，又親受稿於黄榦。謂郊天祀地，國家之重事；而尊祖敬宗，聖明之本心。慨鉅典之放紛，恐舊簡之失墜。臣雖蒙陋，親獲師承，延致於尊經之樓，徧閲萬卷，暨至乎絶筆之日，迨逾十期。羅絡百氏之異同，訂正諸家之訛舛；搜討礫裂而各從其類，品量裁正而畢得其中。維纂輯之深功，實關繫於大典。向遺編已上於册府，今全帙宜備於容臺。念中天再造以來，符積德百年之運。禮樂自天子出，願賜燕閑之觀；籩豆則有司存，庶補駿奔之列。斯爲盛矣，夫豈偶然？兹蓋恭遇皇帝陛下，聖集大成，道全衆美。類禋望徧，虞帝主祭而享百神；夙夜祇勤，周王毖祀而稱殷禮。□□六以爲七，宜咸五以登三。遂使名儒所修，悉爲聖時而出。人文丕闡，古典大明，儀禮考文，式表一王之制作；詔今傳後，永爲萬世之據依。臣干冒天威，無任激切屏營之至，所有先師臣楊復祭禮書八十一門，共十四卷，謹繕寫爲二十帙，並儀禮圖十四帙，分爲三盝，内各用黄綾夾複封全，隨表上進以聞。臣實惶實懼，頓首頓首謹言。

淳祐六年十一月日，省劄備中書後省狀準都省送到江西提刑鄭逢辰奏申，謹以祭禮書分爲二十册，並儀禮圖十四册，繕寫一部，囊封具表繳進外，謹以一部申納朝省，欲望敷奏乞下此書於禮寺，以備討論。不獨稽古，可爲盛時之光而詔久傳遠，實天下後世之幸。信齋楊先生復隱德不耀，歿已十年，欲望朝廷特與褒贈，以爲身後之榮。其子心得並乞朝廷特與甄録，以旌先賢之後事，並（下闕）郊社宗廟之禮，乃治國大典。凡品節儀文，自有當然而不可易者。古禮湮廢，俗學苟且，而議禮於國者，紛紜淆亂，靡所折衷。先儒朱文公裁定禮書，蒐墜典而垂憲言，蓋集聖賢之大成，爲邦家之明法。然祭禮終於未就。楊復學於其門，承文公之素志，而能卒其高弟黄文肅公榦未卒之業，采傳質經，據古辨俗，條目明縝，工力精深，而參取諸儒之議論，各有據依。又以儀禮别爲之圖，悉從其彙。宏綱大義既已昭白，至儀物司存亦罔遺漏，可謂克荷師門之傳者矣！近世名儒真文忠公尊愛其書，謂足以破諸儒之謬，爲千載不刊之典，殆非溢美，委是有補於國，與尋常泛雜進書者不侔。楊復宜有褒贈，其子心得助成編纂，用力有年，並議指揮。

十一月三日，奉聖旨：「楊復所修祭禮書、儀禮圖付太常寺收管，以備參稽禮典。楊復特贈文林郎，其子心得特免文解三次。右劄付楊復本家。敕故福州進士楊復：士有窮經明理，精於儀文，身没而言立，是可旌也已。爾沖厚莊敬，早就正於考亭，善説禮服，討論折衷，以約訂博，彙爲成編，克續其志，有功於教，不幸云亡。門人以其書上，朕爲之太息，超畀文資，以示褒異。朕於斯道亦拳拳矣，來者勉焉。可特贈文林郎。奉敕如右，牒到奉行。淳祐七年四月十三日。」

按：每葉十四行，每行十五字，小字雙行。版心有字數及刻工姓名。每卷有「天籟閣」朱文長印、「項墨林鑑賞章」白文長印。原本十四卷八十一篇，今卷第三全缺，卷一、卷十四亦不全。以呂留良刻本較之，脱落羼錯、妄删妄增，竟無一合。即以卷二少牢饋食禮一篇言之：「乃書卦卦於木」下，脱「示主人乃退占吉則史韇筮史兼執筮與卦以告於主人占曰從乃吉戒宗人命滌宰命爲酒乃退若不吉則及遠日又筮如初凡」五十字，羼入「鼎俎」注文四百余字，脱注文二百四十餘字；「乃釋韇立筮」注下，妄增「疏曰」云云七十餘字；「宿」注「祭日當來」下，妄增「古文宿皆作羞」六字；「是儀略」下，妄增「故云大夫儀多也」云云九十餘字；「前宿一日宿戒尸」下注「又將爲筮」，妄改「又爲于僞反」五字。大約無一條不增改，無一葉無羼錯。呂留良謬妄至此，明季國初竟負重名，一時文鬼附之如云，致蹈滅門之禍，殆有以也。

天禄琳琅書目後編卷八影宋鈔諸部

［清］于敏中等

儀禮經傳通解　二函十二册

宋朱熹撰。書三十七卷：家禮六，鄉禮四，學禮十五，邦國禮五，王朝禮十四。前有嘉定癸未張虙識。虙，慈谿人，慶元丙辰進士，官國子祭酒。

是書目録後載晦庵乞修三禮劄子，其子在記稱「家禮五卷、鄉禮三卷、學禮十一卷、邦國禮四卷、王朝禮十四卷，爲先君晚歲親定絶筆，惟書數一篇，缺而未補，而大射禮、聘禮、公食大夫禮、諸侯相朝禮皆未脱稿，王朝禮卜筮篇亦缺，餘皆草定而未删改，惟喪、祭二禮則嘗以屬之門人黄榦」云云，是此書與榦所續，通爲一篇也。虙識乃宋嘉定十年宋南康郡鋟版時所作，此則元翻宋槧也。

謙牧堂藏書記	白文，每册首。
謙牧堂書畫記	朱文，每册末。

儀禮經傳續　二函十二册

宋黄榦撰。榦字直卿，閩縣人，官知安慶府，謚「文肅」。書二十九卷，蓋本其師朱熹所屬喪、祭二禮以續通解者也。喪禮分喪服、士喪禮、士虞禮、喪大記、卒哭、祔練祥禫記、補服、喪服變除、喪服制度、喪服義、喪通禮、喪變禮、弔禮、喪禮義、喪服圖式十四門。祭禮分特牲饋食、少牢饋食、有司徹、諸侯遷廟、釁廟、祭法、天神、地示、百神、宗廟、因事之祭、祭統、祭物、祭義十二門。其第十六喪服圖式一卷後有嘉定辛巳楊復序，稱：「喪服圖式、祭禮遺稿尚有未經訂定之恨，喪禮十五卷前已繕寫，喪服圖式今列附正卷帙之外，亦先生平日之志。」是此卷及祭禮又榦卒後復所定者。復字茂才，號信齋，長溪人，受業朱熹。序於榦又稱「門人」云。鄭逢辰爲江西漕，以是書獻於朝，贈文林郎。復别著儀禮圖行世。

儀顧堂續跋卷二

［清］陸心源

宋槧續儀禮經傳通解跋

儀禮經傳通解續祭禮十四卷，前有紹定辛卯楊復自序、門人鄭逢辰序及逢辰進祭禮二十帙儀禮圖十四帙表、淳祐六年十一月中書省劄付、淳祐七年四月十三日贈復文林郎敕。每葉十四行，行十五字，注雙行，版心有字數及刻工姓名。宋淳祐刊本。按：復字志仁，福安人，受業於朱，又受業於黄勉齋，學者稱信齋先生。朱子纂儀禮經傳通解，既成家、鄉、邦國、王朝禮，而以喪、祭二禮屬之黄勉齋。嘉定己卯，勉齋始成喪禮，而以祭禮稿本授楊信齋。信齋隨時咨問抄識以待筆削，而勉齋即世。張虙知南康續刻喪禮，又取祭禮稿本刊之，以待後學。四方朋友未有取而修定之者，信齋自念齒髮浸衰，曩日幸有所聞，不可不及時傳述。遂據稿本，參以所聞，稍加更定，以續成其書，見自序。是張虙所刊乃信齋授於勉齋之稿本，即四庫所收、吕氏所重刊者。此則信齋以稿本修定者，與張刊本不同。故以吕刊互勘，或增或删，或改或易，竟無一條全同也。張刊之板，明中葉尚存南監，惟缺頁斷爛甚多。此本則流傳極少，朱竹垞經義考卷一百三十二續儀禮經傳通解下不載逢辰序，又不載進表、中書省劄、理宗贈敕，則亦未見此本矣。惟趙希弁讀書附志、張萱内閣書目所著録其言與此本合，所見當即此本也。鄭逢辰爲信齋門人，淳祐七年江西轉運使，見進表及宋濂虁州靈濟廟碑。逢辰能進信齋之書，言必稱先師，其爲信齋高弟可知。宋元學案失收，應補入勉齋學案。

鐵琴銅劍樓書目卷四經部四禮類

［清］瞿　鏞

儀禮經傳通解集傳集注十一卷宋刊殘本

宋朱子撰，門人黄榦訂。原書三十七卷（宋志作二十三卷，但舉通解言之。經義考作廿七卷，譌），今存家禮五卷、邦國禮二卷（闕卷二）、王朝禮四卷（闕卷十），其鄉禮三卷、學禮十一卷俱闕。此書朱子殁後，其子在刻於南康道院，爲嘉定丁丑歲。板移監中不久即漫漶。是本每半葉七行，行十五字，夾注同。板心有大小字數、刊工姓名，於匡、徵、恒、慎、敦、讓字皆闕筆。其書於儀禮全載鄭注，節録賈疏，每引温本及成都石經，足訂注疏本之譌。如士昏禮經「出除冪」不作「除鼏」，與衛氏湜「當作冪」之説合；士昏禮記「視諸衿鞶」下有「壻授綏姆辭曰未教不足與爲禮也」十四字，與唐石經合，他本多闕；「對曰某得以爲昏姻之故」，不同他本作「以得」。所引大戴記如夏小正篇正月「采芸」，傳本舊注譌作「葉似邪曰」，或校改「邪臼」，此本則作「邪蒿」，與博物志云「芸蒿，葉似邪蒿」合。「雖不耆」，不同石經作「不嗜」；「寧孰諫」，不同俗本作「熟諫」；「相棃」，不同嘉靖翻宋本作「楂棃」；「膏用饍」，不同石經、岳本作「用薤」（釋文：「俗本作薤」）；「貍去正脊」，不同俗本作「狸學」；「書計」，不同嘉靖本作「書記」。月令篇經文字與俗本異者，覈與舊藏南宋巾箱本合。

善本書室藏書志卷二經部四禮類通禮之屬

〔清〕丁丙

儀禮經傳通解集傳集注三十七卷　宋刊本　王蓮涇藏書

是書家禮六、鄉禮六、學禮十五、邦國禮五、王朝禮十四，前有嘉定癸未孟秋四明張虙識，目録後載朱子乞修三禮劄子。其孤在有嘉定丁丑八月謹記云「此先君晚歲親定絶筆，惟書數一篇，缺而未補，而大射禮、聘禮、公食大夫禮、諸侯相朝禮皆未脱稿，王朝禮卜筮篇亦缺，餘皆草定而未删改，惟喪、祭二禮則嘗以屬之門人黄榦」云云。即指勉齋所續之二十九卷也。後有嘉定癸未門人三山楊復及陳宓二跋。其書初刻於南康道院，再刻於江左書院。每葉十四行，行十五字，夾注同。版心有大小字數、刊工姓名。

於匡、徵、恒、慎、敦、讓字有闕筆。於儀禮則全載鄭注，節録賈疏，每引温本及成都石經，足訂注疏之譌。有「高氏鑑定宋刻版書」、「甲」、「宋本」、「海叟氏」、「汲古主人」、「毛晉」、「灌稼村翁」、「隱求書室」、「蓮涇」、「太原叔子藏書記」、「沈士業印」、「耕野」諸圖記。海叟者，袁凱别號也，字景文，華亭人，明洪武中由舉人荐授監察御史，以病免歸，事蹟具明史本傳。蓮涇，姓王，名聞遠，字聲宏，晚號灌稼村翁，太倉州人。著有孝慈堂書目，多宋元祕本。

四庫簡明目録標注卷二經部四禮類通禮之屬

［清］邵懿辰

儀禮經傳通解三十七卷、續二十九卷

宋朱熹撰，其門人黄榦續。以儀禮爲經，而禮記及諸書所載，以類附之爲傳。

天禄後目有元刊本、明正統本。吕氏寶誥堂刊本中多脱字，吕以意填補。乾隆間有梁萬方改訂本，甚劣。振綺堂有明刊本，瞿氏有續二十九卷舊刊本，十一行，行二十字本。繡谷亭書録云：「此明南京國子監刊本，板式精好，觀者寶諸。」振綺堂所藏似即此本。

［附録］

儀禮經傳通解續祭禮十四卷，宋楊復撰。

陸有宋刊本，每頁十四行，行十五字，小字雙行，版心有字數及刻工姓名。原本十四卷八十一篇，今卷三全缺，卷一、卷十九亦不全，以吕留良刻本校之，脱落羼錯、妄删妄增，竟無一合。紹箕。

適園藏書志卷一　張鈞衡

儀禮經傳通解集傳集注三十七卷、續二十九卷宋刊本。

宋朱子撰，未完，門人黄榦續，楊復始爲補足。是書家禮六、鄉禮四、學禮十五、邦國禮五、王朝禮十四，前有嘉定癸未孟秋四明張虙識，目録後載朱子乞修三禮劄子。其孤在有嘉定丁丑八月謹記云「此先君晚歲新定絶筆，惟書數一篇缺而未補，而大射禮、聘禮、公食大夫禮、諸侯相朝禮皆未脱稿，王朝禮卜筮篇亦缺，餘皆草定而未删改。惟喪、祭二禮，則嘗以屬之門人黄榦」云云，即指勉齋所續之二十九卷也。後有嘉定癸未門人三山楊復、陳宓二跋。其書初刻於南康道院，再刻於江左書院。每葉十四行，行十五字，夾注同。高　寸　分，廣　寸　分，白口單邊，版心有大小字數、刊工姓名。於匡、徵、恒、慎、敦、讓字皆闕筆。於儀禮則全載鄭注，節録賈疏，每引温本及成都石經定訂注疏之譌。

五十萬卷樓藏書目録初編目二　莫伯驥

儀禮經傳　七十三卷　明刻本

前有正德間劉瑞序，略云：「晦庵先生子朱子嘗請於朝修三禮，言不果用，晚乃著儀禮經傳通解。始家禮，次鄉禮，次學禮，次邦國禮，而王朝終焉，凡四十七卷。視初論少異，蓋自成一家言矣。書未就，先生告終，喪、祭二禮則成於黄勉齋氏，其規模次第授於先生者也，爲卷凡二十有七。書刻於南京國子監，卷帙浩繁，點畫漫漶，士大夫非惟不之讀，識其名者或寡矣。瑞乃命教授陳塗、教諭粘燦、王士和督諸生手録經傳，讎校既定，出贖金付杭郡推官山刻焉，逾年畢工。」半葉十一行，行廿四字。

涵芬樓燼餘書録經部

張元濟

儀禮經傳通解　儀禮集傳集注

宋刊本　存祭禮九、王朝禮四、五，二册。

四庫全書提要：「儀禮經傳通解，宋朱子撰，初名儀禮集傳集注，晚年修葺，更定今名。朱子殁後，嘉定丁丑始刊版於南康，凡家禮五卷、鄉禮三卷、學禮十一卷、邦國禮四卷，共二十三卷。其卷二十四至卷三十七則仍前草創之本，故仍舊名集傳集注，是爲王朝禮。又喪、祭二門成於朱子門人黄榦，榦僅修喪禮十五卷，成于嘉定己卯，其祭禮未及訂定而榦殁。越四年壬午，張虙刊之南康，亦未完之本。其後楊復重修祭禮。自序謂『南康學宫舊有家、鄉、邦國、王朝禮，及張侯虙續刊喪禮，又取祭禮稿本并刊而存之。竊不自揆，遂據稿本，參以所聞，稍加更定，以續成其書，凡十四卷』云云。」是本經傳通解存祭禮九，集傳集注存王朝禮四、五。半葉七行，行十五字，小注同。版心上記大、小字數，下記刻工姓名。經傳通解有劉永、劉立、吳仁、秦淳、藍萬、范仁、劉斌、虞生、弓友、劉才、劉生、阮才、虞丙、虞全、陳元、陳甲、范圭諸人。其僅記一字者，有昌、謙、有、延、杲五字。集傳集注有余千、吳元、胡桂、王文、翁遂、胡杲、陳全、弓友、蕭三、蕭漢杰、蔡延、馬忠、秀發、胡興、子信、胡宗、蕭杰、吉文、虞全諸人。其僅記一字者，有才、陳、道、懸、賢、珍、彬、仁、明、胡、吳、杰十二字。二册除虞全一人外，餘姓名均不同。殆王朝禮爲南康初刻，而祭禮爲楊復更定之本歟？宋諱在此殘本内僅見玄、恒、徵、讓、樹、慎等字闕筆。

四庫全書總目提要補正卷六

胡玉縉

儀禮經傳通解三十七卷、續二十九卷

所載儀禮諸篇，咸非舊次，亦頗有釐析。如士冠禮三屨本在辭後，仍移入前陳器服章；戒宿加冠等辭本總記在後，乃分入前各章之下；末取雜記「女子十五許嫁笄」之文，續經文「女子笄」一目。如斯者不一而足。其喪、祭二門，則成於朱子門人黄榦，蓋朱子以創稿屬之。楊復原序述榦之言有曰：「始余創二禮粗就，奉而質之先師，喜謂余曰：『君所立喪、祭禮規模甚善，他日取吾所編家、鄉、邦國、王朝禮其悉用此更定』」云云，則榦之所編尚不失朱子之意。然榦僅修喪禮十五卷，成於嘉定己卯，其祭禮則尚未訂定而榦又没。越四年壬午，張虙刊之南康，亦未完本也。其後楊復重修祭禮，鄭逢辰進之於朝，復序榦之書云：「喪禮十五卷前已繕寫，喪服圖式今别爲一卷，附於正帙之外。」前稱喪服圖式、祭禮遺稿尚有未及訂定之遺憾，則别卷之意固在此。又自序其書云：「南康學宫舊有家、鄉、邦國、王朝禮及張侯虙續刻喪禮，又取祭禮稿本並刊而存之。竊不自揆，遂據稿本，參以所聞，稍加更定，以續成其書，凡十四卷。」

阮元所訂學海堂文集有梁國珍儀禮之記之傳解一篇，末云：「朱子經傳通解一書，誠有功於禮學，然命名之義竊有不安。且既以禮記爲傳而冠義、昏義兩篇不附士冠、士昏文後，而另爲篇目；内則、内治、五宗、親屬諸篇，凡儀禮所無者，又專取之小戴而附以傳記之説。是以禮記爲經矣，於體例亦不無乖牾。此則江慎修禮書綱目之名較善，而其義例亦爲精當矣。」陸氏藏書志有宋刊本楊復儀禮經傳通解續祭禮十四卷，云：「以吕留良刊本較之，脱落羼錯、妄删妄增，竟無一合，謬妄至此，致蹈滅門之禍，殆有以也。」其儀顧堂續跋云：「復字志仁，福安人，受業於朱，又受業於黄勉齋，學者稱信齋先生。朱子纂儀禮經傳通解，既成家、鄉、邦國、王朝禮，而以喪、祭二禮屬之黄勉齋。嘉定己卯，勉齋始成喪禮，而以祭禮稿本授楊信齋。信齋隨時咨問鈔識以待筆削，而勉齋即世。張虙知南康續刻喪禮，又取祭禮稿本刊之，以待後學。四方朋友未有取而修定之者，信齋自念齒髮浸衰，曩日幸有所聞，不可不及時傳述。遂據稿本參以所聞，稍加更定，以續成其書，見自序。是張虙所刊乃信齋授勉齋之稿本，即四庫所收、吕氏所重刊者。此則信齋以稿本修正者，與張刊本不同。故以吕刊互勘，或增或删，或改或易，竟無一條全同也。」玉縉按：跋語是，志蓋未定之説。

經籍訪古志卷一

[日] 澀江全善　森立之

儀禮經傳通解　零本一卷

宋槧本。昌平學藏。

宋朱熹撰。原二十三卷，今存第十七中庸一篇，注與今章句全同。但首章注爲小異，蓋未定本也。此本疑格寬格，字殆錢大，每半版七行，行十五字，界長六寸三分，幅四寸六分，左右雙邊。字畫端勁，頗有歐柳筆意。板心上方草書記大、小字數，下方有刻工名氏。鐫手精良，紙墨共佳，信爲宋槧中最清絶者。卷中慎、樹等字缺筆。中間有後人補刊。